# लोक वित्त

# लोक वित्त

## Public Finance

**चतुर्थ संशोधित संस्करण**

**डॉ. एच. एल. भाटिया**
*पूर्व रीडर, अर्थशास्त्र विभाग*
*श्रीराम कॉलेज ऑफ कॉमर्स*
*दिल्ली विश्वविद्यालय*

VIKAS®

**विकास पब्लिशिंग हाउस प्रा० लि०**

विकास® पब्लिशिंग हाउस प्राइवेट लिमिटेड
ई-28, सेक्टर-8, नोएडा-201301 (यू पी), भारत
फोन: +91-120-4078900 • फैक्स: +91-120-4078999
VIKAS®
रजि. ऑफिस: विकास पब्लिशिंग हाउस प्राइवेट लिमिटेड, A-27, द्वितीय मंजिल, मोहन को-ऑपरेटिव इंडस्ट्रियल एस्टेट, नई दिल्ली-110044
E-mail: helpline@vikaspublishing.com • Website: www.vikaspublishing.com

*शाखाएँ :*

कोलकाता : Ph: 033-2335 7458, 2335 3914, kolkata@schandpublishing.com
जालंधर : Ph: 0181-4645 630, jalandhar@schandpublishing.com
चेन्नई : Ph: 044-2363 2120, chennai@schandpublishing.com
गुवाहाटी : Ph: 0361-2738 811, 2735 640, guwahati@schandpublishing.com
हैदराबाद : Ph: 040-4018 6018, hyderabad@schandpublishing.com
लखनऊ : Ph: 0522-4003 633, lucknow@schandpublishing.com
मुम्बई : Ph: 022-2500 0297, mumbai@schandpublishing.com
पटना : Ph: 0612-2260 011, patna@schandpublishing.com



लोक वित्त
ISBN: 978-93-5271-938-9

उत्पाद कोड: V5LOV41ECON10HIAD19R

प्रथम संस्करण, 1998
चतुर्थ संस्करण, 2019
पुनर्मुद्रित, 2019, 2020
प्रथम पुनर्मुद्रण, 2022



PRINTED IN INDIA
विकास पब्लिशिंग हाउस प्राइवेट लिमिटेड, प्लाट नं. 20/4, साइट-4, इंडस्ट्रियल एरिया साहिबाबाद, गाजियाबाद-201010 और द्वारा मुद्रित एवं विकास पब्लिशिंग हाउस प्राइवेट लिमिटेड, ई-28, सेक्टर-8, नोएडा-201301

# चतुर्थ संस्करण का प्राक्कथन

लोक वित्त एक ऐसा विषय है जो प्रत्येक देश के बहुआयामी आंतरिक और वैश्विक अस्तित्व की सतत गतिशीलता को प्रतिबिम्बित करते हुए बदलता रहता है। वर्तमान में इस विश्वव्यापी गतिशीलता ने काफी ज़ोर पकड़ा है।

भारत में सरकार के प्रत्येक स्तर पर राजकोषीय दायित्व, अधिकार, कार्य क्षेत्र और अंतर्राजकीय वित्तीय संबंधों को अति स्पष्ट रूप में वर्णित किया गया है। साथ ही ये प्रावधान बदलती परस्थितियों और आवश्यकताओं के अनुरूप संशोधनीय भी हैं। भारत में इस लचीलेपन का भरपूर सदुपयोग हुआ है। उदाहरणार्थ 2017–18 में होने वाले संशोधनों में (क) लोक व्यय के योजना–व्यय और योजना–भिन्न व्यय में वर्गीकरण को खत्म करना, (ख) रेल बजट का केन्द्र के मुख्य बजट में विलय करना, (ग) बजट की संसद में प्रस्तुति–तिथि को पूर्वित करना, (घ) वस्तु और सेवा कर को अपनाना, गिनवाए जा सकते हैं। इन सबका भारतीय लोक वित्त व्यवस्था पर मूलभूत प्रभाव पड़ा है। इनकी महत्ता इस कारण भी बढ़ जाती है कि भारत चतुर्थ औद्योगिक क्रांति के मुहाने पर खड़ा है।

लोक वित्त की अध्ययन–विषय के रूप में, और नीति निर्धारण में, बदलती भूमिका को देखते हुए प्रस्तुत संस्करण की उपयोगिता बढ़ाने के लिए पुस्तक को पूर्णतया परिशोधित किया गया है। इस प्रयास की कुछ मुख्य विशेषताएँ इस प्रकार हैं:

- पुस्तक की पाठ्य–सामग्री भारतीय विश्वविद्यालयों के पाठ्यक्रमों के अनुकूल होने के अतिरिक्त व्यवसायिक और प्रतियोगितात्मक परीक्षाओं के प्रत्याशियों, प्रशासनिक अधिकारियों तथा बुद्धिजीवियों सहित सभी पाठकों के लिए उपयोगी है।
- कठिन सिद्धांत, अवधारणाओं और वस्तुस्थितियों के अध्ययन को सुगम बनाने के लिए पुस्तक में प्रयुक्त भाषा को यथासंभव सरल और बोधशील रखा गया है। इस बात का विशेष ध्यान रखा गया है कि इस संदर्भ में हिंदी शब्दावली अभी विकसित हो रही है।
- विचारकों द्वारा लोक वित्त का अविराम सैद्धांतिक विकास हो रहा है। अतः पुस्तक में भी इस बहुआयामी विकास को यथोचित स्थान दिया गया है।
- भारत सहित लोक वित्त में उभरती सैद्धांतिक विचारधाराओं को प्रशासनिक स्तर पर अपनाने के प्रयास जारी हैं। पुस्तक में विभिन्न देशों के अनुभवों सहित इनके उदाहरण दिए गए हैं।
- प्रत्येक अध्याय के प्रारंभ में इसमें चर्चित मुख्य विषय खंडों का संकेत है। इसके अतिरिक्त पाठकों की सुविधा हेतु यथास्थान मुख्य और स्मरणीय तथ्यों, तर्कों, निष्कर्षों आदि को विविध संकेत चिह्नों, शीर्षों, उपशीर्षों, मोटे अक्षरों और बक्सों द्वारा उभारा गया है।
- लोक वित्त संबंधी हिंदी शब्दावली के विकास चरण में होने के कारण यदा–कदा भ्रामक स्थिति उत्पन्न होने की आशंका रहती है। अतः प्रत्येक अध्याय के अंत में हिंदी–अंग्रेज़ी शब्दावली के अतिरिक्त पाठ्य–सामग्री में भी महत्वपूर्ण हिंदी शब्दों के समानार्थी अंग्रेज़ी शब्द दिए गए हैं।

- प्रत्येक अध्याय के अंत में अभ्यास प्रश्न दिए गए हैं।
- भारतीय लोक वित्त व्यवस्था से संबद्ध नवीनतम उपलब्ध आँकड़ों और जानकारी का प्रयोग किया गया है, तथा इनमें होने वाले परिवर्तनों की व्याख्या की गई है।
- 73वें, 74वें, 80वें, 88वें और 101वें संवैधानिक संशोधनों और परिणाम बजटिंग के कारण होने वाले मूलभूत परिवर्तनों की व्यापक जानकारी दी गई है।
- पुस्तक में केन्द्र, रेलवे, राज्यों और उद्यमों के नवीनतम बजटीय आँकड़ों और जानकारी का प्रयोग किया गया है।
- बजटीय घाटों की वैकल्पिक अवधारणाओं और उनके परिमापनों, लिंगाधार बजटिंग पर अलग से परिशिष्ट दिए गए हैं।

इस संस्करण की तैयारी में प्रो. आशमा भाटिया, डी.ए.वी. कॉलेज, दिल्ली विश्वविद्यालय की अनथक सहायता का मैं अति आभारी हूँ।

आशा है कि प्रस्तुत संस्करण सभी पाठकों के लिए रुचिकर एवं उपयोगी सिद्ध होगा।

**एच. एल. भाटिया**

# प्रथम संस्करण का प्राक्कथन

राजकीय गतिविधियों में लगातार वृद्धि के परिणामस्वरूप समस्त विश्व में सामान्य रूप से तथा भारत जैसे अल्पविकसित देशों में विशेष रूप से लोक वित्त का महत्व बढ़ता जा रहा है। अत: इस विषय का ज्ञान विद्यार्थियों के अतिरिक्त अन्य जनसाधारण के लिए भी आवश्यक एवं लाभपूर्ण हो गया है। परन्तु जैसा कि सर्वविदित है, हिन्दी भाषियों के लिए इस विषय से सम्बन्धित उचित पाठ्य-सामग्री का अभाव है। इस पुस्तक में इस अभाव को दूर करने का प्रयास किया गया है।

पुस्तक में लोक वित्त के सिद्धांतों के अतिरिक्त भारतीय लोक वित्त का भी विवेचन किया गया है। समस्त लेखन कार्य में यह प्रयत्न किया गया है कि पाठकगण कठिन सिद्धांतों एवं भारतीय लोक वित्त सम्बन्धी जटिल समस्याओं की तह में सरलतापूर्वक पहुँच सकें। अत: इस उद्देश्य हेतु न केवल भाषा को सरल, स्पष्ट एवं रोचक बनाया गया है, प्रत्युत यथासम्भव उदाहरण भी भारतीय परिस्थितियों से ही लिए गये हैं।

अध्ययन सामग्री के चुनाव में लेखक ने इस बात का ध्यान रखा है कि यह भारतीय विश्वविद्यालयों के पाठ्यक्रमों के अनुकूल होने के साथ व्यावसायिक एवं प्रतियोगितात्मक परीक्षाओं में भाग लेने वालों तथा अन्य जनसाधारण के लिए भी हर प्रकार से उपयुक्त हो। इस उद्देश्य की पूर्ति के लिए लेखक की अंग्रेज़ी में रचित Public Finance की लोकप्रियता ने भी एक महत्वपूर्ण प्रेरणा स्रोत का काम किया है।

आशा है कि प्रस्तुत पुस्तक हिन्दीभाषी पाठकों को रुचिकर लगेगी।

लेखक अपने परिवार के सदस्यों तथा प्रकाशक के प्रति आभारी है जिनके अथक सहयोग के द्वारा ही यह लेखन कार्य सम्पन्न हो सका है।

**एच. एल. भाटिया**

# विषय सूची

# अध्याय 1

# विषय प्रवेश

## (Introductory)

**आवश्यकताओं की तुलना में साधनों की कमी हर अर्थव्यवस्था की मूल समस्या है। इस समस्या के समाधान से जुड़े निम्नलिखित मूल प्रश्न उठते हैं–**

- लोक वित्त की विषय-सामग्री की सीमाएँ क्या हैं तथा उनमें क्या परिवर्तन आते हैं?
- आर्थिक गतिविधियों को राज्य और निजी क्षेत्रों में किन कसौटियों और तथ्यों के आधार पर बाँटा जाए? तथा
- ऐसी आदर्श स्थिति की प्राप्ति के मार्ग में कौन-सी रुकावटें आती हैं?

इस अध्याय में इन प्रश्नों के वैकल्पिक उत्तरों पर विचार किया गया है। इस के अतिरिक्त राज्य की गतिविधियों की बदलती सीमाओं पर भी दृष्टि डाली गई है, तथा भारत जैसी एक मिश्रित अर्थव्यवस्था की मूल संरचना का परिचय भी दिया गया है।

## मूल समस्या (Basic Problem)

हर अर्थव्यवस्था का एक आधारभूत तथ्य यह है कि इसके साधन इसकी आवश्यकताओं की तुलना में हमेशा अपर्याप्त रहते हैं। यह एक ऐसी समस्या है जिससे चाहते हुए भी मुक्ति पाना संभव नहीं है। अधिक से अधिक इस साधन-अभाव की तीव्रता को कम करने का प्रयत्न किया जा सकता है।

इस अनचाही स्थिति के बने रहने के कई कारण हैं। आवश्यकताओं को पूरा करने के सभी प्रयत्नों के बावजूद न केवल पुरानी आवश्यकताएँ बारंबार उभरती रहती हैं, वरन् नई आवश्यकताओं की उत्पति भी होती रहती है। अत: साधनों के इस निरंतर अभाव के कारण यह तय करना अति आवश्यक हो जाता है कि किन आवश्यकताओं की पूर्ति की जाए और किन को अतृप्त छोड़ दिया जाए; संसाधनों में किस प्रकार से वृद्धि की जाए तथा उनके अपव्यय की किस प्रकार रोकथाम की जाए।

इसी संदर्भ में एक मूल प्रश्न यह उठता है कि देश की आर्थिक एवं अन्य गतिविधियों का आवंटन **सरकारी और गैर-सरकारी ( निजी ) क्षेत्रों** में किस आधार पर किया जाए ताकि संसाधनों में बढ़ोतरी और उनके सद्व्यय को सुनिश्चित किया जा सके। परिणामस्वरूप **सरकारी क्षेत्र के यथा-संभव ज़िम्मे आने वाली गतिविधियों के चुनाव, उनके वित्त-पोषण, उनके कार्यान्वयन और उनसे अपेक्षित प्रभावों आदि से संबद्ध सिद्धांतों का अध्ययन लोक वित्त की विषय-सामग्री के महत्वपूर्ण भागों में आते हैं।**

## सर्वस्वीकृत आदर्श ढाँचे का अभाव (Lack of a Standard Framework)

यह तथ्य भी ध्यान देने योग्य है कि आर्थिक गतिविधियों को सरकारी और गैर-सरकारी क्षेत्रों में बाँटने का कोई सर्वस्वीकृत आदर्श ढाँचा उपलब्ध नहीं है। हर देश अपनी अर्थव्यवस्था का ढाँचा अपनी विशेष परिस्थितियों तथा अपनाए गए आर्थिक और गैर-आर्थिक लक्ष्यों के आधार पर निर्मित करता है, तथा इसमें समय-समय पर परिवर्तन भी करता रहता है। अत: विभिन्न देशों की अर्थव्यवस्थाओं में एकरूपता देखने को नहीं मिलती। उदाहरणार्थ किसी अर्थव्यवस्था में निजी क्षेत्र की आर्थिक इकाइयों को निजी हित की प्राप्ति हेतु निर्णय लेने की अधिक छूट दी जाती है, तो किसी में कम। परंतु लोक वित्त के सिद्धांतों के प्रतिपादन और उनके अध्ययन में यह मान्यता रहती है कि राज्य क्षेत्र अपनी क्षमतानुसार समाज तथा अर्थव्यवस्था को अपने चयनित उद्देश्यों की प्राप्ति में हर प्रकार से सहायता देने का प्रयत्न करेगा।

- प्रत्येक देश को आवश्यकताओं की तुलना में संसाधनों के निरंतर अभाव के कारण एक ऐसी "सर्वउपयोगी" अर्थव्यवस्था का संगठन करना पड़ता है जिसमें आर्थिक गतिविधियों और नीति-निर्धारण के अधिकारों को सरकारी और गैर-सरकारी क्षेत्रों में बाँटने की समस्या का समाधान भी शामिल हो।
- परन्तु अर्थव्यवस्था से संबद्ध मूलभूत प्रश्नों और समस्याओं का कोई सर्वस्वीकृत समाधान उपलब्ध नहीं हैं।
- इन प्रश्नों और समस्याओं के वैकल्पिक उत्तरों, समाधानों और प्रभावों से संबद्ध सिद्धांतों का अध्ययन लोक वित्त की मूल विषय-सामग्री है।

# सरकार का कार्यक्षेत्र

(Field of Government Activities)

अब प्रश्न यह उठता है कि सरकार के कार्यक्षेत्र की सीमाओं का निर्धारण किस प्रकार किया जाए। इस प्रश्न के स्पष्ट उत्तर की खोज में ***सैद्धांतिक*** तथा ***ऐतिहासिक***, दोनों दृष्टिकोणों का प्रयोग उपयुक्त एवं लाभकारी है।

## सैद्धांतिक दृष्टिकोण (Theoretical Angle)

सैद्धांतिक आधार पर सरकारी क्षेत्र के सीमा निर्धारण की व्याख्या को **दो खंडों** में बाँटा जा सकता है, अर्थात

- वस्तुओं (अथवा सेवाओं) के वर्गीकरण पर आधारित तर्क; तथा
- अन्य सैद्धांतिक तर्क।

**खंड 1. वस्तु-आधारित तर्क:** इस खंड में वस्तुओं के दो वर्गों पर विचार किया जाता है, अर्थात (1) *जनहितकारी वस्तुएँ* और (2) *सामाजिक वस्तुएँ।*

### 1. जनहितकारी/सर्वहितकारी वस्तुएँ (Merit Goods)[1] और राज्य क्षेत्र

इन वस्तुओं की विशेषता यह है कि इनके उपभोग से न केवल उपभोक्ता, प्रत्युत गैर-उपभोक्ता भी लाभान्वित होते हैं। इन वस्तुओं के प्रमुख उदाहरण शिक्षा, स्वास्थ्य सुविधाएँ, प्रदूषण रहित एवं स्वच्छ वातावरण, शुद्ध खाद्य प्रदार्थ और पीने का स्वच्छ पानी आदि हैं। स्पष्ट है कि इन वस्तुओं की उपलब्धि समाज के सभी सदस्यों के लिए पर्याप्त

[1] सामान्य तौर पर शब्द "वस्तुओं" से अभिप्राय "वस्तुओं" और "सेवाओं" दोनों से है।

मात्रा में होनी चाहिए। परन्तु समस्या यह है कि यदि इनकी पूर्ति का कार्यभार केवल बाज़ार-व्यवस्था (Market Mechanism) पर छोड़ दिया जाए तो इस लक्ष्य को प्राप्त करने की संभावना बहुत घट जाती है। ऐसा होने का बुनियादी कारण यह है कि बाज़ार-व्यवस्था में वस्तुओं और सेवाओं की उत्पादन मात्राएँ उनकी अनुमानित कीमतों और उनसे अपेक्षित लाभ-आय के आधार पर तय की जाती हैं। परन्तु समाज के वे सभी सदस्य जिन्हें इन वस्तुओं की आवश्यकता होती है, उनका बाज़ार भाव नहीं चुका सकते अथवा चुकाना नहीं चाहते। अत: यह आवश्यक हो जाता है कि इन जनहितकारी वस्तुओं की उपलब्धि में प्रयाप्त बढ़ोतरी हेतु सरकार-

- उनकी उत्पादन *लागत* का एक भाग वहन करने का ज़िम्मा उठाए, अथवा
- निजी स्रोतों से होने वाली पूर्ति के अतिरिक्त स्वयं भी उनके **उत्पादन तथा उपलब्धि** में सक्रिय भाग ले, अथवा
- उनकी आवश्यक मात्राओं को मुहैया करने की **संपूर्ण जिम्मेदारी** अपने ऊपर ले ले।

### 2. सार्वजनिक अथवा लोक वस्तुएँ तथा निजी वस्तुएँ (Social and Private Goods) और राज्य क्षेत्र

मुख्य विशेषताओं के आधार पर वस्तुओं को इन दो गुटों में वर्गीकृत करने पर भी सरकारी क्षेत्र की सीमाएँ निर्धारित करने में सहायता मिलती है। **शुद्ध** सार्वजनिक वस्तुओं की **मुख्य विशेषताओं** में से निम्नलिखित ***चार*** विशेषताएँ विशेष रूप से विचारणीय हैं

**(क) अविभाज्यता (Non-divisibility)**—एक **अविभाज्य वस्तु** वह है जिसमें निम्नलिखित **दो** विशेषताएँ पाई जाती हों-

- **अपवर्जन (वंचितन) नियम (Principle of Exclusion) का लागू न होना**- इसका अर्थ यह है कि समाज का हर सदस्य इस वस्तु के उपभोग का समान अधिकारी होता है। इसके अस्तित्व में आ जाने पर किसी संभावित उपभोक्ता को इससे लाभान्वित होने से रोकना संभव नहीं होता। किसी वस्तु के अविभाज्य होने की ***मुख्य कसौटी यही है कि उस पर समाज के हर उस सदस्य का भी बराबर का अधिकार बनता है जो उसके लिए अदायगी न करना चाहता हो अथवा न कर सकता हो।***

इसके विपरीत **विभाज्य वस्तुएँ** वे हैं जिनसे समाज के कुछ सदस्यों को लाभान्वित होने से रोका जा सकता हो। सैद्धांतिक शब्दावली में इन वस्तुओं पर **अपवर्जन (अथवा वंचितन) नियम** (principle of exclusion) लागू होता है। बाज़ार-व्यवस्था में विभाज्य वस्तुएँ मुफ्त न मिलकर कीमत पर मिलती हैं। इन्हें वही लोग प्राप्त कर सकते हैं जो इनकी कीमत चुकाने की क्षमता रखते हों तथा उसे चुकाने के इच्छुक भी हों। यदि सरकार अथवा कोई अन्य संस्था इन वस्तुओं को नि:शुल्क मुहैया करा रही हो, तो भी किसी न किसी आधार पर उन उपभोक्ताओं की पहचान की जा सकती है जिन्हें इनसे वंचित रखा जाना हो।

अविभाज्यता के कारण सार्वजनिक वस्तुओं का वित्त-पोषण बाज़ार-व्यवस्था द्वारा संचालित निजी क्षेत्र के अंतर्गत सुनिश्चित नहीं किया जा सकता। निजी क्षेत्र के उत्पादकों को मुफ्तखोरों (free riders) की समस्या का सामना करना पड़ता है। वे कीमत न चुकाने वाले उपभोक्ताओं को अपनी उत्पादित वस्तुओं से वचित नहीं रख सकते।

- अत: अविभाज्य वस्तुओं का उत्पादन और वितरण निजी क्षेत्र के स्थान पर सरकारी क्षेत्र में होने चाहिए ताकि उनका वित्त-पोषण राज्य-कोष से किया जा सके।
- इसके विपरीत शुद्ध निजी वस्तुओं के विभाज्य होने के कारण उनका उत्पादन तथा वितरण निजी क्षेत्र द्वारा ही उत्तम रहता है। परंतु इस निर्णय-नियम में कुछ अन्य तथ्यों के आधार पर अपवाद भी हो सकते हैं, जैसे कि दोनों

क्षेत्रों की तुलनात्मक कार्य-क्षमता, देश के सामाजिक तथा राजनीतिक ढाँचे में विचाराधीन निर्णय की स्वीकार्यता आदि।

- **अप्रभावित उपलभ्यता**—एक अविभाज्य वस्तु की दूसरी विशेषता यह है कि एक उपभोक्ता द्वारा उपभोग किए जाने पर अन्य उपभोक्ताओं के लिए इसकी उपलब्ध मात्रा में कमी नहीं आती। बाहरी आक्रमण से देश की रक्षा, रेडियो तथा टी वी प्रसारण, सड़क पर की गई रोशनी आदि इस विशेषता वाली वस्तुओं के कुछ उदाहरण हैं। ध्यान रहे कि यह अनिवार्य नहीं कि हर अविभाज्य वस्तु से सभी उपभोक्ता समान रूप से लाभान्वित हों। उदाहरणार्थ सभी व्यक्तियों का समान अधिकार होते हुए भी किसी सार्वजनिक पार्क के पड़ोस में रहने वालों को उसकी शुद्ध वायु से अधिक लाभ प्राप्त होता है। इसी प्रकार सामान्य तौर पर देश की सीमा के पास तथा अन्य महत्वपूर्ण स्थानों के पास रहने वाले लोगों को विदेशी आक्रमण से होने वाली क्षति की सम्भावना अधिक होती है।
- अविभाज्यता की इस विशेषता के कारण भी मुफतखोरों की समस्या उठती है तथा निजी क्षेत्र के लिए अविभाज्य वस्तुओं का वित्त पोषण करना दुष्कर हो जाता है। अतः उचित यही रहता है कि इन्हें सरकारी क्षेत्र में रखा जाए।

**(ख) बाह्यताएँ (Externalities)**—इन्हें अतिरिक्त प्रभाव, पड़ोसीपन प्रभाव, ऊपरी प्रभाव, तथा अन्य-पार्टी प्रभाव (externalities, additional effects, neighbourhood effects, third-party effects) आदि भी कहा जाता है। ये प्रभाव हितकारक अथवा हानिकारक (नकारात्मक), किसी भी प्रकार के हो सकते हैं। इसी प्रकार इन प्रभावों का रूप वित्तीय, तकनीकी अथवा किसी अन्य प्रकार का हो सकता है। यदि इन बाह्यताओं से पीड़ित (अथवा लाभान्वित) आर्थिक इकाइयों की पहचान की जा सके और उन पीड़ित इकाइयों की क्षतिपूर्ति (अथवा लाभान्वित से कीमत वसूल) की जा सके तो इन दोनों शर्तों के पूरा होने पर इन्हें **विक्रय** (Marketable) **बाह्यताओं** के नाम से जाना जाता है। और इन शर्तों के पूरा न होने की स्थिति में इन्हें **अविक्रय** (Non-marketable) **बाह्यताएँ** कहा जाता है।

उदाहरणार्थ किसी मिल अथवा बिजलीघर से निकलने वाले धुएँ का प्रदूषण समाज के लिए तो एक लागत है, परन्तु उस मिल अथवा बिजलीघर के लिए नहीं। इसी प्रकार एक निजी क्षेत्र के उपादनकर्त्ता के लिए किसी क्षेत्र में रोज़गार के अवसरों में वृद्धि तथा लोगों की सामान्य जानकारी में बढ़ोतरी आदि हितकर अविक्रय बाह्यताओं के कुछ ऐसे उदाहरण हैं जिनसे उस उत्पादनकर्त्ता को आय-प्राप्ति नहीं होती।

किसी वस्तु की "सीमांत निजी लागत" और "सीमांत निजी आगत" को उसकी बाह्यताओं की *अनुमानित लागत* और *हित* द्वारा समायोजित (adjust) किए जाने पर उसकी "सीमांत सामाजिक लागत" और "सीमांत सामाजिक आगत" की प्राप्ति होती है। एक विचाराधीन वस्तु की उत्पादन मात्रा उसकी वास्तविक सामाजिक आवश्यकता के बराबर होने के लिए यह आवश्यक है कि उसकी "सीमांत सामाजिक लागत" उसके "सीमांत सामाजिक आगत" के बराबर हो, अर्थात उसकी लागत और आगत के अनुमानों में **बाह्यताओं की अनुमानित लागत और हित** को भी शामिल किया जाए। परन्तु निजी क्षेत्र के उत्पादनकर्ता उत्पादन निर्णय लेते समय इन बाह्यताओं को अनदेखा करते हुए केवल "निजी सीमांत लागत" और "निजी सीमांत आगत" पर ध्यान देते हैं। इस कारण निजी क्षेत्र में उत्पादित वस्तुओं की मात्राएँ समाज की वास्तविक आवश्यकताओं के बराबर न होकर बहुधा उनसे अधिक अथवा कम होती हैं।

- इस समस्या के समाधान हेजु अविक्रय (non-marketable) बाह्यताओं वाली वस्तुओं का उत्पादन और वितरण का काम सरकारी क्षेत्र को सौंपा जाना चाहिए ताकि उनकी उत्पादन मात्राओं के तय करने में इन बाह्यताओं को स्थान दिया जा सके।

- इसके विपरीत सैद्धांतिक स्तर पर यह मान्यता रहती है कि अविक्रय अतिरिक्त प्रभाव न होने के कारण शुद्ध निजी वस्तुओं को निजी क्षेत्र में रखा जाना चाहिए। परंतु ध्यानयोग्य है कि वास्तविक स्तर पर इस निष्कर्ष के कई अपवाद हो सकते हैं। अनेक प्रकार के सामाजिक, राजनीतिक और अन्य गैर-आर्थिक कारणों से इनको सरकारी क्षेत्र में रखने का निर्णय भी लिया जा सकता है।

**(ग) उत्पादन लागत (Production Cost)**—सामान्यत: उत्पादन बढ़ने के साथ-साथ कई सार्वजनिक वस्तुओं [विशेषकर जो अवसंचारात्मक सुविधाओं (infrastructural facilities or social overheads) के वर्ग में आती हों, जैसे कि सड़क, पुल आदि] की कुल उत्पादन लागत में पैड़ीदार (stepwise) वृद्धि होती है। अर्थात, इस प्रकार की वस्तु की उत्पादन बढ़ोतरी को विभिन्न चरणों में इस प्रकार वर्गीकृत किया जा सकता है कि

- एक विचाराधीन उत्पादन चरण के दौरान कुल उत्पादन लागत लगभग स्थिर रहती है; सीमांत लागत शून्य अथवा शून्यतुल्य रहती है तथा औसत लागत घटती जाती है;
- उत्पादन के एक चरण के ऊपरी छोर से अगले चरण में प्रवेश करते ही कुल लागत, सीमांत लागत और औसत लागत तीनों में एकदम काफी वृद्धि होती है; तथा
- इसके पश्चात् फिर से कुल उत्पादन लागत स्थिर हो जाती है, सीमात लागत शून्य हो जाती है तथा औसत लागत घटने लगती है।
- स्पष्ट है कि इस प्रकार की वस्तुओं की उचित कीमत निर्धारण करने में कई प्रकार की नैतिक और अन्य समस्याओं का सामना करना पड़ता है। यह भी स्पष्ट है कि उपरोक्त प्रकार की लोक वस्तुओं को निजी क्षेत्र में रखने पर उत्पादनकर्ताओं द्वारा उपभोक्ताओं के शोषण के अवसर बढ़ जाते हैं। अत: ऐसी वस्तुओं का उत्पादन और उनका उपभोक्ताओं में वितरण सरकारी क्षेत्र में होना चाहिए; अथवा निजी क्षेत्र में रखे जाने पर उनके समुचित नियमन की प्रशासनिक व्यवस्था होनी चाहिए।

**(घ) पैमाने की किफायतें (Economies of Scale)**—अधिकतर लोक वस्तुओं की एक अन्य विशेषता यह भी है कि उनके उत्पादन का पैमाना बढ़ाने के साथ-साथ उनकी औसत लागत घटने की संभावना बढ़ती जाती है। उदाहरण के लिए किसी नगर के मल-व्ययन की सेवा पर विचार करें। यदि यह सेवा नगर के एक छोटे से क्षेत्र तक सीमित रखी जाए, तो इसकी औसत लागत काफी अधिक होने की सम्भावना होती है। परंतु इस सेवा का क्षेत्र विस्तारित करने के साथ-साथ यह औसत लागत घटती जाती है।

- **स्पष्ट है कि इस प्रकार की सेवाओं के मामले में घटती औसत लागत तथा एकाधिकारक तत्त्वों को ध्यान में रखते हुए तय किया जाना चाहिए कि इन्हें सरकारी अथवा निजी क्षेत्र में से किसमें रखा जाए।**

**शुद्ध लोक वस्तुओं का अस्तित्व** लोक वस्तुओं की विशेषताओं पर विचारोपरान्त हम इस निर्णय पर पहुँचते हैं कि वास्तविक जीवन में शुद्ध लोक वस्तुओं की संख्या अति कम है। यही दशा शुद्ध निजी वस्तुओं की भी है। अधिकतर वस्तुओं में इन दोनों वर्गों की विशेषताओं का मिश्रण देखने को मिलता है। अत: यथार्थ में वस्तुओं का वर्गीकरण उनकी **विशेषताओं की प्रधानता** के आधार पर ही किया जाता है। जिस वस्तु में शुद्ध लोक वस्तुओं की विशेषताओं की प्रधानता हो, उसे लोक वस्तु मान लिया जाता है तथा निजी वस्तुओं की विशेषताओं की प्रधानता वाली वस्तुएँ निजी वस्तुओं के तौर पर वर्गीकृत कर ली जाती हैं।

- वस्तुओं की विशेषताओं के इस मिश्रण के कारण हम इस निष्कर्ष पर पहुँचते हैं कि विभिन्न गैर-आर्थिक आधार पर अपनाए गए अपवादों के साथ "लोक विशेषता प्रधान" वस्तुओं को सरकारी क्षेत्र और "निजी विशेषता प्रधान" वस्तुओं को निजी क्षेत्र में रखना चाहिए।

- सरकारी क्षेत्र की कार्य-सीमाओं को सैद्धांतिक आधार पर निर्धारित करने के लिए वस्तुओं के वर्गीकरण और अन्य तर्कों का प्रयोग किया जाता है।
- वस्तुओं के तर्काधार खंड में जनहितकारी वस्तुओं और लोक वस्तुओं के उत्पादन और उपभोग को समाज की वास्तविक आवश्यकताओं के अनुरूप लाने में सरकारी क्षेत्र की भूमिका का औचित्य बनता है।
- लोक वस्तुओं की अविभाज्यता के कारण उनके वित्त-पोषण में मुफ़्तखोरों की समस्या पैदा होती है तथा अविक्रय बाह्यताओं के कारण उनकी उत्पादन मात्राएँ समाज की वास्तविक आवश्यकताओं से मेल नहीं खातीं।
- कुल लागत में पैड़ीदार बढ़ोतरी और पैमाने की किफायतों के कारण उनका सरकारी क्षेत्र में होना उचित रहता है।
- वास्तविकता में अनेक गैर-आर्थिक कारणों से सैद्धांतिक तर्क के विपरीत भी निर्णय लिए जाते हैं।
- निजी क्षेत्र को कई प्रकार से सरकार द्वारा नियमित करने की आवश्यकता भी पड़ती है।

## खंड 2. अन्य सैद्धांतिक तर्क (Additional Theoretical Arguments)

कुछ विचारकों का यह मत है कि बाज़ार व्यवस्था के अनियन्त्रित रहने से अनेक प्रकार के दुष्परिणाम उपजते हैं, जिनके कारण उत्पादन, माँग, उपभोग, निवेश, रोज़गार तथा साधन-वितरण के ढाँचे समाज की वास्तविक आवश्यकताओं के अनुकूल नहीं रह पाते। अतः राज्य का यह कर्त्तव्य बनता है कि इस स्थिति में यथोचित सुधार लाने का प्रयत्न करे। आज के अर्थशास्त्री बाज़ार-व्यवस्था के लाभों को सर्वोत्तम कोटि का बनाने के लिए भी अनेक प्रकार की राज्य-गतिविधियों को उचित ठहराते हैं, जिसके कुछ उदाहरण नीचे दिए गए हैं। परन्तु ध्यानयोग्य है कि इन **सब तर्कों का औचित्य मुख्यतः अनियन्त्रित बाज़ार-व्यवस्था की 'त्रुटियों' पर ही आधारित है।**

**1. निजी क्षेत्र की असमर्थता**—एडम स्मिथ के मतानुसार कुछ गतिविधियाँ तथा सेवाएँ ऐसी होती हैं जो अर्थव्यवस्था के विकास एवं कार्यक्षमता के लिए अति आवश्यक होते हुए भी निजी क्षेत्र की क्षमता के परे होती हैं। ऐसा तब होता है जब

(क) ये सेवाएँ व्यावसायिक दृष्टिकोण से लाभकारी न हों, अथवा

(ख) उनमें निवेश हेतु लगने वाली पूँजी निजी निवेश-कर्ताओं की क्षमता से अधिक हो।

**एडम स्मिथ ने इस आधार पर सरकार द्वारा अपना अस्तित्व बनाए रखने के अतिरिक्त, विदेशी आक्रमणों से सुरक्षा-व्यवस्था, आंतरिक शांति एवं कानून बनाए रखना, न्याय की व्यवस्था तथा अवसंरचनात्मक सुविधाओं (infrastructural facilities) को सरकारी कार्यक्षेत्र में रखने की सिफारिश की।** आजकल अवसंरचनात्मक सुविधाओं की महत्ता सभी विचारकों को मान्य है। सिद्धांतकारों का मत है कि आर्थिक विकास उत्पादन साधनों, प्रौद्योगिकी, संस्थानक संरचना (institutional framework) तथा अवसंरचनात्मक सुविधाओं के एक समुचित मिश्रण के द्वारा ही संभव होता है। इस मतानुसार अवसंरचनात्मक सुविधाओं को मुहैया कराने का बुनियादी दायित्व सरकार का ही होना चाहिए।

**2. प्रभावी माँग की कमी**—कीन्स (J.M. Keynes) के मतानुसार एक विकसित अर्थव्यवस्था भी सरकार के सक्रिय योगदान के बिना प्रभावी माँग की कमी और बेरोज़गारी की समस्याओं का स्थायी समाधान नहीं निकाल सकती। इसके लिए सरकार को लगातार किसी न किसी रूप में अर्थव्यवस्था के व्यय-प्रवाह में वृद्धि करने के लिए कुछ कदम उठाने पड़ते हैं। इसलिए कीन्स ने इस समस्या से निपटने के लिए **बजटीय घाटे की नीति** अपनाने की सिफारिश की जिससे माँग के लगातार घटने की प्रवृत्ति का निराकरण किया जा सके।

**3. सरकारी सेवाओं की माँग**—एक अन्य मतानुसार प्रति-व्यक्ति आय के बढ़ने के साथ साथ समाज की माँग न केवल उन वस्तुओं के लिए बढ़ती है जो गैर-सरकारी क्षेत्र में उत्पादित होती हैं, प्रत्युत यह माँग सरकारी सेवाओं के लिए भी बढ़ती जाती है। अतः सरकार के लिए अपने कार्य-क्षेत्र का विस्तार करना आवश्यक हो जाता है।

**4. वित्त-पोषन संबंधी समस्याएँ**—जैसा कि हम ऊपर देख चुके हैं, अविभाज्य लोक वस्तुओं पर अपवर्जन नियम के लागू न होने के कारण उनके वित्त पोषण में मुफ़्तखोरों की समस्या का सामना करना पड़ता है जिसके समाधान हेतु इन्हें सार्वजनिक क्षेत्र में रखना अनिवार्य हो जाता है ताकि इनका वित्त पोषण सरकारी कोष से किया जा सके।

**5. अविक्रय बाह्यताएँ**—निजी क्षेत्र के उत्पादनकर्त्ता अपने उत्पादन और बिक्री के निर्णयों में अविक्रय बाह्यताओं पर विचार नहीं करते। इस लिए बहुधा इन बाह्यताओं वाली वस्तुओं की उत्पादन मात्राएँ सामाजिक दृष्टिकोण से इष्टतम नहीं होतीं। इसके विपरीत सरकारी क्षेत्र में होने पर इन बाह्यताओं को उत्पादन और बिक्री निर्णयों के आधार-घटकों में शामिल किया जा सकता है। अतः ऐसी वस्तुओं को सार्वजनिक क्षेत्र में ही रखना उचित रहता है। सरकार इनसे होने वाले वित्तीय लाभ/हानि को अपने बजट का भाग बना सकती है।

**6. सर्वहितकारी वस्तुएँ**—इससे पूर्व हम सर्वहितकारी वस्तुओं (merit goods) के बारे में चर्चा कर चुके हैं। इन वस्तुओं के उपभोग से गैर-उपभोक्ता भी लाभान्वित होते हैं। परंतु इन्हें निजी क्षेत्र में रखने से इनकी उत्पादन मात्रा सामाजिक आवश्यकता से कम रह जाने की संभावना रहती है। अतः इन्हें भी सार्वजनिक क्षेत्र में रखना ही उचित रहता है।

**7. आर्थिक असमानताएँ**—एक तर्कानुसार निजी क्षेत्र की गतिविधियों के अनियन्त्रित रहने पर दो विशेष समस्याओं का सामना करना पड़ता है। प्रथम यह कि ऐकाधिकारक शक्तियाँ ज़ोर पकड़ती हैं जिसके परिणामस्वरूप आर्थिक शक्ति गिने चुने हाथों में केन्द्रित होने लगती है और आय और धन की वितरणीय असमानताएँ पनपती हैं। दूसरे यह कि देश के कुछ क्षेत्र आर्थिक विकास की दौड़ में पिछड़ जाते हैं। इन समस्याओं से निपटने के लिए यह आवश्यक हो जाता है कि निजी क्षेत्र सरकार के प्रभावी नियंत्रण में रहे अथवा सरकारी क्षेत्र की सीमाओं में समुचित विस्तार किया जाए।

**8. सामाजिक कल्याण**—आजकल एक आधुनिक सरकार से यह अपेक्षा की जाने लगी है कि वह सामाजिक कल्याण और आर्थिक विकास की प्राप्ति में अपना सक्रिय योगदान देगी। इस दायित्व को निभाने के लिए भी राज्य क्षेत्र की सीमाओं का विस्तार उचित माना जाता है।

**9. आर्थिक प्रबन्धन**—सरकार से भी आशा की जाती है कि वह देश की अर्थव्यवस्था के सुचारू रूप से चलने और इसके संतुलित विकास में सक्रिय रूप से सहायक हो। इस उद्देश्य की पूर्ति के लिए सरकार को एक विस्तृत कार्यक्षेत्र अपनाने की आवश्यकता महसूस होती है। इस सुधारक भूमिका में साधनों के आवंटन तथा आय (एवं धन) की वितरण संबंधी नीतियाँ भी शामिल होती हैं। इसी प्रकार अनियन्त्रित अर्थव्यवस्था व्यापारिक चक्रीय उतार-चढ़ावों (cyclical fluctuations) से पीड़ित रहती है। इस समग्र वातावरण में सरकार का यह दायित्व हो जाता है कि वह इन समस्याओं को हल करने में सक्रिय भूमिका निभाए।

> सरकारी क्षेत्र की सीमाएँ तय करने में प्रतिपादित बहुत से सैद्धांतिक तर्क बाज़ार व्यवस्था की त्रुटियों पर आधारित हैं, जैसे कि आय और धन के वितरण की असमानताएँ, व्यापारिक उतार-चढ़ाव, बेरोज़गारी और क्षेत्रीय विषमताएँ जैसी समस्याओं का समाधान तथा सामाजिक कल्याण और आर्थिक विकास में सक्रिय योगदान आदि।

## रुकावटें (Hurdles)

उपर्युक्त व्याख्या से यह सिद्ध होता है कि अनेक कारणों से राज्य को अपने कार्य-क्षेत्र का नई दिशाओं में विस्तार करते रहना चाहिए। परंतु इस नीति को साकार करने में सरकार को कई प्रकार की अड़चनों का सामना करना पड़ सकता है।

**1. साधनों का अभाव (Insufficient Resources)**—पहली अड़चन संसाधनों की कमी हो सकती है। विशेषकर अल्पविकसित देशों में यह समस्या काफी गंभीर रहती है। स्वयं भारत में भी सरकार साधनों के अभाव के कारण अनेकों बुनियादी सेवाएँ पर्याप्त मात्रा में उपलब्ध कराने में असफल रही है, जैसे कि शिक्षा, स्वास्थ्य, पीने का पानी, सड़कें आदि।

**2. प्रशासनिक कठिनाइयाँ (Administrative Difficulties)**—यह भी संभव है कि सरकार अपनी प्रशासनिक कमज़ोरियों के कारण कई प्रकार की सार्वजनिक वस्तुएँ मुहैया कराने में असमर्थ हो। यह रुकावट भी बहुधा अल्पविकसित देशों में ही होती है।

**3. एक्स-कार्यक्षमता (X-inefficiency)**—यह एक सर्वमान्य तथ्य है कि कई एक बुनियादी कारणों से सरकारी क्षेत्र (और सरकार द्वारा संचालित उद्यमों) की कार्यक्षमता निजी क्षेत्र की तुलना में कम होती है। अर्थशास्त्र में इस तथ्य की व्याख्या, सैद्धांतिक तथा यथार्थ, दोनों स्तरों पर बड़े सक्षम रूप से पाई जाती है। सरकार की इस कमज़ोरी का मुख्य कारण यह है कि संपूर्ण सरकारी व्यवस्था केवल व्यावसायिक घटकों पर आधारित नहीं होती; इसमें अनेकों गैर-आर्थिक घटकों को भी स्थान दिया जाता है। उदाहरणार्थ सामान्यत: सरकारी प्रशासन और उद्यमों में काम करने वाले अपनी कार्यक्षमता, दक्षता तथा काम की लगन के आधार पर पुरस्कृत नहीं किए जाते तथा न ही इन गुणों के अभाव में उन्हें किसी प्रकार का दंड भोगना पड़ता है। निजी उद्यमों में वस्तुस्थिति ठीक इसके विपरीत रहती है, अत: वहाँ पर कार्यक्षमता भी अधिक होती है। इन तथ्यों के कारण आजकल यह मत सर्वमान्य होता जा रहा है कि सरकार को वे सब गतिविधियाँ निजी क्षेत्र के लिए छोड़ देनी चाहिए जिनका सरकारी क्षेत्र में होना अति आवश्यक न हो।

**4. राजनीतिक प्रतिबंधन (Political Compulsions)**—प्रत्येक देश की सरकार से कुछ अपेक्षाएँ रहती हैं तथा प्रत्येक देश की अपनी कुछ प्राथमिकताएँ होती हैं। सरकार से आशा की जाती है कि वह कुछ विशेष गतिविधियों से दूर रहेगी। कभी-कभार राजनीतिक स्थितियाँ भी सरकार की कुछ गतिविधियों में रुकावट बन जाती हैं।

**5. देशव्यापी ध्येय (Macro Objectives)**—यह भी ध्यान देने योग्य तथ्य है कि राज्य की गतिविधियों का क्षेत्र निजी क्षेत्र की गतिविधियों पर विचार किए बिना तय नहीं किया जा सकता। दोनों क्षेत्रों की परस्पर निर्भरता एक बुनियादी सत्य है। हर आधुनिक जनहितकारी राज्य (welfare state) का यह कर्तव्य रहता है कि वह इस तथ्य को ध्यान में रखते हुए तय करे कि स्वयं उसके अपने ज़िम्मे कौन सी गतिविधियाँ रहेंगी तथा निजी क्षेत्र पर इसका कितना और किस प्रकार का नियंत्रण रहेगा। दूसरे शब्दों में यह कहना चाहिए कि सरकार का निर्णय क्षेत्र उसकी अपनी गतिविधियों तक ही सीमित नहीं रहता और इसी कारण लोक वित्त के विषय का घेरा भी राज्य की अपनी गतिविधियों से संबंधित वित्त-व्यवस्था से परे तक जाता है। लोक वित्त में कई प्रकार के नीति-संबंधी मुद्दों तथा उनसे संबंधित सरकारी कदमों का यथोचित स्थान रहता है। उदाहरणार्थ इन समस्याओं में राष्ट्रीय आय तथा रोज़गार में स्थिरतापूर्ण बढ़ोतरी, वितरणीय न्याय, उत्पादन संसाधनों का आवंटन एवं उपयोग आदि शामिल रहते

हैं। राज्य से यह आशा की जाती है कि वह अपनी क्षमतानुसार उचित राजकीय नीति अपनाते हुए प्रयत्न करेगा कि देश के उत्पादन साधनों का इष्टतम आवंटन और उपयोग हो, आय और धन के वितरण की असमानताएँ दूर हों, जनहितकारी सेवाओं तथा अवसंरचनात्मक सेवाओं का अभाव दूर हो, आदि। राज्य से यह भी आशा की जाती है कि वह अपने बजट की रूप-रेखा तय करते हुए इन उद्देश्यों से संबद्ध सम्भावित रुकावटों को यथासंभव दूर करने का प्रयत्न करेगा।

अंत में यह तथ्य भी ध्यानयोग्य है कि सरकार द्वारा अपनी गतिविधियों का क्षेत्र तय कर देने भर से अर्थव्यवस्था की इष्टतम कार्यक्षमता सुनिश्चित नहीं हो जाती। अनियन्त्रित निजी क्षेत्र की भाँति सार्वजनिक क्षेत्र भी कई प्रकार के दोषों का शिकार हो सकता है। जी॰ टुलक (G. Tullock) के मतानुसार निजी तथा सार्वजनिक दोनों क्षेत्र अपनी विशिष्ट कमज़ोरियों से जकड़े रहते हैं।[2] अतः मुख्य प्रश्न उनसे अपेक्षित लाभ-हानियों की तुलना का रहता है, जिसके आधार पर ही तय किया जाना चाहिए कि कौन-सी गतिविधियाँ किस क्षेत्र में रखी जाएँ।

- सैद्धांतिक दृष्टिकोण से उचित होते हुए भी सार्वजनिक क्षेत्र कई गतिविधियों को नहीं अपना सकता। इस वस्तुस्थिति के कई आर्थिक और गैर-आर्थिक कारण हो सकते हैं। सरकारी क्षेत्र में कार्यक्षमता का स्तर नीचा होता है और साधन लागतें अधिक होती हैं।
- आजकल यह मत सर्वमान्य है कि सरकार को सामाजिक कल्याण और आर्थिक विकास आदि के लक्ष्यों को ध्यान में रखते हुए हर उस आर्थिक गतिविधि को निजी क्षेत्र को सौंप देना चीहए जहाँ इसकी उपस्थिति अति आवश्यक न हो।

## ऐतिहासिक दृष्टिकोण (Historical Angle)

पूँजीवाद के ज़ोर पकड़ने से पहले राज्य समाज की गतिविधियों में काफी रुचि लिया करते थे। इसका एक कारण यह भी था कि आम लोग बाज़ार-व्यवस्था से अपेक्षित लाभों से अनभिज्ञ थे। परंतु पूँजीवाद के विकास के साथ-साथ सरकारी हस्तक्षेप की हानियों की जानकारी भी बढ़ती गई। विशेषकर यह तथ्य सर्वज्ञात हो गया कि इस हस्तक्षेप से अर्थव्यवस्था की उत्पादन क्षमता को ठेस पहुँचती है। इसके परिणामस्वरूप धीरे-धीरे यह माना जाने लगा कि राज्य की गतिविधियों को सीमित रखना ही उचित है तथा वस्तुओं और सेवाओं को उपलब्ध कराने का दायित्व मुख्य रूप से राज्य के हाथों में **न हो कर निजी क्षेत्र हाथों में होना** चाहिए।

एडम स्मिथ (Adam Smith) को इस विचारधारा का मुख्य प्रतिपादक माना जाता है। स्मिथ ने राज्य द्वारा अर्थव्यवस्था में हस्तक्षेप न करने की नीति (laissez-faire) को एक सैद्धांतिक स्तर प्रदान किया तथा बाज़ार व्यवस्था को अनियन्त्रित रखने का समर्थन किया। स्मिथ का मत था कि बाज़ार व्यवस्था में इतनी क्षमता है कि वह आर्थिक इकाइयों को एक अप्रत्यक्ष पथ प्रदर्शक (invisible hand) के रूप में उचित संकेत दे सके। परंतु ध्यान देने योग्य बात यह है कि स्मिथ के मतानुसार भी कुछ सेवाएँ (गतिविधियाँ तथा वस्तुएँ) ऐसी होती हैं जो अर्थव्यवस्था के लिए अति आवश्यक होते हुए भी निजी क्षेत्र की क्षमता से परे होती हैं। इन सेवाओं की व्यवस्था केवल सरकार ही कर सकती है।

कालांतर में उपर्युक्त मत में संशोधन हुआ तथा सरकारी गतिविधियों की सीमाओं में कई प्रकार से विस्तार के औचित्य को मान्यता प्राप्त हुई। चिन्तकों में इस धारणा ने ज़ोर पकडा कि राज्य किसी वर्ग विशेष के लिए नहीं

[2] G. Tullock, *Private Wants, Public Means: An Economic Analysis on the Desirable Scope of Government*, New York, Basic Book, 1970

अपितु समस्त समाज के हित के लिए होता है। राज्य से यह आशा की जाने लगी कि वह समाज के अधिकतम समूह के लिए सर्वाधिक संभव हित-प्राप्ति के लिए चेष्टा करेगा। अब स्थिति यह है कि बाज़ार व्यवस्था तथा अहस्तक्षेप की नीति की समर्थक सरकारें भी सर्वहितकारी नीतियों के औचित्य को मानती हैं। ये नीतियाँ हर सरकार के कार्यक्षेत्र का एक अभिन्न अंग बन चुकी हैं। सरकार को यह चिन्ता रहती है कि अर्थव्यवस्था में आय, रोज़गार, विकास, मुद्रास्फीति, क्षेत्रीय आर्थिक विषमताओं आदि की समस्याएँ न उभरें। सरकार की गतिविधियों में आर्थिक और सामाजिक सेवाओं का महत्त्व बढ़ता जा रहा है। कई देशों में इन उद्देश्यों की प्राप्ति हेतु उद्योगों और सेवाओं के राष्ट्रीयकरण का मार्ग भी अपनाया गया है। वैसे यह बात अवश्य है कि विभिन्न देशों में सरकारी कार्यक्षेत्र की रूपरेखा में काफी विविधता है, जिसका कारण यह है कि हर देश की राजनीति तथा सामाजिक वैचारिकी, संसाधन उपलब्धता तथा सरकारी तंत्र की प्रशासनिक क्षमता आदि में समानता नहीं पाई जाती।

> समय के साथ-साथ सरकारी क्षेत्र की सीमाओं के निर्धारण संबंधी आर्थिक और राजनीतिक विचारधाराओं में परिवर्तन होता रहा है। वर्तमान में सर्वस्वीकृत चिंतन यह है कि हर आधुनिक सरकार को अपनी क्षमतानुसार वे नीतियाँ अपनानी चाहिए जिनका ध्येय समाज का सर्वाधिक सम्भव कल्याण हो। इस ध्येय के रहते सरकार का यह कर्त्तव्य बनता है कि वह अर्थव्यवस्था में आय, रोज़गार, विकास, मुद्रास्फीति, क्षेत्रीय आर्थिक विषमताओं आदि की समस्याओं का समुचित समाधान करने का प्रयत्न करे।

## मिश्रित अर्थव्यवस्था की अवधारणा
(Concept of a Mixed Economy)

एक आधुनिक अर्थव्यवस्था में सरकारी गतिविधियों के महत्व और औचित्य को सर्वमान्यता प्राप्त है तथा मिश्रित अर्थव्यवस्था में आर्थिक गतिविधियों से संबंधित निर्णय प्रणाली में **सार्वजनिक तथा निजी, दोनों क्षेत्रों की साझेदारी** होती है। **इन अर्थों में प्रत्येक आधुनिक अर्थव्यवस्था 'मिश्रित' है।** सरकार अपनी गतिविधियों के संग-संग निजी क्षेत्र को भी विविध प्रकार से नियंत्रित करती है। साधनों का आवंटन केवल बाज़ार व्यवस्था के हाथ में सीमित नहीं रहता। वस्तुस्थिति यह है कि सरकारी आर्थिक गतिविधियाँ एवं नीतियाँ सर्वव्यापी दिखाई देती हैं। अधिकतर बाज़ार व्यवस्थाओं में पिछले कुछ दशकों में देश के आय-व्यय प्रवाहों में सरकारी आय-व्यय के अनुपात में लगातार वृद्धि हुई है।

यही स्थिति हमारे भारत देश में भी है। यहाँ पर भी देश के आय-व्यय प्रवाहों में सरकारी आय-व्यय के प्रवाहों के अनुपात में लगातार वृद्धि हुई है। इसका एक प्रमाण सरकार के बजटीय आँकड़े हैं। केन्द्र तथा राज्य सरकारों के बजटीय व्यय के जोड़ को देश की सकल आय के अनुपात में रखने पर इस अनुपात की बढ़ती प्रवृति स्पष्ट रूप से दृष्टिगोचर होती है। इसी प्रकार हमारी सरकार का देश की वित्त-व्यवस्था में भी काफी महत्वपूर्ण स्थान है। भारतीय रिज़र्व बैंक सहित देश की वित्तीय संस्थाओं के एक बड़े खंड पर सरकार का स्वामित्व है। मुद्रा-निर्माण भी भारत सरकार तथा रिज़र्व बैंक के हाथों तक ही सीमित है। बजटीय घाटों, उधार-नीति तथा अन्य ऐसे अनेक नीतिगत कारकों से सरकार अर्थव्यवस्था के संचालन को पर्याप्त रूप से प्रभावित कर सकती है। विभिन्न प्रकार के राजस्व तथा व्यय संबंधी निर्णयों का प्रयोग नीति-निर्धारक-उपादानों के रूप में किया जाता है। इसके अतिरिक्त भी सरकार देश की अर्थव्यवस्था को विभिन्न प्रकार से नियमित और नियंत्रित करने में लगी रहती है, जिसका प्रभाव इसके अपने राजस्व तथा व्यय आयामों पर भी पड़ता है।

अधिकतर सरकारों के लिए बाज़ार से बारंबार तथा काफी मात्रा में उधार लेना एक साधारण सी बात हो गई है। सरकार द्वारा ऐसा करने से अर्थव्यवस्था के वास्तविक साधन भी बाज़ार से उसके पास हस्तांतरित हो जाते हैं और यदि यह उधार देश के केन्द्रीय बैंक से लिया गया हो, तो प्रचलित मुद्रा (currency in circulation) की मात्रा में भी बढ़ोतरी हो जाती है। बाद में जब इन ऋणों का ब्याज चुकाया जाता है तथा उनके मूलधन का भुगतान किया जाता है, तो साधनों के प्रवाह की दिशा सरकार से ऋण-दाताओं की ओर हो जाती है। परंतु प्रश्न यह भी उठता है कि सरकार इन अदायगियों के लिए साधन कहाँ से जुटाती है—क्योंकि अर्थव्यवस्था पर ऋण नीति का निवल प्रभाव साधनों के जुटाने के तरीके पर भी निर्भर रहता है। इस प्रकार **लोक-ऋण-नीति** भी सरकार के हाथों में एक सक्षम हथियार का काम दे सकती है, जिसका सदुपयोग अथवा दुरुपयोग किया जा सकता है। भारत में केन्द्र तथा राज्य सरकारों ने उधार लेने की नीति का इतना अधिक सहारा लिया है कि इससे उनके लिए विविध प्रकार की बजटीय कठिनाइयाँ उत्पन्न हो गई हैं।

हर सरकार भली भाँति जानती है कि सार्वजनिक आय-व्यय, ऋण तथा लोक उद्यम आदि ऐसे सक्षम हथियार हैं जिनके द्वारा विभिन्न प्रकार की नीतियों की संरचना की जा सकती है। इन तथ्यों की व्याख्या इस पुस्तक के अन्य अध्यायों में यथास्थान की गई है। अभी इतना कहना ही पर्याप्त रहेगा कि **सरकार का कार्यक्षेत्र केवल अर्थव्यवस्था में भागीदार बनने तक ही सीमित नहीं है; इसकी एक महत्वपूर्ण भूमिका अर्थव्यवस्था को सुव्यवस्थित करना भी है।**

यदि हम सरकार द्वारा वस्तुओं (सेवाओं) की पूर्ति तथा उनके मूल्य निर्धारण पर विचार करें, तो सरकारी गतिविधियों को विभिन्न खंडों में वर्गीकृत किया जा सकता है। कुछ सार्वजनिक वस्तुएँ ऐसी होती हैं, जो अपवर्जन नियम के अंतर्गत नहीं आती। अत: इन वस्तुओं की वित्त-व्यवस्था बजटीय प्रावधान के द्वारा ही संभव है। कुछ अन्य वस्तुओं (जिन्हें जनहितकारी वस्तुओं की संज्ञा दी जाती है) के मामले में सरकार द्वारा बजटीय अनुदान अथवा कर-रियायत का मार्ग अपनाना उचित हो सकता है। इसी प्रकार सरकार यदि उन वस्तुओं को मुहैया करने का काम संभाल ले, जिन पर अपवर्जन नियम पूर्ण रूप से लागू होता हो तो उनकी पूरी कीमत वसूल करने की नीति भी अपनाई जा सकती है।

**अर्थव्यवस्था का प्रबंधन (Management of the Economy)**—जहाँ अर्थव्यवस्था किसी केन्द्रीय आयोजना के द्वारा नियंत्रित न होकर बाज़ार व्यवस्था द्वारा संचालित हो, वहाँ भी अर्थव्यवस्था को नियंत्रित करने की आवश्यकता आज की हर सरकार महसूस करती है। अनियन्त्रित अर्थव्यवस्था से उत्पन्न आय तथा धन वितरण के ढाँचे सामाजिक स्तर पर न्यायोचित नहीं होते। कुछ गिने चुने हाथों में आर्थिक शक्ति केन्द्रित हो जाने की प्रवृत्ति रहती है। इसमें उत्पादन, कीमतों तथा रोज़गार-स्तर आदि में चक्रीय उतार-चढ़ाव (cyclical fluctuations) आते रहते हैं। औद्योगीकरण तथा शहरीकरण से सामाजिक सुरक्षा की समस्याएँ पैदा होती हैं। शहरी जनता को स्वास्थ्य, सफाई, तथा आवास आदि के दोषयुक्त स्थिति में होने के अतिरिक्त प्रदूषण तथा सामाजिक अपराधों में वृद्धि की समस्याओं का भी सामना करना पड़ता है। इसी प्रकार राज्य द्वारा सरकारी हस्तक्षेपीय क्षेत्रों में अवसंरचनात्मक सुविधाओं का प्रबंध, पूँजी निर्माण में योगदान, श्रमिक-मालिक संबंध, औद्योगिक सुरक्षा, चिकित्सा और जन-स्वास्थ्य, परिवार-कल्याण, प्रौद्योगिकी और पर्यावरण, परिवहन और संचार आदि शामिल हैं। इसके अतिरिक्त सरकार के सामने आंतरिक आर्थिक एवं सामाजिक समस्याओं के साथ-साथ विदेशों के साथ आर्थिक तथा राजनीतिक संबंधों के कारण कुछ अन्य समस्याएँ भी होती हैं। इन कारणों से न केवल राज्य की अपनी आर्थिक गतिविधियों में बढ़ोतरी होती है, प्रत्युत उसे निजी क्षेत्र की गतिविधियों को नियंत्रित करने की आवश्यकता भी महसूस होती है।

अतः सरकार के लिए यह अनिवार्य हो जाता है कि अपनी क्षमतानुसार यथा संभव इष्टतम बजटीय नीतियों का चयन करे और उन्हें कार्यान्वित करे।

- हर आधुनिक अर्थव्यवस्था को निजी और सरकारी दोनों क्षेत्ररों के अस्तित्व के कारण एक मिश्रित अर्थव्यवस्था कहा जा सकता है।
- यही स्थिति भारत में भी है।
- यद्यपि पिछले कुछ वर्षों में निजी क्षेत्र को विशेष प्रोत्साहन दिया गया है, तो भी सरकारी हस्तक्षेप की सर्वव्यापकता बनी हुई है, और सरकार की बजटीय, ऋण तथा अन्य आर्थिक नीतियाँ दिनो-दिन अधिक जटिल एवं प्रभावी होती जा रही हैं।

## शब्दावली (Key Words)

1. जनहितकारी/सर्वहितकारी वस्तुएँ (merit goods); 2. सार्वजनिक/लोक वस्तुएँ (public/social goods); 3. अविभाज्यता (non-divisibility); 4. अपवंजन/वंचितन नियम (principle of exclusion); 5. बाह्यताएँ/अतिरिक्त प्रभाव/अन्य पार्टी प्रभाव/पड़ोसीपन प्रभाव (externalities/additional effects/third party effects/ neighbourhood effects); 6. सीमांत लागत (marginal cost); 7. ह्रासमान औसत लागत (decreasing average cost); 8. प्रभावी माँग (effective demand); 9. मुफ्तखोरे (free riders); 10. एक्स-कार्यक्षमता (X-inefficiency); 11. अहस्तक्षेप (laissez-faire); 12. अप्रत्यक्ष पथ प्रदर्शक (invisible hand); 13. जनहितकारी राज्य (welfare state); 14. मिश्रित अर्थव्यवस्था (mixed economy); 15. देशव्यापी ध्येय (macro objectives).

## अभ्यास प्रश्न

1. लोक वित्त की विषय-सामग्री और सरकार की गतिविधियों के आपसी संबंध पर प्रकाश डालें तथा इस संदर्भ में सरकार और निजी क्षेत्र में आर्थिक गतिविधियों के आवंटन का एक समुचित आधार निर्मित करें।
2. अर्थव्यवस्था की मूल समस्याओं को ध्यान में रखते हुए आर्थिक गतिविधियों के सरकारी और निजी क्षेत्रों में आवंटन पर एक विस्तृत नोट लिखें।
3. सार्वजनिक (लोक) वस्तुओं का क्या अर्थ है? इनकी क्या विशेषताएँ हैं? किन कारणों से इन को सरकारी क्षेत्र में शामिल किया जाना चाहिए?
4. सार्वजनिक वस्तुओं की विशेषताएँ गिनवाएँ। किसी अर्थव्यवस्था में विशुद्ध सार्वजनिक वस्तुओं और वशुद्ध निजी वस्तुओं का इष्टतम मिश्रण किस प्रकार निर्धारित किया जा सकता है?
5. सरकार के कार्यक्षेत्र की सीमाओं पर एक विस्तृत नोट लिखें। तर्क सहित समझाएँ कि इन सीमाओं का निर्धारण किस आधार पर किया जाना चाहिए।
6. लोक वस्तुओं के वित्त पोषण में मुफ्तखोरों की समस्या पर प्रकाश डालें। यह समस्या किस कारण उत्पन्न होती है? क्या इस कारण सरकार को लोक वस्तुओं को मुहैया करना छोड़ देना चाहिए?
7. सार्वजनिक और निजी वस्तुओं में भेद दर्शाते हुए पूर्वोक्त की विशेषताओं का विवेचन करें।
8. सैद्धांतिक दृष्टिकोण से राज्य की गतिविधियों का औचित्य दर्शाएँ। क्या व्यावहारिक रूप से ऐसी सैद्धांतिक संरचना को अपनाया जा सकता है? तर्क सहित उत्तर दें।
9. इस कथन की व्याख्या करें कि "हर आधुनिक अर्थव्यवस्था एक परिशुद्ध संरचना न होकर सरकारी क्षेत्र और बाज़ार क्षेत्र का मिश्रण होती है"। इस संदर्भ में कालांतर में राज्य के कार्यक्षेत्र में परिवर्तन का भी संक्षिप्त वर्णन करें।
10. जनहितकारी/सर्वहितकारी (merit) वस्तुओं पर एक विस्तृत नोट लिखें इन्हें पूरी तरह निजी क्षेत्र में क्यों नहीं रहने दिया जा सकता?

# अध्याय 2

# लोक वित्त का अर्थ एवं सीमाएँ

## (Meaning and Boundaries of Public Finance)

**इस अध्याय में**

- लोक वित्त की विषय-सामग्री की सीमाओं तथा उनमें परिवर्तनों का संक्षिप्त वर्णन है;
- सार्वजनिक वित्त और निजी वित्त की समानताओं और असमानताओं की विस्तृत चर्चा है;
- लोक वित्त और अर्थव्यवस्था की गहन परस्पर निर्भरता का विवेचन है।

## परिचय (Introduction)

लोक वित्त की विषय-सामग्री काफी जटिल, विस्तृत एवं बहु-आयामी रूप धारण कर चुकी है। इसमें सरकार की समस्त गतिविधियों के वित्त-पोषण के स्रोतों, प्रभावों और उनसे जुड़े प्रश्नों और मुद्दों का अध्ययन किया जाता है; तथा इस अध्ययन में राजकोषीय नीति (budgetary policy) और इसके घटकों का एक अग्रणीय स्थान रहता है। पुरानी विचारधारा के अनुसार लोक वित्त की विषय-सामग्री केवल 'राज्यकीय गतिविधियों की वित्त-व्यवस्था' के अध्ययन तक सीमित रहनी चाहिए, परन्तु वर्तमान परिस्थितियों में ऐसी अति संकीर्ण परिभाषा अर्थहीन मानी जाती है। इस संकीर्ण परिभाषा का औचित्य केवल उन दिनों था जब एक सामान्य सरकार समाज और अर्थव्यवस्था की समस्याओं एवं गहन समर्थता (untapped potentiality) के प्रति उदासीन होती थी। परन्तु अब वस्तुस्थिति बिल्कुल बदल चुकी है। अब एक आधुनिक सरकार अनेक प्रकार से देश और समाज के बहु-आयामी विकास में सक्रिय भूमिका निभाना अपना कर्तव्य मानती है। अत: इन बदलती परिस्थितियों के अनुरूप लोक वित्त की विषय-सामग्री की सीमाओं में भी विस्तार हुआ है।

- लोक वित्त की विषय-सामग्री की कभी भी पूर्वनिश्चित सीमाएँ नहीं रही हैं।
- इसमें बदलती परिस्थितियों के अनुसार यथोचित विस्तार एवं परिवर्तन होता रहा है।
- इस समय यह काफी जटिल और बहु-आयामी रूप-आकार धारण कर चुकी है।

## राज्य की गतिविधियों का विस्तारण (Expansion of State Activities)

कालांतर में एक आधुनिक सरकार की गतिविधियों की सीमाओं में स्थिरता के स्थान पर कई प्रकार से विस्तारण की प्रवृत्ति देखने को मिलती है। इस विस्तारण प्रक्रिया को मुख्य रूप से दो चरणों में बाँटा जा सकता है।

## पहला चरण (First Stage)

पूँजीवाद के प्रारंभिक काल पर दृष्टिपात करने से ज्ञात होता है कि उन दिनों लोकप्रिय आर्थिक चिंतन का झुकाव राज्य द्वारा अहस्तक्षेप (laissez-faire) नीति को अपनाने के पक्ष में था। यह आम धारणा थी कि निजी क्षेत्र कार्यकुशलता में सरकारी क्षेत्र से हर प्रकार से आगे रहता है। अत: उस समय के अधिकतर विचारकों के मतानुसार बाज़ार-व्यवस्था में माँग तथा पूर्ति की शक्तियाँ आपसी क्रिया-प्रतिक्रिया द्वारा एक **अदृश्य पथ-प्रदर्शक** (invisible hand) की भूमिका निभाती हैं। इस तर्कानुसार राज्य को चाहिए कि वह अहस्तक्षेप की नीति का पालन करते हुए बाज़ार शक्तियों को निर्विघ्न कार्य करने दे। अत: इस आधार पर राज्य के लिए निम्नलिखित कार्यक्षेत्रीय सीमाओं को उचित ठहराया गया।

1. राज्य का सर्वप्रथम कर्तव्य यह बनता है कि वह देश को आंतरिक गड़बड़ से सुरक्षित रखे, तथा कानून और शाँति की व्यवस्था बनाए रखे। इस कार्य-सिद्धि के लिए सरकार को अपना अस्तित्व बनाए रखने के अतिरिक्त उचित कोटि के नागरिक प्रशासन, न्याय तथा पुलिस बंदोबस्त की व्यवस्था करनी चाहिए।
2. समाज को विदेशी आक्रमण से सुरक्षा प्रदान करने के लिए राज्य के पास सशक्त शस्त्र बल होना चाहिए।
3. कई कार्यकलाप ऐसे होते हैं जो व्यावसायिक दृष्टि से लाभकारी न होने के कारण निजी क्षेत्र को स्वीकार्य नहीं होते, परंतु अर्थव्यवस्था की कार्यक्षमता के लिए उनका अस्तिव अनिवार्य होता है। इन्हें **सामाजिक ऊपरी पूँजी अथवा अवसंरचनात्मक सुविधाएँ** (Social Overheads or Infrastructural Facilities) की संज्ञा दी जाती है। इन सुविधाओं का सीमांत *सामाजिक* हित उनकी सीमांत *सामाजिक* लागत से कहीं अधिक होता है। परंतु निजी क्षेत्र की असमर्थता इस तथ्य में निहित है कि उनका सीमांत *निजी* हित कम होने के कारण बाज़ार में उनको लाभ-युक्त कीमत पर नहीं बेचा जा सकता। ऐसी स्थिति में सार्वजनिक क्षेत्र का यह दायित्व बनता है कि (क) अपनी निम्न कार्यक्षमता के बावजूद तथा (ख) व्यावसायिक स्तर पर अलाभकारी होते हुए भी, इन कार्यकलापों को अपनाए। सार्वजनिक क्षेत्र के ऐसा न करने पर इस अति-आवश्यक सामाजिक ऊपरी-पूँजी का अभाव अर्थव्यवस्था के विकास में अड़चन बना रहता है।

'अहस्तक्षेप' के नीतिकारों की **एक धारणा यह भी थी कि अर्थव्यवस्था का अर्थ बुनियादी तौर पर निजी क्षेत्र ही लिया जाना चाहिए।** इस विचार-संरचना में 'राज्य' अर्थव्यवस्था का अभिन्न अंग नहीं माना जाता। इसके अस्तिव के औचित्य का आधार केवल अर्थव्यवस्था (अर्थात इन विचारकों के अनुसार केवल निजी क्षेत्र) के सहायक के रूप में ही बनता है। इसकी सहायक सेवाओं की उपलब्धि होने पर अर्थव्यवस्था अपनी सभी मूल समस्याओं का समाधान स्वयं कर सकती है। इसके लिए राज्य की ओर से किसी प्रकार के नियोजन (planning) की आवश्यकता नहीं हैं। अत: राज्य की गतिविधियों को न्यूनतम अनिवार्य स्तर तक ही सीमित रखना चाहिए।

- इस दृष्टिकोण से लोक-वित्त की विषय-सीमाओं के अंतर्गत यह प्रश्न नहीं उठता कि आर्थिक कार्यकलापों को राज्य और निजी क्षेत्रों में किस आधार पर आबंटित किया जाए तथा राज्य की गतिविधियाँ क्या हों? उन्हें तो पूर्व-निर्धारित मान लिया जाता है।
- अत: यह मानते हुए कि राज्य अपनी सहायक भूमिका सुचारू रूप से निभाते हुए भी निजी क्षेत्र में यथासंभव हस्तक्षेप न करे, लोक वित्त की विषय-सीमाएँ केवल इसी बात तक सीमित रह जाती हैं कि राजकोषीय नीतियों और गतिविधियों तथा उनके वित्त पोषण को किस प्रकार सुयोजित किया जाए।

इस पुराने विचार की व्याख्या करते हुए प्रो. टेलर (Prof. Taylor) का कहना है कि "'सार्वजनिक वित्त' जनता को सरकार के अधीन एक व्यवस्थित वर्ग मानकर उसकी वित्त-व्यवस्था का अध्ययन है। इस प्रकार इसके अंतर्गत

केवल सरकार का वित्त ही आता है। सरकार के वित्त में सरकार द्वारा धन संग्रहण तथा उसका व्ययन शामिल है। लोक वित्त का अध्ययन राजकोष के कार्यकलापों का अध्ययन है। अत: यदि इसे विज्ञान माना जाए, तो यह राजकोषीय विज्ञान है; इसकी नीतियाँ राजकोषीय नीतियाँ हैं तथा समस्याएँ राजकोषीय समस्याएँ हैं।"[1]

इसी प्रकार कार्ल सी प्लैह्न (Carl C. Plehn) के संक्षिप्त शब्दों में लोक वित्त "सरकार द्वारा अपने वित्त-पोषण हेतु एकत्रित साधनों का अध्ययन है"[2]।

- इस विकास प्रक्रिया के पहले चरण में सामान्यत: यह मान्यता रहती थी कि सरकारी क्षेत्र 'अर्थव्यवस्था' का अभिन्न अंग नहीं है और देश की अर्थव्यवस्था केवल इसके निजी क्षेत्र के बराबर है।
- परिणामस्वरूप यह निष्कर्ष निकाला जाता था कि सरकारी क्षेत्र की गतिविधियाँ केवल निजी क्षेत्र के सहायतार्थ और न्यूनतम संभव होनी चाहिएँ।
- अत: लोक वित्त की लोकप्रिय परिभाषाएँ राजकोषीय गतिविविधयों और नीतियों के संकुचित अध्ययन तक सीमित रहती थीं।

## दूसरा चरण (Second Stage)

**सरकारी और निजी दोनों क्षेत्र अर्थव्यवस्था के न केवल अभिन्न अंग हैं बल्कि उनमें परस्पर गहरी निर्भरता भी है।**

इन दिनों उपर्युक्त विचार पद्धति मूल रूप से तज दी गई है। अब वर्तमान चिंतनधारा में सार्वजनिक क्षेत्र और 'जन-कल्याण राज्य' की अवधारणाओं को एक महत्वपूर्ण स्थान दिया जाता है। तथा राज्य के कार्यकलापों की सीमाओं का सर्वायामी विस्तार भी स्वीकार्य हो गया है। परिणामस्वरूप सार्वजनिक वित्त की मान्य परिभाषाओं में इसकी विषय-सीमाओं का यथोचित विस्तार हुआ है। उदाहरणार्थ अब यह अपेक्षा की जाती है कि एक आधुनिक सरकार चक्रीय आर्थिक उतार-चढ़ावों को रोकने, बेरोज़गारी को कम करने, वितरणीय न्याय को प्राप्त करने, और पूँजी-निर्माण तथा संतुलित विकास को सुनिश्च्ति करने में एक प्रभावी भूमिका निभाने का प्रयत्न करेगी। इस उद्देश्य हेतु कई सरकारों ने आकारपरख योजना पद्धति (formal planning) और सार्वजनिक उद्यमों के विस्तारण जैसी नीतियों को भी अपनाया है।

अब सार्वजनिक वित्त का परिभाषा-समूह भी इस नई विचारधारा को प्रतिबिम्बित करता है। उदाहरणार्थ मस्ग्रेव (Musgrave) का कहना है कि

> "सरकार के राजस्व तथा व्यय से संबंधित समस्यासमूह को सार्वजनिक वित्त की संज्ञा दिए जाने की परंपरा है।—यद्यपि सरकारी गतिविधियों से वसूली तथा अदायगी के प्रवाहों की उत्पति होती है, तो भी मूल समस्याएँ वित्त की नहीं हैं। हमारा कार्य यह है कि राजकोषीय गतिविधियों से उत्पन्न आर्थिक नीतियों के आयामों का अध्ययन करें। इस प्रकार सार्वजनिक वित्त की विषय सामग्री अन्य बातों के साथ-साथ तार्किक आधार पर भी सार्वजनिक बजटीय गतिविधियों के वित्तीय पहलुओं का अध्ययन है।"[3]

---

[1] Philip E. Taylor, *The Economics of Public Finance,* Macmillan, 1957, p. 3.

[2] Carl C. Plehn, *Introduction to Public Finance,* 1926, p. 1.

[3] Richard A Musgrave, *The Theory of Public Finance: A Study in Public Economy,* McGraw-Hill Book Co., 1957, p. 3.

इसी प्रकार जेम्स एम बुकानन (James M. Buchanan) का कहना है कि लोक वित्त में सरकार को एक आर्थिक इकाई मानकर उसकी गतिविधियों का अध्ययन किया जाता है।[4]

- कालान्तर में आर्थिक चिंतन से अहस्तक्षेप की नीति के स्थान पर जनकल्याण की अवधारणा ने सर्वस्वीकार्यता प्राप्त कर ली है।
- इसके तदनुरूप लोक वित्त में भी सरकार की आर्थिक एवं सामाजिक नीतियों के वित्तीय आयामों, उनसे संबद्ध राजकोषीय नीतियों और समस्याओं और उनके प्रभावों का अध्ययन किया जाता है।

इस प्रकार हम देखते हैं कि सार्वजनिक वित्त में राजकोषीय गतिविधियों के साथ-साथ राजकोषीय नीतियों, तथा उनके घटकों के चुनाव और प्रभावों का अध्ययन किया जाता है।

## मस्ग्रेव की विचारधारा (Musgrave's Stand)

लोक वित्त की अध्ययन सामग्री के विवेचन में मस्ग्रेव के विचार और सुझाव अति उपयोगी और विचारणीय हैं।

- मस्ग्रेव के मतानुसार लोक वित्त का विषय-क्षेत्र मूलत: सरकार की वित्तीय समस्याओं का अध्ययन न होकर **राजकोषीय गतिविधियों से जुड़ी आर्थिक नीतियों का अध्ययन** है।
- मस्ग्रेव का सुझाव है कि समस्त राज्य क्षेत्र को एक **सार्वजनिक परिवार** (Public Household) के रूप में देखते हुए उसके उद्देश्यों को निम्नलिखित तीन वर्गों में बाँटना चाहिए-
  1. **साधनों का समुचित आवंटन**
  2. **आय तथा धन के वितरण में उचित परिवर्तन**
  3. **कीमतों और रोज़गार स्तर में स्थिरता**

भारत जैसे विकासशील देशों के लिए इन उद्देश्यों में हम अपनी ओर से **पूँजी निर्माण, आर्थिक विकास एवं जन-कल्याण** आदि को भी जोड़ सकते हैं।

- यह तथ्य ध्यान देने योग्य है कि उद्देश्य कुछ भी रहें, **सार्वजनिक वित्त के विस्तृत अध्ययन के अंतर्गत बजटीय नीतियों की संरचना तथा उनके कार्यान्वयन से उत्पन्न विभिन्न प्रभावों की व्याख्या** सदैव शामिल रहते हैं।
- लोक वित्त के सिद्धांतों के निर्माण में 'सार्वजनिक परिवार' द्वारा उचित क्रिया-प्रतिक्रिया के अध्ययन के अतिरिक्त इस जानकारी का भी प्रयोग किया जाता है कि विभिन्न बजटीय नीतियाँ **निजी क्षेत्र को किस प्रकार प्रभावित करती हैं**। उदाहरणार्थ यह आशा की जाती है कि सरकार बजटीय नीतियों में कराधान, सार्वजनिक व्यय तथा लोक ऋण आदि से संबंधित सुझावों पर उनके समाज और अर्थव्यवस्था पर होने वाले प्रभावों की जानकारी प्राप्त करने के पश्चात ही अंतिम निर्णय लेगी।
- मस्ग्रेव द्वारा रचित 'सार्वजनिक परिवार' से हमें लोक-वित्त के अध्ययन में काफी सहायता मिलती है। परंतु ध्यानयोग्य है कि सरकारी नीतियों के प्रभाव काफी हद तक देश की संस्थानिक संरचना (institutional set up) पर निर्भर करते हैं। अत: लोक वित्त के अध्ययन की पूर्णता के लिए यह आवश्यक है कि लोक वित्त का अध्ययन करते समय विचाराधीन देश की संस्थानिक संरचना को भी ध्यान में रखा जाए।

---

[4] James M. Buchanan, *The Public Finance*, Richard D. Irwin, 1970, p. 6

- आजकल की आधुनिक सरकार बहुधा एक स्तरीय न होकर बहु-स्तरीय होती है। उदाहरणार्थ भारत में केन्द्रीय सरकार के अतिरिक्त राज्य सरकारें तथा कई प्रकार के स्थानीय निकाय भी हैं। **इसलिए लोक वित्त की विषय सामग्री में सरकारों के अंतरस्तरीय वित्तीय संबंध तथा उनकी अपनी-अपनी नीतियाँ एवं समस्याएँ भी शामिल की जाती हैं।**

> - लोक वित्त की सीमाएँ लगातार विस्तृत हो रही हैं और इस प्रवृत्ति का औचित्य भी है।
> - मस्ग्रेव का यह सुझाव बहुत उपयोगी है कि लोक वित्त का अध्ययन 'सार्वजनिक परिवार' की अवधारणा की सहायता से किया जाना चाहिए।
> - परन्तु अध्ययन की पूर्णता के लिए विचाराधीन देश की संस्थानिक संरचना पर ध्यान देना भी अति आवश्यक रहता है।

## वर्तमान स्थिति (Current Position)

लोक वित्त की विषय सामग्री में लगातार विस्तार होने के कारण इसको विभिन्न प्रकार से अध्ययन खण्डों में बाँटा जा सकता है। अतः निम्नलिखित वर्णन केवल परिचायक मात्र है।

**1. राजस्व (Revenue)**—विषय के इस खंड में उन स्रोतों का अध्ययन आता है जिनसे सरकार को धन प्राप्ति होती है। इस खंड में विभिन्न प्रकार के कर-राजस्व तथा कर-भिन्न राजस्व के स्रोतों, उनकी परस्पर निर्भरता और लाभ-हानियों का सर्वेक्षण रहता है। साथ ही उन सिद्धांतों का अध्ययन भी किया जाता है जिनके आधार पर सरकार को राजस्व जुटाना चाहिए। राजस्व के विभिन्न स्रोतों में मुख्य रूप से कराधान, सार्वजनिक ऋण तथा मुद्रा निर्माण विशेष रूप से वर्णनीय हैं।

(क) कराधान के अध्ययन में विभिन्न करों के चयन से संबंधित सैद्धांतिक नियम, कर-भार की समस्याएँ तथा कराधान के अर्थव्यवस्था पर प्रभाव शामिल हैं।

(ख) सरकार का बहुत-सा राजस्व कर भिन्न स्रोतों से आता है। इस प्रकार के राजस्व में लोक उद्यमों से लाभ, आय और लाभांश, अनुदान, शुल्क, जुर्माने, ब्याज की प्राप्तियाँ आदि शामिल हैं। इनमें से हर स्रोत का सामान्य तौर पर सरकार की समग्र नीतियों में और विशेषकर उसकी राजकोषीय नीतियों में एक अपना महत्व है।

(ग) करेन्सी (मुद्रा) निर्माण भी सरकार के लिए एक राजस्व-स्रोत हो सकता है। इस स्रोत से राजस्व प्राप्ति बहुत हद तक सरकार द्वारा लिए जाने वाले निवल उधार पर निर्भर करती है। अतः यह आय-स्रोत कई प्रकार के समाज और अर्थव्यवस्था के लिए हितों और हानियों की उत्पत्ति का कारण बनता है। इसका अध्ययन भी अति महत्वपूर्ण माना जाता है।

**2. सार्वजनिक व्यय (Public Expenditure)**—लोक बजट से कई प्रकार की वित्तीय राशियों की अदायगी की जाती है। इनमें सरकार द्वारा व्ययित की गई विभिन्न राशियों के अतिरिक्त निवेशित राशियाँ, नए दिए जाने वाले उधार तथा अनुदान आदि भी शामिल रहते हैं। अदा की गई राशियों को उनके अंतिम प्रयोग और उनसे अपेक्षित प्रभावों के आधार पर विकासात्मक तथा गैर-विकासात्मक मद-वर्गों में बाँटा जा सकता है। सार्वजनिक व्यय अपने आकार-प्रकार तथा अपनी विविधता के कारण अर्थव्यवस्था के वित्तीय प्रवाहों को प्रत्यक्ष और परोक्ष दोनों प्रकार से प्रभावित करता है। इसके फलस्वरूव माँग तथा पूर्ति के ढाँचे भी प्रभावित होते हैं। सरकार सार्वजनिक व्यय को विभिन्न सक्षम नीति अस्त्रों के रूप में भी प्रयोग कर सकती है। इन नीतियों में जन-कल्याण, विकास, आर्थिक स्थिरता, रोज़गार संवर्धन, तथा कीमतों पर नियंत्रण आदि शामिल हो सकते हैं।

**3. लोक ऋण (Public Debt)**—एक समय था जब लोक ऋण को सरकारी बजट की अल्पावधिक वित्तीय आवश्यकता से निपटने का एक साधन मात्र माना जाता था। परन्तु अब एक आधुनिक सरकार का स्थाई रूप से ऋणग्रस्त रहना और लोक ऋण का एक **नीति-अस्त्र** के रूप में प्रयोग किया जाना आर्थिक चिंतन के सर्वस्वीकार्य अंग बन चुके हैं। लोक ऋण के आकार, घटक, स्वामित्व ढाँचे, तथा अन्य आयामों के नियमन का अर्थव्यवस्था की मौद्रिक आवश्यकताओं की संतुलित पूर्ति पर गहरा प्रभाव पड़ता है।

इसके अतिरिक्त सरकार स्वयं भी कई प्रकार से उधार देती है। अत: अब कई देशों में स्थिति इतनी गंभीर हो गई है कि सरकार द्वारा ब्याज का भुगतान तथा ब्याज की वसूली के आँकड़े लोक बजट की महत्वपूर्ण मदें बन गए हैं।

अर्थव्यवस्था की स्थिरता और संतुलित विकास के संदर्भ में भी लोक ऋण ने एक प्रभावी नीति-अस्त्र का स्थान प्राप्त कर लिया है। आधुनिक सरकारों में लोक ऋण द्वारा संसाधन जुटाने की प्रवृत्ति काफी सक्षम हो गई है। परंतु लोक ऋण का प्रभाव इसके सरकार द्वारा प्रयोग करने तक सीमित न रहकर इसके ब्याज की अदायगी और मूलधन को लौटाने पर भी निर्भर करता है। ये अदायगियाँ सार्वजनिक बजट से ही की जाती हैं और राजकोषीय नीति का एक महत्वपूर्ण भाग बन गई हैं।

**4. लोक उद्यम (Public Enterprises)**—कई सरकारें लोक-उद्यमों का भी एक नीतिगत अस्त्र के रूप में प्रयोग करना चाहती हैं। ध्यानयोग्य है कि हर देश में प्रचलित चिंतन के अनुरूप लोक उद्यमों को प्रदान की गई भूमिका में परिवर्तन होता रहा है।

भारत में भी इस बदलते चिंतन की प्रवृत्ति देखने को मिलती है। स्वतंत्रता के पश्चात कई दशकों तक सरकार का यह मत था कि सामाजिक और आर्थिक विकास के लिए सक्षम और बहु-व्यापी लोक उद्यमों का होना अनिवार्य है ताकि इनके माध्यम से पूरे समाज और अर्थव्यवस्था को सुनियोजित किया जा सके। परंतु देखा गया कि व्यावहारिक स्तर पर यह नीति कई प्रकार से दोषयुक्त थी। इसके अतिरिक्त इस मत को भी विश्व-व्यापी स्तर पर स्वीकारा जाने लगा कि बाज़ार व्यवस्था के अंतर्गत आर्थिक विकास की दर बढ़ जाती है। इस नए मत को अपनाते हुए अब भारत में भी लोक उद्यमों की भूमिका को घटाने के साथ-साथ निजी क्षेत्र को बढ़ावा दिया जा रहा है। इस नीति परिवर्तन के पीछे यह धारणा भी काम कर रही है कि लोक-उद्यम अर्थव्यवस्था और सरकार के लिए वित्तीय दुर्बलता के नहीं बल्कि वित्तीय क्षमता के स्रोत होने चाहिए।

**5. वित्तीय प्रशासन (Financial Administration)**—सरकार की सभी गतिविधियाँ इसके वित्तीय प्रशासन से जुड़ी रहती हैं। लोक बजट का बनाना, अपनाना तथा कार्यान्वित किया जाना भी वित्तीय प्रशासन के ही अंग हैं। अत: इसकी सुदृढ़ता सुनिश्चित किए बिना सरकार अपने वित्तीय साधनों के अपव्यय की रोकथाम नहीं कर सकती।

**6. बजटीय वर्गीकरण (Budgetary Classifications)**—लोक बजट की प्रभाविता को आंकने और बढ़ाने हेतु बजट-प्रस्तुति के कई नए प्रकारों की संरचना की गई है। उदाहरणार्थ भारत सरकार की समस्त बजटीय प्राप्तियाँ और बजटीय से वितरणों को तीन निधियों अर्थात (i) भारत की समेकित निधि, (ii) भारत का लोक खाता, और (iii) आकस्मिकता निधि में दर्ज किए जाते हैं। इसके अतिरिक्त समस्त प्राप्तियों और संवितरणों को राजस्व और पूँजी खातों में वर्गीकृत किया जाता है। 2017-18 से पहले सभी संवितरणों को आयोजना और आयोजना-भिन्न खातों में भी बांटा जाता था। इसके अतिरिक्त सरकार बजट को कई अन्य प्रकार से भी वर्गीकृत करती है ताकि इसको बहुआयामी प्रभाविता का आंकलन हो सके।

**7. स्थिरता, विकास तथा वितरणीय न्याय (Stability, Growth and Distributive Justice)**—अपेक्षा की जाती है कि एक आधुनिक सरकार की आर्थिक नीति में आर्थिक विकास की ऊँची दर, ऊँचे स्तरों पर आय और रोज़गार की स्थिरता और वितरणीय असमानताओं में कमी आदि के उद्देश्यों को महत्वपूर्ण स्थान दिया जाएगा। तथा इस कारण इन नीति घटकों की वैकल्पिक रूपरेखाएँ और उनके संभावित प्रभावों के अध्ययन को लोक वित्त में विशेष स्थान दिया जाता है।

**8. संघीय वित्त (Federal Finance)**—आधुनिक अर्थव्यवस्थाओं के बढ़ते आकार और विविधता के कारण अधिकतर देशों में बहुस्तरीय सरकारें हैं; अर्थात केन्द्रीय सरकार के अतिरिक्त क्षेत्रीय/राज्य स्तर की सरकारें और स्थानीय निकाय आदि भी हैं। बहुस्तरीय सरकार के अस्तित्व के फलस्वरूप यह आवश्यक हो जाता है कि सरकारी कार्यकलापों को विभिन्न स्तरों में आवंटन-संबंधी सिद्धांतों की संरचना की जाए, इस आवंटन से संबंधित समस्याओं का अध्ययन किया जाए तथा उनके समुचित समाधानों की खोज की जाए। बहुस्तरीय सरकार होने पर अंतरस्तरीय वित्तीय प्रवाहों का विकसित होना भी अनिवार्य है। इससे भी कई प्रकार के प्रश्न तथा समस्याएँ जुड़ी रहती हैं जिनका अध्ययन आधुनिक लोक वित्त का एक आवश्यक अंग माना जाता है।

- आधुनिक अर्थव्यवस्थाओं के बढ़ते आकार और विविधता के अतिरिक्त नए-नए उभरते सामाजिक मुद्दों और समस्याओं से निपटने के लिए आर्थिक चिंतन में अपेक्षित परिवर्तन आया है।
- इसके परिणामस्वरूप लोक वित्त संबंधी लक्ष्यों, सिद्धांतों, नीतियों आदि में भी बुनियादी विकास प्रक्रिया देखने को मिलती है।
- लोक वित्त की सीमाएँ लगातार विस्तृत हो रही हैं।
- लोक वित्त में बजटीय वर्गीकरण तथा अन्य ऐसे कई अध्ययन-मुद्दों को स्थान दिया जा रहा है, जिनसे सरकार की बजटीय नीतियों प्रभावित होती हैं तथा जो इन नीतियों की प्रभाविता को समझने, आंकने और उन्हें सशक्त बनाने में सहायक सिद्ध हो सकते हैं।

## सार्वजनिक वित्त *बनाम* निजी वित्त

(Public Finance *versus* Private Finance)

सार्वजनिक वित्त की निजी वित्त से भिन्नता पर विचार करने से लोक वित्त संबंधी सिद्धांतों के अध्ययन में सहायता मिलती है। यहाँ पर निजी वित्त से अभिप्राय एक प्रतीकात्मक गैर-सरकारी वैयक्तिक आर्थिक इकाई (a representative individual economic unit) से संबद्ध वित्तीय सिद्धांतों से है।

### समानताएँ (Similarities)

**1. मुद्राकृत गतिविधियाँ (Monetised Activities)**—आधुनिक अर्थव्यवस्थाओं का अधिकतर भाग मुद्राकृत (Monetised) होता है, अर्थात इनकी अधिकतम गतिविधियों से मौद्रिक लेन-देन की क्रियाएँ भी उत्पन्न होती हैं। मौद्रिक लेन-देन के साथ ही वित्तीय दावों (claims) तथा देयताओं (liabilities) की उत्पति होती है। इसके अतिरिक्त, सार्वजनिक तथा निजी, दोनों क्षेत्रों की गतिविधियों में क्रय-विक्रय तथा अन्य प्रकार के लेन-देनों का स्थान होने के कारण दोनों ही मौद्रिक दावों तथा देयताओं के सृजन और संहार में भी कार्यरत रहते हैं। अर्थात दोनों क्षेत्रों द्वारा उधार देना, उधार लेना, अदायगी करना, वसूली पाना, वित्तीय प्रतिभूतियों का क्रय-विक्रय आदि सभी कार्य किए जाते हैं।

**2. एक सी गतिविधियाँ (Common Activities)**—इसी प्रकार भौतिक स्तर पर दोनों क्षेत्र समान रूप से उपभोग, उत्पादन, विनिमय, बचत, पूँजी-निर्माण, निवेश आदि गतिविधियों में कार्यरत रहते हैं।

**3. संसाधनों की कमी (Limited Means)**—दोनों क्षेत्र अपने-अपने ढंग से समाज की आवश्यकताओं की पूर्ति करते हैं। आर्थिक कार्यकलापों में दोनों क्षेत्रों की भागीदारी होने के कारण उनकी बहुत सी समस्याओं में भी समानता देखने को मिलती है। उदाहरणार्थ दोनों क्षेत्र संसाधनों की कमी से पीड़ित रहते हैं तथा इस कारण दोनों का यह प्रयत्न रहता है कि संसाधनों के अपव्यय से बचा जाए और सबसे अधिक महत्वपूर्ण आवश्यकताओं की तुष्टि को प्राथमिकता दी जाए।

## असमानताएँ (Dissimilarities)

एक महत्वपूर्ण ध्यानयोग्य तथ्य यह है कि दोनों क्षेत्रों की वित्त प्रणालियों की समानताएँ उतनी दृढ़ और गहरी नहीं हैं जितनी कि उनकी असमानताएँ। इन असमानताओं का संक्षिप्त ब्यौरा नीचे दिया गया है।

**1. संसाधन (Resources)**—बहुधा यह कहा जाता है कि एक निजी आर्थिक इकाई की गतिविधियाँ उसके संसाधनों की सीमा नहीं पार कर सकतीं। अर्थात इसका व्यय **सदा के लिए** इसकी आय से अधिक नहीं हो सकता। कोई भी निजी आर्थिक इकाई घाटे के बजट को एक हद तक तथा कुछ समय तक ही अपना सकती है। इसका कारण यह है कि लगातार उधार लिए जाने पर इसकी साख इतनी घट जाती है कि इसके लिए नया उधार लेने के मार्ग बंद हो जाते हैं।

इसके विपरीत सरकार सदा के लिए घाटे का बजट अपना सकती है। इस नीति को यदि सरकार न अपनाए तो यह इसका अपना विवेक होता है। इसी प्रकार सैद्धांतिक रूप से सरकार के बजटीय घाटे की कोई ऊपरी सीमा नहीं होती। यहाँ भी सरकार इस सीमा को स्वयं निर्धारित करती है। लगातार बजटीय घाटे के कारण उसकी साख में विशेष अंतर नहीं पड़ता और यदि किसी कारण इसकी साख घट भी जाए तो भी इसके पास संसाधन जुटाने के कई अन्य मार्ग रहते हैं।

**2. ऋण (Borrowings)**--निजी तथा सार्वजनिक क्षेत्रों में उधार-संबंधी भेद केवल ऋण के आकार तक ही सीमित नहीं होता। यह भेद ऋण के रूप (घटकों) और ब्याज की दरों में भी देखने को मिलता है।

- एक निजी आर्थिक इकाई ऐसा उधार नहीं ले सकती जिसमें मूलराशि भुगतान का प्रावधान न हो, अर्थात इसे शाश्वत ("non-terminable" or perpetual) उधार नहीं मिल सकता।[5] परंतु सरकार न केवल शाश्वत उधार ले सकती है बल्कि इस प्रकार के उधारों के कई उदाहरण भी मिलते हैं।
- देश की अर्थव्यवस्था का भाग होते हुए भी सरकार आंतरिक (अर्थात देश के अंदर से) उधार ले सकती है, परन्तु एक निजी इकाई अपने आपसे उधार नहीं ले सकती।
- सरकार की साख निजी क्षेत्र की साख से सदैव बहुत अधिक होती है। इस अंतर के कई कारण हैं। इसके पास कराधान तथा अन्य ढंगों से अर्थव्यवस्था के साधनों का एक भाग हस्तगत (appropriate) करने का कानूनी अधिकार होता है; जब्कि एक निजी इकाई के पास ऐसा कोई अधिकार नहीं होता। सरकार की आयु अंतहीन मानी जाती है परंतु निजी क्षेत्र की इकाइयों की नहीं। सरकार के पास करेंसी सृजन करने का अधिकार होता है। वह बहुधा केन्द्रीय बैंक से असीमित ऋण लेकर भी अपने पुराने ऋण चुका सकती है। इसके अतिरिक्त

[5] बदलती स्थितियों के कारण अब इस बात की चर्चा होने लगी है कि यदि निजी क्षेत्र की किसी इकाई को ऋण-दाता रिश्वत उधार देने को तैयार हों तो कानून में इस की अनुमति होनी चाहिए।

यह कराधान नीति आदि के प्रयोग द्वारा भी निजी इकाइयों को विवश कर सकती कि वे इसे उधार दें। इन सब कारणों से इसे बहुधा निजी इकाइयों की तुलना में ब्याज की कम दरों पर उधार मिल जाता है।

**3. करेंसी सृजन (Creation of Currency)**—एक अन्य असमानता यह है कि सरकार को करेंसी सृजन करने का अधिकार होता है, जिससे यह सीधे तौर पर अपने वित्तीय संसाधनों में बढ़ोतरी कर सकती है। करेंसी सृजन द्वारा पुराने उधार भी चुकाए जा सकते हैं तथा उससे विभिन्न प्रकार से व्यय की वित्त-व्यवस्था भी की जा सकती है। सरकार द्वारा सृजित करेंसी वैध मुद्रा (legal tender) होती है, अर्थात इसे लेने से इनकार करना कानूनी अपराध होता है। परंतु निजी इकाइयों के पास करेंसी सृजन जैसा कोई अधिकार नहीं होता तथा उन्हें अपने हर उधार को अपने पास से चुकाना पड़ता है।

**4. वित्तीय प्रबंधन** (Financial Administration)—वित्त-व्यवस्था के संदर्भ में दानों क्षेत्रों के दृष्टिकोण में भी एक बुनियादी अंतर रहता है। निजी इकाई की वित्त-व्यवस्था का मूल आधार 'बाज़ार सिद्धांत' (market principle) अर्थात आर्थिक स्वार्थ (economic rationality) होता है। हर इकाई अपने आर्थिक हित को अधिकतम संभव करने का प्रयास करती है। इसके विपरीत लोक-वित्त का मूल आधार 'बजट नियम' (budget principle) होता है जिसका अर्थ यह है कि इसमें गतिविधियों का चयन लाभ-हानि अथवा निजी आर्थिक स्वार्थ के आधार पर नहीं किया जाता। इस चयन प्रक्रिया में इस तथ्य को भी महत्व नहीं दिया जाता कि लोग सरकार द्वारा प्रदत्त सेवाओं की कीमत चुकाने को तैयार हैं अथवा नहीं। ये निर्णय राजनीतिक और प्रशासनिक लक्ष्यों और नियमों के अंतर्गत सर्वमान्य सामाजिक उद्देश्यों की प्राप्ति हेतु लिए जाते हैं। सरकार के निर्णय इस बात से अति कम प्रभावित होते हैं कि विचाराधीन सेवाओं के बदले में उसे क्या प्राप्ति होगी।

**5. काल-क्षितिज (Time Horizon)**—निजी वित्त में बहुधा अल्पकालीन अथवा मध्यकालीन दृष्टिकोण अपनाने की प्रवृत्ति देखी जाती है। परंतु राज्य के साथ यह बात लागू नहीं होती। ऐसा माना जाता है कि सरकार के सामने समूची अर्थव्यवस्था और समाज का हित रहता है। (वैसे आजकल इस दृष्टिकोण की मान्यता घट गई है)। इस कारण सरकार अल्प तथा दीर्घ दोनों कालों में वित्तीय घाटा सहने को तैयार रहती है। इसी प्रकार राज्य के ध्यान में यह बात भी रहती है कि समाज शाश्वत है और उसके दीर्घकालीन हित के लिए ऐसे कदमों का भी औचित्य हो सकता है जिनसे समाज को भी अल्पकालीन आर्थिक हानि पहुँचे। इन कदमों के उदाहरणों में तम्बाकू, मद्रा तथा अन्य नशीले पदार्थों के सेवन को हतोत्साहित करना तथा छुआछूत प्रथा को दूर करना शामिल हैं।

**6. निर्णयाधार (Basis of Decision-making)**—एक आम धारणा के अनुसार एक निजी इकाई पहले अपनी संभावित आय को आंकती है, तथा उसके पश्चात अपने व्यय का निर्धारण करती है। इसके विपरीत सरकार अपने व्यय का निर्धारण करने के पश्चात उसके लिए आवश्यक राजस्व जुटाने का प्रबंध करती है। परंतु वास्तव में ये कथन अधूरे सत्य हैं क्योंकि इनका आधार यह धारणा है कि सरकार की गतिविधियाँ न्यूनतम सम्भव स्तर पर सीमित रहती हैं, तथा सरकार उनकी वित्त-व्यवस्था के लिए इष्टतम ढंगों की खोज करती है। आजकल इस धारणा के स्थान पर इस तथ्य को मान्यता दी जाती है कि राज्य की गतिविधियाँ इस प्रकार से संकुचित और सीमाबद्ध नहीं हैं। यह भी कहा जाता है कि आधुनिक समाज की जटिलता और आकार में निरंतर विकास होने के कारण सरकारी गतिविधियों का औचित्य भी सुदृढ़ होता जाता है और इस की प्रतिक्रिया के रूप में सरकार अपने कार्य-क्षेत्र को विस्तारित करती रहती है।

एक आधुनिक सरकार अपनी गतिविधियों की रूपरेखा और उनकी सीमाओं को केवल बजट के व्यय पक्ष के दृष्टिकोण से ही तय नहीं करती, प्रत्युत इस निर्णय-प्रक्रिया में अपने राजस्व का आकार, उसके घटक तथा उसमें

विभिन्न प्रकार के संभव संशोधनों पर भी ध्यान देती है। सरकार जानती है कि बजट के राजस्व पक्ष का प्रयोग विभिन्न प्रकार की आर्थिक, सामाजिक तथा अन्य नीतियों में सुधार के लिए किया जा सकता है।

यह तथ्य ध्यानयोग्य है कि सरकार चाहते हुए भी अपनी गतिविधियों को धीरे-धीरे ही बढ़ा सकती है, क्योंकि ऐसा करने के लिए उसे भी वित्तीय तथा अन्य प्रबंध करने पड़ते हैं अन्यथा समाज और अर्थव्यवस्था का अहित हो सकता है। सैद्धांतिक स्तर पर सरकार कराधान, उधार तथा करेंसी सृजन आदि द्वारा अपने वित्तीय साधनों में आवश्यकतानुसार बढ़ोतरी कर सकती है, परंतु वास्तविकता में उसे भी कई अड़चनों का सामना करना पड़ता है। सरकार अपने कानूनी अधिकारों के प्रयोग में इस बात की अवहेलना नहीं कर सकती कि इसकी नीतियों से समाज को क्षति पहुँच सकती है। उदाहरणार्थ सरकार द्वारा अत्यधिक उधार लेने के परिणामस्वरूप निजी क्षेत्र के लिए निवेश-पूँजी का अभाव उत्पन्न होने का डर रहता है। इसी प्रकार करेंसी सृजन से मुद्रा-स्फीति (inflation) पनपती है। सरकार करारोपण पर अपनी निर्भरता बढ़ाए तो निजी क्षेत्र द्वारा बचत और निवेश की प्रवृत्तियाँ क्षीण हो सकती हैं। निष्कर्ष यह निकलता है कि सरकार से अपेक्षित है कि वह अपनी शक्तियों का विवेकरहित प्रयोग नहीं करेगी।

इस तथ्य को इस प्रकार भी रखा जा सकता है कि सरकार अपने व्यय का आकार तय करने में अपने सामान्य राजस्व परिस्थितियों पर विचार तो करती है परंतु यदि आवश्यकता पड़ने पर उससे बंधी नहीं रहती। यह भी संभव है कि सरकार विभिन्न कारणों से अपने कार्यकलापों में विस्तार न करना चाहे। उदाहरणार्थ एक आधुनिक सरकार कम आय वाले वर्गों पर कर का बोझ बढ़ाने से कतराती है।

इसी प्रकार एक निजी इकाई भी किसी यंत्र की भांति अपने व्यय की मात्रा तय नहीं करती। इसकी आवश्यकताएँ भी असीमित होती हैं तथा वह उनमें से अधिकतम संभव की तुष्टि के लिए अपने साधनों को बढ़ाने का भी भरपूर प्रयत्न करती है।

- सार्वजनिक और निजी क्षेत्रों की वित्त प्रणालियों में कई कुछ समानताओं के होते हुए भी उनकी असमानताएँ अति गहरी और मुलभूत हैं। इस कारण लोक वित्त के अध्ययन को अर्थपूर्ण बनाने के लिए इसे एक अलग अध्ययन-विषय की पदवी प्रदान करने का औचित्य बनता है।
- इन असमानताओं में (क) साधनों की उप्लब्धि, (ख) ऋण लेने की क्षमता, (ग) करेंसी सृजन का अधिकार, (घ) वित्तीय नियमन की कसौटियाँ, (ङ) निर्णय प्रणाली में काल क्षितिज की भूमिका, तथा (च) निर्णयाधार के भेदों का अग्रणीय स्थान रहता है।

## निष्कर्ष (Conclusion)

निजी और सार्वजनिक क्षेत्रों की असमानताओं की व्याख्या के आधार पर हम कह सकते हैं कि इनसे सार्वजनिक वित्त के विषय अध्ययन का औचित्य भली-भांति स्थापित हो जाता है। इस संदर्भ में एक मुख्य बात यह है कि निजी इकाइयों के कई सिद्धांत लोक वित्त पर लागू नहीं होते। निजी और सार्वजनिक क्षेत्रों की असमानताएँ केवल सतही नहीं है। इनकी बुनियादें काफी गहरी हैं जिनमें सरकार के कार्य-उद्देश्य, इसका मुद्रा सृजन का अधिकार, इसका करारोपण का अधिकार तथा उधार लेने की बेहतर स्थिति आदि शामिल हैं। लोक वित्त के अध्ययन को यथार्थता के स्तर पर लाने के लिए यह ध्यान रखना भी आवश्यक है कि सरकारी क्षेत्र अर्थव्यवस्था का एक अभिन्न अंग होता है, तथा निजी और सार्वजनिक क्षेत्रों की गतिविधियों में पारस्परिक गहरी निर्भरता रहती है। उनमें लगातार संसाधनों का अंतरण होता रहता है। इन सब तथ्यों को ध्यान में रखने पर ही सरकारी नीतियों का विश्लेषण

उपयोगी सिद्ध हो सकता है। इसके अतिरिक्त लोक वित्त के सही अध्ययन के लिए अर्थव्यवस्था की संस्थानिक संरचना और कार्य-प्रणाली की पूरी जानकारी भी अति आवश्यक है। अर्थव्यवस्था के कार्य-कलापों से संबद्ध वित्तीय-प्रवाहों को सरकार अपनी नीतियों आदि से प्रभावित करती है। अत: इन संभावित प्रभावों का अध्ययन लोक वित्त की विषय-सामग्री के आवश्यक अंग माने जाते हैं।

## लोक वित्त और अर्थव्यवस्था

(Public Finance and the Economy)

हम ऊपर देख चुके हैं कि क्लासिकल अर्थशास्त्रियों के मतानुसार एक अर्थव्यवस्था को उसके निजी क्षेत्र के तुल्य मानना चाहिए। इस मान्यता के आधार पर उनका निष्कर्ष यह था कि यथासंभव समस्त आर्थिक गतिविधियाँ निजी क्षेत्र में ही रहनी चाहिए। इसी आधार पर यह भी कहा गया कि एक सुचारु बजटीय नीति संतुलित बजटों के बिना संभव नहीं होती। इसके अतिरिक्त घाटे के बजटों से सार्वजनिक ऋण की उत्पति होती है जिसके फलस्वरूप सरकार की भावी बजटीय नीति अनेक प्रकार के प्रतिबंधों से जकड़ी जाती है। ऐसी स्थिति में अर्थव्यवस्था की गतिविधियों पर भी अवांछनीय प्रभाव पड़ता है। रिकार्डो (Ricardo) ने तो सार्वजनिक ऋण की निन्दा करते हुए यहाँ तक कह दिया था कि यह एक ऐसा रोग है जिससे यथासंभव शीघ्रता से छुटकारा पा लेना चाहिए। सार्वजनिक ऋण का एक अन्य दोष यह है सरकार को कर राजस्व के संग्रहण की तुलना में उधार लेकर व्यय करना सुविधाजनक प्रतीत होता है। परिणामस्वरूप सरकार अपव्यय और अति-व्यय करने लगती है जिससे माँग और कीमतों में बढ़ोतरी होने लगती है। इसी प्रकार अधिशेष वाले बजट की नीति के विरुद्ध यह तर्क दिया जा सकता है कि इसमें कर-संग्रहण के अधिक होने के कारण माँग घटती है और कीमतों में गिरावट और बेरोज़गारी को बढ़ावा मिलता है।

परंतु कालांतर में यह समझा जाने लगा कि बाज़ार व्यवस्था का मुक्त प्रचालन भी दोषरहित नहीं है। उदाहरणार्थ बाज़ार व्यवस्था में व्यावसायिक चक्रीय उतार-चढ़ाव होते हैं, जिनकी तीक्ष्णता समय बीतने के साथ-साथ बढ़ती जाती है। बाज़ार व्यवस्था में आय और धन की वितरणीय असमानताएँ न केवल जन्म लेती हैं, प्रत्युत लगातार बढ़ती भी रहती हैं। इसका एक मुख्य कारण यह है कि इस व्यवस्था में आय के वितरण का आधार समाज के सदस्यों का श्रम अथवा उनकी आवश्यकताएँ नहीं होतीं, प्रत्युत हर व्यक्ति की आय इस पर निर्भर करती है कि (क) उसके स्वामित्व में कितने उत्पादन साधन हैं तथा (ख) बाज़ार में उन साधनों की कीमतें और किराए क्या हैं । इस व्यवस्था में किसी प्रकार की सामाजिक सुरक्षा का होना भी ज़रूरी नहीं है।

इन सब कमियों के कारण निजी क्षेत्र के स्थान पर सार्वजनिक क्षेत्र के अस्तित्व को उचित ठहराया जा सकता है। इनके अतिरिक्त कुछ अन्य तर्क भी हैं। उदाहरणार्थ सार्वजनिक और जनहितकारी वस्तुओं की विशेषताओं से यह निष्कर्ष निकलता है कि इन्हें सार्वजनिक क्षेत्र में होना चाहिए। इसी प्रकार श्रमिक वर्गों के संरक्षण, बेरोज़गारी, बीमारी, बुढ़ापे आदि की समस्याएँ सरकार को अति सोचनीय प्रतीत होती हैं। सरकार के लिए अर्थव्यवस्था की स्थिरता और माँग के नियमन का महत्व भी कुछ कम नहीं है। इसलिए यह पुरानी धारणा कि सरकार को संतुलित बजटीय नीति का पालन करना चाहिए, अब स्वीकार्य नहीं रही। उसका स्थान अब 'कार्यात्मक वित्त' (Functional Finance) ने ले लिया है। इस नए मतानुसार संतुलित बजट का अपने-आप में कोई औचित्य नहीं है; औचित्य केवल अर्थव्यवस्था की स्थिरता और विकास की गति को बनाए रखने का है। इस लक्ष्य हेतु सरकार सकल प्रभावी माँग में वृद्धि अथवा कमी करने का निर्णय ले सकती है। **ऐसी स्थिति में बजटीय नीति का अर्थ एक ही बनता है कि इसे संतुलित अथवा असंतुलित रखने का प्रयास छोड़कर इसको आर्थिक और सार्वजनिक नीति का प्रभावी अस्त्र बनाया जाए।**

इस मत को इस तथ्य से भी पुष्टि मिलती है कि सार्वजनिक ऋण भी एक प्रभावी आर्थिक नीति-अस्त्र का काम दे सकता है। इस तथ्य के पक्ष में रैडक्लिफ समिति (Radcliffe Committee) ने काफी ज़ोरदार तर्क दिए थे। समिति के इन तर्कों को अब सरकारी और शास्त्रीय क्षेत्रों में एक उच्च स्थान दिया जाता है। इस बारे में तो मतैक्य नहीं है कि लोक ऋण की इष्टतम प्रयोग विधि क्या है; परंतु इसके महत्त्व के बारे कोई मतभेद नहीं है। अपनी विश्वविख्यात "मनी इन ए थ्योरी ऑफ फिनान्स" (Money in a Theory of Finance) नामक पुस्तक में जॉन जी. गुर्ली और एडवर्ड एस. शॉ (John G. Gurley & Edward S. Shaw) ने सैद्धांतिक स्तर पर यह दर्शाया है कि

- लोक ऋण समस्त वित्तीय संयंत्र की बुनियाद का काम करता है;
- एक स्वस्थ, सुदृढ़ और सक्षम वित्तीय संयंत्र के बिना उच्चस्तरीय आर्थिक विकास को प्राप्त करना और उस स्तर को बनाए रखना संभव नहीं होता;
- अत: लोक वित्त के अध्ययन में लोक ऋण के सभी आयामों को एक उच्च स्थान दिया जाना चाहिए।

> देश की अर्थव्यवस्था के आकार-प्रकार और निष्पादन और इसके समग्र प्रभाव लोक वित्त के आकार-प्रकार, निष्पादन और संरचना से गुंथे रहते हैं तथा आपसी निर्भरता के कारण एक दूसरे पर गहरा प्रभाव डालते हैं।

## **शब्दावली** (Key Words)

1. अदृश्य पथ-प्रदर्शक (invisible hand); 2. ऊपरी पूँजी/अवसंरचनात्मक सुविधाएँ (social overheads/infrastructural facilities); 3. करेन्सी सृजन (currency creation); 4. वैध मुद्रा (legal tender); 5. सार्वजनिक परिवार (public household); 6. राजस्व (revenue); 7. सार्वजनिक व्यय (public expenditure); 8. स्थिरता, विकास तथा वितरणीय न्याय (stability, growth and distributive justice); 9. वित्तीय प्रशासन (financial administration); 10. संघीय वित्त (federal finance); 11. बहु-स्तरीय सरकार (multi-level/multi-tier government); 12. कार्यात्मक वित्त (functional finance); 13. मुद्राकृत (monetized); 14. बाजार नियम (market principle); 15. आर्थिक स्वार्थ (economic rationality); 16. बजट नियम (budget principle); 17. काल क्षितिज (time horizon); 18. रैडक्लिफ समिति (Radcliffe Committee)

## **अभ्यास प्रश्न**

1. निम्नलिखित पर संक्षिप्त नोट लिखें:
   (क) लोक वित्त की परिभाषा, और लोक वित्त की विषय सामग्री के मुख्य अंश;
   (ख) राज्य की गतिविधियाँ और उनके विस्तारण का औचित्य;
   (ग) प्रो. मस्ग्रेव द्वारा परिभाषित सार्वजनिक परिवार।
2. निम्नलिखित पर संक्षिप्त नोट लिखें:
   (क) लोक वित्त और अर्थव्यवस्था का परस्पर संबंध;
   (ख) सार्वजनिक और निजी वित्त की समानताएँ और असमानताएँ;
   (ग) अदृश्य पथ-प्रदर्शक की अक्षमता।

अध्याय 3

# अधिकतम सामाजिक हित का सिद्धांत

(Principle of Maximum Social Advantage)

**इस अध्याय में**

- अधिकतम सामाजिक निवल हित सिद्धांत इस मूल प्रश्न का उत्तर है कि सार्वजनिक बजट का आकार (size) क्या होना चाहिए।
- इस सिद्धांत से संबद्ध अवधारणाओं और कसौटियों का विवेचन।
- सामाजिक हित और अहित की अवधारणाओं के अर्थों पर मतभेद, अनेक गैर-आर्थिक कारकों की सार्थकता, और इनका मात्रीकरण।
- इस सिद्धांत की उपयोगिता।

## मूल अर्थ (Basic Meaning)

इस सिद्धांत के संदर्भ में अधिकतम सामाजिक हित का अर्थ सकल हित न लेकर निवल हित लिया जाता है।

लोक वित्त की विषय-सामग्री में इस सिद्धांत का प्रयोग बजट के आकार को निर्धारित करने तथा सरकार की गतिविधियों की सीमाएँ तय करने के लिए किया जाता है। बुनियादी तौर पर इस सिद्धांत का यह कहना है कि सरकार की हर गतिविधि से समाज को

- हित प्राप्ति होती है; अथवा
- हानि पहुँचती है; अथवा
- हित प्राप्ति के साथ-साथ हानि भी होती है।

अत: सरकार को केवल उन्हीं गतिविधियों का चुनाव करना चाहिए तथा उन्हें उसी हद तक अपनाना चाहिए जिनसे समाज को निवल हित की प्राप्ति (अर्थात हानि की तुलना में हित की अधिकता) की अपेक्षा हो। क्योंकि सरकार की हर गतिविधि इसके बजट के व्यय अथवा राजस्व पक्ष में वित्तीय आँकड़ों के रूप में अवतरित होती है,

अत: सरकार के सभी निर्णयों का प्रभाव इसके बजट के आकार पर भी पड़ता है। इस प्रकार इस सिद्धांत द्वारा सुझाए गए विश्लेषण-पथ पर चलते हुए हम सरकारी बजट का इष्टतम आकार निर्धारित कर सकने की आशा कर सकते हैं।

इसी कथन को अन्य शब्दों में भी कहा जा सकता है। समाज के हित और अहित में सरकार एक बहु-आयामी और जटिल भूमिका निभाती है। वह समाज की बहु-विध सहायक होने के साभ-साथ उसकी रक्षा भी करती है

तथा उसके नियंत्रण का दायित्व भी निभाती है। यह अपेक्षा की जाती है कि यह सब करने के पीछे उसका उद्देश्य यह रहता है कि समाज के निवल हित को अधिकतम सम्भव सीमा तक बढ़ाया जाए।

अत: निष्कर्ष यह निकलता है कि सरकार अपनी गतिविधियों का क्षेत्र और बजट का आकार इस प्रकार निर्धारित करे जिससे समाज को अधिकतम संभव निवल हित की प्राप्ति होती हो। इस उद्देश्य की प्राप्ति हेतु लोक वित्त के सिद्धांतकारों ने कुछ ऐसी कसौटियों का चुनाव भी किया है जिनके आधार पर बजटीय नीतियों का निर्माण किया जाना चाहिए।

सरकारी गतिविधियों का वित्त–पोषण सरकारी बजट में व्यय मदों के रूप में प्रकट होता है। इसके लिए सरकार राजस्व जुटाने का प्रयत्न करती है। परंतु जब बजटीय व्यय और राजस्व को सामाजिक हित एवं अहित के साथ जोड़ने का प्रश्न आता है तो "अधिकतम सामाजिक हित के सिद्धांत" में कुछ **अयथार्थ अवधारणाओं** का सहारा लिया जाता है अर्थात यह मान लिया जाता है कि

- राज्य क्षेत्र अर्थव्यवस्था का एक अभिन्न अंग नहीं है;
- हर सरकारी व्यय से समाज को हित पाप्ति होती है; तथा
- सरकार की हर राजस्व प्राप्ति से समाज को हानि पहुँचती है।

## सिद्धांत का विकास (Evolution of the Principle)

प्रारंभ में कई अर्थशास्त्रियों ने इस सिद्धांत को उचित विश्लेषणात्मक दृष्टिकोण से न देखने की भूल की। उन्होंने कई ऐसी अयथार्थ मान्यताओं का सहारा लिया जिनसे सरकार की बजटीय गतिविधियों के आकार (size) के प्रति दोषपूर्ण निष्कर्ष निकलते थे। उनकी एक बड़ी भूल यह थी कि उन्होंने सरकार को अर्थव्यवस्था का एक अभिन्न अंग न मानते हुए इसे अर्थव्यवस्था पर थोपी गई एक ऐसी आवश्यक प्रभुता माना जिसके बिना स्वयं समाज और अर्थव्यवस्था के अस्तित्व के ही लुप्त हो जाने का भय होता है। **अतः उनके अनुसार राज्य अर्थव्यवस्था पर एक ऐसा बोझ है जिससे बचना तो संभव नहीं है, परंतु जिसके आकार को न्यूनतम रखने का प्रयत्न किया जा सकता है।** इस मतानुसार समाज के लिए सर्वोत्तम स्थिति वही है जिसमें राज्य की गतिविधियों को यथासंभव न्यूनतम स्तर पर सीमित कर दिया गया हो। जैसा कि ऊपर कहा जा चुका है, इन विचारकों के मतानुसार हर कर की अदायगी से समाज को हानि पहुँचती है क्योंकि कर के माध्यम से समाज के संसाधन राज्य को हस्तांतरित होते हैं। अत: उनका कहना था कि किसी भी राज्य के लिए सर्वोत्तम स्थिति वह है जिसमें राज्य का व्यय और इसका कर राजस्व दोनों न्यूनतम संभव स्तर पर हों और सरकार का कार्यक्षेत्र अति संकुचित हो।

**अवधारणाएँ (Assumptions)**—यदि हम इन अयथार्थ मान्यताओं को स्वीकार लें कि हर कर की अदायगी से अर्थव्यवस्था संसाधन खोती है और प्रत्येक सार्वजनिक व्यय द्वारा उसे संसाधनों की प्राप्ति होती है तो हम सार्वजनिक बजट के एक ऐसे आकार (size) का अनुमान लगा सकते हैं जिससे समाज को अधिकतम संभव निवल हित की प्राप्ति हो। इस अनुमान की प्रक्रिया को सरल बनाए रखने के लिए निम्नलिखित अतिरिक्त अवधारणाओं की भी आवश्यकता पड़ती है-

- सरकार का बजट सदैव संतुलित रहता है, अर्थात उसकी आय (राजस्व) और व्यय बराबर रहते हैं। आय का कोई भाग अव्ययित नहीं रहता और न ही निर्धारित व्यय के लिए राजस्व कम पड़ता है। अत: राज्य क्षेत्र उधार नहीं लेता।

• राज्य का समस्त राजस्व कर-राजस्व के रूप में होता है। इसकी प्राप्तियों में कर-भिन्न घटक जैसे कि ब्याज, सार्वजनिक उद्यमों से लाभ, जुर्माने, शुल्क परिलब्धियाँ आदि बिल्कुल नहीं होते।

• कराधान से समाज को होने वाली हानि की सीमांत मात्रा कर के साथ-साथ बढ़ती है अर्थात् कराधान पर वर्द्धमान सीमांत सामाजिक लागत का नियम लागू होता है।

• सार्वजनिक व्यय पर ह्रासमान सीमांत सामाजिक हित का नियम लागू होता है, अर्थात् सार्वजनिक व्यय में वृद्धि के साथ-साथ समाज को इससे होने वाले हित में वृद्धि की दर घटती जाती है। इसका कारण यह है कि बढ़ते सार्वजनिक व्यय से क्रमशः कम हितकर मुद्दों का वित्त पोषण होने लगता है।

इस प्रकार यदि हम बजटीय आय-व्यय की प्रथम इकाई से प्रारंभ करें (अथवा जब बजट का कर-राजस्व तथा व्यय दोनों एक-एक रुपया हों), तो सीमांत सामाजिक हित की मात्रा सीमांत सामाजिक हानि की मात्रा से कहीं अधिक होती है। परन्तु बजट का आकार बढ़ने के साथ-साथ कर-राजस्व और व्यय दोनों बढ़ते हैं। इसके फल-स्वरूप जहाँ एक ओर कर-राजस्व से उत्पादित सीमांत सामाजिक हानि में वद्धि होती जाती है, वहीं दूसरी ओर सार्वजनिक व्यय से उत्पादित सीमांत सामाजिक हित घटता जाता है। **अतः एक स्थिति वह आती है जब घटता सीमांत सामाजिक हित और बढ़ती सीमांत सामाजिक हानि एक दूसरे के बराबर हो जाते हैं। इस सीमा पर पहुँचने तक बजट के आकार में वृद्धि से समाज के निवल हित में भी बढ़ोतरी होती है।** परंतु यदि सरकार अपने बजट के आकार को इस सीमा से भी अधिक बढ़ाने का प्रयास करे तो सीमांत सामाजिक हानि की मात्रा सीमांत सामाजिक हित की मात्रा से अधिक हो जाने के कारण समाज का निवल हित घटने लगता है। अतः सरकार को अपने बजट के आकार में और वृद्धि नहीं करनी चाहिए। इसी प्रकार यदि बजट का आकार उपरोक्त सीमा से छोटा रह जाए तो समाज बजट से प्राप्य अधिकतम संभव निवल हित के एक अंश से वंचित रह जाता है। निष्कर्ष यह कि अधिकतम सामाजिक हित के सिद्धांतानुसार बजट का आकार वह होना चाहिए जहाँ सार्वजनिक व्यय का सीमांत सामाजिक हित और सार्वजनिक राजस्व की सीमांत सामाजिक हानि में समानता हो।

- अधिकतम सामाजिक हित के सिद्धांत में एक उत्तम उद्देश्य को सहज ढंग से प्रस्तुत करने के प्रयास में अनेक अयथार्थ अवधारणाओं का सहारा लिया गया है।
- इससे इस सिद्धांत को अपनाने के लिए व्यावहारिक सुझाव नहीं मिल पाते।

## रेखाचित्र द्वारा व्याख्या

इस सिद्धांत की उपर्युक्त व्याख्या एक रेखाचित्र के द्वारा भी की जा सकती है (देखें रेखाचित्र 3.1)। इसमें X-अक्ष पर सार्वजनिक राजस्व तथा व्यय की मात्राओं को अंकित किया गया है तथा Y-अक्ष पर सीमांत सामाजिक हित तथा सीमांत सामाजिक हानि की मात्राओं को अंकित किया गया है। सर्वप्रथम BB′ वक्र पर विचार करें। यह सार्वजनिक व्यय से होने वाले सीमांत सामाजिक हित को दर्शाता है। इसकी प्रारंभिक मात्रा OB घनात्मक (positive) है तथा सार्वजनिक व्यय में वृद्धि के साथ-साथ घटती जाती है। इस कारण BB′ का ढाल (slope) भी माँग वक्र के ढाल की भांति नकारात्मक (negative) है। DD′ वक्र कर राजस्व से होने वाली सीमांत सामाजिक हानि को दर्शाता है। इसका प्रारंभ X-अक्ष के नीचे से होता है, क्योंकि कराधान से समाज को केवल हानि ही मिलती है। कर राजस्व की मात्रा बढ़ने के साथ-साथ इस हानि की सीमांत मात्रा में वृद्धि होती जाती है जिसके फलस्वरूप DD′ वक्र की X-अक्ष से दूरी बढ़ती जाती है।

सीमांत सामाजिक हित की मात्राओं में से सीमांत सामाजिक हानि की मात्राएँ घटाने पर सीमांत सामाजिक निवल हित की मात्राएँ मिलती हैं। इन निवल मात्राओं का प्रमापन वक्र NN′ द्वारा दर्शाया गया है। वक्र NN′ के हर बिन्दु की X-अक्ष से दूरी, BB′ वक्र तथा DD′ के तदनुरूप बिन्दुओं की X-अक्ष से दूरियों के अंतर के बराबर होती है। उदाहरणार्थ निवल हित की प्रारंभिक मात्रा ON = OB – OD है। इसी प्रकार बजट के आकार में बढ़ोतरी के साथ-साथ सीमांत सामाजिक हित की घटती मात्रा तथा सीमांत सामाजिक हानि की बढ़ती मात्रा के कारण निवल सामाजिक हित की सीमांत मात्रा भी घटती जाती है तथा NN′ वक्र का ढाल भी नकारात्मक होता है। रेखाचित्र के अनुसार जब बजट का आकार OM हो तो निवल हित की सीमांत मात्रा शून्य हो जाती है तथा यदि बजट का आकार OM से भी बड़ा हो तो निवल हित की सीमांत मात्रा नकारात्मक हो जाती है। निष्कर्ष यह निकलता है कि बजट का इष्टतम आकार OM के बराबर बैठता है तथा इस पर समाज को कुल ONM के बराबर निवल हित की प्राप्ति होती है। बजट का आकार OM से कम होने पर समाज को ONM के बराबर निवल हित नहीं मिल पाता तथा यदि बजट का आकार OM से बढ़ा दिया जाए तो भी निवल हित की कुल मात्रा में कमी होने लगती है। **निवल सीमांत हित** OM से छोटे बजट पर घनात्मक, OM के बराबर बजट पर शून्य तथा OM से बड़े बजट पर नकारात्मक होता है।

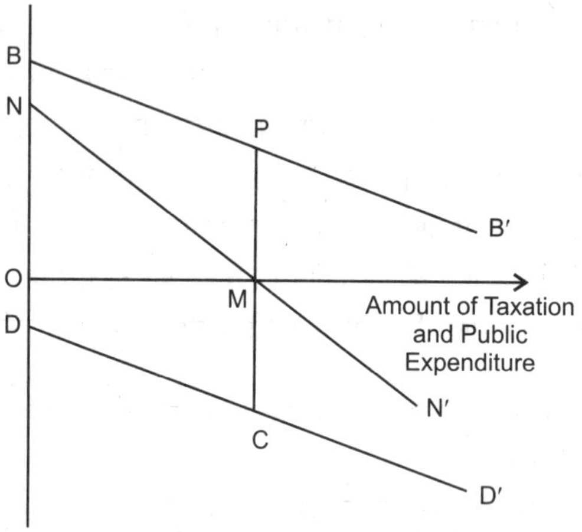


रेखाचित्र 3.1

## सिद्धांत की त्रुटियाँ (Limitations of the Principle)

सैद्धांतिक तथा यथार्थता के दृष्टिकोण से इस सिद्धांत के उपर्युक्त सरल ढाँचे में कई त्रुटियाँ हैं जिनका संक्षिप्त वर्णन नीचे दिया गया है।

**1. राज्य का अपना अस्तित्व**-इस सिद्धांत की सभी संकल्पनाओं से सहमत होते हुए भी इसको दोषपूर्ण सिद्ध किया जा सकता है। यदि हम इस तथ्य को स्वीकार लें कि राज्य का अपना अस्तित्व समाज तथा अर्थव्यवस्था के लिए अनिवार्य है, तो स्पष्ट है कि राज्य के अस्तित्व मात्र से भी समाज को हित प्राप्ति होती है। परंतु राज्य से समाज को मिलने वाले इस हित की गिनती इस सिद्धांत में नहीं की जाती। इसका अर्थ यह बनता है कि इस सिद्धांत द्वारा प्रमापित सामाजिक निवल हित की मात्रा वास्तविक मात्रा से सदैव कम होती है।

**2. कराधार तथा व्यय के मुद्दे**-प्रो॰ डाल्टन (Professor Dalton) के कथनानुसार यह धारणा गलत है कि हर कर समाज पर एक बोझ होता है। किसी कर का हितकर अथवा हानिकारक होना इस बात पर निर्भर करता है कि यह कर किस कराधार पर तथा कैसे लगाया गया है। इस तथ्य के कई उदाहरण दिए जा सकते हैं। नशीले पदार्थों तथा अन्य हानिकारक वस्तुओं के सेवन को करारोपण द्वारा हतोत्साहित करने से समाज पर हितकर प्रभाव पड़ने की आशा की जाती है। परंतु इसके विपरीत स्वास्थ्य और शिक्षा सेवाओं आदि पर करारोपण समाज को हानि पहुँचाते हैं। इसी प्रकार जहाँ सरकार द्वारा अपने उपभोग व्यय में वृद्धि करना समाज के लिए हानिकारक हो सकता है, वहीं सार्वजनिक व्यय के माध्यम से सामाजिक विषमताएँ कम करना तथा आर्थिक विकास को बढ़ावा देना हितकर माना जाता है।

**3. बजट की कालावधि**-इस सिद्धांत का यह कहना गलत है कि हर बजट से उत्पन्न होने वाले हित तथा हानियाँ उस की अपनी कालावधि तक ही सीमित रहते हैं। हर विचाराधीन बजट की कालावधि में इससे पहले के बजटों के प्रभाव भी देखने को मिलते हैं और इसी प्रकार इसके प्रभाव भविष्य में भी झलकते हैं। अतः सार्वजनिक बजट के निवल प्रभावों को अधिकतम संभव सीमा तक बढ़ाने के लिए इसके प्रभावों के कालांतर में फैलाव की ठीक-ठीक जानकारी होना आवश्यक है।

**4. अर्थहीन परिणाम**-यदि हम इस सिद्धांत की इन मान्यताओं को स्वीकार कर लें कि हर कर समाज पर एक बोझ है और हर सार्वजनिक व्यय समाज के लिए हितकर है, तो इसका एक अर्थहीन परिणाम यह निकलता है कि सरकार को अपना सारा राजस्व **कर-भिन्न स्त्रोतों** से ही प्राप्त करना चाहिए तथा अपने बजट का आकार यथासंभव बढ़ाने का प्रयत्न करना चाहिए। क्योंकि बाज़ार उधार तथा करेंसी सृजन भी कर-भिन्न प्राप्तियों के ही रूप हैं, अतः हम यह भी कह सकते हैं कि यदि सरकार के पूरे बजटीय व्यय का वित्त पोषण उधार और करेंसी सृजन द्वारा किया जाए तो समाज के निवल हित को इच्छानुसार बढ़ाया जा सकता है।

यह सिद्धांत इस तथ्य को भी नकारता है कि सरकार द्वारा करों की वसूली से समाज के संसाधनों का विनाश नहीं होता यद्यपि वास्तविकता यह है कि वे केवल करदाताओं से सरकार को हस्तांतरित हो जाते हैं। इसी प्रकार सरकारी व्यय द्वारा अर्थव्यवस्था के संसाधनों में कोई वृद्धि नहीं होती। वास्तव में संसाधनों में वृद्धि एवं कमी करों तथा व्यय संबंधित गतिविधियों की प्रतिक्रिया के रुप में ही होती है। उदाहरण के लिए सरकार की गतिविधियों से बचत तथा निवेश प्रोत्साहित होकर आर्थिक विकास की दर को सुदृढ़ कर सकते हैं।

**5. कर-भिन्न राजस्व**-सरकार की आय का एक महत्वपूर्ण भाग कर-भिन्न प्राप्तियों के रूप में होता है तथा बजट का आकार निर्धारित करते समय इस घटक पर विचार **न करना** इस सिद्धांत की एक बड़ी भारी त्रुटि ही कही जा सकती है। कर-भिन्न प्राप्तियों में सरकारी उद्यमों से **प्राप्तियाँ**, ब्याज, अनुदान तथा ऋण प्राप्तियाँ आदि शामिल हैं।

**6. अनिवार्य व्यय-घटक**-हर सरकार के बजट में कुछ ऐसी अनिवार्य व्यय-मदें होती हैं जिनके वित्त पोषण की व्यवस्था करना आवश्यक रहता है। इन मदों में सरकार का अपना अस्तित्व, देश की सुरक्षा व्यवस्था, पहले से लिए गए ऋणों से संबंद्ध अदायगियाँ आदि तो रहती ही हैं, इनके अतिरिक्त सरकार अन्य कई मदों पर भी व्यय करने के लिए कानूनी तौर पर बाध्य होती है। उदाहरणार्थ इसे कोर्ट के हर निर्णय और आज्ञा का पालन करना पड़ता है। इन खर्चों के बारे में सामाजिक हित तथा हानि जैसी अवधारणाओं पर विचार करने का सरकार को कोई अधिकार नहीं होता। इन मदों के वित्त पोषण में कटौती संभव नहीं होती, केवल कुछ मामलों में वृद्धि की ही संभावना होती है।

**7. प्रभावों की अमापनीयता**-राज्य की वित्तीय गतिचिधियों के प्रभाव अति जटिल होने के साथ-साथ प्रत्यक्ष और परोक्ष दोनों रूपों में होते हैं। इस कारण उनमें से अधिकतर का मात्रीकरण कर पाना लगभग असंभव होता है। यह भी घ्यानयोग्य तथ्य है कि बजटीय प्रभाव केवल आर्थिक न होकर गैर-आर्थिक भी होते हैं जिसके कारण मात्रीकरण की समस्या और भी कठिन हो जाती है। इस कठिनाई के कारण बजट के इष्टतम आकार का अनुमान लगाना भी असंभव हो जाता है।

**8. बजट संतुलन**-वस्तुपरक विश्लेषण (objective analysis) के आधार पर इस दावे की पुष्टि की जा सकती है कि सरकार द्वारा अपने बजट को सदैव संतुलित बनाए रखने की नीति सैद्धांतिक और वास्तविकता के स्तर पर हानिकारक हो सकती है। आजकल अर्थशास्त्रियों की सर्वमान्य धारणाओं में से एक यह भी है कि कुछ परिस्थितियों में सरकार द्वारा बजटीय घाटे की नीति को अपनाना ही हितकर रहता है, यद्यपि कुछ अन्य परिस्थितियों में बजट-अधिशेष (surplus budget) की आवश्यकता भी पड़ सकती है।

इस संदर्भ में आधुनिक अर्थव्यवस्थाओं की परस्पर जटिल निर्भरता के तथ्य को भी अनदेखा नहीं किया जाना चाहिए। बाज़ार शक्तियों की प्रधानता के कारण आधुनिक अर्थव्यवस्थाएँ चक्रीय उतार-चढ़ावों से पीड़ित रहती हैं। ऐसी स्थिति में हर सरकार का यह दायित्व बनता है कि वह अपनी राजकोषीय नीति के यथोचित प्रयोग द्वारा अर्थव्यवस्था और समाज की विभिन्न व्याधियों से रक्षा का प्रयत्न करे और आवश्यकतानुसार असंतुलित बजटीय नीति अपनाने के लिए भी तत्पर रहे।

**9. बहु-आयामी अध्ययन**-विचाराधीन सिद्धांत में कर राजस्व और सार्वजनिक व्यय की केवल सकल मात्राओं पर ही विचार किया जाता है, जब कि उनके घटकों के तुलनात्मक आकारों तथा उनसे संबद्ध अन्य आयामों की भूमिका पर विचार करना उससे भी अधिक महत्वपूर्ण होता है। सरकार की प्राप्तियों तथा व्यय के इन आयामों पर विचार करने के पश्चात् ही उनसे होने वाले सामाजिक हितों और अहितों का अनुमान लगाया जा सकता है। इन पर विचार करने पर कई अन्य तथ्यों, जैसे कि देश के संस्थानक और आर्थिक संघटनों की सार्थकता तथा उनसे उत्पादित समस्याएँ, भी सामने आती हैं। मूलभूत तथ्य यह है कि किसी भी बजटीय नीति का स्वयं में कोई अर्थ नहीं बनता। उसकी सार्थकता केवल इन समस्याओं के समाधान में योगदान पर आधारित है।

**10. लाभान्वित तथा हानि सहने वालों की पहचान**-एक आधुनिक समाज में सरकारी गतिविधियों से प्रभावित लोगों की पहचान करना, उनके हितों-अहितों की उपयुक्त जानकारी प्राप्त करना, तथा उनका मानकीकृत प्रमापन लगभग असम्भव कार्य हैं।

- अधिकतम सामाजिक हित का सिद्धांत अनेक त्रुटियों से ग्रसित है।
- इसके बावजूद हमारा प्रयत्न यह होना चाहिए कि हर सम्भव सुधार द्वारा इस सिद्धांत को अधिक से अधिक उपयोगी बनाया जाए।

## सिद्धांत का व्यावहारिक प्रयोग (The Principle in Practice)

एक प्रश्न यह उठता है कि यदि यह सिद्धांत इतना त्रुटिपूर्ण है तो क्या इसे पूरी तरह त्याग देना चाहिए? इस प्रश्न का उत्तर है: **"कदापि नहीं, परंतु इसे इस प्रकार और इस रूप में अपनाना चाहिए जिससे यह विभिन्न उपयोगी सामाजिक और आर्थिक लक्ष्यों की प्राप्ति में सहायक हो।"** इस नीति के पक्ष में तर्काधार को दो भागों में बाँटा जा सकता है। पहले भाग में यह दर्शाने के पश्चात कि सरकारी गतिविधियों को न्यूनतम संभव स्तर

पर रखने की नीति मूलतः दोषपूर्ण है, दूसरे भाग में यह दर्शाया जा सकता है कि सरकार अपनी बजटीय नीतियों को कुछ ऐसी कसौटियों के आधार पर निर्मित कर सकती है जिससे इस सिद्धांत के संशोधित रूप को कम से कम आंशिक रूप में अपनापा अवश्य संभव है।

## तर्काधार : भाग 1

**सरकारी गतिविधियों का स्तर**–राज्य की गतिविधियों को न्यूनतम स्तर पर सीमित रखने का औचित्य दो मूल मान्यताओं पर आधारित है, अर्थात्

- बाज़ार व्यवस्था द्वारा संचालित निजी क्षेत्र में पूर्ण रोज़गार बनाए रखने की क्षमता है; तथा
- इसकी कार्यकुशलता सदैव सार्वजनिक क्षेत्र से अधिक होती है।

परंतु यदि इन मान्यताओं में से किसी एक को भी त्याग दिया जाए तो यह औचित्य आधारहीन रह जाता है। उदाहरण के लिए यदि राज्य क्षेत्र की तुलना में बाज़ार–व्यवस्था की कार्यकुशलता कम हो तो सरकारी गतिविधियों की सीमाएँ निर्धारित करने का कोई मापदंड नहीं बचता। इसी प्रकार यदि निजी क्षेत्र पूर्ण रोज़गार लाने में अक्षम हो तो राज्य के लिए अहस्तक्षेप की नीति को त्यागना आवश्यक हो जाता है। इसके अतिरिक्त यदि हम यह भी मान लें कि निजी क्षेत्र सार्वजनिक क्षेत्र से सदैव अधिक कार्यकुशल होता है, तो भी कई ऐसी स्थितियाँ होती हैं जिनमें यह अर्थव्यवस्था के उद्देश्यों की इष्टतम प्राप्ति में असफल रहता है। इन उद्देश्यों में पूर्ण रोज़गार, पूँजी निर्माण, विकास की दर में बढ़ोतरी, कीमतों में स्थिरता, आय एवं धन का न्यायोचित वितरण आदि को सुनिश्चित करना गिनवाए जा सकते हैं। **ऐसी स्थिति में राज्य के लिए इन उद्देश्यों की प्राप्ति–हेतु एक सक्रिय भूमिका का अपनाना अनिवार्य हो जाता है।**

एक भ्रामक धारणा यह भी है कि बाज़ार व्यवस्था द्वारा संचालित अर्थव्यवस्था की गतिविधियाँ समाज की वास्तविक आवश्यकताओं और आकांक्षाओं के अनुकूलतम होती हैं। परन्तु यह धारणा गलत है और ऐसा होने के कई कारण हैं।

- **माँग का ढाँचा और वितरणीय असमानताएँ**–बाज़ार–प्रक्रिया द्वारा संचालित अर्थव्यवस्था में माँग का ढाँचा उपभोक्ताओं की वास्तविक आवश्यकताओं और आकांक्षाओं के आधार पर नहीं प्रत्युत उनकी क्रय–शक्ति और उनके द्वारा प्रदर्शित माँग–प्राथमिकताओं द्वारा निर्मित होता है। स्मरणीय है कि ऐसी अर्थव्यवस्था में आय और धन (तथा इसके परिणामस्वरूप क्रय–शक्ति) का वितरण समाज के सदस्यों की वास्तविक आवश्यकताओं के आधार पर न हो कर संसाधनों के स्वमित्व आदि के आधार पर होता है। तथा इसके परिणामस्वरूप माँग का ढाँचा भी समाज की वास्तविक आवश्यकताओं और आकांक्षाओं के अनुकूल नहीं बन पाता। इसी कारण अनेक अति–आवश्यक वस्तुओं और सेवाओं के अभाव के साथ–साथ विलासिता की अनेक वस्तुओं का बाहुल्य देखने को मिलता है।
- **अन्य सीमाएँ**–अनियन्त्रित बाज़ार व्यवस्था में बिक्री–व्यय, अप्रयुक्त उत्पादन क्षमता, जमाखोरी और सट्टाबाज़ी आदि के माध्यम से एकाधिकारिक तत्व पनपते हैं और संसाधनों के अपव्यय को बढ़ावा मिलता है।

## तर्काधार : भाग 2

**सिद्धांत की कसौटियाँ**–ध्यानयोग्य है कि लोक बजट द्वारा सामाजिक निवल हित में बढ़ोतरी तभी संभव है जब बजटीय नीतियों का चुनाव उन कसौटियों के आधार पर किया जाए जो वास्तविकता के निकट हों। अतः हमें

सर्वप्रथम इस तथ्य को स्वीकारना चाहिए कि राज्य अर्थव्यवस्था का एक अभिन्न अंग होता है। ऐसा मानने पर उपरोक्त सिद्धांत की कई अवधारणाएँ निरर्थक हो जाती हैं, जैसा कि यह कहना कि हर कर अर्थव्यवस्था के साधनों में कमी करता है तथा हर सार्वजनिक व्यय से उनमें बढ़ोतरी होती है। इसी प्रकार कुल कर-राजस्व और कुल-व्यय के अतिरिक्त विभिन्न करों और व्यय मदों के घटकों, दरों, राशियों और प्रभावों पर ध्यान देना अधिक अर्थपूर्ण हो जाता है। ध्यानयोग्य है कि सरकार करारोपण केवल अपने व्यय के वित्त-पोषण हेतु साधन जुटाने के लिए ही नहीं करती। उसके सामने आय और धन वितरण, एकाधिकारिकता और मुद्रा-स्फीति का नियंत्रण जैसे कई अन्य मुद्दे भी रहते हैं। कर-प्रभावों के पूरे अध्ययन में उनके भार के आयाम पर ध्यान देने का भी औचित्य रहता है। इसी प्रकार सार्वजनिक व्यय के विविध आयामों पर दृष्टि डाले बिना उसके प्रभावों की पूरी जानकारी नहीं मिल पाती।

सार्वजनिक बजट का इस प्रकार समूचा अध्ययन किए जाने पर ही इस बात का पता चलता है कि कर-ढाँचे में किस प्रकार के परिवर्तन युक्तिसंगत रहेंगे। परंतु इस प्रकार का अध्ययन कोई सरल कार्य नहीं है। कारण यह कि राज्य की बहुत सी गतिविधियाों (जैसे कि शिक्षा का विस्तार, स्वास्थ्य और स्वच्छता में उन्नति, सामाजिक कुरीतियों का उन्मूलन आदि) के प्रभावों को मात्राबद्ध नहीं किया जा सकता।

- व्यावहारिक स्तर पर इस सिद्धांत के उपयोग में इसकी अयथार्थ अवधारणाओं को नकारते हुए वास्तविकता के आधार पर बजटीय नीतियों की आधार-कसौटियों की खोज की जानी चाहिए।
- स्मरणीय है कि बाज़ार व्यवस्था और राज्य क्षेत्र दोनों में से कोई भी त्रुटि रहित नहीं है।

**कसौटियों का चुनाव (Choice of Criteria)**—यद्यपि राज्य की अधिकतर गतिविधियों के प्रभावों को मात्राबद्ध कर पाना लगभग असंभव है फिर भी अर्थशास्त्रियों ने कुछ ऐसी वस्तुपरक कसौटियों को खोज की है जिनके आधार पर इस समस्या से किसी हद तक बचा जा सकता है। इन कसौटियों का चुनाव इस आधार पर किया जाता है कि हर समाज के सामने कुछ ऐसे उद्देश्य होते हैं जिन पर लगभग पूरा समाज एकमत होता है। इस प्रो. डाल्टन (Prof. Dalton) ने ऐसे दो उद्देश्यों अथवा वस्तुपरक कसौटियों को प्रतिपादित किया है।

- प्रथम कसौटी **समाज का परिरक्षण** (Preserving the Society) है। अधिकतर लोग इस बात पर सहमति प्रकट करते हैं कि समाज के मूलभूत मूल्यों और ढाँचे को सुरक्षित रखने का पूर्ण प्रयत्न करना राज्य के मुख्य दायित्वों में से एक है। अतः इस कारण ऐसी बजटीय नीतियाँ जिनसे समाज को समुचित परिरक्षण मिलता हो, समाज के लिए हितकर हैं।

- दूसरी कसौटी समाज के **आर्थिक कल्याण** (Economic Welfare) **में बढ़ोतरी** की है। इसके दो भाग हैं, अर्थात्

(i) उत्पादन में सुधार; तथा (ii) राष्ट्रीय आय के वितरण में सुधार।

उत्पादन में सुधार का अर्थ उत्पादन में बढ़ोतरी न होकर अर्थव्यवस्था की **उत्पादन क्षमता** में वृद्धि है। इसका कारण यह है कि उत्पादन में पूँजी-भक्षण (capital consumption) जैसी विधियों द्वारा भी अल्पकालीन वृद्धि की जा सकती है, परंतु इस प्रकार की वृद्धि दीर्घकाल में वहनीय (sustainable) नहीं होती, अर्थात इस वृद्धि को कायम नहीं रखा जा सकता। उत्पादन में वहनीय वृद्धि तभी संभव है जब यह पूँजी निर्माण, बेरोज़गारी में कमी, साधनों के बेहतर उपयोग (अर्थात बेहतर तकनीकी कार्यक्षमता) तथा श्रमिकों की उत्पादन क्षमता में वृद्धि जैसे तत्वों पर

आधारित हो। इस कारण यदि सार्वजनिक बजटीय नीतियाँ अर्थव्यवस्था द्वारा वहनीय उत्पादन बढ़ोतरी की प्राप्ति में सहायक हों तो यह मानना चाहिए कि इनसे सामाजिक हित में भी वृद्धि हो रही है।

आर्थिक कल्याण का दूसरा भाग, अर्थात् राष्ट्रीय आय के वितरण में सुधार एक जटिल अवधारणा है। इसमें वितरण के दो पहलू अर्थात् **कार्यकुशलता और नैतिकता** (efficiency and ethics) शामिल हैं; और ये दानों पहलू एक-दूसरे से इस प्रकार गुंथे रहते हैं कि इन्हें एक दूसरे से अलग नहीं किया जा सकता। एक कुशलतम वितरणीय व्यवस्था वह है जिस में राष्ट्रीय आय की एक पूर्वनिश्चित मात्रा से समाज के सदस्यों को अधिकतम संभव तुष्टि की प्राप्ति होती हो, अर्थात् जब समाज के सभी सदस्यों की सीमांत आय उपयोगिता समान हो। यदि वितरणीय व्यवस्था में परिवर्तन के परिणामस्वरूप राष्ट्रीय आय से प्राप्य कुल तुष्टि में वृद्धि होती हो तो यह माना जाता है कि नैतिकता के दृष्टिकोण से भी आर्थिक कल्याण में वृद्धि हुई है।

इसके विपरीत वितरणीय नैतिकता में इस प्रश्न पर विचार किया जाता है कि आय और धन को समाज के सदस्यों में **क्यों और किस आधार पर** वितरित किया जाना चाहिए। इस प्रश्न के उत्तर में इस तथ्य को ध्यान में रखा जाता है कि वितरणीय व्यवस्था में किसी भी परिवर्तन का अर्थव्यवस्था की विकास दर और दीर्घकालीन उत्पादन क्षमता पर गहरा प्रभाव पड़ता है, जिसके परिणामस्वरूप भविष्य में राष्ट्रीय आय से कुल प्राप्य तुष्टि भी घट-बढ़ सकती है। एक मतानुसार वितरणीय असमानताओं को घटाने से प्रारंभ में विकास दर और उत्पादन क्षमता प्रोत्साहित होते हैं परंतु एक सीमा के पश्चात यही प्रभाव नकारात्मक होने लगते हैं। इन परिस्थियों में समाज को यह तय करना होता है कि वितरणीय असमानताओं में कमी और आर्थिक विकास आदि के लक्ष्यों में किस प्रकार संतुलन लाया जाए। इस संतुलन के बारे में एकमत के अभाव में सरकार की नीतियों में भी लगातार परिवर्तन देखने को मिलता है।

- सामाजिक हित की संतोषजनक वस्तुपरक कसौटियाँ निर्धारित करना संभव नहीं है।
- फिर भी कुछ ऐसे कदमों की सिफारिश की जा सकती है जिनके बारे में सामान्य तौर पर मतभेद की संभावना शून्यतुल्य होती है।
- उदाहरण के लिए आय और धन की वितरणीय असमानताओं में एक अंश तक कमी, बेरोज़गारी में कमी, लोगों के रहन सहन के स्तर में सुधार, आर्थिक स्थिरता की प्राप्ति, विकास दर में वृद्धि आदि के लिए उठाए गए कदमों की बड़ी सुगमता से सिफारिश की जा सकती है।

**श्रीमती हिक्स द्वारा सुझाई गई कसौटियाँ**—श्रीमती हिक्स ने जिन दो कसौटियों का वर्णन किया है, उनमें से प्रथम उत्पादन इष्टतमता, तथा दूसरी तुष्टि इष्टतमता है।

**1. उत्पादन इष्टतमता (Production Optimum)**—सामान्यत: अर्थव्यवस्था के उत्पादन साधनों के पुनर्वितरण से उत्पादन में परिवर्तन लाया जा सकता है। श्रीमती हिक्स के कथनानुसार उत्पादन उस समय इष्टतम स्तर पर होता है जब साधनों के पुनराबंटन से प्रत्येक विचाराधीन वस्तु का उत्पादन किसी अन्य वस्तु का उत्पादन घटाए बिना न बढ़ाया जा सके। परंतु इस कथन के आधार पर यह कसौटी कोई स्पष्ट निर्णय नहीं दे सकती; केवल कुछ भ्रामक परिणाम निकलने की संभावना रहती है। इसके कुछ उदाहरण निम्नलिखित हैं।

(i) यह संभव है कि किसी वस्तु में उत्पादन में बढ़ोतरी के संग किसी अन्य वस्तु का उत्पादन घट जाए, परंतु इसके बावजूद बढ़ोतरी की मात्रा अधिक हो तो उत्पादन की कुल मात्रा भी बढ़ जाएगी।

(ii) इस कसौटी को कुछ कठिन शर्तों के पूरा होने पर ही अपनाया जा सकता है, जैसे कि (क) पूर्ण रोज़गार, (ख) किसी संसाधन का अपव्यय न होना तथा (ग) सभी संसाधनों का इष्टतम कुशलता के स्तर पर कार्यरत होना, आदि।

(iii) यह भी संभव है कि उत्पादन घटाए जाने वाली वस्तु हानिकारक मानी जाती हो (जैसे कि तंबाकू, नशीले पदार्थ आदि)।

(iv) हिक्स की इस कसौटी इस अवधारणा पर आधारित है कि अर्थव्यवस्था के उत्पादन-संसाधनों में किसी प्रकार की बढ़ोतरी नहीं होती। स्पष्ट है कि संसाधनों में वृद्धि होने पर किसी भी वस्तु का उत्पादन घटाए बिना कुछ वस्तुओं का उत्पादन बढ़ाया जा सकता है।

**2. तुष्टि इष्टतमता (Utility Optimum)**–इस इष्टतमता के दो निर्धारण आधार हैं: (क) राष्ट्रीय स्तर पर उत्पादन तथा (ख) उसके विभिन्न घटकों की सापेक्षिक मात्राएँ। राष्ट्रीय आय के घटकों में परिवर्तन द्वारा उससे प्राप्य कुल तुष्टि को घटाया अथवा बढ़ाया जा सकता है। जब ऐसी स्थिति आ जाए कि इस प्रकार कुल तुष्टि में बढ़ोतरी करना असंभव हो तो इसे तुष्टि इष्टतमता की स्थिति की संज्ञा दी जाती है। परंतु इस स्थिति को प्राप्त करने में कई रुकावटें आती हैं।

- तुष्टि को किसी वस्तुपरक आधार पर नहीं मापा जा सकता। इस कठिनाई के कारण विभिन्न वस्तुओं और सेवाओं से प्राप्य तुष्टि की तुलना नहीं की जा सकती।
- इस कार्य में हमें अपने विचारों और मतों का सहारा लेना पड़ता है। इसके अतिरिक्त वस्तुओं तथा सेवाओं से प्राप्य तुष्टि-मात्राएँ पूर्व-निश्चित नहीं होतीं, बल्कि उनमें समय, स्थान, प्रयोग तथा अन्य कई कारणों से परिवर्तन होता रहता है।

- अधिकतम सामाजिक हित सिद्धांत की कसौटियों का चुनाव एक कठिन और समस्या-युक्त कार्य है।
- इस प्रयास में पूर्ण सफलता मिलने की संभावना अति कम रहती है।
- इन समस्याओं में सरकार की अपनी अनिश्चितता एवं अन्य कमज़ोरियाँ भी शामिल हैं।

## निष्कर्ष (Conclusion)

अंत में हम यह कह सकते हैं कि इस सिद्धांत द्वारा प्रतिपादित सुझाव काफी उपयोगी होते हुए भी सरलता से नहीं अपनाए जा सकते। इसकी ये त्रुटियाँ सैद्धांतिक और मात्रीकरण दोनों स्तरों पर विद्यमान हैं। फिर भी इस सिद्धांत का मूल कथन अपनाने योग्य है, क्योंकि इसके अनुसार सरकार की अपनी बजटीय नीतियों का मूल उद्देश्य समाज के हित में निवल बढ़ोतरी ही होना चाहिए और इस उद्देश्य की प्राप्ति हेतु व्यावहारिक स्तर पर कुछ कसौटियों की खोज की जानी चाहिए। अत: सरकार को चाहिए कि सर्वप्रथम विभिन्न बजटीय नीतियों और गतिविधियों के समाज और अर्थव्यवस्था पर होने वाले प्रभावों की जानकारी प्राप्त करे। यह जानकारी यथासंभव हर पहलू से पूरी होनी चाहिए ताकि अधिकतम उपयोगी सिद्ध हो सके। इसके अंतर्गत सैद्धांतिक दृढ़ता और वास्तविकता के ऊँचे स्तर के अतिरिक्त अल्पकालीन तथा दीर्घकालीन संभावनाओं पर भी विचार किया जाना चाहिए। इस प्रकार पूरी जानकारी प्राप्त करने के पश्चात ही सरकार अपनी बजटीय नीतियों को सही अर्थों में समाजोपयोगी बना सकती है। इस प्रक्रिया में करों और उनकी दरों के चयन, कुल राजस्व का कर तथा कर-भिन्न घटकों में बँटवारा आदि,

सभी प्रकार के प्रश्नों पर विस्तारपूर्वक विचार करने के पश्चात उनमें उचित संशोधन किए जा सकते हैं। यही बातें सार्वजनिक व्यय और इससे संबद्ध निर्णयों पर भी लागू होती हैं। यहाँ पर यह कहना भी संगतियुक्त होगा कि बजटीय प्रभाविता बढ़ाने में सरकारी लेखा-व्यवस्था का भी महत्वपूर्ण योगदान रहता है। बजट के विभिन्न प्रकार के विश्लेषणात्मक रूपों की सहायता से बजटीय प्रणाली के निर्धारण, कार्यान्वयन और मूल्यांकन में कई प्रकार से सुधारों द्वारा उससे प्राप्य सामाजिक निवल हित में बढ़ोतरी की जा सकती है। इन विश्लेषणात्मक रूपों में आर्थिक एवं कार्यात्मक वर्गीकरण (economic and functional classification), शून्य-आधार बजटिंग (Zero Base Budgeting), कार्यक्रम एवं निष्पादन बजटिंग (Programme and Performance Budgeting), लिंग आधारित बजटिंग (gender-based budgeting), आदि शामिल हैं। सारांश यह कि सार्वजनिक बजट का कोई पूर्वनिश्चित इष्टतम आकार नहीं हो सकता। यह आकार कई आर्थिक और गैर-आर्थिक कारकों पर निर्भर करता है और इस कारण कालांतर में सदैव परिवर्तनीय होता है। इसके अतिरिक्त बजट के इष्टतम आकार के निर्धारण में सरकार की अपनी प्रशासनिक क्षमता, समाज का संस्थानिक ढाँचा, बजटीय उद्देश्य तथा उनकी व्यावहारिकता आदि का योगदान भी रहता है। अत: व्यावहारिकता के स्तर पर बजटीय राजस्व और व्यय की हर मद के सभी आयामों पर विचारोपरांत ही यह तय किया जाना चाहिए कि इस मद का बजट में कितना औचित्य है तथा इसका क्या आकार होना चाहिए।

## **शब्दावली** (Key Words)

1. निवल हित (net benefit); 2. सिद्धांत की कसौटियाँ (Tests of the Principle); 3. समाज का परिरक्षण (preserving the society); 4. आर्थिक कल्याण (economic welfare); 5. उत्पादन इष्टतमता (production optimum); 6. तुष्टि इष्टतमता (utility optimum); 7. आर्थिक एवं कार्यात्मक वर्गीकरण (economic and functional classification); 8. लिंग आधारित बजटिंग (gender-based budgeting); 9. शून्य आधार बजटिंग (zero-based budgeting); 10. कार्यक्रम और निष्पादन बजट (programme and performance budgeting)

## **अभ्यास प्रश्न**

1. अधिकतम सामाजिक हित सिद्धांत का सार अर्थ क्या है, तथा यह किन मान्यताओं पर आधारित है? अपने उत्तर में रेखाचित्रों की सहायता लें।
2. अधिकतम सामाजिक हित सिद्धांत अपनाने में व्यावहारिक स्तर पर किन कठिनाइयों का सामना करना पड़ता है?
3. "अधिकतम सामाजिक हित सिद्धांत अयथार्थ मान्यताओं पर आधारित है"। इस कथन की पुष्टि हेतु सिद्धांत की मान्यताओ और त्रुटियों पर प्रकाश डालें।
4. विभिन्न मदों पर सार्वजनिक व्यय के निर्धारण में 'सीमांत सिद्धांत' के प्रयोग और इसकी त्रुटियों पर एक नोट लिखें।
5. इस कथन पर अपने विचार प्रकट करें कि "अनेकों त्रुटियों के होते हुए भी अधिकतम सामाजिक हित सिद्धांत को अपनाने का प्रयत्न किया जाना चाहिए।"
6. अधिकतम सामाजिक हित सिद्धांत को अपनाने में आप किन कसौटियों की सिफारिश करेंगे? ये कसौटियाँ कहाँ तक मापनीय हैं?

# अध्याय 4

# सार्वजनिक राजस्वः सामान्य विवेचन

## (Public Revenue: General)

**इस अध्याय में**

- "कर" शब्द के मूल अर्थ तथा उससे जुड़ी अन्य विचारणीय बातों का उल्लेख है।
- कराधान के धर्मसूत्रों, कर-प्रणाली के विकसित और अल्पविकसित देशों में उद्देश्यों और उनसे संबद्ध सैद्धांतिक संकल्पनाओं का अध्ययन है।
- एक उत्तम कर-प्रणाली की विशेषताओं का विवेचन है।

## परिचय (Introduction)

किसी सामान्य आर्थिक इकाई की भांति सरकार को भी अपनी गतिविधियों के लिए वित्त की व्यवस्था करनी पड़ती है। यह वित्त इसे कई स्त्रोतों से प्राप्त होता है और, विशेषकर उन स्त्रोतों के लगातार परिवर्तनीय हाने के कारण, उनकी एक पूरी एवं निश्चित सूची बना पाना कोई सरल कार्य नहीं है। परंतु महत्व के दृष्टिकोण से कर-राजस्व, उधार से प्राप्तियाँ, पुराने दिए गए उधारों की मूल राशियों और उनपर ब्याज की वसूलियाँ, करेंसी के सृजन से आए, सरकारी उद्यमों से आए, फीसें, जुर्माने तथा उपहार आदि की गिनती मुख्य स्त्रोतों में की जाती है। प्रो. डॉल्टन के मतानुसार हमें 'सार्वजनिक प्राप्तियों' और 'सार्वजनिक राजस्व' के अर्थों में भेद करना चाहिए। 'सार्वजनिक प्राप्तियों' के शब्द को एक विस्तृत अर्थ प्रदान करते हुए इसमें राज्य को सभी स्त्रोतों से होने वाली प्राप्तियों को शामिल किया जाना चाहिए; जबकि इसके विपरीत 'सार्वजनिक राजस्व' की अवधारणा को काफी सीमित अर्थों में लेते हुए उसमें सार्वजनिक ऋणों, सार्वजनिक संपत्ति के विक्रय तथा 'नोट छपाई' से होने वाली प्राप्तियाँ को शामिल ***नहीं*** किया जाना चाहिए।

## कर राजस्व

### (Tax Revenue)

## कर शब्द का अर्थ (Meaning of Tax)

सरकार की हर वह प्राप्ति जो निम्नलिखित **दो विशेषताओं** से युक्त हो, 'कर' कहलाती है।

1. कर, **सरकार द्वारा लागू की गई**, एक **बाध्य** (compulsory) **उगाही** है। सरकार को इसे बलपूर्वक वसूल करने का कानूनी अधिकार होता है तथा करारोपित आर्थिक इकाइयों का यह कानूनी दायित्व रहता है कि वे सरकार द्वारा आरोपित उगाहियों का सरकार को भुगतान करें।

2. कर की दूसरी विशेषता यह है कि करदाता को इसके बदले में किसी सरकारी सेवा/सुविधा से लाभान्वित होने का अधिकार नहीं मिलता (There is no quid pro quo of a tax liability or of a tax payment)। **इनसे लाभांवित होने के अधिकार का कर की अदायगी से अथवा कर की राशि से कोई सीधा और मात्राबद्ध संबंध नहीं होता।** समाज के सदस्यों को राज्य-सेवाओं से लाभान्वित होने का अधिकार राज्य द्वारा अपनाई गई अन्य कसौटियों आदि के आधार पर मिलता है। अत: यह संभव है कि अधिक कर अदा करने वाले व्यक्ति को कम तथा थोड़ा कर देने वाले अथवा कर-मुक्त व्यक्ति को अधिक मात्रा में सरकारी सेवाएँ प्राप्त हों।

**बाध्यता**–परंतु स्मरणीय है कि सरकार को की गई सभी अदायगियों को **केवल उनकी अनिवार्यता** के आधार पर ही कर की संज्ञा नहीं दी जा सकती। सरकार कई ऐसी वसूलियाँ भी करती है जिनकी अदायगी तो अनिवार्य होती है परंतु वे कर नहीं होतीं क्योंकि अनिवार्य होते हुए भी वे सरकार द्वारा मुहैया की जाने वाली कुछ विशिष्ट वस्तुओं/सेवाओं से जुड़ी रहती हैं, जैसे कि न्यायालयों में दी गई फीसें। इसके अतिरिक्त कुछ सरकारी वस्तुएँ/सेवाएँ ऐसी भी होती हैं जो उपभोक्ताओं को अनिवार्य रूप से क्रय करनी पड़ती हैं, तथा उनकी कीमत भी अदा करनी पड़ती है। इन सेवाओं के उदाहरणों में गलियों में तथा सड़कों पर रोशनी, सफाई की व्यवस्था तथा सार्वजनिक पार्कों का रख-रखाव आदि गिनवाए जा सकते हैं। इन मामलों में समाज के किसी सदस्य को यह अधिकार नहीं दिया जाता कि वह इन सेवाओं के लिए आरोपित वित्तीय अदायगियाँ न करे। इसी प्रकार जब सरकार जुर्माने वसूल करती है तो इसका उद्देश्य बहुधा कुछ गतिविधियों को रोकना होता है। इसी तरह यह भी संभव है कि सरकार किसी वस्तु की पूर्ति के एकाधिकार का लाभ उठाते हुए विचाराधीन वस्तु की उचित से अधिक कीमत वसूल करने की नीति का अनुसरण करे और उसके ऐसा करने पर उपभोक्ताओं के पास इसके सिवा कोई मार्ग न हो कि वे या तो उस वस्तु से वंचित रहें अथवा उसकी अनुचित कीमत देने को तैयार हों। कुछ लोगों का यह मत हो सकता है कि इन मामलों में केवल कीमत-आधिक्य के अंश को कर के रूप में मान्यता दी जानी चाहिए। परंतु ऐसा करने में एक बड़ी समस्या यह है कि विचारधीन वस्तु की कुल कीमत को कर एवं कर-भिन्न भागों में बाँटना लगभग असंभव होता है। इस कार्य की जटिलता इसलिए भी बढ़ जाती है कि बहुधा सरकारी वस्तुओं/सेवाओं की लागत कर्मियों की कार्यकुशलता में त्रुटि होने के कारण अधिक होती है, जिससे अनुमानित कर-अंश अर्थात कीमत-आधिक्य घट जाता है।

- सरकार द्वारा किसी वसूली को कर की संज्ञा देने के लिए इसका दो कसौटियों पर खरा उतरना आवश्यक है:–(क) अदायगी करने की कानूनी अनिवार्यता, तथा (ख) अदायगी के बदले में किसी सरकारी सेवा से लाभान्वित होने के अधिकार का न होना।
- इन कसौटियों के आधार पर सरकार की कई वित्तीय प्राप्तियाँ केवल आंशिक रूप से कर होती हैं तथा कुछ अनिवार्य रूप से देय होते हुए भी पूर्णतया गैर-कर होती हैं।

अनिवार्यता से युक्त और भी कई ऐसी अदायगियाँ हो सकती हैं जिनके बदले में सरकार को कुछ लाभ-प्राप्ति होती हो। अत: इन मामलों में उन्हें कर की संज्ञा देने पर मतभेद हो सकता है।

1. सर्वप्रथम कुछ अदायगियाँ ऐसी हैं जो समाज के कुछ सदस्यों के लिए विशेष तौर पर निर्धारित की जाती हैं। इन 'विशेष निर्धारणों' (special assessments) का एक मुख्य उदाहरण 'उन्नत्ति आरोपण' (betterment levy) है जिसके द्वारा समाज के उन सदस्यों से वसूली की जाती है जो सरकारी कार्यकलापों अथवा नीतियों द्वारा विशेष रूप से लाभान्वित हुए हों और जो सरकारी मतानुसार इसकी कीमत चुकाए बिना लाभान्वित होने के अधिकारी न हों। उदाहरणार्थ सरकार द्वारा सड़कें, पार्क तथा अन्य सुविधाएँ मुहैया कराने के फलस्वरूप आसपास की ज़मीन के

दाम बढ़ सकते हैं। इसी प्रकार खेती के लिए सिंचाई की सुविधा द्वारा भी ज़मीन के दामों में वृद्धि होने की संभावना रहती है। परंतु दामों में वृद्धि द्वारा यह लाभ संपत्तिदाताओं के अपने श्रम का फल नहीं माना जा सकता। इस कारण बहुधा सरकार इस वृद्धि का एक अंश 'उन्नत्ति आरोपण' के नाम से वसूल कर लेती है। बाध्यता के दृष्टिकोण से इस आरोपण को एक कर माना जा सकता है। परंतु एक अन्य दृष्टिकोण से देखा जाए तो इस आरोपण का आधार सरकारी गतिविधियों द्वारा प्राप्त आर्थिक लाभ है। अत: इस आधार पर इसे कर की संज्ञा नहीं दी जानी चाहिए।

2. सरकार अपनी कई सेवाओं के लिए शुल्क (अर्थात् फीसें) उगाहती है जैसे कि कचहरी की फीस अथवा विभिन्न प्रकार के पंजीकरण शुल्क। एक मतानुसार किसी शुल्क विशेष की दर उससे संबद्ध सेवा की लागत से अधिक हो तो इस आधिक्य को कर का ही एक रूप माना जाना चाहिए। परन्तु इस प्रकार की अदायिगी को कर और कर-भिन्न अंशों में बाँटना अति कठिन कार्य है। ध्यानयोग्य है कि कई मामलों में संबंधित सरकारी सेवा के लिए फीस केवल नाम मात्र भी हो सकती है।

3. सरकार द्वारा अनिवार्य रूप से उगाहियों में जुर्माने भी शामिल हैं। परंतु इनका वर्गीकरण करों में नहीं किया जाता, क्योंकि सरकार उनका प्रयोग राजस्व जुटाने के उद्देश्य से नहीं, बल्कि लोगों को अपने कानूनी कर्तव्य निभाने के लिए बाध्य करने हेतु करती है।

4. किसी भी शुल्क का उद्देश्य राजस्व जुटाना अथवा अर्थव्यवस्था की कार्य प्रणाली में सुधार लाना अथवा इन दोनों का एक सम्मिश्रण हो सकता है। बहुधा सरकार की प्राथमिकता कई उद्देश्यों के सम्मिश्रण के लिए रहती है। इसके विपरीत कई बार किसी कर का प्रयोग केवल अर्थव्यवस्था में सुधार के लिए ही किया जाता है।

5. सरकार द्वारा करेंसी सृजन द्वारा साधन जुटाना भी कानूनी रूप से बाध्य अदायगियों का एक उदाहरण है। बहुधा करेंसी का अंकित मूल्य उसकी उत्पादन लागत से अधिक होता है; परंतु वैध मुद्रा (legal tender) होने के कारण इसे अंकित मूल्य पर स्वीकार करने से इनकार नहीं किया जा सकता।

6. सरकार अपनी वित्तीय प्राप्तियों में वृद्धि करने के लिए घाटे के बजट का सहारा ले सकती है। यदि यह बजटीय घाटा देश के केन्द्रीय बैंक से उधार लेकर पूरा किया जाए, तो मुद्रा की मात्रा और कीमतों में बढ़ोतरी के फलस्वरूप राष्ट्रीय उत्पादन का एक भाग शेष अर्थव्यवस्था से सरकार को हस्तांतरित हो जाता है। यह भी संभव है कि सरकार केन्द्रीय बैंक अथवा अन्य ऋणदाताओं से ऋण लेते समय दबाव डालकर रियायती शर्तों पर ऋण लेने में सफल हो जाए। यदि ऐसा हो तो एक प्रकार से ये रियायतें भी कर का ही एक रूप समझी जानी चाहिएँ। परंतु स्मरणीय है कि सरकारी लेखों में किसी ऐसे **लाभ अथवा रियायत आदि को कर-राजस्व का भाग नहीं माना जाता जिसे सरकार ने अपनी सत्ता के ज़ोर पर पाया हो।**

- कुल मिलाकर हम इस निष्कर्ष पर पहुँचते हैं कि यद्यपि सरकार द्वारा की जाने वाली किसी वसूली को तभी कर की संज्ञा दी जा सकती है जब उसकी अदायगी अनिवार्य हो तथा जब अदाकर्ता को उसके बदले में सरकार से किसी प्रकार से लाभान्वित होने की अधिकार-प्राप्ति न होती हो।
- परन्तु वास्तविकता में सरकार अपनी प्राप्तियों को कर और कर-भिन्न भागों में वर्गीकृत करते हुए इस नियम का ठोस ढंग से पालन नहीं कर पाती।
- वह कई ऐसी प्राप्तियो को भी कर मान लेती है जिनका ध्येय किसी प्रकार से सामाजिक अथवा आर्थिक नियमन होता है।
- इसी प्रकार कुछ मुहैया की गई वस्तुओ/सेवाओं के बदले की गई वसूली को कर और कर-भिन्न अंशों में बाँटने के स्थान पर समस्त वसूली को केवल कर अथवा कर-भिन्न राजस्व मान लिया जाता है।

## कर का आधार (Tax Base)

एक कर का आधार किसी मद की वह क़ानूनी व्याख्या है, जिससे उस मद पर किसी करदाता की करदेयता निर्धारित और अनुमानित की जाती है। उदाहरणार्थ उत्पादन शुल्क (excise duty) का आधार मूल्य की उत्पत्ति है। यह उत्पति किसी वस्तु के निर्माण, पैकिंग, स्थानांतरण, भंडारण अथवा किसी अन्य क्रिया के फलस्वरूप हो सकती है। उत्पादन में सेवाओं के मुहैया करने को भी शामिल किया जा सकता है (भारत में सेवाओं पर उत्पादन शुल्क को सेवा-कर, service tax, कहा जाता है)। इसी प्रकार आय कर का आधार एक करदाता इकाई की कानूनी तौर पर परिभाषित तथा अनुमानित आय है। उपहार/दान कर (gift tax) का आधार उपहार/दान शब्द की कानूनी परिभाषा है। स्मरणीय है कि किसी भी कर के आधार की एक कानूनी तौर पर परिभाषित पहचान और सीमा होती है जिससे यह तय किया जाता है कि विचाराधीन कर का आरोपण किन मदों पर, किन स्थितियों में तथा किन दरों पर किया जाएगा। ध्यान रहे कि एक ही वस्तु के कई कराधार हो सकते हैं, जैसे कि उसका उत्पादन, बिक्री, उपभोग आदि। इसी प्रकार एक करदाता की करदेयता कई कराधारों पर निर्धारित करों का योग हो सकती है। कानून द्वारा किसी कराधार की परिभाषा को संकुचित अथवा विस्तारित किया जा सकता है। यह भी संभव है कि एक ही कराधार (जैसे कि आय) पर देश की एक से अधिक स्तरीय सरकारें (जैसे कि केन्द्रीय, राज्य तथा स्थानीय) करारोपण करने की अधिकारी हों। **परंतु स्मरणीय है कि भारत में किसी एक परिभाषित कराधार पर केवल एक स्तर की सरकार ही कर लगा सकती है और यह भी हमारे संविधान द्वारा पूर्वनिश्चित थी/था कि यह अधिकारी सरकार कौन-सी होगी। यह प्रावधान प्रत्येक्ष और परोक्ष दोनो प्रकार के करों पर लागू होता था। परन्तु जुलाई 2017 से कुछ वस्तुओं और सेवाओं पर 'माल और सेवा कर' (GST) नामक कानून के अंतर्गत केन्द्र और राज्य सरकारें एक साथ कर लगाने लगी हैं।**

- एक कर का आधार किसी मद की वह कानूनी व्याख्या है, जिससे उस मद पर किसी करदाता की करदेयता निर्धारित और अनुमानित की जाती है।
- एक मद के एक से अधिक कराधार हो सकते हैं।
- देश में बहुस्तरीय सरकार हाने पर उनमें कराधारों का आवंटन किया जाता है।
- GST से पूर्व भारत में किसी एक परोक्ष कराधार पर केवल एक स्तर की सरकार ही कर लगा सकती थी।

## कर की उत्फुल्लता (Buoyancy of a Tax)

एक विचाराधीन कर से राजस्व प्राप्तियों में कई करणों से बढ़ोतरी हो सकती है। इस बढ़ोतरी में कराधार के विस्तार के कारण होने वाला भाग उसकी उत्फुल्लता (Buoyancy) का प्रतीक है, और—

$$\frac{\text{विचाराधीन कर-राजस्व में आनुपातिक परिवर्तन}}{\text{विचाराधीन कराधार में आनुपातिक-परिवर्तन}}$$

$$\frac{\text{Proportionate Change in Tax Revenue}}{\text{Proportionate Change in Tax Base}}$$

इसका प्रमापन सूत्र है। स्पष्ट है कि इस प्रमापन में कर राजस्व में होने वाली बढ़ोतरी के केवल उस अंश को लिया जाता है जो कराधार में विस्तार के कारण हुई हो; अन्य कारणों से होने वाली राजस्व वृद्धि को नहीं लिया जाता। उदाहरण के लिए आय कर की उत्फुल्लता का प्रमापन—

$$\frac{\text{आयकर राजस्व में आनुपातिक वृद्धि}}{\text{राष्ट्रीय आय में आनुपातिक वृद्धि}}$$

के बराबर है।

## कर की लोच (Elasticity of a Tax)

जब किसी कर के राजस्व में वृद्धि के उस भाग को लिया जाए जो उसके कराधार में विस्तार के अतिरिक्त अन्य कारणों की देन हो, तो यह वृद्धि उस कर की लोच को दर्शाती है। बहुधा कर की लोच के प्रमापन में केवल इसकी दरों में परिवर्तन होने के कारण राजस्व वृद्धि पर विचार किया जाता है। अतः एक विचाराधीन कर से संबद्ध **(राजस्व में आनुपातिक वृद्धि/कर की दरों में आनुपातिक वृद्धि)** उस कर की लोच का प्रमापन सूत्र है।

- किसी विचाराधीन कर की राजस्व प्राप्तियों में कई कारणों से बढ़ोतरी हो सकती है।
- इसकी प्रफुल्लता और लोच के सूत्र इसकी राजस्व प्राप्तियों में होने वाली वृद्धि का विभिन्न कारकों की प्रतिक्रिया के रूप में मात्रीकरण है।

# कराधान के धर्मसूत्र

(Canons of Taxation)

एक उतम कर-प्रणाली के लिए यह आवश्यक है कि यह कुछ ऐसी ठोस कसौटियों पर आधारित हो, जिनका हर स्थिति में पालन श्रेयस्कर हो और इस कारण जिन्हें 'धर्मसूत्र' की संज्ञा दी जा सके। स्पष्ट है कि ऐसे धर्मसूत्र केवल वही हो सकते हैं, जो समाज और अर्थव्यवस्था के बुनियादी ध्येयों की प्राप्ति में सहायक हों।

स्मरणीय है कि कराधान के उद्देश्यों में कई बार आपसी टकराव की स्थिति भी उत्पन्न हो सकती है तथा इस कारण उनमें किसी प्रकार का समन्वय करने की आवश्यकता भी हो सकती है। इस संबंध में सर्वप्रथम प्रो. एडम स्मिथ (Adam Smith) का नाम गिनवाया जाता है, क्योंकि उन्होंने इन सूत्रों के सबसे महत्वपूर्ण वर्ग को प्रतिपादित किया और उन्हें धर्मसूत्रों की संज्ञा भी दी।

एडम स्मिथ के सूत्रों का मूल सार जानने के लिए कर-प्रणाली के अपेक्षित उदेश्यों पर ध्यान देना चाहिए। स्मिथ चाहते थे कि अर्थव्यवस्था की उत्पादन क्षमता में यथासंभव बढ़ोतरी तथा इसकी विकास दर में वृद्धि हो। उनका यह मत भी था कि निजी क्षेत्र सार्वजनिक क्षेत्र की तुलना में सदैव अधिक कार्यकुशल होता है तथा इस कारण आर्थिक विकास के लिए निजी क्षेत्र की इस क्षमता का लाभ उठाना चाहिए। अतः सरकार को यह सुनिश्चित करना चाहिए कि यथासंभव इसकी कर प्रणाली निजी-क्षेत्र की कार्य स्वतंत्रता में बाधक न बने। इस चिन्तन शैली के आधार पर स्मिथ ने चार धर्मसूत्रों की संरचना की।

**1. समता का धर्मसूत्र (Canon of Equality)**—एडम स्मिथ के मतानुसार राज्य के संरक्षण के बिना कोई आर्थिक इकाई आय अर्जित नहीं कर सकती। साथ ही स्मिथ के दृष्टिकोण से किसी व्यक्ति की आय तथा उसकी कर देय-क्षमता में एक सीधा संबंध होता है। अतः कर-देयता आय के स्तर के साथ-साथ घटनी-बढ़नी चाहिए, ताकि राज्य के रख-रखाव में हर करदाता का योगदान उसकी आय के स्तर के अनुरूप हो ।

स्मिथ के इस सूत्र की व्याख्या आय की घटती सीमांत उपयोगिता की अवधारणा की सहायता से भी की जा सकती है। करदाता की आय बढ़ने के साथ-साथ उसकी सीमांत उपयोगिता घटती जाती है। परिणामस्वरूप

इस आय पर आरोपित कर की सीमांत उपयोगिता हानि (marginal disutility) भी घटती जाती है। अत: यदि करदाताओं को करारोपण से होने वाली सामूहिक आय-उपयोगिता में होने वाली हानि को न्यूनतम रखना हो तो करों की प्रगामी (progressive) दरों के द्वारा उनकी आय-सीमांत उपयोगिता में समानता लाने का प्रयत्न करना चाहिए।

**2. निश्चितता का धर्मसूत्र (Canon of Certainty)**—इस सूत्र का लक्ष्य करदाताओं को कर-कर्मियों द्वारा सभी प्रकार के दुर्व्यवहार तथा उससे होने वाली परेशानी एवं हानि से सुरक्षा प्रदान करना है। यह तभी संभव है जब हर करदाता की कर-देयता एक निश्चित कानून तथा पूर्वनिश्चित नियमों के आधार पर निर्धारित की जाए तथा इस प्रक्रिया में किसी प्रशासनिक कर्मी को यह अधिकार न हो कि वह अपनी ओर से कर की देय राशि में घटा-बढ़ी कर सके। एडम स्मिथ का कहना है कि कर कर्मियों को थोड़ी-सी छूट देने से भी करदाता के लिए पैदा होने वाली अनिश्चितता अति हानिकारक होती है। स्मिथ का यह भी कहना है कि कर-देयता की थोड़ी सी अनिश्चितता भी कर-प्रणाली की बहुत-सी असमानता से कहीं अधिक हानिकारक होती है।

**3. सुगमता का सूत्र (Canon of Convenience)**—इस सूत्र के अनुसार कर की अदायगी का समय तथा विधि यथासंभव करदाता की सुविधा के अनुकूल होने चाहिएँ, अर्थात सरकार को यह प्रयत्न करना चाहिए कि करदाता अनावश्यक परेशानी में न पड़ें।

**4. मितव्ययिता का सूत्र (Canon of Economy)**—स्मिथ के चौथे सूत्र के अनुसार सरकार की कर वसूली की लागत न्यूनतम संभव होनी चाहिए। ऐसे करों से बचना चाहिए जिनके अनावश्यक फैलाव के कारण उगाहने का कार्य कठिन हो और लागत अधिक बैठती हो। ऐसे करों से समाज पर तो कर भार पड़ता ही है, साथ ही सरकार को भी एक प्रयाप्त कर राशि जुटाने में कठिनाई होती है। इनसे अर्थव्यवस्था की उत्पादन क्षमता को भी क्षति पहुँचती है तथा लोगों में करों की चोरी की प्रवृत्ति पनपती है।

## अतिरिक्त सूत्र (Additional Canons)

स्मिथ के धर्मसूत्र ऐसे ठोस आर्थिक तर्क एवं सत्य पर आधारित हैं, कि कोई भी प्रगतिशील आधुनिक सरकार इनको अनदेखा नहीं कर सकती। परंतु आधुनिक सरकारों के समक्ष कई ऐसी समस्याएँ एवं परिस्थितियाँ भी आती हैं जो एडम स्मिथ के विचार क्षेत्र से परे थीं। इन तथ्यों के फलस्वरूप कालांतर में अर्थशास्त्रियों ने कई ऐसे नए सूत्रों का प्रतिपादन किया है जो आधुनिक सरकारों की समस्याओं तथा अर्थव्यवस्था की आवश्यकताओं के अनुरूप ढाले गए हैं। इन सूत्रों का वर्णन नीचे दिया गया है।

**5. उत्पादिता का सूत्र (Canon of Productivity/Adequacy)**—इसे राजकोषीय सामर्थ्य, उत्पादिता अथवा पर्याप्तता का सूत्र भी कहा जा सकता है। इस सूत्र के अनुसार कर-राजस्व से इतनी प्राप्ति हो जानी चाहिए कि सरकार को अपने व्यय की पूर्ति के लिए उधार लेने के लिए बाध्य न होना पड़े। स्पष्ट है कि इस सूत्र में कर-भिन्न राजस्व की मात्रा में संभावित घटा-बढ़ी को अनदेखा किया गया है।

**6. उत्फुल्लता का सूत्र (Canon of Buoyancy)**—यह सूत्र इस विचारधारा पर आधारित है कि कालांतर में एक ओर राज्य की वित्तीय आवश्यकताओं में तथा दूसरी ओर राष्ट्रीय आय में बढ़ोतरी होती रहती है। अत: एक उत्तम कर प्रणाली में यह गुण होना चाहिए कि राष्ट्रीय आय में वृद्धि के साथ-साथ कर-राजस्व में भी यथोचित दर से अपने आप वृद्धि होती रहे। यह राजस्व वृद्धि स्वयंभू होनी चाहिए तथा इसके लिए करों की दरों में परिवर्तन तथा उनके सीमा क्षेत्रों कें फैलाव की आवश्यकता नहीं होनी चाहिए।

**7. लोच का सूत्र (Canon of Elasticity)**—इस सूत्र के अनुसार कर-प्रणाली में यह विशेषता होनी चाहिए कि करों की दरों तथा सीमा क्षेत्रों में परिवर्तन द्वारा कर-राजस्व में यथोचित कमी-बेशी की जा सके।

**8. लचक का सूत्र (Canon of Flexibility)**—लचक का अर्थ लोच से भिन्न है। एक लचकदार कर-प्रणाली वह है जिसमें आवश्यकतानुसार परिवर्तन किए जा सकते हों, नए कर लगाए जा सकते हों, पुराने कर हटाए जा सकते हों, तथा किसी भी कर की दरों और क्षेत्रीय सीमाओं में यथोचित संशोधन किया जा सकता हो। कर-प्रणाली की इस विशेषता को उसके समंजन का आयाम भी माना जाता है। कर-प्रणाली के समंजनीय होने से सरकार, विभिन्न उद्देश्यों की प्राप्ति हेतु, इसमें बिना विशेष कठिनाइयों का सामना किए यथोचित परिवर्तन करने में सक्षम होती है।

**9. सरलता का सूत्र (Canon of Simplicity)**—आजकल कई देशों की कर-प्रणालियाँ अति जटिल हो गई हैं। इससे अनेक प्रकार की हानियाँ उपजती हैं। कर-देयता की अनिश्चितता के साथ-साथ कर-कर्मियों को मनमानी करने की छूट तथा कर-दाताओं को कर-चोरी के अवसर मिलते हैं। ईमानदार कर-दाताओं को अनेक प्रकार की परेशानियों का सामना करना पड़ता है। करदाताओं तथा सरकार में कानूनी झगड़े होते रहते हैं। इस प्रकार की जटिलता का मूल कारण यह है कि सरकार समय-समय पर विभिन्न उद्देश्यों की प्राप्ति हेतु कर-प्रणाली में संशोधन करती रहती है तथा कालांतर में यह संशोधन अर्थहीन एवं अनुत्पादक बनते जाते हैं।

स्पष्ट है कि कर-प्रणाली को यथासंभव सरल बनाना ही श्रेयस्कर एवं हितकर है। जटिल कर-प्रणाली से समाज के साधनों का अपव्यय होता है। अतः जहाँ तक हो सके, करों की संख्या, उनकी दरें, रियातों और कर-मुक्ति के प्रावधान तथा उनकी क्षेत्रीय सीमाओं में उचित परिवर्तन द्वारा पूरी कर-प्रणाली को सरल बनाने का प्रयास किया जाना चाहिए।

**10. विविधता का सूत्र (Canon of Diversity)**—इस सूत्र के अनुसार सरकार का किसी एक कर (अथवा अति थोड़े से करों) पर निर्भर होना हानिकारक हो सकता है। विविधता रहित कर-प्रणाली का एक दोष यह होता है कि इसमें राजस्व में अप्रत्याशित तथा अकस्मात कमी आ सकती है। राजस्व की यह अनिश्चितता राजकोष के लिए चिंता का कारण बनी रहती है। इस प्रकार की कर-प्रणाली में समाज के कुछ भागों के लिए अन्यायपूर्ण होने की भी प्रबल संभावना होती है। इसके विपरीत कर-प्रणाली में विविधता रहने पर किसी एक कर से संभावित घाटा सीमित रहता है। परंतु यह भी ध्यान देने योग्य तथ्य है कि करों की संख्या का अत्यधिक होना भी ठीक नहीं होता इससे भी करों की वसूली की लागत में अकारण वृद्धि होती है और मितव्ययिता का सूत्र भंग होता है। साथ ही यह भी स्मरणीय है कि यथासंभव प्रत्येक कर स्वयं में सरल होना चाहिए।

अंत में एक विचारणीय तथ्य यह है कि कर प्रणाली समाज की आर्थिक व्यवस्था का एक अभिन्न अंग होती है और इस कारण इसका समाज की दार्शनिक संरचना के अनुकूल होना ठीक रहता है। कोई भी कर-प्रणाली जो इस कसौटी पर खरी न उतरती हो, उत्तम नहीं कही जा सकती। इसी कारण एक अच्छी कर-प्रणाली की विशेषताओं के बारे में विचार बदलते रहे हैं। कोई समय था जब समझा जाता था कि कर-सूत्र सरकार की आवश्यकताओं के अनुकूल होने के साथ-साथ निजी क्षेत्र और बाज़ार-व्यवस्था को प्रोत्साहित करने वाले होने चाहिए। परंतु आजकल यह माना जाता है कि एक उत्तम कर-प्रणाली वह है जो समाज और अर्थव्यवस्था के लिए सामूहिक तौर पर हितकर हो। इस कथन के आधार पर हम अध्याय के अगले दो भागों में कराधान के उद्देश्यों तथा एक उत्तम कर प्रणाली की विशेषताओं पर विचार करेंगे।

- कराधान की चिर-स्थाई सैद्धांतिक कसौटियों को "कराधान के धर्मसूत्रों" की संज्ञा दी जाती है।
- इन सूत्रों का चयन समाज और अर्थव्यवस्था के चिरकालीन उद्देश्यों की प्राप्ति हेतु किया जाता है।
- प्रारंभ में एडम स्मिथ ने चार धर्मसूत्रों का प्रतिपादन किया।
- कालांतर में कई अन्य सूत्रों को भी मान्यता प्राप्त हुई है।
- अब ये आधुनिक आर्थिक चिंतन के अभिन्न अंग माने जाते हैं।

## कर-प्रणाली के उद्देश्य
(Objective of Taxation)

किसी भी अर्थव्यवस्था में कर प्रणाली के उद्देश्यों का

- सरकार की आर्थिक और गैर-आर्थिक नीतियों,
- इसकी राजकोषीय नीतियों के कर-भिन्न घटकों,
- सामाजिक संस्थानों, तथा
- अर्थव्यवस्था की अन्य परिस्थितियों

के साथ एक घनिष्ठ संबंध होता है। इस कारण सामान्य तौर पर विकसित तथा अल्पविकसित देशों की कर-प्रणालियों के उद्देश्यों में भी भिन्नता होती है। इन उद्देश्यों में आपसी टकराव भी हो सकता है जिससे इनमें यथोचित सामंजस्य की आवश्यकता पड़ सकती है। इसके अतिरिक्त यह तथ्य भी विचारणीय है कि केवल कर प्रणाली द्वारा ही समाज के सभी कथित उद्देश्यों की पूर्ण प्राप्ति संभव नहीं होती। इस कारण कर-प्रणाली की उपयोगिता को अधिक प्रभावी बनाने के लिए सरकार की अन्य नीतियों से इसका पूरा तालमेल होना चाहिए।

- एक विचाराधीन अर्थव्यवस्था के लिए कर-प्रणाली के उद्देश्यो का चयन उसकी अपनी विशेषताओं तथा समग्र उद्देश्यों के संदर्भ में तथा यथासंभव उनसे अनुकूलता रखते हुए ही किया जाना चाहिए।
- इस दृष्टिकोण से हमारी यह मान्यता रहती है कि विकसित और अल्पविकसित देशों के द्वारा चयनित कर-प्रणाली के उद्देश्यों में बुनियादी अन्तर रहेगा।

## I. विकसित देशों में कर-प्रणाली के उद्देश्य
(Objectives of Taxation in Developed Countries)

**मूल समस्याएँ**–एक विकसित अर्थव्यवस्था की समस्याएँ एक अल्पविकसित अर्थव्यवस्था की समस्याओं से मूलत: भिन्न होती हैं। एक विकसित अर्थव्यवस्था वाला देश आर्थिक विकास की दर में वृद्धि लाने की चिन्ता से मुक्त होता है। इसके समक्ष अपनी उत्पादन क्षमता बढ़ाने की समस्या नहीं होती। इसमें उत्पादन क्षमता के साथ-साथ बचत और निवेश की भी पर्याप्त क्षमता होती है। इसी प्रकार इसमें आय और धन वितरण की समस्याओं का भी कोई विशेष महत्व नहीं होता, क्योंकि इसमें निम्न आय के वर्गो की भी बुनियादी आवश्यकताएँ सुगमता से पूरी हो जाती हैं। किसी की भी आय इतनी कम नहीं होती कि वह रोटी, कपड़े और निवास स्थान आदि से भी वंचित रह जाए। अत: **ऐसी अर्थव्यवस्था की मुख्य समस्या आय और रोज़गार की उच्च-स्तरीय स्थिरता को बनाए रखने की होती है**, तथा कर-प्रणाली का एक मुख्य उद्देश्य भी इसी समस्या के समाधान में योगदान देना रहता है।

**सुझाव**–आय एवं रोज़गार की स्थिरता के संदर्भ में कीन्स (J.M. Keynes) द्वारा प्रतिपादित **राजकोषीय सिद्धांत** (Budget Principle) पर दृष्टि डालना हितकर रहेगा। कीन्स के मतानुसार एक आधुनिक विकसित बाज़ार-अर्थव्यवस्था सदैव प्रभावी माँग (effective demand) की अपर्याप्तता से पीड़ित रहती है जिसके फलस्वरूप इसमें उत्पादन, आय तथा रोज़गार मंदी का शिकार रहते हैं। अत: कीन्स के मतानुसार इस समस्या का समाधान प्रभावी माँग में वृद्धि करना है। इस कार्य हेतु सरकार को घाटे का बजट अपनाते हुए करों में कमी करनी चाहिए ताकि देश में निजी क्षेत्र में होने वाला व्यय प्रोत्साहित हो। इस प्रक्रिया में उन करदाताओं की कर-देयता घटाना और भी लाभकारी होता है जिनकी सीमांत उपभोग प्रवृत्ति (marginal propensity to consume) अधिक हो अर्थात् जो कम आय वाले हों।

**अन्य सुझाव**–इसके विपरीत प्रो. लर्नर (A.P. Lerner) के मतानुसार सरकार अपनी बजटीय नीति का प्रयोग मंदी और तेज़ी दोनों प्रकार की स्थितियों से निपटने के लिए कर सकती है। इस नीति का प्रयोग इस प्रकार किया जाना चाहिए कि इससे मंदी के दिनों में व्यय को बढ़ाने में सहायता मिले तथा तेज़ी (उत्कर्ष) की स्थिति में व्यय करने की प्रवृत्ति हतोत्साहित हो। इस प्रकार की दोधारी नीति से आय तथा रोज़गार में स्थिरता बनी रहेगी। इस **प्रतिकारी राजकोषीय वित्त-नीति** (compensatory fiscal finance) के अनुसार मंदी के काल में कर-भार घटाया जाता है, जिससे अर्थव्यवस्था में कुल व्यय में वृद्धि होती है। इसके विपरीत तेज़ी के काल में सरकार कर-भार को बढ़ाकर बचत का बजट अपनाती है। इसके फलस्वरूप अर्थव्यवस्था में कुल व्यय-प्रवाह घटने से तेज़ी की स्थिति समाप्त हो जाती है।

उपर्युक्त विचार-प्रणाली में अब **'संतुलित बजट गुणक'** (Balanced Budget Multiplier) नामक एक अन्य अवधारणा को भी जोड़ दिया गया है जिसके अनुसार सरकार को अर्थव्यवस्था में कुल व्यय को घटाने-बढ़ाने के लिए कर भार में संशोधन तथा बजट को अधिशेष अथवा घाटे वाला बनाने की आवश्यकता नहीं है। यह कार्य बजट को संतुलित रखते हुए केवल बजट के आकार (size) को घटाने बढ़ाने से सम्पन्न हो सकता है।

**निष्कर्ष**–उपर्युक्त बजटीय नीतियों की प्रभाविता तभी सुनिश्चित की जा सकती है जब विचाराधीन अर्थव्यवस्था स्पर्धा-युक्त तथा बाज़ार-संचालित (competitive and market-guided) हो तथा जब इसमें उत्पादन साधनों की पर्याप्त गतिशीलता (mobility) हो। इन शर्तों के अधूरा लागू होने पर अर्थव्यवस्था की लचक, और इसके साथ-साथ कर-ढाँचे में स्थिरता लाने की क्षमता, दोनों घट जाते हैं। ऐसी स्थिति में कर-भिन्न (non-taxation) नीतियों का सहारा लेना ही अधिक उचित रहता है। उदाहरणार्थ पिछले कुछ दशकों में विकसित देशों में एकाधिकारिक एवं अन्य स्पर्धा-विरोधी तत्वों में सबलता आई है जिनसे उत्पन्न होने वाली आर्थिक एवं सामाजिक व्याधियों को केवल बजटीय-नीतियों द्वारा दूर नहीं किया जा सकता। इसके लिए अन्य उपायों का सहारा लेना भी आवश्यक होता है।

## II. अल्पविकसित देशों में कर-प्रणाली के उद्देश्य
(Objectives of Taxation in Underdeveloped Countries)

**समस्याएँ**–अल्पविकसित देशों की मुख्य समस्या आय और रोज़गार की अस्थिरता न होकर उनका निम्न स्तर है। ये सर्वव्यापी निर्धनता, वितरणीय असमानताओं, अन्तर्क्षेत्रीय विषमताओं आदि से पीड़ित होती हैं। इसके अतिरिक्त इन्हें कई अन्य गहन समस्याओं का भी सामना करना पड़ता है जैसे कि समाज के कुछ वर्गों का सापेक्षिक पिछड़ापन,

अंतप्रर्देशीय असमानताएँ (अर्थात कुछ प्रदेशों का दूसरों की तुलना में अधिक पिछड़ापन), अवसंरचनात्मक सुविधाओं का अभाव, आदि। कुल मिलाकर आर्थिक पिछड़ापन स्वयं में समस्याओं का एक ऐसा समूह बन जाता है जिन सब का एक साथ समाधान ढूँढने की आवश्यकता होती है। ऐसी स्थिति में उचित यही है कि कर प्रणाली का प्रयोग इन समस्याओं से निपटने के लिए किया जाए तथा इसी संदर्भ में इसके उद्देश्यों का चयन किया जाए। परंतु स्मरणीय है कि केवल कर प्रणाली अथवा समस्त बजटीय नीतियों द्वारा भी इन समस्याओं का पूर्ण समाधान नहीं हो पाता। बजटीय नीतियाँ समग्र चेष्टा का केवल एक भाग मात्र ही हो सकती हैं। अत: निम्नलिखित विवेचन कर प्रणाली के योगदान की संभावनाओं का एक संक्षिप्त परिचय मात्र है।

- एक विकसित अर्थव्यवस्था के सामने विकास, आय और धन वितरण की असमानताएँ, तथा बुनियादी आवश्यकताओं के पूरा करने की समस्याएँ नहीं होतीं।
- इस के सामने आय, रोज़गार, और कीमतों आदि की स्थिरता की समस्याएँ रहती हैं।
- इसके विपरीत एक अल्पविकसित देश को उपरोक्त सभी समस्याओं के अतिरिक्त अनेकों अन्य समस्याओं का भी सामना करना पड़ता है।
- इस के परिणामस्वरूप एक अल्पविकसित देश द्वारा कर-प्रणाली के उद्देश्य अधिक विस्तृत एवं दुष्कर होते हैं।

**आर्थिक विकास (Economic Development)**–ध्यानयोग्य है कि अल्पविकसित अर्थव्यवस्थाओं की अधिकतर समस्याओं का समाधान उनके विकास के बिना संभव नहीं है। अत: कर-प्रणाली का सर्वोच्च उद्देश्य आर्थिक विकास को बढ़ावा देना होना चाहिए। **बचत और निवेश** द्वारा पूँजी निर्माण आर्थिक विकास के मुख्य कारकों में गिने जाते हैं। इन्हें प्रोत्साहित करने के लिए सरकार को अवांछनीय तथा दिखावे के उपभोग को घटाने का प्रयत्न करने की आवश्यकता होती है। इस संदर्भ में यह मत भी सर्वमान्य है कि कर-प्रणाली में यथोचित संशोधन द्वारा बचत और पूँजी निर्माण को प्रोत्साहित किया जा सकता है। उदाहरणार्थ कर छूटों और रियायती दरों द्वारा बचत को प्रोत्साहित करने तथा करदेयता बढ़ा कर अनावश्यक व्यय को घटाने की एक प्रभावी नीति अपनाई जा सकती है। इसी प्रकार कर ढाँचे में यथोचित संशोधन द्वारा विभिन्न निवेश-परियोजनाओं की तुलनात्मक लाभकारिता में परिवर्तन द्वारा निवेश-ढाँचे की विकासोनुमुखता में वृद्धि की जा सकती है।

परन्तु कुछ लोगों को उपरोक्त मत स्वीकार्य नहीं है। उनका कहना है कि **करों की दरों से बचत-दर प्रभावित नहीं होती;** उनका प्रभाव केवल इसी बात तक सीमित रहता है कि पहले से की हुई बचतों को किन संपत्तियों के रुप में संचित एवं निवेशित किया जाए। इस मतानुसार कर प्रणाली के मुख्य उद्देश्य ये होने चाहिएँ कि कर सरल हों, उनकी दरें नीची हों, उनकी संख्या कम हो, तथा छूटें आदि न्यूनतम हों। परंतु इस मत में कई **त्रुटियाँ** देखने को मिलती हैं।

(क) उपर्युक्त मत इस मान्यता पर आधारित है कि अर्थव्यवस्था एक ऐसी बाज़ार-संरचना से युक्त है जिसमें स्पर्धा का बोलबाला है तथा जिसमें बदलती परिस्थितियों के साथ तुरंत बदलने की क्षमता (resilience, flexibility) है। परन्तु वास्तविकता में प्राय: ऐसा नहीं होता। विशेषकर अल्पविकसित अर्थव्यवस्थाओं में इस प्रकार के लचीलेपन का अभाव होता है। अत: करों का ढाँचा काफी सूक्ष्मता से (in detail) निर्धारित करने की आवश्यकता पड़ती है ताकि इसके माध्यम से सामाजिक और आर्थिक गतिविधियों को यथोचित स्तर तक प्रभावित किया जा सके। ये अर्थव्यवस्थाएँ अनेक प्रकार की त्रुटियों से पीड़ित होती हैं जिन्हें दूर करने के लिए राज्य को एक सक्रिय भूमिका निभानी पड़ती है। इस दृष्टिकोण से कर यंत्रों द्वारा निर्दिष्ट उद्योगों और अन्य गतिविधियों को प्रोत्साहित करना सरकार का एक मुख्य दायित्व बन जाता है।

(ख) भारत जैसी अल्पविकसित अर्थव्यवस्थाओं में बेरोज़गारी की समस्या काफी गंभीर होती है परंतु इसका अस्तित्व और इसकी प्रकृति दोनों अर्थव्यवस्था की मूल कमज़ोरियों की देन होते हैं। विकसित देशों में बेरोज़गारी को प्रभावी माँग (effective demand) बढ़ाने भर से दूर किया जा सकता है। परंतु एक अल्पविकसित अर्थव्यवस्था में केवल माँग बढ़ाने से इस समस्या से छुटकारा नहीं मिल पाता। इसके लिए श्रम-प्रधान उत्पादन प्रक्रियाओं को प्रोत्साहित करने की आवश्यकता होती है।

**कर-भार का न्यायिक आवंटन (Equitable Distribution of Tax Burden)**–कर प्रणाली को एक प्रभावी नीति यंत्र का रूप प्रदान करने में एक कठिन समस्या यह उठती है कि समग्र कर-भार का करदाताओं में न्यायोचित आवंटन किस प्रकार सुनिश्चित किया जाए। इस उद्देश्य की प्राप्ति में कई विशेष समस्याओं का सामना करना पड़ता है।

- सर्वप्रथम समस्या 'न्यायोचित आवंटन' के अर्थ की है। सामान्यत: इसका अर्थ यह लिया जाना चाहिए कि सभी करदाताओं को यह भार अपनी देयशक्ति के अनुपात में वहन करना पड़े। परंतु कई कारणों से इस प्रकार के आवंटन की रूपरेखा त्रुटिपूर्ण रह जाती है। विचारक इस बात पर तो एकमत हैं कि इस उद्देश की प्राप्ति के लिए वितरणीय असमानताओं में कमी की जानी चाहिए; परंतु उनकी इस बात पर सहमति नहीं है कि इन्हें किस सीमा तक घटाना चाहिए। इस संदर्भ में एक विश्लेषनात्मक समस्या यह भी है कि आय से प्राप्य सीमांत उपयोगिता को आय के आकार के अतिरिक्त कई अन्य कारक भी प्रभावित करते हैं, और वह परिवर्तनीय और अमापीय भी है।
- एक अल्पविकसित अर्थव्यवस्था में समाज के कुछ वर्ग यथोचित रोज़गार और आय कमाने के अवसरों, और राज्य द्वारा प्रदत्त कई सुविधाओं से वंचित रह जाते हैं। इन त्रुटियों को दूर करने में भी कर प्रणाली का योगदान अपेक्षित है।
- इसके अतिरिक्त कई विचारकों के मतानुसार उपरोक्त प्रकार की वितरणीय असमानताओं को कम करने पर बचत और निवेश (और इसके फलस्वरूप आर्थिक विकास) पर नकारात्मक प्रभाव पड़ता है और अर्थव्यवस्था के अविकसित रह जाने पर केवल वितरणीय असमानताएँ घटाने से निर्धनता में कमी नहीं की जा सकती।
- कर-भर के 'न्यायोचित आवंटन' की अवधारणा के अनुसार इसका अंतरक्षेत्रीय आवंटन भी न्यायपूर्ण होना चाहिए, अर्थात प्रत्येक उत्पादन क्षेत्र पर पड़ने वाला कर-भार उसकी सापेक्षिक कर-वहन क्षमता के अनुपात में होना चाहिए। परंतु इस क्षमता के निर्धारक तत्वों पर मतभेद है। उदाहरणार्थ भारत में राष्ट्रीय उत्पाद में कृषि का भाग लगभग एक चौथाई से कम है। परंतु इससे यह निष्कर्ष नहीं निकलता कि कुल कर-राजस्व का लगभग यही भाग कृषि क्षेत्र से वसूला जाए। इस अनुपात के निर्धारण में कृषि क्षेत्र की उत्पादिता, उसमें प्रतिव्यक्ति आय तथा आय-वितरण की असमानताओं जैसे तथ्यों पर भी विचार किया जाना चाहिए।
- एक अल्पविकसित अर्थव्यवस्था में केवल प्रत्येक्ष करों से पर्याप्त कर-राजस्व की संभावना शून्यतुल्य होती है। अत: सरकार को कर-राजस्व का एक बड़ा भाग परोक्ष करों के द्वारा वसूलना पड़ता है। परंतु ये कर वितरणीय अन्याय को बल प्रदान करते हैं, क्योंकि इनका भार निम्न आय वर्गों पर अधिक पड़ता है और ये मुद्रा-स्फीति (और इसके फलस्वरूप वितरणीय असमानताओं) को बढ़ावा देते हैं।

**उत्पादन साधनों का आवंटन (Allocation of Productive Resources)**–उत्पादन साधनों का विभिन्न उत्पादन गतिविधियों में आवंटन और उत्पादन-तकनीकों के चयन का आर्थिक विकास पर गहरा प्रभाव पड़ता है। अत: प्रश्न उठता है कि क्या कर-प्रणाली द्वारा इस विकास प्रक्रिया पर अनुकूल प्रभाव डाला जा सकता है?

• एक मतानुसार बाज़ार-व्यवस्था में उत्पादन संसाधनों में अपने आप इष्टतम ढंग से प्रयुक्त होने की प्रवृति और क्षमता होती है। अत: इस प्रवृति को कर-प्रणाली के माध्यम से प्रभावित करने पर संसाधन आवंटन पर नकारात्मक प्रभाव पड़ता है और अर्थव्यवस्था की कार्य-क्षमता घटती है।

• परंतु अल्पविकसित देशों के मामले में अधिकतर अर्थशास्त्री इस मत के पक्ष में नहीं हैं। उनका कहना है कि ऐसे देशों की बाज़ार-व्यवस्था में कुछ ऐसी बुनियादी त्रुटियाँ होती हैं, जिनके फलस्वरूप उत्पादन संसाधनों का एक बड़ा भाग अप्रयुक्त रह जाता है तथा प्रयुक्त संसाधन भी उत्पादन और उपभोग के उन ढाँचों को सृजित नहीं करते जो देश एवं समाज की वास्तविक आवश्यकताओं तथा इच्छाओं से मेल खाते हों। बहुत सी आवश्यक वस्तुओं तथा सेवाओं का अभाव बना रहता है जब कि विलासिता की कई वस्तएँ बाहुल्य में उपलब्ध होती हैं। इस मतानुसार करों द्वारा (विशेषकर परोक्ष करों द्वारा) विभिन्न वस्तुओं तथा सेवाओं की लाभकारिता को इस प्रकार प्रभावित किया जाना चाहिए कि उनसे संसाधनों के प्रयुक्ति-ढाँचे में समाज की आवश्यकतानुसार सुधार लाया जा सके।

**रोज़गार के अवसर (Employment Opportunities)**–अधिकतर अल्पविकसित देशों में पूँजी की कमी और श्रम की अधिकता रहती है। ऐसी स्थिति में श्रम के लिए उत्पादिकता-युक्त रोज़गार के अवसर पैदा करने से कई लाभ होते हैं इनसे राष्ट्रीय आय में बढ़ोतरी के साथ-साथ वितरणीय असमानताएँ भी घटती हैं। अत: दीर्घकालीन विकास दर को ध्यान में रखते हुए कर-नीति द्वारा श्रम-प्रधान उत्पादन तकनीकों को प्रोत्साहित करना चाहिए।

**विदेशी व्यापार (Foreign Trade)**–कोई समय था जब आर्थिक विकास की सुदृढ़ता और दीर्घकालीनता के लिए आयात-स्थानापन्नता (import substitution) की नीति की सिफारिश की जाती थी, अर्थात इस धारणा में विश्वास किया जाता था कि यथासंभव आयात के स्थान पर वस्तुओं का उत्पादन देश के भीतर ही किया जाना चाहिए। भारत में भी इस मत को अपनाते हुए कई दशकों तक कर-नीति को इसके अनुरूप ढालने का प्रयत्न किया गया था। परंतु अब यह मत सर्वमान्य है कि विदेशी व्यापार के संवर्धन द्वारा आर्थिक विकास की गति को बढ़ाया जा सकता है। इस नई विचारधारा के अनुरूप भारत सहित कई विकासशील देशों में उदारीकरण और वैश्वीकरण **(liberalization and globalization)** की नीति का अनुसरण किया जा रहा है और इसी नीति के अनुसरण में कर प्रणाली को भी एक नया रूप प्रदान किया जा रहा है। सीमा शुल्कों में लगातार कमी के साथ विदेशी निवेश को कर-रियायतें दी जा रही हैं और कर-छूटों से युक्त विशिष्ट आर्थिक ज़ोन **(special economic zones)** स्थापित किए जा रहे हैं।

**राजस्व पर्याप्तता (Revenue Adequacy)**–एक विकासशील देश में केवल प्रत्यक्ष करों द्वारा पर्याप्त कर-राजस्व जुटा पाना संभव नहीं होता। अत: राजकोषीय आवश्यकताओं की पूर्ति के लिए परोक्ष करों का सहारा लेना पड़ता है। इसके अतिरिक्त बहुत से परोक्ष कर (जैसे कि उत्पादन शुल्क तथा सीमा शुल्क) कई अन्य प्रत्यक्ष करों (जैसे कि व्यय कर) की तुलना में अधिक सुगमता से लगाए तथा उगाहे जा सकते हैं।

**कर-प्रणाली की सरलता (Simplicity of Tax System)**–कर-प्रणाली को यथासंभव सरल बनाने का उद्देश्य सर्वमान्य होते हुए भी एक अल्पविकसित देश के मामले में काफी कठिनाइयाँ उत्पन्न करता है। इसके मुख्य कारण की व्याख्या इस प्रकार की जा सकती है कि एक अलपविकसित अर्थव्यवस्था में अनेक प्रकार के सुधार एक साथ लाने के लिए कर प्रणाली के क्षेत्र में भी कई प्रकार के कदम एक साथ उठाने की आवश्यकता पड़ती है। किसी एक विचाराधीन सुधार के लिए कई कर-कदम उपयोगी हो सकते हैं तथा एक से अधिक करों का विभिन्न सुधारों में सहायता हेतु प्रयोग किया जा सकता है। साथ ही एक कर विशेष से कुछ उद्देश्यों की प्राप्ति में सहायता

तथा कुछ अन्य उद्देश्यों की प्राप्ति में रुकावट आ सकती है। अत: इन सब अड़चनों के रहते एक संतोषजनक सरल कर-प्रणाली का निर्माण कर पाना लगभग असंभव होता है। फिर भी इस दिशा में यथासंभव प्रयत्न जारी रहना चाहिए।

**प्रशासनिक क्षमता (Administrative Capacity)**–कर-प्रणाली के उद्देश्यों के चुनाव में सरकार को अपनी कार्यक्षमता तथा प्रशासनिक तंत्र की त्रुटियों को भी ध्यान में रखना चाहिए। सैद्धांतिक स्तर पर कर-प्रणाली के कई उत्तम आयामों की सिफारिश की जा सकती है। परंतु यह ज़रूरी नहीं कि वे यथार्थता के स्तर पर भी व्यवहार्य हों। इस कारण सरकार कई सैद्धांतिक रूप से उत्तम करों को अपनाने में असमर्थ रहती है। किसी ऐसे कर को लागू करना जो वास्तव में वसूल न किया जा सकता हो, अति हानिकारक सिद्ध हो सकता है। इसी प्रकार कुछ कर ऐसे भी हो सकते हैं जिनके वर्तमान काल में महत्वहीन होते हुए भी भविष्य में महत्वपूर्ण बन जाने की प्रबल संभावना हो। ऐसे करों को समय रहते अपना लेने में ही बुद्धिमता है।

## निष्कर्ष

उपरोक्त विवेचन से यह स्पष्ट है कि एक अल्पविकसित अर्थव्यवस्था के समक्ष इतनी जटिल समस्याएँ रहती हैं कि उनके समाधान हेतु एक उत्तम कर-प्रणाली के लक्ष्यों को पहचान करना और उन्हें सफलतापूर्ण अपनाना लगभग असंभव होता है। परंतु फिर भी अनेकों आर्थिक और गैर-आर्थिक समस्याओं के समाधान में कर-प्रणाली की संभावित भूमिका को नकारा नहीं जा सकता। अत: इस कारण यथासंभव इसके उचित लक्ष्यों की पहचान करने और उन्हें अपनाने का प्रयास जारी रहना चाहिए।

- सामान्यत: एक अल्पविकसित अर्थव्यवस्था के अनेकों और जटिल आर्थिक और गैर-आर्थिक समस्याओं से पीड़ित होने के कारण इसकी कर-प्रणाली के समुचित लक्ष्यों की पहचान करना और उन्हें प्रभावी स्तर पर कार्यान्वित करना अति कठिन होता है।
- इसके अतिरिक्त बहुधा इन लक्ष्यों में आंतरिक टकराव की स्थिति भी पैदा हो सकती है।

## एक उत्तम कर-प्रणाली की विशेषताएँ
(Features of a Good Tax System)

उपर्युक्त विवेचन के आधार पर हम उन विशेषताओं की गणना कर सकते हैं जो एक उत्तम कर प्रणाली में विद्यमान होनी चाहिएँ।

**1. कर-भिन्न राजस्व घटकों से तालमेल (Harmony with non-Tax Revenue)**–बहुधा बजटीय प्राप्तियों का एक बड़ा भाग कर-भिन्न राजस्व के रूप में होता है, तथा कर-प्रभावों को कर-भिन्न राजस्व के प्रभावों से पृथक नहीं किया जा सकता। अत: यह अति आवश्यक है कि बजटीय प्राप्तियों के इन दोनों भागों में तालमेल सुनिश्चित किया जाए।

**2. बजट के व्यय पक्ष से तालमेल ( Harmony with Expenditure Budget)**–करदाताओं की विभिन्न कर सुझावों के प्रति प्रतिक्रिया काफी हद तक सरकार की व्यय-नीति से भी प्रभावित होती है। अत: व्यय-नीति और कर प्रणाली में तालमेल के द्वारा विभिन्न कर-सुझावों एवं प्रावधानों की करदाताओं में स्वीकारिता बढ़ाई जा सकती है।

**3. निवल हित (Net Benefit)**–अर्थव्यवस्था और समाज प्रत्येक कर के विभिन्न आयामों द्वारा प्रभावित होते हैं। इन आयामों में करों के आकार, घटक, दरें, छूटें तथा रियायतें, वसूली की समय सारणी, वसूली का ढंग आदि शामिल हैं। स्मरणीय है कि प्रत्येक कर के प्रभाव हितों और अहितों का एक मिश्रण होते हैं। अत: एक उत्तम कर-प्रणाली वह है जिसमें कर-समूह से उत्पन्न प्रभाव निवल रूप से हितकर हों तथा यह निवल हित अधिकतम संभव हो।

**4. नम्यता (Flexibility)**–स्पष्ट है कि समाज और अर्थव्यवस्था के लगाातार परिवर्तनीय होने के कारण एक उत्तम कर-प्रणाली में परिस्थितियों के साथ बदलने की क्षमता होनी चाहिए। इस संबंध में उपयुक्त कानूनी तथा प्रशासनिक ढाँचों का होना अति आवश्यक है।

**5. कुछ अन्य विशेषताएँ (Other Features)**–यथासंभव एक कर प्रणाली तभी उत्तम मानी जा सकती है, जब उस की संरचना में अधिक से अधिक 'धर्म सूत्रों' को स्थान दिया जाए। इस संदर्भ में ध्यानयोग्य है कि कोई भी कर-प्रणाली सभी सैद्धांतिक कसौटियों पर खरी नहीं उतर सकती। इसमें कुछ त्रुटियाँ अवश्य बची रहती हैं। इसके कई कारण हैं—

- प्रथम यह कि किसी भी कर से उत्पन्न उसके हितों-अहितों की पूरी जानकारी प्राप्त करना लगभग असंभव है। और जो सीमित जानकारी मिल पाती है, उसका ठीक-ठीक प्रमापन नहीं हो पाता।
- द्वितीय यह कि करों के प्रभाव परिवर्तनीय होते हैं। ये कालांतर में अनिश्चित अंश तक तथा अनिश्चित ढंग से परिवर्तित होते रहते हैं।
- तृतीय यह कि सरकार कर-संबंधी निर्णय लेते समय प्राय: अपनी प्रशासनिक त्रुटियों को अनदेखा कर देती है।
- चौथे यह कि कर-संबंधी बहुत से निर्णयों का उद्देश्य अर्थव्यवस्था को सक्षम बनाना अथवा समाज के हित को बढ़ावा देना न होकर, राजनीतिक अथवा व्यक्तिगत प्राथमिकताएँ रहती हैं। इसके अतिरिक्त कई बार सरकारें अल्पकालीन समस्याओं के कारण अथवा अपनी अधूरी जानकारी के कारण औचित्यरहित निर्णय भी ले लेती है।
- पाँचवें, प्राय: देखा गया है कि सरकारी कर्मचारियों में सेवा-सुरक्षा होने के कारण लोक सेवा का भाव अतिक्षीण होता है तथा यह कमी पिछड़े देशों में अधिक पाई जाती है। इस कारण ऐसे उदाहरण भी मिलते हैं जब किसी कर की वसूली की लागत उससे एकत्रित राजस्व से भी अधिक होती है।

**6. भार का न्यायिक वितरण (Equitable Distribution of Tax Burden)**–एक उत्तम कर-प्रणाली करदाताओं में कर-भार का न्यायिक वितरण करती है। अंतरक्षेत्रीय समता के साथ-साथ इस न्यायिकता का अर्थ यह है कि समान परिस्थितियों में सभी करदाताओं की करदेयता में समानता हो और असमान परिस्थितियों में उनकी करदेयता भी असमान हो। परंतु इस लक्ष्य की प्राप्ति में एक कठिनाई यह आती है कि इसके कार्यान्वयन के लिए कोई पूर्वनिर्मित मापदंड नहीं है। साथ ही कर-प्रणाली को उत्तम कोटि का बनाने के लिए परीक्षणात्मक परिवर्तनों का सहारा नहीं लिया जा सकता क्योंकि हर परिवर्तन अपनी दीर्घकालीन छाप छोड़ जाता है तथा यह छाप भविष्य में लिए जाने वाले निर्णयों को भी प्रभावित करती है। अत: **एक उत्तम कर-प्रणाली की संरचना धीरे-धीरे एवं कई चरणों में ही की जा सकती है।** धीमी गति पर परिवर्तन लाने से एक ओर समाज, अर्थव्यवस्था तथा करदाताओं को अपनी कार्य-पद्धतियाँ बदलने का अवसर मिलता है तथा दूसरी ओर सरकार अपने प्रशासनिक तंत्र को सशक्त और प्रभावी बनाने का प्रयत्न कर सकती है।

**7. करदाताओं का दृष्टिकोण (Attitude of Taxpayers)**–एक उत्तम क्र–प्रणाली वह है जिसमें यथासंभव करदाताओं से टकराव की स्थिति उत्पन्न न हो। कर का भार करदाताओं के दृष्टिकोण से दु:सह्य और कष्टप्रद नहीं होना चाहिए, अन्यथा वे कर की चोरी के मार्ग ढूँढ़ने का प्रयत्न करने लगते हैं। साथ ही करदाताओं के विभिन्न वर्गों में टकराव की स्थिति देश और समाज के लिए हितकर नहीं हो सकती। ऐसी दशा में सरकार को एक ऐसा मध्य मार्ग अपनाना चाहिए जो कुल मिलाकर समाज के लिए हितकर हो।

**8. आर्थिक स्थिरता तथा विकास (Economic Stability and Development)**–एक उत्तम कर प्रणाली आर्थिक अस्थिरता, बेरोज़गारी, क्षेत्रीय विषमताओं तथा कई अन्य समस्याओं के समाधान में सक्रिय भूमिका निभा सकती है। इसके द्वारा बचत और निवेश की दरों को प्रोत्साहित करने का प्रयास भी किया जा सकता है। स्मरणीय है कि आर्थिक विकास एक अति जटिल प्रक्रिया है, अत: इससे संबद्ध समस्याओं के समाधान हेतु कर–प्रणाली का प्रयोग किए जाने पर इसका भी एक जटिल स्वरूप धारण करना स्वभाविक है। परंतु इसकी जटिलता एक उचित सीमा तक ही हितकर होती है; इस सीमा को पार करने पर इसके अति अहितकर हो जाने का भय होता है।

**9. प्रत्यक्ष *बनाम* परोक्ष कर (Direct *versus* Indirect Taxes)**–एक उत्तम कर–प्रणाली में प्रत्यक्ष और परोक्ष करों का इष्टतम मिश्रण हाता है, क्योंकि इनमें से किसी एक वर्ग पर निर्भर करने का अैचित्य नहीं बनता। उदाहरणार्थ करदाताओं के लिए प्रत्येक्ष कर कम बोझल माने जाते हैं; परंतु एक अल्पविकसित अर्थव्यवस्था में इनसे पर्याप्त राजस्व की आशा नहीं की जा सकती। इसके विपरीत परोक्ष करों से पर्याप्त राजस्व जुटाया जा सकता है तथा इन्हें उत्पादन साधनों के आवंटन हेतु एक प्रभावी अस्त्र के रूप में प्रयोग किया जा सकता है। इसके विपरीत परोक्ष कर मुद्रा–स्फीति को बढ़ावा देते हैं और निम्न आय वर्गों पर अधिक बोझल होते हैं।

**10. सफलता की संभावना (Probability of Success)**–स्पष्ट है कि एक आदर्शरूपी उत्तम कर–प्रणाली की संरचना करना लगभग असंभव कार्य है। इस अभियान में संबद्ध तथ्यों की उपयुक्त जानकारी एवं आँकड़ों का अभाव, कर–ढांचे में किसी भी परिवर्तन के अनिश्चित परिणाम, परिमापन की कठिनाइयाँ, अर्थव्यवस्था तथा समाज के लगातार परिवर्तनशील रूपाकार, बाज़ार शक्तियों और मानव प्रवृत्तियों की अस्थिरता, प्रशासन की अपनी दुर्बलताएँ, प्रशासन की निर्णय–संरचना में अनेकों गैर–आर्थिक घटकों की भूमिका, करदाताओं की संवेदनशीलता, आदि अनेक प्रकार की रुकावटें आती हैं, जिन्हें अनदेखा नहीं किया जा सकता। परिणामस्वरूप यथार्थ में कोई भी कर–प्रणाली एक उच्च–स्तरीय उत्तमता प्राप्त नहीं कर पाती। साथ ही अर्थव्यवस्था और समाज में लगातार होने वाले परिवर्तन के कारण कर–प्रणाली की वाँछनीय रूपरेखा भी बदलती रहती है। इन कारणों से इसमें सदैव सुधार की गुंजाइश बनी रहती है।

- एक उत्तम कर–प्रणाली कई विशेषताओं से युक्त होती है जैसे कि कर–भिन्न राजस्व घटकों और राज्य की अन्य नीतियों से तालमेल, न्यायिक वितरणीय व्यवस्था में सहायक भूमिका और करदाताओं की समस्याओं के प्रति संवेदनशीलता आदि।
- ये विशेषताएँ कई कारकों जैसे कि कराधान के धर्मसूत्रों, देश और समाज के समग्र उद्देश्यों, सामाजिक और राजनीतिक वास्तविकताओं, तथा सरकार की अपनी क्षमताओं का सामूहिक प्रतिबिम्ब होती हैं।
- कर–प्रणाली सरकार के हाथ में एक प्रभावी नीति अस्त्र की भूमिका निभाती है। अत: इसकी संरचना न अति सरल होती है, न अति जटिल।
- एक उत्तम कर–प्रणाली में अर्थव्यवस्था के विकास–स्तर के अनुरूप प्रत्येक्ष ओर परोक्ष करों का एक समुचित मिश्रण रहता है।
- यह बदलती परिस्थितियों के अनुरूप सदैव परिवर्तनीय और लचीली होती है।

## शब्दावली (Key Words)

1. कर (tax); 2. बाध्य आरोपण (compulsory levy); 3. प्राप्ति का अधिकार (quid pro quo); 4. विशेष निर्धारण (special assessment); 5. उन्नति आरोपण (betterment levy); 6. वैध मुद्रा (legal tender); 7. कर का आधार (tax base); 8. कर की उत्फुल्लता (buoyancy of a tax); 9. कर की लोच (elasticity of tax); 10. कराधान के धर्मसूत्र (canons of taxation); 11. समता (equity); 12. निश्चितता (certainty); 13. सुगमता (conveniencc); 14. मितव्ययिता (economy); 15. उत्पादिता (productivity); 16. लचक/नम्यता (flexibility); 17. सरलता (simplicity); 18. विविधता (diversity); 19. कर-प्रणाली के उद्देश्य (objectives of taxation); 20. राजकोषीय सिद्धांत (budget principle); 21. प्रभावी माँग (effective demand); 22. कार्यात्मक वित्त (functional finance); 23. प्रतिकारी राजकोषीय नीति (compensatory fiscal finance); 24. संतुलित बजट गुणक (balanced budget multiplier); 25.आयात स्थापन्नता (import substitution); 26. राजकोषीय सिद्धांत (budget principle); 27. सीमांत उपभोग प्रवृत्ति (marginal propensity to consume); 28. प्रतिकारी राजकोषीय वित्त नीति (compensatory fiscal finance); 29. उदारीकरण और वैश्वीकरण (liberalization and globalization); 30. विशिष्ट आर्थिक ज़ोन (sspecial economic zones); 31. प्रत्येक्ष कर (direct taxes); 32. परोक्ष कर (indirect taxes); 33. न्यायिक वितरण (equitable distribution); 34. प्रगामी (progressive);

## अभ्यास प्रश्न

1. "कर" की आधारभूत प्रकृत्ति क्या है? कर तथा कीमत और फीस आदि में भेद दर्शाएँ और "विशेष निर्धारण" तथा "उन्नति निर्धारण" की प्रकृति पर प्रकाश डालें।
2. कर-प्रणाली के उद्देश्यों से आप क्या समझते हैं? विकसित और अल्पविकसित देशों में इनकी रूपरेखाएँ क्यों और किस प्रकार भिन्न होती हैं? दोनों स्थितियों में कर-प्रणाली के मुख्य उद्देश्यों पर प्रकाश डालें।
3. एक सामान्य अल्पविकसित देश की कर-प्रणाली उसके सामाजिक और आर्थिक उद्देश्यों की प्राप्ति में किस प्रकार सहायक हो सकती है?
4. कराधान के धर्म-सूत्र क्या हैं? इनके प्रतिपादन का आधार क्या है? कालांतर में इन में संशोधन करना कहाँ तक उचित और आवश्यक है?
5. एडम स्मिथ द्वारा प्रतिपादित कराधान के धर्मसूत्रों की आलोचनात्मक व्याख्या करें।
6. व्यावहारिक स्तर पर एक आधुनिक कर-प्रणाली की संरचना में कराधान के धर्मसूत्रों को अपनाना कहाँ तक संभव है?
7. निम्नलिखित अवधारणाओं की व्याख्या करें:-
   (क) कर शब्द का अर्थ और कर-राजस्व की अन्य राजस्व स्रोतों से भिन्नता;
   (ख) कर का आधार, उत्फुल्लता और लोच;
   (ग) एक उत्तम कर-प्रणाली।
8. एक उत्तम कर-प्रणाली की विशेषताओं पर विस्तृत नोट लिखें। इन्हें अपनाना कहाँ तक संभव है?

## अध्याय 5

# करों का भार-वहन

## (Incidence of Taxes)

**इस अध्याय में**

- "कर" के 'आघात', 'आपतन' और 'प्रभाव' के आयामों के अर्थों और उनकी भिन्नता पर विचार किया गया है।
- कर-आपतन' के विभिन्न अर्थों, तथा इससे जुड़े कई आयामों पर दृष्टि डाली गई है जैसे कि इसका करदाताओं पर आवंटन, इसका एक करदाता से अन्य आर्थिक इकाइयों पर विवर्तन (हस्तांतरण) और इस विवर्तन की शर्तें, आदि।
- कर-आपतन के आवंटन और विवर्तन के कुछ मुख्य सिद्धांतों पर विचारोपरांत माँग और पूर्ति सिद्धांत पर विशेष ध्यान दिया गया है।
- कुछ महत्वपूर्ण करों के आपतन-आवंटन का विश्लेषण किया गया है।
- इसके अतिरिक्त इस अध्याय की अध्ययन सामग्री में

  (क) आपतन-विवर्तन में अन्य सक्रिय कारक,

  (ख) बजटीय घाटे के रूप में एक निहित कर, तथा

  (ग) दुहरे कर की समस्या की अवधारणाओ का भी विवेचन है।

## मूल अवधारणाएँ (Basic Concepts)

सरकार द्वारा करारोपण के संदर्भ में अर्थशास्त्री विभिन्न तथ्यों पर विचार करते हुए उनसे संबद्ध बहुधा तीन **सैद्धांतिक अवधारणाओं** का विवेचन करते हैं; अर्थात

- **विचाराधीन कर का *आघात*,**
- **उसका अंतिम वहन *(आपतन, अंतिम विराम स्थान)*, तथा**
- **उसके *प्रभाव***

इन अवधारणाओं का संक्षिप्त विवेचन निम्नलिखित है।

**1. कर का आघात (Impact of a Tax)**—किसी कर का आरोपण करते समय सरकार को अनिवार्यतः यह तय करना पड़ता है कि उसे **अदा करने का कानूनी दायित्व** किस पर डाला जाए। यह कानूनी दायित्व इस कर के ***आघात, आरोपण, संस्पर्श तथा संसर्ग आदि शब्दों*** द्वारा जाना जाता है। एक विचाराधीन कर का आघात

उन कानूनी इकाइयों (व्यक्तियों, परिवारों, व्यवसायों, संस्थानों, समितियों आदि) पर होता है, जिनसे सरकार उसकी वसूली करती है। इस प्रकार कराघात सरकार और करदाताओं में सीधे और प्रत्यक्ष संपर्क का एक स्वरूप है।

**2. कर-वहन अथवा आपतन (Incidence of a Tax)**—सामान्य तौर पर हर करदाता की इच्छा कर से बचने की होती है और ऐसा न हो सकने की स्थिति में उसका प्रयत्न रहता है कि उसके द्वारा अदा किया जाने वाला कर अन्य आर्थिक इकाइयों पर हस्तांतरित हो जाए, अर्थात वह इसे अन्य आर्थिक इकाइयों से वसूल कर सके और इस प्रकार स्वयं की क्षतिपूर्ति कर सके। अतः एक विचाराधीन कर के वहन से अभिप्राय उसका ***अंतिम विराम स्थान*** है। इसे **वे आर्थिक इकाइयों वहन करती हैं जो इसे प्रत्यक्ष अथवा परोक्ष रुप से अदा भी करती हैं तथा जो इसे अन्य आर्थिक इकाइयों से वसूल करने में असफल भी रहती हैं।** सामान्यतः करारोपित इकाइयाँ अपनी करदेयता का एक भाग ही अन्य इकाइयों पर हस्तांतरित कर पाती हैं, परन्तु यह भी संभव है कि वे उनसे मूल करदेयता से भी अधिक वसूल करने में सफल हो जाएँ।

स्मरणीय है कि कर-वहन के अंतरण की प्रक्रिया के लिए यह अनिवार्य है कि कराघातित इकाइयों का अन्य इकाइयों से किसी प्रकार का क्रय-विक्रय अथवा उधार लेन-देन का संबंध हो। एक से दूसरी आर्थिक इकाई पर **कर-वहन के अंतरण की प्रक्रिया को कर-वहन अथवा करापतन का हस्तांतरण (अथवा विवर्तन)** (shifting of tax incidence) **कहा जाता है।**[1]

**3. कर-प्रभाव (Effects of Taxation)**—कर-प्रभाव शब्द का प्रयोग काफी विस्तृत अर्थों में किया जा सकता है। किसी भी कर के आरोपण, उसकी वसूली, उसके हस्तांतरण तथा अंतिम वहन आदि से पूरी अर्थव्यवस्था प्रभावित हो सकती है तथा इन प्रभावों का फैलाव और गहनता विचाराधीन कर की विशेषताओं और अन्य सक्रिय कारकों पर निर्भर करते हैं। कुछ कर तो अर्थव्यवस्था के लगभग सभी आयामों/अंगों, जैसे कि उपभोग, बचत, निवेश, उत्पादन, रोज़गार, माँग, पूर्ति, कीमतें आदि को प्रभावित करने में सक्षम होते हैं। इनसे पूरी अर्थव्यवस्था का कोई अंग भी अछूता नहीं रह पाता। प्रत्येक कर के **समस्त प्रभाव-समूह को उसके प्रभावों के नाम से जाना जाता है;** तथा अध्ययन के लिए एक अथवा एक से अधिक कर अथवा समस्त कर समूह के प्रभावों को चुना जा सकता है। स्पष्ट है कि बहुधा ये प्रभाव समाज और अर्थव्यवस्था के लिए केवल हितकर अथवा अहितकर न होकर उनका एक मिश्रित रूप होते हैं। अतः इनका निवल प्रमापन (अर्थात बीजगणितीय जोड़) **सकारात्मक (positive)** अथवा **नकारात्मक (negative)** कुछ भी हो सकता है।

**वर्गीकरण**—कर प्रभावों की व्यापकता के कारण उनके समुचित विश्लेषण में विविध प्रकार की कठिनाइयों का सामना करना पड़ता है। अतः विश्लेषणात्मक सुविधा के लिए इन्हें अनेक प्रकार से वर्गीकृत किए जाने की प्रथा है। इस वर्गीकरण में निम्नलिखित दो तथ्य विशेष ध्यानयोग्य हैं:-

(क) व्यक्तिगत स्तर पर सभी करदाता प्रत्येक कर की अदायगी को एक भार मानते हैं। इसके अतिरिक्त इसके समाज एवं अर्थव्यवस्था पर कई अन्य हानिकारक प्रभाव भी पड़ सकते हैं। **इन समस्त हानिकारक प्रभावों के जोड़ को उस विचाराधीन कर के भार की संज्ञा दी जाती है।**

(ख) इसी प्रकार उस विचाराधीन कर से समाज तथा अर्थव्यवस्था को कई प्रकार के **प्रत्यक्ष एवं परोक्ष लाभ** (हित) भी प्राप्त हो सकते हैं।

---

[1] यह भी याद रखना चाहिए कि एक विचाराधीन कर का आघात, इसके वहन के अंतरण की प्रक्रिया, तथा इसकी अंतिम वहन स्थिति आदि इसके प्रभाव-समूह के विभिन्न अंश भी हैं।

उपरोक्त (क) और (ख) के अंतर को विचाराधीन कर का **निवल प्रभाव** कहा जाता है। यह अंतर सकारात्मक (positive) अथवा नकारात्मक (negative) कुछ भी हो सकता है।

जैसा कि ऊपर कहा गया है, कर-प्रभावों के विलेशष हेतु उनकी व्यापकता के कारण अर्थशास्त्रियों में इनको कई प्रकार से वर्गीकरण करने की प्रथा है। यह वर्गीकरण बहुधा (क) एक ओर मौद्रिक और गैर मौद्रिक, तथा (ख) दूसरी ओर प्रत्यक्ष और परोक्ष घटकों के आधार पर किया जाता है। ध्यान रहे कि प्रत्यक्ष और परोक्ष भारों का जोड़, तथा मौद्रिक और गैर-मौद्रिक भारों का जोड़, सदैव कुल भार के बराबर होता है; तथा हर स्थिति में इस कुल भार को ***वास्तविक भार*** की संज्ञा भी दी जाती है।

**1. प्रत्यक्ष मौद्रिक भार**—एक विचाराधीन कर के अंतर्गत निर्धारित करदाताओं की करदेयताओं के मौद्रिक जोड़ को उस कर का प्रत्यक्ष मौद्रिक भार कहा जाता है। अत: इस का प्रमापन विचाराधीन कर से सरकार की राजस्व प्राप्तियों के कुल जोड़ के बराबर होता है।

**2. परोक्ष मौद्रिक भार**—इस प्रमापन में करदाताओं पर पड़ने वाले वे मौद्रिक व्यय आते हैं जो विचाराधीन कर के कारण (परंतु उसकी मूल करदेयता के अतिरिक्त) उन्हें वहन करने पड़ते हैं। लेखा रखने, वकीलों और न्यायालयों पर होने वाले व्यय आदि इस भार के कुछ उदाहरण हैं।

**3. गैर-मौद्रिक प्रत्यक्ष भार**—अधिकतर मामलों में एक विचाराधीन कर के प्रभाव कई चरणों में प्रकट होते हैं। इनमें से प्रथम चरण के प्रभाव उस कर के **गैर-मौद्रिक प्रत्यक्ष भार कहलाते हैं।** अन्य शब्दों में ये भार विचाराधीन कर से सीधे और प्रत्यक्ष रूप में उत्पन्न होने वाली हानियाँ हैं, जैसे कि व्यवसायों का बंद हो जाना अथवा बेरोज़गारी का बढ़ना आदि।

**4. गैर-मौद्रिक परोक्ष भार**—इसी प्रकार एक विचाराधीन कर से दूसरे तथा बाद के चरणों में होने वाली हानियों को उसके गैर-मौद्रिक परोक्ष प्रभाव कहा जाता है।

**5. वास्तविक प्रत्यक्ष भार**—इस प्रमापन में विचाराधीन कर के समस्त प्रभावों को न लेकर केवल उसके **प्रथम चरण में होने वाले नकारात्मक** प्रभावों को शामिल किया जाता है।

**6. वास्तविक परोक्ष भार**—इस प्रमापन में विचाराधीन कर के दूसरे तथा बाद के चरणों में होने वाले नकारात्मक प्रभावों को शामिल किया जाता है। ध्यान रहे कि कुछ विचारकों ने कर-भार के इस प्रमापन को अपने शब्दों में परिभाषित करने की चेष्टा भी की है। उदाहरणार्थ मस्ग्रेव (Musgrave) के मतानुसार किसी कर का वास्तविक परोक्ष भार उसके कारण अर्थव्यवस्था में होने वाले विभिन्न परिवर्तन हैं। ये परिवर्तन मुख्य रूप से (क) उपभोक्ताओं की निर्णय-प्रणाली, (ख) संसाधनों के आवंटन और उत्पादन ढाँचों, तथा (ग) रोज़गार और आय स्तर में परिवर्तन के रूप में प्रकट होते हैं।

## कर आपतन/कर वहन (Incidence) के कुछ अन्य अर्थ

कई अर्थशास्त्रियों ने अपनी विश्लेषणात्मक आवश्यकताओं को ध्यान में रखते हुए 'कर आपतन' के शब्द का प्रयोग विशेष अर्थों में किया है। इसके कुछ मुख्य उदाहरण इस प्रकार हैं-

**1. श्रीमती हिक्स (Mrs Hicks)** ने इस संबंध में दो अवधारणाओं का वर्णन किया है, **"अकारपरक आपतन"** (Formal Incidence) तथा **"प्रभावी आपतन"** (Effective Incidence)। आकारपरक आपतन एक विचाराधीन

कर का प्रत्यक्ष मौद्रिक भार है, अर्थात कर के रूप में करदाताओं द्वारा **अदा की गई रकम के बराबर** है। इसके विपरीत प्रभावी आपतन का अर्थ उसके समस्त प्रभाव-समूह से है। इसी प्रकार पूरी कर-प्रणाली का आकारपरक आपतन सरकार की कुल कर-राजस्व प्राप्तियों के बराबर तथा उसका प्रभावी आपतन समस्त करों के प्रभावों के जोड़ के बराबर होता है। श्रीमती हिक्स के शब्दों में कर-प्रणाली का आकारपरक आपतन लोगों की आय का वह भाग है जो वे राज्य-सेवाओं के वित्त-पोषण के लिए सरकार को हस्तांतरित कर देते हैं।

**2. प्रो॰ मस्ग्रेव** (Prof. Musgrave) ने कर-आपतन का एक अन्य अर्थ लिया है। किसी कर के लगाए जाने पर अर्थव्यवस्था में अनेक प्रकार की प्रतिक्रियाएँ होती हैं। मस्ग्रेव के अनुसार उनमें से कर आपतन का अर्थ "निजी प्रयोग के लिए उपलब्ध आय के वितरण में परिवर्तन" (change in distribution of income available for private uses) है। मस्ग्रेव ने किसी कर विशेष के इस वितरणीय प्रभाव को उस **कर-विशेष के आपतन** (specific tax incidence) की संज्ञा दी है। इसी प्रकार सरकार के सामने एक पूर्वनिश्चित कर राजस्व जुटाने के लिए विभिन्न विकल्प हो सकते हैं। ऐसे दो विकल्पों के अनुमानित वितरणीय प्रभावों के अंतर को **विभेदी अथवा अंतरीय कर आपतन** (Differential Tax Incidence) कहा जाता है।

- जब सरकार कोई कर लगाती है तो इस गतिविधि के कई आयाम हमारे सामने आते हैं, जिनमें विचाराधीन कर के आघात, आपतन और प्रभावों के आयामों पर विशेष ध्यान दिए जाने की प्रथा है।
- ध्यानयोग्य है कि एक विचाराधीन कर के आघात और आपतन उसके प्रभावों के ही विशेष अंश होते हैं।
- एक कर के प्रभावों को कई प्रकार से वर्गीकृत करने की भी प्रथा है, जैसे कि प्रत्यक्ष और परोक्ष, मौद्रिक और गैर-मौद्रिक आदि।
- कुछेक विचारकों ने अपनी विश्लेषणात्मक आवश्यकताओं के कारण कर-आपतन के शब्द को विशेष अर्थों में लिया है।

## कर-आपतन के अंतरण की शर्तें (Conditions of Shifting of Tax Incidence)

एक करदाता किसी कर के आपतन को दूसरों पर तभी अंतरित करने में सफल हो सकता है जब वह

- अपने द्वारा बेचे/किराए पर दी जाने वाली किसी वस्तु/सेवा की कीमत/किराए को बढ़ा सके, अथवा
- अपने द्वारा खरीदी जाने वाली किसी वस्तु/सेवा की कीमत को घटा सके।

उपरोक्त विधि एक से अधिक वस्तुओं/सेवाओं के मामले में भी लागू होती है, तथा यह भी संभव है कि एक विचाराधीन आर्थिक इकाई ये दोनों कदम एक साथ उठाने में सफल हो जाए।

जब कर-आपतन का अंतरण विक्रेता की भूमिका में कीमतों को बढ़ाकर किया जाता है, तो इसे **अग्रवर्ती विवर्तन** (forward shifting) कहते हैं। इसी प्रकार जब कर आपतन का अंतरण एक क्रेता की भूमिका में कीमतें घटाकर किया जाए, तो इसे **पश्चगामी विवर्तन** (backward shifting) कहा जाता है। इस प्रकार अग्रवर्ती विवर्तन में विचाराधीन वस्तुओं/सेवाओं की कीमतों में वृद्धि होती है अथवा ब्याज की दरें बढ़ती हैं, तथा पश्चगामी विवर्तन में ये कीमतें घटती हैं अथवा ब्याज की दरें घटती हैं। ध्यानयोग्य है कि कर आपतन के विवर्तन में माँग तथा पूर्ति में परिवर्तन केवल कर के आरोपण के कारण होना चाहिएँ; अन्य कारकों के कारण नहीं। आधुनिक अर्थव्यवस्था के परिवर्तनीय होने के फलस्वरूप माँग और पूर्ति में परिवर्तन करों के कारण होने वाले परिवर्तनों के साथ मिश्रित

रहते हैं, जिससे किसी विचाराधीन कर आपतन के अंतरण का अथवा समस्त कर-प्रणाली के आपतन के अंतरण का अनुमान लगाना अति कठिन हो जाता है। वैसे किसी विचाराधीन कर के आगे और पीछे दोनों ओर आंशिक रूप से अंतरित होने की संभावना अधिक रहती है।

- एक आर्थिक इकाई से दूसरी इकाई को कर-आपतन का हस्तांतरण तभी संभव है जब उनमें आर्थिक लेन-देन हो।
- यह विवर्तन पश्चगामी अथवा अग्रवर्ती दोनों प्रकार का हो सकता है।
- पश्चगामी विवर्तन में वस्तुओं/सेवाओं की कीमतें/किराए और ब्याज की दरें घटती हैं।
- अग्रवर्ती विवर्तन में वस्तुओं/सेवाओं की कीमतें/किराए और ब्याज की दरें बढ़ती हैं।

## कर-विवर्तन के सिद्धांत

(Theories of Tax Shifting)

इस प्रश्न के उत्तर देने हेतु कि करों का अंतिम आपतन किस प्रकार निर्धारित होता है, कई सिद्धांतों की संरचना की गई है। हम इनमें से तीन मुख्य सिद्धांतों पर विचार करेंगे। इन सिद्धांतों के नाम क्रमशः **केन्द्रीकरण सिद्धांत** (Concentration Theory), **प्रसारण सिद्धांत** (Diffusion Theory) तथा **माँग और पूर्ति सिद्धांत** (Demand and Supply Theory) हैं।

### 1. केन्द्रीकरण सिद्धांत (Concentration Theory)

इस सिद्धांत का प्रतिपादन फ्रांस देश के भौतिकवादियों (Physiocrats) ने तथा शास्त्रीय (क्लासिकी) (classical) अर्थशास्त्रियों ने किया था। उनके तर्कानुसार यदि किसी संसाधन के द्वारा उत्पादित मूल्य से उस संसाधन की अपनी उत्पादन लागत (अथवा रख-रखाव की लागत) को घटा दिया जाए तो इस अंतर को विचाराधीन संसाधन की **अतिरेक आय अथवा उसका निवल उत्पाद/मूल्य,** (surplus value/net product/net value) कहा जाता है। इस अवधारणा को ध्यान में रखते हुए इन लोगों ने यह मत अपनाया कि करों का आरोपण कहीं भी किया जाए, उन की वसूली का अंतिम स्रोत तो केवल **अतिरेक आय** ही हो सकता है। अर्थात सभी करों के आपतन का केन्द्रीकरण संसाधनों की अतिरेक आय पर होना पूर्वनिश्चित रहता है। इस कथन की व्याख्या हेतु उनका कहना था कि किसानों को छोड़कर अन्य सभी वर्ग (जिनमें कारीगर, सरकारी कर्मचारी, पादरी, अध्यापक आदि शामिल हैं) 'अनुत्पादक' होते हैं। अर्थात उनके द्वारा उत्पादित वस्तुओं के मूल्य में उतनी ही वृद्धि होती है जितनी इन उत्पादकों की अपनी 'उत्पादन लागत' होती है। दूसरे शब्दों में हम यह कह सकते हैं कि इन 'अनुत्पादक' वर्गों द्वारा उत्पादित वस्तुओं के मूल्य में वृद्धि सदैव उनके अपने रख-रखाव पर व्ययित साधनों के बराबर ही होती है। अतः इन लोगों को आय भी उनके अपने रख-रखाव के बराबर ही मिलती है तथा उसमें 'अतिरेक आय' का ऐसा कोई अंश नहीं होता जिसे कर के रूप में वसूला जा सके। केवल खेती में ही प्रयुक्त साधनों से अधिक मूल्य का उत्पादन होता है। खेती के इस "निवल उत्पाद" को ज़मींदार हड़प लेते हैं तथा किसानों के पास केवल उनके अपने रख-रखाव के बराबर ही आय बचती है। ज़मींदारों द्वारा खेती से ली हुई यह आय (जिसे भूमि का लगान कहते हैं) ज़मींदारों के अतिरिक्त अन्य प्राश्रयी (parasite) वर्गों (जैसे पादरी, संगीतकार, कवि, शिक्षक आदि जो 'वास्तव' में कुछ निवल मूल्य पैदा नहीं करते) में बँट जाती है। इस प्रकार जब कर समाज के किसी वर्ग अथवा किसी वस्तु पर लगाया जाए, **तो वहाँ पर निवल उत्पाद के अभाव के कारण उसका अंतरण खेती से मिलने वाली लगान**

**आय पर हो जाना पूर्वनिश्चित है।** इसलिए प्रशासन के लिए अच्छा यही रहता है कि किसी अन्य आय अथवा वस्तु आदि पर कर लगाने के स्थान पर केवल भूमि के लगान को ही करारोपित करे। किसी भी अन्य स्थान, वर्ग, वस्तु, तथा गतिविधि आदि पर कर लगाने पर भी वह अंततः भूमि लगान पर ही अंतरित (केन्द्रित) हो जाएगा।

क्लासिकी अर्थशास्त्रियों ने इस सिद्धांत का विस्तार करते हुआ यह दावा किया कि अर्थव्यवस्था में निवल उत्पाद के दो स्रोत हैं, अर्थात भूमि लगान और लाभ आय। अतः प्रत्येक कर का आपतन अंततः इन दो आय स्रोतों पा केन्द्रित होता है। उदाहरणार्थ यदि कर कृषि के उत्पादन पर लगाया जाए तो इसकी सीमांत उत्पादन लागत बढ़ जाएगी जिसके परिणामस्वरूप कृषि उत्पादन की कीमतों और श्रमिकों की मज़दूरी की दरें बढ़ेंगी और कर का अंतिम आपतन लाभ आय वहन करेगी। इसके विरीत यदि कर भूमि के लगान पर लगाया जाए, तो इसका आपतन भूमिदारों पर ही केन्द्रित रह जाएगा क्योकि उन्हें इसके आवर्तन का कोई मार्ग उपलब्ध नहीं होगा।

इसी प्रकार यदि श्रमिकों की मज़दूरी आय पर कर लगाया जाए तो उनकी मौद्रिक मज़दूरी की दरें को बढ़ाना पड़ेगा क्योकि क्लासिकी अर्थशास्त्रियों के अनुसार उन्हें केवल 'निवार्ह-वेतन ही मिलता है। परिणामस्वरूप लाभ आय पाने वाले इस कर के आपतन को किसी और पर विवर्तित नहीं कर पाएँगे। इस प्रकार इस सिद्धांत में क्लासिकी विस्तारण द्वारा यह परिणाम निकलता है कि सभी करों का अंतिम आपतन लाभ आय पर होता है।

- भौतिकवादियों द्वारा प्रतिपादित केन्द्रीकरण सिद्धांत के अनुसार प्रत्येक कर का अंतिम आपतन 'निवल उत्पाद' पर ही टिक सकता है।
- यह निवल उत्पाद केवल कृषि क्षेत्र में ही होता है।
- अतः कृषि उत्पाद अथवा कहीं भी लगाया गया कर अंततः कृषि लगान पर केन्द्रित होता है।
- इसके विपरीत क्लासिकी अर्थशास्त्रियों के अनुसार 'निवल उत्पाद' के दो रूप होते हैं, अर्थात भूमि लगान और लाभ आय तथा प्रत्येक कर का आपतन इन दो पर ही होता है।
- केवल भूमि लगान पर लगाए गए कर का अंतिम आपतन भूमिदार वहन करते हैं।
- कृषि उत्पाद पर लगाए गए कर तथा अन्य सभी करों का आपतन लाभ आय पर पड़ता है।

## 2. प्रसारण सिद्धांत (Diffusion Theory)

इस सिद्धांत के अनुसार करों का अंतिम आपतन पूरी अर्थव्यवस्था की गतिविधियों, वस्तुओं तथा आय-मदों आदि पर फैल जाता है। इस मतानुसार आय अधिशेष (अथवा निवल उत्पाद) का अस्तित्व केवल खेती में न होकर विविध प्रकार से अर्जित की गई अन्य आय मदों में भी होता है। इस कारण कर-आपतन का केन्द्रीकरण अनिवार्य नहीं है। इसके विपरीत विभिन्न वर्गों की आर्थिक गतिविधियों में परस्पर निर्भरता के फलस्वरूप कीमतों में परिवर्तन द्वारा कर-आपतन की अंतरण प्रक्रिया चलती रहती है। इस प्रक्रिया द्वारा कर-आपतन पूरी अर्थव्यवस्था पर इस प्रकार फैल जाता है कि इसकी अंतिम रूप-रेखा की ठीक-ठीक जानकारी नहीं मिल सकती।

इस सिद्धांत की एक निहित मान्यता यह है कि अर्थव्यवस्था में एक ऐसी बाज़ार व्यवस्था है जो पर्याप्त हद तक स्पर्धायुक्त (competitive) है और इस कारण इसके उत्पादन साधन सुगमता और शीघ्रता से एक रोज़गार प्रयुक्ति (employment use) से दूसरी रोज़गार प्रयुक्ति में जा सकते हैं। ऐसी स्थिति में इस बात से कोई विशेष अंतर नहीं पड़ता कि करों का प्राथमिक आघात कहाँ होता है, अर्थात सरकार इन्हें कहाँ लगाती है। इनका आपतन तो हर दशा में सारी अर्थव्यवस्था पर फैल जाता है।

## त्रुटियाँ (Limitations)

परन्तु इस सिद्धांत पर ध्यान से विचार करने पर इसकी कई त्रुटियाँ सामने आती हैं-

- यदि यह मान भी लिया जाए कि करों का अंतिम आपतन पूरी अर्थव्यवस्था में बिखर जाता है, तो भी इससे यह निष्कर्ष नहीं निकलता कि सरकार को कर लगाते समय इस बात पर विचार नहीं करना चाहिए कि वह इन्हें कहाँ लगा रही है। इसका कारण यह है कि **करों के व्यापक प्रभाव उनके अंतिम आपतन के अतिरिक्त भी कई रूप लेते हैं** और इन प्रभावों की रूपरेखा काफी हद तक इस बात पर निर्भर करती है कि करों को कब, कहाँ तक, तथा किस प्रकार लगाया गया है, उनकी दरें तथा अन्य संबंधित विशेषताएँ क्या हैं, आदि।
- यह सिद्धांत अयथार्थ मान्यताओं पर आधारित है। बाज़ार व्यवस्था में भी पूर्ण स्पर्धा देखने को नहीं मिलती। वर्तमान काल में तो एकाधिकारक तत्वों की गिनती इसकी मुख्य विशेषताओं में की जाने लगी है। इसलिए निश्चितता पूर्वक यह नहीं कहा जा सकता कि प्रत्येक कर का आपतन आवश्यमय बिखर जाता है। वास्तविकता यह है कि कई करों के आघात और आपतन के एक स्थान पर ही टिके रहने की प्रवृत्ति भी पाई जाती है।
- प्रो॰ डाल्टन (Professor Dalton) का कहना है कि इस सिद्धांत से मिलने वाले निष्कर्ष हमें करों के अंतिम आपतन के आवंटन की जानकारी प्राप्त करने तथा एक उपयुक्त कर-नीति का निर्माण करने में हतोत्साहित करते हैं। परंतु कर-नीति की संरचना एक ऐसा कार्य है जो सब प्रकार की रुकावटों के बावजूद यथासंभव सुचारु रूप से किया जाना चाहिए।

- करापतन के प्रसारण सिद्धांत के अनुसार निवल मूल्य की उपज केवल खेती में न होकर अर्थव्यवस्था के सभी क्षेत्रों में होती है; तथा उन सब में क्रय-विक्रय और लेनदेन की गतिविधियों के माध्यम से परस्पर निर्भरता होती है।
- कर-वहन अर्थव्यवस्था में इस प्रकार बिखर जाता है कि इसकी ठीक-ठीक जानकारी नहीं मिल पाती।
- अत: इस सिद्धांत से यह गलत निष्कर्ष निकलता है कि सरकार द्वारा करों के आपतन आवंटन और प्रभावों पर विचार किए बिना कर लगाने की नीति अपनाने में कोई हानि नहीं है।
- वास्तविकता में एकाधिकारक तत्वों और अन्य कारणों से प्रत्येक कर का आपतन समस्त अर्थव्यवस्था पर नहीं फैल पाता।
- इसके अतिरिक्त करों के प्रभाव उनकी दरों, आरोपण विधियों, तथा प्रथम आघातों आदि पर भी निर्भर करते हैं। कर-प्रणाली द्वारा अर्थव्यवस्था पर पड़ने वाली संसाधन लागत इसके इन आयामों द्वारा प्रभावित होती है।
- अत: सरकार को यथासंभव करों के आपतन-आवंटन और प्रभावों की जानकारी के आधार पर ही अपनी कर-नीति की संरचना करनी चाहिए।

## 3. माँग और पूर्ति सिद्धांत (Demand and Supply Theory)

कर-आपतन के अंतरण का यह सर्वाधिक मान्यता प्राप्त सिद्धांत है। जैसा कि हम ऊपर कह चुके हैं, एक करारोपित इकाई अपनी करदेयता को किसी अन्य इकाई पर तभी अंतरित कर सकती है जब वह किसी खरीदी जाने वाली वस्तु की कीमत में कमी अथवा किसी बेचे जाने वाली वस्तु की कीमत में बढ़ोतरी करने में सफल हो जाए। परंतु बाज़ार में किसी वस्तु विशेष की कीमत करदाता की इच्छा के स्थान पर उस वस्तु की माँग और पूर्ति की क्रिया-प्रक्रिया द्वारा निर्धारित होती है।

**कर-आपतन का अंतरण माँग अथवा पूर्ति फलन (अथवा दोनों) में परिवर्तन के बिना संभव नहीं है। रेखाचित्र में यह परिवर्तन माँग वक्र, पूर्त्ति वक्र अथवा दोनों के स्थानांतरण के रूप में दृष्टिगोचर होता**

**है।** माँग में कमज़ोरी आने पर माँग-वक्र दक्षिण-पश्चिम की ओर सरकता है, तथा कर-आपतन में विक्रेताओं का अनुपात बढ़ जाता है। इसी प्रकार माँग में वृद्धि होने पर माँग-वक्र पूर्व-उत्तर की ओर खिसकता है तथा कर-आपतन में क्रेताओं का भाग बढ़ जाता है। इसी प्रकार पूर्ति-वक्र के खिसकने का प्रभाव भी स्वस्पष्ट है।

ध्यानयोग्य है कि क्रेताओं और विक्रेताओं में कर-आपतन का आनुपातिक आवंटन करारोपित वस्तु/सेवा की पूर्ति तथा माँग की लोचों के अनुपात के बराबर होता है, तथा इसका सूत्र है:

**( कर-आपतन में क्रेताओं का आनुपातिक भाग/कर-आपतन में विक्रेताओं का आनुपातिक भाग )**
**= [पूर्ति की लोच (Es)/माँग की लोच (Ed)]**

यहाँ पर Ed करारोपित वस्तु की माँग की लोच का प्रमापन है और Es पूर्ति की लोच का।

कर के आपतन-आवंटन का यह सूत्र प्रत्येक वस्तु/सेवा पर आरोपित (अर्थात परोक्ष) कर के लिए बाध्य माना जाता है। इसके अतिरिक्त आय कर जैसे प्रत्येक्ष करों के मामले में भी करदाता इसके कारण होने वाली क्षति की पूर्ति के लिए उन वस्तुओं तथा सेवाओं की कीमतों में परिवर्तन करने की चेष्टा करता है जिनका वह क्रय अथवा विक्रय करता हो।

उपर्युक्त सूत्र को ध्यान में रखते हुए हम कुछ विशेष निष्कर्ष भी निकाल सकते हैं। उदाहरणार्थ Es का मूल्य बढ़ने अथवा Ed का मूल्य घटने पर कर आपतन में क्रेताओं का भाग बढ़ जाता है। यदि Es का मूल्य अपरिमित (infinity) स्तर तक बढ़ जाए (अर्थात पूर्ति वक्र X-अक्ष के समानान्तर हो जाए) अथवा Ed का मूल्य घटकर शून्य हो जाए (अर्थात माँग वक्र Y-अक्ष के समानान्तर हो जाए), तो कर का समस्त आपतन क्रेताओं पर ही आ पड़ता है। इसी प्रकार यदि Ed का मूल्य अपरिमित (infinity) स्तर तक बढ़ जाए (अर्थात माँग वक्र X-अक्ष के समानान्तर हो जाए) अथवा Es का मूल्य घटकर शून्य हो जाए (अर्थात पूर्ति वक्र Y-अक्ष के समानान्तर हो जाए), तो कर का समस्त आपतन विक्रेताओं पर आ पड़ता है। वास्तविक स्थिति बहुधा इन दो छोरों के बीच होती है। अत: कर-आपतन वहन करने में भी क्रेताओं और विक्रेताओं दोनों की भागीदारी रहती है।

- कर-वहन के सिद्धांतों में माँग और पूर्ति का सिद्धांत सबसे अधिक मान्य और तर्कसंगत है।
- इसका अनेक प्रकार की स्थितियों और समस्याओं के संदर्भ में प्रयोग किया जा सकता है तथा इसकी रेखाचित्रों द्वारा व्याख्या की जा सकती है।

## रेखाचित्रों द्वारा व्याख्या

### I. वस्तुपरक कर (Specific Tax)

वस्तुपरक का अर्थ यह है कि इसे विचाराधीन वस्तु के मूल्य के स्थान पर उसकी मात्रा पर **प्रति इकाई की दर** से वसूला जाता है (Rate of tax is on per unit basis), तथा यह 'इकाई' उस वस्तु की विशेषताओं को ध्यान में रखते हुए उसकी 'गिनती', 'आकार', 'बोझ', 'उत्पादन क्षमा' आदि में से किसी आधार पर भी परिभाषित की जा सकती है। इस कर को अदा करने का कानूनी दायित्व क्रेताओं अथवा विक्रेताओं में से किसी पर भी डाला जा सकता है (अर्थात कर का आघात दोनों वर्गों में से किसी पर भी हो सकता है) परंतु कर-आपतन के बँटवारे में इससे कोई अंतर नहीं पड़ता। इस स्थिति में किसी वस्तु (G) पर आरेपित वस्तुपरक कर का क्रेताओं और विक्रेताओं में आपतन-आवंटन रेखाचित्रों द्वारा नीचे दर्शाया गया है।

**(i) बढ़ती सीमांत लागत (Diminishing Returns)**—रेखाचित्र 5.1 में वस्तु G के कर-पूर्व पूर्ति एवं माँग वक्र क्रमशः SS′ और DD′ हैं। इसकी संतुलन कीमत PM है तथा संतुलन मात्रा OM है। अब मान लें कि इस वस्तु पर प्रति इकाई $SS_1$ ($=DD_1$) कर लगाया जाता है। यदि कर का आघात विक्रेताओं पर हो तो पूर्ति वक्र अपने पहले स्थान से हटकर उसके समानान्तर $SS_1$ (कर के बराबर) की दूरी पर पश्चिमोत्तर की ओर $S_1S_1'$ का नया स्थान ग्रहण कर लेता है। करोपरांत नई संतुलन कीमत PM से बढ़कर P′M′ हो जाती है तथा वस्तु की खरीदी/बेची जाने वाली मात्रा OM से घटकर OM′ हो जाती है। विक्रेता ग्राहकों से P′M′ कीमत वसूल करते हैं तथा इसमें से P′A सरकार को कर के रूप में चला जाता है और विक्रेताओं के पास AM′ बचता है। इस प्रकार विक्रेता को मिलने वाली कीमत में BA के बराबर कमी तथा ग्राहक के द्वारा अदा की जाने वाली कीमत में P′B के बराबर वृद्धि हो जाती है। इसके विपरीत यदि कराघात क्रेताओं पर हो, तो माँग वक्र अपना स्थान बदलता है। इसका नया स्थान ($D_1D_1'$) पुराने वक्र के समानान्तर $DD_1$ की दूरी पर दक्षिण-पश्चिम की ओर होता है। इस दशा में क्रेता की कीमत विक्रेता को अदा करने के अतिरिक्त P′A सरकार को कर के रूप में अदा करता है। अन्य शब्दों में यह कहना चाहिए कि दोनों दशाओं में ग्राहकों के लिए वस्तु की कीमत PM से बढ़कर P′M′ तथा विक्रेताओं के लिए कीमत PM से घटकर AM′ हो जाती है।

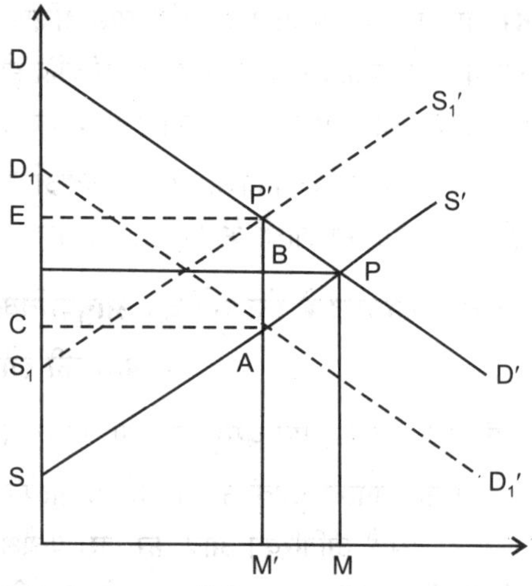


रेखाचित्र 5.1

कहने का अर्थ यह है कि यदि कराघात क्रेताओं पर हो तो वह विक्रेताओं को AM′ कीमत चुकाने के साथ-साथ सरकार को भी P′A के बराबर कर चुकाते हैं। इसके विपरीत यदि कराघात विक्रेताओं पर हो, तो वे ग्राहकों से P′M′ कीमत वसूल करने के पश्चात उसमें से P′A के बराबर कर के रूप में सरकार को दे देते हैं। इस प्रकार कर की प्रति इकाई मात्रा P′A में से विक्रेताओं का भाग AB तथा ग्राहकों का भाग P′B के बराबर बैठता है। अर्थात्

$$\frac{\text{ग्राहकों का भाग}}{\text{विक्रेताओं का भाग}} = \frac{P'B}{BA}$$

यह अनुपात Es/Ed के भी बराबर है, जिसका प्रमाण निम्नलिखित है-

$$Es = (\text{पूर्ति में आनुपातिक परिवर्तन/कीमत में आनुपातिक परिवर्तन})$$
$$= (MM'/OM)/(BA/PM) = (MM' \times PM)/(OM \times BA)$$
$$Ed = (\text{माँग में आनुपातिक परिवर्तन/कीमत में आनुपातिक परिवर्तन})$$
$$= (MM'/OM)/(P'B/PM) = (MM' \times PM)/(OM \times P'B)$$

अतः $(Es/Ed) = (P'B)/(BA)$

**(ii) स्थिर लागत (Constant Returns)**—यदि G वस्तु की पूर्ति पर स्थिर लागत (Law of Constant Returns) का नियम लागू होता हो तो इसका पूर्ति वक्र X-अक्ष के समानान्तर होगा, तथा इसकी औसत उत्पादन

लागत अपरिवर्तित रहेगी। परिणामस्वरूप इसकी पूर्ति की लोच भी अपरिमित होगी। रेखाचित्र 5.2 यह दर्शाता है कि इस स्थिति में बिन्दु A और B का आपसी विलय होने के कारण विक्रेताओं के कर-आपतन का हिस्सा (=BA) घटकर शून्य हो जाता है और पूरा कर-आपतन ग्राहकों को ही वहन करना पड़ता है। हमारे आनुपातिक सूत्र के अनुसार, Es का मूल्य अपरिमित हो जाने के कारण, (Es/Ed) का अनुपात भी अपरिमित हो जाता है, अर्थात् कर आपतन पूर्ण रूप से ग्राहकों को वहन करना पड़ता है।

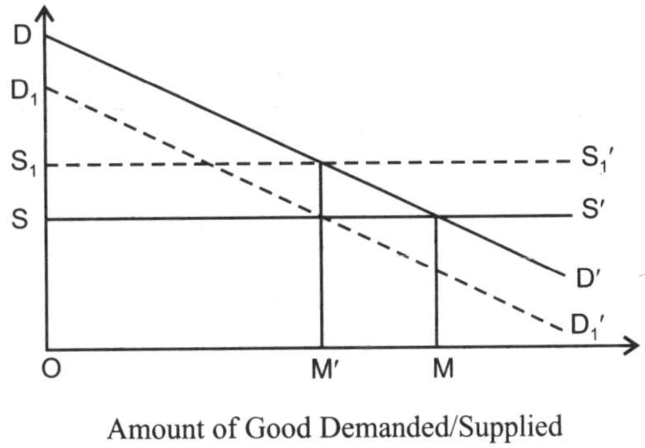


रेखाचित्र 5.2

एक अन्य दृष्टिकोण से देखा जाए तो वस्तु की कीमत थोड़ी-सी भी घटने से पूर्ति की मात्रा शून्य हो जाती है। इसलिए वस्तु की कर-निवल कीमत न गिर सकती है तथा न ही विक्रेताओं से कर-आपतन का कोई भाग वसूला जा सकता है। हमारे सूत्रानुसार ग्राहकों पर कर आपतन का आनुपातिक भाग $= (Es/Ed) \rightarrow (\infty/Ed) \rightarrow$ है।

**(iii) शून्य पूर्ति लोच (Zero Supply Elasticity)**—पूर्ति की लोच शून्य होने पर पूर्ति वक्र Y-अक्ष के समानान्तर होता है (रेखाचित्र 5.3)। इस स्थिति में वस्तु की कीमत का पूर्ति की मात्रा पर कोई प्रभाव नहीं पड़ता। पूर्ति की मात्रा हर कीमत पर OS के बराबर रहती है।

(क) इस स्थिति में यदि प्रति इकाई कर PP′ विक्रेताओं से वसूल किया जाए तो पूर्ति वक्र में कोई स्थानान्तर नहीं होता। विक्रेता चाहने पर भी कीमत नहीं बढ़ा सकते। अत: ग्राहकों को वस्तु कर-पूर्व कीमत PS पर मिलती रहती है। विक्रेता PS में से PP′ कर के रूप में सरकार को अदा करते हैं तथा उनके पास करोपरांत कीमत का P′S भाग बचता है।

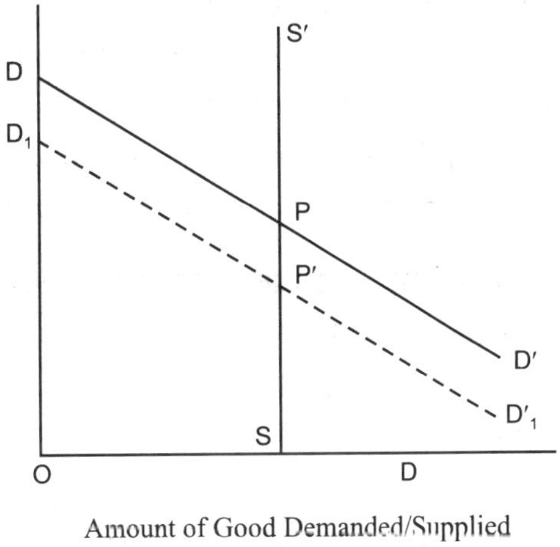


रेखाचित्र 5.3

(ख) इसी प्रकार यदि कर का आघात ग्राहकों पर हो तो माँग वक्र नीचे खिसककर $D_1D_1'$ पर आ जाता है, जिससे फिर विक्रेताओं के लिए करोपरांत कीमत घटकर P′S के बराबर हो जाती है, तथा ग्राहक वस्तु की P′S कीमत चुकाने के अतिरिक्त सरकार को PP′ के बराबर कर अदा करते हैं।

हमारे इस उदाहरण में ग्राहकों पर कर आपतन का अनुपात $Es/Ed = 0/Ed = 0$ है।

**(iv) माँग की अपरिमित लोच (Perfect Demand Elasticity)**—इस स्थिति में (देखें रेखाचित्र 5.4) माँग वक्र X-अक्ष के समानान्तर होता है। और इस मान्यता के साथ कि सामान्य रूप से प्रगामी उत्पादन लागत नियम के अधीन पूर्ति वक्र का ढलान ऊपर को (positive) है तो कर का पूरा आपतन विक्रेताओं को वहन करना पड़ता है तथा ग्राहकों का हिस्सा शून्य होता है, क्योंकि $Es/Ed \rightarrow Es/\infty \rightarrow 0$.

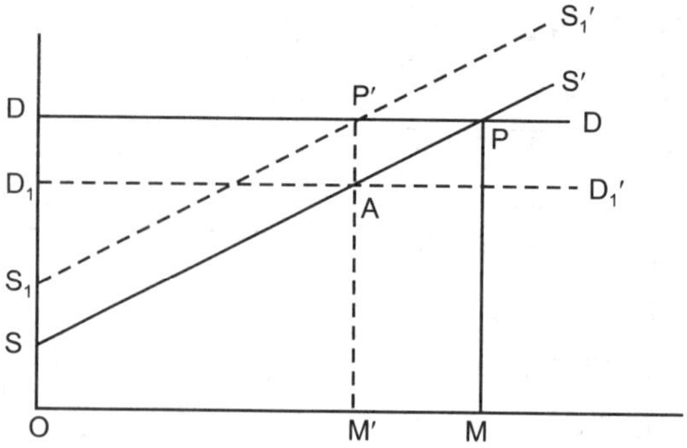


Amount of Good Demanded/Supplied

रेखाचित्र 5.4

**(v) शून्य माँग लोच (Zero Demand Elasticity)**—इस स्थिति में (रेखाचित्र 5.5) माँग वक्र Y-अक्ष के समानान्तर होता है। करारोपन से इसका स्थांतरण नहीं हो पाता; तथा कर आपतन पूर्ण रूप से ग्राहकों को वहन करना पड़ता है, अर्थात उनके कर आपतन का आनुपातिक भाग Es/Ed = Es/0 होता है। इस तथ्य को यों भी कह सकते हैं कि इस दशा में कर से पूर्व तथा कर के पश्चात माँग का वक्र नहीं बदलता, जब कि पूर्ति वक्र खिसक सकता है। अत: ग्राहक हर कीमत पर अपनी माँग को पूर्ववत बनाए रखते हैं।

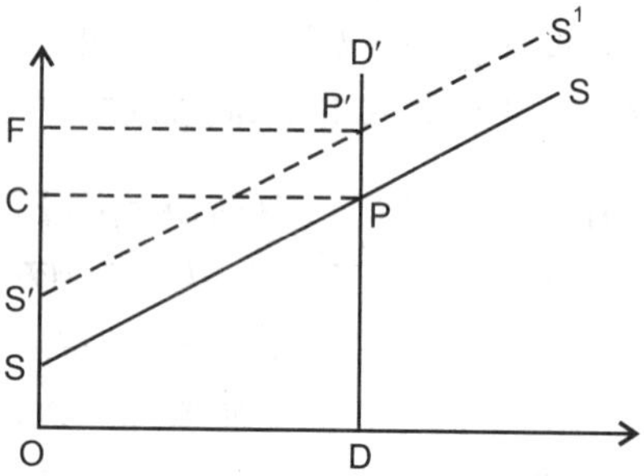


Amount of Good Demanded/Supplied

रेखाचित्र 5.5

**(vi) कीमत में कर से अधिक वृद्धि (Price Increase Greater than the Tax)**—उपरोक्त उदाहरणों में करारोपित वस्तु की कीमत में कर से अधिक बढ़ोतरी नहीं हुई। अब हम दो ऐसे उदाहरण लेंगे जिनमें करारोपित वस्तु की कीमत कर की मात्रा से भी अधिक बढ़ सकती है।

(क) इनमें से पहला उदाहरण वह है जिसमें उत्पादन की मात्रा बढ़ने पर उसकी औसत लागत घटती है, अर्थात् उस पर ह्रासमान उत्पादन लागत का नियम लागू होता है तथा इस कारण पूर्ति वक्र का ढलान नकारात्मक होता है (रेखाचित्र 5.6)। इस स्थिति में उत्पादन की मात्रा घटने से उसकी उत्पादन लागत बढ़ती है और इसके फलस्वरूप वस्तु की कीमत (i) कर की दर तथा (ii) औसत उत्पादन लागत में वृद्धि के जोड़ के बराबर बढ़ती है। परंतु स्मरणीय है कि यह तभी होगा जब माँग वक्र का ढलान नकारात्मक हो और पूर्ति वक्र के ढलान से अधिक हो ताकि नई संतुलन स्थिति में उत्पादन की मात्रा घटे और औसत लागत बढ़े।

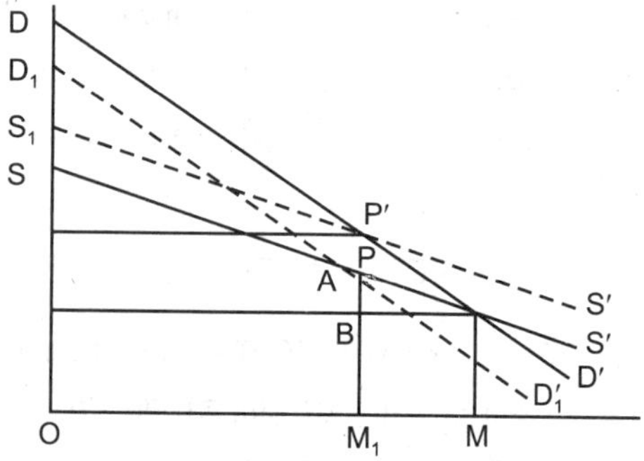


Amount of Good Demanded/Supplied

रेखाचित्र 5.6

इसके विपरीत यदि माँग वक्र Y-अक्ष के समानान्तर हो, तो कर के कारण उत्पादन की मात्रा तथा औसत लागत में कोई अंतर नहीं पड़ता तथा कीमत में वृद्धि केवल कर के

बराबर होती है। और यदि माँग वक्र X-अक्ष के समानान्तर हो तो माँग और पूर्ति का स्थाई संतुलन ही विवास्पद बन जााता है।

यहाँ पर एक सर्वव्यापी सूत्र याद रखा जा सकता है। यदि PM, P′M′, T तथा $\Delta AC$ क्रमश: कर-पूर्व संतुलन कीमत, करोपरांत संतुलन कीमत, कर की प्रति इकाई दर, तथा औसत उत्पादन लागत में परिवर्तन हो, तो $P'M' = PM + T + \Delta AC$ अर्थात $P'M' - PM = T + \Delta AC$। इसका अर्थ यह है कि कर के कारण कीमत में वृद्धि, कर की दर और औसत लागत में होने वाली वृद्धि को जोड़ने से मिलती है। स्पष्ट है कि औसत लागत में बढ़ोतरी की स्थिति में कीमत में वृद्धि, कर की दर से अधिक होगी।

(ख) दूसरा उदाहरण वह है जिसमें सरकार उत्पादकों अथवा विक्रेताओं से कर की अग्रिम वसूली कर ले, तथा वे इसे बाद में ग्राहकों से वसूल करें। ऐसी दशा में विक्रेता चाहते हैं कि उनको ब्याज की हानि की क्षतिपूर्ति भी हो जाए। अत: यदि माँग की स्थिति उपयुक्त हो तो वे कीमत में कर और ब्याज को मिलाकर वृद्धि करने का प्रयत्न करते हैं।

## II. मूल्यपरक कर (Ad-Valorem Tax)

मूल्यपरक कर में करदेयता का निर्धारण वस्तु की मात्रा के स्थान पर उसके मूल्य के आधार पर किया जाता है। अब तक हमने केवल उन स्थितियों का अध्ययन किया है जिनमें विचाराधीन वस्तु पर प्रति इकाई की दर से कर लगाया गया हो। अब प्रश्न यह उठता है कि क्या वस्तु-कर के मूल्यपरक (ad valorem) होने पर उपर्युक्त विश्लेषणात्मक निष्कर्षों में कोई अंतर पड़ता है? इस प्रश्न का उत्तर यह है कि **सैद्धांतिक स्तर पर इनमें कोई अंतर नहीं पड़ता, केवल अनुमानित मात्राओं में ही अंतर पड़ता है,** और वह भी तबं जब विचाराधीन पूर्ति वक्र तथा माँग वक्र Y-अक्ष अथवा X-अक्ष के समानान्तर न हों।

- किसी वस्तु/सेवा पर वस्तुपरक अथवा मूल्यपरक कर का क्रेताओं ओर विक्रेताओं में आवंटन उस वस्तु/सेवा की पूर्ति की लोच और माँग की लोच के अनुपात में होता है।
- माँग की लोच के शून्य होने पर अथवा पूर्ति की लोच के अपरिमित होने पर समस्त कर आपतन क्रेताओं को, तथा माँग की लोच के अपरिमित अथवा पूर्ति की लोच के शून्य होने पर समस्त कर आपतन विक्रेताओं को वहन करना पड़ता है।
- सामान्यत: माँग/पूर्ति की लोच शून्य अथवा अपरिमित नहीं होती। अत: कर का आपतन क्रेताओं और विक्रेताओं में बँट जाता है।
- दो स्थितियों में करारोपत वस्तु/सेवा की कीमत उस पर लगे कर से अधिक बढ़ सकती है। प्रथम, जब वस्तु का उत्पादन बढ़ने पर उसकी औसत लागत घटती हो; तथा द्वितीय, जब सरकार विक्रेताओं/उत्पादकों से कर की अग्रिम वसूली कर लेती हो।

## III. कुल कर-वहन का आवंटन (Division of Total Tax Burden)

अभी तक हमने प्रति इकाई कर की दर तथा प्रति इकाई कर-आपतन के आवंटन पर विचार किया है। परंतु उपर्युक्त विश्लेषण से यह अनुमान लगाना भी संभव है कि किसी करारोपित वस्तु से वसूले गए **कुल कर** का क्रेता और विक्रेता क्रमश: कितना-कितना परिशुद्ध अनुपात वहन करते हैं। प्रो. डाल्टन के सुझाव के अनुसार कुल कर आपतन में से क्रेताओं का अनुपातिक भाग $Es/(Es + Ed)$ और विक्रेताओं का आनुपातिक भाग $Ed/(Es + Ed)$ के बराबर

होता है, तथा उनके द्वारा वहन किए गए कर की सकल मात्रा क्रमश: $tEs/(Es + Ed)$ और $tEd/(Es + Ed)$ के बराबर होती है। यहाँ पर t शब्द कुल कर-राजस्व की मात्रा दर्शाता है। इसी प्रकार पूरी कर-प्रणाली के सामूहिक राजस्व पर भी विचार किया जा सकता है। मान लें कि कुल करारोपित वस्तुओं की संख्या n है, उनकी पूर्ति की मात्राएँ क्रमश: $x_1, x_2, x_3, ... x_n$ हैं; उनकी पूर्ति लोच के प्रमापन क्रमश: $Es_1, Es_2, Es_3, ......Es_n$ हैं; उनकी माँग लोच के प्रमापन क्रमश: $Ed_1, Ed_2, Ed_3, ......Ed_n$ हैं तथा इसी प्रकार उन पर कर की दरें क्रमश: $t_1, t_2, t_3, ......t_n$ हैं। इस स्थिति में कुल कर आपतन में क्रेताओं का आनुपातिक भाग

$$\sum_{i=1}^{n} t_i Es_i X_i \Big/ \left[\sum_{i=1}^{n} Ex_i X_i + \sum_{i=1}^{n} Es_i X_i\right]$$

तथा विक्रेताओं का भाग $\sum_{i=1}^{n} t_i Ed_i X_i \Big/ \left[\sum_{i=1}^{n} Ed_i X_i + \sum_{i=1}^{n} Es_i X_i\right]$ के बराबर आँका जाता है।

- समस्त वस्तुओं/सेवाओं पर लगे करों के आपतन में क्रेताओं और विक्रेताओं के आनुपातिक भागों को उनकी माँग और पूर्ति की लोचों के आधार पर अनुमानित किया जा सकता है।
- इसी प्रकार माँग और पूर्ति की लोचों के अतिरिक्त करारोपित वस्तुओं की मात्राएँ और करों की दरों के प्रयोग से क्रेताओं और विक्रेताओं द्वारा वहित कर आपतन की परिशुद्ध मात्राओं के अनुमान-सूत्र बनाए जा सकते हैं।

## कुछ विशेष करों का आपतन आवंटन
(Incidence of Some Particular Taxes)

### 1. एकाधिकार पर कर (A Tax on Monopoly)

**(क) लाभ पर कर (Tax on Monopoly Profit)**—एकाधिकार में कीमत और उत्पादन निर्धारण दोनों एकाधिकारी के हाथ में होते हैं जिन्हें वह अपनी लाभ आय को अधिकतम बनाने के आशय से उस स्तर पर तय करता है जहाँ उसकी सीमांत लागत और सीमांत आगम बराबर हों [MC = MR]। यदि सरकार एकाधिाकारी की लाभ आय पर कर लगाए तो उससे न तो एकाधिकारी की सीमांत लागत में परिवर्तनन आता है, न उसके सीमांत आगम में। इस कारण वह कीमत अथवा उत्पादन की मात्रा में संशोधन द्वारा अपनी लाभ आय में वृद्धि नहीं कर सकता। यदि उसके लिए कर पूर्व लाभ आय में वृद्धि करना सम्भव होता तो वह कर लगने से पहले ही ऐसा कर लेता। अत: उसके द्वारा कर-पूर्व लाभ-आय को अधिकतम करने के पश्चात उस पर चाहे किसी प्रकार का भी कर आरोपा जाए, एकाधिकारी कीमत में परिवर्तन करके उसका आपतन क्रेताओं पर हंस्तांतरित करने में अक्षम होता है।

**(ख) उत्पादन अथवा बिक्री कर (Excise Duty or Sales Tax)**—परन्तु यदि एकाधिकार पर कर उसकी लाभ-आय के स्थान पर उसके उत्पादन अथवा उसकी बिक्री पर लगाया जाए, तो उसकी माँग-पूर्ति स्थिति में एक बुनियादी परिवर्तन आ जाता है। इसका कारण यह है कि इस प्रकार के कर से माँग अथवा पूर्ति वक्र प्रभावित होकर स्थानान्तरित हो जाता है, तथा वस्तु की सर्वाधिक लाभ वाली कीमत बदल जाती है। इस बात से क्रियात्मक रूप से कोई अन्तर नहीं पड़ता कि कर वस्तुपरक है अथवा मूल्यपरक। यदि कराघात क्रेताओं पर हो, तो माँग व्रक के स्थानान्तरित होने के साथ सीमांत आगम (MR) वक्र भी स्थानान्तरित हो जाता है तथा यदि कराघात

एकाधिकारी पर हो तो लागत में परिवर्तन के कारण सीमांत लागत (MC) वक्र स्थानान्तरित हो जाता है। इसके फलस्वरूप एकाधिकारी की अधिकतम लाभ-आय की संतुलन स्थिति तथा उत्पादन और कीमत सभी एक साथ बदल जाते हैं।

परन्तु ध्यान रहे कि कुछ असाधारण स्थितियों में पूरा कर-आपतन केवल क्रेताओं अथवा केवल एकाधिकारी पर भी केन्द्रित हो सकता है। उदाहरणार्थ यदि माँग वक्र X-अक्ष के समानांतर हो, तो सीमांत आगम में परिवर्तन नहीं हो सकता, तथा कर का पूरा आपतन एकाधिकारी को ही वहन करना पड़ता है। इसी प्रकार यदि पूर्ति वक्र X-अक्ष के समानांतर हो तो समस्त कर-आपतन क्रेताओं को वहन करना पड़ता है।

## 2. अल्पाधिकार पर कर (A Tax on Oligopoly)

अल्पाधिकार में बाज़ार की प्रचलित संतुलन कीमत पर माँग वक्र में एक कोण होता है। कीमत के प्रचलित स्तर से अधिक होने पर माँग काफी लोचदार होती हे, क्योंकि अल्पाधिकारी द्वारा कीमत में बढ़ोतरी करने पर अन्य विक्रेता कीमत नहीं बढ़ाते जिससे क्रेता उनकी ओर चले जाते हैं। इसके विपरीत यदि वह कीमत घटा दे, तो अन्य विक्रेता भी अपनी कीमतें घटा देते हैं जिससे उसकी उत्पादित वस्तु की माँग में केवल थोड़ी-सी वृद्धि हो पाती है। इससे अल्पाधिकारी की वस्तु की माँग वक्र में एक कोण बन जाता है, और सीमांत आगत वक्र में भी एक ऊर्ध्वाधर उछाल (Vertical jump) आता है।

मान लीजिए कि अल्पाधिकारी की संतुलन उत्पादन मात्रा OM के बराबर है, तो इस तथ्य को इस प्रकार भी समझा जा सकता है कि इस उत्पादन मात्रा को घटाने अथवा बढ़ाने पर दो भिन्न-भिन्न असमान सीमांत आगतें प्राप्त होती हैं, तथा इनमें से उत्पादन घटाने वाली सीमांत आगत उत्पादन बढ़ाने वाली सीमांत लागत से अधिक होती हैं। ऐसी स्थिति में उत्पादन लागत में वृद्धि अथवा करारोपण के कारण सीमांत लागत वक्र ऊपर की ओर स्थानान्तरित होता है। परंतु जब तक यह सीमांत आगत के ऊर्ध्वाधर उछाल के दो छोरों के बीच से निकलता है, वस्तु की कीमत में कोई परिवर्तन नहीं आता। अर्थात् यदि सरकार द्वारा लगाए गए कर (चाहे वे वस्तुपरक हों, चाहे मूल्यपरक) के कारण सीमांत लागत के ऊपर को खिसकने पर भी सीमांत आगत के ऊर्ध्वाधर उछाल के भाग से बाहर न निकले तब तक कर का समस्त आपतन विक्रेताओं पर ही रहता है। यह स्थिति ठीक वैसे ही है जैसे माँग। की लोच अपरिमित हो। परंतु यदि कर इतना अधिक हो कि सीमांत लागत वक्र के ऊर्ध्वाधर भाग के उपरी छोर से बाहर निकल जाए तो इसके प्रभावस्वरूप कीमत बढ़ जाएगी और कर का एक भाग क्रेताओं को भी वहन करना पड़ेगा।

इसके विपरीत यदि अल्पाधिकारक पर एक-मुश्त कर (lump sum tax) लगाया जाए तो माँग और पूर्ति वक्र स्थानांतरित नहीं होते, इसलिए कर का सारा आपतन विक्रेता को ही वहन करना पड़ता है।

## 3. सीमा शुल्क (Customs Duties)

**(क) माँग और पूर्ति लोच (Demand and Supply Elasticities)**—ये शुल्क वस्तु करों के प्रकार के हैं। यहाँ भी मूल नियम यही है कि किसी वस्तु पर आरोपित कर का विक्रेताओं और क्रेताओं में आवंटन उसकी माँग-लोच और पूर्ति-लोच के अनुपात में होता है। अतः यदि विदेशी व्यापार स्पर्धायुक्त हो तो सीमा शुल्क का आयातकों (importers) और निर्यातकों (exporters) में बँटवारा, निर्यात की माँग और पूर्ति की लोचों द्वारा निर्धारित

होता है। उदाहरण के लिए आयातित वस्तुओं की माँग लोच कम हो अथवा निर्यातित वस्तुओं की पूर्ति लोच कम हो तो सीमा शुल्क देश के व्यापारियों को ही वहन करना पड़ता है।

**(ख) अंतर्राष्ट्रीय मंडी में हिस्सा (Share in International Market)**—किसी आयात अथवा निर्यात शुल्क के आपतन में करारोपित वस्तु के बाज़ार के विस्तार की भी भूमिका रहती है। यदि किसी आयातित वस्तु की विश्व-माँग में आयात करने वाले देश का भाग काफी कम हो, तो इसकी माँग में कमी होने से वस्तु की विश्व-माँग तथा कीमत में कोई विशेष अंतर नहीं पड़ सकता। इस दशा में आयात शुल्क लगाने पर उसका बोझ देश के आयातकों पर ही सीमित रह जाता है। इसके विपरीत यदि आयातक देश का विश्व-माँग में भाग काफी अधिक हो तो वह आयात शुल्क को आंशिक (अथवा पूरा) विक्रेता देशों पर अंतरित कर सकता है। इसी प्रकार के विश्लेषणात्मक निष्कर्ष निर्यातित वस्तुओं पर भी लागू होते हैं। यदि विचाराधीन वस्तु क्रेताओं के लिए अति-आवश्यक हो (अर्थात् इसकी माँग की लोच शून्य अथवा अति कम हो), तो निर्यातक देश क्रेताओं पर निर्यात शुल्क का बोझ डाल सकता है। परंतु निर्यात में थोड़ा-सा भाग होने पर अथवा वस्तु के अनावश्यक होने पर किसी देश के लिए ऐसा करना संभव नहीं होता।

**(ग) स्पर्धा-स्थिति (State of Competition)**—उपर्युक्त विश्लेषण एक स्पर्धायुक्त व्यापार ढाँचे पर आधारित है। यदि इस स्पर्धा में किसी प्रकार की रुकावट हो तो विदेशी व्यापार की मंडी विखंडित हो जाती है। यह रुकावट सरकारी नीतियों का परिणाम भी हो सकता है और निजी क्षेत्र की अपनी देन भी हो सकता है। उदाहरणार्थ इस व्यापार व्यवस्था में कोटा, लाइसेन्स आदि की नीतियों तथा एकाधिकारक तत्वों के कारण स्पर्धा में कमी आ सकती है। ऐसी स्थिति में सीमा शुल्क के आपतन आवंटन का पूर्वनिश्चित उत्तर पाना संभव नहीं होता। इसके लिए मंडी के विखंडित भागों के संदर्भ में विचार करना ही उचित रहता है।

## 4. लाभ-आय पर कर (A Tax on Profits)

सैद्धांतिक दृष्टिकोण से सभी लाभ-आयों को समान दरों पर करारोपित किया जा सकता है। ऐसी दशा में कोई उद्यमकर्ता अपना धंधा बदलकर इस कर से नहीं बच सकता। परंतु फिर भी विभिन्न वस्तुओं की माँग-लोच में असमानता होना एक निश्चित-सी बात है और जिन वस्तुओं की माँग लोच कम हो उनके उत्पादक कर आपतन के एक अंश को विक्रेताओं पर हस्तांतरित करने में सफल हो सकते हैं। ऐसा होने पर इन वस्तुओं के उत्पादन में लाभ की करोपरांत दर अन्य लाभ आयों की तुलना में अधिक हो जाएगी, जिससे दीर्घकाल में उत्पादन साधन अन्य रोज़गारों से निकलकर इन वस्तुओं के उत्पादन में आने लगेंगे। इस प्रक्रिया से दूसरी वस्तुओं की पूर्ति घटेगी, उनकी कीमतें बढ़ेंगी तथा उनका उत्पादन भी अधिक लाभयुक्त हो जाएगा। इसी प्रक्रिया द्वारा पूर्व-वर्णित वस्तुओं में लाभ की दर घटेगी। यह प्रक्रिया सभी ओर लाभ की दर के समान हो जाने तक चलती रहेगी। इस प्रकार दीर्घकाल में कर-आपतन का कुछ अंश क्रेताओं पर अंतरित हो जाएगा। यह भी संभव है कि करोपरांत लाभ की औसत दर घटने से बचत और निवेश भी घट जाएँ। परंतु यदि ऐसा हो तो इनकी गिनती कर के आपतन नहीं, प्रत्युत कर के प्रभावों में की जाएगी।

सामान्य वास्तविकता यह है कि सभी लाभ-आयों पर एक ही दर से कर लगाना लगभग असंभव होता है। इस कार्य में सरकार की प्रत्यक्ष नीति (जैसे कि लघु उद्योगों को बढ़ावा देना अथवा पिछड़े इलाकों में निवेश को प्रोत्साहित करना आदि) के अतिरिक्त व्यावहारिक कठिनाइयाँ भी आती हैं। उदाहरणार्थ सभी लाभ आयों की

समुचित पहचान करना तथा उनको ठीक-ठीक अनुमानित करना संभव नहीं होता। अतः वास्तविकता यह रहती है कि कुछ स्रोतों से होने वाली लाभ-आय कर-मुक्त रह जाती है, तथा कुछ स्रोतों से होने वाली लाभ आय पर कर की आंशिक अथवा पूरी चोरी हो जाती है। निष्कर्ष यह निकलता है कि अल्पकाल में करारोपित लाभ-आयों में कर-मुक्त लाभ-आयों की तुलना में कमी आती है, परंतु दीर्घकाल में सबकी करोपरांत दर एक समान होने की प्रवृत्ति काम करती है, तथा जहाँ तक करदाताओं द्वारा लाभ-आय पर लगे कर को अंतरित करने का प्रश्न है, यह दो चीज़ों पर निर्भर करता है।

(क) उन वस्तुओं और सेवाओं की माँग तथा पूर्ति लोचों पर जिनके माध्यम से लाभ-आय अर्जित की जा रही है, तथा

(ख) उन वस्तुओं और सेवाओं में प्रयुक्त होने वाले आगतों की माँग और पूर्ति लोचों पर।

## 5. सम्पत्ति पर कर (Taxes on Property)

संपत्ति के कई प्रकार हो सकते हैं तथा एक संपत्ति को कई प्रकार से प्रयोग में लाया जा सकता है। इस कारण संपत्ति पर आरोपित कर के आपतन संबंधी भी कई परिणाम हो सकते हैं। सर्वप्रथम स्थायी उपभोग वस्तुओं को लीजिए। इनमें मकान (जो किराए पर न दिए गए हों), वाहन, गहने आदि शामिल हैं। यदि इन वस्तुओं पर कर उनके वर्तमान स्वामियों से वसूला जाए, तो वह तभी अंतरित हो सकता है जब उनका क्रय-विक्रय हो (जिसकी संभावना कम रहती है)। इन वस्तुओं के स्वामी यदि इन्हें कीमत घटाए बिना बेच सकें, तो कर का भार नए स्वामियों पर हस्तांतरित कर सकते हैं। वर्तमान वस्तु-स्वामियों के दृष्टिकोण से यह अग्रवर्ती विवर्तन (forward shifting) कहलाएगा। परंतु एक तो इन वस्तुओं को सामान्य परिस्थितियों में बेचने की प्रथा नहीं है। दूसरे इन वस्तुओं के नए क्रेता यह जानते हैं कि उन्हें इन वस्तुओं पर कर भी अदा करना पड़ेगा। अतः वे इनका क्रय मूल्य घटाकर इस कर से छुटकारा पाना चाहेंगे। यदि वे इन वस्तुओं को घटे दामों पर क्रय करते हैं तो उनकी दृष्टि से यह पश्चगामी विवर्तन होगा। अतः यह जानने के लिए कि कर का कितना भाग नए क्रेताओं तथा कितना वर्तमान स्वामियों को वहन करना पड़ता है, हर विचाराधीन वस्तु की वैयक्तिक माँग और पूर्ति लोचों की तुलना की आवश्यकता पड़ती है। उदाहरणार्थ यदि विचाराधीन करारोपित वस्तु अनावश्यक है और इसकी प्रतिस्थापी वस्तुएँ उपलब्ध हैं, तो अधिक संभावना यही है कि इसकी करोपरांत कीमत गिर जाएगी तथा उस हद तक कर का आपतन वर्तमान स्वामियों को वहन करना पड़ेगा।

पूँजी-वस्तुओं के रूप में संपत्ति का मामला थोड़ा कम जटिल है। इस प्रकार की संपत्ति के दो भाग हैं, वित्तीय परिसम्पत्तियाँ तथा भौतिक/स्पृश्य सम्पत्तियाँ। वित्तीय परिसंपत्तियों से होने वाली आय ऋणी इकाइयों से प्राप्त होती है (यहाँ पर वित्तीय परिसम्पत्तियों के स्वामी ऋणदाता हैं, तथा इन परिसम्पत्तियों के जारी करने वाले ऋणी हैं)। यदि सभी वित्तीय परिसम्पत्तियों पर कर लगाया जाए, तो ऋणदाताओं की करोपरांत आय घट जाती है। इस क्षति की पूर्ति वित्तीय परिसंपत्तियों से मिलने वाली ब्याज आय के बढ़ने से हो सकती है, और यह परिवर्तन वित्त की पूर्ति और माँग की लोचों पर निर्भर करता है। इसके विपरीत यदि कर केवल कुछ वित्तीय परिसम्पत्तियों पर लगाया जाए तो ऋणदाता उपलब्धित वित्त को करारोपित परिसम्पत्तियों से हटा कर कर-मुक्त परिसम्पत्तियों में हस्तांतरित करने की चेष्टा करेंगे। इसके फलस्वरूप वित्तीय परिसम्पत्तियों पर मिलने वाली कर-पूर्व आय में औसत बढ़ोतरी कुछ धीमी दर से होगी। इसके अतिरिक्त इस वृद्धि दर को वित्त की माँग और पूर्ति के लोच मूल्य भी प्रभावित करेंगे।

**स्पृश्य (tangible) पूँजी वस्तुओं (capital goods)** के रूप में संपत्ति (जैसे कि मशीनरी आदि) पर लगे कर के संभव विवर्तन की व्याख्या उपर्युक्त वस्तु-कर जैसी ही है। परंतु इन वस्तुओं के कर-विवर्तन पर विचार करते समय हमें इनसे संबद्ध दो बातों पर ध्यान देना चाहिए-

(क) एक यह कि एक पूँजी वस्तु की माँग में इस तथ्य का योगदान रहता है कि वह किन अन्य वस्तुओं के निर्माण में काम आती है, अर्थात वह किन वस्तुओं के उत्पादन हेतु आगत (input) की भूमिका निभाती है। अत: एक स्पृश्य पूँजी वस्तु पर आरोपित कर का अग्रवर्ती विवर्तन (अर्थात् उसकी कीमत में बढ़ोतरी) निम्नलिखित कारकों के निवल प्रभाव पर निर्भर करेगा-

(i) इस पूँजी वस्तु द्वारा उत्पादित वस्तुओं की कीमतों में बढ़ोतरी हो सकती है कि नहीं; और यदि हो सकती है तो कितनी।

(ii) इस पूँजी वस्तु द्वारा उत्पादित वस्तुओं में प्रयुक्त अन्य आगतों (inputs) की कीमतों को किस हद तक घटाया जा सकता है।

(iii) विचाराधीन पूँजी वस्तु के आगत रूपी उपयोग में कितनी कमी करना संभव है। स्वयं इन तीनों प्रश्नों के उत्तर सम्बद्ध माँग और पूर्ति लोचों पर आधारित हैं।

(ख) इसी प्रकार एक करारोपित पूँजी वस्तु के पश्चगामी कर-विवर्तन के लिए इसके उत्पादन में प्रयुक्त आगतों की माँग और पूर्ति लोचों पर विचार करना पड़ता है। यदि करारोपण के फलस्वरूप उनकी कीमतें घट सकती हों, तो विचाराधीन पूँजी वस्तु पर आरोपित कर का पश्चगामी विवर्तन भी संभव होगा, अन्यथा नहीं।

## 6. मकानों/मकानों के किरायों पर कर (A Tax on Houses/House Rents)

स्मरणीय है कि निम्नलिखित विवेचन अमरीका जैसी उस स्पर्धायुक्त अर्थव्यवस्था की स्थिति को दर्शाता है जिसमें सामान्यत: मकानों को व्यवसायिक दृष्टि से बनाने, बेचने और किराए पर लेने-देने का चलन हो। ऐसी अर्थच्यवस्था में यदि मकानों पर कर लगाया जाए तो क्रेता इनकी क्रेय कीमत में कमी द्वारा क्षतिपूर्ति करना चाहते हैं। यह पश्चगामी विवर्तन हैं। परंतु मकान बहुधा किराए पर भी उठाए जाते हैं जिससे किरायों में वृद्धि द्वारा भी अग्रवर्ती कर विवर्तन हो सकता है। अल्पकाल में मकानों की पूर्ति में कमी नहीं की जा सकती। उनकी पूर्ति लोच अति कम रहती है। इस कारण कर-आपतन मकानों के वर्तमान स्वामियों द्वारा वहन किए जाने की संभावना अधिक रहती है। परंतु यदि मकानों की माँग भी लोचहीन हो तो किराया बढ़ने की सक्षम प्रवृत्ति उत्पन्न हो जाती है। इस प्रकार अल्पकाल में कर-आपतन के विभाजन का निवल परिणाम दोनों अल्पकालीन लोचों पर निर्भर करेगा।

इसके विपरीत दीर्घकाल में यदि मकानों में निवेश की लाभदायिकता घट जाए तो नए मकानों का निर्माण घट जाएगा तथा कर-आपतन किराएदारों पर पड़ेगा।

यदि मकानों के स्थान पर करारोपण मकानों के किरायों पर हो, तो माँग और पूर्ति लोचों का सामान्य विश्लेषण यहाँ पर भी लागू होगा और यदि कर-आपतन मकान मालिकों पर पड़े तो दीर्घकालीन में उनकी पूर्ति घट जाएगी और किराएदारों को किराए की बढ़ोतरी के रूप में फिर से कर वहन करना पड़ेगा।

परन्तु जैसा कि ऊपर कहा जा चुका है, भारत जैसे देश में जहाँ आवासों का निर्माण और उनका किराए पर उठाना सामान्य व्यवसायिक गतिविधियाँ नहीं हैं तथा जहाँ किराएदारों को कई प्रकार के कानूनी अधिकार प्राप्त हैं, उपरोक्त विवेचन पूरी तरह लागू नहीं होता।

## 7. उत्तराधिकार कर तथा उपहार/दान कर (Inheritance and Gift Taxes)

उत्तराधिकार पर लगे कर के आपतन के बारे में भिन्न-भिन्न दृष्टिकोण मिलते हैं। कुछ लोगों का यह मत है कि इस कर का आपतन वसीयतकर्ता पर पड़ता है। इस मत के अनुसार किसी संपत्ति पर सीधे करारोपण और उत्तराधिकार पर करारोपण में अंतर केवल इतना है कि पश्चायुक्त मामले में करारोपित संपत्ति के स्वामी की मृत्यु के पश्चात् होता है। यहाँ पर यह तर्क भी दिया जाता है कि हो सकता है, वसीयतकर्ता ने अपनी बचत में इसलिए बढ़ोतरी करने का निर्णय लिया हो कि उसके उत्तराधिकारियों को ज़्यादा संपत्ति मिले। यदि ऐसा हो तो कर का आपतन वसीयतकर्ता पर पड़ेगा।

परंतु यह तर्क त्रुटिपूर्ण और भ्रामक है। बुनियादी तथ्य तो यह है कि एक मृतक कभी किसी कर की अदायगी नहीं कर सकता। इस कारण उत्तराधिकार कर का आपतन वसीयतकर्ता पर पड़ना असंभव है। इसके अतिरिक्त कर-देयता में इस बात से कोई अंतर नहीं पड़ता कि वसीयतकर्ता के बचत-निर्णय में इस विचार का योगदान था या नहीं कि उत्तराधिकारियों के लिए कितनी संपत्ति छोड़ी जाए। दूसरी बात यह है कि उत्तराधिकार कर की देय-राशि मृतक द्वारा छोड़ी गई संपत्ति के मूल्य पर नहीं, प्रत्युत उत्तराधिकारी को मिलने वाली संपत्ति और उसकी अन्य कसौटियों पर अनुमपनित कर-देय क्षमता पर निर्धारित की जाती है। वास्तविकता यह है कि उत्तराधिकार-कर उत्तराधिकारी ही वहन करता है। इस कथन की यथार्थता इस बात से भी जानी जा सकती है कि यदि उत्तराधिकारिता संपत्ति कर-मुक्त हो तो उत्तराधिकारी को मिलने वाली संपत्ति का मूल्य भी अधिक रहता है, जब कि करारोपण की स्थिति में उसको मिलने वाली संपत्ति भी घट जाती है। यदि वसीयतकर्ता संभावित कर के कारण अपनी बचत में कमी करे, तो यह उस कर के प्रभावों में गिना जाएगा, उसके आपतन में नहीं।

**उपहार/दान** कर के आपतन का विश्लेषण भी उपर्युक्त ढंग से किया जा सकता है।

प्रथम, उस स्थिति पर विचार करें जिसमें **कर उपहार पाने वाले से वसूल किया जाता हो।** उपहार पाने वाले को मिलने वाले कर-मुक्त तथा करोपरांत मूल्यों की तुलना करने से साफ पता चलता है कि इस कर का आपतन उपहार प्राप्त करने वाले पर होता है, उपहार देने वाले पर नहीं। इस तर्क को सक्षम बनाने के लिए यह भी कहा जा सकता है कि इस दशा में उपहार पाने वाले की कर-देयता इस बात पर निर्भर नहीं करती कि उपहारदाता ने कुल मिलाकर कितने उपहार दिए, प्रत्युत यह कर-देयता इस बात पर निर्भर करती है कि विचाराधीन उपहार का क्या मूल्य है, तथा उपहार पाने वाले की आर्थिक स्थिति के अन्य घटक कौन से हैं। यदि उपहार दाता कर के कारण उपहार के मूल्य में परिवर्तन करता है तो इसे कर के आपतन में नहीं प्रत्युत उसके प्रभावों में गिना जाना चाहिए।

द्वितीय, **यदि कर उपहारदाता से वसूल किया जाए,** तो इसका आपतन भी उपहारदाता पर ही होता है और यदि उपहारदाता उपहार के मूल्य में परिवर्तन करता है तो यह इसके प्रभावों में गिना जाएगा।

अत: हम यह कह सकते हैं कि इस कर का आपतन उसी आर्थिक इकाई पर होता है जिसपर इसे आरोपा जाए।

## 8. निवल आय पर कर (Tax on Net Income)

यहाँ पर निवल आय का अर्थ किसी व्यक्ति एवं कुटुम्ब की उस आय से है जो उसे सकल प्राप्त आय में से आय-अर्जन के लिए किए गए व्यय को घटाने के पश्चात प्राप्त होती है। आय कर के दो मुख्य रूप हो सकते हैं। यह हर स्रोत से प्राप्त आय पर लगाया जा सकता है अथवा केवल कुछ विशेष स्रोतों से प्राप्त आय पर ही देय हो सकता है।

यदि आय कर कुछ विशेष स्रोतों से प्राप्त आय पर ही लगाया जाए तो करदाताओं में करारोपित रोज़गार-आयों को छोड़कर कर-मुक्त स्रोतों में रोज़गार पाने की प्रवृत्ति दिखाई देगी। जो लोग करारोपित खंड में रह जाएंगे, वे यह चेष्टा करेंगे कि उनके आय-स्तर में वृद्धि द्वारा उन पर आने वाला कर आपतन हस्तांतरित हो जाए। परंतु यदि श्रम तथा अन्य साधनों की गतिशीलता कम हो तो कर-आपतन का वहन उसी हद तक करारोपित आय वर्गों पर पड़ेगा। ऐसे करदाताओं की करोपरांत आय घट जाएगी।

बहुधा किसी स्रोत विशेष से प्राप्त की गई आय कर-मुक्त नहीं होती (जैसा कि भारत में कृषि आय के साथ है); केवल आय की राशि के आधार पर कर-मुक्त आय की प्रथम राशि तथा आय-कर दरों में परिवर्तन आ जाता है। इन परिस्थितियों में कर से बचने का एक ही मार्ग बचता है, और वह यह कि आय का अर्जन कर-मुक्त सीमाओं के अंदर किया जाए अथवा बिल्कुल न किया जाए। इसी प्रकार यदि कर-प्रणाली में अर्जित तथा गैर-अर्जित आय की अवधारणाएँ अपनाई गई हों, तो करदाता कर से बचने के लिए आय के वर्गीकरण में संशोधन नहीं कर सकता तथा न ही इस मार्ग से अपनी कर-देयता कम कर सकता है।

परंतु ध्यान रहे कि उपर्युक्त निष्कर्ष इस मान्यता पर आधारित है कि सरकार का कर-प्रशासन अति कार्य-कुशल एवं दक्ष है जिससे करों की चोरी असंभव है। यदि ऐसा न हो तो कुछ करदाता कर की अदायगी से बच जाते हैं और स्थिति करारोपण में विभेदीकरण की हो जाती है।

- बुनियादी तौर पर वस्तुओं/सेवाओं से भिन्न कराधारों पर लगाए गए करों के आपतन का आवंटन भी माँग-पूर्ति सिद्धांत के अनुसार ही होता है।
- परंतु उनके मामले में बहुधा माँग और पूर्ति की शक्तियों का चलन सरल न होकर अति जटिल मार्ग अपनाती हैं, जिस कारण इस सिद्धांत की प्रक्रिया भी अधिक जटिल हो जाती है।
- परिणामस्वरूप कई एक करों के अंतिम वहन को निश्चितता-पूर्ण निर्धारण कर पाना अति कठिन होता है।
- इस अनिश्चितता में अवधारणाओं की अस्पष्टता जैसे कई कारको का भी योगदान रहता है।

## कर-आपतन के हस्तांतरण में अन्य सक्रिय कारक

(Additional Factors Incidence Tax Shifting)

कुछ विशेष करों के मामले में माँग और पूर्ति को प्रभावित करने वाले कई कारक कार्यरत होते हैं, जिससे कर-आपतन का बँटवारा भी प्रभावित होता है।

1. कर के **प्रकार** और उसके आपतन के आवंटन में परस्पर गहरा संबंध देखा गया है। उदाहरण के लिए बिक्री कर पर विचार करें। बहुधा दुकानदार ग्राहकों की मनोस्थिति को ध्यान में रखते हुए वस्तु की कर-पूर्व कीमत बताकर सौदा तय कर लेते हैं तथा सौदा हो जाने पर बिक्री कर की माँग करते हैं। इस प्रकार बेचने से ग्राहकों से बिक्री कर वसूल करना काफी सुगम हो जाता है।

2. बहुत बार यह देखने में आता है कि **दीर्घकालीन प्रचार एवं विज्ञापनबाज़ी** (publicity and advertising) से ग्राहक कुछ कीमतों को स्थायी समझने लगते हैं तथा उन पर कर होने अथवा न होने पर विशेष विचार नहीं करते। ऐसी स्थिति में वस्तु पर लगाया गया कर ग्राहकों से वसूल करना काफी कठिन हो जाता है। अतः विक्रेता कर को वसूल करने के परोक्ष ढँग ढूँढ़ने लगते हैं, जिनमें वस्तु की गुणवत्ता संशोधन, पूर्ति-प्रवाह को कृत्रिम ढंग से घटाकर उसके अभाव की स्थिति पैदा करना, उसकी उत्पादन लागत को घटाना तथा आकार आदि में संशोधन करना शामिल हैं।

3. कर आपतन के हस्तांतरण और **कर की दर** का भी परस्पर गहरा संबंध होता है। यदि दर कम हो और बाज़ार स्पर्धायुक्त हो तो क्रेताओं द्वारा कर को स्वयं वहन कर लेने की संभावना बढ़ जाती है ताकि ग्राहक प्रसन्न रहें। परंतु कर की दर ऊँची होने पर क्रेताओं द्वारा इसे स्वयं वहन कर लेने की संभावना काफी घट जाती है।

4. **प्रभावी प्रतिस्थानिकों** (effective substitutes) वाली वस्तु की माँग-लोच अधिक होती है। अतः उस पर लगे कर को ग्राहकों को अंतरित करना कठिन होता है। करारोपित वस्तु की कीमत बढ़ने पर उपभोक्ता कर-मुक्त वस्तुओं को क्रय करने लगते हैं। यदि इसके फलस्वरूप विक्रेताओं की लाभ आय घट जाए और विक्रेता वस्तु की पूर्ति घटा कर उसकी कीमत बढ़ाने में सफल हो जाएँ, तो ये करारोपण के प्रभावों में गिने जाएँगे। परंतु यदि करारोपित वस्तु की प्रतिस्थानिक वस्तुओं पर भी कर लगा दिया जाए, तो विचाराधीन कर के आपतन का आवंटन पूरे वस्तु वर्ग की माँग-लोचों तथा पूर्ति-लोचों के ढाँचों की तुलनात्मक स्थिति पर निर्भर करेगा।

5. वस्तु कराधान के आपतन में इसके **भौगोलिक विस्तार** (geographical coverage) की भी भूमिका रहती है। यदि करारोपित वस्तु पड़ोस के प्रदेश से कर-मुक्त कीमत पर उपलब्ध हो तो इस पर ग्राहकों से कर वसूलना अति कठिन होता है। इस कारण करारोपित वस्तु की कीमत पूर्ववत् बनी रहती है, अथवा बहुत कम बढ़ती है।

- माँग और पूर्ति के प्रवाहों को अनेक प्रकार के अल्पकालीन और दीर्घकालीन कारक प्रभावित करते हैं, जैसे कि कर का प्रकार, दीर्घकालीन प्रचार और विज्ञापनबाज़ी, कर की दर, प्रभावी प्रतिस्थानिकों का होना, कर का भौगोलिक विस्तार, आदि। परिणामस्वरूप ये कर आपतन के आवंटन को भी प्रभावित करते हैं।

## बजटीय घाटाः एक निहित कर

(Deficit Financing as a Hidden Tax)

सामान्य शब्दों में सरकार के व्यय की उसके राजस्व से अधिकता को उसका बजटीय घाटा कहा जाता है। व्यय की इस अधिकता का वित्त-पोषण करने हेतु सरकार के पास कई विकल्प होते हैं, जिनमें से केन्द्रीय बैंक से उधार लेना, अन्य स्रोतों से उधार लेना तथा करेंसी का सृजन करना आदि मुख्य हैं। वित्त-पोषण के इन ढंगों में से कुछ ऐसे होते हैं जिनसे बाज़ार में मुद्रा की प्रचलित मात्रा में वृद्धि, तथा उसके फलस्वरूप, कीमतों में भी वृद्धि होती है। ऐसा विशेषकर तब होता है जब (क) सरकार केन्द्रीय बैंक से उधार ले, (ख)अपने पास जमा रोकड़ में निवल कमी करे, अथवा (ख) स्वयं नई करेंसी का सृजन करे। वैसे बजटीय घाटे का बुनियादी अवतरण यह होता है कि इससे सरकार के हाथ में कर लगाए बिना ही अतिरिक्त क्रय-शक्ति आ जाती है जिस का प्रयोग वह अपने व्यय के वित्त-पोषण के लिए कर सकती है। दूसरे शब्दों में बाज़ार में उपलब्ध कुल वस्तुओं और सेवाओं में से एक भाग सरकार के हाथ में चला जाता है, तथा निजी क्षेत्र के लिए बचे वास्तविक साधनों, वस्तुओं और सेवाओं की मात्रा में कमी हो जाती है। इस प्रकार सरकार के बजटीय घाटे के कारण अर्थव्यवस्था का गैर-सरकारी क्षेत्र अपने साधनों में से एक भाग सरकार को हस्तांतरित करने पर बाध्य हो जाता है। कानून की दृष्टि से यह हस्तांतरण करारोपण नहीं है। परंतु इसका प्रभाव वास्तव में एक कर जैसा ही है, अतः सरकार के बजटीय घाटे को एक निहित कर की संज्ञा दी जा सकती है।

यहाँ पर यह प्रश्न भी विचारणीय है कि इस निहित कर का आपतन कौन वहन करता है। इस संदर्भ में यह तथ्य नोट करने योग्य है कि कीमतों में वृद्धि के कारण पूर्वनिश्चित मौद्रिक आय वालों की वास्तविक आय घट जाती है; परंतु अवशिष्ट (residual) आय वाले वर्गों (जैसे कि लाभ-आय कमाने वाले) की परिशुद्ध मौद्रिक राशियों में बढ़ोतरी के साथ-साथ उनकी वास्तविक परिशुद्ध क्रय-शक्ति में भी बढ़ोतरी हो जाती है तथा सकल

राष्ट्रीय उत्पादन में अनुपात भी बढ़ जाता है। इस प्रकार सरकार के घाटे के बजट के परिणामस्वरूप निम्न और पूर्वनिश्चित मौद्रिक आय वाले लोग न केवल इस घाटे का पूरा भार वहन करते हैं, प्रत्युत उनकी आय का एक अन्य भाग अवशिष्ट आय वाले वर्गों को भी हस्तांतरित हो जाता है। इस प्रकार बजटीय घाटे का बोझ तो उन पर पड़ता ही है, साथ ही उनको बजटोपरांत राष्ट्रीय आय से मिलने वाला अनुपात भी घट जाता है।

- बजटीय घाटे के कारण निजी क्षेत्र से सरकारी क्षेत्र को तथा पूर्व-निश्चित मौद्रिक आय वाले लोगों से अविशिष्ट आय वाले लोगों को वास्तविक संसाधन हस्तांतरित होते हैं; अत: इस प्रकार से साधन हस्तांतरण को एक निहित कर की संज्ञा दी जा सकती है।

## दुहरे कर की समस्या
(Problem of Double Taxation)

एक ही कराधार पर एक से अधिक बार कर का वसूल किया जाना "दुहरा कर" कहलाता है। स्पष्ट है कि करदाताओं के दृष्टिकोण से यह एक अति अनुपयुक्त स्थिति होती है, और वे चाहते हैं कि इस समस्या का कोई समुचित समाधान खोजा जाए। दुहरे कर के कई रूप हो सकते हैं।

1. दुहरे कर का एक रूप वह है जिसमें किसी एक कराधार पर दो या दो से अधिक सरकारें करारोपण कर रही हों। यहाँ पर हम पहले उस स्थिति को लेंगे जिसमें कर लगाने वाली सभी सरकारें अपने देश की हों, जैसे कि देश की केन्द्रीय सरकार, राज्य सरकारें तथा स्थानीय सरकारें आदि। GST के लागू होने से पूर्व (जूलाई 2017 तक) भारत के संविधान में किसी कराधार पर एक से अधिक स्तर की सरकारों द्वारा कर नहीं लगाया जा सकता था। केवल इतना हो सकता था कि कई राज्य सरकारें अथवा कई स्थानीय सरकारें एक ही कराधार पर अपने-अपने भौगोलिक क्षेत्र के अंदर कर लगाएँ। हमारे देश में कराधारों की पहचान और वर्गीकरण का काम बड़ी सूक्ष्मता से किया गया है तथा यही बात कराधारों के विभिन्न सरकारी स्तरों में बाँटने पर भी लागू होती है। उदाहरण के लिए कृषि आय पर केवल राज्य सरकारें कर लगा सकती हैं जब कि कृषि-भिन्न आय पर केवल केन्द्रीय सरकार को कर लगाने का अधिकार है। GST के लागू हाने के पश्चात् बहुत से परोक्ष करों को केन्द्र और राज्य एक साथ लगा रहें हैं।

2. दुहरे कर का एक अन्य स्वरूप वह है जिस में एक ही कराधार पर दो या दो से अधिक बार कर लगाया जाए। इस संदर्भ में भारतीय कर-प्रणाली काफी दोषयुक्त रही है, इस के मुख्य उदाहरण उत्पादन शुल्क और बिक्री कर हैं। अब इस दोष का निवारण हो गया है। ऐसे सभी कर मूल्यवर्धन आधारित हो गए हैं और अधिकतर GST में समाहित कर दिए गए हैं।

प्रत्यक्ष करों में भी कई प्रकार का दुहरापन देखने को मिलता है चाहे सैद्धांतिक रूप से कर का आधार बदलता जाता हो। इस तथ्य के कई उदाहरण दिए जा सकते हैं। एक आय अर्जित करने वाला व्यक्ति उस आय पर कर चुकाने के पश्चात् भी कई प्रकार से कर-देयी बनता है। उस आय को व्यय करने पर उसे व्यय-कर (expenditure tax) तथा न करने पर धन-कर (wealth tax) देना पड़ सकता है। इसी प्रकार बचाई गई आय को किसी को उपहार के रूप में देने पर उस पर उपहार कर (gift tax) लगाया जा सकता है। तथा यदि संपति का स्वामी उसे छोड़कर मृत्यु को प्राप्त हो जाए तो उस पर मृत्यु कर अथवा/तथा उत्तराधिकार कर (estate duty and/or inheritance tax) वसूले जा सकते हैं।

3. दुहरे कर का एक बहुचर्चित रूप वह है जिसमें एक ही आय पर दो देशों की सरकारें कर लगा रही हों। इस समस्या का मूल कारण सरकारों द्वारा यथा-संभव हर प्रकार से अपने कर-राजस्व को बढ़ाने की प्रवृत्ति है। साथ ही उनकी यह इच्छा भी रहती है कि सारी व्यवस्था इस प्रकार से हो जिससे आवश्यकता पड़ने पर कर-राजस्व को उचित स्तर तक बढ़ाया जा सके। इसके अतिरिक्त, कम से कम सैद्धांतिक स्तर पर, हर सरकार का यह अधिकार है कि वह देश के सभी साधनों पर कर के रूप में अपनी प्रभुसत्ता दर्शा सके। इन सब बातों का परिणाम कई बार यह निकलता है कि यदि कानून की अनुमति हो तो एक ही कर-आधार पर दो या दो से अधिक देशों की सरकारें कर लगा देती हैं। इस प्रकार के दुहरे कर की समस्या अधिकतर आय के मामले में देखने में आती है। हर सरकार यह चाहती है कि उसके देश के भीतर सकल अर्जित आय पर कर लगाने का अधिकार उसे ही हो, तथा यदि उसके नागरिक एवं व्यावसायिक इकाईयाँ अन्य देशों में जाकर अथवा वहाँ से आय अर्जित करें, तो उस पर भी कर वसूल करने का अधिकार उसी का हो। इस कारण एक इकाई विशेष जब पराए देश से आय अर्जित करती है तो इसे उस देश में आय कर देना पड़ता है तथा साथ ही उस पर अपने देश में भी कर-देयता का बोझ सहना पड़ता है।

इस दुहरे कर की समस्या का समाधान विभिन्न देशों की सरकारों में आपसी समझौतों से निकाला जा सकता है, जिसके अंतर्गत सरकारें आय पर लगने वाले कर तथा उसकी वसूली आदि के सभी आयामों पर एकमत हो सकती हैं। परंतु इस प्रकार के समझौते केवल कुछ गिनी-चुनी सरकारों में ही संभव हो सकते हैं। बाकी मामलों में हर सरकार अपनी नागरिक आर्थिक इकाईयों को विदेश में भुगतान किए गए आय कर के बदले कुछ राहत प्रदान करती है। इस राहत के कई रूप हो सकते हैं जैसे कि कर-माँग को विदेश में अदा किए गए कर की राशि के बराबर घटा देना, अथवा करदाता-इकाई पर रियायती दर से कर लगाना आदि।

- 'दुहरे कर' के शब्द को कई अर्थों में प्रयुक्त किया जाता है, जैसे कि एक ही कराधार पर एक से अधिक बार करारोपण, अथवा एक ही कराधार पर दो या एक से अधिक सरकारों द्वारा करारोपण।
- भारत में एक ही कराधार पर एक से अधिक स्तर की सरकारों द्वारा कर लगाना संविधान में वर्जित है।
- भारत में केन्द्र एवं राज्य सरकारें दुहरे परोक्ष करों की समस्या को सुधारने में कार्यरत हैं, परन्तु प्रत्यक्ष करों की इस समस्या पर विशेष ध्यान नहीं दिया जा रहा।
- अंतर्राष्ट्रीय स्तर पर दुहरे कर की समस्या का आंशिक समाधान राष्ट्रीय सरकारों में आपसी समझौतों के द्वारा किया जा रहा है।

## **शब्दावली** (Key Words)

1. कर का आघात (impact of a tax); 2. कर-वहन/आपतन (incidence of a tax); 3. कर-प्रभाव (effects of a tax); 4. निवल प्रभाव (net effects); 5. मौद्रिक और गैर-मौद्रिक प्रभाव (monetary and non-monetary effects); 6. प्रत्यक्ष और परोक्ष प्रभाव (direct and indirect effects); 7. वास्तविक प्रभाव (real effects); 8. विभेदी/अंतरीय कर आपतन (differential tax incidence); 9. आकारपरक आपतन (formal incidence); 10. प्रभावी आपतन (effective incidence); 11. अग्रवर्ती विवर्तन (forward shifting); 12. पश्चगामी विवर्तन (backward shifting); 13. केन्द्रीकरण सिद्धांत (Concentration Theory); 14. प्रसारण सिद्धांत (Diffusion Theory); 15. माँग और पूर्ति सिद्धांत (Demand and Supply Theory); 16. वस्तुपरक कर (specific tax); 17. मूल्यपरक कर (ad valorem tax); 18. उत्पाद शुल्क (excise duty); 19. बिक्री कर (sales tax); 20. सीमा शुल्क (customs duties); 21. एकमुश्त कर (lump sum tax); 22. संपति कर (property tax); 23. स्पृश्य पूँजी वस्तुएँ (tangible capital goods); 24. उत्तराधिकार कर (inheritance

tax); 25. उपहार/दान कर (gift tax); 26. बजटीय घाटा (budgetary deficit); 27. निहित कर (a hidden tax); 28. दुहरा कर (double taxation); 29. मूल्यवर्धन कर (value added tax)

## अभ्यास प्रश्न

1. एक विचाराधीन कर के (क) आघात, (ख) आपतन, और (ग) प्रभावों की अवधारणाओं में भेद दर्शाएँ।
2. करापतन के विवर्तन (हस्तांतरण) का क्या अर्थ है? इसके लिए किन शर्तों का पूरा होना आवश्यक है?
3. करापतन के मुख्य सिद्धांतों का वर्णन करें तथा उनके गुणों और त्रुटियों पर प्रकाश डालें। इन में से आप के विचार में कौन सा सिद्धांत सर्वश्रेष्ठ है? तर्क सहित उत्तर दें।
4. यह कहना कहाँ तक सत्य है कि किसी वस्तु पर कर के आपतन का क्रेताओं और विक्रेताओं में आवंटन उसकी माँग और पूर्ति की लोचों पर निर्भर करता है?
5. कर-आपतन की अवधारणा का क्या अर्थ है? एक परोक्ष कर के आवंटन में कौन से कारक सक्रिय होते हैं?
6. एक परोक्ष कर के आपतन-आवंटन में करारोपित वस्तु की माँग और पूर्ति लोचों की भूमिका का विवेचन करें।
7. किसी कर के आपतन से आप क्या समझते हैं? यह किन शर्तों पर निर्भर करता है? इस संदर्भ में अग्रणीय और पश्चगामी आपतन विवर्तन की अवधारणाओं में भेद दर्शाएँ।
8. "यदि बाज़ार-व्यवस्था स्पर्धायुक्त हो तो किसी वस्तु पर लगाए गए कर के आपतन-आवंटन पर तथा करारोपित वस्तु की कीमत में होने वाले परिवर्तन पर इस बात से कोई अंतर नहीं पड़ता कि

   (क) यह कर वस्तुपरक है अथवा मूल्यपरक, तथा

   (ख) इसका आघात क्रेताओं पर है अथवा विक्रेताओं पर।"

   इस कथन की माँग और पूर्ति सिद्धांत की सहायता से जाँच करें।
9. क्या एकाधिकार के मामले में भी प्रश्न संख्या 6 का कथन लागू होता है? कारण सहित उत्तर दें।
10. माँग और पूर्ति सिद्धांत की सहायता से निम्नलिखित करों के आपतन आवंटन का विश्लेषण करें:-

    (क) निवल आय पर कर;
    (ख) सीमा शुल्क;
    (ग) एकाधिकार की लाभ आय पर कर;
    (घ) एकाधिकार के उत्पादन पर कर;
    (ङ) आवासों तथा आवास-किरायों पर कर;
    (च) उत्पादन शुल्क।
11. निम्नलिखित पर संक्षिप्त नोट लिखें:-

    (क) दुहरे कर की समस्या;
    (ख) बजटीय घाटा; एक निहित कर;
    (ग) अंतरीय आपतन;
    (घ) आकारपरक आपतन;
    (ङ) आय कर का आपतन आवंटन।

# अध्याय 6

# कर-सिद्धांत

## (Principles of Taxation)

**इस अध्याय में**

- एक उत्तम कर-प्रणाली के रूप-आकार की खोज हेतु पाँच मुख्य कर-सिद्धांतों का विवेचन है।
- कर सिद्धांतों से जुड़े मुख्य प्रश्नों पर विचार किया गया है, जैसे कि सामाजिक कल्याण की संभावित प्राप्ति, करदाताओं की आवश्यकताओं और उनके मतों की जानकारी, सरकारी सेवाओं की वास्तविक लागत और उनको मुहैया करने में सरकार की कार्य-कुशलता, करदाताओं की देय-क्षमता के सूचकांक और उनका मापन, सार्वजनिक बजट के आकार और संरचना की रूपरेखा, तथा एक सक्षम बजटीय और कर-नीति की संरचना, आदि।
- करदाताओं द्वारा परित्याग की अवधारणा और वितरणीय न्याय की समस्या की व्याख्या है।
- 'इष्टतम कर-प्रणाली' की विशेषताओं, उद्देश्यों और संरचना जैसे विविध आयामों पर विचार किया गया है।
- कर-देय क्षमता की अवधारणा पर विस्तृत चर्चा है।

## मूल समस्या (Basic Problem)

एक उत्तम कर-प्रणाली की निर्माण प्रक्रिया में दो मूल समस्याओं का सामना करना पड़ता है, अर्थात्

- करदाताओं में करों के आपतन-आवंटन का आधार तय करना, तथा
- कर-प्रणाली की रूपरेखा को इस लक्ष्य की प्रापि के अनुरूप ढालना।

यहाँ पर इन प्रश्नों के उत्तर की खोज में प्रतिपादित किए गए मुख्य कर-सिद्धांतो की चर्चा की गई है।

## सम्बद्ध तथ्य (Associated Facts)

किसी भी प्रस्तावित कर-प्रणाली से संबद्ध कुछ ऐसे तथ्य होते हैं जिन्हें ध्यान में रखने से एक विचाराधीन कर-सिद्धांत की विशेषताओं और उसके औचित्य को जानने में सहायता मिलती है। ये तथ्य निम्नलिखित हैं।

### (क) बजट के व्यय-पक्ष की भूमिका (Role of Public Expenditure)

1. प्रत्येक कर प्रणाली के भार के आवंटन पर लोक बजट के व्यय-पक्ष का गहरा प्रभाव पड़ता है। अतः हर कर-सिद्धांत की संरचना में एक निहित मान्यता रहती है कि बजट का व्यय पक्ष प्रस्तावित कर-प्रणाली के उद्देश्यों के सर्वता अनुकूल है।

2. कर एक ऐसी अनिवार्य देयता है जिसके बदले में करदाता को सरकार से कुछ भी पाने का कानूनी अधिकार नहीं होता।

3. अधिकतर करों द्वारा आघातित इकाइयाँ इनका अंतिम आपतन दूसरों पर अंतरित करने में सफल हो जाती हैं। अतः कर-सिद्धांतों की संरचना में करों के संस्पर्श (आघात) के साथ-साथ उनके अंतिम आपतन-वहन पर भी विचार किया जाना चाहिए।

4. अधिकतर कर अर्थव्यवस्था पर कई प्रकार के सीधे एवं परोक्ष प्रभाव डालते हैं। इनमें से अधिकतम प्रभावों की पर्याप्त जानकारी पाना और उनका मात्रीकरण करना लगभग असंभव होता है। फिर भी सामान्य जानकारी के आधार पर इन प्रभावों की संभाविता पर विचार करना लाभकारी रहता है। वैसे वस्तु-स्थिति यह है कि कर-सिद्धांतों की संरचना में अधिकतर अर्थशास्त्रियों का ध्यान करों के प्रभावों के स्थान पर उनके आपतन-आवंटन पर ही केन्द्रित रहा है। परंतु इससे करों के प्रभावों के महत्व में कमी नहीं आती। ध्यानयोग्य है कि इस संदर्भ में सरकारों की निर्णय-पद्धत्ति सामान्यतः अधिक संरचनात्मक होती है। वे अपनी कर-नीति की संरचना में इन प्रभावों पर सक्रियता से विचार करती देखी गई हैं। परिणामस्वरूप वे कई ऐसे कर भी लगाती हैं और उनकी ऐसी रूपरेखा चुनने का प्रयास करती हैं जिनसे रोज़गार, चक्रीय उतार-चढ़ाव, मुद्रा-स्फीति तथा आर्थिक विकास आदि विभिन्न समस्याओं के समाधान में समुचित सहायता मिले। उदाहरणार्थ कुछ करों का मुख्य उद्देश्य यह हो सकता है कि उनसे बचत और निवेश प्रोत्साहित हों, निवेश्य साधन अधिक उत्पादिता वाले कार्यकलापों में लगाए जाएँ तथा क्षेत्रीय विषमताओं में कमी हो। जब इस प्रकार के प्रश्न सरकार के समक्ष आते हैं तो करों के आपतन-आवंटन तथा उससे संबंधित सिद्धांतों की भूमिका यथा-संगति घट जाती है।

**(ख) तीन मान्यताएँ: पाँच कर-सिद्धांत** (Three Approaches: Five Theories)

कर-भार के आवंटन को ध्यान में रखते हुए कर-सिद्धांतों का विकास मुख्य रूप से तीन मान्यताओं के आधार पर हुआ है-

- **पहली मान्यता: "किसी करदाता की करदेयता और उसे सरकार से प्राप्य हितों में किसी प्रकार का आपसी संबंध अनावश्यक है।"**

इस मान्यता की दो उपमान्यताएँ हैं, जिनके अनुरूप दो सिद्धांतों की उत्पति हुई है और जिन्हें क्रमशः **कार्यसाधक सिद्धांत** (Expediency Theory) तथा **सामाजिक-राजनीतिक सिद्धांत** (Socio-Political Theory) कहते हैं।

- **दूसरी मान्यता: "करदाता राज्यकीय सेवाओं का वित्त-पोषण करें।"** अर्थात् सरकार समाज के लिए जिन वस्तुओं और सेवाओं की उपलब्धि सुनिश्चित करती है उनके वित्त-पोषण हेतु इसे कर वसूलने का अधिकार बनता है।

इस मान्यता की भी दो उपमान्यताएँ हैं जिनके अनुरूप दो कर सिद्धांतों की उत्पत्ति हुई है। प्रथम उपमान्यता, जिसके अनुसार करदाताओं की करदेयता का निर्धारण उनको सरकार से *प्राप्य हितों* के आधार पर होना चाहिए, पर आधारित सिद्धांत को **हित-प्राप्ति सिद्धांत** (Benefits-Received Theory) कहा जाता है। दूसरी उपमान्यता, जिसके अनुसार करदेयता का निर्धारण सरकार द्वारा मुहैया की गई वस्तुओं और सेवाओं की लागत के आधार पर होना चाहिए, पर आधारित कर सिद्धांत को **सेवा-लागत सिद्धांत** (Cost-of-Service Theory) कहा जाता है।

● **तीसरी मान्यता: "करदाताओं की करदेयता के निर्धारण का आधार उनकी तुलनात्मक देयक्षमता होनी चाहिए।"**

इस मान्यता के अनुसार उपर्युक्त दोनों मान्यताएँ और उनसे निकले कर-सिद्धांत त्रुटिपूर्ण हैं। इस मान्यता के तर्कानुसार किसी करदाता की करदेयता को सरकार से प्राप्य हित अथवा सरकारी सेवाओं की लागत से जोड़ना सर्वथा अनुचित है। इसी प्रकार सामाजिक-राजनीतिक सिद्धांत तथा कार्य-साधक सिद्धांत भी दोषपूर्ण हैं क्योंकि उनमें समाज और अर्थव्यवस्था के सामूहिक हितों पर ध्यान नहीं दिया जाता। इस मान्यतानुसार एक उत्तम कर-प्रणाली वही हो सकती है जिसमें पूरे समाज को एक विस्तृत कुटुम्ब मानते हुए करदाताओं की करदेयता उनकी **तुलनात्मक देय-क्षमता** के आधार पर निर्धारित की जाए और उसके घटने-बढ़ने के अनुरूप परिवर्तनीय हो। यह सिद्धांत **"देय-क्षमता सिद्धांत"** (Ability-to-Pay Theory) के नाम से विख्यात है।

- एक उत्तम कर-प्रणाली की संरचना की एक मूल समस्या यह तय करना है कि कर-भार को करदाताओं में किस आधार पर आबंटित किया जाए।
- इसकी संरचना में लोक बजट के व्यय पक्ष के प्रभावों और सामाजिक और आर्थिक हितों की अग्रणीय भूमिका रहती है।
- पाँच बहु-चर्चित कर-सिद्धांतों की संरचना तीन विभिन्न मान्यताओं के आधार पर की गई है।

## 1. कार्य-साधक सिद्धांत (Expediency Theory)

इस सिद्धांत में इस मत को महत्व दिया गया है कि केवल उन्हीं करों को लगाना उचित है जिन्हें वसूला भी जा सकता हो अर्थात् जिनसे समुचित राजस्व की प्राप्ति भी हो सके। किसी ऐसे कर को लगाना जिसे वसूला न जा सके, एक अर्थहीन प्रयत्न के सिवा कुछ नहीं कहा जा सकता। इस सिद्धांत में यह मत भी निहित है कि सरकार को किसी विचाराधीन कर को अपनाने से पहले उसके संभावित प्रभावों पर विचार करने की आवश्यकता नहीं है। अपेक्षित प्रभावों के हानिकारक होने पर भी यदि कर-राजस्व की समुचित प्राप्ति हो सकती हो तो ऐसा कर लगाने में कोई हानि नहीं है।

## मूल्यांकन (Evaluation)

**1. निहित स्वार्थ**—यद्यपि यह सिद्धांत एक व्यावहारिक कटु सत्य (कि विचारणीय कर से समुचित राजस्व मिलने की प्रबल संभावना होनी चाहिए) पर आधारित है, फिर भी यह एक नकारात्मक सत्य है। व्यावहारिकता के स्तर पर हर सरकार तथा हर विधान-प्राधिकरण के समक्ष राजस्व-प्राप्ति के अतिरिक्त भी कई उद्देश्य रहते हैं जिनके कारण केवल कार्य-साधकता के आधार पर किसी कर के अपनाए जाने का औचित्य अति घट जाता है। इसके अतिरिक्त सामान्यत: समाज में विभिन्न वर्गों की यह चेष्टा रहती है कि करदेयता का भार मुख्य रूप से अन्य वर्गों पर ही थोपा जाए। फलत: सरकार के कर-संबंधी कई निर्णय वार्गिक निहित स्वार्थों (sectarian or vested interests) के दबाव में आकर भी लिए जाते हैं।

**2. प्रशासनिक त्रुटियाँ**-यह तथ्य भी ध्यानयोग्य है कि किसी सरकार के लिए अपनी प्रशासनिक त्रुटियों पर विचार किए बिना कोई कर लगाना उचित नहीं ठहराया जा सकता। सरकार को अपनी प्रशासनिक त्रुटियों तथा कर

वसूलने की लागत आदि जैसे अनेक पहलुओं पर विचार करने के पश्चात ही किसी कर को अपनाने का निर्णय लेना चाहिए। कर वसूलने की विधि भी ऐसी होनी चाहिए कि करदाताओं को अनावश्यक परेशानी न हो।

**3. कर-प्रणाली से संभावित हित**–यह तथ्य सर्वमान्य है सरकार अपनी कर–नीतियों द्वारा समस्त समाज और अर्थव्यवस्था पर गहरा प्रभाव डाल सकती है। अत: कर–नीति का उद्देश्य यह होना चाहिए कि इन संभावित प्रभावों को अधिकतम संभव हितकर बनाया जाए। केवल कार्य–साधकता की कसौटी पर निर्मित कर–प्रणाली से समाज उसके इन प्राप्य हितकर लाभों से वंचित रह जाता है।

अत: निष्कर्ष यह निकलता है कि किसी ऐसे कर के लगाने का औचित्य नहीं बनता जिसे वसूला न जा सके। परंतु ऐसे सभी 'योग्य' करों को एक बराबर न मानकर उनमें से उन करों को चुनना चाहिए जिनसे समाज और अर्थव्यवस्था को कम से कम हानि तथा अधिक से अधिक हित की प्राप्ति की संभावना हो।

- कार्यसाधक सिद्धांत की यह मान्यता स्वीकार्य है कि किसी ऐसे कर को लगाना अनुचित है जिसे वसूला न जा सकता हो।
- परंतु करों के चुनाव में निहित स्वार्थों, प्रशासनिक अक्षमताओं और उनके संभावित प्रभावों पर ध्यान देना भी अति आवश्यक है।

## 2. सामाजिक-राजनीतिक सिद्धांत (Socio-Political Theory)

इस सिद्धांत के प्रतिपादक जर्मनी के एडोल्फ वैगनर (Adolph Wagner) थे। इसकी मूल धारणा यह है कि करों का चुनाव उनके सामाजिक और राजनीतिक उद्देश्यों के आधार पर किया जाना चाहिए। जर्मन–दर्शन की प्रथानुसार वैगनर का भी यह विचार था कि किसी समस्या का समाधान व्यक्तिवादी दृष्टिकोण से नहीं, प्रत्युत सामूहिक, सामाजिक और राजनीतिक दृष्टिकोण से किया जाना चाहिए। समाज केवल व्यक्तियों का एक समूह मात्र ही नहीं होता। इसका एक अपना अस्तित्व भी होता है जिसे बनाए रखने का एक अपना औचित्य होता है। हर सरकार का यह बुनियादी कर्तव्य बनता है कि इस समाज के इस अस्तित्व को बनाए रखने के लिए यथाशक्ति कदम उठाए। इसलिए कर–प्रणाली का उद्देश्य समाज के सदस्यों की व्यक्तिगत आवश्यकताओं को पूरा करना नहीं, प्रत्युत यथासंभव पूरे समाज के हितों की रक्षा करना होना चाहिए। इस प्रकार वैगनर द्वारा कर–नीति के निर्माण और इसके कार्यान्वयन में आधुनिक हित–वर्धन के दर्शन को अपनाने पर ज़ोर दिया जा रहा था। विशेषकर वैगनर का यह कहना था कि कराधान के माध्यम से आय–वितरण की असमानताओं को घटाना चाहिए और इसके लिए छोटी आमदनियों को कर–मुक्त रखना चाहिए।

वैगनर का मत था कि निजी संपत्ति और उत्तराधिकारिता का अस्तित्व केवल समाज के सौजन्य तथा सरकार के संरक्षण के कारण ही संभव होता है। इनका अस्तित्व किसी दैवी आज्ञा की देन नहीं होता। इसलिए सरकार का यह अधिकार बनता है कि संपत्ति के स्वामित्व और उत्तराधिकारिता को यथोचित नियमित करे जिससे समाज के सामूहिक हितों की रक्षा हो सके। वैगनर के विचारों का उस समय तो काफी विरोध हुआ परंतु यही विचार आजकल की आधुनिक सरकारों की राजकोषीय नीतियों का मूलाधार बन चुका है। आजकल सामाजिक और आर्थिक समस्याएँ इतनी गंभीर हो गई हैं कि उनको आँकना तक कठिन हो गया है। कोई भी आधुनिक सरकार एक मूक दर्शक की भांति समाज को इन समस्याओं के हाथों पीड़ित रहते नहीं देख सकती। इन समस्याओं के समाधान में समाज की सहायता करना इसका एक मूल कर्तव्य माना जाता है।

- सामाजिक-राजनीतिक सिद्धांत के अनुसार समाज केवल व्यक्यिों का एक समूह-मात्र नहीं है; इसका एक अपना अस्तित्व भी होता है।
- कर-प्रणाली की संरचना करदाताओं के व्यक्तिगत दृष्टिकोण के स्थान पर समाज और इसके मूल्यों के संरक्षण के उद्देश्य से की जानी चाहिए।
- आजकल सामाजिक और आर्थिक समस्याओं की लगातार बढ़ती जटिलता के कारण 'कल्याण राज्य' की अवधारणा सर्वस्वीकार्य हो गई है और इस सिद्धांतानुसार कर-प्रणाली की संरचना भी इसी अवधारणा के अनुरूप होनी चाहिए।

## मूल्यांकन (Evaluation)

कार्यसाधक सिद्धांत की तुलना में सामाजिक-राजनीतिक सिद्धांत अधिक स्वीकार्य है। परंतु इस सिद्धांत में भी कई त्रुटियाँ हैं। इसमें कर-प्रणाली की नैतिकता अर्थात कर-भार के आवंटन में न्यायोचित की समानता पर ध्यान नहीं दिया गया। इस आयाम के अभाव में कर-प्रणाली सामाजिक, आर्थिक और राजनीतिक समस्याओं के समाधान में सहायक बनने के स्थान पर उनको सक्षम और जटिल बनाने की भूमिका निभाने लगती है। रॉयल कमीशन ऑन टैक्सेशन (कनाडा) (Royal Commission on Taxation, Canada) के मतानुसार प्रत्येक कर-प्रणाली का सर्वोच्च उद्देश्य उसके भार का न्यायोचित आवंटन ही होना चाहिए। इस न्यायसंगति के अभाव में समाज के ढाँचे को क्षति भी पहुँच सकती है तथा वह नष्ट भी हो सकता है। यदि करदाताओं के मनों में यह धारणा बैठ जाए कि कर-प्रणाली में न्यायसंगति का अभाव है, तो वे करों की चोरी की भी चेष्टा करने लगते हैं।

परंतु समस्या यह है कि न्यायसंगति को अपनाना कोई सरल कार्य नहीं है। सर्वप्रथम इस शब्द का कोई निर्भ्रांत अर्थ नहीं मिलता। दूसरी कठिनाई यह है कि बहुधा इस उद्देश्य और कर-प्रणाली के अन्य उद्देश्यों में टकराव की स्थिति उत्पन्न हो जाती है। इन अन्य उद्देश्यों में आर्थिक विकास, आर्थिक स्थिरता, रोज़गार-प्रोत्साहन आदि शामिल हैं।

- सामाजिक-राजनीतिक सिद्धांत वर्तमान सामाजिक ढाँचे और इसके मूल्यों के संरक्षण पर ज़ोर देता है।
- परंतु एक उत्तम कर-प्रणाली की संरचना की मूल कसौटी कर-भार के आवंटन की न्यायोचित समानता होनी चाहिए।
- ऐसा न होने पर कर-प्रणाली देश और समाज के लिए कई प्रकार से अहितकर हो सकती है।

## 3. हित-प्राप्ति सिद्धांत (Benefits-Received Principle)

इस सिद्धांत के विकास में कई विचारकों का योगदान तो रहा ही है, इसे कई देशों में तथा विविध रूपों में लोकप्रियता पाने का श्रेय भी प्राप्त है। विशेषकर जर्मन, फ्रांसीसी तथा जे. ऐस. मिल (J.S. Mill) जैसे अन्य लेखकों में यह एक लंबे काल तक लोकप्रिय रहा है। विभिन्न लेखकों एवं विचारकों के योगदान सहित, इसके बदलते रूपाकार और लोकप्रियता का परिवर्तनशील विकास-इतिहास प्रो॰ सैलिजमन (Prof. Edwin R. Seligman) द्वारा किए गए एक सर्वेक्षण में भी उपलब्ध है।

यह सिद्धांत इस मान्यता पर आधारित है कि सरकार और समाज की इकाइयों का आपसी संबंध मूल रूप से एक **विनिमय अनुबंध** (exchange contract) का है। इस अनुबंध के अनुसार सरकार समाज के सदस्यों को विभिन्न प्रशासनिक एवं अन्य सेवाएँ मुहैया कराती है और उनके जीवन, धन, एवं संपत्ति की रक्षा करती है। बदले

में समाज के सदस्य उन सेवाओं की वित्तीय लागत को वहन करते हैं। अत: यह उचित रहता है कि इस वित्तीय भार का आवंटन उनमें उसी अनुपात में किया जाए जिसमें वे राज्य सेवाओं द्वारा लाभान्वित होते हों। ध्यानयोग्य है कि इस सिद्धांत में कर-भार के न्यायोचित वितरण तथा वितरणीय असमानताओं को घटाने के उद्देश्यों पर विचार नहीं किया जाता।

**बुनियादी समस्याएँ**–यह सिद्धांत इस मान्यता पर आधारित है कि सरकार अपनी सेवाओं से लाभान्वित लोगों की **पहचान** कर सकती है तथा उनकी हित-प्राप्तियों का मात्रीकरण भी कर सकती है। परंतु सरकार के लिए ऐसा कर पाना एक अति कठिन कार्य है जिसके कई कारण हैं।

- सकल अर्थव्यवस्था के (राज्य सेवाओं की माँग सहित) माँग के ढाँचे (demand pattern) के निर्माण में आय और धन की वितरणीय पद्धत्ति की एक अग्रणीय भूमिका रहती है।
- आत्मनिष्ठ (subjective) और लगातार परिवर्तनीय होने के कारण राज्य-सेवाओं से प्राप्त हितों का मात्रीकरण नहीं किया जा सकता।
- सरकारी सेवाओं से बहुधा राष्ट्रीय उत्पाद के स्तर और ढाँचे प्रभावित होते हैं, जिसके परिणामस्वरूप राज्य-सेवाओं से प्राप्य हितों में भी परिवर्तन आता है। परंतु इस सिद्धांत से यह पता नहीं चलता कि इस लगातार परिवर्तनीय स्थिति से निपटने के लिए कर-प्रणाली को किस प्रकार संशोधित किया जाना चाहिए।

- हित-प्राप्ति सिद्धांत इस मान्यता पर आधारित है कि सरकार और कर-दाताओं के आपसी संबंधों का मूल रूप एक विनिमय अनुबंध का है।
- अत: करदाताओं की सापेक्षिक करदेयता उसी अनुपात में होनी चाहिए जिसमें वे सरकार द्वारा मुहैया की गई सेवाओं से लाभान्वित होते हों।
- इसमें करों के वितरणीय और अन्य प्रभावों आदि का कोई स्थान नहीं है।
- इस सिद्धांत में कर-संबंधी कुछ बुनियादी समस्याओं का समाधान नहीं मिलता।

## हित-प्राप्ति सिद्धांत और राज्य-सेवाओं के दो वर्ग

(Benefits-Received Principle and Two Categories of State Services)

हित-प्राप्ति सिद्धांतानुसार कर-प्रणाली के निर्माण हेतु सरकारी सेवाओं को दो भागों में बाँटा जा सकता है।

(क) राज्य सेवाओं के प्रथम भाग में वे सेवाएँ आती हैं जिन पर अपवर्जन नियम (exclusion principle) लागू नहीं होता, अर्थात उन सेवाओ से लाभान्वित होने का समाज के हर सदस्य को एक बराबर अधिकार होता है। इन सेवाओं के मामले में करदाताओं की करदेयता उसी अनुपात में निर्धारित की जानी चाहिए जिस अनुपात में उन्हें उनसे हित प्राप्ति हो रही हो।

(ख) राज्य सेवाओं का दूसरा वर्ग वह है जिन पर अपवर्जन नियम (exclusion principle) लागू होता है, तथा जिनके मामले में समाज के सदस्यों को उन्हें सरकार द्वारा प्रस्तावित कीमत पर क्रय करने अथवा न करने की छूट होती है। इन सेवाओं के संदर्भ में राज्य और समाज के सदस्यों का आपसी संबंध पूर्ण रूप से वाणिज्यिक रूप ले लेता है। समाज के हर सदस्य को यह तय करने का अधिकार होता है कि वह एक विचाराधीन राज्य सेवा की विभिन्न मात्राओं के लिए कितनी कीमत चुकाने को तैयार है अर्थात प्रत्येक सरकारी सेवा के लिए उसकी एक माँग

सूची होती है, और समाज के सभी सदस्यों की माँग सूचियों के जोड़ से उस विचाराधीन राज्य सेवा की सकल माँग सूची बनती है।

**विविध मत (Divergent Views)**–परंतु राज्य सेवाओं के उपर्युक्त वर्गीकरण के पश्चात भी व्यक्तिगत स्तर पर करदाताओं द्वारा हित प्राप्ति के प्रमापन तथा उनकी करदेयता के निर्धारण की समस्याएँ बनी रहती हैं। उनका कोई सर्वमान्य समाधान नहीं मिलता। इस कारण हमें इस सिद्धांत पर आधारित करदेयता के निर्धारण संबंधी विविध मत मिलते हैं।

उदाहरणार्थ एक मतानुसार करदाताओं के आय-स्तर को उनके द्वारा राज्य-सेवाओं से प्राप्त हितों का सूचकांक मान लिया जाना चाहिए। इस तर्काधार पर कर की दरें आय-अनुपाती (Proportionate to Income) होनी चाहिए। परंतु अर्थशास्त्र के इतिहास में इस संकीर्ण अर्थ को भी कई रूप प्रदान किए गए हैं। उदाहरण के लिए रुशो और सिस्मोंडी (Rousseau and Sismondi) जैसे विचारकों ने यह मत अपनाया कि धनी लोगों को राज्य के संरक्षण की आवश्यकता अधिक होती है, अत: कर की दरें प्रगामी (Progressive) होनी चाहिए, अर्थात आय के बढ़ने के साथ-साथ उस पर कर की दर भी बढ़ जानी चाहिए। दूसरी ओर जे. एस. मिल जैसे विचारकों का मत था कि राज्य के संरक्षण की अधिक आवश्यकता निर्धन लोगों को होती है। इस मतानुसार कर की दरें पश्चगामी (Regressive) होनी चाहिए, अर्थात् आय के घटने के साथ-साथ उस पर कर की दर भी बढ़ती जानी चाहिए।

इसी प्रकार 1880 में इटली के एक विचारक ऊ. माज़ोला (U. Mazolla) ने यह मत व्यक्त किया कि राज्य-सेवाओं पर अपवर्जन नियम के लागू न होने के कारण यह उचित नहीं है कि सभी करदाताओं पर समान कर-भार डाला जाए। उन पर यह कर-भार राज्य सेवाओं से मिलने वाली सीमांत उपयोगिता के अनुपात में आबंटित होना चाहिए। इसके विपरीत 1887 में आस्ट्रिया के अर्थशास्त्री ऐमिल सैक्स (Emil Sax) ने फिर यह मत दुहराया कि सामूहिक आवश्यकताओं में से जिस वर्ग पर अपवर्जन नियम लागू नहीं होता, उनके उपभोग से मिलने वाले हित की तुलनात्मक स्थिति का सर्वोत्तम प्रतिनिधि आय का तुलनात्मक स्तर ही हो सकता है। ऐमिल सैक्स के मतानुसार उनके वित्त पोषण के लिए करदाताओं को इस बात पर एकमत होना चाहिए।

1888 में इटली के एक अन्य अर्थशास्त्री अन्तोनियो दि विती दि मार्को (Antonio de Viti de Marco) ने भी यह मत अपनाया कि समाज के सदस्य राज्य-सेवाओं का उपभोग अपनी-अपनी आय के अनुपात में करते हैं। परंतु उन्होंने साथ ही यह भी कहा कि आय पर ह्रासमान सीमांत उपयोगिता का नियम लागू होता है। इस कारण आय बढ़ने के साथ उस पर कर की दर भी बढ़ती जानी चाहिए। परंतु ध्यान रहे कि मार्को ने कर की प्रगामी दरों की सिफारिश इसलिए नहीं की थी कि राज्य सेवाओं से प्राप्त हित आय-स्तर पर निर्भर है। इस सिफारिश का आधार केवल यह है कि आय बढ़ने से कर अदायगी द्वारा उपयोगिता की सीमांत परित्याग मात्रा कम हो जाती है। इसलिए कर के आय अनुपाती होने पर कम आय वाले करदाताओं पर अधिक बोझ पड़ता है।

- राज्य सेवाओं को दो वर्गों में बाँटने भर से व्यक्तिगत स्तर पर करदाताओं की करदेयता निर्धारित करने में सहायता नहीं मिलती क्योंकि हित-प्राप्ति के मात्रीकरण की समस्या बनी रहती है।
- अत: इस संबंध में विचारकों के विविध मत देखने को मिलते हैं।

**दो प्रश्नों का एकसाथ उत्तर (Answering Two Questions)**—हित-प्राप्ति सिद्धांत में दो प्रश्नों का एक साथ उत्तर देने का प्रयास किया जाता है अर्थात्

- राज्य की गतिविधियों का स्तर और इसके बजट का आकार (फ्रेम)क्या हो? तथा
- कर का भार करदाताओं में किस आधार पर आबंटित किया जाए।

इन दोनों प्रश्नों का एकसाथ उत्तर देने में लिण्डाह्ल का नाम प्रसिद्ध है।

## लिण्डाह्ल द्वारा समाधान (Lindahl's Solution)

उपरोक्त दो प्रश्नों के समाधान हेतु हित-प्राप्ति सिद्धांत का सर्वाधिक सुव्यवस्थित तथा परिशुद्ध रूप स्वीडन के ऐरिक लिण्डाह्ल (Eric Lindahl) ने प्रतिपादित किया था। लिण्डाह्ल के विश्लेषण में दो करदाताओं को लेकर उन्हें यह छूट दी गई कि वे स्वयं बताएँ कि राज्य सेवाओं की विभिन्न मात्राओं के लिए वे उनकी लागत का कितना **प्रतिशत** भाग वहन करने को तैयार हैं। दूसरे शब्दों में हर करदाता राज्य सेवाओं के लिए अपनी माँग सूची अभिव्यक्त करता है। उसकी सूची यह दर्शाती है कि वह राज्य सेवाओं की विभिन्न मात्राओं को अस्तित्व में लाने के लिए उनकी पूर्ति-लागत का क्रमशः कितना प्रतिशत अनुपात वहन करने को तैयार है। इस प्रकार उसकी माँग सूची की रकमें उसके द्वारा राज्य सेवाओं से प्राप्य अनुमानित हितों के साथ-साथ घटती बढ़ती हैं।

यदि हम यह मान लें कि निजी वस्तुओं और सेवाओं की भांति एक विचाराधीन राज्य-सेवा से भी एक सामान्य करदाता द्वारा अपेक्षित सीमांत उपयोगिता घटती जाती है, तो यह निष्कर्ष निकलता है कि उस राज्य-सेवा की प्रस्तावित बढ़ोतरी के साथ-साथ वह सामान्य करदाता उसकी पुर्ति-लागत का एक घटता अनुपात वहन करने को तैयार होता है। इसी तर्काधार पर यह भी संभव है कि जब विचाराधीन राज्य-सेवा अस्तित्व में न हो (अथवा उसका अत्याधिक अभाव हो) तो विचाराधीन करदाता उसकी पूर्ति-लागत से भी अधिक (अर्थात 100% से भी अधिक) कीमत देने को तैयार हो जाए। परंतु जब विचाराधीन राज्य-सेवा की प्रस्तावित उप्लब्धित मात्रा बढ़ती है, तो वही करदाता लागत का पहले से कम अनुपात वहन करने को तैयार होता है। इस प्रकार करदाता का राज्य सेवाओं के लिए माँग वक्र सामान्य माँग वक्र की भांति नकारात्मक ढलान वाला होता है।

स्पष्ट है कि सभी करदाताओं के माँग वक्रों के जोड़ से राज्य सेवाओं के लिए एक संयुक्त माँग वक्र का निर्माण किया जा सकता है (ध्यान रहे कि विचाराधीन उदाहरण में केवल दो करदाता हैं)। दूसरी ओर सरकार राज्य सेवाओं को उनकी लागत पर मुहैया कराने को तैयार रहती है। अतः इसका पूर्ति वक्र राज्य सेवाओं की औसत लागत को दर्शाता है। स्पष्ट है कि पूर्ति वक्र का ढलान उत्पादन लागत के स्वभाव पर निर्भर करेगा। वैसे प्रस्तुतिकरण की सरलता के लिए बहुधा इस वक्र को X-अक्ष के समानान्तर (अर्थात् स्थिर औसत लागत वाला) मान लिया जाता है।

हॉवर्ड आर ब्राउन (Howard R. Brown) ने लिण्डाह्ल द्वारा इस समस्या के प्रतिपादित समाधान की रूपरेखा को एक रेखाचित्र द्वारा दर्शाया है (देखें रेखाचित्र 6.1)।

इस रेखाचित्र में X-अक्ष पर राज्य सेवाओं की मात्राएँ प्रमापित की गई हैं। Y-अक्ष पर उनकी औसत लागत का प्रतिशत भाग दिखाया गया है तथा 100% के अंक की दूरी पर X-अक्ष के समानांतर एक सरल रेखा खींची गई है। यह रेखा सरकार की राज्य सेवाओं का पूर्ति वक्र है, क्योंकि सरकार अपनी सेवाओं को मुहैया करने में "न लाभ न हानि" की नीति अपनाती है। इसी प्रकार एक विचाराधीन करदाता का माँग वक्र यह दर्शाता है कि वह राज्य-सेवाओं की विभिन्न मात्राओं के मुहैया किए जाने के लिए उनकी औसत लागत का कितना प्रतिशत भाग वहन करने को तैयार है। राज्य-सेवाओं पर घटती सीमांत उपयोगिता का सिद्धांत लागू होने के कारण इस वक्र का

ढलान नकारात्मक होता है। रेखाचित्र में $D_aD_a'$ करदाता A का माँग वक्र है और $D_bD_b'$ करदाता B का माँग वक्र है। इन माँग वक्रों द्वारा यह तथ्य प्रदर्शित किया गया है कि एक सामान्य करदाता राज्य-सेवाओं की अति कम मात्रा की स्थिति में उनकी पूर्ति-लागत का 100% से भी अधिक वहन करने को तैयार होता है; परंतु उनकी प्रस्तावित मात्रा के बढ़ने पर वह भी उनकी उत्पादन लागत का घटता प्रतिशत भाग वहन करने को तैयार होता है। रेखाचित्र में विवेचन की सरलता के लिए केवल दो करदाताओं के माँग वक्र लिए गए हैं। उनका संयुक्त माँग वक्र $D_tD_t'$ है तथा जहाँ यह पूर्ति वक्र को काटता है, वहीं संतुलन की स्थिति बन जाती है। रेखाचित्र में यह स्थिति बिन्दु P पर प्राप्त होती है। सरकार द्वारा मुहैया की गई सेवाओं की OM मात्रा में से करदाता A को $OM_a$ भाग मिलता है तथा वह कुल लागत का JM प्रतिशत भाग अदा करता है। इसी प्रकार करदाता B को $OM_b$ राज्य-सेवाएँ मिलती हैं जिनके बदले वह उनकी लागत का KM प्रतिशत भाग वहन करता है।

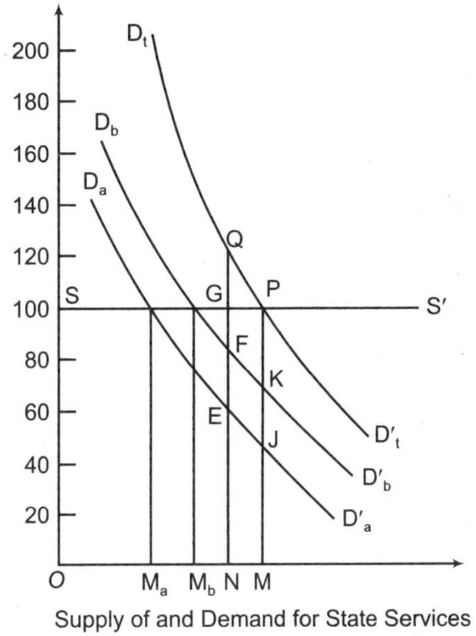


रेखाचित्र 6.1

लिण्डाह्ल के समाधान में इस प्रश्न का उत्तर नहीं मिलता कि सरकार अपनी कुल राज्य-सेवाओं में से किस सेवा की कितनी मात्रा रखे। इसमें इस प्रश्न का उत्तर भी नहीं मिलता कि एक करदाता की किसी एक निर्दिष्ट राज्य सेवा की माँग सूची के स्थान पर समस्त सेवाओं की संयुक्त माँग सूची कैसे तैयार की जाए।

लिण्डाह्ल के सिद्धांत को दो से अधिक करदाताओं पर भी लागू किया जा सकता है। परंतु इस कार्य के लिए जटिल गणितीय तकनीकों का प्रयोग अनिवार्य हो जाता है और सामान्य व्याख्या के लिए यह मार्ग सदैव उचित नहीं रहता। इस विश्लेषणात्मक पद्धति में हमें राज्य-सेवाओं के उत्पादन लागत-फलन (function) तथा प्रत्येक करदाता का प्रत्येक राज्य-सेवा के लिए माँग फलन ज्ञात होना चाहिए। इन फलनों पर लागू सीमाओं तथा उनकी आपसी निर्भरता का प्रयोग भी आवश्यक रहता है। इसके अतिरिक्त यह भी आवश्यक है कि ये सभी फलन स्थिर हों। अर्थात् उनमें बदलाव न हो। स्पष्ट है कि यथार्थता के स्तर पर इतनी सारी शर्तों का एकसाथ पूरा होना लगभग असंभव होता है।

## लिण्डाह्ल-समाधान का मूल्यांकन (Evaluation of Lindahl's Solution)

लिण्डाह्ल के सिद्धांत में अनेक त्रुटियाँ देखने को मिलती हैं-

**1. व्यैक्तिक स्तर पर विचार**–इस सिद्धांत में एक करदाता के माँग-वक्र को इस मान्यता पर अनुमानित किया जाता है कि दूसरे करदाता का माँग वक्र पहले से ही ज्ञात है। यह स्थिति द्वि-अधिकार (duopoly) में कीमत निर्धारण जैसी है और इसमें बिना परिशुद्ध (परंतु अयथार्थ) मान्यताओं के स्थिर समाधान प्राप्त नहीं होते।

**2. स्थिर माँग और पूर्ति फलन**–यदि सभी फलन निर्धारित और स्थिर हों, तो भी उनसे प्राप्त समाधान अति जटिल तथा अर्थहीन होता है।

**3. जानकारी**–यह सिद्धांत इस गलत मान्यता पर आधारित है कि करदाताओं की व्यक्तिगत पसंद का ठीक-ठीक पता लगाया जा सकता है। वास्तविकता यह है कि प्रत्येक करदाता यह चाहता है कि यथासंभव बिना अदायगी के सरकारी सेवाओं से लाभान्वित हो सके। यह कठिनाई विशेष रूप से सार्वजनिक वस्तुओं (public goods) के मामले में लागू होती है। इन वस्तुओं पर अपवर्जन नियम लागू नहीं होता और इनके अस्तित्व में आने पर किसी को इनसे लाभान्वित होने से रोका नहीं जा सकता। अत: करदाता कर से बचने के लिए अपनी सच्ची प्राथमिकताएँ छुपाने के लिए प्रोत्साहित होते हैं।

एक अन्य समस्या यह भी है किसी एक करदाता (अथवा पूरे समाज) का, **समस्त राज्य-सेवाओं के लिए संयुक्त माँग वक्र** तैयार करना संभव नहीं है। इस कार्य में कई ऐसी विश्लेषणात्मक और अन्य कठिनाइयों का सामना करना पड़ता है जिनका कोई संतोषजनक समाधान उपलब्ध नहीं है। और यदि यह मान भी लिया जाए कि ऐसा संयुक्त माँग वक्र तैयार करना संभव है तो भी यह समाज की वास्तविक आवयकताओं और आकांक्षाओं का प्रतिनिधित्व नहीं कर सकता क्योंकि बाज़ार में प्रदर्शित माँग-ढाँचा करदाताओं की आय के स्तर और वितरणीय ढाँचे से प्रभावित होता है।

**4. पसंद का प्रकटीकरण**–सामान्यत: स्थिति यह रहती है कि करदाताओं को प्रत्यक्ष रूप से राज्य सेवाओं के लिए अपनी पसंद दर्शाने का अवसर नहीं मिलता। कम से कम सार्वजनिक वस्तुओं के मामले में यह निर्णय मुख्यत: प्रशासन अथवा विधान प्राधिकरण के हाथ में रहता है।

**5. कर-भिन्न राजस्व**–लिण्डाह्ल का सिद्धांत इस मान्यता पर आधारित है कि राज्य की गतिविधियों का संपूर्ण वित्त पोषण केवल कर राजस्व के द्वारा होता है परंतु वस्तु-स्थिति यह नहीं है।

**6. उत्पादन लागतें**–यह तथ्य भी ध्यानयोग्य है कि राज्य सेवाओं की उत्पादन लागतें परिवर्तनीय होने के कारण उनकी कीमतों को संशोधित करने की आवश्यकता पड़ती रहती है। अर्थात् इन सेवाओं के पूर्ति वक्र स्थिर नहीं रहते। यही दशा करदाताओं के माँग वक्रों की है। वे भी करदाताओं की आय के साथ बदलती प्राथमिकताओं और परिस्थितियों के कारण अस्थिर होते हैं। इस दशा में इस सिद्धांत के आधार पर ऊपर उठाए गए बुनियादी प्रश्नों के इष्टतम उत्तर नहीं मिल पाते अर्थात् हम यह तय करने में असमर्थ रहते हैं कि सरकार की गतिविधियों का आकार क्या हो, राज्य सेवाओं का सम्मिश्रण क्या हो, तथा करदाताओं पर कर-भार का आवंटन किस आधार पर किया जाए।

**7. आंशिक संतुलन**–लिण्डाह्ल के सिद्धांत की संरचना आंशिक संतुलन (partial equilibrium) के संदर्भ में की गई है। इसे इस अयथार्थता की जकड़न से निकालकर व्यापक संतुलन (general equilibrium) का रूप देने के लिए कई अवैध मान्यताओं का सहारा लेना पड़ता है, जिसके कारण विश्लेषण फिर भी अयथार्थ ही रह जाता है; केवल इसकी जटिलताएँ बढ़ जाती हैं।

**8. न्यायिक कसौटी**–लिण्डाह्ल के सिद्धांत तथा हित-प्राप्ति-सिद्धांत का मुख्य उद्देश्य यह है कि करदाताओं पर कर का भार एक न्यायिक ढंग से बाँटा जाए। परंतु विचारक किसी एक सर्वमान्य न्यायिक कसौटी पर एकमत नहीं हो पाए हैं तथा न ही वे कोई ऐसी विधि सुझा पाए हैं जिससे यह इष्टतम स्थिति प्राप्त की जा सके।

- लिण्डाह्ल द्वारा हित-प्राप्ति सिद्धांत को एक सरल ढंग से प्रस्तुत किया गया है।
- यह सरलता ही इसकी मुख्य विशेषताओं और त्रुटियाँ का स्रोत है।
- इस प्रस्तुति से हमें किसी स्थाई और व्यावहारिक समाधान की प्राप्ति नहीं होती।

## हित-प्राप्ति सिद्धांत का मूल्यांकन (Evaluation of Benefits-Received Theory)

**1. कर की परिभाषा**–इस सिद्धांत की एक मुख्य त्रुटि यह है कि शुद्ध तर्काधार पर राज्य-सेवाओं के लिए की गई अदायगियों को **करों की संज्ञा नहीं दी जा सकती।** राज्य को की गई कोई अदायगी तभी कर कही जा सकती है जब यह कानूनी तौर पर अनिवार्य हो और जब अदायगी करने वाले को इसके बदले राज्य से किसी हित-प्राप्ति का अधिकार न मिलता हो। परंतु इस सिद्धांत में सरकार को अदायगियाँ सार्वजनिक सेवाओं की **कीमत** के रूप में की जाती हैं तथा करदाता को यह अधिकार भी रहता है कि वह सरकारी सेवाओं को लेने से मना कर दे और इस प्रकार 'कर' देने की ज़िम्मेदारी से बच जाए।

जब इन सेवाओं को मुहैया करने के बारे में तथा उनकी कीमत वसूल करने के बारे में निर्णय व्यक्तिगत स्तर पर न लेकर सामूहिक स्तर पर विधान मंडल आदि द्वारा लिया जाए, तो भी इन कीमतों की कर-प्रकृति आंशिक ही रह जाती है। कोई अदायगी पूर्ण रूप से कर का रूप तभी प्राप्त कर सकती है जब वह अनिवार्य भी हो और उसके बदले में किसी राज्य सेवा की प्राप्ति का अधिकार भी न मिले।

**2. हित-प्रमापन**–इस सिद्धांत की एक अन्य बड़ी त्रुटि हित के प्रमापन से जुड़ी है। देखा जाए तो अंतिम रूप में हित की प्राप्ति केवल एक व्यक्तिगत आभास के अतिरिक्त कुछ नहीं है और यह आभास अनेक परिवर्तनीय कारकों द्वारा प्रभावित होता है तथा इसका कोई वस्तुपरक प्रमापन नहीं है। कई अर्थशास्त्री समाज के सदस्यों की आय को उनकी हित-प्राप्ति का प्रतिनिधित्व देते हैं; परंतु सार्वजनिक व्यय पर विचार किए बिना यह प्रतिनिधित्व संदेहजनक है। उदाहरण के लिए यह कहना अनुचित होगा कि यदि किसी व्यक्ति को राज्य से 100 रुपए पेंशन के रूप में मिलें तथा किसी अन्य व्यक्ति की आय अपनी कमाई से 100 रुपए हो, तो दोनो को राज्य से बराबर की हित प्राप्ति होती है।

**3. अंतर्निर्भरता**–इस सिद्धांत का मानना है कि किसी एक व्यक्ति की हित-प्राप्ति किसी अन्य व्यक्ति की हित-प्राप्ति से प्रभावित नहीं होती। परंतु यह धारणा सर्वथा गलत है। सामान्य वस्तु-स्थिति यह है कि प्रत्येक व्यक्ति की हित-प्राप्ति न केवल उसकी अपनी आय और सरकार की व्यय-पद्धति से प्रभावित होती है, प्रत्युत इस पर अन्य व्यक्तियों को मिलने वाली आय, उनके जीवन स्तर तथा अन्य अनेक कारकों का भी उतना ही प्रभाव पड़ता है। इसके अतिरिक्त एक कठिनाई यह भी है कि इन कारकों के प्रभावों की दिशा और प्रकृति पूर्वनिश्चित एवं पूर्वज्ञात नहीं होती। उदाहरणार्थ किसी व्यक्ति विशेष को आस-पास रहने वाले लोगों के ऊँचे आय-स्तर रो प्रसन्नता मिल सकती है जबकि इसके विपरीत किसी अन्य व्यक्ति के लिए यही बात बहुत दुखदायी भी हो सकती है।

**4. लोक कल्याण नीति से टकराव**–यह सिद्धांत वितरणीय न्याय में सुधार तथा अन्य प्रकार से लोक कल्याण में वृद्धि करने के लिए राज्य-नीतियों के प्रयोग के बारे चुप है। परंतु राज्य की इस निष्क्रियता को तभी उचित कहा जा सकता है जब आय वितरण पहले से ही न्यायपूर्वक हो। सरकार की लोक कल्याण के प्रति उदासीनता इसे एक व्यापारिक संस्था के स्तर पर ले आती है और आधुनिक चिंतन में सरकार की इस प्रकार की भूमिका सर्वस्वीकार्य नहीं है।

**5. राज्य से प्राप्त हित और आय**–यह धारणा भी विवादास्पद है कि आय राज्य से प्राप्त हित का प्रमापन है। इन दोनों का आपसी संबंध अति अस्पष्ट तथा अपरिमित्य है। इस कारण इस संदर्भ में विविध दृष्टिकोण मिलते हैं, जिनमें से कुछ उदाहरण निम्नलिखित हैं।

(क) आय पर ह्रासमान सीमांत उपयोगिता का नियम लागू होता है, जिससे आय बढ़ने के साथ-साथ धनी व्यक्तियों का राज्य से प्राप्त सीमांत हित घटता जाता है।

(ख) निर्धन लोगों को धनी लोगों के शोषण से बचाने की आवश्यकता होती है। अत: उन्हें धनी लोगों की तुलना में राज्य से अधिक हित प्राप्ति होती है।

(ग) परंतु एक अन्य मतानुसार धनी लोगों को राज्य-संरक्षण की आवश्यकता अधिक होती है।

(घ) कानून और प्रथाएँ कुछ भी हों, धनी लोगों को लाभयुक्त गतिविधियों के अधिक अवसर मिलते हैं, जब कि निर्धन लोग ऐसे अवसरों के अभाव से पीड़ित रहते हैं।

**6. समाज और व्यक्ति-समूह**–इस सिद्धांत में समाज को केवल व्यक्तियों का एक समूह-मात्र माना जाता है जो कि गलत है। हर समाज के अस्तित्व में इस सामूहिकता के अतिरिक्त भी कुछ रहता है। इस अतिरिक्तता से कई ऐसे हितों और अहितों की उत्पत्ति होती है जिन्हें किसी व्यक्ति-विशेष अथवा व्यक्ति-समूह से नहीं जोड़ा जा सकता। इस कारण हितों और करदेयता में कोई सीधा संबंध स्थापित करना संभव नहीं है। कई राज्य गतिविधियाँ (जैसे कि विकासात्मक) ऐसी होती हैं जो अपरिमित्य भी होती हैं।

**7. जानकारी का अभाव**–कई बार लोग राज्य सेवाओं से होने वाले हितों से अनभिज्ञ होते हैं। ऐसी स्थिति में उनसे यह आशा नहीं की जा सकती कि वे अपनी इच्छा से राज्य सेवाओं की कीमत देने को तैयार होंगे।

**8. सरकार एक आर्थिक इकाई से अधिक**–सरकार का अस्तित्व किसी बाज़ार-व्यवस्था की उपज नहीं है। इसका अस्तित्व तो राजनीतिक प्रक्रिया की देन है और उसके उद्देश्यों और आदर्शों की व्याख्या किसी आर्थिक दर्शन के अंतर्गत सीमित नहीं की जा सकती। इसी प्रकार हर व्यक्ति का एक अपना दृष्टिकोण होता है कि उसे किस प्रकार का राजनीतिक एवं सामाजिक ढाँचा चाहिए और उसके लिए वह कितना योगदान देने को तैयार है।

**9. बजटीय संतुलिन का प्रश्न**–इस सिद्धांत में इस बात का पता नहीं चलता कि यदि सरकार का राजस्व उसके व्यय से कम रह जाए तो उसे क्या करना चाहिए। इसी प्रकार कुछ स्थितियों में बजटीय बचत भी हो सकती है। इस सिद्धांत में कर-राजस्व तथा सरकार की वित्त-प्राप्तियों के अन्य स्त्रोतों के परस्पर संबंधों पर भी विचार नहीं किया जाता।

**10. प्रभावों का प्रसारण**–सरकारी गतिविधियों के हितकर अथवा अहितकर प्रभाव करारोपित व्यक्तियों तक ही सीमित नहीं रहते। उनकी प्रवृति सारे समाज में फैल जाने की होती है। परंतु यह सिद्धांत प्रथम आघात के बाद के चरणों में प्रभावित होने वाले लोगों से कर वसूली के बारे में चुप है।

- हित-प्राप्ति सिद्धांत में अवधारणात्मक और प्रमापन से जुड़ी कई त्रुटियाँ हैं।
- इसमें करदाताओं की करदेयता के निर्धारण में प्रथम आघात के उपरांत होने वाले प्रभावों को अनदेखा किया गया है; आय से प्राप्य उपयोगिता पर लोक व्यय और वितरणीय असमानताओं की भूमिका को नकारा गया है।
- इसमें समाज को केवल एक व्यक्ति-समूह मानने की भूल की गई है।
- इसमें राज्य को केवल एक व्यावसायिक इकाई की पद्वी दी गई है।

## 4. सेवा-लागत सिद्धांत (Cost-of-Service Theory)

**परिचय:** इस सिद्धांत के अनुसार सरकार द्वारा करारोपण का मुख्य उद्देश्य अपने बजट को संतुलित रखते हुए राज्य-सेवाओं की लागत वसूल करना है। प्रत्येक राज्य-सेवा की पूर्ति-लागत को समाज के सदस्यों से उसी अनुपात में वसूली जाना चाहिए जिस अनुपात में वे उसका उपयोग कर रहे हों। इस सिद्धांत में करदाताओं की करदेयता की निर्धारण प्रक्रिया में उनके हित-अहित को कोई स्थान नहीं दिया जाता; समस्त निर्णय केवल उनके द्वारा विचाराधीन

सेवा की प्रयुक्ति-मात्रा पर ही निर्भर करता है। इसी प्रकार इस सिद्धांत में करदाताओं की कर देय-शक्ति की भी कोई भूमिका नहीं होती। **हित-प्राप्ति सिद्धांत से तुलना:** हित-प्राप्ति सिद्धांत से भिन्न होते हुए भी यह सिद्धांत उससे काफी मिलता-जुलता है, जैसे कि

- राज्य और समाज के सदस्यों में वाणिज्यिक संबंधों की स्वीकार्यता;
- समाज के किसी सदस्य का भी राज्य-सेवाओं से हित-प्राप्ति का अधिकारी न होना तथा सार्वजनिक बजट को संतुलित रखते हुए सरकार को अपनी सेवाओं की पूरी लागत वसूल करने का अधिकार होना;
- सरकार का वितरणीय असमानताओं को घटाने जैसी कल्याणकारी गतिविधियों के दायित्व से मुक्त होना;
- सरकार की कर-नीति से उत्पन्न होने वाली समस्याओं के प्रति उदासीनता को उचित ठहराना;
- उन सब राजस्व-स्रोतों को अनदेखा करना जिनके द्वारा राज्य सेवाओं की लागत वसूल न की जा रही हो, जैसे कि पूँजी-लाभ कर, अकस्मात्-आय कर, अनर्जित-आय कर, उत्तराधिकार कर, उपहार कर, धन कर, व्यय कर, उत्पादन शुल्क, बिक्री कर आदि।

अत: इस सिद्धांतांनुसार सरकार के कार्यक्षेत्र का औचित्य केवल कुछ गतिविधियों तक ही सीमित रह जाता है।

## सिद्धांत का मूल्यांकन (Evaluation)

इस सिद्धांत को अपनाने में कई कठिनाइयों का सामना करना पड़ता है।

**1. मात्रीकरण की समस्याएँ–**इस सिद्धांत की एक बड़ी कठिनाई सरकारी सेवाओं की लागत और उसके विभिन्न उपभोक्ताओं पर आवंटन के प्रमापन-कार्य की है। कई राज्य सेवाओं पर अपवर्जन नियम (principle of exclusion) लागू न होने के कारण समाज के विभिन्न सदस्यों की उपभोग-मात्राओं का अनुमान नहीं लगाया जा सकता। प्रयत्न करने पर भी अभी तक इस प्रमापन का कोई सर्वमान्य वस्तुपरक प्रतिस्थापन उपलब्ध नहीं हो पाया है।

**2. कार्यक्षमता का प्रश्न–**बहुधा सरकारी प्रशासन एवं लोक उद्यमों की क्षीण कार्यक्षमता के कारण राज्य-सेवाओं की उत्पादन-लागत बढ़ जाती है। परंतु उनकी लागत में बढ़ोतरी के इस घटक का अनुमान नहीं लगाया जा सकता। साथ ही यह प्रश्न भी उठता है कि क्या इस सिद्धांतानुसार उपभोक्ताओं से लागत का यह घटक भी वसूल किया जाना चाहिए? और यदि नहीं तो सरकार अपने व्यय के इस घटक को कहाँ से पूरा करे?

**3. परोक्ष प्रभाव**– अधिकतर राज्य सेवाओं के परोक्ष प्रभाव भी होते हैं जो विभिन्न सामाजिक हित-अहितों (social costs and benefits) के रूप में प्रकट होते हैं। अत: प्रश्न उठता है कि क्या उत्पादन लागत का अर्थ केवल व्यावसायिक लागत तक ही सीमित माना जाना चाहिए? क्या इस लागत में समाज को होने वाले निवल हित अथवा हानि को भी शामिल किया जाना चाहिए? स्पष्ट है कि केवल व्यावसायिक मापदंड को अपनाना समाज के दृष्टिकोण से हानिकारक हो सकता है। समाज और अर्थव्यवस्था के लिए हानिकारक गतिविधियों का अपनाना सरकार के लिए भी उचित नहीं ठहराया जा सकता।

**4. सामाजिक हित-अहित से जुड़ी समस्याएँ–**साथ ही यह समस्या भी बनी रहती है कि अधिकतर राज्य-सेवाओं की सामाजिक लागत तथा हितों का न तो ठीक-ठीक अनुमान लगाया जा सकता है, तथा न ही उनसे प्रभावित व्यक्तियों की भरोसेमंद पहचान की जा सकती है। इसी प्रकार उनको होने वाले हितों तथा अहितों का प्रमापन भी संभव नहीं होता। इसके अतिरिक्त यह समस्या भी आती है कि लाभान्वित लोगों से किस प्रकार हित की कीमत वसूल की जाए तथा हानि उठाने वालों की क्षतिपूर्ति का ढंग क्या हो।

**5. सरकारी गतिविधियों का चयन–**इस सिद्धांत से यह पता नहीं चलता कि सरकार कौन-सी गतिविधियों को अपनाए और किन को त्याग दे। क्या इस चुनाव का आधार समाज की वास्तविक आवश्यकताएँ और आकांक्षाएँ होनी चाहिए? यदि हाँ, तो इन का पता कैसे लगाया जाए? अर्थशास्त्रियों का मत है कि इस जानकारी को पाने का कोई शुद्ध-सैद्धांतिक एवं विश्वसनीय ढंग उपलब्ध नहीं है। उलटे कई स्थितियों में यह जानकारी भ्रामक और गलत भी हो सकती है।

परंतु यह भी ध्यानयोग्य है कि उपरोक्त कठिनाइयाँ ऐसी नहीं है जिनका किसी स्थिति में भी कोई समाधान न हो। बहुत-सी स्थितियों में **सामान्य नैतिकता** का सहारा लेने से भी काम चल जाता है। कई अन्य स्थितियों में यह निष्कर्ष सर्वमान्य होता है कि कुछ पहचाने हुए व्यक्तियों (अथवा व्यक्ति-समूहों) पर करारोपण किया जाए और ऐसा करना व्यावहारिक भी हो सकता है। उदाहरण के लिए यदि सरकार के मतानुसार किसी वर्ग विशेष को किसी सिंचाई अथवा आवासीय योजना के द्वारा सहायता देने की आवश्यकता न हो तो लाभान्वित व्यक्तियों (अथवा व्यक्ति-समूहों) से इस योजना की लागत वसूल की जा सकती है। इस उद्देश्य से किसी विशेष करारोपण की विधि भी अपनाई जा सकती है जिससे लाभान्वित व्यक्तियों से इन स्कीमों की लागत वसूल हो सके। परंतु यदि विचाराधीन योजना का उद्देश्य किसी व्यक्ति-समूह की सहायता करना हो, तो सेवा-लागत कर-सिद्धांत को अपनाने का कोई औचित्य नहीं बचता। वास्तव में इस सिद्धांत की सबसे बड़ी त्रुटि यही है कि इसमें आधुनिक सरकारों की **कल्याणवर्धक गतिविधियों का कोई स्थान नहीं है।**

- सेवा-लागत और हित-प्राप्ति सिद्धांतों में काफी समानता है।
- सेवा-लागत सिद्धांत राज्य और समाज के सदस्यों में वाणिज्यिक संबंधों को मान्यता देता है।
- इसमें हित-अहित, देय-क्षमता, सामाजिक कल्याण, तथा कर-प्रणाली के संभावित प्रभावों जैसे प्रश्नों को अछूता रखा गया है।
- इस सिद्धांत के अनुसार किसी ऐसी राज्य-सेवा का औचित्य नहीं है जिसकी लागत वसूल न की जा रही हो।
- इस तर्कानुसार कई प्रकार के राजस्व स्रोतों का औचित्य भी समाप्त हो जाता है।
- इसके अतिरिक्त इस सिद्धांत में कई अन्य व्यावहारिक और विश्लेषण-संबंधी त्रुटियाँ भी हैं।

## 5. देय-क्षमता सिद्धांत (Ability-to-Pay Theory)

**परिचय–**इस सिद्धांत में करदायित्व का वास्तविक रूप देखने को मिलता है। इसमें इस तथ्य को मान्यता दी जाती है कि करदाताओं के लिए कर की अदायगी स्वैच्छिक नहीं, अनिवार्य है और करदाता कर की अदायगी के बदले किसी राज्य सेवा का अधिकारी नहीं बनता। इस सिद्धांत में सरकार और करदाताओं में किसी प्रकार के वाणिज्यिक अथवा अर्द्ध-वाणिज्यिक संबंधों का स्थान भी नहीं है। इसके विपरीत इस सिद्धांत में समाज को एक विस्तृत कुटुम्ब मानकर यह आशा की जाती है कि सरकार अपनी क्षमतानुसार समाज की सामूहिक आवश्यकताओं को पूरा करने का प्रयत्न करेगी तथा इन सेवाओं के वित्त-पोषण के लिए समाज के सदस्यों से उनकी देय-क्षमता के आधार पर कर वसूलेगी। इस प्रकार इस सिद्धांत के अनुसार–

**"समाज के सदस्यों में कराधान के भार का आवंटन न्याय और नैतिकता के अनुसार होना चाहिए और इस उद्देश्य की प्राप्ति तब होती है जब इस आवंटन का आधार उनकी देय-क्षमता हो।"**

हित-प्राप्ति सिद्धांत की भाँति इस सिद्धांत का भी एक लंबा इतिहास है जिसकी रूपरेखा सैलिजमैन[1] (Seligman) में मिलती है। इन विचारकों के अनुसार सामाजिक न्याय और नैतिकता के आदर्शों को अपनाने में यह सिद्धांत काफी सहायक हो सकता है। इसी प्रकार यह सिद्धांत लोक-कल्याण अर्थशास्त्र (Welfare Economics) का भी एक अभिन्न अंग बन चुका है।

- सब कर-सिद्धांतों में से देय-क्षमता सिद्धांत की स्वीकार्यता सर्वाधिक है।
- इससे आवंटन न्याय और लोक कल्याण के संवर्धन में सहायता मिलती है।
- परंतु करदाताओं की सापेक्ष देय-क्षमता का कोई एक प्रमापन उपलब्ध नहीं है।

## देय-क्षमता के वस्तुनिष्ठ सूचकांक (Objective Indices of Ability-to-Pay)

परंतु इस सिद्धांत में देय-क्षमता का कोई सर्वस्वीकृत पूर्व-निश्चित सूचकांक नहीं है। सुझाए गए विविध सूचकांकों में से **कुछ वस्तुनिष्ठ** (objective) **हैं और कुछ आत्मनिष्ठ** (subjective)। वस्तुनिष्ठ सूचकांकों की सूची में आय, धन, संपत्ति, उपभोग, व्यय आदि देखने को मिलते हैं तथा आत्मनिष्ठ सूचकांक के लिए उपयोगिता के परित्याग को मापदंड बनाने का सुझाव दिया जाता है। इनमें से मुख्य सूचकांकों का संक्षिप्त विवेचन नीचे दिया गया है।

## वस्तुनिष्ठ सूचकांक

### 1. धन-संपत्ति (Wealth or Property)

**तर्काधार (Theoretical Basis)**—कई विचारक धन अथवा संपत्ति को करदाताओं की देय-क्षमता के सूचकांक के तौर पर प्रयोग करने की सिफारिश करते हैं। चाहे किसी संपत्ति से आय मिले अथवा न मिले, वे इसके स्वामित्व को ही उनकी आर्थिक क्षमता का प्रतीक मानते हैं। इस क्षमता के केन्द्रीकरण से इसके द्वारा विभिन्न प्रकार के आय कमाने के अवसर उपजते हैं। इसी प्रकार इस तर्क में संपत्ति से मिलने वाली आय पर अनुमानित देय-क्षमता, श्रम से मिलने वाली आय पर अनुमानित देय-क्षमता से अधिक मानी जाती है। पूँजी-लाभ (capital gains) और अनर्जित आय (unearned income) भी केवल संपत्ति वाले ही पा सकते हैं। यह भी एक सर्वमान्य तथ्य है कि संपत्ति-स्वामी बाज़ार-व्यवस्था की कार्य-प्रणाली को अपने हित-अर्जन के लिए दुरूपयोग करने की क्षमता भी रखते हैं।

परंतु अकेले इस सूचकांक का प्रयोग पर्याप्त नहीं माना जा सकता। केवल इसे अन्य सूचकांकों के साथ प्रयोग करने की सिफारिश की जा सकती है। इसको अपनाने में निम्नलिखित सहित कई संकल्पात्मक तथा अन्य बाधाएँ भी आती हैं।

**निजी संपत्ति और उत्तराधिकार**–इस सूचकांक को निजी संपत्ति तथा उत्तराधिकारिता की संस्थाओं के अभाव में अपनाना संभव नहीं होता। इन संस्थाओं के होते आर्थिक विकास के लिए बचत और निवेश का मुख्य दायित्व निजी स्तर पर व्यक्तियों, कुटुम्बों तथा व्यावसायिक इकाइयों पर रहता है और ये उनकी गतिविधियों को प्रोत्साहित और नियमित करती हैं। समस्या यह है कि इस कर के कारण इन संस्थाओं की बचत और निवेश की प्रक्रिया हतोत्साहित हो सकती है।

---

[1] E.R.A. Seligman, *Progressive Taxation in Theory and Practice*, Second Edn. American Economic Association, Princeton University Press, 1968.

**कर की दरें**—कर की दरें ऊँची होने की स्थिति में करदाता के स्वामित्व में आने वाली संपत्ति घट जाती है जिससे बचत और निवेश को अतिरिक्त ठेस पहुँच सकती है। एक अल्पविकसित अर्थव्यवस्था में कर-राजस्व की आवश्यकता की तुलना में कर-योग्य संपत्ति की कमी के कारण यह समस्या विशेषकर सोचनीय होती है।

**संपत्ति से आय**—सर्वविदित है कि सभी संपत्तियों से समान आय नहीं मिलती। कुछ संपत्तियाँ आय-विहीन भी होती हैं और कुछ के रख-रखाव पर निवल व्यय करना पड़ता है। अतः केवल संपत्ति के आधार पर देयक्षमता के सूचकांक का निर्माण करना भ्रामक और अनुचित हो सकता है।

उपर्युक्त विवेचन से हम इस निष्कर्ष पर पहुँचते हैं कि केवल संपत्ति के आधार पर देय क्षमता का अनुमान लगाना गलत है, परंतु इस अनुमान में संपत्ति का स्वामित्व एक महत्वपूर्ण घटक अवश्य होना चाहिए। एक उत्तम कर-प्रणाली में संपत्ति को कर-मुक्त रखना उचित नहीं ठहराया जा सकता।

## 2. उपभोग-व्यय (Consumption Expenditure)

**तर्काधार (Theoretical Basis)**—एक मतानुसार सामान्यतः किसी व्यक्ति का उपभोग-व्यय-स्तर उसकी देय-क्षमता का सीधा प्रतीक होता है। इसके अतिरिक्त उपभोग व्यय करने वाला व्यक्ति, देश के साधनों को बचत एवं निंवेश द्वारा देश की आर्थिक क्षमता में बढ़ोतरी करने के स्थान पर उसमें प्रत्यक्ष कमी लाता है। अतः उसे इस कार्य के लिए करारोपण द्वारा दंडित किया जाना चाहिए।

**त्रुटियाँ**—परंतु इस सुझाव में कई प्रकार की सैद्धांतिक और व्यावहारिक त्रुटियाँ हैं।

- **विशेष प्रकार की व्यय मदें**—शिक्षा, स्वास्थ्य, दान आदि जैसी कई उपभोग-व्यय मदों से सामाजिक कल्याण में बढ़ोतरी की आशा होने के कारण उनपर कर लगाना न्यायोचित नहीं कहा जा सकता। इसी प्रकार विवाह, मकान बनाना, वाहन क्रय करना आदि कुछ ऐसी अनियमित और अनिश्चित मदें होती हैं जिनपर लोग बहुधा सामाजिक रीतियों का पालन अथवा आर्थिक सुरक्षा का प्रबंध करने के लिए व्यय करते हैं। अतः एक बड़ा प्रश्न यह उठता है कि इस प्रकार की व्यय मदों को किस सीमा तक, किन परिस्थितियों में तथा किस प्रकार करारोपित करना चाहिए।

- **व्यय-कर का रूपाकार**—यदि व्यय कर को उत्पादन शुल्क अथवा बिक्री कर की भाँति आरोपा जाए तो इसका अर्थ यह निकलता है कि समाज के सदस्यों की देय-क्षमता इस बात से अनुमानित की जा सकती है कि वे किन वस्तुओं का उपभोग करते हैं। स्पष्ट है कि इस प्रकार से करारोपण हेतु व्यय-मदों का चुनाव करना किसी हद तक व्यावहारिक एवं कार्य-साधक अवश्य हो सकता है, परंतु विश्लेषणात्मक दृष्टिकोण से यह विधि काफी विवादास्पद है।

- **परिमापन**—उपभोग व्यय के प्रमापन में भी कई कठिनाइयाँ आती हैं। इस प्रमापन के लिए करदाता की वर्ष भर की आय तथा कुल बचत के विश्वसनीय अनुमान होने चाहिए। कठिनाई यह उठती है कि इन अनुमानों हेतु उपयुक्त आँकड़े सुगमता से नहीं मिलते तथा उनमें परिवर्तन भी होता रहता है। कीमतों में लगातार परिवर्तन के कारण भी इन अनुमानों की कठिनाइयाँ बढ़ जाती हैं। इसी प्रकार यह बात भी विवादास्पद रहती है कि मकान, कार आदि 'स्थायी उपभोग की वस्तुओं' पर किया गया व्यय उपभोग-व्यय माना जाए अथवा इसे बचत का ही एक रूप समझा जाए।

- **पहचान**—एक अन्य समस्या यह है कि कई तथाकथित व्यावसायिक व्यय वास्तव में उपभोग व्यय होते हैं परंतु उनकी पहचान करना अति कठिन होता है।

• **वितरणीय न्याय**–केवल उपभोग व्यय पर ही कर लगाने से समाज के वितरणीय न्याय को भी ठेस पहुँच सकती है। संपति-युक्त व्यक्तियों की संपत्ति-आय से वितरणीय असमानताएँ बढ़ती जाती हैं तथा आर्थिक क्षमता का केन्द्रीकरण होता रहता है परंतु उपभोग व्यय में न आने के कारण धन-संपत्ति और आय कर-मुक्त रहते हैं।

## 3. आय (Income)

**तर्काधार (Theoretical Basis)**—सामान्यत: प्रत्येक देश की कर-प्रणाली की संरचना में देय-क्षमता के सूचकांक के निर्माण-हेतु वैकल्पिक आधारों में से आय-स्तर की **स्वीकार्यता सर्वाधिक** रही है। एडम स्मिथ के प्रथम कराधान धर्मसूत्र का भी एक अर्थ यह लगाया जा सकता है कि करदाताओं की सापेक्षिक करदेयता उनकी आय-स्तर के अनुपात में होती है। वैसे वस्तु स्थिति यह है कि आय-स्तर और देय-क्षमता की परस्पर निर्भरता को कई दृष्टिकोणों से देखा जा सकता है और विभिन्न निष्कर्ष निकाले जा सकते हैं। इसी प्रकार इस सूचकांक की वैधता के बारे में सैद्धांतिक तथा व्यावहारिक कठिनाइयों का भी अभाव नहीं है। इस कारण उचित यही रहता है कि इस सूचकांक के साथ कई अन्य सूचकांकों का भी प्रयोग किया जाए।

**कर-योग्य आय का अर्थ (Meaning of Taxable Income)**—इस संदर्भ में सर्वप्रथम कर-योग्य आय के अर्थों पर विचार करना आवश्यक है।

• आय के मौद्रिक और गैर-मौद्रिक दोनों रूप हो सकते हैं। परंतु कर निर्धारण के लिए समस्त आय का मौद्रिक रूपांतरण कर लिया जाता है।

• कर-योग्य आय में केवल वही प्राप्तियाँ शामिल की जाती हैं जो किसी प्रकार की उत्पादन गतिविधियों अथवा उत्पादन साधनों को उपलब्ध कराने के परिणामस्वरूप हों। अत: अधिकतर 'हस्तांतरण-प्राप्तियाँ' कर-योग्य आय में शामिल नहीं की जातीं।

• कर-योग्य आय का अर्थ सकल आय के स्थान पर **निवल आय** लिया जाता है, अर्थात सकल आय में से उसे अर्जित करने के लिए किए गए व्यय को घटा दिया जाता है। क्योंकि इन खर्चों को विचाराधीन आय की प्राप्ति के लिए **अनिवार्य चेष्टा अथवा हित-परित्याग** के बराबर मानना चाहिए, अत: इस दृष्टिकोण से 'अवकाश अंतराल' (leisure time) भी सकल आय का ही एक घटक होता है। परंतु कर-योग्य आय के अनुमान में 'अवकाश-आय' के घटक को शामिल नहीं किया जाता।

• इसी प्रकार बहुधा आय के कुछ निर्दिष्ट घटक कर-मुक्त रखे जाते हैं।

• कुछ कर-प्रणालियों में श्रम-भिन्न उत्पादन साधनों से हुई प्राप्तियों को **अनर्जित आय** तथा श्रम के बदले प्राप्त हुई आय को **अर्जित आय** की संज्ञा देते हुए इन पर कर की दरें भी असमान रखी जाती हैं।

इस प्रकार संक्षेप में:

**करयोग्य आय = निवल आय = कुल प्राप्तियाँ ( मौद्रिक + गैर मौद्रिक, अवकाश अंतराल अर्थात् अवकाश आय को छोड़कर ) - ( हस्तांतरित प्राप्तियाँ ) - ( आय-प्राप्ति हेतु किया गया व्यय ) - ( कर-मुक्त आय घटक ) = अर्जित आय + अनर्जित आय।**

**कठिनाइयाँ (Difficulties)**—आर्थिक विचार-प्रणाली में एक लोकप्रिय मत यह है कि देय-क्षमता का निर्धारण आय की सीमांत उपयोगिता के आधार होना चाहिए। बुनियादी तौर पर यह सुझाव काफी सक्षम है, परन्तु व्यावहारिक स्तर पर इसके कार्यान्वयन में कई कठिनाइयाँ आती हैं, जिनमें कर-योग्य आय की स्पष्ट कानूनी परिभाषा, इसका

व्यावहारिक प्रमापन तथा इसकी सीमांत उपयोगिता का प्रमापन शामिल हैं। उपयोगिता के आत्मनिष्ठ (subjective) तथा परिवर्तनीय होने के कारण इन कठिनाइयों के समाधान अधिकतर सर्वमान्य नहीं होते। उदाहरणार्थ कर-देयता निर्धारण करते समय यह तय करना आवश्यक रहता है कि व्यावसायिक इकाइयों की आय तथा उनके स्वामियों की आय में परस्पर संबंध है अथवा नहीं, और यदि है तो क्या है? इन प्रश्नों के संतोषजनक उत्तर पाना लगभग असंभव रहता है क्योंकि एक व्यवसाय के कई स्वामी हो सकते हैं, तथा एक व्यक्ति की कई व्यावसायिक इकाइयों के स्वामित्व में भागीदारी हो सकती है। इसके अतिरिक्त व्यावसायिक इकाइयों के आकार, कार्यक्षेत्र तथा उनकी लाभ-आय में कोई सीधा संबंध नहीं होता।

इसी प्रकार की कठिनाइयाँ परोक्ष करों में भी आती हैं। परोक्ष करों के आधार वस्तुओं और सेवाओं का उत्पादन, क्रय-विक्रय, संग्रहण आदि होते हैं। स्पष्ट है कि इन गतिविधियों में क्रियाशील व्यक्तियों तथा व्यावसायिक इकाइयों की देय-क्षमता का अनुमान इन गतिविधियों के आधार पर नहीं लगाया जा सकता। केवल अल्पविकसित देशों में किसी हद तक करदाताओं की देय-क्षमता, उनके उपभोग-स्तर और उपभोग-ढाँचे में परस्पर संबंध देखने को मिलता है।

परंतु इन सब त्रुटियों के होते हुए भी आय-स्तर कई अन्य सूचकांकों की तुलना में देय-क्षमता के सूचकांक के रूप में अधिक स्वीकार्य है, क्योंकि यह सूचकांक हमारी अपेक्षाओं से काफी मेल खाता है। परंतु व्यावहारिकता के स्तर पर इस सूचकांक के साथ अन्य सूचकांकों की सहायता लेना भी अति लाभदायक रहता है।

- धन-संपत्ति, उपभोग-व्यय, और आय-करदाताओं की सापेक्ष देय-क्षमता के अनुमान हेतु प्रयुक्त मुख्य आधारों में गिने जाते हैं।
- इनमें से कोई आधार भी पूर्ण रूप से त्रुटिरहित नहीं है। अतः उनका संयुक्त और संतुलित प्रयोग ही उचित रहता है।
- विभिन्न प्रकार की धन-संपत्तियों से निवल आय में असमानता के अतिरिक्त संपत्ति स्वामियों की परिस्थितियों में असमानता के कारण सामान्यतः एक करदाता की संपत्ति और उसकी देयक्षमता में सीधा संबंध स्थापित नहीं किया जा सकता।
- उपभोग-व्यय और देयक्षमता में भी सीधा और मात्रीकृत संबंध स्थापित करना अति दुष्कर है। इस अनुमान में कई प्रकार की अनियमित व्यय-मदों के कारण विशेष कठिनाईयाँ आती हैं। साथ ही इसके प्रयोग में वितरणीय न्याय आदि कर-मदों का भी सामना करना पड़ता है।
- करदाताओं की सापेक्षिक देयक्षमता के सूचकांकों में आय-स्तर की स्वीकार्यता सर्वाधिक रही है। परंतु यह सूचकांक भी कठिनाई रहित नहीं है। इसमें कर-योग्य आय की सर्वस्वीकार्य कानूनी परिभाषा पर मतभेद पाया जाता है। सैद्धांतिक औचित्य के बावजूद आय की सीमांत उपयोगिता और इसके स्तर में सीधा मात्रीकृत संबंध नहीं दर्शाया जा सकता।

## आत्मनिष्ठ सूचकांक

**मान्यताएँ (Assumptions)**—इस वर्ग के सूचकांकों का निर्माण तीन आधारभूत मान्यताओं पर किया जाता है-

- कर की अदायगी सभी करदाताओं को अप्रिय होती है क्योंकि इस कारण उन्हें उपयोगिता का त्याग करना पड़ता है।
- करदाताओं को कर की अदायगी के लिए इस बात से कोई प्रेरणा नहीं मिलती कि इससे राज्य की गतिविधियों का वित्त पोषण होता है।
- हर करदाता का उपयोगिता-परित्याग केवल उसकी अपनी करदेयता पर निर्भर करता है तथा उस पर अन्य करदाताओं की करदेयता का कोई प्रभाव नहीं पड़ता।

**उद्देश्य (Objectives)**—इन मान्यताओं के आधार पर एक आत्मनिष्ठ सूचकांक की प्राप्ति के दो उद्देश्य हो सकते हैं, अर्थात्

- सामाजिक कल्याण; और
- परित्याग की समानता।

प्रथम उद्देश्य के अनुसार सभी करदाताओं द्वारा कुल उपयोगिता-परित्याग का जोड़ न्यूनतम संभव होना चाहिए तथा दूसरे उद्देश्य के अनुसार सभी करदाताओं का परित्याग एक समान होना चाहिए। परंतु 'समान परित्याग' को विभिन्न अर्थों में प्रयोग किया जाता है जिनमें से एक वह भी है जिसके अपनाने से समाज कल्याण के उद्देश्य की प्राप्ति भी हो जाती है।

**समान परित्याग के तीन अर्थ (Three Meanings of Equal Sacrifice)**—सामान्यत: **'समान परित्याग'** (Equal Sacrific) के तीन अर्थ लिए जा सकते हैं, अर्थात्

1. **समान परिशुद्ध परित्याग** (Equal Absolute Sacrifice)
2. **समान आनुपातिक परित्याग** (Equal Proportionate Sacrifice)
3. **समान सीमांत परित्याग** (Equal Marginal Sacrifice)
4. इसके अतिरिक्त प्रो० डाल्टन ने समान परित्याग का **'आय-असमानताओं की स्थिरता'** (Constant Income Inequalities) नामक एक चौथा अर्थ भी सुझाया है। इसके अनुसार करदाताओं की आय-असमानताओं में कर की अदायगी के कारण कोई अंतर नहीं पड़ना चाहिए, अर्थात उनकी कर-पूर्व और करोपरांत आय-असमानताएँ एक-सी होनी चाहिए।

उपरोक्त में से तीसरा अर्थ 'समान सीमांत परित्याग' ऐसा है जिसके अपनाने से करदाताओं के सामूहिक उपयोगिता परित्याग न्यूनतम को न्यूनतम संभव किया जा सकता है।

**कठिनाइयाँ (Difficulties)**—उपयोगिता परित्याग की समानता के किसी भी अर्थ को अपनाने से उसके परिमापन से संबंद्ध कठिनाइयाँ बनी रहती हैं। इन में से निम्नलिखित मुख्य हैं।

- उपयोगिता परित्याग के प्रमापन हेतु प्रत्येक आयधारी के आय-उपयोगिता फलन (utility function) की जानकारी होना आवश्यक है। अर्थात् हमें यह पता होना चाहिए कि विचाराधीन करदाता की आय में परिवर्तन होने पर उसकी आय-सीमांत उपयोगिता किस प्रकार प्रभावित होती है। परंतु यहाँ पर कठिनाई यह है कि आय और उसकी सीमांत उपयोगिता के आपसी संबंध अति अनिश्चित, परिवर्तनीय और अज्ञेय होता है।
- अर्थशास्त्री यह मानते हैं कि उपयोगिता आत्मनिष्ठ होने के साथ-साथ कई अन्य विशेषताओं से भी युक्त होती है। अत: इसका संख्यात्मक प्रमापन (cardinal measurement) सम्भव नहीं होता।
- ध्यानयोग्य है कि आय-उपयोगिता समय, आयधारी की आवश्यकताओं की तीव्रता, सामाजिक रीति-रिवाजों तथा अनेक अन्य कारकों द्वारा प्रभावित होती है।
- आय की सीमांत उपयोगिता की अंतर्वैयक्तिक तुलना (interpersonal comparison) संभव नहीं होती।

**व्यावहारिक समाधान**–इन सब कारणों से आय की उपयोगिता के आधार पर करदाताओं में कर का भार समुचित ढंग से वितरित नहीं किया जा सकता। अत: अर्थशास्त्री इस कठिनाई से निपटने के लिए यह मान्यता अपनाने को विवश हो जाते हैं कि हर करदाता की आय-उपयोगिता सारिणी **तद्रूप** अर्थात् एक-सी (identical) होती है। यह मान्यता उन अर्थशास्त्रियों को भी अपनानी पड़ती है जो इसकी वैज्ञानिक वैधता को स्वीकार नहीं करते। उदाहरण

के लिए प्रो॰ डाल्टन (Prof. Dalton) के मतानुसार एक निश्चित आय स्तर पर हममें से अधिकतर की सामान्य आवश्यकताएँ और स्वभाव तथा उनपर आय-परिवर्तन के प्रभाव में काफी समानता आ जाती है। इसी प्रकार प्रो॰ लॉएनल रॉबिंस (Prof. Lionel Robbins), जिन्हें सकारात्मक अर्थशास्त्र (positive economics) का महान समर्थक माना जाता है, का कहना है कि "मैं न तो इस बात को मानता हूँ और न कभी माना है कि सभी व्यक्ति अनिवार्य रूप से समान होते हैं, अथवा उन्हें समान समझना चाहिए। परन्तु मैं यह जरूर मानता हूँ कि अधिकतर मामलों में ऐसे राजनीतिक अनुमान जिनमें इन्हें समान न माना जाए, हर प्रकार से अस्वीकार्य होते हैं।"

इसी संदर्भ में प्रो॰ लर्नर (Prof. Lerner) ने यह दर्शाया है कि विभिन्न व्यक्तियों की आय-उपभोग क्षमता में असमानता (अथात् आय-उपयोगिता फलनों में असमानता) होने पर भी यही निष्कर्ष निकलता है कि समाज को प्राप्य सामूहिक उपयोगिता बढ़ाने के लिए उनकी आय के वितरण में समानता लाई जाए। शर्त केवल यह है कि यह समानता धीरे-धीरे लानी चाहिए ताकि निम्न आय वाले व्यक्ति भी बढ़ती आय का समुचित उपभोग करने की क्षमता प्राप्त कर सकें।

**परित्याग शब्द का व्याख्या**—उपयोगिता के आत्मनिष्ठ होने के कारण इन सब कठिनाईयों को अनदेखा करते हुए और यह मानते हुए कि उपयोगिता एक संख्यात्मक और मापनीय मात्रा है, हम उपयोगिता परित्याग के विभिन्न अर्थों पर विचार करेंगें।

## 1. समान परिशुद्ध परित्याग (Equal Absolute Sacrifice)

इसका अर्थ यह है कि सभी करदाताओं द्वारा उपयोगिता परित्याग की परिशुद्ध सकल मात्रा एक समान हो। संकेताक्षरों में यदि किसी करदाता की कर-पूर्व आय से प्राप्त उपयोगिता U(Y) तथा करारोपरांत आय से प्राप्त उपयोगिता U(Y – T) हो तो उसका उपयोगिता परित्याग U(Y) – U(Y – T) के बराबर आंका जाएगा। समान परिशुद्ध परित्याग की प्राप्ति के लिए प्रत्येक करदाता की इस प्रकार से अनुमानित परित्याग की मात्रा समान होनी चाहिए।

- देय-क्षमता के आत्मनिष्ठ सूचकांकों का निर्माण-आधार उपयोगिता के परित्याग से संबद्ध मान्यताएँ हैं।
- इन सूचकांकों के निर्माण का उद्देश्य सामाजिक कल्याण की बढ़ोतरी और करदाताओं द्वारा उपयोगिता परित्याग की समानता है।
- 'समान परित्याग' शब्द को कई अर्थों में लिया जा सकता है।
- इस अवधारणा के प्रयोग में कई ऐसी समस्याएँ आती हैं जिनका संतोषजनक समाधान ढूंढ पाना अभी तक सम्भव नहीं हो सका है।
- इन कठिनाइयों के अतिरिक्त आत्मनिष्ठ सूचकांकों के निर्माण पर तभी विचार किया जा सकता है जब कर-प्रणाली के उद्देश्यों पर निर्णय लिया जा चुका हो।
- व्यावहारिकता के स्तर पर अर्थशास्त्रियों को यह मानकर चलना पड़ता है कि सभी करदाताओं के आय-उपयोगिता फलन एक समान हैं।

अब प्रश्न यह उठता है कि समान परिशुद्ध परित्याग की प्राप्ति के लिए कर की **दरें कौन-सी होनी चाहिए आनुपातिक, पश्चगामी अथवा प्रगामी?** ध्यान रहे कि कर की दर का अर्थ (करदेयता/कर-योग्य आय) लिया जाता है। तथा यह मान्यता भी रहती है कि प्रत्येक करदाता की आय पर घटती सीमांत उपयोगिता का नियम लागू होता है। अतः यह तय करने के लिए कि कर की दरें कैसी होनी चाहिए, हमें आय की बढ़ोतरी की दर ($\Delta y/y$) की उसकी सीमांत उपयोगिता के घटने की दर ($\Delta MUy/MUy$) से तुलना करने की आवश्यकता होती है। इस तुलना के निम्नलिखित तीन परिणाम निकल सकते हैं।

यदि सीमांत उपयोगिता में कमी और आय में बढ़ोतरी की दरों में बराबरी हो ($\Delta MUy/MUy = \Delta Y/Y$), तो समान परिशुद्ध परित्याग की प्राप्ति के लिए कर की दर-सारणी **आय-अनुपाती** (proportional) होनी चाहिए, अर्थात् हर आय स्तर के लिए कर की दर एक-सी होनी चाहिए।

यदि सीमांत उपयोगिता के घटने की दरें आय में वृद्धि की दरों से अधिक हो ($\Delta MUy/MUy > \Delta Y/Y$), तो कर की दरें **प्रगामी** (Progressive) होनी चाहिएँ, (अर्थात् कर की दरें आय में वृद्धि की दरों से अधिक तेज़ी से बढ़नी चाहिए)।

यदि आय में वृद्धि की तुलना में सीमांत उपयोगिता के घटने की दरें कम हों ($\Delta MUy/MUy < \Delta Y/Y$), तो कर की दरें पश्चगामी (Regressive) होनी चाहिएँ अर्थात आय के बढ़ने के साथ-साथ कर की दर घटनी चाहिए।

## 2. समान अनुपाती परित्याग (Equal Proportional Sacrifice)

इस अर्थानुसार भी प्रत्येक व्यक्ति की आय पर कर लगाया जाता है; तथा हर करदाता अपनी कर-पूर्व आय से कुल प्राप्य उपयोगिता के एक पूर्वनिश्चित अनुपात का परित्याग करता है। संकेताक्षरों में प्रत्येक करदाता के लिए $(U(Y) - U(Y - T))/(U(Y))$ का अनुपात एक समान होता है। हम देखते हैं कि समान परिशुद्ध परित्याग के मामले में कर की उपयुक्त दरों का निर्धारण आय की वृद्धि तथा उसकी सीमांत उपयोगिता में ह्रास की दरों की तुलना पर किया जाता है। परंतु समान अनुपाती परित्याग में कर की दरों के निर्धारण के लिए आय की ***औसत*** उपयोगिता तथा ***सीमांत*** उपयोगिता की दरों में परिवर्तन की तुलना की आवश्यकता पड़ती है जिसके निम्नलिखित वैकल्पिक परिणाम निकलते हैं।

- यदि आय बढ़ने के साथ उसकी सीमांत उपयोगिता (MU) स्थिर रहे [इस दशा में औसत उपयोगिता (AU) भी स्थिर तथा सीमांत उपयोगिता के बराबर रहेगी], तो समान अनुपाती परित्याग के लिए कर की दर आय-अनुपाती होनी चाहिए।
- यदि आय की सीमांत उपयोगिता (MU) तथा इस कारण उसकी औसत उपयोगिता (AU) घट रही हो तो निम्नलिखित निष्कर्ष निकलते हैं—
  - यदि MU और AU की परिवर्तन दरें समान हों, तो कर आय-अनुपाती होना चाहिए।
  - यदि MU के घटने की दर AU के घटने की दर से अधिक हो, तो कर की दरें प्रगामी होनी चाहिएँ।
  - यदि MU के घटने की दर AU के घटने की दर से कम हो, तो कर की दरें पश्चगामी होनी चाहिएँ।

## 3. समान सीमांत परित्याग (Equal Marginal Sacrifice)

समान परित्याग के इस परिमापन के अनुसार **सभी करदाताओं की करोपरांत आय की सीमांत उपयोगिता बराबर होनी चाहिए।** ऐसा करने से करदाताओं पर परित्याग का संयुक्त बोझ घटकर न्यूनतम संभव हो जाता है तथा सामाजिक कल्याण में वद्धि होती है। इस कारण कई अर्थशास्त्री इसे कराधान का सर्वोच्च नियम मानते हैं।

यदि प्रत्येक आय पर घटती सीमांत उपयोगिता का नियम लागू होता हो, और यदि सभी करदाताओं की आय-उपयोगिता सारणियाँ तद्रूप (अर्थात एक बराबर) हों, तो यह निष्कर्ष निकलता है कि सर्वप्रथम सर्वाधिक आय पर कर लगाना चाहिए। जब इस आय की करोपरांत राशि घटकर उससे अगली निम्न आय के बराबर हो जाए, तो इन दोनों को इस प्रकार करारोपित करना चाहिए कि उनकी करोपरांत राशियाँ सदैव बराबर रहें। इसी

प्रकार कर राजस्व की कुल वसूली को ध्यान में रखते हुए इस प्रक्रिया को क्रमवार अन्य निम्न आयों पर लागू करते जाना चाहिए। इस नियमानुसार अंतिम स्थिति में सभी करारोपित आयों की करोपरांत राशियाँ बराबर होंगी, तथा हर कर-मुक्त आय किसी भी करारोपित आय की करोपरांत राशि के बराबर अथवा उससे कम होगी। उदाहरणार्थ यदि एक करदाता की करोपरांत आय 80,000 रुपए हो, तो हर करदाता की करोपरांत आय 80,000 रुपए होगी तथा हर कर-मुक्त आय 80,000 रुपए अथवा इससे कम होगी। इसके साथ ही यह भी दर्शाया जा सकता है कि इस योजना में सभी करदाताओं का सामूहिक उपयोगिता परित्याग न्यूनतम संभव होगा।

स्पष्ट है कि उपर्युक्त मान्यताओं के आधार पर कर की दरों का प्रगामी होना अनिवार्य हो जाता है। परंतु ध्यान रहे कि यह निष्कर्ष कई अन्य स्थितियों में लागू नहीं होता जब कि कई बार भूल से ऐसा समझ लिया जाता है।

क्योंकि उपयोगिता को मापना तथा उसकी अंतर्वैयक्तिक तुलना करना असंभव होता है, इसलिए कुछ अर्थशास्त्रियों का कहना है कि उपरोक्त निष्कर्षों का कोई वैज्ञानिक आधार नहीं है तथा निश्चित जानकारी के अभाव में यह सिद्ध नहीं किया जा सकता कि समान परित्याग सुनिश्चित करने का सर्वोतम ढंग आयों की करोपरांत समानता है।

परंतु प्रो॰ लर्नर (Prof. Lerner) इस विचार से सहमत नहीं हैं। उन्होंने यह दर्शाया है कि सीमांत आय उपयोगिता की सारणियों की निश्चित जानकारी न होने, तथा उपयोगिता की अंतर्वैयक्तिक तुलना के संभव न होने पर भी, यह निष्कर्ष निकाला जा सकता है कि आय की वितरणीय असमानता घटाने से समाज को प्राप्य सकल उपयोगिता में वृद्धि होती है, तथा वितरणीय असमानता बढ़ाने से समाज को प्राप्य सकल उपयोगिता भी घटती है। इस निष्कर्ष को लर्नर ने दो मान्यताओं की सहायता से दर्शाया है।

- आय के पुनर्वितरण के कारण कुल उपयोगिता में होने वाली बढ़ोतरी और कमी की संभावनाएँ (probabilities) बराबर हैं।
- इस पुनर्वितरण के कारण कुल उपयोगिता में होने वाली संभावित बढ़ोतरी की मात्रा संभावित कमी की मात्रा से अधिक होती है। ध्यान रहे कि इस दूसरी मान्यता का आधार आय पर घटती सीमांत उपयोगिता के नियम का लागू होना है।

इन दो मान्यताओं के आधार पर यह दर्शाया जा सकता है कि आय वितरण में किसी परिवर्तन के कारण कुल उपयोगिता में वृद्धि भी हो सकती है तथा कमी भी। परंतु दोनों की संभाविता बराबर होने तथा बढ़ोतरी की संभावित **मात्रा** अधिक होने के कारण जब आय वितरण को कई चरणों में समानता के निकट लाया जाए, तो इनका निवल प्रभाव समाज को प्राप्य कुल उपयोगिता में वृद्धि ही होगा। परंतु लर्नर के आलोचकों का कहना है कि उनकी दलील संभाविता पर आधारित होने के कारण पूर्णतया अकाट्य नहीं मानी जा सकती।

यह तथ्य सर्वमान्य है कि सार्वजनिक व्यय समाज और अर्थव्यवस्था को अनेक प्रकार से प्रभावित करता है। फिर भी सामान्यत: इस सिद्धांत में बजट के इस पक्ष पर विचार नहीं किया जाता। इसका कारण विश्लेषणात्मक सरलता के अतिरिक्त और कुछ नहीं है। वैसे इस सिद्धांत का बजट के व्यय पक्ष से कोई टकराव भी नहीं है। दोनों का उपयोग समाज में न्याय और नैतिकता के आदर्शों के लिए किया जा सकता है। यदि व्यय-नीति का उपयोग आर्थिक विकास, आर्थिक स्थिरता तथा अन्य ऐसे उद्देश्यों के लिए किया जाए तो न्याय और नैतिकता के साथ इसके टकराव का प्रश्न ही नहीं उठता। केवल कर-राजस्व तथा कर-भिन्न राजस्व के कुछ घटकों की वितरणीय न्याय से टकराव की स्थिति उत्पन्न हो सकती है अथवा उनसे विकास प्रक्रिया हतोत्साहित हो सकती है। उदाहरण

के लिए परोक्ष करों के अधिकतर रूप न्यायिक नहीं कहला सकते; तथा इसी प्रकार कुछ कर बचत और निवेश प्रवृत्तियों के विरुद्ध सक्रिय होते हैं। परंतु कुल मिलाकर देय-क्षमता सिद्धांत उचित आर्थिक नीतियों को अपनाने में अधिक उपयोगी रहता है। इसके संशोधित रूप में यह मान्यता भी अपनाई जा सकती है कि सार्वजनिक बजट में राजस्व और व्यय पक्षों में आपसी निर्भरता हो। इसमें सरकार के लिए कोई ऐसा बंधन नहीं है कि बजट अनिवार्य रूप से केवल घाटे का अथवा अधिशेष का हो। इस नीति से संबंधित निर्णय समाज के हितों तथा आर्थिक उद्देश्यों को ध्यान में रखते हुए लिए जा सकते हैं तथा उनमें यथोचित परिवर्तन भी किया जा सकता है। इसी प्रकार इस सिद्धांत का एक अन्य गुण यह भी है कि सरकार की सभी प्राप्तियों का कर-राजस्व के रूप में होना आवश्यक नहीं अन्य स्रोतों से होने वाली प्राप्तियाँ भी स्वीकार्य हैं। इसी प्रकार इस सिद्धांत को अपनाते हुए सरकार एक सुव्यवस्थित सार्वजनिक ऋण नीति को भी सुगमता से अपना सकती है। इसके अतिरिक्त इस सिद्धांत में (कुछ स्थितियों में) कर-प्रणाली को इस प्रकार सुव्यवस्थित किया जा सकता है कि इससे करदाताओं द्वारा उपयोगिता परित्याग का जोड़ न्यूनतम संभव हो। ऐसा तब होता है जब आय को करदेयता का सूचक मान लिया जाए और जब कर की दरें इस प्रकार निर्धारित की जाएँ कि हर करदाता का सीमांत-आय-उपयोगिता-परित्याग बराबर हो। इस प्रकार कुल मिलाकर हम यह कह सकते हैं कि इस सिद्धांत द्वारा सुझाई गई सरकार की राजकोषीय नीति उसकी सभी अन्य नीतियों के साथ अनुकूलता बैठा सकती है।

**मूल्यांकन (Evaluation)**—वैज्ञानिक आधार पर आत्मनिष्ठ सूचकांक की संरचना संभव नहीं है। तो भी सर्वस्वीकार्य मतानुसार एक उत्तम कर-प्रणाली की संरचना देय-क्षमता सिद्धांत पर ही आधारित होनी चाहिए क्योंकि इससे करदाताओं द्वारा उपयोगिता परित्याग की समग्र मात्रा न्यूनतम रखी जा सकती है। इस सिद्धांत में आय से प्राप्य उपयोगिता के वस्तुपरक परिमापन का न होना कोई ऐसी रुकावट नहीं मानी जाती जिसके कारण इस सिद्धांत को त्याग दिया जाए। देय-क्षमता के सूचक चिन्हों के चुनाव पर काफी मतभेद के बावजूद आय, धन तथा उपभोग-व्यय आदि कई कराधारों का एकसाथ प्रयोग करते हुए और करों की प्रगामी दरें अपनाते हुए एक उचित कर-प्रणाली की संरचना की जा सकती है।

- समान परित्याग की अवधारणा को कम से कम तीन अर्थों में लिया जा सकता है, अर्थात् (क) समान परिशुद्ध परित्याग जिसके अनुसार सभी करदाताओं द्वारा उपयोगिता-परित्याग की परिशुद्ध मात्रा एक समान होती है; (ख) समान अनुपाती परित्याग, जिसके अनुसार सभी करदाता अपनी कर-पूर्व आय से प्राप्य उपयोगिता के एक समान अनुपात का परित्याग करते है; तथा (ग) समान सीमांत परित्याग जिसके अनुसार सभी करदाताओं की करोपरांत आय से प्राप्य सीमांत उपयोगिता समान होती है।
- करों की दरें आनुपातिक, पश्चगामी अथवा प्रगागी हों, इसका निर्णय निम्नलिखित विधि से किया जाता है।
  (क) समान परिशुद्ध परित्याग में आय में बढ़ोतरी की दरों की सीमांत आय-उपयोगिता के घटने की दरों से तुलना की जाती है;
  (ख) समान अनुपाती परित्याग में आय की औसत उपयोगिता और सीमांत उपयोगिता में परिवर्तन की दरों की तुलना की जाती हैं; तथा
  (ग) समान सीमांत परित्याग में, कुछ मान्यताओं के आधार पर, सभी करदाताओं की करोपरांत आय में समानता लाई जाती है।
- देयक्षमता के त्रुटिरहित आत्मनिष्ठ सूचकांकों की संरचना नहीं की जा सकती। परंतु व्यावहारिक स्तर पर इस प्रकार के सर्वस्वीकार्य सूचकांक तैयार किए जाते हैं।

## इष्टतम कर-प्रणाली

(Optimum Taxation)

उपर्युक्त विचार विमर्श के पश्चात एक प्रश्न यह उठता है कि क्या एक इष्टतम कर प्रणाली की संरचना की जा सकती है? ध्यानयोग्य है कि यदि सार्वजनिक वित्त का उद्देश्य समाज कल्याण में वद्धि हो तो इस प्रश्न का महत्व विशेष रूप से बढ़ जाता है। परंतु इसका उत्तर पाने के लिए हमें सर्वप्रथम एक इष्टतम कर-प्रणाली की कसौटियों/विशेषताओं पर विचार करना होगा।

### कसौटियाँ (Tests)

**1. *संसाधन-व्यय*–**एक इष्टतम कर-प्रणाली की प्रथम कसौटी संसाधन-व्यय को न्यूनतम संभव करने की है। ध्यानयोग्य है कि हर कर-प्रणाली में न केवल प्रशासन को कर वसूली का खर्च वहन करना पड़ता है बल्कि करदाताओं पर भी कई प्रकार के कर-भिन्न भार पड़ते हैं। परंतु बहुधा प्रशासन कर-नीति तय करते समय करदाताओं पर पड़ने वाले भार को अनदेखा कर देता है तथा अपने हितानुसार ही निर्णय ले लेता है। अर्थशास्त्र के साहित्य में भी करदाताओं के मौद्रिक तथा अन्य साकार संसाधन व्यय मदों पर तो विचार कर लिया जाता है, परंतु समय और श्रम की मदें आदि अनदेखी रह जाती हैं।

**2. *नैतिकता*–**दूसरी कसौटी नैतिकता का कोई प्रमापन हो सकती है। नैतिकता और समानता की अवधारणाओं पर हम पहले ही विभिन्न पहलुओं से विचार कर चुके हैं और यह भी देख चुके हैं कि अर्थशास्त्रियों का इन अवधारणाओं के बारे में एकमत का अभाव है।

**3. *प्रशासनिक कार्यक्षमता*–**तीसरी कसौटी का चुनाव प्रशासनिक कार्यक्षमता के किसी प्रमापन पर आधारित हो सकती है, परंतु यहाँ किसी निर्णय पर पहुँचना अति कठिन है क्योंकि इसका चुनाव काफी हद तक कार्यक्षमता के अपनाए गए अर्थों पर निर्भर करता है। वैसे यह बात अवश्य है कि ये अर्थ कुछ भी हों, कर-प्रणाली द्वारा अर्थव्यवस्था पर पड़ने वाला बोझ न्यूनतम संभव होना चाहिए।

**4. *प्रभाव*–**चौथी कसौटी का चुनाव कर प्रणाली के अर्थव्यवस्था पर होने वाले प्रभावों से संबंधित हो सकता है। इस संदर्भ में अर्थशास्त्रियों तथा अन्य विचारकों में काफी मतभेद पाया जाता है। एक विचारानुसार कर-प्रणाली समाज और अर्थव्यवस्था के लिए पूर्ण रूप से प्रभावरहित (neutral) होनी चाहिए। इसके विपरीत एक अन्य मतानुसार कर-प्रणाली का प्रयोग समाज और अर्थव्यवस्था के वांछनीय उद्देश्यों की अधिकतम संभव प्राप्ति के लिए किया जाना चाहिए। परंतु इन उद्देश्यों के चुनाव में भी काफी मतभेद हो सकता है।

वास्तविकता यह है कि अधिकतम मामलों में कर-प्रणाली की संरचना केवल कुछ सीमित उद्देश्यों की प्राप्ति हेतु ही की जाती है।

- इष्टतम कर-प्रणाली की अवधारणा अति महत्वपूर्ण होते हुए भी अस्पष्ट और भ्रामक है।
- इसकी संरचना में विविध कसौटियों का प्रयोग किया जा सकता है जिनमें संसाधन व्यय, नैतिकता, प्रशासनिक कार्यक्षमता और कर-प्रभावों को अग्रणीय स्थान देने की प्रथा है।

**निर्णय-स्तर (Decision-making)–**निष्कर्ष स्वरूप विभिन्न कसौटियों के चुनाव के उपरांत, कर-प्रणाली को इष्टतम बनाने के लिए तीन स्तरों पर निर्णय लेने की आवश्यकता उपजती है।

(क) कर राजस्व की कुल राशि तथा इसका प्रत्यक्ष और परोक्ष करों में विभाजन;

(ख) प्रत्यक्ष करों के घटक तथा उनकी दर-सारणियाँ; तथा

(ग) परोक्ष करों के घटक तथा उनकी दर-सारणियाँ।

उपर्युक्त तीनों स्तरों में परस्पर गहरी निर्भरता है। इसके अतिरिक्त सरकार की कई प्राप्तियाँ कर-भिन्न स्रोतों से भी होती हैं। स्पष्ट है कि उन तथ्यों के कारण व्यावहारिकता के स्तर पर कर-प्रणाली संबंधी निर्णय एक बहु-आयामी रूप धारण कर लेते हैं। हर निर्णय लेते समय एक साथ कई प्रश्नों पर विचार करना ज़रूरी हो जाता है। अत: उपर्युक्त कसौटियों के आधार पर भी एक इष्टतम कर-प्रणाली की रूपरेखा संबंधी सुनिश्चित रूप से सुझाव दे पाना संभव नहीं हो पाता। केवल कुछ सामान्य प्रकार के विचार ही प्रकट किए जा सकते हैं।

इन तीनों स्तरों के निर्णयों की परस्पर निर्भरता के कारण उन्हें एक साथ लिया जाना चाहिए, तथा इस तथ्य को भी सामने रखना चाहिए कि सरकार की कई प्राप्तियाँ कर-भिन्न मदों से भी होती हैं। अत: उपर्युक्त कसौटियों से संबंधित केवल कुछ विचार ही प्रकट किए जा सकते हैं। **व्यावहारिक स्तर पर एक इष्टतम कर-प्रणाली की प्राप्ति कभी पूरी तरह से सुनिश्चित नहीं की जा सकती।**

**उत्पादन साधनों का आवंटन (Allocation of Productive Resources)**–इष्टतम कर-प्रणाली की संरचना में उपरोक्त कठिनाइयों के बावजूद इसके समाज और अर्थव्यवस्था पर व्यापक प्रभावों को अनदेखा नहीं किया जा सकता। इस कारण एक इष्टतम कर-प्रणाली की प्राप्ति हेतु लगातार प्रयत्न किया जाना चाहिए। इस संदर्भ में हम सकल कर-राजस्व और इसके विभिन्न घटकों (जैसे कि प्रत्यक्ष और परोक्ष कर) तथा उनसे संबंधित मतों आदि जैसे कुछ आयामों पर विचार कर चुके हैं।

ध्यानयोग्य है कि अर्थशास्त्रियों में इस बात पर एकमत है कि करों के प्रभाव सर्वव्यापी होते हैं। परंतु इन प्रभावों के आकार और प्रकृति पर उनमें एकमत नहीं है; तथा न ही इस बात पर एकमत है कि कर-प्रणाली द्वारा किस प्रकार के प्रभाव उत्पन्न किए जाने का प्रयत्न किया जाना चाहिए। परंतु यह मत काफी लोकप्रिय है कि कर-प्रणाली का एक उद्देश्य उत्पादन साधनों के इष्टमत आवंटन ढाँचे की प्राप्ति होना चाहिए।

एक इष्टमत साधन आवंटन ढाँचे की मुख्य विशेषताएँ निम्नलिखित हैं:

- उत्पादन संसाधनों की प्रयुक्ति से संबद्ध कुछ शर्तों का निर्माण किया जाता है जिनके पूरा होने पर साधनों प्रयुक्ति-ढाँचे को इष्टतम स्थिति में माना जाता है।
- निर्मित शर्तों में से किसी एक अथवा एक से अधिक के पूरा न होने की दशा में संसाधनो के प्रयुक्ति-ढाँचे को इष्टतम स्थिति से विचलित माना जाता है।
- इष्टतम स्थिति से किसी प्रकार का विचलन समाज के लिए एक लागत (अहितकर) मान लिया जाता है।

- एक इष्टतम कर-प्रणाली की संरचना की निर्णय-प्रक्रिया काफी जटिल और कठिनाइयों से भरपूर होती है।
- इसमें कई प्रकार की कसौटियों, करों के प्रकारों और उनकी दर-सारणियों के चुनाव के अतिरिक्त अनेकों सैद्धांतिक अवधारणाओं के प्रयोग की आवश्यकता पड़ती है।
- इस प्रक्रिया में करों की बाह्यताओं एवं अन्य प्रभावों को भी घ्यान में रखना पड़ता है।
- अंतत: हम यह कहने को बाध्य हो जाते हैं कि एक सर्वमुखी इष्टतम कर-प्रणाली की संरचना कर पाना यदि असंभव नहीं तो अति कठिन अवश्य है।

उपरोक्त प्रकार से परिभाषित एक इष्टतम साधन आवंटन ढाँचे के तीन उदाहरण नीचे दिए गए हैं।

**उदाहरण 1 (Example 1)**—ऐसे इष्टतम आवंटन का एक उदाहरण 'पैरेटो-इष्टतम' (Pareto Optimum) के नाम से विख्यात है। इसमें उत्पादन संसाधन विभिन्न वैकल्पिक प्रयोगों में इस प्रकार आबंटित हाते हैं कि किसी एक वस्तु का उत्पादन किसी अन्य वस्तु का उत्पादन घटाए बिना बढ़ाना संभव नहीं होता। परंतु इष्टतम आवंटन की इस परिभाषा में एक भारी त्रुटि यह है कि विचाराधीन वस्तु में होने वाली वृद्धि किसी अन्य उत्पादन मद में होने वाली कमी से अधिक भी हो सकती है। यदि ऐसा हो तो संसाधनों के पुनराबंटन के फलस्वरूप कुल उत्पादन में निवल वृद्धि हो जाती है। स्पष्ट है कि ऐसा होने पर संसाधनों के पुनराबंटन से पूर्व की स्थिति को इष्टतम नहीं कहा जा सकता, जबकि पैरेटो-इष्टतम सिद्धांतानुसार उस स्थिति को इष्टतम कहा जाता है।

फिर भी उपर्युक्त संभावना पर विचार न करते हुए, पैरेटो-इष्टतम-स्थिति में इष्टतम कर-प्रणाली का एक प्रकार वह है जिसमें यह तटस्थ हो, अर्थात् जिससे आर्थिक निर्णय प्रभावित न होते हों। कुछ अर्थशास्त्रियों का यह कहना है कि ऐसे तटस्थ कराधान का एक रूप वह है जिस में कर-देयताएँ एक मुश्त (lump sum) राशियाँ हों। तर्क यह दिया जाता है कि एक मुश्त कर-देयताओं से उत्पादन की सीमांत लागत तथा उपभोक्ताओं की सीमांत उपयोगिता अप्रभावित रहती हैं। अत: आर्थिक निर्णयों में कोई अंतर नहीं पड़ता। परंतु इस तर्क में कई त्रुटियाँ हैं।

(क) इस तर्क में कर द्वारा होने वाले 'माँग पर आय के प्रभाव' (income effect on demand) पर विचार नहीं किया जाता। वस्तुस्थिति यह है कि कर की अदायगी के फलस्वरूप करदाताओं की वास्तविक आय घट जाती है जिसका सीधा प्रभाव उनकी माँग के ढाँचे पर पड़ता है।

(ख) वस्तुओं की सीमांत उपयोगिताएँ बराबर न होने के कारण जब माँग में परिवर्तन आता है तो सभी वस्तुओं की माँग समान रूप से प्रभावित नहीं होती।

(ग) इस तर्क में हमें यह पता नहीं चलता कि कुल कर-राजस्व के भार को करदाताओं में किस प्रकार विभाजित किया जाए।

(घ) करों का प्रभाव आय के वितरण तथा करदाताओं की कल्याण स्थिति पर भी पड़ता है। इससे भी वस्तुओं और सेवाओं की माँग प्रभावित होती है तथा उत्पादन साधनों के आवंटन में परिवर्तन हुए बिना नहीं रहता।

(ङ) पैरेटो-इष्टतम स्थिति में बाह्यताओं (externalities) के अस्तित्व तथा बचत और निवेश की दरों मे वृद्धि द्वारा आर्थिक विकास की संभावना का कोई स्थान नहीं है।

**उदाहरण 2 (Example 2)**—कई अर्थशास्त्री लाभ-आय पर लगाए गए कर को एक इष्टतम कर-प्रणाली के घटकों में गिनते हैं क्योंकि उनके तर्कानुसार इस कर का उत्पादन संसाधनों के आवंटन पर कोई प्रभाव नहीं पड़ता। उनका कहना है कि इस कर के लगाने के पश्चात भी वस्तुओं की उत्पादन लागतें तथा उनसे मिलने वाले संभावित लाभ की कर-पूर्व सापेक्षिक स्थिति बनी रहती है। इस कारण उत्पादनकर्ता संसाधनों को एक प्रयुक्ति से दूसरी प्रयुक्ति में हस्तांतरित करने का प्रयत्न नहीं करते। परंतु थोड़ा ध्यान देने पर पता चलता है कि यह तर्क त्रुटिपूर्ण है। जब लाभ-आय करारोपण के कारण घटती है तो इससे बचत हतोत्साहित तथा उपभोग व्यय प्रोत्साहित होते हैं, अर्थात् विकास प्रक्रिया क्षीण होती है। इसी प्रकार यह भी स्पष्ट है कि विकास प्रक्रिया में परिवर्तन आने पर विभिन्न निवेश मदों की सापेक्षिक लाभकारिता पूर्ववत नहीं रह सकती, जिससे संसाधन आवंटन का प्रभावित होना स्वाभाविक है। इन कारणों से उपर्युक्त कर को भी तटस्थ-प्रभावी नहीं कहा जा सकता।

मान लीजिए कि सरकार कुछ ऐसे कर खोज निकालती है, जो सचमुच में तटस्थ प्रभावी हैं। परंतु ऐसा होने पर भी प्रश्न उठता है कि क्या सरकार इनसे पर्याप्त कर राजस्व प्राप्त करने की आशा कर सकती है?

**उदाहरण 3 (Example 3)**—कई अर्थशास्त्रियों के मतानुसार यदि हम दो शर्तें पूरी कर सकें, तो परोक्ष करों की तटस्थता सुनिश्चित की जा सकती है। ये दो शर्तें निम्नलिखित हैं।

1. वस्तुओं/सेवाओं पर उनके मूल्यानुसार कर लगाया जाए; तथा
2. इस कर की दर सब वस्तुओं/सेवाओं के लिए एक समान हो।

परंतु इन शर्तों के पूरा होने पर भी परोक्ष कर तभी तटस्थ हो सकते हैं जब संसाधनों का वर्तमान प्रयोग-ढाँचा इष्टतम हो तथा उसमें परिवर्तन की कोई आवश्यकता न हो। वर्तमान ढाँचे के इष्टतम न होने पर उसे इष्टतम बनाने के लिए परोक्ष करों का प्रयोग आवश्यक हो जाता है। ऐसा होने के उपरांत भी कर-प्रणाली के इष्टतम होने में कई परिसीमाएँ हो सकती हैं जिनमें से निम्नलिखित मुख्य हैं।

- पैरेटो-इष्टतम-स्थिति में बाह्यताओं (अर्थात् अतिरिक्त अच्छे एवं बुरे प्रभावों) को अनदेखा किया जाना;
- बचत और निवेश की दरों में वृद्धि द्वारा आर्थिक विकास की प्रक्रिया को सक्षम बनाने की संभावना को अनदेखा करना;
- यह मानकर चलना कि सभी उपभोक्ताओं की सभी उपभोग वस्तुओं की माँग-लोचें बराबर हैं। वास्तविकता यह है कि कि उपभोक्ताओं की आय-आधारित माँग लोच में असमानता होती है। अतः एक इष्टतम कर-प्रणाली की रूपरेखा की संरचना करना और भी कठिन हो जाता है। अतः अधिकतर मामलों में कर-प्रणाली का उद्देश्य उसको तटस्थ बनाने के स्थान पर उसे उचित प्रभाविता प्रदान करना है, ताकि उसका प्रयोग संसाधन आवंटन में वाँछित परिवर्तन द्वारा आर्थिक विकास और सामाजिक कल्याण को प्रोत्साहित करने के लिए किया जा सके।

निष्कर्ष यह है कि इष्टतम कर-प्रणाली की अवधारणा, विश्लेषणात्मक स्तर पर अधूरी और व्यावहारिक स्तर पर कठिनाईयुक्त है। परंतु इन त्रुटियों के कारण इसे तज देना उचित नहीं है, क्योंकि समाज कल्याण तथा कार्य-क्षमता संबंधी कई ऐसे तथ्य हैं जिनको ध्यान में रखते हुए कर-प्रणाली को पहले से बेहतर बनाया जा सकता है।

- इष्टतम कर-प्रणाली का एक उद्देश उत्पादन संसाधनों का इष्टतम आवंटन है।
- परंतु संसाधनों के इष्टतम आवंटन को विविध प्रकार से परिभाषित किया जा सकता है और इन सभी परिभाषाओं में सिद्धांतिक और/अथवा व्यावहारिक त्रुटियाँ पाई जाती हैं।
- फिर भी समाज कल्याण और आर्थिक कार्यक्षमता के उद्देश्यों को ध्यान में रखते हुए कर-प्रणाली को अधिक हितकर बनाने का प्रयास किया जाना चाहिए।

## कर-देय क्षमता पर एक टिप्पणी

(A Note on Taxable Capacity)

### परिचय

**कर-देय क्षमता की अवधारणा सरकार द्वारा कर वसूल किए जा सकने की उच्चतम सीमा को व्यक्त करती है।** परन्तु इस बारे में एकमत नहीं है कि

- यह उच्चतम सीमा क्या है; तथा
- इसे कौनसे कारक निर्धारित करते हैं।

एकमत के इस अभाव का मुख्य कारण यह है कि कर-देय क्षमता की अवधारणा अनेक तथ्यों से गुंथी हुई है जिनमें लोगों की विचार-पद्धति, सरकार की राजकोषीय नीति, तथा नीतिकारों एवं विश्लेषणकारों द्वारा गिनवाए जाने वाले कर-प्रणाली के उद्देश्य आदि शामिल हैं। एक समस्या यह भी है कि कुछ अर्थशास्त्री सरकार को अर्थव्यवस्था का एक अभिन्न अंग **न** मानने की भूल भी करते रहे हैं।

## देय-क्षमता सिद्धांत से भिन्नता

कर-देय क्षमता (Taxable Capacity) की अवधारणा और देय-क्षमता सिद्धांत (Ability-to-Pay Principle) कई प्रकार से आपस में मिलते जुलते होने पर भी एक दूसरे से भिन्न हैं।

- कराधान के **देय-क्षमता सिद्धांत** में इन प्रश्नों के उत्तर ढूंढने का प्रयास किया जाता है कि
  - करदाताओं की सापेक्षिक कर-देयता कैसे निर्धारित की जाए; तथा
  - इस प्रकार कुल कर-राजस्व में से किस करदाता से कितना भाग वसूल किया जाए।
- इसके विपरीत **कर-देय क्षमता** की अवधारणा में इन प्रश्नों के उत्तर ढूँढने का प्रयास किया जाता है कि
  - *एक* विचाराधीन करदाता/करदाता-समूह/क्षेत्र आदि से अधिकतम कितना कर वसूला जा सकता है;
  - *समस्त* करदाताओं/करदाता-समूहों/क्षेत्रों से **सामूहिक तौर** पर अधिकतम कितना कर वसूला जा सकता है; तथा
  - इस प्रकार किन्हीं दो करदाताओं/करदाता-समूहों/क्षेत्रों की सापेक्षिक कर-देय क्षमता का अनुमान क्या है?

- कर-देय क्षमता (Taxable Capacity) की अवधारणा और देय-क्षमता सिद्धांत एक-दूसरे से मिलते-जुलते हुए भी एक दूसरे से भिन्न हैं।
- देय-क्षमता *सिद्धांत* में करदाताओं की सापेक्षिक देय-क्षमता निर्धारण करने के पश्चात एक पूर्वनिश्चित सकल कर राजस्व में उनके वैयक्तिक भाग तय किए जाते हैं।
- कर-देय क्षमता की अवधारणा के अनुसार करदाताओं **की** कर अदा करने की अधिक**तम परिशुद्ध** क्षमताएँ (अर्थात अधिकतम संभव परिशुद्ध कर-राशियाँ) अनुमानित की जाती हैं। इन अनुमानों के आधार पर उनकी सापेक्षिक कर-देयताएँ तय की जाती हैं, तथा पूर्वनिश्चित सकल कर-राजस्व में उनके वैयक्तिक भाग तय किए जाते हैं।

**कर-देय क्षमता** की अवधारणा का प्रयोग दो अर्थों में किया जाता है, अर्थात (क) सकल अथवा परिशुद्ध कर-देय क्षमता और (ख) सापेक्षिक अथवा तुलनात्मक कर-देय क्षमता।

ध्यानयोग्य है कि यदि करदाताओं की परिशुद्ध कर-देय क्षमताएँ अनुमानित हो जाने पर उनकी तुलनात्मक कर-देय क्षमताओं के अनुमान भी प्राप्त हो जाते हैं। अतः यहाँ पर हम **केवल परिशुद्ध कर-देय क्षमता पर विचार करेंगे।**

## परिशुद्ध कर-देय क्षमता (Absolute Taxable Capacity)

आर्थिक साहित्य में पूरे समाज की कर-देय क्षमता को राष्ट्रीय आय के एक **अनुपात** के रूप में आँके जाने की प्रथा है। अर्थात् इसका परिमापन बहुधा **(अनुमानित परिशुद्ध कर-देय क्षमता/राष्ट्रीय आय)** के रूप में दर्शाया जाता

है। इस परिमापन द्वारा यह जानने की चेष्टा की जाती है कि सरकार राष्ट्रीय आय का अधिक से अधिक कितना अनुपात कर के रूप में वसूल कर सकती है। परंतु समस्या यह है कि इस परिशुद्ध देय-क्षमता के अनुमान की कोई मानकीकृत विधि अथवा कसौटी उपलब्ध नहीं है। फलतः इसे **कई वैकल्पिक अर्थों** में लिया जा सकता है।

**1. एक छोर (One Extreme)**—इस मत को अपनाते हुए कि सरकार को समाज के समस्त संसाधनों को कर के रूप में वसूल करने का पूर्ण अधिकार है, समाज की संयुक्त कर देय-क्षमता इसके समस्त संसाधनों के बराबर बैठती है। साथ ही एक आधुनिक सरकार से यह अपेक्षा भी की जाती है कि वह सभी करदाताओं पर बिना भेदभाव के समान रूप से कर-नियम लागू करेगी। अतः किसी एक विचाराधीन करदाता के सभी संसाधन कर के रूप में तभी वसूल किए जाएँगे जब अन्य सभी करदाताओं के साथ ऐसा ही किया जा रहा हो। स्पष्ट है कि व्यावहारिकता के स्तर पर सरकार द्वारा पूरे समाज के समस्त संसाधनों को कर के रूप में हथियाने की अपेक्षा नहीं की जा सकती।

**2. अन्य कसौटियाँ (Other Criteria)**—कुछ विचारकों ने परिशुद्ध कर देय-क्षमता के अनुमान में करदाताओं के कुल संसाधनों के अतिरिक्त कुछ अन्य कसौटियों का भी प्रयोग किया है, यद्यपि वे मापनीय नहीं हैं।

• **निर्वाह-स्तर** की कसौटी के अनुसार करदाताओं के निर्वाह-स्तर से ऊपर की सारी आय उनकी परिशुद्ध कर-देय क्षमता के बराबर होती है। परंतु निर्वाह-स्तर की अवधारणा का कोई सर्वस्वीकार्य मापदंड उपलब्ध नहीं है, और यह लगातार परिवर्तनीय भी है।

• निर्वाह-स्तर की कसौटी के एक अन्य रूप को अपनाते हुए हम इस निष्कर्ष पर पहुँचे हैं कि करदाताओं के **प्रचलित रहन-सहन स्तर** के ऊपर की सारी आय कर के रूप में वसूल की जा सकती है। परंतु यहाँ भी हमें कई प्रकार की अस्पष्टता का सामना करना पड़ता है। सभी व्यक्तियों का प्रचलित रहन-सहन स्तर एक-सा नहीं होता। इसी प्रकार व्यवसायों के मामले में रहन-सहन की अवधारणा का कोई अर्थ नहीं बैठता। व्यक्तियों और कुटुम्बों के प्रचलित रहन-सहन को अनेक प्रकार के घटक प्रभावित करते हैं और इस कारण यह सदैव परिवर्तनीय होता है।

• एक अन्य मतानुसार कर-देय क्षमता कर की वह अधिकतम राशि है जिसकी वसूली से अर्थव्यवस्था पर **अत्यधिक दुष्प्रभाव** न पड़े। परन्तु यहाँ पर तीन बातें ध्यानयोग्य हैं। **प्रथम** यह कि इस कथनानुसार करों के केवल दुष्प्रभाव **ही** होते हैं, जबकि ऐसा नहीं है। कई करों के प्रभावों को हितकर भी माना जाता है। **द्वितीय** यह कि यहाँ पर 'अत्यधिक' शब्द का क्या अर्थ लगाया जाए? **तृतीय** बात यह है कि सरकारी गतिविधियों का अर्थव्यवस्था पर प्रभाव केवल कर-राजस्व की राशि पर ही निर्भर नहीं करता। जैसा कि हम पहले देख चुके हैं, यह प्रभाव करों के प्रकार, उनकी दरों तथा ऐसे अनेक घटकों के अतिरिक्त सरकार की व्यय-नीति से भी निर्मित होते हैं।

• एक अन्य मतानुसार कर-देय क्षमता, कर-राजस्व की वह मात्रा है जिसका करदाता **न्यूनतम संभव प्रतिरोध** करें। स्पष्ट है कि यह कथन भी अन्य कथनों की भांति ही त्रुटिपूर्ण है, क्योंकि करदाताओं का न्यूनतम संभव प्रतिरोध तो केवल शून्य ही हो सकता है जिसके तदनुरूप उनकी करदेयता भी शून्य होनी चाहिए।

• एक अन्य कथनानुसार कर-देय क्षमता, कर-राजस्व की वह मात्रा है जिसमें करदाताओं का **परित्याग शून्य** हो। स्पष्ट है कि इस कथनानुसार भी उनकी कर-देय क्षमता सदैव शून्य होगी।

• यह भी ध्यानयोग्य है कर-देय क्षमता का अर्थ कुछ भी लगाया जाए, कर-प्रणाली का अर्थव्यवस्था की उत्पादन क्षमता पर एक दीर्घकालीन प्रभाव पड़ने के फलस्वरूप यह सदैव परिवर्तनीय होती है।

- परिशुद्ध कर-देय क्षमता की अवधारणा को कई अर्थों में प्रयोग किया जाता है।
- वस्तुस्थिति यह है कि इस अवधारणा का कोई सर्वस्वीकार्य अर्थ उपलब्ध नहीं है।
- इस अवधारणा का अर्थ कुछ भी लगाया जाए, यह सदैव अनेक घटकों के कारण परिवर्तनीय होता है।
- यह भी एक सत्य है कि कर-देय क्षमता का संख्यात्मक अर्थ कुछ भी हो, यह कालांतर में स्थिर नहीं रहता, तथा कई कारकों पर निर्भर करता है।
- अमापनीय होते हुए भी इस अवधारणा का एक अपना औचित्य है।

## कर-देय क्षमता को प्रभावित करने वाले कारक

(Factors Influencing Taxable Capacity)

देश की कर-देय क्षमता का प्रमापन कुछ भी हो, यह सदैव अनेकों अल्पकालीन और दीर्घकालीन कारकों द्वारा प्रभावित होने के कारण लगातार परिवर्तनीय होती है। इनमें से कुछ मुख्य कारकों का वर्णन नीचे दिया गया है। इन कारकों की दशा-अभिव्यक्ति **तीन परिवर्तनीय एवं परस्पर निर्भर तथ्यों** पर निर्भर करती है:

(क) कर-दाताओं की आय एवं धन संपत्ति तथा उनका वितरण-ढाँचा,

(ख) करदाताओं की मनोस्थिति, तथा

(ग) कर-अदायगी से जुड़ी गतिविधियों की कष्टदायिता।

कर-देय क्षमता को प्रभावित करने वाले कारकों में आय और धन के स्तर तथा उनके वितरण का एक अग्रिम स्थान है, क्योंकि इससे आय की सीमांत उपयोगिता तथा करदाताओं के उपयोगिता परित्याग पर प्रभाव पड़ता है। यदि अर्थव्यवस्था में विकास की प्रक्रिया द्वारा राष्ट्रीय आय तथा प्रति व्यक्ति औसत आय आदि में वृद्धि हो रही हो तो भी कर-देय क्षमता बढ़ती है। इसी प्रकार यदि सरकार की राजकोषीय तथा केन्द्रीय बैंक की मौद्रिक नीतियों से अर्थव्यवस्था में स्थिरता आए तो भी कर-देय क्षमता में वृद्धि की आशा की जानी चाहिए, विशेषकर जब इन नीतियों के कारण रोज़गार और उत्पादन भी बढ़ रहे हों। इसी प्रकार विदेशी व्यापार तथा पूँजी की गतिशीलता का भी कर-देय क्षमता पर गहरा प्रभाव पड़ता है क्योंकि इनसे अर्थव्यवस्था की उत्पादन क्षमता तथा लागत-कीमत स्तर प्रभावित होते हैं। साथ ही इसी कर-प्रणाली में रखे गए करों तथा उनकी दरों आदि की भी बहुत महत्वपूर्ण भूमिका रहती है। यही भूमिका अदायगी की समय-सारिणी तथा अदायगी की कानूनी प्रक्रियाओं की है। इनसे भी करदाताओं की मनोस्थिति और परित्याग की भावना प्रभावित होती है जिससे उनकी कर-देय क्षमता में अंतर पड़ता है। यह धारणा भी काफी लोकप्रिय है कि अनर्जित आय, पूँजी लाभ तथा इसी प्रकार की अन्य मदों पर लगाए गए कर कम कष्टदायी होते हैं। करदाताओं के सामाजिक एवं राजनीतिक जीवन और विचार प्रणाली का एक अपना स्थान अलग रहता है। उदाहरणार्थ युद्ध आदि के दिनों में देश-भक्ति की भावना सबल हो जाती है तथा लोग अधिक कर अदा करने को तैयार हो जाते हैं। इसी प्रकार जब किसी विशेष राजनीतिक अथवा सामाजिक समस्या का प्रश्न हो तो करदाताओं की इच्छा-शक्ति में समुचित परिवर्तन आने की आशा की जानी चाहिए जिससे स्थिति के अनुसार कर-देय क्षमता बढ़ भी सकती है तथा घट भी सकती है। इस संदर्भ में सरकार की बजटीय व्यय-नीति की भूमिका भी कम महत्वपूर्ण नहीं होती। यदि करदाताओं के विचार में सरकार राजस्व का सदुपयोग कर रही है, तो उनकी कर-देय क्षमता भी बढ़ जाती है और इसके विपरीत अपव्यय होने की दशा में लोग कर की अदायगी को सरकार द्वारा शोषण की संज्ञा देने लगते हैं।

- कर-देय क्षमता अनेकों कारकों से प्रभावित होने के कारण लगातार परिवर्तनीय होती है।
- सरकार की समस्त बजटीय नीति और गतिविधियाँ, वितरणीय असमानताएँ, अर्थव्यवस्था का विकास स्तर और स्थिरता, रोज़गार के अवसर, तथा करदाताओं का सरकार की प्रशासनिक क्षमता के बारे मत आदि उनकी कर-देय क्षमता को प्रभावित करने वाले मुख्य कारकों में गिने जाते हैं।
- ये सभी कारक एक दूसरे से गुंथे होने के साथ-साथ परस्पर निर्भर रहते हैं।

इसके अतिरिक्त करदाताओं की दीर्घकालीन कर-देय क्षमता पर सरकार की समस्त आर्थिक, सामाजिक और राजनीतिक नीतियों का भी प्रभाव पड़ता है। यदि इन नीतियों के कारण आर्थिक विकास अवरुद्ध होता हो, तो देश की कर-देय क्षमता में दीर्घकालीन कमी आने की प्रबल संभावना होती है। इसी प्रकार करदाताओं की मानसिक स्थिति का भी उनकी कर-देय क्षमता पर गहरा प्रभाव पड़ता है। यदि करदाताओं के मतानुसार सरकार का प्रशासन न्यायोचित और सक्षम है तो वे अधिक कर अदा करने को सुगमता से तैयार हो जाते हैं।

## कर-देय क्षमता की अवधारणा की उपयुक्तता
(Relevance of the Concept of Taxable Capacity)

**एक निहित मान्यता (A Hidden Assumption)**—कर-देय क्षमता की अवधारणा की उपयुक्तता पर विचार करते हुए कई अर्थशास्त्री जब इसकी परिशुद्ध राशि पर विचार करते हैं, तो बहुधा उनकी एक निहित मान्यता यह रहती है कि राज्य अर्थव्यवस्था का एक अभिन्न अंग नहीं है। इस निहित मान्यता के अंतर्गत सरकार अपनी बजट संरचना में मुख्य रूप से केवल इस बात पर विचार करती है कि निजी क्षेत्र से कितना कर वसूला जा सकता है तथा इसे वसूलने का सर्वोत्तम ढंग क्या होना चाहिए।

**मस्ग्रेव का मत**–उपर्युक्त दृष्टिकोण से सहमत होना अति कठिन है। जैसा कि मस्ग्रेव का कहना है, सरकार को **अर्थव्यवस्था का एक अंग मानते हुए** यह प्रयत्न किया जाना चाहिए कि इसका बजट समूचे तौर पर सर्वाधिक संभव कल्याणकारी हो। ऐसे बजट में कर-प्रणाली से जुड़े प्रश्नों का समाधान बजट के व्यय-पक्ष को ध्यान में रखते हुए ही किया जाना चाहिए। इसमें सार्वजनिक ऋण संबंधी प्रश्नों का समाधान शामिल करना भी हितकर रहता है। उदाहरणार्थ केन्द्रीय बैंक से कितना उधार लिया जाए, कीमतों और रोजगार में स्थिरता लाने के लिए किन नीतियों का उपयोग किया जाए, आदि। मस्ग्रेव के अनुसार इन सारे प्रश्नों के संदर्भ में कर-देय क्षमता की अवधारणा **अर्थहीन होकर रह जाती है।** परंतु फिर भी मस्ग्रेव के इस विचार को विस्तृत करते हुए यह कहना चाहिए कि सरकार जितना भी कर-राजस्व जुटाने का निर्णय ले, इस भार का करदाताओं पर आवंटन यथासंभव उनकी सापेक्षिक कर-देय क्षमता के आधार पर ही होना चाहिए।

**निष्कर्ष (Conclusion)**—कर-देय क्षमता की परिशुद्ध तथा सापेक्षिक दोनों अवधारणाएँ काफी त्रुटिपूर्ण हैं। परंतु फिर भी व्यावहारिक स्तर पर सापेक्षिक (अथवा तुलनात्मक) कर-देय क्षमता की अवधारणा अधिक उपयोगी है। जब सरकार विभिन्न उद्देश्यों को ध्यान में रखते हुए कर-राजस्व की कोई राशि जुटाने का निर्णय ले लेती है तो इसे यह तय करना होता है कि इस कर-राशि का भार विभिन्न करदाताओं में किस प्रकार बाँटा जाए। यह कार्य किसी दृष्टिकोण से भी सरल नहीं है, परंतु फिर भी इस समस्या का कुछ न कुछ समाधान तो ढूँढ़ना ही पड़ता है। अत: अधिकतर मामलों में सामान्य जानकारी के आधार पर ही इस बारे में निर्णय ले लिए जाते हैं। इस कारण इन निर्णयों के बारे में मतभेद भी बने रहते हैं तथा इसके सुधार हेतु सुझावों की भी भरमार रहती है। अधिकतर

मामलों में इस क्रिया-प्रक्रिया के फलस्वरूप कर-प्रणाली एक जटिल रूप धारण कर लेती है जिसकी उपयोगिता संदेहजनक रहती है।

## कर-देय क्षमता की अवधारणा का भारत में प्रयोग (Use of the Concept in India)

भारत में इस अवधारणा के सापेक्षिक रूप का ही प्रयोग किया गया है और वह भी आँशिक रूप में।

1. स्थानीय सरकारों की कर-प्रणाली में इस अवधारणा को व्यावहारिक सीमाओं के कारण लगभग पूर्ण रूप से अनदेखा कर दिया जाता है तथा मुख्य उद्देश्य कर राजस्व की पर्याप्त वसूली ही हो जाता है।

2. इसी प्रकार राज्य सरकारें कई कर-क्षेत्रों को राजनीतिक तथा अन्य कारणों से कर-मुक्त रखने की नीति अपना लेती हैं। भू-राजस्व, तथा खेती आय पर आय-कर आदि राज्य सरकारों की इस नीति के मुख्य उदाहरण हैं।

3. भारत की केन्द्रीय सरकार अपनी कर-प्रणाली को कर-देय क्षमता के अनुकूल ढालने का दावा करती है। यदि इसके करों में से प्रत्यक्ष कर-वर्ग को लिया जाए, तो सरकार का दावा काफी ठीक प्रतीत होता है। सभी प्रत्यक्ष करों की दरें काफी प्रगामी हैं, तथा बचत आदि को प्रोत्साहित करने हेतु दी गई कर-छूटों का कर-प्रणाली के इस आयाम पर कोई विशेष प्रभाव नहीं पड़ता। इसी प्रकार परोक्ष करों की पश्चगामिता को कम करने के भी काफी प्रयास किए गए हैं। लगभग वे सब वस्तुएँ जो निम्न-आय वर्ग खरीदता है, कर-मुक्त रहती हैं जैसे कि कच्चा अन्न तथा अन्य खाद्य पदार्थ। इसी प्रकार अन्य उपभोग्य वस्तुओं पर कर लगाते समय भी सरकार का यह प्रयत्न रहता है कि हानिकारक (जैसे तंबाकू तथा अन्य नशीले पदार्थ) तथा सामान्यत: उच्च आय-वर्ग द्वारा ली जाने वाली वस्तुओं पर कर अधिक हों।

परंतु व्यावहारिकता के स्तर पर केन्द्रीय सरकार की कर-नीति में अनेकों त्रुटियाँ देखने को मिलती हैं। कई ऐसी वस्तुओं पर भी कर लगाया जाता है जो जन-साधारण की उपभोग सूची में आती हैं। साथ ही करों की बहुप्रचलित चोरी के कारण कर-देय क्षमता और कर-देयता में कोई सीधा संबंध नहीं बचा है। इसके अतिरिक्त हमारे देश में विभिन्न प्रकार की सेवाओं पर भी कर लगाने की नीति अपनाई जा चुकी है जिस का कर-देय क्षमता आयाम कुछ भी रुप ले सकता है।

4. भारत में कर-देय क्षमता की प्रयुक्ति का एक अन्य पहलू भी है। केन्द्र से वित्तीय साधन राज्यों को हस्तांतरित किए जाते हैं, जिनमें कुछ का हस्तांतरण वित्त आयोग की सिफारिशों पर किया जाता है। अपेक्षा यह की जानी चाहिए कि आयोग राज्यों की आर्थिक विषमताओं तथा उनकी असमान देय-क्षमता को ध्यान में रखते हुए अपनी सिफारिशों की रूपरेखा तय करेगा। परंतु वास्तविकता में ऐसा नहीं हो पाता। एक तो हमारे संविधान में इस बारे कोई स्पष्ट आदेश नहीं हैं तथा दूसरे इस संबंध में उपयुक्त आँकड़ों का भी अभाव है।

जहाँ तक राज्यों की सापेक्षिक कर-देय क्षमता के अनुमान का प्रश्न है, वित्त आयोग के समक्ष आँकड़ों के अभाव के अतिरिक्त अवधारणात्मक कठिनाइयाँ भी रही हैं। परिणामस्वरूप कर-देय क्षमता के अपूर्ण तथा भ्रामक अर्थों का भी प्रयोग होता रहा है। उदाहरणार्थ पाँचवें वित आयोग ने यह मत अपनाया कि किसी विचाराधीन राज्य की कर-देय क्षमता उसके वार्षिक उत्पाद के एक निश्चित अनुपात के बराबर होती है। इस विधि में स्पष्ट रूप से कई त्रुटियाँ हैं। इसमें कर-देय क्षमता को निर्धारित करने वाले अन्य सभी कारक अनदेखे रह जाते हैं। इन कारकों में शहरी आबादी का अनुपात, राज्य का औद्योगीकरण, अर्थव्यवस्था का मौद्रीकरण, आय एवं धन का वितरण, माँग का ढाँचा तथा प्रशासनिक कार्यक्षमता आदि शामिल हैं। इस विधि में एक विशेष त्रुटि यह है कि यह कम आय वाले राज्यों के लिए अधिक बोझिल है।

5. सातवें वित्त आयोग ने इस विधि में एक महत्वपूर्ण संशोधन करते हुए राज्यों की आयों को उनकी देय-क्षमता का आधार बनाया, तथा उनके राजस्वों को उनकी आयों पर प्रतिगमित (regress) किया।

6. नवें वित्त आयोग ने दो वैकल्पिक विधियों का वर्णन किया।

## (क) समुच्चित समाश्रयण विधि (Aggregate Regression Approach)

इस समाश्रयण (regression) विधि में निर्धारित चर के स्थान पर कुल कर-राजस्व अथवा प्रति व्यक्ति कर-राजस्व लिया जाता है, तथा निर्धारक चरों का स्थान कुछ मुख्य 'क्षमता सूचकांकों' को दिया जाता है जैसे कि प्रति व्यक्ति आय अथवा उपभोग, शहरी आबादी का अनुपात, मौद्रीकरण का स्तर, आय का अंतर्वैयक्तिक वितरण तथा अर्थव्यवस्था का ढाँचा। इस बहुविध समाश्रयण (multiple regression) का रूप रेखाकार (linear) अथवा रैखिक-भिन्न (non-linear) कोई भी हो सकता है। समाश्रयण के गुणांकों के मूल्य करों की औसत प्रभावी दरों का प्रतिनिधित्व करते हैं। तत्पश्चात किसी राज्य विशेष की कर-देय क्षमता (regression coefficients) अनुमानित समीकरण (equation) में निर्धारक चरों (explanatory variables) के मूल्य रखने से मिल जाती है।

इस विधि में त्रुटियाँ तथा गुण दोनों ही हैं। गुणों के दृष्टिकोण से यह कहा जा सकता है कि इस में आँकड़ों के सीमित योग फलों (disaggregation) का प्रयोग किया जा सकता है तथा इस में कर आधारों की आपसी निर्भरता भी अनदेखी नहीं रह जाती। इसमें कर आधारों के आकार को भी सक्रिय भूमिका प्रदान की जाती है। त्रुटियों के दृष्टिकोण से यह कहा जा सकता है कि इसमें कर आधारों अथवा उनके प्रतिस्थापकों की वास्तविक राशियों को न लेकर क्षमता-सूचकांकों को लिया जाता है। इसके अतिरिक्त यदि इस विधि में प्रत्येक कर के लिए अलग-अलग समाश्रयण के समीकरण (regression equation) का अनुमान लगाया जाए तो करों की आपसी निर्भरता भी अछूती रह जाती है।

## (ख) प्रतिनिधि कर-प्रणाली विधि (Representative Tax System)

इस विधि में सभी राज्यों को किसी एक विचाराधीन कर से प्राप्त हुए कुल राजस्व को उसी कर की कुल आधार राशि के अनुपात के रूप में अनुमानित किया जाता है, तथा उसी अनुमानित अनुपात को उस कर की **प्रभावी दर** की संज्ञा दी जाती है। तत्पश्चात देश भर की इस औसत दर से किसी भी राज्य की उस कर के लिए परिशुद्ध देय-क्षमता अनुमानित की जा सकती है। स्पष्ट है कि **यह प्रभावी दर अखिल भारतीय औसत दर है।** उदाहरण के लिए शराब पर उत्पादन शुल्क को लीजिए। (सभी राज्यों द्वारा प्राप्त किया गया शराब पर उत्पादन शुल्क)/(सभी राज्यों में उत्पादित शराब का मूल्य) का अनुपात एक औसत दर अथवा प्रभावी दर है। इस अनुपात को विचाराधीन राज्य में उत्पादित शराब के मूल्य से गुणा करने पर उस राज्य की शराब से उत्पन्न कर-देय क्षमता है। इस प्रकार विचाराधीन राज्य की कुल कर-देय क्षमता का अनुमान सभी करों की अनुमानित कर-देय क्षमताओं का जोड़ होती है।

इस विधि की दो मुख्य त्रुटियाँ हैं। पहली त्रुटि विचाराधीन कर की 'प्रभावी दर' के अनुमान से संबंधित है। कर-देय क्षमता उस कर से सर्वाधिक संभव प्राप्य राशि होनी चाहिए, न कि वास्तविक प्राप्त राशि। इस विधि की यह भ्रामक मान्यता है कि देश भर की कर-देय क्षमता उस कुल कर-राजस्व के बराबर है जो **वास्तव** में वसूल किया जा रहा है, जब कि हम जानते हैं कि कई करों की दरें गैर-आर्थिक कारकों के फलस्वरूप कम रखी जाती हैं, कई करों की चोरी भी होती है तथा कई कर ऐसे भी होते हैं जिन्हें लगाया नहीं जाता।

इस विधि की दूसरी मुख्य त्रुटि यह है कि इसमें अंतर्राज्यीय आर्थिक तथा अन्य अंतरों को कोई स्थान नहीं दिया जाता। एक विचाराधीन कर आधार, कुल आय, कुल उत्पादन, कुल बिक्री मूल्य इत्यादि के अतिरिक्त कई अन्य घटकों पर भी निर्भर करता है, जिन पर विचार किए बिना इसका उचित अनुमान नहीं लगाया जा सकता।

बाद के वित्त आयोगों तथा अन्य सरकारी एजेंसियों द्वारा भी अंतर्राज्यीय कर-देय क्षमता के अनुमान हेतु उपर्युक्त विधियों के ही विभिन्न आकार प्रकारों का प्रयोग किया गया है।

## **शब्दावली** (Key Words)

1. कार्य-साधक सिद्धांत (expediency theory); 2. सामाजिक-राजनीतिक सिद्धांत (socio-political theory); 3. हित-प्राप्ति सिद्धांत (benefits-received theory); 4. सेवा-लागत सिद्धांत (cost-of-service theory); 5. देय-क्षमता सिद्धांत (ability-to-pay theory); 6. लिण्डाह्ल द्वारा प्रस्तावित समाधान (Lindahl's solution); 7. संपत्ति (property); 8. उपभोग व्यय (consumption expenditure); 9. कर-योग्य आय (taxable income); 10. निवल आय (net income); 11. देय-क्षमता के वस्तुपरक सूचकांक (objective indices of ability-to-pay); 12. देय-क्षमता के आत्मनिष्ठ सूचकांक (subjective indices of ability-to-pay); 13. समान परिशुद्ध परित्याग (equal absolute sacrifice); 14. समान आनुपातिक परित्याग (equal proportional sacrifice); 15. समान सीमांत परित्याग (equal marginal sacrifice); 16. आय असमानता की स्थिरता (stability of income inequalities); 17. आय का उपयोगिता फलन (income utility function); 18. इष्टतम कर प्रणाली (optimum tax system); 19. परिशुद्ध और तुलनात्मक कर-देय क्षमता (absolute and relative taxable capacity); 20. समुच्चित समाश्रयण विधि (aggregate regression approach); 21. प्रतिनिधि कर-प्रणाली विधि (representative tax system)।

## अभ्यास प्रश्न

1. क्या सरकार को अपनी कर-नीति की संरचना कर-सिद्धांतों के आधार पर करनी चाहिए? क्या ऐसा कर पाना संभव है?
2. आप एक आधुनिक सरकार को किन कर-सिद्धांतों की सिफारिश करेंगे? तर्क सहित उत्तर दें।
3. इस कथन की उदाहरणों सहित व्याख्या करें कि 'हर कर सिद्धांत के उद्गम के पीछे कुछ निहित कारण और अवधारणाएँ रहती हैं'।
4. कराधान के कार्यसाधक और सामाजिक-राजनीतिक सिद्धांतों पर एक विस्तृत नोट लिखें। क्या ये सिद्धांत इस योग्य हैं कि एक आधुनिक सरकार उनके आधार पर अपनी कर-प्रणाली की संरचना करे, अथवा उन्हें एक मुख्य स्थान दे?
5. हित-प्राप्ति के कर-सिद्धांत पर एक व्याख्यात्मक नोट लिखें। इसे अपनाने में कौन सी कठिनाइयों का सामना करना पड़ता है?
6. क्या आप हित-प्राप्ति सिद्धांत की इस सिफारिश से सहमत हैं कि करदाताओं की करदेयता सार्वजनिक व्यय से हित प्राप्ति के अनुपात में निर्धारित की जानी चाहिए?
7. हित-प्राप्ति कर-सिद्धांत द्वारा एक कर के भार को करदाताओं में आबंटित करने की समस्या का समाधान-आधार क्या है? तर्क सहित व्याख्या करें।
8. हित-प्राप्ति सिद्धांत के अनुसार कर-भार को करदाताओं में आबंटित करने की मूल समस्या की रूपरेखा क्या है? इस संदर्भ में लिण्डाह्ल द्वारा सुझाए गए समाधान की व्याख्या करें, तथा इसका विश्लेषणात्मक मूल्यांकन करें।
9. हित-प्राप्ति सिद्धांत का विवेचन करते हुए इसका गहन मूल्यांकन करें।

10. कराधान के सेवा-लागत सिद्धांत की संक्षिप्त व्याख्या करें। क्या यह सिद्धांत एक आधुनिक सरकार के लोक कल्याण और विकासात्मक कार्यक्रमों में सहायता दे सकता है? कारणों सहित उतर दें।
11. कर का देय-क्षमता सिद्धांत क्या है? देय-क्षमता का मापन कहाँ तक संभव है?
12. देय-क्षमता के कर सिद्धांत पर एक व्याख्यात्मक नोट लिखें।
13. देय-क्षमता के कर सिद्धांत के सर्वाधिक लोकप्रिय होने के क्या कारण हैं? क्या आप के विचार में एक आधुनिक कर-प्रणाली में इस सिद्धांत के स्थान पर किसी अन्य सिद्धांत को प्राथमिकता दी जानी चाहिए? तर्क सहित उत्तर दें।
14. देय-क्षमता को मापने के लिए वैकल्पिक वस्तुनिष्ठ सूचकांकों की तुलना करें। क्या कर-प्रणाली की संरचना में अन्य सब को छोड़ कर किसी एक सूचकांक को अपनाया जा सकता है?
15. कई विचारकों के मतानुसार देय-क्षमता के अर्थपूर्ण मापन के लिए आत्मनिष्ठ सूचकांक ही उपयुक्त रहते हैं। आप का इस बारे में क्या विचार है? तर्क सहित उतर दें।
16. देय-क्षमता के मापन में वैकल्पिक आत्मनिष्ठ सूचकांकों का विवेचन करते हुए उनकी व्यावहारिकता एवं कार्य-साधकता पर अपने विचार प्रकट करें।
17. औसत और सीमांत उपयोगिता परित्याग की अवधारणाओं का प्रयोग करते हुए 'समान परित्याग' के विभिन्न अर्थों का विस्तृत विवेचन करें।
18. कर-भार के आवंटन में 'न्यायक समता' का क्या अर्थ है? इसका कर-प्रणाली के प्रगामीपन से क्या संबंद्ध है?
19. एक इष्टतम कर-प्रणाली की अवधारणा तथा इस की संरचना में कठिनाइयों पर एक विस्तृत नोट लिखें।
20. एक कर-प्रणाली की संरचनात्मक नम्यता का क्या अर्थ है, तथा इसे सुनिश्चित करने में क्या कठिनाइयाँ आती हैं?
21. इस कथन का तर्क सहित अध्ययन करें कि एक इष्टतम कर प्रणाली की संरचना असंभव है।
22. कर-देय क्षमता की अवधारणा का क्या अर्थ लिया जा सकता है? इसके परिशुद्ध और तुलनात्मक आयामों की व्याख्या करें।
23. यह कहना कहाँ तक ठीक है कि कर-देय क्षमता के अमापनीय होने के बावजूद एक उत्तम आधुनिक कर-प्रणाली की बुनियाद केवल इसी पर ही रखी जा सकती है?
24. "किसी एक करदाता अथवा करदाताओं के समूह की कर-देय क्षमता एक परिशुद्ध मात्रा नहीं हो सकती। यह एक परिवर्तनीय मात्रा है और इसे कई घटक प्रभावित करते हैं।" इस कथन की पुष्टि करें।
25. भारत में अंतर्राज्यीय कर-देय क्षमता के मापन पर एक नोट लिखें।
26. भारत जैसे देश में कर-प्रणाली को यथासंभव इष्टतम बनाने के लिए किन बातों को सुनिश्चित करना जरूरी है?
27. निवल आय की अवधारणा और इसके देय-क्षमता के सूचकांक के रूप में प्रयोग पर एक नोट लिखें।
28. यह कहना कहाँ तक ठीक है कि कर प्रणाली में सुधार के प्रयास भी बहुधा इसे अधिक जटिल बनाने में सहायक होते हैं?

## अध्याय 7

# करों का वर्गीकरण और चुनाव

## (Classification of Taxes and Their Selection)

**इस अध्याय में**

- एक आदर्श कर-प्रणाली की संरचना हेतु करों का चुनाव करना और उनका सापेक्षिक महत्व तय करना लोक वित्त के अध्ययन का एक बुनियादी अंग है।
- इस निर्णय-प्रक्रिया में करों की व्यैक्तिक विशेषताओं, समाज और अर्थव्यवस्था के उद्देश्यों की प्राप्ति में उनका योगदान तथा उनमें आपसी टकराव एवं तालमेल आदि के मुद्दे आते हैं।
- इस अध्याय में, समाज और अर्थव्यवस्था के परिवर्तनीय लक्ष्यों के संदर्भ में, करों के छ: मुख्य प्रकारों/वर्गों की उपयोगिता, उनके सैद्धांतिक औचित्य, और उनकी त्रुटियों पर विचार किया गया है, अर्थात्
  1. एकल *बनाम* बहुविध कर ढाँचा (Single *vs* Multiple Tax System);
  2. आरोही, अनुपाती एवं अवरोही कर (Progressive, Proportional and Regressive Taxation);
  3. प्रत्यक्ष *बनाम* परोक्ष कर (Direct *vs* Indirect Taxes);
  4. मूल्यवर्धन कर (Value-added Taxation);
  5. व्यय कर (Expenditure Tax); तथा
  6. पूँजी लाभ कर (Capital Gains Tax)
- उन कारणों पर भी विचार किया गया है जिनके परिणामस्वरूप चाहते हुए भी एक आदर्श कर-प्रणाली की संरचना नहीं की जा सकती।

## परिचय (Introduction)

**अध्ययन का उद्देश्य**—इससे पूर्व एक उत्तम कर-प्रणाली की उन विशेषताओं पर विचार किया जा चुका है जिनके होने से समाज द्वारा चयित उद्देश्यों की प्राप्ति में सहायता मिलती है। परंतु उपरोक्त विवेचन में इस प्रश्न-समूह का स्पष्ट उत्तर नहीं मिलता कि वैकल्पिक चयनीय करों में से किन को अपनाया जाना चाहिए तथा उनकी दरों आदि का निर्धारण किस प्रकार किया जाना चाहिए। अत: इस अध्याय में विभिन्न करों की उन विशेषताओ एवं कमियों पर विचार किया गया है जो वितरणीय न्याय, कार्यकुशलता, सरलता तथा संसाधन आवंटन आदि के उद्देश्यों से जुड़ी हैं।

**आदर्श स्थिति**—एक आदर्श कर-प्रणाली वह है जिसमें-

- प्रत्येक कर सर्वमान्य सामाजिक और आर्थिक उद्देश्यों में से कुछ की प्राप्ति में सहायक हो;

- जिसमें चयनित करों में किसी प्रकार का विरोधाभास न हो; तथा
- अधिकारियों के लिए यह तय करना संभव हो कि कर-प्रणाली में किस कर-विशेष का कितना योगदान हो।

**प्राप्ति की संभावना**–परंतु वास्तविकता में कई कारणों के फलस्वरूप ऐसी आदर्श स्थिति की प्राप्ति की संभावना लगभग शून्यतुल्य होती है।

- अधिकतर मामलों में विभिन्न करों के हितकर और अहितकर प्रभावों में आपसी टकराव को दूर नहीं किया जा सकता।
- अत: करों के चयन में इनके प्रभावों के संतुलन की समस्या बनी रहती है तथा कर-प्रणाली के निवल-हित को अधिकतम संभव स्तर पर लाने में सफलता नहीं मिलती।
- करों की चुनाव-प्रक्रिया में सरकार को विभिन्न सामाजिक, वार्गिक और राजनीतिक हितों और मुद्दों का ध्यान रखना पड़ता है।
- बदलती परिस्थितियों के कारण प्रत्येक कर-प्रणाली का दीर्घकालीन औचित्य समाप्त हो जाता है और इसे संशोधित करने की आवश्यकता पड़ती रहती है।
- वर्तमान त्रुटिपूर्ण कर-प्रणाली को हटाकर इसके स्थान पर एक आदर्श आधुनिक कर-प्रणाली को **एकदम** अपनाने की सिफारिश नहीं की जा सकती, क्योंकि पश्चायुक्त कर-प्रणाली के अति जटिल होने के कारण ऐसा करने के कई विघटनकारी परिणाम हो सकते हैं। इसके अतिरिक्त अनेक आर्थिक, राजनीतिक, और सामाजिक शक्तियाँ इस कार्य में बाधक होती हैं।

- एक आदर्श कर-प्रणाली की संरचणा उससे संबद्ध उद्देश्यों से जुड़ी रहती है।
- व्यावहारिक स्तर पर इसकी रूपरेखा पूर्ण रूप से सैद्धांतिक आदर्शों के अनुरूप नहीं हो पाती।
- अनेक बाधाओं के कारण कर-प्रणाली में यथोचित संशोधन एक चरणबद्ध प्रक्रिया द्वारा ही संभव है।

## 1. एकल *बनाम* बहुविध कर-प्रणाली (Single *vs* Multiple Tax System)

**"एकल कर-प्रणाली में केवल एक ही कर होता है, जब कि बहुविध कर-प्रणाली में एक साथ दो या दो से अधिक कर होते हैं।"**

## एकल कर-प्रणाली (Single Tax System)

पुराने दिनों में कई विचारकों द्वारा अनेक तर्काधार पर एकल कर-प्रणाली की ज़ोरदार सिफारिश की जाती रही है। इसके मुख्य रूप से दो कारण रहे हैं। एक यह कि ये विचारक एक आधुनिक अर्थव्यवस्था की कार्यप्रणाली की जटिलताओं से अनभिज्ञ थे, तथा दूसरा यह कि उनका 'कर आपतन के केन्द्रीकरण सिद्धांत' में विश्वास था। उनके इस तर्क में किसी अंश तक संकल्पनात्मक तथा विश्लेषणात्मक त्रुटियों का भी योगदान दृष्टिगोचर होता है। उदाहरणार्थ डी मार्को का कहना था कि एकल कर-प्रणाली मे किसी करदाता की करदेयता में कोई अनिश्नितता नहीं बचती, इसका भार-वितरण न्यायसंगत होता है तथा इसकी वसूली लागत भी कम होती है।

परंतु इस प्रकार के तर्कों को कई प्रकार से खंडित किया जा सकता है। सबसे बड़ी समस्या विभिन्न वैकल्पिक करों में से उस कर को चुनने की होती है जो सकल कर-प्रणाली के उद्देश्यों को एक साथ प्राप्त करने की क्षमता

रखता हो। इस कथन की पुष्टि के लिए सुझाए गए करों में से हम दो बहुचर्चित एकल करों पर बारी-बारी से विचार करेंगे।

### (क) व्यक्ति कर अथवा मथौत कर (Poll Tax)

इस कर का आधार किसी व्यक्ति की आय, व्यय, संपत्ति अथवा उसकी कोई गतिविधि (जैसे कि उत्पादन, लेन-देन) आदि न होकर उसका अस्तित्व मात्र होता है। **इस कर-प्रणाली में प्रत्येक वयस्क व्यक्ति की कर-देयता एक समान होती है।** केवल यह हो सकता है कि कुछ व्यक्तियों (जैसे बूढ़ों तथा रोगियों) को कर-मुक्त रखा जाए।

**पक्ष में तर्क** (Arguments For)

- व्यक्ति-कर अति "न्यायपूर्ण" होता है क्योंकि इसमें प्रत्येक करदाता की करदेयता, बिना किसी भेद-भाव के, एक समान होती है।
- व्यक्ति-कर से अर्थव्यवस्था की कार्यप्रणाली पूर्ण रूप से अप्रभावित रहती है। इस तर्कानुसार सभी करदाताओं पर कर का एक बराबर भार पड़ने के कारण उनकी प्रयोज्य आय (disposable income) में एक बराबर कमी होने के कारण माँग और पूर्ति के **ढाँचे** अपरिवर्तित रहते हैं तथा उत्पादन संसाधनों का आवंटन पूर्ववत बना रहता है।
- व्यक्ति-कर की दर को राजस्व की आवश्यकता के अनुसार घटाया-बढ़ाया जा सकता है।
- इस कर-प्रणाली मे समाज के हर सदस्य का सरकार के राजस्व में योगदान सुनिश्चित रहता है। इससे कर-प्रणाली का फैलाव विस्तृत होता है तथा करदाताओं में सरकार की गतिविधियों के बारे जागरूकता आती है।

**विपक्ष में तर्क** (Arguments Against)

थोड़ा सा विचार करने पर उपर्युक्त तर्कों का खोखलापन लगभग स्वस्पष्ट हो जाता है-

- स्मरणीय है कि प्रत्येक समाज में किसी हद तक आय एवं धन की वितरणीय असमानताएँ होती हैं। सामाजिक न्याय के दृष्टिकोण से इन असमानताओं को घटाना चाहिए जब कि व्यक्ति-कर द्वारा इनमें वृद्धि होती है।
- विभिन्न व्यक्तियों की आवश्यकताओं (तथा इस कारण आय की सीमांत उपयोगिता) में असमानता रहती है। इस कारण सभी करदाताओं की आय को एक बराबर घटाने से कम आय वाले व्यक्तियों पर अधिक बोझ पड़ता है, अर्थात उनका उपयोगिता परित्याग अधिक होता है।
- यह कर देय-क्षमता के सिद्धांत के विरुद्ध जाता है क्योंकि इसका करदाताओं की कर देय-क्षमता से कोई संबंध नहीं होता। बेरोज़गार तथा अति निर्धन व्यक्ति को भी उतना ही कर देना पड़ता है जितना कि एक अति धनी व्यक्ति को। इसी प्रकार इस कर-प्रणाली में परिवार के आकार तथा व्यय संबंधी अन्य आवश्यकताएँ भी अनदेखी रहती हैं।
- व्यक्ति-कर, हित-प्राप्ति सिद्धांत का भी खंडन करता है।
- यह धारणा एकदम गलत है कि व्यक्ति-कर से माँग और पूर्ति के ढाँचे प्रभावित नहीं होते तथा उत्पादन साधनों का प्रयुक्ति-ढाँचा पूर्ववत बना रहता है। वास्तविकता यह है कि वस्तुओं की आय-माँग लोच के परिमापन असमान होते हैं। कर कैसा भी हो, उसकी अदायगी से करदाता की प्रयोज्य आय (disposable income) घटती है, जिससे उसके माँग ढाँचे पर कुछ-न-कुछ प्रभाव अवश्य पड़ता है। करदाता की करोपरांत आय

जितनी घटेगी, उसके माँग-ढाँचे पर उतना ही गहरा प्रभाव पड़ेगा। अत: इस कर से निर्धन व्यक्तियों के माँग ढाँचे अधिक प्रभावित होते हैं और उन पर इसका बोझ भी अधिक पड़ता है।

- प्रशासनिक गतिविधियों के फैलाव के कारण एक आधुनिक सरकार की राजस्व आवश्यकता काफी अधिक होती है। अत: यह एक भ्रामक धारणा है कि इसे केवल व्यक्ति-कर से पर्याप्त राजस्व-प्राप्ति हो सकती है। ऐसा होने के लिए इस कर की दर को अनैतिक स्तर तक ऊँचा रखना पड़ सकता है तथा इससे निम्न आय वर्ग के लोगों पर असह्य बोझ पड़ सकता है। संभव है कि कुछ करदाताओं की करदेयता उनकी आय के बराबर अथवा इससे भी अधिक हो।
- इस कर की वसूली लागत अनुचित रूप से अधिक होती है। प्रशासनिक तंत्र में फैलाव तथा करदाताओं की संख्या की अधिकता के कारण भी कई समस्याएँ उत्पन्न होती हैं।
- एक आधुनिक सरकार अपनी कर-नीति द्वारा समाज और अर्थव्यवस्था में कई प्रकार से सुधार लाने की इच्छुक होती है। व्यक्ति-कर से इस उद्देश्य-प्राप्ति में कोई सहायता नहीं मिलती।

- व्यक्ति-कर अथवा मथौत कर में प्रत्येक करदाता की परिशुद्ध करदेयता एक बराबर होती है।
- इसके पक्ष में दिए जाने वाले सभी तर्क एक विस्तृत दायित्वों वाली आधुनिक सरकार के संदर्भ में भ्रामक और गलत सिद्ध होते हैं।
- मथौत कर अति सरल होने के बावजूद अनेक त्रुटिं की खान है। एक आधुनिक समाज में इसका कोई स्थान नहीं बनता और न ही यह एक आधुनिक सरकार द्वारा अपनाए जाने योग्य है।

### (ख) भूमि लगान पर कर (Tax on Land Rent)

एकल कर का दूसरा बहुचर्चित रूप भूमि लगान पर कर है जिसकी अठाहरवीं शताब्दी में भौतिकवादियों (Physiocrats) ने सिफारिश की थी। उनके सैद्धांतिक तर्कानुसार-

- सभी करों का अंतिम आपतन किसी न किसी आर्थिक अधिशेष (economic surplus) पर ही होता है; तथा
- आर्थिक अधिशेष पूरी अर्थव्यवस्था में केवल भूमि के लगान के रूप में ही पाया जाता है।

पुराने दिनों में अर्थव्यवस्था में उत्पादन का मुख्य स्रोत खेती होने के कारण इस तर्क में काफी दम था क्योंकि व्यापार तथा घरेलू उद्योगों से कुछ विशेष राजस्व मिलने की आशा नहीं की जा सकती थी। परंतु कालांतर में कई अन्य आर्थिक गतिविधियों से भी आर्थिक अधिशेष की अपेक्षा की जाने लगी तथा कर के अन्य स्रोतों का औचित्य भी अग्रसर होता गया।

उन्नीसवीं शताब्दी में हेनरी जार्ज (Henry George) नामक एक लेखक ने अपनी सुविख्यात पुस्तक (Progress and Poverty, 1879) में एकल कर की ज़ोरदार सिफारिश की थी। इस संदर्भ में जार्ज ने भूमि के 'आर्थिक लगान'/अनर्जित वृद्धि (unearned increment/economic rent) तथा श्रम और पूँजी से प्राप्त आय में भेद दर्शाते हुए कहा था कि श्रम और पूँजी से आय श्रमिकों और निवेशकर्ताओं के प्रयत्नों तथा अन्य उत्पादक गतिविधियों के फलस्वरूप प्राप्त होती है। इसके विपरीत सामाजिक विकास के साथ-साथ भूमि की कीमतें भू-स्वामियों के किसी प्रयत्न के बिना ही बढ़ती जाती हैं। **भू-स्वामियों की यह प्राप्ति आर्थिक लगान की भांति श्रम विहीन तथा अनर्जित वृद्धि होती है।** अत: समाज का यह पूरा अधिकार बनता है कि इस वृद्धि को करारोपण द्वारा

वसूल कर ले। इससे यह अनर्जित वृद्धि बिना किसी हानि के समस्त समाज के हितार्थ प्रयुक्त की जा सकती है। स्पष्ट है कि इस कर के समर्थक इसकी दर को अनर्जित वृद्धि (आर्थिक लगान) के 100% प्रति वर्ष पर लगाने की सिफारिश करते थे। जार्ज के सुझाव को किसी भी देश में सरकार द्वारा पूरी मान्यता प्राप्त नहीं हुई परंतु इसके पक्ष में तर्क दिए जाते रहे।

**विपक्ष में तर्क**–आधुनिक स्थिति में आर्थिक लगान पर एकल कर तक सीमित रहने से निम्नलिखित सहित कई समस्याओं का सामना करना पड़ता है।

- सर्वप्रथम समस्या आर्थिक लगान (अनर्जित वृद्धि) के प्रमापन की है। भूमि की कीमत में समस्त वृद्धि के अनर्जित होने की संभावना शून्यतुल्य होती है। इस वृद्धि में बहुधा श्रम और निवेश का भी योगदान रहता है। इसी प्रकार जब सभी कीमतें बढ़ रही हों तो भूमि की कीमत में वृद्धि भी अपेक्षित है।
- अनर्जित वृद्धि का अस्तित्व केवल भूमि की बढ़ती कीमतों में ही नहीं, प्रत्युत वित्तीय परिसंपत्तियों सहित अन्य सभी प्रकार की संपत्तियों में भी पाया जाता है। इस कारण केवल भूमि से ही इस कर को वसूलने का औचित्य नहीं बनता।
- आधुनिक सरकारों की राजस्व आवश्यकताएँ इतनी अधिक होती हैं कि केवल भूमि की अनर्जित वृद्धि पर करारोपण द्वारा उन्हें पूरा नहीं किया जा सकता।
- संभव है कि भूमि की समस्त अनर्जित वृद्धि को कर के रूप में वसूले जाने पर इसकी माँग और कीमतों में बढ़ोतरी होना रुक जाए। ऐसा होने की स्थिति में न केवल अर्थव्यवस्था की उत्पादिता दुष्प्रभावित होगी, प्रत्युत सरकार का प्राप्य कर-राजस्व भी घटेगा।

निष्कर्ष यह निकलता है कि अपवाद रहित सभी प्रकार की अनर्जित वृद्धि पर करारोपण को ही युक्तिसंगत ठहराया जा सकता है। परंतु फिर भी कर-प्रणाली में किसी एक कर पर निर्भर करना ठीक नहीं कहा जा सकता।

- अनर्जित वृद्धि पर करारोपण का सैद्धांतिक औचित्य स्थापित किया जा सकता है।
- परन्तु कर-प्रणाली को अनर्जित वृद्धि के किसी एक प्रकार (अथवा सभी प्रकारों) तक सीमित रखने का कोई औचित्य नहीं बनता।
- इस प्रकार के एकल कर के अनेकों दुष्परिणाम गिनवाए जा सकते हैं।

## 2. बहुविध कर-प्रणाली (Multiple Tax System)

**अर्थ**–एक बहुविध कर-प्रणाली वह है जिसमें सरकार द्वारा दो या दो से अधिक कर वसूले जा रहे हों। आजकल किसी ऐसी सरकार को ढूंढ पाना लगभग असम्भव है जिसकी कर-प्रणाली में बहुत से कर न हों। इसके अतिरिक्त प्रत्येक बहु-विध कर-प्रणाली की अपनी विशेषताएँ होती हैं, जो इसे अन्य ऐसी प्रणालियों से अलग करती हैं।

**पक्ष में तर्क**–एकल कर प्रणाली की त्रुटियों पर विचारोपरांत हम इस निष्कर्ष पर पहुँचते हैं कि एक आधुनिक सरकार के लिए बहुविध कर-प्रणाली अपनाना ही उचित रहता है। परंतु बहुविध कर-प्रणाली के पक्ष में कुछ अपने तर्क भी हैं:-

- हर आधुनिक समाज के सामने एक से अधिक ध्येय रहते हैं जिनकी प्राप्ति के लिए वह अनेक प्रकार से तत्पर रहता है, जैसे कि आर्थिक विकास और रोज़गार को बढ़ावा देना, वितरणीय असमानताओं को घटाना, क्षेत्रीय

विषमताओं में कमी करना आदि। स्मरणीय है कि किसी एक कर से इन सब ध्येयों की प्राप्ति की अपेक्षा नहीं की जा सकती। अत: एक ऐसे कर-समूह को अपनाना अनिवार्य हो जाता है जिनकी विशेषताओं के सम्मिश्रण से समाज के लिए अधिकतम निवल हित की अपेक्षा की जा सके।

- आधुनिक अर्थव्यवस्थाएँ अति जटिल होती हैं तथा उनके आय-स्रोत भी अति विविध और परिवर्तनीय होते हैं। अत: किसी एक आय स्रोत पर करारोपण करना तथा अन्य स्रोतों को कर-मुक्त रखने का औचित्य नहीं बनता।
- वस्तुस्थिति यह है कि जहाँ एक कर-विशेष कुछ ध्येयों की प्राप्ति में सहायक हो सकता है, वहीं उससे कुछ अन्य ध्येयों को ठेस भी पहुँच सकती है। उदाहरण के लिए आय वितरण की असमानताओं में कमी करने से बचत और निवेश की दरें घट सकती हैं। अत: उचित यही रहता है कि एक कर-समूह के प्रयोग द्वारा करों के संयुक्त हानिकारक प्रभावों को यथासंभव कम करने का प्रयत्न किया जाए।

- सभी तर्कों के बावजूद प्रत्येक आधुनिक सरकार एक बहुविध कर-प्रणाली को अपनाने के लिए अपने आप को बाध्य पाती है; और यही ठीक भी है।
- निर्णय-योग्य नीति-समस्या केवल इस कर-प्रणाली की एक उत्तम रूपरेखा के चुनाव की है।

## प्रगामी, अनुपाती और अवरोही कर (Progressive, Proportional and Regressive Taxes)

लोक वित्त के विचारकों में करों को उनकी दरों के ढाँचे के आधार पर वर्गीकृत करने और उनके स्वीकार्यता-स्तर की तुलना करने की प्रथा है। इस संदर्भ में निम्नलिखित संकेत चिह्नों का प्रयोग लाभकारी रहेगा।

| | प्रारंभिक स्थिति | अंतिम स्थिति | बढ़ोतरी |
|---|---|---|---|
| करदाता की आय = कराधार | $Y_0$ | $Y_1$ | $Y_1 - Y_0 = DY$ |
| करदाता की करदेयता | $T_0$ | $T_1$ | $T_1 - T_0 = DT$ |
| कर की औसत दर | $T_0/Y_0 = AT_0$ | $T_1/Y_1 = AT_1$ | $AT_1 - AT_0 = DAT$ |
| कर की सीमांत दर | $MT_0$ | $(T_1 - T_0)/(Y_1 - Y_0) = MT_1$ | $(MT_1 - MT_0) = DMT$ |

अर्थात् $(DT/DY) = MT_1$

## शब्दार्थ

**प्रगामी/आरोही/वर्धमान कर** (Progressive Tax)

जब किसी कर के आधार में बढ़ोतरी होने पर उसकी सीमांत दर (तथा इस कारण औसत दर) भी बढ़ जाए, तो इसे प्रगामी, आरोही अथवा वर्धमान (progressive) कर की संज्ञा दी जाती है। बहुधा आय कर जैसे प्रगामी करों में एक निश्चित सीमा तक की आय को कर-मुक्त रखने के उपरांत शेष आय को स्लैबों में बाँट दिया जाता है और उन पर बढ़ती सीमांत दर से कर लगाया जाता है जिससे अधिक आय वाले करदाता की कर-देयता परिशुद्ध मात्रा के साथ साथ करारोपित आय के अनुपात के रूप में भी बढ़ जाती है।

प्रगामी कर का एक उपवर्ग वह है जिसमें करदेयता में वृद्धि की दर आय में वृद्धि की दर से कम हो, परंतु कर की औसत और सीमांत दरों तथा सकल परिशुद्ध करदेयता में आय बढ़ने के साथ-साथ वृद्धि होती रहे। इस

उपवर्ग का एक उदाहरण वह है जिसमें प्रारंभिक छूट के पश्चात शेष सकल आय पर एक ही अथवा बढ़ती दर से कर लगाया जाए।

**अनुपाती/आनुपातिक/समानुपाती/समानुपातिक कर** (Proportional Tax)

यह एक ऐसा कर है जिसमें किसी प्रारंभिक छूट के बिना समस्त कराधार पर एक ही दर से कर लगाया जाए। यहाँ पर कर की सीमांत और औसत दरें सदैव एक बराबर होती हैं; केवल कराधार बढ़ने पर करदेयता उसी अनुपात में बढ़ती जाती है।

**अवरोही/पश्चगामी/प्रतिगामी कर (अथवा पश्चगामी) कर** (Regressive Tax)

इस मामले में कराधार में वृद्धि के साथ-साथ कर की सीमांत दर (तथा इस कारण औसत दर) में कमी होती जाती है। परंतु करदेयता की कुल परिशुद्ध राशि में कमी होना अनिवार्य नहीं है; इसमें बहुधा बढ़ोतरी ही होती है।

ध्यानयोग्य है कि उपर्युक्त वर्गीकरण में करों के केवल मौद्रिक आघात पर विचार किया गया है। इसमें उनके वास्तविक भार अथवा बोझ अथवा किसी प्रकार के प्रभावों का कोई स्थान नहीं है।

## वैकल्पिक कर-प्रकारों के पक्ष/विपक्ष में तर्क

(Arguments For and Against Alternative Kinds of Taxation)

वैकल्पिक कर-प्रकारों के पक्ष/विपक्ष में दिए जाने वाले तर्कों की संरचना दो आधारों पर की जाती है-

- **कर-भार**–पहला आधार कर-दाताओं पर पड़ने वाला बोझ है जिसे यथासंभव तुष्टिहानि के रूप में आंका जाना चाहिए।
- **कर-प्रभाव**–दूसरा आधार कराधान से उत्पन्न आर्थिक एवं सामाजिक प्रभाव हैं जैसे कि आर्थिक विकास, बचत, निवेश, क्षेत्रीय विषमताएँ तथा वितरणीय असमानताएँ आदि।

कुछ अर्थशास्त्रियों का यह कहना है कि करों की चोरी आदि के कारण करों की कानूनी दरों तथा उनकी प्रभावी दरों में काफी अंतर हो सकता है। अत: हमें अपने निर्णय अंतत: संभावित प्रभावी दरों को ध्यान में रखते हुए कानूनी दरों का चुनाव करना चाहिए। यद्यपि इस तर्क में काफी दम है, तो भी समस्या यह है कि सरकार इस तथ्य को खुले आम मान्यता नहीं दे सकती, क्योंकि इससे उसकी अपनी त्रुटियाँ उजागर होती हैं।

## (क) अनुपाती कर-प्रणाली के पक्ष एवं विपक्ष में तर्क

(Arguments for and Against Proportional Taxation)

**पक्ष में**

- उपयोगिता एक आत्मनिष्ठ अमापीय तत्व है तथा आय की सीमांत उपयोगिता के घटने की दर का ठीक-ठीक अनुमान लगाना भी असंभव है। अत: आय से प्राप्य उपयोगिता की अंतर्वैयक्तिक तुलना नहीं की जा सकती और न ही कर का प्रगामीपन ठीक से तय किया जा सकता है। इसलिए घटती अथवा बढ़ती दरों के स्थान पर आय-अनुपाती दरें ही उचित रहती हैं।
- अनुपाती दरों की कर-प्रणाली प्रशासनिक दृष्टिकोण से अधिक सुविधाजनक होती है।

- अनुपाती कर-प्रणाली में सभी आर्थिक इकाइयों की आय एक ही अनुपात में घटने के कारण अर्थव्यवस्था के माँग और पूर्ति ढाँचे पूर्ववत बने रहते हैं।

**विपक्ष में**

थोड़ा सा विचार करने पर उपरोक्त तर्कों का खोखलापन स्पष्ट हो जाता है।

- उपयोगिता के प्रमापन की समस्या की आड़ में इस तथ्य को नहीं भुलाया जा सकता कि आय बढ़ने के साथ-साथ इसकी सीमांत उपयोगिता अवश्यमेव घटती है और कि प्रगामी कर-प्रणाली के औचित्य का मूल आधार आय की यह घटती सीमांत उपयोगिता ही है। यह भी ध्यानयोग्य है कि किसी निर्धन व्यक्ति की आय में दीर्घकालीन (टिकाऊ) वृद्धि होने पर वह भी धनी वर्गों की भांति उसका विविध ढंग से उपयोग करना तथा उससे उपयुक्त उपयोगिता प्राप्त करना सीख जाता है।
- कर वसूलने में प्रशासन की बुनियादी कठिनाई इसकी दरें न होकर करदाताओं की वास्तविक आय तथा अन्य कराधारों के आकार का अनुमान लगाना है। कराधारों के अनुमान के पश्चात करदेयता की राशियाँ केवल साधारण गणित द्वारा तय की जा सकती हैं।
- एक परिशुद्ध अनुपाती कर-प्रणाली में कोई आय भी कर-मुक्त नहीं होती। परिणामस्वरूप करदाताओं की संख्या अत्यधिक हो जाने के कारण कर-प्रबंधन की कठिनाइयाँ बढ़ जाती हैं।
- यह तर्क आधारहीन है कि सभी करदाताओं की आय में समानुपाती कमी होने से अर्थव्यवस्था में माँग और पूर्ति के ढाँचे पूर्ववत बने रहते हैं। सत्य यह है कि एक सामान्य उभोक्ता अपनी आय में परिवर्तन होने पर प्रत्येक वस्तु की माँग को समान अनुपात में घटाने (अथवा बढ़ाने) का निर्णय नहीं लेता। एक तो उसकी बचत दर बदल जाती है तथा दूसरे सभी वस्तुओं की माँग की लोच एक समान नहीं होती।
- किसी वस्तु के उत्पादन में परिवर्तन होने पर विभिन्न प्रकार के कच्चे माल, श्रम, बिजली आदि की माँग पर पड़ने वाला प्रभाव भी लगभग सदैव ही असमान होता है। अत: यह कहना एकदम भ्रामक है कि सभी करदाताओं की प्रयोज्य आय (disposable income) में समानुपातिक कमी होने पर अर्थव्यवस्था के माँग और उत्पादन ढाँचे पूर्ववत बने रहते हैं।
- यदि उपर्युक्त दावा सत्य हो तो भी यह नहीं कहा जा सकता कि अर्थव्यवस्था के माँग और उत्पादन ढाँचों का पूर्ववत् बने रहना ही समाज के लिए हितकर है। सच तो यह है कि अधिकतर परिस्थितियों में सरकार और समाज वर्तमान माँग और उत्पादन ढाँचों से असंतुष्ट होने के कारण उनमें **परिवर्तन लाना चाहते हैं।** ऐसी दशा में अनुपाती करों के स्थान पर अन्य प्रकार के करों का ही औचित्य बैठता है।
- अनुपाती कर केवल उस देश में अपनाया जा सकता है जिसमें **गरीब लोगों की संख्या शून्यतुल्य हो।** इस कर प्रणाली में अति कम आय वाले लोगों की प्रयोज्य आय (disposable income) इतनी घट सकती है कि वे खाद्य पदार्थ, कपड़ा, आवास, स्वास्थ्य तथा शिक्षा जैसी अति आवश्यक मदों पर भी व्यय घटाने को बाध्य हो सकते हैं। इस प्रकार की स्थिति समाज और अर्थव्यवस्था के लिए प्रत्येक दृष्टिकोण से हानिकारक होती है।

## (ख) आरोही/प्रगामी कर-प्रणाली के पक्ष तथा विपक्ष में तर्क
(Arguments for and Against Progressive Taxation)

कुल मिलाकर एक प्रगामी कर-प्रणाली के पक्ष में तर्क इतने शक्तिशाली हैं कि अधिकतर देशों में कर-प्रणाली का यही रूप अपनाया जाता है।

**पक्ष में**

- प्रगामी (progressive) दरें आय पर ह्रासमान सीमांत उपयोगिता का नियम लागू होने के कारण, करदाताओं द्वारा उपयोगिता परित्याग की संयुक्त मात्रा को घटाने में सहायक होती हैं। इसके अतिरिक्त सामान्यत: आय की वितरणीय असमानताएँ इतनी अधिक होती हैं कि कर-प्रणाली में काफी अधिक प्रगामीपन अपनाना भी उचित रहता है।
- प्रो. लर्नर ने अपनी पुस्तक *Economics of Control* में दर्शाया है कि चाहे व्यक्तिगत स्तर पर करदाताओं की आय-उपयोगिता सारणियाँ (क) अमापीय हों, (ख) असमान हों तथा (ग) उनकी जानकारी भी न हो, तो भी यदि आय वितरण की असमानता में कमी लाई जाए, तो समाज की सामूहिक आय-उपयोगिता में बढ़ोतरी होने की सम्भावना उसमें कमी होने की संभावना से अधिक होती है। इस निष्कर्ष के साथ केवल इतनी शर्त जोड़ी जा सकती है कि आय-असमानताओं को मन्द गति से घटाना चाहिए।
- हित-प्राप्ति सिद्धांत के अनुसार करों की दरें प्रगामी नहीं होनी चाहिएँ। परन्तु इस सिद्धांत को अपनाने का अर्थ यह निकलता है कि सरकार **लोक-कल्याण की नीतियों को त्याग दे;** और यह नीति अधिकतर देशों को स्वीकार्य नहीं होती।
- लोक-कल्याण के आयाम को अनदेखा करते हुए हित-प्राप्ति सिद्धांत को अपनाने पर भी प्रगामी दरों का औचित्य बना रहता है। कारण यह है कि हित-प्राप्ति का प्रमापन लगभग असम्भव है; तथा यह कहने का कोई अकाट्य आधार नहीं है कि ऊँची आय वाले करदाता सरकारी गतिविधियों से सदैव अधिक लाभान्वित होते हैं।
- दावा किया जाता है कि वर्धमान दरों के न होने से आय की वितरणीय असमानताएँ बढ़ती जाती हैं; माँग ढाँचा विकृत होता जाता है तथा उत्पादन साधन अपव्ययित होने लगते हैं। साथ ही वितरणीय असमानताएँ आर्थिक शक्ति एवं अवसरों को धनी लोगों के हाथों में केन्द्रित करने में सहायक होती हैं। एक तर्कानुसार आरोही करों के न होने पर धनी लोगों की करोपरांत आय अधिक होती है जिसकी प्रतिक्रिया के रूप में धनी लोग उस आय का अधिक आनंद उठाने के लिए अपने दैनिक कार्य-काल को घटा देंगे तथा राष्ट्रीय उत्पादन में कमी आएगी। इसके विपरीत यदि एक निर्धन व्यक्ति को (कम करदेयता के रूप में) अधिक आय का प्रलोभन दिखाई दे तो वह अधिक श्रम करने को तैयार रहता है।
- आरोही कर-प्रणाली से **आर्थिक स्थिरता** लाने अर्थात व्यापार-चक्रों को रोकने में सहायता मिलती है। तर्क यह है कि निम्न आय वर्गों की सीमांत उपभोग प्रवृत्ति अधिक होने के कारण मंदी के दिनों में उनका उपभोग व्यय एक निश्चित स्तर से नीचे नहीं जा पाता जिससे मंदी के चरण को समाप्त करने में सहायता मिलती है। इसके विपरीत तेज़ी के चरण में धनी लोगों का उपभोग व्यय पर्याप्त गति से नहीं बढ़ सकता जिसके फलस्वरूप यह चरण शक्तिविहीन हो जाता है।
- प्रगामी कर-प्रणाली तुलनात्मक रूप में प्रशासन के लिए भी अधिक सुविधाजनक है। अनुपाती तथा अवरोही कर-प्रणालियों में कर दाताओं की संख्या बहुत अधिक होने के कारण सरकार को अपने कर-संयंत्र में भी विस्तार करने की आवश्यकता पड़ती है, जिससे कर की औसत वसूली लागत बढ़ जाती है तथा सामान्य करदाताओं को भी अधिक परेशानी होती है।

**विपक्ष में**

- कर प्रणाली का अर्थव्यवस्था की बचत और निवेश पर गहरा प्रभाव पड़ता है। परन्तु इस संदर्भ में प्रगामी कर प्रणाली संबंधी तर्कों में इतना अंतर्विरोध है कि हम किसी सर्वस्वीकार्य निष्कर्ष पर नहीं पहुँच पाते। एक

मतानुसार बचत और निवेश की क्षमता केवल धनी लोगों में होती है और प्रगामी करों से उनकी इस क्षमता को ठेस पहुँचती है। इसके विपरीत मतानुसार धनी वर्गों पर कर का बोझ घटाने से वे अपने विलासतापूर्ण उपभोग व्यय को बढ़ा देते हैं और उनकी इस प्रवृत्ति के कारण देश का उत्पादन ढाँचा भी बिगड़ता है। इन दो मतों को देखते हुए कुछ लोगों का यह कहना भी है कि बचत और निवेश का मुख्य दायित्व सरकार को बजट-अधिशेष के माध्यम से स्वयं निभाना चाहिए।

- एक अल्पविकसित अर्थव्यवस्था में केवल प्रत्यक्ष करों से पर्याप्त राजस्व की प्राप्ति की अपेक्षा नहीं की जा सकती। परंतु परोक्ष कर बुनियादी तौर पर अवरोही (पश्चगामी) प्रवृत्ति के होते हैं, तथा सभी प्रयत्नों के बावजूद भी इस प्रवृत्ति से छुटकारा नहीं पाया जा सकता।

## (ग) अवरोही/पश्चगामी कर-प्रणाली के पक्ष तथा विपक्ष में तर्क
(Arguments for and Against Regressive Taxation)

**ध्यानयोग्य है कि अवरोही करों के पक्ष में सभी तर्क खोखले एवं भ्रामक हैं। इन्हें केवल एक सीमित रूप में और कुछ मजबूरियों के कारण ही अपनाना ठीक रहता है।**

- **आय-उपयोगिता**–अवरोही कर-प्रणाली के समर्थकों का कहना है कि हमारे पास कोई ऐसी वैज्ञानिक विधि नहीं है जिसकी सहायता से व्यक्तियों की आय-उपयोगिता की तुलना की जा सके। परंतु तथ्य यह है कि इस वैज्ञानिक त्रुटि से यह निष्कर्ष भी नहीं निकलता है कि करों की दरें अवरोही हों। इसके अतिरिक्त यदि सामान्य जानकारी के आधार पर यह कहा जा सकता है कि करदेयता की एक ही परिशुद्ध राशि एक धनी व्यक्ति की तुलना में एक निर्धन व्यक्ति के लिए अधिक बोझिल होती है।

- **संरक्षण**–कुछ विचारकों के मतानुसार गरीब व्यक्तियों को सरकार के संरक्षण की अधिक आवश्यकता होती है, क्योंकि इस संरक्षण के अभाव में धनी लोग उनका अनेक प्रकार से शोषण कर सकते हैं। परंतु इसी तर्क के आधार पर यह कहना भी संभव है कि धनी लोगों की संख्या निर्धन लोगों की तुलना में कम होती है। अतः सरकार के संरक्षण के बिना वे निजी संपत्ति, आय एवं धन की असमानताओं और उत्तराधिकारिता जैसी निर्धन-विरोधी संस्थाओं को कायम नहीं रख सकते। इस कारण उन्हें प्रगामी कर-प्रणाली द्वारा सरकारी गतिविधियों के वित्त पोषण का अधिक अनुपात वहन करना चाहिए।

> - आनुपातिक, प्रगामी तथा पश्चगामी तीनों प्रकार की कर-प्रणालियों के पक्ष विपक्ष में सक्षम तर्क उपलब्ध हैं।
> - इनमें से पश्चगामी कर-प्रणाली के पक्ष में दिए जाने वाले तर्क सब से अधिक अयथार्थ ओर भ्रामक हैं।
> - सभी तर्कों वितर्कों पर विचारोपरांत हम इस निर्णय पर पहुँचते हैं कि आरोही (प्रगामी) कर-प्रणाली ही सर्वोत्तम है।
> - यह लोक-कल्याण, आर्थिक विकास, आर्थिक स्थिरता, सरकार की प्रशासनिक क्षमता आदि के आधार पर भी स्वीकार्य है। परंतु इसके कार्यान्वयन में भी विशेष प्रकार की कठिनाइयों का सामना करना पड़ता है।
> - पश्चगामी वृत्ति वाले परोक्ष करों राजस्व तथा आर्थिक नियंत्रण हंतु लगाने की आवश्यकता पड़ सकती है।

- **बचत और निवेश**–धनी लोगों की सीमांत बचत प्रवृति अधिक होती है। अतः देश में बचत और निवेश के प्रोत्साहन हेतु उन पर कर देयता का बोझ कम होना चाहिए।

- **राजस्व-पर्याप्तता**–परोक्ष करों की पश्चगामी प्रवृत्ति के बावजूद एक अल्पविकसित देश में कर-राजस्व की पर्याप्तता के लिए उनका अपनाना आवश्यक है।

• **अर्थिक नियंत्रण**–सामान्यत: अधिकतर देशों में किसी न किसी अंश तक निवेश और माँग ढाँचों को नियन्त्रित करने की आवश्यकता पड़ती है। और इस कार्य में परोक्ष कर काफी प्रभावी सिद्ध होते हैं।

## 3. प्रत्यक्ष *बनाम* परोक्ष कर (Direct *vs* Indirect Taxes)

**भिन्नता** (Distinction)

आर्थिक विचार-प्रणाली में करों को प्रत्यक्ष तथा परोक्ष भागों में वर्गीकृत करने की परंपरा रही है। परंतु इस वर्गीकरण के आधार पर अभी तक एकमत नहीं हो पाया है। इस संदर्भ में निम्नलिखित सुझाव विशेष रूप से वर्णनीय हैं।

**(क) आपतन (Incidence)**—कई विचारकों के मतानुसार इस वर्गीकरण का आधार करों का अंतिम आपतन होना चाहिए। इस मतानुसार एक प्रत्यक्ष कर वह है जिसका आपतन हस्तांतरित न होकर आघातित आर्थिक इकाइयों पर ही टिका रहे। इसके विपरीत जिस कर का आपतन आघातित इकाइयों से अन्य इकाइयों पर हस्तांतरित हो जाता हो, वह परोक्ष कर कहलाएगा। भौतिकवादियों के अतिरिक्त प्रो. जे. एस. मिल तथा कई अन्य अर्थशास्त्री वर्गीकरण के इस आधार के पक्ष में थे।

परंतु आपतन के हस्तांतरण के आधार पर करों का प्रत्यक्ष तथा परोक्ष गुटों में वर्गीकृत करना समस्या रहित नहीं है। कई कर ऐसे होते हैं जिनका आपतन आघातित तथा अन्य आर्थिक इकाइयों में **बँट** जाता है तथा कुछ करों की हस्तांतरित आपतन राशि आघातित राशि से अधिक भी हो सकती है। इन मामलों में हमारे पास करों के वर्गीकरण का कोई स्पष्ट और ठोस आधार नहीं बचता।

**(ख) उत्पादन/आय अर्जन *बनाम* उपभोग (Production/Income Generation *versus* Consumption)**—कुछ अर्थशास्त्रियों के मतानुसार उत्पादन तथा आय अर्जन पर लगाए गए कर प्रत्यक्ष तथा उपभोग पर लगाए गए कर परोक्ष माने जाने चाहिएँ। परंतु वर्गीकरण के इस आधार का कोई आर्थिक एवं विश्लेषणात्मक विशेषता दिखाई नहीं देती। इसके अतिरिक्त इस वर्गीकरण में कई प्रकार के करों को शामिल नहीं किया जा सकता, जैसे कि व्यापार पर कर, पूँजी कर, सीमा कर आदि। इसी प्रकार उपरोक्त आधार पर कई अन्य करों (जैसे कि उधार लेन-देन की गतिविधियों पर कर, कानूनी दस्तावेज़ों के तैयार करने और उनके पंजीकृत कराने पर कर) को भी सुनिश्चित रूप से प्रत्यक्ष और परोक्ष वर्गों में रखना विवादास्पद रहता है।

**(ग) कर-देयता की निर्धारण विधि (Approach to Determining Tax Liability)**—करों का प्रत्यक्ष और परोक्ष गुटों में वर्गीकरण का आधार कुछ भी हो, वह विश्लेषणात्मक तथा आर्थिक दृष्टिकोणों से अर्थपूर्ण होना चाहिए। इस संदर्भ में दो महत्त्वपूर्ण तथ्य नोट करने योग्य हैं। प्रथम यह कि सभी करों की अदायगी अंतत: व्यक्ति तथा कुटुम्ब ही करते हैं। तथा द्वितीय यह कि एक विचाराधीन करदाता की करदेयता तय करने की दो विधियाँ हो सकती हैं।

• यदि करदाता की करदेयता उसकी देयक्षमता के आधार पर आंकी जाए (जिसके लिए देयक्षमता के किसी सूचकांक, जैसे कि धन, संपत्ति, आय, व्यय, आदि का प्रयोग किया जा सकता है), तो विचाराधीन कर प्रत्यक्ष कर कहलाता है।
• इसके विपरीत यदि करदाता की करदेयता उसकी देयक्षमता के स्थान पर उसकी किसी गतिविधि (जैसे किसी वस्तु का निर्माण, क्रय, उपभोग, और उस वस्तु का मूल्य आदि) के आधार पर आंकी जाए, तो विचाराधीन कर परोक्ष कर कहलाता है।

उदाहरणार्थ आय कर प्रत्यक्ष करों की श्रेणी में आता है क्योंकि यह माना जाता है कि एक सीमा से अधिक आय पाने वाले व्यक्ति की देयक्षमता इतनी होती है कि उससे आय कर वसूला जाए। इसी तर्काधार पर संपत्ति कर को भी प्रत्यक्ष करों में गिना जाता है। इसके विपरीत किसी वस्तु पर आरोपित बिक्री कर परोक्ष कर है क्योंकि उस वस्तु को खरीदने वाले हर व्यक्ति को बिक्री कर चुकाना पड़ता है चाहे उसके पास प्रयाप्त देयक्षमता हो अथवा न हो। उसे यह कर इस लिए नहीं देना पड़ता कि उसके पास देयक्षमता है; उसे यह कर इसलिए देना पड़ता है क्योंकि उसने करारोपित वस्तु खरीदी है।

**अत: इन तथ्यों को ध्यान में रखते हुए हम यह कह सकते हैं कि प्रत्यक्ष तथा परोक्ष करों का वर्गीकरण भी करदाताओं की करदेयता की निर्धारण विधि पर आधारित होना चाहिए। एक विचाराधीन कर 'प्रत्यक्ष' है जब करदाता की करदेयता उसकी देयक्षमता का कोई अनुमान हो; तथा जब यह करदेयता उसके किसी कार्यकलाप आदि के आधार पर तय की जाए तो विचाराधीन कर 'परोक्ष' है।**

उपरोक्त संदर्भ में हम यह अवश्य कह सकते हैं कि सरकार परोक्ष करो और उनकी दरों का चयन करते हुए इस बात पर विचार कर सकती है कि केवल उन वस्तुओं और सेवाओं पर परोक्ष कर लगाए जाएँ जिन्हें सामान्यत: अधिक सम्पन्न व्यक्ति खरीदते हैं। इस बात को ध्यान में रखते हुए अधिकतर सामान्य उपभोग की वस्तुओं और सेवाओं को कर-मुक्त रखने का प्रयास किया जाता है।

**निष्कर्ष**–मोटेतौर पर हम यह कह सकते हैं कि अर्जित आय, लाभ, लाभांश, व्यय, धन, संपत्ति, उपहार, पूँजी आय, ब्याज, उत्तराधिकार आदि पर लगाए गए कर प्रत्यक्ष करों की श्रेणी में आते हैं तथा उत्पादन शुल्क, बिक्री कर, सीमा शुल्क, सेवा कर, जैसे वस्तुओं तथा सेवाओं आदि पर लगाए गए कर परोक्ष करों में गिने जाते हैं। जब परोक्ष कर करारोपित वस्तु की मात्रा, गिनती आदि के आधार पर निर्धारित की जाए तो यह **वस्तु-विशिष्ट कर (अथवा विशिष्ट कर/वस्तुपरक कर, specific tax)** कहलाता है। इसी प्रकार जब परोक्ष कर के निर्धारण का आधार वस्तु का **उत्पादन अथवा बिक्री मूल्य** हो, तो यह **मूल्यपरक अथवा वस्तु मूल्य कर (ad valorem tax)** कहलाता है। सीमा कर तथा बिक्री कर लगभग हमेशा ही मूल्यानुसार होते हैं, जब कि उत्पादन शुल्कों में दोनों प्रकारों का अस्तित्व देखने को मिलता है। रेल तथा बसों के यात्री किरायों तथा माल भाड़े पर लगाए गए परोक्ष कर अधिकतर मूल्यानुसार होते हैं, परंतु ये विशिष्ट कर भी हो सकते हैं। वस्तु विशिष्ट कर के निर्धारण तथा वसूली को व्यावहारिक स्तर पर सुगम समझा जाता है; परंतु मूल्यानुसार कर से प्राप्य राजस्व, कीमतों में वृद्धि के साथ-साथ अपने आप बढ़ता जाता है। मूल्यानुसार कर का भार वितरण भी अधिक न्यायपूर्ण माना जाता है क्योंकि कम दामों वाली वस्तु खरीदने वाले ग्राहक पर कर का बोझ भी उसी अनुपात में घट जाता है।

- प्रत्यक्ष और परोक्ष करों में भेदीकरण के कई आधार हो सकते हैं, जैसे कि कराघात और करापतन में भेद अथवा उत्पादन और उपभोग जैसी विभिन्न प्रकार की आथिक गतिविधियाँ, आदि।
- करों के प्रत्यक्ष और परोक्ष गुटों में वर्गीकरण का सर्वोत्तम आधार करदाताओं की करदेयता की निर्धारण-विधि है।
- प्रत्येक्ष कर वह है जिसमें करदाता की करदेयता उसकी देयक्षमता के किसी अनुमान पर निर्धारित की जाए। आय कर, संपत्ति/धन कर, दान/उपहार कर, व्यय कर, स्टाम्प और पंजीकरण कर आदि प्रत्यक्ष करों के उदाहरण हैं।
- करदाता की देयक्षमता के स्थान पर उसकी किसी आर्थिक गतिविधि पर लगाया गया कर परोक्ष कर कहलाता है। ये कर सामान्यत: वस्तुओं और सेवाओं के उत्पादन, क्रय-विक्रय, भंडारण, ढुलाई, और आयात-निर्यात आदि की गतिविधियाँ करने पर देने पड़ते हैं और ये वस्तुपरक अथवा मूल्यपरक हो सकते हैं।

## प्रत्यक्ष करों के गुण तथा अवगुण (Merits and Demerits of Direct Taxes)

**गुण** (Merits)

- **देयक्षमता का अनुमान (Estimating Ability to Pay)**—प्रत्यक्ष करों के मामले में करदाताओं की सापेक्षिक देयक्षमता का अनुमान सीधे तौर पर लगाया जाता है। इसलिए इसके अनुमान में गलती होने की संभावना कम रहती है। सामान्यत: प्रत्यक्ष करों तथा उनकी दरों का चुनाव इस प्रकार किया जा सकता है कि वे करदाताओं की सापेक्षिक देयक्षमता के अनुकूल हों, तथा करदाताओं का उपयोगिता परित्याग भी न्यूनतम हो।

- **न्याय-संगति (Equity)**—उपर्युक्त विवेचन से यह निष्कर्ष निकलता है कि प्रत्यक्ष कर सामाजिक एवं आर्थिक न्याय की कसौटियों पर भी खरे उतर सकते हैं।

- **वितरणीय न्याय (Distributive Justice)**—प्रत्यक्ष करों का प्रयोग आय और धन के वितरण में असमानताओं को कम करने के लिए एक नीति अस्त्र के रूप में भी किया जा सकता है।

- **साधन-वितरण (Resource Allocation)**—प्रत्यक्ष कर उत्पादन साधनों का प्रयुक्ति-आवंटन (use-allocation) पर **सीधा** प्रभाव अति कम होता है। तर्क यह है कि इनका कीमतों पर सीधा प्रभाव नहीं पड़ता। इस कारण माँग ढाँचा लगभग पूर्ववत बना रहता है तथा उत्पादन साधनों को एक रोज़गार से दूसरे रोज़गार की ओर हस्तांतरित करने की आवश्यकता नहीं पड़ती। इस तर्काधार पर यदि संसाधनों के आवंटन में परिवर्तन को उनका अपव्यय तथा समाज और अर्थव्यवस्था पर एक भार माना जाए, तो प्रत्यक्ष करों द्वारा इस भार को न्यूनतम रखा जा सकता है। इसके विपरीत परोक्ष करों के आरोपण मात्र से वस्तुओं और सेवाओं की कीमतें परिवर्तित हो जाती हैं तथा उनके माँग ढाँचे में संशोधन होने पर उत्पादन साधनों का आवंटन भी प्रभावित होता है।

- **कीमत-ढाँचा एवं उपयोगिता-परित्याग (Prices and Utility Sacrifice)**—दावा किया जाता है कि प्रत्यक्ष करों द्वारा करदाता केवल अपनी आय का एक भाग तो अवश्य खोते हैं, परंतु वस्तुओं का कीमत ढाँचा अप्रभावित रहता है। इसके विपरीत परोक्ष करों में कीमतें भी बदलती हैं। अत: परोक्ष करों की अपेक्षा प्रत्यक्ष करों के कारण करदाताओं पर उपयोगिता-परित्याग रूपी बोझ कम पड़ता है।

- **राजस्व की उत्फुल्लता (Buoyancy of Revenue)**—आर्थिक विकास के साथ-साथ इनसे राजस्व प्राप्ति में अपने-आप बढ़ोतरी होती रहती है।

- **जागरूकता (Awareness)**—प्रत्यक्ष कर करदाताओं में सामाजिक और राजनीतिक जागरूकता लाने में सहायक होते हैं। परिणामस्वरूप सरकार अपने वित्तीय अनुशासन को सुधारने के मार्ग खोजती रहती है।

- **नम्यता (Flexibility)**—प्रत्यक्ष करों की दरों को सुगमता से संशोधित किया जा सकता है।

- **देयक्षमता (Ability to Pay)**—यद्यपि किसी एक प्रत्यक्ष कर को करदाताओं की तुलनात्मक देयक्षमता के अनुसार ढालने में कठिनाई हो सकती है परंतु कई प्रत्यक्ष करों के एक-साथ लागू करने से यह कार्य सिद्ध हो सकता है। शर्त केवल यह है कि यथासंभव इन करों का आकार-प्रकार एक दूसरे के अनुकूल हो।

**अवगुण** (Demerits)

उपर्युक्त तर्कों में से अधिकतर की त्रुटियाँ स्वस्पष्ट हैं फिर भी कुछ विशेष रूप से ध्यानयोग्य हैं।

- **आदर्श *बनाम* वास्तविकता (Ideal *vs* Reality)**—यह दावा विवादास्पद है कि प्रत्यक्ष करों और उनकी दरों का चुनाव सदैव करदाताओं की तुलनात्मक देय-क्षमता के अनुकूल किया जाता है। सामान्यत: राजनीतिक तथा

अन्य दबावों के कारण सरकार यह चुनाव ठीक से नहीं कर पाती और न ही कर-प्रणाली का प्रयोग वितरणीय विषमताओं को घटाने के लिए कर पाती है।

- **व्यावहारिकता (Feasibility)**—स्मरणीय है कि वास्तविकता में प्रत्यक्ष करों तथा उनकी दरों का इष्टतम चुनाव करना एक दुष्कर कार्य है।

- **कर-बोझ (Tax Burden)**—यह दावा विवादास्पद है कि प्रत्यक्ष करों से उत्पादन साधनों का आवंटन प्रभावित नहीं होता और इस कारण वे परोक्ष करों से कम बोझिल होते हैं। ऐसे उदाहरण मिलते हैं जहाँ वितरणीय असमानताओं को कम करने की चेष्टा में अर्थव्यवस्था तथा समाज को क्षतिग्रस्त होना पड़ा है। ध्यानयोग्य है कि यह दावा कि प्रत्यक्ष कर परोक्ष करों की तुलना में कम बोझिल होते हैं, दो मान्यताओं पर आधारित है, अर्थात (क) उत्पादन संसाधनों का वर्तमान आवंटन इष्टतम है और उसमें परिवर्तन द्वारा सुधार की कोई गुंजाइश नहीं है; तथा (ख) प्रत्यक्ष करों के फलस्वरूप करदाताओं के माँग ढाँचे में कोई परिवर्तन नहीं आता। **परन्तु ये दोनों मान्यताएँ अयथार्थ हैं।** प्रत्यक्ष करों का भी संसाधनों के आवंटन पर प्रभाव पड़ता है तथा यह प्रभाव अवांछनीय भी हो सकता है। उदाहरणार्थ कई सरकारें विविध प्रकार के आय-करों से निवेश प्रवाहों, रोज़गार, और उत्पादन तकनीकों आदि को सक्रिय रूप से नियमित करने की चेष्ठा करती हैं।

- **राजस्व की उत्फुल्लता (Buoyancy of Revenue)**—यह तर्क कि आर्थिक विकास के साथ-साथ प्रत्यक्ष करों से प्राप्त राजस्व में भी वृद्धि होती है, परोक्ष करों पर भी लागू होता है। इसके अतिरिक्त यह भी आवश्यक नहीं है कि हर प्रत्यक्ष कर से प्राप्य राजस्व में वृद्धि हो।

- **जागरूकता (Awareness)**—यह कथन भी विवदास्पद है कि केवल प्रत्यक्ष करों से ही करदाताओं में सामाजिक एवं राजनीतिक जागरूकता आती है। यह कथन इस दावे के भी प्रतिकूल जाता है कि करदाताओं के लिए प्रत्यक्ष कर कम बोझिल होते हैं। यदि वे कम बोझिल होते हैं, तो उनसे जागरूकता भी कम आनी चाहिए।

- **करदेयता का आभास (Awareness of Tax Liability)**—करदेयता का आभास प्रत्यक्ष करों के मामले में अधिक होता है। इससे उनकी चोरी की प्रवृत्ति को भी बढ़ावा मिलता है। इसके विपरीत परोक्ष करों से आघातित इकाइयों में से बहुधा को यह विश्वास होता है कि वे इस कर-आपतन को अन्य इकाइयों पर हस्तांतरित करने में सफल हो जाएँगी।

- **सुविधा का धर्मसूत्र (Canon of Convenience)**—प्रत्यक्ष कर 'सुविधा के धर्मसूत्र' का उल्लंघन करते हैं। इसके विपरीत परोक्ष करों की देयता क्रय विक्रय आदि की प्रत्येक गतिविधि के आधार पर छोटी-छोटी राशियों में बँट जाने के कारण कम असुविधाजनक होती है। इसके अतिरिक्त यदि कोई इकाई चाहे तो विचाराधीन वस्तु से संबंधित करारोपित गतिविधि से दूर रहकर, कर से भी बच सकती है।

- **आय और बचत (Earning and Saving)**—करदाताओं के काम तथा बचत करने की प्रवृति के दृष्टिकोण से भी प्रत्यक्ष करों की एक त्रुटि हमारे सामने आती है। करदाता अपने समय का दो प्रकार से उपयोग कर सकता है-

(क) श्रम द्वारा आय अर्जित करना, तथा

(ख) खाली समय का आनन्द उठाना।

स्पष्ट है कि प्रत्यक्ष करारोपण के कारण श्रम द्वारा अर्जित आय घट जाती है, तथा करदाता की श्रम करने की इच्छा भी क्षीण हो जाती है। इसके अतिरिक्त यदि संपत्ति, दान तथा उत्तराधिकारिता पर कर लगाए जाएँ, तो बचत की प्रवृति भी हतोत्साहित होती है, क्योंकि करदाता के लिए बचत की तुलना में उपभोग व्यय का आकर्षण बढ़ जाता है।

- प्रत्यक्ष कर सक्षम गुणों और अवगुणों से युक्त है।
- आर्थिक विकास के साथ-साथ सरकार के कुल कर-राजस्व में प्रत्यक्ष करों के अनुपात में बढ़ोतरी की प्रवृत्ति देखने को मिलती है।
- यथार्थता के स्तर पर अधिकतर प्रत्यक्ष कर-प्रणालियों की संरचना में सैद्धांतिक आदर्शों का पूर्ण रूपसे अनुसरण नहीं किया जाता।
- प्रत्येक सरकार अपनी परिस्थियों के अनुसार यथोचित-नीति का चयन करने को बाध्य होती है।

## परोक्ष करों के गुण एवं अवगुण (Merits and Demerits of Indirect Taxes)

### गुण (Merits)

• **कम कष्टदायक (Less Troublesome)**—यदि परोक्ष कर प्रत्यक्ष करों की तुलना में अधिक बोझिल हों, तो भी उनकी अदायगी कम कष्टदायक लगती है। करदाता इनकी अदायगी छोटे-छोटे भागों में करते हैं। इसके अतिरिक्त परोक्ष कर वस्तुओं की कीमतों में छुपे रहते हैं, जिससे उनके अस्तित्व पर ध्यान कम जाता है।

• **कर चोरी (Tax Evasion)**—प्रत्यक्ष करों की तुलना में परोक्ष करों की चोरी को रोकना कम कठिन होता है। यदि सरकार का प्रशासन सक्षम हो तो कुछ करों की वसूली काफी सुविधाजनक हो सकती है (जैसे कि रेलों, ट्रकों, आदि के यात्री किरायों और भाड़ों पर शुल्क तथा मनोरंजन कर आदि)। इसी प्रकार उत्पादन स्थानों और बिक्री केन्द्रों की यथेचित चौकसी-व्यवस्था द्वारा उत्पादन शुल्क और बिक्री कर की चोरी को घटाया जा सकता है। इन करों की चोरी रोकने के लिए वस्तुओं/सेवाओं के वर्गीकरण तथा कर की दरों में इस प्रकार से सुधार किया जा सकता है कि केवल बड़े व्यापारियों (जिनके लेखे अधिक सुचारु तथा जाँच-योग्य होते हैं) से ही समस्त कर वसूल किया जा सके।

आशा की जाती है कि एक एकीकृत मूल्यवर्धन आधारित माल और सेवा कर (GST) के लागू हो जाने के फलस्वरूप भारत में कर चोरी में कमी आएगी।

• **राजस्व-पर्याप्ति (Adequacy of Tax Revenue)**—अल्पविकसित देशों में बचत और पूँजी निवेश को बढ़ावा देने के कार्य में परोक्ष करों की एक प्रभावी भूमिका हो सकती है। ऐसी अर्थव्यवस्थाओं में अनेक प्रकार की बुनियादी सुविधाओं, स्वास्थ्य सेवाओं तथा शिक्षा आदि का अभाव होता है। इस कारण इन सुविधाओं को मुहैया कराने का सरकार का दायित्व भी बढ़ जाता है तथा इसकी राजस्व आवश्यकताएँ भी राष्ट्रीय आय की तुलना में अधिक तीव्रता से बढ़ती हैं। परंतु इतना राजस्व केवल प्रत्यक्ष करों से प्राप्त नहीं हो सकता। अत: सरकार को विवश होकर परोक्ष करों का सहारा लेना पड़ता है। इस विवशता से केवल उन स्थितियों में मुक्ति मिलती है, जब देश को बाहर से पर्याप्त मात्रा में ऋण-भिन्न उत्पादन साधन (जैसे कि निवेश धन, दान, अथवा पेट्रोलियम जैसी किसी निर्यात मद से प्राप्त आय आदि) प्राप्त होने लगें।

• **संसाधनों का आवंटन (Resource Allocation)**—उत्पादन संसाधनों के आवंटन में आवश्यकतानुसार सुधार लाने तथा माँग और उत्पादन ढाँचों के यथोचित नियमन में परोक्ष करो की प्रभाविता अधिक होती है। यह तथ्य सर्वमान्य है कि बाज़ार व्यवस्था में अर्थव्यवस्था को पूर्ण रूप से सुदृढ़ता और स्थिरता प्रदान करने की क्षमता नहीं होती। यह इस उद्देश्य में केवल सहायक हो सकती है। बाज़ार व्यवस्था जहाँ कई प्रकार से लाभदायक होती है, वहीं इससे अर्थव्यवस्था तथा समाज की कुछ त्रुटियों को आहार भी मिलता है। इन त्रुटियों में आय तथा धन की वितरणीय असमानताएँ, बेरोज़गारी, आवश्यक वस्तुओं का अभाव तथा अनावश्यक वस्तुओं का बाहुल्य आदि शामिल हैं।

परोक्ष करों द्वारा विभिन्न वस्तुओं एवं सेवाओं की पूर्ति-लागत तथा कीमतों में परिवर्तन द्वारा उनकी माँग एवं पूर्ति स्थितियों में यथोचित परिवर्तन लाने का प्रयत्न किया जा सकता है। सामान्यत: किसी वस्तु पर कर लगाने (या उसकी दर बढ़ाने) से उसकी कीमत बढ़ती है और माँग घटती है। इस कारण उसके उत्पादन की लाभदायिकता अन्य वस्तुओं की तुलना में घट जाती है जिससे उत्पादन साधन इस वस्तु से हट कर अन्य वस्तुओं के उत्पादन की ओर हस्तांतरित होने लगते हैं। इसी प्रकार किसी वस्तु विशेष के उत्पादन को प्रोत्साहित करने के लिए उस पर कर को घटाया जा सकता है। इस तर्क को आगे बढ़ाते हुए यह भी कहा जा सकता है कि परोक्ष करों द्वारा चयनित उत्पादन तकनीकों एवं व्यवसायों को भी प्रोत्साहित (अथवा हतोत्साहित) किया जा सकता है। उदाहरणार्थ भारत में श्रम और बेरोज़गारी की अधिकता के कारण श्रम-प्रधान, छोटे पैमाने के, तथा ग्राम-स्थित उद्योगों को बढ़ावा देने के लिए कर-रियायतों की सिफारिश की जा सकती है।

• **नम्यता (Flexibility)**—परोक्ष करों में विभेदीकृत परिवर्तन (selective changes) करने मे उतनी कठिनाई नहीं होती जितनी कि प्रत्यक्ष करों के मामले में होती है। व्यावहारिकता के स्तर पर (विशेषकर सीमा शुल्कों में) सरकार परोक्ष करों की इस नम्यता का पर्याप्त लाभ उठा सकती है।

**अवगुण** (Demerits)

परोक्ष करों के अवगुण गिनती में कम परंतु अति सक्षम हैं।

• **देयक्षमता सिद्धांत (Ability to Pay Principle)**—परोक्ष कर देयक्षमता के सिद्धांत का उल्लंघन करते हैं तथा इस कारण उन्हें निम्न आय वर्गों के लिए अहितकर माना जाता है। विशेषकर अल्पविकसित देशों की सरकारें राजस्व की प्राप्ति के लिए उन वस्तुओं पर भी कर लगाने को बाध्य हो जाती हैं जो सामान्य जनता और गरीब लोगों के लिए अति आवश्यक होती हैं।

• **सकल परित्याग (Aggregate Sacrifice)**—अपनी पश्चगामिता के कारण परोक्ष कर 'न्यूनतम सकल परित्याग सिद्धांत' की अवहेलना करते हैं। इस दुष्परिणाम की तीव्रता को कम करने के लिए सरकार बहुधा विलासिता के वस्तुओं पर ऊँची दरों से कर लगाती है, परंतु इससे उपर्युक्त नकारात्मकता को पूर्ण रूप से दूर नहीं किया जा सकता। उलटे विलासिता की वस्तुओं से कर-राजस्व की प्राप्ति घटने के कारण आवश्यक वस्तुओं पर कर बढ़ाने पड़ सकते हैं।

• **कीमतों पर प्रभाव (Impact on Prices)**—परोक्ष करों से कीमतें सीधे और अवश्यमेव बढ़ती हैं जबकि प्रत्यक्ष करों के मामले में ऐसा होने की संभावना अति कम रहती है। कारण यह है कि प्रत्यक्ष करों द्वारा सरकार करदाताओं की क्रय-क्षमता का एक भाग उनसे हथिया लेती है तथा वे अपनी शेष क्रय-क्षमता से बाज़ार में वस्तुओं एवं सेवाओं को खरीदते हैं। इससे पूर्वस्थित वस्तुओं की माँग पर ज़ोर नहीं पड़ता। इसके विपरीत परोक्ष

करों के मामले में प्रारंभ से ही कीमतों में कर की राशियाँ जोड़ दी जाती हैं तथा ग्राहकों को इन बढ़ी हुई कीमतों का सामना करना पड़ता है।

- **असमानताएँ (Inequalities)**—बढ़ती कीमतों से आय और धन-वितरण की असमानताओं में बढ़ोतरी होती है, जिससे निम्न आय वर्ग विशेष रूप से पीड़ित होते हैं।
- **स्पर्धा-क्षमता (Competitiveness)**—कीमतों के बढ़ने से देश में उत्पादित वस्तुओं की अंतर्राष्ट्रीय मंडियों में स्पर्धा-शक्ति घट जाती है जिससे भुगतान संतुलन को बनाए रखने में कठिनाई होती है।

> - लोक वित्त के सिद्धांतकार बहुधा परोक्ष करों के अवगुणों पर अपना ध्यान केन्द्रित करने की भूल करते हैं।
> - प्रत्यक्ष करों की भाँति परोक्ष करों में भी कई ऐसे गुण मिलते हैं जो एक सक्षम कर-नीति की संरचना में महत्वपूर्ण योगदान दे सकते हैं।
> - इनसे निवेश प्रवाहों, उत्पादन तकनीको के चुनाव, वस्तुओं/सेवाओं की सापेक्षिक स्पर्धा-शक्ति, और उत्पादन साधनों के प्रयुक्ति-ढाँचे को प्रभावित एवं नियमित किया जा सकता है।
> - प्रत्यक्ष करों की भांति परोक्ष करों और उनकी दरों आदि के इष्टतम चुनाव में भी विविध कठिनाइयाँ आती हैं।

## क्या परोक्ष कर अधिक बोझिल होते हैं? (Are Indirect Taxes More Burdensome?)

यद्यपि कई अर्थशास्त्रियों ने यह प्रमाणित करने की चेष्टा की है कि प्रत्यक्ष करों की तुलना में परोक्ष कर अधिक बोझिल होते हैं, तथापि इस कथन पर अभी तक एकमत नहीं हो सका है। इस प्रश्न का उत्तर खोजने में कई मान्यताएँ अपनाए जाने की परंपरा है।

**मान्यताएँ** (Assumptions)

- सरकार सदैव कर-राजस्व की एक पूर्वनिश्चित राशि वसूल करती है।
- सरकार कर-राजस्व की इस राशि को प्रत्यक्ष एवं परोक्ष करों के एक सम्मिश्रण द्वारा नहीं, अपितु केवल प्रत्यक्ष अथवा परोक्ष करों द्वारा ही वसूल करती है।
- तर्क एवं तुलना की सरलता के लिए विश्लेषण प्रक्रिया को प्रत्यक्ष करों में से केवल आय-कर तथा परोक्ष करों में से केवल वस्तु-कर तक सीमित रखा जाता है।
- सरकार की व्यय-नीति तथा व्यय-ढाँचा उसकी कर नीति से प्रभावित नहीं होते। समाज, करदाताओं तथा अर्थव्यवस्था को उनसे होने वाले हित-अहित पूर्वनिश्चित होते हैं। अत: करों के चुनाव से होने वाले हितों-अहितों की सीधी आपसी तुलना की जा सकती है।
- जहाँ तक करों के बोझ की बात है, इसको दो अर्थों में लिया जाता है-

**(i) वास्तविक आय में कमी (Reduction in Real Income)**—वास्तविक आय में कमी से अभिप्राय करदाताओं द्वारा उपयोगिता-परित्याग से है। प्रत्यक्ष और परोक्ष दोनों प्रकार के करों से करदाता की मौद्रिक आय एक बराबर घटती है। परंतु उसकी 'वास्तविक आय' में कमी असमान होने के कारण एक कर-वर्ग को दूसरे कर-वर्ग से अधिक बोझिल आंका जाता है। करदाता का करोपरांत समतुष्टि वक्र उसके कर-पूर्व समतुष्टि वक्र से सदैव नीचे होता है। इस दृष्टिकोण से दोनों प्रकार के कर उसके लिए बोझिल होते हैं। परंतु करदाता का परोक्ष कर से

उत्पादित करोपरांत समतुष्टि वक्र उसके परोक्ष कर से उत्पादित करोपरांत संतुष्टि वक्र से सदैव **अधिक नीचे** होता है। अतः परोक्ष कर द्वारा करदाता का उपयोगिता परित्याग प्रत्यक्ष कर की तुलना में अधिक होता है।

**(ii) संसाधनों का वितरण (Resource Allocation)**—यदि अर्थव्यवस्था के उत्पादन साधनों का कर-पूर्व प्रयुक्ति-ढाँचा इष्टतम हो, तो इसमें करारोपण द्वारा परिवर्तन लाना अर्थव्यवस्था तथा समाज के लिए एक बोझ है। अधिकतर अर्थशास्त्री यह मानकर चलते हैं कि साधनों का कर-पूर्व प्रयुक्ति-ढाँचा वास्तव में इष्टतम है। और चूंकि परोक्ष कर साधनों के प्रयुक्ति-ढाँचे में परिवर्तन लाते हैं (जब कि, उनके मत में, प्रत्यक्ष कर ऐसा नहीं करते), अतः वे इस परिणाम पर पहुँचते हैं कि परोक्ष कर अधिक बोझिल होते हैं।

ध्यानयोग्य है कि यदि साधनों का वर्तमान प्रयुक्ति-ढाँचा इष्टतम न हो, तो परोक्ष करों द्वारा इसे इष्टतम स्थिति के निकट लाया जा सकता है। ऐसी स्थिति में वे समाज के लिए बाझिल न होकर हितकर हो जाते हैं।

- करदाताओं पर किन्हीं दो करों (अथवा कर-समूहों) के बोझ के सापेक्षिक अनुमान के लिए बहुधा उनके भार के दो आयामों पर विचार करने की प्रथा है, अर्थात् करदाताओं का उपयोगिता-परित्याग तथा उत्पादन साधनों के प्रयुक्ति-ढाँचे में परिवर्तन।
- विश्लेषण की सरलता के लिए कुछ मान्यताओं का सहारा लिया जाता है।
- इनसे संबधित व्याख्या के लिए रेखाचित्रों का प्रयोग भी किया जाता है।

## व्याख्या (Explanation)

**(क) उपयोगिता परित्याग (Sacrifice of Utility)**—सर्वप्रथम एक करदाता के परित्याग पर विचार करें। अर्थशास्त्रियों का कहना है कि बाज़ार व्यवस्था में यदि किसी करदाता से एक पूर्वनिश्चित कर राशि आय कर के स्थान पर वस्तु कर के रूप में वसूल की जाए, तो उसकी वास्तविक आय अधिक घटती है। इस निष्कर्ष को समतुष्टि वक्रों की सहायता से एक रेखाचित्र (देखें रेखाचित्र 7.1) द्वारा दर्शाया जा सकता है। रेखाचित्र में एक सामान्य करदाता की मासिक आय को Y-अक्ष तथा 'वस्तुओं की सामूहिक मात्रा' को X-अक्ष पर मापा गया है। कर के पूर्व उसकी मौद्रिक आय OA के बराबर तथा उससे क्रय की जा सकने वाली वस्तुओं की मात्रा OB है। इस प्रकार AB उसका बजट कीमत-वक्र है, तथा समतुष्टि वक्रों के माध्यम से उसकी संतुलन-स्थिति G बिन्दु पर निर्धारित होती है जो संतुष्टि वक्र संख्या 1 पर है।

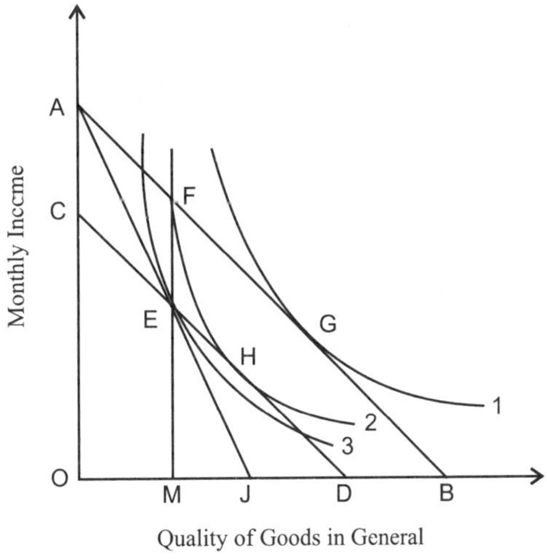


रेखाचित्र 7.1

अब मान लें कि सरकार सभी वस्तुओं पर मूल्यानुसार एक ही अनुपाती कर लगाती है, जिस कारण करदाता का बजट-कीमत-वक्र AJ का स्थान ग्रहण कर लेता है। इस नई स्थिति में उसका नया संतुलन बिन्दु E समतुष्टि वक्र संख्या 3 पर है, तथा सरकार को AC (=FE) के बराबर कर राजस्व की प्राप्ति होती है। परन्तु यदि सरकार AC के बराबर कर-राजस्व प्रत्यक्ष आयकर द्वारा वसूल

करे, तो करदाता की मासिक मौद्रिक आय घटकर OC रह जाती है (AC=FE), जब कि वस्तुओं की कीमतें पूर्ववत् बनी रहती हैं तथा करदाता का नया बजट-कीमत वक्र पुराने बजट-कीमत वक्र के समानांतर तथा C और E बिन्दुओं से होता हुआ CED का स्थान ग्रहण कर लेता है। इस दशा में नया बजट-कीमत वक्र संतुष्टि वक्र संख्या 3 को तो बिन्दु E पर *काटता* है, परंतु इससे ऊपर स्थित समतुष्टि वक्र 2 को स्पर्श-रेखा (tangent) के रूप में बिन्दु H पर *छूता* है। यह बिन्दु H करदाता की नई संतुलन स्थिति को दर्शाता है। इस प्रकार जब सरकार AC(=FE) कर-राजस्व प्रत्यक्ष कर के रूप में उगाहती है, तो करदाता स्थिति G से स्थिति H (समतुष्टि वक्र 2) पर आ जाता है। परंतु जब यही AC(=FE) कर-राजस्व परोक्ष कर के रूप में उगाहती है, तो करदाता स्थिति G से स्थिति E (संतुष्टि वक्र 3) पर आ जाता है। इसका अर्थ यह है कि प्रत्यक्ष और परोक्ष दोनों कर करदाता की वास्तविक आय घटाते हैं, परंतु परोक्ष करों के मामले में यह आय अधिक घटती है। अतः परोक्ष कर अधिक बोझिल होते हैं।

**त्रुटियाँ (Limitations)**—स्पष्ट है कि उपर्युक्त विश्लेषण और निष्कर्ष त्रुटिरहित नहीं हैं।

**1. तुष्टि विश्लेषण (Utility Analysis)—समतुष्टि वक्रों पर प्रभाव (Impact on Indifference Curves)**—यह विश्लेषण इस मान्यता पर आधारित है कि करदाता के समतुष्टि वक्रों पर कर की मात्रा अथवा उसके प्रकार आदि का कोई प्रभाव नहीं पड़ता। परंतु वस्तुस्थिति इसके विपरीत है। उदाहरण के लिए इस बात की काफी संभावना रहती है कि करदाता को परोक्ष करों की तुलना में प्रत्यक्ष कर अधिक बुरे लगें तथा इस कारण यह आवश्यक नहीं कि उसे प्रत्यक्ष कर से प्राप्य ऊँचा समतुष्टि वक्र ही अधिक पसंद हो। इसी प्रकार करों की दरों और कर-प्रणाली (प्रत्यक्ष और परोक्ष) का सम्मिश्रण करदाता की वस्तुओं के प्रति प्राथमिकता तथा उनकी माँग को प्रभावित किए बिना नहीं रह सकता। अतः उपर्युक्त मान्यता विवादास्पद है।

**प्रारम्भिक स्थिति (Initial Situation)**—इस विश्लेषण में प्रारंभिक स्थिति कर-रहित है; अर्थात् एक कर-युक्त स्थिति की तुलना कर-रहित स्थिति से की गई है। परंतु हमें कर-रहित स्थिति कभी उपलब्ध नहीं होती। प्रत्येक अर्थव्यवस्था में कोई न कोई कर-प्रणाली अवश्य होती है और निर्णय-योग्य बात केवल यह रहती है कि इस प्रणाली को किस प्रकार संशोधित किया जाए। स्पष्ट है कि संशोधित कर-प्रणाली का प्रभाव, अन्य तथ्यों के अतिरिक्त, इस बात पर भी निर्भर करता है कि प्रारंभिक स्थिति क्या थी; उसमें कौन से कर किस प्रकार से विद्यमान थे, आदि।

**2. संसाधन आवंटन (Resource Allocation)**—कर-बोझ के इस आयाम के अनुसार परोक्ष कर उत्पादन साधनों के प्रयुक्ति-ढाँचे को बिगाड़ते हैं जिससे अर्थव्यवस्था और समाज का अहित होता है। तर्क यह है कि परोक्ष कर बाज़ार में माँग और पूर्ति की शक्तियों की परस्पर मुक्त क्रिया-प्रक्रिया द्वारा कीमत-निर्धारण प्रक्रिया को विकृत करते हैं जिससे वस्तुओं और सेवाओं की तुलनात्मक लाभदायिता में बदलाव आता है तथा उत्पादन संसाधनों के प्रयुक्ति-ढाँचे भी बदल जाते हैं। परिणामस्वरूप उत्पादन साधनों का आबँटन इष्टतम-स्तर से परे हट जाता है, और अर्थव्यवस्था की उत्पादन क्षमता को हानि पहुँचती है। यह परोक्ष करों का अर्थव्यवस्था पर पड़ने वाला बोझ है। इसी प्रकार जब कृत्रिम रूप से परोक्ष करों द्वारा उत्पादन और उपभोग ढाँचों में होने वाली विकृति पर दृष्टि डाली जाए, तो यह समाज पर बोझ का एक रूप है।

परंतु ध्यान से देखा जाए तो उपर्युक्त विश्लेषण काफी गलत और भ्रामक दिखाई देता है। यह कथन (कि परोक्ष कर साधनों के प्रयुक्ति-ढाँचे को विकृत करते हैं) इस मान्यता पर आधारित है कि यदि किसी मुक्त बाज़ार प्रणाली द्वारा अर्थव्यवस्था में परोक्ष कर न हों, तो उसका संसाधन-आवंटन ढाँचा अवश्यमयी इष्टतम होता है। परंतु वस्तुतः ऐसा नहीं होता।

- बाज़ार व्यवस्था में वस्तुओं की माँग, कीमतें तथा उत्पादन ढाँचा उपभोक्ताओं की क्रय-शक्ति और माँग ढाँचे पर निर्भर करते हैं। परन्तु इस व्यवस्था में भी आय और धन वितरण की असमानताओं के कारण उपभोक्ताओं का माँग ढाँचा विकृत रहता है और समाज की वास्तविक आवश्यकताओं और आकांक्षाओं से मेल नहीं खाता। इस कारण वस्तुओं के उत्पादन ढाँचे में भी अनेक दोष रहते हैं। आवश्यक वस्तुओं की कमी के रहते विलासिता की वस्तुओं का उत्पादन किया जाता है।
- एक मुक्त बाज़ार-व्यवस्था में भी अनेक प्रकार की कमियाँ देखने को मिलती हैं, जैसे कि एकाधिकारिक प्रवृत्तियाँ, इश्तिहारबाज़ी और मार्केटिंग के खर्चे आदि।
- ऐसी स्थिति में यह मानकर चलना अधिक उचित और अर्थपूर्ण रहता है कि बाज़ार-व्यवस्था द्वारा संसाधनों का वितरणीय-ढाँचा काफी दोषपूर्ण हो सकता है तथा उसमें सुधार के लिए परोक्ष करों की सहायता लेनी चाहिए।

**3. अधूरा विवेचन (Incomplete Explanation)**—उपर्युक्त विवेचन महत्वपूर्ण होते हुए भी एक प्रकार से अधूरा है। इसमें एक अनुपाती प्रत्यक्ष आय कर (direct proportional income tax) की तुलना वस्तुओं पर एक सर्वव्यापी अनुपाती कर (a comprehensive proportional commodity taxation) से की गई है। वस्तुस्थिति यह है कि दोनों कर-वर्गों में विविध प्रकार के करों तथा उनकी दरों का चुनाव किया जा सकता है, और इस चुनाव से अर्थव्यवस्था का निष्पादन (performance) भी प्रभावित होता है।

इसी प्रकार उपर्युक्त विश्लेषण का यह दोष भी विचारणीय है कि इस में करदाताओं पर परित्याग के बोझ के संदर्भ में केवल **एक ही करदाता** पर विचार किया गया है तथा उससे प्राप्त निष्कर्षों को समस्त समाज पर लागू मान लिया गया है। परंतु वस्तुस्थिति यह है कि किसी एक करदाता के परित्याग का अनुमान केवल उसकी अपनी आय, करदेयता तथा वस्तुओं की कीमतों से नहीं लगाया जा सकता। इसमें सभी करदाताओं की कर देयताओं, आय स्तरों तथा कई अन्य कारकों की भी भूमिका रहती है। सभी करदाताओं के परित्याग फलनों में परस्पर निर्भरता होने के कारण समस्त समाज के संयुक्त परित्याग फलन का अनुमान लगाना लगभग असंभव होता है।

- पत्यक्ष और परोक्ष करों के बोझ की तुलना में विविध प्रकार की विश्लेषणात्मक त्रुटियाँ हैं।
- ये त्रुटियाँ सामान्यत: अयथार्थ मान्यताओं की देन हैं।
- परिणामस्वरूप इस विश्लेषण के कई निष्कर्ष गलत और भ्रामिक हैं।

## 4. मूल्यवर्धन कर (Value Added Tax—VAT)

### अर्थ

- मूल्यवर्धन कर एक ऐसा उत्पादन-कर है, जो सदैव बाज़ार-मूल्य के 'उत्पादन' पर लगाया जाता है, और इस कारण एक विचाराधीन वस्तु की बाज़ार-मूल्य में **वृद्धि** पर ही आरोपा एवं आँका जाता है।
- मूल्यवर्धन कर 'वस्तुपरक' (specific) न हो कर सदैव मूल्यपरक (ad valorem) होता है।
- चूँकि मूल्यवर्धन आंकने की कई विधियाँ हैं अत: उनके तदनुरूप मूल्यवर्धन कर के भी कई प्रकार हैं।
- प्रशासनिक सुविधा के लिए किसी विचाराधीन वस्तु/सेवा पर मूल्यवर्धन कर एक अथवा एक से अधिक चरणों में वसूला जा सकता है। ऐसी व्यवस्था में प्रत्येक चरण की करदेयता केवल उसी चरण मे होने वाली मूल्यवृद्धि पर तय की जाती है।

- परिणामस्वरूप इसकी वसूली के चरण जितने भी हों, इसका कुल कराधार तथा इसकी कुल करदेयता के अनुमानों में अन्तर नहीं पड़ता।
- केवल बाज़ार-मूल्य में वृद्धि पर आरोपित होने के कारण स्वभोग (self-consumption) के लिए उत्पादित 'मूल्य' अथवा 'उपयोगिता' कर-मुक्त रहते हैं।
- प्रशासनिक सुविधा के दृष्टिकोण से एक उत्तम मूल्यवर्धन कर प्रणाली वह है जिसमें यह कर सभी वस्तुओं और सेवाओं पर और एक ही दर से आरोपा जाए। परंतु अनेक कारणों से यथार्थ में इस प्रकार की मूल्यवर्धन कर प्रणाली की प्राप्ति नहीं हो पाती।

## एक बड़े कुटुम्ब का सदस्य (Member of a Large Family)

मूल्यवर्धन कर की विशेषताएँ उत्पादन और बिक्री करों की विशेषताओं का एक सम्मिश्रण होती हैं।

- मूल्यवर्धन कर की प्रकृति एक वस्तुपरक कर की न होकर सदैव एक मूल्यपरक कर की होती है। एक विचाराधीन वस्तु पर देय मूल्यवर्धन कर उसके अंतिम क्रेता के पास पहुँचने तक के उत्पादित सकल बाज़ार मूल्य पर आँका जाता है। केवल वसूली की सुविधा के लिए इसे एक अथवा एक से अधिक उत्पादन/बिक्री के चरणों में बाँट दिया जाता है। प्रत्येक चरण में करदेयता उसी चरण में उत्पादित 'मूल्य' (मूल्यवर्धन) पर निर्धारित की जाती है।
- इसके विपरीत बिक्री कर की परिशुद्ध मात्रा इसकी दर के अतिरिक्त इसके वस्तुपरक अथवा मूल्यपरक होने पर भी निर्भर करती है।
- यदि बिक्री कर बिक्री के एक ही चरण पर वसूला जा रहा हो (If it is a single point tax) तो इसकी परिशुद्ध देय राशि इसकी वसूली के चरण के साथ-साथ परिवर्तित होती जाती है। सामान्यत: बिक्री के अधिक चरणों से निकल चुकी वस्तु पर देय बिक्री कर बढ़ जाता है। बिक्री कर के मूल्यपरक होने पर बढ़ोतरी की यह प्रवृत्ति और भी सक्षम हो जाती है।
- यदि बिक्री कर मूल्यपरक होने के साथ-साथ बहुचरणीय (multi-point) भी हो, तो इसमें करारोपित वस्तु पर प्रत्येक बिक्री के साथ ब्याज-दर-ब्याज रूपी वृद्धि होने लगती है जिससे अर्थव्यवस्था का ढाँचा कई प्रकार से विकृत होने लगता है।
- यदि विचाराधीन वस्तु पर उत्पादन कर अथवा अन्य प्रकार के कर अदा किए जा चुके हों तो इनसे भी इसपर बिक्री कर की देय राशि बढ़ जाती है जबकि मूल्यवर्धन करदेयता में इस बात से अंतर नहीं पड़ता।
- इसी प्रकार यदि उत्पादन शुल्क मूल्यपरक और बहुचरणीय हो उससे भी ब्याज-दर-ब्याज की स्थिति उत्पन्न होती है। उदाहरणार्थ, एक कार के उत्पादन में रंग, टायर, बैटरी तथा अन्य कई आगतें (inputs) प्रयुक्त होती हैं। यदि इन आगतों पर उत्पादन शुल्क देय हो तो कार की पूर्ति-कीमत के बढ़ने से इसपर देय उत्पादन शुल्क भी बढ़ जाता है। इस प्रकार की संचित करदेयता (cumulative tax) से अर्थव्यवस्था का कई प्रकार से अहित होता है।

## व्याख्या (Elaboration)

व्यावहारिकता के दृष्टिकोण से वस्तु के सकल मूल्य पर करदेयता निर्धारित करने के पश्चात उसमें से पहले के चरणों में अदा किए गए मूल्यवर्धन कर की राशियों को घटा दिया जाता है। इस प्रकार उत्पादन के हर चरण में उत्पादन मूल्य में हुई केवल निवल वृद्धि पर ही मूल्यवर्धन कर की देयराशि निर्धारित की जाती है। इस विधि से यह भी सुनिश्चित हो जाता है कि किसी विचाराधीन वस्तु पर कई चरणों में लगाए गए मूल्यवर्धन कर का जोड़ तथा उस वस्तु पर केवल अंतिम बिक्री के चरण में लगाए गए कर के बराबर रहेगा। अंतर केवल इतना रहता है कि इसकी वसूली एकमुश्त के स्थान पर कई किस्तों में की जाती है। दोनों विधियों द्वारा निर्धारित कुल करदेयता की समानता का कारण यह है कि उत्पादन के विभिन्न चरणों में हुई निवल मूल्य वृद्धियों का जोड़ उस वस्तु की सकल उत्पादन प्रक्रिया में होने वाली निवल मूल्य वृद्धि के बराबर होती है।

## चार प्रकार (Four Kinds of VAT)

मूल्यवर्धन कर कई प्रकार का हो सकता है। इसमें भी दरों की भिन्नता तथा कर छूट के अवसर रहते हैं। इसके वर्गीकरण में निम्नलिखित तथ्यों पर विचार करने की आवश्यकता होती है।

(i) उत्पादन के लिए खरीदे गए पूँजी-आगत (purchases of capital inputs);
(ii) पूँजी का मूल्य ह्रास (depreciation of capital);
(iii) उत्पादन के लिए खरीदे गए पूँजी-भिन्न आगत (purchases of non-capital inputs);
(iv) पूँजी का मूल्य;
(v) लाभ-आय (जिसमें ब्याज आय तथा लगान आय आदि शामिल हैं) (profit income, including rent and interest incomes)

इन मदों के प्रयोग से प्रो. कार्ल शूप (Dr. Carl S. Shoup) ने मूल्यवर्धन कर के आधार को नियत करने हेतु चार विधियाँ गिनवाई हैं, जिनके तदनुरूप मूल्यवर्धन कर के चार प्रकार बनते हैं।

### (क) उत्पादन मूल्यवर्धन कर (Production VAT)

मूल्यवर्धन कर के इस प्रकार में किसी विचाराधीन फर्म की करदेयता का अनुमान लगाने के लिए उसके उत्पादन के **सकल मूल्य** को उसके बिक्री मूल्य के बराबर मानते हुए, उसमें से फर्म द्वारा क्रय किए गए **पूँजी-भिन्न आगतों** के मूल्य को घटा दिया जाता है। ध्यानयोग्य है कि फर्म द्वारा क्रय किए गए अन्य सभी आगतों के मूल्य को तथा पूँजी के मूल्य ह्रास को भी उत्पादन के बिक्री मूल्य से नहीं घटाया जाता। इस प्रकार फर्म द्वारा उत्पादित मूल्यवर्धन के अनुमान में पूँजी आगतों द्वारा प्रदत्त मूल्य शामिल रहता है चाहे वे पूँजी आगत अन्य फर्मों से ही क्यों न खरीदे गए हों। सामान्य शब्दों में कहें तो मूल्यवर्धन कर के इस प्रकार में फर्म का कराधार (उत्पादन का कुल मूल्य-पूँजी-भिन्न आगतों का मूल्य) (Value of Output–Value of Non-capital Inputs) के बराबर होता है। यदि समस्त अर्थव्यवस्था के दृष्टिकोण से देखा जाए तो इसका सामूहिक कराधार-

(i) यदि विदेश से निवल आय (net income from abroad) को शामिल न करें, तो सकल देशीय उत्पाद (GDP) के बराबर, तथा
(ii) यदि विदेश से निवल आय को शामिल करें तो सकल राष्ट्रीय उत्पाद (GNP) के बराबर होता है।

मूल्यवर्धन कर के इस प्रकार की मुख्य त्रुटि यह है कि इससे पूँजी का प्रयोग, तथा इस कारण तकनीकी विकास, हतोत्साहित होते हैं।

**(ख) उपभोग मूल्यवर्धन कर (Consumption VAT)**

मूल्यवर्धन कर के इस प्रकार में फर्म के उत्पादन के कुल मूल्य में से इसके क्रय किए गए सभी पूँजी तथा पूँजी-भिन्न (Value of Output – Value of *all* Inputs) आगतों का मूल्य घटाकर करयोग्य कराधार का अनुमान लगाया जाता है। इस विधि में पूरी अर्थव्यवस्था के लिए कराधार की मात्रा उसके सकल उपभोग व्यय के बराबर होती है, जिसे निम्न प्रकार से समझा जा सकता है-

विदेशी व्यापार आदि को अनदेखा करते हुए, अर्थव्यवस्था का सकल कराधार

मजदूरी आय (W) + लाभ आय (P) + पूँजी का मूल्य ह्रास (D) और निवेश (I) ...(1)

(यहाँ पर लाभ आय में ब्याज आय, लगान आय आदि शामिल हैं।)

परन्तु राष्ट्रीय आय को निम्नलिखित घटकों में भी बाँटा जा सकता है, अर्थात्

राष्ट्रीय आय = उपभोग (C) + निवेश (I) ...(2)

इसी प्रकार सकल राष्ट्रीय आय = मजदूरी आय (W) + लाभ आय (P) + पूँजी का ह्रास (D) ...(3)

समीकरण संख्या (2) तथा (3) से

$$W + P + D = C + I$$

अर्थात् $W + P + D - I = C$ ...(4)

अर्थात GNP – I = सकल राष्ट्रीय आय - निवेश = C= उपभोग ...(5)

समीकरण (5) से यह स्पष्ट हो जाता है कि अर्थव्यवस्था का सकल कराधार इसके उपभोग व्यय के बराबर होता है। अत: मूल्यवर्धन कर के इस प्रकार को 'उपभोग मूल्यवर्धन कर' की संज्ञा दी जाती है। अधिकतर यूरोपीय देशों में मूल्यवर्धन कर के इसी प्रकार को अपनाया गया है। इसका एक कारण यह है कि इसमें कराधार का अनुमान लगाने में सुगमता रहती है तथा फर्में पूँजी ह्रास को न्यूनतम रखने का प्रयत्न में पुरानी मशीनों का यथोचत काल तक प्रयोग करती हैं।

प्रो विनफ्रे (Prof. Winfrey) के कथनानुसार यह कराधार सीधे (बिक्री मूल्य- पूँजी तथा अन्य आगतें) के बराबर होता है।

**(ग) आय मूल्यवर्धन कर** (Income VAT)

मूल्यवर्धन कर के इस प्रकार में फर्म के उत्पादन मूल्य में से उसके द्वारा खरीदे गए सभी पूँजी-भिन्न आगतों का मूल्य तथा पूँजी का मूल्य-ह्रास घटाया जाता है (Value of Output – Non-Capital Inputs – Depreciation of Capital); विदेशी व्यापार आदि को अनदेखा करने पर मूल्यवर्धन कर के इस प्रकार में सकल अर्थव्यवस्था का कराधार उसके निवल राष्ट्रीय उत्पाद (NNP) के बराबर होता है। कर का यह प्रकार सबसे जटिल परंतु सबसे अधिक तर्कसंगत है।

**(घ) मज़दूरी मूल्यवर्धन कर** (Wages VAT)

मूल्यवर्धन कर के इस प्रकार में फर्म द्वारा खरीदे गए आगतों के मूल्य के साथ-साथ पूँजी का ह्रास मूल्य तथा इससे अर्जित आय (लाभ तथा ब्याज आदि) भी इसके उत्पादन मूल्य से घटा दिए जाते हैं। अत: इस प्रमापन में कराधार केवल मज़दूरी आय के बराबर ही रह जाता है।

इस प्रकार हम देखते हैं कि मूल्यवर्धन के उपर्युक्त चारों प्रकारों में मुख्य भेद पूँजी और लाभ आय से संबद्ध है, जिसका सारांश निम्नलिखित है।

(i) उत्पादन प्रकार: फर्म के सकल उत्पादन में से पूरे पूँजी निवेश को घटा दिया जाता है।

(ii) उपभोग प्रकार: फर्म के सकल उत्पादन में से पूरे पूँजी निवेश को घटा दिया जाता है।

(iii) आय प्रकार: आगतों के मूल्य में स्थिर पूँजी की खरीदारी को नहीं जोड़ा जाता।

(iv) मज़दूरी प्रकार: आगतों के मूल्य में पूँजी से अर्जित आय को भी जोड़ दिया जाता है।

## मूल्यवर्धन कर के लाभ (Merits of VAT)

मूल्यवर्धन कर के कई लाभ गिनवाए जाते हैं, जिनके कारण इसकी लोकप्रियता बढ़ती जा रही है। सरकारें तो इसे एक उत्तम कर प्रणाली का अंग मानती हैं, व्यावसायिक वर्ग भी इसके पक्ष में हैं। इस कर की सर्वप्रथम परिकल्पना जर्मनी के एक अर्थशास्त्री ने की थी। यह कर सर्वप्रथम फ्रांस देश में 1954 में अपनाया गया तथा वर्तमान स्थिति यह है कि इसे भारत सहित विश्व के अनेक देश GST के रूप में अपना चुके हैं। भारत में मूल्यवर्धन कर VAT को सुविधाजनक चरणों में अपनाए जाने की सिफारिश 1978 में 'झा परोक्ष कर जाँच समिति' (The Indirect Taxation Enquiry Committe, Jha Committee) ने परोक्ष करों पर अपनी रिपोर्ट में की थी।

**1. प्रशासनिक सुविधा (Administrative Convenience)**–मूल्यवर्धन कर प्रशासनिक दृष्टिकोण से अति सुविधाजनक है। इसमें कर की चोरी रोकने का काम सुगम हो जाता है, क्योंकि विभिन्न फर्मों के लेखों का आपसी मिलान किया जा सकता है।

**2. करदाताओं का सहयोग (Cooperation by Taxpayers)**–मूल्यवर्धन कर में प्रत्येक उत्पादक यह चाहता है कि उसे कच्चा माल आदि बेचने वाले, अपने चरण का कर अदा कर चुके हों, क्योंकि इस अदायगी का प्रमाण प्रस्तुत करने पर ही उसकी अपनी करदेयता में कमी हो सकती है। इस से कर की चोरी घटती है।

**3. समप्रभाविता (Neutrality)**–मूल्यवर्धन कर की सभी वस्तुओं के लिए एक समान दर अपनाने से अर्थव्यवस्था कई प्रकार के उन विकारों से बचती है जो सामान्य स्थितियों में करारोपण से उपजते हैं।

सभी वस्तुओं और सेवाओं की तुलनात्मक लाभदायिता पूर्ववत् बनी रहती है। इस कारण देश के उत्पादन साधनों के प्रयुक्ति-ढाँचे में कोई अंतर नहीं पड़ता, तथा न ही इससे उत्पादन तथा उपभोग ढाँचे प्रभावित होते हैं।

फर्म की औसत करदेयता उत्पादन के पैमाने पर निर्भर नहीं करती। इसका आधार केवल वस्तु का उत्पादन मूल्य होता है। अत: उत्पादक, उत्पादन के उस पैमाने को चुनता है जिसपर (माँग पर ध्यान रखते हुए) वस्तु की औसत लागत न्यूनतम संभव हो। इस प्रकार मूल्यवर्धन कर अर्थव्यवस्था के साधनों के इष्टतम प्रयोग में सहायता देता है।

कोई फर्म किसी वस्तु के उत्पादन के विभिन्न चरणों को अपने पास केन्द्रित करके अपनी करदेयता में कमी नहीं कर सकती तथा न ही सरकार के कुल राजस्व में इससे कोई अंतर पड़ता है।

**4. कीमतों की चक्रीय वृद्धि का अंत (Absence of Cascading Effect on Prices)**–मूल्यवर्धन कर लागतों और कीमतों में चक्रीय वृद्धि (cascading price increase) लाने का कारण नहीं बनता। सामान्य प्रकार के बिक्री तथा उत्पादन करों में पहले से अदा किए गए करों पर भी कर लग जाता है, परन्तु मूल्यवर्धन कर में

ऐसा नहीं होता। कीमतों में वृद्धि की शक्तियाँ क्षीण होने पर देश के अंदर वितरणीय असमानताओं के बढ़ने की गति भी घटती है।

**5. निर्यात (Exports)**–मूल्यवर्धन कर को अपनाने से निर्यात को प्रभावी ढंग से प्रोत्साहित करने में सहायता मिलती है। देश के अंदर लागत और कीमतों में चक्रीय वृद्धि की प्रक्रिया रोके जाने से हमारी निर्यात वस्तुओं की विदेशी मंडियों में स्पर्धा-शक्ति बढ़ जाती है। साथ ही निर्यात वस्तुओं पर अदा किए गए करों को लौटाने (तथा इस प्रकार उनकी स्पर्धा शक्ति में और बढ़ोतरी करने) का कार्य मूल्यवर्धन कर के होने पर आसान हो जाता है। देश में कीमतों की वृद्धि के थम जाने से निर्यात प्रोत्साहित और आयात हतोत्साहित होते हैं तथा इन सब बातों के परिणामस्वरूप भुगतान संतुलन को नकारात्मक होने से बचाया जा सकता है। यह भी स्मरणीय है कि निर्यात वस्तुओं पर अन्य प्रकार के परोक्ष करों का अनुमान लगाना और उन्हें लौटाना आसान नहीं होता।

**6. कार्य-कुशलता को प्रोत्साहन (Incentive for Efficiency)**–मूल्यवर्धन कर कार्यकुशलता को प्रोत्साहित करता है। इसका कारण यह है कि यह कर केवल लाभ-आय अथवा उत्पादन लागत तक सीमित न रहकर सकल उत्पादन मूल्य पर देय है। घाटे पर चल रही फर्मों को भी यह कर अदा करना पड़ता है। अत: प्रत्येक फर्म की यह चेष्टा रहती है कि बाज़ार में अपनी स्पर्धा-शक्ति में वृद्धि करने तथा अधिक लाभ आय अर्जित करने हेतु अपनी कार्यकुशलता में बढ़ोतरी करे।

- मूल्यवर्धन कर एक ऐसा उत्पादन तथा/अथवा बिक्री कर है जो वस्तु के कुल मूल्य के स्थान पर केवल उसके बाज़ार-मूल्य में निवल वृद्धि पर लगाया जाता है।
- इसे एक से अधिक चरणों में वसूला जा सकता है, परन्तु इससे विचाराधीन वस्तु पर अनुमानित कुल करदेयता में अन्तर नहीं पड़ता।
- निवल मूल्यवृद्धि के अनुमान में आगतों के मूल्य को घटाने की विभिन्न विधियों अपनाई जा सकती हैं, जिनके तदनुरूप हमें (चार मुख्य रूपों समेत) इस कर के कई उपवर्ग मिलते हैं।

**7. नीति प्रयोग (Policy Tool)**–संभव है कि सरकार अपनी आर्थिक एवं सामाजिक नीतियों के अनुसरण में यह कर सभी वस्तुओं पर एक ही दर से न लगाए, तथा/अथवा कुछ वस्तुओं को कर-मुक्त रखे। ऐसा करने से मूल्यवर्धन कर का रूप आकार जटिल हो जाता है, परंतु इसके अन्य कई हितकर गुण फिर भी बने रहते हैं।

## 5. व्यय-कर (Expenditure Tax)

### अर्थ

व्यय-कर का मुख्य स्वरूप वैयक्तिक उपभोग व्यय-कर (a tax on personal consumption expenditure) का है, जिसमें कभी-कभार होने वाले मोटे व्ययों (जैसे कि शादी ब्याह जैसी सामाजिक गतिविधियों, तथा मकान आदि के क्रय पर किए गए व्यय) की मदों को शामिल न किए जाने की संभावना रहती है। समान्यत: वैयक्तिक उपभोग व्यय-कर में मदवार विवरण पर ध्यान न देते हुए करदाता की करदेयता उसके 'सकल' व्यय पर निर्धारित की जाती है।

व्यय-कर व्यावसायिक इकाइयों पर भी आरोपा जा सकता है। परंतु ऐसा बहुधा कम होता है। वैयक्तिक व्यय-कर की भाँति इसमें भी कुछ व्यय मदों को कर-मुक्त रखा जा सकता है, जैसे कि मोटे पूँजी व्यय (उदाहरणार्थ भवनों तथा मशीनों आदि का खरीदा जाना), श्रम-मज़दूरी तथा श्रम-कल्याण की मदें आदि।

• **वस्तु-कर से भिन्नता (Distinction from Commodity Taxation)**—एक प्रकार से उत्पादन शुल्क और बिक्री कर को (इन दोनों को मूल्यवर्धन कर के रूप में भी अपनाया जा सकता है) व्यय-करों कुटुम्ब के सदस्य समझा जा सकता है, क्योंकि उत्पादन प्रक्रियाओं के संपन्न हेतु मौद्रिक्र साधनों का व्यय आवश्यक रहता है। यह अपेक्षा भी की जाती है कि जब ग्राहक विभिन्न करारोपित वस्तुओं के क्रय पर व्यय करेंगे तो उनसे इन करों की भी वसूली कर ली जाएगी (अर्थात इन करों का अंतिम आपतन भी उन्हें ही वहन करना पड़ेगा)। फिर भी वस्तु-कर और व्यय-कर बुनियादी तौर पर एक दूसरे से भिन्न हैं जिसके दो मुख्य कारण हैं-

• वस्तु-कर-प्रणाली में सभी प्रकार के व्यय पर कर नहीं लगाया जाता। करदाता की करदेयता उसके वस्तुओं पर व्यय की सकल मात्रा पर नहीं, प्रत्युत चयनित व्यय मदों तथा उनके मूल्यों आदि पर निर्धारित की जाती है। व्यय की मदों में परिवर्तन आने पर करदेयता की राशि भी बदल जाती है। इसके अतिरिक्त कई मामलों में वस्तु कर मूल्यपरक न होकर वस्तुपरक हो सकते हैं।

• वस्तु-कर में कर का आपतन विक्रेताओं पर भी टिक सकता है। परंतु व्यय-कर का समस्त भार व्यय-कर्ताओं को ही वहन करना पड़ता है।

**औचित्य (Rationale)**—व्यय-कर का बुनियादी औचित्य यह है कि इसमें समाज के उन सदस्यों को दंडित किया जाता है, जो अर्थव्यवस्था के संसाधन भंडार में कमी लाने वाली गतिविधियाँ अपनाते हैं। इसके विपरीत आय-कर तथा उत्पादन-कर में समाज के उन सदस्यों को दंडित किया जाता है, जो अर्थव्यवस्था के संसाधन भंडार में बढ़ोतरी हेतु कार्यरत होते हैं। इस बुनियादी तथ्य को ध्यान में रखते हुए श्री हॉब्स (Hobbes) ने लगभग तीन सौ वर्ष पूर्व व्यय-कर को अपनाए जाने की सिफारिश की थी। प्रो॰ जे॰ एस॰ मिल के मतानुसार व्यय-कर अपने आपमें एक पूर्ण एवं समानता पर आधारित कर है, क्योंकि इसमें बचत कर-मुक्त रहती है। प्रो॰ मार्शल ने भी इसे एक आदर्श कर की संज्ञा दी थी। व्यक्तिगत व्यय करदाता की कर देयक्षमता का एक मुख्य सूचकांक माना जाता है। अल्पविकसित देशों में व्यय-कर को विशेष रूप से उपयोगी माना जाता है, क्योंकि इससे बचत और पूँजी निर्माण प्रोत्साहित होते हैं, विकास की दर बढ़ती है तथा गरीबी दूर करने में सहायता मिलती है। व्यय-कर के समर्थकों में कॉल्डर (Kaldor), रिचर्ड गुड (Richard Good) तथा राजा जे॰ चैल्लैया (Raja J. Challiah) के नाम गिनवाए जा सकते हैं।

## पक्ष में तर्क (Arguments for)

### (क) आय-कर की त्रुटियों की उपज

• व्यय-कर के पक्ष में सर्वप्रथम वे तर्क दिए जाते हैं जो आय-कर की त्रुटियों से उपजे हैं। बुनियादी तौर पर आय-कर आय को अर्जित करने वाले व्यक्ति को दंडित करता है। इससे आय पर दुहरा कर-भार पड़ता है। सर्वप्रथम आय कमाने पर कर देना पड़ता है, तथा इसके पश्चात बचत की गई आय पर, अर्जित आय पर भी करदेयता बनती है। धन-संपत्ति के रूप में संचित आय भी धन-कर की लपेट में आ सकती है तथा पूँजी-लाभ को भी करारोपित किया जा सकता है। सारांश यह है कि आय-कर प्रणाली में उत्पादन, बचत तथा निवेश आदि की सभी गतिविधियाँ हतोत्साहित होती हैं। इस कारण से आय-कर एक अल्पविकसित देश को 'गरीबी के फंदें' में फँसाए रखने में सहायक होता है। प्रो॰ कॉल्डर का कहना है कि आय-कर की दरें प्रगामी होने पर विकास पर होने वाला अहितकर प्रभाव और भी सक्षम हो जाता है।

• यदि आय-कर आर्थिक विकास की प्रक्रिया को क्षति पहुँचाता है तो व्यय-कर उसे शक्ति प्रदान करता है। व्यय-कर से वे गतिविधियाँ आरोपित होती हैं जिनसे अर्थव्यवस्था के संसाधन निवेश और उत्पादन के स्थान पर उपभोग में जाते हैं। चूँकि व्यय-कर में आय के स्रोतों की कोई भूमिका नहीं होती, अत: सभी प्रकार की उत्पादन तथा आय-अर्जन गतिविधियाँ प्रोत्साहित होती हैं।

• व्यय-कर से माँग घटती है जिससे कीमतों को नियंत्रित करने में सहायता मिलती है। इससे आय तथा धन की वितरणीय विषमताओं को बढ़ावा नहीं मिलने के स्थान पर न्यायिक वितरण की प्राप्ति में सहायता मिलती है।

**(ख) व्यय-कर की अपनी विशेषताओं की उपज**

• जैसा कि ऊपर कहा जा चुका है, व्यय-कर आर्थिक विकास प्रक्रिया को प्रोत्साहित करता है। इसमें श्रम और बचत आदि की गतिविधियों के कारण करदाता की करदेयता नहीं बढ़ती, परंतु व्यय करने तथा अवकाश का आनंद लेने पर बढ़ती है।

• व्यय-कर में पूँजी-लाभ के एकत्रीकरण/गुच्छीकरण (bunching) की समस्या नहीं आती। (पूँजी-लाभ की प्राप्ति पूँजी स्वामी को केवल पूँजी के बेचने पर होती है। गुच्छीकरण की समस्या यह तय करती है कि इस संचित पूँजी-लाभ को पूँजी के स्वामित्व काल के वर्षों में किस प्रकार बाँटा जाए तथा पूँजी के स्वामी की करदेयता किस प्रकार निर्धारित की जाए)।

• कई अर्थशास्त्रियों के मतानुसार आय की तुलना में व्यय एक करदाता की देयक्षमता का बेहतर सूचक है। व्यय-कर की दरों को वितरणीय न्याय की कसौटी के अनुरूप प्रगामी बनाया जा सकता है। इसी प्रकार जहाँ आय-कर में आय की अनियमितता से करदाताओं को हानि पहुँचती है, वहीं व्यय-कर में इस समस्या का भी सामना करने की आवश्यकता नहीं पड़ती।

## विपक्ष में तर्क (Arguments Against)

सभी करों की भाँति व्यय-कर में भी सैद्धांतिक एवं प्रशासनिक दोनों प्रकार की त्रुटियाँ देखने को मिलती हैं।

• सर्वप्रथम कठिनाई कर-योग्य व्यय के अर्थ से संबंधित है। प्रो० इर्विंग फिशर ने इस कठिनाई का एक समाधान यह सुझाया था कि किसी करदाता का कर-योग्य व्यय नियत करने के लिए उसकी वर्षभर की आय में से उसकी निवल बचत को घटा देना चाहिए। वर्ष की निवल बचत का अर्थ करदाता की निवल संपत्ति में वृद्धि से है, अर्थात् इसका प्रमापन है,

(वर्ष के अंत पर, निवल संपत्ति का मूल्य – वर्ष के प्रारंभ में निवल संपत्ति का मूल्य)

यहाँ पर निवल संपत्ति का अर्थ है (कुल संपत्ति – कुल देनदारियाँ)। इस प्रकार एक ओर संपत्ति में वृद्धि का अर्थ व्यय में कमी है, तो दूसरी ओर देनदारियों में वृद्धि व्यय में वृद्धि दर्शाती है।

• आय-कर की तुलना में व्यय-कर की प्रमापनीय कठिनाइयाँ कहीं अधिक हैं। इसमें करदाता की वर्ष भर की आय के साथ-साथ उसकी संपत्ति और देयताओं के प्रमापन की भी आवश्यकता पड़ती है। इस कारण करदाताओं पर लेखा लिखने तथा कर-अधिकारियों पर उन लेखों के जाँच-कार्य का अतिरिक्त बोझ पड़ता है।

• कीमतों की अस्थिरता भी एक समस्या खड़ी करती है। इसके कारण निवल बचत का अनुमान न केवल कठिन, प्रत्युत एकदम भ्रामक भी हो सकता है। उदाहरणार्थ एक करदाता के स्वामित्व वाली संपत्ति की कीमत इतनी बढ़ सकती है कि उसकी निवल बचत का अनुमान उसकी आय से भी बढ़ जाए तथा उसके उपभोग-व्यय का अनुमान

नकारात्मक हो जाए। इसी तथ्य का दूसरा पहलू यह भी है कि कीमतें बढ़ने के कारण एक करदाता का वास्तविक व्यय पूर्ववत रहते हुए भी मौद्रिक परिमान इतना बढ़ सकता है कि उस पर व्यय-कर के बोझ में अकल्पनीय रूप से वृद्धि हो जाए।

- व्यय कर-प्रणाली की संरचना में सरकार कई कठिन निर्णय लेने को बाध्य हो सकती है। उसे यह तय करना पड़ता है कि किन व्यक्ति वर्गों के लिए कौन-सी व्यय मदें कर मुक्त हों तथा किन मदों की कितनी-कितनी छूट-सीमाएँ हों।
- सभी करदाताओं की व्यक्तिगत परिस्थितियाँ भिन्न होती हैं, जैसे कि उनका आय-स्तर, धन-संपत्ति, पारिवारिक आकार, स्वास्थ्य-स्थिति आदि। इस कारण उनके व्यय-स्तर को उनकी सापेक्षिक करदेयता के सूचकांक के रूप में प्रयोग करना बहुधा भ्रामक हो सकता है। एक उत्तम व्यय-कर प्रणाली में इन सभी तथ्यों की यथोचित भूमिका होनी चाहिए, परंतु व्यावहारिक स्तर पर ऐसा कर पाना लगभग असंभव है।
- व्यावसायिक वर्गों के मतानुसार व्यय-कर बाज़ार में मंदी लाने में सहायक होता है क्योंकि इससे माँग हतोत्साहित होती है।
- भारत जैसे देश में लेखा-रूपी आँकड़ों की त्रुटियाँ तथा उनकी अपर्याप्तता भी व्यय-कर को अपनाने में रुकावट डालती हैं। छोटे व्यापारी, दुकानदार, किसान आदि अनेक लोग अपने कुटुम्ब के व्यय का लेखा अलग से नहीं रखते। उनके लिए व्यावसायिक तथा कुटुम्ब के खर्चों में अंतर करना अनावश्यक होता है तथा वे दोनों को जोड़ देते हैं। यदि व्यय-कर अपनाने में इन वर्गों को छोड़ दिया जाए तो राजस्व प्राप्ति न्यायरहित एवं अपर्याप्त रह जाती है। इसके विपरीत यदि इन सब लोगों को व्यय-कर के अधीन लाने की चेष्टा की जाए तो प्रशासन को अत्यधिक कठिनाइयों का सामना करना पड़ेगा तथा कर-वसूली की लागत भी अनुचित सीमा तक बढ़ जाएगी।
- व्यय-कर को अपनाने पर उपहार, दान आदि कई प्रकार की मदों में यह तय करना कठिन हो जाता है कि उन्हें करदाता के व्यय में शामिल करना चाहिए अथवा नहीं।
- ऐसी कठिनाइयाँ दीर्घ आयु वाली उपभोग वस्तुओं (durable consumption goods) के साथ भी आती हैं। करदाता इन वस्तुओं पर उनको क्रय करते समय एक बड़ी राशि व्यय करता है तथा फिर एक लंबे काल तक उनके उपभोग द्वारा उनसे उपयोगिता प्राप्त करता रहता है। अतः प्रश्न यह उठता है कि इस प्रकार की वस्तुओं पर किए गए व्यय को उपभोक्ता के उपभोग-व्यय में किस वर्ष में (अथवा किन वर्षों में तथा किस प्रकार) शामिल किया जाए। इन वस्तुओं के कुछ समय पश्चात् बेच दिए जाने पर, तथा उनकी कीमतें बदल जाने पर यह कठिनाई और भी बढ़ जाती है।
- छोटे पैमाने वाले व्यवसायों में तो उपभोग तथा व्यावसायिक व्यय में भेदीकरण कठिन है ही, यह कठिनाई बहुधा बड़े व्यवसायों में भी आती हैं। इसका कारण यह है कि बड़े व्यवसायों में भी कई प्रकार के व्यय अपने स्वामियों, अफसरों तथा अन्य कर्मचारियों की व्यक्तिगत सुविधाओं और उपभोग के लिए किए जाते हैं, परंतु कर में बचत करने के उद्देश्य से उन्हें व्यावसायिक व्यय मदों में दिखाया जाता है। वास्तविकता के स्तर पर यह तय करना अति कठिन हो जाता है कि इन में से कौनसी व्यय-मद व्यावसायिक है तथा कौनसी नहीं।
- इसी प्रकार के प्रश्न व्यक्तिगत स्तर पर किए गए व्यय के बारे में भी उठते है। व्यक्तिगत स्तर पर लगभग सभी लोग अपनी तथा अपने परिवार की उत्पादन क्षमता बढ़ाने के लिए शिक्षण-प्रशिक्षण आदि पर व्यय करते हैं। इस व्यय से देश, समाज तथा अर्थव्यवस्था भी लाभान्वित होते हैं। क्या इस प्रकार के व्यय को विचाराधीन करदाताओं का करयोग्य उपभोग-व्यय मानना चाहिए?

- व्यय-कर के कई रूप हो सकते हैं, तथा इनके पक्ष में कई सक्षम तर्क भी उपलब्ध हैं।
- इन तर्कों में 'विकास में सहायता', 'पूँजी निर्माण', 'वितरणीय न्याय' आदि गिनवाए जा सकते हैं।
- परन्तु व्यय-कर भी त्रुटि-रहित नहीं है और इसे अपनाने में अनेकों ऐसी कठिनाइयाँ आती हैं जिनके कारण इसे व्यापक स्तर पर अपनाना असम्भव रहता है।

## 6. पूँजी लाभ कर (Capital Gains Tax)

पूँजी-लाभ आय का ही एक प्रकार है। यह आय अनियमित तथा अनर्जित होती है तथा इसका उद्गम परिसंपत्तियों के मूल्य की कीमतों में वृद्धि के कारण होता है। परंतु इस वृद्धि की वास्तविक प्राप्ति विचाराधीन परिसंपत्तियों को बेचने पर ही हो सकती है। अर्थात् पूँजी लाभ के उद्‌भव की कालावधि का प्रसार एक से अधिक वर्षों तक व्याप्त हो सकता है, परंतु करदाता इस वृद्धि का लाभ परिसंपत्तियों को बेचे बिना नहीं उठा सकता। इस प्रकार पूँजी लाभ की दो बुनियादी विशेषताएँ हैं-

- 'गुच्छीकरण' (bunching) अर्थात् इसकी वास्तविक प्राप्ति का किसी विशेष काल-बिन्दु पर केन्द्रित होना; तथा
- इसकी उत्पत्ति का एक से अधिक कर-वर्षों की कालावधि पर फैलाव।

चूँकि आय कर-प्रणाली में करदाता की करदेयता उसकी 'वार्षिक आय' के आधार पर तय की जाती है, अतः एक मूल समस्या यह उठती है कि पूँजी लाभ पर कब और किस दर से करारोपण किया जाए। इसे प्राप्ति के वर्ष की आय में जोड़ने से करदाता पर प्रगामी दरों के कारण अत्यधिक बोझ पड़ता है और यदि इसे स्वामित्व की कालावधि पर फैला दिया जाए तो इसकी प्राप्ति से पहले ही इस पर करदेयता का दायित्व बन जाता है। इसके अतिरिक्त यह भी संभव है कि किसी परिसंपत्ति की कीमत कुछ समय तक के लिए बढ़ने के पश्चात् फिर गिर जाए। वैस सामान्यतः पूँजी लाभ पर करारोपण अधिकतर देशों में लाभ प्राप्ति के पश्चात् ही किया जाता है तथा इसकी दरें प्रगामी परंतु मुख्य आय-कर की दरों की तुलना में कुछ कम रखी जाती हैं।

पूँजी लाभ कर ही अनुमान विधि अर्थात् (बिक्री मूल्य - क्रय मूल्य) की कई त्रुटियाँ है क्योंकि इसमें निम्नलिखित तथ्यों को अनदेखा किया जाता है-

- विचाराधीन परिसंपत्ति पर रख-रखाव आदि के व्यय;
- करारोपित परिसंपत्ति को वैकल्पिक रूप-आकारों में रखने से संभावित आय;
- विचाराधीन परसंपत्ति में कीमत वृद्धि के साथ-साथ अन्य कीमतों में भी वृद्धि होने के कारण इसकी क्रय-शक्ति का न बढ़ना, कम बढ़ना, अथवा घट जाना;
- दीर्घकालीन बचत, निवेश और आर्थिक विकास पर नकारात्मक प्रभाव की प्रबल संभावना।

**औचित्य**–पूँजी लाभ कर के औचित्य की स्थापना हेतु भी निम्नलिखित सहित कई तर्क दिए जाते हैं-

पूँजी लाभ की उत्पत्ति में पूँजी के स्वामी की कोई भूमिका नहीं होती। इसका श्रेय बाज़ार और आर्थिक विकास की शक्तियों को जाता है। अतः पूँजी लाभ से लाभान्वित होने का अधिकार पूँजी के स्वामी को नहीं, पूरे समाज को होना चाहिए।

- पूँजी लाभ कर वितरणीय असमानताएँ कम करने में सहायक होता है।

- कुछ करदाता पूँजी लाभ कर के अभाव में कई सामान्य क्रय-विक्रय की गतिविधियों से होनी वाली आय को भी पूँजी लाभ का रूप देने का प्रयत्न करते हैं, जिससे आय कर की चोरी प्रोत्साहित होती है।
- उपरोक्त विवेचन से विदित होता है कि पूँजी लाभ कर की त्रुटियाँ इससे अपेक्षित हितों से कहीं अधिक सक्षम हैं। इससे विकास प्रक्रिया को क्षति पहुँचती है।

- किसी विचाराधीन परिसंपत्ति के स्वामी को उससे होने वाले पूँजी लाभ (विक्रय कीमत – क्रय कीमत) के बराबर आंका जाता है।
- पूँजी लाभ कर करारोपण के पक्ष और विपक्ष में उपलब्ध तर्कों में से पश्चायुक्त अधिक सक्षम है।
- पूँजी लाभ पर करारोपण से विकास प्रक्रिया पर नकारात्मक प्रभाव पड़ता है।
- यदि किन्हीं कारणों से इस कर का लगाना अनिवार्य हो तो इसके नकारात्मक प्रभावों को यथासंभव कम करने का प्रयास किया जाना चाहिए।

## **शब्दावली** (Key Words)

1. एकल कर प्रणाली (single tax system); 2. बहुविध कर प्रणाली (multiple tax system); 3. आरोही/प्रगामी कर (progressive tax); 4. अनुपाती कर (proportional tax); 5. अवरोही/पश्चगामी कर (regressive tax); 6. अधोगामी कर (degressive tax); 7. व्यय कर (expenditure tax); 8. पूँजी लाभ पर कर (capital gains tax); 9. मथौत/व्यक्ति कर (poll tax); 10. प्रयोज्य आय (disposable income); 11. भूमि लगान पर कर (tax on land rent); 12. आर्थिक अधिशेष (economic surplus); 13. अनर्जित वृद्धि (unearned increment); 14. प्रत्यक्ष कर (direct taxes); 15. परोक्ष कर (indirect taxes); 16. आपतन (incidence); 17. वस्तुपरक कर (specific tax); 18. मूल्यपरक कर (ad valorem tax); 19. साधनों का वितरण ढाँचा (pattern of resource allocation); 20. बोझिल (burdensome); 21. मूल्यवर्धन कर (value added tax); 22. उत्पादन मूल्यवर्धन कर (production value added tax); 23. उपभोग मूल्यवर्धन कर (consumption value added tax); 24. आय मूल्यवर्धन कर (income value added tax); 25. मज़दूरी मूल्यवर्धन कर (wage value added tax); 26. चक्रवर्ती कीमत वृद्धि (cascading price increase); 27. वस्तु कर (commodity taxation); 28. व्यक्तिगत उपभोग व्यय पर कर (tax on personal consumption expenditure); 29. एकीकरण/गुच्छीकरण (bunching); 30. दीर्घायु उपभोग वस्तुएं (durable consumption goods)।

## **अभ्यास प्रश्न**

1. कर-प्रणाली की संरचना में वैकल्पिक करों के चुनाव की मूल समस्या क्या है?
2. इस कथन की व्याख्या करें कि "अधिकतर करों की विशेषताएँ अंतर्विरोधी होती हैं और समाज के चगनित लक्ष्य स्थिर नहीं होते, इसलिए एक अच्छी कर-प्रणाली की संरचना लगभग असंभव है"।
3. एकल कर-प्रणाली क्या है? इसकी क्या विशेषताएँ हैं?
4. मथौत कर के अर्थ और औचित्य पर एक नोट लिखें।
5. क्या आप को हैनरी जार्ज का यह मत स्वीकार्य है कि कर केवल भूमि की मूल्यवृद्धि पर ही होना चाहिए? कारणों सहित उत्तर दें।
6. "अनुपाती कराधान सब से अधिक न्यायपूर्ण होता है"। क्या आप इस कथन से सहमत हैं?
7. क्या यह कहना तर्कसंगत है कि आय-उपयोगिता फलन की ठीक-ठीक जानकारी न होते हुए भी एक प्रगामी कर-प्रणाली को अपनाने का औचित्य बैठता है? इस संदर्भ में प्रो. लर्नर के तर्क का संक्षिप्त विवरण दें।

8. इस कथन की जाँच करें कि "देय-क्षमता पर आधारित कर संरचना अवश्य ही प्रगामी होती है"।
9. क्या भारत जैसे देश में एक उत्तम कर-प्रणाली की संरचना करते हुए वितरणीय न्याय और आर्थिक प्रोत्साहन में तालमेल संभव है? इस उद्देश्य की प्राप्ति हेतु किन बातों का ध्यान रखना आवश्यक रहेगा?
10. अवरोही कर-प्रणाली से आप क्या समझते हैं? इसके पक्ष में कौन से तर्क दिए जाते हैं?
11. इस कथन की व्याख्या करें कि अनेक अवगुणों के होते हुए भी हर सरकार (विशेष कर एक अल्पविकसित देश की सरकार) पश्चगामी करों को उच्च स्थान देने पर बाध्य होती है।
12. निम्नलिखित पर संक्षिप्त नोट लिखें।
    (क) प्रत्यक्ष और परोक्ष करों में भेद और उनके उदाहरण;
    (ख) प्रत्यक्ष और परोक्ष करों की विशेषताएँ;
    (ग) प्रत्यक्ष करों का साधन-आवंटन पर प्रभाव;
    (घ) परोक्ष करों का साधन-आवंटन पर प्रभाव।
13. प्रत्यक्ष करों की तुलना में परोक्ष करों को किस आधार पर अधिक बोझिल माना जाता है? अपने उत्तर में रेखाचित्रों का प्रयोग करें।
14. क्या प्रत्यक्ष कर परोक्ष करों की तुलना में सदैव बेहतर होते हैं? कारणों सहित उत्तर दें।
15. मूल्यवर्धन कर से आप क्या समझते हैं? इसके मुख्य प्रकारों का वर्णन करें।
16. मूल्यवर्धन कर किस प्रकार एक सामान्य बिक्री कर तथा उत्पादन कर से भिन्न है? इसे अपनाने का क्या औचित्य है?
17. मूल्यवर्धन कर की सभी देशों में बढ़ती लोकप्रियता के कारणों की व्याख्या करें।
18. वस्तु कर और व्यय कर में क्या भेद है? क्या आप आय कर की तुलना में व्यय कर को पसंद करेंगे? तर्क सहित उतर दें।
19. अनेक गुणों के बावजूद व्यय कर को व्यापक रूप से क्यों नहीं अपनाया जाता?
20. व्यैक्तिक व्यय कर की व्याख्या करते हुए इसके औचित्य पर अपने विचार प्रकट करें।
21. समान कर-राजस्व वाले व्यय-कर और आय-कर के बचत प्रभावों की तुलना करें। आप इनमें से किन की सिफारिश करेंगे? क्या आप की सिफारिश भारत के लिए भी यही रहेगी?
22. पूँजी लाभ कर क्या है, तथा इसे लागू करने में किन अवधारणात्मक और व्यावहारिक कठिनाइयों का सामना करना पड़ता है?
23. भारत जैसे अल्पविकसित देश के लिए एक उचित कर-प्रणाली की रूपरेखा की जानकारी दें।

# अध्याय 8

# करों के प्रभाव

## (Effects of Taxation)

**इस अध्याय में**

- एक आधुनिक राज्य की कर-प्रणाली का अर्थव्यवस्था और समाज पर इतना गहरा और सर्व-व्यापी प्रभाव पड़ता है।
- चाहते हुए भी इसे अर्थव्यवस्था के लिए प्रभावरहित/तटस्थ/समप्रभावित नहीं बनाया जा सकता।
- इन प्रभावों का प्रक्रिया-पथ और आकार-प्रकार कर-प्रणाली की संरचना के अतिरिक्त कीमत-संयत्र की संरचना और क्षमता पर भी निर्भर करते हैं।
- इनका प्रकटीकरण कई चरणों में होता है जिनमें से सामान्यत: प्रथम एकाध चरण का ही अध्ययन किया जा सकता है।
- बहुधा इन प्रभावों को मात्राबद्ध करना भी संभव नहीं होता।
- अत: इनके अध्ययन में विभिन्न मान्यताओं का सहारा लिया जाता है और इसे इन प्रभावों के कुछ मुख्य आयामों (जैसे कि संसाधनों का आवंटन और उनकी आपूर्ति, आय और संपदा का वितरण, आर्थिक स्थिरता और कीमतों पर दबाव, आदि) के प्रारंभिक चरणों तक ही सीमित रखा जाता है।

## अर्थ (Meaning)

सैद्धांतिक दृष्टिकोण से करों के प्रभाव आंकने के लिए दो स्थितियों की तुलना की आवश्यकता होती है, अर्थात्:

**'प्रारंभिक'** स्थिति अर्थात जब समस्त अर्थव्यवस्था कर-मुक्त हो; तथा

**'अंतिम'** स्थिति जिसमें विचाराधीन आकार एवं रूप रेखा वाला कर-ढाँचा विद्यमान हो।

इस मान्यता पर कि 'अर्थव्यवस्था को प्रभावित करने वाला' कोई अन्य कारक सक्रिय नहीं है, इन दो स्थितियों की तुलना से पता चल सकता है कि विचाराधीन कर ढाँचे के कारण अर्थव्यवस्था के उत्पादन, उपभोग, निवेश, रोज़गार तथा इसी प्रकार के अन्य आयामों में क्या अंतर आया है। **इसी अंतर को विचाराधीन कर ढाँचे के प्रभावों की संज्ञा दी जाती है।** इसी विधि द्वारा एक अथवा एक से अधिक करों में **संशोधन** आदि के प्रभावों का भी अनुमान लगाया जा सकता है।

**कठिनाइयाँ (Difficulties)**—कर-प्रभावावों को आंकने में न्मिलिखित सहित कई कठिनाइयों का सामना करना पड़ता है।

हमारे पास उपर्युक्त दो स्थितियों में से केवल एक (अर्थात् कर-युक्त अथवा 'अंतिम' स्थिति) ही उपलब्ध होती है।

हमारे पास कोई ऐसी प्रयोग-विधि भी नहीं है जिसकी सहायता से तुलना हेतु अर्थव्यवस्था की 'प्रारंभिक' स्थिति उत्पन्न कर सकें।

अत: हमें कर-प्रभावों को आंकने के लिए कुछ सिद्धांतों और मान्यताओं की सहायता से एक काल्पनिक (theoretical or imaginary) 'प्रारंभिक' स्थिति की संरचना करनी पड़ती है।

स्पष्ट है कि ऐसी संरचना त्रुटिरहित नहीं हो सकती। करों के प्रभाव कई काल-चरणों पर फैले रहते हैं। परंतु अधिकतर मामलों में किसी विचाराधीन कर के प्रभावों के केवल पहले एकाध चरण का ही अध्ययन संभव रहता है, तथा उनके मात्राबद्ध प्रमापनों की विश्वसनीयता भी विवादास्पद हो सकती है। ध्यानयोग्य है कि इस विधि में अध्ययन-परिणाम 'प्रारंभिक' स्थिति की संरचना के तदनुरूप बदलते जाते हैं।

यह मान्यता अयथार्थ है कि अर्थव्यवस्था में परिवर्तन लाने हेतु अन्य कारक सक्रिय नहीं हैं। अत: हमारे अध्ययन के परिणाम गलत एवं भ्रामक भी हो सकते हैं।

- किसी एक कर, कर-समूह अथवा समस्त कर-प्रणाली के सकल प्रभावों अथवा इनमें संशोधन से उत्पन्न प्रभावों को आंकने हेतु 'प्रारंभिक' और 'अंतिम' स्थितियों की तुलना की जाती है।
- परंतु प्रारंभिक स्थिति की अनुपलब्धि होने के कारण उसकी विविध सैद्धांतिक एवं विश्लेषणात्मक मान्यताओं की सहायता से संरचना की जाती है।
- इस विधि की अपनी त्रुटियाँ हैं और कई बार इससे प्राप्त परिणाम भ्रामक भी हो सकते हैं।

## करों की तटस्थता (प्रभावहीनता/समप्रभाविता) (Neutrality of Taxation)

एक समय यह मत सर्वमान्य था कि सरकार को अपनी वित्तीय आवश्यकताओं की पूर्ति के लिए कर राजस्व इस प्रकार वसूलना चाहिए जिससे बाज़ार शक्तियों द्वारा उत्पादित आर्थिक प्रक्रियाओं में कर-संबंधी नीतियों और गतिविधियों का प्रभाव नगण्य/शून्यतुल्य रहे। करों को अर्थव्यवस्था के दृष्टिकोण से तटस्थ (प्रभावरहित/समप्रभावित) बनाए रखने के सिद्धांत को "सामान्य राजकोषीय तर्कसंगति" (General Budget Principle) की संज्ञा दी जाती है। इस 'तर्कसंगति' के अनुसार सरकार को अर्थव्यवस्था के संसाधन-आवंटन ढाँचे में कोई ऐसा परिवर्तन नहीं लाना चाहिए जिससे आर्थिक गतिविधियों और आर्थिक क्षेत्रों की सापेक्षिक स्थिति के पूर्ववत बने रहने में बाधा पड़ती हो।

परंतु वस्तुस्थिति यह है कि अधिकतर सरकारें 'सामान्य राजकोषीय तर्कसंगति' की अवहेलना करती हैं। इसके दो कारण हैं-

- यदि सरकार चाहे तो भी इसकी कर नीति उपरोक्त अर्थों में 'तटस्थ' नहीं रह सकती; तथा
- अर्थव्यवस्था में कई प्रकार से सुधार लाने की आवश्यकता को स्वीकारते हुए सरकार अपनी कर-प्रणाली का एक प्रभावी नीति-अस्त्र के रूप में प्रयोग करना चाहती है।

इन दोनों कारणों की व्याख्या नीचे दी गई है-

**व्याख्या कारण 1:** यह मान्यता एकदम भ्रामक है कि सरकार द्वारा कर-राजस्व की वसूली तटस्थ हो सकती है। सरकार के चाहने पर भी ऐसा नहीं हो सकता। सामान्यत: एक आधुनिक सरकार की वित्तीय आवश्यकताएँ

राष्ट्रीय उत्पाद के एक इतने बड़े अनुपात के बराबर होती हैं कि अर्थव्यवस्था पर उनका प्रभाव शून्यतुल्य नहीं रह सकता। बजटीय लेनदेन की गतिविधियों से अर्थव्यवस्था के समस्त मौद्रिक, बचत, माँग, निवेश, उपादन, और पूर्ति प्रवाहों का प्रभावित होना सुनिश्चित रहता है। ध्यानयोग्य है कि कई (विशेषकर विकासशील) देशों में वित्तीय आवश्यकताओं के उपरोक्त अनुपात में दीर्घकालीन वृद्धि की प्रवृत्ति भी देखने को मिलती है। इसके अतिरिक्त आधुनिक काल में कुछ ऐसी निहित शक्तियों की भी पहचान की गई है जिनके कारण सरकार की विविध प्रकार की गतिविधियों में फैलाव के साथ-साथ उसके बजट का आकार भी बढ़ता जाता है। यह भी स्मरणीय है कि सार्वजनिक वस्तुओं के उत्पादन और वितरण से उत्पन्न बाह्यताओं के कारण भी सरकारी बजट की तटस्थतता सुनिश्चित नहीं की जा सकती।

**व्याख्या कारण 2:** बजट के अर्थव्यवस्था के प्रति तटस्थ न होने का दूसरा कारण यह है कि सामान्यत: एक आधुनिक सरकार अपने बजट का एक सक्रिय नीति-शस्त्र के रूप में प्रयोग करना चाहती है जिससे समाज और अर्थव्यवस्था में इसके चयनित उद्देश्यों के अनुरूप यथोचित सुधार लाने में सहायता मिले। तटस्थ बजटीय नीति के समर्थकों की यह निहित मान्यता रहती है कि अनियंत्रित बाज़ार शक्तियाँ अर्थवयवस्था को सवोत्तम संभव कार्य-प्रणाली में ढाल लेती है तथा ऐसी स्थिति में एक तटस्थता-भिन्न कर-प्रणाली अर्थव्यवस्था को इसके इष्टतम स्तर से दूर हटा ले जाती है।

परंतु उपर्युक्त तर्क भ्रामक है। वस्तुस्थिति यह है कि अनियन्त्रित बाज़ार शक्तियाँ अर्थव्यवस्था की कार्य प्रणाली को इष्टतम बनाने में असफल रहती हैं। ऐसी अर्थव्यवस्था व्यावसायिक उतार चढ़ावों, आय एवं धन की वितरणीय विषमताओं, बेरोज़गारी, असंतुलित आर्थिक विकास तथा अन्य इसी प्रकार के रोगों से पीड़ित रहती है। ध्यानयोग्य है कि अनियन्त्रित बाज़ार शक्तियाँ कुछ आधारभूत शर्तों के पूरा होने पर ही अर्थव्यवस्था को इष्टतम रूप प्रदान कर सकती हैं, जैसे कि पूर्ण प्रतियोगिता और आय और धन का इष्टतम वितरण आदि। परंतु इन शर्तों के पूरा होने की संभावना शून्यतुल्य होती है। वास्तविकता यह है कि समाज के सदस्यों में आय और धन (तथा इस कारण क्रय-शक्ति) का वितरण उनकी वास्तविक आवश्यकताओं के अनुरूप नहीं होता। इस कारण अर्थव्यवस्था का माँग ढाँचा विकृत रहता है और समाज की वास्तविक आवश्यकताओं और आकांक्षाओं को प्रतिबिम्बित नहीं कर पाता। इसके अतिरिक्त उपभोक्ताओं से आर्थिक कसौटियों पर पूरा उतरने वाले विवेकपूर्ण व्यवहार की अपेक्षा भी नहीं की जा सकती। उनके अविवेकी व्यवहार में उनके अपने अर्थ-भिन्न उद्देश्यों के अतिरिक्त उत्पादनकर्ताओं तथा विक्रेताओं का भी योगदान रहता है जो अनेक प्रकार से उनके माँग ढाँचे को अपने हित के अनुरूल ढालने का प्रयत्न करते रहते हैं। इन प्रयत्नों में झूठे-सच्चे विज्ञापन और बिक्री-स्कीमों आदि के सहित कई प्रकार की युक्तियों का प्रयोग किया जाता है। वास्तविकता यह भी है कि बाज़ार-शक्तियों में कई प्रकार से तोड़-मरोड़ के कारण मुक्त-स्पर्धा लुप्त हो जाती है। जिस विक्रेता को अवसर मिले, वही एकाधिकारिता के अधिकार हथिया लेना चाहता है। अनियंत्रित बाज़ार व्यवस्था द्वारा अर्थव्यवस्था को इष्टतम स्थिति में लाने तथा सरकार की कर-प्रणाली की तटस्थतता सुनिश्चत करने की संभावनाओं के शून्यतुल्य होने के कारण हम इस निष्कर्ष पर पहुँचते हैं कि सरकार को अपनी कर प्रणाली का प्रयोग एक प्रभावी नीति-शस्त्र के रूप में करना चाहिए तथा अर्थव्यवस्था में यथोचित सुधार लाने का प्रयत्न करना चाहिए।

उपर्युक्त सरल व्याख्या में यह तथ्य भी विचारयोग्य है कि करों का आपतन अंतरित होने पर उनके प्रभाव कई काल-चरणों में सक्रिय हो सकते हैं। प्रो॰ पीगू (Prof. Pigou) के मतानुसार किसी कर के आरोपण की सूचना भर से विचाराधीन वस्तु/सेवा की माँग और पूर्ति प्रभावित हो सकते हैं। प्रो॰ पीगू इन प्रभावों को 'सूचना-प्रभाव'

(Announcement Effects) की संज्ञा देते हैं। इसके अतिरिक्त उनके प्रभाव उनके आकार-प्रकार, दरों, वसूली का समय तथा अन्य कई आयामों पर भी निर्भर करते हैं।

- एक तटस्थ कर-प्रणाली में सरकार "सामान्य राजकोषीय तर्कसंगति" की नीति अपनाती है।
- इसमें बजट से अर्थव्यवस्था अप्रभावित अथवा समप्रभावित रहती है।
- सरकार चाहते हुए भी अपने बजट को तटस्थ नहीं रख सकती।
- वह अपने बजट को एक सशक्त नीति अस्त्र के रूप में प्रयुक्त करना चाहती है।

## कर प्रभावों का अध्ययन

(Study of Effects of Taxation)

### अध्ययन विधि (Methodology)

कर-प्रभावों की जटिल एवं अनिश्चित प्रक्रिया के अध्ययन की एक सरल विधि वह है जिसमें एक सामान्य आर्थिक इकाई के संभावित बर्ताव का अध्ययन करने के पश्चात उससे समस्त अर्थव्यवस्था के लिए निष्कर्ष निर्मित करने का प्रयत्न किया जाता है। यह तथ्य भी ध्यानयोग्य है कि सरकार की व्यय नीति तथा गतिविधियाँ भी आर्थिक इकाइयों के बर्ताव पर गहरा प्रभाव डालती हैं और कई बार राजस्व तथा व्यय के प्रभाव एक दूसरे की विपरीत दिशाओं में भी सक्रिय हो सकते हैं। परंतु तर्क की सरलता हेतु, तथा अर्थशास्त्रियों द्वारा अपनाई गई प्रथा को निभाते हुए, निम्नलिखित विवेचन में हम सरकारी व्यय के संभावित प्रभावों पर ध्यान नहीं देंगे। हमारी व्याख्या के तीन मुख्य खंड होंगे अर्थात्-

**खंड 1. उत्पादन एवं आर्थिक विकास पर प्रभाव;**

**खंड 2. आय और धन वितरण पर प्रभाव; तथा**

**खंड 3. आर्थिक स्थिरता और कीमतों में वृद्धि।**

यह तथ्य भी विशेष रूप से ध्यानयोग्य है कि

प्रभावों के उपर्युक्त तीनों वर्ग आपस में गुंथे रहते हैं। केवल विश्लेषण की सुविधा हेतु ही इस वर्गीकरण का सहारा लिया जाता है।

कर-प्रभावों को मात्राबद्ध करना अति कठिन है तथा अधिकतर मामलों में यह अनुमान विश्वसनीय भी नहीं होते। इस कारण हम अपने अध्ययन को संभावित प्रभावों की मुख्य धाराओं तक ही सीमित रखेंगे। साथ ही हमारा यह जानने का प्रयास भी रहेगा कि किसी विचाराधीन प्रभाव की अपेक्षा किस कर-विशेष से की जानी चाहिए।

## खण्ड 1. उत्पादन एवं आर्थिक विकास पर प्रभाव

(Effect on Production and Economic Growth)

करों के इन प्रभावों को दो मुख्य धाराओं में बाँटा जा सकता है-

- वर्तमान उत्पादन संसाधनों के प्रयुक्ति-ढाँचे (resource allocation) में परिवर्तन; तथा
- उत्पादन संसाधनों की संयुक्त उपलब्धि/आपूर्ति में परिवर्तन।

इनमें से संसाधनों की आपूर्ति-प्रभाव पर प्रो० डाल्टन (Prof. Dalton) द्वारा प्रतिपादित विधि के अनुसरण में दो दृष्टिकोणों से विचार किया जा सकता है, अर्थात्

- कार्य, बचत और निवेश करने की **क्षमता** पर प्रभाव; तथा
- कार्य, बचत तथा निवेश करने की **इच्छा** पर प्रभाव।

## (क) साधनों का प्रयुक्ति ढाँचा (Resource Allocation)

### इष्टतम आवंटन का अर्थ

करों के साधन आबंटन पर पड़ने वाले प्रभावों पर विचार करने से पूर्व संसाधनों के इष्टतम आवंटन के अर्थ की जानकारी हितकर रहती है। जब यह आवंटन हमारे द्वारा चुनी गई कुछ शर्तों पर खरा उतरता हो, तो इसे इष्टतम आवंटन की संज्ञा दी जाती है। ये शर्तें **'सीमांत शर्तों'** के नाम से विख्यात हैं, जिनमें से मुख्य निम्नलिखित हैं-

- सभी उत्पादन संसाधनों के (सीमांत उपयोगिता/प्रति इकाई कीमत) अनुपात एक दूसरे के बराबर हों।
- वस्तुओं के प्रत्येक संभव जोड़े की सीमांत सामाजिक प्रतिस्थापन दर (marginal social rate of substitution) उनकी सीमांत तकनीकी प्रतिस्थापन दर (marginal rate of technical substitution) के बराबर हो।
- प्रत्येक उत्पादन संसाधन की सीमांत सामाजिक उत्पादन लागत (marginal social cost) उसकी सीमांत निजी उत्पादन लागत (marginal private cost) के बराबर हो।
- प्रत्येक उत्पादन संसाधन का सीमांत सामाजिक लाभ (marginal social return) उसके सीमांत निजी लाभ (marginal private return) के बराबर हो।

इन शर्तों के पूरे न होने पर तकनीकी अनुपात विकृत हो जाते हैं तथा उनकी सामाजिक अनुपातों/प्रमापनों से समानता का कोई अर्थ नहीं रहता। ऐसा इसलिए होता है कि बाज़ार-व्यवस्था में उत्पादन का ढाँचा वस्तुओं और सेवाओं के तुलनात्मक लाभ ढाँचे पर निर्भर करता है, क्योंकि उद्यमी लाभ आय की खोज में ही सब निर्णय लेते हैं। वे लाभ आय में वृद्धि करने के लिए उन वस्तुओं का उत्पादन करना चाहते हैं जिनकी माँग अधिक हो। माँग के ढाँचे का आय और धन के वितरण से गहरा संबंध है। अतः इष्टतम माँग ढाँचे की प्राप्ति तभी संभव है जब उपभोक्ताओं में आय और धन का वितरण ढाँचा इष्टतम हो। इसी प्रकार यदि बाज़ार व्यवस्था पूर्ण रूप से स्पर्धा युक्त न हो, तो भी संसाधन आवंटन इष्टतम नहीं हो सकते।

प्रो० मार्शल (Prof. Marshall) ने इस तथ्य को मान्यता दी कि संसाधनों का वितरण इष्टतम ढाँचे से भिन्न हो सकता है तथा इस स्थिति के सुधार के लिए करारोपण नीति का प्रयोग किया जा सकता है। मार्शल का कहना था कि किसी वस्तु/सेवा पर करारोपण से उससे प्राप्य कर-राजस्व और 'उपभोक्ता अधिशेष' (consumer's surplus) दोनों में परिवर्तन होता है। परन्तु इन परिवर्तनों की मात्राएँ बहुधा असमान होती हैं। इस संदर्भ में मार्शल ने यह मान्यता अपनाई कि इनमें से किसी एक अथवा दोनों के बढ़ने पर सामाजिक हित में भी उसी के बराबर वृद्धि होती है। और इसी प्रकार किसी एक अथवा दोनों के घटने पर सामाजिक हित उतना ही घट जाता है। अतः मार्शल ने कर-राजस्व और उपभोक्ता अधिशेष पर करारोपण के संभावित प्रभावों की तुलना करते हुए कुछ नीति-निष्कर्ष सुझाए। तर्क यह था कि किसी वस्तु (सेवा) पर करारोपण तब करना चाहिए जब उसके फलस्वरूप सामाजिक हित में निवल वृद्धि होती हो। मार्शल ने इस कथन की व्याख्या के लिए निम्नलिखित उदाहरण चुने।

(क) बढ़ती सीमांत लागत वाले उद्योगों पर करारोपण से उपभोक्ता अधिशेष घटता है और कर-राजस्व बढ़ता है। परन्तु कर-राजस्व में वृद्धि उपभोक्ता अधिशेष में कमी से कम होती है। अतः इन उद्योगों पर करारोपण से सामाजिक हित में निवल वृद्धि होती है। निष्कर्ष यह निकलता है कि इन उद्योगों पर कर लगाना चाहिए ।

(ख) इसके विपरीत घटती सीमांत लागत वाले उद्योगों पर कर लगाने से कर-राजस्व की राशि उपभोक्ता अधिशेष में होने वाली कमी से कम होती है। अतः समाज का सामूहिक हित घटता है। इस कारण इन उद्योगों पर कर लगाने के स्थान पर उन्हें बजटीय सहायता देनी चाहिए ताकि उनका विकास प्रोत्साहित हो। ऐसा करने से बजटीय व्यय की तुलना में अपभोक्ता अधिशेष की वृद्धि अधिक होगी और समाज का निवल हित बढ़ेगा।

(ग) स्थिर सीमांत लागत वाले उद्योगों पर करारोपण से उपभोक्ता अधिशेष में होने वाली कमी कर-राशि से अधिक होती है और समाज का निवल हित घटता है। परंतु इसके विपरीत उन्हें आर्थिक सहायता देने पर उपभोक्ता अधिशेष में होने वाली बढ़ोतरी आर्थिक सहायता से कम रह जाती है। अर्थात इस स्थिति में भी समाज के निवल हित में कमी होती है। अतः इन उद्योगों पर कर लगाने अथवा इन्हें आर्थिक सहायता देने की दोनों नीतियाँ समाज के लिए अहितकर हैं।

यदि किसी वस्तु पर करारोपण वस्तुपरक न होकर मूल्यपरक हो, तो कर का प्रभाव अधिक तीक्ष्ण हो जाता है। परंतु स्थिर लागत वाली वस्तु के मामले में कर-युक्त पूर्ति वक्र और कर-मुक्त पूर्ति वक्र समानांतर होते हैं, चाहे कर का आधार वस्तुपरक हो, चाहे मूल्यपरक। परंतु यदि वस्तु की औसत उत्पादन लागत वस्तु की उत्पादन मात्रा के साथ बढ़ रही हो, तो मूल्याधार कर के होने पर दोनों पूर्ति वक्रों की आपसी दूरी बढ़ती जाती है, अतः उत्पादन अधिक घटता है। इसके विपरीत यदि वस्तु की औसत उत्पादन लागत उत्पादन की मात्रा के साथ घट रही हो तो कर-पूर्व तथा करोपरांत पूर्ति वक्रों की आपसी दूरी घटती जाती है जिसके फलस्वरूप मूल्याधार कर के कारण वस्तु के उत्पादन में होने वाली कमी की मात्रा भी कम रहती है।

यह तथ्य विचारणीय है कि प्रो॰ मार्शल का विश्लेषण दो मान्यताओं पर आधारित है, अर्थात्

1. सरकार कर राजस्व का इस प्रकार व्यय करती है कि समाज उसके बराबर ही लाभान्वित होता है।
2. समाज को करारोपण से होने वाली हित-हानि 'उपभोक्ता अधिशेष' (consumer's surplus) में होने वाली कमी के बराबर होती है।

ये दोनों मान्यताएँ त्रुटिपूर्ण तथा भ्रामक हैं और यथार्थ को नकारती हैं। फिर भी इस सारे विवेचन का एक व्यावहारिक निष्कर्ष यह निकलता है कि सरकार वस्तु कर का संसाधनों के आवंटन में यथोचित परिवर्तन लाने हेतु प्रयोग कर सकती है। परंतु इस नीति में सफलता पाने के लिए यह आवश्यक है कि सरकार के पास सभी विचाराधीन वस्तुओं की माँग और पूर्ति लोचों की पर्याप्त जानकारी हो तथा सरकार वस्तु करों में अपनी नीति के अनुसार संशोधन करने में सक्षम हो।

साथ ही यह भी वांछनीय है कि करों के कारण आय-वितरण में होने वाले प्रभाव सरकार को स्वीकार्य हों। उदाहरणार्थ परोक्ष कर कीमतों में सीधे रूप से परिवर्तन लाते हैं तथा इससे वितरणीय असमानताएँ बढ़ती हैं। इससे विलासिता की वस्तुओं की माँग बढ़ती है जो एक अल्पविकसित अर्थव्यवस्था के लिए अच्छी चीज़ नहीं है। साथ ही आय की असमानताओं के कारण आवश्यक वस्तुओं की माँग तथा उत्पादन घटते हैं। अतः यह भी देश के लिए एक अहितकर व्यवस्था है। अतः सरकार को यह तय करना होता है कि अहितकर परिणामों के बावजूद उसे परोक्ष करों का किस हद तक प्रयोग करना चाहिए।

करों का संसाधनों के आवंटन पर पड़ने वाले प्रभाव अति जटिल और गुंथे हुए होते हैं। इन प्रभावों में अन्य बातों के अतिरिक्त कर-ढाँचे के विभिन्न आयामों की भी भूमिका रहती है। अत: निम्नलिखित विवेचन को पूर्ण व्याख्या न मानकर कुछ उदाहरणों के रूप में लेना अधिक ठीक रहेगा।

- कुछ निर्दिष्ट सीमांत शर्तों के पूरा होने पर उत्पादन साधनों के आवंटन को इष्टतम माना जाता है।
- मार्शल ने कुछ मान्यताओं की सहायता से यह दर्शाया है कि समाज के निवल हित में बढ़ोतरी के लिए किस प्रकार के उद्योगों पर कर लगाना चाहिए, किन उद्योगों को आर्थिक सहायता देनी चाहिए, तथा किन उद्योगों को इन दोनों नीतियों से मुक्त रखना चाहिए।

**मूल तथ्य (Basic Fact)**—प्रत्यक्ष करों के संसाधन आवंटन पर प्रभाव पड़ने का कारण यह है कि इन करों से आय के विभिन्न आय स्रोतों के तुलनात्मक आकर्षण में अंतर पड़ जाता है। अत: कर ढाँचे में परिवर्तन के कारण किसी स्रोत से मिलने वाली करोपरांत आय में तुलनात्मक वृद्धि होने पर उत्पादन संसाधन की उसी स्रोत में लगाए जाने की प्रवृति सक्षम हो जाती है। उदाहरण के लिए एक श्रमिक यह चाहता है कि इसकी करोपरांत आय अधिकतम संभव हो। इसीलिए वह विभिन्न रोज़गारों से संभावित करोपरांत (निवल) आय का अनुमान लगाता है। यदि किसी विशेष रोज़गार से प्राप्य आय पर कर घटा दिया जाए तो श्रमिक के लिए इस रोज़गार की आकर्षकता बढ़ जाएगी। यही बात निवेश से होने वाली आय पर भी लागू होती है।

**रोज़गारों में श्रम आवंटन का उदाहरण (Example of Allocation of Labour)**—व्याख्या के लिए पहले श्रम के रोज़गार आवंटन पर विभिन्न करों के प्रभाव पर दृष्टि डाली जा सकती है। इसके लिए हम यह मानकर चलते हैं कि श्रमिक वर्ग किसी रोज़गार विशेष से मिलने वाली आय तथा उस रोज़गार की अप्रियता की तुलना करता है। बाज़ार में संतुलन प्रक्रिया के कारण सामान्य तौर पर हर रोज़गार की अप्रियता तथा उससे प्राप्य निवल आय में एक सीधा संबंध रहता है, अर्थात् जो रोज़गार जितना अधिक अप्रिय होगा उससे प्राप्य आय भी उतनी ही अधिक होगी। ऐसी संतुलन की स्थिति में यदि सभी आयों पर आनुपातिक कर लगा दिया जाए तो अधिक श्रम-आय वाले रोज़गारों का तुलनात्मक आकर्षण कम हो जाएगा तथा श्रमिकों की उन रोज़गारों में जाने की इच्छा कमज़ोर पड़ जाएगी। यदि आय कर की दरें अनुपाती न होकर प्रगामी हों तो ऊँची आय वाले रोज़गारों की स्वीकारिता और भी अधिक घटती है तथा इनसे श्रम के चले जाने की प्रवृत्ति और भी सुदृढ़ हो जाती है।

परंतु कुछ लोग इस तर्क से सहमत नहीं हैं। उनका कहना है कि जब कोई श्रमिक दो रोज़गारों की तुलना करता है तो वह यह नहीं चाहता कि उनसे प्राप्य आय में एक पूर्व निश्चित परिशुद्ध (absolute) राशि का अंतर हो। वह यह चाहता है कि यह अंतर दोनों में से छोटी आय का एक पूर्व निश्चित अनुपात हो। यदि इस तर्क को अपनाया जाए तो आनुपातिक आय कर का श्रम के आवंटन पर कोई प्रभाव नहीं पड़ता, क्योंकि इस मामले में दोनों आयों का अनुपातिक अंतर पूर्ववत् बना रहता है। परंतु प्रगामी आय कर से आयों का करोपरांत अनुपातिक अंतर बदलने के फलस्वरूप कर-पूर्व अधिक आय वाले रोज़गारों की स्वीकारिता घट जाती है।

**पूँजी का आवंटन (Allocation of Capital)**—पूँजी के आवंटन पर करों के प्रभाव का अध्ययन करने के लिए निवेश को उसके **जोखिम** के आधार पर वर्गीकृत करने की प्रथा है। संतुलन की स्थिति में किसी निवेश की वास्तविक आय का उसकी औसत आय से कम अथवा अधिक होना इसके जोखिम का प्रमापन है। अर्थशास्त्रियों का कहना है कि निवेशकर्ता को औसत आय में बढ़ोतरी वांछनीय दिखती है, परंतु अधिक जोखिम उठाना अप्रिय लगता है। अत: वे औसत आय में बढ़ोतरी दिखाई देने पर ही अधिक जोखिम वाले उद्योगों में निवेश करने को तैयार होते हैं।

यदि आयकर के कारण अधिक जोखिम वाले व्यवसायों से अपेक्षित मुआवज़ा घट जाए तो उसके दो प्रकार के प्रभाव पड़ते हैं।-

प्रथम प्रकार के प्रभावों को आय-प्रभाव (income effect) कहा जाता है। आय के कम हो जाने से निवेशकर्ता उसमें बढ़ोतरी लाने के इच्छुक होते हैं। इसके फलस्वरूप वे अपनी पूँजी को और अधिक जोखिम-युक्त धंधों में लगाने को तत्पर हो जाते हैं।

दूसरा प्रभाव प्रतिस्थापन प्रभाव (substitution effect) कहलाता है। जोखिम युक्त धंधों से मिलने वाले संभावित मुआवज़े में कमी हो जाने के कारण निवेशकर्ता अपनी पूँजी को वहाँ से हटाकर कम जोखिम वाले व्यवसायों में लगाने का प्रयत्न करते हैं।

इन दो विपरीत प्रवृत्तियों के निवल प्रभाव का पूर्वानुमान नहीं लगाया जा सकता। केवल इतना ही कहा जा सकता है कि यह निवल प्रभाव कर की दरों, विभिन्न व्यवसायों से सम्बद्ध जोखिम के मुआवज़ों तथा बाज़ार की अन्य स्थितियों पर निर्भर करता है। इसी संदर्भ में यह भी ध्यान देने योग्य बात है कि अधिक जोखिम युक्त लाभ आय पर कर का बोझ अधिक पड़ता है। कारण यह है कि जिस वर्ष आय अधिक हो, करदेयता उसी अनुपात में बढ़ जाती है, परंतु घाटे वाले वर्ष में सरकार से किसी प्रकार का उपदान नहीं मिलता। आय-कर की दरों के प्रगामी होने पर यह बोझ और भी बढ़ जाता है क्योंकि अधिक लाभ-आय वाले वर्षों में करदेयता अनुपात से भी अधिक बढ़ जाती है। इस अतिरिक्त बोझ में किसी हद तक कमी करने के लिए कई बार, एक वर्ष के घाटे को आने वाले वर्षों में होने वाली करदेय लाभ-आय में से घटाने का प्रावधान रहता है।

ध्यान से देखने पर पता चलता है कि पूँजी के आवंटन पर कर के आकार आदि का काफी प्रभाव पड़ता है। उदाहरण के लिए यह आशा की जाती है कि एक बार के आरोपण (levy) से पूँजी का व्यावसायिक आवंटन अप्रभावित रहेगा, परंतु यदि यही आरोपण प्रतिवर्ष हो, तो ऐसी आशा नहीं की जा सकती।

व्यय कर के बारे में, यह अपेक्षा की जाती है कि इससे श्रम और पूँजी दोनों के आवंटन ढाँचे पर कोई प्रभाव नहीं पड़ेगा। इसका कारण यह दिया जाता है कि व्यय-कर आय के स्रोत तथा उसके आकार के आधार पर नहीं, प्रत्युत व्यय की राशि पर निर्धारित किया जाता है। परंतु इस मत में एक संशोधन की आवश्यकता है। व्यय कर से विलासिता की वस्तुओं के उपभोग में रुकावट पैदा होती है, और ये वस्तुएँ बहुधा पूँजी-प्रधान तकनीकों से तैयार की जाती हैं। परिणामस्वरूप निवेशकर्ता पूँजी को इन उद्योगों से हटाकर दैनिक आवश्यकताओं की वस्तुओं के उद्योगों में लगाने की चेष्टा करते हैं। साथ ही व्यवसायों में व्यय-कर का प्रभाव यह होता है कि पूँजी कम जोखिम-युक्त व्यवसायों से हटकर अधिक जोखिम-युक्त धंधों में जाती है, क्योंकि इन धंधों में व्यय की मात्रा की तुलना में औसत लाभ-आय की प्राप्ति बढ़ जाती है। इसी प्रकार यदि श्रम-जन्य मज़दूरी व्यय कर से मुक्त हो, तो श्रम-प्रधान व्यवसाय प्रोत्साहित होंगे। परंतु यदि करदेयता का आधार व्यवसाय का कुल व्यय हो तो उन धंधों को प्रोत्साहन मिलेगा जिनमें, क्रय-विक्रय कम हो (जैसे कि भवन तथा सड़क निर्माण कार्य)।

- साधनों के आवंटन ढाँचे पर कई प्रकार के प्रभाव सक्रिय रहते हैं। एक श्रमिक विभिन्न रोज़गारों से प्राप्य करोपरांत आय की तुलना उन रोज़गारों की अप्रियता से करता है।
- इसी प्रकार एक निवेशकर्ता विभिन्न व्यवसायों से करोपरांत आय की तुलना उन व्यवसायों के जोखिम से करता है।
- यहाँ भी साधन आवंटन पर आय-प्रभाव और प्रतिस्थापन-प्रभाव जैसी विपरीत प्रवृत्तियाँ सक्रिय रहती हैं।
- अतः श्रम और पूँजी आदि साधनों के आवंटन पर पड़ने वाले निवल प्रभाव में करारोपण के आकार-प्रकार आदि कई आयामों की भूमिका रहती है।

## (ख) उत्पादन संसाधनों की संयुक्त उपलब्धि/आपूर्ति (Supply of Resources)

कराधान के संसाधनों की आपूर्ति पर प्रभावों का प्रश्न अति जटिल है तथा इस कारण इनका अध्ययन भी विविध प्रकार की कठिनाइयाँ उत्पन्न करता है। वर्तमान में (अर्थात अल्पावधि में) प्रत्येक संसाधन की सकल मात्रा और उसके वैकल्पिक उपयोगों के लिए उपलब्धि के प्रश्न जुड़े रहते हैं। इन वैकल्पिक उपयोगों के लिए उपलब्धि में विचाराधीन संसाधनों की बाज़ार-कीमतों और उनकी उत्पादिता की मूलभूत भूमिका रहती है जिसे कर-नीति द्वारा प्रभावित किए जाने की संभावना भी बनी रहती है।

- इनकी आपूर्ति के अल्पकालीन और दीर्घकालीन आयामों के अतिरिक्त इनमें विविध आर्थिक, सामाजिक, राजनीतिक एवं अन्य कई प्रकार के परिवर्तनीय प्रभावों की भूमिका रहती है।
- प्रत्येक संसाधन की सकल मात्रा के अतिरिक्त इसकी व्यक्तिगत प्रयुक्तियों के आयाम भी हमारे समक्ष आते हैं।
- अत: प्रथानुसार इस समस्त जटिल प्रश्न के केवल कुछ चयनित अंशों का सरलीकृत अध्ययन किया जाता है।

इसी प्रकार संसाधनों की दीर्घकालीन पूर्ति में आर्थिक विकास के माध्यम से परिवर्तन के अतिरिक्त बाज़ार-शक्तियों सहित विभिन्न प्रकार के सामाजिक, राजनीतिक और अन्य कारक भी सक्रिय रहते हैं। इससे कर-नीति के संभावित प्रभावों का विधिवत् अध्ययन कर पाना और भी कठिन हो जाता है। उदाहरण के लिए पुराने मतानुसार भूमि की सकल उपलब्ध मात्रा कर से प्रभावित नहीं हो सकती, परंतु उसका प्रयुक्ति ढाँचा और निर्दिष्ट उपयोगों के लिए इसकी उपलब्धि अवश्य प्रभावित हो सकते हैं। इसके विपरीत वर्तमान में भूमि की परिभाषा को विस्तृत अर्थों में लेते हुए इसकी सकल मात्रा को परिवर्तनीय माना जाने लगा है।

संसाधनों की आपूर्ति का प्रश्न अति जटिल और बहुआयामी है। इस बहुआयामी जटिलता के कारण प्रथानुसार हमारा अध्ययन संसाधनों की आपूर्ति के कुछ अंशों के एक सरल चित्रण तक ही सीमित रहेगा। उदाहरणार्थ श्रम की पूर्ति का अध्ययन केवल श्रम की प्रयुक्ति अर्थात् इसकी एक पूर्वनिश्चित मात्रा के रोज़गार में लगने अथवा बेकार रहने तक ही सीमित रहेगा। इसी प्रकार पूँजी के मामले में केवल इस बात पर विचार किया जाएगा कि करों का बचत तथा निवेश की दरों पर क्या प्रभाव पड़ता है।

## (क) श्रम की आपूर्ति (Supply of Labour)

उपरोक्त कथनानुसार हमारा अध्ययन एक पूर्वनिश्चित श्रम-शक्ति तक सीमित रहेगा, और हम इस प्रश्न पर विचार करेंगे कि श्रमिक श्रम और अवकाश में किस प्रकार चयन करते हैं। इस अध्ययन के लिए हम एक ऐसे सामान्य श्रमिक को लेंगें जिसके सामने यह प्रश्न रहता है कि उसका प्रतिदिन का कार्यकाल क्या हो। प्रथानुसार यह अध्ययन निम्नलिखित मान्यताओं पर आधारित है।

- विचाराधीन श्रमिक को मज़दूरी प्रति घंटे के हिसाब से मिलती है।
- श्रमिक अपने प्रति दिन कार्यकाल की अवधि को अपनी इच्छानुसार घटा बढ़ा सकता है। ऐसा करने से उसकी मज़दूरी की दर अप्रभावित रहती है।

उपर्युक्त सामान्य श्रमिक की निर्णय-प्रणाली रेखाचित्रों द्वारा दर्शाई जा सकती है (देखें रेखाचित्र 8.1 और 8.2)। Y-अक्ष पर मज़दूरी की दर तथा X-अक्ष प्रतिदिन अवकाश काल (घंटों में) प्रमापित हैं। श्रमिक प्रतिदिन

अधिक से अधिक 24 घंटे (= $OL_1$) का अवकाश ले सकता है। शून्य अवकाश, अर्थात् 24 घंटे काम करने पर उसे $OW_1$ मज़दूरी मिलती है अर्थात् मज़दूरी की प्रति घंटा दर $OW_1/OL_1$ के बराबर है। इस प्रकार $W_1L_1$ उसका आय-अर्जन-अवसर वक्र (Earning-Opportunity Curve) है। A, B, C आदि श्रमिक के विभिन्न समतुष्टि वक्र हैं। जब श्रम-आय कर-मुक्त हो, तो श्रमिक का संतुलन आय अर्जन अवसर वक्र तथा समतुष्टि वक्र A का स्पर्श-बिन्दु $E_1$ पर है, अर्थात उसका अवकाश काल $OM_1$ घंटे प्रतिदिन है और वह $M_1L_1$ घंटे प्रतिदिन काम करता है तथा प्रतिदिन $E_1M_1$ मज़दूरी पाता है। इस स्थिति में अवकाश की मज़दूरी के प्रति सीमांत प्रतिस्थापन दर (MRS between leisure and earnings) मज़दूरी की दर (wage rate) $OW_1/OL_1$ के बराबर है।

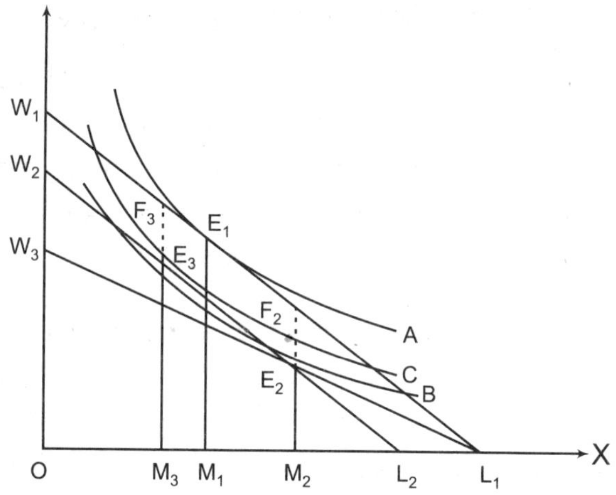


रेखाचित्र 8.1

अब मान लें कि सरकार मज़दूरी आय पर एक निश्चित दर से कर लगाती है जिसके फलस्वरूप $OW_1$ श्रम आय पर करदेयता की राशि $W_1W_3$ के बराबर बैठती है। इस स्थिति में श्रमिक का करोपरांत आय अर्जन वक्र $W_3L_1$ का स्थान ग्रहण कर लेता है। श्रमिक की नई संतुलन स्थिति बिन्दु $E_2$ द्वारा प्रदर्शित होती है। इसे प्रतिदिन $M_2L_1$ घंटे काम करने पर $F_2M_2$ मज़दूरी आय मिलती है जिसमें से $F_2E_2$ कर के रूप में चली जाती है। श्रमिक के पास करोपरांत प्रतिदिन आय $E_2M_2$ बचती है तथा वह संतुष्टि वक्र B पर आ जाता है।

अब मान लें कि सरकार यह निर्णय लेती है कि श्रमिक की आय कुछ भी हो, उसकी करदेयता सदैव $F_2E_2$ ही रहेगी, तो इस निर्णय के फलस्वरूप श्रमिक का आय-अर्जन-वक्र $W_3L_1$ से हटकर $W_2L_2$ का स्थान ग्रहण कर लेगा तथा श्रमिक की नई संतुलन स्थिति बिन्दु $E_3$ द्वारा प्रदर्शित होगी। इस स्थिति में श्रमिक प्रतिदिन $L_1M_3$ घंटे काम करेगा, $OM_3$ घंटे प्रतिदिन अवकाश रखेगा तथा उसकी दैनिक-कर-पूर्व आय $F_3M_3$ होगी। इस आय में से $F_3E_3$ (=$F_2E_2$) कर अदायगी के पश्चात श्रमिक के पास $E_3M_3$ करोपरांत आय बचेगी।

जैसा कि रेखाचित्र संख्या 8.1 तथा 8.2 से विदित है, आय पर आनुपातिक करारोपण के कारण श्रमिक द्वारा प्रतिदिन श्रम का समय घट भी सकता है तथा बढ़ भी सकता है। इस परिणाम के निर्धारण हेतु हमें मज़दूरी आय पर करारोपण से श्रमिक के अवकाशकाल पर होने

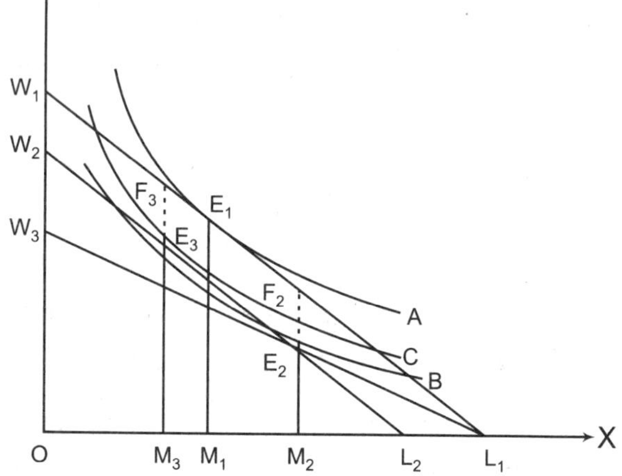


रेखाचित्र 8.2

वाले प्रतिस्थापन-प्रभाव की आय-प्रभाव से तुलना करनी चाहिए। करारोपण द्वारा प्रति घंटा करोपरांत आय घटने की प्रतिक्रिया में वह अपने काम के घंटे घटाना चाहता है (उसकी अवकाशकाल बढ़ाने की इच्छा होती है)। यह प्रतिस्थापन-प्रभाव है। दूसरी ओर करोपरांत घटी आय को बढ़ाने के उद्देश्य से श्रमिक अपने काम के घंटे बढ़ाना चाहता है। यह करारोपण का श्रम की पूर्ति पर आय-प्रभाव है। श्रमिक के कार्यकाल की अवधि में परिवर्तन इन दोनों प्रभावों का जोड़ है। यदि प्रतिस्थापन-प्रभाव आय-प्रभाव से अधिक हो तो श्रमिक अपने अवकाशकाल में वृद्धि तथा श्रमकाल में कमी कर देगा (अतः $OM_2 > OM_1$ and $L_1M_2 < L_1M_1$)। यदि आय-प्रभाव प्रतिस्थापन-प्रभाव से अधिक हो तो श्रमिक अपने अवकाशकाल में कमी तथा कार्यकाल में वृद्धि करेगा (अतः $OM_2 < OM_1$ and $L_1M_2 > L_1M_1$)। परंतु जब आय कर आय की राशि पर निर्भर न होकर एक पूर्व निश्चित राशि हो, तो आय-प्रभाव ही सक्रिय होता है। इस कारण से इस प्रकार के करारोपण से श्रमिक अपने अवकाश का समय घटा देता है। यही कारण है कि $OM_3$ सदैव $OM_2$ से कम होता है।

इस संदर्भ में यह भी ध्यानयोग्य है कि यदि आय कर अनुपाती न होकर प्रगामी हो, तो श्रमिक द्वारा कार्यकाल बढ़ाने से उसको प्राप्य सीमांत आय और भी घट जाती है। अर्थात अवकाश लेना अधिक सस्ता तथा आय कमाना अधिक महँगा पड़ता है। परिणामस्वरूप श्रमिक अपने कार्यकाल को और भी घटा देता है।

## त्रुटियाँ (Limitations)

काफी उपयोगी होने पर भी उपरोक्त विश्लेषण की कई त्रुटियाँ ध्यानयोग्य हैं।

- यह मान्यता अयथार्थ है कि एक सामान्य श्रमिक अपना कार्यकाल स्वयं तय कर सकता है। सामान्यतः उसके सामने पूरा दिन काम करने अथवा पूरा समय बेकार रहने के दो विकल्प ही होते हैं।
- चूँकि सरकार द्वारा प्रदत्त सेवाएँ श्रमिक के कुल उपभोग स्तर का एक महत्वपूर्ण भाग होती हैं, अतः उनमें परिवर्तन होने पर श्रमिक की गैर-सरकारी सेवाओं की माँग भी प्रभावित होती है। इससे श्रमिक के अवकाश तथा मज़दूरी संबंधी समतुष्टि वक्र स्थानांतरित हो जाते हैं। परिणामस्वरूप उसकी संतुलन स्थिति भी बदल जाती है। परंतु इस विश्लेषण में इस आयाम को अनदेखा किया गया है।
- अवकाश काल भी एक प्रकार से आय का ही एक रूप है तथा मज़दूरी आय का उपभोग भी अवकाश के बिना संभव नहीं है। कुछ वस्तुएँ ऐसी होती हैं जिनकी प्राप्ति अवकाश के अभाव में अर्थहीन होती है। इसी प्रकार श्रमिक द्वारा कार्यकाल के चुनाव की प्रक्रिया में वस्तुओं और सेवाओं पर परोक्ष करों की संभावनाओं की भी भूमिका रहती है। साथ ही यह भी एक सत्य है कि सरकार वस्तुओं पर करारोपण करते समय इस बात पर विचार नहीं करती कि इनका अवकाश से क्या संबंध है। यह केवल उनसे प्राप्य राजस्व पर ही विचार करती है।

- यहाँ पर प्रथानुसार एक समान्य श्रमिक द्वारा कार्यकाल और अवकाश में चयन प्रक्रिया के एक अंश को सरलीकृत रूप में प्रस्तुत किया गया है।
- श्रमिक अपना निर्णय लेते हुए मज़दूरी आय की निवल सीमांत उपयोगिता और अवकाश की सीमांत उपयोगिता की तुलना करता है।
- मज़दूरी आय पर करारोपण से आय-प्रभाव और प्रतिस्थापन-प्रभाव उत्पन्न होते हैं। श्रमिक के कार्यकाल में परिवर्तन इन दोनों प्रभावों का संयुक्त प्रतिफल होता है।

## (ख) बचत और निवेश पर प्रभाव (Effect on Saving and Investment)

### 1. बचत (Saving)

**(i) बचत करने की क्षमता (Capacity to Save)**—एक विचाराधीन अर्थव्यवस्था की बचत करने की क्षमता कर और कर-भिन्न दोनों प्रकार के कारकों पर निर्भर करती है। कराधान स्वयं में महत्वपूर्ण होने के साथ-साथ कर-भिन्न कारकों को भी प्रत्यक्ष और परोक्ष रूप से प्रभावित करता है। इस कारण कराधान को बचत की क्षमता बढ़ाने के लिए एक नीति-शस्त्र के रूप में भी प्रयोग किए जाने की सिफारिश की जाती है।

- **कर-भिन्न कारक**—बचत की क्षमता को प्रभावित करने वाले कर-भिन्न कारकों में निम्नलिखित विशेष रूपसे वर्णनीय हैं-

- **राष्ट्रीय आय का आकार**—बचत का अंतिम स्रोत राष्ट्रीय आय है। अत: इसका आकार बढ़ने के साथ-साथ देश की बचत क्षमता भी बढ़ती है।

- **प्रति-व्यक्ति आय स्तर**—एक गरीब जनसंख्या वाले देश की बचत क्षमता का कम होना स्वाभाविक है। प्रत्येक परिवार की पहली प्राथमिकता अपनी बुनियादी आवश्यकताओं को पूरा करने की रहती है और बचत करने का प्रश्न उसके पश्चात ही उठता है।

- **वितरणीय ढाँचा**—देश की बचत क्षमता आय और धन की वितरणीय असमानताओं में बढ़ोतरी के साथ-साथ बढ़ती है। बचत न्यूनतम आवश्यक उपभोग के पश्चात शेष आय में से ही की जा सकती है। वितरणीय असमानताएँ गरीब परिवारों के उपभोग को सीमा-बद्ध रखते हुए समृद्ध परिवारों की बचत क्षमता में वृद्धि करती हैं। यह निष्कर्ष अविकसित देशों पर विशेष तौर पर लागू होता है।

- **उत्पादन क्षमता**—प्रत्येक अर्थव्यवस्था की दीर्घकालीन बचत क्षमता उसकी उत्पादन क्षमता पर निर्भर करती है और उत्पादन क्षमता को बढ़ाने तथा बनाए रखने में निवेश की मात्रा और उसके ढाँचे की एक मुख्य भूमिका रहती है।

- **कर कारक**—प्रत्येक कर-ढाँचे में, अपने आकार और संरचना के अनुरूप, अर्थव्यवस्था की बचत क्षमता को विविध प्रकार से प्रत्यक्ष और परोक्ष रूपसे प्रभावित करने की क्षमता होती है। परंतु बहुआयामी और जटिल होने के कारण इन कर-प्रभावों का क्रमबद्ध और सरल विवेचन करना कठिन रहता है। ये प्रभाव न केवल आपस में गुंथे रहते हैं, प्रत्युत कई प्रकार से अंतर्विरोधी भी होते हैं। अत: सामान्यत: सरकार एक इष्टतम कर-नीति पथ ढूँढ पाने में असफल रहती है।

- **आय अर्जन एवं निवेश प्रवाहों द्वारा**—कर ढाँचे का आकार-स्वरूप विविध प्रकार से देश की आय-अर्जन गतिविधियों, और इसके फलस्वरूप इसकी बचत क्षमता, को प्रभावित करता है। उदाहरणार्थ आय कर से आय-अर्जन की गतिविधियाँ हतोत्साहित होती हैं और राष्ट्रीय आय की बढ़ोतरी में रुकावट आती है। इसी प्रकार निवेश प्रवाहों और उत्पादन तकनीकों की सापेक्षिक लाभकारिता के निर्धारण में कर ढाँचा एक अग्रणीय भूमिका निभाता है जिससे इनकी चयन प्रक्रिया प्रभावित होती है। एक उपयुक्त कर-नीति द्वारा निवेश प्रवाहों को उन व्यवसायों और उद्योगों की ओर मोड़ा जा सकता है, जिनसे देश की उत्पादन क्षमता में तेज़ी से वृद्धि हो। ऐसे निवेश क्षेत्रों में अवसंरचनात्मक सुविधाएँ, शिक्षा तथा अनुसंधान आदि शामिल हैं।

• **वितरणीय असमानताओं द्वारा**–इसी प्रकार देश की वितरणीय असमानताओं में भी कराधान की अग्रणीय भूमिका सर्वमान्य है। सर्वप्रथम यह तथ्य वर्णनीय है कि बचत पर आय तथा धन वितरण की असमानताओं के होते हुए बचत करने की क्षमता (विशेषकर अल्पविकसित देशों में), मुख्यत: ऊँची आय वाले लोगों के हाथों में केन्द्रित होती है। इस तथ्य के आधार पर हम इस निष्कर्ष पर पहुँचते हैं कि देश की बचत क्षमता को बढ़ाने और उसे बनाए रखने के लिए उच्च आय वर्गों को कर-मुक्त रखना चाहिए। परंतु यह नीति वितरणीय न्याय और जनहितकारी राज्य के उद्देश्यों के प्रतिकूल जाती है। इस नीति से सामाजिक और राजनीतिक अस्थिरता उत्पन्न होने का भी भय रहता है। इसके अतिरिक्त यदि कर-प्रणाली एक हद से ज़्यादा पश्चगामी हो तो भी अर्थव्यवस्था की बचत क्षमता पर दुष्प्रभाव पड़ता है, क्योंकि निम्न आय-वर्गों के आवश्यक उपभोग स्तर में कमी आने के कारण उनकी उत्पादन क्षमता घट जाती है। फिर भी कर-प्रणाली को केवल प्रगामी करों तक ही सीमित नहीं रखा जा सकता। इन स्थितियों के कारण (विशेषकर अल्पविकसित देशों में) सरकार को एक सीमा तक अवरोही करों को भी अपनाना पड़ता है तथा बचत-कार्य में भी हाथ बटाना पड़ता है। स्पष्ट है कि प्रत्येक सरकार अपनी विशिष्ट परिस्थितियों तथा क्षमता के अनुसार इस समस्या का यथासंभव समाधान ढूँढ़ने का प्रयास करती है। परंतु बहुत कम सरकारों को इस कार्य में पूर्ण सफलता मिल पाती है।

• **बजट अधिशेष/घाटे द्वारा**–आजकल कई सरकारें बजटीय घाटे की नीति द्वारा भी देश की बचत क्षमता को बढ़ाने का प्रयत्न करती है। इस नीति के अंतर्गत सरकार अर्थव्यवस्था से उधार लेकर अथवा मुद्रा-सृजन द्वारा क्रय-शक्ति प्राप्त करती है तथा चाहे तो उसे पूँजी निर्माण कार्यों में लगा सकती है। इस प्रकार बजट घाटे की नीति से देश को बचत बढ़ाने पर बाध्य किया जा सकता है। परंतु इस नीति को अपनाने में सबसे बड़ा भय यह है कि सरकार बजटीय घाटे द्वारा प्राप्त साधनों को अपने उपभोग व्यय अथवा अन्य प्रकार की गैर-विकास मदों में न लगा दे। इसके अतिरिक्त घाटे के बजट से मुद्रा-स्फीति होने का भी डर रहता है, जिसकी अपनी विशेष हानियाँ होती हैं।

### (ii) बचत करने की इच्छा (Willingness to Save)

बचत करने की इच्छा को प्रभावित करने वाले कारकों के बारे में अर्थशास्त्रियों में एकमत नहीं है। इसका मूल कारण यह है कि यह इच्छा परस्पर निर्भरता वाले ऐसे अनेकों कर-आधारित और कर-भिन्न कारकों का प्रतिफल है जिनकी क्रिया-प्रतिक्रिया का निष्कर्षपूर्ण सरल और सीधा विवेचन नहीं हो सकता। अत: निम्नलिखित विवेचन केवल इस क्रिया-प्रतिक्रिया की एक झलक मात्र है।

• प्रो० कीन्स से पूर्व यह आम धारणा थी कि बचत उसको उधार देने पर प्राप्य ब्याज आय के लालच में की जाती है; अत: ब्याज और बचत की दरें एक साथ घटती बढ़ती हैं। इस मान्यता के आधार पर यह गलत निष्कर्ष भी निकाला जा सकता था कि ब्याज की एक इतनी ऊँची दर भी हो सकती है जिसपर समस्त राष्ट्रीय आय बचाई जाने लगे। कर-नीति के दृष्टिकोण से यह निष्कर्ष भी निकलता था कि ब्याज पर करारोपण से, बचत करने की इच्छा घटेगी। इस कथन के अनुसार लाभ-आय पर करारोपण से भी निवेश तथा राष्ट्रीय आय में कमी के परिणामस्वरूप बचत घटेगी।

• परंतु प्रो० कीन्स के मतानुसार बचत करने का इच्छा पर उससे प्राप्य ब्याज आय का कोई प्रभाव नहीं पड़ता। बचत करने अथवा न करने का निर्णय कुछ अन्य कारकों पर निर्भर करता है जैसे कि भावी जीवन की आर्थिक सुरक्षा का सुनिश्चित करना आदि। इस मतानुसार स्वंय बचत पर करारोपण से भी बचत करने की इच्छा अप्रभावित रहती है।

• करों के कुछ रूप ऐसे होते हैं जिनसे अर्थव्यवस्था की उत्पादन और उपभोग गतिविधियों में परिवर्तन के माध्यम से बचत करने की इच्छा घटती-बढ़ती है। उदाहरण के लिए व्यय पर करारोपण से बचत करने की इच्छा प्रोत्साहित होती है। इस कर के होते (तथा आयकर के न होने पर) आय के आकार और इसके स्रोत से करदेयता में कोई अंतर नहीं पड़ता। इसलिए लोग आय अर्जन को अधिकतम संभव स्तर पर रखते हुए उसे व्यय करने के स्थान पर बचाने का प्रयास करते हैं। परंतु इसके विपरीत एक मत यह भी है कि आय कर से केवल बचत करने की क्षमता घटती है, उसे बचाने की इच्छा में कमी नहीं आती। यह इच्छा तभी घट सकती है जब बचत से प्राप्य आय पर भी कर लगाया जाए। इस मतानुसार यही बात उपहार अथवा दान कर पर भी लागू होती है। करारोपण से दान आदि की गतिविधियाँ हतोत्साहित हो सकती हैं और बचत घटने की प्रवृति सक्षम हो सकती है। इसी प्रकार अन्य प्रत्यक्ष करों द्वारा, जैसे कि संपदा कर, विरासत/उत्तराधिकार कर और पूँजी लाभ कर, भी बचत करने की इच्छा का क्षीण होना संभावित है।

• व्यवसायों के संदर्भ में यह आम धारणा है कि व्यय कर के अभाव में और आयकर के होने पर, उनमें अनावश्यक व्यय बढ़ाने की प्रवृति को बल मिलता है।

• बचत पर करारोपण से यह अपेक्षा की जानी चाहिए कि लोग अपनी बचत घटा देंगे। क्योंकि ऐसी स्थिति में बचत करने का अर्थ अपनी आय का एक भाग कर के रूप में गँवाने के बराबर है जब कि उसी बचत को उपभोग में परिवर्तित कर देने पर करदेयता से भी बचा जा सकता है। इसी प्रकार जब निवेश से प्राप्य करोपरांत ब्याज और लाभ-आय कम हो जाए, तो निवेश के घटने से राष्ट्रीय आय में कमी आती है, जिसके फलस्वरूप बचत भी कम हो जाती है।

• एक मतानुसार व्यक्ति-कर का बचत करने की इच्छा पर कोई प्रभाव नहीं पड़ता; केवल कुछ लोगों की बचत क्षमता प्रभावित हो सकती है। तर्क यह दिया जाता है कि इस कर-प्रणाली में प्रत्येक करदाता की करदेयता एक पूर्व निश्चित राशि होती है। इस कर को चुकाने के प्रयास में अति निम्न आय वाले लोग अपने उपभोग स्तर को यथासंभव कम करने की चेष्टा करते हैं। परंतु धनी लोगों को अपना उपभोग स्तर घटाने की कोई आवश्यकता नहीं होती।

- बचत करने की क्षमता और इच्छा को विविध प्रकार के कारक प्रभावित करते हैं।
- सरकार की बजटीय घाटे की नीति से अर्थव्यवस्था की बचत करने की क्षमता को कृत्रिम ढंग से बढ़ाया जा सकता है।
- करारोपण सहित, बचत करने की इच्छा को प्रभावित करने वाले कारकों और उनकी प्रभाव-दिशाओं के बारे एकमत नहीं है।

परोक्ष करों के बचत की इच्छा पर होने वाले प्रभाव की कोई पूर्वनिश्चित रूपरेखा नहीं मिल पाती। एक ओर परोक्ष करों से वस्तुओं की कीमतें बढ़ती हैं, जिससे बचत करने की शक्ति घटती है, तथा दूसरी ओर इनसे वितरणीय असमानताएँ बढ़ती हैं जिससे उच्च आय वर्गों की बचत क्षमता बढ़ती है। परंतु परोक्ष करों का बचत करने की इच्छा पर होने वाले प्रभाव का पूर्वानुमान नहीं लगाया जा सकता।

## 2. निवेश (Investment)

निवेश पर करारोपण के प्रभावों का भी निवेशकर्ताओं की निवेश करने की क्षमता और इच्छा के दृष्टिकोणों से विचार किया जा सकता है। एक विचाराधीन आर्थिक इकाई की निवेश करने की क्षमता और इच्छा एक दूसरे

से भिन्न हो सकती हैं। संभव है कि एक आर्थिक इकाई बचत तो कर सके परंतु इसमें निवेश करने की क्षमता/समझ न हो। यह भी संभव है कि विचाराधीन इकाई कानूनी अथवा अन्य अड़चनों के कारण निवेश करने में असमर्थ हो। इसके विपरीत कई निवेशकर्ता दूसरी आर्थिक इकाइयों की बचतों को उधार लेकर निवेश करते हैं। साख सृजन की प्रक्रिया के कारण बैंकों आदि से निवेश हेतु मिलने वाला उधार बहुधा उनके पास बचतकर्ताओं की जमा राशियों से भी अधिक होता है।

इसके अतिरिक्त कुछ अन्य महत्वपूर्ण तथ्य भी विशेष रूपसे वर्णनीय हैं। प्रथम तथ्य अर्थव्यवस्था की बचत और निवेश की दरों की परस्पर निर्भरता है, परंतु दोनों का एक-साथ घटना-बढ़ना अनिवार्य नहीं है। दूसरे, सरकार की बजटीय नीति से भी निजी क्षेत्र की निवेश क्षमता विविध प्रकार से प्रभावित होती है। उदाहरणार्थ लाभ-आय पर कर की अधिकता से निजी क्षेत्र के पास आंतरिक निवेश स्रोतों का अभाव हो सकता है। इसी प्रकार सरकार द्वारा बाज़ार से उधार लेने के फलस्वरूप निजी क्षेत्र के लिए निवेश-पूँजी की उपलब्धि घट सकती है। तीसरे, यदि फर्मों की अवितरित लाभ-आय को करारोपित किया जाए तो फर्मों की आंतरिक संसाधन जुटाने की क्षमता कम हो जाएगी। साथ ही लाभ-आय पर करारोपण का एक परिणाम यह भी हो सकता है कि पूँजीपति उससे लाभ-आय के स्थान पर एक दूसरे से उधार लेकर वही आय ब्याज-आय के रूप में प्राप्त करने की चेष्टा करें।

सारांश यह कि लाभ-आय पर करारोपण के परिणामस्वरूप कुल निवेश के घट जाने की संभावना अति प्रबल होती है। इसका मूल कारण यह है कि प्रत्येक निवेशकर्ता का ध्येय लाभ-आय कमाना होता है तथा करारोपण से उसमें कमी आने के कारण निवेश पर प्रतिकूल प्रभाव अपेक्षित है। उदाहरण के लिए आय कर की दरें बढ़ने पर निवेशकर्ताओं के लिए बाज़ार से निवेश साधन जुटाना पहले से कठिन हो जाता है तथा आंतरिक स्रोत भी कमज़ोर पड़ जाते हैं। इसके विपरीत कर-मुक्ति और कर रियायतों से निवेश को प्रोत्साहित किया जा सकता है।

यह तथ्य भी सर्वमान्य है कि एक सामान्य निवेशकर्ता की निवेश करने की इच्छा लाभ-आय की संभावनाओं पर निर्भर करती है। अत: लाभ आय पर कर घटाने से निवेश करने की इच्छा प्रोत्साहित होती है; या कर-नीति में यथोचित प्रावधानों द्वारा कुछ निर्दिष्ट गतिविधियों को भी प्रोत्साहित किया जा सकता है। उदाहरणार्थ अल्पविकसित देशों में कई सरकारों द्वारा पिछड़े क्षेत्रों में निवेश पर कर रियायतें देने की नीति अपनाई जाती है, तथा श्रम-प्रधान उद्योगों को कर रियायतों के अतिरिक्त आर्थिक सहायताएँ (subsidies) देने की भी प्रथा है। व्यापार चक्र के तेज़ी के चरण में माँग की राक्षमता के कारण भी लाभ-आय के अर्जन की संभावना प्रबल होती है तथा निवेश करने की इच्छा बढ़ती है। कीन्स आदि अर्थशास्त्रियों ने इस बात पर ज़ोर दिया कि सरकार के अपने बजटीय व्यय में बढ़ोतरी द्वारा भी निवेश करने की इच्छा को बढ़ा सकती है।

- निवेश करने की क्षमता और इच्छा में अंतर होते हुए भी उनमें परस्पर निर्भरता है।
- कर नीति का इन पर सीधे तौर पर तथा उन्य कारकों के माध्यम से प्रभाव पड़ता है।
- निवेश की क्षमता और इच्छा को प्रभावित करने वाले कारक इतने अधिक और गुंथे हुए हैं कि उनके प्रभावों का व्यापक और विधिवत विश्लेषण नहीं हो पाता। विशेषकर इन कारकों के प्रभाव कालांतर में परिवर्तनीय हैं।
- अत: इस व्यापक सामग्री में से केवल कुछ चयनित अंशों का एक सरलीकृत रूपी अध्ययन करने की प्रथा सर्वस्वीकार्य हो गई है।

## खण्ड 2. वितरणीय प्रभाव
(Effect on Distribution)

बाज़ार-व्यवस्था में आय और धन की असमानताएँ न केवल उत्पन्न होती हैं प्रत्युत कालांतर में सुदृढ़ भी होती जाती हैं। इस प्रक्रिया में निजी स्वामित्व एवं उत्तराधिकारिता की संस्थाओं का अग्रणीय योगदान रहता है। बहुधा ये असमानताएँ इतनी अधिक होती हैं कि इन्हें नैतिकता के किसी आधार पर भी स्वीकार्यता प्रदान नहीं की जा सकती; विशेषकर निर्धन देशों में इन असमानताओं की तीक्ष्णता का आभास अधिक तीव्र होता है। अत: आधुनिक सरकारें (विशेषकर अल्पविकसित देशों में) इन असमानताओं को घटाना अपना मुख्य कर्तव्य समझती हैं। परंतु समस्या यह है कि बाज़ार-व्यवस्था के रहते कर-नीति द्वारा वितरणीय असमानताओं को दूर करने के प्रयास में आर्थिक विकास पर प्रतिकूल प्रभाव पड़ने का भय रहता है, जिससे गरीबी की समस्या को दूर करने की कठिनाइयाँ बढ़ जाती हैं।

वितरणीय असमानताओं की समस्या पर अल्पकालीन और दीर्घकालीन दृष्टिकोणों से विचार किया जा सकता है। अल्पावधि में देश की उत्पादन क्षमता को असमानताओं को घटाने के प्रयत्नों के प्रतिकूल प्रभाव से बचाना कम कठिन होता है। इसका कारण यह है कि वितरणीय नीति का निवेश तथा उत्पादन आदि पर पड़ने वाले प्रभाव को सक्रिय होने में समय लगता है। परंतु इसका यह अर्थ नहीं बनता कि सरकार चाहते हुए भी अल्पकाल में असमानताओं को समुचित रूपसे दूर कर सकती है। ऐसा करने में इसे कई अड़चनों का सामना करना पड़ता है।

सामान्य स्थितियों में आय और धन का शीघ्रतापूर्वक पुनर्वितरण संभव नहीं होता। यह स्थिति विशेषकर तब लागू होती है जब निजी स्वामित्व और उत्तराधिकारता की संस्थाओं के रहते असमानताओं को घटाने के लिए आय कर, व्यय कर, धन कर, आदि जैसे प्रत्यक्ष करों का उपयोग किया जा रहा हो।

सरकार नहीं चाहती कि असमानताओं को घटाने की नीति से विकास आदि पर पड़ने वाले दीर्घकालीन संभावित प्रतिकूल प्रभावों को अनदेखा किया जाए। इससे भविष्य में गरीबी की समस्या के अधिक कठिन हो जाने की संभावना बढ़ जाती है।

एक अल्पविकसित देश में, कराधान द्वारा असमानताओं को घटाने में कई बाधाएँ आती हैं। प्रत्यक्ष करों की दरें तो प्रगामी होती हैं, परंतु उनसे प्राप्य कर-राजस्व अपर्याप्त रहता है, तथा सरकार को परोक्ष करों का सहारा लेना पड़ता है। इसके विपरीत परोक्ष करों को कुल मिलाकर पर्याप्त स्तर तक प्रगामी बना पाना लगभग असंभव होता है। इसके अतिरिक्त परोक्ष करों से कीमतें बढ़ती हैं, जिससे असमानताओं में भी वृद्धि होती है।

कराधान के दीर्घकालीन वितरणीय प्रभावों को निश्चित रूप से समानतानुकूल बनाया जा सकता है। परंतु इसका अर्थ यह नहीं बनता कि असमानताएँ वास्तव में भी कम हो जाएँगी। इसका कारण यह है कि अर्थव्यवस्था में अनेक ऐसे कारक भी होते हैं जो असमानताओं को सुदृढ़ करने की दशा में सक्रिय होते हैं। कर-प्रणाली के ढाँचे की संरचना में सरकार के सामने यह प्रश्न भी उठता है कि इसमें अर्थव्यवस्था की दीर्घकालीन विकास दर में कमी न आए। अत: बहुधा उनका यह लक्ष्य रहता है कि असमानताओं के परिशुद्ध स्तर में तो भले ही वृद्धि हो जाए परंतु आनुपातिक स्तर पर ऐसा न हो। इस लक्ष्य की प्राप्ति हेतु करों को समुचित ढंग से प्रगामी ढाँचे में ढालने के प्रयास के साथ-साथ सार्वजनिक व्यय-नीति को भी समाज कल्याण के दृष्टिकोण के अनुकूल बनाने की आवश्यकता होती है। निजी उद्यम को आर्थिक विकास में यथाशक्ति योगदान देने के लिए प्रोत्साहित करना तथा सरकारी क्षेत्र की लाभ आय और बचत क्षेत्र को सक्षम बनाना भी इस लक्ष्य की प्राप्ति में सहायक होते हैं।

- बाज़ार-व्यवस्था में वितरणीय असमानताएँ नैतिकता के दृष्टिकोण से अस्वीकार्य होती हैं।
- इन्हें कम करने की कर-नीति से विकास प्रक्रिया हतोत्साहित हो सकती है जिससे गरीबी हटाने की दीर्घकालीन समस्या गहरी हो सकती है।
- वितरणीय अनुकूलता की कर नीतियों की संरचना की जा सकती है परंतु उनकी असमानताएँ घटाने में प्रभाविती सुनिश्चित नहीं की जा सकती।

## खंड 3. आर्थिक स्थिरता और स्फीति दबाव

(Economic Stability and Inflation)

यदि बाज़ार-व्यवस्था को पर्याप्त कार्य-स्वतंत्रता प्राप्त हो तो व्यापार चक्र उत्पन्न होने लगते हैं, जिससे आय, उत्पादन, रोज़गार तथा कीमतों में उतार-चढ़ाव का क्रम चलने लगता है। व्यापार चक्रों के व्याख्या-सिद्धांतों में इस तथ्य को काफी मान्यता दी जाती है कि इनमें सकल क्रय-शक्ति की मात्रा और उसके प्रयोग-प्रवाहों की गति की महत्वपूर्ण भूमिकाएँ रहती हैं। अत: व्यापार चक्रों के नियंत्रण हेतु बजटीय एवं कर-नीतियों द्वारा क्रय-शक्ति की सकल मात्रा तथा उसके प्रवाहों को नियमित करने का प्रयास किया जा सकता है। मुद्रा-स्फीति की एक विशेषता यह है कि इसका प्रसार अथवा संकुचन अर्थव्यवस्था के सभी भागों में एक समान नहीं होता। इससे भी कराधान को एक नीति यंत्र के रूप में प्रयोग करने का अवसर उत्पन्न होता है।

अहस्तक्षेप के सिद्धांत के अनुसार सरकार को व्यापार चक्रों के समाधान हेतु कुछ भी करने की आवश्यकता नहीं होती। बाज़ार व्यवस्था में ही स्वयं सुधार की क्षमता होती है। उदाहरण के लिए जब अर्थव्यवस्था तेज़ी के चरण में हो, तो सरकार के कर-राजस्व में अपने आप वृद्धि हो जाती है। इस समय यदि सरकार अपने व्यय स्तर को पूर्ववत बनाए रखे, तो कुल माँग में कमी होने के फलस्वरूप अर्थव्यवस्था में चल रहे तेज़ी का चरण थम जाता है। ठीक इसके विपरीत जब अर्थव्यवस्था मंदी के चरण में हो, तो सरकार का कर-राजस्व घट जाएगा, परंतु सरकार अपने व्यय को पूर्ववत् स्तर पर रखकर मंदी को दूर कर सकती है।

कीन्स के पश्चात् के अर्थशास्त्रियों ने संतुलित बजट गुणक सिद्धांत (Balanced Budget Multiplier) का प्रतिपादन किया जिसके अनुसार अर्थव्यवस्था में सकल प्रभावी माँग में परिवर्तन लाने के लिए बजट को असंतुलित करना जरूरी नहीं था। इस सिद्धांत के अनुसार सरकार अपने बजट के आकार को बढ़ाकर अर्थव्यवस्था में फैलाव ला सकती है तथा इसी प्रकार अर्थव्यवस्था के संकुचन के लिए अपने बजट के आकार को छोटा कर सकती है। इस सिद्धांत की अवधारणा यह है कि सरकार अपने व्यय का सारा वित्त-पोषण केवल कर-राजस्व से ही करेगी।

अर्थव्यवस्था पर कराधान का प्रभाव केवल इसके आकार पर ही निर्भर नहीं करता। इसमें कराधान के ढाँचे और व्याख्यात्मक संरचना की भी अग्रणीय भूमिका रहती है। उदाहरण के लिए परोक्ष करों की यह विशेषता है कि इनसे कीमतों में वृद्धि होती है तथा वितरणीय असमानताएँ बढ़ती हैं। परंतु स्पष्ट है कि परोक्ष करों के प्रभावों का विस्तारपूर्ण अध्ययन तभी संभव है जब करारोपित वस्तुओं की माँग लोचों की जानकारी हो और उन पर लगाए गए करों की दरों आदि का ज्ञान हो। उदाहरण के लिए कम माँग लोच वाली वस्तुओं पर लगा कर क्रेताओं को वहन करना पड़ता है, जिससे कीमतों में सीधे वृद्धि हो जाती है। इसी प्रकार जिन वस्तुओं की माँग लोचदार होती है, उन पर लगे करों का भार उत्पादकों को वहन करना पड़ता है, जिससे उनकी लाभ आय में कमी हो जाती है। इसके परिणामस्वरूप विक्रेता करारोपित वस्तुओं की उपलब्धता में कमी करने का प्रयत्न करते हैं जिससे कीमतों को बढ़ाया जा सके। इस प्रक्रिया का प्रभाव उन वस्तुओं पर अधिक होता है जिनकी पूर्ति अधिक लोचदार हो।

यदि करारोपित वस्तुएँ उपभोग वस्तुएँ हों तो रहन-सहन के लागत-स्तर में वृद्धि के कारण श्रमिकों का वेतन बढ़ाना पड़ता है जिससे उत्पादन लागत में वृद्धि द्वारा कीमतों में वृद्धि का दौर फिर से शुरू हो जाता है। ऐसी स्थिति कच्चे माल तथा मध्यवर्ती वस्तुओं पर करारोपण से भी उत्पन्न होती है।

- बाज़ार-व्यवस्थित अर्थव्यवस्था में आर्थिक स्थिरता सुनिश्चित करना और कीमतों को नियंत्रित करना एक कठिन कार्य है। परंतु बजटीय और कर-नीतियों द्वारा इसके लिए प्रयास किया जा सकता है।
- संतुलित बजट गुणक सिद्धांत के अनुसार स्वयं बजट के आकार में परिवर्तन भी आर्थिक स्थिरता लाने में सहायक होता है।
- अर्थव्यवस्था पर कराधान का प्रभाव उसके आकार और व्याख्यात्मक संरचना दोनों पर निर्भर करता है।
- कर-नीति का प्रभावी उपयोग अर्थव्यवस्था की व्यापक जानकारी के बिना संभव नहीं है।

एक अल्पविकसित अर्थव्यवस्था में कई प्रकार की अनम्यताएँ होती हैं तथा इसी प्रकार कई विकसित अर्थव्यवस्थाओं में भी एकाधिकारिता जैसी कई अनम्यताएँ हो सकती हैं। ऐसा होने की स्थिति में मंदी तथा मुद्रा-स्फीति एक साथ अस्तित्व में रह सकते हैं। इस समस्या का समाधान करों में केवल वृद्धि अथवा कमी से नहीं मिल पाता। इसके लिए कर-प्रणाली में काफी ब्यौरे-वार संशोधन करने की आवश्यकता पड़ती है और कई अन्य करोत्तर कदम उठाने पड़ते हैं।

## कर-प्रणाली का प्रगामीपन-एक टिप्पणी

(Progressivity of Taxation — A Comment)

किसी एक विचाराधीन कर के प्रगामीपन का अर्थ और उसके प्रमापन का विवेचन इससे पहले किया जा चुका है। परंतु कई बार यह प्रश्न उठता है कि समस्त कर-प्रणाली के प्रगामीपन को किस प्रकार मात्राबद्ध किया जाए। इस संदर्भ में विश्लेषणकर्ताओं ने कई विकल्प सुझाए हैं। परंतु उनमें से किसी एक को सर्वोत्तम घोषित करना संभव नहीं है। इसका मुख्य कारण यह है कि वितरणीय असमानताएँ कर प्रणाली के प्रगामीपन के अतिरिक्त कई अन्य कारकों द्वारा भी प्रभावित होती हैं।

मान लें कि राष्ट्रीय आय और करदेयता क्रमशः Y और T के बराबर हैं तथा इस प्रकार कराधान की औसत दर T/Y के बराबर है। इसी प्रकार यदि राष्ट्रीय आय में M(Y) बढ़ोतरी होने पर सकल करदेयता में M(T) की वृद्धि होती हो, तो कराधान की सीमांत दर M(T)/M(Y) के बराबर होगी।

इन तथ्यों को ध्यान में रखते हुए कर-प्रणाली के प्रगामीपन के मुख्य प्रमापन नीचे दिए गए हैं-

1. यदि राष्ट्रीय आय बढ़ने के साथ-साथ कराधान की औसत दर में भी बढ़ोतरी होती हो, तो कर-प्रणाली को प्रगामी माना जाएगा। इस विधि में करदाताओं को उनकी आय के आधार पर वर्गीकृत किया जाता है और तदनुरूप उनकी करदेयता आँकी जाती है।

2. प्रो॰ पीगू (Professor Pigou) ने कर के प्रगामीपन को आंकने के लिए सीमांत कर-दर को प्राथमिकता दी है। इस प्रमापन के अनुसार यदि करदाताओं की आय के बढ़ने के साथ-साथ सीमांत कर-दर भी बढ़ जाती हो, तो कर-प्रणाली को प्रगामी माना जाएगा।

3. यह भी सम्भव है कि कर-प्रणाली में निम्न आय वालों के लिए कर-छूट का प्रावधान हो। इस स्थिति में राष्ट्रीय आय के बढ़ने पर सीमांत दर के स्थिर रहते हुए भी औसत दर बढ़ती जाती है। अतः आय, औसत कर-दर और सीमांत कर-दर का एक साथ प्रयोग करते हुए निम्नलिखित परिणाम निकलते हैं।

| | प्रगामी | अनुपाती | पश्चगामी |
|---|---|---|---|
| (करदेयता में आनुपातिक परिवर्तन)/ (राष्ट्रीय आय में आनुपातिक परिवर्तन) | $>1$ | $=1$ | $<1$ |
| सीमांत कर/औसत कर | $>1$ | $=1$ | $<1$ |
| सीमांत कर - औसत कर | $>0$ | $=0$ | $<1$ |

4. मस्ग्रेव और थिन (Musgrave and Thin) के अनुसार कर-प्रणाली का प्रगामीपन (करदेयता में आनुपातिक वृद्धि/राष्ट्रीय आय में आनुपातिक वृद्धि) के बराबर होता है। स्पष्ट है कि यह प्रमापन कराधान की राष्ट्रीय आय के प्रति लोच के बराबर है। इसे करदेयता प्रगामीपन (Liability Progression) कहा जाता है।

5. एक अन्य प्रमापन के अनुसार कर-प्रणली का प्रगामीपन [(1-सीमांत कर दर)/(1-औसत कर दर)] के अनुपात के बराबर है। इस प्रमापन को शेष आय प्रगामीपन (Residual Income Progression) कहते हैं।

6. प्रो॰ डाल्टन ने सापेक्षिक औसत अंतर (Relative Mean Difference) के द्वारा कर-प्रणाली के प्रगामीपन को मापने का सुझाव दिया। इस सुझाव के अनुसार विभिन्न आय वर्गों की औसत दरों का सापेक्षिक औसत अंतर कर-प्रणाली के प्रगामीपन का एक उत्तम प्रमापन है। परंतु इस प्रमापन की त्रुटि यह है कि जब धनी वर्गों की करदेयता में कमी तथा निर्धन वर्गों की करदेयता में बढ़ोतरी की जाए, तो भी इस प्रमापन के अनुसार कराधान के प्रगामीपन में वृद्धि होती है।

7. एक अन्य प्रमापन को केन्द्रीकरण प्रमापन कहा जाता है। इस विधि में करदाताओं को कई आय वर्गों में बाँटने के पश्चात प्रत्येक आय-वर्ग के लिए कर की औसत दर अनुमानित की जाती है। तत्पश्चात इन अनुमानों को एक रेखाचित्र के द्वारा प्रस्तुत किया जाता है। X-अक्ष पर आय वर्गों को बढ़ती आय के क्रम से तथा Y-अक्ष पर उसी क्रमानुसार उनकी करदेयताओं की औसत दरें प्रस्तुत करने पर जो वक्र प्राप्त होता है, उसे केन्द्रीकरण वक्र (Concentration Curve) कहा जाता है। इस विधि के अनुसार कर-प्रणाली का प्रगामीपन

= 1 - 2(केन्द्रीकरण वक्र और दोनो अक्षों से घिरा क्षेत्रफल)

के बराबर है। इस प्रमापन के बढ़ते मूल्य को कर-प्रणाली के प्रगामीपन में बढ़ोतरी माना जाता है।

8. एक अन्य विधि के अनुसार राष्ट्रीय आय की वितरणीय असमानता के दो अनुमान लगाए जाने चाहिएँ: एक करारोपण से पहले के लिए (G) और दूसरा करारोपण से बाद के लिए (G*)। इस दशा में

$$=(G^* - G)/G$$

को कर-प्रणाली के प्रगामीपन का प्रमापन माना जाता है।

## शब्दावली (Key Words)

1. करों की तटस्थता (neutrality of taxation); 2. सामान्य राजकोषीय तर्कसंगति (general budget principle); 3. उपभोक्ता अधिशेष (consumer's surplus); 4. सीमांत सामाजिक प्रतिस्थापन दर (marginal social rate of substitution); 5. आय अर्जन अवसर वक्र (earning opportunity curve); 6. आर्थिक स्थिरता और स्फीति दबाव (economic stability and inflationary pressure); 7. संतुलित बजट गुणक (balanced budget multiplier); 8. कर-प्रणाली का प्रगामीपन (progressivity of taxation); 9. करदेयता का प्रगामीपन (liability progression); 10. केन्द्रीकरण वक्र (concentration curve)।

## अभ्यास प्रश्न

1. निम्नलिखित पर संक्षिप्त नोट लिखें:-

    (क) कर-प्रणाली की तटस्थता और "सामान्य राजकोषीय तर्कसंगति";

    (ख) कर-प्रणाली की तटस्थता को सुनिश्चित करने में बाधाएँ;

    (ग) कर-प्रभावों के अध्ययन की प्रणाली;

    (घ) संसाधन आवंटन की इष्टतमता संबंधी सीमांत शर्तें।

2. करारोपण द्वारा राजस्व प्राप्तियों और उपभोक्ता अधिशेष में परिवर्तन की तुलना करते हुए प्रो॰ मार्शल के निष्कर्षों और सुझावों का विवेचन करें। आपको ये सुझाव कहाँ तक स्वीकार्य हैं?
3. मज़दूरी आय पर करारोपण से श्रम-पूर्ति पर पड़ने वाले आय प्रभाव और प्रतिस्थापन प्रभाव में भेद दर्शाएँ।
4. इस कथन को ध्यान में रखते हुए कि "एक सामान्य श्रमिक वैकल्पिक रोज़गारों से प्राप्य आय और उनकी अप्रियता की तुलना करता है", यह दर्शाएँ कि मज़दूरी आय पर करारोपण से एक सामान्य श्रमिक का श्रम पूर्ति निर्णय किस प्रकार प्रभावित होता हैं? रेखाचित्रों सहित व्याख्या करें।
5. समतुष्टि वक्रों की सहायता से दर्शाएँ कि एक सामान्य श्रमिक द्वारा श्रमावधि और अवकाशावधि के चुनाव में मज़दूरी आय पर कर का क्या प्रभाव पड़ता है जब कर एक (क) पूर्वनिश्चित परिशुद्ध राशि हो, अथवा (ख) मज़दूरी आय का एक पूर्वनिश्चित अनुपात हो?
6. एक सामान्य श्रमिक से संबद्ध श्रमावधि-अवकाशावधि के समतुष्टि वक्रों और आय-अर्जन अवसर वक्र की सहायता से उसकी निर्णय क्रिया और संतुलन स्थिति का विवेचन करें।
7. रेखाचित्रों की सहायता से इस निष्कर्ष की पुष्टि करें कि यदि एक श्रमिक से समान राजस्व वाले आनुपातिक मज़दूरी-आय कर के स्थान पर एकमुश्त कर की उगाही की जाए, तो श्रमिक ऊँचे समतुष्टि वक्र पर जा टिकता है।
8. निम्नलिखित पर संक्षिप्त नोट लिखें।

    (क) आनुपातिक आय कर का करदाताओं की बचत की इच्छा और क्षमता **पर प्रभाव**;

    (ख) आनुपातिक व्यय कर का करदाताओं की बचत की इच्छा और क्षमता पर प्रभाव;

    (ग) प्रत्यक्ष करों का करदाताओं की निवेश करने की इच्छा और क्षमता पर प्रभाव;

    (घ) समान राजस्व वाले आनुपातिक और प्रगामी आय कर का श्रम की आपूर्ति पर प्रभाव।

9. अर्थव्यवस्था में बचत और निवेश की दरों को प्रत्यक्ष कराधान द्वारा कहाँ तक प्रभावित किया जा सकता है? क्या बचत और निवेश निर्णय अन्य कारकों द्वारा भी प्रभावित होते हैं? तर्क सहित उत्तर दें।
10. "एक प्रचलित धारणानुसार कर-प्रणाली न केवल वितरणीय न्याय दिलाने में असमर्थ रहती है प्रत्युत इसे इस उद्देश्य हेतु प्रयोग करने के फलस्वरूप आर्थिक विकास में भी बाधा पड़ सकती है"। तर्क सहित बताएँ कि आपके विचार में यह कथन कहाँ तक सत्य है।
11. किसी कर विशेष के प्रगामीपन का क्या अर्थ लिया जाता है? इस कथन पर भी अपने विचार प्रकट करें कि परोक्ष कर सामान्य तौर पर पश्चगामी (अवरोही) होते हैं।
12. यदि सकल कर-प्रणाली पर एक साथ विचार किया जाए तो इसके प्रगामीपन का क्या अर्थ लिया जा सकता है? इसको मात्राबद्ध करने की कुछ विधियों का भी विवेचन करें।

# अध्याय 9

# सार्वजनिक ऋण
## (Public Debt)

**इस अध्याय में**

कालांतर में सार्वजनिक ऋण सरकार की एक सरल और अल्पकालीन गतिविधि के स्थान पर एक महत्वपूर्ण राजकोषीय घटक और एक सक्षम नीति–अस्त्र का रूप धारण कर चुका है। निम्नलिखित में:

- सार्वजनिक ऋण की सैद्धांतिक और भारत में अपनाई गई परिभाषाओं के अतिरिक्त इसके प्रकारों का विवेचन है।
- इसके अस्तित्व के औचित्य और इसकी आकारिक सीमाओं की चर्चा है।
- इसके आर्थिक विकास और अर्थव्यवस्था के नियंत्रण में भूमिका का विवेचन है।
- साधन स्रोत के रूप में लोक ऋण और करारोपण की तुलना है।
- लोक ऋण के बोझ से संबंधित विभिन्न आयामों का अध्ययन है।
- लोक ऋण के बोझ की भविष्य की पीढ़ियों पर हस्तांतरण की संभावनाओं का विश्लेषण है।
- ऋण भुगतान की विधियों और प्रबंधन–नीति की व्याख्या है।

## अर्थ (Meaning)

- सार्वजनिक ऋण की परिभाषा (i) सरकार के स्तरों (केन्द्रीय, राज्यीय अथवा स्थानीय आदि), (ii) उसके विश्लेषणात्मक उद्देश्यों, (iii) उपयुक्त आँकड़ों की उपलब्धता, (iv) नीति आयाम तथा (v) अन्य संबद्ध तथ्यों के आधार पर चुनी जाती है। इसलिए इसकी कई परिभाषाएँ संभव हैं। उदाहरणार्थ एक छोर पर विचाराधीन सरकार की सभी वित्तीय देयताओं को सार्वजनिक ऋण में शामिल किया जा सकता है, तथा दूसरे छोर पर इसकी परिभाषा केवल कुछ चयनित देयताओं तक सीमित रखी जा सकती है।
- केन्द्रीय बैंक पर सरकार का स्वामित्व होने पर भी सरकार द्वारा उससे लिए गए उधार को सार्वजनिक ऋण में शामिल किया जाता है।
- इसी प्रकार देश की विभिन्न स्तरीय सरकारों की एक–दूसरे के प्रति वित्तीय देयताओं को भी उनके लोक ऋण में शामिल किए जाने की प्रथा है।
- परंतु सरकार की 'करेंसी देयताओं' को उसके लोक ऋण का भाग नहीं माना जाता, क्योंकि करेन्सी की इन अदायगियों द्वारा सरकार अपनी कुछ देनदारियों का 'अंतिम भुगतान' कर चुकी होती है। सरकार की अन्य ऋण

प्रतिभूतियों का स्वामी सरकार से उनके बदले भुगतान पाने का अधिकारी होता है। परंतु सरकारी करेंसी इसकी ऋणदेयता का प्रमाण न होकर इसकी अंतिम अदायगी होती है।

## भारत में स्थिति (Position in India)

सैद्धांतिक दृष्टिकोण से सार्वजनिक ऋण के घटकों का चयन उनके आर्थिक महत्व के आधार पर किया जाना चाहिए। इस दृष्टिकोण से भारत सरकार के सार्वजनिक ऋण में करेंसी देयताओं को छोड़कर इसकी सभी वित्तीय देनदारियों को शामिल करने का औचित्य बनता है। तदनुसार राज्य सरकारों के सार्वजनिक ऋण भी उनकी समस्त वित्तीय देनदारियाँ होनी चाहिए। परंतु भारत की सरकारी लेखाविधि में सार्वजनिक ऋण की एक संकीर्ण परिभाषा अपनाई गई है। इसमें सरकार की सभी देनदारियों को शामिल नहीं किया जाता। इस बात का व्याख्या हेतु हमें सर्वप्रथम यह जानकारी होनी चाहिए कि भारत सरकार की वित्तीय प्राप्तियों को किस प्रकार वर्गीकृत किया जाता है।

- सरकार अपनी कुछ प्राप्तियों पर अपना स्वामित्व मानती है जैसे कि कर-राजस्व, कुछ प्रकार की उधार राशियाँ, सरकार द्वारा अन्य पार्टियों को दिए गए ऋणों की वसूलियाँ आदि। जिन खातों में इन धनराशियों को रखा जाता है, उन्हें सामूहिक तौर पर **"भारत की समेकित निधि"** (Consolidated Fund of India) कहा जाता है। ध्यानयोग्य है कि, समेकित निधि में केवल वे उधार-प्राप्तियाँ रखी जाती हैं जिन्हें कानूनी दृष्टिकोण से इस निधि की भावी-प्राप्तियों की गारंटी पर लिया गया हो तथा जो इस निधि से देय हों। सरकार का सारा 'व्यय' इस समेकित निधि से किया जाता है और संसद की पूर्वानुमति के बिना इस निधि से व्यय करना गैर-कानूनी है। संविधान के अनुसार व्यय की केवल कुछ मदें ही ऐसी हैं जिन्हें समेकित निधि पर 'भारित' (charged) माना जाता है; इनके लिए संसद की पूर्वानुमति की आवश्यकता नहीं होती। इन 'भारित' व्यय मदों में (क) सरकार द्वारा लिए गए उधारों की मूल राशियों और उन पर देय ब्याज की अदायगियाँ, (ख) राष्ट्रपति की परिलब्धियाँ, (ग) राज्य सभा के सभापति और उप-सभापति और लोक सभा के अध्यक्ष के वेतन और भत्ते, (घ) उच्चतम न्यायालय के न्यायाधीशों और भारत के नियंत्रक एवं महालेखा निरीक्षक (Comptroller and Auditor General of India) के वेतन, भत्ते और पेंशन आदि शामिल हैं।

- अपनी कुछ प्राप्तियों को भारत सरकार धरोहर-प्राप्तियाँ मानती है। इसके संबंध में वह अपनी भूमिका एक बैंकर के तुल्य मानते हुए इन्हें भारत की समेकित निधि के स्थान पर **'भारत के लोक खाते'** (Public Account of India) में रखती है। इस खाते से व्यय हेतु संसद की पूर्वानुमति की आवश्यकता नहीं होती। भारत सरकार इन देनदारियों को सार्वजनिक ऋण का भाग न गिनते हुए 'अन्य देनदारियाँ' (Other Liabilities) कहती है।

- भारत सरकार अपने सार्वजनिक ऋण अर्थात 'लोक ऋण' (public debt) में केवल उन वित्तीय देनदारियों को शामिल करती है, जो 'भारत की समेकित निधि' की भावी-प्राप्तियों की गारंटी पर ली गई हों तथा इस निधि से देय हों। इस प्रकार परिभाषित लोक ऋण में 'बाज़ार उधार' (भारतीय रिज़र्व बैंक से लिए गए उधारों सहित) शामिल रहते हैं। देश के भीतर से लिए गए उधारों को 'आंतरिक ऋण' (internal/domestic debt) तथा विदेशों से लिए गए उधारों को 'विदेशी' अथवा बाह्य ऋण (external, foreign debt) कहा जाता है।

- भारत के लोक खाते में रखे जाने वाले उधारों को भारत सरकार 'अन्य देनदारियाँ' (other liabilities) कहती है और सरकारी स्तर पर इन्हें लोक ऋण के अनुमान में शामिल नहीं किया जाता।

• प्रत्येक राज्य की अपनी-अपनी समेकित निधि है और लोक खाता है। इसी प्रकार उपरोक्त लेखा-विधि के अनुसरण में प्रत्येक राज्य का लोक ऋण और अन्य देनदारियाँ परिभाषित की जाती हैं।

• हमारे संविधान में राज्य सरकारों को विदेशों से उधार लेने की मनाही है परंतु वे भारत सरकार से उधार ले सकती हैं।

- भारत सरकार की वे सब प्राप्तियाँ जिन पर यह अपना स्वामित्व समझती है, 'भारत की समेकित निधि' में रखी जाती हैं।
- वे उधार जिन्हें भारत की समेकित निधि की भावी-प्राप्तियों की गारंटी पर लिया गया हो तथा जिनकी अदायगी इससे देय हो, को केन्द्र सरकार का लोक ऋण माना जाता है।
- लोग ऋण में देश के भीतर से लिए गए सभी उधार 'आंतरिक' ऋण तथा विदेशों से लिए गए उधार 'बाह्य' ऋण कहलाते हैं।
- भारत सरकार के अन्य उधारों को भारत के लोक खाते में रखा जाता है, और इन्हें सरकार 'अन्य देनदारियों' की संज्ञा देती है।
- प्रत्यक राज्य सरकार की अपनी समेकित निधि है, तथा लोक खाता है। इसकी समेकित निधि से देय देनदारियों को इसका लोक ऋण कहा जाता है।
- राज्य सरकारों को विदेशी ऋण लेने की संवैधानिक मनाही है। परंतु वे भारत सरकार से उधार ले सकती हैं।

## प्रकार (Kind)

सार्वजनिक ऋण को कई आधारों पर वर्गीकृत किया जा सकता है, जिनमें से मुख्य निम्नलिखित हैं।

**1. स्रोत (Sources)**—इस आधार पर सार्वजनिक ऋण आंतरिक/घरेलू (internal/domestic) तथा विदेशी/बाह्य (external/foreign) हो सकता है। आंतरिक ऋण वह है जिसमें ऋणदाता देश के ही निवासी हों। व्यावहारिकता के दृष्टिकोण से देश के भीतर से लिए गए सभी उधार घरेलू ऋण के वर्ग में रख दिए जाते हैं। इसके विपरीत जब सरकार देश के बाहर से ऋण ले तो यह विदेशी/बाह्य ऋण कहलाता है।

**2. कालावधि (Maturity)**—कालावधि के आधार पर सरकारी ऋणों को दीर्घकालीन/दीर्घावधिक तथा अल्पकालीन/अल्पावधिक वर्गों में बाँटा जाता है। परंतु इन दो वर्गों की विभाजन रेखा के चुनाव का कोई ठोस सैद्धांतिक आधार नहीं हैं। सरकार अपनी सुविधानुसार इस रेखा का चुनाव कर लेती है। भारत सरकार एक वर्ष से कम अवधि वाले ऋण को अल्पकालीन मानती है। इस आधार पर एक वर्ष अथवा इससे अधिक **प्रारंभिक** (अर्थात ऋण लते समय की) कालावधि वाले ऋणों को बाज़ार उधार, स्थाई ऋण, निधिकृत उधार (market loans, permanent loans, funded loans) आदि की संज्ञा देती है। वैसे सामान्य स्थितियों में इस प्रकार के उधारों की प्रारंभिक कालावधि तीन से तीस वर्षों तक की होती है। दीर्घकालीन उधारों में कुछ ऐसे भी हो सकते हैं जिनके मूल धन को कभी भी अदा करने की कानूनी मनाही हो अथवा जिनके मूल धन का कभी भी भुगतान न करना सरकार का कानूनी अधिकार हो। इन उधारों पर केवल समयानुसार एक पूर्वनिश्चित ब्याज की अदायगी ही की जाती है। ऐसे उधारों को **शाश्वत ऋण** (perpetuities) कहते हैं।

**3. प्रयुक्ति (Use)**—सार्वजनिक ऋणों को उनकी प्रयुक्ति के आधार पर भी वर्गीकृत किए जाने की प्रथा है। जब उधार ली गई राशियों को विकासोन्मुख मदों पर व्यय किया जाए, तो इन्हें विकासात्मक (developmental) ऋण कहते

हैं। इसी प्रकार गैर-विकासात्मक ऋण, (non-developmental) अथवा उपभोग ऋण (consumption loans) आदि के वर्ग भी गिनवाए जा सकते हैं। ध्यानयोग्य बात यह है कि इस प्रकार के किसी भी वर्ग की परिभाषा का कोई सर्वमान्य वैज्ञानिक आधार नहीं है। इसका चुनाव सरकार अपने विवेक और नीतिगत उद्देश्यों के आधार पर करती है।

**4. परिणाम (Effects)**—सार्वजनिक ऋण को एक अन्य प्रथानुसार 'उत्पादक' (productive) तथा 'गैर-उत्पादक' (non-productive) वर्गों में बाँटा जाता हैं परंतु इस वर्गीकरण की सैद्धांतिक-आधार कसौटी भी अति अस्पष्ट है क्योंकि उत्पादकता शब्द के कई अर्थ लगाए जा सकते हैं। सामान्य तौर पर उस ऋण को उत्पादक ऋण कहा जा सकता है जिससे अर्थव्यवस्था की उत्पादन क्षमता में बढ़ोतरी हो। एक अन्य अर्थानुसार यदि सरकार को ऋण के उपयोग से किसी प्रकार की राजस्व प्राप्तियाँ होती हों तो यह ऋण उत्पादक कहलाना चाहिए। एक अन्य मतानुसार यदि विचाराधीन ऋण राशि से वित्त-पोषित प्रयोजना/उद्यम से लाभ-आय की प्राप्ति हो तो यह ऋण उत्पादक माना जाना चाहिए। एक अर्थ यह भी लिया जा सकता है कि ऋण के प्रयोग द्वारा अर्थव्यवस्था के किसी भी विकार को क्षीण कर पाना उसे उत्पादक बना देता है। स्पष्ट है कि सार्वजनिक ऋण को उत्पादक अथवा गैर-उत्पादक मानने के उपर्युक्त सभी आधार उसके उपयोग-प्रभावों पर निर्भर करते हैं। 'उत्पादक' व्यय-प्रभावों वाला ऋण भी 'उत्पादक' माना जाएगा, और 'अनुत्पादक' व्यय-प्रभावों वाला ऋण 'अनुत्पादक' कहलाएगा।

## सार्वजनिक ऋण *बनाम* निजी ऋण (Public *vs* Private Debt)

ऋण के इन दोनों प्रकारों में कई समानताएँ पाई जाती हैं। निजी ऋण की भांति सरकार भी उपभोग अथवा निवेश के लिए ऋण ले सकती है। इसे भी अपने ऋणों पर ब्याज अदा करना पड़ता है। परंतु सार्वजनिक और निजी ऋणों के भेद अधिक महत्वपूर्ण हैं।

एक गैर-सरकारी आर्थिक इकाई 'आंतरिक' उधार नहीं ले सकती अर्थात् यह उधार अपने आपसे नहीं लिया जा सकता। परंतु एक सरकार का अधिकांश उधार आंतरिक होता है अर्थात् देश के भीतर से लिया जाता है।

एक निजी इकाई को अपना उधार उतारने के लिए अपनी आय अथवा संचित धन का एक भाग व्ययित करना पड़ता है, अथवा नया उधार लेना पड़ता है। परंतु सरकार के पास करेंसी सृजन के माध्यम से नए साधन संजोने की क्षमता होती है, जिनसे पुराने ऋण भी चुकाए जा सकते हैं। सरकार द्वारा इस क्षमता का उपयोग न करने का बुनियादी कारण केवल इसका अपना विवेक होता है। उदाहरणार्थ यदि ऐसा करने से अर्थव्यवस्था में माँग और पूर्ति प्रवाहों का संतुलन बिगड़ने का भय हो अथवा अन्य प्रकार की अस्थिरता उत्पन्न होने का भय हो तो आशा की जाती है कि सरकार करेंसी सृजन द्वारा अपना पुराना उधार नहीं चुकाएगी।

ध्यानयोग्य है कि यह आवश्यक नहीं कि सरकार करेंसी सृजन द्वारा विदेशी ऋण का भुगतान करने में भी सफल हो जाए। इस कार्य में सफलता काफी हद तक इस बात पर निर्भर करती है कि विदेशी ऋण किस करेंसी में देय है। यदि कोई विदेशी उधार घरेलू करेंसी में देय हो तो उसका भुगतान करेंसी सृजन के द्वारा किया जा सकता है। परन्तु यदि उधार किसी विदेशी करेंसी में देय हो, तो इसकी अदायगी से पहले घरेलू करेंसी को बेचकर विदेशी करेंसी को खरीदना पड़ेगा तथा इस कार्य में कई प्रकार की कठिनाइयाँ आ सकती हैं। विशेष कर घरेलू करेंसी की विनिमय दर चिंताजनक हद तक गिर सकती है तथा विदेशी व्यापार की मंडियों में अस्थिरता पैदा हो सकती है।

निजी और सार्वजनिक ऋणों में एक अन्य महत्वपूर्ण भेद यह है कि सार्वजनिक ऋणों का अर्थव्यवस्था पर गहरा प्रभाव पड़ता है। इससे आय तथा धन वितरण, पूंजी निर्माण, आर्थिक विकास, आय तथा रोज़गार स्तर की स्थिरता

आदि गहरे प्रभावित होते हैं। इस प्रकार सार्वजनिक ऋण एक ओर जहां अनेक आर्थिक एवं सामाजिक समस्याओं को जन्म देता है वहीं दूसरी ओर यह सरकार के हाथों में एक प्रभावी नीति-शस्त्र का कार्य कर सकता है।

- लोक ऋण को विविध वैकल्पिक आधारों पर वर्गीकृत किया जा सकता है, जैसे कि ऋणों के स्रोत, उसकी कालावधि, प्रयुक्ति और उसकी प्रयुक्ति के संभावित परिणाम आदि।
- लोक ऋण और निजी ऋण दोनों उपभोग अथवा निवेश हेतु लिए जा सकते हैं।
- लोक ऋण आंतरिक भी हो सकता है और शाश्वत भी।
- लोक ऋण के भुगतान हेतु सरकार करेंसी सृजन द्वारा साधन जुटा सकती है जबकि एक निजी इकाई ऐसा नहीं कर सकती।
- लोक ऋण सरकार के हाथ में एक प्रभावी नीति-शस्त्र का काम दे सकता है।

## औचित्य (Rationale)

सार्वजनिक ऋण के संदर्भ में एक प्रश्न यह उठता है कि सरकार द्वारा उधार लेना कहाँ तक उचित है? सरकार को किन मज़बूरियों में उधार लेना आवश्यक हो सकता है तथा किन अन्य परिस्थितियों में वह इसका नीति-शस्त्र के रूप में प्रयोग कर सकती है, आदि।

किसी समय यह धारणा सर्वमान्य थी कि सार्वजनिक ऋण एक ऐसा रोग है जिससे दूर रहने में ही भलाई है। यदि किसी विवशता के कारण सार्वजनिक ऋण लेने की आवश्यकता पड़ भी जाए तो इससे यथासंभव जल्दी छुटकारा पाने का प्रयत्न करना चाहिए। इस विचारधारा के कई कारण थे।

- सार्वजनिक ऋण के बारे में लोगों के अनुभव काफी कटु थे। बहुधा सरकारें उधार लेकर उसे निरर्थक युद्धों तथा विविध प्रकार की मदों पर अपव्यय कर देती थीं। सार्वजनिक ऋण सरकारी अपव्यय का एक प्रतीक माना जाने लगा था।
- अहस्तक्षेप का नीति-दर्शन संतुलित लोक बजट की सिफारिश करता था।
- उपरोक्त विचारधारा में लोक ऋण से संभावित हितों को अनदेखा किया गया था। अतः सार्वजनिक उधार लेना सरकार की केवल विवशता अथवा लापरवाही का प्रतीक बनकर रह गया था। परंतु आधुनिक विचारधारा में ऐसे कई कारण गिनवाए जाते हैं, जिनको ध्यान में रखते हुए सरकार का उधार लेना उचित हो सकता है:

(i) संतुलित बजटीय नीति का अनुसरण करते हुए भी सरकार की प्राप्तियों और अदायगियों में अल्पावधिक असंतुलन की स्थिति उत्पन्न हो सकती है, जिससे उधार लेना पड़ सकता है।

(ii) युद्ध, प्राकृतिक आपत्तियाँ आदि सरकार के व्यय में अनेपक्षित बढ़ोतरी लाने का कारण बन सकते हैं तथा सरकार को उधार लेना पड़ सकता है।

(iii) आधुनिक आर्थिक चिंतन में सरकार की बजटीय नीतियों का एक अग्रणी स्थान है। अधिकतर सरकारों का भी यह मत है कि उन्हें लोक कल्याण और अर्थव्यवस्था के विकास में एक सक्रिय भूमिका निभानी चाहिए। इन उद्देश्यों की प्राप्ति हेतु इतने अधिक साधनों की आवश्यकता पड़ती है कि अधिकतर सरकारों की कर-राजस्व तथा अन्य कर-भिन्न प्राप्तियाँ अपर्याप्त रहती हैं तथा उन्हें उधार लेना पड़ता है। यह बात विशेषकर अवसंरचनात्मक सुविधाओं को मुहैया करने तथा अन्य प्रकार से पूँजी निर्माण के मामलों में लागू होती है। इस प्रकार की गतिविधियों से लोक ऋण के भुगतान के लिए कर-राजस्व में दीर्घकालीन वृद्धि की आशा की जा सकती है। परंतु कल्याणकारी

योजनाओं पर किए गए व्यय से भविष्य में राजस्व प्राप्तियों में वृद्धि होना आवश्यक नहीं है, केवल इस की संभावना मात्र है।

(iv) लोक ऋण के पक्ष में यह तर्क भी दिया जाता है कि इसके माध्यम से एक विकासशील अर्थव्यवस्था की मुद्रा और साख की बढ़ती आवश्यकता की पूर्ति होती है। इस प्रकार की अर्थव्यवस्था की मुद्रा और साख की आवश्यकता दो कारणों से लगातार बढ़ती रहती है, अर्थात् (क) अर्थव्यवस्था के विकास के साथ इसकी बढ़ती गतिविधियों का वित्त-पोषण, तथा (ख) क्रय-विक्रय और उधार लेन-देन की गतिविधियों के बढ़ते **अनुपात** का मौद्रीकरण। क्योंकि, मुद्रा और साख अंततः सरकारी करेंसी तथा उधार पर निर्भर करती हैं, अतः यह आवश्यक है कि विकास की प्रक्रिया को सुदृढ़ता प्रदान करने के लिए सरकार सार्वजनिक ऋण में बढ़ोतरी करे।

## निरापद सीमा (Safe Limit)

उपर्युक्त विवेचन से यह निष्कर्ष नहीं निकलता कि सरकार को उधार लेते समय सतर्कता बरतने की आवश्यकता नहीं है। प्रचलित स्थितियों के अनुरूप लोक ऋण की सदैव एक 'निरापद सीमा' होती है जिसे लांघने पर अप्रत्याशित दुष्परिणामों का सामना करना पड़ता है। उदाहरणार्थ लोक ऋण के अत्यधिक होने पर कीमतें बढ़ती हैं, और वितरणीय असमानताओं एवं/अथवा भुगतान-असंतुलन जैसी समस्याएँ भी उत्पन्न होती हैं। सार्वजनिक ऋण की अधिकता से ब्याज की दर बढ़ती है, जिससे सरकार को भविष्य में बजटीय कठिनाइयों का सामना करना पड़ता है। यह भी संभव है कि इसकी राजस्व प्राप्तियों का एक बड़ा भाग ऋण संबंधी मदों पर व्यय होने लगे। इससे बजट की अन्य मदों में कसौटी करना अनिवार्य हो सकता है।

- किसी समय आर्थिक चिंतन संतुलित बजट के पक्ष में और स्थाई लोक ऋण के विपक्ष में था।
- वर्तमान में स्थाई लोक ऋण के पक्ष में कई तर्क दिए जाते हैं।
- इससे बजटीय नीतियों की प्रभाविता बढ़ती है।
- इससे अर्थव्यवस्था की मुद्रा और साख की बढ़ती आवश्यकताएँ पूरी होती हैं।
- इसका प्रयोग लोक कल्याण और आर्थिक विकास हेतु किया जा सकता है।
- प्रत्येक परिस्थिति के संदर्भ में लोक ऋण की एक निरापद सीमा होती है जिसे लाँघने पर कई प्रकार के दुष्परिणामों का सामना करना पड़ता है।

## सार्वजनिक ऋण की सीमाएँ (Limits of Public Debt)

यहाँ पर एक बुनियादी प्रश्न यह उठता है कि क्या एक सामान्य सरकार अपनी इच्छानुसार असीमित उधार ले सकती है? क्या इसके देय-ऋण की संचित मात्रा (cumulative amount of outstanding debt) की कोई सीमा है? इस प्रश्न के पीछे एक सत्य यह भी है कि पिछले कुछ दशकों में भारत सरकार सहित अनेक सरकारों के ऋण में चिंताजनक तीव्रता से वृद्धि हुई है। कुछ सरकारें "ऋण के फन्दे" (debt trap) में भी फंस चुकी हैं, अर्थात् उन्हें अपने पहले के ऋण के ब्याज तथा मूल के भुगतान हेतु भी नए ऋण लेने की आवश्यकता पड़ती है।

**(क) अर्थाधार (Meaning-based)**—लोक ऋण पर 'सीमा-प्रतिबंध' का पहला आयाम इस शब्द का अर्थ है। उपरोक्त प्रश्न में 'सीमा' शब्द के कई वैकल्पिक अर्थ हो सकते हैं। यह सीमा प्रतिवर्ष नए उधार की राशि हो सकती है; प्रतिवर्ष उधार में निवल वृद्धि हो सकती है; उधार की सकल परिशुद्ध देय राशि हो सकती है; अथवा (उधार

की सकल राशि/राष्ट्रीय उत्पादन) का एक अनुपात हो सकती है। इसी प्रकार ऐसे एक अथवा एक से अधिक अर्थों में सीमा का निर्धारण किसी कानून अथवा सरकार द्वारा स्वयं ही अपनाए गए किसी संकल्प के अनुसरण में हो सकता है। भारत के संविधान में यह प्रावधान है कि भारत सरकार द्वारा लिए जाने वाले उधार पर संसद द्वारा प्रतिबंध लगाए जा सकते हैं। इसी प्रकार एक राज्य सरकार पर उस राज्य की विधान सभा प्रतिबंध लगा सकती है। परंतु अभी तक केन्द्र अथवा राज्य सरकारों पर इस प्रकार की कोई कानूनी सीमा नहीं लगाई गई है, अर्थात् उन पर उपर्युक्त प्रकार का कानूनी प्रतिबंध लागू नहीं किया गया है। इस बारे में अनेक बार केवल सुझाव दिए गए हैं। आशा यह की जाती है कि केन्द्र तथा राज्य सरकारें स्वयं ही अपनी ऋण संबंधी गतिविधियों को नियंत्रित रखेंगी। वैसे भी एक आधुनिक सरकार से यह अपेक्षा की जाती है कि वह अर्थव्यवस्था के विभिन्न आयामों को ध्यान में रखते हुए अपनी ऋण-संबंधी गतिविधियों का विवेकपूर्ण चुनाव करेगी। ध्यानयोग्य है कि पिछले कुछ वर्षों में भारत सरकार सहित कुछ राज्य सरकारों ने इस संदर्भ में स्वसंयम की नीति अपनाई है।

**(ख) अन्य प्रतिबंध (other constraints)**—एक आधुनिक सरकार को, अपनी ऋण-नीति तय करते हुए, कानूनी प्रतिबंधों एवं स्वसंयम के अतिरिक्त निम्नलिखित सहित कई अन्य तथ्यों को भी ध्यान में रखना पड़ता है:

सार्वजनिक ऋण की अत्यधिक बढ़ोतरी से सरकार की **बजटीय नम्यता** (budgetary manouvrability) घटती है। ऋण के ब्याज तथा मूल धन की बढ़ती अदायगी-राशियों के कारण सरकार की अन्य बजटीय-मदों पर व्यय करने की क्षमता घट जाती है।

लोक ऋण की अधिकता के फलस्वरूप सरकार पर 'ऋण सेवा' (debt servicing) अर्थात ब्याज और मूलधन की अदायगी का बोझ बढ़ने से सरकार का 'ऋण के फंदे' में फंसने की संभावना बढ़ जाती है। स्पष्ट है कि ऐसी स्थिति **अवहनीय** (unsustainable) होने के कारण प्रत्येक विवेकपुर्ण सरकार को अस्वीकार्य होनी चाहिए।

लोक ऋण की अधिकता से निजी निवेश पर कई प्रकार से प्रतिकूल प्रभाव पड़ने का डर रहता है— *प्रथम*, निजी निवेश के लिए उधार लेने के स्रोत शुष्क होने लगते हैं। *द्वितीय*, ब्याज की दर में वृद्धि के कारण न केवल उत्पादन लागत बढ़ती है, प्रत्युत मुद्रास्फीति का दबाव भी बढ़ जाता है। इससे देश के भीतर वितरणीय असमानताओं में वृद्धि के अतिरिक्त व्यापार-संतुलन बिगड़ सकता है। *तृतीय*, सरकार के लोक ऋण में केन्द्रीय बैंक से लिए गए उधार के अनुपात की अधिकता होने से उपरोक्त दुष्परिणामों की तीव्रता और भी बढ़ जाती है।

**(ग) आर्थिक विकास (Economic Development)**—दीर्घकाल में आर्थिक विकास के साथ-साथ उपरोक्त संभावित परिणाम संशोधनीय हो सकते हैं। इस प्रश्न का उत्तर कि 'सार्वजनिक ऋण की सर्वोपयुक्त राशि क्या है?', काफी हद तक राष्ट्रीय आय के आकार पर निर्भर करता है। राष्ट्रीय आय में बढ़ोतरी के साथ-साथ अर्थव्यवस्था की वित्त-पोषण की आवश्यकता बढ़ती है। परंतु वित्त उपलब्धि का अंतिम आधार सार्वजनिक ऋण होता है, अत: आर्थिक विकास के साथ-साथ सार्वजनिक ऋण की ईष्टतम मात्रा भी बढ़ती जाती है। हैरी मार्कोविट्ज़, गर्ली और शॉ (Harry Markowitz; Gurley and Shaw) तथा अन्य विश्लेषणकर्ताओं के मतानुसार एक सक्षम, कुशल, सुदृढ़ एवं निरोग वित्त-संयत्र (financial system) के बिना किसी अर्थव्यवस्था को विकसित करना और उस विकसित अवस्था को कायम रखना संभव नहीं है। इसी प्रकार रैडक्लिफ़ समिति (Radcliffe Committee) के मतानुसार सरकार सार्वजनिक ऋण का प्रयोग एक प्रभावी-नीति शस्त्र के रुप में कर सकती है। परंतु यह तभी संभव है जब सरकार अपनी ऋण नीति की काफी नियंत्रित एवं सुचारू रूप से संरचना करे, उधार लेने में संयम और सावधानी बरते, और इसे केवल प्राथमिकता वाली मदों पर व्यय करने का प्रयत्न करे। रैडक्लिफ समिति के इस विचार से बहुसंख्यक अर्थशास्त्री सहमत हैं।

- आर्थिक चिंतन में लोक ऋण की किसी परिभाषित सीमा पर एकमत का अभाव है।
- कानून द्वारा आरोपित सीमा के कई वैकल्पिक रूप हो सकते हैं।
- एक विवेकी सरकार कानूनी प्रतिबंध के न होते हुए भी कई प्रकार से संयम बरतती है।
- दीर्घकाल में आर्थिक विकास और मौद्रीकरण की प्रक्रिया के फलस्वरूप लोक ऋण में बढ़ोतरी की आवश्यकता पड़ती है।
- एक मतानुसार लोक ऋण में यथोचित बढ़ोतरी के बिना आर्थिक विकास लाना तथा इस विकास-स्थिति को बनाए रखना संभव नहीं है। लोक ऋण की गतिविधियों को एक सक्षम नीति अस्त्र का रूप दिया जा सकता है।
- एक मतानुसार लोक ऋण के मामले में सरकार के विवेक पर भरोसा करना ठीक नहीं है।

**(घ) सहज प्रवृत्ति (Inherent Tendency)**—सार्वजनिक ऋण को कानुनी तौर पर सीमाबद्ध करने के पक्ष में एक सक्षम तर्क यह है कि अधिकतर सरकारों में अपने व्यय को अनुचित स्तर तक तीव्रता से बढ़ाने की सहज प्रवृत्ति होती है। यदि इस प्रवृत्ति पर अंकुश न लगाया जाए तो एक सामान्य सरकार ऋण लेकर भी इस प्रवृत्ति की तुष्टि करने की चेष्टा करती है। इस मामले में इसके विवेक पर भरोसा करना खतरे से खाली नहीं है।

## सार्वजनिक ऋण तथा आर्थिक विकास
(Public Debt and Economic Development)

आर्थिक विकास एक बहुआयामी और जटिल प्रक्रिया है। इसमें एक सुसंगठित लोक ऋण नीति का महत्वपूर्ण योगदान हो सकता है; परंतु ऐसी ऋण नीति की संरचना और उसके कार्यान्वयन में अनेक कठिनाइयाँ आती हैं।

**1. वित्तीय ढाँचे का विकास** (Development of Financial System)—आर्थिक विकास के साथ मुद्रा और साख की आवश्यकता भी बढ़ती जाती है, जिसके दो कारण हैं।

आर्थिक गतिविधियों में बढ़ोतरी तथा उनमें मुद्राकृत गतिविधियों के अनुपात में दीर्घकालीन वृद्धि होती है।

अर्थव्यवस्था में वित्तीय लेन-देन के सभी करार (agreements) करेंसी की मात्राओं में होने के कारण सरकार की वित्तीय देयताओं में वृद्धि किए बिना उपरोक्त बढ़ती आवश्यकता की पूर्ति नहीं की जा सकती। करेंसी समस्त वित्तीय ढाँचे की बुनियाद का काम देती है तथा सामान्यत: करेंसी की प्रचलित मात्रा बढ़ाने के लिए सरकार को उधार लेना पड़ता है (विशेषकर केन्द्रीय बैंक से)।

यह भी स्मरणीय है कि यदि सरकार उधार लेने में लापरवाही बरते, अथवा ऋण राशियों को उपभोग व्यय-मदों पर लगा दे, तो अर्थव्यवस्था का वित्तीय ढाँचा लाभान्वित होने के स्थान पर क्षतिग्रस्त हो सकता है।

**2. बचत एवं पूँजी-निर्माण (Saving and Capital Formation)**—प्रत्येक अर्थव्यवस्था को अपनी उत्पादन क्षमता बनाए रखने के लिए बचत और निवेश की आवश्यकता होती है। एक अल्पविकसित देश की यह आवश्यकता और भी अधिक होती है। परंतु ऐसी अर्थव्यवस्था को बचत और पूँजी निर्माण में सामान्य से अधिक कठिनाइयों का सामना करना पड़ता है। प्रति व्यक्ति आय के कम होने के कारण तथा गरीब लोगों की संख्या अधिक होने के कारण इसकी बचत क्षमता अति कम होती है। इसलिए इस कमी को पूरा करने के लिए सरकार से कुछ प्रभावी कदमों की अपेक्षा की जाती है। सरकार यदि अपनी राजस्व प्राप्तियों में से समुचित बचत और पूँजी निवेश करने

में असमर्थ हो तो उधार लेकर उन मदों पर व्यय कर सकती है जो प्रत्यक्ष अथवा परोक्ष रूप से बचत, निवेश तथा अर्थव्यवस्था की उत्पादन क्षमता में वृद्धि करती हों।

परंतु कुछ परिस्थितियों में सरकार द्वारा उधार लेकर पूँजी निवेश बढ़ाने की नीति के परिणाम संदिग्ध भी हो सकते हैं। उदाहरणार्थ इसके द्वारा पूँजी-निर्माण के लिए बाज़ार से उधार लेने पर निवेश संसाधन निजी क्षेत्र से सार्वजनिक क्षेत्र में हस्तांतरित हो जाते हैं। और इसके साथ यदि निजी क्षेत्र में निवेश की दर घट जाए तो देश की संयुक्त निवल निवेश दर का बढ़ना अनिश्चित हो जाता है। इसी प्रकार का अनिश्चित परिणाम सरकार द्वारा केन्द्रीय बैंक से उधार लेने का भी हो सकता है। पश्चायुक्त स्थिति में प्रचलित करेंसी की मात्रा के साथ-साथ कीमतें बढ़ जाती हैं जिनसे निजी क्षेत्र के स्वामित्व वाले वित्तीय संसाधनों की क्रय-शक्ति घट जाती है और इससे बचत और निवेश घट सकते हैं।

सार्वजनिक ऋण अर्थव्यवस्था के निवेश **संसाधनों का विकासोनुमुख पुनरावंटन** भी आर्थिक विकास में सहायक हो सकता है। आशा यह की जाती है कि सरकार वाणिज्यिक लाभ को प्राथमिकता न देते हुए अपने निवेश-निर्णय इस प्रकार लेगी जिससे देश की दीर्घकालीन उत्पादन-क्षमता में समुचित वृद्धि हो। उदाहरणार्थ सरकार अवसंरचनात्मक सुविधाओं (infrastructural facilities) के विकास हेतु निवेश करेगी, क्योंकि वाणिज्यिक दृष्टि से लाभकारी न होते हुए भी इनसे अर्थव्यवस्था की उत्पादन क्षमता में बढ़ोतरी होती है। इसके विपरीत निजी क्षेत्र से यही अपेक्षा की जा सकती है कि इस की निवेश गतिविधियाँ वाणिज्यिक लाभ की संभाविता के अनुरूप होंगी, जिससे अर्थव्यवस्था के कई आधारभूत सुविधाओं के वंचित रह जाने का भय बना रहेगा।

ध्यानयोग्य है कि सरकार द्वारा सार्वजनिक उधार की प्राप्तियों को उपभोग व्यय एवं अन्य अनुत्पादक मदों पर लगा देने पर आर्थिक विकास के प्रोत्साहित होने की आशा नहीं की जा सकती। परंतु सार्वजनिक उधार से लोक कल्याण की योजनाओं के वित्त-पोषण की नीति विवादास्पद है। एक मतानुसार लोक कल्याण के वित्त पोषण के लिए सरकार को उधार लेकर नहीं, बल्कि कर तथा कर-भिन्न राजस्व में बढ़ोतरी तथा अपने अनावश्यक व्यय में कटौती द्वारा साधन जुटाने चाहिएँ।

**मुद्रा-स्फीति (Inflation)**–केन्द्रीय बैंक से उधार लेने सहित लोक ऋण में बढ़ोतरी की कुछ विधियों से मुद्रास्फीति और कीमतें बढ़ती हैं। इन प्रवृत्तियों का देश के आर्थिक विकास पर गहरा प्रभाव पड़ता है, यद्यपि इस प्रभाव की रूपरेखा परिस्थितियों के अनुसार बदलती रहती है।

मुद्रा स्फीति अथवा कीमतों में वृद्धि तथा सार्वजनिक ऋण में एक गहरा संबंध है। परंतु एक ऋण लेती सरकार यह दर्शाने की चेष्टा करती है कि उसकी इस गतिविधि के कारण कीमतों में वृद्धि होने की कोई संभावना नहीं है। इस दावे की व्याख्या निम्न प्रकार से दी जाती है। जब सरकार निवेश-व्यय के लिए उधार लेती है, तो उसका यह कथन रहता है कि इससे समग्र माँग में निवल-वृद्धि नहीं होती, केवल निवेश व्यय निजी क्षेत्र के स्थान पर सार्वजनिक क्षेत्र द्वारा किया जाता है। सरकार यह दावा उस समय भी करती है जब वह सार्वजनिक ऋण द्वारा संयोजित साधनों को निवेश मदों में न लगाकर उन्हें अपने उपभोग के लिए व्यय कर रही हो। सरकार का यह तर्क रहता है कि इस दशा में भी समग्र माँग में कोई निवल वृद्धि नहीं होती तथा इस कारण कीमतों पर भी कोई दबाव नहीं पड़ता।

उपर्युक्त तर्क के दोनों घटक भ्रामक हैं। तथ्य यह है कि बजटीय घाटे के कारण समग्र माँग में बढ़ोतरी के साथ-साथ संसाधनों के आवंटन में भी इस प्रकार का परिवर्तन आता है जिससे पूर्ति-प्रवाह स्थगित होते हैं। स्पष्ट है कि इन दोनों घटकों द्वारा कीमतों में वृद्धि की प्रवृत्ति सक्षम होती है। हमारे इस कथन की व्याख्या निम्नलिखित है:

(क) सरकारी निवेश बहुधा उपभोग वस्तुओं के उत्पादन के लिए न हो कर पूँजी-वस्तुओं के उद्योगों में तथा अवसंरचनात्मक सुविधाओं के मुहैया करने में जाता है। आर्थिक विकास में दीर्घकालीन बढ़ोतरी सुनिश्चित करने के लिए ऐसा करना अति उचित तथा लाभकारी है। परंतु कीमतों में वृद्धि के दृष्टिकोण से यह नीति विवादास्पद है। इस प्रकार के निवेश व्यय से लोगों की मौद्रिक आय तथा माँग में तो उसी समय वृद्धि हो जाती है, परंतु इस माँग की तुष्टि के लिए वस्तुओं और सेवाओं की आपूर्ति बढ़ने में काफी समय लग जाता है। परिणामस्वरूप माँग और आपूर्ति में इस प्रकार का असंतुलन आने के कारण कीमतों पर दबाव बढ़ता है।

(ख) जब सरकारी उधार केन्द्रीय बैंक से लिया गया हो, तो करेंसी की प्रचलित मात्रा उधार में निवल वृद्धि के बराबर बढ़ जाती है। यही स्थिति घाटे के बजट को 'रोकड़ शेष' में निवल कमी (drawing down of cash balances) के द्वारा पूरा करने पर भी लागू होती है। करेंसी की प्रचलित मात्रा में वृद्धि से बैंकों की साख सृजन क्षमता में बढ़ोतरी होने के परिणामस्वरूप माँग और कीमत वृद्धि प्रोत्साहित होते हैं।

- विविध कठिनाइयों के बावजूद एक सुसंगठित और प्रभावी लोक ऋण नीति द्वारा आर्थिक विकास की बहुआयामी प्रक्रिया को प्रभावित किया जा सकता है।
- लोक ऋण में दीर्घकालीन बढ़ोतरी के बिना एक विकसित वित्तीय ढाँचे की संरचना संभव नहीं है।
- लोक ऋण का बचत और निवेश पर प्रभाव सरकार की व्यय नीति और निजी क्षेत्र की प्रतिक्रिया पर निर्भर करता है।
- लोक ऋण में वृद्धि से कीमतें बढ़ने की प्रबल संभावना होती है, परंतु इससे आर्थिक विकास पर अपेक्षित प्रभाव पूर्व निश्चित नहीं है।

- जब सरकार वाणिज्यिक बैंकों से उधार लेती है, तो उनकी साख सृजन क्षमता में तद्नुसार बढ़ोतरी होने के फलस्वरूप 'बैंक मुद्रा' (अथवा बैंक साख) की राशि में वृद्धि हो जाती है।
- विभिन्न प्रशासनिक एवं अन्य प्रतिबंधों के कारण सरकारी व्यय द्वारा उत्पादन सुविधाओं का सृजन करने तथा उनका समुचित उपयोग करने में समय लगता है। इससे सरकारी उत्पादन की औसत लागत बढ़ती है जिसके फलस्वरूप सरकार को सरकारी वस्तुओं (सेवाओं) की कीमतों को बढ़ाना पड़ता है।

## अर्थव्यवस्था के नियंत्रण में भूमिका

(Role in Regulating the Economy)

प्रत्यक्ष अथवा परोक्ष रूप से क्रय-शक्ति के प्रवाहों के नियंत्रित किए बिना अर्थव्यवस्था का नियंत्रण संभव नहीं होता; तथा इस कार्य हेतु सार्वजनिक ऋण सरकार के हाथों में एक सक्षम नीति-यंत्र का काम देता है। इसकी सहायता से चयनित लक्ष्यों की प्राप्ति हेतु वित्तीय ढाँचे (वित्तीय संस्थाएं, वित्तीय बाज़ार तथा वित्तीय प्रतिभूतियाँ) को यथोचित ढंग से नियंत्रित/प्रभावित किया जा सकता है। सार्वजनिक ऋण अर्थव्यवस्था की समग्र साख-पूर्ति और तरलता-पूर्ति (liquidity supply) का एक महत्वपूर्ण घटक होता है। एक अर्थानुसार किसी प्रतिभूति की 'तरलता' उसकी प्रयुक्ति-योग्य क्रयशक्ति (readily usable purchasing power) का ही दूसरा नाम है। अतः सार्वजनिक ऋण के आकार और घटकों में परिवर्तन द्वारा तरलता की मात्रा और इसके प्रवाहों में यथोचित परिवर्तन किए जा सकते हैं। यदि सार्वजनिक ऋण का ब्यौरे-वार अध्ययन किया जाए तो ज्ञात होता है कि दीर्घावधिक

ऋणों की तुलना में अल्पावधिक ऋण अधिक तरल होते हैं। अतः सरकार यथोचित जानकारी के आधार पर यह तय कर सकती है कि ऋण-नीति का विस्तृत ढाँचा क्या हो तथा उसके कालावधिक ढाँचे (maturity pattern) में क्या परिवर्तन किया जाए, आदि।

उदाहरणार्थ, जब अर्थव्यवस्था स्फीति के चरण में हो तो तरलता की उपलब्धिता में कमी करने की आवश्यकता होती है। इस उद्देश्य हेतु अल्पावधिक ऋण के अनुपात में कमी तथा दीर्घावधिक ऋण के अनुपात में बढ़ोतरी की जानी चाहिए। इसी प्रकार लोक ऋण के आकार में बढ़ोतरी के साथ-साथ लोक व्यय में कमी करने से कीमतों पर दबाव घटने की आशा की जा सकती है। इसके विपरीत जब अर्थव्यवस्था मंदी के चरण से गुज़र रही हो तो सार्वजनिक ऋण के आकार के साथ-साथ इसके अल्पावधिक घटक का अनुपात भी बढ़ा देना चाहिए। ऋण नीति के कार्यान्वयन में केन्द्रीय बैंक के खुले बाज़ार के संचालन (open market operations) की भी एक मुख्य भूमिका रहती है। इसी प्रकार सार्वजनिक ऋण द्वारा ब्याज की दरें और बैंक-साख भी प्रभावित होते हैं। इस प्रभाव की जानकारी के आधार पर ऋण नीति में यथोचित संशोधन किया जा सकता है।

उपर्युक्त विवेचन से यह स्पष्ट हो जाता है कि सरकार की ऋण नीति तथा राजकोषीय नीति और केन्द्रीय बैंक की मौद्रिक नीति (monetary policy) में बुनियादी तालमेल होना चाहिए क्योंकि तीनों नीतियों के उद्देश्यों और उनसे उपजती गतिविधियों में टकराव की स्थिति उत्पन्न होने की प्रबल संभावना रहती है। उदाहरणार्थ ऐसे टकराव की एक स्थिति वह है जिसमें केन्द्रीय बैंक मुद्रा और साख की प्रचलित मात्रा घटाना चाहता हो, परंतु सरकार अपना बजटीय घाटा पूरा करने के लिए केन्द्रीय बैंक से उधार लेना चाहती हो। इसी प्रकार यह भी संभव है कि सरकार अपनी ब्याज-लागत को कम रखने के लिए अल्पकालीन ऋणों के पक्ष में हो, परंतु केन्द्रीय बैंक बाज़ार में तरलता को घटाने के लिए दीर्घकालीन देयताओं का अनुपात बढ़ाना चाहता हो तथा ब्याज की दर में वृद्धि करना चाहता हो।

- अर्थव्यवस्था के नियंत्रण का मूल मार्ग क्रय-शक्ति के प्रवाहों का प्रत्यक्ष एवं परोक्ष रूप से नियंत्रण करना है, जिसमें लोक ऋण नीति की एक अग्रणी भूमिका हो सकती है।
- लोक ऋण के आकार और घटकों में यथोचित संशोधन द्वारा अर्थव्यवस्था में सकल तरलता के प्रवाहों को नियंत्रित किया जा सकता है।
- यह नीति अर्थव्यवस्था को तेज़ी और मंदी के दोनों चक्रों से बाहर निकालने में सहायक हो सकती है।
- ऋण नीति के सफलता के लिए इसका राजकोषीय नीति और केन्द्रीय बैंक की मौद्रिक नीति से तालमेल होना अति आवश्यक है।

## सार्वजनिक ऋण *बनाम* करारोपण
(Public Debt *vs* Taxation)

**मूल प्रश्न (Basic Question)**—आर्थिक चिंतन में कई बार यह प्रश्न उठाया जाता है कि सरकार को वित्तीय संसाधन जुटाने के लिए सार्वजनिक ऋण तथा करारोपण में से कौन-सा मार्ग अपनाना चाहिए? **इस प्रश्न का उत्तर यह है कि इनमें से कोई एक विधि सभी परिस्थितियों में सर्वोत्तम नहीं हो सकती, क्योंकि यदि ऐसा होता तो सभी देशों में सरकारें करों अथवा उधार में से एक ही स्रोत का चयन करतीं।** स्पष्ट है कि प्रत्येक सरकार परिस्थितियों के अनुसार वित्त स्रोतों का चयन करने का प्रयत्न करती है। वैसे भी शायद ही कोई

ऐसी सरकार हो जो सदा के लिए अपने कर-राजस्व को त्यागने पर राज़ी हो। सामान्यत: प्रत्येक सरकार बुनियादी तौर पर कर-राजस्व को प्राथमिकता देना चाहती है तथा इस स्रोत की अपर्याप्तता होने पर ही वैकल्पिक स्रोतों को ओर ध्यान देती है।

सैद्धांतिक स्तर पर यह दर्शाया जा सकता है कि सरकार को अर्थव्यवस्था के विकास स्तर तथा अन्य परिस्थितियों को ध्यान में रखते हुए सार्वजनिक ऋण के ईष्टतम आकार-प्रकार का अनुमान लगाना चाहिए। परंतु वास्तव में ऐसा बहुत कम होता है। सामान्यत: एक सरकार अपनी वित्तीय आवश्यकताओं तथा अन्य बजटीय संभावनाओं को ध्यान में रखते हुए यह तय करती है कि अपने ऋण में कितनी वृद्धि (अथवा कमी) करने का प्रयास करे।

**विशेष परिस्थितियाँ (Specific Circumstances)**—कुछ विशेष परिस्थितियाँ ऐसी भी होती हैं जिनमें अपनी वित्तीय आवश्यकताओं को पूरा करने के लिए सरकार द्वारा ऋण लिए जाने की संभावना अति प्रबल हो जाती है। इनमें से कुछ मामलों में सरकार उधार लेने पर बाध्य हो सकती है तथा कुछ में कर-राजस्व की तुलना में ऋण-वित्त बेहतर हो सकता है। उदाहरणार्थ युद्ध छिड़ जाने पर सरकार की वित्तीय आवश्यकताओं में होने वाली बढ़ोतरी को कर- तथा कर-भिन्न राजस्व में वृद्धि के द्वारा पूरा करना कठिन हो सकता है। ऐसे समय कर-ढाँचे के कानून में यथोचित संशोधन के द्वारा भी सरकार अपनी राजस्व प्राप्तियों में प्रयाप्त बढ़ोतरी होने की प्रतिक्षा नहीं कर सकती। इसी प्रकार कई बार कर-राजस्व बजटीय अनुमान से इतना कम रह जाता है कि सरकार के लिए उधार लेने के अतिरिक्त कोई मार्ग नहीं बचता।

**निवेश परियोजनाएँ (Investment Projects)**—कुछ निवेश परियोजनाएँ ऐसी होती हैं जिनका वित्त-उपलब्धि एवं नीति आयामों के आधार पर कर-राजस्व की तुलना में लोक ऋण द्वारा वित्त पोषण करने का औचित्य अधिक रहता है।

- कुछ परियोजनाओं के मामले में यह अपेक्षा की जाती है कि उनसे होने वाली प्राप्तियों से उनकी निवेश लागत वसूल हो जाएगी। इस प्रकार की परियोजनाओं के वित्त पोषण के लिए लोक ऋण का मार्ग अपनाना अधिक उचित माना जाता है, विशेषकर इसलिए कि इनकी निवेश लागत इनसे लाभान्वित लोगों से ही वसूल होती है जबकि कर राजस्व द्वारा वित्त पोषण से इनका बोझ सभी करदाताओं को सामूहिक तौर पर वहन करना पड़ता है।
- कुछ परियोजनाओं तथा योजनाओं से विशिष्ट व्यक्ति-समूहों अथवा सामाजिक घटकों के लाभान्वित होने की अपेक्षा की जाती है तथा उनके मामले में नीति के आधार पर यह तय करना होता है कि समाज के इन घटकों को समस्त समाज की ओर से हित-प्राप्ति कराई जाए अथवा नहीं। यदि नीति के अनुसार उन्हें हित प्राप्ति का अधिकार है, तो ऐसी योजनाओं/परियोजनाओं का कर-राजस्व द्वारा वित्त-पोषण किया जाना चाहिए तथा लाभान्वित व्यक्तियों से विचाराधीन वस्तुओं (सेवाओं) की लागत वसूल नहीं की जानी चाहिए (अथवा रियायती दरों पर वसूल की जानी चाहिए)। इसके विपरीत जिन योजनाओं/परियोजनाओं को व्यावसायिक वर्ग का माना जाता हो, उनका ऋण द्वारा वित्त पोषण करना अधिक ठीक रहता है। इस प्रकार की परियोजनाओं के उदाहरण सिंचाई की योजनाओं, विद्युत परियोजनाओं, परिवहन सेवाओं, संचार तथा दूरभाष की सेवाओं आदि में मिलते हैं। इन उदाहरणों का यह अर्थ नहीं लेना चाहिए कि सरकार के लिए ऐसी प्रत्येक सेवा की पूरी लागत वसूल करना ही उचित है। यह निर्णय सरकार की नीति-संरचना पर निर्भर करता है। अत: प्रदत्त सेवा की कीमत उसकी लागत से अधिक, उसके बराबर, उससे कम अथवा शून्य कुछ भी रखी जा सकती है। कीमत के लागत से कम होने की स्थिति में शेष लागत का वित्त पोषण कर-राजस्व द्वारा किया जा सकता है।

**बजटीय प्रतिबन्धन (Budgetary Constraints)**—कर-राजस्व पोषण और ऋण पोषण का एक अन्य तुलनात्मक पहलू उनसे उपजे बजटीय प्रबंधन हैं।

- कर-राजस्व की प्राप्तियाँ सरकार के स्वामित्व में चली जाती हैं। वे सरकार की भविष्य-देयताओं में नहीं जुड़तीं। परंतु ऋण प्राप्तियों पर सरकार का वास्तविक और अंतिम स्वामित्व नहीं होता। शर्तों के अनुसार इसके मूल धन को ब्याज सहित लौटाना पड़ता है।
- कर-राजस्व के अपव्ययित हो जाने पर भी सरकार को भविष्य के बजटों में से कुछ अदा करने की आवश्यकता नहीं होती। परंतु ऋण की अदायगी का काम भविष्य के बजटों की प्राप्तियों से जुड़ा रहता है, अर्थात् भविष्य की बजटीय प्राप्तियों का एक पूर्व निश्चित भाग इस मद के लिए आरक्षित करना पड़ता है। इस कारण यह अपेक्षा की जाती है कि सरकार यथासंभव कर-राजस्व द्वारा अपने व्यय को पूरा करने की चेष्टा करेगी।
- परंतु सामान्यत: यह आशा मिथ्या साबित होती है। सरकार के लिए करों द्वारा साधन एकत्रित करना एक दुष्कर कार्य है। लोग कर अदा करने से बचना चाहते हैं, परंतु वे यह भी चाहते हैं कि सरकार उन मदों पर व्यय में कटौती न करे जिनसे वे स्वयं लाभान्वित होते हों। अत: सरकार को उधार लेकर व्यय करना सुगम प्रतीत होता है।
- इसके अतिरिक्त सरकार की ऋण-निर्भरता के अन्य कारण भी हो सकते हैं। जैसा कि हम ऊपर देख चुके हैं, युद्ध आदि के समय सरकार के पास उधार लेने के सिवा कोई चारा नहीं बचता। इसी प्रकार समान्यत: अधिकतर सरकारी योजनाओं की उत्पादिता इतनी कम होती है कि उनसे अपेक्षित प्राप्तियाँ नहीं हो पातीं तथा सरकार ऋण के नीचे दबी रह जाती है। यदि प्राप्तियाँ कम न भी हों तो भी यह प्रबल संभावना रहती है कि सरकार उनसे उधार उतारने की बजाए उन्हें स्वयं पर व्यय कर दे।

- करारोपण और लोक ऋण में से कोई एक वित्तीय स्रोत सदैव के लिए बेहतर नहीं हो सकता।
- सिद्धांतानुसार सरकार को दोनों वैकल्पिकों की तुलना के पश्चात् अपनी नीति का चयन करना चाहिए, परंतु वास्तव में ऐसा कम होता है।
- कुछ परिस्थितियाँ ऐसी होती हैं जिनमें सरकार के लिए ऋण पोषण का मार्ग अपनाना अनिवार्य हो जाता है।
- निवेश परियोजनाओं के मामले में वित्त पोषण का चुनाव उनसे अपेक्षित प्राप्तियों और सरकार के नीति-आयामों का संयुक्त परिणाम होना चाहिए।
- करारोपण से सरकार की भविष्यकालीन वित्तीय देयताओं में वृद्धि नहीं होती जबकि लोक ऋण से होती है।
- सामान्यत: सरकार के लिए करारोपण के स्थान पर ऋण द्वारा संसाधन जुटाना अधिक सुविधाजनक होता है।

## ऋण का बोझ
(Burden of Debt)

**मूल प्रश्न (Basic Question)**—अर्थव्यवस्था पर सार्वजनिक ऋण के कारण पड़ने वाला बोझ वाद-विवाद का विषय रहा है। रैडक्लिफ समिति (Radcliffe Committee) के अनुसार अहस्क्षेप नीति के दिनों में लोक ऋण को युद्ध के एक ऐसे प्रतिफल के रूप में देखा जाता था जिससे करदाताओं के सहयोग से यथाशीर्घ छुटकारा पा लेने में ही भलाई होती है; तथा इस रोग से न्यूनतम संभव लागत पर मुक्ति पाने का मार्ग ढूँढने के प्रयास को 'ऋण-प्रबंधन'

(debt management) की संज्ञा दी जाती थी।[1] ई॰ डी॰ डोमर (E.D. Domar)[2] जैसे परंपरावादी अर्थशास्त्रियों के मतानुसार सार्वजनिक ऋण से अर्थव्यवस्था पर सदैव बोझ ही पड़ता है; इस बोझ का मुख्य और प्रत्यक्ष रूप इस पर देय ब्याज है, जिसका एक प्रमापन **(सार्वजनिक ऋण पर देय वार्षिक ब्याज/वार्षिक राष्ट्रीय उत्पाद)** का अनुपात है। इस अनुपात में वृद्धि के साथ-साथ लोक ऋण का बोझ भी बढ़ता जाता है। यह बोझ अंततः करदाता वहन करते हैं क्योंकि इसका भुगतान कर-राजस्व की प्राप्तियों में से किया जाता है। इसके अतिरिक्त यदि सरकार सार्वजनिक ऋण को 'उत्पादक' व्यय मदों के स्थान पर उपभोग और समाज कल्याण आदि जैसी 'अनुत्पादक' मदों पर लगाए तो इसे ऋण का मूलधन चुकाने के लिए भी करारोपण का आश्रय लेना पड़ सकता है। इस प्रकार से दुष्प्रयुक्त ऋण को 'अचल भार' (dead-weight) ऋण की संज्ञा दी जाती है।

अहस्तक्षेप नीति के संदर्भ में उपर्युक्त तर्क से यह निष्कर्ष भी निकलता है कि प्रत्येक सरकार को अपनी बजटीय नीति एक निजी इकाई की भांति ही तय करनी चाहिए; इसे घाटे के बजट तथा उधार से पूरी तरह बचना चाहिए; और यदि किसी मजबूरी के कारण उधार लेना भी पड़े, तो इसका यथासंभव शीघ्रता से भुगतान कर देना चाहिए।

स्पष्ट है कि बोझ की यह अवधारणा कुछ गलत बुनियादी मान्यताओं पर आधारित है। इसमें सरकार को अर्थव्यवस्था का एक अभिन्न अंग न मानते हुए यह मत अपनाया गया है कि करदाताओं द्वारा अदा किया गया कर उनपर तथा अर्थव्यवस्था पर एक बोझ है। परंतु इस बात को भुला दिया गया है कि इसी तर्काधार पर सरकार द्वारा अदा किया गया ब्याज समाज/अर्थव्यवस्था के दृष्टिकोण से एक हितकर प्राप्ति होनी चाहिए।

तथ्य यह है कि बजटीय दृष्टिकोण से लोक ऋण का बोझ यह है कि इससे सरकार की बजटीय नीति की नम्यता (flexibility or manoeuvrability) घटती होना है। ऋण की मदों के लिए राजस्व की एक पूर्व निश्चित मात्रा आरक्षित करने के पश्चात अन्य बजटीय मदों के लिए साधनों का अभाव होने लगता है।

**वास्तविकता (Reality)**—इस वास्तविकता को स्वीकारते हुए कि सरकार अर्थव्यवस्था का एक अभिन्न अंग होती है, सार्वजनिक ऋण के बोझ से संबद्ध निम्नलिखित बातें नोट करने योग्य हैं:

- सार्वजनिक ऋण के प्रबंधन, ब्याज की अदायगी तथा कर की वसूली पर किया गया व्यय अर्थव्यवस्था के दृष्टिकोण से साधनों का अपव्यय तथा बोझ है।
- सार्वजनिक बजट के व्यय-पक्ष का एक भाग पूर्व निश्चित व्यय-मद (अर्थात् लोक ऋण की ब्याज तथा मूल धन की अदायगियों) के लिए आरक्षित हो जाता है और सरकार अपनी इच्छानुसार इसमें परिवर्तन नहीं कर सकती।
- सार्वजनिक ऋण के कारण आय और धन के वितरण में असमानता में बढ़ोतरी होना भी इसके बोझ का ही एक प्रकार है।

[1] Radcliffe Committee (Committee on the Working of the Monetary system), *Report,* Cmnd 827, Her Majesty's Stationary Office, Great Britain, August 1959.

[2] E.D. Domar, "The 'Burden of Public Debt' and National Income", *American Economic Review*, December, 1944.

- अहस्तक्षेप की नीति के दिनों में लोक ऋण को समाज और अर्थव्यवस्था पर केवल एक बोझ समझा जाता था जिस कारण करदाताओं पर करदेयता का बोझ बढ़ता था।
- लोक ऋण के अनुत्पादक मदों के लिए व्यय किए जाने पर इसे अचल भार ऋण कहा जा सकता है।
- लोक ऋण का बोझ बजटीय नीति पर प्रतिबंधन, बजट प्रबंधन पर साधन व्यय, तथा वितरणीय असमानताओं में बढ़ोतरी का रूप भी लेता है।

**विदेशी ऋण का बोझ (Burden of External Debt)**—विदेशी ऋण के बोझ की उत्पत्ति परस्पर निर्भरता वाले कई घटकों की क्रिया-प्रतिक्रिया के संयुक्त परिणाम के रूप में होती है। इस संदर्भ में निम्नलिखित तथ्य विचारणीय हैं:

- विदेशी ऋण से ऋणी देश की आयात क्षमता बढ़ती है जिसे वह विविध प्रकार के वास्तविक संसाधनों की प्राप्ति हेतु प्रयोग कर सकता है। इन आयातों के कई रूप हो सकते हैं, जैसे कि उपभोग-वस्तुएँ तथा सेवाएँ, युद्ध सामग्री, पूँजी वस्तुएँ, कच्चा माल तथा तकनीकी प्रामर्श आदि। ऋणों से जुड़ी शर्तों, उत्पादन साधनों की प्रयोग-नीति और ढाँचा, उत्पादन तकनीक, श्रमकों और प्रबंधनकर्ताओं की कार्यक्षमता, तथा अनेकों अन्य कारकों से ऋणी देश की प्रत्यक्ष और परोक्ष रूपसे उत्पादन क्षमता, निर्यात क्षमता और अंतर्राष्ट्रीय बाज़ार में स्पर्धा-शक्ति घट-बढ़ सकते हैं। इन बहुआयामी संभावनाओं का निवल परिणाम कुछ भी हो सकता है, और इस बारे में कोई सामान्यीकरण (generalization) प्रस्तुत नहीं किया जा सकता।

उदाहरणार्थ यदि ऋणी देश ऋण को उपभोग अथवा अन्य ऐसी मदों पर व्यय कर दे, तो स्पष्टत: ऐसे ऋण का परिणाम अर्थव्यवस्था और समाज के लिए एक आर्थिक बोझ ही हो सकता है। विदेशी उधार के इस प्रकार के दुरुपयोग से न तो देश के आर्थिक विकास में सहायता मिलती है तथा न ही इसकी निर्यात क्षमता बढ़ती है। अधिक-से-अधिक यह हो सकता है कि विदेशी ऋण से आयायित वस्तुओं से किसी अल्पकालीन अभाव अथवा प्राकृतिक प्रकोप से राहत पाने में सहायता मिल जाए।

- यदि विदेशी उधार को उपभोग-भिन्न वस्तुओं/सेवाओं के आयात पर व्यय किया जाए, तो सामान्यत: यह अपेक्षा की जाती है कि इससे ऋणी देश की उत्पादन क्षमता बढ़ेगी तथा वह अपनी निर्यात क्षमता को बढ़ाकर सुगमतापूर्वक विदेशी उधार का भुगतान कर देगा। परंतु इस प्रक्रिया के सफलतापूर्वक संपन्न होने के लिए कई शर्तों का पूरा होना आवश्यक रहता है। प्रथम यह कि विदेशी उधार का उपयोग न केवल अर्थव्यवस्था की उत्पादन क्षमता में बढ़ोतरी के लिए किया जाए, प्रत्युत यह भी निश्चित किया जाए कि इसकी निर्यात क्षमता में वृद्धि हो। अर्थात् विदेशी उधार की अदायगी तभी संभव है जब निर्यात योग्य वस्तुओं की उत्पादन क्षमता प्रचुर मात्रा में हो, तथा उनकी उत्पादन लागतें और कीमतें विदेशी मंडियों में अपनी स्पर्द्धा-शक्ति दर्शा सकें। जब तक ऋणी देश अपने निर्यात को आयात से अधिक न बढ़ा सके, विदेशी ऋण का भुगतान नहीं किया जा सकता।
- विदेशी उधार पर देय ब्याज तथा इसके मूलधन का अंतिम भुगतान किसी-न-किसी प्रकार से निर्यात अधिशेष के माध्यम से ही होता है। यदि विदेशी ऋण किसी विदेशी करेन्सी में देय हो तो इसके अर्जन हेतु निर्यात अधिशेष की आवश्यकता पड़ती है। ऋणी देश द्वारा अपनी पूर्वसंचित विदेशी मुद्रा का इस कार्य के लिए प्रयोग किए जाने का अर्थ केवल यह है कि इन अदायगियों के लिए विदेशी मुद्रा पहले से ही अर्जित की जा चुकी थी, केवल उसका प्रयोग अब किया गया है। इसी प्रकार अदायगियों का स्थगित किया जाना उनसे मुक्ति पाना नहीं है। इन विधियों से केवल अदायगियों की समय-सारणी संशोधित होती है।

- यदि ऋणदाता देश ऋण को माफ कर दे तो ऋण की मूल राशि ऋण न रहकर अनुदान (grant) स्वरूप हो जाती है।
- विदेशी ऋण के ऋणी देश की करेन्सी में देय होने पर उपरोक्त विवेचन में कोई मूलभूत अंतर नहीं पड़ता। ऋणी देश द्वारा अंतिम अदायगी निर्यात अधिशेष और वास्तविक संसाधनों की अदायगी के रूप में ही होती है।

अत: विदेशी ऋण के बोझ का होना अथवा न होना निम्नलिखित सहित कई घटकों के संयुक्त प्रतिफल पर निर्भर करता है:

(क) विदेशी ऋण द्वारा प्राप्त संसाधनों और इसके भुगतान पर व्ययित संसाधनों में अंतर।

(ख) ऋण की शर्तें।

(ग) ऋण द्वारा प्राप्त साधानों का उपयोग।

(घ) देश की आंतरिक आर्थिक और समाजिक नीतियाँ।

(ङ) ऋणी देश की करेन्सी के विनिमय मूल्य में होने वला अंतर। यदि उधार किसी विदेशी करेंसी में देय हो और विनिमय दर देश की करेंसी के विपरीत परिवर्तित हो जाए तो ऋणी देश को हानि होती है। इसे एक पूर्वनिश्चित विदेशी मुद्रा कमाने के लिए पहले से अधिक वस्तुओं और सेवाओं का निर्यात करना पड़ता है।

(च) निर्यातित वस्तुओं की उत्पादन लागत में परिवर्तन। यदि ऋणी देश अपनी उत्पादन लागतों में तकनीकी प्रगति, प्रबंधन सुधार तथा अन्य तरीकों से कमी कर सके तो, एक विचाराधीन विनिमय दर के संग, इस पर विदेशी ऋण के भुगतान का बोझ घट जाता है। परंतु यदि किन्हीं कारणों से इसकी निर्यात क्षमता में यथोचित बढ़ोतरी न हो सके अथवा इसकी निर्यातित वस्तुओं की उत्पादन लागत ऊँची बनी रहे, तो विदेशी ऋण का भुगतान उतना ही अधिक बोझिल हो जाता है।

- विदेशी ऋण के कारण ऋणी देश पर पड़ने वाला बोझ प्रस्पर निर्भरता वाले कई कारकों में संयुक्त प्रतिफल होता है।
- इस संदर्भ में कई बातें विशेष रूप से विचारणीय हैं जैसे कि ऋणी देश की आयात क्षमता में वृद्धि और ऋण के उपयोग के साथ ऋणी देश की आर्थिक कार्यक्षमता और नीतियाँ आदि।
- इसी प्रकार ऋण की शर्तों, ऋणी देश की निर्यात क्षमता और निर्यात वस्तुओं की लागत में परिवर्तन आदि की भी अग्रणीय भूमिका रहती है।
- अंतत: विदेशी ऋण का भुगतान निर्यात अधिशेष से ही होता है।
- विदेशी ऋण की प्राप्ति और भुगतान में कालांतर के कारण इसके भुगतान का बोझ अवश्य वर्तमान पीढ़ी से भविष्य की पीढ़ियों पर हस्तांतरित होता है।

विदेशी ऋण के मामले में आने वाली पीढ़ियों पर पड़ने वाले बोझ का एक आयाम विवाद-रहित है। विदेशी ऋण द्वारा साधनों की प्राप्ति वर्तमान पीढ़ी को होती है जिनका वह उपभोग, निवेश, युद्ध अथवा किसी भी प्रकार से उपयोग कर सकती हैं। वर्तमान पीढ़ी अपनी गतिविधियों तथा निर्णयों से आने वाली पीढ़ियों को विभिन्न प्रकार से लाभान्वित अथवा पीड़ित कर सकती है। परंतु इन सब बातों के बावजूद जब विदेशी ऋण के ब्याज तथा मूल धन को चुकाने का समय आता है तो इस अदायगी का बोझ उस समय की पीढ़ी (अथवा पीढ़ियों) पर ही पड़ता है।

## आंतरिक ऋण का बोझ (Burden of Internal Debt)

समस्त समाज के दृष्टिकोण से आंतरिक लोक ऋण का कोई बोझ नहीं होना चाहिए, क्योंकि इसमें साधनों का हस्तांतरण केवल समाज के विभिन्न घटकों के बीच ही होता रहता है। इसका बोझ केवल इसके अस्तित्व से संबंधित साधन-व्यय और इसके परोक्ष प्रभावों के रूप में ही प्रकट होता है।

## भविष्य की पीढ़ियों पर ऋण के बोझ का हस्तांतरण

(Shifting of Burden of Debt on Future generations)

आंतरिक ऋण से उत्पन्न बोझ के प्रश्न को बहुधा आने वाली पीढ़ियों से जोड़ा जाता है। कई अर्थशास्त्रियों के तर्कानुसार लोक ऋण का बोझ आने वाली पीढ़ियों को हस्तांतरित किया जा सकता है। कुछ का तो यह भी कहना है कि यदि सरकार अपना वर्तमान व्यय कर-राजस्व द्वारा नहीं, प्रत्युत केवल उधार लेकर पूरा करे, तो इस सारे व्यय का बोझ आने वाली पीढ़ियों को वहन करना पड़ेगा तथा वर्तमान पीढ़ी इस व्यय के बोझ से पूरी तरह बच जाएगी।

• ये मत केवल आँशिक रूप से सत्य हैं। इसलिए इन पर व्याख्यात्मक विचार करने की आवश्यकता है। कई अर्थशास्त्रियों, जैसे कि जेम्स बुकानन (James Buchanan) आदि का कहना है कि 'बोझ' शब्द का अर्थ विवशता में किए गए परित्याग के तुल्य लिया जाना चाहिए। जब सरकार उधार लेती है तो ऋणदाता उसे अपनी इच्छा से उधार देते हैं। अतः इस कार्य में वे किसी प्रकार का परित्याग नहीं करते। इसके विपरीत जब उस उधार को चुकाने के लिए सरकार कर के रूप में धनराशि वसूल करती है, तो करदाताओं के लिए यह कर अदायगी अनिवार्य होती है। इस कारण करदाताओं के लिए यह अदायगी एक बोझ होती है। जब सरकार उधार द्वारा वित्त पोषण करने के पश्चात इसे भविष्य में उतारने के लिए कर वसूलती है, तो सरकार के वर्तमान व्यय का बोझ करदाताओं की भविष्य की पीढ़ियों पर हस्तांतरित हो जाता है।

इस तर्क की मुख्य त्रुटियाँ एकदम स्पष्ट हैं।

- इसमें सरकार को अर्थव्यवस्था का एक अंग न मानते हुए सरकार द्वारा कर वसूलने का अर्थ यह लिया गया है कि इससे केवल करदाता ही नहीं प्रत्युत समस्त अर्थव्यवस्था संसाधन खो बैठती है।
- सरकार द्वारा किए गए व्यय (तथा ऋणदाताओं को ब्याज की अदायगी) से होने वाले 'हित' को अनदेखा कर दिया गया है।
- यह सारा तर्क एक ऐसे करदाता के दृष्टिकोण को दर्शाता है जो केवल एक करदाता है, सरकार का ऋणदाता नहीं है। स्पष्ट है कि ऐसे करदाता के लिए कर की अदायगी तो बोझ है, परंतु उसे सरकार के ऋणी होने से किसी प्रकार की लाभ-प्राप्ति नहीं होती।

मामले की तह तक पहुँचने के लिए कई तथ्यों पर एकसाथ विचार करने की आवश्यकता है।

• वर्तमान में उपलब्ध साधन अर्थव्यवस्था के गैर-सरकारी तथा सरकारी क्षेत्रों में परस्पर हस्तांतरित किए जा सकते हैं तथा इस हस्तांतरण की प्रक्रिया मात्र से उनमें न तो वृद्धि होती है, न कमी। अतः अर्थव्यवस्था पर इस प्रक्रिया मात्र से कोई बोझ नहीं पड़ता और न कोई लाभ प्राप्त होता है। केवल इस संसाधन हस्तांतरण की प्रक्रिया के **फलस्वरूप** अर्थव्यवस्था को हानि अथवा लाभ हो सकता है।

• अर्थव्यवस्था तथा सरकार सामूहिक तौर पर वर्तमान में उपलब्ध साधनों का उपयोग ढाँचा तय करते हैं। इसके लिए उनके पास कई विकल्प हैं, जैसे कि उपभोग तथा निवेश मदों पर व्यय, विनाश तथा अन्य प्रकार से उनका अपव्यय तथा बिना प्रयोग में लाए केवल संचय आदि। स्पष्ट है कि इनमें से प्रत्येक विकल्प का वर्तमान पीढ़ी की तथा आने वाली पीढ़ियों की आर्थिक स्थिति पर अलग-अलग प्रभाव पड़ता है।

• वर्तमान में केवल पूर्वस्थित साधनों का ही उपयोग संभव है। किसी भी विधि से कोई साधन भविष्य से वर्तमान में कालांतरित नहीं किया जा सकता अर्थात् इस मूल तथ्य के कारण वर्तमान पीढ़ी अपने किसी उपभोग आदि का बोझ भविष्य की पीढ़ियों पर नहीं डाल सकती। उदाहरण के लिए भविष्य में बनने वाली चपाती अथवा वायुयान आज के दिन बरतने के लिए उपलब्ध नहीं हो सकते।

• भविष्य की पीढ़ियों पर आज की पीढ़ी की गतिविधियों (लोक ऋण संबधी गतिविधियों सहित) का कई प्रकार से **दुष्प्रभाव** पड़ सकता है, जैसे कि उनकी उत्पादन क्षमता का क्षतिग्रस्त होना, वितरणीय असमानताओं में वृद्धि होना तथा बजटीय प्रबंधनों की उत्पत्ति। परंतु इन दुष्प्रभावों द्वारा वर्तमान पीढ़ी अपने वर्तमान लोक ऋण के 'बोझ' को भवष्य की पीढ़ियों पर हस्तांतरित नहीं करती। ये केवल वर्तमान पीढ़ी की दोषयुक्त नीतियों का प्रतिफल होता है और इसमें वर्तमान लोक ऋण संबंधी दोषयुक्त नीतियों का योगदान भी हो सकता है।

• ध्यानयोग्य है कि वर्तमान लोक नीति भविष्य की पीढ़ियों के लिए हानिकारक होने के स्थान पर हितकर भी हो सकती है। उदाहरणार्थ यदि इससे बचत और निवेश प्रोत्साहित होते हों तो भविष्य की पीढ़ियाँ आर्थिक विकास से लाभान्वित होंगी।

• स्मरणीय है कि लोक ऋण के अस्तित्व मात्र से अर्थव्यवस्था की निर्णय-पद्धति प्रभावित हो सकती है, तथा ये प्रभाव हितकर अथवा अहितकर किसी प्रकार के भी हो सकते हैं। इस प्रकार की संभावनाओं के कुछ उदाहरण निनलिखित हैं।

• ऋणदाताओं के मन में धनवान होने की भावना उत्पन्न हो सकती है जिससे उनमें उपभोग-व्यय को बढ़ाने और बचत की दर घटाने की प्रवृत्ति सक्षम हो सकती है। व्यय-निर्णयों पर होने वाले इस प्रभाव को 'धन-प्रभाव' (wealth effect) कहा जाता है। बचत की दर घटने से निवेश और आर्थिक विकास की दरों के घटने की संभावना बढ़ जाती है।

• सरकार के लिए कर वसूलने की तुलना में उधार लेना सुगम होता है। इसलिए सरकार को भी अपने व्यय में वृद्धि करने की प्रेरणा मिलती है। परिणामस्वरूप सरकार की बजटीय नीति के विकारयुक्त हो जाने का भय बढ़ जाता है। यहाँ तक कि एक विवेकहीन सरकार की ऋण नीति उसे ऋण के फंदे में भी फंसा सकती है।

- आंतरिक लोक ऋण के कारण संसाधन अर्थव्यवस्था के अंदर ही हस्तांतरित होते रहते हैं। अत: सकल सामाज के दृष्टिकोण से यह स्वयं में बोझरहित होता है।
- इसके बोझ का प्राथमिक रूप इसके अस्तित्व मात्र से जुड़ा संसाधन व्यय है।
- इसके परोक्ष प्रभाव सकारात्मक और नकारात्मक दोनों प्रकार के हो सकते हैं। इनमें से यदि पश्चायुक्त प्रभावों को इसका बोझ कहें तो इस बोझ का एक भाग भविष्य की पीढ़ियों को भी वहन करना पड़ सकता है।
- लोक ऋण द्वारा भविष्य से साधन वर्तमान पीढ़ी को हस्तांतरित नहीं किए जा सकते।
- भविष्य की पीढ़ियाँ वर्तमान पीढ़ी की नीतियों, निर्णय-पद्धतियों और कार्यकलापों में परिवर्तन के कारण पीड़ित हो सकती है।

## ऋण का भुगतान

(Debt Redemption)

अहस्तक्षेप की नीति के दिनों में यह धारणा प्रचलित थी कि सरकार को अपने ऋण का यथासंभव शीघ्रता से भुगतान कर देना चाहिए परंतु आजकल इस धारणा में बुनियादी संशोधन हो चुका है। अब ऋण के भुगतान को सरकार की राजकोषीय तथा अन्य नीतियों की समग्रता के संदर्भ में देखा जाता है। अब यह मत स्वीकार्य नहीं रहा है कि सार्वजनिक ऋण से छुटकारा पाना प्रत्येक विवेकपूर्ण सरकार की नीति का एक निर्विवाद घटक होना चाहिए। फिर भी यह प्रश्न अवश्य उठता है कि यदि सरकार अपने ऋण का भुगतान करना चाहती हो तो इसके लिए कौन-सी विधि सर्वोत्तम रहती है।

### भुगतान की विधियाँ (Methods of Redemption)

1. ऋण से मुक्ति पाने का एक ढंग यह है कि इसे अदा करने से मना कर दिया जाए; अर्थात् सरकार इसकी देयता से ही मुकर जाए। परंतु स्पष्ट है कि ऐसी नीति को अपनाना किसी भी विवेकपूर्ण सरकार के लिए श्रेयस्कर नहीं माना जा सकता। ऐसा करने से इसकी साख को भी ठेस पहुँचती है। प्रत्येक विवेकपूर्ण सरकार से यही अपेक्षा की जाती है कि वह कठिनतम परिस्थितियों में भी अपनी देनदारियों के वचन को निभाएगी। एक बार भी ऐसा न करने पर सरकार दुबारा बाज़ार से अपनी साख के भरोसे उधार लेने की आशा नहीं कर सकती। सरकार द्वारा अपने वचन का पालन न करने से देश के वित्तीय ढाँचे को भी क्षति होती है। कुछ ऋणदाताओं की जीवनभर की पूँजी तथा कुछ संस्थाओं और वित्तीय व्यवसायों आदि की पूँजी का मुख्य भाग सरकारी प्रतिभूतियों में निवेशित हो सकता है। सरकार द्वारा ऋण की अदायगी से इनकार करने पर इन सबको होने वाली क्षति का अनुमान नहीं लगाया जा सकता।

2. यदि हम यह मानकर चलें कि सरकार अपनी ऋण देयताओं को निभाते हुए, सार्वजनिक ऋण से मुक्ति पाने की इच्छुक है तो इसके लिए यह आवश्यक है कि सरकार द्वारा लिया गया नया ऋण पूर्वस्थित ऋण की भुगतान-मात्रा से कम हो तथा इसमें से सर्वोत्तम नीति तो वह है जिसमें नया उधार लेना एकदम बंद कर दिया जाए। स्पष्ट है कि सार्वजनिक ऋण में निवल कटौती के लिए सरकार को बजट-अधिशेष की नीति अपनानी पड़ती है। ऐसा करने के पश्चात् सरकार प्रतिवर्ष अपने उधार के एक भाग का तबतक भुगतान करती रहती है जबतक कि उधार से पूरी तरह मुक्त न हो जाए। एक अन्य मार्ग यह भी है कि सरकार अपनी बजटीय बचत को एक 'शोधन निधि' अथवा 'निक्षेप निधि' (sinking fund) में रखती जाए तथा इस निधि में से यथोचित समय सारणी से अपने उधार का भुगतान करती रहे।

कई सरकारें नियमित रूप से अपने बजट में से एक निश्चित राशि शोधन निधि में डालने की प्रथा का पालन करती रही हैं। निधि की राशि में से अपने ऋण के मूल धन की अगली किश्त चुकाने तक इसे निवेशित करके इसपर आय भी कमाई जाती है जो निधि का ही भाग मान ली जाती है। किसी समय यह विश्वास व्यक्त किया जाता था कि इस विधि से इस निधि में तीव्र गति से वृद्धि होगी तथा सरकार अपने ऋण का पूर्ण अथवा एक बड़ा भाग चुका पाएगी। सार्वजनिक उधार बहुधा युद्ध तथा अन्य आपातकालीन स्थितियों में ही लिया जाता था, अत: यह सर्वमान्य धारणा थी कि सरकार सामान्य स्थिति में उधार नहीं लेती तथा शोधन निधि इससे छुटकारा पाने की एक प्रभावी एवं उत्तम विधि है। परंतु वर्तमान में कई कारणों से शोधन निधि की विधि अर्थहीन हो गई है। अब यह मूल नीति का केवल एक चिह्न मात्र रह गई है। आधुनिक सरकारों पर ऋण की संचित देनदारियाँ इतनी

अधिक हो चुकी हैं कि प्रतिवर्ष एक मामूली-सी राशि शोधन निधि में डालने से कुल ऋण में कुछ विशेष कमी की संभावना दिखाई नहीं देती। उदाहरणार्थ भारत सरकार पर इस समय कई लाख करोड़ रुपयों का ऋण है तथा इस पर प्रतिवर्ष ब्याज की राशि ही एक लाख करोड़ रुपये से ऊपर बैठती है। स्पष्ट है कि शोधन निधि का मार्ग तभी प्रभावी हो सकता है जब सरकार नया ऋण न ले तथा जब इस निधि में डाली जाने वाली राशि कुल ऋण का एक बड़ा भाग हो। वैसे यदि सरकार चाहे तो शोधन निधि के बिना भी बजटीय बचत द्वारा अपने ऋण को थोड़ा-थोड़ा करके उतार सकती है।

- कोई भी विवेकपूर्ण सरकार अपने ऋण की देनदारी से मुकरने का निर्णय नहीं लेती।
- शोधन निधि सहित लोक ऋण के भुगतान की कई विधियाँ हो सकती हैं।
- विधि कोई भी हो, लोक ऋण का निवल भुगतान तभी संभव है जब पूर्वस्थित ऋण की अदायगी नए लिए जाने वाले ऋण से अधिक हो।

## ऋण-प्रबन्धन-नीति

(Debt Management Policy)

लोक ऋण के सुचारू और न्यनूतम संभव लागत पर प्रबंधन और चयनित सामाजिक एवं आर्थिक उद्देश्यों की प्राप्ति हेतु इसके एक नीति-अस्त्र के रूप में प्रयोग के मिश्रण को ऋण-प्रबंधन नीति कहा जाता है। उदाहरणार्थ ऋण-प्रबंधन के पुराने चिंतन के अनुसार सरकार को चाहिए कि ऋण को न्यूनतम संभव ब्याज पर ले तथा इसका जल्दी-से-जल्दी भुगतान कर दे ताकि बजट की नम्यता बनी रहे। परंतु कल्याणकारी राज्य की अवधारणा उभरने के साथ ऋण-प्रबंधन-नीति के भी कई नए आयाम सामने आए हैं। अब यह अपेक्षित है कि प्रत्येक सरकार ऋण की ब्याज-लागत को न्यूनतम संभव स्तर पर रखने का प्रयास तो करेगी परंतु यदि इस लक्ष्य की प्राप्ति में किसी अन्य महत्वपूर्ण उद्देश्य का परित्याग करना पड़ता हो, तो सरकार ब्याज की लागत में बढ़ोतरी को भी स्वीकार कर लेगी। ऋण-प्रबंधन-नीति के अन्य उद्रेश्यों में चक्रीय उतार-चढ़ाव से छुटकारा पाना तथा आर्थिक विकास की प्रक्रिया को सक्षम बनाना आदि हो सकता हैं।

ऋण-प्रबंधन-नीति तथा मौद्रिक नीति में परस्पर अनुकूलता होनी चाहिए। आर्थिक स्थिरता और विकास पर इन दोनों नीतियों का गहरा प्रभाव पड़ता है। मौद्रिक नीति आर्थिक गतिविधियों को वित्त की मात्रा तथा उसके प्रवाहों के नियंत्रण द्वारा प्रभावित करती है तथा ऋण नीति इस कार्य में सक्रिय योगदान दे सकती है। परंतु कई बार इन दोनों नीतियों में सभी प्रकार से परस्पर अनुकूलता सुनिश्चित नहीं की जा सकती। अत: इनमें विरोधाभास की स्थिति उत्पन्न होने पर यथोचित संशोधन करना जरूरी हो जाता है।

एक प्रकार से सार्वजनिक ऋण का वर्तमान आकार राजकोषीय गतिविधियों का प्रतिबिम्ब होता है। सरकार के बजटीय घाटे से सार्वजनिक ऋण में वृद्धि होती है तथा बजटीय अधिशेष होने पर ऋण में कमी होने की अपेक्षा की जाती है। परंतु बाज़ार प्रचलित मुद्रा और साख के आकार-प्रकार को बजटीय तथा मौद्रिक दोनों नीतियाँ प्रभावित करती हैं।

लोक ऋण के सुचारू और न्यूनतम संभव लागत पर प्रबंधन और चयनित सामाजिक एवं आर्थिक उद्देश्यों की प्राप्ति हेतु इसके एक नीति-अस्त्र के रूप में मिश्रित प्रयोग को ऋण-प्रबंधन नीति कहा जाता है।

- आर्थिक चिंतन के साथ-साथ इस नीति के आयाम भी बदलते रहे हैं।
- वर्तमान में लोक ऋण की ब्याज लागत को न्यूनतम संभव रखते हुए इसे एक प्रभावी नीति अस्त्र के रूप में प्रयोग करने की सिफारिश की जाती है।
- ऋण प्रबंधन नीति का राजकोषीय और मौद्रिक नीतियों के साथ तालमेल होना चाहिए।
- इसी प्रकार देश में बहु-स्तरीय सरकार होने पर विभिन्न स्तरों की ऋण संबंधी गतिविधियों और नीति आयामों में तालमेल होना हितकर है।

बड़े देशों में सरकार का अस्तित्व एक स्तरीय न होकर बहुस्तरीय होता है। उदाहरणार्थ भारत में केन्द्रीय सरकार के अतिरिक्त राज्य सरकारें तथा कई प्रकार के स्थानीय निकाय हैं। ये सरकारें एक-दूसरे की ऋणी हो सकती हैं तथा बहुधा होती भी हैं। बाज़ार में इनकी साख में अंतर होने के कारण इनकी बाज़ार से उधार लेने की क्षमता में भी अंतर होता है। उन्हें असमान ब्याज दरों पर बाज़ार से उधार मिलता है। अत: एक सुव्यवस्थित ऋण नीति यह सुनिश्चित करती है कि विभिन्न सरकारों द्वारा उधार लेने की गतिविधियों में टकराव की स्थिति उत्पन्न न हो तथा उनके द्वारा लिए जाने वाले उधार में समय के चुनाव, राशियों, कालावधियों तथा ब्याज की दरों आदि में तालमेल हो। उदाहरणार्थ यदि बाज़ार में वित्त का अभाव हो तो केन्द्र तथा राज्यों दोनों द्वारा एक साथ उधार लेने का प्रयत्न बाज़ार में अस्थिरता ला सकता है। भारत में केन्द्र और राज्य सरकारों की ऋण नीतियों में सामंजस्य लाने का मुख्य दायित्व भारतीय रिज़र्व बैंक का है।

## **शब्दावली** (Key Words)

1. सार्वजनिक ऋण/लोक ऋण (public debt); 2. भारत की समेकित निधि (Consolidated Fund of India); 3. 'भारित' व्यय मदें ("Charged" expenditure heads); 4. भारत का लोक खाता (Public Account of India); 5. अन्य देनदारियाँ (Other Liabilities); 6. आंतरिक/घरेलू ऋण (internal debt); 7. बाह्य/विदेशी ऋण (external/foreign debt); 8. ऋण की कालावधि (maturity of debt); 9. अल्पकालीन/अल्पावधिक ऋण (short term debt); 10. दीर्घकालीन ऋण (long term debt); 11. बाज़ार/स्थायी/निधिकृत/तिथिकृत ऋण (market/permanent/funded/dated loans); 12. शाश्वत ऋण (perpetual/non-repayable debt); 13. विकासात्मक ऋण (developmental debt); 14. गैर-विकासात्मक ऋण (non-developmental debt); 15. उपभोग ऋण (consumption loans); 16. उत्पादक ऋण (productive loans); 17. गैर-उत्पादक ऋण (non-productive loans); 18. निजी ऋण (private debt); 19. सार्वजनिक ऋण का औचित्य (rationale of public debt); 20. ऋण की निरापद सीमाएँ (safe limits of public debt); 21. ऋण का फंदा (debt trap); 22. वित्त संयन्त्र (financial system); 23. ऋण का बोझ (burden of debt); 24. ऋण का भुगतान (debt redemption); 25. ऋण प्रबंधन नीति (debt-management policy); 26. निक्षेप निधि, शोधन निधि (sinking fund)।

## **अभ्यास प्रश्न**

1. सार्वजनिक ऋण की अवधारणा को परिभाषित करें। भारत सरकार द्वारा अपनाई गई सार्वजनिक ऋण की परिभाषा इससे किस प्रकार भिन्न है तथा इसे कहाँ तक अर्थपूर्ण माना जा सकता है?
2. निम्नलिखित पर संक्षिप्त नोट लिखें:
   (क) सार्वजनिक ऋण और निजी ऋण में भेद।
   (ख) सार्वजनिक ऋण का विभिन्न आधारों पर वर्गीकरण।

3. एक समय अर्थशास्त्री लोक ऋण को एक ऐसा रोग मानते थे जिससे समाज को यथासंभव तुरंत छुटकारा पा लेना चाहिए। परंतु आजकल लोक ऋण को सरकार के हाथ में एक प्रभावी नीति-अस्त्र के रूप में देखा जाता है। इस परिवर्तन के कारणों और परिणामों पर प्रकाश डालें।
4. इस कथन की विश्लेषणात्मक व्याख्या करें कि सार्वजनिक ऋण देश के आर्थिक स्वास्थ्य के लिए हितकर तो है परंतु एक सीमा के बाद इसके हानिकारक प्रभाव असह्य हो जाते हैं।
5. आर्थिक स्थिरता को सुनिश्चित करने में सार्वजनिक ऋण की भूमिका पर एक विस्तृत नोट लिखें।
6. इस दावे का मूल्यांकन करें कि एक अल्पविकसित देश के विकास में सार्वजनिक ऋण एक सार्थक और बुनियादी भूमिका निभा सकता है।
7. इस कथन का आलोचनात्मक विश्लेषण करें कि सार्वजनिक ऋण बहुआयामी आर्थिक विकास में सकारात्मक योगदान दे सकता है।
8. इस कथन पर विचार करें कि सार्वजनिक ऋण के अस्तित्व और विस्तार का औचित्य इस तथ्य में निहित है कि एक उचित ऋण नीति द्वारा अर्थव्यवस्था की बचत, निवेश तथा अन्य गतिविधियों में समुचित सुधार लाया जा सकता है।
9. यह जानते हुए भी कि उधार लेने पर भविष्य में भुगतान देयताओं का सामना करना पड़ेगा, एक सरकार अपनी गतिविधियों का वित्त पोषण केवल कर-राजस्व तक सीमित क्यों नहीं रखती? कारणों सहित व्याख्या करें।
10. यह धारणा कहाँ तक स्वीकार्य है कि सार्वजनिक ऋण के बिना कोई बाज़ार-संचालित अर्थव्यवस्था विकसित नहीं हो सकती और न ही विकसित रह सकती है? तर्क सहित उत्तर दें।
11. आपके मतानुसार सार्वजनिक ऋण के बोझ का अर्थ क्या है? इस संदर्भ में आंतरिक और विदेशी ऋणों के बोझ में भेद दर्शाएँ ।
12. सरकार द्वारा वर्तमान में लिए गए ऋण के बोझ को आने वाली पीढ़ियों पर हस्तांतरित करने की संभावनाओं और कार्यविधि पर विचार करें।
13. निम्नलिखित पर संक्षिप्त नोट लिखें:

    (क) ऋण-प्रबंधन नीति।

    (ख) ऋण के भुगतान की आवश्यकता और विधियाँ।

    (ग) लोक ऋण के प्रभाव।

# अध्याय 10

# सार्वजनिक व्यय—सामान्य विवेचन

## (Public Expenditure—General Considerations)

**इस अध्याय में**

- लोक व्यय के अर्थ के अतिरिक्त इसकी प्रकृति और इसमें दीर्घकालीन वृद्धि के कारणों की समीक्षा है।
- सार्वजनिक ऋण की सैद्धांतिक और भारत में अपनाई गई परिभाषाओं के अतिरिक्त इसक प्रकारों का विवेचन है।
- इसकी उपयोगिता बढ़ाने में सैद्धांतिक एवं व्यावहारिक कठिनाइयों का विवेचन है।
- इसके प्रकारों के साथ-साथ इसके बजटीय वर्गीकरण की विस्तारपूर्वक जानकारी है।
- लोक व्यय के धर्मसूत्रों और उनकी व्यावहारिक उपयोगिता का मूल्यांकन है।
- लोक व्यय में स्थाई वृद्धि के वैगनर और वाईज़्मन-पीकॉक सिद्धांतों का अध्ययन है।

## अर्थ एवं प्रकृति

(Meaning and Nature)

एक आधुनिक सरकार के संवितरण (disbursements) कई व्यय-वर्गों में दर्शाए जा सकते हैं, जैसे कि सरकार का अपना रख-रखाव, समाज, अर्थव्यवस्था तथा अन्य सरकारों की सहायता आदि। **इन सभी संवितरणों को सामूहिक तौर पर सार्वजनिक व्यय की संज्ञा दी जाती है।** ध्यानयोग्य है कि, वर्तमान में सरकार की गतिविधियाँ इस प्रकार आपस में गुंथी रहती हैं कि इसके संवितरणों को स्पष्ट और निर्विवाद वर्गों में बाँटना अति कठिन हो जाता है। कई विश्लेषणकर्ताओं ने 'शुद्ध' लोक व्यय और 'अन्य अदायगियों' में भेदीकरण के औचित्य पर भी ज़ोर दिया है, परंतु इस प्रकार का भेदीकरण अनेक कठिनाइयाँ उत्पन्न करता है।

**(क) लगातार वृद्धि (Uninterrupted Increase)**—अधिकतर देशों में सार्वजनिक व्यय में लगातार दीघकालिक वृद्धि हुई है; जबकि परंपरागत आर्थिक चिंतन में सरकार को अपनी गतिविधियाँ अति सीमित रखने की सिफारिश की जाती है। इस चिंतन के अनुसार प्रत्येक आर्थिक इकाई न केवल अपना हित अच्छी प्रकार समझती है प्रत्युत उसकी रक्षा करने को तत्पर भी रहती है। इसके विपरीत सरकार के लिए व्यक्तिगत इकाइयों के आर्थिक हितों की पहचान करना लगभग असंभव होता है; तथा अपनी व्यय नीतियों को उनके अनुसार ढालने का औचित्य भी विवादास्पद माना जाता है। स्पष्ट है कि यदि सरकारें इस चिंतन के अनुसरण में अपनी व्यय-नीतियाँ तय करतीं तो सार्वजनिक व्यय में इतनी तीव्रता से वृद्धि न हो पाती जितनी कि वास्तव में हुई है।

**(ख) गैर-आर्थिक कारक (Non-economic Factors)**—परंतु एक सरकार की व्यय नीति की संरचना केवल कुछ आर्थिक सिद्धांतों के आधार पर नहीं की जा सकती। इसे आर्थिक-भिन्न वास्तविकता पर भी ध्यान देना पड़ता है। उदाहरणार्थ एक आधुनिक समाज और अर्थव्यवस्था के समक्ष कई ऐसी समस्याएँ आती हैं जिन्हें कोई सरकार अनदेखा नहीं कर सकती और जिनके समाधान करने के प्रयत्न में इसका व्यय बढ़ जाता है। इन समस्याओं में श्रम-शोषण, वितरणीय असमानताएँ, क्षेत्रीय विषमताएँ तथा इसी प्रकार की अनेक सामाजिक एवं आर्थिक त्रुटियों को गिनवाया जा सकता है। इसके अतिरिक्त कालांतर में इन समस्याओं की तीव्रता में वृद्धि होने की प्रवृत्ति पाई जाती है। अत: सरकार का यह कर्तव्य बन जाता है कि समाज के कल्याण तथा हित के लिए इन समस्याओं के समाधान की चेष्टा करे यद्यपि ऐसा करने के प्रयास में सरकार की गतिविधियों में वृद्धि के संग-संग उसके व्यय में भी बढ़ोतरी होना पूर्वनिश्चित हो जाता है।

**(ग) सैद्धांतिक नींव (Theoretical Framework)**—सार्वजनिक व्यय की सैद्धांतिक संरचना इसके दो **परस्पर निर्भर आयामों** अर्थात्

- इसमें दीर्घकालीन बढ़ोतरी तथा;
- इसकी विभिन्न व्यय-मदों का आवंटन

से सम्बद्ध है। इन दो आयामों के अतिरिक्त सार्वजनिक व्यय से जुड़े कई अन्य प्रश्नों पर विचार करना भी अर्थपूर्ण रहता है, जैसे कि अर्थव्यवस्था के साधानों का निजी और सार्वजनिक क्षेत्रों में आवंटन आदि। इस प्रश्न पर ईष्टतम सामाजिक हित के सिद्धांत तथा सरकारी सेवाओं की पूर्ति के सिद्धांत (जैसे कि लिण्डाह्ल का समाधान) के संदर्भ में विचार किया जा चुका है।

द्वितीय प्रश्न (अर्थात् विभिन्न व्यय-मदों में सार्वजनिक व्यय का आवंटन) काफी जटिल एवं व्यापक है। उदाहरण के लिए इसमें इस बात पर विचार किया जा सकता है कि सार्वजनिक व्यय के उद्देश क्या होने चाहिए। इस प्रश्न के उत्तर में ही समाज द्वारा चयनित उद्देश्यों की व्याख्या के अतिरिक्त उनसे संबंधित विभिन्न शर्तों, लाभ-हानि विश्लेषण तथा अन्य महत्वपूर्ण कारक-घटकों (जैसे ब्याज की दरें, बाज़ार की अनिश्चितता, आदि) पर भी विचार करने की आवश्यकता पड़ती है। इस प्रश्न की जटिलता के फलस्वरूप कई अर्थशास्त्रियों ने इसके समाधान से संबंधित गणितीय प्रतिरूपों (Mathematical Models) की संरचना भी की है। इन सभी प्रतिरूपों की बुनियादी मान्यता यह है कि मूल्य और कीमतों के सामान्य सिद्धांत के आधार पर सार्वजनिक व्यय संबंधी निर्णय नहीं लिए जा सकते।

अत: प्रश्न यह उठता है कि लोक-व्यय के निर्णय किस आधार पर लिए जाएँ? इस संदर्भ में एक बड़ी समस्या यह है कि जहाँ एक ओर बाज़ार व्यवस्था समाज की आवश्यकताओं तथा इच्छाओं को ठीक तरह से प्रतिबिम्बित करने में असमर्थ होती है, वहीं दूसरी ओर सार्वजनिक व्यय से संबद्ध निर्णय भी त्रुटिरहित नहीं होते। अर्थात **केवल** लोक व्यय के माध्यम से बाज़ार व्यवस्था की त्रुटियों से छुटकारा पाने की आशा करना निरर्थक है। इसी के साथ यह भी एक अकाट्य तथ्य है कि बाज़ार व्यवस्था की त्रुटियों और अन्य अनेक कारणों से कालान्तर में सार्वजनिक व्यय की आवश्यकता भी बढ़ती रहती है।

**सामाजिक आवश्यकताओं का प्रकटीकरण (Revealing Social Needs)**—सार्वजनिक व्यय की एक मुख्य समस्या, जिसका समाधान अभी तक नहीं मिल पाया है, यह है कि समाज की वास्तविक आवश्यकताओं तथा इच्छाओं का ठीक से पता कैसे लगाया जाए। विश्लेषणकर्ताओं ने इस समस्या के समाधन को मतदान प्रणाली

अथवा तरजीह-प्रकटीकरण (Revealed Preferences) की विधि से ढूँढ़ने का प्रयत्न किया है परंतु अधिकतर प्रयत्नों में अयथार्थ मान्यताओं का सहारा लिया गया है। इस अयथार्थता के दो मुख्य पहलू हैं।

- यह सुनिश्चित करना लगभग असंभव होता है कि मतदाताओं ने अपनी इच्छाओं को यथार्थ रूप से प्रकट किया है या नहीं; तथा
- किसी वस्तु की माँग प्रकट न किए जाने का कारण यह भी हो सकता है कि मतदाताओं में उस की कीमत अदा करने की क्षमता न हो।

किसी वस्तु की माँग प्रकट करने की क्षमता न होने का अर्थ यह नहीं लिया जा सकता कि विचाराधीन व्यक्ति को उस वस्तु की आवश्यकता नहीं है। उदाहरण के लिए, इलाज के लिए धन न होते हुए भी एक निर्धन व्यक्ति को भी इलाज की उतनी ही आवश्यकता होती है जितनी कि एक धनवान व्यक्ति को। इस प्रकार की समस्याएँ उस समय भी आती हैं जब लोगों से उनकी आवश्यकताओं संबंधी मत व्यक्त करने को कहा जाए। प्रत्येक व्यक्ति यह जानने का इच्छुक रहता है कि समाज में अन्य सदस्यों के मत क्या है। इसी प्रकार एक सामान्य व्यक्ति स्वभाव से ही गैर-पुरस्कृत खतरे से बचाना चाहता है। वह निश्चितता की खातिर कम मूल्यवान विकल्प को स्वीकारने को तैयार रहता है।

मतदान से संबंधित इन सब समस्याओं को अनदेखा करने पर भी कई बार कोई निश्चित निष्कर्ष नहीं निकलता, अर्थात् यह पता नहीं चलता कि मतदाताओं ने किस विकल्प के पक्ष में मत दिया है। ऐसे विरोधाभासी निष्कर्षों का एक उदाहरण निम्नलिखित है। मान लें कि तीन व्यक्तियों से यह पूछा गया है कि वे सार्वजनिक व्यय में तीन वस्तुओं *क*, *ख* तथा *ग* को दी जाने वाली प्राथमिकता पर अपना मत व्यक्त करें। मान लीजिए कि मतदान का स्वरूप निम्नलिखित था:

**वस्तु की प्राथमिकता का स्थान**

| | प्रथम | द्वितीय | तृतीय |
|---|---|---|---|
| पहला मतदाता | *क* | *ख* | *ग* |
| दूसरा मतदाता | *ख* | *ग* | *क* |
| तीसरा मतदाता | *ग* | *क* | *ख* |

इस मतदान का परिणाम एकदम भ्रामक है। तीन में से दो मतदाता चाहते हैं, अर्थात् बहुमत यह है, कि तीनों वस्तुओं में से *क* को सर्वोच्च प्राथमिकता दी जाए। परंतु इसी प्रकार बहुमत यह भी है कि यह स्थान *ख* को दिया जाए। इतना ही बहुमत वस्तु *ग* के पक्ष में भी है।

सैद्धांतिक स्तर पर एक अन्य कठिनाई यह भी हो सकती है कि मतदाता यह कहें कि उन्हें *क*, *ख*, *ग*, किसी सार्वजनिक वस्तु की भी आवश्यकता नहीं है। तो क्या ऐसी स्थिति में सरकार का अस्तित्व ही समाप्त कर देना चाहिए? उदाहरण के लिए यह संभव है कि समाज का हर सदस्य व्यक्तिगत रूप से यह सोचे कि उसके मना करने पर भी (तथा इस प्रकार करदेयता से मुक्त रहने पर भी) सरकार देश में कानून और व्यवस्था बनाए रखेगी तथा इस सोच के आधार पर यह मत प्रकट करे कि उसके मतानुसार सरकार को कानून और व्यवस्था बनाए रखने की कोई आवश्यकता नहीं है। तो क्या इस दशा में सरकार अपने इस दायित्व से हाथ धो ले?

इसके अतिरिक्त कानूनी तौर पर सरकार की कई बाध्य व्यय-मदें भी होती हैं, जिनमें परिवर्तन करना संभव नहीं होता। इसी प्रकार आजकल सार्वजनिक गतिविधियों का घेरा सामाजिक कल्याण की ध्येय-प्राप्ति के कारण भी

विस्तृत हो रहा है। इन गतिविधियों का संबंध आय एवं धन के वितरण, सामाजिक हित, आयोजनाबद्ध विकास, जनहितकारी वस्तुओं की पूर्ति में वृद्धि आदि से है। सार्वजनिक ऋण में वृद्धि भी सरकार की गतिविधियों में बढ़ोतरी का कारण बनी है।

**निष्कर्ष (Conclusion)**—उपर्युक्त तथ्यों से यह स्पष्ट हो जाता है कि सार्वजनिक व्यय का कोई शुद्ध सिद्धांत प्रतिपादित करना सरल कार्य नहीं है। इस प्रयत्न में आने वाली कठिनाइयों में कमी होने के स्थान पर दिनों दिन वृद्धि हो रही है जिन्हें हमारी बढ़ती विश्लेषणात्मक क्षमता भी दूर करने में असमर्थ है। उदाहरण के लिए पिछले कुछ वर्षों में एक नए तथ्य पर ध्यान दिया जा रहा है जिसके अनुसार सरकार से यह आशा नहीं की जा सकती कि वह अपनी गतिविधियों का चयन यथासंभव समाज हित के लिए ही करेगी। इस तथ्य को *प्रत्यक्ष अनुत्पादक गतिविधियों* (Direct Unproductive Activities) अथवा *आर्थिक लगान अर्जन हेतु गतिविधियों* (Rent-seeking Activities) की संज्ञा दी गई है। इस सिद्धांत का सार यह है कि सरकार की गतिविधियों का उद्देश्य सदैव समाज का हित नहीं होता। सरकार में निर्णयकर्ताओं द्वारा कानून आदि को इस प्रकार तोड़ा मरोड़ा जाता है कि निर्णयकर्ताओं के अपने हितों को प्राथमिकता मिले। समाज में विभिन्न प्रकार के निहित स्वार्थों वाले गुट प्रकट हो जाते हैं जिनके दबाव में आकर सरकार कई ऐसे निर्णय लेती है जो पूरे समाज के हित में नहीं होते।

- लोक व्यय में सरकार के सकल संवितरणों को शामिल किया जाना चाहिए।
- कुछ विश्लेषणकर्ता शुद्ध लोक व्यय और अन्य अदायगियों में भेदीकरण की सिफारिश करते हैं परंतु यह एक कठिन कार्य है।
- लोक व्यय में कई आर्थिक और आर्थिक-भिन्न कारणों से लगातार दीर्घकालीन वृद्धि देखने को मिलती है।
- लोक व्यय के सैद्धांतिक आधार की संरचना में कई रुकावटें आती हैं जैसे कि समाज की वास्तविक आवश्यकताओं का भ्रामक प्रकटीकरण तथा निणर्यकर्ताओं का अपना स्वार्थ आदि।

## सार्वजनिक व्यय के प्रकार

(Kinds of Public Expenditure)

सार्वजनिक व्यय के वर्गीकरण की प्रथा काफी पुरानी है। सार्वजनिक व्यय का अर्थव्यवस्था पर अति गहरा प्रभाव पड़ता है, जिसे अनदेखा नहीं किया जा सकता। इसके अतिरिक्त सरकार का व्यय अर्थव्यवस्था के कुल व्यय का एक बड़ा अनुपात होता है और लगभग सभी देशों में इस अनुपात के बढ़ने की प्रवृत्ति पाई जाती है। अत: यह आवश्यक समझा जाता है कि सरकार अपने बजट को एक सुव्यवस्थित ढंग से तैयार तथा कार्यान्वित करे। इन कारणों से कालान्तर में बजट को कई प्रकार से वर्गीकृत करने की विधियाँ भी निकाली गई हैं जिनसे इससे संबंधित विभिन्न उद्देश्यों की प्राप्ति में सहायता मिलने की आशा की जाती है। इन वर्गीकरणों के मुख्य प्रकारों की संक्षिप्त व्याख्या निम्नलिखित है:

**1. लेखाविधिक वर्गीकरण (Accounting Classification)**—सार्वजनिक व्यय का लेखाविधिक वर्गीकरण सैंकड़ों वर्ष पुराना है। इसका मुख्य औचित्य इस तथ्य में निहित है कि सरकार की प्राप्तियाँ तथा संवितरण अति जटिल मद-समूह होती हैं। सार्वजनिक व्यय पर प्रभावी नियंत्रण रखना, घोटालों से तथा अपव्यय से बचाव करना, राशियों को अनधिकृत मदों पर व्यय किए जाने से रोकना आदि लोक व्यय के जटिल परंतु अति आवश्यक उद्देश्य हैं। एक प्रभावी नियंत्रण प्रणाली के बिना यह कार्य संभव नहीं है विशेषकर इसलिए कि एक आधुनिक

सरकार की गतिविधियों का फैलाव बहुत बढ़ चुका है। लेखाविधिक वर्गीकरण द्वारा यह नियंत्रण कार्य संभव और सुगम हो जाता है। इसमें सरकारी व्यय को निर्दिष्ट मदों तथा उप-मदों में बाँट दिया जाता है तथा उस व्यय से संबंधित उपयुक्त नियम-अधिनियम बनाए जाते हैं जिनका पालन सरकारी कर्मियों के लिए अनिवार्य होता है। इसके अतिरिक्त *लेखा-परीक्षण* (auditing) की एक सुव्यवस्थित प्रणाली भी अपनाई जाती है जिससे यह पता रहता है कि सरकारी कर्मियों द्वारा व्यय से सम्बन्धित सभी नियमों-अधिनियमों का ठीक से पालन किया गया है कि नहीं। देश के विधायक निकायों के लिए भी सार्वजनिक व्यय की मदवार जानकारी प्राप्त करने का यह एक उत्तम तरीका है। विधायकों को इस विधि से यह सुनिश्चित करने का अवसर मिलता है कि व्यय अधिकृत मदों तथा नियमों के अनुरूप ही किया गया है।

लेखाविधिक वर्गीकरण के इतने गुणों के बावजूद इसमें कुछ ऐसी त्रुटियाँ हैं जिन्हें दूर करने के लिए अन्य वर्गीकरणों की सहायता लेना आवश्यक हो जाता है। इसकी मुख्य त्रुटि यह है कि समाज तथा अर्थव्यवस्था पर सार्वजनिक व्यय द्वारा होने वाले प्रभावों का मूल्यांकन नहीं किया जा सकता। इस कार्य के लिए इस वर्गीकरण विधि से पर्याप्त जानकारी नहीं मिल पाती। इस के परिणाम स्वरूप सरकार से तथा विचारकों से यह आशा भी नहीं की जा सकती कि वे एक सक्षम व्यय-नीति की संरचना कर पाएँगे।

**2. हस्तांतरण तथा गैर-हस्तांतरण व्यय (Transfer and Non-Transfer Expenditure)**—इस वर्गीकरण का सुझाव प्रो॰ पीगू ने दिया था। आर्थिक विश्लेषण के दृष्टिकोण से यह वर्गीकरण काफी लाभदायक है। यह राष्ट्रीय लेखा सांख्यिकी (national economic accounting) के अतिरिक्त अन्य बजटीय आँकड़ों की तैयारी में भी काम आता है। हस्तांतरण व्यय से अभिप्राय उन व्यय-मदों से है जिनके बदले में सरकार को किसी प्रकार की वस्तुओं एवं सेवाओं की प्राप्ति न होती हो अर्थात् ये अदायगियाँ क्रय की गई वस्तुओं तथा सेवाओं की कीमत के रूप में नहीं की जातीं। इन अदायगियों में उपदान, अनुदान, पेंशन, बेरोज़गारी भत्ते तथा ब्याज आदि शामिल हैं। इसके विपरीत गैर-हस्तांतरण व्यय में वे अदायगियाँ आती हैं जो सरकार वस्तुओं और सेवाओं को क्रय करने की कीमत के रूप में अदा करती है। वैसे ध्यानयोग्य है कि सरकार द्वारा अदा की गई कीमत बाज़ार कीमत से भिन्न हो सकती है तथा ऐसा होने की दशा में इसमें हस्तांतरण तथा गैर-हस्तांतरण अंशों का मिश्रण हो सकता है। कभी-कभार इस मिश्रण में हस्तांतरण व्यय का अंश नकारात्मक भी हो सकता है, अर्थात् सरकार द्वारा अदा की गई कीमत बाज़ार कीमत से कम भी हो सकती है।

**3. राजस्व व्यय एवं पूँजी व्यय[1] (Revenue and Capital Expenditure)**—इस वर्गीकरण का तर्काधार यह है कि सरकार को अपने सामान्य दैनिक खर्चे नियमित राजस्व प्राप्तियों से ही पूरे करने चाहिएँ। इन व्यय मदों के लिए उधार लेना तथा इस कारण ऋणी हो जाना ठीक नहीं है। उधार लेने का औचित्य तभी बनता है जब उसका उपयोग परिसंपत्तियों में बढ़ोतरी अथवा अन्य प्रकार से निवेश के वित्त-पोषण के लिए किया जाए। पूँजी व्यय में वे मदें आती हैं जिनसे सरकार अपनी परिसंपत्तियों में वृद्धि अथवा देयताओं में कमी लाती है। सभी प्रकार की निवेश राशियाँ, पुराने ऋणों का भुगतान तथा अन्य प्रकार से पूँजी निर्माण के लिए दी गई सब राशियाँ (चाहे वे ऋण के रूप में दी जाएँ, चाहे किसी अन्य रूप में) पूँजी व्यय में आती हैं। इसके विपरीत राजस्व व्यय में वे मदें आती हैं जिन से सरकार का अपना रख-रखाव, कर्मियों के वेतन तथा भत्ते तथा भवनों की देखरेख आदि का कार्य चलता है। ऋणों पर अदा किया गया ब्याज, लाभ-आय और लाभांश का वितरण भी राजस्व व्यय में गिने जाते हैं। इसी

[1] भारत में संविधान के अनुसार सरकार के लिए अपने 'राजस्व' व्यय को 'अन्य व्यय' से पृथक् दिखाना अनिवार्य है, परंतु इनके वर्गीकरण के आधार के बारे संविधान चुप है।

प्रकार सशस्त्र सेना पर किए गए व्यय (उनके रहने के लिए बनाए गए भवनों को छोड़ कर) की समस्त राशियों को भी राजस्व खाते में रखे जाने की प्रथा है।

**4. उपभोग व्यय तथा पूँजी व्यय (Consumption Expenditure and Capital Expenditure)**—यद्यपि यह वर्गीकरण एक प्रकार से राजस्व व्यय और पूँजी व्यय के वर्गीकरण का ही दूसरा रूप है, तो भी इसमें विशेष तौर पर पूँजी निर्माण के आयाम को उभारा जाता है। इस वर्गीकरण में सरकार प्रत्येक व्यय मद के लिए यह निर्णय लेती है कि इसका उद्देश्य उपभोग अथवा पूँजी निर्माण में से कौन-सा है। ध्यानयोग्य है कि सामान्यत: सरकार के लेखाविधिक नियम ऐसे होते हैं जिनके अनुसार राजस्व व्यय की अधिकतर मदों को उपभोग व्यय न मानकर पूँजी व्यय की मदें माना जा सकता है। कारण यह है कि सरकार अपनी इच्छानुसार यह तय करती है कि लोक व्यय की कौन-सी मदों का प्रत्यक्ष अथवा परोक्ष प्रतिफल पूँजी निर्माण होता है। उसका निर्णय इस तर्काधार पर भी हो सकता है कि इसकी किन व्यय-मदों का **उद्देश्य** पूँजी निर्माण को प्रोत्साहित करना है। उद्देश्य की इस कसौटी के आधार पर ही सरकार हस्तांतरित राशियों का भी वर्गीकरण करती है। यदि हस्तांतरण इस उद्देश्य से किया गया हो कि साधन पाने वाली इकाई इसे पूँजी निर्माण के लिए उपयोग करेगी, तो सरकार के बजट में भी इसे पूँजी व्यय में रखा जाता है।

- लोक व्यय के विविध प्रकार से वर्गीकरण का अपना औचित्य है। इनसे बजटीय नीतियों की संरचना और उनके कार्यान्वियन में सहायता मिलती है।
- लोक व्यय के वर्गीकरण की कई विधियों की संरचना की जा चुकी है और अभी भी नित नई विधियाँ अपनाई जा रही हैं।
- लेखाविधिक वर्गीकरण से लोक व्यय संबंधी नियम बनाने और उनका पालन करने के अतिरिक्त उस पर नियंत्रण रखन तथा उसकी जाँच-पड़ताल करने आदि करने में सहायता मिलती है। परंतु लोक व्यय की बजटीय प्रभाविता को बढ़ाने के लिए अन्य प्रकार के वर्गीकरण भी हितकर रहते हैं।
- हस्तांतरण व्यय के बदले सरकार को वस्तुओं और सेवाओं की प्राप्ति नहीं होती। गैर-हस्तांतरण व्यय वस्तुओं और सेवाओं के कीमत के रूप में अदा किया जाता है।
- राजस्व व्यय और पूँजी व्यय के भेदीकरण का आधार व्यावहारिक प्रथाएँ हैं। सामान्यत: सरकार की नियमित व्यय मदों पर व्ययित राशियों को राजस्व व्यय कहा जाता है। पूँजी व्यय में वे मदें आती हैं, जिनसे सरकार की परिसंपत्तियों में बढ़ोतरी और/अथवा देयताओं में कमी आती हो।
- उपभोग और पूँजी व्यय का वर्गीकरण राजस्व और पूँजी व्यय के वर्गीकरण की भाँति होते हुए भी इससे भिन्न है। पश्चायुक्त में सरकार प्रत्येक व्यय मद के लिए यह निर्णय लेती है कि इसका उद्देश्य उपभोग तथा पूँजी निर्माण में से कौन-सा है।

**5. आयोजना-तथा आयोजना-भिन्न व्यय (Plan and non-plan expenditure)**—भारत में आयोजनाबद्ध आर्थिक विकास के प्रयास के फलस्वरूप सार्वजनिक व्यय को भी आयोजना व्यय और आयोजना-भिन्न व्यय वर्गों में विभाजित किया जाता था। जब किसी परियोजना (अथवा स्कीम) को आयोजना के अंतर्गत चुन लिया जाता है, तो परियोजना के पूरा हो जाने तक (अथवा स्कीम के पूरी तरह से लागू हो जाने तक) उस पर किए गए व्यय को आयोजना-व्यय कहा जाता था। इसी प्रकार परियोजना के पूरा हो जाने पर अथवा स्कीम के पूरी तरह लागू हो जाने के पश्चात उस पर किया जाने वाला व्यय आयोजना-भिन्न व्यय कहलाता था। परंतु इस वर्गीकरण के विवादास्पद और अनुचित होने के कारण भारत सरकार ने इसे 2017-18 में हटा दिया।

**6. उत्पादक तथा गैर-उत्पादक व्यय (Productive and Non-Productive Expenditure)**—एक मतानुसार लोक व्यय की कुछ मदें उपभोग-रूपी होने के करण गैर-उत्पादक (non-productive) होती हैं, जबकि कुछ अर्थव्यवस्था की उत्पादन क्षमता में वृद्धि करने के करण उत्पादक (productive) अथवा 'निवेश व्यय' (investment expenditure) कहलाने की अधिकारी होती हैं। अहस्तक्षेप नीति के अनुसार बहुत थोड़ी व्यय मदों को 'उत्पादक' वर्ग में रखा जा सकता है, जैसे कि सामाजिक अवसंरचना (social overheads) के सृजन तथा रख-रखाव की व्यय मदें आदि। परंतु अब इस मत की स्वीकार्यता बढ़ती जा रही है कि प्रतिरक्षा, शिक्षण-प्रशिक्षण, न्याय, कानून तथा व्यवस्था जैसी कई मदों पर किया गया व्यय भी उतना ही उत्पादक होता है जितना कि कुछ अन्य मदों पर। इस मतानुसार गैर-उत्पादक व्यय केवल वह है जो समाज और अर्थव्यवस्था के विकास के लिए अनावश्यक हो, अथवा जिसे कार्यक्षमता के अभाव में अपव्यय माना जा सके।

प्रो॰ एडम स्मिथ के मतानुसार अर्थव्यवस्था की उत्पादन क्षमता में दीर्घकालीन वृद्धि मुख्यत: स्पृश्य (tangible) वस्तुओं की उपलब्धता पर निर्भर करती है। इस पुराने एवं भ्रामक तर्क को सार्वजनिक व्यय पर लागू करने पर यह निष्कर्ष निकलता है कि सरकार के व्यय का केवल वही भाग 'उत्पादक' होता है जिससे अर्थव्यवस्था की स्पृश्य पूँजी वस्तुओं में वृद्धि हो। परंतु अब यह मत सर्वस्वीकार्य है कि अर्थव्यवस्था की उत्पादन क्षमता केवल स्पृश्य (tangible) पूँजी-वस्तुओं पर निर्भर नहीं करती। इसमें श्रम की भी मौलिक भूमिका रहती है। तथा श्रम की उत्पादिता में वृद्धि लाने में स्पृश्य (tangible) पूँजी वस्तुओं के अतिरिक्त कई अन्य कारकों की सक्रिय भूमिका रहती है, जैसे कि उत्पादन तकनीक, श्रमिकों का उपभोग स्तर, स्वास्थ्य, घरेलू जीवन, शिक्षण-प्रशिक्षण, कार्य-परिवेश आदि। इस आधार पर सरकार के द्वारा श्रमिकों के कल्याण-हेतु किए गए व्यय की गिनती भी उत्पादक व्यय में की जानी चाहिए।

एक अन्य सीमित दृष्टिकोण से सार्वजनिक व्यय का केवल वही भाग उत्पादक कहलाने योग्य होता है जिससे (क) स्पृश्य परिसपत्तियों में बढ़ोतरी हो, अथवा (2) ऐसी परिसंपत्तियों में वृद्धि हो जिससे सरकार को राजस्व प्राप्ति होती हो। यह मत विश्लेषणात्मक एवं वास्तविकता के दृष्टिकोण से अति संकुचित एवं अर्थहीन है। सार्वजनिक व्यय की किसी मद को उत्पादक अथवा गैर-उत्पादक ठहराने के लिए उसे किसी व्यावसायिक कसौटी पर परखने की बजाए उसके द्वारा समाज और अर्थव्यवस्था पर पड़ने वाले समग्र प्रभावों का मूल्यांकन किया जाना चाहिए। इस विधि से बहुत-सी ऐसी व्यय मदें भी उत्पादक कहलाने की अधिकारी होती हैं जिनसे सरकार को राजस्व प्राप्ति तो नहीं होती परंतु जिनसे सामाजिक कल्याण तथा आर्थिक विकास सक्षम होते हैं। इसके अतिरिक्त तीन अन्य तथ्य भी ध्यानयोग्य हैं, अर्थात्

(क) अर्थव्यवस्था के विकास के साथ-साथ सरकार के राजस्व में दीर्घकालीन वृद्धि होती है।

(ख) अत: यह निर्णय करना और भी कठिन हो जाता है कि सरकार का कौन-सा व्यय 'उत्पादक' है।

(ग) लोक व्यय की कई ऐसी मदें भी होती हैं जिनके बिना अर्थव्यवस्था का अस्तित्व तक खतरे में पड़ सकता है।

**7. आर्थिक तथा कार्यात्मक वर्गीकरण (Economic and Functional Classification)**—इस वर्गीकरण का विस्तृत वर्णन एक अन्य अध्याय में किया गया है। यहाँ पर इतना कहना ही पर्याप्त है कि जब लोक व्यय को विभिन्न अर्थ-युक्त आर्थिक मदों में विभाजित किया जाए तो इसे व्यय का आर्थिक वर्गीकरण (economic classification) कहा जाता है। इस वर्गीकरण द्वारा बजटीय मदों से संबंधित विभिन्न प्रकार के आर्थिक घटकों (जैसे कि निवेश, बचत, उपभोग, वित्तीय परिसंपत्तियाँ तथा देनदारियाँ) की जानकारी मिलती है। इसी प्रकार कार्यात्मक

वर्गीकरण (functional classification) में व्यय-मदों का चयन सरकार के विभिन्न कार्यकलापों के आधार पर किया जाता है। इससे यह जानकारी मिलती है कि सरकार किस प्रकार की सेवाएँ मुहैया कर रही है।

**8. लिंगाधारित वर्गीकरण (Gender-Based Classification)**—यह वर्गीकरण नए ढूँढी जाने वाली वर्गीकरण विधियों में से एक है, और इसे कई अन्य देशों सहित भारत में भी चरणबद्ध ढंग से अपनाया जा रहा है। इस वर्गीकरण में यह अनुमान लगाने का प्रयत्न किया जाता है कि लोक व्यय से महिलाएं कहाँ तक लाभान्वित हो रही हैं; तथा इससे प्राप्त जानकारी के आधार पर लोक व्यय के आकर-प्रकार और नीति में किस प्रकार के सुधार की आवश्यकता है। उदाहरणार्थ भारत में महिला वर्ग के शिक्षण-प्रशिक्षण की नीति की प्रभाविता को बढ़ाने के लिए इस वर्गीकरण से प्राप्त जानकारी का प्रयोग किया जा सकता है।

- आयोजना- और आयोजना-भिन्न वर्गीकरण केवल भरत जैसे देशों के लिए अर्थपूर्ण है, परंतु इसका सैद्धांतक आधार विवादास्पद है।
- लोक व्यय को उत्पादक और गैर-उत्पादक वर्गों में बाँटने के सैद्धांतिक आधार पर एकमत का अभाव है। इससे संबंधित विविध उपलब्ध हैं।
- आर्थिक वर्गीकरण में लोक व्यय को आर्थिक दृष्टि से अर्थपूर्ण वर्गों में बाँटा जाता है; और कार्यात्मक वर्गीकरण का आधार सरकार के कार्यकलाप रहते हैं।
- लिंगाधार वर्गीकरण नई वर्गीकरण विधियों में से एक है। इसे भारत में भी चरणबद्ध ढंग से अपनाया जा रहा है।

## सार्वजनिक व्यय के धर्मसूत्र

(Canons of Expenditure)

कर प्रणाली के धर्म सूत्रों की भांति अर्थशास्त्रियों ने सार्वजनिक व्यय के धर्म सूत्रों की भी संरचना की है जिनके आधार पर सरकार से अपने व्यय-निर्णय तय करने की अपेक्षा की जाती है। ये सूत्र सार्वजनिक साधनों के विवेकपूर्ण उपयोग तथा कानूनी औचित्य दर्शाते हैं। इनमें कुछ का आशय यह है कि सभी व्यय प्रशासनिक पद्धति के अनुसार होने चाहिए तथा कुछ अन्य सूत्रों का आशय यह है कि इन से समाज के विभिन्न उद्देश्यों की प्राप्ति में सहायता मिलनी चाहिए। वैसे यह स्मरणीय है कि इन सूत्रों की उपयोगिता सामान्य पथ-सूचकों से अधिक नहीं होती क्योंकि व्यावहारिक स्तर पर एक विस्तृत कार्यक्रम की संरचना वास्तविक परिस्थितियों के अनुरूप ही की जा सकती है।

**1. मितव्ययिता का सूत्र (Canon of Economy)**—प्रत्येक अर्थव्यवस्था के पास आवश्यकताओं की तुलना में संसाधनों की कमी रहती है। अत: सार्वजनिक व्यय द्वारा किसी प्रकार का भी साधन अपव्यय अस्वीकार्य होना चाहिए। प्रत्येक सरकार का यह कर्तव्य बनता है कि अपनी कार्य-क्षमता और उत्पादिता में कमी किए बिना अपनी गतिविधियों पर साधन व्यय को न्यूनतम करने का प्रयास करे। ध्यानयोग्य है कि कालांतर में सरकार के कार्यकलापों में फैलाव की प्रवृत्ति होने के कारण मितव्ययिता पर ध्यान देना और भी आवश्यक हो जाता है। परंतु गतिविधियों के इसी फैलाव के कारण लोक व्यय में अपव्यय के अंश का अनुमान लगाने की कठिनाइयाँ भी बढ़ती जाती हैं। इस समस्या के समाधान के लिए विचारकों ने सार्वजनिक व्यय के कई वर्गीकरणों के सुझाव दिए हैं तथा साथ ही सरकारी गतिविधियों की निष्पादन-परख की कई कसौटियाँ (tests of performance) भी निर्मित की हैं।

सार्वजनिक साधनों के अपव्यय के मुख्य कारणों में सर्वप्रथम सरकार की अपनी कार्य-विधि (style of functioning) आती है। सरकार को लोक व्यय संबंधी सुझावों (expenditure proposals) की रूपरेखा बनाने,

उनको पारित कराने तथा उनके कार्यान्वयन में आवश्यकता से अधिक समय लगता है। इस कारण लोक व्यय में लगातार वृद्धि के बावजूद इससे अपेक्षित हितों की पूर्ण प्राप्ति नहीं हो पाती। इसके अतिरिक्त यदि कीमतें भी बढ़ रही हों तो लोक व्यय और भी बढ़ जाता है। ध्यानयोग्य है कि इस समस्या के समाधान हेतु दिए गए अनेक सुझावों की वास्तविक उपयोगिता अपेक्षा से कम रहती है। इसके अतिरिक्त ब्याज की अदायगियों जैसे सरकार के कुछ खर्चे ऐसे होते हैं जिनके बारे में वह कानूनी तौर पर बाध्य होती है तथा जिनमें कमी करने का प्रश्न ही नहीं उठता।

**2. वैधता का सूत्र (Canon of Sanction)**—इस सूत्र के अनुसार सार्वजनिक साधनों का व्यय यथाविधि वैधानिक पूर्वानुमति के बिना नहीं किया जाना चाहिए। सामान्य तौर पर सर्वप्रथम प्रशासन सविस्तार व्यय सुझावों को विधान प्राधिकरण (legislative authority) से पारित कराता है तथा विस्तृत नियमों-अधिनियमों के अंतर्गत अधिकृत राशियों को खर्च करता है। लेखा-परीक्षण पद्धति (system of auditing) तथा विधायक-प्राधिकरण की परीक्षण समितियों द्वारा यह सुनिश्चित किया जाता है कि कहीं भी किसी प्रकार का अपव्यय न हो तथा कहीं भी व्यय संबंधी नियमों को न तोड़ा जाए।

**3. हित का सूत्र (Canon of Benefit)**—सार्वजनिक व्यय का अंतिम उद्देश्य समाज के निवल हित में वृद्धि करना है। इस हित के कई रूप हो सकते हैं जिनमें आय तथा धन की वितरणीय असमानताओं में कमी, उत्पादन में वृद्धि, तथा लोगों के रहन-सहन में सुधार आदि शामिल हैं। अत: सार्वजनिक व्यय का मुख्य ध्येय यह होना चाहिए कि समाज को हर संभव प्रकार से हित प्राप्ति हो और इन सब हितों का जोड़ अधिकतम संभव हो। इस कार्य हेतु विभिन्न व्यय-मदों के चयन तथा उनकी राशियों में संशोधन की आवश्यकता हो सकती है।

हित के सूत्र और मितव्ययिता के सूत्र का परस्पर घनिष्ठ संबंध है। अपव्यय होने का अर्थ ही लोक व्यय से अपेक्षित हितों की वास्तविक प्राप्ति का न होना है।

**4. अधिशेष का सूत्र (Canon of Surplus)**—इस सूत्र के अनुसार सरकार को यथासंभव घाटे के बजट से बचना चाहिए। इसका प्रयत्न यह होना चाहिए कि राजस्व खाते (revenue account) से समस्त चालू व्यय (current or revenue expenditure) को पूरा करने के पश्चात भी निवेश हेतु कुछ बच जाए। इस प्रकार सरकार की नीति यह होनी चाहिए कि यथासंभव इसकी ऋण-देनदारियों में वृद्धि न हो।

**प्रस्तावित संशोधन (Suggested Revision)**—अधिकतर अर्थशास्त्री उपरोक्त सूत्र में संशोधन के पक्ष में हैं। उनके मतानुसार इस सूत्र का स्वयं में कोई सैद्धांतिक एवं व्यावहारिक औचित्य नहीं है। बजटीय घाटे अथवा अधिशेष के औचित्य का होना अथवा न होना अर्थव्यवस्था की स्थिति और सरकार के नीति उद्देश्यों पर निर्भर करता है। इस कारण यदि अर्थव्यवस्था की व्यापार-चक्रों से रक्षा करने, इसके विकास में एक सक्रिय योगदान देने, तथा अन्य सामाजिक उद्देश्यों के लिए आवश्यकतानुसार सरकार को बजटीय घाटे (अथवा अधिशेष) की नीति अपनाने को तत्पर रहना चाहिए। यह सुझाव अल्पविकसित देशों के लिए विशेषकर अर्थपूर्ण है। इन देशों में पूँजी का अभाव एक जटिल समस्या होती है जिसके निवारण में घाटे की बजटीय नीति सहायक हो सकती है। इसके अतिरिक्त राजस्व खाते में अधिशेष रखते हुए पूँजी खाते में घाटे के विकल्प पर भी विचार किया जा सकता है। सरकार उधार लेकर शिक्षा, स्वास्थ्य आदि के अतिरिक्त अन्य ऐसी निवेश मदों का वित्त पोषण कर सकती है जो समाज और अर्थव्यवस्था के विकास में सहायक हों। सारांश यह है कि सरकार के समक्ष कई ऐसी परिस्थितियाँ आती हैं जिनमें घाटे का बजट अपनाना अनिवार्य होने के साथ-साथ अति हितकारक भी हो सकता है।

- कराधान के धर्मसूत्रों के तदनुरूप लोक व्यय के धर्म सूत्रों की भी संरचना की गई है।
- ये सूत्र प्रचलित आर्थिक चिंतन के मान्य निष्कर्षों का प्रतिनिधित्व करते हैं।
- वर्तमान में अधिशेष के सूत्र के स्थान पर यह सिफारिश की जाती है कि बजटीय नीति परिवर्तनीय और अर्थव्यवस्था और समाज की आवश्यकताओं के अनुरूप होनी चाहिए।

## सार्वजनिक व्यय में वृद्धि के सिद्धांत
(Theories of Increasing Public Expenditure)

इस खंड में दो विख्यात सिद्धांतों की चर्चा की जाएगी, जो क्रमशः 'वैगनर' तथा 'वाईज़मन और पीकॉक' के सिद्धांतों के नामों से जाने जाते हैं।

### (क) वैगनर का वर्धमान राज्य कार्यकलापों का सिद्धांत
(Wagner's Law of Increasing State Activities)

**एडोल्फ वैगनर (Adolph Wagner, 1835-1917)** एक जर्मन अर्थशास्त्री था जिसने इस सिद्धांत का प्रतिपादन मुख्यतः जर्मनी के ऐतिहासिक तथ्यों के आधार पर किया। वैगनर के अनुसार अपने कार्यकलापों में बढ़ोतरी करना हर सरकार की आंतरिक प्रवृत्ति होती है। कालांतर में विविध कारणों से उसके कार्यकलापों में फैलाव के साथ-साथ उनकी गहनता (intensity) भी बढ़ती जाती है। राज्य के कार्यकलापों का अर्थव्यवस्था के विकास के साथ फलनक [अर्थात् कार्यात्मक (functional)] संबंध इस प्रकार का होता है कि राज्य की गतिविधियों की विकास-दर अर्थव्यवस्था की विकास-दर से सदैव अधिक रहती है। वैगनर ने स्वयं अपने सिद्धांत में इस बात को स्पष्ट नहीं किया था कि राज्य के कार्यकलापों में बढ़ोतरी का अर्थ (क) कुल सार्वजनिक व्यय, (ख) (सार्वजनिक व्यय/समग्र राष्ट्रीय आय) के अनुपात तथा (ग) (सार्वजनिक क्षेत्र/कुल अर्थव्यवस्था) के अनुपात में से किस में बढ़ोतरी है। प्रो॰ मस्ग्रेव (Prof. Musgrave) का कहना है कि इनमें से वैगनर का संकेत (ग) की ओर था।

एफ. एस. नित्ती (F.S. Nitti) के मतानुसार वैगनर का सिद्धांत केवल जर्मनी पर ही नहीं, सभी सरकारों पर लागू होता है। सरकार की इस प्रवृत्ति में इसके स्तर (केन्द्रीय, राज्यीय अथवा स्थानीय), इसके इरादे/लक्ष्य (जैसे कि शाँतिप्रिय या युद्धप्रिय होना) तथा इसके अपने आकार आदि से किसी प्रकार का कोई अंतर नहीं पड़ता। प्रत्येक सरकार की इस सुदृढ़ बुनियादी प्रवृत्ति के कई कारण हैं:

**परंपरागत कार्यक्षेत्र**—सरकार के परंपरागत कार्यक्षेत्र में फैलाव की प्रवृत्ति होती है। उदाहरणार्थ देश की सुरक्षा व्यवस्था पर व्यय लगातार बढ़ता जाता है। प्रशासनिक संयन्त्र की गतिविधियों में फैलाव के साथ-साथ उनकी गहनता के बढ़ने की प्रवृत्ति भी रहती है। समाज की प्रगति के साथ-साथ सरकार को अपने प्रशासन के लिए पहले से अधिक कार्य-कुशल कर्मचारियों की आवश्यकता पड़ती है तथा अधिक महँगे उपकरणों आदि का उपयोग करना पड़ता है। समाज और अर्थव्यवस्था की बढ़ती जटिलताओं के कारण सरकार के लिए प्रशासनिक व्यवस्था में यथोचित सुधार करना भी अनिवार्य हो जाता है।

**नई गतिविधियाँ**—सरकार नित नई गतिविधियों को भी अपनाने के लिए तत्पर रहती है। ध्यानयोग्य है कि कालांतर में अर्थव्यवस्था तथा समाज की संरचना की जटिलता बढ़ने के साथ-साथ कई ऐसी समस्याएँ उभरती रहती हैं जिनके समाधान हेतु सरकार को सक्रिय भूमिका निभानी पड़ती है। साथ ही अधिकतर सरकारें दिन प्रतिदिन

अपने सामाजिक दायित्वों के प्रति अधिक सजग होती जा रही हैं। वे उन उभरती प्रवृत्तियों को अनदेखा नहीं करना चाहतीं जिनसे समाज का अहित होता हो। श्रम को शोषण से बचाने, लोगों के रहन-सहन को कल्याणमय बनाने में सहायक होने, स्वास्थ्य तथा शिक्षा आदि सेवाएँ मुहैया करने, रोज़गार तथा उत्पादन में वृद्धि लाने जैसे अनेक क्षेत्रों में उन्हें अपनी सक्रिय और सार्थक भूमिका की आवश्यकता दृष्टिगोचर होती है।

**विशेष वस्तुएँ**–कुछ सार्वजनिक वस्तुएँ ऐसी होती हैं जिनके अभाव में समाज और अर्थव्यवस्था दोनों दुर्बलता का शिकार हो जाते हैं। सामाजिक और आर्थिक विकास के साथ-साथ ऐसी वस्तुओं की संख्या एवं महत्व में भी वृद्धि होती जाती है। अतः इस अभाव के निवारण की मुख्य ज़िम्मेदारी भी राज्य की ही बनती है।

**विशेषताएँ**–वैगनर के सिद्धांत की निम्नलिखित विशेषताएँ ध्यानयोग्य हैं:

- यह सिद्धांत ऐतिहासिक तथ्यों का सामान्यीकारण (generalization) है। इसमें उन तथ्यों का वर्णन नहीं है जिनके कारण सरकार के लिए अपनी गतिविधियों को बढ़ाना अनिवार्य हो जाता है।
- परंतु यह सिद्धांत उन सभी आधुनिक जन-हितकारी सरकारों पर लागू होता है जो समाज के हित के लिए अपने आप को कर्तव्य-बद्ध मानती हैं तथा उसके लिए व्यय करने को तत्पर रहती हैं।
- लोक व्यय में अल्पावधिक कमी होने से इस सिद्धांत पर कोई आँच नहीं आती क्योंकि यह सिद्धांत मुख्य रूप से लोक व्यय की दीर्घकालीन प्रवृत्ति दर्शाता है। लोक व्यय की दर्घिकालीन वृद्धि में आने वाली रुकावटें प्रभावहीन प्रमाणित होती हैं।
- इस सिद्धांत में समय और लोक व्यय में वृद्धि के परस्पर संबंध को तार्किक (logical) अथवा कार्यात्मक फलनक (functional) आकार नहीं दिया गया। इस कारण ऐतिहासिक अनुभव के आधार पर भूतकाल की व्यय-वृद्धि की दर से भविष्य में होने वाले लोक व्यय का अनुमान नहीं लगाया जा सकता। केवल इतना ही कहा जा सकता है कि लोक व्यय में भविष्य में वृद्धि अवश्य होगी।

- वैगनर का सिद्धांत लोक व्यय में दीर्घकालीन वृद्धि की बुनियादी प्रवृत्ति को दर्शाता है।
- यह सभी प्रकार की वर्तमान सरकारों पर लागू होता है।
- परंतु इसमें तार्किकता के अधूरेपन के अतिरिक्त कार्यात्मक फलनक आकार का अभाव है।

## अन्य कारक (Additional Factors)

वैगनर के सिद्धांत को पूर्णता प्रदान करने के लिए लोक व्यय में बढ़ोतरी लाने वाले कई अन्य कारकों का वर्णन किया जा सकता है:

- जनसंख्या में लगातार वृद्धि लोक व्यय में वृद्धि का एक मुख्य कारण गिना जाता है। यह कारण विशेषकर अल्पविकसित देशों में सक्रिय होता है। जनसंख्या में वृद्धि के साथ-साथ राज्य की सामान्य सेवाओं (जैसे कि शिक्षा, स्वास्थ्य, सफाई आदि) में बढ़ोतरी होना स्वाभाविक है।
- आर्थिक विकास के साथ-साथ आबादी के शहरीकरण की प्रवृत्ति ज़ोर पकड़ती है। नए नगर अस्तित्व में आते हैं तथा पुराने नगरों की जनसंख्या बढ़ती है। शहरी आबादी पर सरकार का प्रति व्यक्ति व्यय अधिक होता है, क्योंकि शहरों में कई ऐसी सेवाओं की भी आवश्यकता पड़ती है जिनके बिना देहातों में काम चल जाता है, जैसे कि यातायात के प्रबंधन के लिए ट्रैफिक बत्तियाँ आदि।

• कीमतों में लगातार वृद्धि भी सरकारी व्यय को बढ़ाने में सहायक होती है। अन्य इकाइयों की भांति सरकार को भी कीमतें बढ़ने पर अधिक वेतन तथा भत्ते देने पड़ते हैं तथा वस्तुओं और सेवाओं को ऊँचे दामों पर क्रय करना पड़ता है।

• लोक व्यय के बढ़ने में सरकारी सेवाओं के विशिष्टीकरण (specialization) का भी योगदान रहता है। कालांतर में समाज और अर्थव्यवस्था में आने वाले परिवर्तन सरकार को भी बाध्य करते हैं कि वह अपनी सेवाओं की गुणवत्ता को बढ़ाए, पहले से महँगे उपकरणों का प्रयोग करे तथा अधिकतर कार्यों के लिए विशेषज्ञों की सहायता ले।

• एक आधुनिक अर्थव्यवस्था के *अनियंत्रित* होने से समाज को कई प्रकार के दुष्परिणामों का समाना करना पड़ता है। अतः प्रत्येक सरकार समाज की इनसे रक्षा करना अपना मूल कर्तव्य समझती है। इस उद्देश्य हेतु वह अनेक प्रकार की योजनाएँ बनाती है तथा उनके कार्यान्वयन हेतु साधनों का व्यय करने को तत्पर होती है। कई अल्पविकसित देशों में सरकार योजना-बद्ध आर्थिक विकास का दायित्व भी उठा लेती है जिसके लिए इसे सार्वजनिक क्षेत्र में निवेश व्यय करना पड़ता है तथा निजी क्षेत्र को कई प्रकार से सहायता देनी पड़ती है।

• आधुनिक सरकारों के लिए विभिन्न स्रोतों से ऋण लेने की सुगमता बढ़ गई है। अतः वे कई ऐसी व्यय-मदों के वित्त पोषण के लिए भी तैयार हो जाती हैं जिनके औचित्य पर सर्वसम्मति नहीं होती। कालांतर में इन ऋणों की अदायगी तथा इन पर देय ब्याज भी सरकारी व्यय में बढ़ोतरी के कारणों में शामिल हो जाते हैं।

• कई अर्थशास्त्रियों के मतानुसार प्रति व्यक्ति आय बढ़ने के साथ-साथ निजी सेवाओं के अतिरिक्त सरकारी सेवाओं की माँग भी बढ़ती है। सरकार इस माँग की पूर्ति के लिए अपनी गतिविधियों का विस्तार करती है जिसके फलस्वरूप इसका व्यय भी बढ़ जाता है।

• प्रत्येक सामाजिक तथा आर्थिक व्यवस्था में कुछ निहित स्वार्थ उत्पन्न हो जाते हैं जिनका यह प्रयत्न रहता है कि सरकार उनकी हित पूर्ति के लिए अपने व्यय में वृद्धि करती रहे। बहुधा सरकार स्वयं भी अपनी राजनीति से प्रेरित होकर लोक व्यय में वृद्धि करने का निर्णय लेती रहती है।

• कुछ विचारकों का यह मत है कि प्रत्येक सरकार अपने प्रशासनिक संयन्त्र को फैलाने की इच्छुक रहती है जिसका परिणाम लोक व्यय में वृद्धि के रूप में दिखाई देता है।

• विभिन्न अध्ययनों से इस मत की पुष्टि होती है कि निजी क्षेत्र की तुलना में सरकारी क्षेत्र की कार्यकुशलता कम होती है। इस कारण भी सरकार का व्यय बढ़ता है। कार्यक्षमता की इस कमज़ोरी को **उत्पादिता पिछड़ापन** (X-inefficiency) अथवा **बाओमल रोग** (Baumol's Disease) के नामों से भी जाना जाता है। वैगनर के सिद्धांत को अमेरिकी अनुभव के संदर्भ में रखते हुए **जेम्स बुकानन** (James Buchanan) और **एलन टी. पीकॉक** (Allen T. Peacock) ने सार्वजनिक व्यय और सार्वजनिक उत्पादिता में बढ़ती दूरी के तथ्य को नोट किया है तथा इसे **वैगनर वर्ग कोष्ठित** (Wagner Squared) की संज्ञा दी है। उनका निष्कर्ष दो तथ्यों पर आधारित है— *प्रथम*, वे (कर्मियों की आय/उनकी उत्पादिता) के अनुपात को लेकर दर्शाते हैं कि सरकारी कर्मचारियों के मामले में यह अनुपात अधिक तीव्रता से बढ़ता है। *दूसरे*, उनका कहना है कि समाज में उन लोगों का अनुपात बढ़ता जाता है जो सरकार द्वारा वित्त-पोषित सामाजिक सुरक्षा तथा अन्य स्कीमों से लाभान्वित होते हैं। इस कारण सार्वजनिक व्यय की समग्र राशि की बढ़ोतरी दर इतनी अधिक रहती है कि (सार्वजनिक व्यय/राष्ट्रीय आय) का अनुपात भी बढ़ता जाता है।

प्रो॰ एलन पीकॉक ने इस बात पर भी ज़ोर दिया है कि समाज के सदस्य सरकार से अधिक सेवा-सुविधाओं की माँग करते हुए इस बात को भूल जाते हैं कि सरकार अपने बढ़ते व्यय के वित्त पोषण के लिए उनकी करदेयता में

भी वृद्धि कर देगी। राजनीतिज्ञ भी उनके वोट लेने के लिए सरकारी सेवाओं में वृद्धि करने को तैयार रहते हैं परंतु इस बात पर ध्यान नहीं देते कि इसके परिणामस्वरूप कर-राजस्व को भी बढ़ाना पड़ सकता है। परिणामस्वरूप प्रत्येक सरकार अन्य संबंधित परिणामों पर विचार किए बिना अपने व्यय को बढ़ाती चली जाती है।

- इस सिद्धांत की पूर्णता के लिए लोक व्यय में बढ़ोतरी करने वाले कई अन्य कारक भी विचारणीय हैं।
- इनमें सरकार की आंतरिक प्रवृत्तियों के अतिरिक्त निहित स्वार्थों का अस्तित्व, अनियंत्रित अर्थव्यवस्था की त्रुटियाँ, सरकार की नीति-संरचना में आर्थिक-भिन्न उद्देश्यों की भूमिका आदि शामिल हैं।
- इनमें अर्थव्यवस्था और सामाज की बढ़ती जटिलताओं के अतिरिक्त प्रशासनिक व्यवस्था की कार्यक्षमता संबंधी दुर्बलताओं की भी महत्वपूर्ण भूमिका रहती है।

## (ख) वाईज़मन-पीकॉक सिद्धांत (Wiseman-Peacock Hypothesis)

इस सिद्धांत को जैक वाइज़मन (Jack Wiseman) और एलन टी पीकॉक (Allen T. Peacock) ने ब्रिटेन के 1890 से 1955 तक के लोक व्यय के इतिहास के आधार पर 1961 में प्रतिपादित किया।[2] इस सिद्धांत के अनुसार सार्वजनिक व्यय में दीर्घकालीन वृद्धि अवश्य होती है, परंतु यह निष्कोण (smooth) न होकर पैड़ीदार (stepwise) होती है, अर्थात् इसमें वृद्धि लगातार और थोड़ी-थोड़ी न होकर बड़े झटकों में होती है। लोक व्यय में इस प्रकार से वृद्धि निम्नलिखित चरणों से गुज़रती है। कभी-कभार सरकार को कुछ ऐसी सामाजिक अथवा राजनीतिक उथल-पुथल का सामना करना पड़ता है जिससे यह अपने व्यय में वृद्धि करने पर बाध्य हो जाती है। जनता की ओर से राजस्व की वृद्धि के प्रति विरोध की भावना भी इस नई स्थिति में क्षीण हो जाती है। सरकार अपनी राजस्व-प्राप्तियों में वृद्धि कर पाने के कारण अपने व्यय में भी वृद्धि कर सकती है तथा इस प्रकार सरकारी व्यय एक नए तथा ऊँचे स्तर पर आ टिकता है, अर्थात् इसके आकार में स्थाई वृद्धि हो जाती है। यह नई स्थिति तब तक बनी रहती है जब तक कि फिर से कोई नई उथल-पुथल की लहर न आ जाए। इस सारी प्रक्रिया के विभिन्न चरणों का कई शब्दावलियों से नामकरण किया गया है।

- परिवर्तित परिस्थितियों में सार्वजनिक व्यय की तुलना में राजस्व की अपर्याप्तता से निरीक्षण प्रभाव (inspection effect) उत्पन्न होता है अर्थात् समाज के सदस्यों को इस बात का आभास होता है कि सरकार की राजस्व प्राप्तियाँ उसके दायित्वों की तुलना में कम पड़ रही हैं।
- इससे उनकी कर सहनशीलता (tax tolerance) बढ़ती है, अर्थात् वे पहले से अधिक कर अदा करने को तैयार हो जाते हैं।
- कर-राजस्व के एक स्तर से दूसरे स्तर पर आने की प्रक्रिया को विस्थापन-प्रभाव (displacement effect) कहा जाता है।
- इन सबका परिणाम यह निकलता है कि राष्ट्रीय आय का पहले से बड़ा अनुपात सार्वजनिक व्यय के रूप में व्ययित होने लगता है। इस परिवर्तन को केन्द्रीकरण प्रभाव (concentration effect) की संज्ञा दी गई है।

**मूल्यांकन:** विश्लेषणात्मक स्तर पर यह सिद्धांत काफी विश्वसनीय प्रतीत होता है, परंतु यथार्थता के स्तर पर इसमें कई त्रुटियाँ हैं। वाईज़मन और पीकॉक इस बात पर ज़ोर देते हैं कि सार्वजनिक व्यय में वृद्धि पैड़ीदार होती

---

[2] Allen T. Peacock, *The Economic Analysis of Government Related Themes,* Martin Robertson, 1979, Ch. 7

है परंतु वास्तविकता यह है कि सार्वजनिक व्यय में वृद्धि लगातार होती रहती है। प्रत्येक समाज और अर्थव्यवस्था में संचारात्मक परिवर्तन आते रहते हैं, जिनकें फलस्वरूप सार्वजनिक व्यय में भी वृद्धि होती रहती है। विशेषकर अल्पविकसित देशों में यह प्रक्रिया अधिक सक्षम होती है। निष्कर्ष यह कि

- **वैगनर सिद्धांत** के विस्तारित रूप से संबद्ध वर्णित कारक सार्वजनिक व्यय में वृद्धि की **दीघकालीन प्रवृत्ति** को दर्शाते हैं, तथा;
- **वाईज़मन-पीकॉक** सिद्धांत इस बात की पुष्टि करता है कि सार्वजीनक व्यय में यह वृद्धि कई बार काफी **तीव्र झटकों से भी** होती है।

- वाईज़मन-पीकॉक सिद्धांत के अनुसार लोक व्यय में वृद्धि थोड़ी-थोड़ी और लगातार न होकर बड़े झटकों में और पैड़ीदार होती है।
- लोक व्यय में इस स्थाई वृद्धि की प्रक्रिया के वर्णन में कई शब्दावलियों का प्रयोग किया गया है।
- वास्तव में वाईज़मन-पीकॉक सिद्धांत वैगनर के सिद्धांत की पुष्टि करने के साथ-साथ इसमें यह आयाम भी जोड़ता है कि लोक व्यय में वृद्धि तीव्र झटकों से भी होती है।

## शब्दावली (Key Words)

1. सामाजिक आवश्यकताओं का प्रकटीकरण (revealed social preferences); 2. प्रत्यक्ष अनुत्पादक गतिविधियाँ/आर्थिक लगान अर्जन हेतु गतिविधियाँ (direct unproductive activities/rent seeking activities); 3. लेखाविधिक वर्गीकरण (accounting classification); 4. हस्तांतरण/हस्तांतरित व्यय (transfer expenditure); 5. गैर-हस्तांतरण व्यय (non-transfer expenditure); 6. राजस्व व्यय (revenue expenditure); 7. पूँजी व्यय (capital expenditure); 8. आयोजना व्यय (plan expenditure); 9. आयोजना-भिन्न व्यय (non-plan expenditure); 10. उपभोग व्यय (consumption expenditure); 11. उत्पादक व्यय (productive expenditure); 12. गैर-उत्पादक व्यय (non-productive expenditure); 13. आर्थिक वर्गीकरण (economic classification); 14. कार्यात्मक वर्गीकरण (functional classification); 15. सार्वजनिक व्यय के धर्मसूत्र (canons of expenditure); 16. मितव्ययिता का सूत्र (canon of economy); 17. वैधता का सूत्र (canon of sanction); 18. हित का सूत्र (canon of benefit); 19. अधिशेष का सूत्र (canon of surplus); 20. वैगनर का सिद्धांत (Wagner's Law); 21. वाईज़मन पीकॉक सिद्धांत (Wiseman-Peacock Hypothesis); 22. उत्पादिता पिछड़ापन (X-inefficiency); 23. बाओमल रोग (Baumol's Disease); 24. निरीक्षण प्रभाव (inspection effect); 25. कर-सहनशीलता (tax tolerance); 26. प्रतिस्थापन्न प्रभाव (displacement effect); 27. केन्द्रीकरण प्रभाव (concentration effect)

## अभ्यास प्रश्न

1. सार्वजनिक व्यय के अर्थ और वर्गीकरण पर एक विस्तृत नोट लिखें।
2. सार्वजनिक व्यय में लगातार बढ़ोतरी की प्रवृत्ति पर एक व्याख्यात्मक नोट लिखें जिसमें सैद्धांतिक तर्कों के अतिरिक्त ऐतिहासिक तथ्यों का भी वर्णन हो।
3. उदाहरणों सहित इस कथन की पुष्टि करें कि सरकार द्वारा एक आधुनिक समाज की वास्तविक इच्छाओं और आवश्यकताओं की ठीक-ठीक जानकारी पाना असंभव है।
4. सार्वजनिक व्यय के धर्मसूत्रों की विस्तृत जानकारी दें। क्या ये सूत्र व्यावहारिक स्तर पर भी बरतने योग्य हैं?

5. क्या व्यय के धर्मसूत्रों की संरचना में विचाराधीन अर्थव्यवस्था की संरचना, प्रकृति, और दीर्घकालीन उद्देश्यों को ध्यान में रखना चाहिए? उदाहरणों के साथ स्पष्ट करें।
6. वैगनर द्वारा प्रतिपादित वर्धमान राज्य गतिविधियों के सिद्धांत का आलोचनात्मक निरीक्षण करें।
7. वाईज़मन पीकॉक सिद्धांत की जानकारी देते हुए इसकी वैगनर के सिद्धांत से तुलना करें।
8. स्वतंत्रता के पश्चात् भारत में सार्वजनिक व्यय में लगातार वृद्धि के कारणों की समीक्षा करें। क्या आपके विचार में इतनी तीव्र वृद्धि को उचित माना जा सकता है? तर्क सहित उत्तर दें।
9. निम्नलिखित पर संक्षिप्त नोट लिखें:
   (क) सार्वजनिक व्यय में अनिवार्य रूप से लगातार वृद्धि;
   (ख) उत्पादक व्यय और गैर-उत्पादक व्यय;
   (ग) राजस्व व्यय और पूँजी व्यय;
   (घ) उपभोग व्यय और पूँजी व्यय।

# अध्याय 11

# सार्वजनिक व्यय के प्रभाव

## (Effects of Public Expenditure)

**इस अध्याय में**

- राज्य और निजी क्षेत्रों की निर्णय पद्धतियों में भिन्नता का विवेचन है।
- लोक व्यय की नीति द्वारा आर्थिक अस्थिरता को प्रापत करने और इसमें बजटीय घाटे के वित्त पोषण की भूमिका का वर्णन है।
- संतुलित बजट गुणक और इसकी सीमाओं की व्याख्या है।
- आर्थिक विकास की जटिल प्रक्रिया मे एक ऐसी लोक व्यय नीति की अर्थपूर्ण भूमिका का विवेचन है जिसका कोई मानकीकृत ढाँचा उपलब्ध नहीं है।
- आर्थिक विकास में वितरणीय असमानताओं की भूमिका के विवादास्पद प्रश्न पर विचार किया गया है और इन्हें घटाने हेतु लोक व्यय नीति की प्रभाविता का मूल्यांकन है।

## परिचय (Introduction)

सार्वजनिक व्यय के औचित्य तथा इसके प्रभावों के बारे में विचारकों के मत बदलते रहे हैं। इनमें कोई कालान्तरीय स्थिरता दिखाई नहीं पड़ती। एक समय था जब सरकार को अर्थव्यवस्था का एक अभिन्न अंग न मानते हुए सार्वजनिक व्यय के प्रभावों का अध्ययन किया जाता था। परंतु अब इस गलती को सुधार लिया गया है। अब न केवल सरकार को अर्थव्यवस्था का एक अभिन्न अंग माना जाता है, प्रत्युत्त सार्वजनिक और निजी क्षेत्रों की परस्पर निर्भरता को भी मान्यता प्रदान की जाती है। इसके साथ इस उद्देश्य को भी प्राथमिकता दी जाती है कि समस्त अर्थव्यवस्था का संचालन उसके अपने विकास तथा समाज के कल्याण के लिए किया जाना चाहिए।

**निर्णय पद्धत्तियाँ**–सार्वजनिक व्यय के प्रभावों के अध्ययन में यह तथ्य याद रखने योग्य है कि उद्देश्यों में भिन्नता होने के कारण निजी और सरकारी क्षेत्र अलग-अलग निर्णय पद्धतियों का अनुसरण करते हैं। निजी क्षेत्र से अपेक्षा की जाती है कि वह **बाज़ार सिद्धांत** का पालन करेगा, अर्थात इस का उद्देश्य अपने निजी स्वार्थ की रक्षा और संवर्धन होगा। इस उद्देश्य के अनुसरण में निजी क्षेत्र, आवश्यकता पड़ने और अवसर मिलने पर (कानूनी सीमाओं के भीतर रहते हुए), बाज़ार में माँग और पूर्ति की शक्तियों के निर्बाध संचालन में रुकावट डालने का प्रयत्न भी कर सकता है। इसके विपरीत राज्य क्षेत्र का सर्वोपरि उद्देश्य समाज कल्याण में यथासंभव बढ़ोतरी करना माना जाता है, जिसके अनुसरण में यह **राजकोषीय सिद्धांत** का अनुसरण करता है। परंतु जब निजी क्षेत्र को नियन्त्रित करने

की आवश्यकता हो तो राज्य के पास दो नीति विकल्प होते हैं— *प्रथम,* यह कि निजी क्षेत्र के प्रत्यक्ष नियंत्रण हेतु नियम-अधिनियम बनाए जाएँ, तथा *द्वितीय* यह कि अपनी **राजकोषीय नीतियों** द्वारा बाज़ार की माँग और पूर्ति शक्तियों को इस प्रकार प्रभावित किया जाए कि उसकी प्रतिक्रिया के रूप में निजी क्षेत्र की गतिविधियाँ लक्षित ढाँचे के अनुकूल हो जाएँ। ध्यानयोग्य है कि, सरकारी गतिविधियों से भी माँग और पूर्ति की शक्तियाँ प्रभावित होती हैं, अतः उनके सुचारू चुनाव से भी निजी क्षेत्र को यथोचित ढंग से प्रेरित करने की नीति तैयार की जा सकती है।

- राज्य क्षेत्र अर्थव्यवस्था का एक अभिन्न अंग है।
- राज्य और निजी क्षेत्र की निर्णय पद्धत्तियों में अंतर है। एक का आधार बाज़ार सिद्धांत है तथा दूसरे का राजकोषीय सिद्धांत।

## सार्वजनिक व्यय तथा आर्थिक स्थिरता

(Public Expenditure and Economic Stability)

यह एक सर्वविदित तथ्य है कि बाज़ार व्यवस्था में ईष्टतम आर्थिक निष्पादन (optimum economic performance) सुनिश्चित करने का सामर्थ्य नहीं होता। अर्थव्यवस्था जितनी विकसित हो तथा जितनी अन्य अर्थव्यवस्थाओं से विदेशी व्यापार आदि के माध्यम से जुड़ी हो, उतनी ही इसकी आर्थिक अस्थिरता से ग्रस्त होने की संभावना बढ़ जाती है। इसकी राष्ट्रीय आय के साथ-साथ इसके उत्पादन स्तर, कीमत तथा अन्य आर्थिक आयाम उतने ही अधिक उतार-चढ़ाव का शिकार होने लगते हैं। इतिहास बताता है कि पूँजीवाद तथा अनियन्त्रित बाज़ार व्यवस्था के विकास के साथ-साथ व्यापार चक्रों की तीव्रता में भी बढ़ोतरी होती जाती है। इन **व्यापार चक्रों की उत्पत्ति का मुख्य कारण माँग और पूर्ति में किसी न किसी प्रकार का असंतुलन है** और इसे दूर करने के लिए राजकोषीय नीति (विशेषकर इसका व्यय पक्ष) एक प्रभावी भूमिका निभा सकती है।

**कीन्स (Keynes)**—प्रो॰ कीन्स ने व्यापार-चक्र के मंदी-चरण से निपटने के लिए सार्वजनिक व्यय के प्रयोग का विस्तारपूर्वक विश्लेषण किया है। कीन्स के अनुसार एक बाज़ार व्यवस्था वाली अर्थव्यवस्था सदैव प्रभावी माँग की अपर्याप्तता (deficiency of effective demand) से ग्रस्त रहती है। इसका कारण यह है कि आय बढ़ने के साथ-साथ उपभोग की सीमांत प्रवृत्ति (marginal propensity to consume) तथा निवेश बढ़ने के साथ-साथ पूँजी की सीमांत कार्यक्षमता (marginal efficiency of capital, MEC) अर्थात् निवेश से भविष्य में अपेक्षित अनुमानित सीमांत लाभकारिता घटती जाती है। इनके कारण अर्थव्यवस्था में सकल व्यय के प्रवाह में होने वाली कमी को सार्वजनिक व्यय में वृद्धि से पूरा किया जा सकता है। सार्वजनिक व्यय में वृद्धि होने पर निजी उपभोग और निवेश भी प्रोत्साहित होते हैं जिससे समग्र प्रभावी माँग को बढ़ाने में अतिरिक्त सहायता मिलती है।

जहाँ तक सार्वजनिक व्यय के लिए वित्तीय साधन जुटाने का प्रश्न है, इसके लिए घाटे का बजट (budgetary deficit) एक प्रभावी विधि मानी जाती है। घाटे के बजट द्वारा समग्र प्रभावी माँग में वृद्धि लाने तथा मंदी को दूर करने की व्याख्या निम्नलिखित है:

1. यदि बजटीय घाटा केन्द्रीय बैंक से उधार लेकर अथवा जमा रोकड़ में निवल कमी (drawing down of cash balances) के द्वारा अथवा अतिरिक्त करेंसी के निर्माण और प्रयोग के द्वारा पूरा किया जाए तो बाज़ार में प्रचलित करेंसी की मात्रा तद्नुसार बढ़ जाती है। अन्य स्थितियों के पूर्ववत् रहते, प्रचलित करेंसी में इस वृद्धि के फलस्वरूप बाज़ार में प्रभावी माँग बढ़ जाती है। बैंक अतिरिक्त साख का सृजन कर सकते हैं तथा मंदी को दूर करने में सहायता मिलती है।

2. यदि सरकार बैंकों से उधार ले, तो उनके पास सरकारी वित्तीय प्रतिभूतियों (financial securities) का भंडार बढ़ जाता है। इससे उन्हें यह भरोसा मिलता है कि आवश्यकता पड़ने पर इन प्रतिभूतियों के विक्रय द्वारा अतिरिक्त करेंसी का प्रबंध किया जा सकता है। अत: वे व्यापारियों और निर्माताओं आदि को पहले से अधिक उधार देने तथा साख सृजन करने को तत्पर हो जाते हैं। इससे भी मंदी को दूर करने में सहयाता मिलती है।

3. यदि सरकार बैंक-भिन्न (non-banking) आर्थिक इकाइयों, जैसे कि व्यक्तियों, कुटुम्बों, व्यवसायों आदि से उधार ले, तो इसका आर्थिक मंदी को दूर करने में योगदान अनिश्चित हो जाता है। उदाहरणार्थ यदि सरकार के ऋणदाता अपने उपभोग में कमी न करे तथा निजी क्षेत्र के निवेशकर्ता अपने निवेश में कमी न करे, तो सकल व्यय-प्रवाह में बढ़ोतरी द्वारा मंदी पर काबू पाने की आशा की जा सकती है। परंतु इसके विपरीत यदि सरकार के ऋणदाता अपने उपभोग व्यय को घटा दें, अथवा निजी क्षेत्र अपने निवेश में कमी कर दे, तो सरकार द्वारा बढ़ाया गया व्यय उसी अंश तक प्रभावहीन हो जाएगा तथा समग्र प्रभावी माँग में अपेक्षाकृत बढ़ोतरी न होने के कारण मंदी पर काबू पाने की कठिनाई भी बढ़ जाएगी।

4. सरकारी बजट को घाटे का बनाने की एक अन्य विधि यह है कि सरकार अपने व्यय को कायम रखते हुए कर-राजस्व को घटा दे। इससे करदाताओं की करोपरांत आय बढ़ जाती है। यह आशा की जाती है कि ऐसा होने पर करदाता अपना उपभोग व्यय बढ़ा देंगे जिसके परिणामस्वरूप मंदी पर काबू पाया जा सकेगा।

प्रो॰ कीन्स के उपर्युक्त तर्क को व्यापार-चक्र के तेज़ी के चरण को हटाने के लिए भी प्रयुक्त किया जा सकता है। इस कार्य-हेतु सरकार से बजट अधिशेष (surplus budget) की नीति अपनाने की सिफारिश की जाती है ताकि सरकार की राजस्व प्राप्तियाँ इसके व्यय से अधिक रहें। सरकार द्वारा इस प्रकार समग्र प्रभावी माँग में कमी करने के प्रयास की सफलता इस बात पर निर्भर करती है कि निजी क्षेत्र के उपभोक्ता तथा निवेशकर्ता अपने व्यय में वृद्धि न करें।

प्रो॰ लर्नर (Prof. Lerner) ने प्रो॰ कीन्स के उपर्युक्त तर्क को व्यापार-चक्र के मंदी तथा तेज़ी के दोनों चरणों के लिए सुझाते हुए इसे कार्यात्मक वित्त (Functional Finance) की संज्ञा दी है। इसमें मूलत: सरकार से इस बात की सिफारिश की गई है कि मंदी के दिनों में घाटे का तथा तेज़ी के चरण में बचत का बजट अपनाए तथा साथ ही यह भी सुनिश्चित करे कि निजी क्षेत्र की गतिविधियाँ इसकी बजटीय नीति के अनुकूल हों, अर्थात् मंदी के दिनों में निजी व्यय-प्रवाह बढ़े और तेज़ी के चरण में घटे।

- प्रो॰ कीन्स के अनुसार एक बाज़ार-संचालित अर्थव्यवस्था सदैव प्रभावी माँग की अपर्याप्तता से पीड़ित रहती है।
- सरकार इस अपर्याप्तता को बजटीय घाटे की नीति द्वारा दूर काने का प्रयास कर सकती है।
- प्रो॰ लर्नर ने कीन्स के तर्क को मंदी और तेज़ी के दोनों चरणों के संदर्भ में "कार्यात्मक वित्त" का रूप दिया है।
- बजटीय नीति की प्रभाविता बनाए रखने के लिए निजी व्यय प्रवाह में होने वाला परिवर्तन इस नीति के अनुकूल होना चाहिए।

## संतुलित बजट गुणक
(Balanced Budget Multiplier)

प्रो॰ कीन्स तथा प्रो॰ लर्नर के पश्चात् सरकार की बजटीय नीति पर खोजबीन द्वारा विश्लेषणकर्ता इस निष्कर्ष पर पहुँचे कि बजट को संतुलित रखे हुए भी अर्थव्यवस्था में प्रभावी माँग को घटाया-बढ़ाया जा सकता है। इस खोज

के आधार पर संतुलित बजट गुणक (Balanced Budget Multiplier) के सिद्धांत को प्रतिपादित किया गया। इस सिद्धांत के अनुसार सरकार के बजट के आकार मात्र के बढ़ने से ही अर्थव्यवस्था में समग्र प्रभावी माँग बढ़ जाती है, जिससे मंदी पर काबू पाने में सहायता मिलती है। इसके विपरीत बजट के आकार में कमी करने भर से अर्थव्यवस्था में समग्र प्रभावी माँग घट जाती है। यह सिद्धांत इस तर्क पर आधारित है कि जब सरकार अपने व्यय में बढ़ोतरी के बराबर कर राजस्व में भी बढ़ोतरी करती है तो करदाता अपने उपभोग व्यय में अपनी करदेयता में वृद्धि के बराबर कमी नहीं करते (क्योंकि उनकी सीमांत उपभोग वृत्ति सदा एक से कम होती है)। इससे अर्थव्यवस्था में सकल व्यय-प्रवाह बढ़ जाता है। ठीक इसी प्रकार सरकार द्वारा अपने व्यय और कर राजस्व में एक साथ और एक बराबर कमी करने पर व्यय प्रवाह में कमी आती है। परंतु करदाता (जिनकी करोपरांत आय में बढ़ोतरी हो जाती है) अपने उपभोग में उससे कम वृद्धि करते हैं तथा इस प्रकार अर्थव्यवस्था में समग्र प्रभावी माँग पहले से कम रह जाती है।

व्यापार चक्रों को बजटीय नीति द्वारा नियमित करने का उद्देश्य तभी प्राप्त किया जा सकता है जब इससे समग्र प्रभावी माँग में आवश्यकतानुसार परिवर्तन लाया जा सके तथा निजी क्षेत्र अर्थव्यवस्था की समग्र प्रभावी माँग में परिवर्तन के अनुकूल अपनी गतिविधियों के स्तर को बदल सके। यह तभी संभव है जब अथव्यवस्था दो बुनियादी शर्तों को पूरा करती हो अर्थात्:

- अर्थव्यवस्था विकसित एवं प्रतिक्रियात्मक (resilient, quicky adjustable) हो, तथा;
- मंदी के चरण में इसमें पर्याप्त अप्रयुक्त उत्पादन क्षमता (sufficient unutilized production capacity) हो।

इन शर्तें के पूरा न होने पर केवल समग्र माँग प्रवाह में घटा-बढ़ी द्वारा अर्थव्यवस्था के प्रचालन-स्तर (operating level) में पर्याप्त परिवर्तन नहीं लाया जा सकता। इसके अतिरिक्त, *एक साथ हर समय*, अधिकतर अर्थव्यवस्थाओं के कुछ क्षेत्रों में माँग की अधिकता और कुछ अन्य में माँग का अभाव देखने को मिलता है। इसका बुनियादी कारण यह है कि अर्थव्यवस्था के विभिन्न क्षेत्र कई प्रकार के प्रतिबंधों (restrictions) से पीड़ित रहते हैं। ये प्रतिबंध कानूनी, तकनीकी, सामाजिक, संस्थानिक एवं एकाधिकारिक आदि कई प्रकार के हो सकते हैं। परिणामस्वरूप अर्थव्यवस्था के सभी क्षेत्रों की माँग प्रवाहों के प्रति प्रतिक्रिया एक समान नहीं हो पाती। स्मरणीय है कि ये कठोरताएं (rigidities) विकसित अर्थव्यवस्थाओं में भी प्रचुर मात्रा में पाई जाती हैं। इन कठोरताओं के कई रूप-आकार देखने को मिलते हैं जिनमें एकाधिकारक प्रवृत्तियाँ, कानूनी अड़चनें, संसाधनों की अपूर्ण गतिशीलता, करों का अस्तित्व, आर्थिक गतिविधियों के लिए आवश्यक कई सुविधाओं का अभाव आदि शामिल हैं।

इसी प्रकार एक अल्पविकसित अर्थव्यवस्था में इस प्रकार की अनम्यताएँ और भी सक्षम तथा व्यापक होती हैं। उदाहरणार्थ इसमें कुछ वस्तुओं का अभाव एक सामान्य बात है। बहुधा यह भी देखने में आता है कि इस अर्थव्यवस्था में कुछ उद्योगों का अस्तित्व ही नहीं होता तथा कुछ अन्य की उत्पादन क्षमता काफी कम होती है। इसमें कानूनी तथा संस्थानिक (legal and institutional) रुकावटें भी अधिक प्रभावी तथा शक्तिशाली होती हैं।

सारांश यह कि संतुलित बजट गुणक का सिद्धांत अति सरल और सुव्यवस्थित स्थिति के संदर्भ में तो उपयोगी हो सकता है, परंतु वास्तविकता के स्तर पर इसकी सीमाएँ स्वस्पष्ट हैं। अर्थव्यवस्था विकसित हो अथवा अविकसित, दोनों दशाओं में इस सिद्धांत के प्रयोग में कठिनाइयाँ आती हैं। और एक विस्तृत राजकोषीय नीति की संरचना के संदर्भ में ये कठिनाइयाँ और भी बढ़ जाती हैं।

- संतुलित बजट गुणक सिद्धांत इस बुनियादी तथ्य को दर्शाता है कि बजट के आकार मात्र का अर्थव्यवस्था के व्यय-प्रवाहों पर प्रत्यक्ष प्रभाव पड़ता है।
- प्रत्येक अर्थव्यवस्था कुछ प्रतिबंधों से पीड़ित रहती है, जिससे एक विस्तृत राजकोषीय नीति की संरचना की आवश्यकता पड़ती है।
- परंतु ऐसी राजकोषीय नीति की संरचना में कई कठिनाइयाँ आती हैं।

## सार्वजनिक व्यय तथा उत्पादन
(Public Expenditure and Production)

अर्थव्यवस्था के उत्पादन-प्रवाह में बढ़ोतरी हेतु सार्वजनिक व्यय की नीति विविध प्रकार से उपयोगी हो सकती है। परंतु विकसित एवं अल्पविकसित देशों की विशेषताओं और उनकी तुलनात्मक नम्यता में अंतर होने के कारण इसकी संरचना में निम्नलिखित बातों को ध्यान में रखना हितकर रहता है।

**विकसित अर्थव्यवस्था**–ऐसी अर्थव्यवस्था में 'पर्याप्त' नम्यता होने के बावजूद प्रभावी माँग (effective demand) की कमी की संभावना अति प्रबल रहती है। परंतु 'नम्यता' के कारण सार्वजनिक व्यय द्वारा प्रभावी माँग में वृद्धि किए जाने पर बाज़ार-शक्तियों की क्रिया-प्रतिक्रिया से उत्पादन प्रवाह बढ़ सकता है। ध्यानयोग्य है कि, सार्वजनिक व्यय का एक भाग राज्य-भिन्न इकाइयों को हस्तांतरण का रूप भी ले सकता है। परंतु हस्तांतरित राशियों के मामले में यह सुनिश्चित करना आवश्यक रहता है कि यह अतिरिक्त क्रय-शक्ति केवल उन आर्थिक इकाइयों के हाथ लगे जो इसकी प्राप्ति पर अपने व्यय में वृद्धि कर देंगी।

स्मरणीय है कि प्रभावी माँग में वृद्धि द्वारा उत्पादन बढ़ाने की नीति **पूर्ण रोज़गार** की प्राप्त हो जाने पर निष्क्रिय हो जाती है।[1] यदि पूर्ण रोज़गार के प्राप्त हो जाने के पश्चात् भी माँग में वृद्धि की जाए तो उत्पादन के स्थान पर केवल कीमतें बढ़ती हैं। यह भी ध्यानयोग्य है कि कीन्स द्वारा परिभाषित पूर्ण रोज़गार की स्थिति किसी विकसित अर्थव्यवस्था के संपूर्ण परिसर में एक साथ नहीं आती। तथ्य यह है कि सदैव कुछ उद्योग तत्काल उत्पादन बढ़ाने की स्थिति में नहीं होते तथा कुछ बढ़ा सकते हैं। इसी प्रकार कुछ उद्योगों द्वारा दीर्घकालीन नीति के अनुसरण में निवेश करते रहने के फस्वरूप उनकी उत्पादन क्षमता में भी वृद्धि होती रहती है। इसी प्रकार अर्थव्यवस्था में समग्र माँग बढ़ने पर सभी वस्तुओं और सेवाओं की माँग एक बराबर नहीं बढ़ती किसी की माँग कम बढ़ती है तो किसी की अधिक; किसी की माँग पूर्ववत् बनी रहती है, तो किसी की घट भी सकती है। कहने का तात्पर्य यह है कि जब सार्वजनिक व्यय द्वारा प्रभावी माँग बढ़ाई जाए तो अनेक कारणों की क्रिया-प्रतिक्रिया के फलस्वरूप माँग के सभी घटक और सभी कीमतें किसी एक अनुपात में नहीं बढ़ते।

**अल्पविकसित अर्थव्यवस्था**–एक अल्पविकसित अर्थव्यवस्था विविध प्रकार के संरचनात्मक और संस्थानिक दोषों (structural and institutional deficiencies) से ग्रस्त होती है। इसमें बचत और निवेश की दरें कम होती हैं। इसमें अवसंरचनात्मक सुविधाओं, पूँजी संयंत्रों और मशीनरी, तकनीकी-प्रयुक्तियों तथा मानवीय पूँजी का अभाव होता है। कई महत्वपूर्ण उद्योगों का अस्तित्व तक नहीं होता तथा कई अविकसित स्थिति में होते हैं। अत: ऐसी अर्थव्यवस्था की उत्पादन क्षमता में वृद्धि करने तथा उसके प्रभावी उपयोग हेतु इन दोषों को दूर करना अति

[1] कीन्स के अनुसार पूर्ण रोज़गार की स्थिति वह है, जहाँ पर अर्थव्यवस्था किसी भी कारणवश अपने उत्पादन में बढ़ोतरी करने में असमर्थ हो।

आवश्यक होता है। बचत और निवेश की दरें बढ़ाने में सार्वजनिक व्यय एक विशेष प्रभावी भूमिका निभा सकता है। परंतु सार्वजनिक व्यय की केवल सकल मात्रा में वृद्धि करने से काम नहीं बनता। इसके घटकों पर भी ध्यान देने की उतनी ही आवश्यकता होती है अर्थात् केवल सार्वजनिक व्यय में वृद्धि और इसके आयोजनाबद्ध प्रयोग द्वारा पूँजी निर्माण और उत्पादन-प्रवाह में वृद्धि नहीं की जा सकती। इसके लिए मार्ग में आने वाली अन्य रुकावटों को भी दूर करना आवश्यक रहता है।

**व्यय नीति के कुछ घटक**–सार्वजनिक व्यय के प्रयोग से एक अल्पविकसित अर्थव्यवस्था के बाज़ार क्षेत्र की विकास प्रक्रिया और पूँजी निर्माण को प्रोत्साहित किया जा सकता है। बदलती परिस्थितियों के अनरूप इस नीति के कई आयाम हो सकते हैं। उदाहरणार्थ सरकार अपनी आवश्यकताओं की पूर्ति के लिए यह तय कर सकती है वह विदेशी वस्तुओं के स्थान पर केवल देश में उत्पादित वस्तुओं को ही क्रय करेगी। छोटे पैमाने वाले उद्यमों के श्रम-प्रधान होने के कारण उनके उत्पादन खरीदने पर रोज़गार को बढ़ावा मिलता है। इसी प्रकार सार्वजनिक व्यय नीति का एक उद्देश्य उत्पादन-ढाँचे में विभिन्न साधन-अभावों और त्रुटियों को दूर करना भी हो सकता है। भारत जैसे बड़े क्षेत्रफल वाले अल्पविकसित देशों में बहुधा प्रादेशिक आर्थिक असमानताएँ एक गहन समस्या का रूप धारण कर लेती हैं। सार्वजनिक व्यय का प्रयोग इनको घटाने में भी अति लाभदायक सिद्ध हो सकता है, क्योंकि इससे पिछड़े इलाकों में कई प्रकार के उद्योगों की लाभकारिता में वृद्धि की जा सकती है। इसी प्रकार लोक व्यय नीति में अनुसंधान तथा विकास-खोज' (research and development) के प्रोत्साहन को विशेष स्थान दिया जा सकता है।

**सतर्कता**–समाज के निवल हितों में यथासंभव बढ़ोतरी हेतु एक उपयोगी लोक व्यय नीति की संरचना में सरकार को कुछ बुनियादी सतर्कता बरतने की सिफासिश की जाती है।

1. कई परियोजनाएँ तथा स्कीमें ऐसी होती हैं जिनका उत्पादन प्रारंभ होने में कई वर्ष लग जाते हैं। परंतु उनपर होने वाले व्यय के कारण माँग एवं कीमतों पर दबाव एकदम पड़ने लगता है। अत: यह ध्यान रखना आवश्यक है कि माँग और पूर्ति में इस अंतराल के कारण कीमतों में अनुचित वृद्धि न हो।

2. आयोजनाओं को बनाने और उनके कार्यान्वयन में त्रुटियाँ होने पर साधनों का अपव्यय होता है, जिसे घटाने का हर संभव प्रयत्न किया जाना चाहिए।

3. प्रत्येक अर्थव्यवस्था में आवश्यकताओं की तुलना में संसाधनों की कमी होती है। इसलिए परियोजनाओं और स्कीमों का चुनाव उनसे अपेक्षित आर्थिक-सामाजिक हितों के आधार पर किया जाना चाहिए। आदर्श स्थिति तो वह है जिसमें प्रत्येक विचाराधीन परियोजना तथा स्कीम के लागत-हित का ब्यौरेवार विश्लेषण किया जाए तथा परिणामों की तुलना करने के पश्चात् ही अंतिम निर्णय लिए जाएँ। इस चुनाव-प्रक्रिया में यह भी सुनिश्चित किया जाना चाहिए कि आर्थिक एवं सामाजिक दृष्टिकोण से केवल उच्चतम प्राथमिकता वाली परियोजनाओं और स्कीमों को चुना जाए।

4. सामान्यत: एक अल्पविकसित अर्थव्यवस्था के बहुत-से उत्पादन साधन अप्रयुक्त अवस्था में (बेकार) होते हैं। अत: सामाजिक दृष्टिकोण से इनको उत्पादन प्रक्रिया में लाने की 'साधन लागत' शून्य तुल्य होती है। लोक व्यय नीति में परियोजनाओं के चयन एवं निजी क्षेत्र में लोक व्यय द्वारा निवेश को प्रोत्साहित करते समय इस तथ्य पर विशेष ध्यान देना चाहिए।

5. स्मरणीय है कि सार्वजनिक व्यय के स्रोतों और उनकी प्रयोग विधियों से भी अर्थव्यवस्था की उत्पादन प्रक्रिया प्रभावित होती है। उदाहरणार्थ सार्वजनिक व्यय के वित्तीय स्रोतों पर विचार करें। ये स्रोत कर-राजस्व, बाज़ार उधार,

केन्द्रीय बैंक से उधार, विदेशों से उधार, कर-भिन्न आय तथा प्रतिसंपत्तियों का बेचना आदि हो सकते हैं तथा हर स्रोत से अलग प्रकार के प्रभावों की अपेक्षा की जाती है।

- उत्पादन-प्रवाह को बढ़ाने हेतु लोक व्यय की नीति की संरचना विकसित और अल्पविकसित देशों की विशेषताओं के अनुरूप होनी चाहिए।
- कीन्स की विश्लेषणात्मक संरचना में एक विकसित देश में 'पर्याप्त' नम्यता होने के बावजूद लोक व्यय की नीति पूर्ण रोज़गार की सीमा के पश्चात् उत्पादन बढ़ाने में असफल रहती है।
- यथार्थ में माँग प्रवाह में वृद्धि होने पर उत्पादन और कीमतें दोनों बढ़ते हैं।
- एक अल्पविकसित अर्थव्यवस्था संरचनात्मक और संस्थानिक दोनों प्रकार के दोषों से पीड़ित रहती है।
- व्यय नीति तभी प्रभावी हो सकती है जब वह परिस्थितियों के अनुरूप विस्तृत हो और उसके घटकों में तालमेल हो।

## सार्वजनिक व्यय तथा आर्थिक विकास
(Public Expenditure and Economic Development)

आर्थिक विकास एक अति जटिल प्रक्रिया है, जो विविध प्रकार के कारकों द्वारा प्रभावित होती है। लोक व्यय की नीति विकास प्रक्रिया में एक उपयोगी भूमिका निभा सकती है परंतु इस नीति का का कोई मानकीकृत ढाँचा उपलब्ध नहीं है और इसकी संरचना में परिवर्तनीय परिस्थितियों के अनुसार विवेकपूर्ण और संशोधनीय निर्णयों की आवश्यकता रहती है।

उपर्युक्त विवेचन से आर्थिक विकास में सार्वजनिक व्यय की भूमिका के कुछ अंश भी प्रतिबिम्बित होते हैं। एक विकसित अर्थव्यवस्था में विकास की शक्तियों के सृजन अथवा उन्हें सक्रिय करने की आवश्यकता नहीं होती; केवल विकास मार्ग में आने वाली रुकावटों को दूर करने की आवश्यकता होती है और सामान्यत: व्यापार-चक्रों पर काबू पाना और निवेश व्यय को प्रोत्साहित करना पर्याप्त रहता है।

इसके विपरीत एक अल्पविकसित अर्थव्यवस्था में सार्वजनिक व्यय की भूमिका अति जटिल और अर्थपूर्ण हो सकती है। इसमें सार्वजनिक व्यय का प्रयोग सामाजिक अवसंरचनात्मक सुविधाओं की कृति, मानवीय पूँजी के निर्माण, बुनियादी और मूल उद्योगों के विकास, अनुसंधान तथा निर्माण खोज आदि के लिए किया जा सकता है। अल्पविकसित अर्थव्यवस्था की इन विशेषताओं के कारण इसमें बचत और निवेश बढ़ाने, जैसे 'सामान्य' उद्देश्यों के लिए भी व्यय नीति के प्रत्येक अंश पर विशेष ध्यान देने की आवश्यकता होती है, क्योंकि लोगों के कार्य करने, बचत करने तथा निवेश करने की **इच्छा और क्षमता** अनेकों भावनाओं और तथ्यों द्वारा निर्मित होते हैं, जिन्हें लोक व्यय की नीति को तय करते समय ध्यान में रखना आवश्यक रहता है। यह भी स्मरणीय है कि, लोक व्यय की नीति की प्रभाविता सरकार की प्रशासनिक क्षमता एवं अन्य संबद्ध तथ्यों पर भी निर्भर करता है।

आर्थिक विकास के लिए केवल सार्वजनिक व्यय की नीति प्रयाप्त नहीं रहती। इससे तो केवल इतना ही सुनिश्चित किया जा सकता है कि निवेश की कुछ मदें वित्त-पोषण के अभाव के कारण न रुकें तथा निवेश साधन कुछ निर्दिष्ट मदों में हस्तांतरित हो सकें। परंतु आर्थिक विकास पर इन सबके अतिरिक्त कुछ अन्य कारकों का भी प्रभाव पड़ता है। तथा ये अन्य प्रभाव भी विकास प्रक्रिया के अनुकूल होने चाहिए। यह तभी संभव है जब एक समग्र विकास नीति का गठन किया जाए और उसमें सार्वजनिक व्यय को एक यथोचित भूमिका प्रदान की जाए।

इस प्रकार आर्थिक नीति के सभी आयामों, लक्ष्यों तथा घटकों का एक साथ निर्धारण करने पर तथा सार्वजनिक व्यय को उसमें उचित स्थान देने पर ही सफलता की अपेक्षा की जा सकती है।

- आर्थिक विकास एक अति जटिल प्रक्रिया है जिसे विविध प्रकार के कारक प्रभावित करते हैं।
- विकास हेतु लोक व्यय की नीति का कोई मानकीकृत ढाँचा उपलब्ध नहीं है।
- अल्पविकसित अर्थव्यवस्था में लोक व्यय की नीति की प्रभाविता के लिए इसका बहु आयामी और विस्तृत होना आवश्यक है।
- आर्थिक विकास में लोक व्यय की नीति की भूमिका सीमित होती है।

## सार्वजनिक व्यय और वितरण
(Public Expenditure and Distribution)

**समस्या–**वितरणीय असमानताएँ बाज़ार व्यवस्था का एक शाप हैं। इनसे निम्न तथा पूर्व-निश्चित मौद्रिक आय वाले लोग पीड़ित होते हैं। तुलनात्मक दृष्टि से वितरणीय असमानताओं की समस्या विकसित अर्थव्यवस्थाओं के लिए कम कष्टदायक होती है क्योंकि वहाँ पर प्रति व्यक्ति आय का उच्च स्तर होने के कारण गरीब परिवार भी अपनी दैनिक आवश्यकताएँ सुगमता से पूरी कर सकते हैं तथा उनका जीवन स्तर स्वीकार्य बना रहता है। परंतु अल्पविकसित देशों में कुल मिलाकर गरीबी की व्यापकता इतनी अधिक होती है कि वहाँ के अधिकतर गरीब लोग दरिद्रता की रेखा से भी नीचे चले जाते हैं। यह एक सर्वमान्य धारणा है कि इस प्रकार की वितरणीय असमानताओं को दूर करने का पूर्ण प्रयत्न किया जाना चाहिए, क्योंकि इनके रहते आर्थिक और सामाजिक विकास का होना निरर्थक है और इनसे कई प्रकार की सामाजिक एवं अन्य समस्याएँ भी उत्पन्न होती हैं। गरीबी और दरिद्रता स्वयं में भी मानवता के लिए किसी श्राप से कम नहीं तथा इनसे यथासंभव छुटकारा पाना ही श्रेयस्कर है।

**समाधान संबंधी तर्क–**एक मतानुसार आर्थिक विकास के लिए बचत और निवेश की ऊँची दरों का होना आवश्यक है और आय और धन की वितरणीय असमानताओं को घटाने से ये हतोत्साहित होती हैं। क्योंकि ऊँची आय वाले लोगों की बचत प्रवृत्ति अधिक होती है, अत: उनकी आय के एक अंश को निम्न आय वर्गों को हस्तांतरित किए जाने पर देश में कुल उपभोग व्यय बढ़ जाता है तथा बचत और निवेश घट जाते हैं।

परंतु वितरणीय असमानताएँ बनाए रखने के पक्ष में उपर्युक्त तर्क काफी भ्रामक है। आर्थिक विकास केवल पूँजी के अस्तित्व एवं इसके उपयोग का ही प्रतिफल नहीं होता। उसमें श्रम की उत्पादिता का भी उतना ही योगदान रहता है जितना कि अन्य उत्पादन साधनों का। अत: सार्वजनिक व्यय का एक मुख्य उद्देश्य श्रम की उत्पादिता में वृद्धि लाना होना चाहिए जिसके लिए श्रम-कल्याण पर विशेष ध्यान देने की आवश्यकता होती है। इस संदर्भ में विचारणीय है कि गरीबी और दरिद्रता के होते शिक्षण-प्रशिक्षण तो दूर, श्रमिक वर्ग अपनी दैनिक आवश्यकताओं को भी पूरा करने में असमर्थ रहते हैं। ऐसी परिस्थितियों में श्रम की उत्पादिता के उच्चस्तरीय होने का प्रश्न ही नहीं उठता।

वितरणीय समानताओं के पक्ष में एक अन्य तर्क यह है कि आर्थिक विकास के साथ अर्थव्यवस्था में उत्पादन बढ़ता है। उत्पादन के उच्च स्तर को कायम रखने के लिए प्रभावी माँग का होना आवश्यक है। वितरणीय असमानताओं के घटने पर उच्च आय-वर्गों की आय में कमी के साथ उनकी प्रभावी माँग घटती है; परंतु सीमांत उपभोग वृत्ति अधिक होने के कारण निम्न-आय वर्गों की प्रभावी माँग इससे अधिक बढ़ती है। परिणामस्वरूप सकल प्रभावी

माँग भी बढ़ जाती है। जहाँ तक बचत बढ़ाने का प्रश्न है, यदि बाज़ार व्यवस्था बचत में वृद्धि लाने में असमर्थ रहे तो यह कार्यभार सरकार संभाल सकती है।

आय की असमानताओं को घटाने के पक्ष में कुछ अन्य तर्क भी दिए जा सकते हैं। कई देशों में इन असमानताओं को घटाने पर भी विकास प्रक्रिया पर कोई बुरा प्रभाव नहीं पड़ा। असमानताओं को घटाने से अधिकतम संभव सामाजिक हित प्राप्त करने में भी सहायता मिलती है। देखा जाए तो समग्र आर्थिक नीति का अंतिम लक्ष्य अधिकतम संभव सामाजिक हित ही होना चाहिए। आय के समान वितरण के पक्ष में हम चाहे सैद्धांतिक स्तर पर उपयोगिता की अंतर्वैयक्तिक तुलना (interpersonal comparison) न कर सकें, परंतु सामान्य ज्ञान के आधार पर असमानताओं को घटाने की उपयुक्तता से इनकार नहीं किया जा सकता।

**असमानताओं की व्युत्पत्ति (Origin)**—एक बाज़ार व्यवस्था में, अन्य कारकों के अतिरिक्त तीन कारक मुख्य रूप से वितरणीय असमानताएँ बढ़ाने में सहायक होते हैं, अर्थात् (क) कीमतों में वृद्धि, (ख) निजी संपत्ति की संस्था, तथा; (ग) उत्तराधिकारिता की संस्था (increase in prices, and institutions of private property and inheritance)।

**समाधान**–यह मानते हुए कि समाज बाज़ार व्यवस्था का त्याग करना नहीं चाहता, सार्वजनिक व्यय की नीति ऐसी होनी चाहिए जो उपर्युक्त तीनों कारकों की शक्ति को कमज़ोर करने में सहायता दे। इस लक्ष्य की प्राप्ति तभी संभव है जब सार्वजनिक व्यय की नीति कुछ महत्वपूर्ण घटकों का एक उचित मिश्रण हो। इन नीति घटकों की रूप रेखा निम्न प्रकार से होनी चाहिए:

1. गरीबी और दरिद्रता का एक रूप वह है जिसमें निम्न आय वर्ग के लोग क्रय शक्ति के अभाव में अपनी बुनियादी आवश्यकताओं की वस्तुएँ और सेवाएँ भी नहीं खरीद सकते। अत: ऐसी वस्तुओं को कम दामों पर निम्न आय के वर्गों को मुहैया कराने के लिए उपयुक्त अनुदानों (subsidies) की व्यवस्था की जानी चाहिए। इसके अतिरिक्त सार्वजनिक व्यय का एक भाग परिस्थितियों के अनुसार आवश्यक निर्यात की वस्तुओं पर भी लगाया जा सकता है।

2. रोज़गार में वृद्धि आय की असमानताओं के साथ गरीबी और दरिद्रता घटाने का एक अचूक इलाज है। इसलिए जहाँ एक ओर सरकार को चाहिए कि अपने अनावश्यक उपभोग व्यय में कटौती करे, वहीं रोज़गार बढ़ाने वाली प्रभावी स्कीमों पर भी व्यय किया जाना चाहिए।

3. एक बाज़ार-व्यवस्था में निम्न आय वर्ग कई प्रकार से 'सामाजिक सुरक्षा' के अभाव से पीड़ित होते हैं। स्वास्थ्य सेवाओं, वृद्धों के लिए पेंशन आदि जैसे कार्यक्रमों से आय की असमानताओं के कुप्रभावों को किसी हद तक दूर किया जा सकता है।

4. सरकार के व्यय का एक बड़ा भाग विभिन्न प्रकार की वस्तुओं और सेवाओं के क्रय करने पर लग जाता है। सरकार इस व्यय नीति में उचित संशोधन द्वारा वितरणीय असमानताओं की कटुता को घटा सकती है। संशोधित व्यय नीति में छोटे पैमाने के उद्योगों, श्रम-प्रधान उद्योगों तथा ग्रामीण उद्योगों को रियायत तथा प्राथमिकता दी जानी चाहिए।

यह बात भी ध्यानयोग्य है कि केवल सार्वजनिक नीति में संशोधन द्वारा वितरणीय असमानताओं को दूर नहीं किया जा सकता। वास्तविकता तो यह है कि समग्र राजकोषीय नीति भी इस उद्देश्य की प्राप्ति नहीं कर सकती। इसके लिए सरकार को कई आर्थिक कदमों सहित एक बहुआयामी नीति अपनानी चाहिए। वितरणीय असमानताओं

की उत्पत्ति होना तथा उनकी सुदृढ़ता का बढ़ना बाज़ार-व्यवस्था की प्रकृति का एक अंग है। उन्हें कम अथवा क्षीण करने की प्रक्रिया एक अंतहीन युद्ध है। यदि यह युद्ध बंद कर दिया जाए तो असमानताएँ तेज़ी से बढ़ने लगती हैं। आशा केवल इतनी की जा सकती है कि लगातार जागरूकता और प्रभावी नीतियों द्वारा इस समस्या को एक भयानक रूप धारण करने से रोकने में सफलता मिल जाए।

- वितरणीय असमानताएँ, विशेषकर एक गरीब देश में, बाज़ार व्यवस्था का एक श्राप हैं।
- वितरणीय न्याय से समग्र प्रभावी माँग की अपर्याप्तता घटती है तथा श्रम की उत्पादिता में वृद्धि होती है।
- लोक व्यय की नीति एक व्यापक नीति का घटक होना चाहिए। इसमें कीमतों में वृद्धि के साथ-साथ निजी संपत्ति और उत्तराधिकारिता की संस्थाओं पर विशेष ध्यान दिया जाना चाहिए।
- रोज़गार में बढ़ोतरी असमानताओं को घटाने की एक अचूक विधि है।
- वितरणीय न्याय की प्राप्ति एक अंतहीन नीति युद्ध की प्रक्रिया है।

## **शब्दावली** (Key Words)

1. बाज़ार सिद्धांत (market principle); 2. बजट सिद्धांत (budget principle); 3. बजटीय घाटे (budgetary deficits); 4. वित्तीय प्रतिभूतियाँ (financial securities); 5. कार्यात्मक वित्त (functional finance); 6. संरचनात्मक दोष (structural deficiencies); 7. उपयोगिता की अंतर्वैयक्तिक तुलना (inter-personal comparison of utility)।

## **अभ्यास प्रश्न**

1. इस कथन पर एक विस्तृत नोट लिखें कि, "सार्वजनिक व्यय के प्रभाव अनेक प्रकार की जटिलताओं तथा संबंधित तथ्यों का परिणाम होते हैं।"
2. सार्वजनिक व्यय के प्रभावों का क्या अर्थ लिया जाता है? यह कहना कहाँ तक ठीक है कि ये प्रभाव कई चरणों में प्रकट होते हैं तथा उनमें से केवल प्रारम्भिक चरणों का अध्ययन ही सम्भव होता है?
3. आर्थिक स्थिरता को सुनिश्चित करने के लिए प्रो॰ कीन्स द्वारा सुझाई गई सार्वजनिक व्यय नीति की समीक्षा करें।
4. सार्वजनिक व्यय के उत्पादन स्तर और विकास प्रक्रिया पर संभावित प्रभावों की विस्तृत समीक्षा करें।
5. एक अल्पविकसित देश में आर्थिक विकास के दृष्टिकोण से सार्वजनिक व्यय की नीति के निर्माण में किस प्रकार की सतर्कता बरतने की आवश्यकता है?
6. वितरणीय असमानताओं को दूर करने में सार्वजनिक व्यय की नीति कहाँ तक प्रभावी हो सकती है? वितरणीय न्याय और आर्थिक विकास में कथित टकराव पर अपने विचार प्रकट करें।
7. निम्नलिखित पर संक्षिप्त नोट लिखें:

   (क) संतुलित बजट गुणक की अवधारणा और इसकी त्रुटियाँ;

   (ख) लर्नर द्वारा प्रतिपादित 'कार्यात्मक वित्त' और कीन्स

# अध्याय 12

# सार्वजनिक बजट

# (Public Budget)

**इस अध्याय में**

- सार्वजनिक बजट के बहुआयामी अर्थ का विवेचन है।
- बजट संबंधी कुछ वशेष अवधारणाओं की चर्चा है।
- भारत में बजट संबंधी कुछ महत्वपूर्ण तथ्यों की जानकारी दी गई है।
- बजट संबंधी कुछ महत्वपूर्ण अवधारणाओं एवं प्रथाओं का वर्णन है।
- लोक बजट के प्रकारों की व्याख्या है, जैसे कि प्रशासनिक और वैधानिक बजट, राजस्व और पूँजी बजट, योजना और योजना-भिन्न बजट, आर्थिक और कार्यात्मक वर्गीकरण, विविध शब्दावली सहित कार्यक्रम और निष्पादन बजटिंग और शून्य आधार बजटिंग।
- लिंग-आधारित बजटिंग की व्याख्या एक परिशिष्ट में अलग से दी गई है।

## बजट का अर्थ (Meaning)

सार्वजनिक/लोक बजट को अर्थपूर्ण ढंग से परिभाषित करने हेतु इसके निम्न-सहित मुख्य आयामों की जानकारी हितकर समझी जाती है:

1. सार्वजनिक बजट सरकार द्वारा वित्तीय साधन जुटाने तथा उन्हें व्यय करने का एक विस्तृत और मदवार ब्यौरा होता है। किसी समय बजट को इसी संकुचित अर्थ में परिभाषित किया जाता था। यह ब्यौरा एक पूर्वनिश्चित कालावधि (सामान्यत: एक वर्ष) के लिए होता है। बजट के लागू होने की तिथि से पर्याप्त समय पूर्व ही इसे संसद अथवा अन्य संबद्ध वैधानिक प्राधिकरण के समक्ष पारित करने हेतु प्रस्तुत कर दिया जाता है। इस प्रकार कानूनी प्रतिबंधों के अंतर्गत सरकार वित्तीय प्राप्तियों की वसूली और उनके संविरण की पूर्वानुमति प्राप्त करती है।

2. एक आधुनिक सरकार से यह अपेक्षा की जाती है कि वह अपनी प्राप्तियों एवं व्यय संबंधी निर्णय व्यवस्थित ढंग से और कानून के अनुसार लेगी। मूलत: सरकार द्वारा एकत्रित संसाधन समाज की धरोहर होते हैं और इसका यह नैतिक कर्तव्य बनता है कि इनका किसी प्रकार से अपव्यय न होने दे। इसके अतिरिक्त बजट की सभी मदों का परस्पर गहरा संबंध होने के कारण उनका रूप-आकार सरकार की नीति-समूह के अनुरूप होना चाहिए। अत: वैधानिक प्राधिकरण को उपयुक्त जानकारी देने और अपने नीति-समूह से अवगत कराने हेतु बजट में वित्तीय आँकड़ों के कई सैट रहते हैं। उदाहरणार्थ भारत में इन आँकड़ों के चार सैट रहते हैं, अर्थात्:

(i) गत वर्ष के वास्तविक आँकड़े (Actuals for the Previous Year);
(ii) चालू (अर्थात् समाप्त होते) वर्ष के लिए पारित किए गए आँकड़े, अर्थात् 'बजट अनुमान' (Budget Estimates for the Current/Outgoing Year);
(iii) चालू वर्ष के अनुमानित वास्तविक आँकड़े, अर्थात् 'संशोधित अनुमान' (Revised Estimates for the Current/Outgoing Year), तथा;
(iv) आने वाले वर्ष (अर्थात् विचाराधीन बजटीय कालावधि) के लिए प्रस्तावित अनुमान अर्थात् 'बजट अनुमान' (Budget Estimates for the Incoming Year)।

इस चौथे भाग में भी मद-वार प्रस्तावित व्यय राशियों के आँकड़ों का एक सैट तथा **प्राप्तियों के अनुमानों के दो सैट** होते हैं। प्राप्तियों के पहले सैट में वर्तमान (existing) कर ढाँचे को यथास्थिति रखते हुए अनुमानित राशियाँ (estimates without 'budgetary proposals') दर्शाई जाती हैं तथा दूसरे सैट में 'बजट-प्रस्तावों' (अर्थात कर ढाँचे एवं अन्य नीतियों आदि में प्रस्तावित संशोधनों) के परिणामस्वरूप अपेक्षित अनुमान (estimates with 'budgetary proposals') दर्शाए जाते हैं।

3. इस प्रकार लोक बजट के माध्यम से सरकार देश, समाज तथा अर्थव्यवस्था के समक्ष समस्याओं, तथ्यों, लक्ष्यों तथा उनकी प्राप्ति की संभावनाओं से संबद्ध अपना मूल्यांकन और नीति-समूह प्रतिबिम्बित करती है।

4. बहुधा चालू वर्ष के 'बजट अनुमानों' (Budget Estimtes B.E.) तथा 'संशोधित अनुमानों' (Revised Estimates R.E.) में अंतर रहता है। बजट में यथासंभव इसके कारणों पर प्रकाश डाला जाता है।

5. सामान्यत: सार्वजनिक बजट की कुछ व्यय मदों के लिए सरकार कानूनी तौर पर बाध्य होती है तथा उनके लिए साधन जुटाने के पश्चात् ही शेष व्यय मदों पर ध्यान दे सकती है। कुछ निर्दिष्ट साधन-प्राप्तियाँ कुछ निर्दिष्ट व्यय मदों के लिए पूर्वारक्षित (earmarked) भी हो सकती हैं।

6. यह भी संभव है कि बजट को दो अथवा दो से अधिक भागों में वैधानिक प्राधिकरण को प्रस्तुत किया जाए। ऐसा कई कारणों से हो सकता है:

(i) देश में बहु-स्तरीय सरकार होने पर यह आशा की जाती है कि केन्द्रीय सरकार के अतिरिक्त राज्य सरकारों तथा स्थानीय सरकारों के बजट अलग से उनके वैधानिक प्राधिकरणों को पारित करने हेतु प्रस्तुत किए जाएँगे।
(ii) सरकार के किसी एक स्तर पर भी बजट को खंडों में प्रस्तुत किया जा सकता है। उदाहरणार्थ भारत में केन्द्रीय सरकार के बजट में से 'रेलवे बजट' का खंट 'सामान्य बजट' (अर्थात् 'मुख्य बजट') (General or Main Budget) से पूर्व तथा अलग से संसद के समक्ष रखा जाता है।
(iii) कभी-कभार चुनाव अथवा किसी अन्य कारण से भी सार्वजनिक बजट सामान्य कालावधि (अर्थात् एक वर्ष) से कम कालावधि के लिए वैधानिक प्राधिकरण के समक्ष आता है तथा वर्ष के शेष भाग के लिए बजट का शेष खंड बाद में पारित करने की बारी आती है।
(iv) इसी प्रकार वर्ष के दौरान (अर्थात् बजट की कालावधि के अंतर्गत) सरकार को किन्हीं कारणों से अतिरिक्त साधनों की अथवा अतिरिक्त व्यय करने की आवश्यकता पड़ सकती है, जिसकी पूर्ति हेतु वह एक **पूरक बजट** (supplementary budget) तैयार करती तथा पारित कराती है। पूरक बजट की आवश्यकता के कई कारण हो सकते हैं, जैसे कि सरकार के अपनी कार्यकलापों और नीति में संशोधन, प्राकृतिक प्रकोप तथा अंतर्राष्ट्रीय परिस्थितियों में परिवर्तन आदि।

7. बजट का मदों तथा मद-वर्गों में बँटवारा देश के कानूनी ढाँचे तथा लेखांकन पद्धति (accounting system) पर निर्भर करता है। इस अनिवार्य वर्गीकरण के साथ-साथ बजट को अर्थपूर्ण बनाने तथा उसके प्रभावों का सही अनुमान लगाने के लिए बजटीय मदों को केवल प्राप्तियों और संवितरणों के अतिरिक्त अन्य आधारों पर भी वर्गीकृत किया जाता है, जिनकी व्याख्या इस अध्याय में बाद में की गई है। ध्यानयोग्य है कि बजट के राजस्व और पूँजी खातों (Revenue and Capital Accounts) में वर्गीकरण की प्रथा बहुत पुरानी है तथा इसके अतिरिक्त नित नए प्रकार के वर्गीकरणों को अपनाया जा रहा है।

8. प्रत्येक सरकार के समक्ष एक उद्देश्य-समूह रहता है जिसके तदनुरूप वह अपनी नीतियों और कार्यकलापों का चुनाव करने का प्रयास करती है। इस संदर्भ में बजट एक दोहरी भूमिका निभाता है। बजटीय नीतियाँ सरकार के समग्र नीति-समूह का एक प्रभावी और अभिन्न अंग होती हैं तथा इनसे इसकी सभी नीतियों और कार्यकलापों का वित्त पोषण भी होता है।

- एक आधुनिक सरकार का बजट अहुआयामी होता है और इसमें विविध अनुमानित आँकड़ों और नीतियों का समावेश रहता है।
- यह सरकार की वित्तीय प्राप्तियों और इसके संवितरणों का एक विस्तृत और मदवार प्रलेख होता है।
- इसमें बजटीय प्रस्तावों सहित आँकड़ों के कई सैट होते हैं।
- नीति-उपयोगिता बढ़ाने हेतु इसे विविध प्रकार से वर्गीकृत किया जाता है।
- यह सरकार की समग्र नीति-समूह का एक दर्पण होता है।

## बजट से संबंधित कुछ अवधारणाएँ
(Budget Related Some Concepts)

### 1. कालावधि (Time Period)

यद्यपि अधिकतर देशों में सार्वजनिक बजट एक वर्ष के लिए होता है, तथापि 'राजकोषीय वर्ष' (fiscal year) के प्रारंभ एवं समापन की तिथियों में भिन्नता देखने को मिलती है; और यह भी आवश्यक नहीं कि 'राजकोषीय वर्ष' सदैव कैलेंडर वर्ष के साथ मेल खाता हो। भारत में बजट की सामान्य कालावधि एक वर्ष है, जो 1 अप्रैल से प्रारंभ होकर अगले वर्ष के 31 मार्च तक होती है। इस राजकोषीय वर्ष की तिथियों को बदलने के कई बार सुझाव दिए गए हैं, परंतु किसी सुझाव को अभी तक अपनाया नहीं गया है। एक तर्क यह है कि चूँकि भारत एक कृषि प्रधान देश है जिसमें खरीफ की फसल की अधिक महत्ता है, अतः हमारा राजकोषीय वर्ष अक्तूबर/नवम्बर से शुरू होना चाहिए। परंतु हमारे राष्ट्रीय उत्पाद में कृषि-भिन्न स्त्रोतों के बढ़ते महत्व और लोक राजस्व में कृषि के घटते अनुपात के कारण अब यह तर्क कमज़ोर पड़ गया है।

एक अन्य मतानुसार बजट की वर्तमान कालावधि एक वर्ष से अधिक होनी चाहिए। इस सुझाव के पक्ष में दो तर्क दिए जाते हैं।

वर्ष का एक बड़ा भाग बजट को पारित कराने तथा अगले वर्ष का बजट तैयार करने में खप जाता है, जिससे साधनों का काफी अपव्यय होता है। बजट की कालावधि बढ़ाने से इस अपव्यय में कमी की जा सकती है।

वार्षिक बजटों में कर-ढाँचे और नीतियों को स्थिर रखने की कठिनाइयाँ बढ़ जाती हैं।

## 2. गोपनीयता (Secrecy)

भारत में बजट के आँकड़ों, बजटीय प्रस्तावों और बजटीय नीतियों (budgetary data, budgetary proposals, and budgetry policies) को वैधानिक प्राधिकरण में प्रस्तुति के अंतिम क्षण तक गुप्त रखा जाता है। इस प्रथानुसार इनकी जानकारी केवल वित्त मंत्री तथा प्रधान/मुख्य मंत्री तक सीमित रहती है। इस प्रथा का विवादास्पद होना स्वाभाविक है।

(क) एक मतानुसार गोपनीयता की यह प्रथा अर्थव्यवस्था और समाज के लिए हर प्रकार से अहितकर है। इससे पूरी अर्थव्यवस्था में अनिश्चितता का एक ऐसा वातावरण बना रहता है, जिसमें निवेश की दीर्घकालीन लाभकारिता का अनुमान नहीं लगाया जा सकता और इस कारण पूँजी प्रधान उत्पादन तकनीक हतोत्साहित होते हैं। इससें देश के तकनीकी और आर्थिक विकास में रुकावट आती है।

अनिश्चितता के वातावरण से सट्टेबाज़ी प्रोत्साहित होती है।

इस वातावरण से यह भावना ज़ोर पकड़ती है कि प्रत्येक बजट के कर-प्रस्तावों के परिणामस्वरूप कीमतें बढ़ती हैं। व्यापारी एवं उत्पादनकर्ता इस व्यापक भावना का अनुचित लाभ उठाते हैं।

(ख) एक अन्य मतानुसार बजटीय प्रस्तावों को गोपनीय रखने के स्थान पर इन्हें वैधानिक प्राधिकरण में प्रस्तुति से पहले ही व्यापक चर्चा के लिए प्रसारित कर देना चाहिए। इससे इनकी त्रुटियों और दोषों को दूर करने के साथ-साथ इनकी उपयोगिता भी बढ़ाई जा सकती है।

(ग) एक अन्य मतानुसार बजट की कुछ विशेष मदों को गोपनीय रखना हितकारी हो सकता है। अत: ऐसी मदों की गोपनीयता को कायम रखते हुए अन्य (विशेषकर कर संबंधी) मदों तथा प्रस्तावों की बजट की प्रस्तुति से पूर्व जनता को जानकारी दे दी जानी चाहिए तथा उन पर खुले रूप से विचार-विमर्श किया जाना चाहिए।

## 3. एक 'अच्छा' बजट (A Good Budget)

एक अच्छा बजट वह है जो यथासंभव समाज और अर्थव्यवस्था द्वारा चयनित उद्देश्यों की प्राप्ति में सहायक हो। क्योंकि इन उद्देश्यों के बारे में व्यापक मतभेद रहता है, अत: ये उद्देश्य वे होने चाहिए जो वैधानिक प्राधिकरण द्वारा चुने गए हों। यह दर्शाने के लिए कि बजट चयनित उद्देश्यों की प्राप्ति में सहायक है, बजट में ही इसके आँकड़ों एवं प्रस्तावों का विस्तृत विश्लेषण दिया जाना चाहिए। अथवा इस प्रकार का विश्लेषण करना संभव होना चाहिए।

## 4. भारत में लोक बजट संबंधी कुछ तथ्य

(Some Facts Concerning Public Budgets in India)

यह तथ्य नोट करने योग्य है कि भारत सरकार की कुछ प्राप्तियाँ इसके अपने स्वामित्व में आती हैं तथा कुछ इसके पास धरोहर (मुख्यत: उधार) के रूप में रहती हैं । इसी आधार पर 'धरोहर' के रूप में वसूल होने वाली प्राप्तियों को उनके स्वामियों को लौटाने तथा कुछ अन्य व्यय मदों के लिए संसद (अथवा राज्य की विधान सभा) की पूर्वानुमति की आवश्यकता नहीं पड़ती।

**(A) भारत की समेकित निधि (Consolidated Fund of India)**—भारत सरकार के अपने स्वामित्व में आने वाली वित्तीय प्राप्तियाँ जिन खातों में रखी जाती हैं, उन्हें सामूहिक तौर पर 'भारत की समेकित निधि' कहा जाता है।

**(क)** वर्ष 2000 में पारित, परंतु 1 अप्रैल, 1996 से भूतलक्षी रूप से प्रभावी माने जाने वाले (with retrospective effect), संविधान के 80वें संशोधन से पूर्व भारत सरकार द्वारा वसूले जाने वाले करों में से कुछ की समस्त निवल प्राप्तियाँ तथा कुछ की आंशिक निवल प्राप्तियाँ राज्य सरकारों को जाती थीं। अत: व्यवस्था इस प्रकार थी कि आयकर की प्राप्तियों में राज्यों को मिलने वाले भाग को छोड़कर अन्य सभी कर-प्राप्तियाँ भारत की समेकित निधि में जाती थीं तथा इस समेकित निधि में से राज्यों को मिलने वाली कर प्राप्तियों का भाग (आय कर की प्राप्तियों से मिलने वाले भाग को छोड़कर) उन्हें हस्तांतरित किया जाता था।

परंतु अब स्थिति यह है कि संविधान (80वें संशोधन) के पश्चात् अनुच्छेद 268 और 269 में उल्लिखित करों तथा शुल्कों, अनुच्छेद 271 में उल्लिखित करों तथा शुल्कों पर अधिभार (surcharge) तथा संसद द्वारा बनाए गए किसी कानून के तहत विशिष्ट प्रयोजनों के लिए आरोपित उपकरों (cesses) को छोड़कर केन्द्र की सूची में उल्लिखित सभी प्रत्यक्ष कर भारत सरकार द्वारा लगाए तथा संगृहीत किए जाते हैं तथा वित्त आयोग (Finance Commission) की सिफारिशों पर राष्ट्रपति द्वारा जैसा निर्धारित किया जाए उसी तरीके से केन्द्र और राज्यों में वितरित किए जाते हैं। इस प्रकार राज्यों को जाने वाला समस्त भाग भारत की समेकित निधि से प्रारंभ से ही बाहर रहता है। परंतु बिना विधानसभा वाले संघ राज्य क्षेत्रों के बजट भारत सरकार के बजट में समेकित होने के कारण इन क्षेत्रों की कर प्राप्तियाँ भारत की समेकित निधि में रखी जाती हैं।

**(ख)** भारत सरकार को विभिन्न प्रकार की कर-भिन्न राजस्व प्राप्तियाँ भी होती हैं। ये सब भी भारत की समेकित निधि में रखी जाती हैं। इन प्राप्तियों के उदाहरणों में 'करेंसी', 'सिक्का ढलाई और टकसाल' (Currency, Coinage and Mint), 'ब्याज प्राप्तियाँ', 'लाभांश और लाभ', 'विदेशी अनुदान सहायता तथा अंशदान' (External Grants-in-Aid and Contributions), 'संघ राज्य क्षेत्रों का कर-भिन्न राजस्व' तथा 'अन्य कर-भिन्न राजस्व' आदि शामिल हैं।

**(ग)** पूँजी खाते में होने वाली कई प्राप्तियों को भी भारत की समेकित निधि में ही रखा जाता है। इनमें भारत सरकार द्वारा लिए गए कई प्रकार के आंतरिक उधार, विदेशी उधार, तथा भारत सरकार द्वारा अन्य पार्टियों को पहले से दिए जा चुके उधारों और अग्रिमों की वसूलियाँ आदि शामिल हैं। संवैधानिक स्थिति यह मानी जाती है कि भारत सरकार जो उधार समेकित निधि में वर्तमान में उपलब्ध तथा भविष्य में प्राप्य राशियों की ज़मानत पर ले तथा जो भविष्य में इसी निधि से देय हो, उसे समेकित निधि में रखा जाता है। भारत सरकार की वे सब वित्तीय देनदारियाँ जो "भारत की समेकित निधि" से देय हों, सामूहिक तौर पर **"भारत सरकार का सार्वजनिक ऋण"** अथवा **"लोक ऋण"** (public debt) कहलाती हैं।

भारत की समेकित निधि में से की जाने वाली अदायगियों के दो भाग हैं। पहले भाग में वे मदें आती हैं जो इस निधि पर 'भारित संवितरण' (charged disbursements) कहलाती हैं, अर्थात् इन अदायगियों (व्यय मदों तथा उन पर अनुमानित व्यय राशियों) को संसद से पारित कराने की आवश्यकता नहीं होती। पारित हुए बिना ही वे बजट के व्यय पक्ष में जोड़ दी जाती हैं। तदनुरूप प्रत्येक राज्य की समेकित निधि पर भी कुछ "भारित संवितरण" रहते हैं। समेकित निधि में से किसी भी अन्य प्रकार की अदायगी संसद (तथा राज्यों के मामले में विधान सभाओं) की पूर्वानुमति के बिना नहीं की जा सकती।

इस निधि के तद्नुरूप प्रत्येक राज्य की भी एक समेकित निधि होती है।

**(B) भारत का लोक खाता (Public Account of India)**—भारत सरकार द्वारा तथा इसके लिए उधारों सहित ली गईं अन्य सब राशियाँ जिन खातों में रखी जाती हैं, उन्हें सामूहिक तौर पर 'भारत का लोक खाता' (Public

Account of India) कहा जाता है। ये सब राशियाँ सरकार के पास एक 'धरोहर' के रूप में जमा रहती हैं। अतः उनको लौटाने के लिए सरकार को संसद की पूर्वानुमति की आवश्यकता नहीं होती। भारत सरकार लोक खाते से देय देनदारियों को लोक ऋण का भाग न मानते हुए उन्हें **'अन्य देनदारियाँ'** (Other Liabilities) कहती है। इन देनदारियों में 'राष्ट्रीय लघु बचत निधि' (National Small Savings Fund) से लिए गए उधार, राज्य भविष्य निधियाँ (State Provident Funds), गैर-सरकारी भविष्य निधियों आदि की विशेष जमाराशियाँ (Special Deposits of Non-State Provident Funds), 'अन्य मदें' तथा 'प्रारक्षित निधियाँ और जमाराशियाँ (Reserve Funds and Deposits) शामिल हैं।

इस खाते के तद्नुरूप प्रत्येक राज्य का भी एक 'लोक खाता' होता है।

**(C) भारत की आकस्मिकता निधि (Contingency Fund of India)**—सरकार को कभी कभार ऐसी स्थिति का भी सामना करना पड़ सकता है जिसमें इसे एकदम व्यय करने की आवश्यकता पड़ जाए, परंतु संसद से उसकी अनुमति लेने का समय तथा अवसर न हो। ऐसी स्थिति से निपटने के लिए सरकार के पास अग्रदाय अथवा पेशगी के रूप में कुछ राशि का रहना उचित समझा जाता है। इसके लिए संसद द्वारा एक अलग निधि के रूप में कुछ राशि रख दी जाती है जिसे 'भारत की आकस्मिकता निधि' (Contingency Fund of India) के नाम से जाना जाता है। समय-समय पर इस निधि से किए गए व्यय को संसद द्वारा पारित किया जाता है तथा इसकी कुल राशि में यथोचित संशोधन भी किया जाता है।

इसी प्रकार प्रत्येक राज्य की अपनी-अपनी 'आकस्मिकता निधियाँ' हैं।

- भारत में बजट के आँकड़ों, नीतियों और प्रस्तावों को अंतिम क्षण तक पूर्ण रूप से गोपनीय रखने के प्रथा है।
- यह प्रथा विवास्पद है।
- गोपनीयता के विपक्ष में काफी सक्षम तर्क दिए जा सकते हैं।
- एक अच्छा बजट वह है जो समाज और अर्थव्यवस्था द्वारा चयनित उद्देश्यों की प्राप्ति में सहायक हो।
- भारत सरकार की वे वित्तीय प्राप्तियाँ जो इसके अपने स्वामित्व में जाती हैं, को भारत की समेकित निधि में रखा जाता है। इस निधि से ऋण देयताएँ भारत सरकार का लोक ऋण कहलाती हैं।
- भारत सरकार की धरोहर के रूप में वित्तीय प्राप्तियाँ भारत के लोक खाते में रखी जाती हैं। इस खाते से देय ऋण को 'अन्य देनदारियाँ' कहा जाता है।
- भारत सरकार की आकस्मिकता निधि अनापेक्षित व्यय की पूर्ति के वित्त पोषण के लिए है।
- इसी प्रकार प्रत्येक राज्य की अपनी-अपनी उपरोक्त तीनों निधियाँ हैं।

## बजट के प्रकार (Kinds of Budgets)

सार्वजनिक बजट के आकार एवं अर्थव्यवस्था में इसके व्यापक प्रभाव के कारण इसके महत्व को अनदेखा नहीं किया जा सकता। इस कारण बजट को विभिन्न प्रकारों में वर्गीकृत करने का उद्देश्य यही है कि इसकी महत्ता के विभिन्न आयामों को उभारा जा सके तथा उन्हें बेहतर बनाया जा सके।

### 1. प्रशासनिक *बनाम* वैधानिक बजट (Administratire *vs* Legislative Budgets)

सरकार के प्रशासनिक अंग द्वारा तैयार किए गए बजट को प्रशासनिक बजट के नाम से जाना जाता है। इसके विपरीत वैधानिक बजट स्वयं वैधानिक प्राधिकरण द्वारा अथवा इसकी किसी समिति द्वारा तैयार किया जाता है।

दोनों स्थितियों में बजट पारित करने का कार्य, अधिकार तथा दायित्व वैधानिक प्राधिकरण के ही होते हैं। सामान्य स्थितियों में प्रशासनिक बजट को प्राथमिकता दी जाती है, जिसके कई कारण हैं:

वित्तीय प्राप्तियों तथा व्यय मदों को अनुमानित करने में प्रशासन की क्षमता वैधानिक प्राधिकरण से अधिक होती है।

बजट को कार्यान्वित करने की ज़िम्मेदारी प्रशासन की होती है। इस कारण बजट भी प्रशासन द्वारा ही तैयार किया जाना चाहिए ताकि असफलता की दशा में प्रशासन को बजट की तकनीकी तथा कानूनी त्रुटियों के लिए ज़िम्मेदार ठहराया जा सके और भविष्य में इन त्रुटियों को दूर किया जा सके।

## 2. राजस्व तथा पूँजी बजट (Revenue and Capital Budgets)

वास्तव में ये दोनों बजट के प्रकार न होकर उसके मुख्य मद-समूह/खाते होते हैं। अत: इन्हें बजट का राजस्व *खाता* और पूँजी *खाता* कहना अधिक उचित रहता है। लगभग सभी देशों में बजटीय मदों को इन दो खातों में बाँटने की प्रथा मिलती है। इसका आर्थिक तर्काधार यह है कि सामान्यत: एक आर्थिक इकाई को अपनी चालू व्यय मदों की वित्त पूर्ति केवल अपनी वर्तमान (अर्थात् नियमित) आय से ही करनी चाहिए। इस वित्त पूर्ति के लिए इसे न तो अपनी परिसंपत्तिंयों में कमी करनी चाहिए, न अपनी देयताओं में बढ़ोतरी अर्थात् यह वित्त पूर्ति परिसंपत्तियाँ बेचकर अथवा उधार लेकर नहीं की जानी चाहिए।

मोटे तौर पर पूँजी खाते में वे सब प्राप्तियाँ आती हैं जिनसे सरकार द्वारा *लिए* गए उधारों के मूल धन में बढ़ोतरी हो अथवा सरकार द्वारा *दिए* गए उधारों के मूल धन में कमी हो अथवा सरकार की परिसंपत्तियों में कमी हो। इसी प्रकार पूँजी खाते में वे सब अदायगियाँ शामिल की जाती हैं, जिनसे सरकार द्वारा *लिए* गए उधारों के मूल धन से कमी होती हो, इसके द्वारा *दिए* गए उधारों के मूल धन में वृद्धि होती हो, अथवा इसकी परिसंपतियों में वृद्धि होती हो। इसके अतिरिक्त पूँजी खाते में वे अनुदान तथा अन्य हस्तांतरित राशियाँ भी शामिल रहते हैं जो चालू व्यय मदों के वित्त पोषण के लिए न ली (अथवा दी) गई हों।

राजस्व खाते में बुनियादी तौर पर वे मदें आती हैं जिनकी प्रकृति निवेशित राशियों से भिन्न हो, जिनकी स्वत: पुनरावृत्ति की अपेक्षा की जाती हो, अथवा जिन्हें 'उपभोग व्यय' या 'आय अर्जन' रूपी माना जा सकता हो। इस तर्काधार पर इस खाते में ब्याज की वसूली तथा अदायगी, लाभांश तथा लाभाय, हानियाँ, प्रशासन के खर्चे, कर-राजस्व, चालू खर्चों के लिए (अथवा दिए) गए अनुदान तथा अन्य हस्तांतरित राशियों आदि को शामिल किया जाता है। यह भी स्मरणीय है कि पूँजी ह्रास (depreciation of capital assets) भी राजस्व खाते का ही भाग माना जाता है।

भारत में संविधान की धारा 112(2)(इ) के अंतर्गत सरकार के लिए यह अनिवार्य है कि वह अपने बजट को **'राजस्व'** तथा **'राजस्व-भिन्न'** अर्थात् पूँजी खातों में विभाजित करे। परंतु सविधान में इद शब्दावलियों को परिभाषित नहीं किया गया है।

## 3. आयोजना तथा आयोजना-भिन्न बजट (Plan and Non-Plan Budget)

बजट के केवल व्यय पक्ष को इन दो भागों में वर्गीकृत किया जाता है। समाज एवं अर्थव्यवस्था का योजनाबद्ध विकास हमारी सरकार का एक मुख्य लक्ष्य रहा है। प्रत्येक आयोजना (plan) में कई परियोजनाएँ तथा स्कीमों

(projects and schemes) आदि शामिल किए जाते हैं, जिनका कार्यान्वयन केन्द्रीय, राज्यीय तथा स्थानीय स्तरों पर व्यवस्थानुसार किया जाता है।

भारत में व्यय मदों को आयोजना तथा आयोजना-भिन्न (plan and non-plan) वर्गों में बाँटने का आधार यह है कि प्रत्येक वर्ष (अथवा पँचवर्षीय कालावधि में) कुछ नई परियोजनाओं तथा स्कीमों का चुनाव किया जाता है जो सामूहिक तौर पर आयोजना मदें कहलाती हैं। जब तक कोई विचाराधीन परियोजना अथवा स्कीम (नई अथवा पुरानी) पूरी न हो जाए अथवा पूरी तरह लागू न हो जाए, उस पर होने वाला व्यय आयोजना-व्यय का भाग माना जाता है। परंतु विचाराधीन परियोजना अथवा स्कीम के पूरी हो जाने अथवा पूरी तरह लागू हो जाने के पश्चात इसपर होने वाला व्यय आयोजना-भिन्न बजट में गिना जाता है।

उपर्युक्त वर्गीकरण से संबद्ध दो तथ्य विशेष रूप से स्मरणीय हैं।

आशा यह की जाती है कि समय बीतने के साथ-साथ पूरी हो चुकी परियोजनाओं और पूरी तरह लागू हो चुकी स्कीमों पर रखरखाव का व्यय बढ़ता जाएगा, अर्थात् आयोजना-भिन्न बजट का आकार आयोजना बजट की तुलना में बढ़ता जाएगा। परंतु सामान्य लोग बजट के आयोजना तथा आयोजना-भिन्न भागों में वर्गीकरण के आधार से अनभिज्ञ होते हैं तथा सरकार यह दर्शाना चाहती है कि वह आयोजना परियोजनाओं तथा स्कीमों को प्राथमिकता दे रही है। फलस्वरूप सरकार में चालू परियोजनाओं तथा स्कीमों के रख-रखाव पर कम ध्यान देने तथा नई परियोजनाओं और स्कीमों को अपनाने की प्रवृत्ति उत्पन्न हो जाती है।

यह आवश्यक नहीं कि 'आयोजना व्यय' की प्रत्येक मद 'पूँजी व्यय' अथवा 'विकासात्मक व्यय' (developmental expenditure) भी हो। सामान्यतः प्रत्येक आयोजना बजट में 'राजस्व' तथा 'पूँजी' दोनों प्रकार की व्यय मदों का मिश्रण होता है तथा उनमें कोई-सी मदें भी विकासात्मक हो सकती हैं।

- देश के वैधानिक प्राधिकरण द्वारा तैयार किया गया बजट वैधानिक बजट तथा प्रशासनिक अंग द्वारा तैयार किया गया बजट प्रशासनिक बजट कहलाता है।
- दोनों में से प्रशासनिक बजट को बेहतर माना जाता है।
- राजस्व और पूँजी बजट इसके दो प्रकार न होकर इसकी मदों के दो खाता-समूह होते हैं।
- प्रत्येक खाते में प्राप्तियाँ और व्यय की मदें रहती हैं।
- पूँजी खाते में वे मदें आती हैं, जिनसे मुख्यतः सरकार की परिसंपत्तियों अथवा देयताओं में घटा-बढ़ी हो।
- राजस्व खाते में सामान्यतः वे मदें रखी जाती हैं, जिनकी प्रकृति स्वतः पुनरावृत्ति की हो, 'उपभेग' व्यय की हो अथवा आय 'अर्जन' की हो।
- एक बार आयोजना-बद्ध विकास में शामिल किए जाने के पश्चात् किसी प्रयोजना/स्कीम के पूरा होने अथवा पूरी तरह से लागू होने तक होने वाला व्यय आयोजना व्यय कहलाता है; प्रयोजना/स्कीम के पूरा होने अथवा पूरी तरह लागू हो जाने के पश्चात् इस पर होने वाला व्यय आयोजना-भिन्न व्यय कहलाता है।
- आयोजना व्यय का पूँजी व्यय अथवा विकासात्मक व्यय होना अनिवार्य नहीं है।

## 4. आर्थिक और कार्यात्मक वर्गीकरण (Economic and Functional Classification)

**परिचय**—बजट का यह वर्गीकरण अति महत्वपूर्ण और उपयोगी माना जाता है। इसके औचित्य का आधार यह है कि लोक बजट का पूरे समाज और अर्थव्यवस्था पर व्यापक प्रभाव पड़ता है। इस कारण प्रत्येक सरकार का यह

कर्तव्य बनता है कि इन बजटीय प्रभावों की अधिकतम संभव जानकारी प्राप्त करे तथा उन्हें यथासंभव हितकारी बनाने के लिए अपनी बजटीय नीति में आवश्यक परिवर्तन लाने की चेष्टा करे। परंतु इस उद्देश्य हेतु सरकार को परंपरागत बजटीय लेखाविधि से पर्याप्त जानकारी नहीं मिल पाती। इसके लिए इसे बजट को अर्थपूर्ण आर्थिक और कार्यात्मक मदों में वर्गीकृत करने की आवश्यकता पड़ती है।

बजट की परंपरागत लेखाविधि की संरचना का मुख्य उद्देश्य यह रहता है कि इससे वैधानिक प्राधिकरण सरकार के प्रशासनिक अंग पर प्रभावी नियंत्रण रख सके, सार्वजनिक साधनों का दुरुपयोग को रो सके, तथा घोटालों से बचाव हो सके। इस उद्देश्य हेतु परंपरागत लेखाविधि में लेखा मदों की एक बहुत बड़ी संख्या रहती है, उन्हें विधि रूप से मुख्य-शीर्षों तथा उप-शीर्षों (major heads and minor heads) आदि मद-समूहों के अतिरिक्त राजस्व और पूँजी खातों में बाँटा जाता है तथा इनसे संबद्ध व्यापक नियम और अधिनियम बनाए जाते हैं। इन्हें संबद्ध मंत्रालयों और विभागों से भी जोड़ा जाता है और अन्य कई प्रकार की जानकारी भी उपलब्ध कराई जाती है। परंतु इन सब बातों के बावजूद लेखा मदों के शीर्ष तथा उनके प्रयोजनों (purposes) के बीच अनुरूपता का अभाव उत्पन्न होने की प्रबल प्रवृत्ति होती है। **इस कारण इस लेखाविधि से राजकोषीय नीति तय करने में पर्याप्त सहायता नहीं मिलती।**

इस संदर्भ में यह तथ्य भी स्मरणीय है कि भारतीय बजट की वर्तमान लेखा प्रणाली को उन्नीसवीं शताब्दी में अपनाया गया था। उन दिनों यह अपेक्षा नहीं की जाती थी कि बजटीय मदों की सहायता से सरकार के कार्यक्षेत्र के आर्थिक और सामाजिक आयामों का अध्ययन किया जाएगा। तो भी उस समय बजट की व्यय मदें काफी हद तक सरकार के कार्यकलापों के उपर्युक्त आयामों को दर्शा सकती थीं। परंतु कालांतर में इस लेखा प्रणाली का यह गुण क्षीण पड़ता गया। अब व्यय मदों के शीषों और यथार्थता में आपसी दूरी बढ़ने के कारण इस लेखा प्रणाली की कार्यात्मक उपयुक्तता बहुत घट गई है। उदाहरणार्थ 'विविध' शीर्ष की मद में बहुत-सी ऐसी व्यय राशियाँ शामिल हो गई हैं, जिनके लिए अलग से मद-शीर्षों का होना ही उचित है।

**आर्थिक वर्गीकरण**–बजट के आर्थिक वर्गीकरण (Economic Classification) में बजटीय **प्राप्तियों और संवितरणों दोनों** को इस प्रकार की निर्दिष्ट और महत्वपूर्ण आर्थिक मदों और उप मदों में बाँटा जाता है जिससे बजट के विभिन्न आर्थिक एवं सामाजिक प्रभावों की जानकारी मिल सके तथा यथासंभव इन प्रभावों का मात्रीकरण भी किया जा सके। उदाहरणार्थ आर्थिक वर्गीकरण की सहायता से सरकार द्वारा बचत, उपभोग, निवेश, सरकारी परिसंपत्तियों तथा देयताओं आदि में परिवर्तन का अनुमान लगाया जा सकता है। ध्यानयोग्य है, कि भारत में इस वर्गीकरण में उन्हीं सिद्धांतों का प्रयोग किया गया है जो राष्ट्रीय आय संबंधी लेखा प्रणाली में प्रयुक्त किए जाते हैं।

**कार्यात्मक वर्गीकरण**–इसके विपरीत कार्यात्मक वर्गीकरण (Functional Classification) में सरकार द्वारा प्रदत्त सेवाओं (अर्थात् कार्यों, functions) की जानकारी लेने का प्रयास किया जाता है। भारत में सरकारी सेवाओं (कार्यक्षेत्र) के मुख्य वर्ग 'आर्थिक सेवाएँ' (economic services), 'सामाजिक सेवाएँ' (social services)] 'सामुदायिक सेवाएँ' (community services) तथा 'अवर्गीय' (unallocable) रहते हैं तथा इनमें से प्रथम तीन वर्गों में यथोचित उपवर्गों का प्रावधान भी रहता है। यहाँ पर ध्यानयोग्य है कि बजट का **कार्यात्मक वर्गीकरण केवल इसके व्यय पक्ष के लिए** होता है क्योंकि प्राप्तियों को सरकारी कार्यक्षेत्र (अथवा निजी कार्यक्षेत्र) के विभिन्न भागों से नहीं जोड़ा जा सकता। उदाहरण के लिए हम यह नहीं कह सकते कि बिक्री कर से होने वाली

प्राप्तियाँ सरकारी सेवाओं के कौन-से वर्ग (जैसे कि सामाजिक, आर्थिक अथवा सामूहिक आदि) के वर्ग में जानी चाहिए। ध्यानयोग्य है कि, देश में आर्थिक आयोजन को अपनाने के पश्चात् वार्षिक आयोजन परिव्ययों को बजट संबंधी परिव्ययों से एकीकृत कर दिया गया। इससे यह जानने के लिए कि बजटीय व्यय किस प्रकार आयोजना में निर्धारित प्राथमिकताओं के अनुसार हो रहे है, बजटीय व्ययों के कार्यात्मक वर्गीकरण की आवश्यकता और उपयोगिता और भी बढ़ गई है। अतः भारत सरकार के बजटीय लेन-देनों का आर्थिक और कार्यात्मक वर्गीकरण 1967-68 से प्रतिवर्ष किया जा रहा है।

**मानक प्रणाली**–आर्थिक और कार्यात्मक वर्गीकरण के बारे में यह धारणा अपनाना कि इसकी कोई एक सार्वकालिक तथा सार्वदेशिक मानक प्रणाली हो सकती है, एकदम भ्रामक है। इसका कारण यह है कि यह वर्गीकरण केवल एक सैद्धांतिक चर्चा न होकर बजट की आर्थिक एवं सामाजिक उपयोगिता बढ़ाने की प्रक्रिया है। अतः इस वर्गीकरण की उपयोगिता इसकी बदलती परिस्थितियों के साथ-साथ संशोधनीय होने पर निर्भर करती है।

**प्रारम्भ**–बजट के आर्थिक वर्गीकरण का प्रारंभ सर्वप्रथम स्वीडन में किया गया। इसके पश्चात् 1950-60 के दशक के पूर्वार्द्ध में संयुक्त राष्ट्र संघ के तत्वावधान में कई कार्यशालाओं का आयोजन किया गया। स्मरणीय है कि, उस समय भी भारत सरकार की बजटीय लेखा प्रणाली ऐसी थी कि इससे एक आर्थिक और कार्यात्मक वर्गीकरण तैयार करना तुलनात्मक दृष्टिकोण से सुगम था।

भारत में केन्द्रीय वित्त मंत्रालय ने 1956 में भारत सरकार के बजट के आर्थिक वर्गीकरण का कार्य प्रारंभ किया, तथा 1957-58 के बजट के साथ इसकी उपलब्धि होने लगी। इस वर्गीकरण में केन्द्रीय सरकार के प्रशासनिक अंग के अतिरिक्त इसके विभागीय वाणिज्यिक उपक्रमों (departmental commercial undertakings) के लेखे भी शामिल रहते हैं। केन्द्रीय बजट का कार्यात्मक वर्गीकरण 1967-68 से प्रारम्भ हुआ तथा इसके साथ ही एक संयुक्त आर्थिक और कार्यात्मक वर्गीकरण (economic-cum-functional classification) भी तैयार किया जाने लगा। ध्यानयोग्य है कि, प्रारंभ से इन दोनों वर्गीकरणों का अनुरूप अपरिवर्तित रहा है। परंतु इनसे प्राप्त की गई मदों के स्रोत और उनके औचित्य के आधार को एक तकनीकी परिशिष्ट में विस्तार से वर्णित किया जाता है।

इसके पश्चात् विभिन्न राज्य सरकारों के बजटों को भी आर्थिक तथा कार्यात्मक आधार पर वर्गीकृत किया जाने लगा। परंतु इस प्रक्रिया में प्रारंभ से कुछ त्रुटियों को स्थान दे दिया गया। *प्रथम* यह कि राज्यों द्वारा अपनाए गए वर्गीकरण और केन्द्रीय वर्गीकरण में एकरूपता नहीं थी। इससे उनका देशव्यापी एकीकरण संभव नहीं था। *दूसरे*, अधिकतर राज्य अपने बजटों के इस वर्गीकरण को संशोधित करने लगे अथवा इसके बारे उदासीन होते गए।

## आर्थिक वर्गीकरण (Economic Classification)

भारत सरकार के बजट के आर्थिक वर्गीकरण के निम्न छह विवरण (Accounts) हैं:

**विवरण 1. वस्तुओं और सेवाओं का लेन-देन और अन्तरण**–सरकारी प्रशासन का चालू खाता।

**विवरण 2. वस्तुओं और सेवाओं का लेन-देन और अन्तरण**–विभागीय वाणिज्यिक उपक्रमों का चालू खाता।

**विवरण 3. वस्तुओं और सेवाओं का लेन-देन और अन्तरण**–सरकारी प्रशासन और विभागीय उपक्रमों (सम्मिलित) का पूँजी खाता।

**विवरण 4. वित्तीय परिसंपत्तियों में परिवर्तन**–सरकारी प्रशासन और विभागीय वाणिज्यिक उपक्रमों का पूँजी खाता।

**विवरण 5. वित्तीय देयताओं में परिवर्तन**–सरकारी प्रशासन और विभागीय वाणिज्यिक उपक्रमों का पूँजी खाता।

**विवरण 6.** प्रशासन तथा विभागीय वाणिज्यिक उपक्रमों का रोकड़ और पूँजी समाधान खाता।

इस प्रकार हम देखते हैं कि छह में से तीन विवरण प्रशासन और विभागीय वाणिज्यिक उपक्रमों के साझे पूँजी खाते हैं, जिनमें से दो वित्तीय परिसंपत्तियों तथा वित्तीय देयताओं में परिवर्तन दर्शाते हैं, तथा एक वस्तुओं और सेवाओं के लेन-देन से संबद्ध है। प्रशासन और विभागीय वाणिज्यिक उपक्रमों के चालू खाते अलग-अलग हैं परंतु उनका पूँजी खाता साझा है। चालू खातों को अलग-अलग रखने का औचित्य यह है कि प्रशासन सरकार का केवल उपभोग करने वाला अंग है, उत्पादन करने वाला नहीं। इसके विपरीत उपक्रमों से यह अपेक्षा की जाती है कि उनकी मुख्य प्राप्तियाँ उत्पादन तथा बिक्री के द्वारा होंगी। परंतु जहाँ तक पूँजी के लेन-देन की बात है, दोनों का खाता साझा है (विवरण 3)। अंतिम अर्थात् विवरण 6 का उद्देश्य अन्य विवरणों की विशुद्धता की परख करना है।

प्रत्येक विवरण में दो स्तंभ (column) होते हैं, एक **'व्यय'** का और दूसरा **'प्राप्तियों'** का, और दोनों का जोड़ सदैव बराबर होता है।

1. विवरण 1 के व्यय स्तंभ में सरकार के 'खपत' संबंधी व्यय और चालू अन्तरण अदायगियों की मदें दर्शाई जाती हैं। प्राप्तियों के स्तंभ में सरकारी संपत्ति और उद्यमों से आय और शुल्क तथा विविध प्राप्तियों को दर्शाया जाता है। ध्यानयोग्य है कि (क) खपत संबंधी व्यय से चालू राजस्व के आधिक्य से उत्पन्न शेष तथा (ख) चालू अन्तरण अदायगियों की बचतों का जोड़ पूँजी निमार्ण के लिए केन्द्र की बचत का अनुमान है।

2. विवरण संख्या 2: विभागीय उपक्रमों के व्यय और प्राप्तियों का स्वरूप सरकारी प्रशासन के व्यय और प्राप्तियों के स्वरूप से भिन्न होता है। इन उपक्रमों के व्यय मुख्यत: उत्पादन के लिए होते हैं, तथा उनकी प्राप्तियाँ बिक्री से होती हैं। स्वतंत्र कंपनियों अथवा निगमों के रूप में संचालित सरकारी उपक्रमों के लेन-देन को इस विवरण में शामिल नहीं किया जाता, क्योंकि इनमें केवल वे लेन-देन दर्शाए जाते हैं जो केन्द्र के बजट में भी दर्शाए जाते हैं। अर्थात् इस विवरण में केवल उन वाणिज्यिक उपक्रमों के लेन-देन को शामिल किया जाता है जो विभागीय तौर पर चलाए जा रहे हों, जैसे कि रेलवे, डाक, अफीम की फैक्टरियाँ और एलक्लायड के कारखाने, परिवहन की योजनाएँ, परमाणु बिजली घर सहित विद्युत परियोजनाएँ, वन, और दिल्ली दुग्ध योजना। इसके अतिरिक्त केन्द्र के बजटीय लेन-देनों का अंग होने के कारण इस विवरण में निम्नलिखित को भी शामिल किया गया है:

(क) 1972-73 से रेल की कर्मशालाओं और उत्पादन एककों (चितरंजन लोकोमोटिव वर्क्स, डीज़ल लोकोमोटिव वर्क्स और इंटीग्रल कोच फैक्टरी) के निमार्ण संबंधी कार्य।

(ख) 1977-78 से लोक लेखा समिति (Public Accounts Committee) की सिफारिशों पर रक्षा सेवाओं और कैण्टीन भण्डार विभाग का चालन।

(ग) 1982-83 के प्रारंभ से परमाणु ऊर्जा औद्योगिक परियोजनाओं के कार्य चालन।

(घ) 1983-84 से नागर विमानन, वाणिज्यिक प्रसारण सेवाएँ, दीप स्तंभ और दीप पोत और सिंचाई निमार्ण कार्य।

3. विवरण संख्या 3: इस विवरण में कुल पूँजी परिव्यय की तथा विभागीय वाणिज्यिक उपक्रमों द्वारा निर्मित भौतिक परिसंपत्तियों और पूँजीगत अन्तरणों की मदें दर्शाई जाती हैं। ध्यानयोग्य है कि पूँजी निर्माण संबंधी समस्त व्यय अंतिम व्यय होता है जिसका अर्थ यह है कि सरकार को इसके लिए या तो अपनी बचतों से राशियाँ निकाल कर साधन जुटाने पड़ते हैं या गैर-सरकारी बचतों से राशियाँ जुटानी पड़ती हैं। अत: पूँजीगत व्यय के संबंध में प्रशासन और विभागीय वाणिज्यिक उपक्रमों में भेद करना सार्थिक नहीं होता।

इस विवरण में सरकार द्वारा निर्मित भौतिक परिसंपत्तियों (विभागीय वाणिज्यिक उपक्रमों के नवीकरण और प्रतिस्थापन व्यय को छोड़कर)(except renovation and upgradation of departmental public enterprises) सकल और निवल परिसंपत्ति के निर्माण तथा तालिकागत सामान में हुई निवल वृद्धि के रूप में दर्शाया गया है। इसके अतिरिक्त वस्तुओं और सेवाओं तथा अंतरण में लेनदेन के घाटे को विवरण 3 में संतुलनकारी मद (balancing item) के रूप में दर्शाया गया है और इससे शेष अर्थव्यवस्था के प्रति सरकार की निवल देयताओं में हुए परिवर्तन की मात्रा का पता चलता है।

4. विवरण संख्या 4: इसमें औद्योगिक और वाणिज्यिक उपक्रमों को शेयर पूँजी में निवेश राशि और शेष अर्थव्यवस्था को दिए जाने वाले ऋणों और अग्रिमों जैसी वित्तीय परिसंपत्तियों के लेनदेन दर्शाए गए हैं। इस विवरण से यह पता चलता है कि केन्द्रीय सरकार प्रत्यक्ष रूपसे पूँजी निर्माण के अतिरिक्त वह इसके लिए कितनी वित्तीय सहायता दे रही है। इस विवरण की संतुलनकारी मद के सहित (जो वित्तीय निवल निवेशों और केन्द्र के ऋणों के निवल परिव्यय का अनुमान है) विवरण 3 की घाटे की राशि से यह पता चलता है कि निवल आंतरिक और निवल विदेशी ऋणों से तथा बजटीय घाटे के द्वारा पूरी की जाने वाली कुल वित्त व्यवस्था कितनी है।

5. विवरण संख्या 5: इससे यह पता चलता है कि विवरण 3 और विवरण 4 में दर्शाई गई निवल वित्तीय आवश्यकताओं की पूर्ति की व्यवस्था किस प्रकार की गई है।

6. विवरण संख्या 6: यह एक समाधान खाता है, जिससे सार रूप से विवरण 3, 4, और 5 की संयुक्त निवल स्थिति का पता चलता है, अर्थात् जो केन्द्र के सभी लेन-देनों के और उसकी नकदी राशि पर पड़ने वाले प्रभाव को दर्शाता है।

## आर्थिक वर्गीकरण की उपयोगिता (Usefulness of Economic Classification)

यह वर्गीकरण इस प्रकार किया गया है कि सरकारी गतिविधियों को राष्ट्रीय आय और व्यय के प्रवाहों से जोड़ा जा सके, अर्थात् इन खातों की संरचना इनकी संभावित प्रयुक्तता को ध्यान में रखते हुए की गई है। इस कारण:

इन विवरणों में सरकारी व्यय की राशियाँ निवल न होकर सकल हैं अर्थात् इनमें वसूलियों को अलग से दर्शाया गया है।

इन विवरणों में (क) सरकार और उपक्रमों के अंतर-विभागीय लेन-देन तथा (ख) भारत के लोक खाते के लेन-देन को **नहीं** दर्शाया गया। कारण यह है कि यद्यपि इस प्रकार की विस्तृत जानकारी, सार्वजनिक व्यय पर संसद द्वारा प्रभावी नियंत्रण बनाए रखने के लिए लाभकारी हो सकती है, परंतु सरकारी गतिविधियों के अर्थव्यवस्था पर पड़ने वाले प्रत्यक्ष प्रभाव को आंकने में इसकी आवश्यकता नहीं है।

इन विवरणों की संरचना से यह अपेक्षा की जाती है कि सरकार के बजट द्वारा प्रत्यक्ष उपभोग और पूँजी निर्माण के अनुमान के अतिरिक्त शेष अर्थव्यवस्था पर पड़ने वाले प्रभावों को भी आँका जा सकेगा।

इन विवरणों से निम्नलिखित सहित कई महत्वपूर्ण आर्थिक अनुमान भी लगाए जा सकते हैं:

- केन्द्रीय सरकार का कुल व्यय;
- केन्द्रीय सरकार का अंतिम परिव्यय;
- केन्द्रीय सरकार द्वारा पूँजी निमार्ण के लिए वित्तीय सहायता;
- केन्द्रीय सरकार के बजटीय संसाधनों से सकल पूँजी निर्माण;
- केन्द्रीय सरकार के बजटीय संसाधनों से निवल पूँजी निर्माण;
- केन्द्रीय सरकार की बचतें;
- केन्द्रीय सरकार की निवल बचतें;
- केन्द्रीय सरकार के बजटीय घाटे के विभिन्न अनुमान[1];
- भारत सरकार की कुल वित्तीय आवश्यकता;
- भारत सरकार की कुल वित्तीय आवश्यकता की पूर्ति के स्रोत;
- केन्द्रीय सरकार द्वारा आय का निर्माण।

## कार्यात्मक वर्गीकरण (Functional Classification)

यहाँ पर कार्य (function) का अर्थ वह 'उद्देश्य' है जिसके लिए लोक बजट से व्यय किया जा रहा है, जैसे कि रक्षा, शिक्षा, स्वास्थ्य आदि। इस कारण बजट का कार्यात्मक वर्गीकरण **केवल इसकी व्यय मदों** तक ही सीमित रहता है, क्योंकि सरकार की वित्तीय प्राप्तियों के स्रोतों को सरकार के 'कार्यों' के आधार पर वर्गीकृत नहीं किया जा सकता। वर्गीकरण के खातों पर दृष्टि डालने से पता चलता है कि सरकार एवं विभागीय वाणिज्यिक उपक्रमों के कुल व्यय का अनुमान करने के लिए तीन खंडों का योग लेना चाहिए अर्थात्:

(i) प्रशासन का राजस्व व्यय (खाता संख्या 1);

(ii) प्रशासन और विभागीय एवं वाणिज्यिक उपक्रमों का पूँजी व्यय (खाता संख्या 3), तथा;

(iii) वित्तीय निवेश एवं उधार और अग्रिम (खाता संख्या 4)।

इस योग में विभागीय वाणिज्यिक उपक्रमों का राजस्व व्यय नहीं लिया जाता, क्योंकि उसे निर्दिष्ट कार्यों के साथ संबद्ध नहीं किया जा सकता।

संयुक्त राष्ट्र संघ के आर्थिक गतिविधियों संबंधी ब्यूरो ने लोक व्यय के **पाँच** मुख्य वर्ग सुझाए, अर्थात्, (i) सामान्य सेवाएँ (general services), (ii) सामूहिक सेवाएँ (community services), (iii) सामाजिक सेवाएँ (social services), (iv) आर्थिक सेवाएँ (economic services) तथा (v) अवर्गीय (unallocable)। परंतु भारत सरकार द्वारा बजटीय व्यय को केवल चार भागों में बाँटा गया है और सामूहिक सेवाओं को यथोचित सामाजिक अथवा आर्थिक सेवाओं में रख दिया गया है। इस प्रकार भारत सरकार के व्यय के चार वर्ग हैं— (i) सामान्य

---

1 ध्यानयोग्य है कि बजटीय घाटे को विविध प्रकार से परिभाषित और अनुमानित किया जा सकता है, जैसे कि 'राजस्व खाते का घाटा', 'पूँजी खाते का घाटा', पारम्पारिक 'बजटीय घाटा', 'राजकोषीय घाटा', 'निवल राजकोषीय घाटा', 'मूल घाटा', 'निवल मूल घाटा', 'मौद्रीकृत घाटा', आदि।

सेवाएँ (general services), (ii) सामाजिक सेवाएँ (social services), (iii) आर्थिक सेवाएँ (economic services), और (iv) अवर्गीय (unallocable)। इन चारों वर्गों का संक्षिप्त ब्यौरा नीचे दिया गया है:

**1. सामान्य सेवाएँ (General Services)**—इस वर्ग में प्रशासन के बुनियादी ढाँचे (basic administrative machinery) पर होने वाले सभी नागरिक और रक्षा (civil and defence) व्यय शामिल हैं, जैसे कि सामान्य प्रबंधन (general administration), कर संग्रहण (tax collection), पुलिस, करेंसी, सिक्का निर्माण और टकसाल, वैदेशिक मामले (external affairs), रक्षा, प्राकृतिक प्रकोपों के लिए आयोजना-भिन्न प्रावधान आदि। परंतु विभिन्न सामाजिक और आर्थिक कार्यकलापों से जुड़े प्रशासनिक व्ययों को यथोचित अन्य कार्यात्मक वर्गों में दर्शाया जाता है। यदि कोई व्यय मद एक से अधिक वर्गों के कार्यकलापों से जुड़ी हो, तो उसे यथासंभव उनमें बाँट दिया जाता है। अंतर्राष्ट्रीय मुद्रा कोष तथा विश्व बैंक (International Monetary Fund and World Bank) को दिए गए अंशदान (contributions) भी 'सामान्य सेवाओं' में आते हैं (परंतु विश्व स्वास्थ्य संगठन, World Health Organization, तथा खाद्य और कृषि संगठन Food and Agriculture Organization को जाने वाले चंदे इस वर्ग में शामिल नहीं किए जाते)।

**2. सामाजिक सेवाएँ (Social Services)**—इस वर्ग में बुनियादी सामाजिक सुविधाएँ जैसे कि शिक्षा, चिकित्सा और परिवार कल्याण तथा जन-स्वास्थ्य (परिवार नियोजन और विश्व स्वास्थ्य संगठन, World Health Organization, पर किए गए व्यय सहित) आदि शामिल हैं। इनके अतिरिक्त इस वर्ग में श्रम कल्याण, आवास तथा अन्य सामाजिक रक्षा और कल्याण (social security and welfare) की स्कीमें भी शामिल रहती हैं।

**3. आर्थिक सेवाएँ (Economic Services)**—इस वर्ग में वे सारे व्यय शामिल रहते हैं, जिनसे प्रत्येक्ष अथवा परोक्ष रूप से देश में आर्थिक कार्यकलापों का संवर्द्धन (promotion) होता है। इनमें कृषि और उससे जुड़ी सेवाएँ, विदेशी व्यापार और निर्यात संवर्द्धन (export promotion), ऊर्जा, उद्योग और खनिज, परिवहन, विज़ान, प्रौद्योगिकी और पर्यावरण, मौसम-विज्ञान, सिंचाई और बाढ़ नियंत्रण, जनगणना, सर्वेक्षण और सांख्यिकी, पर्यटन आदि शामिल हैं।

**4. अवर्गीय (Unallocable)**—इस वर्ग में व्यय की वे सब मदें आती हैं जिन्हें उपर्युक्त तीनों वर्गों में से किसी में भी नहीं रखा जा सकता। इन मदों में ब्याज की अदायगियाँ, पेंशन, खाद्य रियायतें (subsidies), राज्यों को सांविधिक सहायता-अनुदान (statutory grants-in-aid), विशेष उधार, विदेशों की सहायता आदि शामिल हैं।

## आर्थिक-सह-कार्यात्मक वर्गीकरण (Economic-cum-Functional Classification)

यह केन्द्रीय सरकार के व्यय का पंक्तियों तथा स्तंभों में एक **द्विमुख** वर्गीकरण है। इसमें प्रत्येक आर्थिक वर्ग/उपवर्ग की एक पंक्ति होती है तथा प्रत्येक कार्यात्मक वर्ग/उपवर्ग का एक स्तंभ होता है। इस प्रकार एक पंक्ति के अध्ययन से किसी एक आर्थिक वर्ग/उपवर्ग पर होने वोले कुल व्यय के साथ-साथ उसी व्यय का विभिन्न कार्यात्मक वर्गों/उपवर्गों में बंटवारा भी उपलब्ध रहता है। इसी प्रकार प्रत्येक स्तंभ में किसी एक कार्यात्मक वर्ग/उपवर्ग पर होने वाले कुल व्यय के साथ-साथ उसका विभिन्न आर्थिक वर्गों/उपवर्गों में बँटवारा भी उपलब्ध रहता है।

## सीमाएँ (Limitations)

वर्तमान रूपरेखा में केन्द्रीय सरकार के बजट के आर्थिक तथा कार्यात्मक वर्गीकरणों की कई कमियाँ हैं, जिनसे उनकी उपयोगिता अपूर्ण रह जाती है। इनमें से मुख्य निम्नलिखित हैं:

इनसे सार्वजनिक बजट के परोक्ष प्रभावों का मूल्यांकन नहीं किया जा सकता। इस कार्य के लिए कोई विश्वसनीय तरीका भी उपलब्ध नहीं है।

विवरणों में वर्गों तथा उपवर्गों की संख्या को बढ़ाने की आवश्यकता है, ताकि उनकी उपयोगिता में वृद्धि की जा सके। उनकी वर्तमान रूपरेखा से अति सीमित जानकारी मिल पाती है।

इनसे आय और धन की वितरणीय असमानताओं पर राजकोषीय गतिविधियों के पड़ने वाले प्रभाव का पता नहीं चलता। इसी प्रकार कई अन्य विकासात्मक कारक भी प्रकाश में नहीं आते, जैसे कि देश का संस्थानक ढाँचा, क्षेत्रीय विषमताएँ आदि।

यह संपूर्ण संरचना अपने आप में अधूरी है। इसे पूरी तरह से अर्थपूर्ण बनाने के लिए सरकार के सभी स्तरों के बजटों का एक संयुक्त वर्गीकरण तथा इसके साथ-साथ समस्त अर्थव्यवस्था की गतिविधियों का वर्गीकरण भी उपलब्ध होना चाहिए।

विवरणों की मदें अति समुच्चय (aggregative) हैं। अधिकतर मदों को कई उप-मदों तथा उप-उप-मदों में विभाजित करने से उनकी उपयोगिता को बढ़ाया जा सकता है।

इस संरचना में कई अयथार्थ तथा यादृच्छिक निर्देश-चिह्नों (arbitrary benchmarks) का प्रयोग किया गया है, जिससे कई मदों के अनुमान भ्रामक तथा गलत हो सकते हैं। उदाहरण के लिए निर्माण-व्यय में मज़दूरी तथा वेतन का भाग वास्तविक आँकड़ों द्वारा अनुमानित करने के स्थान पर वैसे ही कुल व्यय का एक-तिहाई मान लिया जाता है।

- बजट का आर्थिक और कार्यात्मक वर्गीकरण कई कारणों से अति महत्वपूर्ण और उपयोगी हो सकता है।
- इसकी सहायता से सरकार अपनी राजकोषीय नीतियों को सुधार सकती है।
- लोक बजट के आर्थिक और कार्यात्मक वर्गीकरण का कोई सर्वदेशीय मानक ढाँचा नहीं है।
- बजट के आर्थिक वर्गीकरण में बजट की प्राप्तियाँ और संवितरणों दोनों को महत्वपूर्ण आर्थिक मदों में वर्गीकृत किया जाता है। इससे सरकार के बजटीय कार्यकलापों के कई प्रत्यक्ष प्रभावों को परिभाषित और अनुमानित किया जा सकता है।
- कार्यात्मक वर्गीकरण में केवल व्यय राशियों को सरकार के कार्यों के अनुसार वर्गीकृत किया जाता है।
- भारत सरकार प्रतिवर्ष छह विवरणों वाले अर्थिक वर्गीकरण के अतिरिक्त एक संयुक्त आर्थिक और कार्यात्मक वर्गीकरण भी तैयार करती है। इनमें समय-समय पर थोड़ा सुधार भी किया जाता रहा है।
- परंतु इनकी प्रारंभिक त्रुटियाँ अभी भी दूर नहीं की गई हैं।

## राज्य सरकारों के बजटों का वर्गीकरण (Classification of State Budgets)

भारत सरकार के बजट के आर्थिक और कार्यात्मक वर्गीकरण के अनुरूप राज्य में भी बजटों के वर्गीकरण की प्रक्रिया अपनाई गई। प्रारंभ में राज्यों सरकारें के बजटीय आर्थिक वर्गीकरण में तीन विवरण थे, अर्थात्:

विवरण संख्या 1: प्रशासनिक विभागों का आय और परिव्यय खाता।

विवरण संख्या 2: विभागीय वाणिज्यिक उपक्रमों का उत्पादन खाता।

विवरण संख्या 3: सामान्य सरकार का वित्त पोषण खाता।

इस प्रकार विदित होता है कि प्रारंभ से ही राज्यों द्वारा अपनाया गया आर्थिक वर्गीकरण केन्द्रीय सरकार के वर्गीकरण की तुलना में बहुत संकीर्ण था। इसमें वित्तीय परिसंपत्तियों और वित्तीय देयताओं तथा मिलान के विवरण नहीं थे तथा इनमें दर्शाई गई मदों में भी सुधार की अधिक गुंजाइश थी।

इसके अतिरिक्त राज्यों के आर्थिक-कार्यात्मक वर्गीकरण की रूपरेखा भी केन्द्रीय सरकार द्वारा अपनाए गए ढाँचे के अनुरूप नहीं थी। आर्थिक वर्गीकरण के दो भाग थे, अर्थात्:

(क) पूँजी व्यय, और;

(ख) राजस्व व्यय।

इन दोनों भागों में अपने-अपने मद-वर्ग और उप-वर्ग थे। इसी प्रकार कार्यात्मक वर्गीकरण के भाग में 9 मुख्य मद-समूह थे, अर्थात्:

(1) सामान्य सेवाएँ;

(2) रक्षा (इस भाग में कोई राशि नहीं होती);

(3) शिक्षा;

(4) स्वास्थ्य;

(5) सामाजिक सुरक्षा और कल्याण की स्कीमें;

(6) आवास तथा सामूहिक सेवाएँ;

(7) सांस्कृतिक, मनोरंजन तथा धार्मिक सेवाएँ;

(8) आर्थिक सेवाएँ;

(9) अन्य सेवाएँ, तथा;

(10) कुल जोड़।

विदित है कि राज्यों के बजटों का कार्यात्मक वर्गीकरण केन्द्र के कार्यात्मक वर्गीकरण की तुलना में अधिक विस्तृत था। इसमें कोई 'अवर्गीय' व्यय मद नहीं थी, जो स्वयं में एक श्रेयस्कर उपलब्धि थी।

**निष्कर्ष**–स्पष्ट है कि कि सरकार के सभी स्तरों (केन्द्रीय, राज्यीय और स्थानीय) के बजटों के आर्थिक और कार्यात्मक वर्गीकरणों की उपयोगिता में बढ़ोतरी करना आवश्यक भी है और संभव भी। इस उद्देश्य हेतु निम्नलिखित सुझावों को अपनाने की सिफारिश की जा सकती है:

- पिछले अनुभव को ध्यान में रखते हुए बजट के आर्थिक और कार्यात्मक वर्गीकरण का एक ऐसा नया, उपयोगी और संरचनात्मक स्वरूप तैयार किया जाए जिसे सरकार के सभी स्तरों पर अपनाया जा सके;
- सरकार के सभी स्तरों पर इस नए वर्गीकरण को अपनाया जाए;
- सरकार की सभी स्तरें अपने बजटों के वर्गीकरणों को विधिवत् और बिना देरी के तैयार और प्रकाशित करें;

- सरकार के सभी स्तरों के बजटों का एकीकृत वर्गीकरण विधिवत् और बिना देरी के तैयार और प्रकाशित किया जाए, तथा;
- इस एकीकृत वर्गीकरण के अनुरूप पूरी अर्थव्यवस्था के कार्यकलापों को भी वर्गीकृत किया जाए।

परंतु उपरोक्त सुझाओं में से किसी को भी न अपनाए जाने के परिणामस्वरूप भारत सरकार और राज्यों के बजटीय वर्गीकरणों से प्राप्य जानकारी और नीति-सहायता का लाभ नहीं उठाया जा सका। उलटे कालान्तर में केन्द्रीय बजट के वर्गीकरण की उपयोगिता भी कम हो गई है। इसका एक कारण यह भी है कि कालान्तर में राज्यों की अपने बजटों के वर्गीकरण के बारे उदासीनता बढ़ती गई है। वर्तमान स्थिति यह है कि अधिकतर मामलों में:

- राज्य इस वर्गीकरण के अस्तित्व और आवश्यकता को लगभग भूल चुके हैं; अथवा
- उन्होंने इसमें अपनी इच्छानुसार संशोधन कर लिए हैं; अथवा
- इस वर्गीकरण के औचित्य को स्वीकारते हुए भी इसके विवरण और आँकड़े उपलब्ध नहीं कराते; अथवा
- केवल राज्य की 'आर्थिक समीक्षा' में इसके बारे थोड़ी-सी जानकारी दे दी जाती है; अथवा
- प्रकाशित जानकारी वर्षों पुरानी होने के कारण बेकार होती है।

परंतु इन सब त्रुटियों का यह अर्थ नहीं बनता कि बजटों का आर्थिक और कार्यात्मक वर्गीकरण बेकार है। इसके विपरीत परिणाम यह निकलता है कि इसमें यथोचित सुधार द्वारा तथा व्यापक रूप से अपनाते हुए विश्लेषणात्मक और नीति उपयोगिता बढ़ानी चाहिए। इसके अतिरिक्त यह भी ध्यानयोग्य है कि कार्यात्मक वर्गीकरण 'कार्यक्रम एवं निष्पादन बजटिंग' (Programming and Performance Budgeting) जैसे अर्थपूर्ण और उपयोगी बजटीय विधियों की संरचना में भी सहायक सिद्ध होता है।

- बजट के आर्थिक और कार्यात्मक वर्गीकरण की उपयोगिता बढ़ाने के लिए इसमें बहुआयामी सुधार की आवश्यकता थी।
- परंतु इसमें सुधार करने और सरकार के सभी स्तरों पर अपनाने के स्थान पर भारत में इसके प्रति उदासीनता बढ़ती गई है।
- इस स्थिति को अभी भी सुधारा जा सकता है और ऐसा करना उपयोगी भी है।

## कार्यक्रम और निष्पादन बजटिंग (का.नि.ब.)

(Programme and Performance Budgeting)/(PPB)

अन्य आर्थिक इकाइयों की भाँति सरकार के पास भी आवश्यकताओं की तुलना में साधनों की कमी रहती है। अत: उचित यह रहता है कि इनका प्रयोग मितव्ययिता से और कुशलतापूर्वक किया जाए[2]। इस ध्येय को ध्यान में रखते हुए, व्यय मदों के चुनाव से पूर्व, मानक कसौटियों के आधार पर, तथा लागत-हित-विश्लेषण की सहायता से, विचाराधीन वैकल्पिक परियोजनों और स्कीमों पर अनुमानित परिव्ययों की तुलना उनसे अपेक्षित हितों से की जानी चाहिए (All the projects and schemes under consideration should be subjected to a cost-benefit

[2] परंतु भारत सहित अधिकतर देशों में प्रशासनिक तंत्र की मानसिकता यह रहती है कि सरकारी परियोजनों/स्कीमों का कार्यान्वयन और उनकी सफलता उनके वास्तविक परिणामों (हितों) के स्थान पर उन पर व्ययित राशियों में मापी जाती है।

analysis)। इन कसौटियों के प्रयोग का एक विशेष कारण यह भी है कि लोक व्यय के अपेक्षित और वास्तविक निष्पादन (performance) में लगभग सदैव कुछ असमानता रहती है।

[**विशेष:** विचाराधीन बजटिंग तकनीक से संबद्ध प्रयुक्त शब्दावली के बारे में विशेष ध्यान देने की आवश्यकता है क्योंकि भारत सरकार द्वारा इसके चुनाव में असावधानी बरती गई है जिससे एक भ्रामक स्थिति उत्पन्न होती है। अत: पाठक को ध्यान रखना चाहिए कि

(क) वास्तविक व्यय से पूर्व उससे पोषित होने वाली परियोजनों और स्कीमों आदि का कार्यक्रम बनाना 'कार्यक्रम बजटिंग' (programme budgeting) है, और **व्ययोपरांत परिणामों का मूल्यांकन** करना निष्पादन बजटिंग (performance budgeting) कहलाता है।

(ख) परंतु भारत सरकार द्वारा प्रयुक्त शब्दावली में कार्यक्रम बजटिंग को 'परिणाम बजटिंग' (outcome budgeting) का नाम दिया गया है, जबकि ये शब्द निष्पादन (performance) के मूल्यांकन के लिए प्रयोग किए जाने चाहिएँ। अर्थात जो शब्द व्ययोपरांत मूल्यांकन के लिए उपयुक्त हैं और बाकी विश्व में उन्हीं अर्थों में प्रयोग किए जाते हैं, उन्हें भारत सरकार द्वारा व्यय-पूर्व बजटिंग के लिए चुना गया है।]

एक उत्तम स्थिति वह है जिसमें सरकार की सभी मुख्य व्यय-मदों को उपरोक्त प्रकार के कार्यक्रम बजटिंग (अर्थात programme budgeting, जिसे भारत सरकार द्वारा परिणाम बजटिंग outcome budgeting का भ्रामक नाम दिया गया है) का रूप दिया जाए, तथा जिसकी तैयारी में यह सुनिश्चित किया जाए कि यथासंभव कहीं भी किसी प्रकार का साधन-अपव्यय न हो और अपेक्षित निष्पादन (performance अर्थात् *हमारे* शब्दों में 'परिणाम' अथवा outcome) भी इष्टतम-संभव हो। कहने का तात्पर्य यह है कि जब सरकार किसी परियोजन/स्कीर्म को चुनने के पश्चात उस पर साधन व्यय करने का निर्णय ले, तो इसे चाहिए कि इसके कार्यान्वयन की समय-सारणी और इससे संबंधित प्रत्येक चरण में व्ययों और अपेक्षित प्राप्तियों/हितों के अनुमान तैयार करे।

भारत सरकार द्वारा इसे 2005-06 में 'कार्यक्रम बजद्दिग' (programme budgeting) को **'परिणाम बजटिंग'** (Outcome Budgeting) के नाम से अपनाया गया। स्मरणीय है कि यह बजटिंग 'व्यय-पूर्व' की अनुमानित स्थिति दर्शाता है (It is a pre-expenditure card)।

स्पष्ट है कि इस प्रकार से केवल कार्यक्रम बजटिंग (programme budgeting, भारत सरकार की शब्दावली में परिणाम बजटिंग अथवा outcome budgeting) तब तक अर्थहीन है जब तक कि इसका कार्यान्वयन उच्च कोटि का न हो। इसके लिए दो शर्तों का पूरा होना आवश्यक है।-

- ऐसी निष्पादन (performance मूल्यांकन) कसौटियों का निर्माण किया जाए जिनके आधार पर कार्यक्रम बजट के अपेक्षित परिणामों को मापनीय (quantifiable) और निगरानीय (monitorable) लक्ष्यों में दर्शाया जा सके।
- वास्तविक परिणामों की अपेक्षित परिणामों से तुलना करना संभव हो।

जैसा कि ऊपर कहा है, परिणाम-बजटिंग के इस प्रकार से **व्ययोपरांत** मूल्यांकन को **निष्पादन बजटिंग** (performance budgeting) कहा जाता है। इस प्रकार निष्पादन बजटिंग (performance budgeting) में वास्तविक परिणामों की तुलना अपेक्षित परिणामों से की जाती है। यह व्ययोपरांत (post-expenditure) बजटिंग है।

व्यय बजटिंग के उपर्युक्त दोनों भागों के संयुक्त रूप को **कार्यक्रम और निष्पादन बजटिंग** (का.नि.ब.) (programme and performance budgeting) की संज्ञा दी जाती है।

## औचित्य (Rationale)

का.नि.ब. का औचित्य निम्नलिखित मूलभूत बातों पर आधारित है-

- इसमें आर्थिक समस्याओं की बुनियादी प्रकृति को मान्यता दी गई है अर्थात् इसमें इस तथ्य को स्वीकारा गया है कि इन समस्याओं का स्रोत समाज की आवश्यकताओं की तुलना में साधनों की कमी है। इस कारण लोक बजट में परियोजनों/स्कीमों का चुनाव उनके लागत-हित अनुपातो के आधार पर होना चाहिए।
- साधन अभाव की समस्या केवल परियोजनों के चुनाव के साथ ही समाप्त नहीं हो जाती। उनके कुशलतापूर्वक कार्यान्वयन का महत्त्व भी कुछ कम नहीं है। इस कारण कार्यकुशलता के परीक्षण-मानकों का निर्माण, उनके निष्पादन प्रमापन के तरीकों का निर्माण और परियोजनाओं से अपेक्षित परिणामों में रह जाने वाली कमियों की जानकारी पाना भी अति आवश्यक है।
- इस बजटीय तकनीक में इस तथ्य को मान्यता दी गई है कि सरकार के पास कोई ऐसा स्वचालित नियंत्रक (self-regulatory mechanism) नहीं है जिससे उसे यह पता चल जाए कि किस परियोजना/स्कीम की उपयोगिता समाप्त हो चुकी है अथवा प्रयाप्त मात्रा में घट-बढ़ चुकी है। यह जानकारी केवल एक विधिवत व्यवस्था द्वारा ही प्राप्त की जा सकती है। का.नि.ब. (जिसके उपरोक्त व्यय-पूर्व और व्ययोपरांत भाग हैं और जिन्हें विविध नामों से जाना जाता है) इस विधिवत व्यवस्था का एक रूप है। यद्यपि यह व्यवस्था पूर्णरूप से दोषरहित नहीं है, फिर भी इसका होना इसके न होने से बेहतर रहता है। इसके अतिरिक्त कालांतर में इसमें सुधार की आशा भी की जा सकती है।
- का.नि.ब. के बिना सरकार के बजटीय निर्णय दिशाहीन रहते है। इसका एक कारण यह भी है कि बजटीय निर्णय क्षेत्र विभिन्न सरकारी विभागों, ऐजेन्सियों और मंत्रालयों आदि में विभाजित रहता है और कई बार एक ही कार्यक्रम के विभिन्न चरणों से संबद्ध निर्णय-अधिकार भी अलग-अलग निर्णयकर्ताओं के पास रहते हैं। इस सारी निर्णय-व्यवस्था में तालमेल की कमी रह जाती है। अधिकतर मामलों में समस्याओं के अल्पकालीन समाधानों पर ही संतोष कर लिया जाता है और कोई स्थायी एवं दीर्घकालीन नीति निर्मित नहीं हो पाती।
- ताल-मेल की समस्या का एक अन्य पहलू यह भी है कि सरकारी बजट बहुधा एक समय पर केवल एक वर्ष के लिए होता है जबकि अधिकतर परियोजनाएँ और स्कीमें एक वर्ष से लंबे समय के लिए होती हैं। इस प्रकार प्र.नि.ब. का आघात (thrust) 'आगामी कार्यक्रम' (forward programming) पर रहता है।
- स्मरणीय है कि का.नि.ब. कोई यंत्रवत और अनम्य (mechanical and rigid) विधि नहीं है। इसमें मनुष्य की निर्णय-शक्ति को त्यागने के स्थान पर केवल उसकी सहायता का प्रयत्न किया जाता है, ताकि निर्णयकर्ता बेहतर निर्णय ले सकें। यह भी ध्यानयोग्य है कि कुछ व्यय-मदों से अपेक्षित हितों को मात्राबद्ध नहीं किया जा सकता। फिर भी इस बजटीय विधि से निर्णयकर्ताओं को अपने निर्णयों की गुणवत्ता बढ़ाने में सहायता मिलती है।

## अड़चनें (Constraints)

का.नि.ब. को अपनाने में कई अवधारणात्मक और अन्य समस्याओं का सामना करना पड़ता है, जिनका संक्षिप्त विवेचन नीचे दिया गया है:

• **अनेकता (Multiplicity)**—एक विचाराधीन ध्येय कई कार्यक्रमों का लक्ष्य हो सकता है और एक कार्यक्रम के कई ध्येय हो सकते हैं।

• **मात्रीकरण (Quantification)**—स्वास्थ्य, शिक्षा, सफाई आदि प्रकार के कई कार्यक्रमों से अपेक्षित हितों को मात्राबद्ध करना संभव नहीं होता फिर भी उनके महत्व के बारे में संदेह नहीं किया जा सकता।

• **नम्यता (Flexibility)**—प्रो॰ शुल्ज़ ने का.नि.ब. संबंधी इस समस्या की ओर ध्यान खींचा है कि जिन कार्यक्रमों में विश्लेषणात्मक विधियों का प्रयोग करना सुगम होता है बहुधा उन्हीं में राजनीतिक बाधाओं के कारण नम्यता नहीं लाई जा सकती। इसके विपरीत जहाँ पर राजनीतिक परिस्थितियाँ नम्यता लाने में सबसे कम बाधा लाने वाली होती हैं वहाँ उपयुक्त जानकारी का अभाव रहता है। इन कारणों से का.नि.ब. को अपनाना कठिन रहता है। अधिकतर मामलों में इससे यथासंभव लाभ उठाने के स्थान पर इसकी संरचना पर ही वाद-विवाद चलता रहता है।

• **प्रभाविता (Effectiveness)**—का.नि.ब. की प्रभाविता विचाराधीन देश और अर्थव्यवस्था के संस्थापक ढाँचे से जुड़ी रहती है। इसलिए इसकी कोई मानकीकृत रूपरेखा उपलब्ध नहीं होती।

• **विश्लेषणात्मक दक्षता (Analytical Expertise)**—का.नि.ब. की प्रभाविता काफी हद तक उसको कार्यान्वित करने वालों की विश्लेषणात्मक दक्षता पर निर्भर करती है। अभी तक इस दक्षता के नए आयाम खोजे जा रहे हैं।

• **लेखाविधि (Accounting System)**—का.नि.ब. को अपनाने के लिए यह आवश्यक है कि बजटीय लेखाविधि इसके उपयुक्त हो तथा इसकी व्यय मदों का एक उत्तम कार्यात्मक वर्गीकरण भी उपलब्ध हो।

भारत में का.नि.ब. को अपनाने का कई बार प्रयत्न किया गया, परंतु कभी भी हमारे बजट के अनुकूल इसकी विधि संरचना पर अविराम कार्य नहीं हुआ। इसके परिणमस्वरूप इसको अपनाने का प्रत्येक प्रयत्न एक सरकारी घोषणा तक ही सीमित रह गया। उदाहरणार्थ सर्वप्रथम इस विधि को 1975-76 तक सभी मंत्रालयों और विभागों द्वारा अपनाने की घोषणा की गई थी। परंतु तकनीकी दृष्टिकोण से भी का.नि.ब. की विधि भारत में वित्तीय लेखा परीक्षण से आगे नहीं बढ़ पाई। अभी तक सरकारी प्रशासन में किसी प्रयोजन/स्कीम के कार्यान्वयन का सूचक इस पर किए गए व्यय को माना जाता रहा है।

## परिणाम (निष्पादन) बजट

**महत्वपूर्ण:** 25 अगस्त, 2005 को भारत सरकार ने एक महत्वपूर्ण कदम उठाया, अर्थात् 'कार्यक्रम बजट' (programme budget) को एक नया नाम देते हुए संसद में **'परिणाम बजट 2005-06'** (Outcome Budget, 2005–06) प्रस्तुत किया गया। इससे पूर्व वित्त मंत्री ने 2005-06 के अपने बजट भाषण में कहा था कि

***"परिव्यय का अर्थ अनिवार्यतया परिणाम नहीं होता है। देश के लोगों की दिलचस्पी परिणामों में होती है।"***

इस उद्देश्य से वित्त मंत्री ने वचन दिया था कि भी प्रमुख मंत्रालयों के विकास संबंधी परिणामों का आकलन करने के लिए योजना आयोग (Planning Commission) के साथ मिलकर एक तंत्र (mechanism) बनाएँगे। उद्देश्य यह था कि वित्तीय परिव्ययों के वास्तविक परिणामों में परिवर्तन के महत्व पर ज़ोर दिया जाए और इस

प्रकार विकासात्मक कार्यक्रमों की गुणवत्ता बढ़ाई जाए। तद्नुसार सभी मंत्रालयों/विभागों से अनुरोध किया गया कि वे अपने-अपने मुख्य वित्तीय परिव्ययों के मापनीय एवं निगरानीय (quantifiable and monitorable) तिमाही लक्ष्यों के कार्यक्रम तैयार करें। इस प्रक्रिया पर वर्ष 2005-06 के प्रारंभ से ही (परंतु केवल योजना-व्यय तक सीमित रखते हुए) कार्य शुरू कर दिया गया। 2006-07 में इसमें योजना-भिन्न व्यय मदों को भी शामिल किया गया। यह निर्णय भी लिया गया कि 2006-07 से सभी मंत्रालय/विभाग अपने-अपने परिणाम-बजट प्रस्तुत करेंगे जो कालान्तर में वार्षिक बजट का नियमित अंग बन जाएँगे। साथ ही यह भी तय किया गया कि परिणाम बजट के अंतर्गत आने वाली वित्तीय परिव्यय की मदों में चरणबद्ध बढ़ोतरी की जाएगी।

ध्यानयोग्य है कि परिव्ययों के अपेक्षित परिणामों को अनुमानित करना और उन अपेक्षित परिणामों के साथ प्रस्तुत करना एक जटिल प्रक्रिया है, जिसका रूपाकार प्रत्येक मंत्रालय और कार्यक्रम के साथ बदलता जाता है। इस प्रक्रिया के निम्नलिखित चरण विशेष रूप से वर्णनीय हैं:

- मापनीय और निगरानीय लक्षित परिणाम, जिनमें यथासंभव मध्यवर्ती स्थितियों का भी वर्णन हो;
- परिणाम की औसत लागत का मानकीकरण (standardization);
- परिणामों और सेवाओं की गुणवत्ता का मानकीकरण;
- उपस्करों, प्रौद्योगिकी, ज्ञान और कौशल के परिप्रेक्ष्य में सभी स्तरों पर अपेक्षित दक्षता के लिए क्षमता का सृजन;
- सही समय पर, सही स्तर पर और सही धनराशि की आपूर्ति सुनिश्चित करना;
- निगरानी और मूल्यांकन की प्रभावी प्रणालियाँ।

वर्तमान में मुख्य बजट के साथ एक संयुक्त पत्रिका 'परिणाम बजट' नाम से संसद में प्रस्तुत की जाती है जिसमें सरकार के सभी मंत्रालयों एवं विभागों के परिणाम बजट रहते हैं। पत्रिका के माध्यम से सरकार के बजटीय उद्देश्य एवं नीतियाँ, उनके लिए वित्तापूर्ति, वास्तविक व्यय एवं परिणामों के आँकड़ों को प्रकाशित किया जाता है। साथ ही हर व्यय-मद से संबंधित गत वर्ष के आँकड़े भी रहते हैं।

परन्तु यह तथ्य ध्यान योग्य है कि, परिणाम बजट में यथासंभव सभी सुधारों के उपरांत भी कुछ त्रुटियों का रह जाना स्वाभाविक है। उदाहरणार्थ, इस बजट में अनेकों प्रकार की तकनीकी बारीकियों का प्रयोग किया जाता है, जिनमें सुधार की गुंजाइश सदैव बनी रहती है तथा आम जनता की समझ से बाहर होती हैं। इसके अतिरिक्त सरकार की अपनी प्रबंधकीय एवं अन्य मजबूरियाँ भी रहती हैं, जिनसे छुटकारा पाना लगभग असंभव होता है।

- कार्यक्रम बजटिंग व्यय-पूर्व विचाराधीन परियोजनों और स्कीमों पर प्रस्तावित व्ययों और उनसे अपेक्षित हितों के मात्रीकृत और निगरानीय अनुमान होते हैं।
- निष्पादन बजटिंग इन परियोजनों और स्कीमों का व्ययोपरांत मूल्यांकन है।
- भारत में समय-समय पर इस दोहरी बजटीय विधि को अपनाने के असफल प्रयास होते रहे।
- वर्ष 2005-06 से भारत सरकार द्वारा इस बजटीय विधि को एक व्यापक शब्दावली के साथ अपनाया गया है, और इसमें चरणबद्ध ढंग से विस्तार किया जा रहा है।
- इस बजटीय विधि को अपनाने में कई अड़चनों का सामना करना पड़ता है, जिन्हें दूर किया जाना चाहिए।

## शून्य-आधारित बजटिंग (Zero-Based Budgeting)

शून्य-आधारित बजटिंग (शू.आ.ब.) की मान्यता यह है कि कोई व्यय मद स्वयं में अनिवार्य अथवा आवश्यक नहीं होती। इस बजटिंग में समस्त प्रस्तावित व्यय मदों में से केवल उनको चुना जाता है जिन्हें लागत-हित विश्लेषण के आधार पर उचित ठहराया गया हो; तथा इसी विश्लेषण के आधार पर प्रत्येक चयनित मद की व्यय-सीमा भी निर्धारित की जाती है। शू.आ.ब. एक ऐसी बजटिंग विधि है जिसका उद्देश्य सार्वजनिक साधनों के अपव्यय को पूरी तरह समाप्त कर देना है। एक प्रकार से लेखा-निरीक्षण का ध्येय भी यही है, परंतु उसमें लेखों की जाँच व्ययोपरांत की जाती है। इसके विपरीत शू.आ.ब. में व्यय से पूर्व ही मदों के चुनाव और उनकी व्यय-सीमाएँ निर्धारण करने की प्रक्रियाएँ संपन्न कर ली जाती हैं। इसके अतिरिक्त इस विधि में यह भी आवश्यक नहीं होता कि किसी व्यय मद के एक बार चुने जाने पर इसे भविष्य के बजटों में भी स्थान मिलेगा। प्रत्येक व्यय मद को प्रत्येक बजट में अपना औचित्य सिद्ध करना पड़ता है और यह इस विधि की एक बुनियादी विशेषता है।

शू.आ.ब. का आरम्भ 1973 में अमेरिका के निजी वाणिज्यिक क्षेत्र में हुआ। यह विधि बाज़ार-संचालित व्यवस्था में निजी क्षेत्र के लिए अधिक उपयुक्त मानी जाती है। इस विधि की उपयोगिता तभी है जब बाज़ार-स्थिति में परिवर्तन के तद्नुरूप विचाराधीन व्यवसाय भी अपने निर्णयों में संशोधन कर सके।

लोक बजट की तैयारी और इसके कार्यान्वयन में शू.आ.ब. के औचितय पर मतभेद की गुंजाइश नहीं है। विशेषकर संसाधन अभाव के अतिरिक्त विविध सामाजिक और आर्थिक समस्याओं से पीड़ित भारत जैसे देशों में इसका महत्व विवाद रहित है। परंतु सैद्धांतिक आधार पर सभी प्रकार से उचित होते हुए भी बजट तैयार करने की इस विधि को अपनाने में अनेकों कठिनाइयाँ आती हैं।

- सरकार स्वयं अपने अस्तित्व का औचित्य लागत-हित विश्लेषण के आधार पर तय नहीं कर सकती। अधिक-से-अधिक प्रशासन के आकार में कहीं-कहीं घटा-बढ़ी की जा सकती है।
- रक्षा, न्याय, शाँति, कानून और व्यवस्था जैसी कई व्यय मदें ऐसी होती हैं जिन्हें एक सीमा के उपरांत लागत-हित की कसौटी पर परखना अर्थहीन होता है।
- शिक्षा, प्रशिक्षण, स्वास्थ्य आदि बहुत-सी जनहितकारी वस्तुओं/सेवाओं (merit goods) के सकल हितों का आकलन करना लगभग असंभव होता है।
- सरकार की कई व्यय-मदों के बारे कानूनी बाध्यता होती है, जैसे कि ऋणीय देयताओं के मूल धन और उन पर ब्याज की अदायगी, आदि।
- इस बात की संभावना शून्य तुल्य होती है कि प्रशासन का कोई अंग अपने अस्तित्व के औचित्य पर ही संदेह व्यक्त करे अथवा अपने बजट की व्यय मदों में से कुछ को हितरहित दर्शाए। उल्टे प्रशासन के सभी अंग अपने व्यय बजट के आकार को बढ़ोतरी के पक्ष में तर्क ढूँढते रहते हैं।

---

- शू.आ.ब. लोक बजट तैयार करने की एक ऐसी विधि है जिसमें प्रत्येक प्रस्तावित व्यय-मद का चुनाव और इस पर प्रस्तावित व्यय-राशि का निर्धारण लागत-हित विश्लेषण के आधार पर किया जाता है।
- यह प्रक्रिया प्रत्येक लोक बजट के लिए दोहराई जाती है।
- इस विधि द्वारा साधनों के अपव्यय को पूर्ण रूप से रोका जा सकता है।
- तुलनात्मक रूप से इसे अपनाने का औचित्य अल्पविकसित देशों में अधिक है।
- परंतु सैद्धांतिक रूप से अति हितकारी होते हुए भी इसे अपनाने में अनेक कठिनाइयाँ आती हैं, जिनके कारण इसे केवल आंशिक रूप से ही अपनाया जा सकता है।

## लिंग-आधारित बजटीय व्यवस्था (Gender –Budgeting)

देखें परिशिष्ट 2।

### शब्दावली (Key Words)

1. वास्तविक/लेखा आँकड़े (actuals or accounts); 2. बजटीय अनुमान (budget estimates); 3. संशोधित अनुमान (revised estimates); 4. आरक्षित प्राप्तियाँ (earmarked receipts); 5. सामान्य अथवा मुख्य बजट (General or Main Budget); 6. पूरक बजट (supplementary budget); 7. बजट की कालावधि (budget period); 8. राजस्व बजट (revenue budget); 9. पूँजी बजट (capital budget); 10. राजकोषीय वर्ष (fiscal year); 11. बजटीय प्रस्ताव (budgetary proposals); 12. अच्छा बजट (good budget); 13. गोपनीयता (secrecy); 14. समेकित निधि (Consolidated Fund); 15. भारत का लोक खाता (Public Account of India); 16. भारत की आकस्मिकता निधि (Contingency Fund of India); 17. 'भारित' व्यय मदें ('charged' items of expenditure); 18. प्रशासनिक बजट (administrative budget); 19. वैधानिक बजट (legislative budget); 20. आयोजना बजट (plan budget); 21. आयोजना-भिन्न बजट (non-plan budget); 22. आर्थिक और कार्यात्मक वर्गीकरण (economic and functional classification); 23. मुख्य शीर्ष (major heads); 24. उप-शीर्ष (minor heads); 25. सामान्य सेवाएँ (general services); 26. सामाजिक सेवाएँ (social services); 27. सामुदायिक सेवाएँ (community services); 28. आर्थिक सेवाएँ (economic services); 29. अवर्गीय (unallocable); 30. निर्देश चिह्न (benchmarks); 31. कार्यक्रम और निष्पादन बजटिंग (programme and performance budgeting); 32. आगामी कार्यक्रमण (forward programming); 33. अनेकता (multiplicity); 34. मात्रीकरण (quantification); 35. नम्यता (flexibility); 36. प्रभाविता (effectiveness); 37. विश्लेषणात्मक दक्षता (analytical expertise); 38. लेखाविधि (accounting system); 39. शून्य-आधार बजटिंग (zero-based budgeting)

### अभ्यास प्रश्न

1. इस कथन की विस्तृत व्याख्या करें कि एक आधुनिक सरकार का बजट केवल वित्तीय आँकड़ों का एक प्रलेख है।
2. सार्वजनिक बजट से संबंधित निम्नलिखित शब्दों की व्याख्या करें:
   (क) पूरक बजट;
   (ख) बजट की कालावधि;
   (ग) बजट की गोपनीयता;
   (घ) एक अच्छा बजट;
   (ङ) भारत की समेकित निधि;
   (च) भारत की आकस्मिकता निधि;
   (छ) भारत का लोक खाता;
   (ज) शून्य-आधार बजट।
3. सार्वजनिक बजट के निम्नखित प्रकारों में भेद दर्शाएँ:
   (क) प्रशासनिक और वैधानिक बजट;
   (ख) राजस्व और पूँजी बजट;
4. सार्वजनिक बजट के आर्थिक वर्गीकरण पर एक नोट लिखें। क्या इससे बजट के प्रभावों की संपूर्ण जानकारी मिल पाती है?

5. सार्वजनिक बजट के कार्यात्मक वर्गीकरण से आप क्या समझते हैं? भारत में इसकी प्रयुक्ति का विवेचन करते हुए इसके औचित्य और सीमाओं पर समुचित प्रकाश डालें।
6. भारत सरकार के बजट के आर्थिक वर्गीकरण के छह खातों का वर्णन करें तथा उसकी उपयुक्तता पर अपने विचार प्रकट करें।
7. भारत सरकार के आर्थिक-कार्यात्मक वर्गीकरण की रूपरेखा पर प्रकाश डालें और उसकी सीमाओं का विवेचन करें।
8. सामान्य लेखाविधि वर्गीकरण से तुलना करते हुए भारत सरकार के बजट के आर्थिक वर्गीकरण का औचित्य दर्शाएँ।
9. कार्यक्रम और निष्पादन बजटिंग के अर्थ और औचित्य का विवेचन करें। सरकार के समक्ष इसको अपनाने में कौन-सी समस्याएँ आती हैं?
10. वर्ष 2005 में भारत सरकार द्वारा 'परिणाम बजट' पर एक विस्तृत नोट लिखें। इसकी कार्यक्रम बजट और निष्पादन बजट के साथ तुलना करें।
11. शून्य आधारित बजटिंग क्या है? क्या इसे भारत जैसे देश में लोक बजट में सुधार हेतु अपनाया जा सकता है? तर्क सहित उत्तर दें।

# अध्याय 13

# संतुलित बजट और राजकोषीय नीति

(Balanced Budget and Fiscal Policy)

**इस अध्याय में**

- संतुलित बजट की अवधारणा पर विचार किया गया है, और इसके पक्ष और विपक्ष में तर्क दिए गए हैं।
- बजटीय घाटे की विविध अवधारणाओं के सहित भारत में प्रयुक्त शब्दावली का विवेचन है।
- संतुलित बजट गुणक की अवधारणा का विस्तृत विवेचन है।
- राजकोषीय नीति की अवधारणा तथा इसके आर्थिक स्थिरता, आर्थिक विकास और वितरणीय न्याय पर संभावित प्रभावों का अध्ययन है।
- भारत के संदर्भ में एक उपयुक्त राजकोषीय नीति की रूपरेखा और वास्तविकता का उल्लेख है।

## संतुलित बजट

(Balanced Budget)

### अर्थ (Meaning)

बजटीय संतुलन, अधिशेष और घाटे की अवधारणाओं को बजटीय 'व्यय' और 'राजस्व प्राप्तियों' के आपसी अंतर के आधार पर परिभाषित किया जाता है अर्थात् यदि विचाराधीन राजकोषीय वर्ष में बजटीय 'व्यय' इसकी 'राजस्व प्राप्तियों'

- के बराबर हो तो यह बजटीय संतुलन की स्थिति है;
- से अधिक हो तो यह बजटीय घाटे की स्थिति है;
- से कम हो तो यह बजटीय अधिशेष की स्थिति है।

परंतु इन साधारण-सी दिखने वाली परिभाषाओं में वास्तविक समस्या यह तय करना है कि लोक बजट के,

- बजटीय संवितरणों (disbursements, or payments, or outgoings) में से कौन-सी मदें बजटीय 'व्यय' हैं, तथा;
- बजटीय प्राप्तियों में से कौन-सी मदें 'राजस्व' हैं।

इसके अतिरिक्त आर्थिक और नीतिगत दृष्टिकोण से बजटीय प्राप्तियों और संवितरणों के कुछ खण्डों के आपसी अंतरों के आधार पर बजटीय 'घाटे' के कुछ ऐसे अनुमान भी परिभाषित किए जाते हैं जिन्हें विश्लेषणात्मक और नीतिगत उद्देश्यों के दृष्टिकोण से उपयोगी समझा जाता है।[1] इन अनुमानों की विस्तृत व्याख्या एक अलग परिशिष्ट में की गई है। परंतु यह तथ्य स्पष्ट है कि इन परिभाषाओं के प्रदत्त अर्थ इनमें प्रयुक्त संवितरणों और प्राप्तियों के खण्डों में सम्मिलित मदों पर निर्भर करते हैं। उदाहरणार्थ सार्वजनिक ऋणों के मूल धन की प्राप्तियों और भुगतानों को पूँजी खाते में रखा जाता है, अतः इनका प्रयोग 'पूँजी खाते के घाटे' के अनुमान में किया जाता है। इसके विपरीत ब्याज की अदायगियाँ और प्राप्तियाँ राजस्व खाते में दर्शाई जाती हैं, अतः वे 'राजस्व खाते का घाटा' अनुमान करने में प्रयुक्त होती हैं। यह भी स्पष्ट है कि संवितरणों और प्राप्तियों की कई मदों के वर्गीकरण पर मतभेद भी संभव है। उदाहरणार्थ यदि सरकार अपनी परिसंपत्तियों को बेचकर अपने व्यय का वित्त पोषण करे, तो इन प्राप्तियों के वर्गीकरण पर मतभेद हो सकता है।

- बजटीय संतुलन, अधिशेष और घाटे की अवधारणाओं को बजटीय 'व्यय' और 'राजस्व प्राप्तियों' के आपसी अंतर के आधार पर परिभाषित किया जाता है।
- परंतु समस्या यह रहती है कि बजट के सकल संवितरणों में से 'व्यय' और सकल बजटीय प्रप्तियों में से 'राजस्व' की मदों का चुनाव किस आधार पर किया जाए।

## बजटीय घाटा *बनाम* राजकोषीय घाटा (Budgetary Deficit *vs* Fiscal Deficit)

ग्यातव्य है कि, आर्थिक साहित्य में तथा, **भारत को छोड़कर**, कई देशों में 'बजटीय घाटे' (budgetary deficit) और 'राजकोषीय घाटे' (fiscal deficit) को समानार्थक माना जाता है। सामान्य तर्काधार पर यह माना जाता है कि बजटीय घाटे (अथवा राजकोषीय घाटे) का अर्थ [(कुल व्यय)-(कुल राजस्व प्राप्तियाँ) अर्थात्, (total expenditure *minus* total revenue)] लिया जाएगा तथा इस बजटीय घाटे का अर्थ सरकार के व्यय का वह भाग होगा, जिसके वित्त पोषण के लिए यह:

(क) उधार ले;

(ख) अपनी जमा रोकड़ में कमी करे;

(ग) सरकारी मुद्रा का नव-सृजन करे;

(घ) अपनी परिसंपत्तियों को बेचे, अथवा;

(ङ) विदेशों से अनुदान ले।

स्पष्ट है कि किसी विचाराधीन वर्ष में होने वाले बजटीय/राजकोषीय घाटे की मात्रा उपर्युक्त पाँचों मदों में निवल वृद्धि के जोड़ के बराबर होती है।

**भारत में स्थिति (Practice in India)**—भारत सरकार द्वारा अपनाई गई बजटीय घाटे की परिभाषा स्वीकार्य बजटीय अथवा राजकोषीय घाटे से भिन्न और निम्नलिखित है:

[1] जैसे कि राजस्व खाते का घाटा, पूँजी खाते का घाटा, भारत में प्रयुक्त 'पारम्परिक' घाटा, मूल घाटा, निवल मूल घाटा, आदि-आदि।

**बजटीय घाटा = (भारतीय रिज़र्व बैंक से 91-दिवसीय *तदर्थ* राजकोषीय हुंडियों द्वारा लिया गया उधार + जमा रोकड़ में निवल कमी)**

**(Borrowings from the RBI through 91-day *ad hoc* treasury bills *plus* drawing down of cash balances)**

स्पष्ट है कि यह परिभाषा पूर्वोक्त परिभाषा से काफी भिन्न एवं संकीर्ण है। इसमें न तो सभी उधारों को जोड़ा गया है तथा न ही परिसंपत्तियों को बेचकर किए गए व्यय को और यदि वर्षभर में जमा रोकड़ में निवल कमी लगभग शून्य-तुल्य हो तो इस घाटे को "रिज़र्व बैंक से 91-दिवसीय तदर्थ राजकोषीय हुंडियों द्वारा लिए गए उधार" के बराबर भी रह जाएगा। ध्यानयोग्य कि उपर्युक्त हुंडियाँ वे हैं जिन्हें रिज़र्व बैंक किसी अन्य पार्टी को नहीं बेच सकता।

**सरकार का तर्क:** इस संकीर्ण परिभाषा के पक्ष में सरकार का तर्क यह है कि बजटीय घाटे की परिभाषा वह होनी चाहिए जो आर्थिक नीति की संरचना में सहायक हो सके। सरकार के मतानुसार बजटीय घाटे के प्रमापन से यह पता चलना चाहिए कि इसके कारण देश में करेंसी की प्रचलित मात्रा में कितनी वृद्धि हुई, क्योंकि इस वृद्धि का सीधा प्रभाव देश में सकल प्रभावी माँग और कीमतों पर पड़ता है। सरकार के मतानुसार राजकोषीय गतिविधियों में से केवल दो के द्वारा ही करेंसी की प्रचलित मात्रा में बढ़ोतरी होती है— *प्रथम*, सरकार का भारतीय रिज़र्व बैंक से 91-दिवसीय तदर्थ राजकोषीय हुंडियों द्वारा लिया गया उधार, तथा *द्वितीय;* सरकार की जमा रोकड़ में निवल कमी।

परंतु सरकार के इस तर्क की त्रुटियाँ स्पष्ट हैं:

- सरकार रिज़र्व बैंक से कई प्रकार के ऋण लेती है, जिनमें से अधिकतर करेंसी की प्रचलित मात्रा में वृद्धि का कारण बनते हैं। परंतु इस परिभाषा में केवल एक प्रकार के उधार को ही लिया गया है।
- सरकार द्वारा रिज़र्व बैंक के अतिरिक्त अन्य स्त्रोतों से लिए गए उधार (विशेषकर जिन्हें प्रशासनिक भाषा में 'बाज़ार- उधार' अर्थात् market borrowings कहा जाता है) भी माँग और कीमतों पर दबाव डाल सकते हैं। कारण यह है कि जब सरकार बाज़ार उधार लेकर उसे व्यय करती है तो माँग और पूर्ति के प्रवाह अपरिवर्तित नहीं रहते हैं और न ही उनमें समानानुपातक परिवर्तन आता है। इसलिए माँग और पूर्ति का संतुलन पूर्ववत नहीं रह पाता। उदाहरणार्थ यदि सरकार उधार राशियों का निवेश पूँजी-प्रधान परियोजनों में करे, तो उपभोग की वस्तुओं में वृद्धि होने में तो समय लगता है, परंतु उनकी माँग एकदम बढ़ जाती है, क्योंकि इससे मौद्रिक आयों में तत्काल वृद्धि हो जाती है। इसी प्रकार जब सरकार उधार लेकर समाज कल्याण तथा ऐसी ही अन्य स्कीमों पर व्यय करे, तो विविध प्रकार से हितकर होते हुए भी कीमतों को बढ़ावा मिलता है।

**आंशिक सुधार**—चक्रवर्ती कमेटी ने सरकार द्वारा प्रयुक्त 'बजटीय घाटे' की उपरोक्त परिभाषा की त्रुटियों को उभारते हुए कछ सिफारिशें कीं। इनमें से एक सिफारिश यह थी कि सरकार को अपने बजटीय घाटे के अनुमान में रिज़र्व बैंक से लिए गए सभी उधारों को शामिल करना चाहिए। परिणामस्वरूप सरकार 'बजटीय घाटे' के अतिरिक्त 'मुद्राकृत घाटे' का प्रमापन भी प्रकाशित करने लगी। साथ ही कुछ अन्य "घाटा परिमापनों" को भी अनुमानित किया जाने लगा, जैसे कि "राजकोषीय घाटा", "मूल घाटा", "राजस्व खाते का घाटा" तथा "पूँजी खाते का घाटा" आदि। भारत सरकार ने सितम्बर 1996 से तदर्थ राजकोषीय हुंडियों द्वारा निवल उधार न लेने का निर्णय लिया। **इस कारण अब केन्द्रीय बजट में परंपरागत "बजटीय घाटे" की अवधारणा निरर्थक हो गई है।**

- आर्थिक साहित्य में और कई देशों में 'बजटीय घाटा' और 'राजकोषीय घाटा' पर्यायवाची शब्द हैं।
- इस प्रकार से परिभाषित बजटीय घाटे में सभी उधार, विदेशी अनुदान, निवल करेन्सी सृजन, जमा रोकड़ में कमी तथा परिसंपत्तियों का बेचना शमिल है।
- परंतु भारत मे बजटीय घाटे की परंपरागत परिभषा अति संकीर्ण थी, और इसका तार्किक आधार भी त्रुटिपूर्ण था।
- 1996 से सरकार द्वारा रिज़र्व बैंक से तदर्थ राजकोषीय हुंडियों द्वारा निवल उधार न लेने के निर्णय के पश्चात् परंपरागत "बजटीय घाटे" की अवधारणा निरर्थक हो गई है।
- अब भारत में कई अन्य प्रकार के बजटीय घाटे भी परिभाषित और अनुमानित किए जाते हैं।

## संतुलित बजट के पक्ष में तर्क (Arguments for a Balanced Budget)

- परंपरागत दृष्टिकोण के अनुसार सरकार की चेष्टा यह रहनी चाहिए कि बजट सदैव संतुलित रहे। जिस प्रकार एक निजी आर्थिक इकाई के लिए उधार लेकर व्यय करना आर्थिक दृष्टि से घातक हो सकता है, इसी प्रकार सार्वजनिक बजट में भी लगातार घाटे पर चलने का कोई औचित्य नहीं बनता। इस दृष्टिकोण के पीछे लोगों की यह धारणा निहित है कि सरकारों में बहुधा अनावश्यक और फालतू व्यय करने की प्रवृत्ति पाई जाती है। इस प्रवृत्ति को रोकने की प्रभावी विधि यही है कि सरकार अपने व्यय को अपनी राजस्व प्राप्तियों तक सीमित रखने को बाध्य हो।
- घाटे के बजट से साख और मुद्रा में वृद्धि होने के कारण मुद्रास्फीति होती है और कीमतें बढ़ने लगती हैं।
- घाटे के बजट से होने वाली कीमतों में वृद्धि के कारण सरकार का व्यय और भी बढ़ जाता है जिससे घाटे के बजट से छुटकारा पाना अति कठिन हो जाता है। इसके अतिरिक्त उधार लेने के कारण सार्वजनिक ऋण में भी लगातार वृद्धि होती रहती है। इससे भी सरकार पर ब्याज और मूल धन चुकाने का बोझ बढ़ता जाता है। फलस्वरूप एक ओर सरकार को नया उधार लेने को विवश होना पड़ता है तथा दूसरी ओर इसके राजस्व का एक बढ़ता भाग 'ऋण-सेवा' में खप जाता है, जिससे अन्य व्यय-मदों के लिए संसाधनों की कमी पड़ने लगती है।
- करदाताओं को कर अदा करना अच्छा नहीं लगता और वे इसका विरोध करते रहते हैं। इसलिए यदि सरकार को उधार लेने की मनाही हो, तो इसे मजबूर होकर अपव्यय रोकना पडता है। इस प्रकार संसाधनों के सदुपयोग में सहायता मिलती है।
- कुछ लोगों का यह मत है कि घाटे के बजट से आर्थिक मंदी को दूर करने में सहायता मिलती है। परंतु इस तर्क के उत्तर में यह कहा जा सकता है कि इस समस्या के समाधान के लिए सरकार को घाटे की व्यवस्था का सहारा लेने की आवश्यकता नहीं है, विशेषकर जब इसके पास मंदी से जूझने के लिए कई अन्य राजकोषीय यंत्र उपलब्ध हैं तथा जब बढ़ते सार्वजनिक ऋण के परिणाम भविष्य में काफी हानिकारक हो सकते हैं। उदाहरणार्थ सरकार मंदी को दूर करने हेतु अपने बजट को संतुलित रखते हुए सार्वजनिक व्यय को बढ़ा सकती है।

## संतुलित बजट के विरुद्ध तर्क (Arguments Against Balanced Budget)

- संतुलित बजट स्वयं में किसी आर्थिक नीति का लक्ष्य नहीं हो सकता। इस लक्ष्य के चुनाव का आधार केवल संतुलित बजट से संभावित हित हो सकते हैं। अत: यदि घाटे के बजट से समाज तथा अर्थव्यवस्था को निवल हित की आशा हो तो संतुलित बजट का लक्ष्य अपनाना उचित नहीं ठहराया जा सकता।

- बजट का आकार-प्रकार कैसा भी हो, यह अर्थव्यवस्था तथा समाज को अवश्य प्रभावित करता है। अतः सरकार को बजट का वही रूपाकार अपनाना चाहिए जो इसके अनुमान में ईष्टतम निवल प्रभावों वाला हो।
- मुद्रास्फीति का अस्तित्व तथा कीमतों पर दबाव इस तथ्य पर निर्भर नहीं करते कि बजट घाटे का है अथवा नहीं। वास्तविक प्रभावी घटक हैं:

  (क) राष्ट्रीय उत्पादन की तुलना में घाटे का आकार, तथा;

  (ख) घाटे का वर्ष प्रतिवर्ष बने रहना।

इन घटकों की व्याख्या हेतु हम यह कह सकते हैं कि अति थोड़े घाटे वाले कई बजट भी उतने हानिकारक नहीं होते जितना कि मोटे घाटे का एक ही बजट हो सकता है। इसी प्रकार घाटे का बना रहना भी उस स्थिति में अधिक हानिकारक है जब इसका आकार भी बड़ा हो।

- एक अल्पविकसित देश में विकास-प्रक्रिया के दौरान मुद्रा और साख में बढ़ोतरी करने की आवश्यकता पड़ती है जिसके दो कारण हैं:

(क) राष्ट्रीय उत्पादन और आर्थिक गतिविधियों में वृद्धि के साथ उनके वित्त-पोषण का प्रबन्ध करना पड़ता है, तथा;

(ख) आर्थिक विकास-प्रक्रिया का एक गुण यह है कि आर्थिक लेन-देन की गतिविधियाँ वस्तुओं और सेवाओं के विनिमय (barter transactions) से हटकर मौद्रिक-विनिमय रूपी (monetary transactions) होने लगती हैं। अतः इन दोनों प्रवृत्तियों के कारण देश की मुद्रा तथा साख की आवश्यकता बढ़ने लगती है। इसके अतिरिक्त एक अन्य तथ्य यह है कि आर्थिक विकास के साथ देश की मुद्रा और साख का अंतिम आधार सार्वजनिक ऋण रहता है। निष्कर्ष यह है कि, आर्थिक विकास के साथ देश की मुद्रा और साख की बढ़ती आवश्यकता पूरी करने हेतु सरकार को अपने सार्वजनिक ऋण में वृद्धि करनी चाहिए, अर्थात् घाटे का बजट अपनाना चाहिए।

- कई अर्थशास्त्रियों का यह मत है कि आर्थिक विकास की प्रक्रिया में प्रभावी रूप से सहायक होने के लिए भी सार्वजनिक बजट में घाटे की व्यवस्था रहनी चाहिए। इस माध्यम से सरकार उधार लेकर पूँजी निवेश में लगा सकती है तथा आर्थिक विकास की दर को बढ़ावा दे सकती है।
- प्रो॰ कीन्स के तर्कानुसार यदि बजट को मन्दी काल में संतुलित करने की चेष्टा की जाए तो भविष्य में बजट को घाटे की ओर धकेलने वाली शक्तियाँ ज़ोर पकड़ लेती हैं तथा इसी प्रकार घाटे के बजट से भविष्य में संतुलित बजट की संभावना प्रबल हो जाती है। परन्तु ध्यान रहना चाहिए कि कीन्स का यह तर्क एक विकसित बाज़ार व्यवस्था वाली अर्थव्यवस्था पर लागू होता है तथा इस संदर्भ में कीन्स के तर्क की व्याख्या निम्न प्रकार से है।

मंदी के दिनों में सरकार का राजस्व भी घट जाता है। यदि सरकार बजट को संतुलित करने के लिए अपने व्यय में कमी करे तो उससे देश में कुल व्यय तथा प्रभावी माँग में कमी हो जाने के कारण मन्दी और गहरी हो जाती है। इसके फलस्वरूप सार्वजनिक राजस्व और घट जाता है तथा बजट में घाटे की सम्भावना बढ़ जाती है। इसके विपरीत यदि मन्दी के दिनों में सरकार बजटीय घाटे द्वारा देश में कुल व्यय तथा प्रभावी माँग में वृद्धि करने में सफल हो जाए तो इससे मन्दी का निवारण होने के फलस्वरूप सार्वजनिक राजस्व में वृद्धि होती है, जिससे सरकार को बजट संतुलित करने में सहायता मिलती है।

- एक तर्क यह भी दिया जाता है कि घाटे के बजट से भविष्य में सरकार के द्वारा उपयुक्त राजकोषीय नीति का चुनाव करने में कठिनाई आती है। सरकार को पहले से लिए गए उधार पर ब्याज अदा करने तथा उसका मूल धन

चुकाने के लिए बजटीय प्राप्तियों का एक बड़ा भाग देना पड़ता है। सरकार के सामने यह स्थिति भी उत्पन्न हो सकती है कि वह 'ऋण के फन्दे' में फँस जाए। इस दशा में सरकार को अपने ऋण की देयताओं को निभाने के लिए भी नया उधार लेने की आवश्यकता पड़ जाती है।

यह सच है कि यदि सरकार घाटे के बजट को एक सुनिश्चित नीति का अंग न बनाकर केवल अपव्यय का एक सुगम साधन समझने की भूल करे, तो उपर्युक्त सभी प्रकार की अवांछनीय स्थितियाँ उत्पन्न हो सकती हैं। परन्तु ऐसा तभी होगा जब सरकार वित्तीय अनुशासन के मूल घटकों को अनदेखा न करने के निश्चय पर दृढ़ता से अड़ी रहे। यदि सरकार घाटे के बजट को एक व्यवस्थित दीर्घकालीन नीति के रूप में अपनाए तो इससे देश के आर्थिक विकास की गति बढ़ सकती है, सरकार का अपना राजस्व भी दीर्घकालीन वृद्धि की प्रवृत्ति दर्शाता है तथा 'ऋण-सेवा' का भार किसी को महसूस नहीं होता। इसके अतिरिक्त ऋण का बड़ा आकार एक प्रभावी मौद्रिक नीति के गठन में भी केन्द्रीय बैंक के काम आता है। सार्वजनिक राजस्व में यथोचित वृद्धि होने से सरकार 'ऋण के फंदे' से भी मुक्त रहती है तथा इसके पास व्यय की अन्य मदों के लिए भी साधन बच जाते हैं।

- इस बात की कोई गारंटी नहीं दी जा सकती कि एक बजटीय घाटे वाली सरकार अनिवार्यत: अनुशासनहीन होगी तथा एक संतुलित बजट वाली सरकार सदैव अनुशासन-प्रिय ही होगी। वित्तीय अनुशासन का पालन दोनों प्रकार की सरकारें कर सकती हैं, अथवा दोनों प्रकार की सरकारें अनुशासनहीन हो सकती हैं।

- संतुलित बजट के पक्ष और विपक्ष में दमदार तर्क दिए जा सकते हैं।
- बजट को संतुलित बनाए रखना अधिक कठिन होता है, और बहुधा नीतिसंगत भी नहीं होता।
- असंतुलित बजट का एक सक्षम नीति अस्त्र के रूप में प्रयोग किया जा सकता है, परंतु इसके प्रयोग में सावधानी न बरती जाए तो यह नीति अति हानिकारक सिद्ध हो सकती है।

## संतुलित बजट गुणक (सं.ब.गु.)

(Balanced Budget Multiplier)

अर्थव्यवस्था में सकल प्रभावी माँग (अर्थात् सकल व्यय) में किसी कारण से भी निवल वृद्धि होने पर आय-गुणक (income multiplier) की प्रक्रिया सक्रिय हो जाती है। संतुलित बजट गुणक (सं.ब.गु.) के अनुसार सार्वजनिक बजट को संतुलित रखते हुए भी यदि इसका आकार (size) बढ़ा दिया जाए तो आय और रोज़गार में वृद्धि की गुणक प्रक्रिया (multiplier process) प्रारंभ हो जाती है।

सं.ब.गु. को एक **अनुपात** के रूप में परिभाषित किया जाता है; सांकेतिक शब्दों में इसका प्रमापन ($\Delta Y/\Delta B$) के बराबर है। इस अनुपात में $\Delta Y$ राष्टीय आय में वह वृद्धि है, जो बजट को संतुलित रखते हुए केवल इसके आकार में वृद्धि ($\Delta B$) के फलस्वरूप होती है। ध्यानयोग्य है कि बजट के संतुलित रहने के कारण बजट के आकार में सीमांत वृद्धि ($\Delta B$), बजटीय व्यय में सीमांत वृद्धि ($\Delta E$), और कर-राजस्व में सीमांत वृद्धि ($\Delta T$), तीनों एक-दूसरे के बराबर होते हैं। अत: सं.ब.गु. का प्रमापन ($\Delta Y/\Delta B$) के अतिरिक्त ($\Delta Y/\Delta E$) और ($\Delta Y/\Delta T$) के बराबर भी है।

**प्रक्रिया का प्रारंभ**–सं.ब.गु. की प्रक्रिया कैसे प्रारम्भ होती है? इस प्रश्न का उत्तर निम्नलिखित है। मान लीजिए कि सरकार करदाताओं से $\Delta T$ के बराबर अतिरिक्त कर-राजस्व वसूल करने के साथ-साथ अपने बजटीय व्यय में भी उसी के बराबर वृद्धि कर देती है; अर्थात् बजट के आकार, सरकार के कुल व्यय और इसके कर-राजस्व

में एक बराबर सीमांत वृद्धि की जाती है ($\Delta B = \Delta E = \Delta T$)। इससे बजट को संतुलित रखते हुए सरकार अपनी ओर से अर्थव्यवथा के सकल व्यय में $\Delta T$ के बराबर बढ़ोतरी करती है।

दूसरी ओर करदाताओं की करोपरान्त (प्रयोज्य अथवा व्यय-योग्य) आय में $\Delta T$ के बराबर कमी हो जाने से वे अपने उपभोग व्यय में कमी करते हैं। परन्तु यह कमी $\Delta T$ के बराबर न होकर उनकी सीमांत उपभोग वृत्ति (MPC) पर निर्भर करती है, अर्थात् करदाता अपने उपभोग व्यय में $(\Delta T \times MPC)$ के बराबर कमी करते हैं। इस प्रकार सरकार के उपर्युक्त कदम के परिणामस्वरूप अर्थव्यवस्था के सकल व्यय में $[\Delta T - (\Delta T \times MPC)] = \Delta T(1 - MPC)$ के बराबर वृद्धि होने के कारण आय गुणक प्रक्रिया प्रारम्भ हो जाती है। हम जानते हैं कि आय-रोज़गार गुणक का प्रमापन $[1/(1 - MPC)$, के बराबर है। अतः अर्थव्यवस्था के सकल व्यय में $\Delta T(1 - MPC)$ के बराबर निवल वृद्धि होने के परिणामस्वरूप राष्ट्रीय आय में

$$\Delta T\,(1 - MPC) \times [1/(1 - MPC] = \Delta T$$

के बराबर वृद्धि हो जाती है। इस प्रकार हम देखते हैं कि राष्ट्रीय आय में वृद्धि $\Delta Y$, बजट के आकार में वृद्धि $\Delta T$ के बराबर है, अतः इस कारण सं.ब.गु. का प्रमापन $\Delta Y / \Delta T = 1$ के बराबर बैठता है।

**उदाहरण:** इस प्रक्रिया को दर्शाने हेतु एक उदाहरण लीजिए। मान लीजिए कि करदाताओं की सीमांत उपभोग प्रवृत्ति 0.75 है, तथा सरकार 100 रुपये का अतिरिक्त कर वसूलने तथा उसे व्यय करने का निर्णय लेती है।

अर्थात् $\Delta T = \Delta E =$ ₹100; तथा इसी प्रकार

$$\Delta Y = \Delta T(1 - MPC) \times [1/(1 - MPC)]$$
$$= ₹100\ (1 - 0.75) \times [1/(1 - 0.75)]$$
$$= ₹100\ (0.25) \times [1/0.25] = ₹100$$

अतः $\Delta Y/\Delta T =$ ₹100/₹100 = 1.

इस उदाहरण में सामान्य आय गुणक का मूल्य $1/(1 - 0.75) = 4$ है। करदाताओं की व्यय-योग्य आय में ₹100 की कमी होती है, परन्तु वे अपने उपभोग व्यय में केवल ₹75 की कमी करते हैं। इसके विपरीत सरकार अपने व्यय में ₹100 की वृद्धि करती है। अतः अर्थव्यवस्था के सकल व्यय में इस (₹100 – ₹75 = ₹25) की निवल वृद्धि के कारण राष्ट्रीय आय में ₹25 × 4 = ₹100 की वृद्धि होती है तथा सं.ब.गु. का मूल्य ₹100/₹100 = 1 के बराबर मिलता है।

**टिप्पणी**–उपर्युक्त में सं.ब.गु. के एक सरलीकृत प्रारूप (model) का विवेचन है। परन्तु वास्तविकता के जटिलतापूर्ण होने के परिणामस्वरूप सं.ब.गु. की प्रक्रिया भी अति जटिल होती है, तथा सातान्यतः इसका प्रमापन भी इकाई के बराबर नहीं होता।

- यह आवश्यक नहीं कि करदाताओं की सीमांत उपभोग-प्रवृत्ति (marginal propensity to consume) सरकारी व्यय से लाभान्वित होने वाले उपभोक्ताओं की सीमांत उपभोग-प्रवृत्ति के बराबर हो। दोनों प्रवृत्तियों में असमानता होने पर सं.ब.गु. का मूल्य भी इकाई के बराबर नहीं रहता।

- करदाताओं के विभिन्न वर्गों की सीमांत उपभोग वृत्तियों में असमानता होती है और यही तथ्य लोक व्यय से लाभान्वित विभिन्न वर्गों में भी देखने को मिलता है। परिणामस्वरूप गुणक प्रक्रिया के दौरान ही अर्थव्यवस्था में सीमांत उपभोग वृत्ति का औसत मूल्य भी परिवर्तित होता जाता है।

• कर-राजस्व का एक भाग कर के वसूलने में ही व्यय हो जाता है। यह भाग भी सार्वजनिक व्यय का ही अंग है। इसी प्रकार सरकार द्वारा अंतरित राशियाँ भी गुणकीय प्रक्रिया को प्रभावित करती हैं।

• विदेशी व्यापार से भी गुणक का मूल्य प्रभावित होता है। उदाहरण के लिए यदि सरकार समस्त अतिरिक्त कर राजस्व अपनी आवश्यकताओं के लिए आयात की मदों पर व्यय कर दे, तो संबगु का मूल्य नकारात्मक हो जाएगा। इसका कारण यह है कि सरकार द्वारा अर्थव्यवस्था की सकल माँग में कोई वृद्धि न होने पर भी करदाता अपनी माँग घटा देंगे तथा इस प्रकार कुल माँग घट जाएगी।

• गुणक का उपरोक्त विश्लेषण तुलनात्मक स्थैतिक (comparative statics) के आधार पर किया गया है, अर्थात् इसमें गुणक प्रक्रिया की प्रारम्भिक और अंतिम स्थितियों की तुलना की गई है। परन्तु वास्तव में गुणक प्रक्रिया के दौरान ही कई घटक और कारक इस प्रकार परिवर्तित होने लगते हैं कि गुणक का पूर्वानुमानित मूल्य प्राप्त नहीं हो पाता।

• इसी प्रकार एक आधारभूत सत्य यह भी है कि करदाताओं की सीमांत उपभोग-प्रवृत्ति, कर-प्रणाली की रूपरेखा और करों की दरों पर भी निर्भर करती है। यही बात सार्वजनिक व्यय पर भी लागू होती है। व्यय की प्रारम्भिक मात्रा के पश्चात् इससे फलित गुणक प्रक्रिया इस बात पर निर्भर करती है कि यह व्यय किन मदों पर किया जा रहा है।

सं.ब.गु. इस आधारभूत तथ्य को दर्शाता है कि बजट को संतुलित रखते हुए भी अर्थव्यवस्था में आय-रोज़गार की गुणक प्रक्रिया प्रारंभ की जा सकती है।

• सं.ब.गु. का मूल्य एक अनुपात है, और सांकेतिक शब्दों में $BY/\Delta T = BY/\Delta E = BY/\Delta B$ के बराबर है।
• सरलीकृत प्रारूप में सं.ब.गु. का मूल्य इकाई के बराबर लिया जाता है।
• परंतु वास्तविकता में सं.ब.गु. की प्रक्रिया जटिलतापुर्ण होने के कारण इसका मूल्य इकाई से भिन्न होता है।

**निष्कर्ष**–इन सब विश्लेषणात्मक सीमाओं के बावजूद सं.ब.गु. की अवधारणा इस आधारभूत सत्य को उभारती है कि सार्वजनिक बजट से अर्थव्यवस्था की गतिविधियों के प्रति तटस्था की आशा नहीं की जानी चाहिए। साथ ही बजट का प्रयोग इसके प्रभावों की जानकारी के बिना भी नहीं किया जाना चाहिए। बजटीय नीति सरकार के हाथ में एक शक्तिशाली नीति शस्त्र की भूमिका निभा सकती है। अतः उचित यही है कि इस अवधारणा को बजटीय नीति में यथोचित स्थान प्रदान किया जाए।

## राजकोषीय नीति
(Fiscal Policy)

### अर्थ (Meaning)

यह तथ्य स्पष्ट है कि बजटीय गतिविधियों का अर्थव्यवस्था पर व्यापक प्रभाव पड़ता है। **अतः राजकोषीय नीति का अर्थ वे सभी प्रभाव हैं जिन्हें सरकार राजकोषीय गतिविधियों द्वारा प्राप्त करने की चेष्टा करती है।** ये नीति-उद्देश्य अति सीमित एवं सरल भी हो सकते हैं तथा अति कठिन और जटिल भी। इन उद्देश्यों की प्राप्ति हेतु बजट के विभिन्न घटकों का प्रयोग किया जा सकता है। स्पष्ट है कि बजटीय नीति के निर्धारण में कई बातों

पर ध्यान दिया जाना चाहिए, जैसे कि अर्थव्यवस्था की संरचना एवं प्रकृति तथा सरकार की अपनी प्रशासनिक क्षमता आदि। इस संदर्भ में निम्नलिखित तथ्य भी ध्यानयोग्य हैं:

- यह आवश्यक नहीं है कि राजकोषीय नीति के सभी लक्ष्य दीर्घकालीन हों। समय और आवश्यकतानुसार उसमें अल्पावधिक लक्ष्य भी रहते हैं।
- कुछ लक्ष्यों में अंतर्विरोध भी हो सकता है।
- अतः बजटीय नीति केवल लक्ष्यों का एक समूह न होकर उनमें सामंजस्य भी स्थापित करती है।
- बजटीय नीति का क्षेत्र आर्थिक नीति के क्षेत्र से भिन्न न होकर उसी का एक अभिन्न अंग होता है, और आर्थिक नीति के अन्य घटकों के साथ इसकी किसी हद तक साझेदारी भी होती है। इस कारण इसकी संरचना में यह सुनिश्चित करना आवश्यक रहता है कि यथासंभव इसका आर्थिक नीति के अन्य घटकों से टकराव न हो। विशेषकर बजटीय नीति, ऋण प्रबंधन और मौद्रिक नीति में तालमेल होना आवश्यक है।

अर्थशास्त्रियों के एक वर्ग में यह आम धारणा रही है कि आय, उत्पादन तथा रोज़गार संबंधी ध्येयों की प्राप्ति हेतु सार्वजनिक कराधान और व्यय नीतियों का ही सामूहिक नाम राजकोषीय नीति है। परंतु राजकोषीय नीति का यह संकीर्ण अर्थ अधूरा एवं भ्रामक है। एक तो इस अर्थ में सार्वजनिक ऋण प्रबंधन जैसे राजकोषीय नीति के अन्य घटकों को अनदेखा कर दिया गया है। दूसरे, राजकोषीय नीति का क्षेत्र केवल व्यय और राजस्व की समग्र राशियों तक ही सीमित नहीं है। इसमें उनकी मदों और उपमदों का विस्तृत ब्यौरा भी शामिल होता है। एक उचित और प्रभावी राजकोषीय नीति में राजकोषीय गतिविधियों के सभी अंगों और आयामों का यथोचित समावेश रहता है, तथा इन सबका ऐसा संतुलित और समन्वित प्रयोग किया जाता है कि उनसे इच्छित आर्थिक ध्येयों की ईष्टतम पूर्ति की जा सके। यदि किसी विशेष संदर्भ में कराधान और व्यय की विस्तृत मदों पर विचार न किया जाए तो इसका अर्थ यह नहीं लिया जाना चाहिए कि वे मदें अर्थहीन हैं। इसका कारण केवल विश्लेषण की सरलता को बनाए रखना है।

इस संदर्भ में स्मरणीय है कि हम करों और व्यय की अलग-अलग मदों पर पहले से ही विचार कर चुके हैं। अतः इस विस्तृत व्याख्या को दोहराने की आवश्यकता नहीं है।

- राजकोषीय नीति का अर्थ वे सब उद्देश्य हैं जो सरकार राजकोषीय गतिविधियों के माध्यम से प्राप्त करना चाहती है।
- इसके उद्देश्य दीर्घावधिक एवं अल्पावधिक दोनों प्रकार के हो सकते हैं।
- राजकोषीय नीति समग्र आर्थिक नीति का एक अभिन्न अंग है, तथा इसका आर्थिक नीति के शेष अंगों के साथ पूर्ण तालमेल होना चाहिए।
- राजकोषीय नीति में संवितरणों और प्राप्तियों की विस्तृत मदों और उनके समग्र आयामों का स्थान रहता है।

## ध्येय (Objectives)

- राजकोषीय नीति के अस्तित्व की सार्थकता उसके ध्येयों से जुड़ी है।
- इन ध्येयों की भूमिका अर्थव्यवस्था और समाज के लगभग सभी आयामों में हो सकती है, जैसे कि आर्थिक विकास, वितरणीय न्याय, आर्थिक और कीमत-स्तरों की स्थिरता तथा आर्थिक शक्ति के केन्द्रीकरण की रोकथाम आदि।

- इन ध्येयों की प्राप्ति में राजकोषीय नीति के अतिरिक्त कई अन्य यंत्रों का प्रयोग भी किया जा सकता है।
- राजकोषीय नीति की एक सीमा यह है कि यह बाज़ार-संचालित व्यवस्था का विकल्प नहीं है। इसका काम बाज़ार व्यवस्था को कायम रखते हुए केवल उसके नियमन द्वारा लक्ष्य-प्राप्ति करना है। इसलिए राजकोषीय नीति की सफलता में कई अन्य कारकों (विशेषकर माँग और पूर्ति की शक्तियों) का भी हाथ रहता है।

## राजकोषीय नीति तथा आर्थिक स्थिरता (Fiscal Policy and Economic Stability)

वर्तमान संदर्भ में स्थिरता का अर्थ अर्थव्यवस्था को व्यापार चक्रों से मुक्ति दिलाना है। बाज़ार संचालित अर्थव्यवस्था को लगातार और क्रमवार व्यापारिक उतार-चढ़ावों का सामना करना पड़ता है और इस प्रक्रिया में विदेशी व्यापार एवं पूँजी की अंतर्राष्ट्रीय गतिशीलता का भी योगदान रहता है।

अर्थशास्त्रियों ने आर्थिक स्थिरता और कीमत स्थिरता के कई अर्थ सुझाए हैं, जिनमें से एक यह भी है कि कीमतों का धीरे-धीरे (उदाहरणार्थ 2 से 3 प्रतिशत प्रतिवर्ष) बढ़ना अथवा घटना भी कीमत-स्थिरता का ही एक रूप है। इस विचारानुसार समस्या केवल तब पैदा होती है जब कीमतें 'तेज़ी' से बढ़ने अथवा घटने लगें।

परंतु प्रो॰ कीन्स (Keynes) और उनके अनुयायियों के मतानुसार बाज़ार-संचालित अर्थव्यवस्था की मूल समस्या कीमतों का घटना-बढ़ना न होकर, इसकी प्रभावी माँग की अपर्याप्तता (deficiency of effective demand) की मूल वृत्ति है, जिसके कारण कीमतों की प्रवृत्ति सदैव घटने की रहती है। अतः राजकोषीय नीति का मुख्य उद्देश्य प्रभावी माँग की इस कमी को दूर करना होना चाहिए।

परंतु दूसरे महायुद्ध के पश्चात् देखा गया कि (क) मुद्रास्फीति की समस्या भी कोई कम गंभीर नहीं होती, और कि (ख) राजकोषीय नीति ऐसी होनी चाहिए जो आवश्यकतानुसार मंदी और तेज़ी के दोनों चरणों से छुटकारा दिला सके। इस पश्चमोक्त ध्येय की प्राप्ति हेतु प्रो॰ लर्नर (A.P. Lerner) ने कीन्स द्वारा प्रतिपादित राजकोषीय नीति का एक संशोधित रूप सुझाया जिसे 'कार्यात्मक वित्त' (functional finance) के नाम से जाना जाता है। 'कार्यात्मक वित्त' के सिद्धांतानुसार सरकार को मंदी में घाटे और तेज़ी में बचत का बजट अपनाना चाहिए। परंतु घाटे के बजट की प्रभाविता बढ़ाने के लिए सरकार को बजटीय घाटे का वित्त पोषण बाज़ार से उधार लेकर नहीं, अपितु केन्द्रीय बैंक से उधार लेकर अथवा अतिरिक्त करेंसी सृजन द्वारा करना चाहिए। वैसे बाज़ार उधार द्वारा पोषित घाटे का बजट भी निजी निवेश को प्रात्साहित करता है, क्योंकि सार्वजनिक व्यय में बढ़ोतरी से निजी निवेशकर्ता आशा करने लगते हैं कि वे निवेश द्वारा अधिक लाभ अर्जित कर पाएँगे। ऐसा करने से प्रभावी माँग में बढ़ोतरी प्रोत्साहित होती है। इसके अतिरिक्त, जैसा कि हम ऊपर देख चुके हैं, बजट को संतुलित रखते हुए केवल इसके आकार में वृद्धि से भी मंदी पर काबू पाने में सहायता मिलती है। इसी प्रकार यदि सरकारी व्यय से लाभांवित लोग कम आय वाले हों तो, उनकी सीमांत उपभोग वृत्ति अधिक होने के कारण, आय गुणक का मूल्य (value of income multiplier) बढ़ जाता है जिससे मंदी को दूर करने में सरकारी व्यय अधिक प्रभावी सिद्ध होता है। इस तथ्य से यह नीति-निष्कर्ष निकलता है कि सरकार को मंदी को दूर करने के लिए सार्वजनिक कल्याण, सुरक्षा तथा इसी प्रकार की अन्य व्यय मदों को प्राथमिकता देनी चाहिए। ऐसी व्यय मदों से अल्पकाल में उपभोग व्यय तो एकदम बढ़ता है, परंतु उत्पादन क्षमता में उसी तीव्रता से वृद्धि नहीं हो पाती; परिणामस्वरूप माँग के अभाव और पूर्ति के अधिशेष की समस्या का तुरंत समाधान हो जाता है।

राजकोषीय नीति में **कराधान की भूमिका** भी रहती है। कर-प्रणाली में यथोचित संशोधन से निजी निवेश और उपभोग व्यय को प्रभावित किया जा सकता है। सामान्य स्थितियों में कुछ करों को हटा देने अथवा उनकी दरों में कमी करने से यह व्यय प्रोत्साहित होता है। करदेयता में कमी का अर्थ लाभ-आय में बढ़ोतरी तथा पूर्ति लागत में कमी है। कीमतों में कमी होने पर वस्तुओं की माँग बढ़ती है जिसकी प्रतिक्रिया के रूप में उत्पादन और रोज़गार में वृद्धि होती है। लगभग यही प्रक्रिया सीमा शुल्क की दरों में परिवर्तन द्वारा भी पैदा की जा सकती है। आयात शुल्क की दरों में वृद्धि तथा निर्यात शुल्क की दरों में कटौती से देश के भीतरी उत्पादन को प्रोत्साहित किया जा सकता है। परंतु यहाँ ध्यान देने योग्य बात यह है कि किसी भी प्रकार के परोक्ष कर की प्रभाविता विचाराधीन वस्तु की माँग और पूर्ति लोच के प्रमापनों पर निर्भर करेगी। अधिक माँग तथा पूर्ति लोच वाली वस्तुओं की माँग और पूर्ति को कर की दरों में परिवर्तन द्वारा अधिक सुगमता से प्रभावित किया जा सकता है। इसी प्रकार निवेश को बढ़ावा देने के लिए कुछ विशिष्ट कर-रियायतों का प्रयोग किया जा सकता है।

स्फीतिपरक स्थिति पर काबू पाने के लिए कुल प्रभावी माँग में कटौती करना आवश्यक होता है। इस दशा में सर्वप्रथम कदम प्रशासन द्वारा अपने व्यय में कटौती करना है। बहुधा सरकार के कई ऐसे खर्चे होते हैं जो गैर-ज़रूरी होते हैं तथा जिन्हें बिना किसी दुष्प्रभाव के घटाया जा सकता है। परंतु वास्तविकता यह है कि सरकार अपने व्यय में कमी करने में बहुधा असफल रहती है। अनेक व्यय मदों में राजनीतिक तथा मानवीय दबावों के कारण कटौती नहीं की जा सकती। कुछ मामलों में निहित स्वार्थों की ओर से भी विरोध होने लगता है। इसी प्रकार कई प्रकार के व्यय कानूनी दृष्टिकोण से अनिवार्य होते हैं। ब्याज तथा ऋण का भुगतान आदि ऐसी मदों के मुख्य उदाहरण हैं।

करों से संबद्ध एक तर्क यह भी है कि वे अपनी प्रकृतिवश आर्थिक स्थिरता की प्राप्ति में योगदान देते हैं। उदाहरणार्थ मंदी के दिनों में सरकार का राजस्व घट जाता है, परंतु उसके व्यय में उतनी कमी नहीं हो पाती। अत: सार्वजनिक बजट घाटे का हो जाता है जिससे मंदी को दूर करने में सहायता मिलती है। इसके विपरीत स्फीति के चरण में सरकार की राजस्व प्राप्तियाँ बढ़ जाती हैं। यदि सरकार अपने व्यय में उसी अनुपात में वृद्धि न होने दे, तो बजट-अधिशेष के कारण प्रभावी माँग में कमी आती है तथा स्फीति पर काबू पाने में सहायता मिलती है।

कर-प्रणाली की इस मूल प्रकृति के बावजूद यह निष्कर्ष नहीं निकलता है कि इसका सक्रिय प्रयोग किए बिना ही आर्थिक स्थिरता सुनिश्चित की जा सकती है। लगभग सभी स्थितियों में उसका व्यापक प्रयोग आवश्यक होता है।

- आर्थिक स्थिरता का अर्थ व्यापार चक्रों से मुक्ति पाना है।
- एक मतानुसार कीमतों में धीरे-धीरे उतार-चढ़ाव भी इसी स्थिरता का एक रूप है।
- कीन्स के अनुसार वास्तविक समस्या कीमतों में उतार-चढ़ाव न होकर प्रभावी माँग की स्थाई अपर्याप्तता है।
- वर्तमान अनुभव के अनुसार राजकोषीय नीति को मंदी और तेज़ी दोनों से निपटना पड़ता है।
- कार्यात्मक वित्त की नीति द्वारा मंदी और तेज़ी के दोनों चरणों से निपटा जा सकता है।
- आर्थिक स्थिरता सुनिश्चित करने में कर-प्रणाली की एक बहुविध और प्रभावी भूमिका हो सकती है।
- एक तर्कानुसार कर-प्रणाली की मूल प्रकृति ही आर्थिक स्थिरता लाने में सहायक होने की है।
- तेज़ी पर काबू पाने के लिए लोक व्यय में कमी की जानी चाहिए, परंतु बहुधा सरकार ऐसा नहीं कर पाती।

## राजकोषीय नीति और आर्थिक विकास (Fiscal Policy and Economic Development)

आर्थिक विकास में राजकोषीय नीति की भूमिका को समझने में निम्नलिखित तथ्यों की जानकारी हितकर रहती है:

- आर्थिक विकास एक बहु-आयामी प्रक्रिया है, जिसमें अनेक शक्तियाँ एक साथ सक्रिय होती हैं तथा जिनमें वित्तीय प्रवाह भी एक अग्रणी भूमिका निभाते हैं। बजटीय प्रवाह स्वयं में महत्वपूर्ण होने के अतिरिक्त अन्य प्रवाहों को भी गहरा प्रभावित करते हैं। अत: बजटीय नीति द्वारा आर्थिक विकास की प्रक्रिया को व्यापक रूप से प्रभावित किया जा सकता है।
- आर्थिक विकास की समस्या केवल अल्पविकसित देशों तक ही सीमित नहीं है। एक तर्कानुसार किसी अर्थव्यवस्था के लिए लगातार स्थैतिक अवस्था (static state) पर टिके रहना संभव नहीं होता; इसे सदैव उन्नति अथवा अवनति में से एक पथ पर अग्रसर रहना पड़ता है। इसलिए एक विकसित अर्थव्यवस्था के लिए भी यह आवश्यक है कि इसकी आय और रोज़गार में बढ़ोतरी होती रहे।
- ध्यानयोग्य है कि एक सामान्य निवेशकर्ता न्यूनतम अनिश्चतता के साथ अधिकतम संभव लाभ आय कमाने का इच्छुक होता है क्योंकि आर्थिक स्थिरता (स्थैतिकता नहीं, when the economy is not static but stable) से **अनिश्चतता** की स्थिति दूर होती है, अत: इससे विकास की प्रक्रिया प्रोत्साहित होती है।
- पूँजी-निर्माण और उत्पादन क्षमता में वृद्धि दीर्घकालिक आर्थिक विकास की बुनियादी कड़ियाँ हैं। आर्थिक स्थिरता तथा उच्चस्तरीय रोज़गार की प्राप्ति तो उपभोग में बढ़ोतरी द्वारा भी संभव है। परंतु उत्पादन क्षमता में बढ़ोतरी पूँजी निर्माण के साथ-साथ उसके उचित निवेश एवं प्रयोग के बिना संभव नहीं है। पूँजी निर्माण के मानवीय पूँजी के अतिरिक्त कई प्रकार हो सकते हैं। इसलिए पूँजी साधनों के वैकल्पिक उपयोगों में आवंटन का विकास प्रक्रिया पर गहरा प्रभाव पड़ता है। स्मरणीय है कि विभिन्न उद्योगों और अन्य आर्थिक गतिविधियों की परस्पर निर्भरता इतनी गहरी होती है कि उनमें आंतरिक सामंजस्य के बिना विकास प्रक्रिया को कायम नहीं रखा जा सकता। एक सुव्यवस्थित राजकोषीय नीति इस जटिल, कठिन और बहुआयामी कार्य को संपन्न करने में सहायक हो सकती है।
- एक अल्पविकसित देश को, पूँजी निर्माण की मंद गति और इसके दुरुपयोग, दोनों समस्याओं का एक साथ सामना करना पड़ता है। साथ ही बेरोज़गारी और वितरणीय असमानताओं की समस्याओं पर काबू पाने के लिए भी यह तय करना पड़ता है कि श्रम-प्रधान उत्पादन तकनीकों को किस हद तक अपनाया जाए।
- आर्थिक विकास से संबद्ध विभिन्न समस्याओं की विविधता के कारण विकास के विविध वैकल्पिक पथों में से चुनाव करने की आवश्यकता पड़ती है। और राजकोषीय नीति की रूपरेखा भी उसी आधार पर निर्धारित करनी पड़ती है। अत: इस संदर्भ में इस नीति के कुछ मुख्य अंशों को ही उभारा जा सकता है।
- यह सर्वमान्य तथ्य है कि एक अल्पविकसित देश में बाज़ार व्यवस्था अपने आप बचत और निवेश के वे उच्च स्तर प्राप्त नहीं कर सकती जो आर्थिक विकास की तीव्र गति के लिए आवश्यक माने जाते हैं। यदि ऐसा होता तो आर्थिक विकास के लिए रोजकोषीय नीति के प्रयोग की आवश्यकता नहीं होती। परंतु बाज़ार व्यवस्था की इस दुर्बलता के कारण राजकोषीय नीति का सक्रिय प्रयोग अति आवश्यक हो जाता है। इस उद्देश्य के लिए पूरी बजट प्रणाली ऐसी होनी चाहिए जिससे बचत और निवेश बढ़ें तथा निवेश का ढाँचा विकासोन्मुख हो।

उपर्युक्त विवेचन से यह निष्कर्ष निकलता है कि बजटीय नीति का कोई ऐसा रूपाकार नहीं है जो सभी देशों के लिए एक समान उपयुक्त हो। इसकी संरचना प्रत्येक देश की परिस्थितियों के अनुरूप होनी चाहिए।

- आर्थिक विकास एक अति जटिल प्रक्रिया है, जिसका कोई मानक ढाँचा उपलब्ध नहीं है।
- प्रत्येक देश को अपनी परिस्थितियों और सामाजिक और आर्थिक उद्देश्यों के अनुसार राजकोषीय नीति का निर्माण करना होता है।
- राजकोषीय नीति उस समग्र आर्थिक नीति का एक भाग है जिसका उद्देश्य व्यापक आर्थिक और सामाजिक विकास की प्राप्ति है।

## भारत के संदर्भ में राजकोषीय नीति

भारत जैसे अल्पविकसित देश के मुख्य उद्देश्यों में बचत और निवेश की दरों में बढ़ोतरी के द्वारा आर्थिक विकास की गति को तेज़ करने के अतिरिक्त, विकास प्रक्रिया का आंतरिक संतुलन, रोज़गार में वृद्धि, वितरणीय तथा क्षेत्रीय आर्थिक विषमताओं में कमी आदि आते हैं। अतः इन सब उद्देश्यों को ध्यान में रखते हुए, आर्थिक विकास के प्रोत्साहन हेतु बजटीय नीति के मुख्य अंगों की रूपरेखा बनाई जानी चाहिए, जो निम्न प्रकार से है:

- सार्वजनिक बजट का राजस्व खाता अधिशेष में होना चाहिए, ताकि सरकार अपनी नियमित आय का एक भाग पूँजी व्यय की मदों पर लगा सके। पूँजी व्यय के शेष भाग का वित्त पोषण उधार एवं अन्य प्राप्तियों द्वारा किया जा सकता है।

- सरकार की ऋण-नीति का रूपाकार अति सुचारू एवं अर्थपूर्ण होना चाहिए, ताकि इससे निजी निवेश और ब्याज की दरें दुष्प्रभावित न हों। ऋण-नीति के दोषयुक्त होने पर निजी क्षेत्र के लिए निवेश साधनों का अभाव उत्पन्न हो सकता है, अथवा ब्याज की दरों में बढ़ोतरी से निवेश अलाभकारी हो सकता है।

- बजटीय नीति का प्रयोग विदेशी साधनों की प्राप्ति के लिए भी किया जा सकता है। इसके लिए सरकार स्वयं उधार लेकर निवेश कार्यों में लगा सकती है, अथवा विदेशी पूँजी को सीधा निवेश के लिए ही आमंत्रित किया जा सकता है। परंतु यह आशा नहीं की जानी चाहिए कि विदेशी पूँजी के कारण आंतरिक बचत को घटाने में कोई हानि नहीं है। बचत और निवेश का मुख्य उत्तरदायित्व तो देशी अर्थव्यवस्था का ही बना रहता है। विदेशी पूँजी इस कार्य में केवल एक आँशिक योगदान ही दे सकती है। यह तथ्य अलग है कि विदेशी पूँजी के कई अन्य प्रकार के विकासात्मक प्रभाव भी हो सकते हैं, जैसे कि नवीनतम उत्पादन तकनीकों की उपलब्धि और प्रयोग तथा व्यापारिक संबंधों का विकास आदि।

- राजकोषीय नीति के माध्यम से निजी क्षेत्र की बचत और निवेश दरों को भी प्रोत्साहित किया जा सकता है। उदाहरणार्थ, विविध प्रकार की कर-रियायतों से न केवल बचत प्रोत्साहित होती है, प्रत्युत्त निवेश पर भी अपेक्षित लाभ-दर को बढ़ाया जा सकता है।

**कर-प्रणाली की व्यापक भूमिका**—इस संबंध में यह मत सर्वमान्य है कि बचत और निवेश बढ़ाने के लिए केवल कर की दरों को कम करना ही पर्याप्त नहीं है। इसके लिए पूरी कर-प्रणाली का ही नव-निर्माण किया जाना चाहिए। उदाहरणार्थ बचतकर्ताओं को भविष्य निधियों जैसी कुछ चियनित बचतों की बजाए सभी प्रकार की बचतों पर कर छूट मिलनी चाहिए। इसी प्रकार यदि प्रशासनिक एवं अन्य दृष्टिकोणों से संभव हो, तो पूरी आय-कर प्रणाली को ही व्यय-कर प्रणाली में परिवर्तित कर देना हितकर रहता है। इसी प्रकार निगम कर (अर्थात् व्यवसायों की आय पर कर) में कर-देय आय निर्धारित करते समय कई ऐसे खर्चों को भी घटा दिया जाता है, जो व्यवसाय को चलाने के लिए आवश्यक नहीं होते। अतः एक सुझावानुसार निगम कर का आधार भी आय न होकर

व्यय की कुछ मदें ही होना चाहिए। कर-प्रणाली को **सरल** बनाने से भी निजी क्षेत्र में बचत को बढ़ावा मिलता है और करों की दरों में कमी तथा मुद्रास्फीति की रोकथाम से बचत की प्रवृत्ति और सुदृढ़ होती है। कर-प्रणाली के सुधार में **परोक्ष करों** की भूमिका भी कम महत्वपूर्ण नहीं है। इनका मुख्य दोष यह है कि इनसे पूर्ति-लागत तथा कीमतों में सीधे वृद्धि हो जाती है। इनका यह दोष उस समय और भी अहितकर हो जाता है, जब ये बहु-चरणीय हों क्योंकि इस स्थिति में एक चरण की करदेयता के निर्धारण के लिए इससे पहले के चरणों में अदा किए गए करों को भी कराधार में शामिल कर लिया जाता है। परोक्ष करों के इस दोष को दूर करने के लिए उन्हें मूल्यवर्द्धन कर (value added tax) का रूप दिया जाना चाहिए।

- भारत जैसे अल्पविकसित देश में अंतर्क्षेत्रीय आर्थिक विषमताओं की भी एक भारी समस्या है। ये विषमताएँ अंतर्राज्यीय होने के अतिरिक्त अधिकतर राज्यों के भीतर भी पाई जाती हैं। इस समस्या के समाधान में राजकोषीय नीति एक सक्रिय भूमिका निभा सकती है। उदाहरणार्थ पिछ़डे क्षेत्रों में निवेश आदि के लिए कर में रियायतें दी जा सकती हैं तथा सार्वजनिक व्यय द्वारा अवसंरचनात्मक सुविधाओं (infrastructural facilities) का विकास किया जा सकता है।

- इसी प्रकार भारत जैसी श्रम-अधिशेष अर्थव्यवस्था (labour-surplus economy) में श्रम-प्रधान (labour intensive) उद्योगों को प्रोत्साहित किया जाना चाहिए। इनसे राष्ट्रीय उत्पादन क्षमता में तीव्र गति से वृद्धि होती है तथा बेरोज़गारी घटती है। यह भी सर्वमान्य तथ्य है कि छोटे पैमाने के उद्योग न केवल श्रम-प्रधान होते हैं, प्रत्युत्त उन्हें ग्रामीण इलाकों में भी स्थापित करने में कम कठिनाइयाँ आती हैं। परंतु उनकी सफलता के लिए उपज की बिक्री तथा कच्चे माल की उपलब्धि का सुनिश्चित किया जाना आवश्यक है। अत: राजकोषीय नीति में छोटे पैमाने के उद्योगों के विकास के लिए कर-प्रणाली में उपयुक्त प्रावधानों के साथ-साथ सार्वजनिक व्यय में भी यथोचित सुधार किए जाने चाहिए।

- यदि देश में योजनाबद्ध विकास और आर्थिक नियमन की व्यवस्था लागू हो तो राजकोषीय नीति की संरचना इसके एक प्रभावी सहायक के रूप में की जानी चाहिए, अर्थात् इसे विभिन्न आर्थिक गीतविधियों को योजनाबद्ध विकास की रूपरेखा के अनुरूप प्रोत्साहित अथवा हतोत्साहित करना चाहिए।

- सार्वजनिक व्यय को विकासात्मक और विकास-भिन्न वर्गों में बाँटने की प्रथा है। अत: लोक व्यय यथासंभव विकासात्मक मदों पर केन्द्रित होना चाहिए। बुनियादी तौर पर, विकासात्मक व्यय वह है जिससे अर्थव्यवस्था की उत्पादन क्षमता में स्थाई बढ़ोतरी होती हो, अथवा इसमें होने वाली कमी रुकती हो। अत: वे सब व्यय मदें जिनसे नई पूँजी परिसंपत्तियाँ अस्तित्व में आती हों अथवा पूर्वस्थित परिसंपत्तियों का रख-रखाव होता हो, विकासात्मक कहलाती हैं। ये उत्पादक परिसंपत्तियाँ मशीनों, भवनों, सड़कों आदि के अतिरिक्त मानवीय पूँजी (जैसे कि शिक्षण, प्रशिक्षण, श्रम-स्वास्थ्य आदि) तथा निर्दिष्ट संस्थाओं आदि का रूप भी ले सकती हैं।

- व्यय के विकासात्मक, विकास-भिन्न, आयोजना तथा आयोजना-भिन्न वर्गों को अनदेखा करने पर भी, सार्वजनिक व्यय की कुछ सामूहिक मदों पर विशेष ध्यान देने की ज़रूरत होती है। सार्वजनिक व्यय का ढाँचा इस प्रकार का होना चाहिए कि इससे पूँजी-वस्तुओं पर आधारित उद्यमों तथा अन्य बुनियादी उद्योगों का विकास हो। इसके अतिरिक्त सार्वजनिक व्यय का प्रयोग विशिष्ट अवसंरचनात्मक सुविधाओं (infrastructural facilities, जैसे कि बैंक वित्त, सड़कें तथा संचार सेवाएँ, आदि) की सुव्यवस्थित और समुचित उपलब्धि की व्यवस्था के लिए किया जाना चाहिए।

• सैद्धांतिक स्तर पर यह दर्शाया जा सकता है कि यदि सार्वजनिक बजट का प्रयोग सार्वजनिक उद्यमों की स्थापना और उनके उत्थान के लिए किया जाए तो इससे विकास प्रक्रिया सक्षम होती है। तर्क यह है कि कालांतर में ये उद्यम सरकार के लिए अतिरिक्त राजस्व का स्रोत बन सकते हैं जिनसे बचत और निवेश की गति को और बढ़ाया जा सकता है। इन उद्यमों का चुनाव इस प्रकार किया जा सकता है कि अर्थव्यवस्था में उनकी केन्द्रीय भूमिका हो, और उनके माध्यम से शेष अर्थव्यवस्था को एक पूर्व निर्धारित विकास पथ पर रखने में सहायता मिले। इस कार्य में, इन उद्योगों की कीमत-निर्धारण तथा क्रय-विक्रय नीतियों के अतिरिक्त, उत्पादन तकनीकों के चुनाव और स्थान-निर्धारण (location) का भी समुचित स्थान रहता है।

• सार्वजनिक उद्यमों की मुख्य दुर्बलता उनका ढीला प्रबंधन तथा उत्पादन लागत में अनावश्यक वृद्धि है। इन उद्यमों में बहुधा आवश्यकता से अधिक कर्मी होते हैं, जिनकी संख्या को सुगमता से कम नहीं किया जा सकता। परिणामस्वरूप ये उद्यम उत्पादन साधनों के अपव्यय के स्रोत बन जाते हैं। इन तथ्यों को ध्यान में रखते हुए अब यह मत सर्वमान्य होता जा रहा है कि सरकार को सभी 'अनावश्यक' कार्यकलापों को त्याग देना चाहिए।[2]

**टिप्पणी–**अंत में भारतीय राजकोषीय नीति के बारे में टिप्पणी की जा सकती है। हमारी विकास दर बचत और निवेश की दरों की तुलना में कम रही है। इसके निम्नलिखित सहित कई कारण हैं:

1. सार्वजनिक उद्यमों की त्रुटिपूर्ण प्रणाली, जिसमें कर्मियों को अपनी कार्यक्षमता बढ़ाने के पर्याप्त अवसर नहीं मिलते और न ही इसके लिए पर्याप्त प्रोत्साहन मिलता है।

2. राजकोषीय नीति (विशेषकर कर नीति) पूँजी-प्रधान तकनीकों को प्रोत्साहित करती रही है।

3. पूर्वस्थित पूँजी परिसंपत्तियों के रख-रखाव पर अपर्याप्त ध्यान देने की प्रवृत्ति रही है।

4. पिछले कुछ वर्षों तक विदेशों से अधिकतर सहायता निवेश के रूप में न होकर उधार के रूप में ली गई है और इसका काफी हद तक अपव्यय भी हुआ है। इसके फलस्वरूप हमारी उत्पादन-क्षमता में अपेक्षित वृद्धि नहीं हो पाई।

5. सरकारी उद्यमों को क्षेत्रीय आर्थिक विषमताएँ कम करने में उल्लेखनीय सफलता नहीं मिल सकी।

- भारत के सामने विविध और जटिल आर्थिक और सामाजिक विकास की समस्याएँ हैं।
- इस संदर्भ में एक व्यापक और विस्तृत राजकोषीय नीति हितकर भूमिका निभा सकती है।
- इस नीति में विदेशी साधनों की प्राप्ति और उपयोग का भी उचित स्थान होना चाहिए।
- इसमें कर और व्यय नीतियों की एक व्यापक भूमिका का स्थान है।
- इस नीति में आर्थिक और सामाजिक उद्देश्यों की प्राप्ति हेतु नियमन और बाज़ार शक्तियों के एक उचित सम्मिश्रण की आवश्यकता होती है।
- भारत की राजकोषीय नीति कई प्रकार से त्रुटिपूर्ण नही है।

6. सिंचाई, सड़क-परिवहन, विद्युत-उत्पादन, विद्युत वितरण तथा इसी प्रकार के कई अन्य वर्गों के सरकारी उद्यमों की उत्पादकता अति निम्न रही है। साथ ही उनके उत्पादन की कीमतें बहुत कम रखी गई हैं। परिणामस्वरूप

[2] देखें अध्याय 1 और 2 ।

वे सरकार के लिए राजस्व का स्रोत न होकर, अपव्यय के माध्यम बनकर रह गए हैं। इससे अर्थव्यवस्था की विकास प्रक्रिया को दीर्घकालीन आघात पहुँचा है।

## राजकोषीय नीति और वितरणीय न्याय (Economic Policy and Distributive Justice)

वितरणीय न्याय के सामान्य अर्थानुसार आय और धन वितरण की असमानताओं को कम किया जाना चाहिए। भारत जैसे व्यापक गरीबी वाले देश में वितरणीय न्याय के पक्ष में किसी विशेष तर्क की आवश्यकता नहीं है। यहाँ पर मुख्य विवाद का विषय केवल यही हो सकता है कि इतनी व्यापक दरिद्रता में कमी करने की सर्वोत्तम विधि क्या है। संक्षेप में इसके लिए विभिन्न प्रकार की स्कीमें अपनाई जानी चाहिए जिनसे लोगों को एक निश्चित न्यूनतम स्तर की उपभोग सुविधाओं की आश्वस्त उपलब्धि रहे। इसी प्रकार कुछ बुनियादी स्कीमें बेरोज़गारी की समस्या पर काबू पाने के लिए होनी चाहिए। बजट में इन सब स्कीमों को यथासंभव प्राथमिकता मिलनी चाहिए और उनके लिए उचित राशियों का प्रावधान होना चाहिए। उपर्युक्त न्यूनतम सुविधाओं में स्वास्थ्य सेवाएँ, पीने का स्वच्छ पानी, प्रति व्यक्ति एक निश्चित मात्रा तक खाद्य सामग्री, आवास-स्थान, बुनियादी शिक्षा आदि शामिल हैं।

यहाँ पर एक आधारभूत समस्या यह है कि अधिकतर सरकारें न तो इस प्रकार के न्यूनतम वितरणीय न्याय की स्थिति लाने के लिए ही पर्याप्त साधन जुटा पाती हैं, तथा न ही अपने अन्य खर्चों में समुचित कमी कर पाती हैं। प्रशासनिक संयंत्र में बहुधा ऐसी त्रुटियाँ होती हैं जिनसे सार्वजनिक व्यय का काफी भाग उन लोगों तक नहीं पहुँच पाता जिन्हें इससे लाभांवित होना चाहिए।

वितरणीय असमानताओं को घटाने के लिए कर-प्रणाली का प्रयोग भी एक सीमित हद तक ही किया जा सकता है। क्योंकि बहुत कम लोगों की आय इतनी अधिक होती है जिस पर कर लगाया जा सके। अत: प्रत्यक्ष करों द्वारा वितरणीय असमानताओं में प्रभावी कमी करने के लिए इन करों की दरें अत्यधिक ऊँची रखनी पड़ती हैं। परंतु ऐसा करने पर उत्पादन और आय-अर्जन की गतिविधियाँ हतोत्साहित होती हैं। फलस्वरूप राजस्व साधन जुटाने के लिए सरकार को परोक्ष करों का सहारा लेना पड़ता है। ये कर स्वयं में ही वितरणीय असमानताओं को बढ़ावा देते हैं। अत: इस त्रुटि को केवल आंशिक रूप में ही सुधारा जा सकता है।

- वितरणीय न्याय लाने में राजकोषीय नीति की भूमिका अति सीमित है।
- व्यय नीति में रोज़गार वृद्धि और न्यूनतम उपभोग सुविधाओं की उपलब्धि को प्राथमिकता दी जानी चाहिए।
- प्रत्यक्ष करों द्वारा वितरणीय असमानताओं को घटाना लगभग असंभव है और परोक्ष करों से ये असमानताएँ और बढ़ती हैं।

### शब्दावली (Key Words)

1. संतुलित बजट (balanced budget); 2. अधिशेष का बजट (surplus budget); 3. घाटे का बजट (deficit budget); 4. राजस्व खाते का घाटा (deficit on revenue account); 5. पूँजी खाते का घाटा (deficit on capital account); 6. तदर्थ राजकोषीय हुंडियाँ (ad hoc treasury bills); 7. राजकोषीय घाटा (fiscal deficit); 8. मूल घाटा (primary deficit); 9. संतुलित बजट गुणक (balanced budget multiplier); 10. राजकोषीय नीति (fiscal policy); 11. कार्यात्मक वित्त (functional finance); 12. अंतरराज्यीय आर्थिक विषमताएँ (inter-state economic disparities); 13. वितरणीय न्याय (distributive justice)।

## अभ्यास प्रश्न

1. संतुलित बजट की अवधारणा का विवेचन करते हुए इसके पक्ष और विपक्ष में तर्क दें।
2. भारतीय व्यवस्था के अनुसार 'बजटीय घाटे' और 'राजकोषीय घाटे' में अंतर दर्शाएँ। यह भेदीकरण कहाँ तक स्वीकार्य है?
3. संतुलित बजट गुणक क्या है? क्या यह सदैव एक के बराबर होता है? तर्क सहित उतर दें।
4. संतुलित बजट गुणक की अवधारणा से आप क्या समझते हैं? आर्थिक स्थिरता एवं विकास में इसकी भूमिका का विश्लेषण करें।
5. वितरणीय न्याय की समस्या के समाधान में राजकोषीय नीति का उपयोग कहाँ तक सहायक हो सकता है?
6. राजकोषीय नीति साधन आवंटन में बिगाड़ को दूर करने में कहाँ तक उपयोगी हो सकती है, जब बाज़ार संयंत्र

    (क) स्पर्द्धायुक्त हो,

    (ख) सरकार द्वारा नियमित हो अथवा अन्य प्रकार से अनम्य हो?
7. निम्नलिखित पर संक्षिप्त नोट लिखें:

    (क) बजटीय घाटा और सरकार के ऋण में निवल वृद्धि में कोई अंतर नहीं होता।

    (ख) परोक्ष करों से कीमतें बढ़ती हैं।
8. क्या आप इस बात को स्वीकारते हैं कि बजटीय घाटे का कीमतों पर प्रभाव इसके वित्त-पोषण के स्रोत पर निर्भर करता है?
9. बजटीय घाटे और कीमत स्थिरता के परस्पर संबंध की समीक्षा करें।
10. भारत जैसे अल्पविकसित देश के लिए एक उपयोगी राजकोषीय नीति की रूपरेखा सुझाएँ।
11. भारत में अपनाई गई राजकोषीय नीति पर एक बहुआयामी नोट लिखें।

# अध्याय 14

# संघीय वित्त

## (Federal Finance)

**इस अध्याय में**

- सैद्धांतिक स्तर पर सरकार के बहुस्तरीय अस्तित्व के अर्थ के साथ-साथ इसकी आंतरिक प्रवृत्ति और औचित्य का विवेचन है।
- संघ व्यवस्था में वित्तीय मुद्दों, समस्याओं और समाधानों की चर्चा है।
- इससे संबंधित सरकारों में कार्यक्षेत्र और साधनों के आवंटन-सिद्धांतों और अन्य वित्तीय प्रश्नों की समीक्षा है।
- सैद्धांतिक आधार पर वित्तीय स्रोतों के आवंटन से उत्पादित अंतर्सरकारीय वित्तीय असंतुलन की समस्या का विवेचन है।
- विविध प्रकार से अंतर्सरकारीय साधन अंतरण द्वारा अंतर्सरकारीय वित्तीय असंतुलन की समस्या के समाधान का विवेचन है।
- भारत के संदर्भ में केन्द्र से राज्यों को साधन अंतरण की तीन विधियों अर्थात् कर-विभाजन, अनुदान और ऋण, का विवेचन है।

## परिचय (Introduction)

सामान्यत: एक बड़े क्षेत्रफल और/अथवा एक बड़ी अर्थव्यवस्था वाले देश में बहुस्तरीय (multi-tiered) सरकार होती है और इसमें प्रत्येक स्तर की सरकार की भौगोलिक सत्ता, प्रशासनिक अधिकार एवं दायित्व आदि पूर्व निर्धारित होते हैं। साथ ही सरकार के विभिन्न स्तरों के आपसी वित्तीय, वैधानिक और प्रशासनिक संबंधों की भी एक निश्चित रूपरेखा रहती है। स्पष्ट है कि इस प्रकार की बहुस्तरीय सरकार का कोई मानक सर्वदेशीय ढाँचा नहीं हो सकता। प्रत्येक देश द्वारा अपनाया गया ढाँचा इसके बहुआयामी इतिहास का प्रतिबिम्ब होता है तथा बदलती परिस्थितयों के साथ-साथ यह ढाँचा संशोधनीय भी हो सकता है।

कई देशों में सरकार के तीन स्तर देखने को मिलते हैं। इनमें उच्चतम अर्थात् 'केन्द्रीय' स्तर की सरकार की भौगोलिक सत्ता पूरे देश पर होती है। संवैधानिक दृष्टिकोण से इसके कई प्रकार हो सकते हैं तथा इसे 'केन्द्रीय सरकार' (Central Government), 'संघ सरकार' (Union Government) तथा 'मंडल सरकार' (Federal Government) आदि विविध नामों से जाना जाता है। बीच के स्तर पर एकसे अधिक सरकारें होती हैं जिनमें से प्रत्येक की सत्ता देश के एक निर्धारित भौगोलिक क्षेत्र तक सीमित होती है। इन्हें 'राज्य सरकारें', 'संघ क्षेत्रीय

सरकारें', 'प्रादेशिक सरकारें' अथवा 'प्राँतीय सरकारें' आदि कहा जाता है। इनके प्रशासनिक, वित्तीय एवं अन्य अधिकार और दायित्व लगभग समानांतर होते हैं, परंतु इनका सर्वसम (एक बराबर, identical) होना अनिवार्य नहीं होता। इसी प्रकार तीसरा स्तर स्थानीय सरकारों (अथवा निकायों, Local Bodies) का होता है। विभिन्न संघीय व्यवस्थाओं में इनके संवैधानिक आधार में भिन्नता पाई जाती है तथा इस कारण इनके कई प्रकार देखने को मिलते हैं। परंतु यह आवश्यक नहीं कि किसी एक देश में अथवा इसके किसी एक क्षेत्र में सभी स्थानीय निकायों में सर्वसमता हो (They need not be identical throughout the country or even in the same region)। भारत में इन स्थानीय निकायों के कई प्रकार हैं, तथा यह विविधता अंतरराज्यीय होने के अतिरिक्त एक राज्य के भीतर भी देखने को मिलती है। भारत के स्थानीय निकायों के प्रकारों में ज़िला परिषदें, पँचायतें, नगर पालिकाएँ, नगर निगम, कैण्टोनमेंट एरिया कमेटियाँ, नोटिफाइड एरिया कमेटियाँ तथा पोर्ट ट्रस्ट आदि शामिल हैं। इनमें से कुछ कन्द्रीय कानूनों और कुछ राज्यीय कानूनों के अंतर्गत अस्तित्व में आते हैं। राज्य सरकारों के वित्तीय साधनों, दायित्वों तथा कार्यक्षेत्र के कुछ अंश इन स्थानीय निकायों को अंतरित कर दिए जाते हैं, जिन्हें वे अपनी-अपनी भौगोलिक सीमाओं के भीतर प्रयुक्त करने के अधिकारी होते हैं। स्पष्ट है कि एक ही राज्य में विभिन्न स्थानीय निकाय वर्गों के कार्यक्षेत्र और वित्तीय स्रोतों की रूपरेखाओं में भिन्नता देखने को मिलती है तथा इसी प्रकार एक ही प्रकार के स्थानीय निकायों के कार्यक्षेत्र और वित्तीय स्रोतों की रूपरेखा भी अंतरराज्यीय असमानता पाई जाती है। ध्यानयोग्य है कि निम्नलिखित में हम केवल **संघीय (अर्थात् अंतरस्तरीय) वित्त व्यवस्था** का अध्ययन करेंगे।

## दो प्रकार (Two Types)

केन्द्र और राज्य सरकारों में कार्यक्षेत्रों और वित्तीय साधनों के आवंटन में अंतर्देशीय एकरूपता (international uniformity) नहीं है। प्रत्येक देश की वास्तविक स्थिति उसके ऐतिहासिक विकास का प्रतिबिम्ब होती है। ऐतिहासिक दृष्टिकोण से मुख्यत: संघीय व्यवस्था के दो प्रकार देखने को मिलते हैं:

**1. केन्द्रीकरण (Centralization)**—संयुक्त राज्य अमेरिका जैसे कुछ देशों में संघीय व्यवस्था का जन्म कुछ 'प्रांतीय' सरकारों के एकीकरण की प्रक्रिया के फलस्वरूप हुआ है। इस प्रक्रिया में ये सरकारें अपनी सत्ता का एक अंश संघीय सरकार को जन्म देकर उसे अंतरित करती हैं तथा इसके फलस्वरूप वे स्वयं 'राज्य सरकारों' के स्तर पर आ जाती हैं। बहुधा ऐसी संघीय व्यवस्थाओं में, राज्य सरकारें अपनी वैयक्तिक कर और कानून प्रणालियों में देशव्यापी एकसारिता लाने को बाध्य नहीं होतीं। कई संघों में राज्य सरकारों को संघ से संबंध विच्छेद करने का अधिकार भी हो सकता है (यद्यपि यथार्थ में इस अधिकार का प्रयोग करना सुगम नहीं होता)। ध्यानयोग्य है कि, बदलती परिस्थितियों के दबाव में, ऐसी कई व्यवस्थाओं में संघ सकरार के अधिकारों और वित्तीय स्रोतों में दीर्घकालीन बढ़ोतरी की प्रवृत्ति देखी गई है।

**2. विकेन्द्रीकरण (Decentralization)**—कुछ संघीय व्यवस्थाओं का जन्म 'केन्द्रीय' सरकार द्वारा 'राज्य' सरकारों को जन्म देकर अपने कार्यक्षेत्र में से कुछ कार्य (functions) तथा कुछ वित्तीय स्रोत अंतरित करने पर होती है। ऐसे संघों में राज्य स्तर पर प्रशासनिक एवं कानूनी एकरूपता का होना अथवा न होना केन्द्र द्वारा रचित व्यवस्था पर निर्भर करता है। किसी राज्य को संघ छोड़ देने का अधिकार नहीं दिया जाता, तथा यह भी संभव है कि राज्यों की भौगोलिक सीमाओं के निर्धारण तथा उनमें संशोधन करने का अधिकार भी केन्द्र के पास हो। भारत में इसी प्रकार की संघीय व्यवस्था अपनाई गई है।

## सर्वव्यापी प्रवृत्ति (Universal tendency)

कालान्तर में उपरोक्त दोनों प्रकार की संघीय व्यवस्थाओं द्वारा अपनी-अपनी विशिष्ट विशेषताओं के स्थान पर एक-सी मध्यवर्ती विशेषताओं को अपनाने की बुनियादी प्रवृत्ति देखने को मिलती है अर्थात् उनकी विशेषताओं में धीरे-धीरे एकसारिता आ रही है। इस व्यापक प्रवृत्ति में वे सब सरकारी कार्यकलाप, दायित्व और सेवाएँ जिनकी एकसारिता का लगभग सारे देश में होना ठीक समझा जाता है, केन्द्र के हाथ में अंतरित होते जाते हैं। केन्द्र के हाथ में अंतरित होने की यह प्रवृत्ति कर राजस्व आदि जैसे उन वित्तीय स्रोतों में भी मिलती है जिनमें देशव्यापी एकसारिता का होना उचित समझा जाता है। इसके विपरीत क्षेत्रीय प्रकृति (अर्थात अंतर्क्षेत्रीय भिन्नता) वाले कार्यकलाप, सेवाएँ एवं वित्तीय स्रोत राज्यों के पास अंतरित होते जाते हैं। परिणामस्वरूप एकक-प्रधान (unitary) व्यवस्थाओं में धीरे-धीरे विकेन्द्रीकरण और विकेन्द्रीकृत व्यवस्थाओं में धीरे-धीरे एकक-प्रधानता की विशेषताएँ बढ़ती जाती हैं। आशा की जाती है कि इस प्रकार की मध्यवर्ती व्यवस्था अपनाने से प्रशासनिक कार्यकुशलता बढ़ती है तथा देश और अर्थव्यवस्था कई अन्य प्रकार से लाभान्वित होते हैं।

- देश के क्षेत्रफल एवं/अथवा इसकी अर्थव्यवस्था का बड़ा आकार होने पर बहुस्तरीय सरकार अस्तित्व में आती है।
- प्रारंभ में यह व्यवस्था एकक-प्रधान अथवा विकेन्द्रीकृत हो सकती है।
- कालान्तर में इन दोनों प्रकार की व्यवस्थाओं में एकरसता आने की प्रवृत्ति देखी गई है।
- मध्यवर्ती व्यवस्था के अधिक कार्यकुशल होने की आशा की जाती है।

## औचित्य (Rationale)

संघीय वित्त व्यवस्था के औचित्य के पक्ष में आर्थिक और सामाजिक दोनों प्रकार के तर्क दिए जा सकते हैं:

**1. प्रशासनिक व्यवस्था का आधार (Basis of Administrative Set Up)**—सामाजिक दृष्टिकोण से देखा जाए तो संघीय ढाँचे में समाज के सभी वर्गों को सांस्कृतिक एवं अन्य प्रकार की पहचान रखते हुए अपने-अपने ढंग से विकसित होने में सहायता मिलती है तथा साथ ही वे एक-दूसरे को प्रभावी सहयोग भी दे सकते हैं। आधुनिक सामाजिक और आर्थिक व्यवस्थाएँ इतनी जटिल होती हैं कि लोगों की इच्छाओं और आकांक्षाओं में किसी प्रकार की एकरूपता नहीं मिलती। एकरूपता के इस अभाव में लोक कल्याण की दृष्टि से यह सुनिश्चिनत करना आवश्यक हो जाता है कि सरकार का संगठन इस प्रकार किया जाए जिससे सभी वर्गों की सामाजिक और आर्थिक आकांक्षाओं को ठीक प्रकार से आँका जा सके तथा यथासम्भव उनकी प्राप्ति भी हो सके।

**2. कार्यकुशलता (Efficiency)**—बहुस्तरीय सरकार के पक्ष में दूसरा तर्क कार्यकुशलता की अवधारणा से संबद्ध है। वास्तविकता यह है कि कुछ सरकारी दायित्व ऐसे होते हैं जिन्हें अखिल राष्ट्रीय स्तर पर अधिक कुशलतापूर्वक निभाया जा सकता है; अतः इस कारण ये दायित्व केन्द्रीय सरकार के होने चाहिए। इसके विपरीत समाज और अर्थव्यवस्था की कुछ आवश्यकताओं, इच्छाओं तथा आकांक्षाओं की अंतर्क्षेत्रीय विषमताएँ इतनी अधिक होती हैं कि उनका राज्य अथवा स्थानीय सरकारों के हाथों में होना ही बेहतर रहता है। केन्द्र सरकार इन सेवाओं को उतनी कार्यकुशलता से तथा किफ़ायती लागत पर मुहैया नहीं कर सकती, जितनी कि राज्य अथवा स्थानीय सरकारें कर सकती हैं। सरकार के इन स्तरों को क्षेत्रीय तथा स्थानीय परिस्थितियों का ज्ञान अधिक होता है। उन्हें यह

जानकारी भी होती है कि किस सरकारी सेवा के रूपाकार में किस प्रकार का संशोधन समाज तथा अर्थव्यवस्था के लिए कल्याणवर्धक होगा। उपरोक्त तर्काधार पर यह भी कहा जा सकता है कि सरकार के बहुस्तरीय होने से साधन-अपव्यय से बचने में सहायता मिलती है। इस व्यवस्था में थोड़े साधनों के व्यय से अधिक मात्रा में तथा अधिक कुशलतापूर्वक सरकारी सेवाएँ मुहैया की जा सकती हैं। उदाहरणार्थ देश की सुरक्षा का भार, करेंसी और मुद्रा, बैंकिंग, अंतर्राष्ट्रीय व्यापार, रेल एवं विमान परिवहन सेवाएँ आदि का केन्द्र के दायित्व-क्षेत्र में होना उचित माना जाता है, जबकि राज्य सरकारों के लिए उपर्युक्त सेवाओं में सड़क परिवहन, आवास सुविधाएँ आदि गिनवाई जा सकती हैं। कुछ सेवाओं को मुहैया करने का दायित्व केन्द्र तथा राज्य सरकारों का साझा भी हो सकता है, जैसे कि विद्युत शक्ति का उत्पादन एवं वितरण, शिक्षा तथा श्रम कल्याण आदि।

ध्यानयोग्य है कि जिन अवधारणाओं और कसौटियों (अर्थात् एकरूपता, कार्यकुशलता और मितव्ययिता, uniformity, efficiency and economy) के आधार पर सरकारी कार्यक्षेत्र का केन्द्र तथा राज्य सरकारों में बंटवारा होना चाहिए, ठीक वही अवधारणाएँ और कसौटियाँ राज्य सरकारों और स्थानीय सरकारों के बीच कार्यक्षेत्र बाँटने के लिए भी अति उपयुक्त मानी जाती हैं। उदाहरणार्थ इस तर्काधार पर सड़कों और गलियों की सफाई, पार्क, रोशनी, पयजल की व्यवस्था आदि का कार्यभार स्थानीय सरकारों को सौंपा जाना अधिक उचित समझा जाता है।

**3. मितव्ययिता (Economy)**—बहुस्तरीय सरकार के पक्ष में तीसरा तर्क राजकोषीय सेवाओं की संसाधन लागत से संबद्ध है। तर्क यह है कि स्थानीय सेवाओं को मुहैया कराने का दायित्व केन्द्रीय सरकार के हाथों में होने पर प्रशासनिक ढाँचा अनावश्यक रूप से जटिल और खर्चीला हो जाता है। निर्णयकर्ताओं की स्थानीय स्थिति से अनभिज्ञता का परिणाम गलत निर्णयों, अनावश्यक देरियों और साधन-अपव्यय के रूप में प्रकट होता है।[1]

**सार्वजनिक वस्तुओं/सेवाओं की व्यापकता (Coverage of Public Goods)**—सार्वजनिक वस्तुओं का एक गुण यह है कि इन पर **अपवर्जन नियम लागू नहीं होता।** किसी सामाजिक वस्तु के अस्तित्व में आ जाने के पश्चात् समाज के सभी सदस्य उससे लाभान्वित होने के समान अधिकारी होते हैं। परंतु यह अनिवार्य नहीं कि सभी सामाजिक वस्तुओं की व्यापकता राष्ट्रीय स्तर की हो। कुछ वस्तुओं की **व्यापकता** प्रादेशिक अथवा स्थानीय स्तर की भी हो सकती है। सफाई और रोशनी स्थानीय स्तर की सामाजिक वस्तुओं के उदाहरण हैं।

हम इससे पूर्व इस निष्कर्ष पर पहुँच चुके हैं कि सामाजिक वस्तुओं को मुहैया करने का दायित्व निजी क्षेत्र पर न होकर सरकार पर होना चाहिए। अब इस निष्कर्ष को एक विस्तृत रूप देते हुए यह कहा जा सकता है कि सार्वजनिक वस्तुओं का केन्द्र, राज्य सरकारों तथा स्थानीय सरकारों में आवंटन उनके व्यापकता-स्तर के आधार पर किया जाना चाहिए। केन्द्र के हाथ में न केवल वे सामाजिक वस्तुएँ होनी चाहिए जिनकी व्यापकता राष्ट्रीय स्तर की हो, प्रत्युत वे वस्तुएँ भी होनी चाहिए जिनकी व्यापकता एक से अधिक राज्यों में हो। ऐसी सेवाओं को राज्य सरकारों अथवा स्थानीय निकायों को सौंपने से अवांछनीय जटिलताएँ उत्पन्न होती हैं तथा उनके मुहैया करने की साधन-लागत भी बढ़ जाती है। इन सेवाओं के वित्त-पोषण संबंधी निर्णय भी बहुत कठिन तथा विवादास्पद होते हैं। इन समस्याओं से बचने के लिए इस प्रकार की सेवाओं को मुहैया करने का दायित्व केन्द्रीय सरकार का ही होना ठीक रहता है।

---

[1] कार्यक्षेत्र के आवंटन संबंधी एक अन्य आयाम का अध्ययन इससे पहले किया जा चुका है।

- संघीय व्यवस्था के औचित्य के कई तर्काधार हैं।
- इसमें समाज के सभी वर्गों का सामूहिक और वैयक्तिक दोनों प्रकार से विकास सुगम हो जाता है।
- सरकारी कार्यकलापों की साधन लागत घटती है, और उत्पादन साधनों का अपव्यय कम होता है।
- लोक वस्तुओं की क्षेत्रीय प्रकृति के अनुसार उनको मुहैया करने का दायित्व सरकार के विभिन्न स्तरों में बाँटा जाना चाहिए।

## वित्तीय मामले (Financial Issues)

सरकार की गतिविधियाँ उसकी वित्तीय प्राप्तियों और/अथवा उसके वित्तीय संवितरणों को जन्म देती हैं। इनके कारण संघीय व्यवस्था में कई प्रकार की वित्तीय समस्याएँ उत्पन्न होती हैं जिनका यथोचित निवारण करना ज़रूरी होता है। मुख्यतः इन वित्तीय समस्याओं को दो वर्गों में बाँटा जा सकता है, अर्थात् (क) विविधता (diversity) तथा (ख) तुल्यता (equivalence)। विविधता से अभिप्राय यह है कि संघीय वित्त-व्यवस्था में क्षेत्रीय और स्थानीय आवश्यकताओं और आकांक्षाओं को यथोचित स्थान मिलना चाहिए और यथासंभव उनकी तुष्टि भी होनी चाहिए। इसके विपरीत तुल्यता का अर्थ यह है कि इस व्यवस्था में किसी क्षेत्र, स्थान अथवा सामाजिक वर्ग के साथ भेद-भाव (अनौचित्य) की नीति न अपनाई जाए। विशेष रूप से इस बात का ध्यान रखा जाए कि प्रत्येक क्षेत्र और सामाजिक वर्ग को बिना किसी भेदभाव के अन्य क्षेत्रों और सामाजिक वर्गों की भाँति अपनी आवश्यकताओं और आकांक्षाओं को पूरा करने का पूर्ण अवसर मिले। यदि सरकार के पास साधनों का अभाव हो तो इस कमी का प्रभाव सभी पर समान रूप से पड़ना चाहिए।

संघीय ढाँचे में एक गंभीर समस्या यह उठती है कि सरकार के विभिन्न स्तरों के कार्यक्षेत्रों और वित्तीय साधन-स्त्रोतों में किस प्रकार तालमेल बैठाया जाए। अतः इस संबंध में कुछ सिद्धांतों की रचना की गई है। इनमें से हम कार्यक्षेत्र-आवंटन संबंधी सिद्धांतों का अध्ययन कर चुके हैं तथा साधन-स्त्रोत-आवंटन संबंधी सिद्धांतों का विवेचन निम्नलिखित है।

## वित्तीय साधनों के आवंटन के सिद्धांत (Principles of Resource Allocation)

संघीय व्यवस्था में सरकारी गतिविधियों और वित्तीय साधन-स्त्रोतों के सिद्धांतानुसार अंतर-सरकारी आवंटन के परिणामस्वरूप अंतर-सरकारी वित्तीय असंतुलन की समस्या पैदा होती है, जिसका संतोषजनक समाधान ढूँढने की आवश्यकता पड़ती है। प्रस्तुत खंड में वित्तीय साधनों के आवंटन के सिद्धांताधार पर विचार किया जाएगा तथा इससे अगले खंड में वित्तीय असंतुलन की समाधान-विधि पर विचार किया जाएगा।

अर्थशास्त्रियों ने संघीय व्यवस्था के संदर्भ में वित्तीय साधन-स्त्रोतों के आवंटन के बारे में निम्नलिखित सिद्धांतों का प्रतिपादन किया है:

**1. कार्यक्षमता (Efficiency)**—वित्तीय प्राप्तियों के स्त्रोतों की विशेषताएँ एक समान नहीं होतीं। किसी स्त्रोत के ईष्टतम दोहन (exploit) में केन्द्रीय सरकार अधिक सक्षम होती है, तो किसी में राज्य सरकारें। अतः प्रत्येक विचाराधीन साधन-स्त्रोत उस सरकार को सौंपा जाना चाहिए जो उसका ईष्टतम दोहन कर सके। उदाहरणार्थ आय कर की देशव्यापी एकसारिता सुनिश्चत करने हेतु इसका केन्द्र के हाथों में दिए जाने की सिफारिश की जाती है। एक आधुनिक अर्थव्यवस्था में बहुत से करदाता ऐसे होते हैं जिनकी आय के स्त्रोत एक से अधिक राज्यों में होते हैं।

ऐसी स्थिति में यह प्रश्न उठता है कि इस प्रकार के किसी करदाता की आय पर कर वसूलने का अधिकार किस राज्य का होना चाहिए। यही तर्क सीमा शुल्कों, दान कर, उत्तराधिकार कर, पूँजी लाभ कर तथा कई अन्य प्रत्यक्ष एवं परोक्ष करों पर भी लागू होता है। इसके विपरीत, राजस्व उगाहने में कार्यक्षमता के दृष्टिकोण से कई वित्तीय स्रोत ऐसे भी होते हैं जो राज्य सरकारों के हाथ में रहने चाहिए, जैसे कि भू-राजस्व, बिक्री कर, कुछ प्रकार के उत्पादन शुल्क, आवासीय तथा वाणिज्यिक भवनों पर कर, सड़क परिवहन, एवं वाहनों पर कर आदि।

**2. मितव्ययिता (Economy)**—यह सिद्धांत कार्यकुशलता के सिद्धांत से मिलता-जुलता है। इसके अनुसार प्रत्येक साधन-स्रोत से होने वाली वित्तीय प्राप्तियों की वसूली की लागत उस साधन-स्रोत से होने वाली प्राप्तियों का न्यूनतम संभव अनुपात होनी चाहिए। स्मरणीय है कि यदि राजस्व का एक बड़ा अनुपात इसकी वसूली पर ही खर्च हो जाए, तो इससे समग्र अर्थव्यवस्था आहत होती है। अत: इस सिद्धांतानुसार एक विचाराधीन राजस्व स्रोत उस सरकार को सौंपा जाना चाहिए, जिसके पास इसे न्यूनतम संभव औसत वसूली लागत पर दोहने की क्षमता हो।

**3. एकरूपता (Uniformity)**—कई कर ऐसे होते हैं जिनकी दरें तथा अन्य विशेषताएँ का सारे देश के लिए एकसार होना उचित रहता है। उनमें विविधता का होना अर्थव्यवस्था तथा समाज के लिए अहितकर समझा जाता है। इस प्रकार के कर केन्द्रीय सरकार के हाथ में होने चाहिए। इसके विपरीत यदि किसी कर की दरों तथा अन्य विशेषताओं में क्षेत्रीय विविधता का होना हितकर समझा जाता हो, तो उसे राज्य सरकारों के लिए आरक्षित करने की सिफारिश की जाती है।

**4. आरोपण, वसूली और विनियोजन (levying, collection and appropriation)**—उपर्युक्त विवेचन इस मान्यता पर आधारित है कि सरकार के जिस स्तर द्वारा करारोपण किया जाए, वही उसे वसूलती है तथा वही उसकी राजस्व प्राप्तियाँ विनियोजित (appropriate) करती है अर्थात् वे प्राप्तियाँ उसी के स्वामित्व में जाती हैं। परंतु कार्यकुशलता तथा एकरूपता की कसौटियों को ध्यान में रखते हुए एक विचाराधीन कर संबंधी गतिविधियों को तीन भागों अर्थात् आरोपण, वसूली तथा विनियोजन में बाँटा जा सकता है तथा किसी विचाराधीन सरकार को इनमें से सभी से वंचित रखा जा सकता है अथवा इसे कोई सी एक, दो अथवा तीनों गतिविधियाँ सौंपी जा सकती हैं। भारत में करों के आरोपण, वसूली और विनियोजन में भेदीकरण करते हुए, प्रत्येक कर के इन तीनों आयामों का केन्द्र और राज्य सरकारों में पृथक्-पृथक् आवंटन किया गया है। परिणामस्वरूप भारत में कर-विभाजन के संयन्त्र का स्वरूप अति विस्तृत और बहु-वर्गीय है। उदाहरणार्थ कुछ कर ऐसे हैं जिन्हें केन्द्र लगाता है, परंतु राज्य सरकारें वसूलती और विनियोजित करती हैं। कुछ कर ऐसे हैं जिन्हें केन्द्र लगाता और वसूलता है, परंतु जिनकी समस्त अथवा आंशिक प्राप्तियाँ राज्यों को अंतरित की जाती हैं, आदि-आदि।

करों के आरोपण, वसूली तथा विनियोजन संबंधी आवंटन पर विचार करने से पता चलता है कि इससे जहाँ एक ओर एकरूपता, कार्यक्षमता तथा अन्य वांछनीय आयामों की प्राप्ति में सहायता मिलती है, वहीं दूसरी ओर अंतर-सरकारीय साधन आवंटन, वित्तीय असंतुलन तथा साधन अंतरण की समस्याएँ भी अधिक जटिल हो जाती हैं।

**5. पर्याप्तता (Adequacy or Productivity)**—पर्याप्तता से अभिप्राय यह है कि सरकार के प्रत्येक स्तर के पास अपनी व्यय-आवश्यकतों के अनुसार पर्याप्त साधन-स्रोत हों। परंतु यह सिद्धांत अस्पष्ट एवं किसी अंश तक भ्रामक है। एक तो पर्याप्तता की कसौटी तभी अर्थपूर्ण बनती है जब इसे समग्र सरकार की व्यय आवश्यकताओं के संदर्भ में देखा जाए। अत: इसका प्रयोग किसी एक साधन-स्रोत के संदर्भ में नहीं, अपितु साधन-स्रोतों के

सामूहिक संदर्भ में ही किया जा सकता है। दूसरे यह कि समस्त व्यय आवश्यकताओं और समग्र साधन-प्राप्तियों की तुलना में सरकार के लगभग प्रत्येक स्तर का यही कहना रहता है कि इसके साधन-स्रोत अपर्याप्त हैं।

**6. वित्तीय संतुलन (Financial Balance)**—सामान्यत: संघीय व्यवस्था में सरकार के सभी स्तर साधन-अपर्याप्तता से समान रूप से पीड़ित नहीं होते। बहुधा यह कमी केन्द्र की तुलना में राज्य सरकारों के लिए तथा राज्य सरकारों की तुलना में स्थानीय निकायों के लिए अधिक होती है। इस अंतर-स्तरीय असंतुलन का मुख्य कारण उनमें उपरोक्त कसौटियों के आधार पर कार्यक्षेत्र और वित्तीय साधनों का आवंटन है। अत: इस असंतुलन का समाधान तभी संभव है जब उपरोक्त कसौटियों को तज दिया जाए अथवा अंतर-सरकारीय साधन-अंतरण की कोई प्रभावी विधि अपनाई जाए।

**करारोपण का अधिकार (Tax Jurisdiction)**—वित्तीय असंतुलन की समस्या के संदर्भ में यह प्रयत्न होना चाहिए कि:

- केन्द्र और राज्य सरकारों की करारोपण की सीमाएँ पूर्व निर्धारित हों;
- किसी एक कराधार पर केन्द्र और राज्य सरकारों को एक साथ करारोपण का अधिकार न हो, तथा;
- एक कराधार पर विभिन्न राज्य सरकारें केवल अपने-अपने भौगोलिक क्षेत्र के भीतर ही कर लगा सकती हों।

राज्य सरकारों को यह भी चाहिए कि आपस में कर-रियायतों की होड़ लगाकर एक-दूसरे से पूँजी, उद्योग तथा व्यापारिक गतिविधियाँ छीनने का प्रयत्न न करें। ऐसी कर-स्पर्द्धा अधिक-से-अधिक एक सीमा तक ही उचित ठहराई जा सकती है।

कुछ विचारकों का यह मत है कि क्षेत्रीय आर्थिक विषमताओं को अनदेखा करते हुए कर-प्रणाली उद्योगों और रोज़गारों के स्थान-संबंधी चुनाव (choice of location) में तटस्थ (neutral) होनी चाहिए, अत: कर-स्पर्द्धा का प्रयोग बिल्कुल नहीं किया जाना चाहिए। इसके विपरीत एक अन्य मतानुसार पिछड़े प्रदेशों को कर-रियायतों के माध्यम से पूँजी को आकर्षित करने की अनुमति होनी चाहिए, परंतु तुलनात्मक स्तर पर विकसित प्रदेशों को ऐसा करने की मनाही होनी चाहिए।

**अपव्यय की समस्या (Problem of Wastage)**—अंतर-सरकारी वित्तीय असंतुलन साधन अपव्यय को भी प्रोत्साहित कर सकता है। प्रत्येक सरकार यह दर्शाना चाहती है कि इसकी वित्तीय आवश्यकताएँ अन्य सरकारों की तुलना में अधिक हैं तथा इसके पास अन्य सरकारों को अंतरित करने हेतु साधनों का अभाव है। अत: अपने इस मत के प्रमाण में यह अपने व्यय पर यथोचित अंकुश लगाने और अपने साधन-स्रोतों का ईष्टमत दोहन करने से कतराती है। परंतु अपव्यय की इस समस्या की व्यापिकता के बावजूद 'अपव्यय' को परिभाषित करना और मापना अति कठिन कार्य है, तथा इस कारण इसका प्रभावी समाधान ढूँढने की कठिनाइयाँ भी बढ़ जाती हैं। ध्यानयोग्य है कि इस समाधान में टकराव की स्थिति भी उत्पन्न हो सकती है, जिसके कारण एक ईष्टतम समाधान के स्थान पर किसी मध्य-मार्गीय समाधान पर संतोष करना पड़ सकता है।

**7. अन्य वाँछनीय प्रभाव (Other Desirable Effects)**—प्रत्येक वित्तीय स्रोत को दोहने के अपने-अपने प्रभाव हो सकते हैं। इनका आकार एवं रूपरेखा किसी अंश तक इस बात पर भी निर्भर करते हैं कि यह वित्तीय स्रोत सरकार के किस स्तर के हाथ में है।

ध्यानयोग्य है कि उपरोक्त सभी सिद्धांतों का एकसाथ पालन करते हुए इनके अनुरूप साधन-आवंटन की एक ईष्टतम व्यवस्था की संरचना करना संभव नहीं होता। ऐसी किसी भी संरचित व्यवस्था में, अंतर-सरकारी वित्तीय असंतुलन सहित, कुछ-न-कुछ त्रुटियाँ अवश्य रह जाती हैं। अतः इस वित्तीय असंतुलन से निपटने के लिए साधनों के अंतर-सरकारी अंतरण की एक प्रभावी व्यवस्था का होना भी आवश्यक रहता है।

- संघीय वित्त व्यवस्था में अंतर-सरकारी विविधता और तुल्यता की समस्याओं का सामना करना पड़ता है।
- इस व्यवस्था में अंतर-सरकारी साधन-आवंटन हेतु कुछ सिद्धांतों का प्रतिपादन किया गया है, जैसे कि कार्यकुशलता; मितव्ययिता; एकरूपता; करों के आरोपण, वसूली और विनियोजन में भेदीकरण; पर्याप्तता; वित्तीय संतुलन, तथा; अन्य वाँछनीय प्रभाव।
- इस व्यवस्था में अंतर-सरकारी वित्तीय असंतुलन की समस्या काफी गहन हो सकती है और इसमें बहुधा साधन अपव्यय का योगदान रहता है।
- परंतु साधन अपव्यय को परिभाषित करना और मापना अति कठिन है।
- साधन आवंटन के सिद्धांतों को पूर्ण रूप से लागू नहीं किया जा सकता।
- इस व्यवस्था में अंतर-सरकारी साधन-अंतरण की एक प्रभावी व्यवस्था होनी चाहिए।

## वित्तीय असंतुलन (Fiscal Imbalance)

उपरोक्त से यह विदित होता है कि संघीय व्यवस्था में सामान्यतः

- सरकार के सभी स्तर साधन-अपर्याप्तता से पीड़ित रहते हैं, तथा;
- उन्हें अंतर-सरकारी वित्तीय असंतुलन का भी सामना करना पड़ता है।

इससे पूर्व दसवें अध्याय में सरकार के सभी स्तरों के संयुक्त और लगातार वित्तीय अभाव से पीड़ित रहने की प्रवृत्ति पर विस्तार से चर्चा की जा चुकी है। इस चर्चा में इस प्रवत्ति के निम्नलिखित दो मुख्य कारक-वर्गों की पहचान की गई थी:

- व्यापार चक्रों के कारण सरकार की वित्तीय आवश्यकताओं और प्राप्तियों में असंतुलन आ जाता है। परंतु यह असंतुलन सामान्य रूप से अल्पावधिक होता है, जिसमें बजटीय अधिशेष तथा बजटीय घाटे के चरण क्रमवार उभरते रहते हैं।

- सरकार के सभी स्तर एक दीर्घकालीन वित्तीय अभाव की प्रवृत्ति से पीड़ित रहते हैं, और उन्हें अंतर-सरकारी वित्तीय असंतुलन का भी सामना करना पड़ता है। यह असंतुलन केन्द्र तथा राज्य सरकारों के बीच होने के अतिरिक्त अंतर-राज्यीय भी होता है। जैसा कि पूर्व-विवेचित वैगनर, वाईज़मन-पीकॉक तथा अन्य सिद्धांतों में दर्शाया जा चुका है, सार्वजनिक व्यय में बढ़ोतरी की प्रवृत्ति इतनी तीव्र होती है कि यह राजस्व प्राप्तियों से सदैव आगे निकल जाता है। अंतर-सरकारी वित्तीय असंतुलन को सुदृढ़ करने वाले कई कारकों की चर्चा इसी अध्याय में की जा चुकी है, जिससे यह तथ्य सामने आता है कि सरकारी कार्यक्षेत्र तथा वित्तीय साधनों के अंतर-सरकारी आवंटन को सर्वमान्य सिद्धांतो पर आधारित करने से वित्तीय असंतुलन में किसी प्रकार की कमी की अपेक्षा नहीं की जा सकती। उल्टे असंतुलन की संभावना और बढ़ जाती है। इसी प्रकार यह तथ्य भी सर्वविदित है कि कालांतर में अंतर-सरकारी असंतुलन बढ़ने की प्रवृत्ति दर्शाता है। भारत जैसे पिछड़े देश में अंतर-सरकारी आर्थिक असमानताओं

पर विचार किया जाए तो ज्ञात होता है कि इन असमानताओं को घटाने के लिए कुछ साधन 'विकसित' राज्यों से पिछड़े राज्यों को अंतरित किए जाने चाहिए।

- संघीय वित्त व्यवस्था में वित्तीय साधन-स्रोतों के अंतर-सरकारी आवंटन की समस्याओं का उत्पन्न होना स्वाभाविक है।
- इनके समाधान हेतु कई सिद्धांतों का प्रतिपादन किया गया है।
- ये सिद्धांत एकसारिताएं, कार्यक्षमता, मितव्ययिता और अन्य वाँछनीय प्रभाव आदि हैं।
- इन सिद्धांतों को पूर्ण रूप में अपना पाना लगभग असंभव है।
- साधन-स्रोतों के बंटवारे में करारोपण, वसूली और विनियोजन में भी भेदीकरण की आवश्यकता होती है।
- साधन-अपर्याप्तता की समस्या सामूहिक होने के साथ-साथ अंतर-सरकारी स्तर पर भी होती है।
- इसे वित्तीय-असंतुलन कह सकते हैं।
- संघीय व्यवस्था में साधन-अपव्यय से पूर्ण रूप से बचना अति कठिन है।

## संघ वित्तीय समायोजन (Federal Financial Adjustments)

स्मरणीय है कि संघीय संगठन में अंतर-सरकारी वित्तीय असंतुलन की समस्या का होना न केवल स्वाभाविक है, प्रत्युत्त इसके समाधान हेतु अंतर-सरकारी वित्त-अंतरण की भी आवश्यकता पड़ती है। इस समस्या के समाधान हेतु उठाए जाने वाले कदमों का विवेचन हम भारत में अपनाई गई व्यवस्था के उदाहरण से कर सकते हैं। भारत में वित्तीय असंतुलन की समस्या के समाधान के दो चरण हैं:

**1. पहला चरण**–केन्द्र तथा राज्य सरकारों की आवश्यकताओं का तुलनात्मक अध्ययन है, ताकि यह निर्धारित किया जा सके कि केन्द्र से कितने साधन राज्य सरकारों को अंतरित किए जा सकते हैं। इस विश्लेषण में केन्द्र तथा राज्यों की तत्कालीन राजस्व स्थितियों तथा उसमें सम्भावित सुधारों, केन्द्र और राज्यों की वर्तमान वित्तीय आवश्यकताओं, उनमें संभावित परिवर्तनों तथा वाँछनीय कटौतियों, एवं ऐसे अन्य मामलों पर विचार करने के पश्चात ही किसी उचित निर्णय पर पहुँचा जा सकता है।

परंतु व्यावहारिक स्तर पर उपरोक्त अनुमानों में अनेक कठिनाइयाँ आती हैं। प्रत्येक सरकार का यह प्रयत्न रहता है कि यथासंभव अपनी वित्तीय आवश्यकताओं को बढ़ा-चढ़ा कर तथा संभावित वित्तीय प्राप्तियों को घटा कर प्रस्तुत करे। इस प्रवृत्ति में निम्नलिखित कारकों का भी योगदान रहता है:

- प्रत्येक सरकार कुछ मदों पर व्यय करने के लिए कानूनी तौर पर बाध्य होती है। इन मदों पर व्यय को घटाना भी संभव नहीं होता। उदाहरणार्थ भारत सरकार की कुछ व्यय मदें 'भारत की समेकित निधि' पर 'भारित' (charged) हैं और उन्हें संसद से पारित कराने की भी आवश्यकता नहीं होती। इन मदों में 'संसद', 'राष्ट्रपति', 'उप-राष्ट्रपति', 'न्याय-प्रशासन', 'लेखा-परीक्षा', 'राज्य सरकारों को सहाया अनुदान' आदि शामिल हैं। इसी प्रकार लोक ऋण पर देय ब्याज और मूल धन का ऋण की शर्तों के अनुसार भुगतान भी कानूनी तौर पर बाध्य होता है। न्यायालय के आदेशानुसार भी कूछ अदायगियाँ आवश्यक हो सकती हैं।
- भारत सरकार का यह दर्शाने का प्रयत्न रहता है कि व्यावहारिक दृष्टिकोण से इसकी 'गैर-भारित' व्यय मदों में भी कटौती करना सुगम नहीं है तथा इसकी प्राप्तियों में भी बढ़ोतरी की गुंजाइश अति कम है।

**2. दूसरा चरण**–यह चरण अंतर-राज्यीय वित्तीय आवश्यकताओं और वित्तीय साधनों के आंकने का है। इन अनुमानों में कई प्रकार की कठिनाइयों का सामना करना पड़ता है:

- केन्द्र की भांति प्रत्येक राज्य सरकार की कुछ व्यय मदें कानूनी दृष्टिकोण से पूर्व-निर्धारित और बाध्य होती हैं जिन्हें हटाया अथवा घटाया नहीं जा सकता।

- साधनों के अंतर-राज्यीय आवंटन की कसौटियों को चुनना और उनके भार तय करना काफी अति कार्य है। इसके लिए कोई सर्वमान्य मानक उपलब्ध नहीं है। उदाहरण के लिए केन्द्र सरकार से राज्यों को दिए जाने वाले अनुदानों (grants) को लीजिए। इन्हें विभिन्न राज्यों में किस आधार पर आवंटित किया जाए? अधिक जनसंख्या वाले राज्य चाहेंगे कि अनुदानों का बंटवारा जनसंख्या के आधार पर हो। परंतु थोड़े-से विचार से पता चलता है कि किसी राज्य की वित्तीय आवश्यकताएँ केवल उसकी जनसंख्या पर नहीं, प्रत्युत्त कई अन्य बातों पर भी निर्भर करती हैं जिनमें जलवायु, स्थला कृति (topography), धरती का उपजाऊपन तथा औद्योगीकरण आदि शामिल हैं। दूसरी ओर भारत में जनसंख्या के आधार पर अनुदान बाँटने से राज्यों को जनसंख्या बढ़ाने के लिए प्रोत्साहन भी मिलता है। इसी प्रकार यदि साधनों के अंतर-राज्यीय बंटवारे का आधार उनकी प्रतिव्यक्ति आय ली जाए, तो हम इस तथ्य को नकारेंगे कि एक विचाराधीन राज्य के भीतर भी अंतर्क्षेत्रीय आय-असमानता हो सकती है। उदाहरण के लिए उत्तर प्रदेश के पूर्वी और पश्चिमी क्षेत्रों के आर्थिक विकास-स्तर में काफी अंतर है।

- आवंटन की निर्णय-प्रणाली को प्रभावित करने हेतु प्रत्येक सरकार अपने पक्ष में कई तर्क जुटाने का प्रयत्न करती है जिनकी तुलनात्मक सार्थकता तय करना अति कठिन हो जाता है। अत: अंतिम निर्णयों मे निर्णयकर्ताओं के निजी मतों तथा अन्य घटकों की महत्वपूर्ण भूमिका रहती है।

- यदि राज्यों में साधनों का बंटवारा उनकी वर्तमान वित्तीय आवश्यकताओं के आधार पर किया जाए तो डर रहता है कि राज्य अपने साधनों का ईष्टतम दोहन नहीं करेंगे। वित्तीय अनुशासन में ढील बरतने वाले राज्यों की आवश्यकताओं के अनुमान बढ़ जाने के कारण उन्हें अधिक साधन अंतरित होंगे, जबकि कड़े अनुशासन में रहने वाले राज्यों के अनुमानित वित्तीय अभाव भी कम होंगे। इस नियम-पद्धति से एक प्रकार से वित्तीय अनुशासन के पालन करने वाले राज्यों को अंतरित साधनों में कटौती के रूप में दंडित किया जाएगा जबकि इसके विपरीत अनुशासनहीन राज्यों को अधिक साधन-हस्तांतरण के रूप में पुरस्कृत किया जाएगा।

## साधन-हस्तांतरण-प्रणाली (System of Resource-Transfer)

अंतर-सरकारी वित्तीय असंतुलन के समाधान हेतु वित्तीय साधनों के अंतरण की तीन-वर्गीय प्रणाली अपनाई जाती है, अर्थात् कर-विभाजन, अनुदान और ऋण।

### 1. कर विभाजन (Tax Sharing)

इस व्यवस्था में विचाराधीन सरकार किसी कर को वसूलने के पश्चात् इसकी समस्त निवल प्राप्तियाँ अथवा उनका एक अंश किसी दूसरी सरकार (अथवा एक से अधिक सरकारों) को अंतरित करती है। यह अंतरण एक से अधिक कर-प्राप्तियों का भी हो सकता है तथा उनके अंतरित प्रतिशत अनुपातों में असमानता भी हो सकती है। भारत में कर-विभाजन की स्थिति यह है कि समस्त अंतरण एक-तरफा है। यह केवल केन्द्र से राज्य सरकारों को तथा राज्य सरकारों से स्थानीय निकायों को ही किया जाता है।

कर-विभाजन का औचित्य इस बात में निहित है कि कार्यक्षमता एवं एकरूपता जैसी कसौटियों के आधार पर करों का आरोपण और वसूली का अंतर-सरकारी आवंटन अंतर-सरकारी राजकोषीय आवश्यकताओं से मेल नहीं खाता। इन कसौटियों के आधार पर अधिक लोच और उत्फुल्लता वाले कर सरकार के ऊपरी स्तरों के पास जाते हैं, जबकि सरकार के निचले स्तरों की **राजकोषीय आवश्यकता** में तुलनात्मक वृद्धि अधिक होती है। इस प्रकार सामान्यत: केन्द्र की तुलना में राज्यों की और राज्य सरकारों की तुलना में स्थानीय निकायों की साधन-अभाव की समस्या अधिक तीक्ष्ण होती है।

स्मरणीय है कि कर-विभाजन की कोई एक व्यवस्था सभी देशों के लिए तथा सभी स्थितियों में सर्वोत्तम नहीं कही जा सकती। इस व्यवस्था का सर्वोत्तम स्वरूप विचाराधीन देश और उसकी स्थिति के अनुसार ही तय किया जा सकता है परंतु फिर भी इस संदर्भ में कुछ बातों पर विशेष ध्यान दिया जाना चाहिए। उदाहरणार्थ किसी कर की प्राप्तियों का आवंटन वस्तुपरक कसौटियों के आधार पर होना चाहिए न कि निर्णयकर्ताओं की व्यक्तिगत इच्छाओं के आधार पर। आवश्यकतानुसार कालांतर में बंटवारे की व्यवस्था का संशोधनीय होना भी हितकर रहता है। कर वसूलने वाली सरकार की निवल प्राप्तियों में भागीदारी भी अधिकतर स्थितियों में अच्छी रहती है, ताकि वह सरकार इस कर-स्रोत के ईष्टतम दोहन का प्रयत्न करे।

इस संदर्भ में यह तथ्य भी नोट करने योग्य है कि वर्ष 2000-01 से भारतीय संविधान में संशोधन के उपरांत भारत सरकार द्वारा सभी आरोपित करों (अनुच्छेद 268, 269 में वर्णित करों तथा उपकरों और अधिभारों को छोड़ कर) का समय-समय पर निर्धारित एक पूर्व निश्चित अनुपात राज्यों को आंतरित किया जाने लगा है।

## 2. अनुदान (Grants)

भारत के संविधान में कई प्रकार के अंतर-सरकारी अनुदानों का प्रवधान है। इनमें केन्द्र द्वारा अनुच्छेद 275(1) के मुख्य प्रावधान के अंतर्गत, वित्त आयोग की सिफारिशों पर, दिए जाने वाले अनुदानों को संविधिक अनुदान (statutory grants) कहा जाता है। वित्त आयोग अनुच्छेद 275(1) के परन्तुकों (provisos) के अंतर्गत अनुदान देने की सिफारिश करने का अधिकारी नहीं है। इसके अतिरिक्त अनुच्छेद 282 के अंतर्गत प्रत्येक सरकार किसी भी अन्य सरकार को तथा किसी भी 'सार्वजनिक उद्देश्य' (public purpose) के लिए अनुदान दे सकती है। इन्हें 'स्वैच्छिक अनुदान' (discretionary grants) कहा जाता है। वैसे वास्तविकता यह है कि ये अनुदान केवल वित्तीय दृष्टिकोण से 'समृद्ध' सरकार ही अन्य सरकारों को देती है; अत: भारत में वित्तीय असंतुलन केन्द्र के पक्ष में होने के कारण यहाँ पर ऐसे अनुदान केवल केन्द्र द्वारा राज्यों को तथा राज्य सरकारों द्वारा स्थानीय निकायों को दिए जाते हैं।

अनुदानों के औचित्य के कई तर्काधार हैं *प्रथम* यह कि अनुदान साधन अंतरण की एक उत्तम विधि मानी जाती है, और इनके आकार को आवश्कतानुसार घटाया-बढ़ाया जा सकता है। *दूसरे* यह कि अनुदान इस शर्त पर भी दिए जा सकते हैं कि उन्हें अनुदानित सरकारें केवल पूर्वचयनित परियोजनाओं/स्कीमों पर ही व्यय करें, ताकि उनसे सामाजिक और आर्थिक विकास में अधिकतम संभव सहायता मिल सके। *तीसरे* यह कि अनुदानों का रूप-आकार इस प्रकार निर्धारित किया जा सकता है कि उनसे क्षेत्रीय विषमताएँ घटाने में प्रभावी योगदान मिले।

अनुदान-व्यवस्था कर-विभाजन के स्थान पर अथवा इसके अतिरिक्त हो सकती है। कर-विभाजन के साथ-साथ भारत सरकार राज्यों को कई प्रकार के अनुदान देती है, जिनमें से कुछ वित्त आयोग की सिफारिशों पर तथा कुछ

केन्द्र की अपनी इच्छा पर दिए जाते हैं। वित्त आयोग की सिफारिशों में निम्नलिखित प्रकार के अनुदान शामिल रहते हैं:

(क) राज्यों की राजस्व-त्रुटि की पूर्ति के लिए (grants-in-aid of revenues);

(ख) राज्यों के प्रशासन संयंत्र आदि को बेहतर बनाने हेतु विशिष्ट परियोजनाओं/स्कीमों के लिए (special-purpose grants);

(ग) ऐसे अनुदान जो केन्द्र सरकार सामान्य तौर पर प्रतिवर्ष एक निर्धारित मात्रा में राज्यों को देने का निर्णय लेती है (जैसे कि रेलों के यात्री भाड़े पर कर के बदले में अनुदान);

(घ) वित्त आयोग की सिफारिशों पर कई अन्य प्रकार के (जैसे कि प्राकृतिक प्रकोपों से राहत हेतु) अनुदान।

इसके अतिरिक्त केन्द्र राज्यों को आयोजना-अनुदान (plan grants) और कई अन्य प्रकार के 'स्वैच्छिक अनुदान' (discretionary grants) भी देता है।

अनुदानों के प्रत्येक प्रकारों का अच्छे-बुरे प्रभावों सहित अपना-अपना महत्व है। अनुदानों का सर्वसंभावित नकारात्मक प्रभाव यह है कि अनुदानित राज्य सरकारें इन्हें 'अतिरिक्त' प्राप्तियाँ मानते हुए इनका अपव्यय करने लगती हैं। इसी प्रकार यदि किसी अनुदान की राशि अति कम अथवा काफी अधिक हो तो भी इसके उचित उपयोग की संभावना घट जाती है।

## 3. ऋण (Loans)

ऋणों द्वारा साधन अंतरण का भी संघीय व्यवस्था में एक विशेष स्थान है। जब किसी विचाराधीन परियोजना/स्कीम से यह अपेक्षा हो कि कालांतर में इससे प्राप्त आय से ही इस पर निवेशित राशियों की वसूली हो जाएगी, तो ऋण ही इसके वित्त-पोषण की उपयुक्त विधि मानी जाती है, कर-विभाजन अथवा अनुदान नहीं। इस बात की भी संभावना बढ़ जाती है कि ऋण द्वारा वित्त-पोषित परियोजना के मामले में ऋणी सरकार वित्तीय अनुशासन का अधिक कड़ाई से पालन करेगी।

परंतु यह आवश्यक नहीं है कि आर्थिक सहायता देने वाली सरकार केवल उन्हीं स्कीमों के लिए ऋण दे जिनसे ऋणी सरकार को राजस्व प्राप्ति की अपेक्षा हो। भारत सरकार राज्यों को कई ऐसी व्यय-मदों के लिए भी ऋण द्वारा सहायता देती है जिनसे राजस्व प्राप्ति की अपेक्षा नहीं की जा सकती। अंतरण व्यवस्था के इस दोष के कारण राज्यों पर केन्द्रीय ऋण बढ़ता जा रहा है।

### शब्दावली (Key Words)

1. बहु-स्तरीय सरकार (multi-tier/multi-layer government); 2. केन्द्रीय/संघ/मंडल सरकार (central/union/federal government); 3. क्षेत्रीय/प्रादेशिक/प्रांतीय/राज्य सरकारें (regional/provincial/state governments); 4. स्थानीय निकाय (local bodies); 5. एकरूपता, कार्यकुशलता और मितव्ययिता (unity, efficiency and economy); 6. विकेन्द्रीयकरण (decentralization); 7. एकक-प्रधान (unitary); 8. वित्तीय विविधता (financial diversity); 9. वित्तीय तुल्यता (financial equivalence); 10. वित्तीय असंतुलन (financial imbalance); 11. करारोपण का अधिकार (tax jurisdiction); 12. अपव्यय की समस्या (problem of wastage); 13. पर्याप्तता (adequacy/productivity); 14. विनियोजन (appropriation)।

## अभ्यास प्रश्न

1. बहु–स्तरीय सरकार के औचित्य और प्रकारों का विवेचन करते हुए संघीय वित्त–व्यवस्था के अर्थ और प्रकारों पर प्रकाश डालें। क्या सभी देशों के लिए बहु–स्तरीय सरकार ही उचित रहती है?
2. संघीय वित्त–व्यवस्था की व्युत्पत्ति और औचित्य पर एक विस्तृत नोट लिखें।
3. सरकार के कार्यकलापों और साधन संग्रहण की कुशलतापूर्वक दोहन के लिए बहु–स्तरीय सरकार का अस्तित्व होना क्यों ज़रूरी है? कार्यक्षेत्र और साधनों का अंतर–सरकारी आवंटन किन कसौटियों के आधार पर किया जाना चाहिए?
4. संघीय व्यवस्था में अंतर–सरकारी वित्तीय असंतुलन की समस्या उत्पन्न होने की प्रवृत्ति के क्या कारण होते हैं? कालांतर में यह असंतुलन बढ़ने की प्रवृत्ति क्यों दर्शाता है? आप के विचार में इस समस्या का कोई स्थाई समाधान है? तर्कयुक्त उत्तर दें।
5. संघीय वित्त–व्यवस्था में साधन हस्तांतरण के स्थान और इसकी वैकल्पिक विधियों की समीक्षा करें।

# अध्याय 15

# लोक उद्यम

## (Public Undertakings)

**इस अध्याय में**

- लोक उद्यमों का निजी क्षेत्र के उद्यमों से भीदीकरण तथा उनकी प्रकृति की व्यवख्या है।
- उनके विकास का विवेचन है।
- उनके पक्ष में विविध तर्कों की समीक्षा है।
- उनके वैकल्पिक वर्गीकरणों, प्रकारों के अतिरिक्त उनकी स्वायित्तता के असयामों का अध्ययन है।
- कीमत नीति के सिद्धांतों का विवेचन है, और इसके निर्धारण में सीमांत और औसत लागत का तुलनात्मक अध्ययन है।
- उनसे संबद्ध कई महत्त्वपूर्ण मुद्दों (जैसे कि लागत-हित विश्लेषण, कीमत-नीति और प्रबंधन, उत्तरदायित्व और प्रोत्साहन का परस्पर संबंध आदि) पर विचार किया गया है।

## परिचय (Introduction)

लोक उद्यम/उपक्रम वे 'उत्पादन उद्यम/व्यवसाय' हैं जिनकी कुल अथवा अधिकांश (substantial/major portion) निवेश-पूँजी का स्वामित्व एक अथवा एक से अधिक सरकारों, या एक अथवा एक से अधिक सरकारी एजेंसियों के हाथ में हो। किसी उद्यम के 'लोक उद्यम' कहलाने के लिए **यह आवश्यक नहीं कि इसका प्रबंधन भी प्रशासन के हाथ में हो, अथवा इसे अपनी वाणिज्यिक नीति तय करने की स्वायत्तता न हो।**

लोक उद्यम/उपक्रम सार्वजनिक क्षेत्र का एक महत्वपूर्ण परंतु **सीमित** भाग हैं। इनके विविध रूपाकार होने के कारण इनका विश्लेषणात्मक वर्गीकरण कठिन होता है। सार्वजनिक क्षेत्र की अवधारणा काफी व्यापक है और इसमें सरकार से संबंधित समग्र गतिविधियाँ और कार्यक्षेत्र आते हैं। सरकारी प्रशासन (अर्थात् कार्यपालिका) के अतिरिक्त रक्षा, न्यायपालिका तथा विधानांग (executive, defence, judiciary and legislature) आदि से संबद्ध कार्यकलापों और सेवाओं की गिनती सार्वजनिक क्षेत्र में होती है। इसके अतिरिक्त कुछ सेवाएँ ऐसी भी रहती हैं जो सार्वजनिक उद्यमों द्वारा आपूर्तित की जाती हैं। प्रबंधनीय एवं अन्य नीतियों के दृष्टिकोण से ये सार्वजनिक उद्यम वाणिज्यिक (commercial) तथा गैर-वाणिज्यिक (non-commercial) दोनों प्रकार के हो सकते हैं। इस संदर्भ में सरकारी क्षेत्र द्वारा आपूर्तित वस्तुओं/सेवाओं से संबद्ध निम्नलिखित तथ्यों की जानकारी लाभकारी रहती है।-

(क) कुछ सार्वजनिक वस्तुओं/सेवाओं को समाज के सदस्यों को मुफ्त मुहैया कराया जाता है अथवा कराने का उद्देश्य रहता है (जैसे कि रक्षा, प्रशासन, न्याय, कानून एवं व्यवस्था आदि)। ये सेवाएँ काफी हद तक शुद्ध सामाजिक सेवाएँ होती हैं। स्मरणीय है कि इनमें से कुछ सेवाओं पर सरकार द्वारा फ़ीस आदि उगाहने की व्यवस्था हो सकती है। उदाहरण के लिए कचहरी की फ़ीस, लाइसेंस लेने का शुल्क आदि बहुधा अनिवार्य अदायगियाँ होती हैं। परंतु इन अदायगियों को विचाराधीन सेवाओं की कीमत नहीं कहा जा सकता, क्योंकि इनका प्राथमिक उद्देश्य उन सेवाओं के प्रयोग को नियमित करना होता है।

(ख) कुछ सेवाएँ ऐसे उद्यमों/उपक्रमों द्वारा उपलब्ध कराई जाती हैं, जिनका प्रबंधन प्रशासनिक विभागों के रूप में किया जाता है। इन्हें 'विभागीय उद्यम/उपक्रम' (departmental enterprises/concerns) की संज्ञा दी जाती है। भारत में डाकतार और रेल परिवहन आदि विभागीय उद्यमों के उदाहरण हैं।

ध्यानयोग्य है कि इन उद्यमों की प्रबंधन-नीति वाणिज्यिक अथवा गैर-वाणिज्यिक किसी प्रकार की भी हो सकती है। इस कारण इनमें से प्रथम प्रकार के उद्यमों को विभागीय वाणिज्यिक उपक्रम (departmental commercial enterprises) की संज्ञा दी जाती है। परन्तु यह अनिवार्य नहीं कि वाणिज्यिक प्रबंधन वाले उद्यम निजी क्षेत्र के उद्यमों की भाँति सदैव अधिकतम लाभ-आय कमाने की लक्ष्य-नीति ही अपनाएँ।

(ग) कुछ सेवाएँ ऐसे उद्यमों/उपक्रमों द्वारा उपलब्ध कराई जाती हैं जिनकी निवेश-पूँजी के कुल अथवा अधिकांश भाग पर सरकार का स्वामित्व होने के बावजूद उन्हें प्रशासनिक विभागों के रूप में अथवा उनके द्वारा नहीं चलाया जाता। इनका प्रबंधनीय ढाँचा निजी उद्यमों की भाँति फर्म, कंपनी तथा निगम आदि का हो सकता है। प्रशासनिक विभागों के स्वामित्व में आने वाले इन उद्यमों को 'गैर-विभागीय उद्यम' (non-departmental enterprises) कहा जाता है। इन्हें अपनी कार्य-प्रणाली, प्रबंधन-ढाँचा और उद्देश्य नीतियाँ आदि तय करने का आंशिक अथवा पूर्ण अधिकार भी हो सकता है। यह भी आवश्यक नहीं कि इनकी उद्देश्य-सूची में अधिकतम लाभ-आय कमाना भी शामिल हो।

सामान्यत: लोक उद्यमों और शेष सार्वजनिक क्षेत्र के बीच एक सुदृढ़ और स्पष्ट सीमा रेखा खींच पाना कठिन होता है। परंतु बहुधा यह माना जाता है **कि उपरोक्त तीन में से पश्चमोक्त दो [अर्थात (ख) और (ग)] प्रकार के उद्यम ही लोक उद्यम/उपक्रम कहलाने के अधिकारी हैं।**

इसी संदर्भ में एक और ध्यानयोग्य तथ्य यह है कि अधिकतर आधुनिक सरकारों के मतानुसार कई ऐसी आवश्यक सेवाओं की आपूर्ति बाज़ार व्यवस्था में अपर्याप्त रहती है, जिन्हें हम जनहितकारी वस्तुओं (merit goods) के नाम से जानते हैं। इन वस्तुओं के उदाहरणों में शिक्षा, पीने का स्वच्छ पानी, परिवहन की सुविधा आदि आते हैं। इन सेवाओं के महत्व के कारण सरकार इनकी आपूर्ति करने वाले निजी उद्यमों की कीमत, उत्पादन तथा बिक्री की नीतियों को भी यथोचित ढंग से नियमित करने की चेष्टा करती रहती है। इन सेवाओं के सरकारी उद्यमों अथवा एजेन्सियों द्वारा मुहैया कराए जाने पर वही उद्यम सार्वजनिक अथवा लोक उद्यमों के वर्ग में आ जाते हैं।

- लोक उद्यमों की मूल विशेषता उनकी पूँजी पर सरकारी स्वामित्व का होना है, न कि उनके कार्यक्षेत्र, प्रबंधन और लक्ष्य-नीतियों पर।
- प्रबंधनीय आधार पर लोक उपक्रम विभागीय, विभागीय वाणिज्यिक एवं गैर-विभागीय हो सकते हैं।
- लोक उद्यमों के उद्देश्यों के अतिरिक्त उनके रूप-आकार, प्रबंधनीय व्यवस्था, प्रबंधनीय नीति और कीमत नीति आदि का कोई सर्वव्यापी मानकीकृत ढाँचा नहीं है। इनमें अंतर्देशीय और अंतर-उद्यमी भिन्नता पाई जाती है।

## विकास

लोक उद्यमों का विकास दो प्रकार से हुआ है (क) नए उद्यमों की स्थापना, और (ख) पूर्वस्थित उद्यमों का राष्ट्रीयकरण (अर्थात सरकारी स्वमित्व में अंतरण)। इस संदर्भ में विभिन्न देशों की नीति में असामनता पाई जाती है।

- बाज़ार-व्यवस्था द्वारा संचालित विकसित देशों में लोक उद्यमों का विकास मुख्यत: सरकारी क्षेत्र में नए उद्यमों की स्थापना द्वारा हुआ है, यद्यपि पूर्वस्थित उद्यमों के राष्ट्रीयकरण के उदाहरण भी मिलते हैं। इन देशों में लोक उद्यमों के अस्तित्व के पक्ष मे यह तर्क दिया जाता है कि अपनी अनेकों त्रुटियों के कारण केवल निजी क्षेत्र द्वारा लोक कल्याण और आर्थिक विकास की इष्टतम प्रीप्त नहीं की जा सकती।
- इसके विपरीत समाजवादी देशों की बुनियादी नीति में निजी क्षेत्र का अस्तित्व ही अस्वीकार्य होता है। अत: इन देशों में पूर्वस्थित उद्यमों के राष्ट्रीयकरण के अतिरिक्त सभी नए उद्यमों की स्थापना सार्वजनिक क्षेत्र में ही की जाती है।
- अधिकतर अल्पविकसित देशों की नीति 'विकास और समाज कल्याण' के इष्टतम मिश्रण की प्राप्ति की रहती है। अत: यदि इन देशों में मानकीकृत समाजवादी व्यवस्था अपनाई गई हो, तो अपेक्षा यह रहती है कि वहाँ निजी क्षेत्र का अस्तित्व भी स्माप्त कर दिया जाएगा, और सब उद्यम केवल सार्वजनिक क्षेत्र में होंगे। इसके विपरीत अन्य अल्पविकसित देशों में लोक उद्यमों के साथ-साथ निजी उद्यमों को भी स्थान दिया जाता है।
- भारत में स्वतंत्रता के पश्चात् एक 'मिश्रित अर्थव्यवस्था' के विकास का पथ अपनाया गया। इसके परिणामस्वरूप प्रारम्भ से ही कुछ उद्योगों को सार्वजनिक क्षेत्र के लिए आरक्षित कर देने की नीति अपना ली गई थी। कालांतर में सार्वजनिक क्षेत्र में न केवल कई नए उद्यम स्थापित किए गए प्रत्युत कई पूर्वस्थित उद्यमों का राष्ट्रीयकरण भी किया गया। कई विचारकों के मतानुसार भारत सरकार तथा राज्य सरकारों ने अपर्याप्त प्रबंधन-क्षमता के बावजूद लोक उद्यमों को बढ़ावा देने की नीति अपनाई जिसके फलस्वरूप इन उद्यमों की कार्यकुशलता को सुनिश्चित नहीं किया जा सका। परंतु 1990 के दशक से इस नीति में मूल परिवर्तन किए जाने के पश्चात अब भारत सरकार तथा राज्य सरकारें लोक उद्यमों के क्षेत्र को सीमित करने की नीति का अनुसरण कर रही हैं।

> - लोक उद्यमों के विकास-पथ में अंतर्देशीय असमानता पाई जाती है।
> - प्रत्येक देश की नीति इसकी ऐतिहासिक परिस्थितियों और भविष्य-संबंधी उद्देश्यों की क्रिया-प्रक्रिया का प्रतिफल होती है, तथा इसमें गैर-आर्थिक घटकों की भी भूमिका रहती है।
> - भारत की लोक उद्यमों संबंधी नीति में समय-समय पर संशोधन होता रहा है।

## औचित्य (Rationale)

निजी क्षेत्र के उद्यमों की तुलना में लोक उद्यमों के पक्ष में कई तर्क दिए जा सकते हैं।

**1. अलाभकारी उद्यम एवं सुविधाएँ**–लोक उद्यमों के पक्ष में पहला तर्क प्रो॰ स्मिथ (Adam Smith) जैसे उन विचारकों ने दिया जिनका सरकार की कार्यकुशलता में विश्वास नहीं था। उनके तर्क के दो चरण थे–

- *पहला चरण*–अनेक प्रकार से हितकारी होते हुए भी बाज़ार व्यवस्था त्रुटिरहित नहीं हो सकती। इसके अतिरिक्त इसकी कुछ त्रुटियाँ इतनी महत्वपूर्ण होती हैं कि उन्हें अनदेखा भी नहीं किया जा सकता।

- *दूसरा चरण*–अर्थव्यवस्था के स्थाई विकास के लिए इसकी उत्पादन क्षमता में लगातार वृद्धि होती रहनी चाहिए, जिसके लिए सभी क्षेत्रों का संतुलित विकास अनिवार्य है। परंतु बाज़ार व्यवस्था में केवल वाणिज्यिक दृष्टि से लाभदायक कार्यकलापों को ही अपनाया जाता है जिससे अर्थव्यवस्था असंतुलित रह जाती है। इस में अवसंरचनात्मक सुविधाओं (infrastructural facilities) को यथोचित स्थान नहीं मिल पाता क्योंकि अर्थव्यवस्था की उत्पादन क्षमता के इष्टतम उपयोग के लिए अनिवार्य होते हुए भी वे बहुधा वाणिज्यिक दृष्टिकोण से लाभदायक नहीं होतीं। अवसंरचनात्मक सुविधाओं के अभाव से अर्थव्यवस्था ऐसी अनेक प्रकार की बाह्य किफायतों (external economies) से वंचित रह जाती है जिनसे उत्पादन लागत और कीमतें घटती हैं, लाभ–आय में बढ़ोतरी होती है, तथा परिणामस्वरूप आर्थिक विकास की प्रक्रिया को बल मिलता है।

इस प्रकार लोक उद्यमों को सैद्धांतिक औचित्य प्रदान करने वाले घटकों में सर्वप्रथम स्थान अवसंरचनात्मक सुविधाओं का आता है। इन सुविधाओं से वाणिज्यिक घाटा होने पर भी केवल इनके महत्व के कारण सरकार को इनके अस्तित्व तथा रख–रखाव के लिए अपने आपको बाध्य मानना चाहिए। संभव है कि कुछ मामलों में इन सुविधाओं के उपभोक्ताओं से शुल्क अथवा कीमत आदि के रूप में राजस्व वसूल किया जाए, परंतु राजस्व–प्राप्ति के होने अथवा न होने से इन सुविधाओं के सृजन और रख–रखाव के निर्णय अप्रभावित रहने चाहिएँ। वैसे बहुधा ये सुविधाएँ राजस्व के दृष्टिकोण से निवल घाटे वाली ही होती हैं।

**2. निवेश पूँजी**–पूँजीवाद के प्रारंभिक दिनों में यह मत सर्वमान्य था कि अवसंरचनात्मक सुविधाओं तथा कई अन्य बुनियादी उद्योगों और सुविधाओं के लिए न्यूनतम निवेश की राशियाँ इतनी अधिक होती हैं कि उन्हें जुटा पाना निजी क्षेत्र के वश की बात नहीं होती। परंतु अब स्थिति बदल चुकी है। वित्तीय प्रणाली और निजी क्षेत्र के विकास के फलस्वरूप कई फर्में सरकार के बराबर अथवा इससे भी अधिक साधन जुटा पाने की क्षमता रखती हैं। इसके अतिरिक्त अब यह समझ लिया गया है कि किसी विशेष अवसंरचनात्मक सुविधा–समूह (जैसे कि रेल परिवहन) को ऐसे खंडों तथा उपखंडों में बाँटा जा सकता है जिनमें से कुछ को कार्यक्षमता के आधार पर निजी क्षेत्र को सौंपा जा सके।

निजी क्षेत्र के निवेश निर्णयों में समय के घटक की भी अग्रणीय भूमिका रहती है। कई निवेश परियोजनों के निवेश–प्रारंभन और उत्पादन–प्रारंभन का अंतराल (gestation period) और परियोजन की अपनी जीवनावधि (life of the project) इतने लंबे होते हैं कि निजी क्षेत्र उनमें निवेश करने से कतराता है। उदाहरणार्थ भाकड़ा बांध जैसी परियोजना की आयु लगभग चार सौ वर्ष आँकी जाती है, परंतु यह अपेक्षा नहीं की जा सकती कि एक निजी उद्यमकर्ता इतनी लंबी कालावधि के आधार पर निवेश–निर्णय लेगा। उसका निर्णय–क्षितिज संभवत: चालीस–पचास वर्ष से अधिक दूर नहीं होगा। कहने का अर्थ यह है कि व्यावहारिक स्तर पर सार्वजनिक उद्यमों का औचित्य निवेश राशियों के आकार के अतिरिक्त कई अन्य घटकों पर भी निर्भर करता है।

**3. आर्थिक विकास में योगदान**–एक मतानुसार निजी क्षेत्र के उद्यमों की तुलना में सार्वजनिक उद्यम देश के आर्थिक विकास के प्रारंभिक चरणों में अधिक प्रभावी योगदान दे सकते हैं। इस चिंतनधारा के पक्ष में कई तर्क दिए जाते हैं।

- विकास के प्रारंभिक चरणों की *गति* लोक उद्यमों के बिना धीमी रह जाती है।
- विकास प्रक्रिया में वस्तुओं/सेवाओं की उपलब्धि और माँग में असंतुलन की स्वाभाविक प्रवृत्ति से सार्वजनिक उद्यमों द्वारा निपटने की कठिनाई घट जाती है, क्योंकि आवश्यकता होने पर इनकी स्थापना और चालन में वाणिज्यिक उद्देश्यों को अनदेखा किया जा सकता है।

**4. पूँजी निर्माण**—आर्थिक विकास में लोक उद्यमों की भूमिका को एक अन्य दृष्टिकोण से भी देखा जा सकता है। विकास प्रक्रिया की बुनियाद पूँजी निर्माण है तथा पूँजी निर्माण तीन प्रकार से हो सकता है, अर्थात् (क) पूँजी निर्माण की प्रत्यक्ष गतिविधियाँ (जैसे कि सड़क निर्माण आदि), (ख) अप्रयुक्त साधनों (बेरोज़गार श्रम सहित) का उत्पादनात्मक उपयोग, तथा (ग) उत्पादन साधनों का इस प्रकार से पुनराबंटन कि उत्पाद-सम्मिश्रण में पूँजी प्रधानता बढ़ जाए। लोक उद्यम इन तीनों प्रकार से पूँजी निर्माण की गति बढ़ाने में सहायक हो सकते हैं। शर्त केवल यह है कि स्वयं इन उद्यमों का चयन, विकास, चालन और प्रबंधन उच्च कोटि के हों।

**5. बाह्यताएँ**—कई उद्यमों के सार्वजनिक क्षेत्र में होने का औचित्य उनसे अपेक्षित सामाजिक और आर्थिक बाह्यताओं (social externalities) को माना जाता है। निजी उद्यमकर्ता किसी परियोजना की सार्थकता का अनुमान उसकी निजी सीमांत लागत और निजी सीमांत आगत की तुलना (अतः इस प्रकार निजी लाभ) पर ही आंकता है। वह इस अनुमान में उस परियोजना से उत्पन्न होने वाले सामाजिक हित एवं हानियों (जिन्हें सामाजिक बाह्यताएँ कहते हैं) को अनदेखा कर देता है। परंतु लोक उद्यमों के मामले में निर्णय लेते समय इन बाह्यताओं पर भी विचार किया जाना अपेक्षित है। इसी प्रकार अनेकों उद्यमों से ऐसी आर्थिक बाह्यताएँ प्राप्त होती हैं जिनसे समस्त अर्थव्यवस्था की कार्यक्षमता बढ़ती है और उत्पादन लागत कम होती है। परन्तु निजी क्षेत्र के निवेशकर्ताओं की निर्णय प्रक्रिया में इन बाह्यताओं को स्थान नहीं दिया जाता।

**6. जनहितकारी वस्तुएँ**—इन वस्तुओं का वर्णन ऊपर किया जा चुका है। समाज कल्याण के दृष्टिकोण से इनके महत्व से इनकार नहीं किया जा सकता। परंतु बाज़ार व्यवस्था में इनकी आपूर्ति का अभाव बने रहने की प्रबल संभावना के कारण सरकार का यह कर्तव्य बनता है कि लोक उद्यमों द्वारा इनके अभाव को दूर करे।

**7. एकाधिकारिता की रोकथाम**—प्रत्येक देश और समाज की एक अपना विशिष्ट चिंतन तथा उसके अनुरूप एक आर्थिक नीति होती है जिसके अंतर्गत कुछ गतिविधियों का सार्वजनिक क्षेत्र में होना उचित ठहराया जाता है। उदाहरणार्थ विद्युत उत्पादन आदि जैसी कुछ गतिविधियों में पैमाने की किफायतें होती हैं, जिससे उनके निजी क्षेत्र में रहने से आर्थिक क्षमता के गिने-चुने हाथों में केन्द्रित होने का भय रहता है। इसलिए सरकार चाहती है कि ये उद्यम सार्वजनिक क्षेत्र में हों।

**8. आर्थिक नियमन**—सरकार द्वारा अर्थव्यवस्था के प्रभावी नियमन में लोक उद्यम काफी सहायक हो सकते हैं। पारस्परिक निर्भरता के कारण विभिन्न उद्योग एक दूसरे के उत्पादन को क्रय करते हैं तथा उनका उपयोग उपभोग वस्तुओं अथवा आगतों (inputs) के रूप में करते हैं। अतः सरकार इनमें से उन उद्योगों को सार्वजनिक क्षेत्र में रखने की इच्छुक होती है जिनके द्वारा वह शेष अर्थव्यवस्था को सुगमता से एक पूर्व-निर्धारित विकास-पथ पर चला सके। इस उद्देश्य के कार्यान्वयन हेतु लोक उद्यमों की क्रय-विक्रय नीतियों की रूपरेखा तय की जाती है; तथा उसमें समय-समय पर यथोचित संशोधन किया जाता है।

**9. प्राकृतिक साधन सुरक्षा**—वन, खनिज पदार्थ आदि बहुत से प्राकृतिक साधनों के समुपयोजन का कार्य निजी क्षेत्र के हाथों में सौंपने से राष्ट्रीय हितों की हानि हो सकती है, क्योकि उसका निर्णयाधार समाज के दीर्घकालीन हितों के अनुरूप न होकर केवल लाभ आय कमाना होता है। उदाहरणार्थ वन की कटाई में अथवा किसी खनिज कार्य में एक निजी ठेकेदार की स्वाभाविक मनोवृत्ति यह रहती है कि पर्यावरण की दीर्घावधिक वहनता (sustainability) की परवाह किए बिना इन प्राकृतिक साधनों का अतिदोहन (over-exploitation) करना जारी रखे।

स्मरणीय है कि स्वयं प्रशासनिक नीतियाँ भी प्राकृतिक साधनों के वहनीय दोहन के प्रति उदासीन हो सकती हैं, अथवा व्यावहारिक स्तर पर इन नीतियों का पालन त्रुटिपूर्ण हो सकता है। ऐसी स्थिति में सार्वजनिक क्षेत्र का अस्तित्व भी काफी हानिकारक हो सकता है।

**10. प्रतिबंधित चयन**–कुछ परियोजनाओं के बारे में सर्वमान्य मत यह रहता है कि इन्हें निजी क्षेत्र में रखने का प्रश्न ही नहीं उठता। उदाहरणार्थ करेंसी, सिक्का निर्माण और टकसाल अनिवार्य रूप से सार्वजनिक क्षेत्र में ही होने चाहिएँ। इसी प्रकार सामाजिक और राजनीतिक ढाँचे को ध्यान में रखते हुए कुछ रक्षा-संबंधी उद्योगों तथा शोध और विकास संस्थाओं आदि का उचित स्थान भी सार्वजनिक क्षेत्र ही माना जाता है। स्मरणीय है कि प्रत्येक समाज का एक अपना चिंतन-दर्शन होता है और इसकी लोक-उद्यम नीति भी उसी के अनुरूप होती है। इन कारणों से लोक उद्यमों में राष्ट्रीयकरण अथवा नए उद्यमों की स्थापना, दोनों प्रकार से वृद्धि हो सकती है तथा इसके विपरीत कुछ लोक उद्यमों के निजीकरण का निर्णय भी लिया जा सकता है। स्मरणीय है कि वास्तविकता के स्तर पर लोक उद्यमों का अस्तित्व, आकार-प्रकार, प्रबंधन, उद्देश्य आदि काफी हद तक आर्थिक (गैर-आर्थिक, non-economic) कारकों की देन होते हैं। बहुत से उद्यमों का सार्वजनिक क्षेत्र में होना केवल सरकार की सोच और नीतियों पर निर्भर करता है, और इन नीतियों में सरकार की अपनी प्रशासनिक क्षमता की भी भूमिका हो सकती है।

- लोक उद्यमों का औचित्य दर्शाने के लिए कई तर्कों का सहारा लिया जा सकता है।
- इनमें से अधिकतर तर्क आर्थिक विकास और समाज कल्याण के उद्देश्यों से जुड़े होते हैं।
- इन तर्कों का रूप-आकार समय और स्थान के संग बदलता रहता है।
- परन्तु अंततः समग्र लोक-उद्यम नीति वास्तविक परिस्थियों और सरकार की सोच और चिंतन-दर्शन के द्वारा निर्मित होती है।

## लोक उद्यमों के प्रकार

(Kinds of Public Undertakings)

### आधार

लोक उद्यमों के वर्गीकरण के दो आधार हो सकते हैं: (क) उनके द्वारा उत्पादित वस्तुएँ और सेवाएँ, तथा (ख) उनकी प्रबंधनीय विशेषताएँ।

**(क) उत्पादनाधार**—सामान्यतः एक समाजवादी अर्थव्यवस्था में लगभग सारा उत्पादन लोक उद्यमों के हाथ में होने के कारण उन्हें उत्पादन के आधार पर वर्गीकृत करने का कोई विशेष अर्थ नहीं बनता। परन्तु किसी बाज़ार-व्यवस्थित/मिश्रित[1] अर्थव्यवस्था में यह जानकारी रोचक हो सकती है कि इसमें लोक उद्यमों को किन क्षेत्रों में और किस क्रम में प्राथमिकता दी गई है। इन अर्थव्यवस्थाओं के सामूहिक सर्वेक्षण से ज्ञात होता है कि लोक उद्यमों का अस्तित्व इतना व्यापक है कि उद्देश्यानुसार इनका कई प्रकार से वर्गीकरण किया जा सकता है। इन वैकल्पिक वर्गीकरणों की गिनती इतनी अधिक है कि यहाँ पर इनकी सूची देना संभव नहीं है; केवल उदाहरणार्थ कुछ वर्गों के नाम गिनवाए जा सकते हैं, जैसे कि 'अवसंरचनात्मक सुविधाएँ', बैंक, वित्तीय संस्थाएँ, परिवहन, सामरिक महत्त्व वाले

[1] ध्यानयोग्य है कि वे सभी अर्थव्यवस्थाएँ मिश्रित हैं जिनमें निजी क्षेत्र के साथ-साथ लोक उद्यम भी हों। इस प्रकार शुद्ध समाजवादी व्यवस्थाओं को छोड़कर अन्य सभी अर्थव्यवस्थाएँ मिश्रित कहलाने की अधिकारी हैं।

उपक्रम, निर्माण उपक्रम, व्यापारिक उपक्रम, भंडारण, शोधन एवं विकास, रक्षा संबंधी, स्वास्थ्य और चिकित्सा आदि आदि। यह भी ध्यानयोग्य है कि इनमें से अधिकतर वर्गों के कई-कई उपवर्ग भी हो सकते हैं।

स्मरणीय है मिश्रित अर्थव्यवस्थाओं में कालांतर में विविध कारणें से लोक उद्यमों की संख्या और विविधता में बढ़ोतरी होती रही है। इन अर्थव्यवस्थाओं में, पूँजीवाद के प्रारंभिक काल में, लोक उद्यम अवसंरचनात्मक सुविधाओं के अभाव को दूर करने के लिए स्थापित किए गए थे, क्योंकि बाज़ार शक्तियाँ इस अभाव को दूर करने में असमर्थ थीं। परंतु बाद में अन्य प्रकार के उद्यम भी अस्तित्व में आने लगे। यह भी अपेक्षा की जाती थी कि अवसंरचनात्मक सुविधाओं से सरकार को निवल घाटा सहन करना पड़ेगा, परंतु अन्य उद्यमों से परिस्थितियों के अनुसार लाभ भी कमाया जा सकता था। कुछ देशों में कई लोक उद्यम एकाधिकारों के रूप में केवल इस उद्देश्य से स्थापित किए गए कि सरकार उनसे लाभ-आय अर्जित कर सके। भारत की मिश्रित अर्थव्यवस्था में लोक उद्यमों को आर्थिक और सामाजिक विकास के अतिरिक्त वितरणीय न्याय और रोज़गार को सुनिश्चित करने के लिए अनिवार्य मानते हुए उनके लिए एक व्यापक नीति अपनाई गई। इस नीति के अंतर्गत कुछ आर्थिक क्षेत्र लोक उद्यमों के लिए आरक्षित करने के साथ-साथ उन्हें वित्तीय, अवसंरचनात्मक, रक्षा एवं सामरिक महत्व (strategic importance) के क्षेत्रों में प्राथमिकता दी गई। कई उद्योगों का राष्ट्रीयकरण उनके कर्मियों के रोज़गार को बचाने के उद्देश्य से किया गया। इसी प्रकार वित्तीय प्रवाहों पर नियंत्रण पाने के लिए वित्तीय उद्यमों और संस्थाओं को सार्वजनिक क्षेत्र में रखने की नीति अपनाई गई।

परन्तु अब स्थिति बदल चुकी है। अब लोक उद्यमों की सीमाओं और त्रूटियों को पहचानते हुए यह मत स्वीकार्य हो गया है कि केवल लोक उद्यमों द्वारा देश के आर्थिक विकास, रोज़गार, वितरणीय न्याय और सामाजिक उत्थान की प्राप्ति नहीं हो सकती, विशेषकर जबकि लोक उद्यम अनेकों प्रबंधनीय त्रुटियों से पीड़ित रहते हैं। अतः इस नए मतानुसार सरकार को अपने कार्यकलाप केवल उन उत्पादन क्षेत्रों तक सीमित रखने चाहिए जिनमें इसकी उपस्थिति अति आवश्यक हो। और इस बात का निर्णय किसी पूर्व-निर्धारित और अपरिवर्तनीय विचारधारा के स्थान पर व्यावहारिक दृष्टिकोण के आधार पर किया जाना चाहिए।

**(ख) प्रबंधनाधार**—यदि विचाराधीन लोक उद्यम का प्रबंधन किसी सरकारी विभाग की भँति अथवा किसी सरकारी विभाग के हाथ में (as a Government Department or by a Government Department) हो तो इसे विभागीय लोक उद्यम (Departmental Public Enterprise/Undertaking) की संज्ञा दी जाती है। इसके विपरीत यदि किसी लोक उद्यम का प्रबंधन सीधे रूप से सरकार के हाथ में न हो तो इसे गैर-विभागीय लोक उद्यम (Non-Departmental Public Enterprise/Undertaking) कहेंगे। स्मरणीय है कि दोनों परिस्थियों में प्रबंधनीय ढाँचे का देश के अन्य संबंधित कानूनों के अनुकूल होना अनिवार्य है।

**विभागीय लोक उद्यम (Departmental Public Undertakings)**—अब इस तथ्य को स्वीकारा जाने लगा है कि कई स्थितियों में लोक उद्यमों का विभागीय स्वरूप उनके द्वारा प्रबंधनीय उच्च-कोटि की प्राप्ति में रुकावट उत्पन्न करता है। सरकारी विभागों की जवाबदेही मुख्यतः विधान मंडल के प्रति होती है और वे विविध प्रकार के वित्तीय और प्रशासनिक नियमों से जकड़े रहते हैं। इससे इनकी निर्णय-प्रणाली बहु-चरणीय और समय लेने वाली बन जाती है जो आधुनिक काल की चुनौतियों का सामना नहीं कर सकती। आजकल तो पहलबाज़ी और द्रुतगामी निर्णय-प्रणाली के बिना किसी उद्यम की कार्यकुशलता सुनिश्चित नहीं की जा सकती। विभागीय लोक उद्यमों की कार्यात्मक प्रणाली पर शुरू से ही अनम्य नियम और कार्यप्रणाली थोप दिए जाते हैं। इन नियमों को तोड़ने

की छोटी-छोटी गलतियाँ भी दंडनीय होती हैं, जबकि इनका पालन करते हुए उद्यम को भारी क्षति हो जाने पर भी निर्णयकर्ता कर्मी को निर्दोष माना जाता है। कहने का अर्थ यह है कि इन उद्यमों में-

**निष्पादन-आधारित पुरस्कार और दंड पद्धति (performance-based reward and punishment system)** का प्रभावी रूप नहीं अपनाया जाता। इन परिस्थितियों में इनसे कार्यकुशलता की आशा करना बहुधा भ्रामिक प्रमाणित होता है। लोक उद्यमों का प्रबंधन जितना सरकार के प्रशासनिक ढाँचे से मिलता जुलता होगा, उसके त्रुटिपूर्ण होने की संभावना उतनी ही बढ़ती जाएगी। उसमें न तो कर्मियों को रखने और निकालने की छूट होगी, और न ही तेज़ी से प्रबंधनीय निर्णय लिए जा सकेंगे।

**गैर-विभागीय वाणिज्यिक लोक उद्यम (Non-Departmental Public Undertakings)**—विभागीय लोक उद्यमों की उपर्युक्त त्रुटियों को दूर करने के प्रयास में इनका एक अन्य रूप वह है जिसमें उन्हें प्रशासन से सामान्य प्रबंधनीय स्वायत्तता (managerial autonomy) प्रदान करते हुए विभागीय प्रतिबंधों से मुक्त रखा जाता है अथवा सरकार की राजनीतिक तथा सामाजिक प्राथमिकताओं के कारण इनकी कीमत नीति तथा श्रम-नीति संबंधी सीमाएँ निर्धारित कर दी जाती हैं। लोक उद्यमों के इस वर्ग में उन उद्यमों को रखा जाता है जिनका, राज्य की नीति संरचना के दृष्टिकोण से सरकारी स्वामित्व में होते हुए भी, घाटे में चलाया जाना ज़रूरी नहीं समझा जाता। इन उद्यमों के प्रबंधन को विभागीय नियमन से मुक्त रखने का उद्देश्य यह रहता है कि वे उच्च कोटि की कार्यकुशलता प्राप्त कर सकें, और इनकी निर्णय प्रणाली भी निजी उद्यमों की भांति लचीली, द्रुतगामी और सुचारु बन सके। वैसे स्मरणीय है कि प्रबंधन में इस प्रकार के संशोधन के पश्चात भी ऐसे लोक उद्यमों में घाटा हो सकता है, क्योंकि लाभ-हानि का होना केवल प्रबंधन की स्वायित्तता पर ही निर्भर नहीं करता। इसमें प्रबंधन की अपनी कार्यकुशलता, बाज़ार स्थितियाँ, उद्यम के वित्तीय पोषण का ढाँचा, श्रमिक नीति का ढाँचा तथा प्रभाविता आदि का भी महत्वपूर्ण योगदान रहता है।

**गैर-विभागीय वाणिज्यिक उद्यम मुख्य रूप से दो प्रकार के होते हैं-**

1. पहले प्रकार में विचाराधीन लोक उद्यम कानून की दृष्टि से ऐसी कंपनियाँ अथवा फर्में होती हैं जिनकी समस्त पूँजी अथवा इसके अधिकांश भाग का स्वामित्व सरकार के हाथ में होता है। ये उपक्रम और निजी क्षेत्र की फर्में एक-से कानूनी सयंत्र द्वारा नियमित होती हैं।

2. दूसरे प्रकार में वे लोक उद्यम आते हैं जिन्हें 'निगम' (corporations) कहा जाता है। 'निगम' एक कानूनी हस्ती (legal entity) होता है; यह औरों पर कानूनी दावा कर सकता है और इस पर कानूनी दावा किया जा सकता है (It can sue and be sued)। इसकी स्थापना विधान प्राधिकरण के एक विशेष एक्ट के अधीन की जाती है तथा इस एक्ट के प्रावधानानुसार ही इसके कार्यकलापों की सीमाएँ, अधिकार, उत्तरदायित्व तथा प्रतिरक्षाएँ आदि का निर्धारण होता है। पूर्ण रूप से सरकार के स्वामित्व में होते हुए भी इसे विचाराधीन एक्ट द्वारा निर्धारित सीमाओं के अंतर्गत नीति-स्वायित्तता प्राप्त होती है, जिसमें इसकी कीमत-नीति, क्रय-विक्रय नीति, श्रम-नीति, साधन जुटाने की नीति, उत्पादन तकनीकों का चयन, उद्यम का स्थानीकरण, तथा 'पुरस्कार और दंड पद्धति' आदि के अंश हो सकते हैं।

यह भी संभव है कि एक लोक उद्यम का स्वामित्व किसी अन्य लोक उपक्रम के हाथ में हो। स्पष्ट है कि ऐसा होने पर पूर्वोक्त उद्यम की सरकारी प्रशासन से दूरी बढ़ जाती है। उदाहरणार्थ भारतीय रिज़र्व बैंक भारत सरकार के स्वामित्व में है, जबकि कई अन्य वित्तीय उपक्रमों पर रिज़र्व बैंक का स्वमित्व है।

- केवल बाज़ार प्रणाली द्वारा संचालित अथवा मिश्रित अर्थव्यवस्थाओं में ही लोक उद्यमों का वर्गीकरण अर्थपूर्ण होता है।
- लोक उद्यमों के विस्तृत फैलाव के कारण इनका कई प्रकार से वर्गीकरण संभव है।
- अत: प्रत्येक विचाराधीन मामले में एक उपयुक्त वर्गीकरण का चयन विश्लेषण-उद्देश्यों के आधार पर किया जाना चहिए।
- विभागीय उपक्रम प्रशासनिक विभागों के रूप में अथवा उनके द्वारा संचालित किए जाते हैं।
- एक गैर-विभगीय उपक्रम की स्थापना निजी क्षेत्र की कंपनी की भाँति अथवा विधान प्राधिकरण के विशेष एक्ट द्वारा एक 'निगम' के रूप में की जा सकती है।
- गैर-विभागीय उपक्रमों को प्रदत्त स्वायत्तता की सीमाएँ संबद्ध कानून के अंतर्गत निर्धारित की जाती हैं।

## कुछ विशेष मुद्दे
(Some Specific Issues)

### 1. लोक उद्यमों के उद्देश्य (Objectives of Public Undertakings)

इससे पूर्व लोक उद्यमों के स्थापन और विकास के उद्देश्यों का विवेचन किया जा चुका है। अत: उन्हें दुहराने की आवश्यकता नहीं है। परंतु इस संदर्भ में दो एक मुख्य बातों पर फिर से दृष्टि डाली जा सकती है।

यह आवश्यक नहीं कि सभी लोक उद्यमों के उद्देश्य एक से हों। कुछ का उद्देश्य लाभ कमाना हो सकता है, कुछ का समाज सेवा, तथा कुछ का कुछ और। परंतु दीर्घकालीन उद्देश्यों में विविधता होते हुए भी वे प्रत्येक उपक्रम के लिए पूर्वनिर्धारित होने चाहिएँ, ताकि सरकार, विधान प्राधिकरण, जनता तथा विचाराधीन उद्यम के कर्मी और प्रबंधन आदि सब उनके अनुसार उसके चालन की अपेक्षा करें।

उद्देश्यों की भिन्नता अथवा हानि की स्वीकार्यता का यह अर्थ नहीं लगाया जाना चाहिए कि लोक उपक्रमों का अपनी कार्यकुशलता के प्रति उदासीन होना स्वीकार्य है। कार्यकुशलता के प्रति उदासीन होने का अर्थ जान बूझ कर उत्पादन लागत को बढ़ावा देना तथा अन्य प्रकार से साधनों का अपव्यय करना है।

### 2. लागत-हित विश्लेषण तथा परियोजनाओं का चुनाव
(Cost-Benefit Analysis and Choice of Projects)

इस मुद्दे का संबंध केवल नई परियोजनाओं के चुनाव से है। सार्वजनिक क्षेत्र के पास साधनों की सीमित उपलब्धि होने के कारण यह तय करना पड़ता है कि किन उपक्रमों को स्थापित किया जाए और किन्हें छोड़ दिया जाए, ताकि सामाजिक दृष्टिकोण से इष्टतम परिणामों की प्राप्ति हो सके। प्रत्येक विचाराधीन परियोजना के लागत-हित विश्लेषण से यह अनुमान लगाया जा सकता है कि इससे निवल हित की प्राप्ति होगी कि नहीं; और यदि होगी तो उसकी अनुमानित मात्रा क्या है। इस विश्लेषण विधि में एक निजी निवेशकर्ता केवल मौद्रिक लागतों और प्राप्तियों का ही अनुमान करता है, क्योंकि उसकी रुचि केवल वाणिज्यिक लाभ-आय तक ही सीमित होती है। इसके विपरीत लोक उद्यमों के मामले में सरकार सामाजिक हानियों और हितों पर भी विचार करती है।

उपर्युक्त प्रकार से निवल हित की अनुमान–विधि किसी एक परियोजना तक सीमित न रखते हुए सभी विचाराधीन परियोजनाओं पर लागू की जा सकती है। इससे उनसे संभावित निवल हित की तुलनात्मक स्थिति की जानकारी के आधार पर सर्वाधिक संभावित निवल हित वाली परियोजनाओं को चुना जा सकता है।

- लोक उद्यमों से कई मुद्दे जुड़े रहते हैं, जैसे कि उनके लक्ष्यों का चयन और उनकी प्राप्ति की समय–सारणी को सुनिश्चित करना, आदि।
- इनके लागत–हित के विश्लेषण में गैर–मौद्रिक और सामाजिक घटकों को भी शामिल किया जाना चाहिए।

## 3. कीमत नीति (Price Policy)

**उद्देश्य**–ध्ययों में विविधता होने के कारण लोक उद्यमों द्वारा कीमत–नीति की चयन–प्रक्रिया बहुत जटिल रूप धारण कर सकती है। सामान्यतः इस चयन प्रक्रिया में विचाराधीन लोक उद्यम के अपने उद्देश्य–समूह के अतिरिक्त कई अन्य घटकों को भी स्थान दिया जाता है। इसके अपने उद्देश्य–समूह में अधिकतम लाभ कमाना, आय और धन की वितरणीय असमानताओं में कमी लाने में योगदान देना, इसकी अपनी उत्पादित सेवा (सेवाओं) के उपभोग को प्रोत्साहित करना, अन्य उद्योगों में प्रयुक्त, किसी अति आवश्यक आगत के अभाव को दूर करना, आदि कई घटकों का मिश्रण हो सकता है।

**कार्यान्वयन का अवसर**–कीमत नीति के उद्देश्य (उद्देश्यों) के अतिरिक्त, इसके निर्धारण में इस बात की भी बुनियादी भूमिका रहती है कि इस नीति को कहाँ तक कार्यान्वित करना संभव है। कीमत नीति के कार्यान्वयन के अवसर **पाँच परिस्थिति–वर्गों** पर निर्भर करते हैं–

### (क) बाज़ार संरचना (Market Structure)

प्रथम परिस्थिति–समूह बाज़ार–संरचना के रूप में प्रकट होता है। यदि विचाराधीन लोक उद्यम एक स्पर्धायुक्त पर्यावरण में कई अन्य उद्यमों की संगति में हो, तो इसके उत्पादन की कीमत बाज़ार–कीमत स्तर से अधिक दूर नहीं रखी जा सकती। विशेषकर जब निजी उत्पादकों का आपस में एका हो जाए, तो लोक उद्यम उनके द्वारा निर्धारित की गई कीमत के निकट रहने को बाध्य हो जाता है। परंतु इसके विपरीत यदि लोक उद्यम स्वयं एकाधिकारिक स्थिति में हो, तो बात अलग है। ऐसी दशा में यह सुगमता से ऐसी कीमत अपना सकता है जिससे इसे अपने उद्देश्यों की प्राप्ति में सहायता मिले।

### (ख) उद्यम की अपनी कीमत नीति (Price Policy of the Undertaking Itself)

सामान्य तौर पर ऐसा मान लिया जाता है कि संरचना और कार्यकुशलता में लोक उद्यमों और निजी उद्यमों में समानता होती है जबकि बहुधा वास्तविकता में ऐसा नहीं होता। सामान्यतः एक लोक उद्यम की कार्यकुशलता का स्तर इतना कम होता है कि एक उचित कीमत नीति का चयन कठिन हो जाता है।

### (ग) राजनीतिक और सामाजिक स्थितियाँ (Political and Social Circumstances)

अधिकतर मामलों में एक लोक उद्यम को अपने उद्देश्यों के अनुरूप कीमत नीति निर्धारित करने में कठिनाइयाँ आती हैं। इसे विभिन्न प्रकार के राजनीतिक और सामाजिक दबावों का सामना करना पड़ता है तथा इन दबावों की रूपरेखा भी बदलती रहती है।

**(घ) लाभान्वित उपभोक्ताओं की पहचान** (Identification of Beneficiary Consumers)

उपभोक्ताओं से कीमत तभी वसूल की जा सकती है जब उनकी पहचान संभव हो और उनकी उपभोग मात्राओं को अनुमानित किया जा सकता हो। परंतु सदैव ऐसा नहीं होता। कुछ स्थितियों में यह भी संभव है कि पहचान हो जाने पर भी उपभोक्ताओं से कीमत वसूल न की जाए अथवा न की जा सके। कुछ (अथवा सभी) उपभोक्ताओं को पहचान के उपरांत भी कीमत अदा करने से छूट देने की नीति अपनाई जा सकती है।

**(ङ) अनिवार्य अथवा स्वैच्छिक उपभोग** (Compulsory or Voluntary Consumption)

विचाराधीन लोक उद्यम द्वारा प्रदत वस्तु/सेवा के बारे में सरकार को यह तय करने की भी आवश्यकता होती है कि इसका उपभोग सभी के लिए अनिवार्य होगा अथवा उपभोक्ताओं की इच्छा पर निर्भर करेगा। उदाहरण के लिए सरकार यह तय कर सकती है कि सामान्य स्थितियों में प्रत्येक नागरिक के लिए एक निश्चित न्यूनतम स्तर तक शिक्षित होना अनिवार्य होगा। इसी प्रकार सफाई तथा स्वास्थ्य आदि सेवाओं के उपभोग को भी अनिवार्य ठहराया जा सकता है। परंतु स्पष्ट है कि इस प्रकार से उपभोग की बाध्यता प्रत्येक वस्तु/सेवा के लिए नहीं हो सकती। स्वेच्छा से उपभोग की जाने वाली वस्तुओं में बस एवं रेल यात्रा, आभूषण पहनना, टेलीफोन का प्रयोग, टी वी देखना तथा रेडियो का सुनना आदि हो सकते हैं।

- लोक उद्यमों के पास कीमत नीति के निर्धारण की कोई मानकीकृत विधि नहीं होती।
- इस नीति के निर्माण में उद्यम के उद्देश्यों के अतिरिक्त बाज़ार व्यवस्था, इसकी अपनी उत्पादन लागत एवं प्रबंधनीय क्षमता, उपभोक्ताओं की पहचान तथा विचाराधीन वस्तु के उपभोग के बारे सरकार की नीति आदि की अग्रनीय भूमिका रहती है।

## 4. प्रो॰ डाल्टन के कीमत-नीति-सिद्धांत (Prof. Dalton's Price-Policy Principles)

कीमत नीति से संबद्ध उपर्युक्त तथ्यों को एक अन्य दृष्टिकोण से देखते हुए, प्रो॰ डाल्टन ने तीन सिद्धांतों का वर्णन किया है।

**(क) सामान्य कराधान सिद्धांत (General Taxation Principle)**—इस सिद्धांतानुसार कुछ वस्तुएँ ऐसी होती हैं जिनकी आपूर्ति का वित्त पोषण मुख्यतः सरकार के बजटीय साधनों में से किया जाना चाहिए। ये वे वस्तुएँ हैं जिन्हें उपभोक्ताओं को मुफ्त दिया जाना चाहिए अथवा दिया जाता है। इस पुस्तक में ये वस्तुएँ शुद्ध सार्वजनिक अथवा सामाजिक वस्तुओं (public good or social goods) के नाम से वर्णित हैं। इस वर्ग में उन वस्तुओं को भी शामिल किया जाता है जिनमें सामाजिक वस्तुओं के गुणों का बाहुल्य होता है। इसी प्रकार लाभान्वित उपभोक्ताओं की पहचान होने पर भी जिन वस्तुओं अथवा सेवाओं को मुफ्त मुहैया करने की नीति अपनाई गई हो, उनपर भी वित्त-पोषण का यही सिद्धांत लागू होता है। उदाहरणार्थ सरकार किसी सड़क के प्रयोग को इस आधार पर निशुल्क रखने का निर्णय ले सकती है कि शुल्क की वसूली-लागत काफी अधिक है और उपभोक्ताओं को अनावश्यक परेशानी होती है।

**(ख) अनिवार्य सेवा-लागत-सिद्धांत (Compulsory Cost-of-Service Principle)**—यह सिद्धांत उन वस्तुओं के लिए है जिन के उपभोग के लिए सरकार लोगों को बाध्य करने के साथ-साथ यह भी चाहती है कि इसके उपभोक्ता उनकी लागत भी वहन करें। सरकार की यह मान्यता रहती है कि उपभोक्ताओं की न केवल पहचान की जा सकती है प्रत्युत उनसे विचाराधीन वस्तु अथवा सेवा की लागत वसूल करना भी सब प्रकार से

उचित है। उदाहरणार्थ सरकार किसी आवास-समूह के लिए सड़क की रोशनी मुहैया कराते हुए वहाँ के निवासियों से उसकी लागत वसूल करने का निर्णय ले सकती है। वैसे इस नियम के अनुसार यह ज़रूरी नहीं कि यह वसूली सदैव लागत के ठीक बराबर हो। सरकार को इसमें निवल लाभ अथवा निवल घाटा भी हो सकता है।

**(ग) ऐच्छिक कीमत सिद्धांत (Voluntary Price Principle)**—यह सिद्धांत सर्वाधिक वाद-विवाद का विषय रहा है। इस सिद्धोत को अपनाने का अर्थ यह है कि किसी विशेष सार्वजनिक सेवा की कीमत निर्धारित करने के पश्चात् उपभोक्ताओं को उसे क्रय करने अथवा न करने की स्वतंत्रता रहती है। परंतु यहाँ पर मुख्य प्रश्न फिर भी बाकी रह जाता है कि इस कीमत का निर्धारण किस आधार पर किया जाए? जैसा कि हम ऊपर कह चुके हैं, इस प्रश्न का उत्तर इस बात पर निर्भर करेगा कि विचाराधीन लोक उद्यम के कीमत निर्धारण के (1) *अवसर* और (2) *उद्देश्य* क्या हैं।

***अवसर***–स्पर्धायुक्त स्थिति में लोक उद्यम के पास कीमत निर्धारण के अवसर संकीर्ण हो जाते हैं तथा इसकी उत्पादित वस्तु की कीमत का बाज़ार में उपलब्ध प्रतिस्थापी वस्तुओं की कीमतों और उनके गुणवत्ता आयामों के ताल-मेल में रहना अवश्यंभावी हो जाता है।

परन्तु यदि लोक उद्यम एकाधिकारी हो तो इस स्थिति में एक बुनियादी अंतर आ जाता है। ऐसी स्थिति में इसे कीमत निर्धारित करने की पर्याप्त छूट मिल जाती है और ऊँची कीमत के कारण बाज़ार से खदेड़ दिए जाने का भय नहीं रहता।

***उद्देश्य***–प्रो० डॉल्टन का कहना है कि एकाधिकारी लोक उद्यम के पास कीमत निर्धारण करने के अवसर की कमी नहीं होती। परंतु फिर भी वह कीमत तय करने में कई तथ्यों पर विचार करता है–

- यदि सर्वस्वीकार्य मत यह हो कि विचाराधीन वस्तु के उपभोग से समाज कल्याण में वृद्धि होती है, तो कीमत इस प्रकार से तय की जाती है कि इसका उपभोग प्रोत्साहित हो। सम्भवतः इसकी कीमत इसकी उत्पादन लागत से भी कम रखी जा सकती है। परन्तु लोचदार माँग वाली वस्तु की कीमत को बहुत कम नहीं करना चाहिए। ऐसा करने पर इसके दुरुपयोग का भय उत्पन्न हो जाता है। यह भी संभव है कि कुछ मामलों में कीमत को स्लैब प्रणाली (slab system) का रूप देना उचित समझा जाए। उदाहरण के लिए एक पूर्वनिश्चित मात्रा तक वस्तु की कीमत को अति कम (अथवा शून्य) तथा इसके पश्चात् काफी ऊँचा रखा जा सकता है। पीने के पानी पर विचार कीजिए। मान लीजिए कि प्रति-व्यक्ति प्रतिदिन पानी की इष्टतम मात्रा 200 लीटर है। ऐसी दशा में कुटुम्ब के सदस्यों की गिनती के अनुसार पानी की आधारभूत मात्रा निःशुल्क अथवा मामूली कीमत पर मुहैया करने के पश्चात शेष उपभोग की गई मात्रा पर शुल्क की दर दंडात्मक स्तर पर रखी जा सकती है, ताकि पानी का अपव्यय न हो।
- यदि सर्वस्वीकार्य मत यह हो कि विचाराधीन वस्तु के उपभोग को हतोत्सहित किया जाना चाहिए तो सामान्यतः इसकी कीमत को काफी ऊँचा रखने पर ही इस उद्देश्य की पूर्ति हो सकेगी। परन्तु यदि इसकी माँग की लोच बहुत कम हो, तो केवल कीमत बढ़ाने से काम नहीं चलेगा। इसके लिए राशनिंग जैसे अतिरिक्त कदम भी उठाने पड़ सकते हैं। स्मरणीय है कि इस स्थिति में कभी-कभार ऊँची कीमत का मार्ग अपनाना उपभोक्ताओं के लिए अति हानिकारक भी हो सकता है। इस कथन की पुष्टि के लिए अफीम तथा शराब के उदाहरण दिए जा सकते हैं। इन वस्तुओं का नशा करने वालों से यह अपेक्षा नहीं की जा सकती कि वे केवल कीमत के अधिक होने भर से इसका उपभोग कम कर देंगे। इनके सेवन से उन्हें चिकित्सा आदि से ही छुटकारा दिलाया जा सकता है। यदि

उन लोगों को इन वस्तुओं पर अत्यधिक व्यय करने को बाध्य किया जाए तो वे कुटुम्ब के अन्य आवश्यक खर्चों में कमी करने लगेगें। इसी प्रकार कई वस्तुएँ (जैसे कि बिजली) ऐसी भी हो सकती हैं जिनका उपभोग बढ़ाना अपर्याप्त उपलब्धि के कारण सम्भव न हो। इनके मामले में भी एक प्रारम्भिक स्तर तक कीमत कम रखे जाने के पश्चात् इसमें एकदम वृद्धि की जा सकती है।

- वस्तु की कीमत को कम रखने पर उसके उपभोग को प्रोत्साहित किया जा सकता है। परन्तु कीमत तय करते समय उसके संभावित अपव्यय को भी ध्यान में रखना चाहिए। इसी प्रकार माँग की लोच कम होने पर वस्तु के उभोग को केवल कीमत बढ़ा कर कम करना कठिन हो सकता है।

- वस्तुओं का तीसरा वर्ग वह है जिनके उपभोग को प्रभावित करने की आवश्यकता नहीं होती। इस दशा में कीमत नीति में इनके उपभोग को नियन्त्रित अथवा प्रभावित करने का लक्ष्य शामिल नहीं रहता। इन वस्तुओं की कीमत के निर्धारण का आधार उत्पादन लागत को (जिसमें लाभ-आय का अंश शामिल हो सकता है) माना जाता है।

- ***सीमांत बनाम* औसत लागत**–परन्तु विवादपूर्ण बात यह रहती है कि यह उत्पादन लागत कौन-सी हो, **सीमांत अथवा औसत?** स्मरणीय है कि औसत लागत के स्थिर रहने पर औसत और सीमांत लागतों में कोई अंतर नहीं रहता। दोंनों एक दूसरे के बराबर हो जाती हैं। लागत के इन दो मापों में तभी अंतर होता है जब औसत लागत उत्पादन की मात्रा के बदलने पर परिवर्तित हो जाए।

दीर्घकालीन दृष्टिकोण से कीमत नीति का आधार औसत लागत ही हो सकता है, क्योंकि इसी आधार पर यह तय किया जा सकता है कि उद्यम घाटे में चलेगा या लाभ में, तथा इस घाटे/लाभ की अनुमानित मात्रा क्या होगी। फिर भी कई विश्लेषणकर्ताओं का यह कहना है कि उद्यम को सीमांत लागत नियम अपनाना चाहिए, अर्थात् उत्पादन की कीमत उसकी सीमांत लागत के बराबर होनी चाहिए। परन्तु यह सुझाव केवल अल्प कालावधि में और वह भी विशेष स्थितियों में ही अर्थपूर्ण हो सकता है। हम जानते हैं कि सीमांत लागत केवल परिवर्तनीय साधनों की लागत में वृद्धि का प्रमापन है। इस कारण अल्पकाल में उत्पादन करने अथवा न करने का निर्णय कीमत और सीमांत लागत की तुलना के परिणाम पर निर्भर कर सकता है। स्मरणीय है कि कीमत के सीमांत लागत के बराबर अथवा इससे अधिक होने पर भी लाभ आय तभी मिलती है, जब कीमत औसत लागत से अधिक हो।

सीमांत लागत का नियम उन स्थितियों में कठिनाइयाँ उत्पन्न करता है जहाँ उत्पादन की सुविधा को अविभाज्य और बड़ी इकाइयों में ही जुटाना आवश्यक हो। ऐसी सीमांत लागत में परिवर्तन निष्कोण (smooth) न होकर पैड़ीदार (stepwise) होता है। अर्थात् उत्पादन की कई इकाईयों तक शून्यतुल्य रहने के पश्चात् उनसे अगली उत्पादन इकाई पर सीमांत लागत एकदम बढ़ जाती है, और तत्पश्चात फिर से शून्यतुल्य हो जाती है। एक पुल का उदाहरण लें। प्रथम वाहन के लिए पुल की सुविधा मुहैया करने की सीमांत लागत पुल की कुल लागत का एक अनुमानित भाग तथा इसके रखरखाव की लागत के जोड़ के बराबर मानी जाएगी। परन्तु इसके पश्चात् पुल पर प्रत्येक अतिरिक्त वाहन के लिए पुल-सुविधा की लागत शून्यतुल्य रहेगी। वाहनों की संख्या बढ़ती जाने पर एक स्थिति वह भी आएगी जब एक नया पुल बनाना आवश्यक दिखेगा। परिणामस्वरूप एक अतिरिक्त वाहन के लिए पुल-सुविधा की सीमांत लागत बढ़कर नए पुल की कुल लागत का एक अनुमानित भाग और इसके रखरखाव की लागत के जोड़ के बराबर हो जाएगी। परन्तु इसके पश्चात पुल-सुविधा की यह सीमांत लागत फिर से शुन्यतुल्य हो जाएगी। स्पष्ट है कि पुल-सुविधा का उपयोग करने वाले वाहनों के स्वामियों से सीमांत लागत के आधार पर शुल्क वसूल नहीं किया जा सकता। शुल्क की दर वाहनों की विभिन्न श्रेणियों के लिए तो भिन्न हो सकती है परन्तु एक ही श्रेणी के विभिन्न वाहनों के लिए नहीं। यही तर्क रेल-सुविधा पर भी लागू होता है, और वहाँ भी रेल भाड़ा सीमांत लागत के आधार पर वसूल नहीं किया जा सकता।

जब किसी लोक उद्यम के उत्पादन पर वर्धमान प्रतिफल (increasing returns) का नियम लागू होता हो, तो सीमांत लागत के आधार पर कीमत निर्धारित करने से कई अन्य प्रकार की कठिनाइयाँ भी उत्पन्न हो जाती हैं। इस दशा में सीमांत लागत सदैव औसत लागत से कम होती है, तथा इसके बराबर कीमत रखने पर उत्पादन की प्रत्येक मात्रा पर घाटा होता है। घाटे की निश्चितता होने के कारण उद्यम पर कार्यकुशलता के मानक लागू करना भी कठिन हो जाता है।

लोक उद्यमों के मामलें में सीमांत लागत नियम अथवा किसी भी लागत नियम को कीमत निर्धारण का आधार बनाने में कुछ अन्य कठिनाइयाँ भी उत्पन्न हो सकती हैं। एक ओर यह संभावना रहती है कि सरकारी साख के सहारे अथवा अन्य कानूनी रियायतों के कारण लोक उद्यमों को वित्तीय साधन कम लागत पर मिल जाएँ; परंतु दूसरी ओर इन उद्यमों में कार्यकुशलता की कमी रहती है जिससे उनकी उत्पादन लागत बढ़ जाती है। ऐसी दशा में उनकी उचित उत्पादन लागत का अनुमान लगाना कठिन हो जाता है।

उपर्युक्त विवेचन से यह स्पष्ट हो जाता है कि लोक उद्यमों द्वारा उत्पादित वस्तुओं/सेवाओं की एक उचित कीमत तय कर पाना कोई सरल कार्य नहीं है। उस कार्य में न केवल विभिन्न प्रकार की अवधारणात्मक एवं व्यावहारिक समस्याएँ आती हैं, प्रत्युत लोक कल्याण और लोक उद्यमों के अपने उद्देश्यों आदि के प्रश्नों का भी सामना करना पड़ता है। इन सब प्रश्नों को लोक उद्यमों की कार्यकुशलता का अभाव और भी उलझा देता है। कहने के लिए कीमत नीति की रूप रेखा कुछ भी हो सकती है, परंतु व्यावहारिक स्तर पर लोक उद्यमों की कार्यकुशलता इसे निरर्थक बना सकती है। कार्यकुशलता के अभाव में समाज के उत्पादन साधनों का भी अपव्यय होता है।

- लोक उद्यमों की कीमत-निर्धारण नीति के बारे प्रो॰ डाल्टन के तीन विख्यात कीमत-नीति-सिद्धांत हैं, अर्थात सामान्य कराधान नियम, अनिवार्य सेवा-लागत-सिद्धांत, तथा ऐच्छिक कीमत सिद्धांत।
- ये सिद्धांत वस्तुअें/सेवाओं के अलग-अलग वर्गों के लिए उचित समझे जाते हैं।
- ऐच्छिक कीमत सिद्धांत को लागू करने में 'अवसर' और 'उद्देश्य' दोनों की भूमिका रहती है।
- इसी प्रकार कीमत नीति में यह प्रश्न भी उठता है कि कीमत का आधार कौन सी लागत हो, सीमांत अथवा औसत?
- दीर्घकालीन कीमत नीति को औसत लागत पर आधारित करना अधिक उपयुक्त रहता है।

## प्रबंधन, उत्तरदायित्व और प्रोत्साहन

(Management, Accountability and Incentives)

कई अल्पविकसित देशों में सरकारें अपनी प्रशासनिक एवं अन्य कमियों को अनदेखा करते हुए सार्वजनिक क्षेत्र का विस्तार करने को उद्यत रहती हैं। इस कारण लोक उद्यमों से संबद्ध कई प्रकार की विशेष समस्याओं का ठीक से सामना नहीं किया जाता। यहाँ पर हम लोक उपक्रमों की तीन परस्पर-संबंधित महत्वपूर्ण समस्याओं अर्थात् **प्रबंधन, उत्तरदायित्व** और **प्रोत्साहन** पर विचार करेंगे।

सर्वप्रथम उत्तरदायित्व (accountability) और प्रोत्साहन (incentives) के प्रश्नों को लीजिए। एक उत्तम उत्तरदायित्व प्रणाली वह है जिसमें प्रत्येक गलत (श्रेयस्कर) कार्य एवं निर्णय की ज़िम्मदारी (श्रेय) को न्यायिक, तीव्र और प्रभावी ढंग से निर्धारित किया जाता हो तथा इस आधार पर पहचान किए गए निर्णयकर्ताओं तथा कर्मियों को द्रुतगामिता से दंडित (पुरस्कृत) करने की व्यवस्था भी हो। परंतु समस्या यह है कि लोक उद्यमों में व्यावहारिक स्तर पर इस प्रकार की व्यवस्था को अपनाने में कई प्रकार की अड़चनें आती हैं। इसका मुख्य कारण यह है कि

इस व्यवस्था की संरचना को कई गैर-वाणिज्यिक और गैर-आर्थिक घटकों से मुक्त नहीं रखा जाता। अतः इस बात की प्रबल संभावना रहती है कि निर्णय तथा कार्य-पद्धतियाँ बुनियादी तौर पर दोषयुक्त हों।

लोक उपक्रमों के दोषयुक्त प्रबंधन का एक कारण यह भी है कि सामान्यतः सरकार को स्वयं इस बात का भरोसा नहीं होता कि प्रबंधनकर्त्ता निर्णय लेते समय अपने व्यक्तिगत उद्देश्यों को प्राथमिकता देते हुए प्रबंधनीय नम्यता का अनुचित लाभ नहीं उठाएँगे। इस संभावना से छुटकारा पाने के लिए लोक उद्यमों की प्रबंधन प्रणाली को अति अनम्य बना दिया जाता है। ध्यानयोग्य है कि इस प्रकार की प्रबंधनीय अनम्यता प्रशासन के लिए कोई नई बात नहीं होती। सरकार का अपना प्रशासनिक ढाँचा कड़े नियमों और परस्पर निगरानी के प्रतबंधनों से जकड़ा रहता है। इसकी संरचना ही इस मान्यता पर की जाती है कि प्रत्येक सरकारी कर्मचारी अवसर पाते ही अपने स्वार्थ के लिए प्रशासनिक अधिकार का दुरुपयोग कर लेगा और कि इस कारण इस दुरुपयोग के सभी संभावित अवसरों का अस्तित्व ही मिटा देना चाहिए।

परिणामस्वरूप लोक उद्यमों की निर्णय/कार्यात्मक प्रणाली में भी दो विशेष त्रुटियों बनी रहती हैं।

- *प्रथम,* कर्मचारियों के लिए अपनी ज़िम्मेदारी पर कोई निर्णय लेने या कार्य करने का अवसर शून्यतुल्य हो जाता है।
- *दूसरे,* एक सुदृढ़ और प्रभावी पुरस्कार और दंड की पद्धति अस्तित्व में नहीं आ पाती।

इस प्रकार पूरी निर्णय/कार्यात्मक प्रणाली लेखा-परीक्षण (auditing) के तथा अन्य प्रकार के नियमों से जकड़ी रहती है। लोक उद्यम को कितनी भी हानि हो जाए, जब तक कोई निर्णयकर्ता/अन्य कर्मी इन नियमों को नहीं तोड़ता, उसे दंडित नहीं किया जा सकता। इसी प्रकार यदि कोई निर्णयकर्ता/अन्य कर्मचारी लोक उद्यम के लिए अति हितकर कार्य करते हुए किसी नियम का उल्लंघन कर बैठे, तो वह दंड का भागी माना जाता है। स्पष्ट है कि इस प्रकार की व्यवस्था में सकारात्मक निर्णय लेने और उन्हें कार्यान्वित करने में अनेक प्रकार से ढील बरती जाती है, तथा प्रबंधनकर्ताओं और कर्मियों को कार्यकुशलता बढ़ाने, लागत में कमी करने, उत्पादन की गुणवत्ता को सुधारने जैसे मूलभूत उद्देश्यों पर ध्यान देना व्यर्थ प्रतीत होता है।

उद्यम के कर्मियों के उत्तरदायित्व और उनको दिए जाने वाले प्रोत्साहन के पहलुओं का प्रबंधन की कार्यकुशलता पर गहरा प्रभाव पड़ता है। इनके त्रुटिपूर्ण होने पर प्रबंधन के उच्च कोटीय होने का प्रश्न ही नहीं उठता। उपर्युक्त विवेचन से यह स्पष्ट हो जाता है कि प्रबंधन के हाथ में कोई प्रभावी नीति विकल्प नहीं रहते और न ही इसका कर्मचारियों पर प्रभावी अंकुश रह पाता है। कर्मचारियों की छंटनी का अधिकार प्रबंधन के हाथों से लगभग छीन लिया जाता है, तथा अन्य प्रकार के प्रोत्साहन या दंड देने वाले निर्णय लेने की उनकी शक्ति अप्रभावी कर दी जाती है। इसके अतिरिक्त उच्च प्रबंधनकर्त्ताओं के चयन और पदोन्नति में भी योग्यता-भिन्न तत्वों को स्थान मिलने लगता है।

लोग उपक्रमों के उद्देश्यों में भिन्नता होने के कारण यह आवश्यक है कि प्रत्येक उद्यम के उद्देश्य उसके निजी स्तर पर सर्वविदित किए जाएँ। ऐसा किए बिना उसके प्रबंधन, कार्य प्रणाली, निर्णय प्रणाली, कीमत नीति, श्रम नीति आदि के बारे प्रभावी निर्णय नहीं लिए जा सकते। इस स्पष्टता के बिना ऐसी कोई कसौटी नहीं बचती जिसके आधार पर उपक्रम की कार्यकुशलता को मापा जा सके। स्मरणीय है कि निजी उद्यमों में कार्यकुशलता की अंतिम कसौटी वाणिज्यिक सफलता होती है। परंतु एक लोक उद्यम के लिए सफलता की कोई पूर्वनिश्चित कसौटी नहीं होती। इसके लिए सफलता की कसौटी का चुनाव इसके उद्देश्यों और लक्ष्यों के आधार पर ही किया जा सकता है। उद्देश्यों की स्पष्टता के अभाव में विचाराधीन उद्यम से एक निम्न स्तर की कार्यकुशलता की अपेक्षा ही की

जा सकती है। इसके अतिरिक्त उद्यम के प्रबन्धकर्ताओं को इसकी असफलताओं को नकारने का अवसर भी मिल जाता है। वे प्रत्येक असफलता का यह कारण बता सकते हैं कि उद्यम का मूल उद्देश्य विचाराधीन लक्ष्य की प्राप्ति नहीं था। इसी व्याख्या में वे बहुधा यह बात भी जोड़ सकते हैं कि कुल मिलाकर स्थितियाँ प्रबंधन के नियंत्रण के बाहर थीं।

वाणिज्यिक दृष्टि से लोक उद्यमों की असफलता की संभावना प्रारंभ से ही अति प्रबल होती है। सरकार के विभागीय नियंत्रण तथा अन्य कारणों से उनकी स्थापना, चालन और रखरखाव के सभी चरणों में अनुचित देरी और ढील का वातावरण बना रहता है। लोक उद्यमों में कार्यकुशलता के अभाव के फलस्वरूप निजी क्षेत्र के उद्यम तथा सारी अर्थव्यवस्था उच्च लागत-कीमत के रोग से पीड़ित रहते हैं।

**निष्कर्ष**–सरकार द्वारा शुद्ध सार्वजनिक सेवाओं, जनहितकारी सेवाओं तथा अन्य अति आवश्यक सेवाओं/सुविधाओं के अतिरिक्त लोक उद्यमों द्वारा अन्य प्रकार की गतिविधियों को अपनाने का औचित्य तभी बनता है, जब इनमें कार्यकुशलता का एक स्वीकार्य स्तर सुनिश्चित किया जा सके। इसके लिए उपरोक्त विभिन्न प्रकार की रुकावटों को दूर करने के लिए प्रभावी समाधान ढूँढ़ने की आवश्यकता है। यदि ऐसा करना संभव न हो, तो लोक उद्यमों को उन कार्यक्षेत्रों से हटा लेना चाहिए जहाँ इनके अस्तित्व से समाज और अर्थव्यवस्था का अहित होता हो। इसके अतिरिक्त जिन कार्यक्षेत्रों में उन का अस्तित्व अति वांछनीय समझा जाता हो, वहाँ भी उनकी कार्यकुशलता को बढ़ाने हेतु उचित कदम उठाए जाने चाहिएँ। उदाहरणार्थ प्रत्येक लोक उद्यम के उद्देश्य और लक्ष्य उसके निजी स्तर पर निश्चित किए जाने चाहिए। श्रमिकों और प्रबंधनकर्ताओं को इनकी पूरी जानकारी दिए जाने के साथ-साथ पुरस्कार और दंड की एक ऐसी प्रभावी पद्धति लागू की जानी चाहिए जो उद्यम के उद्देश्यों के अनुरूप हो तथा जिसका उसके कार्यक्षेत्र से तालमेल हो। यथासम्भंव लोक उद्यमों पर लागू होने वाले सभी वित्तीय नियंत्रण केवल वाणिज्यिक लेखा-परीक्षण तक ही सीमित रहने चाहिएँ।

- लोक उपक्रमों के उद्देश्यों में भिन्नता होने के कारण प्रत्येक लोक उपक्रम के उद्देश्य उसके निजी स्तर पर तय एवं सर्वविदित किए जाने चाहिएँ।
- प्रत्येक लोक उपक्रम को अपने उद्देश्यों के अनुरूप प्रबंधन, उत्तदायित्व और प्रोत्साहन की एक प्रभावी व्यवस्था की आवश्यकता होती है।
- अनेक कारणों से लोक उपक्रमों में इस प्रकार की प्रभावी व्यवस्था नहीं अपनाई जाती। उलटे वे विविध प्रकार के अनावश्यक प्रतिबंधनों से जकड़े रहते हैं।
- इससे उनकी कार्यकुशलता दुष्प्रभावित होती है।
- सरकार को चाहिए कि उन लोक उपक्रमों को तज दे जिनका सार्वजनिक क्षेत्र में रहना अति आवश्यक न हो।

## शब्दावली (Key Words)

1. लोक उद्यम/उपक्रम (public undertakings/enterprises); 2. निवेश-प्रारंभन और उत्पादन-प्रारंभन का अंतराल (gestation period); 3. वर्धमान प्रतिफल (increasing returns); 4. जनहितकारी वस्तुएँ (merit goods); 5. सार्वजनिक वस्तुएँ (public goods); 6. विभागीय उद्यम (departmental undertakings); 7. पुरस्कार और दंड (reward and punishment); 8. गैर-विभागीय लोक उद्यम (non-departmental public undertakings); 9. निगम (corporations); 10. लागत-हित विश्लेषण (cost-benefit analysis); 11. कीमत नीति (price policy); 12. बाज़ार व्यवस्था (market mechansim); 13. सामान्य कराधान सिद्धांत (General Taxation Principle); 14. अनिवार्य सेवा लागत सिद्धांत

(Compulsory Cost-of-Service Principle); 15. ऐच्छिक कीमत सिद्धांत (Voluntary Price Principle); 16. प्रबंधन, उत्तरदायित्व और प्रोत्साहन (management, accountability, and incentives); 17. उद्यम के उद्देश्य (objectives of the undertaking)

## अभ्यास प्रश्न

1. लोक उद्यमों की अवधारणा को परिभाषित करते हुए उनके प्रकारों का विवेचन करें।
2. इस कथन की व्याख्या करें कि "प्रत्येक आधुनिक अर्थव्यवस्था में लोक उद्यमों का अस्तित्व अनिवार्य समझा जाता है; केवल उनकी क्षेत्रीय सीमाएँ पूर्वनिर्धारित नहीं होतीं।"
3. लोक उद्यमों का औचित्य स्थापित करने हेतु कौन से तर्क दिए जा सकते हैं?
4. इस कथन का आलोचनात्मक विश्लेषण करें कि लोक उद्यमों की मुख्य समस्या इनके द्वारा आपूर्तित सेवाओं की कीमत निर्धारण की है।
5. लोक उद्यमों से संबद्ध निम्नलिखित पर संक्षिप्त नोट लिखें:-

   (क) उद्देश्य;

   (ख) लागत-हित विश्लेषण;

   (ग) कीमत नीति।
6. राज्य-सेवाओं से संबद्ध प्रो॰ डाल्टन के कीमत सिद्धांतों का विस्तारपूर्वक विवेचन करें। इन सिद्धांतों को अपनाना कहाँ तक संभव है?
7. लोक उद्यमों के प्रचालन से जुड़े प्रबंधन, उतरदायित्व तथा प्रोत्साहन के आयामों की परस्पर निर्भरता पर एक विश्लेषणात्मक नोट लिखें।
8. यह कहना कहाँ तक ठीक है कि लोक उद्यमों की प्रबंधनीय प्रकृति ही ऐसी है कि वे अपने निर्धारित लक्ष्यों की प्राप्ति नहीं कर सकते।
9. अब जबकि लोक उद्यमों की त्रुटियों को स्वीकारा जाने लगा है, आप उनको कायम रखने के औचित्य पर अपने विचार तर्क सहित प्रस्तुत करें।

## अध्याय 16

# भारत में संघीय वित्त-व्यवस्था-I

## (Indian Federal Finance-I)

**इस अध्याय में**

- भारत की संघीय वित्त-व्यवस्था के विकास का संक्षिप्त इतिहास है।
- स्वतंत्रता के पश्चात अपनाई गई संवैधानिक व्यवस्था की मुख्य विशेषताओं का वर्णन है।
- संविधान के अंतर्गत संघीय वित्त-व्यवस्था के चरणबद्ध विकास का विवेचन है।
- दर्शाया गया है कि किस प्रकार भारत में समस्त वित व्यवस्था की रचना एक वैज्ञानिक ढाँचे और आर्थिक औचित्य के अनुकूल है तथा किस प्रकार इससे संबंधित समस्याओं का पूर्वानुमान लगाते हुए उन का समाधान ढूँढने का प्रयत्न भी किया गया है।
- अंतर्सरकारीय वित्तीय असंतुलन के कारण और उसके समाधान हेतु अपनाई गई व्यवस्था का वर्णन है।
- भारत में संघीय वित्त-व्यवस्था के चरणबद्ध विकास में माल और सेवा कर (GST) के प्रत्यक्ष और परोक्ष अस्तित्व पर प्रकाश डाला गया है।
- भारत में अपनाए गए माल सेवा कर (GST) की रूपरेखा पर एक विस्तुत नोट है।
- संघ वित्त व्यवस्था संबंधी अंतर्राष्ट्रीय अनुभव का उल्लेख है।

## पृष्ठभूमि (Background)

स्वतंत्रता से पहले भारत में प्रशासनीय ढाँचे की रूपरेखा निम्नलिखित थी।

प्रशासनिक दृष्टि से समस्त देश मूलत: दो भागों में विभाजित था। एक भाग देशी रियासतों का था। इन्हें आंतरिक राजकोषीय स्वायत्तता प्राप्त थी, परंतु इनकी आंतरिक प्रशासनिक व्यवस्था में विविधता भी पाई जाती थी। इन पर ब्रिटिश सरकार का आधिपत्य था जिसे वाइसराय के माध्यम से प्रयोग किया जाता था। देश के शेष भाग पर ब्रिटिश सरकार का सीधा आधिपत्य था और इसे कई प्रांतों में बाँटा गया था। इस भाग पर केन्द्रीय स्तर पर गवर्नर जनरल के मुखियापन (headship) में मंडल सरकार (federal government) थी, प्रांतीय स्तर पर प्रांतीय सरकारें (provincial governments) थीं, और स्थानीय स्तर पर विविध प्रकार के स्थानीय निकाय थे। वाइसराय और गवर्नर जनरल के दोनों पदों पर एक ही व्यक्ति की नियुक्ति की जाती थी। अत: स्वतंत्रता से पूर्व भारत में संघीय वित्त व्यवस्था के विकास का अध्ययन केवल 'ब्रिटिश भारत' के संदर्भ में ही अर्थपूर्ण है।

भारत में संघीय वित्त व्यवस्था का चरणबद्ध विकास केन्द्रीय प्राधिकरण (central authority) से विकेन्द्रीकरण की ओर हुआ है। वर्ष 1871 तक प्रांतों के पास राजस्व के अपने वित्तीय साधन नहीं थे। उन्हें केन्द्र द्वारा दिए गए अनुदानों पर ही निर्भर रहना पड़ता था। उन्हें सर्वप्रथम 1871 में कुछ राजस्व मदें (revenue heads) सौंपी गईं, परंतु इनसे होने वाली राजस्व-प्राप्तियों की अपर्याप्तता के कारण केन्द्रीय अनुदानों की व्यवस्था भी बनी रही। सन् 1904 में **विभाजित मदों** (divided heads) की व्यवस्था को अपनाया गया। इसके अंतर्गत भूमि लगान, सिंचाई, उत्पादन शुल्क और स्टाम्प शुल्क आदि से प्राप्त राजस्व केन्द्र और प्रांतों में विभाजित किया जाता था तथा कुछ अन्य स्रोतों (जैसे कि डाक और तार, रेलवे, नमक, अफ़ीम और टकसाल आदि) से प्राप्य राजस्व केवल केन्द्र के पास रहता था। इस व्यवस्था में भी केन्द्र से प्रांतों को अनुदान देने की व्यवस्था बनी रही। भारत सरकार अधिनियम 1919 (Government of India Act, 1919, जो 1921 में लागू हुआ) के अधीन विकेन्द्रीकरण की प्रक्रिया थोड़ी और आगे बढ़ी। क्षेत्रीय और स्थानीय विविधता वाली कई राजस्व मदें प्रांतों को सौंप दी गईं, परंतु राष्ट्रव्यापी मामले केन्द्र के पास ही रहे। इस प्रकार भूमि लगान, सिंचाई, उत्पादन शुल्क, स्टाम्पस और पंजीकरण तथा वन आदि प्रांतों को, तथा आय कर, डाक-तार, रेलवे, नमक, अफ़ीम, सीमा शुल्क, करेंसी, सिक्का निर्माण तथा टकसाल आदि केन्द्र को सौंपे गए। परंतु इस व्यवस्था में भी सरकार के दोनें स्तरों पर कार्यक्षेत्र और साधनों में तालमेल का अभाव था। प्रांतों को दिए गए वित्तीय साधनों की लोच और उत्फुल्लता कम होने से उनसे पर्याप्त राजस्व की अपेक्षा नहीं की जा सकती थी। इसके विपरीत प्रांतों के कार्यभार में लगातार फैलाव की प्रवृति निहित थी। इसके बावजूद यह दृष्टिकोण अपनाया गया कि केन्द्र की तुलना में प्रांतों के पास साधनों की अधिकता रहेगी तथा इस कारण उन्हें केन्द्र को अंशदान (contributions) देने चाहिएँ। इसी दृष्टिकोण पर आधारित **मैस्टन कमेटी** (Financial Relations Committee, Chairman, Lord Meston) का गठन किया गया, जिसने इन अंशदानों के बारे में विस्तृत सिफारिशें कीं। परंतु कुछ ही वर्षों में वस्तुस्थिति यह हो गई कि प्रांतों से केन्द्र को अंशदान देने की व्यवस्था को फिर से अपनाना पड़ा।

इससे अगला महत्वपूर्ण परिवर्तन **भारत सरकार अधिनियम 1935** [(Government of India Act, 1935) जो 1937 में लागू हुआ] के साथ आया। स्वतंत्रता के पश्चात् इसी अधिनियम के ढाँचे को भारतीय संविधान का आधार बनाते हुए केन्द्र तथा राज्यों के आपसी वित्तीय संबंधों की विस्तृत रूपरेखा की संरचना की गई। इस अधिनियम में वितीय दृष्टिकोण से एक सुदृढ़ केन्द्र का प्रावधान था। इसमें कुछ कर अनिवार्य रूप से और कुछ स्वैच्छिक आधार पर, केन्द्र और राज्यों में विभाज्य थे। इसी प्रकार केन्द्र से राज्य सरकारों को अनुदान देने की भी व्यवस्था की गई थी।

1935 के अधिनियम के अंतर्गत समस्त प्रशासनिक कार्यक्षेत्र और वित्तीय साधनों को केन्द्र और प्रांतों में इस प्रकार विभाजित किया गया कि प्रांतीय सूची में 94 अंदराज (entries), केन्द्रीय सूची में 59 अंदराज और तीसरी सूची (जो केन्द्र और प्रांतों के लिए साँझी थी) में 36 अंदराज थे। इन्हीं सूचियों में वर्णित वित्तीय साधनों के भी तीन वर्ग थे, अर्थात (क) संघीय वर्ग, (ख) प्रांतीय वर्ग और (ग) केन्द्र और प्रांतों का संयुक्त/साँझा वर्ग।

**इस तीसरी सूची में वे सभी कर और शुल्क शामिल थे जिन्हें लगाने का अधिकार केवल केन्द्र का था, परंतु जिनकी राजस्व प्राप्तियाँ केन्द्र और प्रांतों में विभाज्य थीं। इस प्रकार भारत सरकार अधिनियम 1935 द्वारा संघीय वित्त व्यवस्था की एक ऐसी नींव रखी गई जिसके ढाँचे को स्वतंत्र भारत में संघीय वित्त व्यवस्था का आधार बनाया गया।**

**1. कर-विभाजन** (Tax Sharing)

(क) धारा (Section) 138(1) के अनुसार कृषि-भिन्न आय पर करारोपण और वसूली का अधिकार केन्द्र को दिया गया, परंतु इसकी निवल प्राप्तियों (अर्थात सकल प्राप्तियों में से वसूली लागत और चीफ़ कमिशनरों के प्रांतों को दी जाने वाली राशियों को घटाने के पश्चात् की राशियों) के एक पूर्वनिश्चित अनुपात का प्रांतों को सौंपा जाना अनिवार्य था। इस प्रश्न का उत्तर कि उपरोक्त उनुपात क्या हो, बाद में तय किया जाना था। इसके अतिरिक्त केन्द्र को अपने उपयोग हेतु करों पर अधिभार (surcharge) लगाने का अधिकार भी दिया गया। पटसन उगाने वाले प्रांतों द्वारा पटसन और इसके उत्पादों पर निर्यात शुल्क में हिस्से की ज़ोरदार माँग को मानते हुए इस शुल्क का कम से कम 30 प्रतिशत प्रांतों को सौंपे जाने का भी प्रावधान था।

(ख) इसी प्रकार धारा 140 के अंतर्गत कुछ करों के ऐच्छिक विभाजन की अनुमति दी गई।

(ग) अधिनियम में यह प्रावधान भी था कि कुछ कर केन्द्र द्वारा लगाए और वसूले जाएँगे परंतु उनकी समस्त निवल प्राप्तियाँ (चीफ़ कमिशनरों को दी जाने वाली राशियों को छोड़कर) प्रांतो को सौंपी (assigned) जाएँगी। इन करों में वायु और रेल मार्गों द्वारा ढोए जाने वाले यात्रियों और वस्तुओं पर आरेपित कर, रेल के भाड़ों और यात्री-किरायों पर कर, कृषि भूमि को छोड़कर अन्य संपत्तियों की उत्तराधिकारिता पर कर, तथा स्टाम्प शुल्क शामिल थे।

**2. अनुदान** (Grants-in-Aid)

इस व्यवस्था की दूसरी विशेषता केन्द्र द्वारा प्रांतों को दिए जाने वाले अनुदान थे। धारा 142 के अंतर्गत केन्द्र द्वारा प्रांतों को शर्तयुक्त (conditional) और स्वैच्छिक (discretionary) अनुदान दिए जा सकते थे और इन अनुदानों की राशियाँ विभिन्न प्रांतों के लिए उनकी आवश्यकताओं के अनुरूप असमान हो सकती थीं। इसी प्रकार धारा 150(2) के अंतर्गत केन्द्र और प्रांतीय सरकारें को किसी भी प्रयोजन (purpose) के लिए अनुदान देने की अनुमति थी।

**3. वित्तीय असंतुलन** (Financial Imbalance)

इस अधिनियम में वित्तीय रूप से एक ऐसे सशक्त केन्द्र की स्थापना की गई जो प्रांतों से अंशदानों (contributions) पर निर्भर न हो।

**4. प्राथमिकता** (Precedence)

इस अधिनियम में यह प्रावधान भी था कि यदि केन्द्र और प्रांत समवर्ती सूची के किसी एक ही विषय पर कानून बनाएँ, तो संघीय सरकार के कानून को प्राथमिकता दी जाएगी।

## नीमियर अधिनिर्णय (Neimeyer Award)

उपरोक्त संघीय वित्तीय व्यवस्था के प्रावधानों को व्यावहारिक रूप देने हेतु, श्री ओटो नीमियर को यथोचित सिफ़ारिशें करने को कहा गया। श्री नीमियर ने 1935 की अपनी रिपोर्ट में पटसन के निर्यात शुल्क में से 60 प्रतिशत बंगाल, बिहार, असम और उड़ीसा को सौंपे जाने की सिफ़ारिश की। आय कर की निवल प्राप्तियों का 50 प्रतिशत प्रांतों को दिया गया जिसमें प्रांतों के व्यक्तिगत भाग उनकी जनसंख्या और करदाताओं के आवास के आधार पर तय किए गए और कहा गया कि ये भाग वर्ष-प्रति-वर्ष स्थिर रहने चाहिए। श्री नीमियर ने, राशियों की मात्राओं सहित, केन्द्र से प्रांतों को कालांतर में घटते-घटते अंततः लुप्त हो जाने वाले अनुदान दिए जाने की भी सिफ़ारिश की। परंतु वास्तव में, समय बीतने के साथ-साथ, घटाने के स्थान पर इन अनुदानों की राशियों को बढ़ाना पड़ा।

## देशमुख अधिनिर्णय (Deshmukh Award)

भारत का संविधान 1950 में लागू हुआ। इसके अंतर्गत केन्द्र और राज्यों में कर-विभाजन और अनुदानों की व्यवस्था के बुनियादी सिद्धांत एक वित्त आयोग की सिफारिशें की स्वीकृति के पश्चात् अपनाने का प्रावधान था और तब तक के लिए एक अस्थाई व्यवस्था की आवश्यकता थी। अतः श्री सी॰ डी॰ देशमुख की इस मुद्दे के अध्ययनोपरांत यथोचित सिफ़ारिशे करने के लिए नियुक्ति की गई। श्री देशमुख ने श्री नीमियर के अधिनिर्णय को आधार मानते हुए, आवश्यक संशोधनों सहित अपनी सिफ़ारिशें तैयार कीं। इनका विस्तृत अध्ययन किए बिना यह तथ्य नोट करने योग्य है कि इस बीच कुछ देशी रियासतों का विलय भूतपर्व प्रांतों (जिन्हें अब 'भाग क' राज्य, 'Part A' States, के नाम से जाना जाता था) के साथ हो रहा था, तथा कुछ रियासतों को आपस में ही मिलाकर 'भाग ख' राज्य ('Part B' States) बनाए जा रहे थे। अतः श्री देशमुख की कुछ सिफ़ारिशें इस विलय प्रक्रिया से उत्पन्न समस्याओं के समाधान हेतु भी थीं।

- स्वतंत्रता से पहले भारत में केन्द्र सरकार के अतिरिक्त प्रांतीय सरकारें, देशी रियासतें और विविध प्रकार के स्थानीय निकाय थे।
- संघीय व्यवस्था का धीरे-धीरे और चरणबद्ध विकास केन्द्रीकरण से विकेन्द्रीकरण की ओर हुआ।
- कालान्तर में प्रांतों को सौंपे जाने वाले साधनों में वृद्धि होती रही, और केन्द्र से प्रांतों को अनुदान भी दिए जाते रहे।
- इस विकास प्रक्रिया के अंतिम चरण ने भारत सरकार अधिनियम 1935 का रूप लिया।
- स्वतंत्रता के पश्चात् भारत के संविधान की रूपरेखा इसी अधिनियम का रूपांतर थी।
- इस अधिनियम में सरकारी विषय और साधन तीन सूचियों में बाँटे गए; संघीय कानून को प्राथमिकता दी गई, और केन्द्र से प्रांतों के कर-विभाजन और अनुदानों के रूप में साधन अंतरण का प्रावधान किया गया।

## भारतीय संविधान में संघीय वित्त-व्यवस्था
(Financial Federalism Under Indian Constitution)

**भारत में संघीय वित व्यवस्था (अंतर्राज्यीय वित्त व्यवस्था सहित) का पूर्ण तथा विस्तृत विवेचन भारतीय संविधान में लिखित रूप में उपलब्ध है। कालांतर में यह व्यवस्था चार चरणों से गुज़री है।**

### प्रथम चरण

स्वतंत्रता के पश्चात् भारत का संविधान 1950 में लागू हुआ। इसका ढाँचा बहुत हद तक भारत सरकार अधिनियम 1935 (Government of India Act, 1935) के प्रावधानों से मेल खाता है, तथा इसमें देश के लिए एक बहुस्तरीय सरकार का प्रावधान है। संविधान के इस चरण में सरकार के अस्तित्व की **अनिवार्यता दो स्तरों** पर स्वीकारी गई थी।

- अखिल भारतीय स्तर पर केन्द्रीय सरकार के रूप में, तथा
- क्षेत्रीय स्तर पर तीन वर्गों की राज्य सरकारों के रूप में, अर्थात्
  - 'भाग क' राज्य ('Part A' States) जो स्वतंत्रता से पूर्व ब्रिटिश प्रांत थे;
  - 'भाग ख' राज्य ('Part B' States) जिनका जन्म भूतपूर्व देशी रियासतों के आपसी विलय से हुआ; तथा
  - 'भाग ग' राज्य ('Part C' States) जो भूतपूर्व चीफ़ कमिशनरों के प्रांत थे।

1956 के सवैंधानिक संशोधन के पश्चात् क्षेत्रीय स्तर पर सरकारों के **दो** वर्ग अस्तित्व में आए, अर्थात्

- राज्य सरकारें (State Governments), जो भूतपूर्व 'भाग क' और 'भाग ख' राज्य सरकारें थीं; तथा
- संघ-क्षेत्रीय (Union Territories) (भूतपूर्व भाग 'ख' राज्य) सरकारें।

ध्यानयोग्य है कि भारत सरकार अयिनियम 1935 और भरतीय संविधान दोनों में कोई ऐसा कानूनी अथवा संवैधानिक प्रतिबंधन नहीं था जिसके कारण स्थानीय निकायों का अस्तित्व अनिवार्य हो। तो भी समर्थक प्रावधानों (enabling provisions) के अंतर्गत केन्द्र और राज्यों द्वारा विविध प्रकार के स्थानीय निकायों का गठन किया गया था और उन्हें वित्तीय साधन प्रदान किए गए थे।

कार्य-विषयों (subjects) और साधनों के अंतर्सरकारीय आवंटन हेतु अखिल भारतीय विशेषताओं वाले कार्य-विषय और वितीय साधन केन्द्रीय सरकार को सौंपे गए तथा क्षेत्रीय और स्थानीय प्रकृति के कार्य-विषय और वित्तीय साधन राज्य सरकारों/संघ क्षेत्रों के हिस्से में आए। कार्यकुशलता के दृष्टिकोण से संघ क्षेत्रों का प्रबंधन मुख्य रूप से केन्द्र के हाथों में दिया गया तथा उनके बजटीय लेनदेन भी इसी के बजट में शामिल किए गए। इस व्यवस्था में सभी कार्य-विषयों (subjects) को **तीन सूचियों में बांटा गया, जिनमें से प्रथम सूची केन्द्र के लिए (Union List), दूसरी राज्य सरकारों/संघ क्षेत्रों के लिए (State List), तथा तीसरी सूची सहवर्ती/साँझी (Concurrent List) थी। (यही व्यवस्था अभी भी है)**

## दूसरा चरण

भारत में संघीय वित्त व्यवस्था के दूसरे चरण का प्रारंभ 73वें और 74वें संवैधानिक संशोधनों के साथ 1 जून 1993 से हुआ। इन संशोधनों के परिणामस्वरूप अब (कुछ अपवादों को छोड़ कर) सभी राज्यों के लिए स्थानीय निकायों का गठन करना अनिवार्य है, तथा इनके कार्यक्षेत्रों की रूपरेखा भी निर्धारित कर दी गई है। इन निकायों के माध्यम से जनता को स्थानीय स्वराज का ढाँचा प्रदान करने का प्रयत्न किया गया है। ग्रामीण क्षेत्रों के लिए ये निकाय (क) ग्राम सभाएँ (ख) मध्यवर्ती निकाय, तथा (ग) पंचायतें हो सकते हैं। इसी प्रकार शहरी इलाकों के लिए स्थानीय निकायों में नगर पंचायतें, नगर पालिकाएँ, तथा नगर निगम आदि शामिल हैं। संविधान की 11वीं तथा 12वीं सूचियों में क्रमश: ग्रामीण तथा शहरी स्तर के स्थानीय निकायों के कार्यक्षेत्रों के अंदराज (entries) दिए गए हैं।

उपर्युक्त संशोधनों के पश्चात् संविधान के अनुसार स्थानीय निकायों के वित्तीय स्रोतों को **चार** वर्गों में बाँटा गया है।

- **सौंपे गए साधन (Assigned resources)**–एक राज्य सरकार राज्य सूची में से कुछ कर, शुल्क, चुंगियाँ तथा फ़ीसें इन निकायों को सौंप सकती हैं।
- **आबंटित राजस्व (Shared revenue resources)**–एक राज्य सरकार राज्य सूची में से कुछ करों, शुल्कों, चुंगियों तथा फ़ीसों की वसूलियों को स्थानीय निकायों के साथ बाँट सकती है।
- **अनुदान (Grants)**–एक राज्य सरकार स्थानीय निकायों को अनुदानों द्वारा साधन अंतरित कर सकती है।
- **ऋण (Loans)**–एक राज्य सरकार स्थानीय निकायों को ऋण देने की भी अधिकारी है।

**राज्य वित्त आयोग (State Finance Commission)**–इसके अतिरिक्त, स्थानीय निकायों की वित्तीय स्थिति में स्थाई सुधार लाने हेतु प्रत्येक राज्य में स्थानीय निकायों के लिए प्रति पाँचवें वर्ष (अथवा इससे पहले) एक वित्त आयोग के गठन का भी प्रावधान है। इस वित्त आयोग का कार्य यह है कि:

- स्थानीय निकायों की वित्तीय स्थिति का अध्ययन करे।
- उन सिद्धांतों की सिफ़ारिश करे जिनके आधार पर राज्य सरकार से उन्हें अंतरित किए जाने वाले तथा विभाज्य करों, शुल्कों, चुंगियों, तथा फ़ीसों का चयन किया जाए।
- उन सिद्धांतों की सिफ़ारिश करे जिनके आधार पर राज्य सरकार से उन्हें अनुदान दिए जाएँ।
- उन सिद्धांतों की सिफ़ारिश करे जिनके आधार पर एक राज्य से अंतरित साधनों में स्थानीय निकायों के व्यक्तिगत भाग तय किए जाएँ।
- स्थानीय निकायों की वित्तीय स्थिति में सुधार हेतु उपायों की सिफ़ारिश करे।
- प्रत्येक उस मामले पर अपनी सिफ़ारिशें दे जिसका निर्देश इसे स्थानीय निकायों की वितीय स्थिति में सुधार हेतु राज्यपाल द्वारा दिया गया हो।

**तीसरा चरण**

भारत में संघीय वित्त व्यवस्था का तीसरा महत्वपूर्ण चरण संविधान के 80वें संशोधन (जून 2000) से प्रारंभ हुआ। इस संशोधन के द्वारा भारत सरकार और राज्यों में **कर-विभाजन की व्यवस्था में बुनियादी परिवर्तन** किया गया है। पुस्तक में यथोचित स्थानों पर इस संशोधन से उत्पन्न परिवर्तनों का उल्लेख किया गया है।

इसी चरण में एक अन्य महत्त्वपूर्ण परिवर्तन, वर्ष 2004 से प्रभावी, संविधान के 88वें संशोधन के रूप में आया। इस संशोधन से पहले केन्द्र अपने **अवशिष्ट करारोपण अधिकारों** (residuary taxation powers) के प्रयोग से **सेवा कर** आरोप सकता था, परंतु इस संशोधन द्वारा केन्द्र सरकार को सेवा-कर आरोपण के **प्रतयक्ष** अधिकार दिए गए। ध्यानयोग्य है कि यद्यपि सेवा कर **लगाने** का अधिकार केन्द्र को दिया गया था, इसकी **वसूली** और इससे प्राप्त राजस्व का केन्द्र और **राज्यों में बंटवारा** इस बारे में संसद द्वारा पारित कानून के अंतर्गत तय होता था।

- स्वतंत्रा के पश्चात् भारत की संघ वित्तीय व्यवस्था का विकास तीन चरणों में हुआ है।
- प्रथम चरण में सरकार का अनिवार्य अस्तित्व केवल दो स्तरों पर था।
- कार्य-विषयों ओर साधनों की तीन सूचियाँ थीं।
- केन्द्र को करारोपण के अवशिष्ट अधिकार थे।
- दूसरें चरण में स्थानीय निकायों के गठन को अनिवार्यता प्रदान की गईं
- उनके कार्य-विषय ग्यारहवीं और बारहवीं सूचियों में हैं। परंतु साधनों के लिए वे अभी भी राज्यों पर निर्भर हैं। इस चरण में राज्य वित्त आयोग की संस्था का भी जन्म हुआ।
- तीसरे चरण में केन्द्र और राज्यों में कर-विभाजन की व्यवस्था में एक बुनियादी परिवर्तन हुआ। केन्द्र को सेवा कर लगाने का प्रत्यक्ष अधिकार दिया गया, परंतु इसकी वसूली और इसके विनियोजन पर संसद द्वारा पारित कानून के अनुसार केन्द्र और राज्यों की साँझेदारी रखी गईं।

**चौथा चरण**

भारत में संघीय वित्त व्यवस्था का चौथा चरण 101वें संवैधानिक संशोधन के साथ प्रारंभ हुआ। इस चरण में एक अखिल भारतीय एकीकृत (integrated) वस्तु और सेवा कर (Goods and Services Tax, GST) लागू किया गया, जिसमें बहुत से (परन्तु सभी नहीं) केन्द्र और राज्यों के परोक्ष कर समाहित थे। इस कारण केन्द्र और राज्यों को कई परोक्ष करों को एक साथ लगाने का अधिकार मिल गया। साथ ही संविधान की सातवीं अनुसूची (Seventh schedule) में भी कुछ परिवर्तन हुए जो नीचे वणित हैं।

## कार्य-विषयों और साधनों का आवंटन (Allocation of Functions and Resourcs)

भारत का संविधान 1950 में लागू हुआ। इसमें भारत सरकार अधिनियम 1935 की अधिकतर विशेषताओं को अपनाया गया। प्रशासनिक और वित्तीय कार्यकुशलता को सुनिश्चित करने हेतु, इसमें प्रशासन के कार्य-विषयों और वित्तीय साधनों की तीन सूचियाँ बनाई गईं, जिनमें से एक केंद्र के लिए, एक राज्यों के लिए तथा एक दोनो की सहवर्ती थी। सामान्यत: केन्द्र को अखिल भारतीय अथवा अंतर्राज्यीय विशेषताओं वाले विषय और साधन सौंपे गए तथा क्षेत्रीय और स्थानीय विशेषताओं वाले विषय और साधन राज्यों को दिए गए। साथ ही अंतर्सरकारीय साधन-अंतरण की व्यवस्था भी की गई। उपरोक्त तीनों सूचियाँ संविधान की 7वीं सारणी (Seventh Schedule) में हैं।

## प्रथम सूची: संघ सूची (First List: Union List)

**कर राजस्व** (Tax Revenue)

संघ सूची में 100 इंद्राज/प्रविष्टियाँ (entries) थीं, जिनमें से निम्नलिखित केन्द्र सरकार के कर राजस्व की मदें थीं-

1. कृषि-भिन्न आय पर कर (इंद्राज 82);
2. सीमा शुल्क, निर्यात शुल्क सहित (इंद्राज 83);
3. भारत में उत्पादित अथवा निर्मित तम्बाकू तथा अन्य वस्तुओं पर उत्पादन शुल्क (excise duty) सिवाय
   (क) मानवीय उपभोग के लिए शराब (alcoholic liquor) के, तथा
   (ख) अफ़ीम, देशी भाँग तथा अन्य नशीली औषधियों एवं मादक पदार्थों के (परंतु ऐसी औषधीय और प्रसाधन सामग्रियों को छोड़कर जिनमें इन पदार्थों का प्रयोग किया गया हो) (इंद्राज 84);
4. निगम कर (corporation tax) (अर्थात् कंपनियों की आय पर कर; इसकी परिभाषा संविधान के अनुच्छेद 366 में दी गई है) (इंद्राज 85);
5. कृषि भूमि को छोड़कर, व्यक्तियों और कंपनियों की परिसंपत्तियों के पूँजी मूल्य पर कर, कंपनियों की पूँजी पर कर (इंद्राज 87);
6. कृषि भूमि को छोड़ कर, अन्य संपत्ति पर संपदा कर (estate duty) (इंद्राज 87);
7. कृषि भूमि को छोड़कर अन्य संपत्ति पर अर्थांतरण (succession) कर (इंद्राज 88);
8. रेलवे, सागर तथा वायु यातायात से जाने वाले यात्रियों और वस्तुओं पर अंतस्थ कर (Terminal taxes); रेल के किरायों और भाड़ों पर कर (इंद्राज 89);

9. स्टॉक एक्सचेंजों और आगामी मंडियों (Future Markets) में होने वाले सौदों पर स्टाम्प शुल्कों को छोड़कर अन्य कर (इंद्राज 90);

10. विनिमय पत्रों (Bills of Exchange), चैकों, प्रोनोटों (प्रामिस्सरी नोटों), लदान पत्रों (Bills of Loading), साख पत्रों (letters of credit) तथा बीमा पालिसियों, शेयरों, ऋण पत्रों (debentures), प्रतिपत्रों (proxies) और रसीदों के हस्तांतरण पर स्टाम्प शुल्क की दरें (इंद्राज 91);

11. समाचार पत्रों के क्रय विक्रय पर तथा उनमें प्रकाशित विज्ञापनों, तथा रेडियो और टेलीविज़न पर प्रसारित विज्ञापनों पर कर (इंद्राज 92);

12. समाचार पत्रों को छोड़ कर अन्य वस्तुओं के क्रय-विक्रय पर कर जब यह क्रय-विक्रय अंतर्राज्यीय व्यापार अथवा वाणिज्य के कारण हो (इंद्राज 92–A);

13. व्यापार अथवा वाणिज्य के लिए वस्तुओं के अंतर्राज्यीय प्रेषण (Consignments) पर कर (इंद्राज 92–B);[1]

14. सेवाओं पर कर (इंद्राज 92–C);[2]

15. इस सूची से संबद्ध मामलों पर वे फ़ीसें जो किसी न्यायालय में न ली गई हों (इंद्राज 96);

16. सुप्रीम कोर्ट (उच्चतम न्यायालय) में ली गई फ़ीसें (इंद्राज 77);

17. कोई भी अन्य कर जिसका वर्णन राज्य सूची अथवा सहवर्ती सूची में न हो।

केन्द्रीय सूची के उपरोक्त खण्ड में माल और सेवा कर के कारण, इन्द्राज 84 को संशोधित किया गया तथा इन्द्राज 92 और 92C हटा दिए गए।

**कर-भिन्न राजस्व** (Non-Tax Revenue)

केन्द्रीय सरकार के कर-भिन्न राजस्व में निम्नलिखित मदें शामिल हैं।

**1. उधार**–संविधान के अनुच्छेद 292 के अंतर्गत भारत सरकार भारत की समेकित निधि (Consolidated Fund of India) की आवश्वस्तता (guarantee) के आधार पर देश के अंदर से तथा विदेशों से उधार ले सकती है। इस संदर्भ में संसद को अपनी इच्छानुसार ऋण की मात्रा को सीमाबद्ध करने का अधिकार है।

**2. उद्यम तथा एकाधिकार**–इस वर्ग में करेंसी, सिक्का निर्माण तथा टकसाल, भारतीय रिज़र्व बैंक, रेलवे, डाक-तार तथा अन्य वाणिज्यिक और गैर-वाणिज्यिक उद्यम, तथा लाटरियों आदि से होने वाली आय शामिल है।

**3. प्रशासनिक कार्यकलाप तथा आधिपत्य (Sovereign Rights)**—इन प्राप्तियों के उदाहरणों में (क) सरकारी संपत्ति से आय, (ख) व्यपगमन (lapses) तथा राजगमन (escheat) से मिलने वाली आय अथवा संपत्ति, (ग) युद्ध-क्षति पूर्ति (war indemnities), (घ) तथा अफ़ीम की खेती, निर्माण तथा निर्यात आदि से होने वाली आय आदि शामिल हैं।

---

1 यह इंद्राज 46वें संवैधानिक संशोधन के उपरांत फरवरी 1983 में किया गया, ताकि कई प्रकार से होनी वाली केन्द्रीय बिक्री कर की चोरी को रोका जा सके। कानूनी परिपूर्णता के लिए अनुच्छेद 366 में धारा (29–A) जोड़ी गई तथा अनुच्छेद 269 में एक इंद्राज की बढ़ोतरी की गई।

2 88वें संवैधानिक संशोधन (2003) के परिणामस्वरूप वर्ष 2004 में किया गया इंद्राज।

## द्वितीय सूची : राज्य सूची (Second List: State List)

इस सूची में राज्यों के कार्य-विषयों और वित्तीय साधनों को दर्शाने हेतु 66 इंद्राज हैं जिनमें से वित्तीय साधनों से संबद्ध निम्नलिखित हैं।

**कर राजस्व** (Tax Revenue)

इस सूची में राज्य सरकारों के कर राजस्व के निम्नलिखित स्रोत थे-

1. भू-राजस्व (इंद्राज 45);
2. कृषि आय पर कर (इंद्राज 46);
3. कृषि भूमि के अर्थांतरण पर शुल्क (इंद्राज 47);
4. कृषि भूमि पर संपदा कर (इंद्राज 48);
5. भूमि खंडों तथा भवनों पर कर (इंद्राज 49);
6. खनिजीय विकास हेतु संसद द्वारा पारित कानूनी प्रतिबंधनों के अंतर्गत खनन अधिकारों पर कर (इंद्राज 50);
7. राज्य में निर्मित अथवा उत्पादित निम्नलिखित वस्तुओं पर उत्पादन शुल्क तथा भारत में अन्य स्थानों पर निर्मित अथवा उत्पादित ऐसी ही वस्तुओं पर बराबर अथवा कम दर पर संतुलनकारी शुल्क (Countervailing duties) (क) मानवीय उपभोग के लिए शराब, तथा (ख) अफ़ीम, देशी भाँग तथा नशीली औषधियाँ अथवा मादक पदार्थ, परंतु उन औषधीय तथा प्रसाधन सामग्रियों को छोड़ कर जिनमें इन पदार्थों का प्रयोग किया गया हो। (इंद्राज 51);
8. किसी स्थानीय क्षेत्र में उपभोग, प्रयोग अथवा बिक्री के लिए लाई जाने वाली वस्तुओं पर कर (इंद्राज 52);
9. विद्युत के उपभोग तथा बिक्री पर कर (इंद्राज 53);
10. वस्तुओं के क्रय-विक्रय पर कर, सिवाए समाचार पत्रों के तथा सिवाए अंतर्राज्यीय बिक्री और प्रेषित माल के (इंद्राज 54);
11. विज्ञापनों पर कर, सिवाए इसके जब वे समाचार पत्रों में प्रकाशित हुए हों अथवा रेडियो या टेलीविज़न पर प्रसारित हुए हों (इंद्राज 55);[3]
12. सड़कों तथा अंतर्देशीय जल मार्गों द्वारा जाने वाले यात्रियों तथा वस्तुओं पर कर (इंद्राज 56);
13. सड़कों पर चलने वाले वाहनों पर कर (इंद्राज 57);
14. पशुओं तथा नावों पर कर (इंद्राज 58);
15. पथ कर, अर्थात् टोल्स (इंद्राज 59);
16. धंधों, व्यापारों, रोज़गारों तथा पेशों (professions, trades, callings and employments) पर कर (इंद्राज 60);

---

[3] रेडियो और टेलीविज़न से संबद्ध टुकड़ा 1976 में 46वें संवैधानिक संशोधन के परिणामस्वरूप डाला गया।

17. प्रति-व्यक्ति कर (Capitation Taxes) (इंद्राज 61);

18. विलासिता की वस्तुओं पर कर (मनोरंजन, आमोद-प्रमोद, शर्तबाज़ी तथा जुआबाजी [betting and gambling] पर करों सहित) (इंद्राज 62);

19. दस्तावेज़ों (documents) पर स्टाम्प शुल्क की दरें, सिवाए उन दस्तावेज़ों के जिन पर स्टाम्प शुल्क लगाने का अधिकार भारत सरकार का हो (इंद्राज 63);

20. कचहरी की फ़ीसों को छोड़ कर, राज्य सूची की मदों से संबद्ध फ़ीसें (इंद्राज 66);

21. उच्चतम न्यायालय (Supreme Court) को छोड़ कर, सभी न्यायालयों में ली गई फ़ीसें (इंद्राज 65);

22. केन्द्रीय करों का भाग। (संविधान के 80वें संशोधन से पूर्व केवल कुछ निर्दिष्ट करों का भाग)।

GST के लागू होने के पर इन्द्राज 52 और 53 हटा दिए गए।

**कर-भिन्न राजस्व** (Non-Tax Revenue)

राज्यों के कर-भिन्न राजस्व में निम्नलिखित शामिल हैं:-

1. **उधार**–संविधान के अनुच्छेद 293 के अधीन एक राज्य सरकार अपनी समेकित निधि (Consolidated Fund) की आश्वस्तता पर उधार ले सकती है, परंतु यह उधार **केवल देश के भीतर से ही** लिया जा सकता है तथा ऋणदात्री भारत सरकार भी हो सकती है। राज्य के विधान मंडल द्वारा राज्य के ऋण को सीमाबद्ध किया जा सकता है। इसके अतिरिक्त यदि कोई राज्य सरकार केन्द्रीय सरकार की ऋणी हो अथवा भारत सरकार की ज़मानत पर लिए गए किसी ऋण को पूरा अथवा आंशिक रूप से चुकाना बाकी हो, तो भारत सरकार का यह अधिकार बनता है कि ऐसी राज्य सरकार पर कोई भी ऐसी शर्तें लागू कर दे जिन्हें पूरा करने के पश्चात ही वह नया ऋण ले सके।
2. राज्य सरकार के पूर्ण अथवा अधूरे स्वामित्व वाले उद्यमों से आय।
3. राज्य सरकार के स्वामित्व में सार्वजनिक संपत्ति से आय।
4. खदानों, वनों तथा निखात-निधियों से स्वत्व शुल्क (royalty from mines, forests and treasure troves)।
5. केन्द्रीय सरकार से सहायता अनुदान (grants-in-aid)।
6. केन्द्रीय सरकार से अन्य अनुदान।

## तृतीय सूचीः सहवर्ती सूची (Third List: Concurrent List)

इस सूची में वे विषय दर्ज हैं जिनसे संबद्ध केन्द्र तथा राज्य दोनों कानून बना सकते हैं। **इस सूची में कर राजस्व की कोई मद नहीं है।** इसी प्रकार इस सूची में कर-भिन्न प्राप्तियाँ सरकारी कार्यकलापों के परिणाम मात्र के रूप में हैं। यह भी स्मरणीय है कि यदि किसी विषय पर केन्द्र और किसी राज्य दोनों द्वारा कानून बनाए जाएँ तथा इनमें परस्पर विरोधाभास हो तो इनमें से केन्द्रीय कानून को मान्यता दी जाएगी।

- कार्य-विषयों और वित्तीय साधनों का अंतर्सरकारीय आवंटन तीन सूचियों में दर्शाया गया है।
- इन सूचियों में केन्द्र और राज्यों के कर-भिन्न साधन स्रोत भी दर्ज हैं।
- राज्य सरकारों को विदेशों से ऋण लेने की मनाही है।
- कुछ स्थितियों में केन्द्र भी राज्यों पर ऋण लेने संबंधी प्रतिबंधन लगा सकता है।
- संसद केन्द्र द्वारा उधार लेने पर, और राज्य विधान सभाएँ राज्यों पर उधार संबंधी प्रबिंधन लगा सकती हैं।
- कुछ परोक्ष करों को छोड़कर, करारोपण में अंतर्सरकारीय अंशाच्छादन नहीं है।
- करारोपण के अवशिष्ट अधिकार केन्द्र के पास हैं।

## महत्वपूर्ण विशेषताएँ (Important Features)

केन्द्र और राज्यों में साधन-आवंटन की कुछ ऐसी महत्वपूर्ण विशेषताएँ हैं जिनको ध्यान में रखने से भारत की संघीय वित्त व्यवस्था से संबद्ध प्रश्नों तथा समस्याओं को समझने में सहायता मिलती है।

**1. बहुस्तरीय सरकार (Multi-layer Government)**—73वें तथा 74वें संवैधानिक संशोधनों से पूर्व भारत में सरकार के अनिवार्य अस्तित्व के केवल दो स्तर थे। इन संशोधनों के पश्चात् अनिवार्य स्तर बढ़कर तीन हो गए हैं। परंतु अभी भी स्थानीय निकायों को राज्य सूची से ही कुछ कार्य तथा साधन विषय अंतरित किए जाते हैं।

**2. संघ-राज्य क्षेत्र (Union Territories)**—संघ-राज्य क्षेत्रों का कार्यक्षेत्र राज्य सूची पर ही आधारित होता है, परंतु इसके कार्यान्वयन की ज़िम्मेदारी केन्द्र पर रहती है। इन क्षेत्रों की राजकोषीय प्राप्तियाँ और संवितरण भी केन्द्रीय बजट में शामिल किए जाते हैं।

**3. करारोपण में अंशाच्छादन (Overlapping)**—प्रत्यक्ष करों के मामले में केन्द्र और राज्यों में करारोपण के अधिकारों में अंशाच्छादन बिल्कुल नहीं हैं। केवल राज्य सूची में वर्णित करों को राज्य सरकारें एक साथ, परन्तु अपने अपने भौगोलिक क्षेत्र के अन्दर, लगा सकती हैं। GST के लागू होने के पश्चात् कुछ परोक्ष कर केन्द्र और राज्यों द्वारा एक साथ लगाए जा सकते हैं।

**4. अवशिष्ट अधिकार (Residuary Powers)**—यदि किसी कराधार का वर्णन राज्य सूची तथा सहवर्ती सूची में न हो तो उस पर करारोपण का अधिकार केवल केन्द्र का है।

**5. भाड़ित करारोपण (Tax Rental)**—संविधान के अनुच्छेद 252 के अंतर्गत दो या दो से अधिक राज्य अपने करारोपण के किसी अधिकार को केन्द्र को सौंप सकते हैं। इस दशा में केन्द्र उस कर की वसूली करने के पश्चात् उस की निवल प्राप्तियाँ संबद्ध राज्यों को लौटा देता है। इस प्रकार की व्यवस्था को भाड़ित करारोपण (tax rental) की संज्ञा दी जा सकती है। उदाहरणार्थ संविधान के 80वें संशोधन से पूर्व राज्यों ने चीनी, तम्बाकू (निर्मित तम्बाकू सहित) तथा कपड़े पर बिक्री कर के स्थान पर केन्द्र को अतिरिक्त उत्पादन शुल्क लगाने का अधिकार दे रखा था (याद रहे कि केन्द्र बिक्री कर नहीं लगा सकता)। केन्द्र इन करों की निवल प्राप्तियाँ वापिस राज्यों में वित्त आयोग की सिफ़ारिशों के अनुसार बाँट देता था। 80वें संशोधन के पश्चात् इन वस्तुओं पर लगाए गए उपरोक्त अतिरिक्त

उत्पादन शुल्क केन्द्र के अन्य करों की भाँति राज्यों के साथ विभाज्य हो गए हैं। परन्तु अनुच्छेद 252 अभी भी अस्तित्व में है। अत: संशोधन-पूर्व व्यवस्था अन्य राज्य करों के मामले में अभी भी अपनाई जा सकती है।[4]

**6. प्रतिबंधन (Restrictions)**—संविधान में केन्द्र और राज्यों दोनों पर करारोपण अधिकारों पर कई प्रकार के प्रतिबंधन लगाए गए हैं। यह अपेक्षा की जाती है कि इन प्रतिबंधनों से (क) केन्द-राज्यों और (ख) अंतर्राज्यीय वित्तीय संबंधों को सुव्यवस्थित करने में सहायता मिलती है। उदाहरणार्थ:

- प्रत्येक राज्य सरकार को केवल अपने भौगोलिक क्षेत्राधिकार (सत्ता) के अंतर्गत ही करारोपण का अधिकार है।
- केन्द्र को किसी राज्य की आय अथवा संपत्ति पर कर लगाने का अधिकार नहीं है।
- कोई राज्य सरकार केन्द्र की संपत्ति पर कर नहीं लगा सकती।
- राज्य सरकार का विद्युत के वितरण तथा उपभोग पर कर लगाने का अधिकार केन्द्र अथवा रेलवे द्वारा विद्युत लिए जाने पर समाप्त हो जाता है।

**7. करारोपण, उगाही, तथा विनियोजन (Levy, Collection and Appropriation)**—भारत की संघीय व्यवस्था में सोच-विचारोपरांत करारोपण के तीन आयामों (अर्थात आरोपण, वसूली और विनियेजन) में भेदीकरण करते हुए, तथा संघीय व्यवस्था के मूल सिद्धांतों और अन्य तथ्यों को ध्यान में रखते हुए, समस्त कराधारों के इन आयामों को केन्द्र और राज्यों में बाँटा गया है। करों के आरोपण और उनकी वसूली में प्रशासनिक और वित्तीय कार्यकुशलता को प्राथमिकता दी गई है, जबकि राजस्व के विनियोजन में यह प्राथमिकता सरकारों की राजकोषीय आवश्यकताओं की तुलनात्मक गहनता पर तय की गई है। परिणामस्वरूप समस्त देश के कर-राजस्व को निम्नलिखित वर्गों में बाँटा जा सकता है।

**पहला वर्ग**–ये वे कर हैं जिन्हें राज्य सरकारें लगाती और वसूलती हैं तथा जिनकी प्राप्तियाँ भी उन्ही के पास रहती हैं। ये सब कर राज्य सूची में वर्णित हैं।

**दूसरा वर्ग**–ये वे कर हैं जिन्हें केन्द्र लगाता है, परंतु जिनको वसूलने और जिनकी प्राप्तियों के विनियोजन (स्वामित्व में लेने) का अधिकार राज्यों का है। इस व्यवस्था का उद्देश्य यह है कि अंतर्राज्यीय महत्व वाले करों की पूरे देश में एकसारिता सुनिश्चित की जा सके। अनुच्छेद 268 के अनुसार इस वर्ग में (i) स्टाम्प शुल्क तथा (ii) औषधीय और प्रसाधन वस्तुओं पर उत्पादन शुल्क शामिल हैं। इस व्यवस्था को 80वें संशोधन के उपरांत भी कायम रखा गया है।

**तीसरा वर्ग**–ये वे कर हैं जो केन्द्र द्वारा लगाए और वसूले जाते हैं, परंतु जिनकी सारी निवल प्राप्तियाँ राज्यों को अंतरित की जाती हैं। अनुच्छेद 252 और 269 इस व्यवस्था को कानूनी आधार प्रदान करते हैं।

(क) अनुच्छेद 252 के अंतर्गत राज्य अपने करारोपण के कुछ अधिकार केन्द्र को सौंप सकते हैं। इसे "कर-भाड़े" की व्यवस्था में केन्द्र उन करों को वसूलने के पश्चात् उनकी निवल प्राप्तियाँ संबंधित राज्यों में वित्त आयोग की सिफ़ारिशों के अनुसार वापिस बाँट देता है। 80वें संशोधन से पूर्व इस अनुच्छेद के अंतर्गत केन्द्र चीनी, तम्बाकू, तथा कपड़े पर (राज्यों द्वारा बिक्री कर के स्थान पर) अतिरिक्त उत्पादन शुल्क (additional Duties of Excise in Lieu of Sales Tax) लगा रहा था। इस संशोधन के उपरांत इन तीनों वस्तुओं पर ये उत्पाद शुल्क केन्द्र की

[4] यह तथ्य नोट करने योग्य है कि भविष्य में इस प्रावधान का प्रयोग राज्यों द्वारा अपनाए जा रहे मूल्यवर्धन के रूपाकार द्वारा प्रभावित हो सकता है।

अपनी कर राजस्व प्राप्तियों के अंग बन गए हैं, तथा अन्य करों की भांति राज्यों के साथ विभाज्य हो गए हैं। परंतु अनुच्छेद 252 अभी भी पूर्ववत कायम है जिसका अर्थ यह है कि भविष्य में केन्द्र और राज्यों में कर भाड़े की व्यवस्था फिर से कुछ अन्य करों के लिए अपनाई जा सकती है।

(ख) अनुच्छेद 269 के अंतर्गत वे कर आते हैं जिन्हें राज्यों द्वारा केन्द्र को कर भाड़े के रूप में हस्तांतरित करने की आवश्यकता नहीं है। इस अनुच्छेद द्वारा केन्द्र को वैसे ही इसमें वर्णित करों को लागू करने और वसूलने का अधिकार प्राप्त है। परंतु ऐसा करने पर उनकी निवल प्राप्तियाँ राज्यों को अंतरित करना अनिवार्य है। 80वें संशोधन से पूर्व इस अनुच्छेद में 7 इंद्राज थे, परंतु अब इनमें से केवल "समाचार पत्रों को छोड़कर व्यापार अथवा वाणिज्य के लिए अंतर्राज्यीय प्रेषित माल पर कर" का इंद्राज ही बचा है (ध्यानयोग्य है कि संघ **सूची** में यह प्रावधान अभी भी कायम हैं)।

## साधन हस्तांतरण की व्यवस्था (Provision for Resource Transfers)

भारतीय संविधान की संरचना के समय ही एक प्रभावी, न्यायसंगत और परिस्थितियों के अनुकूल नम्य अंतर्सरकारीय साधन-अंतरण की व्यवस्था की आवश्यकता को पहचानते हुए केन्द्र से राज्यों को (1) **कर-विभाजन,** (2) **अनुदान** तथा (3) **ऋणों** के रूप में संसाधन अंतरण की व्यवस्था की गई है। इसी प्रकार संविधान के 73वें और 74वें संशोधनों के पश्चात् अब यह अपेक्षा की जाती है कि राज्यों से स्थानीय निकायों को साधन अंतरण की एक वस्तुपरक (objective) और व्यवस्थित प्रणाली का गठन किया जाएगा और इस प्रणाली में राज्यों के वित्त आयोगों की वही भूमिका होगी जो केन्द्र से राज्यों को साधन-अंतरण प्रणाली में केन्द्रीय वित्त आयोग की है।

स्मरणीय है कि हमारे संविधान में कोई ऐसा स्पष्ट प्रावधान नहीं है जिसके अंतर्गत केन्द्र से राज्यों को साधन अंतरण में **क्षेत्रीय (अंतर्राज्यीय) आर्थिक विषमताओं** को दूर करने का लक्ष्य भी अनिवार्य हो। परन्तु फिर भी यह समस्या इतनी गंभीर है कि इसे अनदेखा नहीं किया जा सकता। इसके अतिरिक्त इस समस्या का एक अन्य पहलू यह भी है कि इसके समाधान हेतु कोई ऐसे कदम न उठाए जाएँ जिनका राज्यों के वित्तीय प्रबंधन पर प्रतिकूल प्रभाव पड़ने की आशंका हो। वैसे वस्तुस्थिति यह रही है कि वित्त आयोगों ने अपनी सिफारिशों में इस लक्ष्य पर केवल आंशिक ध्यान दिया है और अंतर्राज्यीय विषमताओं की समस्या के समाधान की मुख्य ज़िम्मेदारी योजना आयोग की ही मानी जाती रही है।

## कर-विभाजन

केन्द्र और राज्यों के बीच कर-विभाजन के बारे में बुनियादी जानकारी ऊपर दी जा चुकी है। यहाँ पर केवल कुछ नोट करने योग्य अतिरिक्त तथ्यों का वर्णन किया गया है।

- केन्द्रीय वित्त आयोग केन्द्र द्वारा लगाए जाने वाले किसी कर को लगाने, हटाने अथवा इसमें संशोधन के बारे में सिफ़ारिश नहीं कर सकता। इसकी सिफ़ारिशें, संवैधानिक सीमाओं और अपनी विचारणीय सामग्री (terms of reference) को ध्यान में रखते हुए, केवल कर-प्राप्तियों के केन्द्र और राज्यों में आवंटन तक सीमित रहती हैं।
- यदि किसी कर की निवल प्राप्तियाँ केन्द्र और राज्यों में विभाज्य हों तो आयोग की सिफ़ारिशों के दो भाग होते हैं, अर्थात विभाजय पूँजी (divisible pool) में राज्यों के संयुक्त भाग का निर्धारण, तथा उस संयुक्त भाग में राज्यों के व्यक्तिगत भागों का निर्धारण।

• यदि किसी कर की समस्त निवल प्राप्तियाँ राज्यों को देय हों तो आयोग इनमें राज्यों के केवल वैयक्तिक भागों की सिफ़ारिश करता है।

• कई दशकों तक केन्द्र वित्त आयोगों द्वारा प्रयुक्त शब्दावली का लाभ उठाते हुए विविध प्रकार के संघ उत्पाद शुल्क (Union Excise Duties) उन नामों से आरोपता रहा है जिनका वर्णन स्पष्ट रूप से आयोगों द्वारा नहीं किया गया था। केन्द्र द्वारा इस प्रकार के आरोपित शुल्क वित्त आयोगों की सिफ़ारिशों में वर्णित न होने के कारण राज्यों के साथ विभाज्य नहीं होते थे।

• कई दशकों तक राज्य और आलोचक केन्द्र से राज्यों को साधन-अंतरण की प्रणाली पर असंतोष प्रकट करते रहे हैं। केन्द्र द्वारा राज्यों की ओर से कर-भाड़े के अंतर्गत करारोपण और वसूली पर भी असंतुष्टि बनी रही है। 80वें संवैधानिक संशोधन से पहले केन्द्र तीन मदों (चीनी, कपड़ा और निर्मित तम्बाकू सहित तम्बाकू) पर राज्यों द्वारा बिक्री कर के स्थान पर 'अतिरिक्त उत्पादन शुल्क' लगा रहा था। राज्यों को शिकायत थी कि केन्द्र इन कर स्रोतों का इष्टतम दोहन नहीं कर रहा था। परंतु फिर भी केन्द्र इस कर-भाड़े की व्यवस्था में अन्य मदों को लाने तथा इन शुल्कों के बुनियादी उत्पादन शुल्कों में विलय के असफल प्रयत्न करता रहा।

• कई आलोचकों के मतानुसार केन्द्र केवल उन करों के इष्टतम दोहन में रुचि दर्शाता था जिनमें इसका अपना वित्तीय स्वार्थ होता था।

• परंतु फिर भी राज्य सरकारें केन्द्र के विभाज्य करों की उत्फुल्लता से लाभान्वित होती रहीं। साथ ही उनके अपने कर राजस्व में बिक्री कर (जिसका स्थान अब मूल्यवर्धन कर ले रहा है) और उत्पादन शुलकों ने भी वृद्धि दर्शाई है।

• संविधान के 80वें और 88वें संशोधनों के अपरांत कर-विभाजन की व्यवस्था में एक बुनियादी परिवर्तन आया है। अब सेवा कर के विभाजन को छोड़कर राज्यों की अन्य सभी शिकायतें लगभग दूर हो गई हैं।

• ध्यानयोग्य है कि दसवें वित्त आयोग ने यह 'सुझाव' दिया था कि कर-विभाजन प्रणाली की सभी त्रुटियों को दूर करने के लिए केन्द्र के समस्त कर राजस्व का एक पूर्वनिश्चित अनुपात राज्यों को अंतरणीय होना चाहिए, और इस अनुपात के संशोधन पर 15 वर्षों से पहले विचार नहीं किया जाना चाहिए। परंतु इस सुझाव को अपनाने के लिए संवैधानिक संशोधन की आवश्यकता थी। यह संशोधन जून 2000 से ग्यारहवें वित्त आयोग की सिफ़ारिशों की कालावधि (2000-05) के साथ लागू हुआ। साथ ही यह भी तय किया गया कि केन्द्रीय करों की विभाज्य पूँजी में राज्यों के अनुपात पर प्रत्येक वित्त आयोग विचार करेगा।

## अनुदान

केवल कर-विभाजन से केन्द्र और राज्यों के वित्तीय असंतुलन को दूर करना संभव न होने के कारण संविधान के चार अनुच्छेदों में अंतर्सरकारीय अनुदानों का प्रावधान भी है। इनमें से अनुच्छेद 273 और 278 अब निष्क्रय हो चुके हैं। केवल अनुच्छेद 275 और 282 का प्रयोग किया जा रहा है। अनुच्छेद 275(1) के अंतर्गत केन्द्र वित्त आयोग की सिफ़ारिशों पर दो प्रकार के अनुदान देता है।

• राज्यों की राजस्व आवश्यकाओं की पूर्ति के लिए (grants-in-aid of revenues); तथा

• प्रशासनिक स्तर में सुधार के लिए विशिष्ट प्रयोजन अनुदान (special-purpose grants)।

इसी प्रकार अनुच्छेद 282 के अंतर्गत केन्द्र राज्यों को 'स्वैच्छिक अनुदान' (discretionary grants) भी देता है। 'योजना अनुदानों' (Plan Grants) सहित इस अनुच्छेद का व्यापक प्रयोग किया गया है।

### ऋण

वित्त आयोग केन्द्र को नए ऋण देने की सिफ़ारिश नहीं कर सकता। केवल पहले से दिए गए ऋणों के बारे में ही सिफ़ारिशें कर सकता है और वह भी तब जब इसे राष्ट्रपति द्वारा ऐसा करने को कहा गया हो। केन्द्र राज्यों को नए ऋण स्वेच्छा से (योजना आयोग की सिफारिशों पर अथवा उनके बिना) ही देता है।

## भारत में वस्तु और सेवा कर

वस्तु और सेवा कर (GST) की कोई विश्वव्यापी मानकीकृत रूपरेखा नहीं हैं। प्रत्येक देश अपनी परिस्थितियों, आवश्यकताओं एवं बंदिशों के अनुरूप इसकी रूपरेखा तय करता है। यह भी ध्यान योग्य कि आज की आधुनिक और जटिल अर्थव्यवस्थाओं के लिए एक त्रुटिरहित GST की संरचना करना संभव नहीं है। इस में कुछ न कुछ त्रुटियाँ अवश्य रह जाती हैं। उदाहरणार्थ कुछ मदों को GST से मुक्त रखना आवश्यक हो सकता है तथा कुछ पर रियायती दरों का औचित्य हो सकता है। भारत जैसे देश में सभी करारोपित मदों के लिए समान दर मान्य नहीं हो सकती है। इसी प्रकार कुछ वस्तुओं/सेवाओं का उत्पादन एवं सेवन आदि अर्थव्यवस्था, समाज, वातावरण आदि के लिए अति हानिकारक होता है। ऐसी वस्तुओं/सेवाओं पर दंडात्मक दर पर लगाना उचित माना जाता है।

**अर्थ–**भारत के संविधान के अनुच्छेद 366(12) के अनुसार "वस्तु एवं सेवा कर वह है जो मानव सेवन हेतु शराब को छोड़ कर, अन्य वस्तुओं अथवा सेवाओं अथवा दोनों पर लगाया जाए"।

### भारत में GST

भारत में GST का प्रारंभ 101वें संवैधानिक संशोधन के साथ हुआ। यह पूरे देश पर लागू होता है और वस्तुओं/सेवाओं पर केन्द्र और राज्य दोनों एक साथ कर लगाते हैं। इस प्रकार यह एक dual model दो-स्तरीय कर है। इसके अतिरिक्त यह एक गंतव्य-आधारित (destination-based) व्यवस्था है जिसमें किसी मद के उत्पादन/सेवन आदि पर नहीं, प्रत्युत उसकी अन्तिम आपूर्ति (supply) पर कर देयता निर्धारित की जाती है। इस प्रकार करारोपित मद के प्रारम्भ से ही उसके प्रत्येक बिक्री चरण पर कर देयता की गणना के साथ-साथ उस पर अदा की गई कर राशियों का हिसाब होता जाता है। इस कर का समस्त भार अन्तिम क्रेता वहन करता है।

### I. औचित्य

भारत में GST लागू होने से पूर्व समस्त-परोक्ष कर ढाँचे का विकास अनियमित और अनियन्त्रित ढंग से हो रहा था। राज्य-स्तर पर अंतर्सरकारीय कर-प्रतिस्पर्धा थी। देश की मंडी कृत्रिम भौगोलिक खंडों में बटी हुई थी। पूरी व्यवस्था सामाजिक और आर्थिक विकास विरोधी थी। इसके अतिरिक्त कर-योग्य मदों और उन पर कर की दरों का चुनाव बहुधा राजनीतिक उद्देश्यों और निहित स्वार्थों के दबाव के दृष्टिकोणों से किया जाता था। व्यवस्था के ढीलेपन के कारण कर चोरी के अवसर भी व्यापक थे।

इस स्थिति में स्थाई सुधार हेतु एक देश-व्यापी GST, जिसमें देश से अधिक से अधिक परोक्ष कर समाहित हों, का होना अति वाँछनीय था और हमारी संघीय व्यवस्था के कारण इसके दो-स्तरीय (dual) मॉडल की उपयुक्तता और भी अधिक थी। अपेक्षित है कि यह नई व्यवस्था प्रशासन, अर्थव्यस्था, कारोबारियों, कर दाताओं

और उपभोक्ताओं सभी के लिए अति हितकर सिद्ध होगी। इस संदर्भ में निम्नलिखित बातें विशेष रूप से ध्यान योग्य है:-

1. देश भर में कर की समान दर होने के फलस्वरूप, प्रत्येक मद की मंडी निर्बाध, और देशव्यापी हो जाती है। इसकी मंडी का भौगोलिक विस्तार इसके उत्पादन स्थान पर निर्भर नहीं करता।
2. राज्यों की परस्पर कर प्रतिस्पर्धा की कोई गुंजाइश नहीं बचती।
3. इस व्यवस्था में 'कर-पर-कर' की स्थिति उत्पन्न नहीं होती। वस्तुओं/सेवाओं पर कर का बोझ घटता है जिससे उपभोक्ता लाभान्वित होते हैं।
4. कई परोक्ष करों की तुलना में GST का प्रबंधन सुगम और किफायती होता है। इससे कराधान के कई नकारात्मक प्रभावों में कमी आती है।
5. GST कर-चोरी रोकने में सहायक होती है। सरकार अपने बढ़ते कर-राजस्व से कल्याणकारी परियोजनाओं का वित्त पोषण अधिक सुगमता से कर सकती हैं।

**II. आवृत्त क्षेत्र** (Coverage)

भारत में GST में परोक्ष करों का एक भाग ही समाहित है जिसकी व्यवस्था निम्नलिखित है।

**(क) केन्द्रीय परोक्ष कर**

- दवाईयों और प्रसाधन साम्रगी **सहित** उत्पाद शुल्क;
- कपड़ा और कपड़ा उत्पादों सहित अतिरिक्त उत्पाद शुल्क;
- आयात शुल्कों को छोड़कर आयात;
- सेवा कर;
- प्रतिकारी शुल्कों के नाम से विख्यात अतिरिक्त सीमा शुल्क;
- विशेष अतिरिक्त आयात शुल्क; तथा
- वस्तुओं और सेवाओं से संबंधित उपकर एवं अधिकार।

**(ख) राज्य परोक्ष कर**

- राज्य मूलवर्धन/बिक्री कर;
- केन्द्रीय बिक्री कर;
- चुंगी एवं प्रवेश कर;
- विलासिता कर;
- लाट्री, शर्तबाज़ी एवं जूए पर कर;
- विज्ञापनों और मनोरंजन पर कर जो स्थानीय निकायों द्वारा न लगाए गाए हैं।;
- राज्य उपकर और अधिकार।

**(ग) गैर-समाहित कर**

(i) केन्द्रीय

- सीमा शुल्क

(ii) राज्यीय

- मुद्रा शुल्क (stamp duties);
- वृत्ति कर (professional tax);
- मोटर वाहन कर।

**(घ) वे कर जिन का GST में समाहित होना शेष है:**

- मानव सेवन हेतु शराब पर शुल्क
- पेट्रोलियम उत्पादों पर कर/शुल्क

### III. कानूनी व्यवस्था

संसद और राज्य विधान मंडल GST से संबंधित कानून बनाने के अधिकारी है। संसद का कानून पूरे देश पर और प्रत्येक विधान सभा का कानून उसी राज्य पर लागू होता है। अन्तर्राज्यीय व्यापार, वाणिज्य, खेपों तथा आयात से संबद्ध कानून बनाने का अधिकार संसद के पास है।

### IV. करारोपित/कर-मुक्त मदें

GST में वर्णित आइटमों को निम्नलिखित वर्गों में बाँटा जा सकता है:-

(क) *केन्द्र और राज्य दोनों द्वारा करारोपित मदें।* इन मदों पर करों की उगाही और उनका विनियोग (appropriation) कार्य केन्द्र और राज्य दोनों के हाथों में रहता है जिसकी रूपरेखा GST परिषद की सिफारिशों पर संसद द्वारा पारित कानूनों के अनुसार निर्धारित होती है।

(ख) *केवल केन्द्र द्वारा करारोपित मदें।* इन मदों से केवल केन्द्र कर उगाहता और उनका विनियोग करता है।

(ग) *केवल राज्यों द्वारा करारोपित मदें।* इन करों की उगाही और उनका विनियोग केवल राज्य करते हैं।

(घ) *वे कर जो केन्द्र लगाने और उगाहने के पश्चात् राज्यों को हस्तांतरित कर देता है।* इन मदों में व्यापार, वाणिज्य और खेपें आते हैं। ध्यानयोग्य है कि देश में आयातों को अंतर्राज्यीय व्यापार मानते हुए भी आयात शुल्कों की समस्त राजस्व प्राप्तियाँ राज्यों को हस्तांतरित नहीं की जाती; उनका एक भाग केन्द्र रख लेता है। यह भाग GST परिषद की सिफारिशों पर संसद द्वारा निर्धारित किया जाता है।

(ङ) *मुद्रा शुल्क (stamp duties)।* ये शुल्क केन्द्र द्वारा लगाए जाते हैं, परन्तु राज्यों द्वारा उगाहे और विनियोग किए जाते हैं।

(च) *GST मुक्त मदें।* मानव सेवन हेतु शराब तथा तम्बाकू और इसके उत्पादों पर उत्पाद शुल्कों को GST में समाहित नहीं किया गया।

(छ) *GST में बाद में समाहित किए जाने वाले कर,* जैसे खनिज तेल और गैस उत्पादों पर शुल्क/कर।

### V. GST की दरें

भारत की GST की उच्चतम दर की कोई संवैधानिक सीमा नहीं है। इसकी दरें GST परिषद की सिफारिशों पर संसद द्वारा निर्धारित की जाती हैं। वर्तमान में पूर्ति कीमत पर आधारित चार दरें हैं; अर्थात, 5%, 12%, 18% और 28% GST दरों के चार सैट है:-

(क) दो सैट उन मदों के लिए हैं जिन पर केन्द्र और राज्य दोनों कर लगाते हैं। केन्द्र प्रत्येक विचाराधीन मद की समस्त पूर्ति पर कर उगाहता है और प्रत्येक गंतव्य राज्य अपने-अपने भाग पर कर उगाहता है।

(ख) एक सैट वह है जो केवल केन्द्र द्वारा करारोप्य मदों पर लागू होता है।

(ग) एक सैट वह है जो केवल राज्यों द्वारा करारोप्य मदों पर लागू होता है।

## VI. संबंधित शब्दवाली

GST के संदर्भ में निम्नलिखित शब्दवाली विशेष रूप से ध्यान योग्य है:-

(क) केन्द्रीय GST (Central GST, CEST), अर्थात केन्द्र द्वारा आरोपित और उगाहे जाने वाले GST;

(ख) राज्य GST (state GST, SGST), अर्थात राज्यों द्वारा आरोपित और उगाहे जाने वाले GST;

(ग) एकीकृत GST (Integrated GST, IGST), अर्थात GST परिषद की सिफारिशों पर आधारित, केन्द्र द्वारा आरोपित और उगाहे जाने वाले अंतर्राज्यीय व्यापार, वाणिज्य एवं खेपों पर GST.

## VII. GST परिषद (GST Council)

संविधानुसार राष्ट्रपति द्वारा नियुक्त GST परिषद का मुख्य कार्य यह है कि वह निम्नलिखित मामलों पर अपनी सिफारिशें करे:

(क) GST में समाहित किए जाने वाले वे कर, उपकर और अधिकार जो केन्द्र, राज्यों और स्थानीय निकायों द्वारा लगाए जा रहे हों;

(ख) GST की सीमा में आने वाली और इससे बाहर रहने वाली वस्तुएँ और सेवाएँ;

(ग) GST के मॉडल कानून, करारोपण के नियम, तथा केन्द्र और राज्यों में GST प्राप्तियों का बंटवारा;

(घ) अनुच्छेद 269A के अनुसार अंतर्राज्यीय व्यापार, वाणिज्य, खेपों की पूर्ति पर आरोपित कर, तथा पूर्ति-स्थान के निर्धारण के नियम;

(ङ) निम्नत्तर दरों सहित GST दरों की दर-बैंड;

(च) कुछ समय के लिए, किसी प्राकृतिक आपदा से निपटने के लिए साधन जुटाने हेतु विशेष करों की दरें;

(छ) शेष परोक्ष करों को GST में समाहित करने की तिथियाँ;

(ड़) वह न्यूनत्तम आकार जिससे छोटे कारोबार GST से मुक्त रहेंगे;

(झ) अरूणाचल प्रदेश, असम, जम्मू और कश्मीर, मणिपुर, मेघालय, मिजोरम, नागालैण्ड, सिक्किम, त्रिपुरा, हिमाचल प्रदेश और उत्तराखण्ड के लिए विशेष प्रावधान;

(ञ) GST के लागू होने पर राज्यों को होने वाली राजस्व हानि की पाँच वर्षों के लिए क्षति पूर्ति;

(ट) GST संबन्धित कोई अन्य मामला।

## VIII. निष्कर्ष

GST से अनेकों अपेक्षित लाभ होने के साथ-साथ प्रारम्भ में कई प्रकार की कठिनाइयों और समस्याओं का उभरना भी अनिवार्य था।

GST की एकल दर केवल कुछ अति विकसित देशों में ही संभव है। भारत में इसके अनुकूल स्थिति केवल एक दूरगामी सपना है।

हमारा लक्ष्य यह होना चाहिए कि शेष बचे परोक्ष कर भी शीघ्र ही GST में समाहित हो जाएँ।

# अंतर्राष्ट्रीय अनुभव

## 1. एकसारिता का अभाव

स्मरणीय है कि संघ वित्तीय व्यवस्था का कोई सर्वमान्य अंतर्देशीय प्रारूप (ढाँचा, format/model) नहीं है। प्रत्येक देश में इसका विकास उसकी ऐतिहासिक एवं अन्य परिस्थितियों की देन है। संघीय वित्तीय व्यवस्था में कई प्रकार की (व्यय और कराधिकार, अतर्सरकारीय साधन अंतरण, बजटिंग, उधार आदि) अंतर्राष्ट्रीय विविधता पाई जाती है। कहीं पर एक ही कराधार पर दो अथवा दो से अधिक स्तरों की सरकारों को करारोपण का अधिकार है तो कहीं पर एक सरकार द्वारा की गई कर वसूली का बंटवारा है, और कहीं पर नहीं। परंतु इस विविधता में एक सर्वस्वीकार्य मत यह है कि प्रशासनिक सेवाओं की इष्टतम उत्पादिता सुनिश्चित करने हेतु बहुस्तरीय सरकार का होना आवश्यक है।

इस संदर्भ में निम्नलिखित तथ्य नोट करने योग्य हैं।

**(क) लिखित संविधान**–भारत में संघीय वित्त व्यवस्था एक अति स्पष्ट और विस्तृत संविधान द्वारा नियमित होती है। यद्यपि लिखित संविधान कई देशों में हैं, उनमें भारत जैसी स्पष्टता नहीं मिलती अत: कई देशों में संवैधानिक संशोधन के बिना भी करारोपण के अधिकारों के केन्द्रीकरण की वृत्ति देखी गई है।

**(ख) कराधान का अंशाच्छादन**–भारत में 101वें संशोधन से पूर्व कराधान में अंशाच्छादन (overlapping/concurrency) नहीं था और प्रत्यक्ष करों में अभी भी नहीं है। और इसके अवशिष्ट अधिकार (residuary powers) केन्द्र के पास हैं। इसके विपरीत कई देशों में अंशाच्छादन भी है और अवशिष्ट अधिकारों के बारे भी स्पष्टता नहीं है।

**(ग) संरक्षण**–भारत के संविधान में एक सरकार द्वारा दूसरी सरकार पर कर लगाने पर कई प्रकार के स्पष्ट प्रतिबंधन हैं। संयुक्त राज्य अमेरिका जैसे कई देशों में इस प्रकार का संरक्षण नहीं है।

**(घ) अनुदान**–भारत में अनुदानों द्वारा अंतर्सरकारीय साधन अंतरण का सीमाओं और प्रतिबंधनों सहित स्पष्ट प्रवधान है। कई देशों में ऐसा नहीं है। केवल कालान्तर में अनुदानों की प्रथा का विकास हुआ है।

## 2. विशिष्ट उदाहरण

**संयुक्त राज्य अमेरिका** में फैडरल सरकारों के अतिरिक्त एक फैडरल जनपद और 89500 स्थानीय निकाय हैं। संविधान के अनुसार राज्यों को वे सब प्रशासनिक अधिकार प्राप्त हैं जो स्पष्ट रूप से फैडरल सरकार को न सौंपे गए हों।

फैडरल सरकार के पास तट कर और उत्पादन शुल्कों का एकाधिकार है और अन्य करों में राज्यों के साथ साँझेदारी (concurrency) है। परंतु कालान्तर में फैडरल सरकार ने राज्यों द्वारा लगाए जाने वाले कई करों को भी अपने हाथ में ले लिया है। इसी प्रकार अमेरिका के संविधान में अनुदानों का प्रावधान नहीं है, परंतु 18वीं शताब्दी में इनका प्रारंभ विशेष अनुदानों के रूप में हुआ, और कालांतर में इनमें बढ़ोतरी होती रही है। परंतु अभी भी इन अनुदानों के बारे एक सुनिश्चित नीति, आकार-प्रकार अथवा सिद्धांतों का अभाव है।

**आस्ट्रेलिया** में कॉमनवैल्थ (केन्द्रीय) सरकार के अतिरिक्त छह राज्य, दो केन्द्रीय क्षेत्र और 774 स्थानीय निकाय हैं। इसके संविधान में केवल कॉमनवैल्थ सरकार के राजस्व स्रोतों का वर्णन है और राज्यों के बारे में संविधान चुप है। परंतु स्थानीय सरकारों को संपत्ति कर और फीसों जैसे कुछ कराधिकार विशेषतौर पर सौंपे गए

हैं। आस्ट्रेलिया के संविधान की एक विशेषता यह है कि इसमें तट को छोड़कर सरकार के एक से अधिक स्तरों को एकसाथ एक कर लगाने का अधिकार दिया गया है। परंतु वास्तविकता यह है कि राज्यों द्वारा अपनी इच्छा से इस अधिकार का प्रयोग न करने के परिणामस्वरूप आय कर, बिक्री कर, तट कर और उत्पादन कर जैसे मोटे कर कॉमनवैल्थ सरकार के हाथों में आ गए हैं। आस्ट्रेलिया के संविधान की संरचना इस प्रकार है कि इससे कालान्तर में कॉमनवैल्थ सरकार के पक्ष में वित्तीय असंतुलन बढ़ता रहे। केन्द्र के कार्य-विषय सीमित हैं जब कि इसके राजस्व स्रोत उत्फुल्लतापूर्ण हैं। साथ की केन्द्र का इस असंतुलन में बढ़ोतरी करने का प्रयत्न सफल रहा है। इसने कालान्तर में राज्यों को इस बात पर सहमत करने में सफलता पाई है कि वे आय कर, दान कर और संपदा कर जैसे कई राजस्व स्रोत कॉमनवैल्थ को सौंप दें। इस समय पेरोल, वित्तीय और पूँजी लेन-देन, जुआबाज़ी, बीमा और मोटर वाहनों पर कर राज्यों के मुख्य कर-राजस्व के स्रोत हैं। अचल संपत्ति पर करारोपण का अधिकार स्थानीय निकायों के पास है।

स्मरणीय है कि आस्ट्रेलिया के संविधान में इस वित्तीय असंतुलन के स्थाई और दीर्घकालीन समाधान के लिए कोई नीति निर्देश नहीं हैं। इस समाधान हेतु संविधान में किसी संस्था का भी प्रावधान नहीं है। इससे कॉमनवैल्थ और राज्यों में साधन अंतरण पर टकराव की स्थिति उत्पन्न होती रही है। परिणामस्वरूप साधन अंतरण की प्रणाली कालान्तर में अति जटिल बन चुकी है। इसमें नित नई समस्याएँ उभरती रहती हैं, जिनके समाधान हेतु कॉमनवैल्थ और राज्यों में नए करारों के बावजूद इसके संशोधन की माँग होती रहती है। यह भी स्मरणीय है कि अभी तक आस्ट्रेलिया में कॉमनवैल्थ के अनुदानों के अतर्राज्यीय वितरण के न तो निर्देश-सिद्धांतों का विकास हो सका है और न ही किसी वस्तुपरक व्यवस्था को अपनाया जा सका है। अत: स्थिति यह है कि आस्ट्रेलिया की संघीय वित्त व्यवस्था का निष्पादन (performance) केवल निर्णयकर्ताओं की दक्षता और ईमानदारी पर निर्भर करता है। यह भी ज्ञातव्य है कि संविधानानुसार आस्ट्रेलिया में राज्यों के बजट घाटे के हो सकते हैं। परंतु वहाँ पर पारदर्शिता के कारण इससे कोई समस्या उत्पन्न नहीं होती, और उनका प्रयास बजटीय संतुलन बनाए रखने का रहता है। इसके अतिरिक्त 1993 में पुनर्गठित 'ऑस्ट्रेलियन कॉमनवैल्थ ऋण कौंसल' के पश्चात् उनकी लेने की नीति अधिक तर्कसंगत हो गई है।

**जर्मनी** की संघीय वित्त व्यवस्था एक लिखित संविधान द्वारा नियमित होती है। इसमें फैडरल, राज्य और स्थानीय तीन-स्तरीय सरकार हैं। संविधान का उद्देश्य प्रशासनिक कार्यकलापों का विकेन्द्रीकरण और आवश्यकतानुसार प्रत्येक स्तर को निश्चित साधन स्रोतों की उपलब्धि कराना है। अत: इसमें सभी महत्त्वपूर्ण करों से राजस्व को फैडरल, राज्यों और स्थानीय स्तरों में स्पष्ट रूप से वर्णित सिद्धांतों के आधार पर बाँटा गया है। तट करों, (कुछ प्रतिबंधनों सहित) उपभोग कर, राजमार्गों पर भाड़ा कर, पूँजी के लेनदेन पर कर, बीमा कर, विनिमय बिल कर, कुछ प्रकार के संपत्ति कर, आय और निगम-आय कर, आदि जैसे राजस्व स्रोत फैडरल सरकार को सौपे गए हैं। इसी प्रकार संपत्ति कर, उत्तराधिकार कर, मोटर वाहन कर, बीयर कर, जूआ घरों पर कर, आदि राज्यों को सौपे गए हैं। कुछ कर राजस्व संविधान में वर्णित सिद्धांतों के अनुसार फैडरल सरकार और राज्यों में विभाज्य भी हैं। स्थानीय सरकारों को संपत्ति और व्यापारों पर करों के अतिरिक्त स्थानीय उपभोग कर और व्यय-कर सौंपे गए हैं। उन्हें केन्द्र और राज्यों द्वारा लगाए गए कुछ करों का भाग भी सौंपा जाता है। साथ ही उन्हें विशिष्ट-प्रयोज्य और निवेश अनुदान भी मिल सकते हैं। परंतु मूल्यवर्धन कर के बारे में प्रयाप्त स्पष्टता नहीं है। इस प्रकार समग्र व्यवस्था का उद्देश्य वित्तीय प्रशासन को उच्च-स्तरीय बनाना और अंतर्सरकारीय वित्तीय समता सुनिश्चित करना है। इसमें अल्पकालिक असंतुलन को दूर करने के लिए विविध प्रकार के अनुदानों और ऋणों का भी प्रावधान है।

**ब्राज़ील** की संघीय व्यवस्था अति विकेन्द्रीकृत है। इसमें केन्द्रीय क्षेत्र सहित 27 राज्य और 5,559 स्थानीय निकाय हैं। यह एक ऐसा देश है जिसमें संघीय वित्त व्यवस्था को सुधारने के बारंबार प्रयत्न किए जाते रहे हैं। 1988 के संविधान के लागू होने के पश्चात् संघीय व्यवस्था का विकेन्द्रीकरण और भी गहरा हो गया है। विकेन्द्रीकरण की इस दीर्घकालीन प्रवृत्ति में स्थानीय निकायों के अधिकारों में लगातार वृद्धि होती रही है। इस संदर्भ में नवीतम स्थिति इस प्रकार है।

ब्राज़ील में सरकार के तीनों स्तरों पर कर-संबंधी कानून बनाने, कर लगाने और उन्हें उगाहने संबंधी अधिकार वस्तुपरक आधार पर सौंपे गए हैं। फैडरल सरकार को तट कर और औद्योगिक वस्तुओं पर मूल्यवर्धन कर लगाने का अधिकार दिया गया है। इसे आय, ग्रामीण क्षेत्रों में उपभोग, वित्तीय लेनदेन, और 'बड़ी संपत्तियों' पर कर लगाने का अधिकार भी दिया गया है। इसे विशिष्टि कानून के अंतर्गत बारंबार न लगाए जाने वाले अतिरिक्त कर लगाने का अधिकार भी है।

राज्यों और फैडरल डिस्ट्रिक्ट (जैसे कि भारत में संघ राज्य क्षेत्र) को वस्तुओं और विशिष्ट सेवाओं, उत्तराधिकार द्वारा अंतरित संपत्ति, वसीयत-संपदा (legacy) और दान, और वाहनों के स्वामित्व पर करारोपण के अधिकार हैं।

म्यूनिस्पिल निकायों को करारोपण हेतु शहरी ज़मीन और भवनों, अचल संपत्ति का अंतरण और वे सेवाएँ सौंपी गई हैं जिन पर राज्य और फैडरल डिस्ट्रिक्टों द्वारा कर लगाना मना है।

ब्राज़ील में उपरोक्त करों के अतिरिक्त 9 प्रकार के 'सामाजिक अंशदान' हैं जिनमें से 5 पेरोल (payroll) कर हैं। उनमें से 7 अंशदान स्वास्थ्य, सामाजिक सुरक्षा, और सामाजिक सहायता संबद्ध कार्यकलापों के वित्त पोषण के लिए हैं। तेल और 'अतिरिक्त पदार्थों पर आरोपित अंशदान' को छोड़कर अन्य सभी अंशदान केवल फैडरल सरकार उगाहती है।

ब्राज़ील में अंतर्सरकारीय कर-विभाजन का भी प्रावधान है। इसके अंतर्गत राज्यों और फैडरल डिस्ट्रिक्टों को फैडरल आय कर, मूल्यवर्धन कर, और सामाजिक अंशदानों का एक भाग अंतरित होता है। इसी प्रकार म्यूनिस्पिल निकायों को फैडरल आय कर, ग्रामीण संपत्ति पर कर, और सामाजिक अंशदानों का एक भाग अंतरित किया जाता है। इसके अतिरिक्त उन्हें राज्यों और फैडरल डिस्ट्रिक्टों के करों का एक भाग भी मिलता है।

ब्राज़ील की कर प्रणाली की तीन मुख्य समस्याएँ हैं, अर्थात (क) अनेकों संचयी (cumulative) करों का होना, (ख) राज्य स्तर पर मूल्यवर्धन कर की त्रुटियाँ, और (ग) राज्यों और स्थानीय निकायों में करारोपण के अधिकारों पर झगड़े।

ज्ञातव्य है कि ब्राज़ील को राज्यों और स्थानीय निकायों के स्तर पर बारंबार राजकोषीय संकटों का सामना करना पड़ता रहा है। इस समस्या के समाधान हेतु वर्ष 2000 में राजकोषीय दायत्वि का अधिनियम पारित किया गया जिसमें बजटीय घाटों, उधारों, व्यय सिद्धांतों, और पारदर्शिता से संबद्ध प्रावधान हैं।

## शब्दावली (Key Words)

1. राजस्व मदें (revenue heads); 2. विभाजित मदें (divided heads); 3. भारत सरकार अधिनियम (Government of India Act); 4. अंशदान (contributions); 5. मैस्टन कमेटी (Meston Committee); 6. संघ सूची (Union List); 7. राज्य सूची (State List); 8. सहवर्ती सूची (Concurrent List); 9. 11वीं और 12वीं सूचियाँ (11th and 12th Schedules); 10. स्थानीय निकाय (Local Bodies); 11. आधिपत्य के अधिकार (sovereign rights); 12. संतुलनकारी शुल्क

(countervailing duties); 13. करारोपण, उगाही और विनियोजन में भेद (distinction between levying, collecting and appropriation of taxes); 14. वित्तीय असंतुलन (fiscal imbalance); 15. साधन अंतरण (resource transfers); 16. कर विभाजन (tax sharing); 17. अनुदान (grants); 18. अवशिष्ट करारोपण अधिकार (residuary taxation powers); 19. भाड़ित करारोपण (tax rental); 20. समर्थक प्रावधान (enabling provisions); 21. निगम कर (corporation tax); 22. सम्पदा कर (estate duty); 23. अर्थांतरण कर (succession tax); 24. अंतस्थ कर (terminal taxes); 25. प्रेषण कर (tax on consignments); 26. भारत की समेकित निधि (Consolidated Fund of India); 27. व्यपगमन (lapses); 28. राजगमन (escheat); 29. युद्ध–क्षति पूर्ति (war indemnities); वस्तु और सेवा कर (GST); वस्तु और सेवा कर परिषद (GST Council)

## अभ्यास प्रश्न

1. इस कथन की कुछ बुनियादी तथ्यों सहित पुष्टि करें कि विकेन्द्रीकरण भारत की संघीय वित्त व्यवस्था की मूल प्रक्रिया रही है।
2. भारत में केन्द्र और राज्यों में कर मदों के आवंटन की विशेषताओं की व्याख्या करें और इस संदर्भ में संविधान के 80वें, 88वें और 101वें संशोधनों से पहले और बाद की स्थितियों की तुलना करें।
3. केन्द्र से राज्यों और राज्यों से स्थानीय निकायों को साधन हस्तांतरण की आवश्यकता और उसके प्रकारों पर प्रकाश डालें।
4. भारत की संघीय वित्त व्यवस्था में करारोपण, उगाही तथा विनियोजन के आयामों के आधार पर करों का वर्गीकरण करें।
5. भारत की संघीय वित्त व्यवस्था में स्थानीय निकायों संबंधी संविधान के 73वें और 74वें संशोधनों की मुख्य बातों और उनसे अपेक्षित परिणामों की समीक्षा करें।
6. "स्थानीय निकायों संबंधी संविधान के 73वें और 74वें संशोधनों के पश्चात् भी उनकी वित्तीय दशा में सुधार नहीं हुआ"। कारण दर्शाते हुए इस कथन की व्याख्या करें।
7. संविधान में 80वें और 88वें संशोधनों के फलस्वरूप केन्द्र और राज्यों के वित्तीय संबंधों और साधन हस्तांतरण में आए परिवर्तनों की समीक्षा करें।
8. भारतीय संविधान के अंतर्गत केन्द्र और राज्यों में वित्तीय साधनों के आवंटन का विवेचन करते हुए यह दर्शाएँ कि केन्द्र से राज्यों को साधन हस्तांतरण क्यों आवश्यक है।
9. क्या आप इस कथन से सहमत हैं कि भारत की वर्तमान संघीय वित्त व्यवस्था में राज्यों और स्थानीय निकायों की वित्तीय सुरक्षा सुनिश्चित नहीं की जा सकती।
10. इस दावे की तर्क सहित समीक्षा करें कि भारत में राज्यों को स्वायत्तता भी प्राप्त है और साथ-साथ साधनों की पर्याप्तता भी सुनिश्चित की गई है।
11. GST पर एक व्याख्यात्मक और विश्लेषणात्मक नोट लिखें।
12. GST के कारण भारत के संघीय वित्तीय ढाँचे पर होने वाले परिवर्तन पर प्रकाश डालें।
13. अखिल भारतीय एकीकृत GST से अपेक्षित हितों तथा इसे एक सुचारू रूप देने में कठिनाइयों पर एक नोट लिखें।
14. भारत की संघीय वित्त व्यवस्था का कुछ अन्य देशों की व्यवस्था से तुलना करते हुए अपने विचार प्रकट करें।

# अध्याय 17

# भारत में संघीय वित्त व्यवस्था-II

(Federal Finance in India-II)

**इस अध्याय में**

- हमारी संघीय व्यवस्था में अंतर-सरकारी राजकोषीय असंतुलन तथा अन्य मुद्दों और समस्याओं के संदर्भ में वित्त-आयोगों की भूमिका का अध्ययन है।
- वित्त आयोग के क्षेत्राधिकार, विचारणीय-सामग्री और उनसे लगे अन्य मुद्दों आदि का आलोचनात्मक अध्ययन है।
- अंतर-सरकारीय संसाधन विभाजन और अंतरण में वित्त आयोग की बदलती भूमिका का विवेचन है।
- अंतर-सरकारीय संसाधन अंतरण से संबद्ध सभी महत्वपूर्ण तथ्यों का विवेचन है।
- वित्त आयोग द्वारा अनुदानों तथा संसाधन विभाजन में वित्त आयोग की सक्रिय भूमिका और उसकी उपयुक्त का अध्ययन हैं।
- वित्त आयोग की कार्य-पद्धति और निष्पादन की विभिन्न प्रकार की कमियों को उभारा गया है।
- भारत में संघीय वित्त व्यवस्था के प्रचालन का मुल्यांकन है।
- राजकोषीय अनुशासन, समेकन, तथा अन्य सुधारों में वित्त आयोगों की भूमिका का अध्ययन है।
- पंद्रहवें वित्त आयोग की नियुक्ति और विचारणीय सामग्री पर टिप्पिड़याँ हैं।

## प्रथम खंड–वित्त आयोग

(The Finance Commission)

### परिचय (Introduction)

वित्त आयोग की संस्था भारत के संविधान की मुख्य विशेषताओं में से एक है। इसका गठन एक निश्चित कालावधि के लिए किया जाता है (It is a tenure body)। प्रत्येक वित्त आयोग को विचारणीय सामग्री (terms of reference) की एक सूची दी जाती है, जिसके अनुसार यह विभिन्न मुद्दों एवं प्रश्नों का अध्ययन करता है, तथा उनसे संबद्ध अपनी सिफ़ारिशें देता है। इसका कार्य यह है कि केन्द्र से राज्यों को (स्थानीय निकायों हेतु सहित) साधनों के अंतरण और अंतरित साधनों में राज्यों के व्यक्तिगत भागों पर अपनी सिफ़ारिशें दे; विचारणीय सामग्री द्वारा निर्धारित प्रतिबंधों के अंतर्गत रहते हुए केन्द्र और राज्यों के राजकोषीय स्वास्थ्य, स्थिति, मुद्दों और समस्याओं का अध्ययन करे, और उनसे संबद्ध अपनी सिफ़ारिशें दे।

अनुच्छेद 280 के अनुसार संविधान के लागू होने के दो वर्षों के भीतर-भीतर राष्ट्रपति द्वारा प्रथम वित्त आयोग, तथा इसके पश्चात् प्रत्येक पाँचवें वर्ष, अथवा आवश्यकता होने पर इससे पहले, नए आयोग के संगठन का प्रावधान है। ध्यानयोग्य है कि आयोग विचारणीय सामग्री द्वारा निर्धारित सीमाओं के अंतर्गत **केवल सिफ़ारिशें** कर सकता है; **निर्णय नहीं ले सकता**। परंतु एक बार इसकी नियुक्ति हो जाने के पश्चात् इसकी सिफ़ारिशों पर विचार किए बिना राज्यों को विचाराधीन साधनों का अंतरण नहीं किया जा सकता। यद्यपि कानूनी दृष्टिकोण से राष्ट्रपति को यह अधिकार है कि वह आयोग की सिफ़ारशों को रद्द कर दे अथवा संशोधित रूप में स्वीकार करे, परन्तु वास्तविकता में आयोग की लगभग सभी सिफ़ारिशें स्वीकारी जाती रही हैं। वित्त आयोग की संस्था का मूल सैद्धांतिक आधार यह मान्यता है कि देश में अंतर्सरकारीय साधन अंतरण की व्यवस्था बदलती परिस्थितियों के साथ-साथ संशोधनीय होनी चाहिए, क्योंकि साधन अंतरण की कोई एक व्यवस्था सदैव के लिए इष्टतम नहीं हो सकती। भारत में इस प्रकार की परिवर्तनशीलता का औचित्य और भी अधिक है, क्योंकि यहाँ पर न केवल बदलती आर्थिक परिस्थितियों का अध्ययन करना संभव है, प्रत्युत संविधान भी आवश्यकतानुसार साधन अंतरण व्यवस्था को संशोधित करने की अनुमति देता है। परन्तु इस कथन का यह अर्थ नहीं निकलता कि वित्त आयोग के गठन भर से साधन अंतरण की व्यवस्था की सभी त्रुटियाँ दूर हो जाती हैं। वास्तविकता यह है कि इसमें कई ऐसे दोष पाए जाते हैं जिन्हें पूरी तरह दूर करना संभव नहीं हो पाता।

अब तक पंद्रह वित्त आयोगों का गठन हो चुका है तथा चौदह की रिर्पोटें भी दाखिल की जा चुकी हैं। प्रथम आयोग की रिर्पोट दिसम्बर 1952 में तथा बारहवें आयोग की रिपोर्ट 30 नवम्बर 2004 को दाखिल की गई थी। पंद्रहवें आयोग की रिपोर्ट अक्टूबर 2019 में अपेक्षित है। इसकी सिफारिशों का कार्यकाल अप्रैल 2020 से मार्च 2025 तक का है।

- वित्त आयोग भारत की संघीय व्यवस्था का एक महत्त्वपूर्ण अंग है।
- यह एक कालावधिक और सलाहकार संस्था है, जिसकी सिफ़ारिशें सामान्यत: पाँच वर्षों के लिए होती हैं।
- इस संस्था के पक्ष में कई तर्क दिए जा सकते हैं।
- अब तक पंद्रह आयोगों का गठन हो चुका है और चौदह अपनी रिपोर्टें भी दाखिल कर चुके हैं।

## क्षेत्राधिकार (Jurisdiction)

अपनी विचारणीय सामग्री (विचारार्थ विषय) (Terms of Reference, ToR) के अनुसरण में वित्त आयोग निम्नलिखित **चार क्षेत्रों से** संबद्ध मुद्दों और प्रश्नों का अध्ययन करता है, अर्थात्

1. साधन अंतरण,
2. अन्य मामले,
3. प्रतिबंध (constraints); तथा
4. मापदंडों का चुनाव और उनके भारांश (criteria and their weights);

और आयोग इनमें से प्रथम दो से संबद्ध अनुसंशाएँ (सिफ़ारिशें) करता है।

### 1. साधन अंतरण (Resource Transfers)

वित्त आयोग की सिफ़ारिशों पर राज्यों को अंतरित साधनों को दो वर्गों में बाँटा जा सकता है, अर्थात कर-विभाजन और अनुदान।

**1.1. कर-विभाजन (Tax Sharing)**–स्मरणीय है कि भारत में केन्द्र से राजयों को साधन अंतरण की व्यवस्था में जून, 2000 से लागू 80वें संवैधानिक संशोधन के साथ एक बुनियादी परिवर्तन आया था। अर्थात् यह परिवर्तन ग्यारहवें वित्त आयोग के कार्यकाल (वर्ष 2000-05) से लागू हुआ था। इसी प्रकार 88वें संवैधानिक संशोधन के फलस्वरूप केन्द्र द्वारा अधिरोपित सेवा कर की वसूली और प्राप्तियों का केन्द्र और राज्यों में बँटवारा इस बारे संसद द्वारा पारित कानून द्वारा नियमित होने लगा। अत: वित्त आयोग के कर-विभाजन संबद्धी कार्यक्षेत्र को तीन भागों में बाँटा जा सकता है, अर्थात् 80वें संशोधन से पूर्व की व्यवस्था, इसके पश्चात् की व्यवस्था, GST के लागू होने के पश्चात की व्यवस्था।

**80वें संशोधन से पूर्व की व्यवस्था (Position Before 80th Amendment)**–ध्यानयोग्य है कि आयोग को करों के आरोपण और उगाही संबंधी सिफ़ारिशें करने का अधिकार नहीं था, तथा न ही यह सकल विभाज्य पूँजी (divisible pool) की अनुमान विधि में परिवर्तन की सिफ़ारिश कर सकता था।

**( क ) आय कर (Income Tax)**—संविधान के अनुसार, अधिभारों तथा उपकरों (surcharges and cesses) को छोड़कर, केन्द्र द्वारा कृषि-भिन्न आय पर वसूल किए गए कर की निवल प्राप्तियों में राज्यों की भागीदारी अनिवार्य थी। इस संदर्भ में आयोग यह सिफ़ारिश करता था कि

सकल विभाज्य पूँजी (divisible pool), अर्थात् विभाज्य आयकर राजस्व का केन्द्र, संघ क्षेत्रों और राज्यों में बँटवारा किस अनुपात में हो; तथा

राज्यों के सामूहिक हिस्से को उनमें किस अनुपात में बाँटा जाए।

**( ख ) संघ-उत्पादन कर (Union Excise Duties)**—आयोग को संघ उत्पादन शुल्कों के बँटवारे पर विचार करने अथवा न करने के लिए आदेश देने का अधिकार राष्ट्रपति को था। वैसे वस्तुस्थिति यह थी कि राष्ट्रपति ने पहले दस आयोगों में से प्रत्येक को इस विषय पर विचार करने के लिए आदेश दिया था। वित्त आयोग केवल यह सिफ़ारिश कर सकता था कि

- उत्पादन शुल्कों में से किन की निवल प्राप्तियाँ राज्यों के साथ विभाज्य हों;
- उनमें से केन्द्र और राज्यों के तुलनात्मक प्रतिशत भाग क्या हों; तथा
- राज्यों के सामूहिक हिस्से को उन में किस प्रकार बाँटा जाए।

आयोग उत्पादन शुल्क के ढाँचे में किसी प्रकार के परिवर्तन अथवा सुधार की सिफ़ारिश नहीं कर सकता था, तथा न ही इसके अधिकारों में उत्पादन शुल्कों पर लगाए गए अधिभारों एवं उपकारों को सकल विभाज्य प्राप्तियों में शामिल करने की सिफ़ारिश करना शामिल था।

- संघ उत्पादन शुल्क कई प्रकार के हो सकते थे और अंतर्सरकारीय साधन अंतरण के अध्ययन हेतु प्रयुक्त शब्दावली के कुछ अंशों की जानकारी हितकर है।
- इन शुल्कों का पहला वर्ग बुनियादी (basic) तथा विशेष (special) उत्पाद शुल्कों का था। आयोग इनकी निवल प्राप्तियों के विभाजन के बारे में सिफ़ारिशें कर सकता था।
- इनके दूसरे वर्ग में अधिभार और उपकर आते थे। इनकी प्राप्तियाँ राज्यों के साथ विभाज्य नहीं थीं।
- इनका तीसरा वर्ग वस्त्रों और वस्त्रों से निर्मित वस्तुओं पर अतिरिक्त शुल्कों (additional duties) के नाम से जाना जाता था। इनकी प्राप्तियाँ भी राज्यों के साथ विभाज्य नहीं थीं।

- चौथे वर्ग में बिक्री कर के एवज़ में अतिरिक्त उत्पाद शुल्क (Additional Duties of Excise in Lieu of Sales Tax) आते थे। राज्य सरकारों ने कुछ वस्तुओं पर बिक्री कर लगाने के अपने अधिकार को त्यागकर भारत सरकार को बदले में अतिरिक्त उत्पाद शुल्क लगाने की अनुमति दी हुई थी। अतः उन उत्पाद शुल्कों की सारी निवल प्राप्तियाँ राज्यों में ही वितरित की जाती थीं। इस वितरण की सिफ़ारिशें वित्त आयोग के द्वारा की जाती थीं। 80वीं संशोधन के पश्चात चीनी, तम्बाकू, तथा कपड़े पर बिक्री कर के एवज़ लगने वाले अतिरिक्त उत्पाद शुल्कों को केन्द्र के विभाज्य कर-राजस्व में शामिल कर दिया गया। परन्तु अनुच्छेद 252 के अंतर्गत केन्द्र द्वारा इस प्रकार के अतिरिक्त उत्पाद शुल्क लगाने का प्रावधान अभी भी कायम है।

**(ग) अनुच्छेद 269 में संदर्भित अधिरोपित कर (Taxes Levied Under Article 269)**—इस अनुच्छेद के अनुसरण में अधिरोपित करों की समस्त निवल प्राप्तियाँ राज्यों को सौंपी जाती थीं। वित्त आयोग को इन करों में किसी प्रकार के संशोधन की अनुशंसा (सिफ़ारिश) करने का अधिकार नहीं था। अब इस अनुच्छेद के अंतर्गत केवल वस्तुओं के अंतर्राज्यीय क्रय-विक्रय तथा प्रेषण पर कर लगाया जाता है और उसकी प्रप्तियाँ राज्यों को सौंपी जाती हैं। किसी समय इस अनुच्छेद में उल्लिखित रेल यात्री किरायों पर कर और संपदा कर भी लगाए जाते थे, परंतु उन्हें क्रमशः 1961 और 1985 में हटा दिया गया था।

**80वें संशोधन के बाद की व्यवस्था (Position after 80th Amendment)**–ग्यारहवें वित्त आयोग के कार्यकाल (2000-05) से संविधान के 80वें संशोधन के अनुसरण में अब भारत सरकार द्वारा लगाए गए तथा वसूले गए सभी कर राज्यों के साथ अनिवार्य रूप से विभाज्य हो गए हैं और इस विभाज्य पूँजी (divisible pool) का अनुमान निम्नलिखित ढंग से किया जाने लगा है।

सभी करों की केवल *निवल* प्राप्तियाँ (अर्थात् कर वसूलने की लागत आदि घटाने के पश्चात) ही विभाज्य थे।

करों पर वसूले गए अधिभार तथा उपकर (surcharges and cesses) विभाज्य पूँजी में शामिल नहीं किए जाते।

80वें संशोधन से पूर्व भारत सरकार के किसी कर की निवल प्राप्तियों के अनुमान हेतु उसकी सकल प्राप्तियों में से कुछ निर्दिष्ट घटक घटा दिए जाते थे। संशोधन के उपरांत भी यही विधि लागू रही।

अनुच्छेद 269 में संदर्भित भारत सरकार द्वारा आरोप्य करों की समस्त निवल प्राप्तियाँ राज्यों को सौंपी जाने के कारण विभाज्य पूँजी में शामिल नहीं की जातीं। 80वें संशोधन के पश्चात् अब इस अनुच्छेद में (समाचार पत्रों को छोड़ कर) केवल वस्तुओं के अंतर्राज्यीय क्रय-विक्रय तथा प्रेषण पर कर ही बचे हैं। इसी प्रकार इस अनुच्छेद में संदर्भित रेल यात्री भाड़े पर कर भी समाप्त हो गया है, तथा इसके बदले राज्यों को दिए जाने वाले अनुदान भी समाप्त कर दिए गए हैं।

चूँकि अनुच्छेद 268 में संदर्भित कर राज्य सरकारें वसूलती हैं, अतः वे विभाज्य पूँजी में शामिल नहीं किए जाते थे। GST के लागू होने पर परोक्ष करों का एक बड़ा भाग वित्त आयोग के विचारणीय क्षेत्र से बाहर हो गाया है। इन कर-प्राप्तियों का आवंटन संसद द्वारा पारित कानून के आधीन आ गया है।

**1.2. अनुदान (Grants)**–अनुदानों की व्यवस्था पर संविधान के 80वें संशोधन से कोई अंतर नहीं पड़ा था। केन्द्र से राज्यों को कई प्रकार के अनुदान दिए जाते हैं, कुछ वित्त आयोग की सिफारिशों पर तथा कुछ केन्द्र की

अपनी इच्छा पर। पिछले कुछ वर्षों से वित्त आयोग की सिफारिशों पर राज्यों को स्थानीय निकायों की सहायता हेतू भी अनुदान दिए जा रहें हैं।

(क) राष्ट्रपति के आदेश पर वित्त आयोग राज्यों की राजकोषीय आवश्यकताओं (fiscal needs) का पूर्वानुमान लगाता है, तथा इनके वित्त-पोषण हेतु 'राजस्व सहायता-अनुदानों' (Grants-in-aid of Revenue) की सिफ़ारिश करता है। यह सिफ़ारिश करने का दायित्व भी इसी आयोग का है कि ये अनुदान किन **सिद्धांतों** के आधार पर निर्धारित किए जाएँ। यह आवश्यक नहीं कि सभी राज्यों को अनुदान मिलें अथवा सभी के लिए अनुदान राशियाँ एक समान हों।

(ख) वित्त आयोग एक अथवा एक से अधिक राज्यों के लिए विशेष-परियोजन (special purpose) अनुदानों की भी सिफ़ारिश कर सकता है। इस कार्य को राष्ट्रपति के आदेश द्वारा भी आयोग की विचारणीय सामग्री में शामिल किया जा सकता है।

पिछले कुछ वित्त आयोगों की विचारणीय सामग्री में इन अनुदानों का विशेष वर्णन है। ये अनुदान-राशियाँ स्थानीय निकायों को राज्य सरकारों के माध्यम से मिलती हैं तथा इनकी पूर्ण अथवा आँशिक प्राप्ति के लिए स्थानीय निकायों को कुछ शर्तों को पूरा करना पड़ता है।

उपरोक्त प्रकार के अनुदानों को **संविधिक अनुदानों** (Statutory Grants) की संज्ञा दी जाती है। ये अनुदान संविधान के अनुच्छेद 275 की धारा (1) के आधीन आते हैं। परन्तु इस धारा के कुछ परंतुक (Provisos/प्रतिबन्ध अथवा उपबन्ध) ऐसे भी है जिनसे संबद्ध अनुदानों की सिफ़ारिश करना वित्त आयोग के अधिकार से परे है।

(ग) संविधान के अनुच्छेद 282 के अधीन केन्द्र राज्यों को स्वैच्छिक अनुदान (Discretionary Grants) दे सकता है। सामान्य तौर पर वित्त आयोग उनकी राशियों अथवा उनके राज्यों में आवंटन पर सिफ़ारिश नहीं कर सकता। परन्तु इस वर्ग में से भी एक अथवा एक से अधिक अनुदानों को वित्त आयोग की विचारणीय सामग्री का भाग बनाया जा सकता है। राष्ट्रपति के आदेश पर आयोग इनकी राशियों तथा वितरण व्यवस्था पर अपनी सिफ़ारिशें कर सकता है।

### 2. अन्य मामले (Other Matters)

राष्ट्रपति द्वारा वित्त आयोग को एक स्वस्थ राजकोषीय वित्त व्यवस्था के लिए निर्दिष्ट मामलों और समस्याओं की समीक्षा करने तथा उनसे संबद्ध सिफ़ारिशें करने को कहा जा सकता है। राज्यों की ऋण स्थिति, उनके लिए ऋण राहत की अभिप्रेतता एवं व्यवस्था (reasonability and provision), प्राकृतिक प्रकोपों में राहत व्यय का वित्तपोषण, योजना-भिन्न स्कीमों तथा अन्य परिसम्पत्तियों का अनुरक्षण, आदि इन मामलों तथा समस्यायों के कुछ उदाहरण हैं। समय बीतने के साथ-साथ वित्त आयोगों की विचारणीय सामग्री में कई प्रकार के मुद्दे जुड़ते रहे हैं और यह तथ्य हमारी संघीय व्यवस्था की गतिशीलता का प्रतीक है। पंद्रहवें वित्त आयोग को राज्यों की कई ऐसी निष्पादन कसौटियों पर विचार करने को कहा गया जिन्हें इससे पहले अनदेखा किया जा रहा था, और जिनका सीधा संबंध आर्थिक विकास और लोक लुभावन परियोजनाओं पर बढ़ते लोक व्यय आदि से था। परन्तु स्मरणीय है कि आयोग राज्यों को **नए ऋण देने की सिफ़ारिश नहीं कर सकता**।

### 3. प्रतिबन्ध (Constraints)

अपनी सिफ़ारिशें निर्मित करने के संदर्भ में आयोग पर कई प्रकार के प्रतिबन्ध लगाए जा सकते हैं। उदाहरणार्थ, सातवें आयोग से लेकर अब तक एक प्रतिबन्ध यह लगाया जाता रहा है कि कर-राजस्व की विभाज्य पूँजी में और

सहायता अनुदानों में राज्यों के व्यक्तिगत भाग निर्धारित करने वाले कारकों में यदि जनसंख्या भी एक कारक हो तो उसके आँकड़े 1971 की जनगणना के ही होंगे। पंद्रहवें आयोग के लिए इस शर्त में 1971 की जनसंख्या के स्थान पर 2011 की जनसंख्या के आँकड़ों की प्रयुक्ति का आदेश था। इसी प्रकार, आयोग की विचारणीय सामग्री तय करते हुए बहुधा यह प्रतिबन्ध भी लगा दिया जाता है कि वह अपनी सिफ़ारिशों का निर्माण करते हुए केन्द्रीय सरकार और उसकी राजकोषीय आवश्यकताओं, राज्य-योजनाओं के वित्त-पोषण हेतु केन्द्रीय सहायता के निर्धारण, वितरण और उनकी प्रथाओं, राज्य-उद्यमों से निवेशित राशियों पर आय मिलने की अभिप्रेतता (reasonability), राज्यों द्वारा वित्तीय-प्रबन्धन में सुधार की संभावनाओं (scope or potential) आदि को ध्यान में रखे। दसवें और इसके बाद के आयोगों को आदेश था कि वे समीक्षा के उपरांत केन्द्र और राज्यों के वहनीय (sustainable) राजकोषीय स्वास्थ्य के लिए उचित योजनाओं की सिफ़ारिश करें।

परन्तु इस प्रकार के सभी प्रतिबंधों के बावजूद आयोग को यह अधिकार है कि वह आवश्यकतानुसार अपनी कार्यप्रणाली तय करे, तथा व्यक्तियों, व्यक्ति-समूहों, संस्थाओं, कम्पनियों, व्यापार संगठनों, श्रम संगठनों एवं सरकारों आदि से वार्तालाप, स्मरण पत्रों एवं अन्य तरीकों के जानकारी प्राप्त करे।

### 4. मापदंड और उनके भारांश (Criteria and Their Weights)

यहाँ पर एक प्रश्न यह उठता है कि क्या वित्त आयोग को अपनी सिफ़ारिशों के निर्माण में वस्तुनिष्ठ (objective) मापदंडों (कसौटियों) को अपनाना चाहिए? इसका उत्तर केवल हाँ में ही होना चाहिए, क्योंकि आत्मनिष्ठ (subjective) मापदंडों का प्रयोग उन निर्णयों में उचित नहीं हो सकता जिनसे पूरे देश की वित्तीय व्यवस्था जुड़ी हुई हो। ध्यानयोग्य है कि इन वस्तुनिष्ठ मापदंडों का चुनाव भी देश के हित को ध्यान में रखते हुए ही किया जाना चाहिए। परन्तु इनके चुनाव में भी विविध समस्याओं का सामना करना पड़ता है, जैसे कि

- प्रयोग्य वैकल्पिक मापदंडों की प्राथमिकता सूची बनाना और उनमें से अंतिम चुनाव करना;
- चयनित मापदंडों हेतु विश्वसनीय जानकारी और आँकड़ों की समय रहते उपलब्धि सुनिश्चित करना;
- चयनित मापदंडों के सापेक्षिक भारांश (comparative weights) नियत करना;
- कालान्तर में मापदंडों के चुनाव और उनके सापेक्षिक भारांशों में यथोचित संशोधन करना; तथा
- उन मापदंडों की प्रयोग विधि तय करना जिन्हें मात्राबद्ध करना संभव नहीं होता।

- वित्त आयोग केन्द्र से राज्यों को साधन अंतरण के बारे विस्तृत सिफ़ारिशें करता है; तथा अंतरित साधनों में राज्यों के व्यक्तिगत भागों के निर्धारण के सिद्धांत दर्शाते हुए उन्हें अनुमानित करता है।
- साधन अंतरण में कर विभाजन की व्यवस्था में 80वें संशोधन के साथ बुनियादी अंतर आया है।
- इस संशोधन से अनुदान अंतरण की व्यवस्था में कोई कानूनी परिवर्तन नहीं हुआ।
- GST लागू होने के पश्चात् परोक्ष कर प्राप्तियों का एक बड़ा भाग आयोग के विचाराधीन क्षेत्र से बाहर हो गया है। इन कर प्राप्तियों का आवंटन संसद द्वारा पारित कानून के आधीन आ गया है।
- आयोग को कई अन्य मामलों का अध्ययन करने और सिफ़ारिशें करने को भी कहा जा सकता है।
- आयोग को अपनी कार्यप्रणाली तय करने का अधिकार है; वह विविध ढंगों से आवश्यक जानकारी प्राप्त कर सकता है, और अपनी सिफ़ारिशों के निर्माण में मापदंडों और उनके भारांशों का चयन कर सकता है।

# द्वितीय खंड–वित्त आयोग और कर विभाजन

(Finance Commission and Tax Sharing)

स्मरणीय है कि संविधान के 80वें संशोधन से पूर्व केन्द्र और राज्यों में केवल आय कर और संघ उत्पादन शुल्क ही विभाज्य थे। यह भी स्मरणीय है कि अंतर्राज्यीय कर-विभाजन संबंधी सिफ़रिशों में न केवल अंतर-आयोगीय विविधता मिलती है, प्रत्युत एक ही आयोग द्वारा अलग-अलग करों के अंतर्राज्यीय विभाजन हेतु भी बदलते मापदंडों का प्रयोग किया गया है।

## 1. आय-कर (Income Tax)

संविधान के 80वें संशोधन से पहले केवल आय-कर की निवल प्राप्तियाँ अनुच्छेद 270 के अनुसरण में राज्यों के साथ अनिवार्य रूप से विभाज्य थीं। परंतु निगम कर (corporation tax) तथा सभी करों पर संघ अधिभार और उपकर आदि राज्यों के साथ अविभाज्य थे।

इसके अतिरिक्त आय कर विभाज्य प्राप्तियों में संघ राज्य क्षेत्रों से प्राप्तियाँ तथा संघ अनुमोदन (emoluments) पर देय आय कर शामिल नहीं थे। राज्यों को यह भी शिकायत थी की केन्द्र द्वारा उपकरों और अधिकारों का अत्याधिक प्रयोग किया जा रहा था। निगम कर के अविभाज्य होने से राज्य एक उछालू कर स्रोत से लाभान्वित होने से वंचित थे।

वित्त आयोग को आय कर के विभाजन संबन्धी तीन प्रश्नों का सामना करना पड़ता था-

- राज्य इस बात पर दबाव डालते थे कि निगम कर को भी विभाज्य पूँजी में जोड़ा जाए। परंतु उपयुक्त संवैधानिक संशोधनों के बिना वित्त आयोग इस सुझाव को नहीं मान सकता था।
- राज्य यह चाहते थे कि विभाज्य पूँजी में उनके आनुपातिक भाग को बढ़ाया जाए। इसका एक कारण यह भी था कि उनके मतानुसार केन्द्र अधिभारों और उपकरों का अत्याधिक प्रयोग कर रहा था और इनकी प्राप्तियाँ राज्यों के साथ विभाज्य नहीं थीं।
- राज्यों का इस बात पर मतभेद रहता था कि उनके सामूहिक हिस्से में उनके व्यक्तिगत भाग किस आधार पर तय किए जाएँ। प्रत्येक राज्य उस आधार की माँग करता था जो उसके अपने हित में हो। इस संदर्भ में ऐसे **चार** मुख्य आधार वर्णनीय हैं जिनका राज्य सरकारें विशेष रूप से समर्थन करती रहीं हैं और जिनका वित्त आयोग प्रयोग करते रहे हैं-

**(क) कर-निर्धारण (assessment)**–इसका अर्थ करदेयता का निर्धारण है। इस आधार की त्रुटि यह है कि करदेयता के निर्धारण और कर की वास्तविक वसूली में बहुधा अंतर होता है। साथ ही कई करदाता कर-निर्धारण के विरुद्ध अपील भी करते हैं। इसके अतिरिक्त इससे करारोपित आय के क्षेत्रीय स्रोत का पता नहीं चलता।

**(ख) उगाही (collection)**–कर राजस्व की उगाही की भी मुख्य त्रुटि यह है कि इसमें करारोपित आय के क्षेत्रीय स्रोत की जानकारी नहीं होती। कई मामलों में जिस राज्य में आय कमाई जाती है, कर उससे भिन्न किसी दूसरे राज्य में अदा किया जाता है।

**(ग) करारोपित आय के क्षेत्रीय स्रोत**, अर्थात करारोपित आयों का उन राज्यों में वर्गीकरण जिनसे वे अर्जित की गई हैं। परंतु सैद्धांतिक रूप से उत्तम होते हुए भी इसके लिए विश्वसनीय और प्रयोग्य आँकड़े नहीं मिल पाते।

**(घ) राजकोषीय आवश्यकता**–राज्यों की राजकोषीय आवश्यकताओं का प्रमापन कोई सरल प्रक्रिया नहीं है। इसमें मापदंडों की पहचान करने और उनके भारांशों को तय करने की समस्याएँ आती हैं। उदाहरणार्थ किसी राज्य की राजकोषीय आवश्यकता इसके पिछड़ेपन का परिणाम भी हो सकती है और कारण भी।

अधिकतर वित्त आयोगों ने आय कर में राज्यों के व्यक्तिगत भाग तय करने में करदेयता का निर्धारण, उगाही, और राजकोषीय आवश्यकता का विविध ढंग से प्रयोग किया है। परन्तु आवश्यकता के सैद्धांतिक औचित्य को सिद्ध करने के साथ-साथ इसके प्रयोग में कई अन्य कठिनाइयों का भी सामना करना पड़ता है। इसमें सबसे बड़ी समस्या इसके प्रमापन की है। इसके लिए प्रति व्यक्ति आय, प्रशासनिक और सामाजिक सेवाओं का स्तर, जनसंख्या का आकार अथवा घनत्व आदि घटकों का वर्णन किया जा सकता है। वैसे वस्तुस्थिति यह रही है कि अधिकतर वित्त आयोगों ने जनसंख्या के आकार मात्र को ही राज्यों की राजकोषीय आवश्यकता का तुलनात्मक सूचक मानने पर संतोष किया है, जबकि कहीं-कहीं आय-कर-भिन्न स्रोतों के आवंटन में आर्थिक पिछड़ेपन, प्रति व्यक्ति आय तथा अन्य कई ऐसे घटकों का प्रयोग भी किया गया है।

इन तथ्यों को ध्यान में रखते हुए क्रमिक वित्त आयोग आय कर की विभाज्य प्राप्तियों में राज्यों के भाग में वृद्धि की सिफारिशें करते रहे। सातवें आयोग ने तो राज्यों का भाग बढ़ा कर 75% कर दिया था। जिसे दसवाँ आयोग घटा कर फिर से 75% पर ले आया।

परन्तु राज्य जहाँ अपने सामूहिक भाग में वृद्धि के लिए एकमत थे, वहीं वैयक्तिक आवंटन के मापदंडों पर उनमें मतभेद था। सभी राज्य अपने अपने हितानुसार 'मूल्यांकन (assessment)', 'उगाही (Collection)', और 'आवश्यकता (need)' जैसे मापदंडों के पक्ष में तर्क दे रहे थे। आवश्यकता के मापदंड का सापेक्षिक प्रमापण अत्यधिक कठिन था और इसके लिए कई प्रतिनिधि (proxy) निर्धारकों पर बहस चलती रहती थी।

प्रथम सात वित्त आयोगों ने आयकर की विभाज्य प्राप्तियों में राज्यों के सामूहिक भागों का निर्धारण इस प्रकार किया:

(क) 80% से 90% उनकी जनसंख्या पर, तथा शेष

(ख) 10% से 20% उगाही/मूल्यांकन पर।

आठवें वित्त आयोग ने उपरोक्त मापदंडों को निम्न प्रकार से संशोधित किया:

(क) 10% जनसंख्या, तथा

(ख) 90% बजटीय जरूरत, आय द्वारा समायोजित जनसंख्या, आदि।

नवें और दसवें आयोगों ने आठवें आयोग के जटिल मापदंडों में केवल आँशिक परिवर्तन किए।

**ग्यारहवाँ वित्त आयोग** (Eleventh Finance Commission)–स्मरणीय है कि संविधान के 80वें और 88वें संशोधनों के पश्चात, इस आयोग के कार्यकाल के साथ, केन्द्र और राज्यों में कर-विभाजन की एक नई व्यवस्था का शुभारंभ हुआ था। इस व्यवस्था में करों की विभाज्य पूँजी में संघ सूची में वर्णित सभी करों की निवल प्राप्तियाँ शामिल थी, सिवाए

(क) अनुच्छेद 268 और 269 में वर्णित करों के;

(ख) अधिभारों और उपकरों के; तथा

(ग) सेवा कर की प्राप्तियों के।

**राज्यों का संयुक्त भाग**–अत: आयोग ने सिफ़ारिश की कि

(क) सेवा कर की निवल प्राप्तियों की आबँटन-व्यवस्था में राज्यों का भाग शेष विभाज्य पूँजी में उनके भाग से कम न हो।

(ख) विभाज्य पूँजा में राज्यों का भाग 28% हो।

(ग) नई व्यवस्था में राज्यों द्वारा बिक्री कर के बदले केन्द्र द्वारा अधिरोपित अतिरिक्त उत्पादन शुल्क भी विभाज्य हो गए थे। अत: आयोग ने संबद्ध राज्यों को विभाज्य पूँजी में से 1.5% *अलग से* दिए जाने की सिफ़ारिश की, जिससे राज्यों का विभाज्य पूँजी में संयुक्त भाग 28% से बढ़कर 29.5% हो गया। इस 1.5% में अंतर्राज्यीय भाग उसी आधार पर तय किए गए जिस पर उपरोक्त 28% को बाँटा गया था।

**राज्यों के व्यक्तिगत भाग**–ध्यानयोग्य है कि ग्यारहवें वित्त आयोग की विचारणीय सामग्री में "कर और कर-भिन्न साधनों के बेहतर दोहन" (exploitation) के प्रोत्साहन हेतु आवश्यक उपायों का विशेष रूप से वर्णन किया गया था। दसवाँ वित्त आयोग इस दशा में 'कर-प्रयत्न के सूचकांक' के प्रयोग द्वारा पहला कदम भी उठा चुका था। इस सूचकांक की संरचना इस प्रकार थी कि एक गरीब राज्य को एक समृद्ध राज्य के बराबर कराधार के दोहन करने पर पुरस्कृत किया जाता था। ग्यारहवें वित्त आयोग ने इस सूचकांक में "राजकोषीय अनुशासन" का सूचकांक भी जोड़ दिया। इस सूचकांक का प्रमापन विचाराधीन राज्य की ('अपनी राजस्व प्राप्तियाँ/सकल राजस्व व्यय') का अनुपात था। इस अनुपात की सभी राज्यों के इन्हीं अनुपातों की औसत से तुलना की जाती थी। इस तुलनात्मक स्थिति में एक चयनित 'आधार वर्ष' की तुलना में होने वाले परिवर्तन द्वारा विचारणीय राज्य के राजकोषीय निष्पादन में 'सुधार'('गिरावट') का मात्रीकरण किया जाता था। ध्यानयोग्य है कि सभी राज्यों का औसत राजकोषीय निष्पादन बिगड़ने पर भी कम बिगाड़ वाला राज्य पुरस्कार का अधिकारी था। इसके विपरीत सभी राज्यों के औसत राजकोषीय निष्पादन में सुधार होने पर भी कम सुधार वाला राज्य दंडित होता था।

इस प्रकार ग्यारहवें वित्त आयोग द्वारा प्रयुक्त मापदंड और उनके भारांश निम्नलिखित थे।

1. जन संख्या, 10.0%;
2. आय ('दूरी विधि'), 62.5%;
3. क्षेत्रफल, 7.5% (इसे सर्वप्रथ दसवें वित्त आयोग ने प्रयोग किया था);
4. अवसंरचनात्मक सुविधाओं का सूचकांक, 7.5%;
5. कर-प्रयास, अर्थात 1994-97 में ('कर राजस्व'/'सकल राज्य घरेलू उत्पाद') के अनुपातों की औसत, 5.0%;
6. राजकोषीय अनुशासन अथवा राजकोषीय स्वावलंबन का सूचकांक, 7.5%।

चूँकि ग्यारहवें आयोग से पहले के आयोगों द्वारा प्रयुक्त 'आय की दूरी' के प्रमापन में कुछ त्रुटियाँ थीं, अत: ग्यारहवें अयोग ने इसके स्थान पर **एक अन्य जटिल सूत्र** का प्रयोग किया। इसने तीन राज्यों (पँजाब, महाराष्ट्र, और गोआ) की प्रति-व्यक्ति आयों की भारित औसत निकाली और प्रत्येक राज्य की 'आय की दूरी' इस औसत से अंतर के बराबर मान ली। उपरोक्त तीनों राज्यों की 'आय की दूरी' हरियाणा की आय-दूरी के एक पूर्वनिश्चित अनुपात के बराबर ली गई।

**बारहवाँ वित्त आयोग** (Twelfth Finance Commission)

**राज्यों का संयुक्त भाग**

• बारहवें वित्त आयोग ने केद्रीय करों की विभाज्य पूँजी में राज्यों के आनुपातिक भाग को बढ़ाकर 30.5% कर दिया। आयोग ने यह सिफ़ारिश भी की कि यदि किसी राज्य को उन वस्तुओं पर बिक्री कर(मूल्यवर्धन कर) लगाने की अनुमति दी जाए जिन पर केन्द्र 'बिक्री कर के बदले अतिरिक्त उत्पादन शुल्क' लगा रहा था, तो इसका व्यक्तिगत भाग विभाज्य पूँजी के 29.5% में से निर्धारित किया जाए।

• सेवा कर से संबद्ध आयोग ने सिफ़ारिश की कि इसकी प्राप्तियों में से राज्यों का संयुक्त आनुपातिक भाग शेष विभाज्य पूँजी में उनके आनुपातिक भाग से कम नहीं हो।

**राज्यों के व्यक्तिगत भाग**–आयोग ने सेवा कर को छोड़कर अन्य सभी विभाज्य केन्द्रीय करों में राज्यों के व्यक्तिगत भाग निर्धारित किए। इसी प्रकार सेवा कर में (जम्मू और कश्मीर के सिवाए, क्योंकि वहाँ पर सेवा कर लागू नहीं था) सभी राज्यों के व्यक्तिगत भाग निर्धारित किए। इस सकल प्रक्रिया में प्रयुक्त घटक और उनके भारांश निम्नलिखित थे।

- जनसंख्या का भारांश 10% से बढ़ाकर 25% कर दिया गया।
- आय की दूरी का भारांश 62.5% से घटाकर 50% कर दिया गया।
- क्षेत्रफल का भारांश 7.5% से बढ़ाकर 10% कर दिया गया।
- अवसंरचनात्मक सुविधाओं के सुचकांक को हटा दिया गया।
- कर-प्रयास का भारांश 5% से बढ़ाकर 7.5% कर दिया गया।
- राजकोषीय अनुशासन का भारांश पूर्ववत 7.5% रहने दिया गया।

**तेरहवाँ वित्त आयोग** (Thirteenth Finance Commission)

**राज्यों का संयुक्त भाग**–आयोग ने नोट किया कि

(क) केन्द्र ने सभी वस्तुओं पर मार्च 2006 से अतिरिक्त शुल्क दर हटा दिए थे;

(ख) चीनी और तम्बाकू उत्पादों पर बुनियादी शुल्क दरें बढ़ा दी थी; और

(ग) बुनियादी शुल्क केन्द्र की विभाज्य कर प्राप्तियों का एक भाग थे।

इन तथ्यों को ध्यान में रखते हुए आयोग ने केन्द्र की विभाज्य कर प्राप्तियों में राज्यों का भाग बढ़ा कर 32% कर दिया। आयोग ने यह सिफारिश भी की कि राज्यों द्वारा बिक्री कर/मूल्यवर्धन कर वसूलने पर सेवा कर से संबंधित किसी कानून के पारित होने पर, राज्यों का 32% भाग अप्रभावित रहेगा।

**राज्यों के व्यक्तिगत भाग**

इस प्रक्रिया में प्रयुक्त घटक और उनके भारांश निम्नलिखित थे–

- 1971 की जन संख्या, 25.0%
- क्षेत्रफल, 10%
- राजकोषीय क्षमता दूरी, 47.5% और
- राजकोषीय अनुशासन, 17.5%

**चौदहवां वित्त आयोग** (Fourteenth Finance Commission)

**राज्यों का संयुक्त भाग**–आयोग को केन्द्र की कर प्राप्तियों में उपकरों और अधिभारों के बढ़ते भाग की जानकरी थी; यह भाग 2000-01 में 7.53% से बढ़कर 2013-14 में 13.14% हो गया था। इस कारण कर विभाज्य प्राप्तियों में राज्यों का भाग बढ़ाने का औचित्य बनता था।

परन्तु आयोग ने यह तर्क भी दिया कि केन्द्रीय कर प्राप्तियों का हिस्सा उन्हें केन्द्र से सकल वित्तीय अंतरणों के संदर्भ में निर्धारित किया जाना चाहिए। 2009-15 में ये अंतरण केन्द्र की सकल कर-प्राप्तियों का लगभग 52% थे और इनमें लगभग 46% कर-अंतरणों का था। अत: केन्द्र की सकल राजस्व प्राप्तियों में राज्यों के भाग को बढ़ाने का कोई औचित्य नहीं था।

आयोग के मतानुसार राज्यों को केन्द्र से वित्तीय अंतरण मुख्यत: कर-विभाजन के रूप में होने चाहिएँ। इस प्रकार के अंतरण फार्मूला-आधारित होते हैं और इनमें व्यक्ति भावनाओं की कोई भूमिका नहीं होती तथा इससे एक सुदृढ़ संघीय व्यवस्था के निर्माण में सहायता मिलती है। अतंरणों में अनुदानों की भूमिका केवल इतनी होनी चाहिए कि वे कर-प्राप्तियों के आवंटन के उपरांत बची वित्तीय आवश्यकताओं की पूर्ति करें।

इन सब तथ्यों और तर्कों पर विचारोपरांत आयोग इस निष्कर्ष पर पहुँचा कि सकल वित्तीय अंतरणों में बढ़ोतरी का कोई औचित्य नहीं बचता; केवल इनमें कर-अंतरणों का हिस्सा बढ़ा देना चाहिए। इस प्रकार आयोग के तर्कानुसार:

- केन्द्र पर राजकोषीय भार नहीं बढ़ेगा;
- राज्यों को शर्तहीन अंतरण मिलेंगे;
- राज्यों के राजस्व खाते की आवश्यकताओं का पूर्ण विवरण अर्थहीन आयोजना और आयोजना-भिन्न व्याख्या के बिना, सामने आएगा।

अंतत: आयोग ने केन्द्र की विभाज्य कर-प्राप्तियों में राज्यों का भाग बढ़ाकर 42% कर दिया। परंतु आयोग ने कुछ राज्यों की यह याचिका ठुकरा दी कि उन्हें कर अंतरण की एक न्यूनतम की गारंटी होनी चाहिए।

**राज्यों के व्यक्तिगत भाग**–इस संदर्भ में राज्यों ने कई मापदंड सुझाए जैसे कि (क) जनसंख्या, (ख) आय और राजकोषीय क्षमता की दूरी, (ग) क्षेत्रफल, (घ) सामाजिक और आर्थिक पिछड़ापन, और (ङ) अवसंरचण की उपलब्धि। आयोग ने राज्यों के सापेक्षिक भाग निम्नलिखित मापदंडों और उनके सारांशों पर निर्धारित किए:

- 1971 की जनसंख्या, 17.5%
- 2011 की जनसंख्या, 10%
- क्षेत्रफल, 15%
- इन क्षेत्र, 7.5%
- आय की दूरी, 50%

- दसवें आयोग तक वित्त आयोग आयकर की प्रापितों के केन्द्र और राज्यों में विभाजन पर यह सिफ़ारिश करता था कि (क) सकल विभाज्य पूँजी में राज्यों का संयुक्त आनुपातिक भाग कितना हो, तथा (ख) उसमें राज्यों के व्यक्तिगत भाग किस आधार पर तय किए जाएँ।

- राज्यों के व्यक्तिगत भाग के निर्धारण में आयोगों ने कई मापदंडों का विविध भारांशों के साथ प्रयोग किया।
- इन मापदंडों में कर-निर्धारण, उगाही, करारोपित आय के क्षेत्ररीय स्रोत और राजकोषीय आवश्यकताएँ आदि थे।
- इनमें से राजकोषीय आवश्यकता का मात्रीकरण सबसे कठिन था और इसके लिए अति सरल घटकों और उनके भारांशों के स्थान पर धीरे-धीरे कठिन से कठिनतर सूत्रों की संरचना की जाने लगी।
- परंतु इनमें से कोई सूत्र भी त्रुटिरहित नहीं है।
- ग्यारहवें आयोग से केन्द्र की समस्त विभाज्य कर प्राप्तियों में राज्यों का संयुक्त आनुपातिक भाग नियत किया जाता है और उसमें से राज्यों के व्यक्तिगत भाग निर्धारित किए जाते हैं।
- इन व्यक्तिगत भागों के निर्धारण हेतु प्रयुक्त सूत्रों की जटिलता बढ़ती जा रही है।

## 2. संघ उत्पादन शुल्क (Union Excise Duties)

इससे पहले केन्द्र द्वारा आरोपित उत्पादन शुल्कों के प्रकार और उनकी विभाज्य स्थिति की जानकारी दी जा चुकी है। यहाँ पर तीन अतिरिक्त तथ्य वर्णनीय हैं-

GST से पूर्व भारत सरकार विभिन्न प्रकार के उत्पादन शुल्क लगा रही थी जिनमें (i) बुनियादी शुल्क, (ii) बिक्री कर के बदले अतिरिक्त शुल्क, (iii) वस्त्रों और कपड़ा उत्पादों पर अतिरिक्त शुल्क, और (iv) उपकर और अधिकार शामिल थे।

- 80वें संवैधानिक संशोधन से पूर्व उपरोक्त शुल्कों विभाजन के निम्नलिखित प्रावधान थे:
  - (क) बुनियादी शुल्कों का विभाजन अनिवार्य न होकर भी कानूनी तौर पर मान्य (permissible) था।
  - (ख) बिक्री कर के बदले अतिरिक्त उत्पादन शुल्कों की उगाही केन्द्र करता था और उनकी निवल प्राप्तियाँ राज्यों को अंतरित कर दी जाती थीं।
  - (ग) उपकरों और अधिकारों की प्राप्तियाँ केवल केन्द्र के पास रहती थीं।
- कानून में यह अपेक्षा की जाती है कि उत्पादन शुल्कों का भार अंततः उपभोक्ताओं द्वारा वहन किया जाएगा। अतः राज्यों के व्यक्तिगत भाग निर्धारित करने में सर्वोत्तम मापदंड उपभोग के विश्वसनीय और प्रयोग्य आँकड़े होते हैं। परंतु विभिन्न आयोगों द्वारा बारंबार कहने के बावजूद इन आँकड़ों का अभाव अभी तक बना हुआ है। अतः विवश होकर आयोगों ने राज्यों की जनसंख्या एवं अन्य घटकों को उपभोग के आँकड़ों के स्थान पर प्रयोग किया है।

क्रमिक वित्त आयोगों ने धीरे-धीरे समस्त उत्पादन शुल्कों की निवल प्राप्तियों की राज्यों के साथ विभाज्य बनाने के निर्णय लिए। इस प्रवृत्ति को रोकने के लिए केन्द्र ने कई प्रयास किए जो विफल रहे।

- दसवें आयोग तक राज्यों का यह प्रयत्न रहता था कि उत्पादन शुल्कों की प्राप्तियों में उनका संयुक्त आनुपातिक भाग बढ़ाया जाए।

80वें संशोधन के उपरान्त केन्द्र का सभी विभाज्य कर प्राप्तियों का एक संयुक्त विभाज्य राशि मानते हुए वित्त आयोग राज्यों का संयुक्त अनुपादित भाग तथा उसमें राज्यों के व्यक्तिगत भाग निर्धारित करता था।

GST के लागू होने पर उपरोक्त सभी उत्पाद शुल्क तथा सेवा कर उसमें समाहित कर दिए गए और केन्द्र की केवल शेष विभाज्य कर प्राप्तियों का विभाजन वित्त आयोग की सिफारिशों तक सीमित रह गया।

- व्यक्तिगत भागों के निर्धारण में राज्यों ने अपने-अपने हितानुसार निम्नलिखित सहित वैकल्पिक मापदंडों को अपनाए जाने का आग्रह किया, अर्थात
  - राजकोषीय आवश्यकताएँ;
  - आर्थिक असमानताओं में कमी करने का लक्ष्य; तथा
  - सकल करदेयता के निर्धारण में राज्यों के आनुपातिक भाग।

स्मरणीय है कि ग्यारहवें वित्त आयोग के कार्यकाल में संघ उत्पाद शुल्कों को केन्द्रीय करों की संयुक्त विभाज्य पूँजी में शामिल कर दिया गया था। अत: ग्यारहवें और बाद के आयोगों ने उत्पाद शुल्कों के बारे में अलग से सिफारिशें करना बन्द कर दिया था। 2017 में सेवा कर सहित बहुत से परोक्ष कर GST में समाहित हो गए जिस कारण वे वित्त आयोग की सिफारिशों के क्षेत्र से बाहर हो गए।

- उपभोग के आँकड़ों के अभाव में प्रत्येक वित्त आयोग अपने विचारानुसार संघ उत्पाद शुल्कों के अंतर्राज्यीय वितरण हेतु विविध प्रकार के प्रतिस्थापक मापदंडों के प्रयोग करता रहा है।
- कई वित्त आयोगों ने मापदंडों के इस चुनाव में क्षेत्रीय विषमताओं में कमी करने और राजकोषीय आवश्यकताओं जैसे असंबद्ध मापदंडों का प्रयोग भी किया है।
- 'कर भाड़े' के मूल सिद्धांतों को नकारा जाने के कारण वितरण की यह सभी विधियाँ विवादास्पद हैं।

## 3. सम्पदा कर (Estate Duty)

सम्पदा कर 1957 में अस्तित्व में आया तथा 1985-86 में इसे हटा दिया गया। इसके अतिरिक्त कुछ राज्यों में केन्द्र द्वारा कृषि भूमि पर भी सम्पदा कर वसूल किया जाता था तथा उनकी प्राप्तियाँ सम्बद्ध राज्यों को लौटा दी जाती थीं। सम्पदा कर से प्राप्त राजस्व राशि सदैव अति कम रहती थी। अत: इसका राज्यों में आवंटन भी कभी महत्वपूर्ण नहीं माना गया। छठे वित्त आयोग की सिफ़ारिशों के अनुसरण में 1974-79 में सम्पदा शुल्क की निवल प्राप्तियों का राज्यों में बँटवारा निम्न प्रकार से किया जा रहा था-

(i) निवल प्रप्तियों का 2.5% संघ राज्य क्षेत्रों के लिए आरक्षित था।

(ii) शेष 97.5% को चल और अचल करारोपित सम्पत्तियों के अनुपात में वर्गीकृत किया जाता था। अचल सम्पदा वाले भाग को राज्यों में उसी अनुपात में बाँटा जाता था जिस अनुपात में उनमें अचल सम्पदा करारोपित हुई थी, तथा चल सम्पदा कर के राजस्व को राज्यों में उनकी जनसंख्या के अनुपात में बाँटा जाता था।

सातवें वित्त आयोग ने सम्पदा के उपरोक्त वर्गीकरण को त्यागकर सिफ़ारिश की कि राज्यों में इस कर का विभाजन उनमें करारोपित सकल सम्पदा के अनुपात में किया जाए। आठवें वित्त आयोग ने भी इसी सिफ़ारिश को दोहराया।

1985-86 में सम्पदा शुल्क को हटा दिया गया। 1989-90 में इनके स्थान पर धन अर्थांतरण (transfer of wealth) के नाम से कर लगाया गया, परन्तु इसकी प्राप्तियाँ राज्यों के साथ विभाज्य नहीं थीं।

- संपदा कर 1957 से 1985-86 तक लागू रहा, परंतु अति सीमित प्राप्तियों के कारण राज्यों ने इसे कभी महत्त्वपूर्ण नहीं माना।

# तृतीय खंड–वित्त आयोग और अनुदान

(Finance Commission and Grants-in-Aid)

## परिचय (Inroduction)

प्रारम्भ में संविधान के चार अनुछेदों (273, 275, 278, 282) में केन्द्र से राज्यों को अनुदान देने का प्रावधान था। इस समय इनमें से अनुच्छेद 273 निष्क्रिय है और अनुच्छेद 278 निरस्त (repealed) हो चुका है। शेष दो अनुच्छेदों (275 और 282) का अभी भी प्रयोग किया जा रहा है। अनुच्छेद 275 के अनुसरण में वित्त आयोग अनुदानों की सिफ़ारिश करता है, तथा अनुच्छेद 282 के अनुसरण में केन्द्र स्वैच्छिक अनुदान देने का अधिकारी है।

अनुच्छेद 275 के अनुसरण में दिए जाने वाले अनुदान दो भागों में बाँटे जा सकते हैं। इसके **मुख्य** प्रावधान के अंतर्गत दिए जाने वाले अनुदानों को संविधिक (Statutory) अनुदान कहा जाता है। ये अनुदान वित्त आयोग की सिफ़ारिशों पर उन राज्यों को दिए जाते हैं जिन्हें यथास्थिति अपनी राजकोषीय आवश्यकताओं को पूरा करने के लिए अथवा कुछ गैर-विकासात्मक क्षेत्रों में प्रशासनिक स्तर में सुधार हेतु सहायता की आवश्यकता होती है।

अनुच्छेद 275(1) के अंतर्गत दिए जाने वाले अनुदानों का दूसरा वर्ग वह है जिनका निर्णय अनुच्छेद 275(1) के परन्तुकों (Provisos) के अनुसरण में किया जाता है। इन अनुदानों की सिफ़ारिश वित्त आयोग द्वारा नहीं की जाती। भारत सरकार ये अनुदान अपनी इच्छा से देती है।

अनुच्छेद 282 के अंतर्गत केन्द्र तथा राज्यों को किसी भी "सार्वजनिक उद्देश्य" के लिए अनुदान देने की अनुमति है। यह भी आवश्यक नहीं कि केन्द्र सरकार द्वारा दिया जाने वाला अनुदान किसी ऐसे उद्देश्य के लिए हो जिसके विषय में संसद को कानून बनाने का अधिकार हो। इसी प्रकार एक राज्य सरकार भी किसी ऐसे उद्देश्य के लिए अनुदान दे सकती है जो राज्य विधान मंडल के कानून बनाने के अधिकार से बाहर हो। इन कारणों से इन्हें "स्वैच्छिक अनुदान" (discretionary grants) कहा जाता है। ध्यान रहे कि यथार्थ में केवल केन्द्र ही राज्यों को स्वैच्छिक अनुदान देता है। ये अनुदान राज्यों को अपनी योजनाओं, केन्द्र-प्रायोजित तथा उत्तरपूर्वी परिषद की आयोजनाओं के लिए दिए जाते हैं।

केन्द्र से राज्यों को रेल यात्री किराये पर कर के बदले अनुदान भी दिए जाते थे। इस कर को 1961 में समाप्त कर दिया गया था। कानून की दृष्टि से ये स्वैच्छिक अनुदान थे। परन्तु इनका मामला सदैव वित्त आयोग की विचारणीय सामग्री में शामिल किया जाता था। इस कारण आयोग कभी कभार इन अनुदानों की राशि में बढ़ोतरी की सिफ़ारिश भी करता रहा है।

ध्यानयोग्य है कि संविधान के 80वें संशोधन से केन्द्र से राज्यों को मिलने वाले अनुदानों की विधि में कोई परिवर्तन नहीं आया; परंतु 88वें संशोधन से उन्हें स्थानीय निकायों के लिए भी अनुदान मिलने लगे हैं।

केन्द्र से राज्यों को दिए जाने वाले विभिन्न अनुदानों का संक्षिप्त विवरण नीचे दिया गया है।

## 1. रेल यात्री किराये पर कर के बदले अनुदान

(Grants in Lieu of Tax on Railway Passenger Fares)

केन्द्र ने इस कर को 1957 में अनुच्छेद 269 के अन्तर्गत लागू किया था। इस कर की समस्त निवल प्राप्तियाँ राज्यों को सौंपी जाती थीं। परंतु 1961 में इस कर को हटा कर इसका विलय रेल किरायों में कर दिया गया। साथ

ही केन्द्र ने राज्यों को इस हानि की भरपाई के लिए 12.5 करोड़ रुपए प्रति वर्ष के तदर्थ (*ad hoc*) अनुदान देने का निर्णय लिया। कालान्तर में बढ़ते बढ़त 2000-01 में ₹2570 करोड़ हो गई और तत्पश्चात 80वें संशोधन के कारण इसे समाप्त कर दिया गया।

## 2. विशिष्ट-परियोजन अनुदान (Specific-Purpose Grants)

वित्त आयोग विशिष्ट प्रयोजनों के लिए अनुदानों की सिफारिश कर सकता है। यद्यपि प्रथम पाँच आयोगों को स्पष्ट शब्दों में इस प्रकार के अनुदानों की सिफ़ारिशें करने के लिए नहीं कहा गया था, तो भी उन्होंने ये सिफ़ारिशें कीं। अंतर्राज्यीय प्रशासनिक और सामाजिक असमानताओं में कमी करने हेतु इन अनुदानो को सर्वप्रथम छठे आयोग की विचारणीय सामग्री में रखा गया। परन्तु इन अनुदानों से दो समस्याएँ जुड़ी हुई हैं, अर्थात् (क) उनके उपयोग का अनुवीक्षण (मॉनिटरिंग, monitoring), तथा (ख) योजना आयोग द्वारा दिए गए अन्य अनुदानों के साथ अंशाच्छादन (overlapping)। इन कारणों से विभिन्न आयोगों की अनुदान सम्बन्धी नीति में एकरूपता का अभाव रहा है।

विशिष्ट परियोजनाओं हेतु प्रथम सात आयोगों मे से प्रथम आयोग ने 8 राज्यों के लिए ₹9 करोड़, तीसरे आयोग ने 10 राज्यों के लिए ₹9 करोड़, छठे आयोग ने 15 राज्यों के लिए सशर्त ₹815.84 करोड़, सातवें आयोग ने प्रशासनिक सुधारों हेतु केवल राजस्व घाटे वाले राज्यों को ₹436.80 करोड़ और आठवें आयोग ने प्रशासनिक सुधारों हेतु 17 राज्यों को ₹967.33 करोड़ के अनुदानों की सिफारिश की।

**नवें वित्त आयोग** ने अपने कार्यकाल के प्रथम वर्ष (1989-90) के लिए ₹171.7 करोड़ प्रशासनिक सुधारों और ₹551.6 करोड़ राज्यों की विशेष आवश्यकताओं की पूर्ति हेतु अनुदानों की सिफारिश की। आयोग ने अपने कार्यकाल के शेष वर्षों के लिए राज्यों की राजस्व प्राप्तियों और व्यय के अनुमान मानकीय विधि (normative approach) से लगाए। इस विधि में विशिष्ट परियोजन अनुदानों का कोई औचित्य नहीं बैठता।

**दसवें वित्त आयोग** ने सुधारात्मक अनुदानों के लिए भूमि अभिलेखों (रिकार्डों) के कंप्यूटरीकरण तथा संचार प्रणालियों के लिए सुधारात्मक अनुदान देने से मना कर दिया। परन्तु सभी 25 राज्यों के लिए तीन क्षेत्रों में सुधार हेतु अनुदानों की सिफ़ारिश भी की-

(क) ज़िला प्रशासन के विभिन्न पहलुओं के लिए, 730 करोड़ रुपए;

(ख) शिक्षा, विशेषकर नारी साक्षरता के लिए, 632.5 करोड़ रुपए;

(ग) राज्यों की विशेष समस्याओं के लिए, 1,246 करोड़ रुपए;

अर्थात् इसने पाँच वर्षों के लिए कुल मिला कर 2,608.50 करोड़ रुपए के अनुदानों की सिफ़ारिश की। इसं आयोग ने निगरानी (monitoring) की व्यवस्था को भी चालू रखा क्योंकि यह व्यवस्था संतोषजनक ढ़ग से चल रही थी।

**गयारहवें वित्त आयोग** के मतानुसार कोटि-उन्नयन और विशिष्ट आवश्यकताओं के लिए अनुदान केवल उन राज्यों तक सीमित नहीं रहने चाहिए जिनके आयोजना-भिन्न राजस्व खाते में कर-अंतरण के पश्चात भी घाटा रहता हो। अत: आयोग ने सभी 23 राज्यों को इस प्रकार के अनुदान देने पर विचार किया। इसने 12 क्षेत्रों के लिए कोटि-उन्नयन अनुदानों की सिफ़ारिश की, अर्थात्

(क) ज़िला प्रशासन; (ख) पुलिस प्रशासन; (ग) जेल प्रशासन; (घ) दमकल सेवाएँ; (ङ) न्यायिक सेवाएँ; (च) राजकोषीय प्रशासन; (छ) स्वास्थ्य सेवाएँ; (ज) प्राथमिक शिक्षा; (झ) विद्यालयों में बच्चों के लिए कंप्यूटर प्रशिक्षण; (ञ) सार्वजनिक पुस्तकालय; (ट) दाय/विरासत (heritage) संरक्षण; और (ठ) परंपरागत जल स्रोतों का विकास। इसके अतिरिक्त 1,129 करोड़ रुपए के अनुदान विशेष-आवश्यकताओं के लिए दिए गए।

**बारहवें वित्त आयोग** ने ग्यारहवें आयोग की नीति का अनुसरण करते हुए विशिष्ट-प्रयोजन और कोटि-उन्नयन के लिए 37,684 करोड़ रुपए के अनुदानों की सिफ़ारिश की। ये अनुदान इस प्रकार थे-

(क) सात राज्यों को स्वास्थ्य क्षेत्र में;

(ख) आठ राज्यों को शिक्षा के क्षेत्र में;

(ग) सभी 28 राज्यों को सड़कों और पुलों के संरक्षण, भवनों के संरक्षण, वनों के संरक्षण, दाय-संरक्षण (heritage conservation) के लिए। इसके अतिरिक्त आयोग ने राज्यों की विशेष आवश्यकताओं के लिए 7,100 करोड़ रुपए के अनुदानों की भी सिफ़ारिश की।

**तेरहवें वित्त आयोग** ने दस विभिन्न श्रेणियों के लिए ₹3,18,581 करोड़ के अनुदानों की सिफारिश की। इनमें पाँच श्रेणियाँ विशिष्ट परियोजनाओं की थीं और उनके लिए सिफारिश किए गए अनुदान ₹1,01,389 करोड़ थे।

**चौदहवें वित्त आयोग** ने अनुदानों की प्रचलित व्यवस्था की त्रुटियाँ गिनवाते हुए यह मत व्यक्त किया कि परियोजनाओं के चुनाव, प्राथमिकता निर्धारण और वित्त-पोषण के सारे कार्य स्वयं राज्यों द्वारा सम्पन्न किए जाने चाहिएँ। इसके उनकी समुचित व्यवस्था निर्बाध चलेगी। साथ ही उन्हें केन्द्र से प्रयाप्त वित्तीय सहायता भी मिलनी चाहिए। परन्तु यह साधन अंतरण वित्त आयोग की सिफारिशों पर न होकर किसी अन्य संस्थागत तंत्र के माध्यम से सम्पन्न होना चाहिए।

## 3. राहत व्यय (Relief Expenditure)

भारत में विभिन्न प्रकार के प्राकृतिक प्रकोपों से राहत के लिए व्यय की आवश्यकता पड़ती है, और यह राहत पहुँचाना राज्यों के दायित्वों में आता है। परन्तु वित्त आयोग केन्द्र से इस बारे में राज्यों की सहायता के लिए सिफ़ारिश करते रहे हैं। **द्वितीय आयोग** ने इस संदर्भ में **सीमा राशि** (मार्जिन मनी, margin money) की अवधारणा का प्रतिपादन किया था। इस व्यवस्था में विचाराधीन राज्य के लिए एक निर्दिष्ट राशि तय कर दी जाती है। केन्द्र द्वारा राहत कार्यों के लिए उस राज्य को सहायता देने का प्रश्न तभी उठता है, जब राज्य सरकार का राहत व्यय उसकी अपनी निर्दिष्ट राशि से अधिक हो जाए। इसके बाद के आयोगों ने भी इसी व्यवस्था का अनुमोदन किया।

**सातवें वित्त आयोग** ने इस मान्यता पर विचार किया कि राज्य प्रति वर्ष अपने बजटों में इस मद के लिए 100.55 करोड़ रुपए का प्रावधान करेंगे, इस व्सवस्था में थोड़ा संशोधन किया। इसने प्राकृतिक प्रकोपों को दो वर्गों में बाँटा: (क) सूखा तथा (ख) बाढ़, तूफान, और भूकम्प आदि। तथा दोनों स्थितियों में केन्द्र से मिलने वाली सहायता के दो प्रकार सुझाए।

**आठवें वित्त आयोग** ने सभी राज्यों में 1979-83 में राहत कार्यों पर किए गए व्यय की वार्षिक औसत को लेकर सिफ़ारिश की कि इतने व्यय को केन्द्र और राज्य आधा-आधा वहन करें। आयोग ने यह सिफ़ारिश भी की कि विचाराधीन राज्य द्वारा अपना हिस्सा व्यय करने के पश्चात ही केन्द्र के हिस्से को खर्च करने की बारी आनी चाहिए। केन्द्रीय सहायता का बचा भाग भविष्य में व्यय के लिए उपलब्ध रहना चाहिए।

नवें और बाद के आयोगों ने विभिन्न प्रकार की प्रकोप राहत निधियों की चर्चा की। नवें आयोग ने 'प्रकोप राहत निधि' की अवधारणा को प्रस्तावित किया तथा एक परिव्यापक (all inclusive) प्रशासनिक ढाँचे की सिफारिश की। आयोग ने प्रकोप राहत व्यय की राशि बढ़ाकर ₹804 करोड़ करने की सिफारिश की जिसमें केन्द्र का अंशदान 75% था।

इसके बाद के पाँच आयोगों ने हक्का-बक्का करने वाले अनेकों सुझावों की भरमार कर दी। इनमें राहत विधियों के ढाँचे, परिभाषाएँ, कार्यक्षेत्र और अपेक्षित प्रतिक्रियाएँ आदि शामिल थे।

चौदहवें वित्त आयोग ने कई प्रकार के सुधारों के सुझावों का निरीक्षण किया। परिणाम स्वरूप प्रकोप राहत ढाँचे का तीन स्तरीय आकार अस्तित्व में आया, अर्थात,

- NDRF (राष्ट्रीय प्रकोप प्रतिक्रिया निधि);
- SDRFs (राज्य-स्तरीय प्रकोप प्रतिक्रिया निधियाँ); तथा
- DDRFs (जनपद-स्तरीय प्रकोप प्रतिक्रिया निधियाँ)।

परन्तु आश्चर्यजनिक तथ्य है कि कई राज्यों ने अभी तक जनपद स्तरीय प्रकोप प्रतिक्रिया निधियों का गठन नहीं किया।

- राज्यों को केन्द्र द्वारा विविध प्रकार के अनुदान दिए जाते हैं।
- इनमें वित्त आयोग की सिफ़ारिश पर दिए जाने वाले अनुदानों के अतिरिक्त केन्द्र के स्वैच्छिक अनुदान भी शामिल हैं।
- संविधान के 80वें संशोधन से केन्द्र से राज्यों को मिलने वाले अनुदानों की व्यवस्था में कोई परिवर्तन नहीं आया; परंतु 88वें संशोधन से उन्हें स्थानीय निकायों के लिए भी अनुदान मिलने लगे हैं।
- रेल यात्री किराए पर कर के बदले अनुदानों की राशियों में चरणबद्ध वृद्धि की गई। इनमें राज्यों के व्यक्तिगत भागों के निर्धारण हेतु उपलब्ध आँकड़ों के अनुरूप सरल मापदंडों का प्रयोग किया जाता रहा। संविधान के 80वे संशोधन के पश्चात अब ये अनुदान समाप्त हो चुके हैं।
- विशिष्ट-परियोजन अनुदानों के बारे विभिन्न आयोगों गें गतभेद रहा है। अत: अलग-अलग आयोगों की इस बारे नीति और सिफ़ारिशों में काफ़ी अंतर रहा है।
- इस बारे में चौदहवें आयोग का मत अति सुधारात्मक और हितप्रद प्रतीत होता है।
- प्रकोप राहत के संदर्भ में भी कई प्रकार के नीति-परिवर्तन देखने को मिलते हैं। प्रकोप राहत के लिए आवश्यक अनुदान राशियों के पूर्वानुमान सदैव अपर्याप्त रहे हैं। राज्य भी इन अनुदानों के अपव्यय और प्रबंधनीय ढील को प्रोत्साहित करते रहे हैं।
- चौदहवें वित्त आयोग ने प्रकोप राहत व्यवस्था में मूलभूत सुधारों की सिफारिश की। इन में तीन स्तरीय प्रकोप प्रतिक्रियाँ हैं। परन्तु अधिकतर राज्य जनपद स्तर पर इन निधियों के गठन के प्रति उदासीन हैं।
- इस समय केन्द्र से अनुदान राहत व्यय के पूर्वानुमानों के आधार पर तय किए जाते हैं।

## 4. राजस्व-सहायता अनुदान (Grants-in-Aid of Revenue)

इन अनुदानों को सामान्य प्रयोजन अनुदान (General Purpose Grants) भी कहा जाता है। इन अनुदानों का उद्देश्य यह है कि राज्यों को अपने बजटीय घाटों को पूरा करने में सहायता मिले। अत: इन अनुदानों की सिफ़ारिश

करने से पूर्व आयोग राज्यों के बजटीय भविष्य-अनुमानों (projections) की जाँच करता है, तथा संबद्ध तथ्यों को ध्यान में रखते हुए इस जाँच में कई अन्य मापदंडों पर भी विचार करता है। परंतु विचारणीय है कि इन मापदंडों के चुनाव और मात्रीकरण में निम्नलिखित सहित अनेकों कठिनाइयाँ आती हैं।

कर-प्रयत्न के अनुमानों में राज्यों की सापेक्षक कर देयक्षमता का प्रश्न उठता है। एक पिछड़े राज्य की कर देयक्षमता के कम होने का मुख्य कारण इसके नागरिकों की गरीबी होती है। परंतु यदि पिछड़ेपन को दूर करने की प्रक्रिया में राज्य में आय वितरण की असमानता कम की जाए, तो भी इसकी कर देयक्षमता नहीं बढ़ पाती।

लोक व्यय में 'अपव्यय' को परिभाषित करने और इसके मात्रीकरण में असाध्य कठिनाइयाँ आती हैं।

प्रत्येक वित्त आयोग के सामने क्षेत्रीय असमानताओं को कम करने का उद्देश्य रहा है, परंतु इनकी सिफ़ारिशों में इस उद्देश्य को कभी उच्च प्राथमिकता नहीं मिल पाई।

वित्त आयोगों द्वारा अनुदानों की सिफ़ारिश करते समय राज्यों की राजकोषीय आवश्यकताओं के पूर्वानुमान अति त्रुटिपूर्ण रहे हैं। आयोगों की यह कमी काफ़ी खेदजनक है, क्योंकि राज्यों की राजकोषीय आवश्यकताओं का पूर्वानुमान लगाना कोई असंभव कार्य नहीं हैं।

उपरोक्त कठिनाइयों के अतिरिक्त राजस्व-सहायता अनुदानों के संदर्भ में निम्नलिखित तथ्य विशेष रूप से वर्णनीय हैं।

- प्रत्येक राजस्व-सहायता अनुदान की कुल राशि अपरिवर्तनीय होती है।
- कालान्तर में इन अनुदानों में कई कारणों से वृद्धि होती रही है।
- वित्त आयोगों में कर-अंतरणों और अनुदानों के सापेक्षित औचित्य पर मतभेद रहा है।
- वित्त आयोगों द्वारा अनुदान निर्धारण में प्रयुक्त मापदंडों और उनके भारांशों में किसी संगीत (Consistency) का आभास नहीं मिलता।
- केन्द्र वित्त आयोगों पर अनुदान राशियों के निर्धारण में कई प्रकार से प्रतिबन्ध लगाता रहा है।
- यह आरोप बहुधा लगाया गया है कि केन्द्र और राज्यों के प्राप्तियों और संवितरणों के पूर्व अनूमानों की जाँच पड़ताल में वित्त आयोग केन्द्र के हक में पक्षपात करते रहे हैं।
- राज्यों के व्यय-आवश्यकताओं के आंकलन में आयोग कई महत्त्वपूर्ण तथ्यों की अनदेखी करते रहे हैं, जैसे कि व्यय पर बढ़ती कीमतों का प्रभाव, नई व्यय-मदों का उभरना आदि।
- राज्यों के व्यय-अनुमानों में लोक-लुभावन स्कीमों और प्रशासनिक ढील के कारण हाने वाली बढ़ोतरी को मान्यता दी गई, जबकी विकासात्मक व्यय में प्रस्तावित वृद्धि को बहुधा ठुकरा दिया गया।
- अनुदान राशियों के निर्धारण में राजकोषीय कार्यक्षमता की कमी और अनुशासनीय मापदंड़ो में ढील को अनदेखा करने की प्रवृत्ति रही है।
- बजटीय परिवर्तनशीलता (manoeuvrability) के लिए संसाधनों की प्रयाप्त उपलब्धता का होना आवश्यक है। इस तथ्य को प्रथम बार चौदहवें वित्त आयोग ने स्वीकारा।

**प्रथम वित्त आयोग** ने राज्यों की राजकोषीय आवश्यकताओं का अनुमान लगाने के पश्चात् यह सिफ़ारिश की कि सात राज्यों को कुल मिलाकर 5.05 करोड़ रुपए अनुदानों के रूप में दिए जाएँ जो शिक्षा के लिए दिए जाने वाले अनुदानों (1.5-3 करोड़ रुपए प्रति वर्ष) के अतिरिक्त हों।

**दूसरे वित्त आयोग** ने राज्यों की बढ़ती आर्थिक आवश्यकताओं पर ध्यान देते हुए, राज्यों की राजकोषीय आवश्यकताओं को विस्तृत अर्थों में लिया। परंतु साथ ही यह भी कहा कि राज्यों का मुख्य वित-स्रोत अनुदान न होकर कर-राजस्व होना चाहिए। इस आयोग ने 14 राज्यों में से 11 राज्यों को 187.75 करोड़ रुपए के अनुदानों की सिफ़ारिश की।

**तीसरे वित्त आयोग** ने कर-प्रयत्न के घटक को महत्वपूर्ण मानते हुए खेद प्रकट किया कि आयोग के लिए इसका अनुमान लगाना संभव नहीं था। फिर भी इसने सिफ़ारिश की कि राज्यों की पंचवर्षीय योजनाओं के राजस्व घटक का 75% उन्हें अनुदानों के रूप में दिया जाए। परंतु सरकार ने इस सिफ़ारिश को इस आधार पर रद्द कर दिया कि वित्त आयोग को आयोजना संबंधी अनुदानों की सिफ़ारिशें करने का अधिकार नहीं था। इस कटौती के पश्चात राज्यों को 100.25 करोड़ रुपए सामान्य प्रयोजन अनुदानों के रूप में दिए गए।

**चौथे वित्त आयोग** ने राज्यों के सार्वजनिक ऋण के कारण पड़ने वाले बोझ और इसी प्रकार की कुछ ऐसी अन्य व्यय-मदों पर भी विचार किया जिनका वर्णन इसकी विचारणीय सामग्री में स्पष्ट शब्दों में नहीं था। आयोग ने राज्यों के व्यय में किफ़ायत की संभावनाओं को भी ध्यान में रखते हुए, दस राज्यों को 121.89 करोड़ रुपए प्रतिवर्ष के अनुदानों की सिफ़ारिश की।

**पाँचवें वित्त आयोग** को पूँजी खाते से संबद्ध अनुदान प्रदान करने की मनाही की गई थी, तथा इसे निम्नलिखित मुद्दों पर विचार करने को कहा गया था-

- राज्यों की राजस्व खाते में वित्तीय आवश्यकताएँ;
- उनके ऋणों पर ब्याज की देयता;
- 1968-69 तक पूरी की गई आयोजना स्कीमों को चालू रखने का व्यय;
- प्रशासनिक, तथा विकासात्मक गतिविधियों में कमी लाए बिना बेकार के व्यय में कटौती।

आयोग ने अनुमानुसार दस राज्यों के राजस्व खाते घाटे में रहेंगे। इन राज्यों को पाँच वर्षों के लिए 637.85 करोड़ रुपए अनुदानों की सिफ़ारिश की गई। इसके अतिरिक्त मैसूर राज्य को थोड़ी-सी अनुदान राशि दी गई ताकि उसे केन्द्र से मिलने वाले साधनों में कमी न आए।

**छठे वित्त आयोग** की विचारणीय विषय सामग्री में कई मानदंडों को शामिल किया गया। आयोग ने 1974-79 की अवधि के लिए 14 राज्यों को 2509.61 करोड़ रुपए के अनुदानों की सिफ़ारिश की।

**सातवें वित्त आयोग** की विचारणीय विषय सामग्री भी छठे आयोग की विषय सामग्री से मिलती जुलती थी। इसके अतिरिक्त इसे पिछड़े राज्यों के प्रशासनिक स्तर को ऊँचा उठाने की आवश्यकता पर विचार करने के लिए भी कहा गया था, तथा इस उद्देश्य हेतु आयोग ने विशेष परियोजन सहायता अनुदानों की सिफ़ारिश भी की थी। सातवें आयोग ने कुछ ऐसे नए कदम भी उठाए जिनका विशेष वर्णन किया जाना चाहिए।

- इससे पहले प्रत्येक आयोग की कार्य-विधि यह रही थी कि केन्द्र द्वारा प्रस्तुत पूर्वानुमानों (projections) को बिना किसी जाँच पड़ताल के स्वीकार कर लिया जाता था, परंतु राज्यों द्वारा प्रस्तुत पूर्वानुमानों की प्रत्येक मद की गहरी जाँच पड़ताल की जाती थी। सातवें आयोग ने प्रथम बार केन्द्र द्वारा प्रस्तुत पूर्वानुमानों के एक भाग की जाँच की, जिसके परिणामस्वरूप केन्द्र से अंतरणीय साधनों के अनुमान में 4629 करोड़ रुपए की वृद्धि की गई।
- आयोग ने यह नीति अपनाई कि केन्द्र से राज्यों को अंतरित साधनों का मुख्य भाग अनुदान न हो कर-राजस्व होना चाहिए, ताकि राज्यों को भी कर-राजस्व की उत्फुल्लता से लाभांवित होने का अवसर मिले।

• सातवें आयोग से पूर्व यह प्रथा थी कि वित्त आयोग द्वारा राज्यों की वित्तीय आवश्यकता के पूर्वानुमान के पश्चात् इस बात पर विचार नहीं किया जाता था कि इस घाटे की बढ़ोतरी में स्वयं राज्य सरकारों की वित्तीय प्रबंधन की दुर्बलता आदि का कितना योगदान है। बहुधा राज्य सरकारें आयोग की नियुक्ति के पश्चात कई प्रकार के नए खर्चों की घोषणा कर देती थीं, जिससे उनके अनुमानित बजटीय घाटे भी बढ़ जाते थे। वित्त आयोग इस प्रकार से अनुमानित बजटीय घाटों के ठीक बराबर यांत्रिक (mechanical) ढंग से अनुदानों की सिफ़ारिश कर देता था। परंतु इसका एक दुष्परिणाम यह होता था कि वित्तीय अनुशासन का पालन करने वाले राज्यों को, अनुमानित बजटीय घाटे कम होने के कारण, अनुदान भी कम मिलते थे। इसके विपरीत वित्तीय अनुशासन की परवाह न करने वाले राज्यों की अनुदान राशियाँ बढ़ जाती थीं। कहने का अर्थ यह है कि वित्तीय अनुशासन वाले राज्यों को उनके इस अनुशासन के कारण दंड मिलता था जबकि अनुशासनहीन राज्य पुरस्कृत किए जाते थे।

सातवें आयोग ने इस यांत्रिक विधि की प्रथा की समाप्ति के लिए निर्देश-चिह्न तिथि (Benchmark Date) की विधि अपनाई। आयोग ने किसी भी ऐसी व्यय-मद पर विचार करने से इंकार कर दिया जिसे किसी राज्य ने 1 जनवरी, 1977 के पश्चात अपनाया हो। विचारणीय है कि यह नया मापदंड भी पूर्ण रूप से त्रुटिरहित नहीं था। इसमें किसी व्यय मद की स्वीकार्यता अथवा अस्वीकार्यता का आधार उसकी मंजूरी की तिथि न होकर उसका औचित्य होना चाहिए। अतः यदि आयोग इस औचित्य के निर्धारण हेतु कोई वस्तुनिष्ठ विधि ढूँढ पाता तो अधिक श्रेयस्कर होता। परंतु सातवें आयोग ने केवल बजटीय घाटों के पूर्वानुमानों में एक विशेष तिथि को आधार माना तथा अनुदान की राशियाँ पहले की भांति यांत्रिक ढंग से बजटीय घाटों के बराबर ही तय कीं।

सातवें आयोग ने राज्यों पर नए ऋणों के कारण पड़ने वाले ब्याज के बोझ तथा नशाबंदी अपनाने वाले राज्यों को होने वाली राजस्व-हानि का भी पूर्वानुमान लगाया।

उपर्युक्त सब तथ्यों को ध्यान में रखते हुए आयोग ने 8 राज्यों को 1173.12 करोड़ रुपए के अनुदानों की सिफ़ारिश की।

**आठवें वित्त आयोग** ने नोट किया कि सातवें वित्त आयोग ने राजस्व सहायता अनुदानों से संबद्ध तीन मापदंडों को चुना था, अर्थात्

- राज्यों के राजकोषीय घाटे पूरे हो सकें;
- अंतर्राज्यीय असमानताएँ कम हों; और
- राज्यों की विशेष आवश्यकताओं के वित्त-पोषण हेतु साधन उपलब्ध हों।

आयोग ने इन नियमों का अनुमोदन करते हुए केन्द्र से उपलब्ध स्रोतों के अनुमान में 30,407 करोड़ रुपए की वृद्धि की तथा 1 अप्रैल, 1982 को निर्दिष्ट चिह्न तिथि (benchmark date) चुना। इसने व्यय अनुमानों में महँगाई भत्ते के कारण संशोधन करने से इस आधार पर मना कर दिया कि सभी बजटीय अनुमान स्थिर कीमतों पर आधारित थे।

कीमतों में वृद्धि के तथ्य को ध्यान में रखते हुए आयोग ने बजटीय घाटे के आधार पर दिए जाने वाले अनुदानों की राशियों में 5 प्रतिशत प्रति वर्ष की साधारण दर से वृद्धि की। यह प्रावधान अधूरा होते हुए भी (क्योंकि कीमतों में वृद्धि की अपेक्षित दर इससे अधिक थी) अपने-आप में एक महत्वपूर्ण कदम था। आयोग ने अनुमान लगाया कि 11 राज्यों को 1984-85 में आयोजना-भिन्न राजस्व खाते में बजटीय घाटे, तथा दस राज्यों को बाकी चार वर्षों में घाटे का सामना करना पड़ेगा। अतः इस आधार पर आयोग ने ₹1690.93 करोड़ की अनुदान राशियों की सिफ़ारिश की।

**नौवें वित्त आयोग** ने अनुदान देने के निम्नलिखित तीन सिद्धांतों का अनुमोदन किया।

1. राज्यों की राजकोषीय आवश्यकताओं के पूर्वानुमानों को उनके कर-प्रयत्न तथा मितव्ययिता के आधार पर संशोधित किया जाना चाहिए;
2. राज्यों द्वारा प्रदत्त सामाजिक सेवाओं के स्तर में अतर्राज्यीय समता लाई जानी चाहिए; तथा
3. राज्यों को विशेष उत्तरदायित्वों को निभाने तथा प्राथमिक सेवाएँ मुहैया करने की क्षमता प्रदान की जानी चाहिए।

इससे पूर्व के आयोगों ने इन नियमों का उचित रूप से अनुसरण नहीं किया था। नौवें आयोग ने इस बात पर ज़ोर दिया कि इसके द्वारा अनुदानों की सिफ़ारिशें बजटीय घाटों के वास्तविक भविष्य-अनुमानों के आधार पर न हो कर मानकीय (normative) मापदंडों द्वारा अनुमानित घाटों पर आधारित थीं।

नौवें आयोग ने 1989-90 के लिए कुल मिला कर 3459.58 करोड़ रुपए के राजस्व-सहायता अनुदानों की सिफ़ारिश की, अर्थात्

(क) 13 राज्यों को आयोजना-भिन्न राजस्व अनुदान, 984.06 करोड़ रुपए;

(ख) सभी 25 राज्यों को आयोजना राजस्व अनुदान, 2475.52 करोड़ रुपए;

अन्य शीर्षों के अंतर्गत दिए जाने वाले 892.72 करोड़ रुपए के अनुदान इनके अतिरिक्त थे। आयोग ने 1990-95 के लिए ₹15017 करोड़ के राजस्व-सहायता अनुदानों की सिफ़ारिश की।

**दसवें वित्त आयोग** ने केवल आयोजना-भिन्न खाते में घाटे को ध्यान में रखते हुए और मानकीय पद्धति का अधूरा अपनाते हुए कुल ₹7568.68 करोड़ के अनुदानों की इस प्रकार सिफारिश की कि सहायतित राज्यों की संख्या और अनुदान राशियाँ वर्ष प्रति वर्ष घटते जाएँ। अन्तिम वर्ष 1999-2000 में किसी राज्य को भी अनुदान की प्राप्ति नहीं मिलना था।

**ग्यारहवाँ वित्त आयोग** की रिपोर्ट लिखने तक दसवीं आयोजना को अंतिम रूप देना बाकी था, जिस कारण इसे आयोजना के आँकड़े उपलब्ध नहीं थे। अतः इसने केन्द्र की सकल राजस्व प्राप्तियों के उस अनुपात का प्रयोग किया जिसे इसके अनुमानानुसार केन्द्र से राज्यों को अंतरित करना संभव था। इसी कारण से आयोग ने आयोजना-राजस्व घाटों की पूर्ति हेतु भी किसी अनुदान की सिफ़ारिश **नहीं** की। परंतु इसने आयोजना-भिन्न राजस्व घाटों को मानकीय आधार पर अनुमानित किया और इनको केन्द्र से अंतरणीय कर-साधनों से संशोधित किया, और राज्यों को इन अनुमानित घाटों के बराबर अनुदानों की सिफ़ारिश की। परिणामस्वरूप 2000-05 के लिए 15 राज्यों को 35359.07 करोड़ रुपए के अनुदान मिले, अर्थात 9 राज्यों को 5 वर्षों के लिए, 2 को 3 वर्षों के लिए, 1 को 2 वर्षों के लिए और 3 को 1 वर्ष के लिए।

**बारहवें वित्त आयोग** का मत था कि गैर-विशिष्ट राज्यों को दी जाने वाली आयोजना-सहायता को ऋणों और अनुदानों में वर्गीकरण की प्रथा को समाप्त कर देना चाहिए। इसके स्थान पर केन्द्र राज्यों को केवल आयोजना अनुदान देने चाहिए और यह निर्णय राज्यों पर छोड़ देना चाहिए कि वे कितना और कहाँ से उधार लेना चाहते हैं।

बारहवें आयोग के मतानुसार आयोजना-भिन्न घाटों को मानकीय मापदंडों पर अनुमानित करने के दो लाभ होते हैं। इससे यांत्रिक विधि से बजटीय घाटापूर्ति नहीं होती, तथा अंतर्राज्यीय असमानताओं को घटाने में सहायता

भी मिलती है। अतः आयोग ने 2005–10 के लिए मानकीय मापदंडों पर राज्यों के कर–विभाजन के पश्चात् के आयोजना–भिन्न घाटों के पूर्वानुमान लगाए, और उनके बराबर 15 राज्यों को 56855.87 करोड़ रुपए के अनुदान देने की सिफ़ारिश की, अर्थात 9 राज्यों को 5 वर्षों के लिए, 3 को एक वर्ष के लिए, एक को चार वर्षों के लिए, एक को तीन वर्षों के लिए और एक को दो वर्षों के लिए।

**तेरहवें वित्त आयोग** ने नोट किया कि गत पाँच वर्षों में राज्यों के आयोजना–भिन्न घाटों में काफी कमी आई थी। इस सुधार में राजकोषीय सुधारों और बजटीय प्रबंधन के कानून का काफी योगदान रहा था। आयोग ने पाँच वर्षों के लिए ₹51,800 करोड़ राजस्व अनुदानों के अतिरिक्त विशेष श्रेणी राज्यों के लिए ₹1500 करोड़ के निष्पादन–आधारित अनुदानों की सिफारिश की

**चौदहवें वित्त आयोग** ने राज्यों के राजस्व–अनुदानों की पात्रता के लिए कड़े मानदंड़ अपनाए। कोई राज्य तभी अनुदान का पात्र हो सकता था जब इसकी राजस्व क्षमता, संसाधनों की संवर्धन क्षमता और कर–अंतरण का जोड़ इसकी व्यय–आवश्यकता से कम से कम हो। इन मानदंडों के आधार पर आयोग ने गयारह राज्यों को कुल मिला कर ₹1, 94, 281 करोड़ के अनुदान प्रदत्त किए। ये अनुदान सात राज्यों को पाँच–पाँच वर्षों के लिए, मेघालय को चार वर्षों के लिए, केरल को तीन वर्षों के लिए और असम और पश्चिम बंगाल को दो–दो वर्षों के लिए थें।

- राजस्व सहायता अनुदान वित्त आयोग की सिफ़ारिश पर केन्द्र से राज्यों को उनके सामान्य राजस्व घाटों की पूर्ति के लिए दिए जाते हैं।
- यह आवश्यक नहीं कि ये अनुदान सब राज्यों को मिलें, अथवा सब अनुदान बराबर हों।
- उपरोक्त घाटों को अनुमानित करना अति कठिन है क्योंकि इस प्रक्रिया में, राज्यों के अपने प्रशासनिक निष्पादन के प्रमापन के अतिरिक्त, वस्तुनिष्ठ मापदंडों के चुनाव की समस्या भी आती है।
- कई वित्त आयोगों ने राज्यों द्वारा प्रस्तुत बजटीय घाटों के पूर्वानुमानों में विधिवत कमी करने की नीति का अनुसरण किया।
- इसी प्रकार अधिकतर आयोग राज्यों की राजकोषीय आवश्यकताओं के अनुमानोपरांत, इस स्थिति में राज्यों की अपनी भूमिका पर विचार किए बिना, यंत्रवत् इनके बराबर अनुदानों की सिफ़ारिश करते रहे।
- कई आयोगों ने अपने–अपने विचारनुसार राज्यों को राजकोषीय अनुशासन में सुधार लाने हेतु अनुदानों का प्रयोग किया।

## 5. स्थानीय निकायों के लिए अनुदान (Grants for Local Bodies)

स्थानीय निकायों के लिए अनुदानों का मामला प्रथम बार दसवें वित्त आयोग के समक्ष आया था। संविधान में 73वें तथा 74वें संशोधनों के आधार पर वित्त आयोग से संबद्ध अनुच्छेद 280 में भी संशोधन किया गया था जिसके अनुसार वित्त आयोग के लिए यह अनिवार्य हो गया कि वह राज्यों के वित्त आयोगों की सिफ़ारिशों के आधार पर राज्यों में स्थानीय निकायों के साधनों में वृद्धि करने हेतु राज्यों की समेकित निधियों में बढ़ोतरी के लिए आवश्यक उपायों की सिफ़ारिश करे।

दसवें आयोग द्वारा रिपोर्ट दाखिल करने तक राज्यों के वित्त आयोगों की सिफारिशें उपलब्ध नहीं थीं, परंतु यह तय था कि राज्यों को इस मद के लिए आर्थिक सहायता की आवश्यकता थी। इसलिए दसवें वित्त आयोग ने इस कार्य हेतु निम्नलिखित काम–चलाऊ सिफ़ारिशें कीं।

1. आयोग ने 1971 की ग्रामीण जनसंख्या (4380.93 लाख) को लेते हुए चार वर्षों (1996-2000) के लिए प्रति व्यक्ति 100 रुपए की दर से 4380.93 करोड़ रुपयों के अनुदानों की सिफारिश की। इस धन राशि को पंचायती निकायों में बाँटने के लिए कहा गया। यह भी कहा गया कि यह धन राशियाँ पंचायतों को राज्यों से अन्य प्रकार की सहायता के अतिरिक्त होंगी।

2. इसी प्रकार शहरी स्थानीय निकायों की वित्तीय आवश्यकताओं का अनुमान यह लगाया गया कि वे 1995-96 में 5987 करोड़ रुपए से बढ़ कर 1999-2000 में 12980 करोड़ रुपए हो जाएँगी। स्थानीय निकायों के इस वर्ग के लिए आयोग ने चार वर्षों (1996-2000) के लिए कुल मिला कर 1000 करोड़ रुपए के अनुदानों की सिफ़ारिश की। इन धनराशियों के लिए राज्यों में वितरण का आधार यह रखा गया कि प्रत्येक राज्य की 1971 की शहरी जनसंख्या में गंदी बस्तियों के वासियों का अनुपात निकाला जाए, तथा राज्यों के तुलनात्मक भाग इन अनुपातों के आधार पर निर्धारित किए जाएँ। आयोग ने यह भी कहा कि इन अनुदानों के सदुपयोग के लिए उपयुक्त स्थानीय स्कीमें तैयार की जाएँ तथा भविष्य में दसवें आयोग द्वारा की गई सिफ़ारिशों में उपर्युक्त संशोधन करने की भी छूट हो।

**गयारहवाँ वित्त आयोग (Eleventh Finance Commission)** यद्यपि इस आयोग की विचारणीय सामग्री में स्थानीय निकायों हेतु अनुदानों का वर्णन था, तो भी इनसे संबद्ध प्रयोग्य आँकड़ों की कमी थी। राज्यीय वित्त आयोगों के निष्कर्षों और सिफ़ारिशों में भी विषमताएँ थीं। इन सब समस्याओं के होते हुए भी ग्यारहवें आयोग ने 2000-05 के लिए, केन्द्र से ग्रामीण निकायों के लिए 1600 करोड़ रुपए और शहरी निकायों के लिए 400 करोड़ रुपए के अनुदानों की सिफ़ारिश की। इनमें से राज्यों के व्यक्तिगत भाग निम्नलिखित आधार पर तय किए गए।

(i) जनसंख्या, 40%; (ii) आयोग द्वारा अनुमानित विकेन्द्रकरण का 10-घटकीय सूचकांक, 20%; (iii) उच्चतम प्रति-व्यक्ति आय से दूरी, 20%; (iv) राजस्व घाटा, 10%; और (v) भौगोलिक क्षेत्र, 10%।

**बारहवें वित्त आयोग** ने 2005-10 के लिए ग्रामीण स्थानीय निकायों के लिए 20,000 करोड़ रुपए और शहरी निकायों के लिए 5000 करोड़ रुपए के अनुदानों की सिफ़ारिश की और इनमें राज्यों के व्यक्तिगत आनुपातिक भाग निम्न प्रकार से तय किए।

(i) वर्ष 2001 की जनसंख्या, 40%।

(ii) भौगोलिक क्षेत्र, 10%।

(iii) उच्चतम प्रति व्यक्ति आय से दूरी, 20%। यहाँ पर ग्रामीण निकायों के लिए प्राथमिक क्षेत्र से राज्य के सकल घरेलू उत्पाद और शहरी निकायों के लिए प्राथमिक-भिन्न क्षेत्रों से राज्य के सकल उत्पाद का प्रयोग किया गया।

(iv) वंचितन का सूचकांक (index of deprivation), 10%। स्मरणीय है कि ग्यारहवें आयोग ने विकेन्द्रीकरण के एक सूचकांक का प्रयोग किया था। बारहवें आयोग ने इसके स्थान पर इस वंचितन सूचकांक का प्रयोग किया। इसका एक कारण यह था कि लगभग सभी राज्य ग्यारहवें आयोग द्वारा प्रयुक्त कसौटियों पर खरे उतरने लगे थे, जबकि जनसंख्या के एक बड़े भाग की प्राथमिक आवश्यकताओं की तुष्टि होना अभी भी बाकी था।

(v) राजस्व प्रयत्न, 20%। इसके दो भाग किए गए अर्थात, (क) राज्य के अपने राजस्व के संदर्भ में, 10%, और (ख) राज्य के सकल घरेलू उत्पाद के संदर्भ में, 10%।

इसके अतिरिक्त बारहवें आयोग ने (क) राज्यों के वित्त आयोगों के गठन और उनकी कार्यप्रणाली, (ख) अनुदानों की उपयोग विधि, तथा (ग) व्यय-मदों को दी जाने वाली प्राथमिकता से संबद्ध भी कई सुझाव दिए।

**तेरहवें वित्त आयोग** ने स्थानीय निकायों की अनुदान-आवश्यकताओं के अनुमान हेतु कई कदम उठाए जिनमें समुचित आँकड़ों का संग्रहण, खोज बीन, उत्पादक-कार्यक्षमता की जाँच आदि शामिल थे (आयोग ने स्थानीय निकायों के लिए कुल मिला कर ₹ 87,519 करोड़ के अनुदानों की सिफारिश की, अर्थात्, 'सामान्य बुनियादी अनुदान (General Basic Grants), ₹ 56,335 करोड़; 'सामान्य निष्पादन अनुदान' (General Performance Grants), ₹29,826 करोड़; और 'विशिष्ट क्षेत्र अनुदान' (Special Area Grants), ₹1,357 करोड़। इसके अतिरिक्त ग्रामीण और शहरी निकायों के व्यक्तिगत हिस्सों के निर्धारण हेतु आयोग ने निम्नलिखित मानदंडों और उनके भारांशों का प्रयोग किया:

- जन संख्या (50, 50);
- क्षेत्रफल (10, 10);
- उच्चतम प्रति व्यक्ति क्षेत्रीय आय से दूरी (10, 20);
- अंतरण का सूचकांक (15, 15);
- जनसंख्या में अनुसूचित जातियों और अनुसूचित जनजातियों का अनुपात (10, 10) तथा
- वित्त आयोग द्वारा स्थानीय निकायों प्रदत्त अनुदानों का उपयोग (5, 5).

**चौदहवें वित्त आयोग** ने स्थानीय निकायों के लिए 2015-20 के लिए प्रति व्यक्ति प्रति वर्ष ₹488 के हिसाब से कुल ₹2,87,436 करोड़ के अनुदान दिए। इनमें ग्रामीण निकायों का भाग ₹2,00,292.20 करोड़ और शहरी निकायों का ₹87,143.80 करोड़ था। प्रत्येक राज्य के लिए प्रत्येक वर्ष की अनुदान राशियाँ पूर्व निश्चित थीं।

स्थानीय निकायों के प्रदत्त अनुदानों के दो भाग थे, अर्थात, सामान्य अनुदान और निष्पादन अनुदान। ग्रामीण निकायों के ये दो भाग कुल अनुदानों के क्रमश: 90% और 10% थे, जब कि शहरी निकायों के लिए ये अनुपात 80% और 20% थे।

इसके अतिरिक्त यह तय किया गया था कि प्रत्येक राज्य में ग्रामीण और शहरी निकायों को चौदहवें वित्त आयोग द्वारा प्रदत्त अनुदानों का निकायों में आवंटन उन्हीं सूत्रों के आधार पर किया जाए जो संबद्ध राज्य के आखिरी वित्त आयोग द्वारा सुझाए गए और राज्य द्वारा स्वीकारे गए हों; तथा इन सूत्रों के अभाव में आवंटन सूत्र 2011 की जनसंख्या (भार 90%) और क्षेत्रफल (भार 10%) हो।

चौदहवें वित्त आयोग ने कई अन्य सुझाव भी दिए जो स्वंय में अति मूल्यवान और वाँछनीय थे, परन्तु वस्तु-स्थिति ऐसी थी कि उनका पालन करना अति कठिन कार्य था। ये सुझाव खातों के लेखाकन और रख रखाव, और लेखा परीक्षण से जुड़े थे। आयोग के सुझाव थे कि खाता-लेखन की रूप रेखा नियन्त्रक और लेखा परीक्षक (CAG) और राज्य सरकारों की सहायता से तैयार की जाए ताकि वे उच्च कोटि के और स्व-व्याख्यात्मक हों।

चौदहवें आयोग की यह सिफारिश भी थी कि स्थानीय निकाय अनुदान राशियों का उपयोग वेतन और मज़दूरी आदि की अदायगी के लिए न करें और उनका उपयोग मूलभूत सेवाओं और प्रशासनिक संयंत्र में सुधार हेतु ही किया जाए। निकायों के प्रशासनिक संयंत्रों और निष्पादन स्तर को बेहतर बनाने में राज्यों की सक्रिय भूमिका हो जिससे उनकी राजस्व-अर्जन क्षमता और प्रबंधन सशक्त हों। आयोग ने इस संदर्भ में कई राजस्व-स्त्रोतों के नाम भी गिनवाए।

चौदहवें वित्त आयोग द्वारा प्रदत्त निष्पादन अनुदानों के संवितरण का प्रारम्भ 2016-17 से होना था। निकायों को इनका अंतरण कुछ शर्तों की पूर्ति के पश्चात ही किया जा सकता था। इन में दो शर्तें ग्रामीण और शहरी दोनों प्रकार के निकायों पर लागू होती थी अर्थात, प्राप्तियों और संवितरणों की भरोसेमंद और पूर्व निरीक्षित खातों की उपलब्धता, तथा गत वर्ष की तुलना में उनके अपने राजस्व में परिमाणित वृद्धि। इसके अतिरिक्त शहरी निकायों पर यह शर्त भी थोपी गई कि वे प्रतिवर्ष अपनी आधारभूत सेवाओं के उत्तमता-स्तर को प्रकाशित करें और जन साधारण को उपलब्ध कराएँ।

- वित्त आयोग की सिफ़ारिशों पर स्थानीय निकायों के लिए राज्यों को अनुदान देने की प्रक्रिया दसवें आयोग से प्रारंभ हुई।
- आयोग को ये सिफ़ारिशें राज्य वित्त आयोगों की त्रुटियों और अन्य आँकड़ों के अभाव में करनी पड़ती हैं।
- आयोगों द्वारा निकायों को प्रदत्त अनुदानों में वृद्धि के साथ उनके संवितरण और प्रयुक्ति पर कड़ी शर्तें लगाने का दौर भी शुरू हो गया। चौदहवें आयोग के मामले में इन शर्तों की कड़ाई चर्म सीमा पर पहुँच गई।

## वित्त आयोग और राजकोषीय समेकन (Fiscal Consolidation)

किसी सरकार के राजकोषीय समेकन से अभिप्राय उसके राजकोषीय स्वास्थ्य से है। स्वस्थ स्थिति में राज्य की समस्त सामान्य व्यय आवश्यकताओं की पूर्ति हेतु इसकी सामान्य राजस्व प्राप्तियाँ पर्याप्त होती हैं, और इसे उधार लेने की मजबूरी नहीं होती। उधार लेना न लेना इसकी नीतियों पर निर्भर करता है। इसके पास अपने बजटीय कार्यकलापों में यथोचित संशोधन करने की वित्तीय क्षमता भी होती है, अर्थात इसके पास पर्याप्त राजकोषीय गुंजाइश (fiscal space) होती हैं।

भारत में कुछ वर्षों पहले तक, सरकार के तीनों स्तरों पर राजकोषीय स्वास्थ्य में लगातार चिंताजनक हद तक गिरावट आ रही थी। फिर भी बिगड़ती स्थिति पर यथोचित ध्यान नहीं दिया जा रहा था। राजकोषीय कमजोरी एक पुरानी बीमारी बन चुकी थी।

इस गंभीर समस्या से निपटने की जरूरत महसूस होने तक स्थिति काफी बिगड़ चुकी थी। अत: यह मत उभरा कि इस समस्या से निपटने के लिए सभी संभव कदम एक साथ उठाने होंगे और इसमें वित्त आयोग जैसी संस्थाओं की विशेषज्ञता का योगदान भी होना चाहिए। परिणाम-स्वरूप पिछले कुछ वित्त आयोगों की विचारणीय सामग्री में निम्नलिखित मदें भी डाली गई:

- समस्या का गहन अध्ययन
- राजकोषीय अनुशासन में सुधार हेतु सुझाव
- राजकोषीय समेकन हेतु केन्द्र और राज्यों के लिए समय-बद्ध और मात्रा निर्धारित लक्ष्य: और
- उनकी प्राप्ति हेतु उठाए जाने वाले कदम (अर्थात road map)।

### सुझावों के मुख्य आयाम

राजकोषीय लक्ष्यों और उनसे संबंद्धित कदमों का अस्तित्व अस्थाई होता है। समय बीतने के साथ-साथ वे अर्थहीन होते जाते हैं। समयोपरांत वित्त आयोगों के दृष्टिकोणों की रूप रेखाएं और उनके सुझावों के मूल तत्वों की अर्थपूर्णता ही बच पाती है। इस तथ्य को ध्यान में रखते हुए वित्त आयोगों के निम्नवर्णित सुझाव विशेष रूप से ध्यान देने योग्य हैं।

(1) **व्यय के आयोजना और आयोजना-भिन्न घटक**–व्यय का इन घटकों में वर्गीकरण सर्वथा औचित्यहीन और हानिकारक है। कई कमेटियों और विचारकों ने इसकी हानियों का वर्णन किया था और ग्यारहवें आयोग ने इसे त्याग देने की जोरदार सिफारिश भी की थी। इस वर्गीकरणनुसार किसी विचाराधीन परियोजना के पूरा होने तक इस पर होने वाला व्यय आयोजना-व्यय तथा बाद में इसके रखरखाव एवं संचालन हेतू व्यय को आयोजना-भिन्न व्यय माना जाता था। परिणाम स्वरूप पूर्वस्थित परियोजनाओं की अनदेखी की जाती थी और वे वित्तीय अभाव से पीड़ित रहते थे। इससे देश की आर्थिक प्रगति और रोज़गार प्राप्तियों को धक्का लगता था।

इस वर्गीकरण को केन्द्र ने 2017-18 में समाप्त कर दिया।

(2) **स्वैच्छिक साधन अंतरण**–यह एक सर्वमान्य मत है कि यथासंभव सरकार के किसी भी स्तर से निचले स्तर को संसाधन अंतरण स्वैच्छक न होकर वस्तुनिष्ठ और संस्थागत होने चाहिएं। तेरहवें और चौदहवें आयोगों ने इस मत का विशेष रूप से ज़ोरदार समर्थन किया था।

(3) **ऋण *बनाम* अनुदान**–हाल के वित्त आयोगों ने इस बात पर ज़ोर दिया कि संसाधान अंतरण मुख्य रूप से ऋण न होकर अनुदान होने चाहिएं। ऋणों के रूप में संसाधन अंतरण से सरकार के निचले स्तरों पर ऋण सेवा का बोझ पड़ता है और राजकोषीय परिवर्तनशीलता घटती है। चौदहवें आयोग ने तो यहां तक सिफारिश कर दी थी कि राजकोषीय  दायित्व और बजटीय प्रबंधन कानूनों के स्थान पर ऋण सीमा और राजकोषीय दायित्व कानून होना चाहिए।

(4) **राज्य वित्त आयोग** (State Finance Commisions)–राज्य वित्त आयोगों की संस्था प्रारम्भ से ही लापरवाही और अनदेखी का शिकार रही है। कई राज्य इन आयोगों की विलंबित नियुक्ति, अपर्याप्त वित्त पोषण और अप्रर्याप्त प्रशासनिक सहायता के लिए जाने जाते हैं। आयोगों को समय पर, भरोसेमंद और पर्याप्त डेटा (आँकड़े) उपलब्ध नहीं होते। आयोग बहुधा अपनी रिपोर्टें समय पर दाखिल नहीं कर पाते और सरकारें भी उनकी सिफारिशों पर यथोचित ध्यान नहीं देतीं। राज्य वित्त आयोगों की संस्था को मज़बूत बनाने और उनकी कार्यकुशलता को बढ़ाने के लिए सभी तर्क असफल रहे हैं।

(5) **खाते और पारदर्शिता**–वित्त आयोग बारम्बार राज्यों और स्थानीय निकायों के खातों को CAG द्वारा सुझाए गए सिद्धांतों के अनुकूल और उनकी पारदर्शिता के उजागर करने की आवश्यकता पर ज़ोर देते रहे हैं। राज्यों की तुलना में स्थानीय निकायों के स्तर पर इन सुधारों की आवश्यकता और भी तीव्र है। बारहवें, तेरहवें और चौदहवें आयोगों ने 'नकदी-प्रवाह' (cash flow) आधारित लेखांकन के स्थान पर 'संचित आधारित' (accrual-based) लेखांकन को अपनाने की सिफारिश की थी। इसके अतिरिक्त व्ययित (spent) राशियों और उनके निष्पादन परिणामों में वैज्ञानिक तालमेल होना चाहिए, तथा CAG की टिप्पणियों से प्रेरित यथोचित निर्णय लिए जाने चाहिएँ।

(6) **राजकोषीय अनुशासन**–राजकोषीय अनुशासन के बिना राजकोषीय स्वास्थ्य असंभव है और इस अनुशासन की प्राप्ति केवल लेखांकन में सुधारों से नहीं हो सकती। इस कार्य में 'राजकोषीय दायित्व और बजटीय प्रबंधन' की एक महत्त्वूपर्ण भूमिका हो सकती है। इस कानून के अंतर्गत केन्द्र को प्रति वर्ष मुख्य बजट के साथ तीन विवरण-पत्र भी संसद में प्रस्तुत करने होते हैं अर्थात, (i) बृहद आर्थिक रूपरेखा विवरण, (ii) मध्यविधिक राजकोषीय नीति विवरण, तथा (iii) राजकोषीय नीति कार्य-योजना (framework) विवरण। आयोग ने राज्यों को राजकोषीय दायित्व कानून बनाने के लिए कई प्रकार से प्रोत्साहित करने के सुझाव भी दिए। परिणामस्वरूप अब प्रत्येक राज्य में यह कानून बन गया है।

इसी प्रकार तेरहवें आयोग की सिफारिशों पर प्रभावी राजस्व घाटे की अवधारणा (अर्थात राजस्व घाटा-पूँजी निर्माण हेतू दिए गए अनुदान) का उदय हुआ।

(7) **बजटीय घाटों का चरणबद्ध अंत**–अब यह मान्यता प्रचलित है कि बजटीय घाटों के रहते 'राजकोषीय दायित्व और बजटीय प्रबंधन' के कार्यक्रम सार्थक नहीं हो सकते।

(8) **राजकोषीय पुनर्निर्माण मार्गदर्शन**–राजकोषीय लक्ष्यों की चरणबद्ध प्राप्ति को राजकोषीय पुननिर्माण मार्गदर्शन कहा जाता है। वित्त आयोग केन्द्र और राज्य दोनो के लिए मार्गदर्शन सुझाते रहे हैं। इसके अतिरिक्त आयोगों ने राज्यों द्वारा राजकोषीय निष्पादन में सुधार हेतु कई प्रकार से प्रोत्साहित करने के सुझाव भी दिए जो मोटे तौर पर घाटों को कम करने और ऋण देयताओं को संकुंचित करने के लिए थे।

(9) **लोक ऋण**–आयोगों ने राज्यों की बढ़ती ऋण देयताओं के समाधान हेतु भी कई कदम सुझाए।

(10) **राजस्व प्राप्तियां**–आयोग राजस्व स्रोतों के बेहतर दोहन और राजस्व प्राप्तियों में वृद्धि हेतु भी सूझाव देते रहे हैं।

(11) **बाजार उधार**–वित्त आयोगों के मतानुसार राज्यों और विशेषकर स्थानीय निकायों को बाज़ार-उधार जैसे वित्त स्रोतों के दोहन पर अधिक ध्यान देने की आवश्यकता है।

# चतुर्थ खण्ड

## संघीय वित्तीय व्यवस्था पर टिप्पणियाँ

1. यह एक सर्वमान्य तथ्य है कि व्यवस्था कोई भी हो उसका निष्पादन स्तर कानूनी प्रावधानों से अधिक उसे चालनकत्ताओं की सोच और कार्यक्षमता पर निर्भर करता है। यही बात हमारी संघीय व्यवस्था पर भी लागू होती है। इस की संरचना अति उत्तम और न्यूनतम संभव त्रुटियों वाली है। इसकी त्रुटियाँ मुख्य रूप से इसके त्रुटिपूर्ण संचालन की देन हैं। इस तथ्य के कुछ उदाहरण निम्नलिखित हैं।

हमारी संघीय व्यवस्था में अवधारणाओं, परिभाषाओं, संसाधनों और कार्यक्षेत्रों के आवंटन को इस प्रकार रखा गया है कि किसी प्रकार की अस्पष्टता न रहे और संघर्ष की स्थिति उत्पन्न न हो। परन्तु समस्या यह है कि कुछ अवधारणाओं को स्पष्ट रूप से परिभाषित नहीं किया जा सकता। जैसे कि 'राजकोषीय आवश्यकता' और 'कर-प्रयत्न' आदि। इस प्रकार की अवधारणाएँ वस्तुनिष्ठ नहीं होती और उनका मात्रबद्ध करना सरल नहीं होता।

2. कालांतर में वित्त आयोगों का कार्यक्षेत्र बढ़ा है। परन्तु आयोग अभी तक एक निश्चित कालावधिक संस्था है। इसकी नियुक्ति केन्द्र के हाथ में है। इसकी विचारणीय सामग्री और अधिकार मापदंडों के चयन पर भी केन्द्र का एर्काधिकार है।

3. एक मतानुसार वित्त आयोग के सभी सदस्यों की अंतर्सरकारीय तटस्थता पूर्ण रूप से निसंदिग्ध नहीं रही है।

4. केन्द्र पर आरोप लगाया जाता है कि इसकी नीतियों से राज्यों पर अनावश्यक ऋण-बोझ पड़ता रहा है। इन नीतियों में स्वैच्छिक अंतरणों में ऋण-अंश शामिल है।

5. यह सर्वमान्य मत है कि राज्य स्वयं भी अपने राजकोषीय स्वास्थ्य के प्रति अति उदासीन रहे हैं।

6. हमारी संघीय वित्त व्यवस्था में स्थानीय निकाय सर्वाधिक उपेक्षित रहे हैं, और वित्त आयोगों के कई प्रयत्नों के पश्चात भी कोई विशेष सुधार दृष्टिगोचर नहीं होता।

7. राज्य वित्त आयोग स्थानीय निकायों के वित्तीय स्वास्थ्य में काफी सहायक हो सकते थे, परन्तु ऐसा हुआ नहीं है।

8. हमारी संघीय वित्त व्यवस्था में एक देश-व्यापी, एकीकृत और सुसंगठित 'माल और सेवा कर' के माध्यम से सुधार की आवश्यकता चली आ रही थी। इस कर से अपेक्षित हितों के बारे में कोई मतभेद नहीं है। इस कर को लागू करने की प्रक्रिया 101वें संवैधानिक संशोधन से शुरू हुई और यह कर 2017-18 में लागू कर दिया गया। आशा है कि इससे हमारी संघीय वित्त व्यवस्था की कई त्रुटियाँ दूर होंगी।

# पंचम खण्ड

## पंद्रहवाँ वित्त आयोग (Fifteenth Finance Commission)

पंद्रहवें वित्त आयोग का गठन 17 नवम्बर 2017 को श्री एन. के. सिंह की अध्यक्षता में किया गया। इसकी सिफारिशों का कार्यकाल 1 अप्रैल, 2020 से 31 मार्च, 2025 तक का था और इसे अपनी रिपोर्ट 30 अक्टूबर 2019 तक दाखिल करनी थी।

### विचारणीय सामग्री

1. आयोग को निम्नलिखित विषयों पर सिफारिशें करने को कहा गया, अर्थात:

(क) संघ और राज्यों के बीच करों के शुद्ध आगमों का, जो संविधानुसार उनमें विभाजित किए जाते हैं अथवा किए जाएं, वितरण, और राज्यों के बीच ऐसे आगमों के तत्संबंधी भाग का आवंटन;

(ख) भारत की संचित निधि में से राज्यों के राजस्व में सहायता अनुदानों को शामिल करने वाले सिद्धांत और उन राज्यों को, जिन्हें संविधान के अनुच्छेद 275 के अधीन उनके राजस्वों में सहायता अनुदान के रूप में उस अनुच्छेद के खंड (1) के परंतुक में विनिर्दिष्ट परियोजनों से भिन्न परियोजनों के लिए सहायता की आवश्यकता है, संदत्त की जाने वाली धनराशियाँ; और

(ग) राज्य के वित्त आयोग द्वारा की गई सिफारिशों के आधार पर राज्य में पंचायतों और नगर पालिकाओं को संसाधनों की अनुपूर्ति के लिए किसी राज्य की संचित निधि के संवर्धन के लिए आवश्यक अध्युपाय।

2. आयोग संघ और राज्यों की वर्तमान वित्त व्यवस्था, घाटे, ऋण स्तरों, नकद अनिशेष और राजकोषीय अनुशासन कायम रखने के प्रयासों की स्थिति की समीक्षा करेगा और राजकोषीय प्रबन्धन करने के लिए राजकोषीय समेकन की रूपरेखा (roadmap) की सिफारिश करेगा, जहाँ समता, दक्षता और पारदर्शिता के सिद्धातों द्वारा मार्गदर्शित होकर देश में अधिक समावेशी विकास करने हेतु सामान्य और सरकारी ऋण और घाटे के स्तर को उपयुक्त रूप में बनाए रखने के लिए केन्द्रीय सरकार और राज्य सरकारों की जिम्मेदारी को ध्यान में रखा जाए। आयेगा यह जाँच भी कर सकेगा कि क्या राजस्व घाटा अनुदान दिए जाएं।

3. आयोग अपनी सिफारिशें करते समय, अन्य बातों के साथ, निम्नलिखित बातों पर भी विचार करेगा।

(i) केन्द्र और राज्यों दोनों के कर और कर-भिन्न संसाधनों की 1 अप्रैल, 2020 से 31 मार्च, 2025 तक की स्थिति;

(ii) कर और कर-भिन्न संसाधनों की राजकोषीय क्षमता और स्थिति;

(iii) केन्द्र सरकार के संसाधनों पर पड़ने वाली मांगें जिन में रक्षा, आंतरिक परिवर्तन/सुरक्षा, अवसंरचना, रेल, जलवायु, संघ क्षेत्रों पर व्यय तथा अन्य वचनबद्ध व्यय;

(iv) चौदहवें वित्त आयोग की सिफारिशों के फलस्वरूप और न्यू इण्डिया-2022 के कारण केन्द्रीय संसाधनों पर दबाव;

(v) सामाजिक और आर्थिक विकास के साथ राज्यों के संसाधनों पर पड़ने वाला दबाव;

(vi) माल और सेवा कर के लागू होने का प्रभाव, जिसमें केन्द्र द्वारा राज्यों को होने वाले कर राजस्व के घाटे की पाँच वर्षों के लिए भरपाई, कई उपकरों और अधिभारों की समाप्ति तथा अन्य संरचनात्मक सुधारों के केन्द्र और राज्यों की वित्तीय स्थिति पर प्रभाव शामिल हैं;

(vii) केन्द्र द्वारा राज्यों को उधार लेने की अनुमति देते हुए केन्द्र आरोपित सम्भावित शर्तें।

4. **निष्पादन-आधारित प्रोत्साहन**—आयोग निम्नलिखित क्षेत्रों में राज्यों के लिए अभिशासन के उपयुक्त स्तर पर मापने योग्य निष्पादन आधारित प्रोत्साहन का प्रस्ताव करने पर विचार कर सकेगा।

(i) माल और सेवा कर के अधीन कर-जाल (tax net) के विस्तार और उसे गहन बनाने में राज्य सरकारों का प्रयास:

(ii) जनसंख्या वृद्धि की प्रतिस्थापन दर की दिशा में दिए गए प्रयास और प्राप्ति;

(iii) भारत सरकार की प्रमुख स्कीमों के कार्यान्वयन, आपदा सह्य अवसंरचना, सतत् विकस लक्ष्यों को प्राप्त करने में उपलब्धियाँ और व्यय की गुणवत्ता;

(iv) पूँजी व्यय बढ़ाने, विद्युत सैक्टर की हानियों को खत्म करने और आमदनी के भावी मार्ग सृजित करने में ऐसे व्यय की गुणवत्ता सुधारने के संबन्ध में की गई प्रगति;

(v) कर-भिन्न राजस्व बढ़ाने में की गई प्रगति, प्रत्यक्ष लाभ अंतरण और लोकवित्त प्रबंधन प्रणाली को अंगीकार करते हुए बचत का संवर्धन करना, डिजिटल अर्थव्यवस्था को बढ़ावा देना और सरकार तथा हिताधिकारियों के बीच अड़चनों को हटाना;

(vi) संबंधित नीतिगत और विनियामक परिवर्तनों को प्रभारी करके ओर श्रमनोमुखी विकास को बढ़ावा देकर कारोबार करने को सरल बनाने में की गई प्रगति;

(vii) आधारभूत सेवाओं के लिए स्थानीय निकायों के स्तरीय (आधारभूत) मानव संसाधन सहित, अनुदान सहायता का उपबंध और सेवाओं की सुपुर्दगी में सुधार लाने में निष्पादन अनुदान प्रणाली का कार्यान्वयन;

(viii) लोक लुभावन उपायों पर उपगत व्यय पर नियंत्रण या उसकी कमी; और

(ix) स्वच्छता, ठोस अपशिष्ट प्रबंधन तथा खुले में शौच को समाप्त करने के लिए व्यवहार में परिवर्तन लाने में की गई प्रगति।

5. आयोग अपनी सिफारिशें करते समय 2011 की जनसंख्या के आँकड़ों का उपयोग करेगा।

6. आयोग आपदा प्रबंधन के वित्तपोषण संबंधी व्यवस्थाओं को कर सकेगा और उनके संबंध में उपयुक्त सिफारिशें कर सकेगा।

7. आयोग उन आधारों को बताएगा जिनके आधार पर वह अपने निष्कर्षों पर पहुँचा है और प्राप्तियों और व्यय के राज्यवार प्राप्ति उपलब्ध कराएगा।

## टिप्पणियाँ

पंद्रहवें आयोग की विचारणीय सामग्री देश के सामाजिक और आर्थिक विकास से संबद्ध प्रश्नों और समस्याओं के उभरते समूह से परिपूर्ण थी। इन समस्याओं के संतोषजनक समाधान में केन्द्र और राज्यों की महत्त्वपूर्ण भूमिकाएं निहित थीं। वित्त आयोग को आदेश था कि संघीय व्यवस्था से जुड़े प्रश्नों, जिनमें सर्वमुखी राजकोषीय अनुशासन, उत्पादिता और कार्यक्षमता शामिल थे, का गहन अध्ययन करे। इन महत्त्वपूर्ण समस्याओं के कुछ उदाहरण निम्नलिखित हैं।

- यह आम धारणा थी कि राजकोषीय विवेकशीलता और प्रबन्धन, राजस्व बढ़ोतरी और उसके उत्पादिक उपयोग के प्रति राज्यों में काफी उदासीनता थी। इस समस्या के समाधान हेतू आयोग को निष्पादन-आधारित प्रोत्साहनों की उपयोगिता पर विचार करने को कहा गया था।
- आयोग राजस्व-घाटा-अनुदानों की उपयोगिता पर विचारोपरांत उनको खत्म करने की सिफारिश कर सकता था। एक प्रचलित मतानुसार इन अनुदानों से राजकोषीय ढीलेपन को पुरस्कृत किया जा रहा था।
- आयोग को केन्द्र और राज्यों के कर और कर-भिन्न संसाधनों की वस्तुस्थिति का अध्ययन करने को कहा गया था। जिसमें संसाधन-क्षमता को दोहन और 2024-25 कें अंत पर अपेक्षित वास्तविक स्थिति शामिल थे।
- आयोग को राजकोषीय समेकन हेतु विभिन्न लक्ष्यों का चयन और उनकी प्राप्ति की रूपरेखा सुझाने को कहा गया।
- राज्यों की आयोग के सदस्यों का चुनाव और उसकी विचारणीय सामग्री आदि से संबद्ध शिकायतें पूर्ववत बनी रहीं।

कुल मिलाकर पंद्रहवें आयोग का कार्य भार काफी फैलावदार, गहन और कठिन था।

### शब्दावली (Key Words)

1. वित्त आयोग का कार्यक्षेत्र (jurisdiction of the finance commission); 2. विचारणीय सामग्री (terms of reference); 3. विभाज्य पूँजी (divisible pool); 4. कर-विभाजन (tax sharing); 5. राजस्व अनुदान (grants-in-aid of revenues); 6. विशिष्ट प्रयोजन अनुदान (special purpose grants); 7. स्वैच्छिक अनुदान (discretionary grants); 8. रेल यात्री किरायों पर कर के एवज़ अनुदान (grants in lieu of tax on railway passenger fares); 9. प्रतिबंध (restrictions); 10. कसौटियों का चुनाव (choice of criteria); 11. मानकीकृत कसौटियाँ (normative standards); 12. अधिभार और उपकर (surcharges and cesses); 13. आय समायोजित जनसंख्या (income adjusted population); 14. प्रतिलोमित प्रति व्यक्ति आय (inverse of per capita income); 15. पिछड़ेपन का सूचकांक (index of backwardness); 16. अवसंरचना का सूचकांक (index of infrastructure); 17. राजकोषीय आवश्यकताएँ (fiscal needs); 18. विशिष्ट वर्ग भिन्न के राज्य (non-special category states); 19. बिक्री कर के एवज़ अतिरिक्त उत्पादन शुल्क (additional duties of excise in lieu of sales tax); 20. संपदा शुल्क (estate duties); 21. प्रकोप-राहत अनुदान (calamity relief grants); 22. सीमा राशि योजना (margin money scheme); 23. यांत्रिक विधि (mechanical method); 24. निर्देश-चिह्न तिथि (benchmark date); 25. ऋण राहत (debt relief); 26. उपगमन (approach); 27. समाश्रित (contingent); 28. अनुवीक्षण (monitoring) 29. निष्पादन-आधारित अनुदान (performance grants); 30. स्थानीय निकाय (local bodies); 31. ग्रामीण स्थानीय निकाय (rural local bodies); 32. शहरी स्थानीय विकास (urban local bodies); 33. राज्य वित्त आयोग (state finance commissions); 34. राजकोषीय क्षमता (fiscal capacity); 35. राजकोषीय स्वास्थ्य (fiscal health); 36. आपदा प्रतिक्रिया

निधियाँ (disaster response funds); 37. प्रभावी राजस्व घाटा (effective revenue deficit); 38. राजकोषीय पुनर्निर्माण की रूपरेखा (fiscal reconstruction roadmap); 39. राजकोषीय अनुशासन (fiscal discipline); 40. विशेष परियोजना अनुदान (special purpose grants); 41. सांविधिक अनुदान (statutory grants); 42. कर-अंतरण (tax devolution)

## अभ्यास प्रश्न

1. इस कथन की आलोचनात्मक व्याख्या करें कि हमारी संघीय वित्त व्यवस्था का ढाँचा इस प्रकार का है कि इसके कारण एक ओर केन्द्र और राज्यों में और दूसरी ओर राज्यों और स्थानीय निकायों में रस्साकशी होती रहती है।
2. इस कथन में कितना सत्य है कि "भारत में राज्यों की केन्द्र पर पूर्ण वित्तीय आधीनता है"? क्या संविधान के 80वें संशोधन और माल और सेवा कर के पश्चात इस स्थिति में बदलाव आया है?
3. "भारत में संघीय वित्त व्यवस्था का बड़े पैमाने पर दुरुपयोग किया गया है"। इस दावे पर तर्क सहित अपने विचार प्रकट करें।
4. यह कहना कहाँ तक ठीक है कि राज्यों की वित्तीय परेशानियों का कारण केन्द्र और वित्त आयोग की नीतियाँ हैं?
5. निम्नलिखित पर व्याख्यात्मक नोट लिखें-
   (क) 80वें संवैधानिक संशोधन से पहले साधन अंतरण की व्यवस्था;
   (ख) 80वें संवैधानिक संशोधन के पश्चात साधन अंतरण की व्यवस्था;
   (ग) 80वें संवैधानिक संशोधन के अंतर्गत कर विभाजन की व्यवस्था के पक्ष में तर्क।
6. "भारत की संघीय वित्त व्यवस्था में अभी भी ऐसी त्रुटियाँ हैं जिनके कारण स्थानीय निकायों की वित्तीय समस्याएँ दूर नहीं हो सकतीं"। इस कथन पर तर्क सहित अपने विचार प्रकट करें।
7. इस दावे की जाँच करें की स्थानीय निकायों की वित्तीय आवश्यकताएँ तो बढ़ रही हैं परंतु संविधान में उनके लिए साधन-पर्याप्तता सुनिश्चित नहीं की गई है।
8. राज्यों को केन्द्र से साधन-अंतरण संबंधी मुख्य शिकायतों पर एक नोट लिखें।
9. वित्त आयोगों द्वारा केन्द्रीय कर-राजस्व के विभाजन पर एक विस्तृत नोट लिखें और राज्यों के सापेक्षिक हिस्से निर्धारित करने में उनके द्वारा अपनाई गई कसौटियों पर अपने विचार प्रकट करें।
10. निम्नलिखित की व्याख्या करें।
    "राज्यों द्वारा वित्त आयोग के विरुद्ध यह शिकायत रही है कि आयोग विधिवत् उनके राजस्व के पूर्वानुमानों में बढ़ोतरी तथा व्यय के पूर्वानुमानों में कमी करता रहा है जिससे उनकी वित्तीय आवश्यकताओं के पूर्वानुमान भी घट जाते हैं और उनकी साधन अपर्याप्तता की स्थिति बनी रहती है।"
11. आलोचकों का कहना है कि वित्त आयोग राज्यों की राजकोषीय आवश्यकताओं को गलत ढंग से अनुमानित करता है और फिर यंत्रवत ठीक उनके बराबर अनुदानों की सिफ़ारिश करता है। आप इस मूल्यांकन से कहाँ तक सहमत हैं?
12. इस सुझाव पर अपने विचार प्रकट करें कि वित्त आयोग की सिफारिशों पर अंतरित साधनों का मुख्य भाग अनुदानों के रूप में न होकर कर-विभाजन के रूप में होना चाहिए।
13. वित्त आयोगों द्वारा प्रकोप राहत संबंधी सिफ़ारिशों पर व्याख्यात्मक नोट लिखें। क्या आप के विचार में यह राहत व्यवस्था पर्याप्त है?
14. केन्द्र और राज्यों के आपसी वित्तीय संबंधों पर 80वें और 88वें संवैधानिक संशोधनों के कारण होने वाले परिवर्तनों का विवेचन करें।

15. 101वें संवैधानिक संशोधन के फलस्वरूप भारत की संघीय वित्त व्यवस्था का आधारभूत पुनर्निर्माण हुआ है।" इस कथन की व्याख्या करें।
16. "राज्यों की राजकोषीय आवश्यकताओं के परिमापण की समस्या का अभी तक समाधान नहीं हो सका।" क्रमिक वित्त आयोगों के प्रयासों के संदर्भ' में इस कथन की जाँच करें।
17. राज्य वित्त आयोगों के औचित्य और वास्तविक भूमिका पर एक व्याख्यात्मक नोट लिखें।
18. स्थानीय निकायों को केन्द्रीय वित्त आयोगों द्वारा संदत्त अनुदानों पर उनकी त्रुटियों सहित एक विस्तृत नोट लिखें।
19. स्थानीय निकायों की वित्तीय दशा में सुधार न हो पाने के कारणों पर प्रकाश डालें।
20. पंद्रहवें वित्त आयोग पर एक संक्षिप्त नोट लिखें।
21. राजकोषीय समेकन की अवधारणा से आप क्या समझते हैं? भारत में इस दशा में उठाए गए कदमों की सार्थकता की जाँच करें।
22. भारत में केन्द्रीय और राज्य वित्त आयोगों के औचित्य और निष्पादन का आकलन करें।

# अध्याय 18

# भारत का सार्वजनिक ऋण

## (Public Debt of India)

**इस अध्याय में**

- लोक ऋण को आवश्यकता का अध्ययन सरकार की सकल वित्तीय देनदारियों के संदर्भ में किया गया है।
- केन्द्र और राज्य सरकारों के लोक ऋण के ढाँचे, घटक, आकार, तथा वृद्धि आदि आयामों के अतिरिक्त इसके स्वामित्व तथा "बोझ" आदि की समीक्षा है।
- लोक ऋण की दीर्घकालिक वहनीयता की समस्या और इसके समाधान पर चर्चा है।
- राज्यों की केन्द्र के प्रति ऋणदेयता और वित्त आयोगों द्वारा दी गई ऋण-राहत की समीक्षा है।
- राज्यों के ऋण आँकड़ों की तुलनात्मक विश्लेषण में आने वाली कठिनाइयों को दूर करने के लिए कार्य-ग्रुप की सिफ़ारिशों का विवेचन है।

## परिचय (Introduction)

चूँकि सार्वजनिक/लोक ऋण के **सिद्धांतों** का अध्ययन इससे पूर्व किया जा चुका है, इसलिए यहाँ पर उनको दुहराए बिना केवल भारत के सार्वजनिक ऋण पर विचार किया जाएगा। ध्यानयोग्य है कि लोक ऋण में सरकार के सभी स्तरों की वित्तीय देयताएँ गिनी जानी चाहिए; परंतु हमारा अध्ययन मुख्यत: केन्द्र और राज्यों के लोक ऋणों तक सीमित रहेगा।

लोक ऋण को कई प्रकार से परिभाषित किया जा सकता है तथा किसी विशेष परिभाषा का प्रयोग उसके विश्लेषणात्मक एवं कार्यात्मक लक्ष्यों एवं सीमाओं पर निर्भर करता है। इस अध्याय में हम सार्वजनिक ऋण की किसी संकीर्ण परिभाषा के स्थान पर इसको सरकार की समस्त वित्तीय देयताओं के अर्थों में लेंगे तथा केन्द्र और राज्य सरकारों की वित्तीय देयताओं के घटकों से संबद्ध आयामों पर विचार करेंगे।

**1. प्रशासनिक तर्क**—लोक ऋण का मूल अर्थ 'सरकार की वित्तीय देनदारियाँ' है। परन्तु इस सरल अर्थ में भी कई पश्न उठते हैं। क्या सरकार की सभी वित्तीय देयताएँ इसका लोक ऋण हैं? क्या इसमें अंतर-सरकारीय देयताओं को भी शामिल किया जाना चाहिए? क्या इसमें सरकार की सरकारी संस्थाओं (जैसे कि देश का केन्द्रीय बैंक) के प्रति देयताओं को शामिल करना चाहिए?

इन प्रश्नों का कोई एक सर्वमान्य उत्तर नहीं है। प्रत्येक देश अपनी स्थितियों, कानूनी प्रावधानों और अन्य तथ्यों के आधार पर लोक ऋण को परिभाषित करता है।

# भारत सरकार की ऋण देयताएँ
(Debt Liabilities of Government of India)

## I. घटक (Composition)

प्रशासनिक नामावली के अनुसार केन्द्र की वित्तीय देयताओं को दो भागों में वर्गीकृत किया जाता है, अर्थात्

- लोक ऋण (Public Debt), तथा
- अन्य देयताएँ (Other Liabilities)।

सैद्धांतिक दृष्टिकोण से (विशेषकर आर्थिक प्रभावों के दृष्टिकोण से) 'अन्य देयताएँ' भी केन्द्र के लोक ऋण की परिभाषा में आनी चाहिएँ। परंतु सरकार द्वारा इनको लोक ऋण में शामिल न करने का एक कानूनी आधार यह है कि 'अन्य देयताओं' में वर्णित उधार वे होते हैं जो भारत की समेकित निधि (Consolidated Fund of India) की आश्वस्तता (security) पर लिए जाते, अर्थात् इन उधारों का भुगतान इस निधि से देय नहीं होता।

सरकार की वित्तीय देयताओं के इन दोनों वर्गों का विवरण नीचे दिया गया है।

**I.1. लोक ऋण (Public Debt)**–इसके दो भाग हैं, अर्थात् (क) विदेशी ऋण, और (ख) आंतरिक ऋण।

**I.1.1. विदेशी ऋण**—भारत सरकार के विदेशी ऋण में इसके द्वारा देश के बाहर से लिए गए सभी उधार शामिल हैं। हमारे संविधान के अनुसार राज्य सरकारों को विदेशों से उधार लेने की मनाही है। किसी राज्य परियोजना के लिए विदेशी ऋण की आवश्यकता होने पर यह ऋण पहले भारत सरकार लेती है, और फिर एक ऋणदाता के तौर पर विचाराधीन राज्य सरकार को उधार देती है। इस प्रकार एक ओर भारत सरकार की विदेशी ऋणदेयता और दूसरी ओर राज्य सरकार की भारत सरकार के प्रति देनदारी में वृद्धि हो जाती है।

स्मरणीय है कि **भारत सरकार का विदेशी ऋण तथा पूरे देश का विदेशी ऋण दो पृथक चीज़ें हैं।** देश के विदेशी ऋण में सरकारी तथा गैर-सरकारी सभी विदेशी उधार शामिल रहते हैं। गैर-सरकारी उधारों में सरकार द्वारा गारंटीकृत तथा अन्य कई प्रकार के उधार भी हो सकते हैं। प्रवासी भारतियों (NRIs) के जमा खाते, विभिन्न कंपनियों द्वारा विदेशों से लिए गए उधार, विदेशी निर्यात कर्ताओं द्वारा दिया गया उधार आदि गैर-सरकारी उधारों के कुछ उदाहरण हैं। इसके विपरीत भारत सरकार के विदेशी ऋण में निम्नलिखित मदें रहती हैं:

- बहुपक्षीय और द्विपक्षीय स्रोतों से ऋण;
- अंतर्राष्ट्रीय मुद्रा कोष से उधार (वर्ष 2000 से समाप्त);
- रक्षा ऋण; और
- सरकारी प्रतिभूतियों में विदेशी वित्तीय संस्थाओं द्वारा निवेश।

भारत सरकार के विदेशी ऋण का मुख्य भाग विदेशी मुद्राओं में देय है, अतः सरकार को ब्याज और मूल दोनों के भुगतान हेतु विदेशी मुद्रा का प्रबंध करना पड़ता है। वैसे अब तक भारत सरकार को अधिकतर विदेशी ऋण कम ब्याज पर तथा लंबी अवधि के लिए मिलते रहे हैं। इसके अतिरिक्त अंतर्राष्ट्रीय मुद्रा कोष (International Monetary Fund) से भी ऋण लिए जाते रहे हैं। ज्ञातव्य है कि सरकारी खातों में विदेशी ऋण को रुपयों में परिवर्तित करने की विधि दोषपूर्ण है। इस विधि में उस विनिमय दर का प्रयोग किया जाता है जो विचाराधीन विदेशी ऋण लेते समय लागू थी। स्पष्ट है कि इस विधि में बदलती विनिमय दर के प्रभाव को अनदेखा कर दिया जाता है।

मार्च 1951 के अंत पर भारत का विदेशी ऋण (₹32.03 करोड़) उस की कुल देयताओं (₹2565 करोड़) का लगभग 1.3% था। यह अनुपात कई वर्षों तक 10% के आस पास रहा। 2018-19 के बजटानुसार इसके 2.8% (₹89,58,193 करोड़ में से ₹2,54,836 करोड़) होने का अनुमान था। परन्तु विदेशी ऋण राशि की भारतीय रुपयों में परिवर्तन विधि दोषयुक्त है। इस में ऋण की प्रत्येक टुकड़ी के लिए रुपए की उस विनिमय दर का प्रयोग किया जाता है जो उस ऋण टुकड़ी को लेते समय थी।

ज्ञातव्य है कि विदेशी मुद्रा बाजार में रूपए की कीमत पिछले कई दशकों से घटती आ रही है। विदेश ऋण भुगतान विदेशी मुद्रा में होता है, अतः उसका रुपयों में मूल्य अति कम आँका जा रहा है।

**I.1.2. आंतरिक ऋण**—इस वर्ग में वे सब उधार शामिल हैं जो भारत सरकार द्वारा देश के भीतर से लिए गए हों तथा जिनकी अदायगी भारत की समेकित निधि से देय हो।[1] आंतरिक ऋण के मुख्य घटकों में बाजार उधार, रिजर्व बैंक से लिए विभिन्न प्रकार के उधार तथा वित्तीय संस्थानों से लिए उधार शामिल हैं।

केन्द्र के आंतरिक ऋण में अनेक कारणों से तीव्रता से वृद्धि हुई है जिन में कीमतों में वृद्धि, नीति घटक और बजटीय आवश्यकताओं की मुख्य भूमिका रही है। 1950-51 के अंत पर आंतरिक ऋण केवल ₹2022 करोड़ था जो 2013-14 में बढ़कर ₹42,40,767 करोड़ हो गया और 2018-19 के अंत पर इसके ₹69,96,220 करोड़ हो जाने का अनुमान था।

आंतरिक ऋण के निम्नलिखित मुख्य घटक हैं।

**1. बाज़ार उधार (Market Loans)**—भारत सरकार के आंतरिक ऋण का लगभग 61% बाज़ार उधार के रूप में है। इनकी मुख्य विशेषताएँ निम्नलिखित हैं।

- ये वे उधार हैं जिनकी प्रारंभिक कालावधि 12 महीने अथवा इससे अधिक होती है। इन उधारों को कई अन्य नामों से भी जाना जाता है, जैसे कि 'तिथित/दिनांकित उधार', 'स्थायी उधार', 'निधिकृत उधार' (dated, permanent, funded loans) आदि। जब किसी पूर्वस्थित अल्पावधिक उधार को तिथित (स्थायी) उधार में परिवर्तित किया जाए, तो यह प्रक्रिया विचाराधीन उधार का 'निधिकरण' (funding) कहलाती है। राजकोषीय हुंडियों (Treasury Bills) का समय-समय पर इस प्रकार से निधिकरण किया जाता रहा है।
- बाज़ार उधारों की प्रारंभिक कालावधि सामान्य तौर पर तीन से तीस वर्षों के बीच होती है। सामान्यतः इनकी कालावधि बाज़ार की परिस्थितियों को ध्यान में रखकर तय की जाती है। 1986 से पूर्व शाश्वत अवधि वाले (non-terminable or non-repayable) दो उधार भी थे।[2]
- लगभग सभी बाज़ार उधार विक्रय (Marketable) होते हैं, अर्थात इनकी प्रतिभूतियों का बाज़ार में क्रय-विक्रय किया जा सकता है। परंतु कई ऐसे (अविक्रय)(non-marketable) उधार भी होते हैं, जिनकी प्रतिभूतियों के क्रय-विक्रय की मनाही होती है। सामान्य तौर पर भारत सरकार इस प्रकार के गैर-विक्रय उधार रिज़र्व बैंक से ही लेती है।

---

1 इस दूसरी शर्त का अर्थ यह है कि भारत सरकार के सभी उधारों की अदायगी भारत की समेकित निधि से नहीं की जाती। लोक खाता (Public Account) से भुगतान किए जाने वाले उधारों को 'अन्य देनदारियाँ' (Other Liabilities) कहा जाता है तथा सरकार उनकी गणना अपने लोक ऋण में नहीं करती।

2 इन दोनों उधारों पर देय ब्याज की समयानुसार अदायगी अनिवार्य थी। परंतु इनका मूलधन लौटाना आवश्यक नहीं था। भारत सरकार को यह अधिकार भी था कि तीन महीने के नोटिस से इनका मूलधन लौटा दे। इनके मूलधन की अदायगी 1986 में की गई।

• 1992-93 तक भारत सरकार द्वारा लिए गए प्रत्येक बाज़ार उधार के अंकित मूल्य (par value) पर एक पूर्वनिर्धारित ब्याज-दर होती थी, जिसे पूर्वनिर्धारित कूपन (fixed coupon) के नाम से जाना जाता है। यह कूपन राशि (ब्याज राशि) वर्ष में दो बार पूर्वनिर्धारित तिथियों पर देय होती है। परंतु पिछले कुछ वर्षों में केन्द्र द्वारा तिथित उधार लेने की कई नई विधियाँ भी अपनाई गई हैं। उदाहरणार्थ 1992-93 में तिथित सरकारी प्रतिभूतियों के कूपन को नीलामी द्वारा निर्धारित करने की व्यवस्था को अपनाया गया। इसी प्रकार 1993-94 में केन्द्र ने दो अन्य प्रकार की अंकित मूल्य (par value) पर भुगतान्य (redeemable, payable) तिथित प्रतिभूतियाँ जारी करना प्रारंभ किया, जो ऋणदाताओं को बट्टागत (discounted) कीमतों पर मिलती थीं। इसी प्रकार 2001-02 में परवर्तनीय ब्याज दर (floating rate) (अर्थात प्रत्येक वर्ष बदलने वाली दर) पर सरकारी प्रतिभूतियों की नीलामी की प्रणाली प्रारंभ की गई। एक अन्य प्रकार की प्रतिभूतियाँ वे हैं जिन्हें पूँजी सूचकांकित (capital indexing) बाँड कहा जाता है, और जिनमें मूलधन और कूपन दोनों के भुगतान मूल्य सूचांकीकृत होते हैं। इस प्रकार से प्रयोग अभी भी चालू हैं और बाजार ऋण की विशेषताओं द्वारा अभी अन्तिम रूप लेना बाकी है।

• बाज़ार उधारों में वे उधार भी होते हैं जो अल्पावधिक ऋणों के निधिकिरण से अस्तित्व में आते हैं।

• रिज़र्व बैंक के पास विदेशी मुद्रा आने पर भारतीय करेंसी की प्रचलित मात्रा में उसके बराबर बढ़ोतरी हो जाती है। इससे माँग और कीमतें बढ़ती हैं। रिज़र्व बैंक के विदेशी मुद्रा के बढ़ते स्टाक के इस दुष्परिणाम को रोकने के लिए भारत सरकार ने, भारतीय रिज़र्व बैंक के परामर्श से, अप्रैल 2004 से एक **बाज़ार स्थिरीकरण योजना** (Market Stabilization Scheme) प्रारंभ की।[3] इस योजना के अंतर्गत, एक पूर्वनिर्धारित सीमा के भीतर (मार्च 2019 में अनुमानित ₹1,45,000 करोड़), रिज़र्व बैंक को केन्द्र की विशिष्ट प्रतिभूतियाँ (दिनांकित और/अथवा राजकोषीय हुंडियाँ) जारी की जाती हैं, जिनका मूल्य वह अपनी विदेशी मुद्रा के भंडार से अदा करता है। इस प्रक्रिया को विदेशी मुद्रा का आत्मसात करना (sterilization) कहा जाता है।

**2. विक्रय प्रतिभूतियों में परिवर्तित विशेष प्रतिभूतियाँ**—विभिन्न वित्तीय संस्थाओं की सहायता हेतु केन्द्र इन्हे विशेष प्रतिभूतियाँ जारी करता रहा है। इन प्रतिभूतियों की अवशिष्ट (outstanding) राशि लगभग 50,000 से 70,000 करोड़ रुपए के बीच रहती है।

**3. प्रतिपूर्ति और अन्य बाँड**—ये देयताएँ केन्द्र की कई नीति-प्रेरित कदमों के कारण अस्तित्व में आई। 2005-06 में इसका मूल्य ₹72,760 करोड़ था और 2018-19 के अंत पर इसकी बजटीय राशि ₹77,060 करोड़ थी।

**4. राजकोषीय हुंडियाँ (Treasury Bills)**—किसी समय ये हुंडियाँ भारत सरकार के आंतरिक ऋण का एक बहुत बड़ा अनुपात होती थीं। परंतु निधिकरण एवं अन्य नीतियों के परिणामस्वरूप अब इनका अनुपात घटकर लगभग 8.4% पर आ गया है। इन हुंडियों का भुगतान उनके अंकित मूल्य पर किया जाता है तथा ऋणदाता उन्हें बट्टागत (discounted) कीमत पर खरीदते हैं। उन्हें नीलामी अथवा किसी अन्य ढँग से बेचा जाता है। इन हुंडियों को *तदर्थ* (*ad hoc*) वित्तीय व्यवस्था के लिए अपनाया गया था, परंतु कालांतर में सरकार की इनपर निर्भरता इतनी बढ़ती गई कि इन का अस्तित्व ही स्थायी हो गया।

कालान्तर में राजकोषीय हुंडियों के दो वर्ग हो गए। पहला वर्ग **तदर्थ राजकोषीय** हुंडियों का था, जिनके माध्यम से भारत सरकार रिज़र्व बैंक से सीधे उधार लेती थी। इन हुंडियों को रिज़र्व बैंक बाज़ार में नहीं बेच सकता था।

---

[3] ध्यान योग्य है कि भारत में विदेशी मुद्रा के अंत:प्रवाह (inflow of foreign exchange) से देश के अंदर प्रचलित मुद्रा की मात्रा बढ़ती है तथा इससे माँग और कीमतें बढ़ती हैं। बाज़ार स्थिरीकरण योजना से प्रचलित मुद्रा में बढ़ोतरी को रोकने का प्रयत्न किया जाता है।

इस कारण इस उधार के बराबर ही प्रचलित करेंसी की आपूर्ति भी बढ़ जाती थी। भारत सरकार इस प्रकार की हुंडियों में निवल बढ़ोतरी को बजटीय घाटे के अनुमान में भी जोड़ती थी। सितम्बर 1994 तथा बाद के भारत सरकार और रिज़र्व बैंक के करारों में यह तय किया गया कि तदर्थ राजकोषीय हुंडियों में निवल वृद्धि को कुछ वर्षों तक एक निर्धारित सीमा से न बढ़ने दिया जाए तथा धीरे-धीरे इनका अस्तित्व ही समाप्त कर दिया जाए। इस नीति के अनुसरण में 1997-98 के बजट के सरकार ने तदर्थ हुंडियों के स्थान पर अर्थोपाय अग्रिमों (ways and means advances) का प्रयोग करने का निश्चय किया। इसके साथ ही परंपरागत बजटीय घाटे की अवधारणा को भी लगभग त्याग दिया गया। स्मरणीय है कि 2001-02 के पश्चात सरकार ने अर्थोपाय लेना भी बंद कर दिया है। अब **दूसरी प्रकार** की राजकोषीय हुंडियाँ वे हैं जिनको रिज़र्व बैंक के माध्यम से बाज़ार में बेचा जाता है। बेचने की यह प्रक्रिया नीलामी अथवा कोई अन्य हो सकती है। यह हुडियाँ विक्रय होती हैं।

1988-89 तक सभी राजकोषीय हुंडियों की भुगतानावधि 13 सप्ताह (91 दिन) की होती थी। 1988-89 में 182 दिन की कालावधि की हुंडियाँ अस्तित्व में आई, जिन्हें 1992-93 में हटा कर उनके स्थान पर 364 दिन की कालावधि वाली हुंडियों को जारी किया गया। 182-दिवसीय हुंडियों को 1992-93 में फिर से शुरू किया गया। इन्हें रिज़र्व बैंक से डिस्काऊँट नहीं करवाया जा सकता।

**3. आंतरिक ऋण की अन्य मदें (Other Items of Internal Debt)**–भारत सरकार के आंतरिक ऋणों में कई अन्य प्रकार भी शामिल हैं। सारणी 18.1 से ज्ञात होता है कि इन में (क) रिज़र्व बैंक को जारी की गई विशेष प्रतिभूतियाँ, (ख) क्षतिपूर्ति और अन्य बाँड, (ग) अंतर्राष्ट्रीय वित्तीय संस्थानों को जारी की गई प्रतिभूतियाँ, तथा (घ) लघु बचतों के एवज़ में प्रतिभूतियाँ शामिल हैं। बजटानुसार मार्च 2019 के अंत पर लघु बचतों के एवज़ में प्रतिभूतियों का अंकित मूल्य 5,58,199 करोड़ रुपए था।

- भारत सरकार की सकल देनदारियाँ इसके 'लोक ऋण' और 'अन्य देनदारियों' में वर्गीकृत की जाती हैं।
- लोक ऋण में वे सारे ऋण आते हैं जो भारत की समेकित निधि की आश्वस्तता पर लिए गए हों और जिनका भुगतान इस निधि से देय हो।
- लोक ऋण में विविध रूपी 'आंतरिक ऋण' और 'विदेशी ऋण' शामिल हैं।

## I.2. अन्य देनदारियाँ (Other Liabilities)

भारत सरकार की कुल देनदारियों का लगभग 19% भाग अन्य देनदारियों (Other Liabilities) के रूप में है। सैद्धांतिक दृष्टिकोण से ये भी लोक ऋण का ही एक अंग होनी चाहिएँ, परंतु सरकार का कहना है कि इन देनदारियों की अदायगी भारत की समेकित निधि से न किए जाने के कारण उन्हें भारत के लोक ऋण का हिस्सा नहीं माना जा सकता। देनदारियों के इस वर्ग के निम्नलिखित मुख्य भाग हैं-

**(i) राष्ट्रीय लघु बचत निधि (National Small Savings Fund )**–भारतीय लोक लेखे में 1.4.1999 से एक 'राष्ट्रीय लघु बचत निधि' की स्थापना की गई। इस से पूर्व सभी लघु बचतें केन्द्र के लोक खाते में उधारों के रूप में आती थी और केन्द्र उनमें से राज्यों को उधार देता था। NSSF के अस्तित्व में आने के पश्चात् इस निधि की निवल प्राप्तियाँ केन्द्र और राज्यों की प्रतिभूतियों में पूर्वनिश्चित अनुपातों में निवेशित की जाने लगीं। परिणाम स्वरूप राज्यों को केन्द्र से मिलने वाले ऋणों में कमी आई।

**सारणी 18.1 भारत सरकार की ऋण देयताएँ-मार्च के अन्त पर...**

(₹ करोड़)

| | 1950–51 | 2012–13 | 2013–14 | 2014–15 | 2015–16 | 2016–17 | 2017–18 | 2018–19 |
|---|---|---|---|---|---|---|---|---|
| 1 | 2 | 3 | 4 | 5 | 6 | 7 | 8 | 9 |
| **I. लोक ऋण** | **2054.33** | **3941855** | **4425348** | **4935804** | **5515098** | **5969968** | **6669326** | **7251056** |
| **(A) आंतरिक ऋण** | **2022.30** | **3764566** | **4240767** | **4738291** | **5304835** | **5741705** | **6424917** | **6996220** |
| (i) बाजार स्थिरीकरण स्कीम | ... | ... | ... | 2000 | ... | ... | 80000 | 145000 |
| (ii) बाजार ऋण | 1444.95 | 2984309 | 3441641 | 3891734 | 4298784 | 4649487 | 5962887 | 5459133 |
| (iii) विक्रय प्रतिभूतियों में परिवर्तित विशेष प्रतिभूतियाँ | 358.02 | 76818 | 72817 | 67818 | 64818 | 64818 | 53818 | 47688 |
| (iv) रिजर्व बैंक को जारी अन्य विशेष प्रतिभूतियाँ | ... | 1489 | 1489 | 1489 | 1489 | ... | ... | ... |
| (v) क्षतिपूर्ति और अन्य बाँड | 6.73 | 13873 | 13628 | 13440 | 12446 | 25108 | 52748 | 77060 |
| (vi) 14-दिवसीय राजकोषीय हुंडियाँ | ... | 118380 | 86816 | 85678 | 121127 | 126570 | 126570 | 126570 |
| (vii) 91-दिवसीय राजकोषीय हुंडियाँ | ... | 105142 | 125761 | 128962 | 132855 | 214430 | 214430 | 214430 |
| (viii) 182-दिवसीय राजकोषीय हुंडियाँ | ... | 64197 | 76417 | 77337 | 77807 | 85436 | 77857 | 85853 |
| (ix) 364-दिवसीय राजकोषीय हुंडियाँ | ... | 130467 | 136956 | 143152 | 154033 | 142526 | 149989 | 158985 |
| (x) अर्योपाय अग्रिम | ... | ... | ... | ... | ... | ... | ... | ... |
| (xi) अंतराष्ट्रीय वित्तीय संस्थाओं को जारी प्रतिभूतियाँ | 212.60 | 32226 | 35181 | 46395 | 106726 | 108740 | 101816 | 101687 |
| (xii) लघु बचतों के बदले जारी प्रतिभूतियाँ | ... | 216808 | 229165 | 261391 | 313856 | 381291 | 483919 | 558919 |
| **(B) विदेशी ऋण** | **32.03** | **177289** | **184581** | **197514** | **210262** | **228589** | **243409** | **254836** |
| **II. अन्य देयताएँ** | **811.07** | **1128737** | **1244080** | **1306716** | **1386873** | **1466093** | **1564628** | **1707437** |
| 1. NSSF | 336.87 | 597737 | 629184 | 64685 | 701369 | 751199 | 779030 | 843832 |
| 2. राज्य भविष्य निधियाँ | 95.05 | 133672 | 143425 | 155334 | 167193 | 184938 | 199938 | 216938 |
| 3. अन्य खाते | 16.10 | 257424 | 315421 | 315630 | 319800 | 321857 | 306046 | 402030 |
| 4. आरक्षित विधियाँ और जमा | 363.05 | 139904 | 156051 | 188857 | 198513 | 208090 | 225614 | 244638 |
| **III. कुल देयताएँ** | **2865.40** | **5070592** | **5669429** | **6242521** | **5901971** | **7436061** | **823854** | **8958493** |
| **IV. निवल देयताएँ#** | **2565.40** | **5070292** | **5669129** | **6242321** | **5901671** | **7435761** | **8232654** | **8958193** |

# देश-विभाजन से पूर्व की पाकिस्तान से प्राप्त विदेशी ऋण का भाग (₹300 करोड़ घटा कर) स्रोत: भारत सरकार के बजट

चौदहवें वित्त आयोग के तर्कानुसार राज्यों को NSSF से उधार लेने को बाध्य नहीं होना चाहिए क्योंकि उन्हें बाजार से कम ब्याज दर पर उधार मिल सकता था। केन्द्र ने इस तर्क को मानते हुए निर्णय लिया कि कुछ राज्यों को छोड़कर अन्य राज्य NSSF से उधार न लेने में स्वतंत्र रहेंगे। ऐसे राज्य केवल पहले से लिए हुए ऋण चरणबृद्ध ढंग से 2038-39 तक NSSF से लिए ऋणों की अदायगी करेंगे। सारणी 18.1 में इस निर्णय का प्रभाव प्रतिबिम्बित होता है केन्द्र के बाजार ऋणों में कमी और लघु बचतों आदि के उधारों में बढ़त देखने को मिलती है।

**(ii) राज्य भविष्य निधियाँ**–अन्य देनदारियों में इस मद का भाग 2018-19 में लगभग 12.71% था।

**(iii) अन्य खाते**–अन्य देनदारियों का लगभग 24% इस मद-समूह के रूप में है। इनमें से लगभग आधी गैर-सरकारी भविष्य निधियों आदि की जमा राशियाँ हैं; तथा शेष (आधी) अन्य मदों के रूप में है।

**(iv) प्रारक्षित निधियाँ और जमाराशियाँ**–इस मद वर्ग में कई प्रकार की रेलवे प्रारक्षित निधियाँ, दूर-संचार प्रारक्षित निधियाँ तथा ऐसी अन्य मदें शामिल हैं। इनमें से लगभग आधा हिस्सा निर्ब्याज है। अन्य देनदारियों में इस मदसमूह का अंशदान लगभग 14% है।

## II. देनदारियों का आकार (Size of Liabilities)

आयोजना काल में भारत सरकार की देनदारियों में तेज़ी से वृद्धि हुई है तथा यह वृद्धि सभी मुख्य घटकों ने दर्शाई है।

**II.1. विदेशी ऋण**—सारणी 18.1 से पता चलता है कि मार्च 1951 में भारत सरकार का विदेशी ऋण केवल 32.03 करोड़ रुपए था। परंतु इसके पश्चात इस मद में पहले धीमी गति से तथा फिर तेज़ी से वृद्धि हुई। मार्च 2019 में इसकी अनुमानित बजटीय राशि ₹2,54,836 करोड़ थी। 1960-61 में विदेशी ऋण की मात्रा 760.96 करोड़ रुपए थी, तथा मार्च 2009 में इसका बजटीय अनुमान 1,23,675 करोड़ रुपए था। इस संदर्भ में निम्नलिखित बातें ध्यानयोग्य हैं-

- भारत सरकार द्वारा लिए जाने वाले विदेशी ऋणों की मात्रा और उद्देश्य सरकार की आवश्यकताओं के अतिरिक्त राजनीतिक कारकों पर भी निर्भर करते थे।
- अधिकतर विदेशी ऋण विदेशी मुद्राओं में देय थे; उनकी ब्याज दरें रियायती थीं, तथा उनकी भुगतानावधियाँ लंबी थीं।
- बदलती विनिमय दरों के कारण भारतीय करेंसी में परिवर्तित मात्राएँ भ्रामक हैं।
- विदेशी ऋणों से भारत सरकार को अपने बजटीय संसाधन प्राप्त होते थे। इस कारण कई ऐसे ऋण भी लिए गए थे जिनकी वास्तव में आवश्यकता नहीं थी (ध्यानयोग्य है कि विदेशी मुद्रा तभी चाहिए जब इससे आवश्यक वस्तुओं और सेवाओं का आयात किया जाना हो)।
- उदारीकरण की नीति के कुछ वर्षों में ही हमारी विदेशी ऋण लेने की आवश्यकता लगभग शून्य हो गई है।

**II.2. आंतरिक ऋण**—इस घटक में आश्चर्यजनक ढँग से वृद्धि हुई है। मार्च 1951 में यह घटक केवल 2,022 करोड़ रुपए था, परंतु मार्च 2019 में इसके 69,96,220 करोड़ रुपए हो जाने का अनुमान था। इस आधार पर

इसकी 1951–2009 में वृद्धि दर 16.6% प्रतिवर्ष से भी अधिक बैठती है। इस संदर्भ में निम्नलिखित तथ्य नोट करने योग्य हैं–

• आंतरिक ऋण में वृद्धि के कई कारण हो सकते हैं, जिन में सरकार की राजकोषीय ढील के अतिरिक्त कीमतों में वृद्धि और स॰रा॰उ॰ में बढ़ोतरी के साथ-साथ सरकार की बढ़ती वित्तीय आवश्यकताएँ भी शामिल हैं।

• अत: आंतरिक ऋण की केवल परिशुद्ध राशियों पर विचार करना भ्रामक हो सकता है।

• परंतु ध्यान से देखने पर पता चलता है कि उपरोक्त अन्य कारणों के अतिरिक्त केन्द्र के आंतरिक ऋण में तीव्र वृद्धि का मुख्य कारण इसकी अपनी राजकोषीय ढील और प्रशासनिक निष्पादन की निम्न कोटि हैं।

• गैर-आर्थिक सहित विविध कारणों से केन्द्र अपने व्यय में वृद्धि को रोकने में असफल रहा है। इन कारणों में प्रशासनिक कर्मियों की बढ़ती संख्या और उनके निष्पादन संबंधी उचित मापदंडों का अभाव भी शामिल हैं।

**II.3. अन्य देनदारियाँ**—केन्द्र की देनदारियों के इस वर्ग की वृद्धि भी काफ़ी तीव्र रही है। मार्च 1951 में इस वर्ग का मूल्य केवल 811.07 करोड़ रुपए था, जिसके मार्च 2019 में बढ़कर 17,07,437 करोड़ रुपए हो तदनुरूप कुल देनदारियों में इनका अनुपात 28.3% और 2019 में 19.1% था।

मार्च 2019 के अंत पर अन्य देनदारियों के मुख्य घटक (क) राष्ट्रीय लघु बचत निधि, 52.5%, (ख) राज्य भविष्य निधियाँ, 12.7%, (ग) अन्य खाते, 23.5%, तथा (घ) प्रारक्षित निधियाँ और जमाराशियाँ, 14.3% थे।

## III. बढ़ोतरी के कारण (Causes of Growth)

केन्द्र की ऋणदेयताओं में तीव्र वृद्धि के कई आर्थिक और गैर-आर्थिक कारण गिनवाए जा सकते हैं, जिनमें से मुख्य निम्नलिखित हैं। स्मरणीय है कि संसद द्वारा 2003 में पारित राजकोषीय दायित्व और बजट प्रबंधन अधिनियम से पहले केन्द्र द्वारा उधार लेने पर कानूनी सीमाएँ नहीं थीं। इस अधिनियम द्वारा भी ये सीमाएँ परोक्ष रूप से ही लागू की गई हैं।

**III.1. बढ़ता व्यय**—स्वतंत्रता के पश्चात भारत सरकार के व्यय में तीव्रता से वृद्धि हुई है जिसके वित्त-पोषण के लिए सरकार को ऋण लेने की आवश्यकता पड़ती रही है। सरकार के व्यय में वृद्धि के कई कारण गिनवाए जा सकते हैं–

• सरकारी कार्यकलापों की विविधता और सघनता में अनेक कारणों से बढ़ोतरी होने के फलस्वरूप सरकारी व्यय में बढ़ोतरी होना भी स्वाभाविक था। इन बढ़ती गतिविधियों के क्षेत्र में आर्थिक सेवाओं के अतिरिक्त सामाजिक तथा सामूहिक सेवाएँ भी शामिल हैं।

• हमारी रक्षा संबंधी आवश्यकताओं और व्यय में भी लगातार वृद्धि होती रही है तथा इस में कमी होने की भी कोई संभावना दिखाई नहीं देती।

• सरकार के गैर-उत्पादक तथा उपभोग व्यय में लगातार वृद्धि हुई है तथा सरकार इस पर रोक लगाने में पूरी तरह असफल रही है।

• सरकार द्वारा दी जाने वाली आर्थिक सहायता में कई मदें ऐसी भी हैं जिन्हें आर्थिक औचित्य अथवा सामाजिक न्याय के आधार पर मान्यता नहीं दी जा सकती। कालान्तर में इन मदों पर बढ़ते व्यय के कारण सरकार को उधार लेने की भी आवश्यकता पड़ती है।

• सरकार अपने बढ़ते व्यय के वित्त पोषण के लिए विभिन्न प्रकार से बिना किसी कठिनाई के उधार ले सकती है। सरकार उधार लेने के लिए सदैव तत्पर रहती है तथा ऋण के सकल आकार पर 2003 तक किसी प्रकार का कोई प्रतिबंध नहीं था (अभी भी यह प्रतिबंध परोक्ष रूप में है, और इससे बचने के कई मार्ग निकल सकते हैं)।

• ऋण बढ़ने के कारण सरकार की ब्याज तथा मूल ऋण की अदायगियों में भी बढ़ोतरी होना अनिवार्य है। इस दायित्व को निभाने के लिए भी सरकार को फिर से उधार लेने की आवश्यकता पड़ती है तथा इसके परिणामस्वरूप इसकी देनदारियाँ बढ़ती जाती हैं।

• जब सरकार उधार लेती है तो ब्याज की दर, मुद्रा की मात्रा, माँग एवं **कीमतें** सभी बढ़ने की प्रवृत्ति दर्शाते हैं। इनके कारण भी सरकार का व्यय बढ़ता है।

• ध्यानयोग्य है कि लोक ऋण में बढ़ोतरी देश के आर्थिक और वित्तीय संयंत्र के विकास हेतु अति आवश्यक समझी जाती है। परंतु इसकी अपनी बढ़ोतरी की दर एक सीमा के अंदर होनी चाहिए। केन्द्र के लोक ऋण की बढ़ोतरी इस निरापद सीमा से कहीं अधिक तीव्र रही है।

**III.2. साधन स्रोतों का अपूर्ण दोहन**—यह एक सर्वमान्य तथ्य है कि सरकार ने अपनी बढ़ती आवश्यकताओं के अनुरूप अपने साधन स्रोतों का दोहन नहीं किया है; और इसके स्थान पर लोक ऋण के मार्ग को प्राथमिकता दी है। इस चिंताजनक स्थिति में सरकार की कई नीतियों का भी योगदान रहा है। उदाहरणार्थ-

• सरलीकरण के प्रयास ने हमारी कर-प्रणाली को अति जटिल बना दिया गया है। इसमें दीर्घकालिक स्थाईपन के स्थान पर लगातार गति से संशोधन किए जाते हैं। इस कारण करदाताओं को बिना कारण परेशानी झेलनी पड़ती है।

• कर प्रणाली की जटिलता और इसमें लगातार संशोधन के कारण कर की चोरी के अवसर बढ़ जाते हैं। और भारत में कर की चोरी बहुत व्यापक है।

• केन्द्र के कई लोक उपक्रम राजस्व-स्रोत सिद्ध होने के स्थान पर घाटे में चलते रहे हैं।

**III.3. विदेशी ऋणों में वृद्धि**—यद्यपि इस समय भारत सरकार की विदेशों से ऋण लेने की आवश्यकता लगभग समाप्त हो चुकी है, तो भी यह जानना हितकर है कि इससे पहले केन्द्र के विदेशी ऋण में वृद्धि इसकी विवशता के अतिरिक्त इसकी दोषयुक्त नीतियों के कारण भी हुई है।

*(क) विवशता*-सरकार की विवशता संबंधी कारणों को किसी न किसी रूप में भुगतान संतुलन की समस्याओं से जोड़ा जा सकता है।

• संविधान में राज्यों को विदेशों से ऋण लेने की मनाही है। अत: केन्द्र को उनकी विदेशी वित्तीय आवश्यकताओं के लिए भी उधार लेना पड़ता है। उधार लेने के पश्चात् भारत सरकार राज्यों को ऋण देती है।

• कृषि, उद्योगों, अनुसंधान संस्थाओं आदि को विभिन्न प्रकार की वस्तुओं के आयात करने की आवश्यकता पड़ती है। इनका एक भाग सरकार अपने तौर पर आयात करती है तथा इस प्रक्रिया में इस पर उधार चढ़ जाता है। इस उधार को उतारने के लिए निर्यात करना आवश्यक होता है, परंतु हमारी निर्यात क्षमता में समुचित बढ़ोतरी नहीं हो सकी थी।

*(ख) नीतियाँ*-भारत सरकार द्वारा अपनाई गई नीतियों के कारण हम अपनी आवश्यक आयातों का वित्त पोषण करने में असमर्थ थे।

• एक लंबी अवधि तक सरकार ने आयात-प्रतिस्थापन (import substitution) की नीति का अनुसरण किया। परंतु इससे न तो हमारी आयात-आवश्यकताओं में कमी हो सकी और न ही हम अपनी निर्यात क्षमता को बढ़ा सके।

• विदेशी साधनों का अंतर्प्रवाह भुगतान संतुलन की घाटा-पूर्ति के लिए ज़रूरी था। परंतु सरकार ने विदेशी निवेश के स्थान पर विदेशी ऋणों को प्राथमिकता देने की नीति अपनाई। इससे सरकार पर अनावश्यक रूप से विदेशी ऋण का बोझ बढ़ता गया।

• इस नीति को इस बात से भी बढ़ावा मिला कि विदेशी ऋणों का एक बड़ा अनुपात रियायती शर्तों पर उपलब्ध होता रहा।

• सरकार स्वयं भी उन परियोजनाओं आदि के लिए विदेशों से उधार लेने को उद्यत रहती थी, जिनके लिए आयातित वस्तुओं और सेवाओं की आवश्यकता नहीं थी।

• भारत सरकार को विदेशों से रक्षा तथा कई प्रकार की सामग्री का भी आयात करना पड़ता है। इस सामग्री का एक भाग उधार पर क्रय किए जाने के कारण भारत सरकार की विदेशी देनदारियों में बढ़ोतरी हुई है।

• निर्यात में वृद्धि विदेशी ऋण में बढ़ोतरी को रोकने का एक उत्तम उपाय है। परंतु विदेशी ऋणों का उपयोग मुख्य रूप से निर्यात-संवर्धन के स्थान पर अन्य उद्देश्यों के लिए किया गया।

- भारत में लोक ऋण में तीव्र वृद्धि के कई कारण रहे हैं।
- इनमें सरकार की विवशता के अतिरिक्त इसकी अपनी आर्थिक नीतियों का भी योगदान रहा है। सरकार अपने अनावश्यक व्यय में कमी करने में असफल रही है।
- इसके लोक उद्यम अपेक्षित आधिक्य अर्जित नहीं कर पाए।
- सरकार के प्रशासनिक संयत्र और राजकोषीय अनुशासन में भी कई त्रुटियाँ देखने को मिलती हैं।

## IV. स्वामित्व का ढाँचा (Pattern of Ownership)

ऋण के स्वामित्व के ढाँचे से अभिप्राय यह है कि सरकार को किन स्रोतों से उधार मिलता है अथवा इसके ऋणदाता कौन हैं। इस प्रश्न के उत्तर का संबंध लोक ऋण के मुद्रास्फीति पैदा करने की क्षमता तथा लोक ऋण के समाज पर भार से भी है। सरकार की लोक ऋण की नीति की सफलता के लिए स्वामित्व ढाँचे की जानकारी आवश्यक है।

**IV.1. विदेशी ऋण**—भारत सरकार का अधिकतर विदेशी ऋण विदेशी सरकारों, संस्थाओं तथा अंतर्राष्ट्रीय सहायता संस्थानों से प्राप्त हुआ है। विदेशी ऋणों की प्राप्तियों के समय देश के साधन भंडार में वृद्धि तथा इनके भुगतान पर साधन भंडार में कमी आती है। अत: यदि विदेशी ऋणों का समुचित प्रयोग देश की उत्पादन तथा निर्यात क्षमता को बढ़ाने के लिए किया जाए तो विदेशी ऋण बोझ नहीं बनते, प्रत्युत विकास प्रक्रिया को सक्षम बनाते हैं।

**IV.2. आंतरिक ऋण**—भारतीय रिज़र्व बैंक भारत सरकार का लोक ऋण अभिकर्ता (एजेन्ट) तथा निम्नांकर (Underwriter) है। साथ ही कुछ वर्ष पूर्व तक गैर-वित्तीय कंपनियाँ, व्यक्ति तथा कुटुम्ब आदि की भारत सरकार की प्रतिभूतियों में निवेश करने में रुचि अति कम थी। इससें सरकार की प्रतिभूतियों का बाज़ार अति संकीर्ण था। रिज़र्व बैंक ने पिछले कुछ वर्षों में सरकारी प्रतिभूतियों के बाज़ार के विस्तारण और विकास हेतु सफल प्रयास किया

है, और इससे सकल वित्तीय ढाँचे के विकास में भी सहायता मिली है। अत: जहाँ पहले सरकार को लगभग सारा आंतरिक ऋण रिज़र्व बैंक, बैंकों तथा अन्य वित्तीय संस्थानों से ही लेना पड़ता था, अब स्थिति बदल चुकी है। स्मरणीय है कि सरकारी प्रतिभूतियों का बाज़ार संकीर्ण होने का एक दुष्परिणाम यह है कि लोक ऋण में बढ़ोतरी के साथ-साथ देश में प्रचलित मुद्रा की मात्रा और कीमतें भी बढ़ने लगती हैं।

**IV.3. अन्य देनदारियाँ**—लोक ऋण के ये घटक सामान्यत: आम जनता से प्राप्त होते हैं, अर्थात् इनके ऋणदाता मुख्यत: व्यक्ति, कुटुम्ब तथा कर्मी वर्गों से आते हैं। कुछ वर्ष पूर्व तक सरकार लोगों की अल्प बचतों तथा भविष्य निधियों आदि से उधार लेने के लिए विविध प्रकार के प्रोत्साहन देती थी। परंतु अब स्थिति बदल रही है, और सरकार इस प्रोत्साहन-नीति को तज रही है। फिर भी लोक ऋण के इस मद-समूह में आनुपातिक कमी होने के कोई विशेष संकेत दिखाई नहीं देते।

- कालान्तर में केन्द्र के ऋण के स्वामित्व में मूलभूत परिवर्तन हुए हैं और अभी भी हो रहे हैं।
- सरकारी प्रतिभूतियों का बाज़ार विस्तृत हो रहा है। और इन पर देय ब्याज की दरें बाज़ार की दरों के निकट आ रही हैं।

## V. ऋण का बोझ (Burden of Debt)

इस खंड में हम इस प्रश्न पर विचार करेंगे कि क्या भारत सरकार का ऋण देश पर एक आर्थिक बोझ है?

**V.1. विदेशी ऋण (External Debt)**—विदेशी ऋण के लाभ तथा हानियों का एक संक्षिप्त विवरण इससे पूर्व दिया जा चुका है जिसका सार यह है कि विदेशी ऋण के कारण साधनों के एक प्रवाह की उत्पत्ति होती है। इस प्रवाह की दिशा ऋण की प्राप्ति के समय विदेशों से स्वदेश की ओर, तथा इसकी अदायगी के समय स्वदेश से विदेशों की ओर होती है। अत: मूल रूप से विदेशी ऋण का भारयुक्त होना अथवा न होना इस बात पर निर्भर करता है कि ऋण का आकार क्या है, इसकी शर्तें क्या हैं, इसके घटक कौन-से हैं, तथा उसका प्रयोग किस प्रकार किया गया है। उदाहरणार्थ विदेशी ऋणों का प्रयोग जीवन-उपयोगी दवाइयों, खाद्य पदार्थों, पूँजी वस्तुओं तथा उनके संरक्षण, तथा तकनीकी जानकारी आदि के लिए किया जा सकता है। इसके विपरीत उनसे प्राप्त साधन अनावश्यक उपभोग की वस्तुओं पर अपव्ययित भी हो सकते हैं। इस प्रकार विदेशी ऋणों का बोझ तीन बातों पर निर्भर करता है, अर्थात्,

- ऋणों पर ब्याज की दरें तथा अदायगी की अन्य शर्तें, आदि
- निर्यात क्षमता का सृजन, तथा
- देश की उत्पादन क्षमता में वृद्धि।

• भारत सरकार को अधिकतर विदेशी उधार रियायती शर्तों पर प्राप्त हुए हैं। इनकी ब्याज की दरें कम तथा अदायगी की अवधियाँ लंबी हैं। कुछ ऋण निर्ब्याज भी हैं। इन बातों के कारण भारत सरकार के विदेशी ऋण का बोझ देश पर काफ़ी कम होना चाहिए, परंतु कुछ कारणों से वास्तविकता में ऐसा नहीं है। इस संदर्भ में निम्नलिखित तथ्य नोट करने योग्य हैं।

• भारत सरकार ने कई ऐसी परियोजनाओं और स्कीमों के लिए भी विदेशों से ऋण लिए हैं, जिनके लिए विदेशी साधनों अथवा आयातित वस्तुओं/सेवाओं की कोई आवश्यकता नहीं थी। इस नीति के कारण उच्च प्राथमिकता

वाली बहुत-सी परियोजनाएँ तथा स्कीमें केवल विदेशी सहायता के 'अभाव' के कारण नहीं अपनाई गई, अथवा मंद गति से कार्यान्वित की गई।

- सरकार ने इस तथ्य पर विशेष ध्यान नहीं दिया कि हमारी निर्यात क्षमता में समुचित बढ़ोतरी के बिना विदेशी ऋणों का भुगतान करने की कठिनाइयाँ बढ़ जाती हैं।
- विदेशी सहायता के आधार पर तथा अन्य प्रकार से भी बहुत से ऐसे उद्योगों की स्थापना की गई जिनके कारण हमारी आयात-निर्भरता सुदृढ़ होती चली गई।

इन सब बातों के कारण एक ऐसी स्थिति भी आई जब यह प्रतीत होने लगा कि विदेशी ऋण का आकार वहनीयता की सीमाएँ लाँघ चुका है और हम इसके फंदे (debt trap) में फंस चुके हैं, अथवा कम से कम इसके कगार पर अवश्य खड़े हैं। परंतु सौभाग्यवश उदारीकरण और वैश्वीकरण (liberalization and globalization) की नीति के कारण स्थिति सुधर चुकी है; विदेशी ऋणदेयता वहनीय सीमाओं के अंदर है; और संभवतः इसे बोझिल कहना भी उचित नहीं होगा।

**V.2. आंतरिक ऋण**— आंतरिक ऋण से उत्पन्न संभावित बोझ को चार मापदंडों के आधार पर परखा जा सकता है, अर्थात्

1. साधनों का उत्पादकीय/गैर-उत्पादकीय प्रयोग;
2. आय तथा धन वितरण की असमानताओं पर प्रभाव;
3. कीमतों पर प्रभाव; तथा
4. सरकार की बजट-कार्यसाधकता (budget manoeuvrability) पर प्रभाव।

**1. साधनों का प्रयोग**—यदि लोक ऋण से सरकार के उपभोग व्यय का वित्त पोषण किया जाए, अथवा इससे उन परियोजनों और स्कीमों का वित-पोषण किया जाए जिनसे सरकार को राजस्व की प्राप्ति न होती हो, तो ऐसा लोक ऋण सरकार के लिए एक बोझ बन जाता है। वैसे यह बात ध्यान देने योग्य है कि सरकार आमतौर पर कुछ निर्दिष्ट परियोजनाओं के लिए अलग से ऋण नहीं लेती, प्रत्युत अपनी सकल वित्तीय आवश्यकताओं को ध्यान में रखते हुए ऋण लेती है, तथा एकत्रित साधनों का एक भाग विभिन्न परियोजनों आदि पर लगाती है। अतः लोक ऋण का उत्पादकीय प्रयोग जानने के लिए हमें सरकार के राजस्व खाते की संतुलन स्थिति पर ध्यान देना चाहिए। यदि सरकार का राजस्व खाता घाटे में है तो इसका अर्थ यह है कि सरकार अपने दैनिक व्यय की पूर्ति के लिए भी बाज़ार से उधार ले रही है।

एक अन्य विधि यह है कि सरकार के (1) 'पूँजी परिव्यय' और (2) 'उधार और अग्रिमों' के जोड़ की इसकी सकल देनदारियों से तुलना की जाए। इसके लिए (CLA) नामक एक अनुपात अर्थात्

**[सकल देनदारियाँ - (पूँजी परिव्यय + सरकार द्वारा दिए गए उधार तथा अग्रिम + बाज़ार स्थिरीकरण के अंतर्गत नकद शेष]/सकल देनदारियाँ**

का अनुमान किया जा सकता है। इस अनुपात से यह पता चलता है कि एक विचाराधीन तिथि पर केन्द्र की सकल देनदारियों के कितने भाग का प्रयोग परिसंपत्तियों के संग्रहण के लिए तथा कितने भाग का प्रयोग उपभोग आदि के लिए किया गया था।

**सारणी 18.2 भारत सरकार द्वारा ली गई उधार राशियों का उपयोग: मार्च के अंत पर स्थिति**

(₹ करोड़)

| | 1950–51 | 2012–13 | 2013–14 | 2014–15 | 2015–16 | 2016–17 | 2017–18 | 2018–19 |
|---|---|---|---|---|---|---|---|---|
| 1 | 2 | 3 | 4 | 5 | 6 | 7 | 8 | 9 |
| **A. पूँजी परिव्यय** | **1488.01** | **1325663** | **1491792** | **1662780** | **1940670** | **2315919** | **2416428** | **2680119** |
| 1. सामान्य सेवाएँ | 492.74 | 648489 | 736552 | 826738 | 918482 | 1017845 | 1119481 | 1230320 |
| 2. सामाजिक सेवाएँ | 26.25 | 34226 | 38044 | 42915 | 48322 | 53618 | 62946 | 73910 |
| 3. आर्थिक सेवाएँ | 965.02 | 642948 | 717200 | 793128 | 973866 | 1114455 | 1231726 | 1871774 |
| 4. संघ क्षेत्रों को संवितरण | ... | ... | ... | ... | ... | ... | 2275 | 4115 |
| **B. केन्द्र से ऋण (निवल)** | **220.68** | **754986** | **761835** | **801643** | **833089** | **883944** | **964693** | **1056720** |
| जिस में से राज्य सरकारों को | 195.58 | 144812 | 145813 | 147167 | 148217 | 153463 | 162203 | 173195 |
| **C. (A+B)** | **1708.69** | **2080649** | **2253627** | **2464424** | **2773756** | **3069862** | **3381121** | **3736849** |
| **D. अल्प बचत निधि नकदी** | ... | ... | ... | ... | ... | ... | ... | ... |
| **E. सकल देयताएँ*** | **2565.40** | **5070292** | **5669429** | **6242521** | **5901971** | **7435606** | **8232054** | **8958493** |
| **F. (E–C)** | 856.71 | 2989643 | 3415502 | 3777797 | 4127915 | 4365899 | 4851533 | 5221354 |
| **G. (F/E) (%)** | 33.4 | 59.0 | 60.2 | 60.5 | 69.9 | 58.7 | 58.9 | 58.3 |

(*) निवल

स्रोत: भारत सरकार के बजट

सारणी 18.2 से पता चलता है कि 1950–51 के अंत पर यह अनुपात 33.4% था, अर्थात केन्द्र की परिसंपत्तियाँ इसकी बकाया देनदारियों से लगभग एक तिहाई **कम** थीं। इसके बाद के कुछ वर्षों में इस स्थिति में आँशिक सुधार आया था, परंतु शीघ्र ही स्थिति फिर बिगड़ने लगी। वर्तमान में यह अनुपात 58% के आस पास चल रहा है। निष्कर्ष यह कि इस मापदंड के अनुसार केन्द्र उधार ली गई राशिों का उत्पादिक आर्थिक प्रयोग करने में असफल रहा है और इस कारण इसका लोक ऋण अर्थव्यवस्था पर एक बोझ का स्रोत है।

एक अन्य चिन्ताजनक तथ्य यह है कि पूँजी परिव्यय की मद से भी सरकार को समुचित राजस्व की प्राप्ति नहीं हो पाती। अधिकतर लोक उद्यम सरकारी बजट के घाटे में वृद्धि का कारण ही बनते हैं। बहुत सारा परिव्यय तो ऐसी स्कीमों में लगा है जिन्हें निवेश परिव्यय में नहीं गिना जा सकता। इसी प्रकार सरकार द्वारा दिए गए उधार तथा अग्रिमों का भी उपयोग इस प्रकार नहीं किया गया कि देश की उत्पादन क्षमता में तदनुरूप बढ़ोतरी हो सके।

**2. आय और धन वितरण की असमानताएँ**–केन्द्र की देनदारियों के स्वामित्व पर दृष्टि डालने से विदित होता है कि केन्द्रीय ऋण प्रत्येक्ष रूप से वितरणीय असमानताओं में वृद्धि का कारण नहीं बनता परंतु आंतरिक ऋण परोक्ष रूप से असमानताओं को बढ़ाता है। इसका कारण यह है कि आंतरिक ऋण के एक मोटे भाग के आधार पर मुद्रा और साख में बढ़ोतरी के माध्यम से माँग और कीमतों पर दबाव बढ़ता है जिससे वितरणीय असमानताएँ बढ़ती हैं।

जहाँ तक 'अन्य देनदारियों' का प्रश्न है, आय और धन वितरण की असमानताओं में उनके द्वारा वृद्धि होने का कोई कारण दिखाई नहीं देता। इन देनदारियों के अनुरूप ऋणदाता मध्यवर्गीय आम लोग हैं तथा यदि उनकी आय में वृद्धि होती है तो वितरणीय असमानताओं पर दुष्प्रभाव नहीं पड़ना चाहिए।

**3. कीमतों में वृद्धि**–भारत सरकार के ऋण द्वारा कीमतों पर काफी दबाव पड़ता है। इसके कई कारण हैं।

- केन्द्र द्वारा लिए जाने वाले उधारों की राशियाँ इतनी बड़ी होती हैं कि उनसे ब्याज दर में वृद्धि की प्रवृत्ति उत्पन्न होती है, जिसके परिणामस्वरूप उत्पादन लागत और कीमतों में भी बढ़ोतरी होती है।
- केन्द्र ने उधार राशियों का एक बड़ा अनुपात भारतीय रिज़र्व बैंक से लिया है, जिससे प्रचलित मुद्रा और साख मात्रा में वृद्धि होती है तथा माँग और कीमतों पर दबाव बढ़ता है।
- केन्द्र ने उधार राशियों के एक बड़े भाग का प्रयोग अपने चालू खाते की मदों के वित्त पोषण के लिए किया है, तथा पूँजी परिव्यय तथा अन्य पार्टियों को दिए गए उधार और अग्रिमों से भी माँग की तुलना में वस्तुओं और सेवाओं की उपलब्धता का अभाव बनाए रखने में योगदान दिया है।

- भारत सरकार के विदेशी ऋण और सकल देश के विदेशी ऋण में अंतर है।
- यदि सरकार एक सुप्रबंधित निजी व्यवसाय की भाँति विदेशी ऋण लेकर उसका उत्पादनात्मक प्रयोग करे, तो यह देश के लिए एक बोझ न होकर उसके विकास में सहायक होता है।
- भारत सरकार की विदेश-ऋण नीति इस मापदंड पर खरी उतरने में असफल रही है; और सरकार की कई आंतरिक अर्थिक नीतियों ने भी इसमें योगदान दिया है।
- केन्द्र के लोक ऋण से उत्पन्न बोझ के स्रोतों में उधार राशियों का अपव्यय, कीमतों में वृद्धि और वितरणीय असमानताएँ आदि आते हैं।

## राज्य सरकारों का लोक ऋण

(Public Debt of States)

केन्द्र की भांति राज्य सरकारें भी ऋण के बोझ से दबी हुई हैं। उनकी देनदारियों में लगातार वृद्धि हो रही है परंतु उनकी अदायगी की क्षमता में समुचित वृद्धि नहीं हो पाई। इस लिए उधार से उनकी राजस्व प्राप्तियों में वृद्धि होने के स्थान पर उनके अपने उपभोग व्यय तथा अन्य प्रकार की अनुत्पादक परिव्यय मदों में बढ़ोतरी होने की प्रवृत्ति ही प्रधान रही है।

राज्यों की ऋण देयता से संबंध एकाध तथ्य विशेष रूप से नोट करने योग्य है। संविधानुसार एक राज्य सरकार केवल देश के भीतर से ही ऋण ले सकती है, यद्यपि विदेशी कंपनियाँ आदि राज्यों की प्रतिभूतियों में निवेश कर सकती हैं। एक राज्य सरकार केन्द्र से भी उधार ले सकती है। इसके अतिरिक्त किसी राज्य सरकार पर कोई ऐसा ऋण (अथवा उसका एक अंश) चुकाना बाकी हो जो उसने केन्द्र से लिया हो अथवा जिसकी गारंटी केन्द्र ने दी हो, तो वह राज्य कोई नया ऋण केन्द्र की पूर्वानुमति के बिना नहीं ले सकता तथा केन्द्र यह अनुमति देते हुए कोई भी शर्तें लगा सकता है। परिणाम स्वरूप वस्तुस्थिति यह है कोई राज्य सरकार केन्द्र के इस बंधन से मुक्ति पाने की आशा नहीं कर सकती। केन्द्र की ऋण प्रतिस्थापन की स्कीम का लाभ उठाने के लिए भी राज्य द्वारा राजकोषीय दायित्व एवं बजटीय प्रबंधन अधिनियम का पारित करना अनिवार्य है।

**VI.1. ऋण का आकार (Size)**–राज्यों की देनदारियों में प्रारंभ से अब तक अविराम और तीव्र गति से बढ़ोतरी देखने को मिलती है। मार्च 1952 में ये देनदारियाँ केवल 449 करोड़ रुपए थीं, जिनमें से 241 करोड़ रुपए का उधार केन्द्र से तथा 131 करोड़ रुपए बाज़ार से लिया गया था। परंतु अगले नौ वर्षों में ही (मार्च 1961 में) इनकी मात्रा 2,739 करोड़ रुपए पर पहुँच गई थी। इस अविराम वृद्धि के चलते मार्च, 2001 में यह मात्रा 5,94,150 करोड़ रुपए तथा मार्च 2017 में 13,60,1300 करोड़ रुपए आँकी गई। इस तीव्र वृद्धि को प्रत्येक दृष्टिकोण से चिंताजनक ही कहा जा सकता है।

**VI.2. ऋण के घटक (Composition)**–राज्यों की देनदारियों को तीन मुख्य मदसमूहों में बाँटा जा सकता है, अर्थात्

1. केन्द्र से उधार और अग्रिम,
2. आंतरिक ऋण, और
3. भविष्य निधियाँ आदि।

**1. केन्द्र से उधार**–ऋण लेने के मामले में राज्य सरकारों की केन्द्र पर कई दशकों तक काफ़ी अधिक निर्भरता बनी रही है। मार्च 1952 में राज्यों की सकल देनदारियों का 53% से अधिक केन्द्र को देय था, जो मार्च 1961 तक बढ़ कर 74% हो गया था। इसके पश्चात इसमें अनियमित रूप से कमी आती रही, तथा मार्च 1991 में यह अनुपात घटकर लगभग 57.4% रह गया। सारणी 18.3 से ज्ञात होता है कि मार्च 2001 से मार्च 2010 तक राज्यों की सकल देनदारियों में केन्द्रीय ऋणों का अनुपात 41.2 % से घटकर 8.7% तथा मार्च 2017 में 4.9% रह गया था, इस प्रवृति के दो मुख्य कारण थे। (क) अधिकतर राज्यों ने राष्ट्रीय लघुबचत निधि से 2016 से नया उधार लेना बन्द कर दिया था, तथा (ख) राज्यों की बाजार उधारों पर 2016 से निर्भरता एकदम बढ़ी है।

- ज्ञातव्य है कि राष्ट्रीय लघु बचत निधि के संगठन के पश्चात केन्द्र ने अल्प बचतों द्वारा उधार लेकर राज्यों को अपनी ओर से उधार देना बंद कर दिया है। अब ये बचतें सीधी उपरोक्त निधि द्वारा उधार ली जाती हैं और

**सारणी 18.3 मार्च के अंत पर राज्यों की ऋण स्थिति**

(₹ बिलियन)(*)

| | 2001 | 2010 | 2011 | 2012 | 2013 | 2014 | 2015 | 2016 | 2017 |
|---|---|---|---|---|---|---|---|---|---|
| 1 | 2 | 3 | 4 | 5 | 6 | 7 | 8 | 9 | 10 |
| **I. आंतरिक ऋण** | **1789.5** | **10736.3** | **11963.7** | **13228.7** | **14558.3** | **16370.0** | **18847.0** | **23171.3** | **26890.4** |
| | **(30.1)** | **(65.1)** | **(65.4)** | **(66.3)** | **(65.9)** | **(66.2)** | **(69.7)** | **(73.0)** | **(74.7)** |
| (a) बाजार उधार और बाँड | 868.3 | 5346.5 | 6185.9 | 7527.7 | 8833.5 | 10576.8 | 12722.4 | 19822.0 | 19738.1 |
| | (14.6) | (32.4) | (34.3) | (37.1) | (40.0) | (42.8) | (47.1) | (62.5) | (54.8) |
| (i) बाजार उधार | 867.7 | 5345.7 | 6185.1 | 7426.9 | 8832.7 | 10576.0 | 12721.0 | 18632.1 | 18548.2 |
| | (14.6) | (31.3) | (33.5) | (37.1) | (40.0) | (42.8) | (47.1) | (58.7) | (51.5) |
| (ii) क्षति पूर्ति और अन्य बाँड | 0.6 | 0.8 | 8.0 | 8.0 | 0.8 | 0.8 | 1.4 | 1189.9 | 1189.9 |
| | (0.0) | (1.1) | (0.8) | (0.6) | (0.0) | (0.0) | (0.5) | (3.5) | (3.3) |
| (b) NSSF को जारी विशेष प्रतिभूतियाँ | 563.5 | 4319.2 | 4550.2 | 4864.2 | 4867.5 | 4892.3 | 5132.2 | 5401.9 | 5373.6 |
| | (9.5) | (27.6) | (27.4) | (25.5) | (22.0) | (19.8) | (19.0) | (17.8) | (14.9) |
| (c) रिजर्व बैंक से अर्थोपाय अग्रिम | 65.6 | 4.8 | 14.1 | 6.1 | 5.5 | 14.0 | 44.8 | 21.7 | 25.5 |
| | (1.1) | (0.0) | (0.0) | (0.0) | (0.2) | (0.0) | (1.7) | (0.7) | (0.7) |
| (d) बैंकों और अन्य संस्थाओं से उधार | 292.1 | 1023.4 | 862.3 | 953.0 | 939.3 | 887.6 | 1040.0 | 1397.1 | 1753.2 |
| | (4.9) | (5.1) | (4.6) | (4.2) | (4.3) | (3.6) | (3.8) | (4.4) | (4.9) |
| **II. केन्द्र से ऋण और अग्रिम** | **2386.6** | **1431.5** | **1441.7** | **1435.5** | **1448.1** | **1458.1** | **1471.7** | **1604.4** | **1762.0** |
| | **(40.2)** | **(8.7)** | **(8.2)** | **(7.8)** | **(6.6)** | **(5.9)** | **(5.7)** | **(5.2)** | **(4.9)** |
| **III. भविष्य निधियाँ आदि** | **1765.4** | **4294.4** | **4852.7** | **5243.7** | **6091.5** | **6883.3** | **6718.3** | **6965.0** | **7360.7** |
| | **(29.7)** | **(26.1)** | **(26.5)** | **(26.3)** | **(27.6)** | **(27.9)** | **(24.8)** | **(21.9)** | **(20.4)** |
| **IV. कुल ऋण** | **5941.5** | **16486.5** | **18289.8** | **19939.2** | **22102.5** | **24712.6** | **27037.6** | **31740.7** | **36013.0** |

(*) ब्रैकट्स में आँकड़े कालम के जोड़ के प्रतिशत हैं।

निधि उन्हें राज्यों की प्रतिभूतियों में निवेश करती है। इससे राज्यों के लिए अल्प बचतों के उधार केन्द्र से लिए गए उधारों के स्थान पर बाज़ार से लिए गए उधारों के रूप में दर्शाए जाते हैं। चौदहवें वित्त आयोग की सिफारिश पर अब अधिकतर राज्यों द्वारा इस निधि से उधार लेना बाध्य नहीं रहा। अब वे कम ब्याज दर पर बाजार से उधार ले रहें हैं।

**2. आंतरिक उधार**–ध्यानयोग्य है कि राष्ट्रीय लघु बचत निधि से प्राप्त उधारों को राज्यों के आंतरिक ऋण में गिना जाता है। इस कारण इस निधि के अस्तित्व में आने के पश्चात् केन्द्र से प्राप्य उधारों का एक बड़ा भाग आंतरिक उधारों में परिवर्तित हो गया। इसी कारण से राज्यों की सकल देनदारियों में आंतरिक ऋण का अनुपात भी बढ़ गया।

इस समय राज्यों के आंतरिक ऋण को पांच मुख्य भागों में बाँटा जाता है, अर्थात्

(क) बाज़ार उधार;

(ख) बाँड आदि;

(ग) राष्ट्रीय लघु बचत निधि,

(घ) रिज़र्व बैंक से अर्थोपाय अग्रिम, और

(ङ) बैंकों और अन्य संस्थाओं से उधार।

इन घटकों का संक्षिप्त ब्यौरा नीचे दिया गया है–

(क) 'बाज़ार उधार'-इस वर्ग की देनदारियों का मार्च 2017 में सकल राज्य देनदारियों में अनुपात 51.5% था।

(ख) 'बाँड आदि' के वर्ग में क्षतिपूर्ति एवं अन्य प्रकार के बाँड शामिल हैं। मार्च 2017 में इनका अनुपात केवल 3.3% था।

(ग) 'राष्ट्रीय लघु बचत निधि'-मार्च, 2017 में राज्यों के सकल ऋण में इन प्रतिभूतियों का अनुपात 14.9% था।

(घ) 'रिज़र्व बैंक से अर्थोपाय अग्रिम'-रिज़र्व बैंक की राज्यों को यथासंभव आवधिक उधार न देने की नीति रही है। राज्य इससे अर्थोपाय अग्रिम (Ways and Means Advances) भी अति संकुचित सीमाओं के अंदर और थोड़े दिनों के लिए ही ले सकते हैं। अत: राज्यों की सकल देनदारियों में इस मद कर स्थान शून्यतुल्य रहता है।

(ङ) 'बैंकों और अन्य संस्थाओं से उधार'-राज्य सरकारें इस मद की उपमदों की जानकारी देने से झिझकती हैं। कालान्तर में इस मद की परिशुद्ध मात्रा में काफी बढ़ोतरी हुई है। और मार्च 2017 में राज्यों की देनदारियों में इसका अनुपात लगभग 4.9% था। इस बढ़ोतरी का एक कारण राज्यों की बाज़ार में धीरे-धीरे बढ़ती साख है।

**3.भविष्य निधियाँ आदि**–इस मदसमूह का राज्यों की सकल देनदारियों में आनुपातिक भाग अनियमित रूप से बढ़ता रहा है और मार्च, 2017 में यह 20.4% था। परिशुद्ध मात्राओं में इस मद समूह के अंतर्गत ली गई उधार राशियाँ मार्च, 2001 में 1,76,540 करोड़ रुपए से बढ़कर मार्च, 2017 में 36,01,300 करोड़ रुपए हो गई थीं।

**VI.3. ऋण का बोझ (Burden of Debt)**–उपरोक्त ऋण घटकों पर विचार करने से ज्ञात होता है कि राज्यों के उधार का न तो कीमतों पर प्रत्यक्ष दबाव पड़ता है और न ही इनसे वितरणीय असमानताओं में बढ़ोतरी होती है। अर्थात् राज्यों की देनदारियाँ अर्थव्यवस्था पर प्रत्यक्ष रूप से बोझ नहीं डालतीं। यह बोझ उधार ली गई राशियों

के अपव्यय के कारण उत्पन्न होता है। राज्य सरकारें ऋण राशियों को उत्पादक परियोजनाओं में लगाने के स्थान पर उनसे अपनी उपभोग आवश्यकताओं के वित्त पोषण को प्राथमिकता देती रहीं हैं। सामान्यत: राज्यों के लोक उपक्रम राजस्व अधिशेष के स्रोत सिद्ध होने के स्थान पर घाटे के स्रोत बने रहे हैं। इस प्रकार के लोक उपक्रमों में राज्यों के विद्युत बोर्ड, सड़क परिवहन तथा सिंचाई की स्कीमों आदि का मुख्य स्थान है।

- केन्द्र की भाँति राज्यों की ऋणदेयताओं में भी अविराम और तीव्र गति से वृद्धि हुई है।
- राज्य सरकारों को विदेशी ऋण लेने की मनाही है; बाज़ार में इनकी साख केन्द्र से बहुत कम है; और केन्द्र के इन पर बाज़ार से उधार लेने पर विविध रूपी प्रतिबंध भी रहे हैं; रिज़र्व बैंक भी राज्यों को उधार देने में झिझकता है।
- अत: राज्यों के अधिकतम उधार बाजार और भविष्य निधियों से हैं।
- इनके ऋणाों का बोझ बढ़ती ऋण शोधन लागत और बजटीय साधकता में कमी के अतिरिक्त इनके अनुत्पादक प्रयोग में निहित है।

**VI.4. केन्द्र के प्रति ऋणग्रस्तता (Indebtedness to the Centre)**–राज्यों की केन्द्र के प्रति ऋणदेयता एक लंबे समय तक चर्चा और चिंतन का विषय बनी रही है। इस चिंताजनक स्थिति की उत्पति में राज्यों और केन्द्रीय नीतियों की बराबर की भूमिका रही है। केन्द्र का लक्ष्य राज्यों की अपने प्रति ऋणदेयता बढ़ाने का रहा है, तथा राज्यों ने ऋण राशियों के उत्पादक प्रयोग के प्रति उदासीनता दर्शाई है।

पिछले कुछ वर्षों में राज्यों की केन्द्र के प्रति देनदारी में कुछ सुधार हुआ है। परन्तु इससे राज्यों को ऋण राहत देने की लम्बी चर्चा चलती रही है। सारणी 18.4 में छठे वित्त आयोग से लेकर 13वें आयोग तक राज्यों को ऋण राहत देने की सिफारिशों के आँकड़े दिए गए हैं। केवल चौदहवें वित्त आयोग ने ऋण राहत की सिफारिश नहीं की थी।

केन्द्र राज्यों को कई प्रकार के ऋण देता रहा है, तथा ये ऋण कई प्रकार की परियोजनों और स्कीमों के लिए दिए जाते हैं। किसी समय इन ऋणों के प्रकार तथा अदायगी की शर्तों में संभ्रमी विविधता पाई जाती थी। राज्यों के ऋणों के पुनर्वर्गीकरण की आवश्यकता को कई वित्त आयोगों तथा अन्य लोगों द्वारा स्वीकारा गया। वित्त आयोगों ने राज्यों की बढ़ती ऋणग्रस्तता तथा पिछड़ती देयक्षमता पर भी बारंबार चिंता व्यक्त की है। सर्वप्रथम तीसरे वित आयोग ने इस सारे मामले का विस्तृत विश्लेषण किए जाने पर ज़ोर दिया, तथा चौथे आयोग ने केन्द्र से यह सिफ़ारिश की कि प्रत्येक राज्य के ऋणों की अदायगी की शर्तों पर एकेक आधार पर विचार किया जाना चाहिए। पाँचवें आयोग के मतानुसार राज्यों के अनुत्पादक ऋण यथासंभव माफ़ कर दिए जाने चाहिएँ। छठे आयोग ने इस तथ्य पर ज़ोर दिया कि राज्यों की ऋण समस्या का मूल कारण ऋण का आकार न हो कर उनकी अपर्याप्त देयक्षमता थी। परंतु फिर भी आयोग ने ऋणों की माफ़ी के सुझाव का समर्थन न करते हुए, यह सिफ़ारिश की कि राज्य सरकारों के ऋणों का इस आधार पर वर्गीकरण किया जाए कि ऋणों के किस वर्ग पर कितनी रियायत दी जानी चाहिए। आयोग ने इस आधार पर राज्यों को 1969.2 करोड़ रुपए की ऋण-राहत देने की सिफ़ारिश की। सातवें आयोग की राय में भी राज्यों को ऋण की माफ़ी देना अनुचित था, तथा उसने समस्त राहत ब्याज की देय-रकम तथा ऋण-भुगतान की समय-सारणी में उचित संशोधन के माध्यम से दिए जाने की सिफ़ारिश की।

आठवें आयोग की विचारणीय सामग्री में (सातवें आयोग की भाँति) इस विषय को शामिल किया गया कि न केवल राज्यों के केन्द्र से लिए गए ऋणों के ब्याज तथा भुगतान की शर्तों की जाँच करे, प्रत्युत पूरी आयोजना के लिए वित्तीय अभाव पर भी विचार करे। इसलिए आठवें आयोग ने केन्द्र द्वारा दिए गए सभी ऋणों (अल्पबचतों से

संबद्ध ऋणों सहित) पर विचार किया। आयोग ने केन्द्र-राज्यों के वित्तीय संबंधों की सबसे दुष्कर समस्या राज्यों की ऋणग्रस्तता को ही ठहराने के बावजूद राज्यों द्वारा रिज़र्व बैंक से लिए गए ओवरड्राफ्टों के भुगतान की शर्तों में रियायत देने की सिफ़ारिश नहीं की, क्योंकि इसके मतानुसार ऐसा करने से राज्यों में वित्तीय अनुशासन के प्रति उदासीनता पनपने का डर था। इसी प्रकार आयोग ने अल्पबचत ऋणों को शाश्वत उधारों में बदलने को भी अनुचित ठहराया। आयोग के मतानुसार इससे केवल वित्तीय दृष्टि से संपन्न राज्यों को ही लाभ होता, क्योंकि राज्यों को ये उधार उनकी राजकोषीय आवश्यकता के आधार पर नहीं, प्रत्युत अल्प बचतों के एकत्रीकरण के आधार पर दिए जा रहे थे। इन सब तथ्यों के होते हुए भी आयोग ने राज्यों को उनके शेष उधारों पर प्रगामी पद्धति पर ऋण-राहत देने का निश्चय किया। प्रत्येक राज्य के 31 मार्च, 1984 के बकाया उधारों की सकल मात्रा को उसके 1976-79 के औसत वार्षिक उत्पादन के अनुपात में रखते हुए, समस्त राज्यों को चार भागों में वर्गीकृत करने के पश्चात इसे राज्यों के सकल आयोजना-भिन्न साधन-अभाव के आधार पर संशोधित किया गया। अंत में राज्यों के इन चारों वर्गों को उनके आयोजना-भिन्न साधन-अभाव के आधार पर क्रमशः 35%, 55%, 75% तथा 85% की ऋण राहत दी गई। मार्च 1984 पर बकाया उन उधारों का जो 1979 से पहले लिए गए थे, एकीकरण किया गया, तथा उनकी 25 से 30 वार्षिक किश्तें बांधी गईं। इसी प्रकार 1974-79 के बीच लिए गए उधारों को विभिन्न राज्यों के लिए 15 से 25 वार्षिक भुगतान किश्तों में बाँटा गया।

राज्यों को ब्याज की दर में भी राहत दी गई। इस प्रकार कुल मिला कर उन्हें 2,285 करोड़ रुपए की राहत दी गई। (देखें सारणी 18.4)

**नौवें** वित्त आयोग की विचारणीय सामग्री तथा सातवें और आठवें आयोगों की सामग्री में कुछ मूलभूत अंतर थे। नौवें आयोग को आदेश था कि केन्द्र के प्रति ऋणदेयता के स्थान पर राज्यों की सकल ऋण देयताओं पर विचार करे। नौवें आयोग से पूर्व के आयोगों द्वारा दी गई राहत में (क) ऋण माफ़ी, (ख) ब्याज की दरों में कमी, (ग) बकाया ऋणों का एकीकरण (consolidation), तथा (घ) अदायगियों की समय-सारणी में संशोधन के घटक शामिल थे। नौवें आयोग के अनुसार ऋणों की माफ़ी, उनका रूपांतरण तथा अदायगी की समय-सारणी में परिवर्तन केवल निवेशित ऋणों के मामले में ही उचित रहते हैं। विशेषकर ये रियायतें अंतर्राज्यीय समता को ठेस पहुँचाती हैं। परंतु इस मत के बावजूद आयोग ने कई राज्यों को विदेशी स्रोतों से दिए गए ऋणों की शर्तों में रियायत देने की सिफ़ारिश की, तथा कुछ राज्यों के ऋण आंशिक रूप से माफ़ भी किए। ऋण राहत की कुल मात्रा 975.62 करोड़ रुपए थी।

**दसवें** वित्त आयोग की विचारणीय सामग्री के अनुसार आयोग को मार्च 1994 में राज्यों की ऋण-स्थिति को देखते हुए तथा केन्द्र की वित्तीय आवश्यकताओं को ध्यान में रखते हुए उपयुक्त सिफ़ारिशें करने के लिए कहा गया था। उस समय यह मत सर्वस्वीकार्य था कि राज्यों की वित्तीय समस्या एक ऐसे दुष्चक्र का रूप धारण कर चुकी थी जिसका वित्त आयोगों द्वारा ऋण राहत देने पर भी समाधान नहीं हो पाया था। दसवें आयोग का यह मत था कि-

- केवल ऋण राहत द्वारा इस समस्या से छुटकारा पा लेने की आशा निरर्थक थी। इस समस्या के स्थाई समाधान हेतु राज्यों को उधार राशियों को समझदारी से और केवल उत्पादक मदों के लिए प्रयोग करने के लिए प्रोत्साहित करने की आवश्यकता थी। अतः ऋण माफ़ी की नीति को अपनाना उचित नहीं था।
- ऋण राहत की मात्रा भी सीमित होनी चाहिए।
- जिन राज्यों के समक्ष विशेष राजकोषीय कठिनाइयाँ हों, इन्हें राहत में प्राथमिकता दी जानी चाहिए।

### सारणी 18.4 वित्त-आयोग (FC) द्वारा राज्यों को ऋण राहत

(₹ करोड़)

| राज्य | FC-VI | FC-VII | FC-VIII | FC-IX | FC-X | FC-XII | FC-XIII |
|---|---|---|---|---|---|---|---|
| 1 | 2 | 3 | 4 | 5 | 6 | 7 | 8 |
| आंध्र प्रदेश | 191.20 | 135.63 | 203.64 | 43.74 | 1307.42 | 3423.38 | 731.31 |
| अरूणाचल प्रदेश | - | - | - | 117.31 | 205.87 | 91.71 | 12.71 |
| असम | 162.49 | 112.20 | 205.50 | 49.69 | 2738.13 | 661.49 | 160.15 |
| बिहार | 133.35 | 162.62 | 330.98 | 27.64 | 7453.11 | 1888.72 | 407.53 |
| छत्तीसगढ़ | - | - | - | - | - | - | 72.36 |
| गोवा | - | - | - | 28.84 | 254.74 | 539.80 | 125.88 |
| गुजरात | 36.35 | 108.02 | 17.80 | 82.67 | 2205.12 | 2689.17 | 1411.19 |
| हरियाणा | 33.14 | 38.29 | 31.79 | 7.96 | 177.47 | 645.96 | 340.85 |
| हिमाचल प्रदेश | 34.57 | 30.37 | 16.52 | 4.57 | 627.59 | 204.67 | 107.55 |
| जम्मू और कश्मीर | 133.43 | 133.79 | 212.72 | 42.25 | 2269.88 | 425.40 | 100.65 |
| झारखण्ड | - | - | - | - | - | 659.43 | 589.96 |
| कर्नाटक | 127.04 | 39.53 | 48.45 | 26.27 | 1298.31 | 1960.74 | 227.43 |
| केरल | 109.77 | 115.09 | 53.80 | 16.43 | 901.49 | 1094.17 | 329.22 |
| मध्य प्रदेश | 87.16 | 147.34 | 143.65 | 130.72 | 0.0 | 1927.64 | 450.09 |
| महाराष्ट्र | 66.58 | 160.78 | 27.83 | 40.41 | 2505.98 | 2350.51 | 2234.70 |
| मणिपुर | 15.23 | 11.83 | 11.18 | 1.61 | 147.78 | 319.40 | 13.13 |
| मेघालय | 7.64 | 5.94 | 6.39 | 1.30 | 335.65 | 71.30 | 8.94 |
| मिजोरम | - | - | - | 51.72 | 121.22 | 57.85 | 4.51 |
| नागालैंड | 5.84 | 18.59 | 7.81 | 2.18 | 174.38 | 77.41 | 3.69 |
| उड़ीशा | 157.32 | 96.48 | 195.62 | 28.69 | 2286.5 | 1881.28 | 212.90 |
| पंजाब | 15.18 | 60.57 | 38.71 | 6.45 | 2498.67 | 874.66 | 703.34 |
| राजस्थान | 258.14 | 137.98 | 239.41 | 143.98 | 0.0 | 1700.22 | 831.27 |
| सिक्किम | - | 0.66 | 3.07 | 0.95 | 92.15 | 44.65 | 3.78 |
| तमिलनाडु | 87.05 | 49.93 | 28.19 | 34.31 | 4120.46 | 1884.14 | 743.04 |
| त्रिपुरा | 14.35 | 10.55 | 2.57 | 1.77 | 430.50 | 148.73 | 37.44 |
| उत्तर प्रदेश | 150.77 | 367.63 | 337.92 | 71.91 | 10466.25 | 4685.72 | 1414.85 |
| उत्तराखंड | - | - | - | - | - | 27.57 | 127.77 |
| पश्चिम बंगाल | 143.12 | 191.93 | 120.84 | 11.25 | 375.38 | 2735.29 | 2020.46 |
| **कुल राहत** | **1969.62** | **2155.80** | **2285.38** | **975.62** | **21385.6** | **33204.56** | **13516.62** |

आयोग की जानकारी के अनुसार, राज्यों की केन्द्र के प्रति देनदारियाँ मार्च 1989 में 55,648 करोड़ रुपए से बढ़कर मार्च 1994 में 99,867 करोड़ रुपए हो चुकी थीं, तथा अनुमान था कि मार्च 1995 में ये बढ़कर 1,12,395 करोड़ रुपए हो जाएँगी। तदनुसार उनकी सकल ऋणदेयता के अनुमानित आँकड़े मार्च 1989 के लिए 80,732 करोड़ रुपए तथा मार्च 1994 के लिए 1,81,009 करोड़ थे। मार्च 1994 पर बकाया केन्द्रीय ऋणों में से 1995-2000 के दौरान 11,318 करोड़ रुपए का भुगतान किया जाना था।

जैसा कि आशा थी, राज्य आयोग पर ज़ोर दे रहे थे कि उन्हें बहुआयामी ऋण राहत दी जाए, जबकि केन्द्र इस सुझाव के विपक्ष में था। केन्द्र का कहना था कि वह पाँचवर्षीय कालावधि के उधार लेकर 25 वर्षीय कालावधि तक के लिए राज्यों को देता था। इसके अतिरिक्त केन्द्र पर ब्याज की बढ़ती दर तथा कर-रियायतों के कारण भी ऋण की लागत बढ़ती जा रही थी।

**सिफ़ारिशें**–उपर्युक्त तथ्यों को ध्यान में रखते हुए आयोग ने राज्यों को ऋण राहत देने की निनलिखित सिफ़ारिशें की।

1. ऋण राहत की पहली सिफारिश निम्नलिखित दोभागीय योजना थी।

**(क) राजकोषीय निष्पादन**–इस योजना के पहले भाग में राज्यों को उनके राजकोषीय निष्पादन के आधार पर ऋण राहत देने का प्रावधान था। इसके लिए एक जटिल और घुमावदार सूत्र की संरचना की गई।

**(ख) इक्विटी विनिवेश**–योजना के दूसरे भाग के अंतर्गत राज्य लोक उद्यमों की इक्विटी विनिवेश राशियों को ऋण भुगतान के लिए प्रयोग करने पर ऋण राहत पाने के अधिकारी हो सकते थे। परंतु राज्यों ने इस स्कीम का लाभ नहीं उठाया था।

2. इसके अतिरिक्त विशेष वित्तीय कठिनाइयों वाले राज्यों को अलग से भी ऋण राहत दी गई। इस राहत की कुल मात्रा 701.14 करोड़ रुपए थी। इन राज्यों में सभी विशेष-वर्ग राज्यों (44.14 करोड़ रुपए) के अतिरिक्त तीन राज्य ऐसे भी थे जिनके मामले में (ब्याज की अदायगी/राजस्व खाते का कुल व्यय) का 1989-95 के लिए औसत अनुपात 17% से अधिक था। इन तीन राज्यों को 1989-95 के दौरान लिए गए ऋणों में से मार्च, 1995 के अंत पर बकाया ऋण राशियों की ऋण-माफ़ी दिए जाने की सिफ़ारिश की गई। इसके अतिरिक्त विशेष कारणों के अंतर्गत पंजाब, बिहार, उड़ीसा तथा उत्तर प्रदेश को क्रमश: 90.64 करोड़ रुपए, 44.54 करोड़ रुपए, 17.50 करोड़ रुपए तथा 104.33 करोड़ रुपए की ऋण-राहत दी गई।

दसवें आयोग द्वारा दी गई ऋण राहत की राशियों का कुल जोड़ 1266.07 करोड़ रुपए था।

- राज्यों की केन्द्र के प्रति ऋणदेयता के बढ़ते आकार में कई कारणों ने योगदान दिया है।
- इसमें केन्द्र की नीतियाँ और राज्यों के राजकोषीय अनुशासन के प्रति उदासीनता ने अग्रणीय भूमिका निभाई है।
- राष्ट्रीय लघु बचत निधि के गठन के पश्चात केन्द्र से अल्प बचतों के अंतरण से मिलने वाले उधार अब बाज़ार उधारों के वर्ग में आ गए हैं। परंतु जब तक राज्य अपने राजकोषीय निष्पादन में सुधार नहीं करते, उनकी ऋणदेयता की वहनीयता की समस्या बनी रहेगी।
- यह तथ्य वित्त आयोगों द्वारा अनुशंसित ऋण राहत की असफलता से भी भली भाँति विदित होता है।

**VI.5. ग्यारहवाँ वित्त आयोग और ऋण राहत**–ग्यारहवें वित्त आयोग को आदेश था कि वह न केवल राज्यों की मार्च, 1999 में ऋण की स्थिति का अध्ययन करे, प्रत्युत केन्द्र और राज्य दोनों की ऋण स्थिति की दीर्घकालीन

वहनीयता (sustainability) को जाँचने के पश्चात उसकी प्राप्ति हेतु सुधारात्मक कदमों के सुझाव भी दे। ऋण की दीर्घकालीन वहनीयता पर इससे पूर्व के वित्त आयोग भी चिंता व्यक्त कर चुके थे। नौवें वित्त आयोग के अनुसार राज्यों की ऋण समस्या का समाधान तभी संभव था जब उधार ली गई राशियों का उपयोग राजस्व व्यय, गैर-उत्पादक उद्यमों और पुराने उधारों को चुकाने के लिए न किया जाए। दसवें आयोग ने नोट किया था कि यह तीनों त्रुटियाँ अभी भी बाकी थीं। ग्यारहवें आयोग ने भी इसी मूल बात पर ज़ोर देते हुए यह भी कहा कि राजस्व खाता अधिशेष में होना चाहिए, और इस अधिशेष से पुराने ऋणों का समयबद्ध ढंग से भुगतान किया जाना चाहिए।

ग्यारहवें वित्त आयोग ने नोट किया कि 1998-99 के अंत पर (दीर्घावधिक ऋणदेयता/स०रा०घ०उ०) के अनुपात में बहुत अधिक अंतर्राज्यीय असमानता थी। उदाहरणार्थ एक छोर पर महाराष्ट्र के लिए यह अनुपात केवल 13.08% था जबकि दूसरे छोर पर सिक्किम के लिए यह अनुपात 64.24% था।[4]

ग्यारहवें वित्त आयोग की जानकारी के अनुसार राज्यों की ऋण स्थिति काफी चिंताजनक थी। ऐसा प्रतीत होता था कि राज्यों की दीर्घकालीन ऋण देयताएँ प्रत्येक पाँच वर्षों में दुगुनी हो रही थीं। आयोग ने नोट किया कि इससे पहले के आयोगो ने भी राज्यों की ऋणदेयता की वहनीयता के बारे चिंता जताई थी। और उन्होंने इस समस्या के कारणों और समाधानों पर भी विचार किया था। ग्यारहवों आयोग ने इस समस्या के अवधारणात्मक आयामों और वहनीयता से संबद्ध कई व्यावहारिक प्रश्नों की समीक्षा की, और उन शर्तों की खोज की जिनको पूरा किए बिना ऋण-वहनीयता सुनिश्चित नहीं की जा सकती थी।

**सिफ़ारिशें**–राज्यों को ऋण राहत के संदर्भ में ग्यारहवें वित्त आयोग की सिफ़ारिशों को तीन भागों में बाँटा जा सकता है।

**(i) ऋण राहतः एक प्रोत्साहन-युक्त योजना**–ग्यारहवें वित्त आयोग ने दसवे वित्त आयोग द्वारा अनुशंसित ऋण राहत योजना की समीक्षा के उपरांत उसे कई प्रकार से अधिक प्रभावी और सार्थक बनाया और संशोधनोपरांत जारी रखने की सिफ़ारिश की-

(क) स्मरणीय है कि दसवें वित्त आयोग ने उन 13 राज्यों को 218.82 करोड़ रुपए की विशेष ऋण राहत की सिफ़ारिश की थी जिन्हें चिंताजनक राजकोषीय कठिनाइयों का सामना करना पड़ रहा था। ग्यारहवें वित्त आयोग ने इस योजना को खारिज करने की सिफ़ारिश की।

(ख) इसी प्रकार दसवें वित्त आयोग ने लोक उद्यमों के विनिवेश से प्राप्त राशियों को ऋण भुगतान के लिए प्रयोग किए जाने की भी एक प्रोत्साहन योजना बनाई थी। परंतु इससे केवल तमिलनाडु को ही 10 करोड़ रुपए की राहत मिल पाई थी। अतः ग्यारहवें वित्त आयोग ने इसे भी समाप्त करने की सिफ़ारिश की।

(ग) ग्यारहवें वित्त आयोग ने पँजाब को दिए गए एक 'विशिष्ट ऋण' पर 2000-05 में 1810.84 करोड़ रुपए के मूलधन और 1585.31 करोड़ रुपए ब्याज (कुल 3396.15 करोड़ रुपए) की अदायगी को स्थगित करने की भी सिफ़ारिश की। परंतु यह सिफ़ारिश केवल उस विचाराधीन ऋण तक के लिए ही थी।

**(ii) अल्प बचतों की प्राप्ति से ऋण**–स्मरणीय है कि 1999-2000 में केन्द्र ने एक "राष्ट्रीय अल्प बचत निधि" (National Small Savings Fund, NSSF) का गठन किया था। इस नई व्यवस्था के अनुसार केन्द्र ने अल्प

---

4 ध्यानयोग्य है कि 'राष्ट्रीय लघु बचत निधि' के गठन के पश्चात् राज्यों की ऋण-देयता में केन्द्र से लिए गए ऋणों का अनुपात कम हो रहा था, और तद्नुरूप 'निधि' के आनुपातिक भाग में बढ़ोतरी हो रही थी। इस कारण राज्यों को ऋण राहत देने के अवसर भी घट रहे थे क्योंकि यह राहत केवल केन्द्र से लिए गए ऋणों पर ही संभव थी।

बचतों के संग्रहण और अपने राजकोषीय घाटे के आपसी संबंध को तोड़ दिया था। अब इस नई व्यवस्थानुसार सभी अल्प बचतें NSSF को प्राप्त होती हैं और उसी से बचतकर्ताओं को भुगतान होता है। NSSF अपनी आय सहित निवल प्राप्तियों को केन्द्र और राज्यों की प्रतिभूतियों में निवेश करता है और केन्द्र और राज्यों द्वारा NSSF से लिए गए इन उधारों को उनके 'बाज़ार उधारों' में गिना जाता है। NSSF द्वारा निवेशित राशियों में 15 जनवरी 2000 से राज्यों का आनुपातिक भाग 75% से बढ़ाकर 80% कर दिया गया था। 2002-03 से NSSF की समस्त निवल प्राप्तियाँ केवल राज्यों और संघ क्षेत्रों की विशिष्ट प्रतिभूतियों में ही निवेशित की जाती हैं।

ग्यारहवें वित्त आयोग ने राज्यों के इस सुझाव को मानने से मना कर दिया कि उनकी प्रतिभूतियों में NSSF द्वारा निवेशित राशियों को शासवित ऋण मान लिया जाए। आयोग के मतानुसार ऐसा करना न तो व्यावहारिक था, और न ही उचित। इसी प्रकार आयोग ने इस सुझाव को भी ठुकरा दिया कि NSSF द्वारा राज्य प्रतिभूतियों में निवेशित राशियों के 75% भाग को केन्द्रीय अनुदान मान लिया जाए।

**(iii) विदेशी स्रोतों से सहायता**—ग्यारहवें वित्त आयोग ने नोट किया कि विदेशों से राज्यों के लिए प्राप्त सहायता उन्हें "अतिरिक्त केन्द्रीय सहायता" (ACA) के रूप में अंतरित की जाती थी। और विदेशी सहायता की शर्तों को अनदेखा करते हुए, इसे 'विशिष्ट-भिन्न वर्गीय राज्यों' को 70% ऋण और 30% अनुदानों के रुप में, तथा 'विशिष्ट वर्गीय राज्यों' को 10% ऋण और 90% अनुदानों के रुप में ग्यारहवें आयोग नें विचारोपरांत इस व्यवस्था को जारी रखने की सिफ़ारिश की।

**(iv) राजकोषीय सुधार**—ग्यारहवें वित्त आयोग ने राजकोषीय सुधार संबंधी भी निम्नलिखित सहित कई सुझाव दिए।

- सरकार पर उधार लेने संबंधी कानूनी प्रतिबंध होने चाहिएँ। ये प्रतिबंध परिशुद्ध राशियों के रूप में न होकर यथोचित आर्थिक अनुपातों के रूप में होने चाहिएँ।
- आयोग ने केन्द्र और राज्यों द्वारा गारंटियाँ दिए जाने के कारण उनकी समाश्रित देयताओं (contingent liabilities) के बढ़ते आकार को कम करने के लिए भी कई उपाय सुझाए।
- आयोग ने प्रत्येक राज्य द्वारा एक निक्षेप निधि (sinking fund) के गठन की भी सिफ़ारिश की, जिससे ऋणों के मूलधन का भुगतान किया जा सके।
- इसने एक सक्षम आँकड़ा-आधार तैयार करने की सिफ़ारिश की जिसमें राज्यों से संबद्ध आँकड़े भी शामिल हों।
- आयोग ने इस बात पर भी ज़ोर दिया कि इसके गैर-वित्तीय सुझाव भी कम महत्वपूर्ण नहीं थे। इनका भी केन्द्र और राज्यों की वित्तीय स्थिति पर गहरा प्रभाव अपेक्षित था।

**(v) अतिरिक्त ऋण प्रतिस्थापन योजना (Debt Swapping Scheme)**—जून 2002 में केन्द्र ने 2002-03 से 2004-05 तक की अवधि के लिए राज्यों को ऋण राहत की एक 'ऋण-प्रतिस्थापन योजना' (Debt Swap Scheme, DSS) अपनाई। इसमें राज्य सरकारों के केन्द्र से बकाया ऋणों को बाज़ार से अतिरिक्त उधारों और अल्प बचतों के एक भाग से प्रतिस्थापित किया जा सकता था। 2002-05 में राज्यों ने इस सुविधा का लाभ उठाते हुए 103642 करोड़ रुपए के ऋणों का प्रतिस्थापन किया।

**VI.6. बारहवाँ वित्त आयोग और ऋण राहत**—बारहवें वित्त आयोग ने पाया कि राज्यों की ऋणदेयता में बहुत अधिक असमानता थी। यह मत भी सर्वस्वीकार्य हो गया था कि राज्यों की ऋण वहनीयता न केवल लगातार घट

रही थी, प्रत्युत ऋण राहत योजनाएँ भी असफल हो रही थीं। अत: राज्यों की दीर्घकालिक ऋण वहनीयता की प्राप्ति के लिए किसी अधिक प्रभावी उपाय की आवश्यकता थी।

समस्या के सभी आयामों एवं पिछले आयोगों द्वारा अनुशंसित योजनाओं के निष्पादन के अध्ययनोपरांत, बारहवाँ वित्त आयोग इस निष्कर्ष पर पहुँचा कि ऋण राहत की कोई भी योजना तभी सफल हो सकती थी जब यह एक व्यापक राजकोषीय पुनर्गठन की योजना के एक घटक के रूप में हो। अत: इन सब बातों को ध्यान में रखते हुए आयोग ने निम्नलिखित सिफ़ारिशें कीं।

- राज्यों को योजना ऋण देने बंद कर दिए जाएँ। यह सिफ़ारिश 1 अप्रैल, 2005 से लागू कर दी गई।
- प्रत्येक राज्य एक 'राजकोषीय दायित्व' कानून (fiscal responsibility legislation) बनाए जिसके अनुसरण में उसके लिए 2008-09 तक राजस्व घाटे को समाप्त करना और राजकोषीय घाटे में कमी करना आवश्यक हो। इस कानून के बिना कोई राज्य ऋण राहत की सुविधा से लाभान्वित होने का अधिकारी न हो।
- यह ऋण राहत विचाराधीन राज्य द्वारा मानव संसाधन के विकास अथवा निवेश-पर्यावरण में सुधार पर निर्भर न हो।
- केन्द्र से 31 मार्च, 2004 तक लिए गए ऋणों में से 31 मार्च 2005 पर बकाया ऋणों (1,28,798 करोड़ रूपए) का एकीकरण किया जाए (अर्थात एक ऋण में परिवर्तित किया जाए) जिसपर ब्याज की दर 7.5% प्रति वर्ष हो और जिसके मूल का भुगतान 20 समान वर्षीय किश्तों (अंशिकों) में होना हो। परंतु इस योजना से लाभान्वित होने के अधिकारी केवल उपरोक्त राजकोषीय दायित्य का कानून बनानेवाले राज्य ही हों।
- आयोग ने राजस्व घाटे में कटौती पर आधारित ऋण माफ़ी की एक योजना भी तैयार की। इसके अनुसार केन्द्र से 31 मार्च 2004 तक लिए गए ऋणों में से 2005-10 के बीच देय भुगतान राशियाँ माफ़ की जा सकती थीं। 2005-10 के प्रत्येक वर्ष में ऋण माफ़ी की राशि विचाराधीन राज्य के राजस्व घाटे में कटौती पर निर्धारित की जानी थी। यह भी अनिवार्य था कि राजस्व घाटे में कमी प्रति वर्ष बढ़ती रहे। इसके अतिरिक्त यह शर्त भी थी कि राजकोषीय घाटे का स्तर 2004-05 के स्तर से ऊपर न जाए। इन सब का अर्थ यह था कि यदि कोई राज्य अपने राजस्व घाटे को शून्य पर लाने में सफल हो जाए, तो इसकी समस्त ऋण अदायगियाँ माफ़ की जा सकती थीं।
- आयोग ने सिफ़ारिश की कि केन्द्र को राज्यों की ओर से उधार लेना बन्द कर देना चाहिए, और राज्यों को अनुमति देनी चाहिए कि वे अपनी इच्छानुसार और आवश्यकतानुसार बाज़ार से उधार ले सकें। परंतु केन्द्र राजकोषीय दुर्बलता वाले राज्यों की ओर से पूर्ववत् उधार ले सकता था।
- विदेशी ऋणों के मामले में आयोग ने ग्यारहवें वित्त आयोग के मत को अपनाते हुए सिफ़ारिश की कि केन्द्र इन ऋणों को उनकी शर्तों में परिवर्तित किए बिना राज्यों को अंतरित करे; तथा इनके प्रबंधन हेतु लोक खाते में एक अलग खाता खोला जाए।
- आयोग ने पँजाब को दिए गए एक विशिष्ट ऋण (31 मार्च, 2000 को बकाया 3772 करोड़ रुपए) के मूल और ब्याज की अदायगियाँ 2006-07 तक स्थगित करने की सिफ़ारिश की।
- आयोग ने यह सिफ़ारिश भी की कि प्रत्येक राज्य एक निक्षेप निधि स्थापित करे जो राज्य की समेकित निधि से बाहर हो तथा जिसे किसी अन्य मद के लिए प्रयोग न किया जाए।
- आयोग ने यह सिफ़ारिश भी की कि प्रत्येक राज्य एक 'गारंटी शोधन' निधि की स्थापना करे जिसमें आरक्षित गारंटी फ़ीसें रखी जाएँ।

**VI.7. तेरहवाँ वित्त आयोग**–तेरहवें वित्त आयोग ने सभी राज्यों को निम्न प्रकार की ऋण राहत की सिफारिश की:

• राज्यों द्वारा 2006-07 तक राष्ट्रीय अल्प बचत निधि से लिए गए ऋणों की 2008-09 के अंत पर शेष राशियों पर ब्याज 9% की दर से लगाया जाए। इससे राज्यों को ₹13,517 करोड़ की राहत मिलने का अनुमान था।

• जो केन्द्रीय ऋण, वित्त मंत्रालय को छोड़ कर, अन्य मंत्रालयों द्वारा शासित थे तथा 2009-10 के अंत पर देय थे, उन्हें माफ कर दिया जाए। ऐसे ऋणों की 2007-08 के अन्त पर देय राशि ₹4506 करोड़ थी।

इसके अतिरिक्त तेरहवें आयोग ने एकीकरण (consolidation) की सुविधा को जारी रखने की सिफारिश की जिस की सिफारिश बारहवें आयोग ने की थी परन्तु जिस का लाभ कुछ राज्य नहीं उठा सके थे।

तेरहवें आयोग के अनुसार राजकोषी दायित्व और बजटीय प्रबंधन का अधिनियम अपनाए बिना कोई राज्य ऋण राहत पाने का अधिकारी नहीं हो सकता था।

**VI.8. चौदहवाँ वित्त आयोग**–इस आयोग ने राज्यों को किसी प्रकार की ऋण राहत देने की सिफारिश नहीं की थी।

**VI.9. अंतिम टिप्पणियाँ**–पिछले कुछ वर्षों में ब्याज दरों में कमी होने से ऋण शोधन (debt servicing) की लागत में कमी आई है। परंतु इन दरों में फिर से बढ़ने की प्रवृत्ति दिखाई देने लगी है।

• राज्यों को केन्द्र से ऊँची दरों पर लिए गए ऋणों को कम दरों वाले ऋणों से प्रतिस्थापित करने का अवसर दिया गया था। परंतु इससे राज्यों को केवल अल्पावधिक राहत मिल सकती थी। दीर्घावधिक राहत तभी संभव है जब राज्यों का वित्तीय प्रबंधन सुधरे और केन्द्र से राज्यों को केवल वे साधन ऋणों के रूप में अंतरित किए जाएँ जो उन परियोजनों आदि के लिए हों जिनसे भविष्य में राजस्व प्राप्ति की अपेक्षा हो।

• राज्य 'ऋण गारंटियों' के रूप में अपनी समाश्रित देयताएँ (contingent liabilities) बढ़ा रहे हैं। यह एक चिंताजनक प्रवृत्ति है।

• कुछ राज्यों ने राजकोषीय दायित्व कानून बनाए हैं और अपनी समाश्रित देयताओं में बढ़ोती को रोकने का प्रयास भी किया है।

• वित्त आयोगों ने राज्यों की ऋण वहनीयता की गहराती समस्या का स्थाई समाधान ढूँढने का लगातार परंतु असफल प्रयास किया है।
• दसवें आयोग के मतानुसार राज्यों द्वारा उनके राजकोषीय निष्पादन में स्थाई सुधार के बिना इस समस्या का समाधान संभव नहीं है।
• ग्यारहवें, बारहवें और तेरहवें आयोगों ने भी इसी मत को अपनाते हुए ऋण राहत को राज्यों के राजकोषीय निष्पापद में सुधार के मापदंडों से जोड़ा।

## शब्दावली (Key Words)

1. लोक ऋण (public debt); 2. ऋणदेयताएँ (debt liabilities); 3. आंतरिक उधार (internal debt); 4. बाज़ार उधार (market loans); 5. तिथित/दिनांकित/स्थायी/निधिकृत उधार (dated/permanent/funded loans); 6. राजकोषीय हुंडियाँ (treasury bills); 7. अर्थोपाय उधार और अग्रिम (ways and means advances); 8. शून्य कूपन बाँड (zero coupon bonds); 9. विशिष्ट प्रतिभूतियाँ (special securities); 10. अल्प बचतें (small savings); 11. राष्ट्रीय लघु बचत निधि

(national small savings fund); 12. लोक भविष्य निधि (public provident fund); 13. राज्य भविष्य निधियाँ (state provident funds); 14. आरक्षित निधियाँ और जमा (reserve funds and deposits); 15. विदेशी ऋण (external debt); 16. ऋण का बोझ (burden of debt); 17. ऋण राहत (debt relief); 18. राजकोषीय निष्पादन (fiscal performance); 19. ऋण की वहनीयता (sustainability of debt); 20. ऋण शोधन लागत (cost of debt servicing); 21. निक्षेप निधि (sinking fund); 22. ऋण शोधन निधि (debt servicing fund); 23. बाज़ार स्थिरीकरण योजना (market stabilization scheme); 24. इष्टतम दोहन (optimum exploitation); 25. ऋण प्रतिस्थापन योजना (debt swapping scheme); 26. विक्रय प्रतिभूतियाँ (marketable securities); 27. अविक्रय प्रतिभूतियाँ (Non-marketable securities); 28. प्रभावी राजस्व घाटा (effective revenue deficit).

## अभ्यास प्रश्न

1. भारत सरकार की ऋणदेयताओं का विस्तृत विवेचन करते हुए "लोक ऋण" और "अन्य देयताओं" की सरकारी अवधारणाओं पर प्रकाश डालें।
2. निम्नलिखित पर संक्षिप्त नोट लिखें।
   (क) भारत सरकार के विदेशी और आंतरिक ऋण में अंतर;
   (ख) राजकोषीय हुंडियाँ;
3. भारत सरकार की 'अन्य देयताओं' के बदलते आकार और इसके कारणों की समीक्षा करें।
4. भारत सरकार के 'ऋण के बोझ' पर तर्क सहित अपने विचार प्रकट करें।
5. लोक ऋण की 'वहनीयता' (Sustainability) का क्या अर्थ है? क्या आप के विचार में भारत सरकार और/अथवा राज्य सरकारें ऋण वहनीयता की सीमा लांघ चुके हैं।
6. राज्य सरकारों की ऋण देयताओं के आकार, स्रोतों, स्वामित्व और बोझ पर एक व्याख्यात्मक नोट लिखें।
7. राज्य सरकारों की केन्द्र के प्रति बढ़ती ऋणदेयताओं की समीक्षा करें। वित्त आयोगों द्वारा प्रदान की गई ऋण राहत कहाँ तक प्रभावी रही है?
8. राज्य सरकारों की चिंताजनक स्थिति के क्या कारण हैं? इस स्थिति के लिए स्वयं राज्य सरकारें कहाँ तक जिम्मेदार हैं। तर्क सहित उत्तर दें।
9. राष्ट्रीय लघु बचत निधि के गठन से केन्द्र और राज्यों के ऋण स्थिति पर क्या प्रभाव पड़ा है? इस निधि का गठन कहाँ तक और किस प्रकार हितकर है?
10. राज्यों के ऋण आँकड़ों की अंतर्राज्यीय तुलना में विश्लेषणात्मक कठिनाइयों को दूर करने पर एक व्याख्यात्मक नोट लिखें।
11. इस दावे की समीक्षा करें कि भारत में केन्द्र और राज्यों की बढ़ती ऋण ग्रस्तता का मुख्य कारण उनका अनियन्त्रित लोक व्यय है।
12. लोक ऋण की सीमा निर्धारण पर एक व्याख्यात्मक नोट लिखें।
13. लोक ऋण के बोझ की अवधारणा पर व्याख्यात्मक नोट लिखें। भारत में यह अवधारणा कहाँ तक लागू होती है?
14. निम्नलिखित पर व्याख्यात्मक नोट लिखें:
    (क) राज्यों की बाजार-ऋण पर बढ़ती निर्भरता
    (ख) राज्यों की केन्द्र पर ऋण निर्भरता
15. वित्त आयोग द्वारा राज्यों को संद्रत्त ऋण राहत पर एक विस्तृत नोट लिखें।

# अध्याय 19

# भारत सरकार की वित्तीय स्थिति

## (Government of India Finances)

**इस अध्याय में**

- भारत सरकार की वित्तीय स्थिति, स्वास्थ्य और नीतियाँ का विवेचन है।
- केन्द्र की प्राप्तियों और संविजरणें की व्याख्या है और बजट की मुख्य प्रवृत्तियों का विवेचन है।
- बढ़ते लोक व्यय की प्रवृत्तियों और विशेषताओं के अतिरिक्त इसके कारणों, और अन्य संबद्ध तथ्यों पर विचार किया गया है।
- व्यय की मुख्य विशेषताओं और प्रवृत्तियों का विवेचन है।
- आर्थिक सहायताओं की सैद्धांतिक समीक्षा के अतिरिक्त उनके आकार प्रकार का विस्तृत विवेचन है।
- केन्द्र की व्यय नीति के अतिक्ति लोक व्यय पर नियंत्रण-व्यवस्था की समीक्षा है।
- बजटीय गोपनीयता के औचित्य का विवेचन है।
- केन्द्र की व्यय नीति और व्यय प्रवृत्तियों का विवेचन है।
- बजटीय व्यय पर नियंत्रण प्रणाली की समीक्षा है।
- केन्द्र की बजटीय प्राप्तियों का व्याख्यात्मक अध्ययन है।
- केन्द्र के बजटीय घाटों का अध्ययन है।

## परिचय (Introduction)

भारत सरकार का बजट एक पूर्व निश्चित कालावधि (सामान्यत: एक वर्ष) के लिए पूर्वानुमानित वित्तीय प्राप्तियों तथा अदायगियों का विवरण होता है, तथा वार्षिक **वित्तीय विवरण (Annual Financial Statement)** के नाम से जाना जाता है। इन वित्तीय प्राप्तियों और अदायगियों को तीन 'खातों' (अर्थात् मद-समूहों) में दर्शाया जाता है, अर्थात्

(i) भारत की समेकित निधि (Consolidated Fund of India);

(ii) भारत की आकस्मिकता निधि (Contingency Fund of India); और

(iii) भारत का लोक खाता (Public Account of India)।

उपरोक्त के अतिरिक्त उपयोगिता के दृष्टिकोण से इन प्राप्तियों और संवितरणों को कई अन्य प्रकार से भी वर्गीकृत किया जाता है, जैसे कि

- राजस्व और पूँजी खाते;
- आयोजना- और आयोजना-भिन्न व्यय (2017-18 से निरस्त);
- आर्थिक और कार्यात्मक वर्गीकरण; तथा
- विकासात्मक और गैर-विकासात्मक व्यय, आदि।

ज्ञातव्य है कि भारत सरकार की वे सब प्राप्तियाँ जिनपर यह अपना स्वामित्व मानती है,[1] समेकित निधि में रखी जाती हैं, तथा इस निधि से (उस पर "भारित" "charged" संवितरणों को छोड़ कर) संसद की पूर्वानुमति से ही राशि निकाली जा सकती है। इसके विपरीत आकस्मिकता निधि अग्रदान (पेशगी) (imprest money) के रूप में राष्ट्रपति के पास रहती है, ताकि सरकार संसद की स्वीकृति के पहले अत्यावश्यक एवं अप्रत्याशित व्यय कर सके। इसी प्रकार सरकार उन राशियों का भी लेन-देन करती है, जो इसके स्वामित्व में नहीं आतीं, प्रत्युत जिनमें वह लगभग एक बैंकर की भूमिका निभाती है। इस प्रकार से होने वाली प्राप्तियाँ **लोक खाते** में रखी जाती हैं, तथा उस खाते से संवितरण के लिए संसद की स्वीकृति की आवश्यकता नहीं होती।

हमारे संविधानुसार केन्द्रीय बजट को दो अथवा दो से अधिक भागों में संसद में प्रस्तुत किया जा सका है। इस प्रावधान के अधीन रेल बजट को मुख्य बजट से अलग प्रस्तुत किया जाता था। 2017-18 से रेल बजट को मुख्य बजट में विलय करके एक संयुक्त बजट के रूप में प्रस्तुत किया जा रहा है। इसके अतिरिक्त चुनाव आदि के कारण सरकार एक वर्ष से कम काल के लिए भी बजट प्रस्तुत करती एंव पास करवाती है। नई सरकार बनने पर शेष काल के लिए बजट फिर से तैयार किया और पारित करवाया जाता है। इसी प्रकार आवश्यकता पड़ने पर बजटीय अवधि पूरी होने से पहले एक पूरक बजट का भी प्रावधान है।

**राजस्व तथा पूँजी खाते (Revenue and Capital Accounts)**—सामान्य चिंतन के अनुसार सरकार की प्राप्तियों और संविरणों की मदों को इन दो भागों में बाँटने का औचित्य यह है कि सरकार के 'नित्यचर्या' से संबद्ध कार्यकलापों (routine activities) से उपजे लेन-देनों की मदें 'राजस्व' खाते में और निवेश, उधार और परिसंपत्तियों आदि से संबद्ध लेन-देन की मदों को पूँजी खाते में रखा जाना चाहिए, क्योंकि लेन-देन की पश्चमोक्त मदों का संबंध निवेश, उत्पादन क्षमता, एवं विकास आदि से है।

हमारे संविधान के अनुसार भारत सरकार के वार्षिक बजट में 'व्यय' को पूँजी खाते के अंतर्गत व्यय तथा 'अन्य व्यय' (अर्थात् 'राजस्व खाते' के अंतर्गत व्यय) में वर्गीकृत करना अनिवार्य है। परन्तु भारत में समय के साथ प्राप्तियों को भी राजस्व और पूँजी खातों में वर्गीकृत किया जाता है। यह भी नोट करने योग्य तथ्य है कि परंतु संविधान में वित्तीय प्राप्तियों और संवितरणों के राजस्व और पूँजी के मद-समूहों में वर्गीकरण के आधार-मापदंडों का वर्णन नहीं है। अत: प्रशासन यह वर्गीकरण प्रचलित प्रथाओं और अन्य तथ्यों को ध्यान में रखते हुए करता है। केन्द्र द्वारा अपनाई प्रथानुसार पूँजी खाते में वित्तीय प्राप्तियों और संवितरणों की वे मदें शामिल रहती हैं:-

- जिनकी प्राप्तियाँ सरकार के स्वामित्व में न आती हों (उदाहरणार्थ सभी प्रकार के उधारों का लेन-देन, परंतु अनुदान राशियां, लाभ आय और लाभांशों आदि को छोड़कर);

1 ध्यानयोग्य है कि कर राजस्व, ब्याज, लाभ आय और लाभांश जैसी प्राप्तियों के अतिरिक्त भारत सरकार कई उधारों (जिन्हें प्रशासनिक शब्दावली में लोक ऋण कहा गया है) को भी समेकित निधि में अंकित किया जाता है। इसके विपरीत कुछ अन्य उधार समेकित निधि में नहीं दर्शाए जाते है और उन्हें 'अन्य देदारियों' की संज्ञा दी जाती है।

• जिनके कारण सरकार की भौतिक परिसंपत्तियों में घटा-बढ़ी होती हो (उदाहरणार्थ परिसंपत्तियों की कृति, प्राप्ति, अंतरण तथा त्याग अथवा उनमें बढ़ोतरी, कमी एवं अन्य परिवर्तन); तथा

• जिनके कारण सरकार की अन्य पार्टियों के प्रति देनदारियों अथवा उनकी सरकार के प्रति देनदारियों में परिवर्तन आए। स्पष्ट है कि उधार लेना-देना, इसका भुगतान एवं वसूली, ऋण माफ़ी, आदि सब मदें पूँजी खाते में आती हैं।

इसी प्रकार राजस्व खाते में निम्नलिखित मदें शामिल की जाती हैं:-

1. वे मदें जिनके अंतर्गत सरकार मौद्रिक राशियों पर स्वामित्व प्राप्त करती है, अथवा स्वामित्व खोती हैं। इन मदों के मुख्य उदाहरणों में कर, ब्याज, लाभ, लाभांश, किराए, फीसें, जुर्माने तथा अनुदान आदि की वसूलियाँ और उनका व्यय हैं।

2. वे मदें जिनके माध्यम से सरकार भौतिक परिसंपत्तियों के संरक्षण तथा रखरखाव, प्रशासनिक संयन्त्र, पुलिस तथा न्याय-संयन्त्र आदि पर व्यय करती है।

3. जहाँ तक रक्षा-व्यय का प्रश्न है, इसमें रक्षा-कर्मियों के वेतन, राशन तथा प्रशिक्षण आदि पर किया गया व्यय तो निर्विवाद राजस्व खाते में आता है। परंतु यहाँ पर यह तर्क भी दिया जाता है कि रक्षा-संबंधी उपकरणों तथा हथियारों (जैसे कि वायुयान, जलपोत, टैंक, तोपें, गोला बारूद) आदि पर होने वाला व्यय भी राजस्व खाते का ही एक भाग है क्योंकि उनकी प्राप्ति ही इस आशय से की जाती है कि उनका उपभोग कर लिया जाएगा। इन में कुछ मदों से अंततः अधिक से अधिक कबाड़ के अतिरिक्त कुछ नहीं बचता। अतः बजट में रक्षा पर होने वाले व्यय का केवल वही अंश पूँजी खाते में गिना जाता है, जो भवनों तथा आवासों पर किया गया हो।

एक अन्य दृष्टिकोण से यह कहा जा सकता है कि जिस संवितरण के फलस्वरूप परिसंपत्तियों का सृजन नहीं हो, वे राजस्व व्यय में गिनी जाती हैं। इसी प्रकार राज्य सरकारों तथा अन्य पार्टियों को दिए जाने वाले सभी अनुदान भी राजस्व व्यय माने जाते हैं, चाहे वे अनुदान राज्यों द्वारा परिसंपत्तियों के सृजन के लिए ही क्यों न हों ।

स्मरणीय है कि उपरोक्त मापदंड इतने वस्तुपरक और कड़े नहीं हैं कि इनसे सभी बजटीय लेनदेनों का निर्विवाद वर्गीकरण किया जा सके।

**आयोजना– और आयोजना-भिन्न व्यय (Plan and Non-Plan Expenditure)**—यह वर्गीकरण केवल बजट की व्यय मदों के लिए था क्योंकि प्राप्तियों को इन दो मद-समूहों में बाँटना संभव नहीं है। सरकार द्वारा योजनाबद्ध विकास की नीति अपनाने के कारण भारत में इस वर्गीकरण को एक विशेष स्थान दिया गया है। ध्यानयोग्य है कि इनमें से प्रत्येक वर्ग में राजस्व और पूँजी व्यय की मदें हो सकती हैं। प्रथा यह थी कि प्रत्येक योजना में शामिल करने हेतु कुछ परियोजनाओं/स्कीमों को चुना जाता है। किसी भी परियोजनाओं के पूरा होने तक (स्कीम के चालू हो जाने तक) उसपर होने वाला व्यय आयोजना वयय में और इसके पश्चात् उस पर होने वाला व्यय आयोजना-भिन्न व्यय में दर्शाया जाता था। इस वर्गीकरण की एक त्रुटि यही है कि सरकार आयोजना-व्यय के प्रति अपनी प्राथमिकता दर्शाने के लिए आयोजना-भिन्न व्यय पर यथोचित ध्यान नहीं देती थी जिससे पूर्वस्थित परिसंपत्तियों का पूरा आर्थिक लाभ नहीं उठाया जाता। इन कारणों से 2017-18 से इस वर्गीकरण को समाप्त कर दिया गया।

**विकासात्मक और गैर-विकासात्मक व्यय**—भारत जैसे अल्पविकसित देश के लिए इस वर्गीकरण के महत्त्व से इंकार नहीं किया जा सकता। परंतु इसके लिए स्पष्ट और वस्तुपरक मापदंडों का अभाव है जिसका कारण यह है

कि विकास एक बहुआयामी प्रक्रिया है और इसको प्रभावित करने वाले कारकों के सापेक्षिक महत्त्व की जानकारी उपलब्ध नहीं है। अत: प्रशासन स्वैच्छा से बजटीय व्यय मदों को इन दो समूहों में बाँटता है।

- भारत सरकार के वित्तीय लेन-देनों को कई प्रकार से वर्गीकरण किया जाता है।
- स्वामित्व और कानूनी आधार पर केन्द्र की प्राप्तियों और संवितरणों की तीन 'निधियाँ' हैं, अर्थात भारत की समेकित निधि, आकस्मिकता निधि और लोक निधि।
- बजटीय मदों का राजस्व और पूँजी खातों में वर्गीकरण का एक अपना औचित्य है, परंतु इसके लिए कड़े और स्पष्ट वस्तुपरक मापदंड नहीं हैं।
- बजटीय व्यय का आयोजना- और आयोजना-भिन्न मदसमूहों में वर्गीकरण हमारे देश के लिए अति निरर्थक और भ्रामक था (अत: इसे 2017-18 से समाप्त कर दिया गया)।
- व्यय मदों के विकासात्मक और गैर-विकासात्मक वर्गीकरण में कई ऐसी अवधारणात्मक और अन्य समस्याएँ आती हैं जिनका संतोषजनक समाधान उपलब्ध नहीं है।

## बजट की मुख्य प्रवृत्तियाँ
(Main Budgetary Trends)

### 1. बढ़ता आकार (Growing Size)

स्वतंत्रता के पश्चात् भारत सरकार के बजटीय आकार में तीव्र गति से वृद्धि हुई है, और इसमें प्राप्तियों और व्यय की विविधरूपी नई मदें भी अस्तित्व में आई हैं। पिछले कुछ वर्षों से इस बढ़ोतरी की दर को चिंताजनक समझा जाने लगा है। इससे पूर्व हम उन कारकों का अध्ययन कर चुके हैं जिनके कारण लोक व्यय में बढ़ोतरी की प्रवृत्ति उत्पन्न होती है। ये सभी कारक हमारे देश में भी पूर्णरूप से सक्रिय हैं। उदाहरणार्थ सरकार के प्रशासनिक अंग के फैलाव के साथ-साथ सरकार के विभिन्न आर्थिक तथा सामाजिक कार्यकलापों में भी फैलाव आया है। सरकार पूँजी निर्माण, बचत, निवेश तथा आर्थिक और सामाजिक विकास में कई प्रकार से सक्रिय भूमिका निभा रही है। लोकप्रिय परंतु आर्थिक आधार पर अनुचित अनेकों व्यय-योजनाएँ अपनाई जाती हैं। इसके अतिरिक्त अपव्यय की समस्या भी सर्वव्यापी हो चुकी है। इन सब कारणों के फलस्वरूप भारत सरकार के बजट का आकार भी लगातार बढ़ता जा रहा है।

सारणी 19.1 के आँकड़ों से विदित होता है कि भारत सरकार की समग्र प्राप्तियाँ 1950-51 में केवल 511 करोड़ रुपए से बढ़कर 2018-19 में 23,99,147 करोड़ रुपए तक पहुँच गई थीं (प्रति वर्ष चक्रीय वृद्धि दर 13.4%, और आधार वर्ष की तुलना में 4695 गुणा)। यही स्थिति व्यय की वृद्धि के बारे में भी दिखाई देती है। भारत सरकार का कुल व्यय सकल राष्ट्रीय उत्पाद की तुलना में भी काफ़ी तेज़ी से बढ़ा है जिसके फलस्वरूप इसका सकल राष्ट्रीय उत्पाद में अनुपात भी बढ़ गया है। 1950-51 में यह अनुपात केवल 5.7% था (सारणी 19.2); परन्तु 2012-17 में इसकी वार्षिक औसत, बढ़ती कीमतों के बावजूद, 15.2% पर पहुँच चुकी थी। ध्यानयोग्य है कि हमारे सकल राष्ट्र उत्पाद (G.D.P) की बढ़ोतरी में बढ़ती कीमतों का भी योगदान रहता है। परंतु इस कमी का मुख्य कारण सरकार के व्यय के वृद्धि दर का घटना न होकर कीमतों में वृद्धि है, जिससे सकल राष्ट्रीय उत्पाद के आँकड़े तीव्रतर दर से बढ़े हें। इसी प्रकार सकल प्राप्तियों को सकल राष्ट्रीय उत्पाद के अनुपात के रूप में देखा जाए तो इसका अनुमान 1950-51 में 5.5%, तथा 2012-17 में इसकी वार्षिक औसत 15.2% थी।

**सारणी 19.1 भारत सरकार: वित्तीय स्थिति का संक्षिप्त वितरण**

(₹ करोड़)

| | 1950–51 | प्रथम योजना | तीसरी योजना | पांचवी योजना | सातवीं योजना | 1990–92 | 1992–97 | 1997–02 | 2002–07 | 2007–12 | 2012–17 | 2017–18 | 2018–19 |
|---|---|---|---|---|---|---|---|---|---|---|---|---|---|
| 1 | 2 | 3 | 4 | 5 | 6 | 7 | 8 | 9 | 10 | 11 | 12 | 13 | 14 |
| **राजस्व खाता** | | | | | | | | | | | | | |
| प्राप्तियाँ* | 406 | 2233 | 8711 | 33163 | 194042 | 120985 | 477073 | 858764 | 1582102 | 3230394 | 5614016 | 1505428 | 1725738 |
| व्यय | 347 | 1983 | 7693 | 30785 | 239274 | 155808 | 621777 | 1225182 | 2039101 | 4502703 | 7354599 | 1944305 | 2141772 |
| शेष | +59 | +250 | +1020 | +2379 | –45232 | –34823 | –144705 | –366418 | –456999 | –1272309 | –1740583 | –438877 | –416034 |
| **पूँजी खाता** | | | | | | | | | | | | | |
| प्राप्तियाँ | 105 | 1054 | 6796 | 17015 | 126192 | 77525 | 280195 | 332419 | 916486 | 1929727 | 2817087 | 751702 | 673409 |
| संवितरण | 183 | 1698 | 8587 | 21446 | 116587 | 90904 | 182715 | 272167 | 432727 | 634459 | 1084083 | 273445 | 300441 |
| शेष | –78 | –645 | –1792 | –4431 | +9606 | +16621 | +97480 | +60252 | 483759 | 1295268 | 1733004 | 478257 | 372968 |
| **जोड़ आंकड़े** | | | | | | | | | | | | | |
| प्राप्तियां | 511 | 3287 | 15507 | 50178 | 320235 | 198510 | 757268 | 1191183 | 2498388 | 5160121 | 8431103 | 2257130 | 2399147 |
| संवितरण | 530 | 3681 | 16279 | 52231 | 355861 | 216712 | 804492 | 1497349 | 2471828 | 5137162 | 8 438682 | 2217750 | 2442213 |
| शेष | –19 | –395 | –772 | –2053 | –35626 | –18202 | –47224 | –306166 | 26560 | 22959 | –7579 | –39380 | –43066 |

*राज्य को अन्तरण के पश्चात निवल

स्रोत: भारत सरकार के बजट

**सारणी 19.2 भारत सरकार के बजट: कुछ महत्त्वपूर्ण अनुपात**

(%)

| | 1950–51 | | | | | | 1990–92 | 1992–97 | 1997–02 | 2002–07 | 2007–12 | 2012–17 | 2017–18 | 2018–19 |
|---|---|---|---|---|---|---|---|---|---|---|---|---|---|---|
| 1 | 2 | 3 | 4 | 5 | 6 | 7 | 8 | 9 | 10 | 11 | 12 | 13 | 14 | |
| राजस्व प्राप्तियाँ/ सकल प्राप्तियाँ | 79.5 | 67.9 | 56.2 | 66.1 | 59.4 | 60.6 | 61.0 | 63.0 | 72.1 | 63.3 | 62.4 | 66.6 | 66.7 | 71.9 |
| पूँजी प्राप्तियाँ/ सकल प्राप्तियाँ | 20.5 | 32.1 | 43.8 | 33.9 | 40.6 | 39.4 | 39.1 | 37.0 | 27.9 | 36.7 | 37.6 | 33.4 | 33.3 | 28.1 |
| राजस्व व्यय/ कुल व्यय | 65.5 | 53.9 | 47.3 | 58.9 | 61.9 | 67.3 | 71.9 | 77.3 | 81.8 | 82.3 | 87.6 | 87.2 | 87.7 | 87.7 |
| पूँजी संवितरण/ कुल संवितरण | 34.5 | 46.1 | 52.7 | 41.1 | 38.1 | 32.8 | 28.1 | 22.7 | 18.2 | 17.5 | 12.4 | 12.8 | 12.3 | 12.3 |
| कुल प्राप्तियाँ/ GDP | 5.46 | 6.12 | 14.38 | 15.07 | 16.59 | 18.57 | 16.2 | 14.6 | 12.5 | 15.2 | 15.1 | 15.2 | NA | NA |
| कुल शेष/GDP | 5.66 | 6.85 | 15.10 | 15.69 | 17.76 | 20.64 | 17.7 | 15.5 | 15.7 | 15.0 | 15.1 | 15.2 | NA | NA |
| | –0.2 | –0.7 | –0.7 | –0.6 | (–)1.2 | (–)2.1 | –1.5 | –0.9 | –0.32 | 0.2 | NEG | NEG | NA | NA |

नोट: सकल घरेलू उत्पाद वर्तमान बाजार कीमतों पर

NA = आँकड़े उपलब्ध नहीं

## 2. राजस्व और पूँजी खातों की तुलनात्मक स्थिति

(Comparative Status of Revenue and Capital Accounts)

बजट के इन दो घटकों का अनुपात देश के आर्थिक विकास और राजकोषीय कार्यकुशलता का प्रतीक माना जाता है। सारणी 19.2 से विदित होता है कि केन्द्र के बजट में राजस्व प्राप्तियों की तुलनात्मक गिरावट और राजस्व व्यय में तुलनात्मक बढ़ौतरी की वृत्ति रही है। इन दोनों बातों से अर्थिक विकास की गति में कमी और राजकोषीय अनुशासन में ढील आती है।

## 3. बजटीय घाटे (Budgetary Deficits)

भारत सरकार के बजटों में घाटे की भी ठोस प्रवृत्ति रही है तथा 1997-98 तक यह स्थिति सरकार द्वारा बजटीय घाटे की एक ऐसी अति संकुचित परिभाषा अपनाने के बावजूद रही है, जिसमें सरकार द्वारा लिए गए अधिकतर उधारों को शामिल नहीं किया जाता था। 1970 के दशक के अंत तक कुल बजटीय घाटे के साथ राजस्व खाते में अधिशेष रहता था, अर्थात् राजस्व प्राप्तियों का एक भाग पूँजी व्यय के लिए उपलब्ध रहता था। परंतु बाद में बजट के राजस्व खाते में भी घाटा रहने लगा, जिसका अर्थ यह है कि सरकार को अपने सामान्य व्यय के लिए भी उधार लेने की आवश्यकता रहती है। ऐसी वस्तुस्थिति किसी तर्काधार पर भी संतोषजनक नहीं कही जा सकती। अब केन्द्र द्वारा **'राजकोषीय दायित्व एवं बजट प्रबंधन' अधिनियम** (Fiscal Responsibility and Budget Management Act) के अनुसरण में बजटीय घाटों को कम करने का प्रयास किया जा रहा है। तथा 2011-12 बजटीय घाटों के विभिन्न प्रकार के प्रमापणों में सुधार हुआ है। फिर भी स्थिति गम्भीर बनी हुई है और केन्द्र की ऋणीय देनदारियों में लगातार वृद्धि हो रही है।

- स्वतंत्रता के पश्चात केन्द्र के बजटीय आकार में अविराम बढ़ोतरी होती रही है।
- इस बढ़ोतरी में अनेकों आर्थिक और गैर-आर्थिक कारकों ने योगदान दिया है।
- बजट में राजस्व खाते का आनुपातिक भाग सदैव काफ़ी अधिक रहा है।
- स॰रा॰उ॰ के अनुपात के रूप में राजस्व प्राप्तियों और व्यय में दीर्घकालिक परंतु अनियमित बढ़ोतरी हुई है, जबकि पूँजी प्राप्तियों और संवितरणों की प्रवृत्ति इसके विपरीत रही है।
- शुरू के वर्षों में राजस्व खाते के अधिशेष भी धीरे धीरे घाटे में बदल गए। अब केन्द्र द्वारा घाटों को कम करने का प्रयास किया जा रहा है।

## व्यय की प्रवृत्तियाँ

(Expenditure Trends)

## राजस्व *बनाम* पूँजी व्यय

स्मरणीय है कि सकल राष्ट्रीय उत्पाद के अनुपात के रूप में भारत सरकार के बजटीय व्यय की दीर्घकालीन प्रवृति लगातार बढ़ने की रही है। इस समय यह अनुपात 16-17% के आसपास है, और सरकार का यह प्रयास है कि इसे और बढ़ाया जाए।

## सारणी 19.3 भारत सरकार की बजटीय-व्यय प्रवृत्तियाँ

(₹ करोड़)

| | 1950–51 | छठी योजना | सातवीं योजना | 1990–92 | 1997–97 | 1197–02 | 2002–07 | 2007–12 | 2012–17 | 2017–18 | 2018–19 |
|---|---|---|---|---|---|---|---|---|---|---|---|
| 1 | 2 | 3 | 4 | 5 | 6 | 7 | 8 | 9 | 10 | 11 | 12 |
| सकल व्यय | 530 | 155292 | 355861 | 216712 | 804492 | 1497349 | 2471828 | 5122807 | 8431103 | 2217750 | 244222 |
| राजस्व व्यय | 347 | 98502 | 239274 | 155808 | 621777 | 1225182 | 2039092 | 4486548 | 735499 | 1944305 | 2141772 |
| सकल व्यय का % | 65.5 | 63.4 | 67.2 | 71.9 | 72.3 | 18.8 | 82.5 | 87.6 | 86.7 | 87.6 | 87.7 |
| पूँजी व्यय | 184 | 56790 | 116587 | 60904 | 182715 | 272167 | 432727 | 636259 | 1084083 | 273445 | 300441 |
| सकल व्यय का % | 34.5 | 36.6 | 32.8 | 28.1 | 22.7 | 18.2 | 17.5 | 12.4 | 13.3 | 12.3 | 12.3 |
| आयोजना परिव्यय | 214 | 61801 | 120730 | 59326 | 227608 | 385940 | 676540 | 1575112 | 1329596 | * | * |
| सकल व्यय का % | 40.4 | 39.8 | 33.9 | 27.4 | 28.3 | 25.8 | 27.4 | 30.7 | 28.7 | | |
| आयोजना भिन्न परिव्यय | 316 | 93491 | 235131 | 157386 | 576884 | 1111408 | 1795288 | 3547695 | 3303896 | * | * |
| सकल व्यय का % | 59.6 | 60.2 | 66.1 | 72.6 | 71.7 | 74.2 | 72.6 | 69.3 | 71.3 | | |

सारणी संख्या 19.3 से भारत सरकार के बजटीय व्यय की मुख्य प्रवृत्तियाँ विदित होती हैं। इन व्यय राशियों को एक ओर (क) राजस्व एवं पूँजी घटकों में तथा दूसरी ओर (ख) आयोजना- और आयोजना-भिन्न घटकों में 2017-18 तक वर्गीकृत किया गया है। इस संदर्भ में निम्नलिखित तथ्य नोट करने योग्य हैं।

- पूँजी व्यय की तुलना में राजस्व व्यय न केवल **कहीं अधिक** रहा है, प्रत्युत इस अंतर में दीर्घकालिक (परंतु) अनियमित बढ़ोतरी भी हुई है। मार्च 2019 में कुल व्यय का 87.7% राजस्व व्यय के रूप में होने का अनुमान था।
- राजस्व वयय की यह वृद्धि दर स॰र॰उ॰ की चालू कीमतों में वृद्धि दर से भी कहीं अधिक थी।
- भारत जैसे विकासशील देश के लिए यह प्रवृत्ति किसी प्रकार से भी स्वीकार्य नहीं हो सकती, क्योंकि राजस्व व्यय में इस वृद्धि से न तो पूँजी निर्माण के द्वारा आर्थिक विकास में सहायता मिलती है, तथा न ही इस बात का कोई प्रमाण है कि इससे सामाजिक कल्याण के उद्देश्य की प्राप्ति हुई है।
- राजस्व व्यय में तीव्र बढ़ोतरी के कारण राजस्व खाते का अधिशेष कालान्तर में घाटे में परिवर्तित हो गया है। और इस समय राजस्व खाते का व्यय इसकी प्राप्तियों से लगभग 25% अधिक है। इसका अर्थ यह है कि सरकार के चालू व्यय के एक बड़े भाग का वित्त पोषण भी उधार लेकर किया जा रहा है।
- सकल व्यय में राजस्व व्यय के इतने अधिक अनुपात के कारणों में से एक कारण कीमतों में लगातार बढ़ोतरी है।
- इसके अतिरिक्त विविध प्रकार से प्रशासनिक अपव्यय, लोक उपक्रमों के घाटों आदि के कारण भी राजस्व व्यय में अनुचित वृद्धि हुई है।

## आयोजना व्यय (Plan Expenditure)

स्मरणीय है कि व्यय के आयोजना- तथा आयोजना-भिन्न घटकों में वर्गीकरण विकासात्मक और विकास-भिन्न वर्गीकरण के तुल्य नहीं थी। सत्य यह है कि इन दोनों व्यय वर्गों में विकास एवं विकास-भिन्न मदें मिश्रित रहती थी। सरकार द्वारा इस वर्गीकरण का आधार आर्थिक तर्क न होकर केवल कुछ लेखा-संबंधी नियम थे जिनके अनुसार किसी नई परियोजना अथवा स्कीम के पूरा होने अथवा चालू होने तक उस पर किया गया व्यय आयोजना-व्यय तथा इसके पश्चात् होने वाला व्यय आयोजना-भिन्न व्यय माना जाता है। इस प्रकार के वर्गीकरण में किसी व्यय मद के विकासात्मक होने अथवा न होने से कोई अंतर नहीं पड़ता।

इस लेखा-पद्धति का अपेक्षित परिणाम यह है कि कालांतर में आयोजना-भिन्न व्यय में लगातार बढ़ोतरी के कारण कुल व्यय में भी इसका अनुपात बढ़ता जाए। परंतु साथ ही यह भ्रामक मत भी व्यापक था कि आयोजना-व्यय विकासात्मक होता है। अत: भारत सरकार दर्शाना चाहती है कि वह आयोजना-व्यय में लगातार वृद्धि करने की इच्छुक है। इसके परिणामस्वरूप पुरानी परियोजनाओं और स्कीमों के संरक्षण और रख-रखाव की अवहेलना करते हुए उपलब्ध साधनों को नई परियोजनाओं और स्कीमों में लगाने को प्राथमिकता दी जाती थी। परंतु इस नीति की एक बहुत बड़ी हानि यह थी कि इससे पूर्वस्थित आर्थिक सुविधाओं से पूरी तरह लाभांवित नहीं हुआ जाता, तथा अधिकतर निवेश पूँजी उत्पादकता के निम्न स्तर पर ही टिकी रहती है। इन तथ्यों से यह बात भी स्पष्ट हो जाती है कि आयोजना-भिन्न व्यय में होने वाली वृद्धि स्वयं में किसी चिंता का विषय नहीं हो सकती। परंतु यह अवश्य

सुनिश्चित किया जाना चाहिए कि यह बढ़ोतरी ब्याज की अदायगी जैसी अनुत्पादक व्यय मदों के कारण न हो रही हो।

उपरोक्त तथ्यों के कारण केन्द्र ने अपने व्यय का 2017-18 से आयोजना और आयोजना-भिन्न खंडों में वर्गीकरण समाप्त कर दिया है।

## राजस्व व्यय के मुख्य घटक

सारणी 19.4 में आयोजना-व्यय तथा आयोजना-भिन्न व्यय की कुछ मुख्य व्याख्यात्मक मदें दर्शाई गई हैं।

- भारत सरकार के सकल व्यय में अनेकों कारणों से अविराम वृद्धि हुई है।
- परंतु आर्थिक विकास और सामाजिक कल्याण में इस व्यय के अनुरूप बढ़ोतरी नहीं हुई।
- व्यय का आयोजना- और आयोजना-भिन्न मदों में वर्गीकरण का आधार आर्थिक न होकर लेखा-पद्धत्ति के कुछ नियम हैं। अत: इसे 2017-18 से त्याग दिया गया है।

### 1. ब्याज की अदायगियाँ (Interest Payments)

ब्याज की अदायगियाँ सरकारी बजट से होने वाली अनिवार्य व्यय-मदों में आती हैं, तथा इसके फलस्वरूप सरकार की बजटीय नीति में अनम्यता (rigidity) भी आती हैं। इस मद में बढ़ोतरी के कारणों में सरकार की बढ़ती ऋण-देयताएँ तथा ब्याज की दरों में दीर्घकालीन वृद्धि है। भारत की आर्थिक प्रणाली में बाज़ारोन्मुखी प्रवृत्ति आने के फलस्वरूप सरकारी ऋणों की ब्याज की दरें घट-बढ़ सकती हैं, परन्तु ऋण की कुल मात्रा में तीव्र वृद्धि के कारण ब्याज की परिशुद्ध देय राशियों में बढ़ोतरी होना अनिवार्य था। अब तक इस मद में बढ़ोतरी की दर को देखते हुए यह भी कहा जाने लगा है कि सरकार एक ऋण के फंदे में फँसती जा रही है।

सारणी 19.4 तथा 19.5 के आँकड़ों से इस मद में होने वाले परिवर्तन का अनुमान लगाया जा सकता है। वर्ष 1979-80 से 2018-19 के बीच यह मद 2210 करोड़ रुपए से बढ़कर 575795 करोड़ रुपए (अर्थात 210 गुणा) पर पहुँच गई थी। कुल व्यय में यह अनुपात 12.4% और 23.6% था। स्पष्ट है कि इतनी तीव्र वृद्धि प्रत्येक दृष्टिकोण से चिंताजनक है। इस मद में बढ़ोतरी को थामने के लिए आवश्यक है कि सरकार उधार लेना कम करे, अपनी राजस्व प्राप्तियों को बढ़ाए, तथा अपने व्यय को बढ़ने से रोके। ध्यानयोग्य है कि इससे पूर्व यह वृद्धि दर इससे भी अधिक थी, और पिछले कुछ वर्षों में सरकार ने इसे कम करने के विशेष प्रयास किए हैं। साथ ही सरकार ने ब्याज की घटती दरों का लाभ उठाया है। और यह उन्हीं का परिणाम है कि सकल व्यय की तुलना में ब्याज की देय राशियों की वृद्धि दर में कमी आई है।

### 2. रक्षा (Defence)

आयोजना-भिन्न व्यय का लगभग 21% तथा कुल व्यय का लगभग 17.8% रक्षा-मदों को जाता है। कालांतर में इस व्यय की परिशुद्ध मात्रा में काफ़ी वृद्धि हुई है। परंतु कुल व्यय में इसका अनुपात घटा है। इस संदर्भ में निम्नलिखित तथ्य भी विशेष रूप से नोट करने योग्य हैं।

**सारणी 19.4 भारत सरकार का व्ययः कुछ महत्त्वपूर्ण घटक**

(₹ करोड़)

| | 1979–80 | 1990–92 | 1992–97 | 1997–02 | 2002–07 | 2007–12 | 2012–15 | 2012–16 | 2016–17 | 2017–18 | 2018–19 |
|---|---|---|---|---|---|---|---|---|---|---|---|
| 1 | 2 | 3 | 4 | 5 | 6 | 7 | 8 | 9 | 10 | 11 | 12 |
| सफल व्यय | 17787 | 16712 | 804492 | 1497349 | 2471828 | 5122807 | 4633492 | 641883 | 1978060 | 2217750 | 2442213 |
| 1. ब्याज अदायगियाँ | 2210 | 48096 | 221399 | 440542 | 651728 | 1083499 | 1089868 | 1532488 | 492670 | 530842 | 575795 |
| 2. रक्षा व्यय | 3164 | 31773 | 119033 | 226174 | 353743 | 672715 | 603969 | 828606 | 249099 | 267108 | 282773 |
| 3. उत्पादन | **1543** | **24411** | **62448** | **124668** | **238460** | **733346** | **769969** | **1027770** | **250433** | **264125** | **265939** |
| 4. राज्यों और संघ क्षेत्रों को अनुदान* | 624 | 7903 | 19581 | 45625 | 108018 | 221189 | 185671 | 293904 | 118356 | 373858 | 426633 |
| 5. विदेशी सरकारों को अनुदान** | 58 | 286 | 927 | 1853 | 4791 | 8777 | 11061 | 15354 | 4530 | 5019 | 5957 |

* राज्यों और संघ क्षेत्रों को अनुदान

** विदेशी सरकारों को अनुदान

• एक तर्कानुसार रक्षा पर अधिक व्यय करना अहितकर है, क्योंकि इससे अन्य विकास कार्यों के लिए संसाधनों की कमी पड़ती है। यह सत्य है कि यदि रक्षा–व्यय में कमी की जा सके तो उन्हीं साधनों को आर्थिक विकास एवं सामाजिक कल्याण के कार्यों में लगाया जा सकता है। परंतु रक्षा–व्यय में कमी कर पाना केवल हमारे हाथ में नहीं है। इसके लिए हमारे सामने अनुकूल अंतर्राष्ट्रीय राजनीतिक स्थिति का होना भी अनिवार्य है। देश की रक्षा–क्षमता एक ऐसा ध्येय है जिसकी प्राप्ति में ढील नहीं बरती जा सकती।

• रक्षा व्यय में वृद्धि के आँकड़े एक अंश तक भ्रामक हैं, क्योंकि विचाराधीन अवधि 1979–80 से 2018–19 में कुल व्यय के अनुपात के रूप इसमें कमी हुई है।

• रक्षा पर व्यय से तकनीकी विकास में विविधरूपी सहायता मिलती है।

• कीमतों में बढ़ोतरी के कारण रक्षा राशियों की क्रय–शक्ति में कमी आई है। साथ ही अंतर्राष्ट्रीय क्षेत्र में रक्षा सामग्री में अविराम परिवर्तन हो रहे हैं, जिनसे उनकी प्रभाविता के साथ–साथ लागत भी बढ़ रही है।

• उपरोक्त तथ्यों के आधार पर हम कह सकते हैं कि रक्षा पर हमारा बजटीय व्यय आवश्यकता से कम है, और इसमें और वृद्धि का औचित्य बनता है।

- आयोजना–भिन्न व्यय का लगभग 70% केवल तीन मदों अर्थात ब्याज की अदायगियों, रक्षा और आर्थिक सहायताओं पर खप जाता है।
- ब्याज की अदायिगियों में तीव्र वृद्धि का मुख्य कारण पिछले बजटीय घाटे और ब्याज की दरों में बढ़ोतरी है।
- पिछले कुछ वर्षों में इस मद की वृद्धि दर कुछ कम हुई है।
- रक्षा व्यय की बढ़ती राशियाँ विविध प्रकार से भ्रामक हो सकती हैं।
- सकल व्यय में इस मद का अनुपात घटा है।
- बढ़ती कीमतों और अंतर्राष्ट्रीय परिस्थितियों को देखते हुए रक्षा व्यय में बढ़ोतरी करने का औचित्य बनता है।

## 3. आर्थिक सहायताएँ (उपदान) (Subsidies)

अर्थ: 'आर्थिक सहायता' निम्नलिखित सहित एक बहुआयामी अवधारणा है।–

• आर्थिक सहायताएँ करारोपण का नकारात्मक रूप हैं। इनसे बजटीय राजस्व प्राप्तियाँ घटती हैं, अथवा बजटीय व्यय बढ़ता है।

• इनके माध्यम से सरकार किसी विचाराधीन वर्ग (उपभोक्ताओं, उत्पादनकर्ताओं, विक्रेताओं आदि) की लागत कम करने अथवा उनके लाभ आदि में बढ़ोतरी के द्वारा उनके आर्थिक हित में बढ़ोतरी का प्रयास करती है, तथा इस प्रकार चयनित उद्योगों एवं गतिविधियों आदि को प्रोत्साहित करती है।

• केन्द्रीय बजट तथा नीतियों में इनका स्थान सदैव महत्त्वपूर्ण रहा है, तथा कालान्तर में इनकी जड़ें सदृढ़ हुई हैं।

• केन्द्र द्वारा विविध प्रकार की आर्थिक सहायताएँ दी जाती हैं, जिनमें से कुछ खुली (open) और कुछ निहित (hidden) होती हैं।

• खुली आर्थिक सहायताएँ सामान्यत: मौद्रिक धनराशियों के व्यय/अंतरण द्वारा दी जाती हैं, और बजट के व्यय पक्ष में दर्शाई जाती हैं। इसके विपरीत निहित सहायताएँ कर–छूटों, रियायती दामों पर कच्चे माल आदि की आपूर्ति, ब्याज की दरों में रियायत, कीमतों में भेदीकरण तथा क्रय–नीति में प्राथमिकता आदि का रूप लेती हैं। आर्थिक

सहायताओं में सार्वजनिक उपक्रमों के घाटों की भरपाई, रियायती प्रयोक्ता-प्रभार (consumer charges) आदि भी शामिल हैं। यह आवश्यक नहीं कि बजट में सभी निहित सहायताओं के आँकड़े उपलब्ध हों।

**उदाहरण:** अर्थिक सहायताओं के कुछ उदाहरण निम्नलिखित हैं।

(i) बाज़ार से कम ब्याज की दर और शर्तों पर उधार देना;

(ii) कर रियायतें एवं कर-छूटें;

(iii) वस्तुओं/सेवाओं को मुफ़्त अथवा रियायती कीमत पर उपलब्ध कराना;

(iv) निवेश सहायता, अर्थात् सरकार द्वारा उन उपक्रमों में निवेश जिनसे समुचित लाभ आय की आशा नहीं हो;

(v) सरकारी खरीदारी द्वारा, जैसे कि आश्वासित कीमतों पर अनाज खरीदना आदि।

**औचित्य**—मूल रूप में आर्थिक सहायताओं की आवश्यकता तब पड़ती है जब बाज़ार शक्तियाँ हमारे इच्छित आर्थिक और सामाजिक लक्ष्यों को प्राप्त करने में असफल रहें, तथा हमारे तर्कानुसार आर्थिक सहायताओं द्वारा इन 'बाज़ार विफलताओं' (market failures) से बचना संभव हो।

सरकार का दावा रहता है कि इसके द्वारा दी जाने वाली प्रत्येक आर्थिक सहायता का एक अपना औचित्य है। इस औचित्य को रोज़गार प्रोत्साहन, आर्थिक विकास, वितरणीय न्याय, भुगतान संतुलन आदि किसी न किसी आधार पर सिद्ध करने का प्रयत्न किया जाता है। परंतु अंततः सभी तर्क बाज़ार-विफलताओं पर जा टिकते हैं। उदाहरणार्थ यह कहा जा सकता है कि निर्दिष्ट उद्योगों तथा उत्पादन तकनीकों को सहायता इस लिए दी जानी चाहिए ताकि रोज़गार को बढ़ावा मिल सके। इसी प्रकार खाद्य सहायता के औचित्य हेतु यह तर्क दिया जाता है कि इससे भुखमरी तथा असंतुलित आहार की समस्या के समाधान में सहायता मिलती है। जनहितकारी वस्तुओं (merit goods) जैसे कि स्वास्थ्य सेवाएँ, शिक्षा, पेय-जल आदि के लिए सहायता देने से विकसित देशों के भी लाभांवित होने की आशा की जाती है।

परंतु स्मरणीय है कि सामान्यतः प्रत्येक आर्थिक सहायता के परिणाम हितों और अहितों का एक मिश्रण होते हैं। बाज़ार विफलताओं के दोषों को दूर करने की चेष्टा में विविध प्रकार की **प्रशासनिक विफलताएँ (government failures)** अस्तित्व में आ जाती हैं, जिनके कुछ उदाहरण नीचे दिए गए हैं:-

- प्रत्येक आर्थिक सहायता बजट पर एक वित्तीय बोझ होती है। इससे राजस्व घटता है अथवा व्यय बढ़ता है और अंततः यह बोझ अर्थव्यवस्था को वहन करना पड़ता है।
- बजटीय मदों और नीतियों में यथोचित संशोधन करने की सरकार की कठिनाइयाँ बढ़ जाती हैं।
- इनसे लाभान्वित वर्गों को अपनी कार्यकुशलता संबंधी विफलताएँ छुपाने का अवसर मिलता है।
- आर्थिक सहायता की नीति के फलस्वरूप कई प्रकार के निहित स्वार्थ (vested interests) उत्पन्न हो जाते हैं, जिनसे छुटकारा पाना सरकार के लिए अति कठिन (अथवा असंभव) हो जाता है।
- अधिकतर आर्थिक सहायताओं में बेरोकटोक बढ़ने की प्रवृत्ति होती है।
- समाज के अन्य वर्ग भी आर्थिक सहायता के अधिकारी होने का दावा करने लगते हैं, जिन्हें अधिक समय तक टालना सरकार के लिए कठिन हो सकता है।
- इनका लाभ अधिकतर उन लोगों को नहीं पहुँच पाता, जिन्हें पहुँचना चाहिए। आर्थिक सहायता के प्रबंधन में उनके परिणाम एकदम आशा के विपरीत भी हो सकते हैं। डर यह रहता है कि गरीब लोगों, पिछड़े इलाकों तथा निर्दिष्ट

उद्योगों और गतिविधियों को मिलने वाले लाभ निहित स्वार्थ हितों द्वारा न हड़प लिए जाएँ। ऐसा होने पर उनसे अपेक्षित वितरणीय न्याय का लाभ अर्जित नहीं किया जा सकता। आर्थिक सहायता के माध्यम से वित्तीय-बीमार उद्योगों, उत्पादन क्षमता के अपूर्ण प्रयोग (underutilized capacity), कर्मचारियों की अधिकता (over-staffing) तथा पिछड़ी तकनीकों (outdated techniques) को अपनाए रखने जैसे कई दोषों का पोषण होने लगता है। सारांश यह है कि बाज़ार विफलताओं को दूर करने की चेष्टा में प्रशासनिक विफलताएँ जन्म लेने लगती है। इस कारण कुछ विचारकों के मतानुसार आर्थिक सहायताएँ केवल अल्पकालीन होनी चाहिएँ। इनसे लाभान्वित होने वाले लोगों को यह पता रहना चाहिए कि सहायता का यह स्रोत एक पूर्वनिश्चित तिथि के पश्चात् सूख जाएगा।

यह आवश्यक नहीं है कि सभी आर्थिक सहायताओं के लक्ष्य आर्थिक विकास और/अथवा सामाजिक कल्याण हों। ये लक्ष्य राजनीतिक एवं अन्य भी हो सकते हैं। इनकी मूल प्रकृति यह है कि इनके माध्यम से समाज के संसाधनों का एक अंश सहायतितों को अंतरित कर दिया जाता है। यह प्रक्रिया ठीक वैसी ही है जैसी कि सरकार द्वारा अपने बजटीय व्यय का एक भाग समाज के किसी वर्ग के कल्याण हेतु व्यय करने पर होती है। प्रत्यक्ष आर्थिक सहायताओं के मामले में सरकार के लक्ष्य तथा उनकी प्राप्ति की इच्छा स्पष्ट रूप से हमारे समक्ष आ जाते हैं, तथा उनके औचित्य की सैद्धांतिक और व्यावहारिक दोनों स्तरों पर समीक्षा भी संभव रहती है।

व्यावहारिक स्तर पर आर्थिक सहायताओं का एक ऐसा रूपाकार खड़ा करना जो सभी प्रकार से त्रुटिरहित हो, लगभग असंभव है। प्ररणामस्वरूप हम बहुधा 'बाज़ार विफलताओं' के स्थान पर प्रशासनिक और राजनीतिक विफलताओं (government failures) का शिकार हो जाते हैं। और इस प्रक्रिया में ऐसे कई निहित स्वार्थ (vested interests) उत्पन्न हो जाते हैं, जिनसे छुटकारा पाना सरल नहीं होता।

वास्तविकता यह है कि एक बार प्रारंभ हो जाने पर अधिकतर आर्थिक सहायताओं को समाप्त करना लगभग असंभव हो जाता है; उल्टे उनकी राशियाँ बढ़ती जाती हैं। इस आधारभूत प्रवृत्ति का एक कारण यह भी है कि बाज़ार विफलताएँ बराबर बनी रहती हैं, तथा उनके विरुद्ध सरकार को लगातार सक्रिय रहना पड़ता है। उदाहरणार्थ यदि जनहितकारी वस्तुओं की पूर्ति बाज़ार व्यवस्था पर छोड़ दी जाए, तो उनकी पर्याप्तता की अपेक्षा नहीं की जा सकती। इसी प्रकार बाज़ार व्यवस्था में आर्थिक असमानताओं की प्रवृत्ति बनी रहती है तथा उनसे लगातार निपटने की आवश्यकता रहती है। यही स्थिति बेरोज़गारी, व्यापार चक्र तथा क्षेत्रीय असमानताओं की समस्याओं के साथ है।

**प्रभाव**–उपदानों से कई प्रकार के आर्थिक प्रभाव अपेक्षित हैं, जैसे कि:

(i) साधन आवंटन प्रभाव;

(ii) वितरणीय प्रभाव;

(iii) राजकोषीय प्रभाव; तथा

(iv) व्यावसायिक प्रभाव।

उपरोक्त प्रभाव-वर्ग लगभग स्वस्पष्ट हैं। उदाहरणार्थ आर्थिक सहायताओं द्वारा सहायतित वस्तुओं/सेवाओं के माँग और पूर्ति प्रवाह प्रभावित होते हैं। इससे वस्तुस्थिति के अनुसार स्वदेशी उत्पादन और व्यापार संतुलन को धक्का लग सकता है; अथवा इनके प्रभाव ठीक इससे उलट भी हो सकते हैं। इसी प्रकार उपदानों के वितरणीय प्रभावों द्वारा उत्पादकों तथा उपभोक्ताओं, शहरी तथा ग्रामीण लोगों और धनवान तथा निर्धन लोगों की सापेक्षिक स्थिति में परिवर्तन आता है। सामान्य तौर पर ये प्रभाव सहायतित वस्तु की माँग और पूर्ति को निर्धारित करने वाले घटकों और उस पर दी जाने वाली आर्थिक सहायता की रूपरेखा पर निर्भर करते हैं। उपदानों के राजकोषीय प्रभाव बजटीय

घाटे में बढ़ोतरी के साथ-साथ अन्य मदों पर संसाधनों के व्यय को घटाए जाने के रूप में प्रकट होते हैं, तथा इनसे सरकार का कर-राजस्व भी घट सकता है।

स्मरणीय है कि अर्थव्यवस्था में व्यापक अंतर्क्षेत्रीय निर्भरता के कारण सभी प्रभाव भी आपस में गुंथे रहते हैं, तथा उनमें से किसी एक पर अलग से विचार करना अधूरा रहता है। वे आपसी क्रिया प्रतिक्रिया से लगातार एक दूसरे को प्रभावित करते रहते हैं। इसके अतिरिक्त सामाजिक कल्याण और आर्थिक कार्यकुशलता के दृष्टिकोणों से वे अनुकूल एवं प्रतिकूल दोनों प्रकार के हो सकते हैं, और इस कारण अधिकतर मामलों में किसी निर्विवाद निर्णय पर पहुँचना अति कठिन रहता है। अन्य कारकों के अतिरिक्त आर्थिक सहायताओं का निवल प्रभाव इस बात पर भी निर्भर करता है कि प्रारंभिक (अर्थात् उपदानों से पूर्व की) मुक्त बाज़ार की स्थिति क्या थी, उपदानों का रूपाकार क्या है तथा उनसे संसाधन आवंटन, माँग और पूर्ति प्रवाह आदि किस प्रकार प्रभावित होते हैं, आदि।

वैसे यह एक अकाट्य तथ्य है कि आर्थिक सहायताओं की 'अधिकता' से विकास और उत्पादन प्रक्रियाओं पर दुष्प्रभाव पड़ने की संभावना बढ़ जाती है, उनका बजटीय भार अवहनीय (unsustainable) हो जाता है, और बजटीय नीतियों में अनम्यता पैदा होती है।

**व्यापकता**–आर्थिक सहायता देने की प्रथा केवल भारत में नहीं, प्रत्युत समस्त विश्व में पाई जाती है। इसकी सैद्धांतिक नींव इस मान्यता में निहित है कि बाज़ार व्यवस्था से कई प्रकार की विफलताएँ मिलती हैं (जैसे कि आय तथा धन की वितरणीय असमानताएँ, साधन आवंटन के दोष आदि) तथा इन्हें दूर करने के लिए आर्थिक सहायता का एक नीति-यंत्र के रूप में प्रयोग किया जा सकता है। विकसित देशों में आर्थिक सहायताओं की नीति को मुख्य रूप से कुछ चयनित सामाजिक वर्गों की सहायता के लिए अपनाया जाता है। परंतु अविकसित देशों में इस नीति का क्षेत्र काफ़ी विस्तृत हो सकता है, जिसमें बेरोज़गारी, क्षेत्रीय विषमताओं तथा गरीबी में कमी के अतिरिक्त निर्यात प्रोत्साहन भी शामिल हैं। भारत में भी आर्थिक सहायताओं का प्रयोग कई प्रकार के ध्येयों की प्राप्ति के लिए किया जाता है।

**आँकड़े**–सारणी संख्या 19.4 से विदित होता है कि केन्द्र की खुली आर्थिक सहायताओं के आकार में लगातार वृद्धि होती रही है। 2018-19 की बजटीय अनुमानित राशि ₹2,65,909 करोड़ थी।

यह तथ्य भी ध्यानयोग्य है कि आर्थिक सहायताओं का एक बड़ा भाग (2006-07 में 97%) केवल तीन मदों (अर्थात् खाद्यान्न, उर्वरक, और पेट्रोलियम) में ही खप जाता है। अन्य सहायताओं में मुख्य स्थान निर्यात संवर्धन (3.1%) का है। अन्य सहायता मदों में रेलवे, मिलनिर्मित कपड़ा, हथकरघा कपड़ा, ब्याज-सहायता तथा किसानों को ऋण राहत आदि शामिल हैं।

यह तथ्य विशेष रूप से नोट किया जाना चाहिए कि खुली आर्थिक सहायताएँ कुल आर्थिक सहायताओं का केवल एक अंश मात्र हैं। भारत में निहित सहायताओं का आकार और व्यापकता कहीं अधिक है, तथा उनकी सही जानकारी प्राप्त करना और उनका मात्रीकरण करना भी अति कठिन है। ये निहित सहायताएँ कई रूप धारण करती हैं। उदाहरणार्थ सरकार द्वारा अपनी क्रय-नीति में कुछ उद्योगों अथवा उत्पादकों को प्राथमिकता देना; सार्वजनिक उद्यमों की हानियों की भरपाई करना; विभिन्न प्रकार की कर-रियायतें एवं कर-छूटें देना; स्वास्थ्य, शिक्षा तथा अन्य सेवाओं एवं वस्तुओं को मुफ़्त अथवा रियायती दामों पर मुहैया कराना, आदि।

जैसे कि ऊपर कहा जा चुका है, अनुदानों का समाज-कल्याण लक्ष्यों की प्राप्ति में एक मुख्य योगदान हो सकता है। यह कहना भी गलत है कि सभी अनुदान किसी न किसी प्रकार का अर्थिक बिगाड़ करते हैं। वास्तविकता

यह है कि पूर्ण रूप से अनियंत्रित बाजार व्यवस्था कई प्रकार की खराबियों को जन्म देती है और सरकार का दायित्व बनता है कि यथा संभव इन खराबियों को दूर करे। अलोचको के मतानुसार भारत सरकार के सभी अनुदान श्रय-रहित हैं क्योंकि उन से आय धन वितरण की विक्रितियों में वृद्धि होती है।

- आर्थिक सहायताएँ नकारात्मक करारोपण हैं।
- इनका लक्ष्य निर्दिष्ट वर्गों, क्षेत्रों एवं गतिविधियों आदि को प्रोत्साहित करना होता है।
- यह कार्य साधन-अंतरण और माँग और पूर्ति प्रवाहों में यथोचित परिवर्तन द्वारा संपन्न होता है।
- इनका औचित्य बाज़ार विफलताओं में निहित है; परंतु ये स्वयं में विविध प्रकार की सरकारी विफलताओं के अतिरिक्त अनेकों त्रुटियों को जन्म देती हैं।
- इनके प्रभाव व्यापक होने के साथ-साथ सकारात्मक और नकारात्मक दोनो प्रकार के हो सकते हैं, और विविधरूपी होने के अतिरिक्त आपस में गुंथे रहते हैं।
- आर्थिक सहायताओं का अस्तित्व भारत सहित विश्व-व्यापी है।
- केन्द्र द्वारा दिए जाने वाली आर्थिक सहायताओं का मुख्य भाग खाद्यान्न, उर्वरक (और पिछले कुछ वर्षों तक निर्यात संवर्धन) की मदों को जाता था।
- केन्द्र द्वारा विविध प्रकार की निहित आर्थिक सहायताएँ भी दी जाती हैं।
- खुली सहायताएँ केन्द्र के व्यय बजट का एक बड़ा भाग हैं।
- आर्थिक सहायताओं ने विविध प्रकार के निहित स्वार्थों को जन्त दिया है।

## व्यय नीति

(Expenditure Policy)

लोक व्यय की किसी स्पष्ट नीति के बिना भी, केवल इसके आकार से ही, अर्थव्यवस्था पर बहुआयामी व्यापक प्रभाव पड़ता है। भारत में लोक व्यय का महत्व और भी अधिक है, क्योंकि यहाँ पर सरकार इसे एक नीति-यन्त्र के रूप में भी प्रयोग करती है। इस नीति के लक्ष्यों में आय और धन का न्यायिक वितरण, आर्थिक शक्ति का विकेन्द्रीकरण, क्षेत्रीय विषमताओं में कमी, तथा आर्थिक विकास की दर में वृद्धि आदि शामिल हैं।

**सारणी 19.5 भारत सरकार के व्यय के मुख्य घटक: 2018-19**

(₹ करोड़)

| | राजस्व संवितरण | पूँजी संवितरण |
|---|---|---|
| 1. सामान्य सेवाएँ | 1050248 (49.3%) | 110840 (25.2%) |
| 2. सामाजिक सेवाएँ | 103340 (4.8%) | 10964 (2.5%) |
| 3. आर्थिक सेवाएँ | 551621 (25.9%) | 155048 |
| 4. अनुदान और अंशदान | 426548 (20.0%) | ... |
| 5. लाक ऋण | ... | 163589 (37.1%) |
| 6. कुल व्यय | 2131757 | 440441 |

भारत सरकार के 2018-19 के व्यय बजट पर एक दृष्टि डालने से सरकार की व्यय नीति में मूलभूत कमियों का पता चलता है (देखें सारणी 19.5)। राजस्व व्यय का अधिकतम भाग सामान्य सेवाओं (प्रशासनिक, न्यायिक, आदि) पर और पूँजी व्यय का 37.1% केवल लोक ऋण सेवाओं पर ही खप जाता है। आर्थिक सेवाओं पर व्ययित अनुपात को स्वीकार्य माना जा सकता है। परन्तु राजस्व व्यय का पाँचवाँ भाग अनुदानों और अंशदानों में चला जाता है। सब से अधिक चिंताजनक तथ्य यह है कि सामाजिक सेवाएँ लगभग पूरी तरह अनदेखी रहती हैं। ऐसी स्थिती में सरकार की व्यय नीति में मूलभूत पुननिर्माण को नकारा नहीं जा सकता। कहने की आवश्यकता नहीं कि नव-निर्मित नीति में सर्वोच्च प्राथमिकता सामाजिक और अर्थिक विकास ही होनी चाहिए।

## भारत में सार्वजनिक व्यय पर नियंत्रण
(Control of Public Expenditure)

लोक व्यय के इस आयाम में तीन बातें शामिल हैं:-

- कोई राशि बिना उपयुक्त कानूनी पूर्वाज्ञा के खर्च न की जाए, तथा उसी कार्य/मद पर व्ययित हो जिसके लिए इसकी अनुमति दी गई हो।
- व्यय करने वाली सरकारी एजेन्सियाँ अपने कार्यों तथा भूलों के लिए जनता के प्रति उत्तरदायी हों।
- व्यय-प्रोग्राम तथा नीतियाँ लोगों की वास्तविक आवश्यकताओं तथा आकांक्षाओं को प्रतिबिम्बित करें। सार्वजनिक व्यय के उद्देश्यों के बारे में अंतिम निर्णय लेने का अधिकार देश की जनता का बनता है जिसे वह सरकार के वैधानिक अंग के माध्यम से व्यक्त करती है, और व्यय करने वाली एजेन्सियों की जवाबदेही भी इसी जनता के प्रति होनी चाहिए। परंतु यथार्थ के स्तर पर कई अड़चनों के कारण इस ध्येय की पूर्ति नहीं हो पाती। इनमें से एक महत्वपूर्ण अड़चन तो यही है कि लोगों की वास्तविक आवश्यकताओं और आकांक्षाओं का ठीक से पता नहीं लगाया जा सकता, और यदि पता लग भी जाए तो भी उनकी प्राप्ति के अनुकूल संबंधित नियमों एवं कार्य-पद्धतियों की संरचना में आने वाली अनेक कठिनाइयों का समाधान लगभग असम्भव है।

### भारत में स्थिति (Position in India)

भारत में सार्वजनिक व्यय पर नियंत्रण की प्रभाविता को आंकने के लिए केन्द्रीय सरकार के स्तर पर लागू व्यवस्था का विवरण दिया जा सकता है। भारत सरकार से संबद्ध टिप्पणियाँ राज्य सरकारों के संदर्भ में भी लागू होती हैं। केन्द्र के स्तर पर इस नियंत्रण के कई चरण हैं।

### प्रथम चरण: बजट व्यवस्था

**1. बजट बनाना**–नियंत्रण के प्रथम चरण का पहला उपचरण वार्षिक बजट का बनाना है। यह एक विस्तृत प्रक्रिया है, तथा इसका उद्देश्य यह है कि:

- वर्ष भर में होने वाले पूरे व्यय का मदवार विवरण तैयार किया जाए, उसके लिए साधन प्राप्ति की विस्तृत जानकारी हो, और उन सबसे संबंधित दरें, नियम तथा अधिनियम अपनाए जाएँ;
- बजट सरकार की आर्थिक, सामाजिक तथा अन्य नीतियों को प्रतिबिम्बित करे;
- इन नीतियों तथा बजट की मदवार राशियों से संबंधित सभी आवश्यक जानकारी संसद को दी जाए;

- साधन संग्रहण तथा उन्हें व्यय करने हेतु संसद की स्पष्ट, मदवार तथा विस्तृत अनुमति प्राप्त की जाए;
- सरकार के प्रशासनिक अंग की वित्तीय गतिविधियों के नियंत्रण हेतु एक ऐसी व्यवस्था की जाए जिसके अंदर रहने के लिए वह बाध्य हो; तथा
- वित्तीय कार्यक्रमों और नीतियों के कार्यान्वित किए जाने की जाँच-पड़ताल तथा लेखा-परीक्षण की एक प्रभावी प्रणाली तैयार की जाए।

भारत सरकार का बजट आगामी वर्ष के लिए इसकी नीतियों और कार्यकलापों की एक रूपरेखा प्रस्तुत करता है। यह विचाराधीन वर्ष के प्रारंभ से कुछ समय पूर्व ही संसद में पारित किए जाने के लिए प्रस्तुत किया जाता है। बजट में तीन वर्षों के वित्तीय अनुमानों के निम्नलिखित तीन खंड रहते हैं:-

(क) **गत वर्ष (Previous Year)** की वित्तीय प्राप्तियों और संवितरणों के मदवार वास्तविक आँकड़े (Actuals for the Previous Year);

(ख) **चालू वर्ष (Current of Outgoing Year)** के लिए आँकड़ों के दो सैट रहते हैं, अर्थात

(i) पहले से पारित बजटीय व्यय और प्राप्तियों के अनुमान (Budget Estimates of Outgoing Year); और

(ii) व्यय और प्राप्तियों के संशोधित अनुमान (Revised Estimates of Outgoing Year);
तथा यदि इनमें ओर पारित बजटीय अनुमानों में कोई अंतर हो तो उसके कारण;

(ग) **आगामी वर्ष** के लिए भी आँकड़ों के दो सैट रहते हैं, अर्थात्

(i) करों आदि की वर्तमान दरों पर मदवार प्रस्तावित व्यय की राशियों और प्राप्तियों के अनुमान (Budget Estimates of Incoming Year at Current Rates); और

(ii) करों आदि में प्रस्तावित संशोधनों के उपराँत आगामी वर्ष के लिए मदवार प्रस्तावित व्यय राशियों तथा प्राप्तियों के अनुमान (Budget Estimates of Incoming Year with Budgetary Proposals), अर्थात बजटीय प्रस्तावों सहित आगामी वर्ष के लिए बजटीय अनुमान।

इन अनुमानों के अतिरिक्त बजट के पूर्व संसद के समक्ष एक **आर्थिक समीक्षा** (Economic Survey) रखी जाती है, जिसमें देश की तत्कालीन आर्थिक स्थिति और आगामी वर्ष में संभावित स्थिति की समीक्षा के अतिरिक्त महत्वपूर्ण समस्याओं एवं प्रश्नों पर चर्चा रहती है। इसके अतिरिक्त विविध प्रकार के ऐसे आँकड़े भी दिए जाते हैं जिनसे नीति-प्रश्नों को समझने और सस्याओं के समाधान में सहायता मिलती हो। इस प्रकार आर्थिक समीक्षा की सहायता से सरकार अपनी प्रस्तावित नीतियों के संसद द्वारा स्वीकारे जाने के लिए बुनियाद तैयार करने की चेष्टा करती है।

बजट स्वयं में भी एक विस्तृत विवेचन प्रलेखों का समूह होता है। हमारे संविधान के अनुसार बजट को राजस्व और पूँजी खातों में विभाजित करना अनिवार्य है। इसके अतिरिक्त बजट में प्राप्तियों और अदायगियों का विस्तृत ब्यौरा (मुख्य शीर्षकों तथा उप-शीर्षकों के रूप में) रहता है। इसी प्रकार इस ब्यौरे का वर्गीकरण मंत्रालयों तथा विभागों के आधार पर तथा विशिष्ट खाता नंबरों और माँग-संख्या आदि के रूप में भी किया जाता है। 1987-88 से बजट को सर्वप्रथम प्राप्ति बजट (Receipts Budget) तथा व्यय बजट (Expenditure Budget) के खंडों में विभाजित किया जा रहा है।

**2. बजट को पारित करना**–बजट से संबंधित अगला उपचरण उसका संसद द्वारा पारित किया जाना है। स्मरणीय है कि बजट को दो अथवा दो से अधिक भागों में संसद के सामने रखा जा सकता है।

## दूसरा चरण: नियन्त्रण की प्रभाविता सुनिश्चित करना

उपरोक्त अबजटीय व्यवस्था के होते हुए भी सार्वजनिक व्यय पर संसद का नियंत्रण अधूरा रहता है। इसके कई कारण हैं—

- संसद को केवल बजटीय प्रस्तावों के नीति पक्ष की ही जानकारी मिल पाती है। बजटीय अनुमानों की मदवार सार्थकता (accuracy) को जाँचने के लिए इसके पास कोई साधन नहीं होता। इसके लिए इसे सरकार के प्रशासनिक अंग के अनुमानों पर ही निर्भर होना पड़ता है।
- बजटीय प्रस्तावों का चुनाव तथा उनकी रूपरेखा तैयार करने का काम संसद के हाथ में न होकर केवल सरकार के हाथ में होता है। संसद का काम केवल उन पर विचार करना तथा उनको (किसी परिवर्तन के सहित अथवा उसके बिना) पारित करना अथवा रद्द करना है।
- कई बार संसद में समय के अभाव के कारण बजट पर मदवार तथा विस्तृत विचार के बिना बजट का एक बड़ा अंश (अथवा समस्त बजट) सामूहिक तौर पर पारित कर दिया जाता है। स्पष्ट है कि इस कार्य-प्रणाली के फलस्वरूप भी संसद की सार्वजनिक व्यय पर पकड़ ढीली पड़ जाती है।
- अत: नियन्त्रण की इस कमी को दूर करने के लिए विभिन्न विभागों के लिए 17 संसदीय कमेटियाँ हैं। प्रत्येक कमेटी में लोक सभा से तीस तथा राज्य सभा से 15 सदस्य रहते हैं। इन कमेटियों का काम यह है कि मंत्रालयों तथा विभागों की मांगों पर विस्तार से विचार करें तथा अपनी सिफ़ारिशें संसद के समक्ष रखें।

## तीसरा चरण: राशियों का संवितरण

सार्वजनिक व्यय पर नियंत्रण का यह चरण सरकार के प्रशासनिक अंग से जुड़ा है। राशियों का वास्तविक संवितरण प्रशासन के हाथों में रहता है। अत: उद्देश्य यह रहता है कि व्यय प्रक्रिया में सथासंभव सावधानी बरती जाए और नियमों अधिनियमों का पालन किया जाए ताकि किसी प्रकार से भी अपव्यय न होने पाए। इस व्यवस्था में नियंत्रण ढाँचे के दो घटक हैं।

प्रथम यह कि निविदा प्राप्ति जैसी वित्तीय मर्यादाओं का पालन किया जाए। इस संदर्भ में वित्त-मंत्रालय का यह दायित्व है कि वित्तीय पहलुओं वाले सभी सुझावों का यथोचित अध्ययन करे तथा उनमें तालमेल बिठाए। केवल सामान्य दिनचर्या संबंधी वित्तीय मामले विभागीय इंचार्जों के हाथ में रहें। इसी संदर्भ में राशियों के गबन तथा अपव्यय को रोकने के लिए नियमों तथा अधिनियमों का एक जटिल चक्रव्यूह तैयार किया गया है। संसद द्वारा पारित किए जाने पर भी कोई राशि का तब तक वितरण नहीं किया जा सकताी जब तक कि उसके लिए निर्दिष्ट अधिकारी से अलग से अनुमति न ली जाए।

दूसरा यह कि व्यय करने की अनुमति देने तथा अदायगियाँ करने के अधिकार बँटे हुए हैं। वास्तविक अदायगियाँ, नियमों-अधिनियमों को ध्यान में रखते हुए, अलग से लेखा विभागों के हाथ में रहती हैं। इस प्रकार जो राशि जिस मद के लिए पारित की गई हो, उसी मद पर व्ययित की जा सकती है।

## चौथा चरण: लेखा परीक्षण

सार्वजनिक व्यय पर नियंत्रण का चौथा चरण लेखा परीक्षण (auditing) के रूप में अवतरित होता है। भारत का मुख्य लेखा परीक्षक (Auditor General of India) भारत सरकार तथा सरकारी उद्यमों का लेखा परीक्षण करता

है, तथा अपनी रिपोर्टों में कायदे कानून की हुई अवहेलना की सूचना देता है। ये रिपोर्टें संसद के समक्ष विचार हेतु प्रस्तुत की जाती हैं। लेखा परीक्षण में यह देखा जाता है कि वित्तीय लेखे किस हद तक ठीक ढंग से तैयार एवं प्रस्तुत किए गए हैं, और व्यय संबंधी सभी मर्यादाओं का किस हद तक पालन किया गया है।

**त्रुटियाँ**–परंतु यह लेखा परीक्षण प्रणाली दोषरहित नहीं है।

- इसकी मुख्य कमी यह है कि सार्वजनिक व्यय करने वाले प्रत्येक अधिकारी के समक्ष मुख्य निर्णय कसौटी यह रहती है कि लेखा परीक्षण में कोई त्रुटि न पाई जाए। इसका कारण यह है कि लेखा परीक्षण के नियमों-अधिनियमों की परिधि में रहते हुए किसी प्रकार का भी अपव्यय करना दंडीनय नहीं है, जबकि अपव्यय को बचाने के लिए इन नियमों की अवहेलना करना दंडनीय हो सकता है। परिणामस्वरूप सरकार की समस्त व्यय-प्रक्रिया केवल लेखा प्रणाली द्वारा ही नियमित होती है और देश की अर्थव्यवस्था की उत्पादिता को धक्का पहुँचता है।
- लेखा परीक्षण की प्रचलित व्यवस्था में व्यय संबंधी नीतियों और नियमों का अध्ययन नहीं किया जाता। उदाहरणार्थ इसमें इस बात की जाँच नहीं की जाती कि सरकार को उपभोग व्यय को घटा कर पूँजी निर्माण को बढ़ाना चाहिए कि नहीं। इसी प्रकार लेखा परीक्षण में समाज के पिछड़े वर्गों के कल्याण हेतु व्यय नीतियों के औचित्य को परखने का भी कोई स्थान नहीं है।
- इन प्रतिबंधनों के कारण प्रशासन में व्यय संबंधी निर्णय करने वाले कर्मी लोक व्यय की उत्पादिता बढ़ाने के लिए प्रोत्साहित नहीं होते।

**समाधान**–उपर्युक्त दोषों को दूर करने हेतु कई प्रकार के समाधान सुझाए गए हैं। भारत में भी इस प्रकार के समाधानों को अपनाने का कई बार आश्वासन दिया गया है। इनमें से अधिकतर विदेशों में अपनाए गए सुधारों की नकल हैं। इनमें मुख्य (क) बजट का आर्थिक तथा कार्यात्मक वर्गीकरण, (ख) निष्पादन एवं कार्यक्रमण बजटिंग, तथा (ग) शून्य-आधार बजटिंग हैं। इनका विवेचन एक अन्य अध्याय में पहले ही दिया जा चुका है।

ध्यानयोग्य है कि **केन्द्र ने लिंगाधारित बजटिंग की भी शुरूआत की है।** इसमें यह दर्शाया जाता है कि बजट के व्यय पक्ष से महिलाएँ और बच्चे कहाँ तक लाभान्वित होते हैं। इस बजटिंग का व्याख्यात्मक वर्णन परिशिष्ट 2 में दिया गया है।

इसके अतिरिक्त केन्द्र ने राजकोषीय अनुशासन का एक व्यापक ढाँचा भी अपनाया है, जिसके लिए **राजकोषीय दायित्व एवं बजट प्रबंधन** (Fiscal Reponsibility and Budget Management) नामक अधिनियम भी पारित किया गया है। इस अधिनियम के अंतर्गत राजकोषीय निष्पादन के कई प्रकार के मापदंड नियत किए गए हैं जिनके अंतर्गत निर्धारित लक्ष्यों की प्राप्ति पर आवधिक रिपोर्ट सर्वविदित की जाती है।

## पाँचवाँ चरण: संसद समितियाँ

व्यय नियंत्रण का पाँचवाँ और अंतिम चरण फिर से संसद के हाथ में है। संसद को यह अधिकार है कि वह किसी भी व्यय-मद अथवा लेन-देन तथा उससे संबंधित राशियों की उपयुक्तता की जाँच-पड़ताल करे। इस उद्देश्य से संसद किसी भी मद के प्रति खोजबीन कर सकता है। परंतु साथ ही संसद की दो स्थायी कमेटियां भी हैं जो सार्वजनिक व्यय के कुछ पहलुओं पर नियमित रूप से विचार करती हैं। इनमें प्रथम **लोक लेखा कमेटी** (Public Accounts Commitee) है, जो लेखा महापरीक्षक की रिपोर्टों तथा विनियोग खातों की जाँच करती है और सरकार के प्रशासनिक अंग की त्रुटियों को नोट करते हुए आवश्यकतानुसार उनकी और गहरी छानबीन

कराती है। इसके अतिरिक्त यह कमेटी स्वायत्त निकायों, लोक निगमों, व्यापार एवं निर्माण स्कीमों आदि के आय, व्यय तथा लाभ-हानि लेखों की भी विभिन्न पहलुओं से जाँच करती है, जिनमें कानूनी तथा अधिकरण संबंधी मर्यादाएँ तथा अन्य औचित्य मानक शामिल रहते हैं। परंतु लेखा कमेटी के कार्यक्षेत्र की एक मूलभूत त्रुटि यह है कि इसमें सभी जाँच कार्य घटनोपरांत होती है। कमेटी किसी गड़बड़ होने के पूर्वाभास पर उसे रोकने के लिए कोई कदम नहीं उठा सकती।

संसद की दूसरी कमेटी प्राक्कलन समिति (Estimates Committee) के नाम से जानी जाती है। इसका कार्य यह है कि प्रशासन की वित्तीय गतिविधियों पर निगरानी रखे, ताकि प्रशासनिक उत्पादिता को कायम रखते हुए इष्टतम मितव्ययिता की प्राप्त की जा सके। अनुमानों से संबद्ध नीतियों का ध्यान रखते हुए यह कमेटी व्यय-उत्पादिता में विभिन्न संभव सुधारों की सिफ़ारिश करती है। कमेटी उत्पादिता बढ़ाने की दशा में तथा संसद के सामने रखे जाने वाले अनुमानों की रूपरेखा में सुधार करने के लिए भी सुझाव देती है।

## बजट की गोपनीयता (Budget Secrecy)

यह प्रश्न भी विचारणीय है कि क्या बजट की गोपनीयता से राजकोषीय नीति की प्रभाविता बढ़ाने में सहायता मिलती है। बजटीय व्यय और प्राप्तियों के अनुमानों तथा सुझावों को संसद में पेश करने के अंतिम पल तक गोपनीय रखा जाता है। परंतु यह प्रथा विवादास्पद है।

- लोक व्यय पर नियन्त्रण के कई चरण और आयाम हैं। इस नियन्त्रण का उद्देश्य अपव्यय को रोकना और व्यय की उत्पादिता को बढ़ाना है।
- नियन्त्रण की जटिल व्यवस्था और इसके कई चरणों के बावजूद इसमें कई त्रुटियाँ रह जाती हैं।
- पहला चरण बजट को विधिपूर्वक बनाने का है। इसमें आँकड़ों सहित विविध प्रकार की उपयोगी जानकारी दी जाती है, तथा व्यय और प्राप्तियों के विस्तारपूर्वक सुझाव रहते हैं। बजट को एक से अधिक भागों में संसद के समक्ष पारित करने हेतु रखा जा सकता है।
- संसद इस बजट को विचारोपराँत संशोधनों सहित अथवा उनके बिना पास करता है।
- तीसरे चरण में प्रशासन द्वारा अनुमोदित बजटीय राशियों का वास्तविक वितरण आता है। इसके लिए एक विस्तृत और जटिल व्यवस्था कायम की गई है।
- व्यय नियन्त्रण का चौथा चरण लेखा परक्षिण का है। परंतु अति आवश्यक होते हुए भी इसके अपने दुष्परिणाम हो सकते हैं।
- बजटीय नीतियों एवं प्रभावों आदि की अधिक जानकारी देने के लिए बजट को अन्य कई रूपों में भी प्रस्तुत किया जाता है। परंतु भारत में इनकी व्यावहारिक प्रभाविता अति कम है।
- पिछले कुछ वर्षों से राजकोषीय दायित्व एवं बजट प्रबंधन नामक अधिनियम के अंतर्गत चयनित मापदंडों के माध्यम से भी केन्द्र के राजकोषीय निष्पादन को सुधारने का प्रयास जारी है।
- इसके अतिरिक्त संसद की कई कमेटियों द्वारा भी व्यय सहित बजटीय नीतियों की जाँच की जाती है। परंतु वास्तविक स्तर पर इनकी व्यय नियन्त्रण में भूमिका सीमित है।
- बजट की गोपनीयता एक विवादास्पद विषय है। परंतु गोपनीयता न होने से सरकार की व्यय नीति अधिक पारदर्शी एवं प्रभावी हो सकती है।

एक मतानुसार इस प्रथा को बनाए रखने से कोई लाभ नहीं है, तथा बजटीय सुझावों को संसद से पारित होने के लिए पेश करने से पूर्व सर्वविदित कर देना चाहिए। ऐसा करने से लोगों को बजट के बारे में अपना मत व्यक्त करने का अवसर मिलता है। साथ ही सरकार को विभिन्न बजटीय सुझावों की उपयोगिता की बेहतर जानकारी मिलती है, बजटीय अनुमानों के आँकड़ों में सुधार किया जा सकता है, तथा सुझावों से उत्पन्न होने वाली समस्याओं का समाधान ढूँढा जा सकता है। गोपनीयता के आलोचकों का यह भी कहना है कि यह किसी के लिए भी लाभकारी नहीं है। इससे केवल अवांछित अनिश्चितता तथा सट्टेबाजी को बढ़ावा मिलता है। बजट को गोपनीय न रखने पर अर्थव्यवस्था के बचत, निवेश आदि निर्णय बेहतर हो जाते हैं। यद्यपि कुछ व्यापारी आदि बजटीय सुझावों की पूर्व जानकारी का लाभ उठा सकते हैं, परंतु बजट की गोपनीयता में सट्टेबाज़ी से लाभों के अवसर अधिक होते हैं।

## प्राप्तियों की प्रवृत्तियाँ
(Trends in Receipts)

### राजस्व खाता (Revenue Account)

केन्द्र की राजस्व प्राप्तियों के दो भाग हैं, कर-राजस्व और कर-भिन्न राजस्व। इनमें से कर-राजस्व का एक बड़ा भाग राज्यों को अंतरित किया जाता है। अत: केन्द्र की राजस्व प्राप्तियों के संदर्भ में कई शब्दावलियों का प्रयोग किया जाता है, जिनके अर्थ इस प्रकार हैं:

**(क) 'सकल कर राजस्व' (Gross Tax Revenue)**–वसूली की लागत घटाने के पश्चात् केन्द्र की सकल कर प्राप्तियाँ;

**(ख) 'निवल कर राजस्व' (Net Tax Revenue)**–'सकल कर राजस्व' में से राज्यों को अंतरित राशियों को घटाने के पश्चात् केन्द्र के पास बचा भाग;

**(ग) 'निवल कर-भिन्न राजस्व' (Net Non-Tax Revenue)**–वसूली की लागत घटाने के पश्चात् केन्द्र की कर-भिन्न प्राप्तिाँ, जैसे कि ब्याज, आदि;

**(घ) 'निवल सकल राजस्व' (New Total Revenue)**–(ख) + (ग)।

- इस खंड में हम केन्द्र के **'निवल सकल राजस्व'**, तथा उसमें 'निवल कर-राजस्व' और **'निवल कर-भिन्न राजस्व'** के घटकों के संक्षिप्त वर्णन के पश्चात् इनकी मुख्य मदों पर विचार करेंगे।

### निवल सकल राजस्व

स्मरणीय है कि यह उपरोक्त (क) और (ख) खंडों का जोड़ है। ध्यानयोग्य है कि केन्द्र की निवल सकल राजस्व प्राप्तियों में तीव्र गति से दीर्घावधिक वद्धि हुई है (देखें सारणी 19.6, लाइन F) और इसका एक कारण केन्द्र का इसके लिए अनथक प्रयास है। 1950-51 से 2018-19 की कालावधि में ये प्राप्तियाँ 406.86 करोड़ रुपए से बढ़कर 1725,738 करोड़ रुपए अर्थात् 4250 गुणा हो गई थीं। इन प्राप्तियों में सकल राष्ट्रीय उत्पाद के अनुपात के रूप में भी श्रेयस्कर वृद्धि हुई है।

## निवल कर-राजस्व (Net Tax Revenue)

स्मरणीय है कि केन्द्र की कर प्राप्तियों का एक बड़ा भाग राज्यों को अंतरित किया जाता है, और कि इन अंतरित राशियों की परिशुद्ध मात्राएँ केन्द्र की कर प्राप्तियों के साथ-साथ बढ़ती जाती हैं। 1950-51 में केन्द्र की निवल कर प्राप्तियाँ (सारणी 19.6, लाइन D) मात्र 357 करोड़ रुपए थीं, तथा 2018-19 में इसके बढ़कर 1480654 करोड़ रुपए हो जाने का अनुमान था (वार्षिक चक्रीय वृद्धि दर 13.3%)। तदनुसार अनुमान था कि केन्द्र की सकल कर राजस्व प्राप्तियाँ (राज्यों के भाग को घटाए बिना, सारणी 19.6, लाइन A), जो 1950-51 में 405 करोड़ रुपए थीं, 2018-19 में 2271242 करोड़ रुपए हो जाएँगी। सकल राष्ट्रीय उत्पाद के अनुपात के रूप में इस सकल कर राजस्व में काफी वृद्धि हुई है।

## निवल कर-भिन्न राजस्व (Non-Tax Revenue)

केन्द्र की निवल कर-भिन्न प्राप्तियाँ इसके पास ही रहती है, अतः इसकी प्राप्तियों को 'सवल' अथवा 'निवल' कुछ भी कहा जा सकता है। साथ ही जहाँ निवल कर राजस्व की प्राप्तियों में लगातार और तीव्र गति से बढ़ोतरी होती रही है, वहीं निवल कर-भिन्न राजस्व की प्राप्तियों का बरताव अति अनियमित रहा है (सारणी 19.6, लाइन E)। इसके कारण केन्द्र की निवल सकल राजस्व प्राप्तियों में निवल कर-राजस्व और निवल कर-भिन्न राजस्व प्राप्तियों के तुलनात्मक अनुपातों में भी अनियमित परिवर्तन देखने को मिलते हैं। केवल इतना अवश्य है कि केन्द्र की निवल सकल राजस्व प्राप्तियों में केन्द्र के निवल कर राजस्व का अनुपात सदैव बहुत ऊँचा रहा है। सारणी 19.6 से विदित होता है कि निवल कर-भिन्न राजस्व का अनुपात 19-40% के बीच घटता-बढ़ता रहा है। इसके बावजूद केन्द्र की बजटीय प्राप्तियों में इनका स्थान अति महत्वपूर्ण है। 1950-51 में इस घटक का आकार 49 करोड़ रुपए था, तथा 2018-19 में इसके बढ़कर 245089 करोड़ रुपए हो जाने का अनुमान था। राजस्व के इस मद समूह से संबद्ध निम्नलिखित तथ्य नोट करने योग्य हैं:-

- 2018-19 में इस मद समूह से राजस्व का 90% से अधिक केवल तीन उप-समूहों से अपेक्षित था, अर्थात् 'ब्याज की वसूली', 'लाभ और लाभांश', और 'आर्थिक सेवाएँ'।
- भारत सरकार के कर-भिन्न राजस्व में ब्याज प्राप्तियों का एक मुख्य स्थान है। केन्द्र राज्य सरकारों, सार्वजनिक उद्यमों तथा अन्य पार्टियों को कई प्रकार के ऋण देता रहा है, जिसके फलस्वरूप इसकी ब्याज प्राप्तियों में भी वृद्धि होती रही है।
- लोक उपक्रमों तथा अन्य निवेशित राशियों से लाभ और लाभांश से कुछ वर्ष पहले तक अति कम राजस्व की प्राप्ति होती थी। और लोक उपक्रमों में निवेश के आकार को देखते हुए इन प्राप्तियों की परिशुद्ध राशियाँ अभी भी अति कम हैं। किसी समय यह आशा की जाती थी कि इनसे बढ़ती लाभ-आय आदि के कारण केन्द्र की कर-राजस्व पर निर्भरता अति कम रह जाएगी। नोट करने योग्य है कि पिछले एक दशक से लोक उपक्रमों के संयुक्त वाणिज्यिक निष्पादन में लगातार सुधार हुआ है।
- परंतु अभी भी कई लोक उद्यमों की वाणिज्यिक स्थिति चिंताजनक बनी हुई है। अपवाद के रूप में कुछ उद्यमों को छोड़कर अधिकतर अभी भी घाटे में चल रहे हैं।
- केन्द्र विविध प्रकार की आर्थिक सेवाएँ मुहैया करता है, और कालान्तर में इनके आकार और विविधता में बढ़ोतरी हुई है। आर्थिक नीति के चिंतन में मूलभूत परिवर्तन के फलस्वरूप अब कई आर्थिक सेवाओं के प्रयोक्ता प्रभारों (consumer charges) को बढ़ाया जा रहा है, जिसका परिणाम इस मद के अंतर्गत बढ़ती प्राप्तियों में भी दिखाई देता है।

## सारणी 19.6 भारत सरकार की राजस्व प्राप्तियाँ

(₹ करोड़)

| | 1950–51 | पहली योजना | चौथी योजना | सातवीं योजना | 1990–92 | 1992–97 | 1997–02 | 2002–07 | 2007–12 | 2012–17 | 2017–18 | 2018–19 |
|---|---|---|---|---|---|---|---|---|---|---|---|---|
| 1 | 2 | 3 | 4 | 5 | 6 | 7 | 8 | 9 | 10 | 11 | 12 | 13 |
| A. सकल कर राजस्व जिस में | 405 | 2318 | 17629 | 195284 | 124936 | 482660 | 830433 | 1615235 | 3505223 | 6591324 | 1946119 | 2271242 |
| 1. निगम कर | 41 | 101 | 2237 | 13865 | 13188 | 67835 | 147542 | 438009 | 1272537 | 2118081 | 563745 | 621000 |
| 2. आय कर | 133 | 664 | 2834 | 17827 | 12102 | 62859 | 126759 | 258599 | 634721 | 1329719 | 439225 | 52,900 |
| 3. आय और व्यय पर अन्य कर | – | – | – | 123 | 82 | 1098 | 11961 | 349 | 44 | 15202 | 2000 | ... |
| 4. ब्याज कर | – | – | – | – | 304 | 5126 | 4484 | –253 | 23 | 30 | ... | ... |
| 5. सेवा कर | – | – | – | – | – | 2328 | 11586 | 86866 | 339189 | 921261 | 79507 | ... |
| 6. सीमा शुल्क | 157 | 916 | 3496 | 68544 | 42901 | 151366 | 217091 | 302486 | 572463 | 961155 | 135242 | 11250 |
| 7. केन्द्रीय उत्पाद शुल्क | 68 | 517 | 10270 | 85099 | 52624 | 185071 | 304192 | 501048 | 617818 | 1203257 | 276995 | 259600 |
| 8. धन कर | – | – | 128 | 729 | 538 | 879 | 675 | 926 | 2708 | 4200 | ... | ... |
| 9. उपहार कर | – | – | 17 | 44 | 11 | 50 | 14 | 7 | 5 | 2 | ... | ... |
| 10. संपदा शुल्क | – | 3 | 44 | 54 | 6 | 3 | 0 | 1 | 1 | 3 | ... | ... |
| 11. GST | – | – | – | – | – | – | – | – | – | – | 443631 | 743900 |
| 12. अन्य कर और शुल्क | 3 | 4 | 306 | 548 | 798 | 2604 | 5209 | 22760 | 56526 | 20962 | ... | ... |
| 13. संघ क्षेत्रों के कर | N.A. | N.A. | N.A. | 3722 | 2383 | 2383 | 2020 | 4438 | 9193 | 17452 | 4744 | 5242 |
| B. राज्यों का करों में भाग | 48 | 345 | 4562 | 49466 | 31732 | 131949 | 230704 | 415198 | 961525 | 2061778 | 673005 | 788093 |
| 1. आय कर | 48 | 278 | 2139 | 13266 | 9225 | 47172 | 52105 | ... | ... | ... | ... | ... |
| 2. संपदा कर | – | 2 | 40 | 37 | ... | ... | ... | ... | ... | ... | ... | .. |
| 3. केन्द्रीय उत्पाद शुल्क | – | 644 | 2384 | 36163 | 22507 | 84777 | 74069 | ... | ... | ... | ... | .. |
| C. घटाएं रा.स.ब. नि. का व्यय | * | * | * | 244 | 158 | 53 | 938 | 9590 | 14658 | 23061 | 3660 | 2500 |
| D. निवल कर राजस्व | 357 | 1974 | 13067 | 145574 | 93047 | 350658 | 598785 | 1190447 | 2539037 | 4506485 | 126454 | 148649 |
| E. कर–भिन्न राजस्व (निवल) | 49 | 259 | 5021 | 48468 | 27937 | 126486 | 259979 | 390332 | 655807 | 1058173 | 235974 | 245089 |
| F. सकल राजस्व (D + E) | 406 | 2233 | 18088 | 194042 | 120984 | 477073 | 858764 | 1580779 | 3194844 | 5564659 | 1505428 | 1725738 |

• उपरोक्त तथ्यों के बावजूद इस मद-समूह से राजस्व प्राप्तियाँ अप्रयाप्त और अनियमित रही हैं। और इस कारण केन्द्र के बजटीय घाटों की प्रवृत्ति सक्षम हुई है।

## सकल कर-राजस्व (Gross Tax Revenue)[2]

स्मरणीय है कि सकल कर-राजस्व (सारणी 19.6, लाइन A) के आँकड़ों में करों की वसूली की लागत को तो घटाया जाता है, परंतु इनमें से राज्यों को अंतरित राशियों को कम नहीं किया जाता। निम्नलिखित में राज्यों को अंतरित राशियों को घटाए बिना केन्द्र की कर प्राप्तियों की समीक्षा है।

## मुख्य प्रत्यक्ष कर (Main Direct Taxes)

### निगम कर

निगम कर निगमित क्षेत्र (कार्पोरेट क्षेत्र) अर्थात् कंपनियों, व्यवसायों आदि की कर-योग्य आय पर आरोपित कर है। इसकी परिभाषा संविधान के अनुच्छेद 366(6) में दी गई है। संविधान के 80वें संशोधन तक इसमें और आय कर में विभेदीकरण का एक मुख्य औचित्य यह था कि आय कर की प्राप्तियाँ राज्यों के साथ अनिवार्य रूप से विभाज्य थीं, जबकि निगम कर की प्राप्तियों का विभाजन प्रत्यक्ष रूप से मना था। अब दोनों प्रकार की कर प्राप्तियाँ (अधिभारों और उपकरों को छोड़कर) एक ही आधार पर राज्यों के साथ अनिवार्य रूप से विभाज्य हैं। परंतु केन्द्रीय बजट में निगम कर और आय कर की प्राप्तियाँ अभी भी अलग-अलग दर्शाई जाती हैं। इसके निम्नलिखित कारण हैं—

• निगम कर और आय कर की आधार नीतियों में मूलभूत अंतर है। दोनों में कर-छूटों और रियायतों के अतिरिक्त कर की दरों का ढाँचा भी अलग रहता है।

• आय कर प्रगामी है, और इसकी दरें कर-योग्य आय के आकार के साथ बदलती हैं। परंतु निगम कर की संरचना, स्लैब रहित होते हुए भी, कई आयामों से प्रभावित होती है, जैसे कि व्यवसाय का आकार (सूक्ष्म, लघु, मध्याकारी, बड़ा आदि), प्रकार (देशी, विदेशी, निर्यात-प्रधान, आदि), प्रबंधन (व्यैक्तिक, साझेदारी, संयुक्त पूँजी, आदि), लक्ष्य (धर्माथ, वाणिज्यिक लाभ कमाना आदि), रोज़गार (श्रम प्रधान, पूँजी प्रधान आदि). क्षेत्र (सेवाओं के विविध प्रकार, निर्माण उद्योगों के विविध प्रकार, वित्तीय उपक्रम, व्यापार उपक्रम, आदि), कार्य स्थान (पिछड़े इलाके, आदि), सरकार की आर्थिक एवं सामाजिक नीति-समूह, आदि आदि।

• शुरू के वर्षों में निगम कर की प्राप्तियाँ आय कर की तुलना में बहुत कम थीं। परंतु कालांतर में पूर्वोक्त की प्राप्तियाँ आय कर को बहुत पीछे बहुत छोड़ गई हैं। 1950-51 में आय कर से 133 करोड़ रुपए की तुलना में निगम कर से केवल 41 करोड़ रुपए की प्राप्ति हुई थी, जबकि 2018-19 के बजटानुसार ये राशियाँ क्रमशः 529,000 करोड़ रुपए और 621,000 करोड़ रुपए (अर्थात् 5521 गुणा, प्रतिवर्ष चक्रीय वृद्धि दर 16%) थीं। निगम कर की प्राप्तियों में यह तीव्र वृद्धि निगम कर की औसत दरों में कमी के बावजूद हुई है, और इसका मुख्य कारण देश का बहुआयामी आर्थिक विकास है।

---

[2] टाइम्स ऑफ़ इंडिया, 28 मार्च 1993

• निगम कर द्वारा व्यवसायों पर पड़ने वाले बोझ के बारे में मतभेद है। एक मतानुसार भारत की विकास गति को प्रोत्साहित करने और इसकी अंतर्राष्ट्रीय स्पर्धा-शक्ति को बढ़ाने के लिए निगम कर के प्रभावी बोझ को कम करने की आवश्यकता है। परंतु इसके विपरीत तर्कानुसार व्यवसाय क्षेत्र विविध प्रकार से कर से बचने की चेष्टा करता है, अतः इस पर प्रभावी कर बढ़ाने की गुंजाइश है। इसी प्रकार इस बारे में भी मतभेद है कि यदि निगमित क्षेत्र को कर-रियायतें देनी हों, तो किन वर्गों के व्यवसाय इनके अधिकारी होने चाहिएँ। अधिकारिता के इस वाद-विवाद में उपरोक्त आयामों पर आधारित वर्गीकरणों का नाम लिया जाता है।

**अनुषंगी लाभ कर (Fringe Benefits Tax, FBT)**–केन्द्र के मतानुसार निगमित क्षेत्र की कर-बचाव की प्रवृत्ति पर प्रभावी रोक लगाने की आवश्यकता थी। अनुषंगी कर की शुरूआत 2005 के बजट में एक राजस्व जुटाने वाले उपाय के रूप (as a revenue generating measure) में की गई। सरकार का दावा था कि यह कर समस्तरीय समता (horizontal equity) और विषमस्तरीय समता (vertical equity) के अतिरिक्त समान्तर के सिद्धांतों पर भी न्यायोचित था। सरकार के मतानुसार नियोक्ता (employers) अपने कर्मियों (employees) को विविध रूपी ऐसे लाभ पहुँचाते हैं, जिनमें कर्मियों के व्यक्तिगत अंश निश्चित रूप से अनुमानित नहीं किए जा सकते, तथा जिस कारण इन्हें लाभान्वित कर्मियों की करयोग्य आयों में शामिल नहीं किया जाता। साथ ही नियोक्ता-व्यवसाय की करयोग्य आय में इन व्ययों के कारण कमी हो जाती थी जिससे सरकार की कर-राजस्व प्राप्तियाँ घटती हैं। अतः इस कर में लाभान्वित कर्मियाों के स्थान पर नियोक्ता पर कर लगाया जाता है।

इस कर की नियुत्काओं और कर्मियों सहित आम लोगों में भी काफी आलोचना हुई। अतः इसे 2009 में खत्म कर दिया गया।

## आय कर

निगम कर के अतिरिक्त केन्द्र द्वारा कृषि-भिन्न आयों पर कर लगाया जा सकता है, और (अधिभारों और उपकरों को छोड़कर) इसकी निवल प्राप्तियों शुरू से ही राज्यों के साथ अनिवार्य रूप से विभाज्य हैं[3]। आय कर सदैव ही केन्द्र के लिए एक महत्त्वपूर्ण राजस्व स्रोत रहा है, परंतु साथ ही कालान्तर में इसका एक बढ़ता अनुपात भी राज्यों को अंतरित होता रहा है। केन्द्र केवल कृषि भिन्न आय पर ही कर लगा सकता है। साथ ही व्यवसाय-भिन्न करदाताओं की कर-देय (taxable) आय की अवधारणा में लगातार संशोधन होते रहे हैं। कालान्तर में सरलीकरण के साथ-साथ इसको कई प्रकार से जटिल भी बनाया गया है जिससे करदाताओं की परेशानी बढ़ी है।

आय की सकल प्राप्तियाँ 1950-51 में ₹133 करोड़ से बढ़कर 2018-19 में ₹5,29,000 करोड़ हो जाने का अनुमान था। पिछले कुछ वर्षों में इस कर की राजस्व प्राप्तियों में आश्चर्यजनक वृद्धि हुई है जिसके मुख्य कारणों में विभिन्न प्रकार की रियायतों और छूटों का हटाया जाना, कीमतों में वृद्धि, उपयुक्त जानकारी की प्राप्ति और उसका समुचित प्रयोग आदि शामिल हैं। 1950-51 में आय कर राजस्व 133 करोड़ रुपए और 2008-09 के बजटीय अनुमानुसार 138,314 करोड़ रुपए था। सकल कर राजस्व के अनुपात के रूप में यह राशियाँ 32.8 और 20 प्रतिशत थीं। ध्यानयोग्य है कि सकल कर राजस्व में आय कर के अनुपात घटने का कारण निगम कर, सेवा कर, और परोक्ष करों से प्राप्तियों में अधिक तीव्र वृद्धि है।

---

[3] यहाँ पर वर्णित करो में से अधिकतर की विस्तृत समीक्षा अध्याय 20 में है।

## व्यैक्तिक उपभेग व्यय कर (Tax on Personal Consumption Expenditure)

1958 में प्रो॰ कॉल्डर की सिफ़ारिशों पर सर्वप्रथम वैयक्तिक उपभोग व्यय पर कर लगाया गया। प्रो॰ कॉल्डर के तर्कानुसार इस कर से अन्य करों की चोरी के अवसर घट जाते हैं, तथा अनावश्यक उपभोग व्यय भी घटता है। परंतु इस कर से राजस्व प्राप्ति इतनी कम थी, तथा इसके प्रबंधन में कठिनाइयाँ इतनी अधिक थीं, कि इसे 1962 में हटा दिया गया। इसी प्रकार इसे 1964 में दोबारा लागू करने के पश्चात् उपर्युक्त कारणों के फलस्वरूप 1966 में फिर से त्यागने का निर्णय लिया गया। 1987-88 में इसे एक बार फिर कुछ निर्दिष्ट वस्तुओं/सेवाओं पर व्यय-कर के रूप में अपनाया गया।

इसी बीच 1986 में सरकार ने उपभोग व्यय पर एक **अध्ययन ग्रुप** (Study Group) का गठन किया ताकि पूर्वस्थित आय कर के अतिरिक्त अथवा उसके प्रतिस्थापन में व्यैक्तिक उपभोग व्यय कर की वांछनीयता एवं व्यावहारिकता का अध्ययन करने के उपरांत अपनी सिफ़ारिशें दे। ग्रुप इस निष्कर्ष पर पहुँचा कि व्यय कर से अपेक्षित सभी लाभ, उपयुक्त संशोधनोपरांत, आय कर से भी प्राप्त किए जा सकते हैं। इसके अतिरिक्त व्यय कर का प्रबंधन प्रशासनिक दृष्टिकोण से कई प्रकार की कठिनाइयाँ उत्पन्न करता है, और सरकार के लिए इसकी वसूली की लागत भी बहुत अधिक रहती है। अतः ग्रुप ने इसके न अपनाए जाने की सिफ़ारिश की।

## ब्याज कर (Interest Tax)

केन्द्र ने ब्याज रूपी आय पर भी कई बार कर स्रोत के तौर पर विचार किया है। केन्द्र इस पर कई बार कर लगा और हटा चुका है। परंतु यह राजस्व का कभी महत्त्वपूर्ण स्रोत नहीं बन पाया। और इसका एक कारण यह भी है कि ब्याज कर से सभी व्यवसायों की उत्पादन लागत बढ़ती है, और स्पर्धा-क्षमता घटती है। इसके अतिरिक्त इससे आर्थिक उदारता और वैश्वीकरण (economic liberalization and globalization) के लक्ष्यों की प्राप्ति की कठिनाइयाँ भी बढ़ जाती हैं। ब्याज की बढ़ती लागत से उपभोग व्यय भी हतोत्साहित होता है, और इससे भी आर्थिक विकास में रुकावट आती है।

यह कर सर्वप्रथम 1974 में बैंकों द्वारा अर्जित ब्याज आय पर कर लगाया गया, और 1978-79 में हटाने के पश्चात 1980 में फिर से लागू किया गया। इसे 1985-86 में कुछ वर्षों के लिए हटाने के पश्चात् 1990-91 में दोबारा लागू किया गया। तब से इसे कई बार संशोधित करने के पश्चात 2000-01 के बजट में हटा दिया गया।

## बैंकिंग नकदी लेनदेन कर (Banking Cash Transactions Tax)

वर्ष 2005-06 के बजट लगाए गए इस कर का उद्देश्य राजस्व प्राप्ति न होकर बैंकों के माध्यम से नकदी के गैर-कानूनी लेनदेन का पता लगाना और रोकना है। इस कानून के अंतर्गत बैंकों से निर्धारित सीमाओं से अधिक आहरणों (withdrawals) पर करारोपण का प्रावधान है।

## धन कर (Wealth Tax)

इस कर और आय, व्यय, और उपभोग आदि पर करों में एक मूलभूत अंतर है।

- पश्चमोक्त कर कानूनी तौर पर परिभाषित आर्थिक अवधारणओं के **आवधिक प्रवाहों** पर आरोपे और वसूले जाते हैं। इसके विपरीत धन कर करदाता के संचित धन (जो कि एक **'स्टाक'** है) के मूल्य पर आरोपा जाता है।

• भारत में यह कर केवल व्यक्तियों और अविभाजित हिन्दू परिवारों के निवल धन पर वार्षिक देयता के रूप में आरोपित किया जाता है।

• धन कर संचित धन के स्टाक में परिवर्तन को अनदेखा करते हुए इस पर एक वार्षिक कर है।

• धन कर में करारोपित संपत्तियों से आय होने अथवा न होने के तथ्य को भी अनदेखा किया जा सकता है। अत: यह संभव है कि कालान्तर में करारोपित धन संपत्तियाँ करदेयता के कारण घटती-घटती लुप्त हो जाएँ।

• यह कर प्रथम बार 1957 में लगाया गया। परंतु विविध कारणों से इससे राजस्व प्राप्तियाँ सदैव सीमित रहीं। 1992–97 में 879 करोड़ रुपए की तुलना में 2012–17 के बजट में इससे 4200 करोड़ रुपए की राजस्व प्राप्ति का अनुमान था। इस कमी का कारण यह है कि 1992–93 से सभी तथाकथित ''उत्पादक परिसंपत्तियों'' से इस कर को हटा लिया गया था और शेयर, बैंक जमा, आवधिक जमा, बाँण्ड, और डीबैंचर आदि को इस कर से मुक्त रखा गया परंतु आवासीय घर, फार्म हाऊस, शहरी भूमि, गहने, मोटर कार, वायुयान, आदि जैसी "अनुत्पादक परिसंपत्तियों" पर इसे लागू किया गया।

## कुछ परोक्ष कर
(Indirect Taxes)

### संपदा कर (Estate Duty)

किसी व्यक्ति द्वारा मरणोपरांत छोड़ी गई संपत्ति पर आरोपित कर को संपदा कर की संज्ञा दी जाती है। इसका निर्धारण ऐसी सकल संपदा पर, अथवा/और ऐसी संपदा की प्राप्ति हो सकती है। केन्द्र द्वारा आरोपित इस कर की सभी निवल प्राप्तियाँ संविधानानुसार राज्यों को अंतरित होती थीं। परंतु अति ऊँची दरें होने के बाबजूद इससे राजस्व प्राप्ति अति कम रहती थी और इसका निवल प्रभाव केवल कुछ करदाताओं की परेशानियों के सिवाय कुछ न था। अत: इसके दुष्प्रभावों को दखते हुए 1985–86 के बजट में इसे समाप्त कर दिया गया था।

### दान कर (उपहार कर) (Gift Tax)

भारत में दान कर के लगाने और हटाने का इतिहास भी रुचिपूर्ण है। दान कर को प्रो॰. कॉल्डर की सिफ़ारिश पर 1958 में शुरू किया गया था। कॉल्डर का तर्क यह था कि इससे अन्य प्रत्यक्ष करों की चोरी रोकने में सहायता मिलेगी। इसमें छोटे मूल्य के दानों को कर–मुक्त रखते हुए इसकी दरों की स्लैबें निर्धारित की गई थीं। परंतु इस कर से राजस्व प्राप्ति अति कम रही। इसके अतिरिक्त एक तर्कानुसार इस कर से पूँजी के प्रवाह में रुकावट भी पड़ती है। 1990–91 से यह कर दान देने वाले के स्थान पर दान पाने वाले से वसूल किया जाने लगा। इस कर को 1 अक्तूबर, 1998 से हटा दिया गया है, यद्यपि दान से होने वाली आय पर देय कर अदा करने का दायित्व अभी भी दान देने वाले का है।

### सेवा कर ( Service Tax)

देश के स॰रा॰उ॰ में सेवाओं के अनुपात में तीव्र वृद्धि के परिणामस्वरूप सेवा कर के महत्त्व को पहचानते हुए इसे सर्वप्रथम 1994–95 के बजट में लागू किया गया, और धीरे–धीरे इसकी दरों के साथ–साथ करारोपित सेवाओं की

संख्या भी बढ़ाई गई। 2017-18 के बजटानुसार इससे 79,507 करोड़ रुपए के राजस्व की प्राप्ति का अनुमान था। प्राप्तियों में बढ़ोतरी की तीव्र गति का अनुमान इस तथ्य से लगाया जा सकता है कि 2017-18 GST के लागू होने पर इसे उस में मिला दिया गया।

## सीमा शुल्क (Customs Duties)

स्मरणीय है कि आर्थिक उदारता और वैश्वीकरण की नीति से पूर्व हमारा विदेशी व्यापार हमारे स०घ०उ० की तुलना में अति कम था, और अभी भी अन्य देशों की तुलना में बहुत कम है। तो भी सीमा शुल्क केन्द्र के कर राजस्व का एक बढ़ता और महत्त्वपुर्ण स्रोत रहा है। इसका मुख्य कारण हमारी न घटाए जा सकने वाली आयात आवश्यकताएँ और आयात शुल्क की अति अधिक दरें थीं। इसके अतिरिक्त प्रशासन के कथनानुसार हमारी नीति निर्यात को प्रोत्साहन देने की रही है, जिस कारण निर्यात शुल्कों को कभी राजस्व के स्रोत के तौर पर प्रयोग नहीं किया गया।

इन बातों के होते सीमा शुल्कों में निर्यात शुल्कों का अंश सदैव शून्यतुल्य रहा है, और लगभग समस्त सीमा शुल्क केवल आयातों से ही प्राप्त होता है।

अब स्थिति यह है कि हमारी नई अर्थिक नीति और विश्व व्यापार संगठन (World Trade Organizaiton) की हमारी सदस्यता के कारण केन्द्र आयात शुल्कों की दरों में भी लगातार कमी की। अत: सीमा शुल्क से राजस्व पर दो विपरीत प्रभाव कार्यरत हैं; आयातित मात्राओं में वृद्धि के कारण राजस्व में बढ़ोतरी, और शुल्क की दरों के घटने के कारण राजस्व में कमी।

सारणी 19.6 से विदित होता है कि 1950-51 में सकल कर राजस्व (405 करोड़ रुपए) में से सीमा शुल्क का भाग 157 करोड़ रुपए (38.8%) था। जो 2017-18 में GST के कारण बढ़कर ₹79,507 करोड़ हो गया। GST के लागू होने के पश्चात् सीमा शुल्क की प्राप्तियाँ IGST में जाती हैं जबकि आयातित माल सेवा पर GST लागू होता है। परंतु आयातों के बढ़ते आकार के कारण सीमा शुल्क की परिशुद्ध मात्राओं में लगातार बढ़ोतरी होती रही है।

## संघ उत्पाद शुल्क (Central Excise Duties)

शुल्कों का यह वर्गसमूह 'वस्तुओं' के 'उत्पादन' पर आरोपित कर हैं, जो केन्द्रीय उत्पाद शुल्क अधिनियम और अन्य संबद्ध अधिनियमों में वर्णित वस्तुओं पर लगाए और वसूले जाते थे[4]। इन शुल्कों के कई प्रकार थे। राजस्व के दृष्टिकोण से सब से महत्वपूर्ण 'बुनियादी और विशेष उत्पाद शुल्क' हैं। उत्पाद शुल्कों के सकल राजस्व का लगभग दो तिहाई इनसे आता है। शेष राजस्व प्राप्तियों में 'बिक्री कर के बदले अतिरिक्त उत्पाद शुल्क', 'राष्ट्रीय आपदा सांयोगिक शुल्क', तथा अन्य कई प्रकार के अधिभार और उपकर शामिल हैं, जैसे कि पैट्रोल और डीज़ल पर उपकर, पैट्रोल पर अधिभार, 'शिक्षा उपकर', पान मसाला और अन्य तंबाकू पदार्थों पर अधिभार, आदि।

संघ उत्पाद शुल्कों से राजस्व में तीव्र गति से दीर्घावधिक बढ़ोतरी हुई है, और आशा की जाती है कि **परिशुद्ध राशियों** में बढ़ोतरी की यह प्रवृत्ति बनी रहेगी, यद्यपि सेवा कर के कारण इसका सकल कर राजस्व में **अनुपात** घट सकता है। इसके कई कारण गिनवाए जा सकते हैं, जैसे कि

---

4 यह प्रश्न पूछने योग्य है कि परिसंपत्तियों का 'उत्पादक' और 'अनुत्पादक' में वर्गीकरण का तार्किक आधार क्या है।

- कृषि-भिन्न क्षेत्रों का तीव्र गति से विकास;
- सरकार द्वारा उत्पाद शुल्कों को राजस्व का एक अति महत्वपूर्ण स्रोत मानना;
- शुल्कारोपित वस्तुओं की सूची में नई प्रविष्टियाँ (इंद्राज);
- शुल्कों की दरों में परिवर्तन;
- अधिभारों और उपकरों का आरोपण।

संघ उत्पाद शुल्कों से 1950-51 में केवल 68 करोड़ रुपए की राजस्व प्राप्तियों का अनुमान था, जो सकल कर राजस्व का केवल 16.8% था, परंतु प्रथम योजना में ही यह आँकड़ा बढ़कर 517 करोड़ रुपए (सकल कर राजस्व का 22.3%) हो गया था। इसी प्रकार 2017-18 और 2018-19 में उत्पाद शुल्कों से प्राप्तियों के अनुमान क्रमशः 2,76,995 करोड़ रुपए और 2,59,600 करोड़ रुपए थे।

**महत्त्वपूर्णः** GST के लागू होने पर केन्द्र और राज्यों द्वारा आरोपित अधिकतर परोक्ष कर इसमें समाहित हो गए है, अतः इनका अलग से अस्तित्व समाप्त हो गया है। GST पर एक विस्तृत नोट पुस्तक के अध्याय 16 में दिया गया है।

## पूँजी प्राप्तियाँ (Capital Receipts)

भारत सरकार की पूँजी खाते की प्राप्तियों की (क) उधार, (ख) जमा, (ग) अनुदान, तथा (घ) ऋणों की उगाही आदि शामिल हैं। सारणी संख्या 19.7 तथा 19.8 में 1979-80 से 2018-19 तक की पूँजी प्राप्तियों के मुख्य घटक दर्शाए गए हैं, जिनसे निम्नलिखित निष्कर्ष निकलते हैं:-

(क) इस काल में सकल पूँजी प्राप्तियाँ 4,839 करोड़ रुपए से बढ़कर 6,73,405 करोड़ रुपए (अर्थात् 139 गुणा) हो गईं

(ख) भारत सरकार की सकल प्राप्तियों में पूँजी प्राप्तियों के अनुपात का कोई निश्चित स्तर और निश्चित प्रवृत्ति नहीं हैं (देखें सारणी 19.2 और सारणी 19.8)। यह अनुपात 20% से 47% के बीच घटता-बढ़ता रहा है। और इसका मुख्य कारण पूँजी प्राप्तियों के कुछ घटकों में नीति-आधारित एवं अन्य प्रकार से तीव्र परिवर्तन हैं।

(ग) पूँजी प्राप्तियों के मुख्य घटकों पर दृष्टि डालने से निम्नलिखित तथ्य सामने आते हैं:-

(i) विविध नीति-संबद्ध एवं अन्य कारणों से पूँजी प्राप्तियों के घटकों के वैयक्तिक स्तर में उथल पुथल देखने को मिलती है; राष्ट्रीय लघु बचत निधि के गठन के पश्चात् उधार लेन-देन की लेखाविधि में होने वाले संशोधन के कारण भी बाज़ार उधार और अल्प बचतों के घटकों के आँकड़ों में काफ़ी परिवर्तन हुआ है। इसी प्रकार 'विशेष जमा' और 'अन्य मदें' नामक घटकों की परिशुद्ध राशियों और सकल पूँजी प्राप्तियों में उनके अनुपातों में भी लंबी-चौड़ी घटा-बढ़ी दिखती है।

(ii) सारणी 19.8 से सकल पूँजी प्राप्तियों में घटकों के वैयक्तिक अनुपातों की अनियमित प्रवृत्तियों के प्रचुर उदाहरण मिलते हैं। बाज़ार उधारों का अनुपात 1978-79 से 2018-19 के बीच 20% से 79.8% तक देखने को मिलता है। स्मरणीय है कि जनवरी 1999 से अल्प बचतों का अधिकतर भाग राष्ट्रीय लघु बचत निधि के माध्यम से बाजार उधारों में दर्शाया जाता है।

### सारणी 19.7 भारत सरकार की पूँजी प्राप्तियों के मुख्य घटक

(₹ करोड़)

| वर्ष | बाजार उधार (निवल) | विदेशी सहायता (निवल) | ऋणों की उगाही (निवल) | अल्प बचतें (निवल)** | राज्य भविष्य निधियाँ (निवल) | विशेष और अन्य मदें (निवल) | लोक उद्यमों का विनिवेश | सकल पूँजी प्राप्तियाँ |
|---|---|---|---|---|---|---|---|---|
| 1 | 2 | 3 | 4 | 5 | 6 | 7 | 8 | 9 |
| 1979–80 | 2001 | 923 | 1085 | 800 | 258 | (–)228 | – | 4839 |
| 1980–85* | 3499 | 1504 | 2390 | 1559 | 338 | 2245 | – | 11565 |
| 1985–90* | 6420 | 2001 | 4004 | 5220 | 831 | 6763 | – | 25239 |
| 1990–92 | 15511 | 8602 | 11733 | 15744 | 2507 | 20390 | 3038 | 77525 |
| 1992–97 | 106024 | 17280 | 22937 | 59412 | 10000 | 46805 | 7733 | 280195 |
| 1997–02 | 332419 | 17297 | 57531 | 83573 | 27794 | 180637 | 14281 | 641532 |
| 2002–07 | 438299 | 5275 | 79937 | 0 | 25546 | 150586 | 26643 | 726286 |
| 2007–12 | 1525447 | 67372 | 51122 | 1583 | 51312 | 120538 | 104877 | 1922250 |
| 2012–17 | 2119749 | 58170 | 79760 | 173109 | 62196 | 20603 | 182850 | 2822940 |
| 2017–18 | 402394 | 2418 | 17473 | 102628 | 15000 | 34319 | 100000 | 634228 |
| 2018–19 | 390121 | (–)22589 | 12199 | 75000 | 17000 | 84679 | 80000 | 673405 |

*वार्षिक औसतें

**राज्यों और संघ क्षेत्रों के हिस्से के पश्चात्। NSSF द्वारा भारत सरकार की प्रतिभूतियों में निवेश 1 अप्रैल 1999 से।

(iii) अनिश्चितता विदेशी सहायता की मूल प्रकृति है, क्योंकि इसका प्रवाह केवल आर्थिक और सामाजिक आवश्यकता के मापदंडों द्वारा निर्धारित नहीं होते। इनके नियमन में मुख्य भूमिका राजनीतिक परिस्थितियों, भुगतान संतुलन की स्थिति और विदेशी मुद्रा बाज़ार की रहती है। सारणी 19.8 से विदित होता है कि कुछ वर्षों में इस मद से निवल प्राप्तियाँ शून्यतुल्य भी रही हैं।

(iv) ऋणों की उगाही में कालांतर में होती वृद्धि के उपरांत 2005–06 से एकदम कमी आई है।

(v) छोटी बचतों तथा भविष्य निधियों से भी सरकार को उधार मिलता है। कालांतर में राष्ट्रीय आय में वृद्धि, पारिवारिक बचतों में बढ़ोतरी तथा सरकार द्वारा कई प्रकार के प्रोत्साहनों के फलस्वरूप इन मदों से प्राप्त परिशुद्ध राशियों में काफ़ी बढ़ोतरी हो रही थी। राज्य भविष्य निधियों से निवल प्राप्तियों का 1979–80 में 258 करोड़ रुपए से बढ़कर 2008–09 में 4,800 करोड़ रुपए (18.6 गुणा) हो जाने का अनुमान था। परंतु अल्प बचतों के मामले में राष्ट्रीय लघु बचत निधि के गठन के पश्चात् अल्प बचतें केन्द्र के स्थान पर इस निधि द्वारा उधार ली जाने लगीं। 2016 से अधिकतर राज्यों ने राष्ट्रीय अल्पबचत निधि से उधार लेना बन्द कर दिया है।

(vi) किसी समय 'विशेष जमा' का भारत सरकार की पूँजी प्राप्तियों में एक महत्वपूर्ण स्थान था। इनसे प्राप्तियों के कई स्रोत थे, जैसे कि गैर-सरकारी भविष्य निधियाँ जिनकी निवल बढ़ोतरी सरकार के पास जमा की जाती थी। इसी प्रकार कई संस्थाओं (जैसे कि जीवन बीमा निगम, सामान्य बीमा निगम आदि) को कुछ कानूनी दायित्व निभाने के लिए सरकार के पास 'विशेष जमा' रखने पड़ते थे। अब धीरे-धीरे ये कानूनी प्रतिबंध हटाए जाने से विशेष जमा के रूप में केन्द्र की पूँजी प्राप्तियाँ समाप्त हो गई हैं।

## सारणी 19.8 भारत सरकार की पूँजी प्राप्तियाँ के मुख्य घटकों के अनुपात

(सरल पूँजी प्राप्तियों का %)

| वर्ष | बाजार उधार (निवल) | विदेशी सहायता (निवल) | ऋणों की उगाही (निवल) | लघु बचते (निवल) | राज्य भविष्य निधियां (निवल) | विशेष और अन्य मदें (निवल) | लोक उद्यमों का विनिवेश | पूँजी प्राप्तियों/ सकल प्राप्तियों (%) |
|---|---|---|---|---|---|---|---|---|
| 1 | 2 | 3 | 4 | 5 | 6 | 7 | 8 | 9 |
| 1979–80 | 41.4 | 19.1 | 22.4 | 16.6 | 5.3 | (–)4.7 | – | 31.4 |
| 1980–85* | 30.3 | 13.0 | 20.7 | 13.5 | 2.9 | 19.4 | – | 39.4 |
| 1985–90* | 25.4 | 9.0 | 15.9 | 20.7 | 3.3 | 26.8 | – | 39.4 |
| 1990–92 | 20.1 | 11.1 | 15.1 | 20.3 | 3.2 | 0.3 | 3.9 | 39.1 |
| 1992–97 | 37.8 | 6.2 | 11.8 | 21.2 | 3.6 | 16.7 | 2.8 | 37.0 |
| 1997–02 | 51.8 | 2.7 | 9.0 | 13.0 | 4.3 | 28.2 | 2.2 | 53.9 |
| 2002–07 | 60.3 | 0.7 | 11.0 | 0 | 3.5 | 20.7 | 3.7 | 29.1 |
| 2007–12 | 79.4 | 3.5 | 2.7 | 0.1 | 2.7 | 0.6 | 5.5 | 37.6 |
| 2012–17 | 79.2 | 2.1 | 3.1 | 7.3 | 2.2 | 0.6 | 6.8 | 33.4 |
| 2017–18 | 53.5 | 0.3 | 2.3 | 13.7 | 2.0 | 4.6 | 13.7 | 30.0 |
| 2018–19 | 57.9 | 3.9 | 1.8 | 11.1 | 2.5 | 12.5 | 11.8 | 28.1 |

*वार्षिक औसतें

(vii) आर्थिक उदारता की नीति अपनाने के साथ सरकार ने कई लोक उपक्रमों के चरणबद्ध विनिवेश की नीति भी अपनाई है। परंतु इक्विटी विनिवेश से प्राप्त राशियाँ वास्तव में सरकार की पूर्वस्थित परिसंपत्तियों का रूपांतरण हैं। इसलिए विनिवेश की इन राशियों को अन्य पूँजी प्राप्तियों की पदवी देना तर्काधार पर विवादास्पद है। यहाँ पर इस तार्किक प्रश्न को अनदेखा करते हुए भी यह तथ्य नोट करने योग्य है कि अभी तक इस मद से प्राप्त राशियों का आकार अति अनिश्चित रहा है, क्येंकि विनिवेश की प्रक्रिया विविध राजनीतिक एवं अन्य शक्तियों से भी प्रभावित होती है। यह तथ्य भी नोट करने योग्य है कि विनिवेश 'पूँजी प्राप्तियों' का एक ऐसा सीमित स्रोत है जो विनिवेश की प्रक्रिया की समाप्ति के साथ ही सूख जाएगा।

- केन्द्रीय सरकार की प्राप्तियों के स्रोतों में काफी विविधता पाई जाती है, और कालान्तर में यह विविधता बढ़ी है।
- केन्द्र के प्राप्ति-स्रोतों में समुचित नम्यता, लोच और उत्फुल्लता की विशेषताएँ पाई जाती हैं।
- कर-प्रणाली संबंधी नम्यता 80वें संवैधानिक संशोधन के पश्चात् बढ़ी है।
- कालान्तर में केन्द्रीय प्रत्यक्ष कर-प्रणाली की जटिलताएँ बढ़ी हैं।
- आर्थिक उदारता और वैश्वीकरण की नीति अपनाने के पश्चात् केन्द्र के साधन स्रोतों के सापेक्षिक महत्त्व मे काफी परिवर्तन आया है।
- GST के लागू होने के परिणाम स्वरूप केन्द्र और राज्य-स्तरीय परोक्ष कर प्रणाली की सरलता, नम्यता और उत्पादित बढ़ने की अपेक्षा है।

# बजटीय घाटे
(Budgetary Deficits)

## अर्थ

[बजटीय घाटों के विभिन्न अर्थों पर विस्तृत जानकारी के लिए पुस्तक के अंत में इस विषय पर परिशिष्ट 1 देखें]

लोक वित्त के सिद्धांतों, अंतर्राष्ट्रीय संस्थाओं, तथा अन्य देशों में प्रयुक्त शब्दावली के अनुसार 'राजकोषीय घाटे' और 'बजटीय घाटे' के अर्थों में कोई अंतर नहीं है। दोनों का अर्थ बजट की विचाराधीन अवधि में लोक व्यय का राजस्व प्राप्तियों पर अधिकता है। अर्थात् इस प्रथानुसार-

**बजटीय घाटा = राजकोषीय घाटा = ( कुल सार्वजनिक व्यय - कुल राजस्व प्राप्तियाँ )**

(Budgetary deficit = Fiscal Deficit = (Total Expenditure – Total Revenue Receipts)

इस व्यय-अधिशेष का वित्त-पोषण कई प्रकार से किया जा सकता है, जैसे कि सरकार द्वारा

- उधार लेना;
- सार्वजनिक परिसंपत्तियों की बिक्री;
- करेंसी सृजन; तथा
- जमा रोकड़ से व्यय, अर्थात जमा रोकड़ में निवल कमी (drawing down of cash balances)।

परन्तु भारत में प्रारंभ से ही केन्द्र द्वारा 'बजटीय घाटे' और 'राजकोषीय घाटे' की अवधारणाओं को समानार्थी नहीं मानते हुए, 'बजटीय घाटे' की एक संकीर्ण परिभाषा अपनाई गई। इस परिभाषानुसार 'बजटीय घाटे' को (सार्वजनिक व्यय - सार्वजनिक राजस्व) के बराबर न लेकर इस अधिशेष के केवल एक अंश के बराबर लिया गया। केन्द्र द्वारा अपनाई गई परिभाषा के अनुसार **'बजटीय घाटा'** (Budgetary Deficit) केवल दो मदों, अर्थात्

**(क) जमा रोकड़ में निवल कमी** और

**(ख) केन्द्र द्वारा भारतीय रिज़र्व बैंक से 91-दिवसीय तदर्थ राजकोषीय हुंडियों द्वारा लिए गए उधार** के जोड़ के बराबर है।

ध्यानयोग्य है कि इस परिभाषा में केन्द्र द्वारा लिए गए सभी उधार शामिल नहीं हैं; यहाँ तक कि रिज़र्व बैंक से लिए गए सभी उभार भी शामिल नहीं हैं। रिज़र्व बैंक से लिए गए उधारों में से भी केवल वही उधार शामिल हैं जो 91-दिवसीय तदर्थ राजकोषीय हुंडियों द्वारा लिए गए हों। इसमें अन्य प्रकार की राजकोषीय हुंडियों द्वारा लिया गया उधार भी शामिल नहीं है। अतः इस परिभाषा के अनुसार केन्द्र का व्यय इसकी राजस्व प्राप्तियों से चाहे कितना अधिक हो, परंतु यदि केन्द्र उपरोक्त दो स्रोतों से अपने व्यय का वित्त पोषण न करे, तो इसका बजटीय घाटा शून्य माना जाता है।

इसका अर्थ यह भी है कि उपरोक्त एक मद के सिवाए अन्य सभी प्रकार की पूँजी प्राप्तियों तथा उधारों को बजटीय घाटे का भाग नहीं माना जाता। ध्यानयोग्य है कि वास्तविकता में केन्द्र अनेकों स्रोतों से विविध प्रकार के उधार लेता है, जिनमें भारतीय रिज़र्व बैंक से 91-दिवसीय तदर्थ राजकोषीय हुंडियों के अतिरिक्त अन्य कई प्रकार के उधार, बाज़ार उधार, तथा विदेशों से उधार आदि शामिल हैं। परंतु इन्हें 'बजटीय घाटे' के अनुमान में नहीं जोड़ा जाता।

सरकार द्वारा बजटीय घाटे की इस संकीर्ण परिभाषा के पक्ष में यह तर्क दिया जाता रहा है, कि बजटीय घाटे की परिभाषा एक लेखांकन की मात्रा न होकर आर्थिक दृष्टिकोण से एक अर्थपूर्ण मात्रा होनी चाहिए। सरकार के

तर्कानुसार सार्वजनिक व्यय का केवल वह अंश बजटीय घाटा माना जाना चाहिए, जिसके कारण मुद्रा और साख सृजन में बढ़ोतरी के माध्यम से माँग में वृद्धि होती हो तथा कीमतों पर दबाव पड़ता हो। इस तर्कानुसार मुद्रा और साख में बढ़ोतरी के माध्यम से माँग और कीमतें तभी बढ़ती हैं, जब केन्द्र

(क) रिज़र्व बैंक से 91-दिवसीय *तदर्थ* राजकोषीय हुंडियों द्वारा उधार ले; अथवा
(ख) अपनी जमा रोकड़ में कमी करे।

परन्तु इस तर्क का गलत होना स्वस्पष्ट है। केन्द्र द्वारा रिज़र्व बैंक से लिए गए सभी उधारों से मुद्रा आपूर्ति में वृद्धि होती है और साख सृजन, माँग और कीमतों को बढ़ावा मिलता है।

रिज़र्व बैंक द्वारा नियुक्त की गई चक्रवर्ती समिति ने बजटीय घाटे की सरकारी परिभाषा की उपरोक्त कमियों को उभारते हुए इस बात पर ज़ोर दिया कि इसमें केन्द्र द्वारा रिज़र्व बैंक से लिए गए सभी उधार शामिल होने चाहिएँ। परंतु इस सिफ़ारिश के उपरांत भी बजटीय घाटे की परिभाषा पूर्ववत बनी रही। केवल **अतिरिक्त** रिजर्व बैंक से लिया गया समस्त उधार भी दिखाया जाने लगा, जिसे *मौद्रीकृत* घाटे (monetized deficit) का नाम दिया गया है। इसके अतिरिक्त बजटीय प्रलेखों (budgetary documents) में घाटे के कई अन्य प्रमापन भी दिए जाने लगे हैं, जैसे कि

**राजकोषीय घाटा:** (सार्वजनिक व्यय - सार्वजनिक राजस्व = सार्वजनिक उधार);
**राजस्व घाटा:** (राजस्व खाते का व्यय - राजस्व खाते की प्राप्तियाँ);
**पूँजी घाटा:** (पूँजी खाते का व्यय - पूँजी खाते की प्राप्तियाँ); तथा
**मूल घाटा:** (राजकोषीय घाटा - ब्याज की अदायगियाँ)।

## औचित्य एवं सीमाएँ

बजटीय घाटा एक दोधारी तलवार है। यह हितों और अहितों का एक ऐसा मिश्रण है जो घाटे के आकार, राजकोषीय नीति, घाटे के वित्त-पोषण के स्रोत, और घाटे से पोषत की गई व्यय मदों आदि पर निर्भर करता है। भारत जैसे अल्पविकसित देश में बजटीय घाटे की एक सुचारु नीति से कई प्रकार से हित प्राप्ति हो सकती है।

*हित प्राप्ति*

- आर्थिक विकास के साथ आर्थिक गतिविधियों का मौद्रीकरण होता है। इससे मुद्रा और साख की आवश्यकता बढ़ती है, जिसकी पूर्ति में बजटीय घाटे सहायक होते हैं।
- अर्थिक विकास की प्राप्ति और उसे बनाए रखने के लिए देश के वित्तीय ढाँचे को सुदृढ़ बनाना आवश्यक रहता है। परंतु वित्तीय ढाँचे की अंतिम बुनियाद सार्वजनिक उधार होता है और उसका स्रोत केवल बजटीय घाटा है।
- बजटीय घाटे की नीति से बचत को प्रोत्साहित किया जा सकता है, तथा इससे प्राप्त साधनों से पूँजी निवेश की गति बढ़ाई जा सकती है।
- बजटीय घाटे की नीति का प्रयोग उत्पादन साधनों को एक क्षेत्र से दूसरे में हस्तांतरण के लिए भी इस प्रकार किया जा सकता है कि जिससे अवसंरचनात्मक सुविधाओं की आपूर्ति बढ़े तथा अन्य मूलभूत उद्योगों का विकास हो।

*कीमतों में वृद्धि*

परंतु इन सभी संभावित लाभों के बावजूद बजटीय घाटे से मुद्रा-स्फीति की शक्तियों को बढ़ावा मिलता है, जिसकी व्याख्या निम्न प्रकार से दी जा सकती है:-

• बजटीय घाटे के पहले चरण में देश के साधनों की उपलब्धि में बढ़ोतरी हुए बिना उनका एक भाग सरकार को अंतरित होता है इस प्रक्रिया में समग्र माँग में भी वृद्धि होती है, तथा कीमतें भी बढ़ती हैं।

• प्रक्रिया के दूसरे चरण में कीमतों के बढ़ने में सरकार और निजी क्षेत्र दोनों का योगदान रहता है। एक ओर निजी क्षेत्र के निवेशकर्ता बढ़ती माँग से प्ररित होकर अपनी गतिविधियों को तेज कर देते हैं, तथा दूसरी ओर सरकार उन उद्यमों और स्कीमों में निवेश करती है जिनसे उत्पादन प्रवाह प्रारंभ होने में समय लगता है। परंतु मौद्रिक आय और माँग प्रवाह प्रारंभ से ही बढ़ने लगते हैं, जिससे कीमतें बढ़ने लगती हैं।

*भारत में स्थिति*

• बजटीय घाटे की संकीर्ण परिभाषा को अपनाते हुए भी भारत सरकार के बजटों के अध्ययन से यह निष्कर्ष निकलता है कि यह घाटा बहुधा स्वीकार्य सीमाओं से अधिक रहा है, जिससे कीमतों में बढ़ोतरी के संग आय-वितरण की असमानताएँ भी बढ़ी हैं। यह तथ्य भी ध्यानयोग्य है कि सरकार राजकोषीय हुंडियों का बड़े पैमाने पर निधिकरण करती रही है, अर्थात् इन हुंडियों को लंबी कालावधि वाली प्रतिभूतियों में परिवर्तित करती रही है। स्मरणीय है कि निधिकरण की इस प्रक्रिया से माँग में वृद्धि और मुद्रा की आपूर्ति में कमी नहीं आती, केवल संकीर्ण रूप से परिभाषित बजटीय घाटे के अनुमान घट जाते हैं।

• यह भी स्मरणीय है कि यदि रिज़र्व बैंक से केन्द्र के स्थान पर राज्य सरकारें उधार लें, तो भी माँग, मुद्रा और साख की आपूर्ति तथा कीमतें उपरोक्त ढंग से प्रभावित होते हैं। भारत में राज्य सरकारें रिज़र्व बैंक से कई वर्षों तक लगातार 'अनधिकृत' उधार लेती रही हैं, जिन्हें बाद में केन्द्र की रिज़र्व बैंक के प्रति ऋणदेयता में परिवर्तित किया जाता रहा है। परंतु इस परिवर्तन के अभाव में भी मुद्रा और साख के प्रवाहों पर वही प्रभाव पड़ता है जो केन्द्र द्वारा सीधा उधार लेने पर अपेक्षित है।

## भारत सरकार के बजटों पर कुछ टिप्पणियाँ

स्वतंत्रता के पश्चात् से भारत सरकार के बजट केवल वार्षिक वित्तीय विवरण न रहकर 'वित्तीय विवरण, राजकोषीय नीतियों, और उपायों का एक मिश्रण' बन गये हैं। देश में आर्थिक उदारता की नीति के आगमन के साथ इस मिश्रण में भी परिवर्तन आया है। अतः केन्द्रीय बजटों में राजकोषीय, आर्थिक और सामाजिक नीतियों और उपायों की भागीदारी लगातार बढ़ती जा रही है तथा उनके आकार प्रकार में भी विस्तार हुआ है। सामान्य तौर पर यह अपेक्षित है कि सरकार अपनी नीतियों की संरचना और उनकी घोषणाओं को बजट के प्रस्तुतीकरण से अलग रखेगी, परंतु भारत में वे बजट का एक अभिन्न अंग बन गई हैं। यह तथ्य भी नोट करने योग्य है कि सरकार की आर्थिक उदारता की नीति के विकास के साथ-साथ बजटीय प्रस्तावों में भी आर्थिक और सामाजिक पुनर्गठन संबंधी लक्ष्यों और नीतियों के समूह को व्यापक एवं अग्रणीय स्थान दिया जा रहा है। इस संदर्भ में निम्नलिखित बातें विशेष रूप से वर्णनीय हैं, अर्थात्:-

1. प्रत्येक बजट का लक्ष्य आर्थिक विकास की दर में वृद्धि करना रहा है।

2. बजटीय प्रस्ताव इस मान्यता पर आधारित रहते हैं कि अर्थव्यवस्था में प्रत्येक प्रस्तावित उपाय की अपेक्षित प्रतिक्रिया होगी। इन प्रतिक्रियाओं में बचत, निवेश, आदि से संबंधित निजी क्षेत्र के निर्णय शामिल रहते हैं।

3. प्रत्येक बजट में वित्तीय क्षेत्र संबंधी सुधारों की समीक्षा और प्रस्तावित उपायों को अग्रणीय स्थान दिया जाता हैं। इन सुधार प्रस्तावों का **संबंध** सहकारी और ग्रामीण बैंकों के अतिरिक्त अन्य बैंकों, गैर-बैंकिंग संस्थाओं, मुद्रा और पूँजी बाज़ार, साख पत्रों, तथा पूँजी निर्माण आदि प्रक्रियाओं से हो सकता है।

4. देश में अवसंरचनात्मक सुविधाओं के अभाव की समस्या के समाधान हेतु (तथा आवश्यक होने पर निजी क्षेत्र के सहयोग सहित) प्रस्तावित उपाए भी घोषित किए जाते हैं।

5. इसी प्रकार अर्थव्यवस्था में कृषि की भूमिका को देखते हुए बजट में बहुधा इसके लिए साख और निवेश प्रवाहों को बढ़ाने के प्रस्ताव रहते हैं।

6. लगभग प्रत्येक बजट में अनुसंधान और विकास की गतिविधियों को प्रोत्साहित करने की आवश्यकता पर ज़ोर दिया गया है, परंतु वास्तव में इनसे संबद्ध उपाए अति कम लाभदायक सिद्ध हुए हैं।

7. कई बजटों में भुगतान-संतुलन में सुधार तथा प्रत्यक्ष विदेशी निवेश में बढ़ोतरी हेतु प्रस्ताव भी मिलते हैं। विश्व व्यापार संगठन के साथ की गई वचनबद्धता को निभाने में आयातों पर मात्रात्मक नियंत्रणों (quantitative restrictions) को चरण-बद्ध आधार पर कम किया गया है, आयात शुल्कों में कमी की गई है, पूँजी लेन-देन पर प्रतिबंध घटाए गए हैं, तथा भारतीय अर्थव्यवस्था को विश्वव्यापी बाजार-स्पर्धा में भागीदार बनाने का प्रयास किया गया है।

8. केन्द्रीय बजटों में रोज़गार को बढ़ावा देने और लोगों के रहन-सहन में सुधार लाने की घोषणा करने की भी प्रथा है। इस उद्देश्य की प्राप्ति हेतु बजट में रोजगार के अवसरों को बढ़ाने के लिए कई स्कीमों की घोषणा भी की जाती है।

9. अधिकतर बजटों में कर-प्रणाली को सुधारने की दीर्घकालीन नीति की बात कही जाती है। परंतु जहाँ GST के सिवा इसे कई प्रकार से सरल बनाने का प्रयत्न किया गया है, वहीं इसमें कई प्रकार की जटिलताएँ भी जोड़ी गई हैं।

10. सरकार ने बारंबार अपने व्यय में तीव्र वृद्धि, राजकोषीय घाटों, तथा ब्याज की अदायगियों और आर्थिक सहायताओं में बे-रोकटोक वृद्धि की समस्याओं के समुचित समाधान पर अपनी वचनबद्धता को दोहराया है। परंतु वास्तविक स्थिति में विशेष सुधार नहीं हुआ है।

11. सामान्यत: संशोधित बजटीय अनुमान बजटीय अनुमानों से अधिक होते हैं। इसका आंशिक कारण कीमतों की लगातार बढ़ोतरी है। केन्द्र के कर-राजस्व में अधिकतम भाग परोक्ष करों का है। अत: बढ़ती कीमतें राजस्व की वृद्धि में योगदान देती हैं। प्रत्यक्ष करों के मामले में भी कीमतें बढ़ने पर करदाताओं की मौद्रिक आय, तथा इस कारण उनकी करदेयता, स०रा०उ० की तुलना में अधिक बढ़ती है।

12. बढ़ती आयों, कर वसूली में कड़ाई, तथा करदाताओं द्वारा कर अदा करने की इच्छा में वृद्धि के कारण पिछले कुछ वर्षों में प्रत्यक्ष करों की दरों में लगातार कमी किए जाने के बावजूद कर राजस्व बढ़ा है। इसी प्रकार आर्थिक उदारता की नीति के अंतर्गत आयात शुल्कों की दरों में भी कमी के साथ-साथ आयातित मात्राओं और राजस्व में बढ़ोतरी देखने को मिलती है।

13. सरकार ने बारंबार राजकोषीय घाटों और बढ़ते लोक ऋण को कम करने पर जोर दिया है। परंतु अपने व्यय को नियंत्रित करने में असफल रही है, और ये समस्याएँ पूर्ववत् बनी हुई हैं। साधनों के अभाव पर जोर देते हुए भी सरकार ने अर्थिक सहायताओं में बढ़ोतरी की है यद्यपि कई अन्य उत्पादक मदों को अभावग्रस्त रखा है।

- बजटीय घाटे की केन्द्र द्वारा अपनाई गई परिभाषा अति संकीर्ण है।
- यह परिभाषा तर्कयुक्त नहीं है।
- अब कई अन्य प्रमापन भी प्रयोग में हैं।
- बजटीय घाटों की नीति का प्रयोग देश के बहुआयामी विकास के लिए किया जा सकता है।

## शब्दावली (Key Words)

1. वार्षिक वित्तीय विवरण (Annual Financial Statement); 2. बजटीय अनुमान (Budget Estimates); 3. प्राप्ति बजट (Receipts Budget); 4. व्यय बजट (Expenditure Budget); 5. भारत की समेकित निधि (Consolidated Fund of India); 6. भारत की आकस्मिकता निधि (Contingency Fund of India); 7. भारत का लोक खाता (Public Account of India); 8. राजस्व खाता (Revenue Account); 9. पूँजी खाता (Capital Account); 10. राजस्व बजट (Revenue Budget); 11. पूँजी बजट (Capital Budget); 12. पूरक बजट (Supplementary Budget); 13. आयोजना खाता (Plan Account); 14. आयोजना-भिन्न खाता (Non-Plan Account); 15. आर्थिक वर्गीकरण (Economic Classification); 16. कार्यात्मक वर्गीकरण (Functional Classification); 17. राजकोषीय घाटा (Fiscal Deficit); 18. मूल घाटा (Primary Deficit); 19. आर्थिक सहायताएँ/उपदान (Subsidies); 20. खुली आर्थिक सहायताएँ (Open Subsidies); 21. निहित आर्थिक सहायताएँ (Hidden Subsidies); 22. निहित स्वार्थ (Vested Interests); 23. बाज़ार असफलताएँ (Market Failures); 24. वाँछनीय उपदान (Merit Subsidies); 25. गैर-वाँछनीय उपदान (Non-Merit Subsidies); 26. अनुदान (Grants); 27. पूँजी परिव्यय (Capital Outlay); 28. लेखा परीक्षण (Auditing); 29. लोक लेखा समिति (Public Accounts Committee); 30. अनुमान समिति (Estimates Committee); 31. सकल राजस्व प्राप्तियाँ (Total Revenue Receipts); 32. कर राजस्व (Tax Revenue); 33. धन कर (Wealth Tax); 34. संपदा कर (Estate Duty); 35. व्यक्तिगत उपभोग व्यय कर (Personal Consumption Expenditure Tax); 36. ब्याज कर (Interest Tax); 37. उत्पादिक परिसंपत्तियाँ (Productive Assets); 38. संघ उत्पादन शुल्क (Union Excise Duties); 39. बाज़ार उधार (Market Borrowings); 40. विदेशी सहायता (Foreign Aid/External Assistance); 41. विशेष जमा (Special Deposits); 42. राष्ट्रीय लघु बचत निधि (National Small Savings Fund); 43. तदर्थ राजकोषीय हुंडियाँ (Ad hoc Treasury Bills); 44. निवल संपदा (Net worth); 45. आर्थिक समीक्षा (Economic Survey); 46. पूँजी लेनदेन (Capital Transactions); 47. आयात प्रतिस्थापन (Import Substitution); 48. अनुषंगी लाभ कर (Fringe Benefits Tax, FBT); 49. समस्तरीय समता (Horizontal Equity); 50. विषमस्तरीय समता (Vertical Equity); 51. नियोक्ता (Employers); 52. कर्मियों (employees); 53. विशेषाधिकार (privilege); 54. सेवा/विशेष सुविधा (Facility); 55. विशेष लाभ (Amenity/Perk); 56. प्रतिपूर्ति (Reimbursement); 57. कार्य-संबंधी खतरे (Work Hazards); 58. आर्थिक उदारता और वैश्वीकरण (Economic Liberalization and Globalization); 59. बैंकिंग नकदी लेनदेन कर (Banking Cash Transactions Tax); 60. वस्तु/माल सेवा कर (Goods and Services Tax, GST)

## अभ्यास प्रश्न

1. भारत सरकार के वार्षिक बजटों की मुख्य विशेषताओं का विवेचन करें।
2. भारत सरकार के बजट के बढ़ते आकार के कारण दर्शाएँ। आप के विचार में यह प्रवृत्ति कहाँ तक अर्थपूर्ण और हितकर है?
3. भारत सरकार के बजट को विभिन्न प्रकार से वर्गीकृत करने का औचित्य दर्शाएँ, तथा उदाहरणों सहित व्याख्या करें।
4. निम्नलिखित पर संक्षिप्त परंतु व्याख्यात्मक नोट लिखें:-
   (क) वार्षिक वित्तीय विवरण और इसके मुख्य घटक;
   (ख) बजट अनुमान और संशोधित अनुमान;
   (ग) भारत की समेकित निधि पर 'भारित संवितरण';
   (घ) निहित आर्थिक सहायताएँ।
5. भारत सरकार के राजस्व बजट की प्राप्तियों और व्यय के मुख्य घटकों की समीक्षा करें और उनकी प्रवृत्तियों पर टिप्पणी करें।

6. भारत सरकार पर ब्याज की बढ़ती अदायगियों के परिणामों की जाँच करें। आप के विचार में इस समस्या का क्या समाधान है?
7. उपयुक्त आँकड़ों की सहायता से केन्द्रीय बजट में ब्याज की बढ़ती अदायगियों के कारणों तथा परिणामों की समीक्षा करें। क्या ब्याज के बढ़ते दायित्व के कारण केन्द्रीय सरकार 'ऋण के फंदे' में फंस चुकी है?
8. केन्द्र के बजट में आर्थिक सहायताओं के औचित्य और स्थान की संबंधित आँकड़ों सहित समीक्षा करें।
9. भारत सरकार द्वारा खुली और निहित आर्थिक सहायताएँ दिए जाने के औचित्य पर अपने विचार प्रकट करें। क्या सरकार के पास इतनी सहायताएँ देने की वहनीय-क्षमता है?
10. "आर्थिक सहायताओं के औचित्य का आधार 'बाजार असफलताएँ' होती हैं, परंतु वे स्वयं सरकार की असफलताओं और निहित स्वार्थों द्वारा पीड़ित रहती हैं"। तर्क सहित व्याख्या करें।
11. इस कथन पर तर्क सहित अपने विचार प्रकट करें कि केन्द्रीय सरकार के पूँजी खाते में 'अधिशेष' और राजस्व खाते में बढ़ते घाटे की प्रवृत्तियाँ अति चिंताजनक हैं।
12. इस मत की तर्क सहित जाँच करें कि केन्द्र की बजट नीति देश में पूँजी निर्माण प्रक्रिया में सकारात्मक भूमिका निभाने में असफल रही है, और कि इस असफलता में व्यय का आयोजना-और आयोजना-भिन्न मदों में वर्गीकरण भी सहायक रहा है।
13. भारत सरकार की व्यय नीति पर एक व्याख्यात्मक नोट लिखें। हमारे आर्थिक विकास और समाज कल्याण में इसकी भूमिका का मूल्यांकन करें।
14. भारत में सार्वजनिक व्यय पर नियंत्रण की प्रणाली का विवेचन करते हुए इसकी प्रभाविता की जाँच करें।
15. भारत सरकार द्वारा प्रत्युक्त बजटीय और राजकोषीय घाटों की अवधारणाओं की समीक्षा करें।
16. यह कहना कहाँ तक उचित है कि बजटीय घाटों का प्रयोग एक सुनिश्चित नीति के तौर पर देश के आर्थिक विकास के लिए किया जा सकता है, परंतु भारत सरकार ऐसा करने में असफल रही है?
17. इस दावे की तर्क सहित समीक्षा करें कि केन्द्र की राजस्व प्राप्तियों, व्यय और राजकोषीय घाटों की दीर्घकालीन प्रवृत्तियाँ केवल सरकार के बढ़ते अपव्यय का प्रतिबिम्ब हैं।
18. केन्द्र के बजट में ब्याज अदायगियों, उपदानों और रक्षा व्यय के स्थान पर नोट लिखें।
19. बजट की गोपनीयता, और कालावधि पर एक नोट लिखें।
20. केन्द्रीय बजट में 2017-18 में किए गए सुधारों की समीक्षा करें।
21. बजटीय उपदानों (subsidies) के (क) राजकोषीय, (ख) व्यापारिक, (ग) वितरणीय और (घ) संसाधन आवंटनीय प्रभावों की व्याख्या करें।
22. GST के भारत में लागू होने के कारण संघीय वित्त व्यवस्था पर विभिन्न प्रकार के अपेक्षित प्रभावों की समीक्षा करें।
23. इस कथन पर विचार करें कि केन्द्र के राजस्व में परोक्ष करों की प्रधानता बनी रहेगी।
24. इस कथन का आंकलन करें कि GST का पूरा लाभ तभी उठाया जा सकता है जब समस्त परोक्ष कर इस में समाहित हों।
25. केन्द्रीय बजट से संबद्ध बजटीय घाटे की विविध अवधारणाओं की व्याख्या करें।

# अध्याय 20

# भारतीय कर व्यवस्था–कुछ मुद्दे

## (Indian Tax System—Certain Issues)

**इस अध्याय में**

- भारत की सकल कर-प्रणाली की मुख्य विशेषताओं का मूल्यांकन सहित विवेचन है।
- प्रत्यक्ष और परोक्ष करों की आवश्यक जानकारी के साथ-साथ उनकी संभावित प्रवृत्तियों पर विचार किया गया है।
- मुख्य प्रत्यक्ष करों की आलोचनात्मक समीक्षा है।
- कर-चोरी के कारणों सहित विविध आयामों की समीक्षा है और आय-प्रकटीकरण स्कीमों सहित इसके समाधानों की चर्चा है।
- परोक्ष कर-नीति और परोक्ष करों का विस्तृत विवेचन है। इसमें केन्द्रीय स्तर पर उत्पादन शुल्कों, सीमा शुल्कों, और सेवा करों, और राज्य स्तर पर बिक्री करों के मूल्यवर्धन करों में रूपांतरण की समीक्षा है। तथा अखिल-भारतीय स्तर पर वस्तुओं और सेवाओं पर एक व्यापक और एकीकृत मूल्यवर्धन कर के औचित्य और आवश्यकता आदि की चर्चा है।

## भारतीय कर-व्यवस्था की विशेषताएँ और उसका मूल्यांकन

(Features of the Indian Tax System and its Assessment)

प्रत्येक देश की कर-व्यवस्था की विशेषताओं की पहचान और उनकी समीक्षा के मापदंड देश के सामाजिक और आर्थिक लक्ष्य होते हैं। निम्नलिखित में भी यही विधि अपनाई गई है; और कर-व्यवस्था की मुख्य विशेषताओं के मूल्यांकन का प्रयास किया गया है।

### 1. कर अंशाच्छादन (Tax Overlapping)

GST के लागू होने से पहले हमारे संविधान में केन्द्र और राज्यों के बीच कर-अधिकारों के अंशाच्छादन का कोई स्थान नहीं था, अर्थात् किसी परिभाषित कराधार पर दोनों एकसाथ करारोपण नहीं कर सकते थे। संघ राज्य क्षेत्रों की बजटीय मदें केन्द्र के बजट में शामिल रहती हैं। इन क्षेत्रों में राज्य-सूची के करारोपण अधिकार केन्द्र के पास हैं। जहाँ तक स्थानीय निकायों का प्रश्न है, उन्हें ये कराधिकार राज्यों द्वारा (तथा संघ राज्य क्षेत्रों के मामले में केन्द्र द्वारा) अपने कराधिकारों (अर्थात् राज्य-सूची) से हस्तांतरित किए जाते हैं। केन्द्र और राज्यों में विषय

आवंटन **'एकरूपता, मितव्ययिता और कार्यकुशलता'** की कसौटियों के आधार पर किया गया है। इस संदर्भ में निम्नलिखित टिप्पणियाँ भी प्रासंगिक हैं-

- केन्द्र और राज्यों के बीच, साधन आवंटन की इस विधि के कारण, केन्द्र के पक्ष में विषमस्तरीय (vertical) वित्तीय असंतुलन का उत्पन्न होना तथा कालांतर में राज्यों की केन्द्र पर वित्तीय निर्भरता में बढ़ोतरी अनिवार्य है।
- उपर्युक्त कसौटियों को मान्यता देने का एक नीति-निष्कर्ष यह निकलता है, कि समय बीतने के साथ-साथ सरकार के बढ़ते सामाजिक और आर्थिक दायित्वों का मुख्य भाग तो राज्यों के पल्ले पड़ना चाहिए, परंतु राज्यों के कर-स्रोत धीरे-धीरे केन्द्र को हस्तांतरित होते रहने चाहिएँ। स्पष्ट है कि इस प्रक्रिया के परिणामस्वरूप केन्द्र और राज्यों के बीच वित्तीय असंतुलन बढ़ता है। राज्यों द्वारा इस प्रवृत्ति का विरोध अपेक्षित है।
- राज्य-करों (विशेषकर बिक्री कर और उत्पादन शुल्कों) में एकरूपता का अभाव रहा था। अब इस कमी को बहुत हद तक दूर किया जा चुका है। पहले यथासम्भव बिक्री करों और उत्पादन शुल्कों को मूल्यवर्धन करों का रूप दिया गया और अब इस कमी को दूर करने की प्रक्रिया चल रही है जिसमें बिक्री कर के स्थान पर मूल्यवर्धन कर को अपनाया जा रहा है।
- अपेक्षित था कि कालांतर में कर-प्रणाली की जटिलता बढ़ेगी, और वास्तव में ऐसा ही हुआ भी था। GST के पश्चात् परोक्ष कर प्रणाली सरल और निर्बाध होती जा रही है, परन्तु प्रत्यक्ष करों के मामले में सरलता लाने के प्रयास में जटिलता बढ़ी है।

## 2. प्रत्यक्ष और परोक्ष कर घटक (Direct and Indirect Taxes)[1]

परोक्ष करों के प्रभाव अवरोही (regressive) होते हैं तथा उनसे उत्पादन लागतों में चक्रीय वृद्धि होती है। परंतु इन दुष्परिणामों के बावजूद हमारी कर-संरचना में परोक्ष करों की एक अग्रणीय भूमिका है और यह स्थिति केन्द्र और राज्य दोनों स्तरों पर एकसी लागू होती है। ऐसा होने का मुख्य कारण यह है कि सरकार की बढ़ती राजस्व आवश्यकता प्रत्यक्ष करों से पूरी नहीं हो पाती, और इसे परोक्ष करों पर निर्भर होना पड़ता है। ध्यानयोग्य है कि, भविष्य में, कई कारणों से सरकार के सकल कर राजस्व में परोक्ष करों के अनुपात के लगातार बढ़ने की अपेक्षा है।

- भारत के स.रा.उ. में सेवाओं का अनुपात तीव्र गति से बढ़ रहा था। राज्यों में आपसी कर-स्पर्धा भी देखने को मिलती थी। अब इस कमी को काफी हद तक दूर किया जा चुका है। पहले यथासंभव बिक्री करों और उत्पादन शुल्कों मूल्यवर्धन-आधारित किया गया। अब केन्द्र और राज्यों के अधिकतर परोक्ष कर GST में समाहित हो चुके हैं। सेवा कर के GST में समाहित हो जाने के कारण यह वृत्ति और प्रबल हुई है।
- आर्थिक विकास, आर्थिक उदारता और वैश्वीकरण की नीतियों के कारण हमारे विदेशी व्यापार में होने वाली वृद्धि से सीमा शुल्क से प्राप्तियाँ भी बढ़ेंगी।
- एक अल्पविकसित देश में प्रत्यक्ष करों की तुलना में परोक्ष करों का आरोपण और उगाही कम कठिन होते हैं।

---

[1] कर-प्रणाली की इस विशेषता की विस्तृत समीक्षा इस अध्याय में बाद में की गई है।

## 3. न्यायोचितता (Equity)

कर–प्रणाली की न्यायोचितता एक अति जटिल प्रश्न है, जिसका उत्तर इसके विभिन्न आयामों पर विचार किए बिना नहीं दिया जा सकता। इस संदर्भ में निम्नलिखित तथ्य विशेष रूप से ध्यानयोग्य हैं।

- परोक्ष करों के प्रभाव मूलत: अवरोही (regressive) होते हैं; भारत के सकल कर–राजस्व में परोक्ष करों का अनुपात बहुत अधिक है और बढ़ भी रहा है। अत: भारतीय कर–प्रणाली की एक विशेषता इसका बढ़ता अवरोहीपन है।
- परंतु सरकार का दावा है कि प्रत्यक्ष और परोक्ष दोनों प्रकार के करों की दरें प्रगामी हैं, और परोक्ष करों में आवश्यक वस्तुओं को करमुक्त रखने की नीति अपनाई गई है। इन कारणों से हमारी कर प्रणाली का अवरोहीपन शून्य अथवा शून्यतुल्य है।
- बड़े पैमाने पर कर की चोरी हमारी कर–प्रणाली के अवरोहीपन को बढ़ाती और इसकी न्यायोचितता को घटाती है। इनसे मुद्रा–स्फीति और वितरणीय असमानता बढ़ते हैं।
- हमारी कर–प्रणाली पूँजी–प्रधान तकनीकों को प्रोत्साहित करती है, जिससे रोज़गार को (विशेषकर ग्रामीण क्षेत्रों में) बढ़ाने में रुकावट पड़ती है।
- आलोचकों का यह भी कहना है कि हमारे कर–ढाँचे का अंतर्वैयक्तिक और अंतरक्षेत्रीय भार वितरण समानता और न्यायोचितता की कसौटियों पर खरा नहीं उतरता।

## 4. पर्याप्तता (Adequacy)

कर–प्रणाली की पर्याप्तता को दो आधारों पर परखा जा सकता है, अर्थात् (क) राजस्व में उचित दर से बढ़ोतरी, तथा (ख) सरकार की राजस्व–आवश्यकता की पूर्ति। इनमें से पहले दृष्टिकोण से हमारी कर प्रणाली काफ़ी उच्च कोटि की है। कुल मिलाकर इसमें पर्याप्त उत्प्लावकता है। करों की बढ़ती व्याप्ति (pervasion, coverage) तथा दरों में परिवर्तन के साथ राजस्व में लगातार होती वृद्धि उनकी उच्च कोटि का प्रतीक है।

- ध्यानयोग्य है इसके बावजूद सरकार बजटीय घाटों से छुटकारा पाने में असफल रही है। परंतु इसका बुनियादी कारण कर–राजस्व में बढ़ोतरी की शिथिलता न होकर सरकारी व्यय में अनुचित वृद्धि है।

## 5. कार्यक्षमता (Efficiency)

हमारी कर–प्रणाली इस कसौटी पर खरी नहीं उतरती। सरकार के सभी स्तरों पर कर वसूली की लागत बहुत अधिक है। करों की चोरी भी बहुत व्यापक है। साथ ही करदाताओं को कर–ढाँचे में लगातार परिवर्तनों के कारण अनावश्यक परेशानी उठानी पड़ती है। उन्हें कर–अनुपालन (tax compliance) में अत्याधिक समय और धन का अपव्यय करना पड़ता है। कर–प्रबंधन भी अनेक कमियों से पीड़ित है।

## 6. सरलता और निश्चितता (Simplicity and Certainty)

कर–प्रणाली की सरलता और करदेयता के निर्धारण में निश्चितता से अर्थव्यवस्था अनेकों प्रकार से लाभान्वित होती है। यद्यपि इस लक्ष्य की प्राप्ति हेतु कई कदम (विशेषकर केन्द्र द्वारा) उठाए गए हैं, तो भी हमारी कर

प्रणाली इन दोनों कसौटियों पर खरी नहीं उतरती। इसमें लगातार अनेकों संशोधन किए जाते हैं, परंतु उनमें किसी दीर्घकालीन नीति की झलक दिखाई नहीं देती। कर कानूनों में कई कराधारों एवं अन्य अवधारणाओं की परिभाषाएँ त्रुटिरहित नहीं हैं। और इनसे उत्पन्न जटिलताओं से अर्थव्यवस्था की कार्यक्षमता को भी ठेस पहुँचती है। परंतु फिर भी कर-प्रणाली को बारंबार संशोधित करने का एक औचित्य है।

- भारत जैसे देश में एक अनम्य कर-प्रणाली के कई दुष्परिणाम हो सकते हैं। इसके हितकर बने रहने के लिए इसमें बदलती वस्तुस्तिथि और लक्ष्यों के अनुकूल संशाोधन होते रहने चाहिएँ।
- अपनी बढ़ती वित्तीय आवश्यकताओं की पूर्ति के लिए कर प्रणाली को संशोधित करना सरकार की एक मजबूरी है।
- सरकार की आर्थिक और सामाजिक नीतियों के प्रभावी कार्यान्वयन में कर प्रणाली एक प्रभावी योगदान दे सकती है। इन नीतियों में अनेकों मुद्दे आते हैं, जैसे कि रोज़गार, बचत और निवेश को प्रोत्साहन, क्षेत्रीय और वितरणीय असमानताओं में कमी, और संसाधनों का पुनराबंटन आदि।
- सरकार कर संयत्र को एक प्रभावी नीति अस्त्र मानी है। इसकी यह मान्यता रही है कि कर-प्रणाली में संशोधन से अर्थव्यवस्था के बचत, निवेश, माँग आदि सभी निर्णय प्रभावित होते हैं। अत: इस नीति के उचित प्रयोग द्वारा अर्थव्यवस्था में किसी भी प्रकार के उद्देश्य की प्राप्ति के लिए अनुकूल प्रतिक्रिया उत्पन्न की जा सकती है।

उपरोक्त कारणों से कर-प्रणाली का कालांतर में अति जटिल रूप धारण करना तथा इसके सरलीकरण के सब प्रयत्नों का विफल हो जाना स्वाभाविक था। कर-ढाँचे के प्रत्येक संशोधन के पीछे कभी राजस्व की प्राप्ति और कभी किसी गतिविधि को प्रोत्साहित (अथवा हतोत्साहित) करने के लक्ष्य रहे हैं। परिणामस्वरून कालांतर में कर-ढाँचे की जटिलता बढ़ती गई है; इसमें कई प्रकार की अस्पष्टताएँ घुस गई हैं, तथा कई प्रकार के अंतर्विरोध उत्पन्न हो गए हैं।

## 7. कर की चोरी (Tax Evasion)

कर-चोरी की व्यापकता के सत्य को नकारा नहीं जा सकता। इस स्थिति की उत्पत्ति में अनेकों घटकों का योगदान रहा है, जैसे कि करों की ऊँची दरें और कर-कानून की जटिलता आदि। इस संदर्भ में प्रशासन की नीति यह रही है कि कर-कर्मियों की स्वैच्छिक निर्णय शक्तियों को बढ़ाया जाए। परंतु कर अनुपालन की परेशानियों जैसे कर-चोरी के बुनियादी कारणों को दूर करने पर पर्याप्त ध्यान नहीं दिया गया।

## 8. असमानताओं में कमी (Reduction in Inequalities)

कई अध्ययनों ने इस मत की पुष्टि की है कि हमारे प्रत्यक्ष कर वितरणीय असमानताओं को कम करने में सहायक नहीं हैं। प्रगामी दरों के साथ-साथ इनकी चोरी भी व्यापक है। इसी प्रकार परोक्ष करों के अवरोहीपन को कम करने के प्रयास के बावजूद इनसे असमानताएं बढ़ती हैं। आवश्यक वस्तुओं की तुलना में विलासिता की वस्तुओं पर परोक्ष कर अधिक हैं; परंतु कर-चोरी की व्यापकता के कारण इस तथ्य का समानता-प्रभाव कट जाता है। इसके अतिरिक्त सरकार कच्चे माल, मध्यवर्त्ती वस्तुओं तथा पूँजी वस्तुओं पर भी कर वसूलती है, जिससें लागत में चक्रीय वृद्धि होती है। साथ ही इस कर-प्रणाली में करों पर अतिरिक्त करदेयता उत्पन्न होने के कारण उत्पादन लागत और कीमतें और भी बढ़ती हैं; और मुद्रा-स्फीति वितरणीय असमानताओं को बढ़ाने का एक सर्वमान्य कारण है।

हमारे देश का प्रत्यक्ष कर-ढाँचा पूँजी-प्रधान प्रौद्योगिकी को प्रोत्साहित करता है। साथ ही श्रमिकों को रोज़गार देने के लिए कर छूटें बहुत कम हैं। इस नीति से भी आय और धन की वितरणीय असमानताएँ बढ़ती हैं।

यहाँ पर यह तथ्य नोट करने योग्य है कि मूल्यवर्धन आकार में लागू GST के कारण परोक्ष करों में चोरी में काफी कमी होने की अपेक्षा है जिसके फलस्वरूप वितरणीय असमानताओं में भी कमी आनी चाहिए।

आजकल यह दृष्टिकोण लोकप्रिय हो रहा है कि सरकार को वितरणीय असमानताएँ घटाने के लिए कर-नीति के स्थान पर केवल व्यय-नीति का प्रयोग करना चाहिए।

## 9. पूँजी निर्माण (Capital Formation)

हमारी कर-प्रणाली से अपेक्षा की जाती है कि इससे पूँजी निर्माण की गति को बढ़ाने तथा आर्थिक विकास को सुदृढ़ करने में सहायता मिलेगी। कर सुधार समिति (Chelliah Committee, चैलय्या समिति) के मतानुसार हमारी कर-प्रणाली बचत प्रक्रिया को प्रोत्साहित करने में असफल रही थी। इससे बचतें केवल कुछ विशेष प्रकार के निवेश क्षेत्रों में जाती थीं। बचत करने के लिए 'वर्तमान' कर छूटें और रियायतें अपर्याप्त थीं, तथा बढ़ती कीमतों के कारण उनकी अपर्याप्तता और भी उजागर हो गई थी। साथ ही कुछ विशेष प्रकार की निवेश गतिविधियों के लिए छूट प्रदान करने से कर ढाँचे की जटिलता और बढ़ गई थी।

## 10. सेवा कर (Service Tax)

'सेवा' शब्द विविध प्रकार के आर्थिक कार्यकलापों के लिए प्रयुक्त होता है, और इसकी स्पष्ट परिभाषा खोज पाना अति कठिन है। आथिकि विकास के साथ-साथ सेवाओं के बढ़ते प्रकारों के कारण इस शब्द को परिभाषित करने की कठिनाई और भी बढ़ गई है। यह कठिनाई विशेषकर वस्तुओं और सेवाओं में भेदीकरण के संदर्भ में उत्पन्न होती है। इसके अतिरिक्त सेवा कर के आरोपण में सेवा को मुहैय्या करने वाले और सेवा के उपभोक्ता में भी भेद करना आवश्यक रहता है। भारत में सेवा कर की उगाही और विनियोजन संबंधी समस्याओं का संतोषजनक समाधान होना भी अभी बाकी है। हमारी आर्थिक विकास प्रक्रिया ऐसी रही है कि सकल राष्ट्रीय उत्पाद में सेवाओं का अनुपात बढ़ते-बढ़ते आधे से भी अधिक हो गया है; और इस समय यह अनुपात संयुक्त राज्य अमेरीका, जापान, ब्राज़ील, चीन, और पाकिसतान जैसे देशों में विद्यमान अनुपात के बराबर अथवा इससे अधिक है।

जुलाई 2017 से सेवाकर को GST में समाहित कर दिया गया है।

### उत्पाद शुल्कों में 1996-97 से सुधार

भारत में सरकार ने संघ उत्पाद शुल्कों में सुधार हेतु कार्य 1996-97 में प्रारम्भ करने के कुछ वर्षों के भीतर ही सम्पन्न कर लिया था। उद्देश्य यह था कि इन सुधारों से उत्पादकता बढ़े, लागतें घटें, संसाधन आवंटन की विकृतियाँ दूर हों, कर की चोरी घटे और कर-प्राप्तियों में बढ़ोतरी हो। इन सुधारों में निम्नलिखित मुख्य थे।

- शुल्कों का मूल्यवर्धन प्रारूप (format);
- यथासम्भव मूल्यावर्धन कर-निर्धारण;
- कर की दरों में कटौती;
- कर के स्लैबों में कटौती
- विशिष्ट और अंतिम उपभोग संबंधित छूटों की समाप्ति;
- कर-निर्धारण प्रक्रियाओं का सरलीकरण।

उपरोक्त सुधार दो-स्तरीय (dual) GST के निर्माण में काफी सहायक सिद्ध हुए।

### सीमा शुल्कों में सुधार

चार दशकों से भी अधिक लंबे समय तक आयातों पर मात्रात्मक और सीमा शुल्क रूपी रुकावटों द्वारा उद्योग और कृषि का संरक्षण प्रदान करने की नीति का अनुसरण करने के पश्चात् हमने आंतरिक स्थितियों के सुधार हेतु और विश्व व्यापार संगठन (World Trade Organisation) के दबाव में, उदारीकरण और वैश्वीकरण की नीति का पथ पकड़ा। इस नव-नीति में आयातों पर मात्रात्मक रूकावटों (quantitative restrictions) और सीमा शुल्कों में चरण-बद्ध कटौतियां की गईं। कुछ ही वर्षों में यह प्रक्रिया संपन्न हो गई। परिणाम-स्वरूप अब मात्रात्मक रूकावटें लगभग समाप्त हो गई हैं। केवल विशेष स्थितियों में और सीमित हद तक इन का प्रयोग किया जाता है। सीमा शुल्क Asian स्तर तक नीचे आ चुके हैं। सरकार केवल विशेष स्थितियों में सभी हक तक और थोड़े समय के लिए इन्हें बढ़ाती है। ध्यानयोग्य है अब विश्व में फिर संरक्षणवाद की शक्तियाँ जोर पकड़ रही हैं और भारत को भी इस दिशा में यथोचित कदम उठाने पड़ सकते हैं।

भारत की कर प्रणाली
- में केन्द्र और राज्यों में GST में समाहित परोक्ष करों को छोड़ कर, करारोपण का अंशाच्छादन नहीं है;
- में परोक्ष करों की प्रधानता है; (और सेवा कर सहित) इसमें और बढ़ोतरी की संभावना है;
- की जटिलता के कारण कर-चोरी प्रोत्साहित होती है;
- पूँजी प्रधान तकनीकों को प्रोत्साहित करती है;
- वितरणीय असमानताओं को कम करने में सहायक नहीं है; और
- सरकार की बढ़ती व्यय आवश्यकताओं की पूर्ति करने में असमर्थ है।

## प्रत्यक्ष *बनाम* परोक्ष कर

(Direct *vs.* Indirect Taxes)

**इष्टतम अनुपात**—सकल कर-राजस्व में प्रत्यक्ष और परोक्ष करों का कोई व्यापक, पूर्वनिश्चित, सर्वमान्य और इष्टतम अनुपात नहीं होता। इसका निर्णय आर्थिक सिद्धांतों और स्वीकार्य चिंतनधारा के संयुक्त आधार पर ही किया जा सकता है। इसके अतिरिक्त इस निर्णय को लेते समय सरकार के समक्ष अपनी प्रशासनिक सीमाएँ एवं अन्य तथ्य भी रहते हैं।

**भारत में**—भारत में प्रत्यक्ष करों को बढ़ाने के अवसर अति सीमित हैं। यहाँ पर उनकी की दरें इतनी ऊँची हैं कि केवल उनको घटाने पर ही विचार किया जा सकता है। अत: प्रत्यक्ष कर-राजस्व के अनुपात को बढ़ाने का मुख्य मार्ग केवल इसकी प्रणाली में सुधार और कर की चोरी को रोकना ही है। इसके विपरीत सरकार के लिए परोक्ष कर-राजस्व को बढ़ाना कम कठिन है, जिसके कई कारण हैं।

- परोक्ष करों की मदों में बढ़ोतरी और दरों में संशोधन के अवसर अधिक रहते हैं, क्योंकि आर्थक विकास के साथ-साथ नए प्रकार की वस्तुएँ और सेवाएँ अस्तित्व में आते रहते हैं। उदाहरणार्थ पिछले कुछ वर्षों में ही सेवा क्षेत्र का हमारे स.रा.उ. में अनुपात आधे से भी अधिक हो गया है।

- सामान्यत: कई कारणों से करदाता परोक्ष करों का विरोध कम करते हैं, जैसे कि (क) इनकी चोरी में कठिनाइयों का कम होना; (ख) इनके आपतन को अंतरित करने के अधिक अवसर होना; (ग) परोक्ष कर प्रणाली में विलासिता की वस्तुओं पर करों की दरों का अधिक एवं सामान्य वस्तुओं पर अति कम होना, आदि।
- स॰रा॰उ॰ में बढ़ोतरी के साथ-साथ परोक्ष कर-राजस्व में अपने आप वृद्धि होती रहती है, विशेषकर जब ये कर मूल्याधारित *(ad valorem)* हों।
- केन्द्र और राज्य दोनों ने अपने परोक्ष करों की दरों को मूल्याधारित रूप दे दिया। परिणामस्वरूप परोक्ष कर राजस्व की वृद्धि दर स.रा.उ. की वृद्धि दर से भी अधिक है। GST ने इस प्रवृत्ति को और भी सशक्त बना दिया है।

स्मरणीय है कि परोक्ष करों पर अधिक निर्भरता से देश को कई प्रकार की सामाजिक और आर्थिक हानियाँ होती हैं।

- इनसे आय और धन की वितरणीय असमानताएँ बढ़ती हैं।
- इनसे उत्पादन लागत और कीमतों में बढ़ोतरी के साथ हमारी अंतर्राष्ट्रीय स्पर्धा शक्ति क्षीण होती है।
- चुंगी जैसे कई परोक्ष करों का देश पर संसाधन व्यय पड़ता है, जैसे कि इंधन, समय, श्रम तथा अन्य प्रकार से अपव्ययित संसाधन।
- इन करों से अर्थव्यवस्था के कई मंडियों में खंडित होने की प्रवृत्ति सबल होती है, तथा विकास पर दुष्प्रभाव पड़ता है।
- राज्यों के स्तर पर परोक्ष करों में एकरूपता के अभाव के कारण भी देश की अर्थव्यवस्था के एकीकरण तथा लागत-बचत की प्रक्रियाओं में बाधा पड़ती है।

भारत में केन्द्र और राज्यों के अधिकतर परोक्ष करों के GST में समाहित होने से उनके कई नकारात्मक प्रभावों में कमी आना अपेक्षित है। शेष परोक्ष करों के GST में समाहित होने पर उनके नकारात्मक प्रभावों में कमी आनी चाहिए।

**अनुपात**–उपरोक्त कारकों पर विचार करने से यह निष्कर्ष निकलता है कि यथासंभव सरकार के प्रत्येक स्तर को अपने कर राजस्व में परोक्ष करों के अनुपात को कम करने और प्रत्यक्ष करों के अनुपात को बढ़ाने का प्रयास करना चाहिए। केन्द्र ने अपने प्रयास के द्वारा इस लक्ष्य की प्राप्ति में श्रेयस्कर सफलता पाई है। परंतु केन्द्र की तुलना में राज्यों के लिए ऐसा कर पाना अधिक कठिन है, क्योंकि उनकी कर प्रणाली में इसके अवसर अति कम हैं। GST के लागू होने पश्चात प्रत्यक्ष करों के अनुपात में वृद्धि की संभावनाएँ और कम हो गई हैं। उदाहरणार्थ केन्द्र और राज्यों के संयुक्त कर राजस्व में परोक्ष करों का अनुपात धीमी गति से कम होते हुए, 1994-95 में 77%, 1999-2000 में 73.7%, 2003-04 में 69.6% और 2006-07 में 65.0% तक ही गिर पाया। परंतु घटने की इस प्रवृत्ति में मुख्य योगदान केन्द्र की कर नीति था। विदित होना चाहिए कि आर्थिक उदारीकरण की नीति के अपनाए जाने तक केन्द्र के कर राजस्व में भी परोक्ष करों के अनुपात के बढ़ने की प्रवृत्ति देखने को मिलती है, और इस प्रवृत्ति के दिशा-परिवर्तन का शुभारंभ उदारीकरण की इस नीति को अपनाने के पश्चात ही हुआ माना जाता है। उदाहरणार्थ केन्द्र के कर-राजस्व में परोक्ष करों का अनुपात 1950-51 में 56.54% से बढ़ते-बढ़ते 1987-88 में 82.07% तक आ पहुँचा। इसके पश्चात इस अनुपात में थोड़ा घटने की प्रवृत्ति आई, जिसे आर्थिक उदारता की नीति ने तीव्र गति प्रदान की। इसके परिणामस्वरूप 1990-91 में यह अनुपात 78.4% से घटते-घटते 1995-96 में

69.1%, 2000-01 में 62.9%, 2003-04 में 57.9% और 2006-07 में 51.9% तक पहुँच गया। स्मरणीय है कि सेवाओं पर बढ़ते करारोपण के परिणामस्वरूप इस अनुपात के फिर से बढ़ने की संभावना प्रबल हो गई है।

- कर-राजस्व में प्रत्यक्ष और परोक्ष करों का कोई सर्वमान्य इष्टतम अनुपात नहीं है।
- भारत में विविध कारणों से परोक्ष करों को प्राथमिकता दिया जाना स्वभाविक है।
- उदार आर्थिक नीति से पूर्व परोक्ष करों के अनुपात में बढ़ोतरी की प्रवृत्ति रही।
- GST के लागू होने के पश्चात् परोक्ष करों में अनुपातिक वृद्धि की प्रवृत्ति और भी सशक्त हो गई है।
- सेवा कर के बढ़ते महत्त्व के कारण इस अनुपात के फिर से बढ़ने की संभावना प्रबल हो गई है।

## प्रत्यक्ष करः कुछ टिप्पणियाँ

(Direct Taxes: Some Comments)

### आय कर (Income Tax)

संविधान के अनुसार केन्द्र सरकार केवल कृषि-भिन्न आय पर कर लगा सकती है। कृषि आय पर कर लगाने का अधिकार राज्य सरकारों के लिए आरक्षित है। आय कर के दो भाग हैं: (क) वैयक्तिक आय कर, और (ख) निगम कर (अर्थात कंपनियों पर आय कर)। यहाँ पर सर्वप्रथम वैयक्तिक आय कर पर विचार किया जाएगा।

वर्ष 2000-01 से पहले वैयक्तिक आय कर की निवल प्राप्तियाँ राज्यों के साथ अनिवार्य रूप से विभाज्य थीं। इन विभाज्य राशियों में से राज्यों का संयुक्त हिस्सा और उसमें राज्यों के व्यक्तिगत हिस्से वित्त आयोग की सिफ़ारिशों पर विचारोपरांत तय किए जाते थे। इसके विपरीत निगम कर राज्यों के साथ विभाज्य नहीं था। 2000-01 से वैयक्तिक आय कर और निगम कर दोनों की निवल प्राप्तियाँ केन्द्र के समस्त विभाज्य कर राजस्व का एक भाग बन गई हैं।

भारत में आय कर सर्वप्रथम 1860 से 1873 तक लागू रहा, तथा 1886 में दुबारा लागू होने के पश्चात् आय कर अब देश की कर-प्रणाली का एक मुख्य और अभिन्न अंग बन चुका है। 1939 में वैयक्तिक आय कर की दरों को स्लैब सिस्टम में परिवर्तित किया गया, तथा तब से इसकी दरों, छूटों, रियायतों तथा अन्य विशेषताओं में सतत् संशोधन होते रहे हैं। उदाहरणार्थ वैयक्तिक आय कर में अर्जित और अनर्जित प्राप्तियों, नियमित और अनियमित प्राप्तियों में भेदीकरण के अतिरिक्त कई प्रकार के अधिभारों, रियायतों, छूटों आदि का प्रावधान रहा है। एक बार कराधार जाँच आयोग (Taxation Enquiry Commission) की सिफ़ारिशों पर विवाहित और अविवाहित करदाताओं में भी भेदीकरण किया गया था। इसी प्रकार कई प्रकार की आय प्राप्तियों को उनके स्रोतों के आधार पर कर रियायतें दी जाती रही हैं। सरकार का यह नीति उद्देश्य भी रहा है कि इससे बचत प्रोत्साहित हो।

कोई समय था जब सरकार के मतानुसार आय कर से राजस्व प्राप्तियाँ बढ़ाने के लिए कर की दरों में बढ़ोतरी करना ज़रूरी था। इस नीति के अंतर्गत एक समय आय कर की उच्चतम दर (अधिभारों सहित) 97.5% तक जा पहुँची थी। परंतु वाँचू समिति (Wanchoo Committee) की रिपोर्ट में इतनी ऊँची दरों के दुष्परिणामों को उभारे जाने के पश्चात आय कर की दरों में कमी की जाने लगी, और 1997-98 के बजट में वैयक्तिक आय कर की उच्चतम दर घटकर 30% रह गई। ज्ञातत्व है कि दर घटाने की इस प्रक्रिया के संग आयकर से राजस्व प्राप्तियों में कमी होने के स्थान पर वृद्धि हुई है।

सरकार द्वारा आय कर प्रणाली की दीर्घकालिक स्थिरता के हितों को स्वीकारने के बावजूद अस्थिरता इसकी मुख्य विशेषता रही है। लगभग प्रत्येक बजट में अप्रत्याशित परिवर्तनों के घोषित किए जाने की प्रथा रही है।

1974 में वैयक्तिक आयकर प्रणाली में एक महत्वपूर्ण संशोधन कृषि आय और कृषि–भिन्न आय के आंशिक एकीकरण के रूप में किया गया। आशय यह था कि इससे करदाताओं पर कर भार का आवंटन अधिक न्यायोचित हो जाए तथा कर की चोरी रोकने में सहायता मिले। परंतु इस उपाए के उपरांत भी सब करदाताओं के साथ एक–सा बर्ताव नहीं होता। यदि किसी करदाता की कृषि–भिन्न कर–देय आय न हो, तो उसे कृषि आय पर भी कोई कर नहीं देना पड़ता। साथ में सभी राज्यों में कृषि आय पर कर नहीं है, तथा न ही उसकी दरों में समानता है। कीमतें बढ़ने के कारण भी करदाता की करदेयता में कमी नहीं की जाती।

ध्यान योग्य है कि कराधान संबंधी विभिन्न कमेटियों/आयोगों ने आय कर की छूटों आदि को कम/समाप्त करने की सिफ़ारिशें की परन्तु इस तथ्य को अनदेखा किया कि करदाताओं को लगातार बढ़ती कीमतों और मौद्रिक आय की घटती क्रय शक्ति का सामना पड़ता है।

## पूँजी लाभ पर कर (Tax on Capital Gains)

पूँजी लाभ किसी परिसंपत्ति के विक्रय मूल्य की उसके क्रय मूल्य से अधिकता है, और इस कारण इसे आय का ही एक प्रकार माना जाता है। परंतु सामान्यत: यह अर्जित नहीं होता, एवं दीर्घावधिक होता है। इसके अतिरिक्त संचित परिसंपत्तियाँ बहुधा निवेशित बचतों का परिणाम होती हैं। इसलिए पूँजी लाभ आय पर करारोपण की दरें आय कर दरों से भिन्न एवं रियायती रखी जाती हैं। पूँजी लाभ पर करारोपण से कई हानियाँ हैं।

- पूँजी लाभ एक मौद्रिक प्रमापन है। कीमतें बढ़ने के साथ इसकी क्रय शक्ति घटती है। अत: क्रय शक्ति के रूप में पूँजी लाभ पूँजी हानि में भी परिवर्तित हो सकता है। ऐसी स्थिति में इसपर कर लगाने का कोई औचित्य नहीं बनता।
- समस्त पूँजी लाभ को उसी वर्ष की आय माना जाता है जिसमें परिसंपत्ति बेची गई हो। इससे कर की दरें प्रगामी होने के कारण करदाता पर करदेयता का बोझ बढ़ जाता है जिसे न्यायोचित नहीं कहा जा सकता। इसे गुच्छीकरण (bunching) की समस्या कहा जाता है।
- पूँजी लाभ कर से बचत और निवेश हतोत्साहित होते हैं तथा आर्थिक विकास में रुकावट पड़ती है।

उपरोक्त कारणों से पूँजी लाभ कर से बचना चाहिए। परंतु यदि इस कर का लगाना आवश्यक हो, तो कुछ बुनियादी बातों का ध्यान रखना चाहिए ताकि इसकी त्रुटियों को यथासंभव दूर किया जा सके–

(क) पूँजी लाभ के अनुमान में पूँजी परिसंपत्ति के बिक्री मूल्य को किसी उचित कीमत सूचकांक द्वारा संशोधित किया जाना चाहिए।

(ख) पूँजी लाभ पर कर की दर प्रगामी न हो कर एक ही होनी चाहिए। उपर्युक्त विवचेन का निष्कर्ष यह निकलता है कि पूँजी लाभ पर कर प्रत्येक दृष्टिकोण से अनुचित है, परन्तु इन सब बातों के होते हुए भी केन्द्र ने 2018–19 में इसे लागू कर दिया।

- वैयक्तिक आय कर केन्द्र द्वारा कंपनी-भिन्न करदाताओं की कृषि-भिन्न आय पर आरोपा जाता है।
- विभिन्न लक्ष्यों के साधने हेतु कई प्रकार कर संशोधन किए जाने से यह जटिलतापूर्ण हो गया है।
- अब इसकी जटिलता को कम करने कर प्रयास किया जा रहा है।
- पूँजी लाभ पर कर करदाता की निवल संपत्ति के मौद्रिक मूल्य में वृद्धि पर देय होता है।
- इस कर से बचत हतोत्साहित होती है। इससे करदाता के स्वामित्व की निवल संपत्ति की क्रय-शक्ति घट जाने की संभावना भी रहती है।
- उपरोक्त त्रुटियों को दूर करने हेतु इसे हटा देना चाहिए, अथवा संशोधित करना चाहिए।
- परन्तु भारत सरकार ने इसे 2018-19 में लागू कर दिया।

## धन कर (Wealth Tax)

भारत में धन कर केन्द्र द्वारा एक कंपनी-भिन्न करदाता की कृषि-भिन्न निवल 'कर-योग्य' परिभाषित धन-संपत्ति के **मौद्रिक प्रमापन** पर एक **वार्षिक आरोपण** है। भारत में इस कर की कई त्रुटियाँ गिनवाई जा सकती हैं-

- राजस्व प्राप्ति के आयाम को अनदेखा करने पर प्रतीत होता है कि धन कर करदाता को संपत्तिहीन बनाने की एक प्रक्रिया है। इस कसौटी पर यह कर वितरणीय असमानताओं को घटाने के लिए भी एक त्रुटियुक्त विधि है।
- कीमतें बढ़ने पर इस कर की युक्तिहीनता और न्यायहीनता में बढ़ोतरी होती है।
- इस कर से पूँजी निर्माण, और इस कारण आर्थिक विकास, हतोत्साहित होते हैं। यद्यपि करदाता अपनी आय पर पहले से ही आयकर दे चुका होता है, फिर भी उसे आय के बचत किए गए अंश पर कर अदा करने को कहा जाता है।
- धन कर के अंतर्गत कीमतें बढ़ने के साथ-साथ करदेयता भी बढ़ती जाती है, और यदि करारोपित धन से कोई आय न हो रही हो, तो धन कर की चुभन और भी तीक्ष्ण हो जाती है। ज्ञातव्य है कि धन पर मिली आय पर भी कर आरोपा जाता है।
- धन कर के कारण करदाता अपनी बचतों को उन परिसंपत्तियों में लगाने को प्रेरित होते हैं जिनपर कर-छूट अथवा कर-रियायत उपलब्ध हो। इससे उत्पादन संसाधन निम्न प्राथमिकता वाले उपयोगों में अंतरित होने लगते हैं।
- धन कर के पक्ष में बहुधा दो तर्क दिए जाते हैं। एक यह कि इससे आय कर की चोरी रोकने में सहायता मिलती है, तथा दूसरा यह कि इससे वितरणीय असमानताएँ घटती हैं। परंतु भारत में इन दोनों लक्ष्यों की प्राप्ति में धन कर का योगदान देखने को नहीं मिलता।
- चैलय्या समिति (Chelliah Committee) की सिफ़ारिश पर 1993-94 से "उत्पादक परिसंपत्तियों में निवेश को बढ़ावा देने के लिए" इस कर में एक उल्लेखनीय संशोधन किया गया। इसमें परिसंपत्तियों को 'उत्पादक' और 'अनुत्पादक' दो गुटों में बाँटते हुए तथाकथित अनुत्पादक परिसंपत्तियों को छोड़कर शेष सभी परिसंपत्तियों पर से धन कर हटा दिया गया। परंतु परिसंपत्तियों का 'उत्पादक' और 'अनुत्पादक' गुटों में वर्गीकरण अति विवादास्पद था। एक ओर शेयरों, बैंकों में जमाराशियों, सावधि जमा राशियों, बॉण्डों और ऋण-पत्रों जैसी अधिकतर वित्तीय परिसंपत्तियों को तो 'उत्पादक' मानते हुए धन कर से मुक्त कर दिया गया, तथा वहीं दूसरी ओर "अनुत्पादक परिसंपत्तियों" की सूची में फ़ार्म हाउसों, शहरी भूमि, आभूषणों, बुलियन, मोटर कार, विमान, नावों, यॉट आदि

के साथ-साथ आवासीय मकानों को भी शामिल किया गया, जो एक अति आश्चर्यजनक बात है। इस कर को 2015-16 में समाप्त कर दिया गया।

- भारत में धन कर केन्द्र द्वारा कंपनी-भिन्न करदाताओं की कृषि-भिन्न निवल 'कर-योग्य' परिभाषित धन-संपत्ति के मौद्रिक प्रमापन पर एक वार्षिक आरोपण है।
- यह कई प्रकार से त्रुटिपूर्ण है।
- इससे बचत और निवेश हतोत्साहित होते हैं, और उत्पादन संसाधनों का आवंटन विकृत होता है।
- भारत में इस कर में गहरे संशोधन की आवश्यकता है।

## निगम कर (Corporation Tax)

कंपनियों की कर-योग्य आय पर आरोपित कर 'निगम कर' कहलाता है। इसे 'सुपर कर' की संज्ञा भी दी जाती है। शेयरधारियों की करदेयता के निर्धारण में कंपनी द्वारा निगम कर की अदायगी को एक घटक नहीं माना जाता। वैसे सरकार कंपनी का अपने कर एजेन्ट के रूप में प्रयोग कर सकती है। इस स्थिति में कंपनी शेयरधारियों की ओर से वितरित लाभांश पर कर कटौती करने के उपरांत उन राशियों को सरकार के पास जमा कराती है।

वैयक्तिक आय कर की भाँति निगम कर में भी कई प्रकार की छूटों एवं रियायतों आदि के प्रावधान हैं। अंतर्कंपनी लाभांशों को कंपनियों की लाभ आयों से भिन्न माना जाता है। करारोपण के दृष्टिकोण से कंपनियों को आकार, स्वामित्व तथा देशी और विदेशी होने के आधारों पर वर्गीकृत किया जाता है, परंतु एक वर्ग विशेष की कंपनियों पर कर की दर समानुपाती ही रहती हैं।

कालांतर में कराधान के माध्यम से कंपनियों की गतिविधियों को विविध प्रकार से प्रभावित करने के प्रयास किए जाते रहे हैं। विभिन्न समितियों तथा विचारकों की सिफ़ारिशें इस मान्यता पर आधारित रही हैं कि कंपनियाँ

- **अल्पावधिक और अस्थाई** कर संशोधनों की प्रतिक्रिया में भी अपने व्यावसायिक निर्णयों को **तुरंत** बदलने को तत्पर रहती हैं; तथा
- इन निर्णयों को लागू भी करती हैं।

इस मान्यता के परिणामस्वरूप निगम कर प्रणाली में तीव्र गति से संशोधन किए जाते रहे हैं, जिससे इसकी जटिलता बढ़ती रही है। कई बार निगम कर के प्रावधानों में टकराव की स्थिति भी रही है। इसमें छूटें और रियायतें समरूपक न होकर कई प्रकार के घटकों पर निर्भर करती हैं।

सरकार द्वारा निगम कर में सरलीकरण की आवश्यकता को बारंबार स्वीकारा जाता रहा है। परंतु इस उद्देश्य की केवल आँशिक प्राप्ति ही हो पाई है। वैसे वैयक्तिक आय कर की भाँति कालान्तर में निगम कर की दरों में कटौती अवश्य की गई है। 1996-97 में न्यूनतम वैकल्पिक कर (Minimum Alternate Tax) को कंपनियों पर लागू किया गया। इस प्रावधान के अंतर्गत यदि सभी छूटों और रियायतों से लाभान्वित होने के उपरांत किसी कंपनी की करदेय लाभ आय उसकी लेखा लाभ आय के एक पूर्वनिश्चित अनुपात से नीचे चली जाय, तो ऐसी स्थिति में उस कंपनी की करदेय लाभ आय को उसकी लेखा लाभ आय के एक पूर्वनिश्चित अनुपात के बराबर मानते हुए कंपनी की करदेयता निर्धारित की जाती है।

अभी भी निगम कर में कई प्रकार की कमियाँ हैं। इन कमियों के संभावित दुष्प्रभाव अमाप्य हैं तथा उनकी पूरी जानकारी प्राप्त करना भी संभव नहीं है। निगम कर में होने वाले अधिकतर संशोधन एक प्रयोगधारा के रूप में रहे हैं। इनमें किसी दीर्घकालीन नीति के लक्षण नहीं मिलते।

पिछले अध्याय में अनुषंगी कर (Fringe Benefits Tax) का विवेचन किया जा चुका है। इस कर से किसी प्रकार के सामाजिक/आर्थिक हित के स्थान पर कंपनियों को केवल अनावश्यक परेशानी हो रही थी। अत: इसे 2009-10 में खत्म कर दिया गया।

वर्तमान निगम कर का एक अन्य दोष इसके मूल्यह्रास के प्रावधान से जुड़ा हुआ है। कर-देय आय के अनुमान में मूल्यह्रास का अनुमान मशीनरी और संयंत्रों के प्रतिस्थापन मूल्य के स्थान पर उनके प्रारंभिक क्रय-मूल्य के आधार पर किया जाता है। इस त्रुटि का महत्व बढ़ती कीमतों के संदर्भ में और भी बढ़ जाता है। इसके अलावा मूल्यह्रास के अनुमान में प्रौद्योगिक उन्नत्ति के कारण मशीनरी और संयंत्रों के बेकार हो जाने की संभावना पर भी विचार नहीं किया जाता।

- भारत में निगम कर केन्द्र के कर-राजस्व का एक महत्त्वपूर्ण स्रोत है।
- इसके विशेषताएँ वैयक्तिक आय कर से बहुत भिन्न हैं।
- इसमें संशोधनों की एक गलत मान्यता यह रही है कि कंपनियाँ अल्पावधिक और अस्थाई कर परिवर्तनों की प्रतिक्रिया में अपने दीर्घावधिक निर्णय बदलने को तत्पर रहती हैं।
- अनुषंगी लाभ कर से उत्पन्न अनावश्यक परेशानियों के कारण इसे 2009-10 में हटा लिया गया।
- निगम कर के निर्धारण को लाभ-आय से व्यय पर अंतरित करने के हितों के साथ-साथ कई कमियाँ भी हैं।
- निगम कर में मूल्यह्रास के प्रावधान में भी सुधार की आवश्यकता है।

## कर-चोरी की समस्या
(Problem of Tax Evasion)

**1. अर्थ**–कर-चोरी (tax evasion) और कर-बचाव (tax avoidance) दो अलग-अलग समस्याएँ हैं। कर-बचाव का अर्थ कर-कानूनों के प्रावधानों की कमियों का लाभ उठाते हुए कर से बचना है। इस प्रकार से करदेयता घटाना कानून की दृष्टि में अपराध नहीं है। इसके विपरीत कर-कानून को तोड़ते हुए करदेयता को घटाना कर-चोरी है और कानून की दृष्टि में यह एक अपराध है। परंतु सरकार को इन दोनों प्रकार की गतिविधियों से राजस्व हानि होती है।

**2. आकार**–कर की चोरी तथा छुपाई गई आय के आपसी गहरे संबंधों के बावजूद इनमें से किसी का भी भरोसेमंद अनुमान नही लगाया जा सकता। परंतु यह तथ्य सर्वस्वीकार्य है कि हमारे देश में करों की चोरी एक ऐसी पुरानी, व्यापक और गंभीर समस्या है जिसे अनदेखा नहीं किया जा सकता। कालांतर में करों की चोरी इतनी बढ़ गई है कि अब **कानून से बाहर** एक समानान्तर अर्थव्यवस्था (parallel economy) न केवल पूर्ण रूप से सक्रिय है, प्रत्युत इसका आकार भी लगातार बढ़ता जा रहा है।

**अनुमानों में अंतर के कारण**–जैसा कि ऊपर कहा जा चुका है, कर-चोरी के विश्वसनीय अनुमान उपलब्ध नहीं हैं। इसके कई कारण हैं।

- अधिकतर अनुमानों में 'कर–चोरी', 'करारोपण से छुपाई गई आय अथवा संचित धन संपत्ति' के अतिरिक्त समानान्तर अर्थव्यवस्था के आकार की अवधारणओं का अस्पष्ट रूप से प्रयोग किया गया है।
- कई बार यह स्पष्ट रूप से पता नहीं चलता कि विचाराधीन अनुमान 'प्रति वर्ष' है अथवा कई वर्षों में एक संचित मात्रा।
- अनुमानों की विश्लेषण विधियों में अंतर होने के कारण उनकी तुलना नहीं की जा सकती।
- इस प्रकार के अनुमान लगाने के लिए प्रयोग्य आँकड़ों और अन्य जानकारी का अभाव है।
- अनुमानों में अंतरों को अनदेखा करते हुए भी यह एक सर्वस्वीकार्य तथ्य है। 'काले धन' को चाहे जिस प्रकार परिभाषित किया जाए, उसके आकार में लगातार वृद्धि हो रही है।

**3. कर–चोरी के कारण**–भारत में कर चोरी की व्यापकता के कई कारण गिनवाए जा सकते हैं और वे सब एक दूसरे से गुंथे हुए हैं।

• एक मतानुसार कर चोरी का मुख्य कारण करों की ऊँची दरें हैं, जिनसे करचोरी की इच्छा को बल मिलता है। प्रो॰ कॉल्डर और वाँचू समिति का भी यही मत था। परंतु करों की दरें घटाने के पश्चात भी कर–चोरी की समस्या में कमी नहीं हुई है।

• कालान्तर में हमारी कर–व्यवस्था की जटिलता और प्रशासन के स्वैच्छिक निर्णय–अधिकारों में बढ़ोतरी हुई है। इससे कानून का पालन करने वाले करदाताओं को भी परेशानी का सामना करना पड़ता है।

• एक चिंतनधारा के अनुसार काले धन का मुख्य कारण हमारी राजनीतिक और सामाजिक व्यवस्था में निहित है। प्रो॰ एल॰ के॰ झा और वाँचू समिति का कहना था कि हमारे देश में राजनीतिक चुनाव काले धन की उपज का मूल कारण हैं।

• सरकार की दोषयुक्त नीतियों से भी इस समस्या का आकार बढ़ा है। विभिन्न समितियों द्वारा की गई सिफ़ारिशों में न केवल अंतर्विरोध मिलता है, प्रत्युत उनके अपनाने से कर प्रक्रियाओं, रिकार्डों, जाँचों तथा कर–मशीनरी पर भार में भी वृद्धि हुई है। इसके अतिरिक्त कर–कर्मियों के स्वैच्छिक निर्णय–अधिकार भी बढ़ाए गए हैं।

• कीमतों में लगातार वृद्धि से भी काला धन पैदा होता है। इनसे एक ओर लाभ आयों में असाधारण वृद्धि होती है, तथा दूसरी ओर स्थिर मौद्रिक आय वाले लोगों की वास्तविक आय घटती है, परंतु उनकी करदेयता बढ़ती जाती है। इससे इन लोगों के विचार में यह धारणा बैठने लगती है कि वर्तमान कर–प्रणाली उनके प्रति अन्यायपूर्ण है, और इस लिए कर–चोरी करने में कोई दोष नहीं है।

• हमारे देश में कर–चोरी के अवसरों की कमी नहीं है। सर्वप्रथम, उपयुक्त जानकारी का व्यापक अभाव है। अधिकतर लोग अपनी आय, व्यय तथा अन्य लेन–देनों का विधिवत लेखा नहीं रखते। बड़ी–बड़ी कंपनियों का भी बहुत–सी ऐसी आर्थिक इकाइयों से पाला पड़ता है। इस कारण करदाताओं द्वारा दी गई अधिकतर जानकारी की जाँच करना संभव नहीं होता। द्वितीय, जटिल कर कानूनों और उनमें लगातार होने वाले परिवर्तनों के कारण भी कर चोरी के अवसर उत्पन्न होते हैं। वस्तुस्थिति यह रही है कि बारंबार कर कानूनों के सरलीकरण के नाम पर नई जटिलताओं को अपनाया गया है। तीसरे, जायदाद और वित्तीय परिसंपत्तियों में निवेश काले धन की उपज का एक अन्य महत्त्वपूर्ण स्रोत है। ऐसे धन को छुपाने में बेनामी की प्रथा (जिसे कानूनी तौर पर 1989 में समाप्त कर दिया गया था, परंतु जो अभी भी काफ़ी व्यापक है) का काफ़ी योगदान रहा है। इसी प्रकार शेयरों और कई प्रकार के अन्य वित्तीय लेन–देनों से भी कर चोरी के अवसर मिलते हैं। चौथे, वाँचू समिति के मतानुसार हमारे देश में

अभावों, नियंत्रणों तथा लाइसेंसों आदि की सरकारी नीति के कारण भी काले धन की कमाई और उसको छुपाने के व्यापक अवसर उत्पन्न होते हैं। ज्ञातव्य है कि सरकार के द्वारा बाज़ार शक्तियों के सीधे नियमन से वस्तुओं और सेवाओं के अभावों को कभी दूर नहीं किया जा सकता, तथा इससे प्रशासन में कुशलहीनता और घूसखोरी जैसी प्रवृत्तियाँ सक्षम होती जाती हैं।

**4. कर-चोरी रोकने का औचित्य (Need to Check Tax Evasion)**—पूरे देश और अर्थव्यवस्था के दृष्टिकोण से देखा जाए तो कर चोरी को रोकने के पक्ष में किसी विशेष तर्क की आवश्यकता नहीं रहती।

- कर-चोरी घटने से सरकार की राजस्व प्राप्तियों में वृद्धि होती है, जिससे करों की दरें बढ़ाने तथा नए कर लगाने की आवश्यकता कम हो जाती है। आर्थिक विकास के संग-संग कर-राजस्व में अपने-आप वृद्धि होती रहती है।
- काले धन के कारण देश में माँग और पूर्ति के ढाँचे दुष्प्रभावित होते हैं। निवेश प्रवाह निम्न प्राथमिकता वाले उपयोगों में अंतरित होने लगते हैं। और योजनाबद्ध विकास में रुकावट पड़ती है।
- काले धन से बाज़ार में कृत्रिम अभाव पैदा होने की संभावना बढ़ जाती है, कीमतों पर दबाव बढ़ता है, तथा सरकार की राजकोषीय और मौद्रिक नीतियाँ प्रभावहीन होने लगती हैं। अर्थव्यवस्था की अंतर्राष्ट्रीय स्पर्धा-शक्ति क्षीण होती है, तथा व्यापार और भुगतान संतुलन पर नकारात्मक प्रभाव पड़ता है।
- कर चोरी को रोकने में असफल होने पर सरकार शेष करदाताओं पर करों का बोझ बढ़ाकर उनके साथ भी अन्याय करने लगती है।

**5. उपाय (Remedies)**—स्पष्ट है कि कर-चोरी को तभी रोका जा सकता है जब इसके उपरोक्त मूल कारणों को दूर किया जाए। परंतु इस दिशा में प्रयाप्त प्रयास नहीं किया गया। कालांतर में अनेक व्यक्तियों, समितियों तथा आयोगों ने कर की चोरी रोकने के लिए विविध प्रकार के सुझाव दिए हैं, परंतु उनमें इसके बुनियादी कारणों को दूर करने के सुझाव अति कम हैं। सामान्यत: इस तथ्य को अनदेखा किया जाता रहा है कि काले धन की समस्या की जड़ हमारे आर्थिक ढाँचे का प्रशासनिक अतिनियमन, जटिल कर कानून और राजनीतिक घटकों में निहित है। इसके विपरीत इन सुझावों में राजनीतिक घटकों पर अप्रयाप्त ध्यान दिया गया है, और मुख्यत: इस बात पर ज़ोर दिया जाता रहा है कि प्रशासनिक अतिनियमन को और कड़ा किया जाए और कर-कानूनों की जटिलता बढ़ाई जाए। इसके अतिरिक्त इन सुझावों में सरकार और कर-कर्मियों की जवाबदेही को लगभग अनदेखा करते हुए केवल सरकारी कर्मियों के स्वैच्छिक निर्णय अधिकारों को बढ़ाने की सिफ़ारिशें की जाती रही हैं।

- एक अन्य त्रुटि यह रही है कि कर चोरी को रोकने के उपाए मुख्यत: प्रत्यक्ष करों तक सीमित रहे हैं। प्रत्यक्ष करों की चोरी रोकने के लिए दिए गए सुझावों में सर्वप्रथम स्थान प्रो॰ निकोलस कॉल्डर को दिया जाना चाहिए। 1956 की अपनी एक रिपोर्ट में उन्होंने इस बात पर ज़ोर दिया था कि भारतीय कर प्रणाली में करयोग्य आय आदि की परिभाषाएँ सैद्धांतिक दृष्टिकोण से दोषयुक्त थीं। इनमें यथोचित सुधार द्वारा कर ढाँचे को सरल, सुनिश्चित तथा प्रभावी बनाकर ही कर-चोरी की समस्या का निवारण किया जा सकता था। इसके अतिरिक्त प्रो॰ कॉल्डर के अनुसार कर-चोरी की समस्या पर दो-तरफा आघात की आवश्यकता थी।

(क) प्रथम, कर की दरों में कमी द्वारा कर की चोरी से संभावित लाभ में कमी लानी चाहिए। प्रो॰ कॉल्डर का विश्वास था कि आयकर की उच्च सीमांत दर का अर्थ यह है, कि एक सफल कर चोरी को उतनी ही ऊँची दर से पुरस्कृत किया जा रहा है। यही मत वाँचू समिति के समक्ष कई अर्थशास्त्रियों, सरकारी अफसरों तथा अन्य लोगों ने भी व्यक्त किया था।

(ख) दूसरे, कर की चोरी में अधिक से अधिक बाधाएँ होनी चाहिएँ। इसके लिए उन्होंने चार **नए करों की सिफ़ारिश** की, अर्थात्, पूँजी लाभ पर कर, धन पर वार्षिक कर, दान (उपहार) कर तथा वैयक्तिक व्यय पर कर। साथ ही प्रशासनिक स्तर पर उन्होंने सुझाव दिया कि सभी प्रत्यक्ष करों के लिए करदाता से एक ही व्यापक विवरणी (Comprehensive Return) ली जाए। प्रत्येक करदाता का एक निजी खाता नंबर हो जो आयकर विभाग की ओर से दिया गया हो। करदाताओं द्वारा सभी पूँजी लेन-देन उनके खातों के नंबरों सहित आय कर विभाग को सूचित किए जाएँ। उन्होंने यह भी सिफ़ारिश की कि एक पूर्व निश्चित स्तर से अधिक आय पाने वाले करदाताओं का अनिवार्य लेखा-परीक्षण होना चाहिए।

परंतु जून 1958 में श्री महावीर त्यागी की अध्यक्षता में प्रत्यक्ष कर प्रबंधन जाँच समिति नामक समिति ने प्रो॰ कॉल्डर द्वारा की कई सिफ़ारिशों से असहमति प्रकट की, जिनमें एक ही व्यापक विवरणी का सुझाव भी शामिल था। ऐसा प्रतीत होता था कि सरकार स्वयं ही इस समस्या के समाधान की विशेष इच्छुक नहीं थी।

1967 में कर ढाँचे के सरलीकरण और उसे सफलतापूर्वक अपनाने की विधि के प्रश्नों पर विचार हेतु श्री भूतलिंगम (Bhoothalingam) की नियुक्ति की गई। उनकी सिफ़ारिशों के स्वीकारे जाने के पश्चात भी कर की चोरी की समस्या बनी रही। अगले वर्ष 1968 में सरकार ने फिर श्री महावीर त्यागी की अध्यक्षता में कर की चोरी की समस्या के अध्ययन के लिए प्रशासनिक सुधार आयोग (Administrative Reforms Commission) के एक कार्यकारिणी ग्रुप (Working Group) का संगठन किया। इस ग्रुप ने भी इस संदर्भ में कई प्रशासनिक सुधारों की सिफ़ारिश की।

इसके शीघ्र पश्चात जस्टिस के॰ एन॰ वाँचू की अध्यक्षता में एक प्रत्यक्ष कर जाँच समिति (Direct Taxation Enquiry Committee) की नियुक्ति की गई। समिति से कहा गया कि न्यास (trust) बनाकर तथा अन्य कानूनी कमियों का लाभ उठाते हुए कर की चोरी की समस्या पर विशेष ध्यान दे, तथा समस्त प्रत्यक्ष कर ढाँचे का अध्ययन करे। इस समिति ने कई महत्वपूर्ण सिफ़ारिशें कीं।

**स्वैच्छिक प्रकटीकरण स्कीमें (Voluntary Disclosure Schemes)**—इन स्कीमों का मुख्य उद्देश्य यह रहा है कि करों की चोरी करने वाले अपने काले धन का प्रकटीकरण करें जिससे देश की समानांतर अर्थव्यवस्था (parallel economy) समाप्त हो जाए। देश की स्वतंत्रता के पश्चात ऐसी कई स्कीमें लागू की गईं, परंतु काले धन के अस्तित्व में आने के बुनियादी कारणों को दूर नहीं किया जा सका। इसलिए इन स्कीमों की आंशिक एवं 'पूर्ण' सफ़लता के बावजूद काले धन की समस्या जैसी की तैसी बनी हुई है।

इन स्कीमों के पक्ष में मुख्य तर्क यह दिया जा सकता है कि सरकार के पास इसके अतिरिक्त काले धन की समस्या का कोई वैकल्पिक समाधान नहीं है, और समानांतर अर्थव्यवस्था को मिटाना इसकी प्राथमिकता है। परंतु इन स्कीमों के विपक्ष में भी कई ज़ोरदार तर्क दिए जा सकते हैं। प्रथम यह कि जब तक काले धन की उपज के बुनियादी कारणों को दूर न किया जाए, इन स्कीमों से किसी स्थायी समाधान की अपेक्षा नहीं की जा सकती। इन कारणों को दूर न करने पर इस प्रकार की स्कीमों की आवश्यकता उठती रहेगी। दूसरे यह कि इन स्कीमों से कर की चोरी करने वाले पुरस्कृत होते हैं। इनसे ईमानदारी से कर देने वाले हतोत्साहित और करों की चोरी करने वाले प्रोत्साहित होते हैं। इस कारण इन स्कीमों को न्यायोचित नहीं कहा जा सकता। स्पष्ट है कि इन स्कीमों के बारंबार लागू होने पर ईमानदार करदाताओं की भी इच्छा होती है कि करों की चोरी करें। उन्हें समस्त कर-प्रबंधन एक तरफ़ा और न्यायरहित प्रतीत होने लगता है। वाँचू समिति ने यह मत भी व्यक्त किया कि काला धन बेकार न रहकर किसी न किसी रूप में पहले से निवेशित होता है। अतः किसी स्वैच्छिक प्रकटीकरण स्कीम के फलस्वरूप

देश में कुल निवेश में बढ़ोतरी की अपेक्षा नहीं की जा सकती। परंतु वाँचू समिति के इस तर्क के विरुद्ध यह कहा जा सकता है कि निवेश संसाधन निम्न प्राथमिकता वाले उपयोगों से उच्च प्राथमिकता वाले उपयोगों में अंतरित हो सकते हैं।

1951 से लेकर अब तक कई स्वैच्छिक प्रकटीकरण स्कीमें लागू की जा चुकी हैं। उनका संक्षिप्त ब्यौरा नीचे दिया गया है।

1. 1951 में सबसे पहली स्कीम लागू की गई। इनमें कई प्रकार के कानूनी जुर्मानों की माफ़ी दी गई।

2. 1965 में चार स्कीमों को एक साथ अपनाया गया। 60:40 नामक पहली स्कीम के अंतर्गत प्रकटित आय पर 60% की दर से कर देय था। 'ब्लॉक स्कीम' नामक दूसरी स्कीम में आय कर की दर प्रकटित आय पर पूर्व निश्चित 60% के स्थान पर प्रकटित आय के ब्लॉक पर निर्भर थी। इसके अतिरिक्त राष्ट्रीय सुरक्षा स्वर्ण बाँड और राष्ट्रीय सुरक्षा रिमिट्टैंस (remittance) स्कीम भी लागू की गई।

3. 1975 में अपनाई गई स्कीम में आय और धन प्रकट करने वालों को कई प्रकार की कर रियायतें तथा कानूनी दंड से बचने के प्रलोभन दिए गए। इस स्कीम के अंतर्गत प्रकटित आय पर कर की दर 25% रखी गई। परंतु प्रकटकर्ता के लिए यह अनिवार्य था कि प्रकटित आय का 5% और प्रकटित धन का 2.5% निर्दिष्ट प्रतिभूतियों में निवेश करे।

4. 1981 में 'विशेष वाहक बॉण्ड' (Special Bearer Bonds) जारी किए गए। इनमें पैसा लगाने के लिए उसकी प्राप्ति का स्त्रोत दर्शाना आवश्यक नहीं था। ये बाण्ड बेचे जा सकते थे। इन पर 2% प्रतिवर्ष की दर से ब्याज के साथ, 1991 में इनके मूलधन की अदायगी का करार था। ये सभी राशियाँ 1991 तक सब प्रकार के करों से मुक्त थीं।

5. 1985-86 में एक अन्य स्कीम के अंतर्गत 10,778 करोड़ रुपए काले धन का स्वैच्छिक प्रकटीकरण किया गया तथा सरकार को उससे 459 करोड़ रुपए कर की वसूली हुई।

6. 1991 में एक के बाद एक कई स्कीमों की घोषणा की गई।

(क) पहली स्कीम के अंतर्गत प्रकटकर्ता अपने समस्त प्रकटित काले धन को (एक निश्चित कालावधि के भीतर) राष्ट्रीय आवास बैंक (National Housing Bank) में जमा कराने के पश्चात उसका 60% निकलवाकर अपने खातों में ला सकता था। जमा राशि का 40% एक विशेष शुल्क के तौर पर सरकार के कर-राजस्व का भाग बन जाता था। इस राजस्व को गरीब लोगों की आवासीय स्कीमों के वित्त पोषण के लिए आरक्षित रखा गया। परंतु सरकार को इस स्कीम से केवल 24 करोड़ रुपए ही हाथ लग पाए।

(ख) दूसरी स्कीम के अंतर्गत कोई भी भारतवासी विदेश से विदेशी विनिमय मुद्रा प्राप्त कर सकता था। इस स्कीम में मुद्रा देने वाले व्यक्ति अथवा एजेन्सी आदि का नाम बताना जरूरी नहीं था। यह राशि किसी भी ढँग से प्राप्त की जा सकती थी। इस स्कीम में केवल प्राप्त राशि की मात्रा, प्राप्ति का ढँग, उसकी तिथि तथा अधिकृत डीलर के बारे में जानकारी देना पर्याप्त था। इस स्कीम में ऐसी राशियों के प्राप्तकर्ताओं को सभी प्रकार के कर कानूनों से मुक्ति प्रदान की गई।

(ग) तीसरी स्कीम ने 'भारत विकास बॉण्डों' का रूप लिया। ये बॉण्ड भारतीय स्टेट बैंक द्वारा जारी किए गए तथा बहुत लोकप्रिय हुए। इनकी पहली खेप उसी वर्ष 1988 में जारी की जा चुकी थी। दूसरी खेप 1990 में जारी की गई।

7. 1993–94 में स्वर्ण बॉण्ड 1998 में स्कीम जारी की गई जिसके अंतर्गत कर छूट के लालच में करदाताओं ने 35.5 टन सोना सरकार के पास जमा कराया।

8. 1997 के बजट भाषण में वित्तमंत्री ने एक और स्वैच्छिक आय प्रकटीकरण स्कीम की घोषणा की। यह स्कीम 1 जुलाई, 1997 से 31 दिसंबर 1997 तक के लिए थी। इस स्कीम के अंतर्गत पिछले किसी भी वर्ष/वर्षों के लिए छुपाई गई अथवा कर से बचाई गई आय, घोषित की जा सकती थी। ऐसी सभी घोषित आयों पर कंपनियों के लिए 35% और बाकी सब करदाताओं के लिए कर की दर 30% रखी गई। इस स्कीम में 1987–88 से पहले प्राप्त ज़ेवरात का मूल्य 1 अप्रैल 1987 के दिन के मूल्य के बराबर रखा गया। छुपी आय घोषित करने वालों को सभी प्रकार के कर कानूनों से सुरक्षा प्रदान की गई। सरकार ने यह भी अनुमति दी कि नाबालिग करदाताओं की ओर से भी छुपी आय घोषित की जा सकती थी। केन्द्र द्वारा संग्रहित कर राजस्व का 77.5% राज्यों को अंतरित किया जाना था।

9. 2015–16 और 2016–17 के बजटों में दो स्कीमों की घोषणा की गई। 2015 की स्कीम आय प्रकटीकरण के लिए छः महीने (जो बढ़ा कर नौ महीने किया गया) का समय दिया गया। इस स्कीम में घोषित आय पर 30% कर और 30% जुर्माना देय था। परन्तु इस स्कीम में केवल ₹3700 करोड़ का प्रकटीकरण हुआ। 2016–17 की स्कीम में केवल भारत के अंदर अप्रकटित आय के प्रकटीकरण का प्रावधान था। इस स्कीम से ₹65,250 करोड़ की राशि प्रकट की गई।

इन स्कीमों के अतिरिक्त भारत ने अमरीका के साथ FATCA अधिनियम के अंतर्गत एक समझौते पर हस्ताक्षर किए। यह समझौता 30 जुलाई 2015 से लागू हुआ। भारत ने कई अन्य देशों के साथ भी करार किये जिनसे विदेशों में रखने/प्रयुक्त काले धन के बारे सूचना मिलने का प्रावधान था। यह सर्वमान्य धारणा है कि GST के अस्तित्व में आने और डिजिटल लेनदेनों की लोकप्रियता के फलस्वरूप भी काले धन की उत्पत्ति में कमी आनी चाहिए।

स्मरणीय है कि काले धन की उत्पत्ति के मूल कारणों को दूर किए बिना इस समस्या से छुटकारा पाना असम्भव है।

- कर–चोरी और कर–बचाव में अंतर है; पूर्वोक्त कानूनी अपराध है; पश्चगोक्त नहीं।
- कर चोरी के चिंताजनक और बढ़ते आकार से समानांतर अर्थव्यवस्था का आकार भी बढ़ रहा है।
- कर–चोरी के अनुमानो की तुलना संभव नहीं है, क्योंकि इनके सैद्धांतिक आधार और प्रयुक्त आँकड़ों आदि में एकरूपता का अभाव है।
- कर चोरी के अनेकों कारण हैं। इसे रोकने के लिए इन कारणों को दूर करना आवश्यक है, परंतु इस ओर पर्याप्त ध्यान नहीं दिया गया।
- कई स्वैच्छिक प्रकटीकरण स्कीमों के बावजूद कर–चोरी और काले धन की समस्या बढ़ रही है।

## परोक्ष कर प्रणाली पर कुछ टिप्पणियाँ

(Some Comments on Indirect Taxes)

भारत में अधिकतर परोक्ष कर वस्तुओं के निर्माण, बिक्री और उपभोग आदि करारोपित हैं। सकल कर राजस्व में सेवाओं पर परोक्ष करों का अनुपात अभी कम है, परंतु भारत सरकार इसे बढ़ाने के लिए प्रयत्नशील है। केन्द्रीय स्तर पर मुख्य परोक्ष करों में उत्पाद शुल्क, सीमा शुल्क, केन्द्रीय बिक्री कर (जिसकी प्राप्तियाँ राज्यों को अंतरित

होती हैं और जिसे समाप्त किया जा रहा है।), तथा 2010 तक सेवा-कर हैं। इसके विपरीत राज्यों के मुख्य परोक्ष करों में बिक्री कर (जिसे मूल्यवर्धन कर का रूप दिया जा चुका है), कुछ उत्पाद शुल्क, मनोरंजन कर, सड़क और अंतर्देशीय जल मार्गों द्वारा वस्तुओं और यात्रियों के आवागमन पर कर, और चुंगी कर आदि आते हैं।

भारत में परोक्ष कर प्रणाली की एक सुव्यवस्थित नीति की आवश्यकता को कई दशक बीत जाने के पश्चात पहचाना गया। इस बीच भारत की परोक्ष कर-प्रणाली किसी पूर्व निश्चित और सुव्यवस्थित दीर्घावधिक नीति न होकर केवल तदर्थ (*ad hoc*) रूप में उठाए गए कदमों का एक समूह मात्र रही। परंतु नीति के इस अभाव के कारण परोक्ष कर-प्रणाली का महत्व कम नहीं हुआ। इसका समस्त अर्थव्यवस्था पर एक व्यापक प्रभाव पड़ता है, जिससे संसाधन आवंटन, कर भार के आवंटन का औचित्य, उत्पादन लागत, कीमतें, रोज़गार और भुगतान संतुलन आदि कुछ अछूता नहीं रहता। जटिलता, तीव्र परिवर्तिता, व्यापक चोरी, दीर्घकालीन नीति और केन्द्र और राज्य स्तरों पर करों में तालमेल का अभाव, भारतीय परोक्ष कर-प्रणाली की मुख्य विशेषताएँ और त्रुटियाँ रही हैं। आलोचकों का यह भी कहना है कि अंतिम उपभोग स्तर पर पहुँचने से पूर्व बारंबार और ऊँची दरों पर वस्तु करारोपण के फलस्वरूप भारत में उत्पादन लागत और कीमत स्तर इतने ऊँचे रहे हैं, कि समस्त अर्थव्यवस्था नकारात्मक संतुलन के अतिरिक्त कई प्रकार से क्षतिग्रस्त होती है। इन हानियों में उत्पादन की निम्न गुणवत्ता और संसाधनों का अपव्यय भी शामिल हैं।

भारत में परोक्ष करों की भरमार और अतंर्राज्यीय कर-स्पर्धा से भी समस्त परोक्ष कर प्रणाली दोषयुक्त हो चुकी थी तथा कर चोरी के अवसर उत्पन्न होते थे। परोक्ष कर ढ़ाँचे में सुधार हेतु लगातार प्रयास किए जाते रहे हैं, परन्तु इनमें यथोचित सफलता नहीं मिल पाई थी।

GST इन समस्त खराबियों को दूर/कम करने का एक उत्तम उपाय माना जाता है जिसे विश्व भर में लोकप्रियता मिली है। भारत में कई वर्षों के प्रयत्न के पश्चात् इसे जुलाई 2017 में अपनाया गया।

## **शब्दावली** (Key Words)

1. कर-अंशाच्छादन (tax overlapping); 2. प्रत्यक्ष कर (direct taxes); 3. परोक्ष कर (indirect taxes); 4. न्यायोचितता (equity); 5. पर्याप्तता (adequacy); 6. कार्यक्षमता (efficiency); 7. सरलता (simplicity); 8. कर की चोरी (tax evasion); 9. कर का बचाव (tax avoidance); 10 पूँजी लाभ पर कर (tax on capital gains); 11. वाँचू समिति (Wanchoo Committee); 12. धन कर (wealth tax); 13. उत्पादक परिसंपत्तियाँ (productive assets); 14. अनुत्पादक परिसंपत्तियाँ (unproductive assets); 15. निगम कर (corporation tax); 16. अनुषंगी कर (fringe benefits tax); 17. करावकाश (tax holiday); 18. न्यूनतम वैकल्पिक कर (Minimum Alternative Tax); 19. पूँजी मूल्यह्रास (depreciation of capital); 20. कराधान जाँच आयोग (Taxation Enquiry Commission); 21. प्रत्यक्ष कर प्रशासन जाँच समिति (Direct Taxation Administration Enquiry Committee); 22. व्यापक ब्यौरा/विवरणी (comprehensive return); 23. प्रशासनिक सुधार आयोग (Admnstrative Reforms Commission); 24. प्रत्यक्ष कराधान जाँच समिति (Direct Taxation Enquiry Committee); 25. स्वैच्छिक प्रकटीकरण स्कीमें (voluntary disclosure schemes); 26. विशेष धारक बॉण्ड (special bearer bonds); 27. मूल्यवर्धन कर (value added tax); 28. परिकल्पित कर (presumptive tax); 29. प्रेषण कर (consignment tax); 30. माल/वस्तु और सेवा कर (Goods and Services Tax GST)।

## अभ्यास प्रश्न

1. भारतीय कर-प्रणाली की मुख्य विशेषताओं पर एक व्याख्यात्मक नोट लिखें।
2. भारत की कर-प्रणाली की समीक्षा करते हुए इस की मुख्य त्रुटियाँ गिनवाएँ।
3. क्या कारण हैं कि परोक्ष करों की अनेक त्रुटियों के बावजूद भारतीय कर-व्यवस्था में इन्हें अग्रणीय स्थान प्राप्त है?
4. क्या आप इस विचार से सहमत हैं कि भारत में कर-राजस्व में प्रयाप्त बढ़ोतरी केवल परोक्ष करों से ही संभव है? तर्क सहित उत्तर दें।
5. माल और सेवा कर पर एक विस्तृत और व्याख्यात्मक नोट लिखें।
6. इस मत का मूयांकन करें कि हमारा लक्ष्य एक ऐसी देशव्यापी और एकीकृत परोक्ष कर प्रणाली का होना चाहिए जिसमें सभी केन्द्रीय और राज्य स्तर के परोक्ष कर समाहित हों, जिनकी दरों में देशव्यापी एकरूपता हो और जिनका आधार मूल्यवर्धन हो। क्या GST के माध्यम से इस लक्ष्य की प्राप्ति हो पाएगी?
7. भारतीय कर प्रणाली के प्रगामीपन की तर्काधारित समीक्षा करें।
8. पूँजी लाभ कर क्या है? आप के विचार में हमारे देश की कर-व्यवस्था में इसका क्या स्थान होना चाहिए और क्यों?
9. आय-कर व्यवस्था पर एक समीक्षात्मक नोट लिखें।
10. निगम कर से आप क्या समझते हैं? भारत में इस की स्थिति पर एक विश्लेषणात्मक नोट लिखें।
11. भारत में व्यापक कर-चोरी के कारणों की समीक्षा करें। इसे दूर करने में किन समस्याओं का समाधान जरूरी है?
12. भारत में कर-चोरी की समस्या के समाधान हेतु क्या उपाय किए गए हैं? यह समस्या अभी तक क्यों बनी हुई है?
13. स्वैच्छिक आय प्रकटीकरण स्कीमों की समीक्षा करें। ऐसी स्कीमें केन्द्र द्वारा अन्य करों के लिए क्यों नहीं अपनाई गई?
14. क्या कारण है कि राज्यों द्वारा कर-चोरी को रोकने के लिए कोई प्रकटीकरण स्कीम नहीं अपनाई गई?
15. भारत में केन्द्रीय उत्पाद शुल्कों में GST से पूर्व किए गए सुधारों पर एक नोट लिखें।
16. भारत में सीमा शुल्कों में सुधार पर एक नोट लिखें।
17. एक इष्टतम कर व्यवस्था कैसी होनी चाहिए? क्या ऐसी कर व्यवस्था का निर्माण संभव है?
18. क्या एक कर-प्रणाली तटस्थ-प्रभावी हो सकती है? तर्क सहित उत्तर दें।
19. भारतीय कर प्रणाली की मुख्य विशेषताओं का विवेचन करें।

# अध्याय 21

# रेलवे वित्त

## (Railway Finance)

**इस अध्याय में**

- भारतीय रेलवे के वित्तीय आयामों तथा इससे संबद्ध अन्य मुद्दों पर विचार किया गया है, क्योंकि रेलवे परिवहन का भारतीय अर्थव्यवस्था और केन्द्रीय सरकार के वित्तीय स्वास्थ्य में एक अग्रणीय स्थान है।
- रेलवे और केन्द्र के आपसी वित्तीय संबंधों की समीक्षा है।
- रेलवे बजट का केन्द्रीय मुख्य बजट में विलय और उससे रेलवे निष्पादन पर अपेक्षित प्रभावों का विवेचन है।
- रेलवे के दीर्घकालीन निष्पादन का विवेचन है।
- ग्यारहवीं पंचवर्षीय योजना 2007-2011, 17-वर्षीय 'विज़न 2025' तथा 'समर्पित मालवाहक गलियार' का संक्षिप्त वर्णन है।
- रेलवे द्वारा पिछले कुछ वर्षों में अपनी वित्तीय स्थिति सुधारने हेतु किए गए सफल प्रयासों की चर्चा है।

## परिचय (Introduction)

भारतीय रेलवे (Indian Railways, IR) भारत सरकार के स्वामित्व में एक विभागीय-चालित वाणिज्यिक उपक्रम है। 2017-18 से पूर्व इसका बजट केंन्द्र के मुख्य ("सामान्य") बजट से पृथक संसद में प्रस्तुत किया जाता था, यद्यपि विभागीय उद्यम होने के कारण इसी सकल प्राप्तियाँ और संवितरण केंन्द्र के बजट में शामिल रहते थे।

2017-18 से रेलवे बजट का मुख्य बजट में विलय कर दिया गया है। विलय से पूर्व केन्द्र की रेलवें में निवेशित पूँजी पर रेलवे को संसद द्वारा नियुक्त कान्वैंशन समिति की सिफारिशों के अनुकूल केन्द्र को वार्षिक लाभांश (dividend) के नाम से एक राशि अदा करनी होती थी। अब यह दायित्व खत्म हो गया है। तकनीकी दृष्टिकोण से रेलवें के ऋण भी केंन्द्र की ऋण देनदारियों हो गई है। प्रबंधीय दृष्टिकोण से रेलवे को अभी भी आंतरिक वित्तीय स्वायतिता प्राप्त है।

भारतीय रेलवे की वित्तीय व्यवस्था एवं स्थिति का अध्ययन कई कारणों से उचित और वाँछनीय है।

- पूँजी निवेश और रोज़गार के दृष्टिकोणों से रेलवे भारत सरकार का सबसे बड़ा उपक्रम है; और इसके वित्तीय निष्पादन का केन्द्र के वित्तीय स्वस्थ्य पर सीधा प्रभाव पड़ता है।

• रेल परिवहन का भारतीय अर्थव्यवस्था में अति महत्वपूर्ण स्थान है। यात्रियों और माल की ढुलाई का एक बहुत बड़ा भाग[1] रेलों द्वारा संपन्न होता है, जिसके परिणामस्वरूप इसके निष्पादन के स्तर से समस्त अर्थव्यवस्था और सामाजिक हित विविध और व्यापक रूप से प्रभावित होते हैं।

• भारतीय अर्थव्यवस्था में रेलवे की महत्वपूर्ण भूमिका का अनुमान रेलों द्वारा माल और यात्री ढोने के काम तथा उनके यात्री किरायों, माल भाड़ों एवं अन्य गतिविधियों द्वारा वस्तुओं और सेवाओं पर पड़ने वाले प्रभाव से लगाया जा सकता है। ज्ञातव्य है कि जल परिवहन के बाद रेल परिवहन सबसे अधिक किफ़ायती माना जाता है, तथा भारतीय रेलवे के बड़े आकार के कारण पैमाने की बचतों का अवसर और भी अधिक हो जाता है। सड़क परिवहन की तुलना में रेलों को अनेक अंतर्निहित (intrinsic) लाभ उपलब्ध होते हैं। रेलें पाँच से छः गुणा अधिक ऊर्जा कुशल, भूमि उपयोग में चार गुणा अधिक कुशल तथा पर्यावरणीय प्रभाव और संरक्षा की दृष्टि से अत्यधिक श्रेष्ठ हैं। अब जब कि रेल यातायात का जीर्णोद्धार किया जा रहा है, इसके किफ़ायती होने की संभावनाएँ और भी बढ़ गई हैं।

• रेलों के विद्युतीकरण से खनिज तेल के आयात की आवश्यकता घटती है, जो कि सड़क यातायात के विकास से बढ़ती है।

• रेल परिवहन अवसंरचनात्मक सुविधाओं (infrastructural facilities) का एक ऐसा अग्रणीय और अभिन्न अंग है, जिसके अभाव में भारतीय अर्थव्यवस्था के कुंठित होकर रह जाने का भय है। आर्थिक विकास और आर्थिक स्वास्थ्य के लिए देश की रेलों पर अत्यधिक निर्भरता के बारे में किसी मतभेद की गुंजाइश नहीं है।

• रेलवे की महत्वपूर्ण स्थिति का अनुमान उसमें केन्द्र द्वारा 'निवेशित पूँजी' से भी लगाया जा सकता है। इस पूँजी में भारतीय रेलों पर कुल निवेश में ब्याज-देय पूँजी (capital at charge), महानगर परिवहन परियोजनाओं (Metropolitan Transport Projects) पर परिव्यय, तथा पूँजी से विशेष रेल संरक्षण निधि (Special Railway Safety Fund from Capital) में अंतरण शामिल हैं। इन निवेशित राशियों का आकार संपूर्ण योजनाकाल में लगातार बढ़ता रहा है। उदाहरणार्थ भारतीय रेलवे में निवेशित ब्याजदेय पूँजी का प्रथम योजना में औसत आकार 890 करोड़ रुपए था, जिसके 2007-08 के अंत में 57,552 करोड़ रुपए हो जाने का अनुमान था; तथा इसी प्रकार 2007-08 के अंत पर उपरोक्त 'निवेशित पूँजी' के 83,986 करोड़ रुपए हो जाने का अनुमान था।

• 2018-19 के बजट के अनुसार रेलवे से संबंधित कुछ अन्य महत्वपूर्ण तथ्य इस प्रकार थे-

• यातायात से कुल प्राप्तियाँ 2,01,090 करोड़ रु; कुल संचालन व्यय 1,83,425 करोड़ रु.; शुद्ध रेलवे राजस्व 12,900 करोड़ रु।

• रेल मार्गों की लंबाई 67,312 किलोमीटर; ट्रैक लम्बाई 1,15,000 कि.मीटर; तथा कर्मचारियों की संख्या 14 लाख; माल ढुलाई का लक्ष्य 1165 मिलियन टन; वर्ष 2030 का लक्ष्य, 3000 मिलियन टन; माल की यातायात में अनुपात 35% से बढ़कर 50%।

• भारतीय रेलवे का प्रबंधन 16 क्षेत्रों (ज़ोनों) और 67 परिचालनिक मंडलों (operating divisions) में बंटा है। इसके अतिरिक्त सेलम में एक नए मंडल के सृजन को सैद्धांतिक स्वीकारिता दी जा चुकी है।

• रेलवे की छः उत्पादन इकाइयाँ भी हैं, जो चल स्टाक और अन्य संबद्ध मदों का निर्माण करती हैं।

---

[1] यद्यपि कालान्तर में रेलवे की घटती उत्पादिता और अन्य कारणों से सकल यातायात में रेलों का भाग बहुत घट गया है, परंतु पिछले कुछ वर्षों से इसमें फिर से वृद्धि होने लगी है।

- कालान्तर में रेलवे ने अपनी गतिविधियों की संख्या और गहराई को बढ़ाया है। स्वयं उत्पादन और सेवा सुविधाओं के अतिरिक्त रेलवे के स्वामित्व में कई अन्य उपक्रम हैं और कई नए उपक्रमों की योजनाएँ हैं।
- रेलवे अपनी कार्यकुशलता और उत्पादिता को बढ़ाने के नए मार्ग ढूँढ़ रहा है। यात्रियों और माल की ढुलाई और सुरक्षा संबंधी सेवाओं को बेहतर बनाने के प्रयत्न जारी हैं।
- रेलवे का अपने विस्तृत भूमि साधनों को दोहने के समुचित ढ़ंगों की खोजबीन पर विशेष ध्यान है। इस संदर्भ में लोक-निजी-भागीदारी (PPP) व्यवस्था की संभावनाओं की भी खोज की जा रही है।
- गहराई हुई आलस्य की प्रवृति जो परियोजनाओं के अधूरे रहने, धीमी गति से संपन्न होने और लागत अनुमानों में लगातार वृद्धि होने का मूल कारण है, को दूर करने/घटाने का प्रयास किया जा रहा है।

- भारतीय रेलवे केन्द्रीय सरकार का सबसे बड़ा विभागीय उपक्रम है। इसके कार्यक्षेत्र, आकार और नीतियों का केन्द्र के राजकोषीय स्वास्थ्य और सकल अर्थव्यवस्था पर गहरा प्रभाव पड़ता है।

स्मरणीय है कि यद्यपि रेलवे यातायात की प्रारंभिक पूँजी लागत बहुत अधिक होती है, तो भी इसकी संचालन लागत अन्य यातायात साधनों की तुलना में बहुत किफायती होती हैं।

भारत सरकार रेलवे को देश के एक बहुआयामी एकीकृत यातायात का केन्द्र मानती है, जिस में सड़क, जल और वायु यातायात भी शामिल हैं। यह सर्वज्ञात तथ्य है कि सड़क यातायात रेलवे यातायात में सब से अधिक किफायती है। फिर भी रेलवे को देश की यातायात व्यवस्था में यथोचित स्थान नहीं मिल पाया। इसका एक मुख्य कारण सरकार की लोकलुभावन नीति रही है। इस नीति के कारण रेलवे की वास्तविक आवश्यकताओं की अनदेखी होती रही। न केवल चयित परियोजन की चाल असामान्य रूप से धीरे रही, प्रत्युत रेलवे के रखरखाव को अनदेखा किया गया।

अब इस स्थिति में बदलाव आता प्रतीत होता है और रेलवे के बहुत आयामी सुधारों पर ध्यान दिया जा रहा है। परन्तु समस्याओं के आकार और उनकी गहराई को देखते हुए सुधार प्रक्रिया लंबी चलने वाली होनी चाहिए।

रेलवे के आकार, निवेश और कार्यकलापों से हमारी अर्थव्यवस्था में इसके महत्वपूर्ण स्थान का आभास होता है, साथ ही रेलवे के चहुंमुखी विकास और इससे संभावित हित प्राप्तियाँ भी स्वविदित होती हैं।

## रेलवे बजट का सामान्य बजट से अलग किया जाना

रेलवे के बजट को सामान्य बजट (General Budget) से 1924 में इस आशय से पृथक किया गया कि यथासंभव रेलवे की वित्तीय स्थिति का सरकार के 'सामान्य बजट' पर 'अस्थिरता-प्रभाव' न पड़े। इसके अतिरिक्त प्रचलित व्यवस्था में रेलों को अपनी **राजस्व आरक्षित निधि** (Railway Reserve Fund) तथा **विकास निधि** (Development Fund) को सुदृढ़ करने में भी कठिनाई होती थी। अत: 1924 की व्यवस्था इस आशा के आधार पर अपनाई गई थी कि केन्द्र को नियमित रूप से रेलवे की सहायता करने की आवश्यकता नहीं पड़ेगी, तथा रेलवे को अपने दीर्घावधिक विकास का अवसर मिलेगा।

परंतु इस नई व्यवस्था के अतंर्गत रेलवे को 1930 के दशक की महान मंदी से काफ़ी धक्का पहुँचा। रेलों की आय कम होने के फलस्वरूप उनकी राजस्व आरक्षित निधि मार्च 1932 में ही रिक्त हो गई, तथा उन्हें अपनी वित्तीय देयताओं को पूरा करने के लिए मूल्यह्रास आरक्षित निधि (Development Reserve Fund) से राशियाँ

निकालने को बाध्य होना पड़ा। जब 1936-37 में उनकी वित्तीय स्थिति में थोड़े सुधार का समय आया तो भी उन्हें अपनी उत्पादिता में सुधार का अवसर नहीं मिला। जिन राशियों का उत्पादिता बढ़ाने के लिए प्रयोग किया जा सकता था, रेलवे को उन्हें केन्द्र के हठ पर सामान्य बजट में देने को बाध्य किया गया।

इसी प्रकार द्वितीय विश्व युद्ध में रेलवे को अपनी वित्तीय स्थिति के साथ-साथ पटरियों, निर्माण कार्य, मशीनों, तथा चल स्टाक आदि में सुधार का अच्छा अवसर हाथ आया था। परन्तु केन्द्रीय सरकार की नीति ऐसी रही कि रेलवे द्वारा इस अवसर का लाभ नहीं उठाया जा सका। इसके विपरीत रेलवे को युद्ध संबंधी आवश्यकताओं की पूर्ति का एक साधन मात्र समझा गया। उसके चल स्टाक के अत्यधिक उपयोग तथा रखरखाव में कमी के साथ-साथ पटरियों तथा स्लीपरों की एक बड़ी संख्या उखाड़कर विदेशों में ले जाने के कारण भी रेलवे की दशा काफी गंभीर हो गई। युद्ध की समाप्ति पर रेलों के पूर्णरूप से नवीकरण की आवश्यकता की व्यापक स्वीकारिता के बावजूद रेलवे अथवा केन्द्र, कोई भी इस समस्या का सामना करने की स्थिति में नहीं था।

देश की स्वतंत्रता के पश्चात रेलवे के प्रबंधन में बुनियादी सुधार पर ध्यान दिया गया। रियासतों द्वारा चलाई जाने वाली रेलों का राष्ट्रीकरण किया गया। रेलवे को पहले सात तथा फिर नौ ज़ोनों में बांटा गया, अर्थात् (1) मध्य रेलवे; (2) पूर्व रेलवे; (3) उत्तर रेलवे; (4) पूर्वोत्तर रेलवे; (5) पूर्वोत्तर सीमा रेलवे; (6) दक्षिण रेलवे; (7) दक्षिण मध्य रेलवे; (8) दक्षिण पूर्व रेलवे, तथा (9) पश्चिम रेलवे। 1990 के दशक में ज़ोनों की संख्या को बढ़ा कर 16 कर दिया गया तथा निम्नलिखित सात नए ज़ोन अस्त्वि में आए, अर्थात (10) पूर्व मध्य रेलवे; (11) पूर्व तटीय रेलवे; (12) उत्तर मध्य रेलवे; (13) उत्तर पश्चिम रेलवे; (14) दक्षिण पूर्व मध्य रेलवे; (15) दक्षिण पश्चिम रेलवे; तथा (16) पश्चिम मध्य रेलवे।

स्वतंत्रता के पश्चात विभिन्न अभिसमय समितियों (Railway Convention Committees) की सिफ़ारिशों के अनुसार रेलवे द्वारा सामान्य राजस्व को ब्याज के एवज़ में एक निश्चित लाभांश और थोड़ा-सा अधिशेष दिए जाने की व्यवस्था थी। इस प्रतिवर्ष दायिता का लेखा रेलवे में लगी ब्याजदेय पूँजी पर लगाया जाता था।

- 2017-18 से पूर्व केन्द्र और भारतीय रेलवे के आपसी वित्तीय संबंधों का नियमन रेलवे अभिसमय समिति द्वारा की गई सिफ़ारिशों पर आधारित था।
- यह समिति सामान्य बजट को देय लाभांश की दर को भी तय करती थी।
- रेल का बजट संसद में केन्द्र के मुख्य बजट से पहले प्रस्तुत किया जाता था, परंतु मुख्य बजट में भी शामिल रहता था।
- रेलवे बजट को 1924 में मुख्य बजट से अलग किया गया था।

## **योजना काल में रेलवे वित्त** (Railways During Plan Period)

निम्नलिखित समीक्षा के संदर्भ में यह तथ्य ध्यानयोग्य है कि पिछले कुछ वर्षों तक रेलवे की प्रबंधन और परिचालन प्रणालियाँ समुचित सुधारों के अभाव से पीड़ित रही हैं, और इस स्थिति के व्यापक दुष्परिणाम रेलवे के निष्पादन की निम्नकोटि के रूप में देखने को मिलते हैं। परंतु अब रेलवे प्रबंधन में सुधार के संग-संग विविध प्रकार के ऐसे उपाय भी किए जा रहे हैं, जिनसे रेलवे का वित्तीय जीवनोद्धार भी हो रहा है।

## बढ़ती आवश्यकताएँ (Increasing Needs)

योजना काल के प्रारंभ से ही रेलवे को एक कठिन वित्तीय स्थिति का सामना करना पड़ता रहा है। एक ओर इसकी वित्तीय आवश्यकताएँ लगातार बढ़ती रही हैं, तथा दूसरी ओर इसकी वित्तीय साधन जुटाने की क्षमता में समुचित बढ़ोतरी नहीं हो पाई। रेलवे की वित्तीय आवश्यकताएँ बढ़ने के कारणों में निम्नलिखित मुख्य हैं–

1. पिछले कुछ वर्षों तक रेलवे की प्रबंधन और प्रचालन प्रणालियों में वर्णनीय सुधार की कमी रहने के कारण उत्पादिता में बढ़ोतरी के स्थान पर अवनति की प्रवृत्ति रही थी। इस अवनति में रेलवे के पुरातन चल-स्टाक आदि का भी योगदान था। कालान्तर में विविध कारणों से रेलवे की बढ़ती संसाधन आवश्यकता की तुलना में साधन-उपलब्धता में समुचित बढ़ोतरी नहीं हो सकी थी। कमज़ोर प्रबंधन और वित्तीय दुर्बलता का चोली-दामन का साथ होने के कारण प्रबंधनीय दुर्बलताएँ एवं उत्पादिता के प्रति व्यापक उदासीनता को रेलवे की दीर्घावधिक निम्न निष्पादिता के मुख्य कारण ठहराया जा सकते हैं।

2. देश के आर्थिक विकास के साथ-साथ रेलों पर यात्रियों और सामान ढोने का भार भी बढ़ता रहा है। इस कारण इनकी नई लाइनों के साथ पूर्वस्थित लाइनों के आमान परिवर्तन, रेल पथों के नवीकरण एवं विद्युतीकरण आदि की अनेक परियोजनाओं को अपनाने की आवश्यकता बढ़ी है। परंतु इसके बावजूद रलवे की प्रवृत्ति पहले से चल रही आवश्यक परियोजनाओं को पूरा करने के स्थान पर नित नई परियोजनाओं को अपनाने की बनी रही, जिससे निवेशित संसाधनों से उत्पादिता में यथोचित बढ़ोतरी नहीं हुई, और संसाधनों का अपव्यय होता रहा।

3. घटती उत्पादिता की कमी पूरी करने हेतु रेलवे प्रबंधन ने भाड़े और यात्री किरायों में वृद्धि की नीति अपनाई, जिससे यात्रियों और माल की ढुलाई का एक भाग रेलों से सड़क परिवहन को अंतरित हो गया।

4. वस्तुओं और सेवाओं की बढ़ती कीमतों से भी रेलवे का व्यय बढ़ा। इस में कर्मचारियों के वेतन एवं भत्तों में बढ़ोतरी भी शामिल है।

5. भारत सरकार भी अपेक्षा करती थी कि रेलों पर इतने अधिक निवेश के पश्चात सामान्य बजट को कुछ अंशदान की प्राप्ति हो।

ध्यानयोग्य है कि योजना काल में रेलवे का निष्पादन एकदम नकारात्मक नहीं था। रेलवे के निष्पादन में कुछेक दिशाओं में श्रेयस्कर सुधार भी हुआ था। यातायात के परिशुद्ध आकार में बढ़ोतरी के संग-संग पूर्वस्थित रेल पटरियों और चल स्टाक के उपयोग में बढ़ोतरी हुई। पुराने चल स्टाक के स्थान पर तेज़ गति से चलने वाले, सुरक्षित तथा हलके वज़न वाले रेल इंजनों, माल डिब्बों और यात्री कोचों की आवश्यकता को पहचानते हुए उनके डिज़ाइनों आदि में सुधार के साथ-साथ कम्प्यूटरीकरण एवं निर्माण की परियोजनाओं को भी अपनाया गया था। परन्तु यह सारे प्रयत्न आवश्यकता की तुलना में अधूरे और अपर्याप्त थे।

## साधनों की कमी (Shortage of Resources)

जहाँ एक ओर अनेक कारणों से रेलों के व्यय में बढ़ोतरी हुई, वहीं दूसरी ओर उन्हें साधन जुटाने में अनेक प्रकार की कठिनाइयों का सामना करना पड़ा। रेलों के परिचालन में विविध प्रकार के मितव्ययिता के अवसरों का समुचित लाभ नहीं उठाया गया, और न ही व्यापक राजस्व और माल की चोरी को रोकने के पर्याप्त प्रयास किए गए। परंतु यह भी स्मरणीय है कि रेलवे द्वारा यात्री किराए अथवा भाड़ों की दरें बढ़ाए जाने पर सकल अर्थव्यवस्था पर बुरा प्रभाव पड़ता है और सभी ओर लागत-कीमत का स्तर ऊपर उठ जाता है। इसलिए रेलवे को किरायों और भाड़े संबंधी निर्णय बहुत सोच समझ कर करने पड़ते हैं। रेलवे का प्रयत्न यह होना चाहिए कि जहाँ तक हो सके, अपनी

वित्तीय समस्याओं का समाधान मुख्यत: व्यय में किफ़ायत और उत्पादिता में बढ़ोतरी के द्वारा करे। और किरायों और भाड़ों में वृद्धि कम से कम हो। यदि रेलवे अपनी कार्यकुशलता और उत्पादिता में पर्याप्त उन्नति कर पाए तो किरायों और भाड़ों में वृद्धि भी आसान और स्वीकार्य हो जाती है।

## अपर्याप्त आंतरिक साधन (Insufficient Internal Resources)

भारतीय रेलवे के सामने आंतरिक साधन जुटाने की समस्या के साथ-साथ केन्द्र पर निर्भरता भी लगातार बनी रही है। ध्यानयोग्य है कि रेलवे के मतानुसार केन्द्रीय बजट से स्रोत प्राप्ति (यदि यह रेलवे की विवशता के कारण न हो तो) से इसे अपने विकास कार्यक्रमों में सहायता मिलती है। परंतु वास्त्व में आदर्श स्थिति वह है जिसमें रेलों की बजटीय यहायता पर निर्भता शून्य हो।

परन्तु रेलवे को यथोचित संसाधन अर्जित करने में कई कठिनाइयों का सामना करना पड़ता था और यही स्थिति अब भी है।

- रेलवे से यह अपेक्षा की जाती है कि वह अपना ध्यान केवल वाणिज्यिक लक्ष्यों की प्राप्ति तक ही सीमित न रखे। इसे अपने लक्ष्यों के चयन में श्रमनीति सामाजिक मुद्दों और राजनीतिक अड़चनों को भी ध्यान में रखना पड़ता है।
- अन्य सामान्य सार्वजनिक उद्यमों की भाँति रेलवे को भी कई प्रकार की मजबूरियों का सामना करना पड़ता है जिनमें अनम्य और कड़े श्रम-कानूनों के परिणाम-स्वरूप उत्पादिता में कमी, प्रशासनिक देरियाँ और सामाजिक बोझ आदि की मुख्य भूमिका रहती है।
- उपरोक्त अड़चनों के कारण रेलवे बदलते समय के साथ साथ आवश्यकतानुसार यात्री किरायों और माल भाड़े की दरों में यथोचित संशोधन तथा अपनी भूमि और अन्य संपत्तियों का समुचित दोहन नहीं कर पाती थी। इसी प्रकार रेलवे प्रबंन्धन रेलवे को सुचारू रूप से चलाने हेतु चलस्टाक, सुरक्षा और अन्य आधारभूत क्षेत्रों में लगातार विफल रहता था।

परिणाम-स्वरूप रेलवे का इतिहास आंतरिक संसाधनों की अपर्याप्तता के कारण बजटीय सहायता पर बढ़ती निर्भरता का रहा है। इस सहायता के बिना अपने रखरखाव के बुनियादी दायित्व को निभाने में भी रेलवे की असमर्थता बनी रही। यह असमर्थता इसके वित्तीय निर्भरता अनुपात, अर्थात (मुख्य बजट से वित्तीय सहायता/आंतरिक वित्तीय संसाधनों की उपलब्धता) से भी प्रकट होती है। इष्टतम स्थिति तो वह है जब यह अनुपात शून्य हो। परन्तु रेलवे के लिए आत्म निर्भरता की ऐसी स्थिती केवल एक सपना ही बनी रही। जीर्णोद्धार की व्यापक आवश्यकता को देखते हुए रेलवे की ऐसी दयनीय दशा और भी चिन्ताजनक थी। इसी प्रकार रेलों की चिंताजनक वित्तीय स्थिति का एक अन्य कारण उनके संभावित राजस्व में कई प्रकार से चोरी (छीजनें, leakages) है, जिसमें कालांतर में कमी होने के स्थान पर बढ़ोतरी हुई है। फिर भी हम यह कह सकते हैं कि कुल मिलाकर रेलवे की वित्तीय स्थिति में सुधार की संभावनाएँ बढ़ी हैं। और यदि आर्थिक उदारता की नीति का ठीक ढंग से अनुसरण किया जाता रहा, तो और भी अधिक सुधार की आशा की जा सकती है। इस नीति के अंतर्गत रेलों की कई सेवाएँ तथा रख-रखाव निजी क्षेत्र को सौंपे जा रहे हैं। इससे उनकी उत्पादिकता में वृद्धि होने की आशा की जा सकती है।

रेलवे की वित्तीय स्थिति के आँकड़े लेखांकन की त्रुटियों के कारण कई प्रकार से भ्रामक भी हैं। उदाहरणार्थ ब्याजदेय पूँजी के आंकड़े प्रतिस्थापित लागत (replacement cost, अर्थात् जिस लागत पर पूँजी परिसंपत्तियों को अब प्राप्त किया जा सकता है) पर आधारित न होकर, ऐतिहासिक लागत (अर्थात् जिस लागत पर पूँजी परिसंपत्तियाँ प्राप्त की गई थीं) पर आधारित होते हैं।

## परिचालन अनुपात (Operating Ratios)

रेलवे की चिन्ताजनक वित्तीय स्थिति इसके परिचालन अनुपात में भी दिखाई देती है। (परिचालन व्यय/यातायात की कुल प्राप्तियों) के अनुपात को परिचालन अनुपात (operating ratio) की संज्ञा दी जाती है। इस अनुपात के 100% होने का अर्थ है कि रेलवे का घाटा स्थिर-लागत के बराबर है, तथा परिशुद्ध लाभ-आय नकारात्मक हो गई है। और रेलवे अपने चालू व्यय का वित्त-पोषण अपनी राजस्व प्राप्तियों से करने में असमर्थ है।

- सकल रेलवे के परिचालन अनुपात में एक लंबे काल तक चिंताजनक स्थिति बनी रही; तथा 1997-02 में 126 से भी ऊपर की औसत के पश्चात् 2004-05 तक भी यह अनुपात् 90 से ऊपर था।
- परिचालन उनुपात के रूप में ज़ोनवार निष्पादन में अत्यधिक अंतर देखने को मिलता है। इस अंतर की कुछ विशेषताएँ ज्ञातव्य हैं-
    - यह अंतर्ज़ोनीय अंतर प्रारंभ से ही रेलवे-निष्पादन की मुख्य विशेषता और गंभीर समस्या रही है।
    - यदि रेलवे के ज़ोनों को 'कमज़ोर' विशेष और 'बेहतर' परिचालन अनुपात वाले दो वर्गों में बाँटा जाए, तो कालान्तर में उनकी सूचियों में कोई विशेष परिवर्तन दिखाई नहीं देता।
    - रेलवे के 9 ज़ोनों के 16 ज़ोनों में विभाजनोपरांत भी उपरोक्त प्रवृत्ति बनी रही है; और 'कमज़ोर' और 'बेहतर' परिचालन अनुपात के वर्गों की सूचियों में परिवर्तन दिखाई नहीं देता।

## सामाजिक सेवा दायित्व का भार (Burden of Social Service Obligations)

रेलवे को सामाजिक सेवा दायित्व अथवा सामाजिक भार वहन करने के कारण भी राजस्व की हानि होती है। इस भार के कई घटक हैं, जैसे कि (क) कोचिंग सेवाओं (उपनगरीय और अनुपनगरीय यात्री यातायात, पार्सल, सामान आदि) पर हानि तथा (ख) कम दर वाली वस्तुओं पर हानि।

भारतीय रेलवे को कई अलाभकारी लाइनों को चालू रखना पड़ रहा है। जो इनमें से कुछ तो सामरिक महत्व की हैं। परन्तु कुछ गैर-सामरिक अलाभकारी लाईनें भी हैं जिन्हें हटाया जाना राज्य सरकारों को स्वीकार्य नहीं है।

कई उच्च-स्तरीय समितियों ने यह सिफ़ारिश की है कि जिन स्थानों में यातायात के विकल्प साधन उपलब्ध हों, वहाँ पर अलाभकारी लाइनों को बंद कर देना चाहिए। परंतु राज्य सरकारें ऐसा करने के विरुद्ध हैं। राज्य सरकारें रेलवे के साथ इन लाइनों पर होने वाली हानि में भागीदारी के लिए भी तैयार नहीं हैं और न ही रेलवे से यातायात के विकल्प साधनों के विकास के लिए सहायता लेने को तैयार हैं।

2017-18 के बजट की प्रस्तुति के समय रेलवे पर ₹ 32,000 करोड़ प्रतिवर्ष का सामाजिक सेवा का बोझ था। परन्तु इस बात का स्पष्टीकरण नहीं था कि केन्द्र इसकी भरपाई करेगा अथवा नहीं। 2018-19 के बजट में भी इस बोझ का कोई वर्णन नहीं था।

- रेलवे के परिचालन अनुपात में एक स्थाईरूपी अंतर्ज़ोनीय अंतर चला आ रहा है।
- कुछ ज़ोन लगातार चिंताजनक परिचालन अनुपात से पीड़ित रहे हैं, और अब भी हैं।
- रेलों को सामाजिक सेवा का वित्तीय बोझ भी सहना पड़ता है।
- सामरिक और अयस्क लाइनें भी अलाभकारी हैं।
- इसके अतिरिक्त कुछ ऐसी अलाभकारी ब्राँच लाइनें हैं जिन्हें राज्य सरकारों के विरोध के कारण बंद नहीं किया जा सकता।

## जीर्ण (दीर्घकालिक) ऋणदेयता (Chronic Indebtedness)

रेलों की दीर्घकालिक ऋणदेयता की समस्या चिंता का विषय बनी रही है। अतः रेलवे अभिसमय समिति (1971) की सिफ़ारिश पर इस समस्या का अध्ययन करने के लिए एक समिति का गठन किया गया था। पृथकता अभिसमय 1924 के पश्चात रेलवे की पूँजी संगठन-व्यवस्था का यह पहला विस्तृत अध्ययन था। समिति ने सिफ़ारिश की कि रेलों को लाभांश की अदायगी करने के लिए भारत सरकार के सामान्य राजस्व से उधार लेने को बाध्य नहीं होना चाहिए। यदि किसी वर्ष रेलवे के लिए इस दायित्व की पूर्ति संभव न हो तो इस अपर्याप्तता को अस्थगित दायिता मानते हुए इसकी अदायगी तब तक स्थगित की जानी चाहिए जब तक कि रेलवे के पास पर्याप्त राजस्व न हो जाए। इस सिफ़ारिश के परिणामस्वरूप 1978-79 में अस्थगित लाभांश दायिता लेखा अस्तित्व में आया।

वास्तविकता यह है कि रेलवे की दीर्घकालिक ऋणदेयता इसकी लगातार चलती वित्तीय कमज़ोरी और बहुआयामी कुशलहीनता का परिणाम है। इस समस्या पर 1971 से चिन्ता प्रकट की जा रही थी परन्तु इसका कोई समाधान नहीं हो सका। यह तथ्य नोट करने योग्य है कि बजट-विलय से पूर्व भी रेलवे पर उधार केन्द्र की ऋण देयताओं में सम्मिलित थे। बजट-विलय के उपरांत रेलवे पारिभाविक दृष्टि से भी ऋण मुक्त हो गई। परन्तु ध्यान योग्य है कि रेलवे के वित्तीय-स्वास्थ्य को सुधारने की आवश्यकता पूर्ववत बनी हुई है और इस की बाज़ार-उधार लेने की गुंजाइश बढ़ गई है।

## रेल किरायों और भाड़ों का पुनर्गठन (Restructuring of Rail Fares and Freights)

स्वतंत्रता के पश्चात रेल भाड़ों का प्रथम पुनर्विलोकन 1955-57 में श्री ए० रामास्वामी मुदलियार की अध्यक्षता में **भाड़ा संरचना जाँच समिति** द्वारा किया गया। इसके पश्चात इस विषय का अध्ययन श्री परांजपे की अध्यक्षता में **रेल शुल्क-दर जाँच समिति** द्वारा 1977-80 में किया गया। इस समिति की सिफ़ारिशों के पश्चात 1980 और 1990 के दशकों में लगातार वर्ष-दर-वर्ष रेल किरायों और भाड़ों में वृद्धि की जाती रही। इस नीति से रेलों की वित्तीय स्थिति में कुछ सुधार तो हुआ, परंतु साथ ही इसके कुछ नकारात्मक परिणाम भी देखने को मिले, जैसे कि

- देश की अर्थव्यवस्था के कीमत-स्तर पर दबाव बढ़ा;
- यातायात का एक भाग रेलवे से सड़क वाहन को अंतरित हो जाने से देश के उत्पादन साधनों की संयुक्त उत्पादिता पर बुरा प्रभाव पड़ा; तथा
- रेलवे की राजस्व में अपर्याप्त बढ़ोतरी के कारण इसके परिसंपत्तियों के संरक्षण तथा तकनीकी ग्रेडोन्नयन के कार्यक्रमों को क्षति पहुँची।

## नंजुदप्पा समिति

नवम्बर 1991 में सरकार ने रेलवे के अहुआयामी अध्ययन हेतु एक **तीसरी समिति (रेलवे किराए और भाड़े समिति,** अध्यक्ष डॉ० डी० एम० नंजुदप्पा) का गठन किया। परंतु इस समिति की परिव्यय घटाने से संबद्ध कई सिफ़ारिशें कार्यान्वित नहीं की गईं। इस समिति से यह कहा गया कि विभिन्न रेल सेवाओं की कीमत निर्धारण पद्धति का गहन अध्ययन करे, तथा इस संदर्भ में एक समाविष्ट उपभोक्ता-प्रभार नीति के ढाँचे की सिफ़ारिश करे ताकि रेलवे अपनी वित्तीय समस्याओं के समाधान तथा अवसंरचनात्मक सुविधाओं के विकास में सक्षम हो सके। साथ ही समिति से ऐसी सिफ़ारिशें करने को भी कहा गया जिनसे रेलवे अपने परिचालन निष्पादन तथा उत्पादिता

में सुधार ला सके तथा अपने विकास कार्यों के वित्त पोषण और ऋण अदायगियों की समस्याओं से प्रभावी ढंग से निपट सके। यह भी आशा की जाती थी कि समिति की सिफ़ारिशें अपनाए जाने पर रेल तथा अन्य प्रकार के यातायात में तालमेल भी बेहतर हो जाएगा।

नंजुदप्पा समिति ने रेलवे की समस्याओं का व्यापक और गहन अध्ययन करने के पश्चात इसके (क) व्यय में किफायत, (ख) राजस्व में बढ़ोतरी, (ग) परिचालन और प्रबंधकीय उत्पादिता में सुधारों पर कई उत्तम सुझाव दिए। परन्तु अधिकार सुझाव कार्यान्वित नहीं हो पाए।

रेलवे से अपेक्षित था कि इसका लक्ष्य किरायों और भाड़ों का एक इष्टतम और स्थाई ढाँचा होगा। परन्तु आर्थिक-भिन्न सहित कई कारणों से कोई दीर्घकालिक नीति नहीं बन पाई। अनुत्पादक व्यय को बिना रोक टोक बढ़ने दिया गया और पूरे उपक्रम की उत्पादिता में सर्वआयामी गिरावट आई। धरातल यातायात कारोबार में रेल का अनुपातिक भाग गिरता गया। साथ ही टिकटरहित यात्रा और माल यातायात की खराबियाँ बढ़ती गईं। अत: अपनी दशा में सर्वांग सुधारों के बिना रेलवे के लिए किराए और भाड़े की दरों को बढ़ाने की कठिनाइयों में वृद्धि होना स्वाभाविक था। रेलवे बजटों में विभिन्न प्रकार के सुधारों और योजनाओं की घोषणा करना परन्तु उन को लागू न करना एक साधारण बात हो गई।

पिछले कुछ वर्षों में उपरोक्त स्थिति में सुधार आने लगा है। रेलवे के केन्द्रीय बजट में विलय के पश्चात इस सुधार-गति पर विशेष ध्यान दिया जा रहा है। रेलवे को ऐसी अड़चनों से मुक्ति दिलाई जा रही है जिन्होनें इसे जकड़ रखा था। रेलवे को एक देशव्यापी एकीकृत यातायात व्यवस्था के केन्द्र के रूप में देखा जा रहा है। रेलवे के परिचालनीय, प्रबंधकीय, वित्तीय, सुरक्षा, समय की पाबंदी, नवीकरण, उन्नयन, आदि सभी आयामों पर ध्यान दिया जा रहा है। उपरोक्त के अतिरिक्त रेलवे के लक्ष्यों में टैरिफ नीति में लगातार सुधार, प्रत्यक्ष विदेशी निवेश को प्रोत्साहित करना और सार्वजनिक-निजी-भागीदारी भी शामिल हैं।

### संसाधनों के नए स्त्रोत

पिछले कुछ वर्षों में रेलवे ने साधनों के कई नए स्त्रोत खोजने की ओर भी ध्यान दिया है, जब कि इससे पहले रेलवे की साधन निर्भरता केवल केन्द्र सरकार तथा विश्व बैंक तक ही सीमित थी। इन नए स्त्रोतों में भारतीय रेलवे वित्त निगम द्वारा निजी क्षेत्र से उधार लेना भी शामिल है।

रेलवे की कई परियोजनाओं तथा स्कीमों में निजी क्षेत्र को भागीदार बनाया जा रहा है। आशा की जाती है कि इससे रेलवे की साधन-प्राप्तियाँ बढ़ेंगी और कार्यान्वयन की कोटि में सुधार होगा।

रेलवे ने अनुभव किया है कि इसके पास ऐसी अनुपयुक्त (अथवा अधूरी उपयुक्त) परिसंपत्तियाँ हैं, जिनका दोहन किया जा सकता है। इसके कुछ उदाहरण इस प्रकार हैं।

1. भारतीय रेल टेल निगम ने रेलों के 'मार्गाधिकार' का उपयोग करके रेलपथ के 62,800 मार्ग किलोमीटर के साथ-साथ ऑपटिक फाइबर केबल बिछाकर राष्ट्र-व्यापी ब्रॉड-बैंड और मल्टीमीडिया नेटवर्क का निर्माण कार्य शुरू कर दिया है।

2. रेलवे भूमि/आकाश क्षेत्र का वाणिज्यिक उपयोग करने के अवसर खोजे जा रहे हैं। राईट्स और इरकान के माध्यम से कई स्थानों का विकास किया जा रहा है। इन वाणिज्यिक स्थलों में होटल, विपणन गृह, तथा दफ़्तर आदि भी शामिल हैं।

3. स्टेशनों और गाड़ी के डिब्बों पर वाणिज्यिक प्रचार और विज्ञापनों के द्वारा भी साधन जुटाने का प्रयत्न किया जा रहा है।

परंतु यह एक चिंताजनक तथ्य है कि रेलवे के राजस्व की चोरी अभी भी एक ऐसी व्यापक समस्या है, जिसके प्रभावी समाधान के बिना रेलों का दीर्घावधिक वित्तीय स्वास्थ्य सुनिश्चित नहीं किया जा सकता।

## लागत घटाने के प्रयास (Efforts to Reduce Expenditure)

रेलवे प्रबंधन का प्रयास है कि रेलवे की परिसंपत्तियों का बेहतर उपयोग हो, रेल सेवाओं की माँग तथा उनके उपयोग में वृद्धि हो, तथा ऐसे विशिष्ट केन्द्र अस्तित्व में आएँ जो कम-व्यय तथा अधिक लाभ के लिए जाने जाते हों। रेल सेवाओं को बाज़ार की बदलती प्रवृत्तियों के अनुरूप ढाला जाए। यातायात में अंतर-मोडल परिचालनों का विस्तार, ग्रेडोन्नयन तथा समय पर माल पहुँचाने की गारण्टी दी जाए। रेलवे ने माल डिब्बों तथा कंटेनरों के निजी स्वामित्व की स्कीमों को भी अपनाया है, जिससे व्यावसायिक उद्यम भाड़े का लाभ उठा सकते हें। इसी प्रकार रेलवे द्वारा उर्जा के उपयोग में किफ़ायत पर भी जोर दिया जा रहा है। इस समय रेलवे के कुल व्यय का लगभग 20 प्रतिशत ऊर्जा पर जाता है। वाष्प के इंजनों द्वारा यातायात अधिक महँगा पड़ता है, अतः रेलवे ने यह लक्ष्य अपनाया कि केवल डीज़ल तथा विद्युत इंजन ही प्रयोग में लाए जाएँ। इसके साथ ही उर्जा बचाने के लिए तथा अन्य प्रकार से परिचालन उत्पादिता में वृद्धि के लिए भी कई कदम भी उठाए जा रहे हैं, जैसे कि रेलपथों की मजबूती बढ़ाना, आमान परिवर्तन, पटरियों का दुहरीकरण, रेल-बसों का प्रयोग, डीज़ल तथा विद्युत इंजनों की शक्ति में वृद्धि तथा उत्पादिता में सुधार, नए प्रकार के माल डिब्बे, सिगनल तथा दूर संचार उपकरणों की बेहतरी आदि।

## कुछ महत्वपूर्ण आँकड़े

भारतीय रेलवे की वित्तीय स्थिति की एक झलक निम्नलिखित बजटीय आँकड़ों से विदित होती है।

(₹ करोड़)

| | 2016–17 | 2017–18 | 2018–19 |
|---|---|---|---|
| 1. कुल यातायात आमदनी | 165292 | 187225 | 200840 |
| 2. कुछ राजस्व | 165382 | 187425 | 201090 |
| 3. मुख्य बजट से पूँजी सहायता | 45232 | 40000 | 53060 |
| 4. बजट-अतिरिक्त संसाधन | 52579 | 69100 | 81940 |
| 5. कुल प्राप्तियाँ | 263193 | 296525 | 326090 |
| 6. सकल परिचालन खर्चे | 159030 | 179300 | 186000 |
| जिनमें से-सामान्य | 118830 | 130200 | 138000 |
| पैंशन निधि | 35000 | 44100 | 47500 |
| मूल्यह्रास द्वारा आरक्षित निधि | 5200 | 500 | 500 |
| विविध खर्चे | 1400 | 1700 | 2100 |
| रेलवे राजस्व से कुल खर्च | 160470 | 181000 | 188100 |
| बजट-अतिरिक्त संसाधनों से खर्च | 97810 | 109100 | 135000 |
| 7. कुल खर्च | 258280 | 290100 | 323100 |
| 8. निवल राजस्व | 4913 | 6425 | 12900 |

| | | | |
|---|---|---|---|
| रेलवे विकास निधि में विनियोग | 2515 | 1500 | 1000 |
| पूँजी निधि में विनियोग | 2398 | 4925 | 6990 |
| सुरक्षा स्कीमें | – | – | 5000 |
| 9. परिचालन अनुपात | 96.5% | 96.0% | 92.8% |

## शब्दावली (Key Words)

1. सकल यातायात प्राप्तियाँ (gross traffic receipts); 2. सामान्य संचालन व्यय (ordinary working expenses); 3. शुद्ध राजस्व (net revenue); 4. अभिसमय समिति (railway convention committee); 5. चल स्टाक (rolling stock); 6. आमान परिवर्तन (gauge conversion); 7. विद्युतीकरण (electrification); 8. पटरी दुहरीकरण (doubling of tracks); 9. पटरी/पथ नवीकरण (track renewal); 10. ब्याजदेय पूँजी (capital-at-charge); 11. मार्ग किलोमीटर (route kilometers); 12. रेलवे जोन (railway zones); 13. सामरिक महत्व (strategic importance); 14. रेलवे राजस्व आरक्षण निधि (railway revenue reserve fund); 15. सामाजिक दायित्व बोझ (social burden); 16. अयस्क लाइनें (ore lines); 17. स्थगित लाभांश दायित्व निधि (deferred dividend liability fund); 18. मूल्यह्रास आरक्षित निधि (depreciation reserve fund); 19. रेलवे विकास निधि (railway development fund); 20. रेलवे पूँजी निधि (railway capital fund); 21. परिचालन अनुपात (operating ratio); 22. ग्रेडोन्नयन (upgradation); 23. आधुनीकरण (modernization); 24. परिचालन उत्पादिता (operative efficiency); 25. प्रबंधनात्मक उत्पादिता (managerial efficiency)

## अभ्यास प्रश्न

1. भारतीय अर्थव्यवस्था में रेलवे के महत्त्वपूर्ण स्थान पर प्रकाश डालते हुए इसकी वित्तीय स्थिति के अध्ययन की आवश्यकता दर्शाएँ।
2. उन कारणों की समीक्षा करें जिनके फलस्वरूप रेलों की वित्तीय स्थिति में अब तक दीर्घकालिक सुधार नहीं हो पाया था।
3. पिछले कुछ वर्षों में रेलवे द्वारा सुधारात्मक उपायों की समीक्षा करें। क्या आप के विचार में इन्हें रेलवे की वित्तीय स्थिति में स्थाई सुधार प्रक्रिया माना जा सकता है?
4. एक मतानुसार रेलवे की दीर्घकालिक वित्तीय कमज़ोरियाँ बनी रहेंगी क्योंकि इसके किरायों और भाड़े की दरों को शुद्ध वाणिज्यिक आधार पर निर्धारित नहीं किया जा सकता। इस मत की समीक्षा करें।
5. आर्थिक साधनों की लागत देखते हुए रेल यातायात सड़क यातायात की तुलना में बहुत किफ़ायती रहती है। क्या कारण है कि इसके बावजूद कुल यातायात में रेलों का भाग चिंताजनक हद तक गिर गया है? क्या आप इस समस्या का समाधान सुझा सकते हैं?
6. निम्नलिखित पर व्याख्यात्मक नोट लिखें–
   (क) रेलवे की नई सुधारात्मक रणनीति;
   (ख) रेलवे वित्त में सुधार के अवसर और संभावनाएँ;
   (ग) रेलवे पर सामाजिक बोझ;
7. रेलवे बजट के मुख्य बजट में विलय से रेलवे पर पड़ने वाले बहुआयामी प्रभावों का व्याख्यात्मक वर्णन करें। क्या आपके विचार में यह विलय रेलवे और देश की अर्थव्यवस्था के लिए हितकर रहेगा?
8. क्या रेलवे बजट के मुख्य बजट में विलय से रेलवे के वित्त-पोषण अवसर बढ़ गए हैं और रेलवे की बहुआयामी विकास प्रक्रिया सशक्त हुई है?

# अध्याय 22

# भारत में सार्वजनिक उद्यम

## (Public Undertakings in India)

**इस अध्याय में**

- भारत के अर्थिक और सामाजिक विकास के संदर्भ में लोक उद्यमों की उत्पति, औचित्य का विवेचन है।
- लोक उद्यमों के बढ़ते आकार और विविधता और आर्थिक उदारता और वैश्वीकरण की नीति के पश्चात इन दोनो आयामों में होती कमी की चर्चा है।
- लोक उद्यमों के आकार, विविधता और व्यापकता के कारण सकल अर्थव्यवस्था पर इनके निष्पादन-प्रभाव की चर्चा है।
- विभागीय और गैर-विभागीय लोक उद्यमों का भेद दर्शाया गया है। इनमें बाज़ार शक्तियों के स्थान पर प्रशासनिक नियंत्रण का योगदान अधिक है।
- लोक उद्यमों के निष्पादन के विविध आयामों का विवेचन है।
- राज्यों के लोग उद्यमों के निष्पादन पर विचार किया गया है।
- सरकार की लोक उद्यमों से संबद्ध बदलती नीति, उसके घटकों और उसके पालन का विवेचन है।
- समझौता ज्ञापनों और विनिवेश नीति का अध्ययन है।

## अर्थ

किसी उद्यम के लोक उद्यम होने के मान्य मानदंडों में पिछले कुछ दशकों में लगातार संशोधन होता रहा है। इन मानदंडों में सरकार अथवा इसकी ऐजेन्सियों का उद्यम की शेयर पूँजी में हिस्सा, प्रबंधन में भागीदारी और उद्यम के लक्ष्य आदि शामिल रहते हैं। प्रारम्भ में ये मानदंड अति कड़े थे, परन्तु धीरे-धीरे यह स्थिति बदलती चली गई। अब मोटे तौर पर यह माना जाता है कि एक लोक उद्यम वह है जिस पर सरकार अथवा इसकी किसी ऐजेंसी का 'पर्याप्त' स्वामित्व हो।

## उत्पत्ति (Origin)

भारत में लोक उद्यमों का अस्तित्व स्वतंत्रता से पहले से ही था। परंतु स्वतंत्रता के पश्चात् सरकार एक ऐसे समाज की कल्पना कर रही थी जो आर्थिक विकास की संपन्नता के साथ-साथ बहु-आयामी कल्याण-घटकों से भी

युक्त हो; और इस लक्ष्य की प्राप्ति में लोक उद्यमों को एक व्यापक और प्रभावी भूमिका प्रदान की गई। 1948 और 1956 के औद्योगिक नीति प्रस्तावों (Industrial Policy Resolutions) द्वारा लोक उद्यमों के तीव्र गति से विकास की एक सुदृढ़ नींव रखी गई। कई उद्योगों को लोक क्षेत्र के लिए सुरक्षित रखते हुए उनमें निजी क्षेत्र का दाखिला तक वर्जित कर दिया गया। पँचवर्षीय योजनाओं में लोक उद्यमों को प्राथमिकता दी गई, ताकि उनसे योजना संबंधी उदेश्यों की प्राप्ति में सहायता मिल सके। तर्क दिया गया कि लोक उद्यमों से प्राप्त आर्थिक अधिशेष के सदुपयोग से आर्थिक विकास की गति को बढ़ाया जा सकेगा तथा संतुलित विकास के लिए निजी क्षेत्र को भी यथोचित प्रोत्साहन मिलेगा। देश में समाजवादी ढाँचे की संरचना में भी उनसे एक अग्रणी योगदान अपेक्षित था। इस संदर्भ में यह भी अपेक्षित था कि लोक उद्यम न केवल अवसंरचनात्मक सुविधाएँ मुहैया करेंगे, प्रत्युत्त एक आदर्श रोज़गार-दाता भी प्रमाणित होंगे।

लोक उद्यमों को एक सर्वव्यापी और प्रभावी भूमिका प्रदान करने हेतु सरकार ने कई कदम उठाए, जिनमें नए उद्यमों की स्थापना के अतिरिक्त पूर्वस्थित उद्यमों का राष्ट्रीयकरण भी शामिल था। सन् 1966 में प्रधानमंत्री ने लोक उद्यम संबंधी इस नीति की व्याख्या करते हुए कहा था कि:

> **"हम सार्वजनिक क्षेत्र का तीन कारणों से पक्ष लेते हैं: अर्थव्यवस्था की नियंत्रात्मक ऊँचाइयों (Commanding Heights) पर काबू पाने के लिए; लाभ की प्राप्ति के स्थान पर सामरिक महत्व (Strategic Importance) वाले सामाजिक हित के क्रांतिक विकास (Critical Development) के लिए; तथा आर्थिक विकास की सुदृढ़ता बढ़ाने हेतु वाणिज्यिक अधिशेष जुटाने के लिए"।**

इस बहुआयामी उद्देश्य की प्राप्ति हेतु लोक उद्यमों की संख्या और विविधता में विविध तर्काधार पर बारंबार बढ़ोतरी की जाती रही। परिणामस्वरूप, कालान्तर में भारतीय अर्थव्यवस्था के वित्तीय, निर्माणात्मक, व्यापारिक, आदि सभी क्षेत्रों में लोक उद्यमों के विस्तार की प्रक्रिया जारी रही। उदाहरणार्थ वित्तीय क्षेत्र पर सरकारी स्वमित्व और आधिपत्य जमाने तथा इसके माध्यम से अर्थव्यवस्था के शेष क्षेत्रों पर प्रभावी नियंत्रण के उद्देश्य से पहले बीमा व्यवसाय तथा बाद में 1969 और 1980 में 28 वाणिज्यिक बैंकों का राष्ट्रीयकरण किया गया तथा ग्रामीण बैंकों की स्थापना करते हुए उनमें भी राष्ट्रीयकृत बैंकों और भारतीय रिज़र्व बैंक के साथ-साथ सरकार की साझेदारी रखी गई। इसी प्रकार 1973 में 103 कपड़ा मिलों का राष्ट्रीयकरण इस तर्काधार पर किया गया कि इनके कर्मियों के रोज़गार को बचाया जा सकेगा।

ज्ञातव्य है कि, 1991 तक सार्वजनिक क्षेत्र से संबद्ध वाद-विवाद इसके अस्तित्व के औचित्य तथा अन्य ऐसे प्रश्नों के स्थान पर उसके तकनीकी आयामों और संरचनात्मक घटकों पर केन्द्रित रहा था। संभवत: इसके दो कारण थे:

- निजी क्षेत्र को यह भरोसा हो गया था कि वित्तीय दृष्टि से रोगी होने पर भी सरकार किसी उद्यम को बंद करने की अनुमति देने के स्थान पर उसका राष्ट्रीयकरण करने को उद्यत रहेगी ताकि कर्मियों को रोज़गार से हाथ न धोना पड़े।
- बहुत-से लोक उद्यमों की रियायती तथा अनुदानित कीमत नीति से निजी क्षेत्र भी लाभान्वित हो रहा था।

परंतु सरकार की लोक उद्यमों की नीति में एक विशेष कमी यह रही कि वैयक्तिक स्तर पर उद्यमों के उद्देश्यों को न तो भली-भाँति परिभाषित किया गया, तथा न ही उन्हें प्रयाप्त प्रबंधनीय स्वायत्तता प्रदान की गई। परिणामस्वरूप अधिकतर लोक उद्यम वाणिज्यिक दृष्टिकोण से असफल रहे।

आर्थिक उदारता और वैश्वीकरण की नीति अपनाने के साथ सरकार की लोक उद्यमों के बारे नीति में भी एक मूलभूत परिवर्तन आया जिसकी चर्चा नीचे की गई है।

- स्वतंत्रता के पश्चात् लोक क्षेत्र के बहु-आयामी विस्तार की नीति अपनाई गई।
- इस नीति के पक्ष में कई तर्क जुटाए गए, तथा इसे विविध ढंगों से कार्यान्वित किया गया।
- कालान्तर में लोक उद्यमों की संख्या और विविधता में प्रत्येक प्रकार से बढ़ोतरी हुई, परंतु उनमें से अधिकतर वाणिज्यिक दृष्टि से असफल रहे।
- आर्थिक उदारता और वैश्वीकरण की नीति के अंतर्गत लोक उद्यमों संबंधी नीति में भी बुनियादी बदलाव हुआ।

## औचित्य (Rationale)

सार्वजनिक उद्यमों का औचित्य उन उद्देश्यों में निहित है जिनकी प्राप्ति इनके माध्यम से अपेक्षित है। निम्नलिखित में सार्वजनिक उद्यमों से अपेक्षित हितों की चर्चा भारत के आर्थिक और सामाजिक उत्थान में उनकी भूमिका के संदर्भ में की गई है। स्मरणीय है कि आर्थिक और सामाजिक विकास एक अति जटिल प्रक्रिया है जिसमें अनेको घटक एक साथ भूमिका निभाते हैं, और जिसमें लोक उद्यम एक प्रभावी योगदान दे सकते हैं। परंतु यह तभी संभव है जब इनसे संबद्ध एक सुचारू और व्यावहारिक कार्यक्रम अपनाया जाए और इसका कुशालतापूर्ण पालन हो।

**1. पूँजी निर्माण (Capital Formation)**—एक अल्पविकसित देश को गरीबी के दुष्चक्र से इसकी आर्थिक उत्पादन क्षमता में बढ़ोतरी के बिना छुटकारा नहीं दिलाया जा सकता; और इसकी प्राप्ति के लिए श्रम एवं अन्य उत्पादन साधनों की उत्पादिता को बढ़ाना अनिवार्य है। विकास के प्रारंभिक चरणों में इस लक्ष्य की प्राप्ति हेतु केवल निजी क्षेत्र पर निर्भर रहने से इस प्रक्रिया की गति अति धीमी रह जाती है। आशा की जाती है कि लोक उद्यमों के योगदान से इस प्रक्रिया की गति को बढ़ाना संभव है। एक अल्पविकसित देश की बचत और निवेश की क्षमता अति सीमित होती है। अत: लोक उद्यमों द्वारा आर्थिक अधिशेष के इस अभाव को दूर किया जा सकता है।

**2. निवेश प्राथमिकताएँ (Investment Priorities)**—बाज़ार प्रक्रिया में निवेश निर्णय लाभ आय के अवसरों से प्रेरित होते हैं। परंतु, सामान्यत:, विकास के प्रारंभिक चरणों में ये अवसर देश की वास्तविक आर्थिक और सामाजिक आवश्याकताओं से तालमेल नहीं खाते। अत: निजी क्षेत्र की निवेश प्राथमिकताओं को यथेचित मोड़ देने हेतु लोक उद्यमों की सहायता आवश्यक रहती है। विशेषकर, लोक उद्यमों की अर्थिक गतिविधियों और नीतियों के माध्यम से निजी क्षेत्र के निवेश निर्णयों को भी सही दिशा की ओर मोड़ा जा सकता है। इसके अतिरिक्त लोक उद्यमों के माध्यम से अर्थव्यवस्था द्वारा की गई बचतों को प्राथमिकतायुक्त निवेश प्रयोजनों में लगाया जा सकता है, जैसे कि अवसंरचनात्मक सुविधाएँ, पूँजी वस्तुएँ, बुनियादी और निर्णायक उद्योग आदि। निजी क्षेत्र इस प्रकार के निवेश प्रयोजनों में साधन-अभाव तथा गैर-लाभकारी होने के कारण बहुधा निवेश नहीं कर पाता।

**3. आर्थिक अधिशेष की उत्पत्ति (Generation of Economic Surplus)**—सार्वजनिक उद्यमों के चालू हो जाने पर वे स्वयं भी सरकार के हाथों में पूँजी निर्माण का एक स्रोत बन सकते हैं। इस अधिशेष का विभिन्न उद्यमों तथा सेवाओं के सृजन तथा विस्तार करने में प्रयोग किया जा सकता है। इस प्रकार सरकार कर-राजस्व को बढ़ाए बिना भी निवेश और विकास में सहयोग दे सकती है।

**4. संतुलित विकास (Balanced Growth)**—संतुलित विकास के तीन पहलू हैं, (क) विभिन्न आर्थिक क्षेत्रों का संतुलित विकास, (ख) विभिन्न भौगोलिक क्षेत्रें का संतुलित विकास, तथा (ग) आर्थिक विकास के साथ-साथ

यथोचित सामाजिक विकास। इन सभी उद्देश्यों की प्राप्ति में लोक उद्यम एक केन्द्रीय भूमिका निभा सकते हैं क्योंकि उनका मुख्य लक्ष्य वाणिज्यिक लाभ कमाना न होकर सरकार की व्यापक आर्थिक और सामजिक विकास नीतियों में सहयोग देना होता है। स्मरणीय है कि एक अल्पविकसित देश बहुधा पूर्ति प्रवाहों (supply flows) के आंशिक अभावों (partial scarcities) से पीड़ित रहता है। इस समस्या के समाधान हेतु लोक उद्यमों का इस प्रकार नियोजित उपयोग किया जा सकता है कि वे न केवल इन अभावों को दूर करने में सहायक हों, प्रत्युत्त यह भी सुनिश्चित रहे कि किसी वस्तु/सेवा विशेष की उपलब्धता उसकी संकटापन्न न्यूनतम (critical minimum) मात्रा से कम न हो जाए। इसी प्रकार इस संतुलित विकास के अन्य पहलू भी हैं जैसे कि प्रत्येक आर्थिक क्षेत्र में आंतरिक संतुलन, विभिन्न क्षेत्रों में आपसी संतुलन तथा विभिन्न भौगोलिक क्षेत्रों का संतुलित आर्थिक विकास आदि। इन सभी आयामों में लोक उद्यमों की एक सक्रिय भूमिका हो सकती है।

**5. छोटे उद्योग (Small Scale Industries)**–हमारे देश में लोक उद्यमों के विकास का एक उद्देश्य छोटे और अनुषंगी उद्योगों (ancillary industries) को बढ़ावा देना रहा है। आशा की जाती थी कि इन उद्योगों की श्रम-प्रधानता के कारण इनसे रोज़गार को बढ़ावा मिलेगा तथा देश के सभी उत्पादन साधनों का बेहतर उपयोग होगा।

**6. नियन्त्रात्मक क्षमता (Regulatory Capacity)**–विभिन्न आर्थिक गतिविधियों तथा उद्योगों में आपसी निर्भरता के कारण सार्वजनिक क्षेत्र देश की अर्थव्यवस्था को सुचारू रूप से तथा न्यूनतम संभव उथल-पुथल के साथ प्रगति करने में काफ़ी सहायक हो सकता है। शर्त यह है कि सार्वजनिक क्षेत्र का आकार बड़ा हो, इसमें लोक उद्यमों की विविधता हो, इनका प्रबंधन कुशल हो, इनकी उत्पादिता उच्च कोटि की हो और इनकी नीतियाँ देश और समाज के लिए विकासोन्मुख हों।

**7. वितरणात्मक न्याय (Distributive Justice)**–निजी क्षेत्र के विकास के साथ-साथ आर्थिक शक्ति और अवसरों के केन्द्रीकरण की प्रवृत्ति ज़ोर पकड़ती है। यह दावा किया जाता है कि आय और धन की असमानताओं को कम करने तथा वितरणात्मक न्याय को सुनिश्चित करने में लोक उद्यम एक रचनात्मक भूमिका निभा सकते हैं। इनके माध्यम से आर्थिक सत्ता को कुछ हाथों में केन्द्रित होने से रोका जा सकता है; आर्थिक अवसरों की उपलब्धि में सुधार किया जा सकता है तथा रोज़गार को बढ़ावा दिया जा सकता है।

**8. आयात प्रतिस्थापन्न (Import Substitution)**–सामान्यतः आर्थिक विकास के साथ विदेश व्यापार के आकार और विविधता में भी बढ़ोतरी होती है। साथ ही व्यापार में परंपरागत वस्तुओं का स्थान नई वस्तुएँ लेने लगती हैं। यह तथ्य भी स्मरणीय है कि विकास के प्रारंभिक चरणों में कुछ आयातों पर रोक लगाना हितकर हो सकता है। परंतु भारत में लोक उद्यमों के विकास के उद्देश्यों में आयात प्रतिस्थापन्न तथा स्वावलंबन के मिश्रण को तथा विदेशी मुद्रा कमाने को एक अग्रणी स्थान प्रदान दिया गया।

**9. अवसंरचना (Infrastructure)**–आर्थिक विकास की तीव्र गति और कार्यकुशलता की प्राप्ति उच्च कोटि की अवसंरचना के बिना संभव नहीं होते। अवसंरचना के कारण राष्ट्रीय उत्पाद प्रयुक्त उत्पादन संसाधनों से भी अधिक बढ़ते हैं। अधिकतर मामलों में निजी क्षेत्र को अवसंरचना में निवेश करना लाभकारी प्रतीत नहीं होता।

**10. श्रेष्ठ वस्तुएं (Merit Goods)**–निजी क्षेत्र के लिए अधिकतर श्रेष्ठ वस्तुएँ वाणिज्यिक दृष्टिकोण से गैर-लाभकारी होती हैं क्योंकि लाभकारी कीमतों पर इन वस्तुओं की माँग बहुधा कम हो जाती है। अतः सरकार का यह दायित्व बनता है कि वह इन वस्तुओं की पर्याप्त उपलब्धता सुनिश्चित करे।

**11. अन्य (Others)**–भारत में उपरोक्त के अतिरिक्त लोक उद्यमों के अस्तित्व और विकास हेतु अन्य तर्क भी दिए जाते रहे है, जैसे कि निर्दिष्ट उपभोग वस्तुओं/सेवाओं की समुचित उपलब्धि को सुनिश्चित करना, आदि।

## व्यावहारिक कठिनाइयाँ (Practical Problems)

अनेकों प्रकार से वाँछनीय होते हुए भी हमारे देश में वास्तविकता के स्तर पर लोक उद्यमों के उपरोक्त लाभों की प्राप्ति में निम्नलिखित सहित कई अड़चनें आती रही हैं:

- लोक उद्यमों की प्रबंधनीय संरचना में ही आर्थिक प्रोत्साहन का अभाव होता है। कर्मचारी और प्रबंधनकर्ता अपने रोज़गार के प्रति आश्वस्त होते हैं। गलती करने पर दंड मिलने तथा अच्छा कार्य करने पर पुरस्कृत किए जाने की एक प्रभावी प्रणाली न होने के कारण कर्मी और प्रबंधक दोनों उद्यम के निष्पादन की ओर पूरा ध्यान नहीं देते। उनके निर्णयों और गतिविधियों के मूल्यानुमान का आधार उद्यम के निष्पादन में सुधार के स्थान पर विभिन्न गतिविधियों संबंधी नियमों का पालन करना रहता है।
- सामान्यत: कई लोक उद्यमों की स्थापना प्रबंधनीय क्षमता एवं अन्य साधनों के अभाव के बावजूद कर दी जाती है। ऐसा बहुत बार आर्थिक-भिन्न कारणों के आधार पर होता है। भारत में इस प्रकार के निर्णयों के कई उदाहरण मिलते हैं। कई बार व्यवस्थापकीय सुधार किए बिना डूबते निजी उद्यमों का राष्ट्रीयकरण भी किया गया है।

- भारत में लोक उद्यमों के पक्ष में सरकारी नीति के अतिरिक्त कई तर्क दिए जाते हैं।
- इन तर्कों की तुलनात्मक वैधता में समय के साथ-साथ परिवर्तन होता रहा है।
- लोक उद्यमों की वास्तविक स्तर पर उपयोगिता सैद्धांतिक दावों से सदैव कम रही है।

## भारत में लोक उद्यम की परिभाषा

भारत में विविध प्रकार के केन्द्रीय और राज्यीय लोक उद्यम हैं, परन्तु उनकी एकीकृत जानकारी एक स्थान पर उपलब्ध नहीं है तथा इसकी उपलब्धि भी बड़ी देर से हो पाती है।

जहाँ तक केन्द्रीय लोक उद्यमों का प्रश्न है, लोक उद्यम विभाग द्वारा प्रतिवर्ष एक सर्वेक्षण के रूप में इनकी जानकारी प्रकाशित की जाती है। इसमें संविधिक उद्यमों के अतिरिक्त वे सभी कंपनियाँ शामिल रहती हैं, जिनकी 50% से अधिक की शेयर पूँजी का स्वामित्व केन्द्र से पास होता है; इनमें से हर वह कंपनी भी शामिल की जाती है जिसका 50% से अधिक पूँजी निवेश किसी उपरोक्त केन्द्रीय लोक उद्यम के स्वामित्व में हो तथा वह कंपनी भारत में पंजीकृत (रजिस्टर्ड) हो।

## आकार (Size)

केन्द्र के स्वामित्व में उद्यमों में निवेशित पूँजी में इक्विटी पूँजी के अतिरिक्त दीर्घावधिक ऋण और कुछ मामलों में शेयर-आवेदन राशियाँ शामिल रहती हैं। ज्ञातव्य है कि, उद्यमों के परिचालन-आकार के फैलाव और कीमतों में वृद्धि के अतिरिक्त अन्य कारणों से निवेशित पूँजी में लगातार वृद्धि होती रही है। और यह प्रवृत्ति सरकार की विनिवेश की नीति के पश्चात् भी देखने को मिलती है।

परंतु केन्द्रीय उद्यमों की **संख्या** में अविराम वृद्धि की प्रवृत्ति केवल अप्रैल 1992 तक देखने को मिलती है। इस बीच यह संख्या अप्रैल 1951 में 5 से बढ़ते-बढ़ते अप्रैल 1992 में 246 तक पहुँच गई थी। परंतु केन्द्र की आर्थिक नीति में मूल बदलाव के परिणामस्वरूप इनकी संख्या घटते हुए 2005 में 237 रह गई थी। 2016-17 के सर्वे के अनुसार इनमें विभागीय-संचालित उद्यम, बैंक और बीमा कंपनियाँ शामिल नहीं थे। मार्च 2017 में इनकी संख्या 331 थी (सात बीमा कंपनियों को छोड़कर)। इनमें से 217 चालू थे और 30 निमार्णाधीन थे।

## विविधता

ज्ञातव्य है कि, भारत में सरकार की दृष्टि में लोक उद्यम एक बहु-आयामी और प्रभावी नीति अस्त्र थे। इनसे लाभ-आय की प्राप्ति को उच्च प्राथमिकता नहीं दी गई थी। अत: सरकार ने लोक उद्यमों के फैलाव और विविधता की नीति का बड़ी आस्था से पालन करने का प्रयास किया। और इस प्रक्रिया में इन्हें अर्थव्यवस्था के लगभग प्रत्येक क्षेत्र में स्थापित किया गया। फैलाव की इस प्रक्रिया में औद्योगिक नीति प्रस्तावों और पँचवर्षीय योजनाओं में लोक उद्यमों को उच्च प्राथमिकता दी गई और इन्हे विविध रूपी वाणिज्यिक, करात्मक, और आर्थिक प्राथमिकताएँ और रियायतें प्रदान की गईं। परिणामस्वरूप कालांतर में लोक उद्यम अपने आरक्षित क्षेत्रों के अतिरिक्त भी अर्थव्यवस्था के लगभग सभी क्षेत्रों में दिखाई देने लगे। सभी क्षेत्रों की परस्पर निर्भरता के कारण इन्हें अर्थव्यवस्था में एक ऐसी महत्वपूर्ण केन्द्रीय भूमिका प्राप्त हो गई जिससे समस्त अर्थव्यवस्था का स्वास्थ्य उनके निष्पादन पर निर्भर हो आया।

राज्यों के लोक उद्यमों की विविधता केन्द्रीय उद्यमों की तुलना में कम है, परंतु फिर भी इनकी विविधता और निष्पादन का महत्त्व किसी प्रकार से कम नहीं हैं; विशेषकर सिंचाई, सड़क परिवहन और ऊर्जा आदि के क्षेत्रों में इनकी वाणिज्यिक असफलता काफी चिंताजनक है।

## प्रकार (Kinds)

भारत में सार्वजनिक उद्यमों का कई आधारों पर वर्गीकरण किया जा सकता है। निम्नलिखित में इन्हें प्रबंधनीय आधार पर दो मुख्य वर्गों में बाँटा गया है:

**1. विभागीय उद्यम (Departmental Enterprises)**—ये वे उद्यम हैं जिन्हें सरकार के विभागों के रूप में अथवा विभागों द्वारा चलाया जाता है। इनके उदाहरणों में रेलवे, डाक और तार, फौजी सामान बनाने के कारखाने, आकाशवाणी, गाज़ीपुर अफ़ीम कारखाना, तारापुर अणु-ऊर्जा स्टेशन, राजस्थान अणु-ऊर्जा स्टेशन, बैंक नोट छापाखाना आदि शामिल हैं। इसी प्रकार कई वित्तीय संस्थाएँ भी इस वर्ग में आती हैं।

**2. गैर-विभागीय उद्यम (Non-Departmental Enterprises)**—इनका प्रबंधन सरकारी प्रशासन का अंग नहीं है। इनका स्थापन कंपनी कानून के अधीन हो सकता है अथवा संसद एवं विधान-सभाओं द्वारा पारित विशेष कानून की देन हो सकता है। इस प्रकार के उद्यमों से विभागीय उद्यमों की तुलना में निम्नलिखित सहित कुछ विशेष फ़ायदों की अपेक्षा की जाती है:

- इनका प्रबंधन सरकारी विभागों के व्यापक नियमन से मुक्त होता है और इन्हें विविध परिचालक एवं अन्य निर्णय लेने की अधिक स्वतंत्रता होती है।

• कंपनी संगठन में प्रबंधन को लगातार यह आभास रहता है कि इसे वाणिज्यिक लाभ कमाने के लिए प्रयास करना चाहिए। अत: इनके द्वारा ठोस वाणिज्यिक नीतियाँ अपनाए जाने की संभावना बढ़ जाती है। इसके विपरीत विभागीय प्रबंधन में वाणिज्यिक सफलता के उद्देश्य के होने की संभावना कम होती है।
• विभागीय उद्यमों की तुलना में एक कंपनी संगठन में यह आशा की जाती है कि प्रबंधन तथा कार्यकर्ता दोनों पक्ष प्रशासनिक अनुशासन के अनावश्यक नियमन से बचे रहेंगे।
• एक कंपनी संगठन में प्रबंधन के लिए विभिन्न प्रकार के निर्णय शीघ्रता से लेने तथा उन्हें कार्यान्वित करने के अधिक अवसर होते हैं और यह स्थिति परिवर्तनीय बाज़ार स्थिति में अधिक उपयुक्त रहती है।
• कंपनी संगठन में सरकार का शेयर पूँजी पर पूर्ण स्वामित्व होना आवश्यक नहीं है। इस में से 50% पर स्वामित्व होने पर भी कंपनी सरकारी ही कहलाएगी। अत: इस प्रकार के संगठन से सरकार थोड़ी पूँजी से ही सार्वजनिक क्षेत्र का काफ़ी विस्तार करने की क्षमता प्राप्त कर लेती है। इस प्रकार के संगठन में सरकार के लिए प्रबंधनीय, टैक्नोलॉजी तथा अन्य साधनों का जुटाना कम कठिन होता है, और यदि कंपनी के कर्मचारी भी इसकी शेयर पूँजी में भागीदार हों, तो उनमें भी जिम्मेदारी की भावना बढ़ती है तथा कंपनी का निष्पादन सुधरता है।

## लोक उद्यम विभाग

केन्द्र का लोक उद्यम विभाग समस्त केन्द्रीय लोक उद्यमों का संगम (nodal) प्राधिकरण है। इसके कार्य क्षेत्र में निम्नलिखित विशेष रूप से उल्लेखनीय हैं:

• लोक उद्यमों के लिए संपूर्ण नीति की रूप रेखा तैयार करना;
• इस नीति के विशिष्ट अंगों के बारे में नियम आदि बनाना;
• निष्पादन, सामान्य प्रबंधन, कार्मिक संसाधन प्रबंधन, जागरूकता संबंधी नीतियाँ;
• समझौता ज्ञापन संबंधी मामले;
• केन्द्रीय लोक उद्यमों के कार्य कलापों के महत्वपूर्ण खंडों का गहन अध्ययन; आदि।

• लोक उद्यमों में निवेशित पूँजी में कीमतों में वृद्धि तथा परिचालन पैमाने के फैलाव के कारण लगातार बढ़ोतरी होती रही है।
• परंतु उनकी संख्या में 1992 तक बढ़ोतरी के पश्चात् कमी हुई है।
• लोक उद्यमों में व्यापक विविधता है। प्रबंधनीय पद्धति के आधार पर वे विभागीय और गैर-विभागीय हो सकते हैं। इसमें पश्चमोक्त को निष्पादन के दृष्टिकोण से बेहतर माना जाता है।

## सार्वजनिक उद्यमों की कुछ समस्याएँ (Some Problems of Public Enterprises)

सार्वजनिक उद्यमों को भी कई समस्याओं का सामना करना पड़ता है। उन पर कुछ ऐसे प्रतबंधन रहते हैं जिनसे उनकी कार्यकुशलता पर नकारात्मक प्रभाव पड़ने की प्रवृत्ति उत्पन्न होती है। इन प्रतिबंधों में निम्नलिखित विशेष रूप से वर्णनीय हैं:

**1. लक्ष्य (Objectives)**–लोक उद्यमों की सर्वप्रथम कठिनाई यह है कि उनके लक्ष्यों को स्पष्ट रूप से परिभाषित नहीं किया जाता। उनसे विभिन्न प्रकार से और बहुधा टकराव-युक्त सामाजिक तथा आर्थिक हितों के संवर्द्धन की अपेक्षा की जाती है। परंतु जब उन हितों में विरोधाभास की स्थिति हो तो यह स्पष्ट नहीं रहता कि विचाराधीन उद्यम की प्राथमिकताएँ क्या हों। परिणामस्वरूप उद्यम द्वारा इन विरोधाभासी लक्ष्यों की प्राप्ति के लिए एक साथ

प्रयत्न करने पर कुछ उद्देश्यों में असफल रह जाता है। साथ ही इस तथ्य की आड़ में इसे अपने प्रबंधनीय एवं अन्य दोषों को ढकने का अवसर भी मिल जाता है।

**2. कीमत नीति (Price Policy)**–लोक उद्यमों की कीमत-नीति काफी अस्पष्ट रही है। इसी नीति के कई वैकल्पिक आधार हो सकते हैं। उदाहरणार्थ एक विचाराधीन उद्यम की नीति उपभोक्ताओं को रियायती दामों पर वस्तु मुहैया करने की हो सकती है; अथवा वह अपनी एकाधिकारिता का लाभ उठाते हुए अथवा अपनी कुशलताहीनता पर परदा डालने हेतु, एक उचित कीमत दर के नाम पर, उपभोक्ताओं का शोषण करने की चेष्टा कर सकता है; तथा इस तथाकथित 'उचित कीमत' को निवेशित पूँजी पर न्यायोचित लाभ दर अथवा किसी अन्य आधार पर न्यायसंगत ठहराने का प्रयास कर सकता है। इसके अतिरिक्त कीमत निर्धारण की प्रक्रिया की जटिलता में बहुधा सरकारी हस्तक्षेप की संभावना भी रहती है। कई उद्यम अपनी खरीदारियाँ कुछ निर्दिष्ट स्रोतों से करने के लिए बाध्य होते हैं, अथवा उन्हें इसी प्रकार के कई अन्य प्रतिबंधों का सामना अपने उत्पादन को बेचने के लिए करना पड़ता है। स्पष्ट है कि, किसी उद्यम पर इस प्रकार की जितने अधिक प्रतिबंध होंगे, उसकी लाभ आय सुनिश्चित करने में उतनी ही अधिक कठिनाइयों का सामना करना पड़ेगा।

**3. छलक प्रभाव (Externalities)**–भारत के लोक उद्यमों की आपस में तथा निजी क्षेत्र के उद्यमों के साथ एक घनिष्ठ आगत-निर्गत (input-output) अंतर्निर्भरता है। एक उद्यम कई स्रोतों से अपनी आगतों को प्राप्त करता है तथा इसकी निर्गतें कई उद्यमों को जाती हैं। अत: इस माँग-पूर्ति की अंतर्निर्भरता की व्यवस्था में उद्यमों का एक दूसरे की उत्पादकता तथा निष्पादन में सुधार अथवा बिगाड़ से प्रभावित होना स्वाभाविक है। भारत में इस व्यवस्था में लोक उद्यमों का एक केन्द्रीय स्थान होने के कारण उनकी महत्ता और भी बढ़ जाती है। उनकी नीतियों तथा उनके निष्पादन के प्रभाव एक लंबी कड़ीदार प्रक्रिया का रूप ले लेते हैं, जिससे समस्त अर्थव्यवस्था पर एक गहरा प्रभाव पड़ता है। अत: अति आवश्यक है कि लोक उद्यम प्रत्येक दृष्टि से स्वस्थ और कार्यकुशल हों।

**4. प्रोत्साहन एवं दण्ड (Incentives and Punishments)**–लोक उद्यमों की सबसे बड़ी दुर्बलता यह है कि वे एक प्रभावी प्रोत्साहन एवं दंड व्यवस्था को नहीं अपना पाते। उनके प्रबंधन का प्रत्येक सदस्य तथा उनका प्रत्येक कर्मी कुछ निश्चित कार्य-नियमों तथा अन्य प्रतिबंधों से जकड़ा रहता है। किसी को उसके निर्णयों तथा गतिविधियों के आधार पर पुरस्कृत अथवा दंडित नहीं किया जाता; इसका निर्णय उसके द्वारा निर्दिष्ट नियमों के पालन अथवा अवहेलना करने पर लिया जाता है। प्रोत्साहन एवं दंड व्यवस्था ऐसी नहीं होती जिसका लक्ष्य उद्यम की उत्पादकता तथा वाणिज्यिक स्वास्थ्य में सुधार लाना हो। इस व्यवस्था का मुख्य उद्देश्य मुख्यत: किसी कर्मी अथवा अन्य अधिकारी द्वारा किसी प्रकार की गड़बड़ी को रोकना रहता है। इस कारण प्रबंधन पर बहुत अधिक नियंत्रात्मक नियम थोप दिए जाते हैं।

**5. असंतुलित प्रबंधन (Imbalanced Management)**–यह एक सर्वमान्य तथ्य है कि भारत के लोक उद्यमों में प्रबंधकों की संख्या आवश्यकता से कहीं अधिक रहती है, जिसके कारण उन पर व्यय बढ़ता है तथा उनकी उत्पादकता दुष्प्रभावित होती है। उच्च अधिकारियों की नियुक्ति में भी बहुधा योग्यता एवं कुशलता के स्थान पर अन्य तथ्यों को प्राथमिकता दी जाती है, अथवा इन लोगों की नियुक्तियाँ भारतीय प्रशासनिक सेवाओं के सदस्यों में से भी कर दी जाती हैं। इसके अतिरिक्त इन सभी अधिकारियों को सेवा मुक्त करने अथवा उनका स्थानांतरण करने का प्रावधान रहता है। इस सब बातों के कारण उच्चस्तरीय प्रबंधन की कुशलहीनता बढ़ती है तथा झगड़ालू मज़दूर संघों को अपनी नकारात्मक भूमिका निभाने का अवसर मिलता है।

**6. लाल फ़ीताशाही (Red Tapism)**–लोक उद्यम अनेक प्रकार के वित्तीय प्रतिबंधों से बंधे रहते हैं। बहुधा ये नियम इतने कड़े रहते हैं कि किसी भी नित्यचर्या-भिन्न व्यय के लिए उन्हें प्रशासन से अनुमति लेने की आवश्यकता रहती है। इसी प्रकार कई बंदिशें क्रय-विक्रय संबंधी निर्णयों पर भी रहती हैं। प्रशासन की अपनी निर्णय-प्रक्रिया अति धीमी रहती है। परिणामस्वरूप लोक उद्यम विभिन्न प्रकार की देरियाँ, लागत में बढ़ोतरी, तथा अपव्यय जैसी व्याधियों से पीड़ित रहते हैं।

**7. लागत चेतना (Cost-Consciousness)**–उपर्युक्त तथ्यों के फलस्वरूप लोक उद्यमों में लागत-चेतना का अभाव रहता है तथा यह अभाव उद्यमों से संबंधित सरकारी दृष्टिकोण और नीति तथा श्रम-संगठनों की विचार एवं कार्य पद्धतियों में भी दृष्टिगोचर होता है। श्रमिक सामान्यतः उत्पादकता को अनदेखा करते हुए केवल अपनी मज़दूरी की दरों में बढ़ोतरी पर दृष्टि रखते हैं; और ऐसा उन उद्यमों में भी होता है जो लगातार घाटे में चल रहे हों।

**8. व्यावसायिकता (Professionalism)**–लोक उद्यमों के प्रबंधन में व्यावसायिकता पर यथोचित ध्यान नहीं दिया जाता। ज्ञातव्य है कि, इस समस्या के समाधान हेतु विविध प्रकार के प्रशिक्षण कार्यक्रम अपनाए जाने के बावजूद प्रबंधन की गुणवत्ता में कोई उल्लेखनीय सुधार नहीं हो सका। इसके अतिरिक्त कई उच्च पद लंबी अवधि तक रिक्त रहते हैं, जिससे उद्यमों को एक अनिश्चित स्थिति का सामना करना पड़ता है। दावा किया जाता है कि व्यावसायिकता की समस्या मूल रूप से लोक उद्यमों में राजनीतिक हस्तक्षेप का परिणाम है।

**9. निवेश से उत्पादन तक की कालावधि (Time Gap between Investment & Production)**–सामान्यतः तकनीकी स्तर में उन्नति के साथ-साथ प्रथम निवेश तथा प्रथम उत्पादन के बीच के कालावधि लंबी होती जाती है। परंतु लोक उद्यमों के मामले में यह अवधि (तथा घाटे में चलने की संभावना) प्रशासनिक प्रक्रियाओं के कारण और भी बढ़ जाती है। इसके अतिरिक्त भारत में लोक उद्यमों की एक समस्या यह भी है कि उनके चालू हो जाने के पश्चात् भी परिचालनिक निर्णयों में देरी कराने वाले कई घटक प्रभावी तौर पर सक्रिय रहते हैं। इससे इनको होने वाले घाटे में कमी नहीं हो पाती।

**10. अतिनियमन (Over-regulation)**–लोक उद्यमों की निर्णय व्यवस्था प्रशासनिक संयंत्र द्वारा अतिनियमन के कारण व्यावसायिक कार्यकुशलता के लिए घातक देरी के रोग से पीड़ित रहती है। परिणामस्वरूप अधिकतर लोक उद्यम समय रहते बाज़ार तथा अर्थव्यवस्था की परिवर्तनीय स्थिति के अनुकूल निर्णय नहीं ले पाते, उत्पादन क्षमता का पूरा उपयोग नहीं कर पाते, और उनके लिए उत्पादन की गुणवत्ता सुनिश्चित करना भी कठिन हो जाता है।

**11. सामाजिक बोझ (Social Burden)**–बहुत-से लोक उद्यमों को उन मदों पर भी व्यय करना पड़ता है जो मूल रूप से राज्य की ज़िम्मेदारियों में आती हैं, जैसे कि उत्पादन स्थान के आसपास के क्षेत्र का विकास करना, कर्मचारियों के लिए आवास, स्वास्थ्य सुविधाओं एवं उनके बच्चों की शिक्षा का प्रबंध करना, आदि।

**12. उत्तरदायित्व (Accountability)**–लोक उद्यमों के समक्ष एक जटिल समस्या यह रहती है कि उनकी जवाबदेही और स्वायत्तता में किस प्रकार तालमेल बिठाया जाए। तर्क यह है कि एक स्वायत्त लोक उद्यम अपने निष्पादन का एक न्यूनतम स्तर सुनिश्चित कर सकता है। इसके विपरीत, स्वायत्तता के अभाव में निर्णय-प्रक्रियाएँ अनम्य हो जाती हैं, और बदलती स्थितियों के साथ निर्णयों में परिवर्तन करना कठिन हो जाता है। परंतु वास्तविकता यह भी है कि लोक उद्यम सार्वजनिक साधनों का परिव्यय करते हैं। अतः यह सुनिश्चित करना भी आवश्यक रहता है कि यह परिव्यय सामाजिक लक्ष्यों से मेल खाए तथा उनकी प्राप्ति में सहायक हो। इस कारण उन पर विभिन्न प्रकार से नियंत्रण रखने की आवश्यकता से इनकार नहीं किया जा सकता। परंतु समस्या यह है कि,

बहुधा टकराव की स्थिति होने के कारण, स्वायत्तता और नियंत्रण का एक सर्वस्वीकृत सम्मिश्रण नहीं मिल पाता। इसके अतिरिक्त ऐसे किसी सम्मिश्रण से भी तभी लाभान्वित हुआ जा सकता है, जब प्रबंधन और कर्मचारियों का निष्पादन उच्च कोटि का हो।

भारत में लोक उद्यमों पर लेखा-परीक्षण सहित कड़ी वित्तीय निगरानी रखी जाती है। संसद और राज्य विधानसभाओं में उनके बारे में प्रश्न पूछे जाते हैं, वाद-विवाद किया जाता है तथा उनकी रिपोर्टों पर विचार किया जाता है। इसके अतिरिक्त 1964 से संगठित लोक उद्यम समिति द्वारा इन उद्यमों के निष्पादन का अध्ययन किया जाता है। परंतु इस सारी व्यवस्था में एक बुनियादी दुर्बलता यह है कि एक विचाराधीन उद्यम के प्रबंधन को किसी भी निर्णय के लिए ज़िम्मेदार ठहराया जा सकता है। इसके अतिरिक्त समिति द्वारा यह सारी जाँच पड़ताल घटनोपरांत होती है। इससे यह तय करने में कोई विशेष सहायता नहीं मिलती कि परिवर्तनीय स्थितियों से किस प्रकार बिना समय नष्ट किए निपटा जा सकता था। परंतु घटनोपरांत जाँच पड़ताल का एक दुष्परिणाम यह अवश्य निकलता है कि प्रबंधनकर्ता किसी प्रकार का भी विवादग्रस्त अथवा नया नीतिगत निर्णय लेने में झिझकते हैं।

- भारत में लोक उद्यमों को अनेक प्रकार की समस्याओं का सामना करना पड़ता है।
- इन समस्याओं की उत्पत्ति मुख्यत: बाज़ार शक्तियों के स्थान पर प्रशासनिक नियंत्रण एवं अन्य संबद्ध कारणें से होती है।

## निष्पादन (Performance)

लोक उद्यमों के निष्पादन के मूल्यांकन के लिए उनसे अपेक्षित लक्ष्यों के अतिरिक्त कई कसौटियों का चुनाव किया जा सकता है। ये लक्ष्य न केवल हमारी विकासात्मक आवश्यकताओं को, प्रत्युत सामाजिक न्याय, आर्थिक शक्ति के विकेन्द्रीकरण तथा अन्य कई प्रकार की आकांक्षाओं को भी प्रतिबिम्बित करते हैं। यह भी स्मरणीय है कि भारत में लोक उद्यमों का निष्पादन सफ़लता और असफलता का एक मिश्रण रहा है।

**1. समादेशक ऊँचाईयाँ (Commanding Heights)**—सार्वजनिक उद्यमों से यह अपेक्षा की जाती थी कि उनके माध्यम से सरकार पूरी अर्थव्यवस्था की समादेशक ऊँचाईयों पर नियंत्रण रख पाएगी। वास्तविकता में सरकार इस उद्देश्य में लगभग पूर्ण रूप से सफल भी हुई है। फिर भी इस प्रश्न पर विचार किया जा सकता है कि सरकार इस क्षमता का कहाँ तक सदुपयोग कर पाई है। इस समय लगभग पूरा निजी क्षेत्र सार्वजनिक क्षेत्र द्वारा कृत माँग, पूर्ति तथा कीमत नीतियों से प्रभावित होता है।

**2. औद्योगीकरण (Industrialisation)**—बुनियादी और मूल उद्योगों के विकास द्वारा अर्थव्यवस्था के औद्योगीकरण में लोक उद्यम अति सहायक साबित हुए हैं। स्मरणीय है कि लोक उद्योगों को स्थापित करने का एक मुख्य उद्देश्य औद्योगीकरण की प्रक्रिया में तेज़ी लाना था। भारत का औद्योगिक विकास लोक उद्यमों की सहायता के बिना तथा केवल बाज़ार शक्तियों के सहारे संपन्न नहीं था। फिर भी एक मतानुसार इस उद्देश्य की प्रप्ति हेतु कुछ उद्योगों को केवल सार्वजनिक क्षेत्र के लिए आरक्षित कर देना आवश्यक नहीं था। इन उद्योगों में निजी क्षेत्र की साझेदारी भी रखी जा सकती थी। इस साझेदारी से उत्पन्न स्पर्द्धा से सार्वजनिक उद्यमों के लाभांवित होने की भी अपेक्षा की जा सकती थी।

**3. अतिरिक्त रोज़गार (Additional Employment)**—लोक उद्यमों में काफ़ी लोगों को रोज़गार मिलता है। इसके अतिरिक्त इनसे संबद्ध उद्योगों तथा गतिविधियों के विकास से भी रोज़गार की एक गुणक प्रक्रिया उत्पन्न होती है। परंतु लोक उद्यमों द्वारा रोज़गार-उत्पत्ति की एक बड़ी समस्या यह है कि इनमें आवश्यकता से अधिक

लोगों को भर्ती कर लिया जाता है, जिससे प्रति श्रमिक उत्पादकता अति कम हो जाती है। इस कारण उनसे जुड़े उद्योगों का विकास भी धीमा पड़ जाता है।

**4. अंतर्क्षेत्रीय असमानताएँ (Inter-regional Disparities)**–देश में अंतर्क्षेत्रीय असमानताओं को दूर करने में लोक उद्यमों को केवल आँशिक सफलता मिली है। इसका मुख्य कारण इनके स्थान-चयन में कमी न होकर उनकी कम संख्या और उनको पूरा करने और निष्पादिता के प्रति उदासीनता हैं। इसके अतिरिक्त लोक उद्यमों मे एक बड़ी संख्या उन उद्यमों की है जो पूर्वस्थित निजी उद्यमों के राष्ट्रीयकरण द्वारा अस्तित्व में आए हैं।

**5. अवसंरचनात्मक सुविधाएँ (Infrastructural Facilities)**–पिछले कुछ वर्षों तक सरकार की यह नीति रही है कि अवसंरचनात्मक सुविधाओं को मुहैया करने का मुख्य दायित्व लोक क्षेत्र का हो। परंतु लोक क्षेत्र इस दायित्व को पूरा करने में बुरी तरह असफल रहा है, और इसके परिणामस्वरूप अर्थव्यवस्था को विविधरूपी क्षति पहुँची है।

**6. उत्पादन की गुणवत्ता (Product Quality)**–उत्पादन की गुणवत्ता के दृष्टिकोण से लोक उद्यम एक मिश्रित छवि प्रस्तुत करते हैं। उत्पादन की गुणवत्ता कई निर्णायक घटकों की प्रस्तुति अथवा अभाव पर निर्भर करती है, जैसे कि 'प्रोत्साहन और दंड' की प्रभावी व्यवस्था, कर्मियों की संख्या, राजनीतिक एवं प्रशासनिक हस्तक्षेप, तकनीकी स्तर, प्रबंधनीय गुणवत्ता, आदि आदि।

**7. उत्पादन क्षमता का प्रयोग (Use of Productive Capacity)**–ब्यूरो ऑफ पब्लिक एंटरप्राइज़िज़ की रिपोर्टों से यह विदित होता है कि अधिकतर लोक उद्यम अपनी उत्पादन क्षमता का समुचित प्रयोग करने में असमर्थ रहते हैं। सरकार की ओर से बताए गए इस त्रुटि के कारणों के विश्लेषण से पता चलता है कि उनमें से अधिकांश त्रुटिया लोक उद्यमों की अपनी अथवा सरकारी फीताशाही की देन हैं। लोक उद्यमों की ढीली और देरीयुक्त निर्णय पद्धति के कारण उन्हें समय पर कच्चे माल, ऊर्जा तथा पुर्जों आदि की उपलब्धि नहीं हो पाती। यदि ये समस्याएँ न भी हों तो भी कई लोक उद्यमों के प्रबंधन में ढीलापन और कर्मियों में अनुशासनहीनता दिखाई देते हैं। छोटी छोटी बातों पर नियमों की आड़ में रुकावटें डाली जाती हैं।

**8. विविधता (Diversification)**–भारत के लोक उद्यमों में इतनी अधिक विविधता पाई जाती है कि इनकी आर्थिक और सामाजिक उपयोगिता के बारे में भी संदेह होने लगता है। इस समय लोक उद्यम वित्त, विदेशी व्यापार, आंतरिक व्यापार, यातायात, निर्माण, विद्युत, सिंचाई, होटल व्यवसाय, पर्यटन, आवास, परामर्श तथा विभिन्न प्रकार की सेवाओं आदि सभी क्षेत्रों में विद्यमान हैं। इनमें से कई क्षेत्र ऐसे हैं जिनमें निजी उद्यम अर्थव्यवस्था तथा समाज के लिए अधिक लाभकारी हो सकते थे। इस दृष्टिकोण से सार्वजनिक उद्यमों का अस्तित्व अवसंरचनात्मक सुविधाओं तथा बुनियादी उद्योगों आदि की कुछ परिधियों के अंदर ही सीमित रहना चाहिए अर्थात् सार्वजनिक क्षेत्र केवल उन गतिविधियों तक सीमित रहना चाहिए, जो अर्थव्यवस्था और समाज के लिए अति आवश्यक और लाभदायक होते हुए भी निजी क्षेत्र को किसी कारणवश स्वीकार्य न हों।

**9. लाभकारिता (Profitability)**–लोक उद्यमों में निवेशित साधनों के आकार को देखते हुए यह स्वाभविक है कि उनसे यथोचित लाभ आय की अपेक्षा की जाए। प्रो॰ महालानोबिस ने यह अनुमान दिया था कि उनके मॉडल को अपनाने पर 1970-71 तक लोक उद्यमों से होने वाली अधिशेष प्राप्तियों के फलस्वरूप सरकार को अपने कर-राजस्व में बढ़ोतरी करने की आवश्यकता नहीं रहेगी। परंतु यह पूर्वानुमान केवल एक सपना ही रहा। बहुत-से लोक उद्यमों का वित्तीय स्वास्थ्य सदैव चिंता का कारण बना रहा और अब भी बना हुआ है, यद्यपि सरकार की

नई उदार आर्थिक नीति से इस स्थिति में सुधार के चिह्न दिखाई देने लगे हैं। ज्ञातव्य है कि, लोक उद्यमों से संबद्ध प्रयुक्तियोग्य आँकड़े अभी भी समय पर उपलब्ध नहीं कराए जाते। इस कमी को ध्यान में रखमे हुए लोक उद्यमों संबंधी निम्नलिखित तथ्य वर्णनीय हैं:

- लोक उद्यमों के वित्तीय स्वास्थ्य और निष्पादन के अन्य आयामों में अत्याधिक असमानता पाई जाती है।
- सामूहिक रूप से देखा जाए तो राज्यों के उद्यम केन्द्र के उद्यमों से पिछड़े हुए हैं। उनके उत्पादन और सेवाओं की गुणवत्ता की कोटि अधिक निम्न है; और उनकी वाणिज्यिक हानियाँ भी अधिक हैं।
- केन्द्र और राज्य, दोनों के उद्यमों में वैयक्तिक स्तर पर निष्पादन में अत्यधिक असमानता है; परंतु यह असमानता केन्द्रीय उद्यमों में अधिक है।
- राज्य उद्यमों में (एकाध अपवाद के साथ) सड़क परिवहन, सिंचाई और ऊर्जा के क्षेत्रों का वाणिज्यिक निष्पादन सदैव घाटायुक्त और चिंता का विषय रहा है।
- केन्द्रीय स्तर पर कपड़ा उद्योग और कोयला आदि लगातार घाटे के लिए कुख्यात रहे हैं।
- कन्द्रीय स्तर पर वस्तुओं के क्षेत्र में पैट्रोलियम और इससे संबद्ध उद्यम सर्वाधिक लाभ कमाते रहे हैं; इस्पात और विद्युत आदि का निष्पादन मिश्रित रहा है; तथा उर्वरक, कपड़ा, उपभोग वस्तुओं, कृषि आधारित तथा अन्य ऐसे कई उद्योग सदैव घाटे में चलते रहे हैं। इसके विपरीत सेवाओं के क्षेत्र में अधिकतर उद्यम लाभ आय अर्जित करते रहे है और इनमें वित्तीय संस्थानों (विशेषकर रिज़र्व बैंक) और सूचना सेवाओं का स्थान अग्रणीय रहा है।
- वर्ष 2006-07 में केन्द्रीय उद्यमों में से 156 द्वारा लाभार्जन 89,773 करोड़ रु., 59 उद्यमों का घाटा 8,223 करोड़ रु., तथा उनका संयुक्त लाभ 81,550 करोड़ रु. था। उनके अन्य आँकड़ों में से उनकी कुल बिक्री 9,64,410 करोड़ रु., उत्पादन क्षमता का उपयोग 75%, रिज़र्व और अधिशेष 4,16,494 करोड़ रु., तथा केन्द्रीय बजट को अंशदान (ब्याज, लाभ, लाभांश, कर आदि) 1,47,728 करोड़ रु. का वर्णन किया जा सकता है। ध्यानयोग्य है कि पिछले कुछ वर्षों में इन उद्यमों के प्रबंधनीय अधिकारों में वृद्धि के फलस्वरूप इनके निष्पादन स्तर में लगातार सुधार आया है तथा यह आशा की जाती है कि आगामी वर्षों में भी यह प्रवृत्ति बनी रहेगी।

- भारत में लोक उद्यमों का निष्पादन एक मिश्रित छवि प्रस्तुत करता है।
- उनकी व्यापकता और विविधता के बावजूद वे अंतर्क्षेत्रीय असमानता कम नहीं हुई है।
- उत्पादन गुणवत्ता और वाणिज्यिक निष्पादन के विभिन्न क्षेत्रों में भी कुछ उद्यमों की उपलब्धि सराहनीय एवं कुछ की अति कमज़ोर रही है।

## लोक उद्यमों मे घाटे के मुख्य कारण (Causes of Losses in Public Undertakings)

लोक उद्यमों के घाटों के मुख्य कारणों में निम्नलिखित शामिल हैं:

1. प्रभावी 'पुरस्कार और दंड' की व्यवस्था का अभाव अथवा उसकी अप्रभावी प्रयुक्ति।

2. बहुत सारे लोक उद्यमों पर कीमत नियंत्रण लागू होता है। उन्हें अपनी इच्छा से लाभयुक्त कीमतें निर्धारित करने की अनुमति नहीं होती। उनसे यह भी अपेक्षा की जाती है कि वे समाज के कुछ वर्गों के लिए अथवा देश के कुछ क्षेत्रों के लिए सामाजिक बोझ वहन करें।

3. कई लोक उद्यमों में पूँजी-प्रधान तकनीक अपनाए गए हैं। इस स्थिति में जब तक उत्पादन का पैमाना काफ़ी बड़ा न हो, उत्पादन लागत अधिक रहती है।

4. लोक उद्यमों में एक बड़ी संख्या उन इकाइयों की है जिनका राष्ट्रीयकरण उनके घाटे में चलने के कारण किया गया था। इन उद्यमों को घाटे की स्थिति से उबारने के प्रभावी कदमों के अभाव में उनके वित्तीय घाटे पूर्ववत बने हुए हैं।

5. अधिकतर लोक उद्यमों में कर्मचारियों की संख्या बहुत अधिक रहती है तथा उन्हें इनकी संख्या कम करने का अधिकार नहीं होता।

6. अधिकतर मामलों में कर्मियों के वेतन एवं भत्ते आदि उनकी उत्पादिता पर आधारित नहीं होते।

7. सामान्यत: वित्तीय रुग्णता से पीड़ित उद्यमों को भी एक प्रभावी पुरस्कार और दंड की पद्धति अपनाने की अनुमति नहीं मिलती तथा न ही उन्हें बंद किया जाता है।

8. कई लोक उद्यमों के प्रबंधनकर्ताओं के चुनाव में व्यावसायिकता और दक्षता को प्राथमिकता नहीं दी जाती। अत: वे अनेक क्षेत्रों में समय रहते उत्पादन की मात्रा, गुणवत्ता, डिज़ाइन और विपणन नीति आदि के बारे उपयुक्त निर्णय नहीं ले पाते।

9. कई लोक उद्यमों को सामाजिक बोझ भी वहन करना पड़ता है, जैसे कि कर्मियों के लिए आवास, प्राथमिक शिक्षा तथा स्वास्थ्य सेवाएँ मुहैया करना आदि। ऐसे उदाहरण भी मिलते हैं जिनमें उन्हें पूरा नगर बसाकर उसका रखरखाव भी करना पड़ता है।

10. सरकार कई लोक उद्यमों को कर रियायतों के अतिरिक्त विविधरूपी वित्तीय एवं अन्य प्रकार की सहायता प्रदान करती रहती है, जैसे कि अनुदान, रियायती ऋण, क्रय में प्राथमिकता आदि। परंतु इस नीति के परिणामस्वरूप बहुधा कर्मियों और प्रबंधनकर्ताओं में उद्यम के वाणिज्यिक स्वास्थ्य एवं अन्य समस्याओं के प्रति उदासीनता की प्रवृत्ति पनपने लगती है।

## राज्यों के सार्वजनिक उद्यम (Public Undertakings of States)

राज्यों के सार्वजनिक उद्यमों की स्थिति केन्द्रीय उद्यमों की तुलना में अधिक शोचनीय है। वनों, खानों तथा खनिज पदार्थों को छोड़कर अन्य सभी विभागीय उद्यम केवल हानि ही अर्जित करते हैं। समय बीतने के साथ-साथ इन हानियों में वृद्धि हुई है। प्रत्येक योजना में राज्यों के लोक उद्यमों से संभावित प्राप्य अधिशेष का अनुमान लगाया जाता था, परंतु ये अनुमान सदैव गलत सिद्ध होते थे। लोक उद्यमों द्वारा उपभोक्ता प्रभारों (user charges) में कई बार बढ़ोतरी के बावजूद उनके घाटों में कमी नहीं हो पाई है।

राज्यों ने अपने सार्वजनिक उद्यमों पर बहुत कम ध्यान दिया है। इसके मुख्य कारणों मे से एक यह भी है कि राज्यों में निहित स्वार्थों का दबाव काफी अधिक रहता है। अधिकतर मामलों में उनके उद्यमों की वस्तु स्थिति और संयुक्त आँकड़ों की जानकारी भी अधूरी रहती है तथा वे बहुधा पुराने और अधूरे भी होते हैं। राज्यों में लाल फीताशाही का ज़ोर भी अधिक होता है। इस संदर्भ में निम्नलिखित तथ्य विशेष रूप से ध्यान देने योग्य हैं:

- उपभोक्ता प्रभार आदि लोक उद्यम संबंधी नीतियाँ तय करने में राज्यों को केन्द्र की तुलना में गैर-आर्थिक दबावों का अधिक सामना करना पड़ता है।
- राज्यों के लोक उद्यमों में मुख्य स्थान सिंचाई, परिवहन सेवाओं तथा विद्युत परियोजनाओं आदि का है। इनके उपभोक्ता प्रभारों में वृद्धि करने पर तीव्र प्रतिक्रिया की आशंका रहती है।
- राज्यों के लोक उद्यमों में प्रबंधनीय कुशलता और लागत-चेतना का व्यापक अभाव है। अत: इनके परिचालन सुधार और लागत में किफ़ायत की ओर ध्यान नहीं दिया जाता। इसके अतिरिक्त इन उपक्रमों में कर्मचारियों की

अधिकता और उनकी उत्पादिता के प्रति व्यापक उदासीनता का वातावरण है। अत: उपक्रमों की इन दुर्बलताओं को दूर किए बिना केवल उपभोक्ता प्रभारों (user charges) में बढ़ोतरी इनके निम्न कोटि निष्पादन का स्वीकार्य समाधान नहीं है।

- अधिकतर उपभोक्ताओं के मतानुसार इन उपक्रमों की सेवाएँ अति निम्न कोटि की हैं।
- राज्य सरकारों में इन उपक्रमों को राजस्व के साधन-स्रोतों के स्थान पर समाज सेवा के माध्यम के रूप में देखने की प्रवृत्ति अधिक जोरदार है।
- ज्ञातव्य है कि राज्यों के लोक उपक्रमों के सुधार में सर्वाधिक ध्यान विद्युत बोर्डों पर दिया है और इस प्राक्रम में किसी हद तक सफलता भी मिलती है। इन आँशिक सुधारों के कारणों में नियन्त्रक आयोगों का गठन और कुछ मामलों में उनके पूर्ण अथवा आँशिक निजीकरण की भी सकारात्मक भूमिका रही है। परन्तु उनकी वित्तीय स्थिति अभी भी चिंताजनक बनी हुई है। जनवरी 2007 तक सभी 29 राज्य भारत सरकार के साथ ज्ञापन करार कर चुके थे; 27 राज्यों में नियंत्रण आयोगों का गठन किया जा चुका था; कुछ राज्यों में उन्हें दो अथवा दो से अधिक कंपनियों में विभाजित भी कर दिया गया था; तथा कुछ मामलों में उनका आँशिक निजीकरण भी किया गया था। परंतु फिर भी उनकी वित्तीय स्थिति चिंताजनक बनी हुई थी।
- ज्ञातव्य है कि उपरोक्त विवेचन का अर्थ यह नहीं है कि लोक उद्यमों का निष्पादन केवल नकारात्मक रहा है। अनेक बहुपक्षीय लक्ष्यों के बावजूद इनके सामने एक सामाजिक औचित्य और उपयोगी होने का ध्येय भी है। इनकी सहायता से देश में एक अधूरे परंतु अति आवश्यक अवसंरचनात्मक ढाँचे का निर्माण किया जा सका है जिसके अभाव में सामाजिक तथा आर्थिक विकास संभव नहीं था। लोक उद्यमों द्वारा अनेक ऐसे उद्योगों और आर्थिक गतिविधियों की उत्पत्ति एक ऐसा कार्य है जो हमारी अति पिछड़ी अवस्था में निजी क्षेत्र द्वारा संपन्न नहीं किया जा सकता था। मुख्य समस्या लोक उद्यमों का निम्न-कोटि निष्पादन रहा है।

- राज्यों के लोक उद्यमों का निष्पादन केन्द्रीय उद्यमों की तुलना में सदैव निम्न कोटि का रहा है। उनमें लागत चेतना का अभाव अधिक है और व्यापक प्रबंधनीय उदासीनता है।

## नीति परिवर्तन

सरकार की नई लोक उद्यम नीति लोक उद्यमों के स्थान पर निजी उद्यमों को लाने की नहीं है, अपितु यह है कि एक स्वस्थ, शक्तिशाली और प्रभावी लोक उद्यम क्षेत्र का हमारी अर्थव्यवस्था में उच्च स्थान होना चाहिए। इसके मतानुसार लोक उद्यम क्षेत्र तभी सक्षम होगा जब इसे प्रबंधनीय और वाणिज्यिक स्वायत्तिता प्राप्त हो और जब यह बाजार की परिवर्तनशीलता के अनुकूल अपनी कार्य शैली का निर्माण कर सके। ऐसा होने पर यह क्षेत्र श्रमिकों के लिए भी हितकर होगा। जब तक कोई विशेष कारण न हो तब तक प्रत्येक लोक उद्यम का मुख्य लक्ष्य वाणिज्यिक सफलता होना चाहिए। इस में आज के स्पर्द्धायुक्त वातावरण में सफलतापूर्वक कार्य करने की क्षमता होनी चाहिए।

इस नई नीति के कुछ अन्य मुख्य अंश निम्न प्रकार से हैं:

- सार्वजनिक क्षेत्र केवल उन अवसंरचनात्मक परियोजनाओं में निवेश करे जहाँ निजी क्षेत्र पर्याप्त निवेश करने में अक्षम अथवा अनिच्छुक हो।
- सार्वजनिक क्षेत्र को उन सब क्षेत्रों से हट जाना चाहिए जहाँ इसके रहने की विशेष आवश्यकता न हो। इसे मुख्यत: आधारभूत संसाधनों के संबर्द्धन पर केन्द्रित रहना चाहिए।

- यदि किसी रुग्ण लोक उद्यम को उसके कर्मचारी अपने हाथों में लेने और चलाने को तैयार हों, तो उसे बन्द न किया जाए।
- लोक उद्यमों को बाजार की बदलती स्थिति के अनुरूप उत्पाद की नव-संरचनात्मकता (innovation) आदि की अनुमति रहेगी। इसी प्रकार विलय, अर्जन आदि की अनुमति भी मिल सकेगी।
- समझौता ज्ञापन की अवधारणा अब स्वीकार्य और लागू है।
- कई लोक उद्यमों को बाजार से वित्त पूर्ति करने और अपनी कुछ सेवाओं के निजीकरण की अनुमति दी गई है।
- सरकारी-निजी-भागीदारी वाली परियोजनाएँ अस्तित्व में आ रही हैं।

## नीति-पालन

उपरोक्त नीति के पालन में निम्नलिखित घटक विशेष रूप से वर्णनीय हैं:

### 1. समझौता ज्ञापन

यह एक ऐसा पंजीकृत करारनामा है जो विचाराधीन लोक उद्यम और संबंध मंत्रालय के बीच किया जाता है। यह करार सामान्य पाँच वर्षों के लिए होता है, और इसमें निवेश के अतिरिक्त निष्पादन संबंधी कई आयोमों (जैसे कि उत्पादन की मात्रा, उत्पादल क्षमता का उपयोग, आदि) का वर्णन होता है। इसके अतिरिक्त समझौता ज्ञापन के लक्ष्यों की तुलना में वास्तविक प्राप्ति के आधार पर मूल्यांकन की कसौटियाँ और प्रक्रियाएँ रहते हैं। ध्यानयोय है कि समझौता ज्ञापन में यह मान्यता रहती है कि कार्यनिष्पादन में सुधार के लिए केवल यह बात ही पर्याप्त नहीं होती कि मूल्यांकन की पद्धति दोषरहित हो, प्रत्युत्त यह भी आवश्यक रहता है कि इससे लोक उद्यम निष्पादन सुधारने हेतु प्रोत्साहित हों। 'उत्कृष्ट' निष्पादन वाले लोक उद्यमों को सम्मानित किया जाता है।

समझौता ज्ञापन कई अन्य देशों में भी लोकप्रिय हैं। भारत में इनकी प्रथम बार सिफारिश अर्जुन सेनगुप्ता समिति ने 1984 में की थी। समिति ने करार हेतु तीन क्षेत्रों का चयन किया था, अर्थात्, कीमत निर्धारण, निवेश आयोजन और वित्तीय आयोजन। कुछ वर्षों में ही सभी केन्द्रीय लोक उद्यमों ने इस समझौता पद्धति को अपना लिया।

समझौता करार में चयनित लक्ष्यों का निर्धारण उनके सापेक्षिक और वार्षिक आधार पर किया जाता है। प्रयत्न यह रहता है कि ये लक्ष्य व्यापक और प्राप्य हों। करारों की इस रूप रेखा का एक लाभ यह रहता है कि इसमें प्रशासन द्वारा अनावश्यक हस्तक्षेप, प्रबन्धन द्वारा उद्यम की कार्यकुशलता और उत्पादिता के प्रति उदासीनता सहित इसी प्रकार की अन्य समस्याओं के समाधान की ओर विशेष ध्यान जाता है। समझौता करारों की निर्धारित रूपरेखा में लोक उद्यम के वित्तीय और गैर-वित्तीय दानों प्रकार के लक्ष्य रहते हैं।

वित्तीय लक्ष्यों में उद्यम के गत पाँच वर्षों के निष्पादन के आधार पर चयनित बिक्री, कुल लाभ आय और कमाई आदि के लक्ष्य रहते हैं। प्रयत्न यह रहता है कि, उद्यम के चयनित लक्ष्य संबंधित लक्ष्यों और संभावनाओं के अनुकूल हों। इसी प्रकार प्रयत्न यह रहता है कि चयनित गैर-वित्तीय लक्ष्य विशिष्ट, परिमाप्य और प्राप्य हों।

ज्ञातव्य है कि, लोक उद्यमों को अनेक परस्पर-विरोधी उद्देश्यों और तथ्यों से निपटना पड़ता है। उन्हें इस समस्या से निपटने में समझौता ज्ञापनों से बहुत सहायता मिलती है। कई उद्यम अपनी कार्यकुशलता और उत्पादकता बढ़ाने में सफल हुए हैं। परन्तु कई उद्यमों को वैशिवक उथल-पुथल का सामना भी करना पड़ता है। इस लिए ऐसे उद्यमों को नीति-संबंधी मामलों में सीमित स्वायत्तता दी गई है।

राज्य स्तर के लोक उद्यमों के निष्पादन सुधार में भी समझौता ज्ञापनों की भूमिका को नकारा नहीं जा सकता। केन्द्रीय लोक उद्यमों के समझौतों करारों से प्रेरित होकर कई राज्य सरकारों ने भी इन्हें अपनाना शुरू कर दिया है। परन्तु राज्य-स्तर पर सुझाए गए ज्ञापनों में अंतर्राज्यीय एकसारिता का अभाव है, जिससे राज्यों को एक-दूसरे के अनुभव से लाभान्वित होने में रुकावट आती है। यह भी ज्ञातव्य है कि, अधिकतर राज्यों ने लोक उद्यमों के समन्वय (coordination) और प्रबंधन हेतु सार्वजनिक उद्यम विभागों/ब्यूरो की स्थापना भी की है।

## 2. पूँजी विनिवेश (Disinvestment)

सरकार द्वारा किसी लोक उद्यम में शेयर पूँजी के स्वामित्व में अनुपातिक कमी करने को पूँजी विनिवेश की संज्ञा दी जाती है। इसके निम्न रूप हो सकते हैं:

(क) शेयर पूँजी की प्रत्यक्ष बिक्री;

(ख) नए शेयरों का क्रय करके अन्य पार्टियों को बिक्री;

(ग) एक कंपनी के शेयरों की दूसरी कंपनी को बिक्री, आदि।

इस प्रकार किसी उद्यम के विनिवेश का अर्थ उसके नियन्त्रण और उसके प्रबंधन के आंशिक अंतरण से लेकर पूर्ण स्वामित्व के अंतरण तक हो सकता है।

### विनिवेश का औचित्य

प्रशासन को चाहिए कि अपने आप को समान्य वस्तुओं और सेवाओं के प्रदाता के स्थान पर केवल चयनित विशिष्ट वस्तुओं के प्रदाता की भूमिका में देखें।

बाजार व्यवस्था की परिवर्तनशीलता प्रकृति के अनुरूप अपने प्रबंधनीय संयन्त्र को तीव्रता से ढालने में अक्षम होती है।

### पृष्ठ भूमि

सरकार की विचारधारा के बाज़ारोन्मुखी होने पर इसका ध्यान लोक उद्यमों के विनिवेश सहित सुधारों पर जाना पूर्व निश्चित था। परन्तु इस बात पर मतैक्य का अभाव था कि विनिवेश का रूप क्या हो और उसकी कार्यान्वयन विधि क्या हो। विनिवेश की प्रक्रिया का प्रारंभ तो 1991-92 में ही हो गया था, परन्तु इसकी आलोचना भी होती रही। कहा गया कि विनिवेश की प्रक्रिया पारदर्शी नहीं थी, और शेयरों का मूल्य कम आंका जा रहा था। इसके अतिरिक्त कई आर्थिक और गैर-आर्थिक मुद्दों की परस्पर प्रक्रिया पर भी मतभेद बना रहा। परिणामस्वरूप विनिवेश की कोई दीर्घकालीन नीति नहीं बन पाई और बहुधा विनिवेश से प्राप्तियां बजटीय आंकड़ों से काफी कम रहीं। विनिवेश नीति में बार-बार बेतरतीब संशोधन होते रहे। 2018-19 के बजट में विनिवेश का लक्ष्य ₹ 80,000 करोड़ था।

ध्यानयोग्य है कि, केन्द्र की विनिवेश नीति से प्रेरित होकर कई राज्यों ने भी आंशिक रूप से इस नीति को अपनाया है। कई राज्यों ने लोक उद्यमों की बिक्री से पूर्व उनका पुनर्गठन भी किया है।

### शब्दावली (Key Words)

1. सार्वजनिक उद्यम/लोक उद्यम (public sector undertakings); 2. निवेश प्राथमिकताएँ (investment priorities); 3. आर्थिक अधिशेष (economic surplus); 4. स्वायत्तता (autonomy); 5. वितरणीय न्याय (distributive justice); 6. नियंत्रात्मक/समादेशक ऊँचाइयाँ (commanding heights); 7. सामरिक महत्व (strategic importance); 8. विभागीय

उद्यम (departmental undertakings); 9. छलक प्रभाव (externalities); 10. प्रोत्साहन एवं दंड व्यवस्था (reward/incentive and punishment system); 11. लागत चेतना (cost consciousness); 12. व्यावसायिकता (professionalism); 13. अत्याधिक नियंत्रण/अतिनियमन (over-regulation); 14. क्षेत्रीय असमानताएँ (regional disparities); 15. उत्पादन क्षमता (productive capacity); 16. लाभकारिता (profitability); 17. समझौता ज्ञापन/प्रज्ञा का स्मरण पत्र (memorandum of understanding); 18. उपभोक्ता प्रभार (user charges); 19. आंतरिक प्रतिफल दर (internal rate of return); 20. कार्य आचार (work ethics); 21. आगत-निर्गत (input-output); 22. पूँजी विनिवेश (disinvestment); 23. परिचालन आकार (operating scale); 24. वैश्वीकरण (globalization)

## अभ्यास प्रश्न

1. लोक उद्यमों की अवधारणा को परिभाषित करते हुए इनका निजी उद्यमों से भेद दर्शाएँ। लोक उद्यमों के पक्ष में आप कौन-से तर्क देना चाहेंगे?
2. लोक उद्यम किस प्रकार एक अल्पविकसित अर्थव्यवस्था की विकास दर बढ़ाने तथा लोक कल्याण की नीतियों को सक्षम बनाने में सहायक हो सकते हैं? क्या कारण हैं कि अधिकतम देशों में सार्वजनिक उद्यमों का निजीकरण किया जा रहा है?
3. एक मतानुसार सार्वजनिक उद्यम एक अल्पविकसित अर्थव्यवस्था की विकास प्रक्रिया में सहायक होने के स्थान पर इसके लिए एक बाधा बन जाते हैं? क्या इस मत को एक व्यापक सत्य माना जा सकता है? यदि नहीं तो इनकी उपयोगिता कब और क्यों घटने लगती है? तर्क सहित उत्तर दें।
4. भारत में लोक उद्यमों को बड़े पैमाने पर अपनाने और विविध प्रकार से उन्हें संरक्षण प्रदान करने के औचित्य पर विचार करें। क्या अब भी उसी नीति को अपनाए रखना उचित है?
5. भारत में सार्वजनिक उद्यमों के निम्नलिखित आयामों पर संक्षिप्त नोट लिखें:

   (क) औद्योगिक नीति और सार्वजनिक उद्यम; (ख) सार्वजनिक क्षेत्र की विकास प्रक्रिया;

   (ग) सार्वजनिक उद्यमों के आकार-प्रकार; (घ) निष्पादन की कसौटियाँ;

   (ङ) स्वायत्तता *बनाम* जवाबदेही।
7. भारत में सार्वजनिक उद्यमों के वाणिज्यिक घाटों के कारण बताएँ। इस स्थिति में कहाँ तक सुधार किया जा सकता है?
8. 1991-92 से सरकार की सार्वजनिक क्षेत्र संबंधी नीति की समीक्षा करें।
9. भारत में सरकार की सार्वजनिक उद्यमों में इक्विटी विनिवेश की नीति के औचित्य और उसके कार्यन्वयन की समीक्षा करें। यह नीति कहाँ तक सफल रही है? इसमें किस प्रकार से सुधार किया जा सकता है?
10. आर्थिक उदारीकरण और वैश्वीकरण की नीति के साथ सरकार की लोक उद्यमों संबंधी नीति के नए रूप का विस्तारपूर्ण विवेचन करें।
11. लोक उद्यमों के निष्पादन में सुधार हेतु उठाए जा रहे विविध उपायों की समीक्षा करें।
12. क्या कारण है कि राज्यों के लोक उद्यमों का निष्पादन केन्द्र के उद्यमों से निम्न कोटि का है? आपके विचार में राज्यों द्वारा उठाए जा रहे कदमों से स्थिति सुधर जाएगी?
13. भारत में लोक उद्यमों और सरकार के बीच समझौता ज्ञापनों पर एक व्याख्यात्मक लेख लिखें।
14. भारत में लोक उद्यमों के समझौता ज्ञापनों का उनके निष्पादन पर प्रभाव की समीक्षा करें।

# अध्याय 23

# राज्य सरकारों की वित्तीय स्थिति

## (State Government Finances)

**इस अध्याय में**

- राज्य सरकारों की राजकोषीय विशेषताओं और वित्तीय प्रवृत्तियों का विवेचन है।
- इन प्रवृत्तियों के मुख्य घटकों और उनके कारणों की समीक्षा है।
- राज्यों के बजटीय स्वास्थ्य की दीर्घकालीन स्थिति और समस्याओं का विवेचन है।
- उनके राजकोषीय स्वास्थ्य हेतु सुधारात्मक उपायों की समीक्षा है।
- उनकी केन्द्र पर वित्तीय निर्भरता पर विचार किया गया है।
- विभिन्न संवैधानिक संशोधनों द्वारा केन्द्र से अंतरित संसाधनों में होने वाले परिवर्तनों की व्याख्या है।

## परिचय (Introduction)

इससे पहले एक अन्य अध्याय में संविधान द्वारा राज्यों को प्रदत्त वित्तीय साधन-स्रोतों की चर्चा की जा चुकी हैं। ज्ञातव्य है कि केन्द्रीय सरकार के बजट की भाँति, राज्य सरकारों के बजटों को भी पूँजी तथा राजस्व 'खातों' में बाँटा जाता है। पूँजी खाते में वे वित्तीय मदें आती हैं जो सरकार की सामान्य प्रशासनिक गतिविधियों से उत्पन्न नहीं होतीं, परंतु जिनके माध्यम से सरकार स्पृश्य (tangible) और वित्तीय परिसंपत्तियों तथा देनदारियों (जैसे कि उधार, निवेश तथा अन्य परिसिंपत्तियों आदि) का लेनदेन करती है। इसके विपरीत राजस्व खाते में प्रशासन संबंधी 'नियमित' रूप से होने वाली प्राप्तियों तथा व्यय को शामिल किया जाता है।

## आँकड़ों/जानकारी की त्रुटियाँ

गैर-प्रशासनिक उपयोगकर्ताओं की राज्य-वित्त संबंधी प्रयोग्य आँकड़ों और जानकारी तक पहुँच अति सीमित है। राज्य-वित्त संबंधी मुद्दों के अध्ययन में कई अड़चनें आती हैं। PPP वित्त-पोषित परियोजनाओं में यह कठिनाई और भी अधिक है। इन कठिनाईयों में निम्नलिखित विशेषण रूप से वर्णनीय हैं:

- कई राज्य डाटा और जानकारी उपलब्ध कराने में असामान्य देरी लगाते हैं।
- डाटा के प्रस्तुतीकरण एवं रूप रेखाओं में अत्यधिक अंतर्राज्यीय अंतर होता हैं।
- कई राज्यों के बजटों में अत्यधिक विसंगतियां पाई जाती हैं।
- कई राज्य अपनी बकाया वित्तीय देनदारियों और उनके प्रकारों की पूरी जानकारी प्रकाशित नहीं करते।

- व्यय के आयोजना और आयोजना-भिन्न घटकों में वर्गीकरण से डाटा की उपयुक्तता पर बुरा प्रभाव पड़ता हैं।
- राज्यों द्वारा स्थानीय निकायों को बढ़ती राशियों के संवितरण से भी व्यय के राजस्व और पूँजी घटकों में वर्गीकरण संबंधी कठिनाइयाँ आती हैं।
- कुछ विश्लेषक यह महसूस करते है कि व्यय की विकासात्मक और गैर-विकासात्मक मदों पर भी पुनर्विचार करने की आवश्यकता है।

## राजस्व खाता

### I. राजस्व प्राप्तियाँ (Revenue Receipts)

राजस्व प्राप्तियों को मोटे तौर पर कर-राजस्व एवं कर-भिन्न राजस्व नामक दो भागों में बाँटा जाता है। 2016-17 में कुल राजस्व प्राप्तियों में पूर्वोक्त का भाग लगभग 71% तथा परवर्ती का भाग लगभग 29% था।

**I.1. कर राजस्व (Tax Revenue)**–इसके दो भाग है, अर्थात् (क) राज्य सरकारों का अपना कर राजस्व (लगभग 68%), तथा; (ख) केन्द्र सरकार से प्राप्त कर राजस्व का भाग (शेष 32%)।

राज्यों की कर राजस्व प्राप्तियों को दो भागों में बाँटा जा सकता है, अर्थात् राज्यों का अपना कर राजस्व और केंन्द्र की विभाज्य कर प्राप्तियों का हिस्सा।

प्रत्यक्ष कर प्राप्तियों में कुछ हिस्सा राज्यों के अपने करों से हैं और शेष केन्द्र के साथ विभाज्य कर-प्राप्तियों से हैं। यह व्यवस्था परोक्ष करों के मामले में भी हैं। ध्यानयोग्य है कि GST के कारण प्रत्यक्ष कर प्राप्तियों की व्यवस्था में कोई परिवर्तन नहीं हुआ, जबकी परोक्ष करों के मामले में हुआ है।

***प्रत्यक्ष कर***–प्रत्यक्ष करों की स्थिति इस प्रकार है। राज्यों के पास व्यवसाय कर, कृषि आय कर और भूमि लगान जैसे थोड़े-से प्रत्यक्ष कर हैं। इन करों की लोच और प्रफुल्लता काफी कम है और राज्य इन्हें दोहने को भी उत्सुक नहीं हैं।

राज्यों की प्रत्यक्ष कर प्राप्तियों का मोटा भाग केंन्द्रीय प्रत्यक्ष करों के आवंटन से आता है। उपकरों और अधिभारों को छोड़ कर केंन्द्र के सभी प्रत्यक्ष कर वित्त आयोग की सिफारिशों के अनुरूप राज्यों के साथ विभाज्य हैं। GST के लागू होने के पश्चात् भी यह व्यवस्था पूर्ववत् बनी हुई है।

***परोक्ष कर***–GST से पूर्व केंन्द्र के कुछ परोक्ष कर राज्यों के साथ विभाज्य थे। कुछ केन्द्र द्वारा लगाए जाते थे और राज्यों द्वारा उगाहे और विनियोग किए जाते थे। इसके अतिरिक्त कुछ परोक्ष कर ऐसे थे जो राज्यों द्वारा लगाए, उगाहे और विनियोग किए जाते थे।

GST के लागू होने के पश्चात् राज्यों द्वारा लगाए और उगाहे जाने वाले बहुत-से परोक्ष कर GST में समाहित कर दिए गए हैं। अब GST के अंतर्गत सारे परोक्ष कर राज्यों और केन्द्र द्वारा एक साथ संयुक्त रूप से लगाए और उगाहे जाते हैं। इस प्रकार अब राज्यों की अपनी परोक्ष कर प्राप्तियों के दो भाग हैं। GST में समाहित करों की प्राप्तियाँ और अन्य परोक्ष कर प्राप्तियाँ।

**I.2. कर-भिन्न राजस्व (Non-Tax Revenue)**–राज्यों की राजस्व-प्राप्तियों के इस वर्ग का अनुपात लगभग 29% है। इस में केन्द्र से मिलने वाले अनुदान तथा अंशदानों के अतिरिक्त उनकी अपनी कर-भिन्न प्राप्तियाँ भी

शामिल हैं। इस वर्ग में केन्द्र से अनुदानों आदि का अनुपात लगभग 65.% रहता है तथा राज्यों के अपने कर-भिन्न राजस्व के मुख्य स्रोत आर्थिक सेवाएँ, ब्याज प्राप्तियाँ, सामान्य सेवाएँ, सामाजिक सेवाएँ तथा लाभांश हैं।

## II. राजस्व व्यय (Revenue Expenditure)

राजस्व खाते के अंतर्गत व्यय को तीन भागों में बाँटा जाता है। अर्थात् विकासात्मक व्यय, विकास-भिन्न व्यय, और स्थानीय निकायों को अंशदान एवं समानुदेशन। 2016-17 में कुल राजस्व व्यय में इनके अनुपात क्रमश: 64%, 33.3%, और 2.7% के लगभग हैं।

**(क) विकासात्मक व्यय (Developmental Expenditure)**–वह है जो सरकार के मतानुसार देश के आर्थिक अथवा सामाजिक विकास में योगदान देता हो। अत: राजस्व व्यय के इस भाग को 'सामाजिक और सामुदायिक सेवाओं' तथा 'आर्थिक सेवाओं' के दो वर्गों में बाँटने की व्यवस्था है। पूर्वोक्त वर्ग में शिक्षा, कला और संस्कृति, चिकित्सा सेवाएँ तथा प्राकृतिक प्रकोपों में राहत कार्य आदि शामिल हैं। इसके विपरीत वन, कृषि, भूमि संरक्षण, पशु पालन एवं संवर्द्धन, सहकारिता, सड़क और पुल, उद्योग, सिंचाई और बहु-लक्ष्यीय नदी घाटी स्कीमें आदि आर्थिक सेवाओं के अंतर्गत आते हैं।

**(ख) विकास-भिन्न व्यय (Non-Developmental Expenditure)**–इसके अंतर्गत आने वाली मुख्य मदों में ब्याज की अदायगियाँ (ऋण का भुगतान 'पूँजी व्यय' में गिना जाता है), पुलिस सहित प्रशासनिक सेवाओं तथा पेंशनों आदि को गिनवाया जा सकता है। इसके अतिरिक्त सरकार के अपने रख-रखाव तथा करों और शुल्कों आदि के संग्रहण पर होने वाले व्यय भी इसी वर्ग में आते हैं।

**(ग) क्षतिपूर्ति और स्थानीय निकायों को अंशदान (Compensation and Contributions to Local Bodies)**–यह मद स्वस्पष्ट है।

## III. पूँजी खाता (Capital Account)

परिसंपत्तियों तथा देनदारियों के संग्रहण और निपटारे से संबद्ध वित्तीय प्राप्तियाँ तथा संवितरण पूँजी खाते के अंतर्गत आते हैं। राष्ट्रीय अल्प बचत निधि (National Small Savings Fund) के गठन से पूर्व राज्य सरकारों की पूँजी प्राप्तियों का एक बड़ा भाग (1992-97 में 46.8%) केन्द्र से ऋणों के रूप में प्राप्त होता था, जिसमें से एक अंश आयोजना की स्कीमों के लिए (Plan Loans) होता था। राज्यों को केन्द्र से अधिकतम ऋण केन्द्र द्वारा प्राप्त अल्प बचतों में से दिए जाते थे। परंतु उपरोक्त निधि के गठन के पश्चात् अब यह निधि संगृहीत अल्प बचतों से राज्यों की प्रतिभूतियों क्रय करती है और इस प्रकार से इसे को जारी की गई प्रतिभूतियाँ राज्यों के 'बाज़ार उधारों' में गिनी जाती हैं। पूँजी प्राप्तियों की अन्य बड़ी मदों में 'जमा और अग्रिम', और 'आरक्षित निधियाँ' हैं। राज्यों द्वारा दिए गए उधारों की वसूली अत्यल्प होती है। ज्ञातव्य है कि, इसके विपरीत राज्यों के आयोजना-भिन्न ऋणों का मुख्य भाग अल्प बचतों आदि के संग्रहण के एक अंश, प्राकृतिक प्रकोप से राहत तथा अर्थोपाय अग्रिमों के रूप में प्राप्त होता है। यह भी ज्ञातव्य है कि, राष्ट्रीय अल्प बचत निधि के गठन के साथ राज्यों की कुल पूँजी प्राप्तियों में 'आंतरिक ऋण' (जिसमें बाज़ार उधार शामिल हैं) का अनुपात बढ़ गया है।

वर्तमान में पूँजी संवितरण में पूँजी परिव्यय (विकासात्मक और विकास-भिन्न) का अनुपात लगभग दो-तिहाई है। कुल संवितरण में 'अन्य पार्टियों को उधार' और 'केन्द्रीय ऋणों' के भुगतान के अनुपात क्रमश: 9% और 5% हैं। आंतरिक ऋण का भुगतान केवल 19% के आस-पास है।

- केन्द्रीय बजट की भाँति राज्यों के बजट भी राजस्व और पूँजी खातों में वर्गीकृत किए जाते हैं।
- राज्यों को राजस्व (कर और कर-भिन्न) और पूँजी प्राप्तियों का एक भाग केन्द्र से प्राप्त होता है।
- राज्यों के कर स्रोतों की कुछ वर्णनीय विशेषताएँ हैं, जो केन्द्र के कर स्रोतों की विशेषताओं से मूलतः भिन्न हैं।
- राष्ट्रीय अल्प बचत निधि के पश्चात राज्यों के बाज़ार उधार के आँकड़ों में अंतर आया है।
- वर्ष 2000-01 से केन्द्र से साधन अंतरण व्यवस्था बदल गई है।

# वित्तीय प्रवृत्तियाँ
(Financial Trends)

## सामान्य (General)

1951-52 से ही राज्य सरकारों के बजटीय आकार में लगातार वृद्धि होती रही है। यह बढ़ोतरी बजट के राजस्व तथा पूँजी दोनों खातों में स्पष्ट रूप से दिखाई देती है (देखें सारणी 23.1)। राजस्व खाते के अंतर्गत राज्यों की कुल

**सारणी 23.1 राज्य बज़ट - जोड़ राशियाँ**

(₹ बिलियन)

| कालावधि | राजस्व खाता | | | पूँजी खाता | | | कुल अधिशेष/घाटा |
|---|---|---|---|---|---|---|---|
| | प्राप्तियाँ | व्यय | अधिशेष/घाटा | प्राप्तियाँ | व्यय | अधिशेष/घाटा | |
| 1 | 2 | 3 | 4 | 5 | 6 | 7 | 8 |
| प्रथम योजना | 23.4 | 24.0 | –0.6 | 11.15 | 10.6 | 0.5 | –0.1 |
| तीसरी योजना | 73.3 | 72.7 | 0.6 | 46.9 | 46.9 | 0.0 | 0.6 |
| पाँचवीं योजना | 333.4 | 302.0 | 31.4 | 110.5 | 144.2 | –33.4 | –2.0 |
| सातवीं योजना | 2,226.9 | 2,285.1 | –58.2 | 797.9 | 725.3 | 72.6 | 14.3 |
| 1990–92 | 1,470.1 | 1,579.6 | –109.6 | 519.3 | 410.6 | 108.8 | –0.8 |
| 1992–97 | 6,085.8 | 6,479.8 | –394.0 | 1,889.6 | 1,479.1 | 420.4 | 26.4 |
| 1997–02 | 10,695.9 | 13,007.7 | –2,311.8 | 4,844.8 | 2,679.6 | 2,165.2 | –146.7 |
| 2002–07 | 19,537.5 | 20,987.5 | –1,450.0 | 9,621.7 | 6,790.7 | 2,830.9 | 1,381.0 |
| 2007–08 | 62,37.5 | 5,808.1 | 429.4 | 1,419.9 | 1,715.2 | –295.3 | 134.1 |
| 2008–09 | 6,946.6 | 6,819.9 | 126.7 | 1,966.3 | 2,003.5 | –37.1 | 89.6 |
| 2009–10 | 7,681.4 | 7,991.5 | –310.2 | 2,395.0 | 2,161.8 | 233.2 | –77.0 |
| 2010–11 | 9,680.7 | 9,932.5 | –251.8 | 2,366.0 | 2,431.0 | –65.0 | –316.8 |
| 2011–12 | 10,985.4 | 11,021.4 | –239.6 | 1,958.1 | 2,101.4 | 143.3 | –96.3 |
| 2012–13 | 12,520.2 | 12,317.0 | 203.2 | 1,988.4 | 2,231.6 | –243.2 | 40.0 |
| 2013–14 | 13691.9 | 13797.5 | –105.6 | 2571.0 | 2445.4 | 125.6 | 20.0 |
| 2014–15 | 15915.8 | 16372.9 | 457.0 | 3439.4 | 3015.5 | –423.9 | –33.1 |
| 2015–16 | 19581.3 | 19892.3 | 537.0 | 4755.4 | 4707.9 | –47.5 | 489.5 |
| 2016–17 | 22573.8 | 22365.3 | 208.5 | 4684.5 | 4873.9 | –189.2 | 19.3 |

स्रोत: रिज़र्व बैंक बुलेटन, रिपोर्ट ऑन करेंसी एंड फिनांस, स्टेट फिनांसिस-ए स्टडी ऑफ बजट्स

प्राप्तियों का प्रथम आयोजना में 23.4 बिलियन रुपए तथा प्रथम योजना में 2335 करोड़ रुपए से बढ़कर 2016-17 में 255,74 बिलियन रुपए पर पहुँच जाना इस प्रवृत्ति की एक उत्कृष्ट झलक है। यही स्थिति राजस्व खाते के व्यय पक्ष में भी रही है। यहाँ विदित होता है कि राज्यों का कुल राजस्व व्यय वर्ष प्रथम योजना काल में 24 बिलियन रुपए से तथा प्रथम योजना में 2397 करोड़ रुपए से बढ़कर 2016-17 में 22365 बिलियन रुपए तक जा पहुँचा। इस संदर्भ में एक अन्य तथ्य यह भी है कि शुरू के वर्षों में राजस्व खाते में अधिशेष का होना एक सामान्य बात थी; परंतु बाद में घाटा इसकी एक विशेषता बन गया। पूँजी खाते के अंतर्गत भी इसी प्रकार की मिश्रित स्थिति देखने को मिलती है। एक अन्य स्मरणीय तथ्य यह है कि, इस बीच देश की कुल आर्थिक गतिविधियों में राज्य सरकारों के अनुपात में लगातार वृद्धि होती रही है, जिसका संकेत राज्य सरकारों की बजटीय प्राप्तियों का सकल राष्ट्रीय उत्पाद में बढ़ता अनुपात है।

## राजस्व खाता

### 1. राजस्व प्राप्तियाँ (Revenue Receipts)

सारणी 23.2 पर दृष्टि डालने से राज्यों की राजस्व प्राप्तियों तथा उनके घटकों में लगातार वृद्धि की प्रवृत्ति स्पष्ट दिखाई देती है। इन प्राप्तियों की सकल राशि प्रथम योजना में केवल 23.4 बिलियन रुपए थी, जिनका 2016-17 में बजटीय अनुमान 22574 बिलियन रुपए था।

उपर्युक्त तीव्र वृद्धि के निम्नलिखित सहित कई कारण गिनवाए जा सकते हैं:

- हमारे देश में कीमतों में लगातार वृद्धि होती रही है। इससे राज्यों के कई कर स्रोतों से भी कर-राजस्व में अपने आप वृद्धि होती जाती है। GST सहित समस्त परोक्ष कर इसके अग्रणी उदाहरण हैं।
- राज्यों से यह शिकायत की जाती है कि वे अपने कर स्रोतों के ईष्टतम दोहन का प्रयास नहीं करते; परंतु यह आरोप केवल आंशिक रूप से सत्य है। राज्यों ने समय-समय पर अपने कर-राजस्व में वृद्धि हेतु कई प्रभावी कदम उठाए हैं, परंतु साथ ही अनेक संभावनाओं को अनदेखा भी किया है।
- कालांतर में राज्यों की संख्या में भी वृद्धि हुई है। कई संघ शासित प्रदेशों को राज्यों में परिवर्तन किया गया है।
- देश के आर्थिक विकास के संग उन गतिविधियों में विस्तार हुआ है जिनसे सरकार की राजस्व प्राप्तियाँ बढ़ती हैं।
- GST के लागू होने और सेवा कर के उसमें समाहित होने से राज्यों की परोक्ष करों से प्राप्तियों में और भी तीव्रता से वृद्धि होने की संभावना और भी प्रबल हो गई है।
- समय के साथ-साथ राज्यों को केन्द्र से भी विविध रूप में संसाधनों का अंतरण बढ़ा है। राज्यों को केन्द्र के बढ़ते कर राजस्व का लाभ तो हुआ ही है, साथ ही वित्त आयोगों की सिफ़ारिशों से भी अंतरित राशियों में वृद्धि हुई है।

#### केन्द्र पर निर्भरता

- राज्य सरकारों की वित्तीय स्थिति से संबद्ध एक महत्वपूर्ण तथ्य इनकी केन्द्र पर बढ़ती निर्भरता है, जो कर तथा कर-भिन्न दोनों प्रकार के साधनों के अंतरण के रूप में प्रकट होती है। इस बढ़ती निर्भरता के मुख्य कारणों में निम्नलिखित शमिल हैं:

**सारणी 23.2 राज्य बजट-राजस्व प्राप्तियों**

(₹ *बिलियन*)

| | प्रथम योजना | 1990–92 | 1992–97 | 1997–02 | 2002–07 | 2007–12 | 2012–13 | 2013–14 | 2014–15 | 2015–16 | 2016–17 |
|---|---|---|---|---|---|---|---|---|---|---|---|
| 1 | 2 | 3 | 4 | 5 | 6 | 7 | 8 | 9 | 10 | 11 | 12 |
| कुल राजस्व **(I + II)** | 23.4 | 1462.3 | 6093.5 | 10695.9 | 19537.5 | 41531.5 | 12520.2 | 13691.9 | 15915.8 | 19581.3 | 22573.8 |
| **I.** कर राजस्व (A + B) | 16.1 | 965.2 | 4096.1 | 7573.2 | 13838.6 | 29354.1 | 9460.8 | 10306.9 | 11171.1 | 14077.8 | 15963.7 |
| कुल राजस्व का % | 68.9 | 66.0 | 66.9 | 70.8 | 70.8 | 70.7 | 75.6 | 72.4 | 70.2 | 71.9 | 70.7 |
| A. राज्यों का अपना कर राजस्व | 12.7 | 644.5 | 2776.4 | 5275.9 | 9685.6 | 19872.1 | 6545.5 | 7124.2 | 7792.8 | 8910.1 | 10143.0 |
| कुल कर राजस्व का % जिसमें, | 78.6 | 67.8 | 67.8 | 69.7 | 70.0 | 67.7 | 69.2 | 69.4 | 49.0 | 45.5 | 44.9 |
| 1. भूमि लगान | 3.3 | 11.7 | 50.4 | 70.6 | 129.7 | 278.9 | 87.2 | 90.2 | 87.4 | 113.1 | 140.8 |
| 2. स्टाम और पंजीकरण | 1.4 | 46.2 | 239.4 | 449.1 | 1057.3 | 2293.8 | 755.9 | 773.2 | 847.4 | 967.4 | 1088.6 |
| 3. राज्य उत्पाद शुल्क | 2.3 | 101.2 | 385.5 | 707.1 | 1159.4 | 2531.2 | 826.3 | 813.8 | 903.9 | 1073.3 | 1193.4 |
| 4. बिक्री कर | 3.4 | 385.5 | 1637.2 | 399.7 | 5924.8 | 12193.9 | 4038.5 | 4539.4 | 4942.7 | 5617.0 | 6429.9 |
| 5. विद्युत शुल्क | 0.2 | 26.8 | 115.6 | 209.4 | 352.5 | 648.3 | 221.8 | 224.6 | 257.4 | 296.8 | 327.7 |
| 6. मनोरंजन कर | 0.3 | 8.5 | 22.8 | 41.4 | 40.0 | 149.9 | 20.4 | 21.2 | 24.0 | 24.7 | 28.2 |
| 7. मोटर वाहन कर | 0.7 | 337.2 | 193.3 | 301.7 | 553.1 | 1023.6 | 340.0 | 358.4 | 414.1 | 456.2 | 524.0 |
| 8. यात्री और वस्तु कर | – | 21.7 | 74.4 | 123.2 | 261.3 | 481.8 | 153.1 | 194.5 | 196.1 | 235.4 | 269.7 |
| B. विभाजित कर | 3.5 | 310.7 | 6319.7 | 2297.2 | 4153.0 | 9482.0 | 2915.3 | 3182.7 | 3378.4 | 5167.7 | 5810.7 |
| कुल कर राजस्व का % | 21.4 | 32.2 | 32.2 | 30.3 | 30.0 | 32.3 | 30.8 | 30.6 | 21.2 | 26.4 | 25.7 |
| **II.** कर भिन्न राजस्व | 7.3 | 497.1 | 497.1 | 3127.2 | 5698.9 | 12176.4 | 3059.4 | 3385.0 | 4744.7 | 5503.5 | 6620.2 |
| कुल का % | 31.3 | 34.0 | 33.7 | 29.2 | 29.2 | 29.3 | 24.4 | 27.6 | 29.8 | 28.1 | 29.3 |
| C. राज्यों का अपना कर भिन्न राजस्व | 5.4 | 210.2 | 974.8 | 1415.7 | 2315.5 | 4450.5 | 1172.6 | 1048.0 | 1436.7 | 1635.2 | 1949.3 |
| कुल का % | 74.2 | 42.3 | 48.8 | 45.3 | 40.6 | 36.6 | 38.3 | 32.3 | 30.3 | 29.7 | 29.5 |
| D. केंन्द्र से अनुदान | 1.9 | 237.0 | 1022.6 | 1707.0 | 3383.4 | 7726.8 | 1886.8 | 2059.5 | 3308.2 | 3868.3 | 4670.9 |
| कुल का % | 25.8 | 57.7 | 51.2 | 54.7 | 59.4 | 63.5 | 61.7 | 60.9 | 69.7 | 70.3 | 70.6 |
| **III.** राज्यों का अपना राजस्व | 13.0 | 864.7 | 1333.3 | 6881.1 | 12001.1 | 24322.5 | 7718.1 | 8449.6 | 9229.4 | 10545.4 | 12093.0 |
| **(A + C)** % कुल का | 77.2 | 59.1 | 61.6 | 64.3 | 61.4 | 58.6 | 61.7 | 59.2 | 57.9 | 53.9 | 53.6 |

- स्थानीय निकायों संबंधी संवैधानिक संशोधन तथा वित्त आयोग की सिफारिशों पर केन्द्र से राज्यों को स्थानीय निकायों की सहायता बढ़ते अनुदान;
- प्रकोप राहत में वृद्धि;
- राज्यों की केन्द्र के प्रति बढ़ती ऋणग्रस्तता;
- GST के लागू होने के कारण कर-चोरी में कमी आने की संभावनाएं भी बढ़ गई हैं।
- स्वयं राज्यों की अपनी बजटीय दुर्बलताएँ, अर्थात् राजस्व बढ़ाने के अपर्याप्त प्रयत्न और राजकोषीय व्यय पर अपर्याप्त नियंत्रण;
- अधिकतर राज्य-करों में लोच और उत्फुल्लता की कमी।

कुल कर-राजस्व में राज्यों का अपना कर-राजस्व प्रथम योजना में 78.6% से घटते हुए 2016-17 में 44.9% रह गया था। अपेक्षित है कि GST के मूल्यवर्द्धन रूप में लागू होने तथा सेवा कर सहित बहुत-से परोक्ष करों के समाहित हो जाने के कारण राज्यों के अपने कर राजस्व में काफी वृद्धि होगी। परन्तु फिर भी उनकी केन्द्र पर निर्भरता घटने के चिन्ह क्षीण हैं।

कई आलोचकों के मतानुसार राज्यों की केन्द्र पर इतनी अधिक निर्भरता गहरी चिंता का विषय है। इस मतानुसार इसका मूल कारण यह है कि राज्य अपनी राजस्व क्षमता का इष्टतम दोहन करने में असफल रहे हैं। कृषि आय पर कर तथा भूमि लगान को इस असफलता के मुख्य उदाहरणों के रूप में प्रस्तुत किया जाता है। परंतु यह आरोप एक अर्द्धसत्य है। वास्तविकता यह है कि एक ओर राज्यों को अपना राजस्व बढ़ाने के प्रयास में विविध रूपी आर्थिक एवं गैर-आर्थिक दोनों प्रकार की रुकावटों का सामना करना पड़ता है तथा दूसरी ओर उनके प्रयास भी अधूरे रहते हैं।

- यह भी वर्णनीय है कि राज्यों का यह संवैधानिक और आर्थिक अधिकार बनता है कि वे भी केन्द्र के बढ़ते राजस्व से लाभांवित हों। यही कारण है कि राज्यों को केन्द्र से स्वैच्छिक तथा वित्त आयोग की सिफ़ारिशों के अंतर्गत अंतरित राशियों में लगातार बढ़ोतरी हुई है।

- विश्व भर में संघीय व्यवस्थाओं में राज्यों और स्थानीय निकायों की केन्द्र पर वित्तीय निर्भरता बढ़ने की दीर्घकालिक प्रवृत्ति देखने को मिलती है। इस प्रवृत्ति का एक मुख्य कारण यह है कि कालान्तर में प्रादेशिक और स्थानीय सरकारों के आर्थिक और सामाजिक दायित्व तो बढ़ते जाते हैं, परंतु उनके साधन स्रोतों में उसी गति से बढ़ोतरी नहीं हो पाती। इसके अतिरिक्त कई कर-स्रोतों का केन्द्र को हस्तांतरण करने का औचित्य भी बढ़ता जाता है।

इसी प्रकार राज्यों के कर-भिन्न राजस्व पर दृष्टि डाली जाए तो इसमें केन्द्रीय अनुदानों का अंश राज्यों की केन्द्र पर बढ़ती निर्भरता को सक्षम रूप से प्रतिबिम्बित करता है। कालांतर में इन अनुदानों की न केवल परिशुद्ध राशियों में वृद्धि हुई है, प्रत्युत्त राज्यों के कर-भिन्न राजस्व में इनका अनुपात भी बढ़ा है। 2016-17 में राज्यों के कर-भिन्न राजस्व में केन्द्रीय अनुदानों का अनुपात 70.6% था।

इस समय एक लोकप्रिय मत यह है कि केन्द्र ने राज्यों की वित्तीय निर्भरता से संबद्ध लंबे काल तक एक ऐसी नीति का अनुसरण किया, जिससे इनकी वित्तीय स्थिति अधिक दयनीय होती गई। केन्द्रीय अनुदानों का मूल औचित्य तो यह है कि इनसे राज्यों के राजस्व घाटों की भरपाई की जा सके परंतु वास्तव में इनसे राज्यों का वित्तीय प्रबंधन हतोत्साहित होता रहा है। अनुदानों को देते समय वित्त आयोग अथवा केन्द्र, कोई भी इस बात पर विचार नहीं करता था कि स्वयं राज्यों का राजकोषीय निष्पादन किस कोटि का है। केन्द्र से राज्यों को अनुदान इस ढंग से दिए जाते थे कि वित्तीय प्रबंधन में ढील बरतने वाले राज्य अधिक लाभान्वित होते थे तथा इसके विपरीत उत्तम वित्तीय

प्रबंधन वाले राज्यों के अनुदानों में कमी कर दी जाती थी। नौवें वित्त आयोग ने मानकीकृत पद्धति (normative approach) अपना कर इस स्थिति में मूल रूप से सुधार करने की चेष्टा की थी, परंतु दसवें वित्त आयोग द्वारा राज्यों के राजकोषीय निष्पादन के मूल्यांकन में इसकी असफलता सर्वविदित हो गई। ग्यारहवें और बारहवें आयोगों ने राज्यों के राजकोषीय निष्पादन की कसौटी का केवल आँशिक प्रयोग किया और इस निष्पादन-सुधार हेतु कई प्रकार की प्रेरणात्मक सिफ़ारिशें भी कीं। साथ ही अब कई राज्य 'राजकोषीय दायित्व' का कानून भी अपना रहे हैं। इन सब उपायों के संयुक्त प्रभाव से राज्यों के राजकोषीय निष्पादन में सुधार होने की संभावना है।

- राज्यों के बजटीय आकार में लगातार बढ़ोतरी होती रही है और इसके अनेक कारण हैं।
- केन्द्र पर राज्यों की बढ़ती वित्तीय निर्भरता स्वभाविक भी है और इन बढ़ती अंतरित राशियों पर राज्यों का संवैधानिक अधिकार भी है।
- इस बढ़ती निर्भता में केन्द्र, वित्त आयोग और स्वयं राज्यों का बराबर का योगदान रहा है।

## 2. राजस्व व्यय (Revenue Expenditure)

देखें सारणी 23.3।

राज्यों के राजस्व व्यय की निम्नलिखित मुख्य विशेषताएँ हैं:

**वृद्धि दर**–कई वर्षां  तक राज्यों के राजस्व व्यय की वृद्धि दर के उनकी राजस्व प्राप्तियों की वृद्धि दर से अधिक रहने के फलस्वरूप उनके बजटों में राजस्व अधिशेष का स्थान राजस्व घाटों ने ले लिया था। परंतु मूल्यवर्द्धन कर प्रणाली अपनाने सहित कई कारणों से 2006-07 में इस घाटे में एकदम कमी आई तथा कई वर्षों से घाटे/अधिशेष काफी कम हैं।

**विकासात्मक व्यय का अनुपात**–विकासात्मक व्यय में शिक्षा, स्वास्थ्य और चिकित्सा सेवाएँ, सार्वजनिक निर्माण, कृषि, पशुपालन संबंधी सेवाएँ, सहकारिता, ग्रामीण और सामूहिक विकास स्कीमें, पानी तथा परिवार नियोजन आदि शामिल हैं। इसके विपरीत विकास-भिन्न व्यय में करों और शुल्कों की वसूली की लागत, प्रशासनिक व्यय, ब्याज की अदायगियाँ आदि शामिल हैं। कुल राजस्व व्यय में तक विकासात्मक व्यय। स्मरणीय है कि, इस बीच जबकि अन्य घटकों के अनुपात लगभग पूर्ववत् रहे हैं, 'ऋण सेवा' पर व्यय द्वारा 2005-06 तक दीर्घकालीन वृद्धि की प्रवृत्ति दर्शाने के पश्चात् अब यह घटकर 18% के करीब रह गई है। स्मरणीय है कि, राष्ट्रीय अल्प निधि के गठन से राज्यों के ऋण के घटकीय वर्गीकरण में ही परिवर्तन हुआ है, सकल ऋणदेयता में नहीं। अभी भी उनकी ऋणवहनीयता के बारे सभी और चिंता जताई जा रही है और विविध सुधारात्मक उपायों का केवल आँशिक परिणाम मिल पाया है।

## पूँजी खाता (Capital Account)

राजस्व खाते की भाँति पूँजी खाते के आकार में भी तीव्र गति से दीघकालिक बढ़ोतरी हुई है, यद्यपि परिशुद्ध मात्राओं में इसका आकार राजस्व खाते के एक-तिहाई के आसपास रहता है और इसकी वृद्धि दर भी राजस्व खाते की वृद्धि दर से कम रहती है। इसके बावजूद राज्य अपनी क्षमता से भी अधिक विकासात्मक गतिविधियों को अपनाने

**सारणी 23.3 राज्य बजट-राजस्व खाते में व्यय**

(₹ *बिलियन*)

| | पाँचवीं योजना | सातवीं योजना | 1990–92 | 1992–97 | 1997–02 | 2002–07 | 2007–12 | 2012–13 | 2013–14 | 2014–15 | 2015–16 | 2016–17 |
|---|---|---|---|---|---|---|---|---|---|---|---|---|
| 1 | 2 | 3 | 4 | 5 | 6 | 7 | 8 | 9 | 10 | 11 | 12 | 13 |
| **I. विकासात्मक व्यय जिसमें** | **204.9** | **1583.9** | **1061.5** | **4078.5** | **7574.5** | **11493.0** | **24861.7** | **7584.1** | **8455.3** | **11404.0** | **13041.3** | **14322.8** |
| सामाजिक एवं सामूहिक सेवाएँ | 11.9 | 850.7 | 592.3 | 2321.0 | 4727.7 | 7021.5 | 15914.3 | 4853.6 | 5501.2 | 6331.4 | 4340.7 | 8994.1 |
| आर्थिक सेवाएँ | 193.0 | 663.2 | 469.1 | 1757.4 | 2845.8 | 4471.5 | 8949.3 | 2730.5 | 2954.1 | 4072.5 | 4920.2 | 5328.7 |
| **II. विकास-भिन्न व्यय जिसमें** | **93.6** | **676.8** | **490.3** | **2340.4** | **3817.8** | **9048.2** | **15294.7** | **4375.6** | **4909.3** | **5505.1** | **6331.9** | **7450.3** |
| करों और शुल्कों की उगाही | 14.4 | 60.9 | 34.8 | 159.9 | 377.0 | 511.6 | 627.3 | 172.1 | 205.7 | 219.6 | 238.6 | 266.2 |
| ऋण सेवा और ब्याज भुगतान | 34.1 | 299.0 | 212.6 | 1000.9 | 2361.7 | 4452.3 | 6253.2 | 1632.1 | 1809.3 | 1995.5 | 2304.6 | 2727.9 |
| प्रशासन | 34.1 | 224.9 | 146.7 | 598.6 | 1147.8 | 1625.2 | 3311.7 | 960.9 | 1073.0 | 1199.5 | 1394.8 | 1643.4 |
| पैंशन | – | – | – | – | 533.0 | 1906.8 | 4390.7 | 1447.5 | 1630.9 | 1330.2 | 2100.2 | 2449.4 |
| विविध | – | – | – | – | 69.7 | 335.4 | 262.0 | 40.3 | 49.7 | 77.8 | 120.8 | 146.4 |
| **III. अनुदान और अंशदान** | 3.5 | 24.4 | 17.1 | 72.4 | 215.3 | 446.3 | 1127.4 | 357.3 | 433.0 | 463.8 | 539.2 | 592.3 |
| **कुल व्यय** | **302.0** | **2285.1** | **1568.9** | **6491.3** | **11607.5** | **20988.3** | **50297.7** | **12317.0** | **13797.5** | **16372.9** | **19892.3** | **12365.3** |

**सारणी 23.4 राज्य बजट–पूँजी खाते की प्राप्तियाँ**

(₹ बिलियन)

| विवरण | पाँचवीं योजना | सातवीं योजना | 1990–92 | 1992–97 | 1997–02 | 2002–07 | 2007–12 | 2012–13 | 2013–14 | 2014–15 | 2015–16 | 2016–17 |
|---|---|---|---|---|---|---|---|---|---|---|---|---|
| 1 | 2 | 3 | 4 | 5 | 6 | 7 | 8 | 9 | 10 | 11 | 12 | 13 |
| 1. आंतरिक ऋण जिसमें | 15.8 | 111.7 | 72.9 | 357.4 | 1778.5 | 7939.4 | 9232.6 | 2566.0 | 2898.0 | 4046.3 | 5587.3 | 5876.3 |
| (क) बाज़ार उधार | 11.5 | 90.4 | 58.7 | 170.9 | 645.4 | 1664.8 | 5922.7 | 1772.8 | 1961.6 | 2408.8 | 3194.7 | 3783.7 |
| (ख) NSSF की प्रतिभूतियाँ | ... | ... | ... | ... | 949.9 | 3584.1 | 1146.8 | 218.3 | 247.1 | 464.1 | 331.3 | 292.1 |
| 2. केंद्र से उधार | 58.1 | 465.6 | 174.5 | 897.4 | 1389.1 | 933.1 | 456.6 | 112.0 | 108.7 | 118.8 | 241.7 | 267.4 |
| 3. उधारों की वसूली | 14.5 | 51.9 | 33.2 | 221.1 | 252.4 | 453.7 | 496.9 | 72.7 | 69.9 | 180.2 | 74.8 | 168.7 |
| 4. अल्प बचतें, भविष्य निधियां आदि (निवल) | 7.4 | 78.9 | 61.0 | 228.8 | 625.4 | 975.9 | 1559.9 | 892.4 | 973.8 | 1080.6 | 1198.5 | 1306.6 |
| 5. आकस्मिकता निधि (निवल) | 1.6 | 9.4 | 4.7 | 0.4 | 11.9 | 38.2 | 86.0 | 14.9 | 18.0 | 58.4 | 51.7 | 22.4 |
| 6. आरक्षित निधियाँ | 5.1 | 31.7 | 22.3 | 81.3 | 171.5 | 530.1 | 1301.9 | 396.0 | 444.0 | 472.3 | 549.2 | 637.2 |
| 7. जमा और अग्रिम | 3.8 | 55.3 | 29.3 | 152.2 | 309.7 | 3024.3 | 12549.6 | 4405.2 | 4378.3 | 5222.5 | 5234.3 | 5750.6 |
| 8. अन्य* | 4.6 | (–)6.5 | 96.1 | 23.7 | 306.3 | 167.7 | 31846.7 | 38592.2 | 37114.9 | 41854.5 | 32344.2 | 31978.7 |
| 9. राज्यों की अपनी पूँजी प्राप्तियाँ** | 52.8 | 332.3 | 319.5 | 1017.5 | 3455.7 | 8043.3 | 170000.5 | 48956.5 | 48074.1 | 39344.2 | 30809.6 | 30374.9 |
| 10. कुल पूँजी प्राप्तियाँ | 110.8 | 797.9 | 494.0 | 1914.9 | 4844.8 | 8976.4 | 170457.1 | 48967.6 | 48182.8 | 53042.1 | 45231.7 | 46007.7 |

* अंतर्राज्यीय लेन-देन और विभिन्न पूँजी प्राप्तियों सहित

** मद 9–मद 10–मद 1(ख)–मद 2

का प्रयास करते हैं तथा इस प्रवृत्ति से प्रेरित होकर उन्होंने आर्थिक विकास को बढ़ावा देने वाली कई सेवाओं को मुहैया करने का दायित्व भी ग्रहण किया है।

## विशेषताएँ

- पिछले कुछ वर्षों में राज्यों के पूँजी खाते के आकार में तीव्र गति से वृद्धि हुई है।
- पूँजी खाते राजस्व खाते ही तुलना में कुल बजट का एक छोटा भाग रहा है।
- पूँजी बजट की वृद्धि दर भी कुल बजट की विकास दर से कम रही है।
- परन्तु अवसंरचनात्मक और अन्य सुविधाओं की चहुंमुखी कमी के कारण पूँजी बजट की वृद्धि दर अधिक होनी चाहिए।

## पूँजीगत प्राप्तियाँ (Capital Receipts)

ज्ञातत्व है कि 2003–04 के उपरांत लेखांकन में कुछ संशोधनों के फलस्वरूप कुछ महत्वपूर्ण परिवर्तन हुए हैं। अब पूँजीगत प्राप्तियों में लोक खाते की प्राप्तियों आदि को शामिल किया जाता है तथा कुल मदें 'सकल' और कुछ 'निवल' राशियाँ होती हैं। इससे विभिन्न प्राप्तियों के सापेक्षिक महत्व को आंकने में कठिनाई होती है।

"केंद्र से उधार" पूँजीगत प्राप्तियों का एक बड़ा भाग होते थे। परन्तु इस संदर्भ में तीन महत्वपूर्ण घटनाक्रम हुए:

- वित्त आयोग की सिफारिश पर केंद्र ने राज्यों को साधारण स्थितियों में नए उधार देने बन्द कर दिए हैं।
- राज्य अब अधिकतर उधार बाज़ार से लेने लगे हैं।
- अधिकतर राज्यों ने राष्ट्रीय अल्प बचत निधि से भी उधार लेना बंद कर दिया है। 2016–17 में राज्यों ने केन्द्र से ₹ 267.4 करोड़ और बाज़ार से ₹ 4075.3 करोड़ के उधार लिए।
- उनकी अन्य महत्वपूर्ण पूँजीगत प्राप्तियों में 'उधारों की वसूली', 'राज्य भविष्य निधियाँ', 'आरक्षित निधियाँ' आदि मदें शामिल थीं।

- कालांतर में राज्यों की पूँजी प्राप्तियों में लगातार वृद्धि हुई है।
- इनमें एक बड़ा भाग केन्द्र से लिए गए ऋणों का रहा है।
- राष्ट्रीय अल्प बचत निधि के गठन के पश्चात् अल्प बचतों के ऋण राज्यों की अपनी पूँजी प्राप्तियों और 'आंतरिक ऋण' में गिने जाते हैं।

## पूँजी संवितरण (Capital Disbursements)

सारणी 23.5 से राज्यों के पूँजी संवितरणों के बढ़ते आकार का पता चलता है। इस में राज्यों के पूँजी संवितरणों को चार मुख्य भागों में बाँटा गया है, अर्थात्

1. पूँजी परिव्यय (capital outlay),
2. आंतरिक ऋण का भुगतान,
3. केन्द्र को ऋण भुगतान, तथा;
4. अन्य पार्टियों को उधार और अग्रिम।

**सारणी 23.5 राज्य बजट–पूँजी खाते के अंतर्गत संवितरण**

(₹ *बिलियन*)

| | प्रथम योजना | पाँचवीं योजना | सातवीं योजना | 1990–92 | 1992–97 | 1997–02 | 2002–07 | 2007–12 | 2012–13 | 2013–14 | 2014–15 | 2015–16 | 2016–17 |
|---|---|---|---|---|---|---|---|---|---|---|---|---|---|
| 1 | 2 | 3 | 4 | 5 | 6 | 7 | 8 | 9 | 10 | 11 | 12 | 13 | 14 |
| I. पूँजी परिव्यय | 6.7 | 60.5 | 334.3 | 193.1 | 765.0 | 1450.1 | 3326.1 | 7338.8 | 1426.3 | 2205.5 | 2719.1 | 3821.2 | 5902.7 |
| कुल संवतिरणों का % जिसमें से | 63.0 | 42.7 | 46.4 | 47.9 | 51.5 | 53.5 | 48.1 | 69.3 | 71.2 | 59.2 | 57.9 | 63.8 | 71.7 |
| (क) विकासात्मक परिव्यय | 7.0 | 59.4 | 323.8 | 188.1 | 740.1 | 1363.7 | 323493 | 7035.0 | 1373.4 | 2078.4 | 2565.3 | 3571.4 | 4152.4 |
| (ख) विकास-भिन्न परिव्यय | –0.3 | 1.1 | 10.5 | 5.0 | 25.0 | 56.4 | 191.2 | 303.9 | 52.9 | 127.2 | 153.8 | 249.8 | 285.0 |
| II. आंतरिक ऋण का भुगतान | 0.3 | 4.7 | 21.2 | 7.9 | 69.0 | 126.1 | 1600.4 | 3419.8 | 517.6 | 1177.5 | 1573.2 | 1670.6 | 1858.1 |
| कुल संवितरणों का % | 2.8 | 3.7 | 3.0 | 1.9 | 4.6 | 4.7 | 23.1 | 17.6 | 17.0 | 31.6 | 33.5 | 27.9 | 22.4 |
| III. केन्द्रीय ऋणों का भुगतान | 0.7 | 27.9 | 153.2 | 77.7 | 245.1 | 478.7 | 1014.3 | 442.6 | 77.7 | 102.7 | 109.2 | 108.9 | 109.8 |
| कुल संवितरणों का % | 6.8 | 19.7 | 21.3 | 19.2 | 16.5 | 17.7 | 14.7 | 4.8 | 3.9 | 2.8 | 2.3 | 1.8 | 1.3 |
| IV. अन्य पार्टियों का उधार और अग्रिम | 2.9 | 48.0 | 211.5 | 123.7 | 408.4 | 655.0 | 927.1 | 1054.3 | 159.7 | 239.9 | 296.4 | 386.7 | 436.1 |
| कुल संवितरणों का % | 27.4 | 33.8 | 29.4 | 30.7 | 27.5 | 24.2 | 13.4 | 8.3 | 8.0 | 6.4 | 6.3 | 4.5 | 5.2 |
| V. कुल संवितरण (I + II + III + IV) | 10.6 | 101.9 | 720.2 | 403.4 | 1486.3 | 2709.6 | 6917.9 | 10915.2 | 2003.5 | 3725.6 | 4697.9 | 5987.4 | 8306.7 |

**स्रोत:** रिज़र्व बैंक की "*रिपोर्ट आन करेन्सी और फिनांस*" तथा "*स्टेट फिनान्सिस-ए स्टडी ऑफ बजट्स*"।

सारणी 23.5 से विदित होता है कि राज्यों के पूँजी संवितरणों में दीर्घकालीन परंतु अनियमित वृद्धि होती रही है। यह भी विदित होता है कि वर्ष 2016-17 में राज्यों के कुल पूँजी खाता संवितरणों में से लगभग 72% पूँजी परिव्यय के लिए थी और इसका अधिकतम भाग विकासात्मक परिव्यय के रूप में था। इसी प्रकार आंतरिक ऋणों की अदायगी, केंन्द्रीय ऋणों का भुगतान और तीसरी पार्टियों को दिए गए ऋणों के अनुपात क्रमश: 22.4%, 5.2% और 1.3% थे।

## राजकोषीय घाटे (Budgetary Deficits)

बजटीय घाटों की उदाहरणों सहित व्याख्या परिशिष्ट 1 में की गई हैं। यहाँ पर यह नोट करने योग्य बात है कि राज्यों का सामूहिक बजटीय घाटे की स्थिति केन्द्र की तुलना में बेहतर रही है। उदाहरणार्थ बिलियन 2016-17 में सभी राज्यों के सकल RD, GFD और PD क्रमश: ₹ 208.5 बिलियन, ₹4495.2 बिलियन और ₹1952 बिलियन थे [**नोट:** (–) का अर्थ अधिशेष से है]। ध्यानयोग्य है कि राज्यों के बेहतर राजकोषीय स्वास्थ्य का कारण उनका

**सारणी 23.6 राज्य सरकारों का विकासात्मक और विकास-भिन्न व्यय**

(₹ *बिलियन*)

| कालावधि | विकासात्मक | विकास-भिन्न | कुल जोड़ | (2)/(4)(%) | (3)/(4)(%) |
|---|---|---|---|---|---|
| 1 | 2 | 3 | 4 | 5 | 6 |
| प्रथम योजना | 19.5 | 11.2 | 30.7 | 63.6 | 36.4 |
| दूसरी योजना | 34.7 | 15.0 | 49.7 | 69.8 | 30.2 |
| तीसरी योजना | 60.0 | 32.1 | 92.0 | 65.2 | 34.8 |
| वार्षिक योजनाएँ | 48.1 | 37.7 | 85.7 | 56.1 | 43.9 |
| वार्षिक योजनाएँ | 162.3 | 83.4 | 245.6 | 66.1 | 39.9 |
| पाँचवीं योजना | 264.3 | 93.7 | 358.0 | 73.8 | 26.2 |
| 1978–80 | 208.5 | 64.0 | 272.5 | 76.5 | 23.5 |
| पाँचवीं योजना | 930.9 | 295.6 | 1226.4 | 75.9 | 24.1 |
| छठी योजना | 2112. 3 | 855.1 | 2967.4 | 71.2 | 28.8 |
| 1990–92 | 1379.6 | 610.6 | 1990.2 | 69.3 | 30.7 |
| 1992–97 | 5142.6 | 2371.6 | 7862.2 | 65.4 | 34.6 |
| 1997–02 | 9037.6 | 5980.7 | 15018.4 | 39.8 | 60.2 |
| 2002–07 | 15033.3 | 11936.2 | 26969.4 | 55.7 | 44.3 |
| 2007–12 | 31896.7 | 25739.9 | 57636.6 | 55.3 | 44.7 |
| 2012–13 | 4612.8 | 8956.4 | 13570.3 | 66.0 | 34.0 |
| 2013–14 | 10534.3 | 5036.4 | 15570.8 | 67.7 | 32.3 |
| 2014–15 | 14989.6 | 6031.8 | 21021.4 | 71.3 | 28.7 |
| 2015–16 | 15837.3 | 6884.4 | 22721.7 | 58.2 | 41.8 |

**नोट:** संवितरण की राशियों में "अन्य" अर्थात् स्थानीय निकायों को अंशदान, वित्त विभाग के पास आरक्षित राशियां, आंतरिक ऋण का भुगतान तथा केंद्र को ऋण भुगतान शामिल नहीं हैं।

**स्रोत:** रिज़र्व बैंक बुलेटिन और करेन्सी एवं फिनांस के विभिन्न संस्करण।

व्यय पर बेहतर नियन्त्रण न होकर राजस्व प्राप्तियों में तीव्र वृद्धि है। वैसे यह तथ्य फिर भी चिंताजनक है कि कुछ राज्यों का राजकोषीय निष्पादन बहुत चिंताजनक बना हुआ है।

निम्नलिखित शर्तों के पूरा होने पर राज्यों के बजटीय घाटे और भी कम हो सकते थे, अर्थात् केंन्द्र से स्वैच्छिक अंतरणों का एक भाग ऋण न होकर अनुदान हों, विशेषकर जब अंतरित राशियाँ राजस्व बढ़ाने वाले परियोजनों के लिए न हों;

- राजस्व स्रोतों का बेहतर दोहन और राजस्व छीजन (leakages) की रोकथाम;
- राज्यों के लोक उद्यमों के निष्पादन में सुधार;
- अनुत्पादक प्रशासनिक व्यय में कमी, और;
- वित्त आयोग द्वारा राजकोषीय स्वास्थ्य हेतु दिए गए सुझावों का बेहतर कार्यान्वयन, आदि।

## शब्दावली (Key Words)

1. ऊर्ध्वाधर असंतुलन (vertical imbalance); 2. राजस्व खाता (revenue account); 3. पूँजी खाता (capital account); 4. पूँजी परिव्यय (capital outlay); 5. पूँजी संवितरण (capital disbursements); 6. विकासात्मक व्यय (developmental expenditure); 7. विकास-भिन्न व्यय (non-developmental expenditure); 8. आयोजना-व्यय (plan-expenditure); 9. आयोजना-भिन्न व्यय (non-plan expenditure); 10. आर्थिक सेवाएँ (economic services); 11. सामाजिक सेवाएँ (social services); 12. सामान्य सेवाएँ (general services); 13. सामूहिक सेवाएँ (community services); 14. कर राजस्व में भागीदारी (tax-sharing); 15. बिक्री कर (sales tax); 16. मूल्यवर्द्धन कर (value added tax, VAT); 17. स्टाम्प और पंजीकरण (stamps and registration); 18. मोटर वाहन कर (motor vehicles tax); 19. मनारंजन कर (entertainment tax); 20. अचल संपत्ति कर (tax on immovable property); 21. व्यवसायों पर कर (pofessions tax); 22. उत्पादन शुल्क (excise duties); 23. भूमि राजस्व (land revenue); 24. यात्रियों और वस्तुओं पर कर (taxes on goods and passengers); 25. वस्तु-सेवा कर (tax on goods and services, GST); 26. आंतरिक ऋण (internal debt); 27. अर्थोपाय अग्रिम (ways and means advances); 28. आरक्षित निधियाँ (reserve funds); 29. गारणटियाँ (guarantees); 30. राष्ट्रीय लघु बचत निधि (National Small Savings Fund); 31. ऋण की सेवा लागत (cost of debt servicing); 32. ऋण निक्षेप निधि (sinking fund)

## अभ्यास प्रश्न

1. राज्य सरकारों के मुख्य राजस्व स्रोत कौन-से हैं? क्या सुधारात्मक कदमों से इनकी राजस्व प्राप्तियों में उल्लेखनीय बढ़ोतरी संभव है?
2. राज्यों के व्यय बजट के विकासात्मक और विकास-भिन्न आयामों पर एक व्याख्यात्मक नोट लिखें। विकासात्मक घटक के ऊँचे अनुपात के बावजूद हमारे आर्थिक विकास की दर इतनी कम क्यों रही है?
3. इस दावे की जाँच करें कि राज्यों का पूँजी बजट अधिशेष उनकी बढ़ती (क) ऋण सेवा लागत और (ख) बढ़ते राजस्व घाटों का परिणाम है तथा इससे उनकी ऋणदेयता अवहनीय होती जा रही है।
4. उन तथ्यों पर प्रकाश डालें जिनके कारण राज्यों के राजस्व घाटों में लगातार वृद्धि हो रही है। क्या वर्तमान में राजकोषीय सुधार के लिए अपनाए जा रहे उपायों से इस स्थिति में दीर्घकालीन सुधार की आशा की जा सकती है?
5. राज्य सरकारों की बजटीय संरचना के मुख्य घटक और उनके बदलते महत्व की समीक्षा करें।

6. यह कहना कहाँ तक ठीक है कि राज्यों की परोक्ष कर-संरचना में कई ऐसी त्रुटियाँ हैं जिनके कालांतर में अधिक गंभीर हो जाने की आशंका है?
7. इस कथन की समीक्षा करें कि राज्य सरकारें चाहते हुए भी अपनी प्रत्यक्ष कर प्रणाली में विशेष सुधार कर पाने में असमर्थ हैं?
8. GST के लागू होने से राज्यों के केन्द्र से अंतरित कर-राजस्व और अपने करो से राजस्व प्राप्तियों पर क्या अंतर पड़ा है। व्याख्या करें।
9. इस दावे की जाँच करें कि राज्यों की वर्तमान शोचनीय वित्तीय स्थिति के लिए केन्द्र, वित्त आयोग और स्वयं राज्य सरकारें बराबर के दोषी हैं।
10. यह कहना कहाँ तक ठीक है कि राज्य सरकारें अपव्यय के दोषों और व्यय की निम्न उत्पादकता से पीड़ित हैं? इस समस्या के समाधान हेतु आप के क्या सुझाव हैं?
11. राज्य सरकारों की राजस्व प्राप्तियों में तीव्र वृद्धि के कारणों पर प्रकाश डालें। इसके बावजूद राज्यों की वित्तीय स्थिति विचारणीय क्यों बनी हुई है?
12. राज्य सरकारों की केन्द्र पर बढ़ती वित्तीय निर्भरता के कारणों, औचित्य, लाभ और हानियों की विस्तृत समीक्षा करें।
13. क्या आप इस विचार से सहमत हैं कि राज्यों की राजकोषीय प्रबंधन में शिथिलता का मूल कारण केन्द्र से साधन-अंतरण की त्रुटिपूर्ण व्यवस्था है? इस मत पर भी अपने विचार प्रकट करें कि वास्तविक त्रुटि व्यवस्था की संरचना में न होकर इसके परिचालन में है।
14. वर्ष 2000-01 से संवैधानिक संशोधन के अंतर्गत केन्द्र से राज्यों को साधन अंतरण की एक नई व्यवस्था अस्तित्व में आई है। आप के विचार में इससे राज्यों की वित्तीय कठिनाइयाँ कहाँ तक दूर हो सकेंगी? तर्क सहित उत्तर दें। क्या GST के लागू हाने पर इस व्यवस्था में कोई परिवर्तन हुआ है?
15. भारत में एक ऐसी देशव्यापी और एकीकृत कर प्रणाली की रूपरेखा सुझाएँ जिसमें सभी उत्पादन शुल्क, सेवा कर और बिक्री कर समाहित हों। क्या GST प्रणाली इस पर खरी उतरती है?

## अध्याय 24

# भारत में कृषि पर करारोपण

## (Agricultural Taxation in India)

**इस अध्याय में**

- कृषि क्षेत्र पर करारोपण के बहुचर्चित प्रश्न के विभिन्न आयामों पर विचार किया गया है।
- कृषि क्षेत्र पर करारोपण संबंधी ऐतिहासिक तथ्यों आदि से उत्पन्न जटिलताओं का वर्णन है।
- कृषि क्षेत्र पर करारोपण के स्थान पर इसे अनुदानित करने पर तर्क-वितर्क है।
- कृषि आय पर कर और जोत-कर की समीक्षा है।

## परिचय (Introduction)

'कृषि-करारोपण' के शब्द के अर्थ में कई प्रकार के प्रत्यक्ष एवं परोक्ष कर शामिल हैं। प्रत्यक्ष करों का आरोपण-अधिकार राज्य सरकारों का है तथा, GST में समाहित परोक्ष करों सहित, परोक्ष कर लगाने का अधिकार केन्द्र तथा राज्यों सरकारों दोनों में बँटा हुआ है। भूमि लगान, कृषि आय कर, फसलों पर विभिन्न प्रकार के उपकर (Cesses) तथा अधिभार (Surcharges) आदि प्रत्यक्ष करों के उदाहरण हैं। इसी प्रकार परोक्ष करों में कृषि आगतों (Inputs), जैसे— सिंचाई का पानी, विद्युत और डीज़ल पम्प सैट, उर्वरक, कीटनाशक तथा अन्य रसायन आदि, पर लगाए गए कर आते हैं। केन्द्रीय सरकार को कई वस्तुओं पर उत्पादन शुल्क लगाने का अधिकार है, जबकि राज्य सरकारें उन पर बिक्री कर (अब मूल्यवर्द्धन कर) वसूल कर सकती हैं। इसी प्रकार सिंचाई तथा अन्य विकास-परियोजनाएँ बहुधा राज्य सरकारों के हाथ में रहती हैं, जिससे उन्हें कृषकों से विभिन्न प्रकार की वसूलियाँ करने का अवसर मिलता है। भारत में कृषि क्षेत्र पर मुख्य करों में (क) कृषि आय पर कर और (ख) भूमि लगान आते हैं। 2016-17 मे इन करों से कुल प्राप्तियां केवल ₹1.16 अरब और ₹140.8 अरब (बिलियन) थीं। ये राशियाँ राज्यों की स्वयं की कर-राजस्व प्राप्तियों (₹10143.0 अरब) की तुलना में अत्यल्प थीं।

## एकरूपता का अभाव (Lack of Uniformity)

ऐतिहासिक दृष्टिकोण से भारत में कृषि पर करारोपण का विकास इस ढंग से हुआ कि इसमें न तो अंतर्राज्यीय स्तर पर एकरूपता आ पाई तथा न ही किसी विचाराधीन राज्य के भीतर ही ऐसा हो सका। भारत के स्वतंत्रता प्राप्त करने के समय स्थिति यह थी कि देश में कई प्रकार की भू-लगान पद्धतियाँ लागू थीं। उनमें कर-छूटों तथा रियायतों की एकरूपता का भी अभाव था। इस व्यवस्था में एक बड़ी कमी यह थी कि भू-लगान का भूमि की

उत्पादिता अथवा उससे अपेक्षित आय से कोई सीधा संबंध नहीं था। सिंचाई के पानी की दरें कृषि में प्रयोग होने वाली अन्य आगतों की कीमतों की भांति ही तय की जाती थीं। इसी प्रकार अन्य आगतों की कीमतें तय करते समय उनके द्वारा भूमि पर होने वाले उत्पादकता-प्रभाव को कोई स्थान नहीं दिया जाता था। भू-लगान प्रणाली की दशा देशी रियासतों में इससे भी अधिक विषमतापूर्ण थी। भू-सर्वेक्षण करने तथा भू-स्वामित्व के रिकॉर्ड रखने के कामों को विशेष महत्व नहीं दिया जाता था।

स्वतंत्रता के पश्चात् भूमि-सुधारों के प्रयत्नों में उपर्युक्त विविधता में कमी होने के स्थान पर उलटे वृद्धि होती गई। इसके कई कारण थे:

- राज्यों के भूमि-सुधारों के उद्देश्यों में भिन्नता के कारण उनके द्वारा अपनाए गए कानूनों में भी भिन्नता बनी रही। अनेक राज्यों को इन कानूनों को लागू करने में कई प्रकार की अड़चनों का सामना करना पड़ा, जिससे उनकी विविधता और भी बढ़ गई।
- इसके अतिरिक्त राज्यों ने भूमि-सुधार के कानून तथा अन्य नीतियों के अपनाने में आर्थिक तथ्यों के साथ राजनीतिक और कई अन्य आर्थिक-भिन्न तथ्यों को भी महत्वपूर्ण स्थान दिया। उदाहरण के लिए सिंचाई की दरें निर्धारित करते समय पानी की मात्रा के स्थान पर इन बातों को अधिक महत्व दिया गया कि (क) पानी से कौन-सी फसल सींची जा रही है? (ख) कृषि भूमि राज्य के किस भाग में स्थित है? (ग) जोत का आकार क्या है? (घ) सिंचाई की स्कीम पुरानी है अथवा नहीं है, आदि, आदि।
- इसी प्रकार कृषि पर आय कर के मामले में एक लंबे इतिहास के बावजूद बहुत अधिक विविधता पाई जाती है। केवल कुछ राज्य ही यह कर वसूलते हैं, तथा इसकी दरों एवं छूट की सीमाओं में काफ़ी असमानता है। सामान्यत: ये कर केवल कृषि कंपनियों से वसूला जाता है।

## न्यायोचितता (Equity)

कृषि क्षेत्र पर करारोपण की न्यायोचितता के प्रश्न पर दो पहलुओं से विचार किया जा सकता है, अर्थात

(क) कर *बनाम* अनुदान, तथा;

(ख) अंतर्क्षेत्रीय समानता।

## 1. कर *बनाम* आर्थिक सहायता (Tax versus Subsidy)

कृषि और कृषि-भिन्न क्षेत्रों में कई ऐसे मूलभूत अंतर हैं जिनके कारण कृषि के संदर्भ में करारोपण के सामान्य सिद्धांतों और कसौटियों पर पुनर्विचार करना आवश्यक हो जाता है। और यही कारण है कि विकसित देशों सहित विश्व भर में सरकारें की प्राथमिकता कृषि पर कर का बोझ डालने के स्थान पर इसे उनुदानों आदि द्वारा विविध रूपी सहायता देने की रहती है। इस संदर्भ में निम्नलिखित तथ्य विशेष रूपसे ध्यानयोग्य हैं:

- **अनिवार्यता (Essentiality)**–कृषि पदार्थों का खाद्य पदार्थों में अग्रणीय स्थान है। देश का विकास स्तर कुछ भी हो, जीवन के लिए खाद्य पदार्थों की उपलब्धि अति आवश्यक है। इसके विपरीत औद्योगिक पदार्थों की उपलब्धि का होना जीवन के लिए वाँछनीय होते हुए भी अंतिम रूप में अनिवार्य नहीं है। अत: प्रत्येक सरकार का यह मूल कर्तव्य बनता है कि यथासंभव देशवासियों को खाद्य पदार्थों की प्रयाप्त उपलब्धि सुनिश्चित कराए और

यदि करारोपण से कृषि-विकास और कृषि-उत्पादन पर नकारात्मक प्रभाव पड़ता हो, तो कृषि क्षेत्र को कर-मुक्त रखने की नीति अपनाए तथा/अथवा उसे विकासात्मक सहायता प्रदान करे।

• **अनिश्चितता**–वास्तविकता यह है कि विश्वभर में सदैव अंतर्राष्ट्रीय अस्थिरता का भय बना रहता है। अत: किसी सरकार के लिए भी अपने देशवासियों के लिए यथासंभव 'खाद्य सुरक्षा' की नीति का कड़ाई से पालन करना ही श्रेयस्कर है।

• **जीविकोपार्जन**–भारत जैसे जिन अल्पविकसित देशों में जनसंख्या का एक बड़ा अनुपात अपनी जीविका और रोज़गार के लिए कृषि पर निर्भर हो, उन्हें कृषि क्षेत्र के संरक्षण पर विशेष ध्यान देने की आवश्यकता होती है।

• **प्रकृति पर निर्भरता**–बाजार व्यवस्था से सम्बद्ध अनिश्चितता के अतिरिक्त कृषि क्षेत्र की प्रकृति पर निर्भरता बहुत अधिक होती है। अनेक प्राकृतिक शक्तियों के सम्भव प्रकोपों का सामना करना पड़ता है जैसे कि खराब मौसम, बाढ़, सूखा, प्राकृतिक आपदाएँ, कीट प्रकोप और फसल बीमारियाँ आदि। अत: कृषि क्षेत्र का यह अधिकार बनता है कि करारोपण के स्थान पर इसे सरकारी सहायता प्रदान की जाए।

## 2. अंतर्क्षेत्रीय समानता (Inter-Sectoral Equity)

• **विकास दर (Growth Rate)**–कृषि क्षेत्र और कृषि-भिन्न क्षेत्रों में एक मूल अंतर यह है कि प्रकृति पर निर्भर होने के कारण पूर्वोक्त की मात्रात्मिक विकास दर (growth rate of volume) एक सीमा से अधिक नहीं बढ़ सकती, जबकि अन्य क्षेत्र इस प्रकार के बंधन से मुक्त हैं। परिणामस्वरूप कृषि क्षेत्र की औसत विकास दर अन्य क्षेत्रों की तुलना में कम रहती है। इस कारण विश्वभर में कृषकों के आय स्तर को बढ़ाने के लिए कृषि को विविध रूपी अनुदान-सहायता दी जाती है। ज्ञातव्य है कि, विकसित देशों में यह सहायता इतनी अधिक दी जाती है कि कृषि पदार्थों में मुक्त अंतर्राष्ट्रीय व्यापार (free international trade) के लक्ष्य की प्राप्ति असंभव प्रतीत होती है।

• **अन्तर्क्षेत्रीय न्यायोचितता (Intersectoral Equity)**–करारोपण में न्यायोन्तितता का एक पहलू यह है कि प्रत्येक उत्पादन क्षेत्र पर कर का बोझ लगभग इसके सकल राष्ट्रीय उत्पादन में अनुपात के बराबर हो। इस मतानुसार कृषि क्षेत्र पर कर का बोझ उतना नहीं है, जितना कि होना चाहिए। हमारे सकल राष्ट्रीय उत्पाद का लगभग पाँचवां भाग कृषि क्षेत्र तथा कृषि से संबंधित गतिविधियों से आता है। परंतु कर-राजस्व में कृषि क्षेत्र का हिस्सा इससे काफ़ी कम है। यह वस्तुस्थिति न केवल केन्द्रीय कर-प्रणाली में, प्रत्युत्त राज्यों की कर-प्रणाली में भी दिखाई पड़ती है। राज्य सरकारें कृषि क्षेत्र से दो मुख्य प्रत्यक्ष कर वसूल करती हैं, अर्थात् भूमि लगान तथा कृषि आय कर। प्रथम योजना के दौरान भूमि लगान का राज्यों के अपने कर-राजस्व में अनुपात 26% था, जो छठी योजना तक घट कर केवल 2.0% रह गया है। इस समय यह अनुपात लगभग शून्य तुल्य है। इसके विपरीत राज्यों के अपने कर राजस्व में कृषि आय कर का अनुपात प्रारंभ से ही काफ़ी कम रहा है। यह प्रथम पंचवर्षीय योजना में भी केवल 2% ही था तथा अब घट कर केवल 0.04% के करीब ही रह गया है। यद्यपि ये आँकड़े सभी राज्यों के लिए एक समान नहीं है, परंतु फिर भी प्रत्येक राज्य के कर राजस्व में इनका अनुपात वहाँ के सकल उत्पाद में कृषि के अनुपात से काफ़ी कम है।

• **आर्थिक सहायताएँ आदि (Subsidies etc.)**–कृषि पर कर बढ़ाने के पक्ष में यह तर्क भी दिया जाता है कि सरकार कृषि को कई आगतों (inputs) जैसे कि उर्वरक, सिंचाई के लिए पानी तथा बिजली, मशीनरी, आदि; पर कर की रियायतें देती है अथवा उपदान देती है।

**मिथ्या तर्क (False Arguments)**–कुछ अन्य तथ्यों पर विचार करने पर उपर्युक्त तर्कों की कई त्रुटियाँ सामने आती हैं।

• कृषि-भिन्न क्षेत्रों में बड़े पैमाने पर कर की चोरी के कारण उन पर कर का प्रभावी बोझ कम है।

• अधिकतर देशों में इस तथ्य को स्वीकारा जाता है, कि कृषि की विकास दर कृषि-भिन्न क्षेत्रों की विकास दरों से कम होती है। अतः कर राजस्व में इसका प्रतिशत अनुपात कालांतर में घटता जाना चाहिए।

• कृषि को अन्य आर्थिक गतिविधियों की तुलना में अधिक अनिश्चितता का सामना करना पड़ता है, जिसके कारण इसका विभिन्न रूपों में कर-रियायतों पर अधिक अधिकार बनता है।

• भारत में कृषि क्षेत्र की कर देय क्षमता का औसत स्तर अन्य क्षेत्रों की क्षमता के औसत स्तर की बराबरी नहीं कर सकता। इस क्षेत्र में प्रति व्यक्ति आय राष्ट्रीय प्रति-व्यक्ति आय से काफ़ी कम है। कृषि क्षेत्र पर जनसंख्या का भार इतना अधिक है कि केवल थोड़े-से कृषकों पर ही प्रभावी तौर से प्रत्यक्ष कर आरोपित जा सकते हैं। खेती पर आधारित अधिकतर लोगों के पास प्रत्यक्ष कर अदा करने की क्षमता ही नहीं है।

• भारत में अधिकतर जोतों के आकार बहुत छोटे हैं, जिससे किसानों को इतनी आय नहीं हो सकती कि वे प्रत्यक्ष एवं परोक्ष कर सुगमता से अदा कर सकें।

• कृषि में भूमि-सीमा संबंधी कानूनों के कारण भी इस क्षेत्र की कर-देय क्षमता में कमी आई है।

• विश्वभर में (और विशेषकर विकसित देशों में) कृषि क्षेत्र को विविध रूपी और काफ़ी अधिक सहायता दी जाती है।

• भारत में कृषि क्षेत्र पर करारोपण के स्थाप पर इसे सहायता देने का औचित्य और भी अधिक है। हमारा कृषि क्षेत्र अभी तक पिछड़ा हुआ है और इसकी उत्पादकता अत्यल्प है। इस कारण कृषि क्षेत्र में बड़े पैमाने पर निवेश करने की आवश्यकता है। इस पर आधारित कृषकों और श्रमिकों की प्रति व्यक्ति आय भी बहुत थोड़ी है।

• भारत में कई कृषि-भिन्न क्षेत्रों को सरकार द्वारा विविध रूपी सहायता प्रदान की जाती है। कृषि क्षेत्र भी कई कारणों से इसी प्रकार की सहायता का अधिकारी है।

• भारत में कृषि और कृषि-भिन्न वस्तुओं की दीर्घकालीन कीमत-प्रवृत्तियों की तुलना से हम इस निकर्ष पर पहुँचते हैं कि अन्य क्षेत्रों द्वारा कृषि का शोषण किया जा रहा है। अतः कृषि को इस स्थिति से उबारने के लिए भी इसे कर-मुक्त रखना चाहिए।

• भारत में कृषि क्षेत्र पर कर बढ़ाने के विरुद्ध एक तर्क यह भी दिया जाता है कि ऐसा करने पर खाद्य पदार्थों तथा अन्य कृषि उपज की कीमतें बढ़ेंगी, जिससे भारत के गरीब लोगों को अत्यधिक कठिनाई का सामना करना पड़ेगा। भारत के ग्रामीण इलाकों में भी जनसंख्या के एक बड़े भाग को अपनी खाद्य आवश्यकताएँ बाज़ार से क्रय करनी पड़ती हैं। कृषि पर कर बढ़ाने से इन सब लोगों के लिए तंगी की स्थिति उत्पन्न हो जाएगी।

**निष्कर्ष**–उपरोक्त तर्क-वितर्क से हम इस निष्कर्ष पर पहुँचते हैं कि कृषि पर करारोपण की गुंजाइश शून्यतुल्य अथवा अति सीमित है। इसे संभवतः बड़ी कृषक कंपनियों और उच्चाय वाले कृषकों से ही वसूला जा सकता है।

## राजस्व संभाविता (Revenue Potential)

कृषि पर प्रत्यक्ष करारोपण से अपेक्षित राजस्व का कोई सर्वमान्य अनुमान उपलब्ध नहीं है।[1] केवल बहुत वर्ष पहले की **राज कमेटी** (Committee on Taxation on Agricultural Wealth and Income) का एक अनुमान उपलब्ध है। राज कमेटी द्वारा वर्ष 1972 में दी गई रिपोर्ट के अनुसार इसकी सिफ़ारिशें लागू करने पर 150 करोड़ रुपए प्रतिवर्ष के अतिरिक्त राजस्व की अपेक्षा की जा सकती थी। स्पष्ट है कि, वर्तमान में राजस्व की यह अपेक्षित राशि कई गुना अधिक मानी जाएगी, क्योंकि इस बीच कृषि की उत्पादकता और कीमतों दोनों में वृद्धि हुई है।

**दो प्रकार के कर**–राज कमेटी की दो मुख्य सिफ़ारिशें ध्यान देने योग्य हैं, अर्थात् (क) **आय कर संबंधी**, और (ख) **जोत कर।**

### (क) आय कर सबंधी सिफ़ारिश

राज कमेटी के मतानुसार कृषि आय पर केन्द्र द्वारा कर लगाया जाना चाहिए, परंतु संविधान इसकी अनुमति नहीं देता। अतः कमेटी ने यह सिफ़ारिश की कि केन्द्र द्वारा आय कर के निर्धारिण में कृषि आय वालों करदाताओं की कृषि आय को उनकी कृषि–भिन्न आय के करमुक्त और करारोपित खंडों के बीच में रखा जाए, जिससे उनकी कृषि–भिन्न आय का करारोपित खंड ऊपर की स्लैब में अंतरित हो जाए तथा इस प्रकार उनकी करारोपित आय पर कर की दर बढ़ जाए। केन्द्र ने इस सिफ़ारिश को मानते हुए इसे अगले वर्ष से लागू भी कर दिया।

परंतु इस विधि कई त्रुटियाँ हैं:

- जिस व्यक्ति की कृषि–भिन्न आय न हो, उससे कृषि आय पर कर की वसूली नहीं की जा सकती।
- कृषि आय के कारण करदेयता में वृद्धि कृषि–भिन्न आय के आकार पर भी उतनी ही निर्भर करती है, जितनी कि कृषि आय के आकार पर।
- कृषि आय तथा कृषि–भिन्न आय के इस संगम से किसी हद तक कर की चोरी रोकना तो संभव है, परंतु फिर भी इस संदर्भ में सर्वोत्तम कदम यही है कि कृषि आय और कृषि–भिन्न आय के भेद को ही समाप्त कर दिया जाए तथा करदाता की समस्त आय एक ही कानून के अंतर्गत करारोपित हो। परंतु इस व्यवस्था में कठिनाई यह है कि इसे संविधान में संशोधन किए बिना नहीं अपनाया जा सकता। कृषि आय पर कर लगाने का अधिकार केवल राज्यों का है तथा वे इस अधिकार को छोड़ने को तैयार नहीं हैं।

### (ख) कृषि-जोत कर (Agricultural Holdings Tax)

कृषि पर इस प्रकार के प्रत्यक्ष कर की सिफ़ारिश का श्रेय राज कमेटी को जाता है। इस कमेटी की नियुक्ति कृषि आय और धन पर करारोपण की संभावनाओं और औचित्य के अध्ययन के लिए की गई थी। 1972 की अपनी रिपोर्ट में राज कमेटी ने प्रत्यक्ष करारोपण की कुछ **बुनियादी कसौटियों** को गिनवाया, जो इस प्रकार थीं:

- यह कर प्रणाली प्रगामी तो हो, परंतु इससे कृषक पर पड़ने वाला भार अनुचित नहीं हो।
- करदाता की करदेयता उसकी आय के स्रोत (कृषि अथवा कृषि–भिन्न) पर निर्भर नहीं होना चाहिए।
- विभिन्न राज्यों में तथा एक ही राज्य के विभिन्न भागों में कर भार में विषमताएँ नहीं होनी चाहिए। इस उद्देश्य हेतु कर प्रणाली की यह विशेषता होनी चाहिए कि इसमें कृषि–उत्पादिता के अतिरिक्त कीमतों तथा उनमें होने वाले परिवर्तन प्रभावी ढंग से प्रतिबिम्बित हों।

---

[1] वैसे भी इस प्रकार का अनुमान प्रस्तावित कर प्रणाली के अनुसार बदलता जाता है।

• कमेटी ने नोट किया कि संविधान के संशोधन के बिना भी कृषि-धन को कृषि-भिन्न धन के साथ मिलाकर करारोपित किया जा सकता है। परंतु ऐसा करने में कृषि-धन के मूल्यांकन तथा अन्य कई प्रकार की समस्याएँ उत्पन्न होती हैं और भारतीय किसान अपनी आर्थिक गतिविधियों का लेखा भी नहीं रखते। इससे कर-अधिकारियों को उन्हें परेशान करने का अवसर मिल सकता है।

• अत: कमेटी एक ऐसी कर-व्यवस्था चाहती थी जिसमें कर अधिकारियों को मनमानी करने का अवसर न मिले। उनका निर्णय लेने का अधिकार गैर-वैयक्तिक (non-personal) तथा सभी कृषकों पर एक समान लागू होने वाला हो। उदाहरण के लिए यदि यह निर्णय लिया जाए कि गेहूँ उगाने वाले कृषकों की कर देयक्षमता चना उगाने वाले कृषकों की देयक्षमता से अधिक है, तो यह निर्णय सभी कृषकों पर लागू हो।

**जोत कर की रूपरेखा**–इन बातों को ध्यान में रखते हुए कमेटी ने **कृषि जोत कर** की सिफ़ारिश की जिसकी रूपरेखा इस प्रकार थी।

• पूरे देश को जनपदों, क्षेत्रों और उप-क्षेत्रों में इस प्रकार बाँटा जाए कि उनमें यथासंभव कृषि उत्पाकदता की समानता हो। इस प्रकार प्रत्येक क्षेत्र अथवा उप-क्षेत्र में प्रत्येक फ़सल (अथवा कुछ फ़सलों के एक वर्ग) का पिछले वर्षों की औसत कीमतों के आधार पर मौद्रिक मूल्य निकाला जाए। स्पष्ट है कि औसत उपज तथा इसके मौद्रिक मूल्य का अनुमान प्रत्येक वर्ष लगाया जाएगा। इस प्रकार प्रत्येक क्षेत्र तथा उपक्षेत्र में प्रत्येक फ़सल के लिए प्रत्येक वर्ष प्रति हैक्टेयर मानकीकृत मूल्य निकाले जाने की सिफ़ारिश की गई।

• इस मानकीकृत मौद्रिक मूल्य में से खेती करने की प्रति हैक्टेयर लागत घटाई जाए। स्पष्ट है कि इस लागत का अनुमान भी फ़सल तथा क्षेत्र पर निर्भर करेगा। कमेटी ने इस लागत को अनुमानित करने के ढंग की भी विस्तृत प्रक्रिया सुझाई।

• प्रत्येक कृषि कुटुम्ब (जिसमें, पति, पत्नी तथा नाबालिग़ बच्चे शामिल हों) की कृषि जोत का आकार, इसमें उगाए जाने वाली फ़सलों, उनकी प्रति हैक्टेयर मानकीकृत उपज मात्राएँ और मौद्रिक मूल्य का हिसाब लगाते हुए, कृषि जोत के कर देय मूल्य (rateable or taxable value) का अनुमान लगाया जाए।

• यदि किसी वर्ष किसी क्षेत्र में किसी फ़सल की औसत उपज पिछले दस वर्षों की औसत उपज से कम हो, तो कृषि जोत के उस भाग का कर देय मूल्य शून्य माना जाए जिस पर विचाराधीन फ़सल उगाई गई हो।

• कृषि जोत के कर देय मूल्य में से इसका 20% (अथवा अधिक से अधिक 1000 रुपए) विकासात्मक व्यय के लिए घटाकर शेष पर जोत कर लगाया जाए। इस कर की दर, कर देय मूल्य का (1/2000)% हो। उदाहरणार्थ 10,000 रुपए के कर देय मूल्य पर कर की दर 5% अर्थात कर देयता 500 रुपए हो, तथा इसी प्रकार 20,000 रुपए के कर देय मूल्य होने पर कर की दर 10%, अर्थात कर देयता 2000 रुपए हो।

• कमेटी ने सिफ़ारिश की कि करारोपण के दृष्टिकोण से यह मानकर चलना चाहिए कि ट्रस्टों की भूमियाँ उनके हिस्सेदारों में बँटी हैं, और ट्रस्टों की आय भी हिस्सेदारों में उनके हिस्सों के अनुपातों में ही बंट रही है। यदि ऐसा करना संभव न हो तो समस्त ट्रस्ट की कर-देय आय पर कम-से-कम 20 प्रतिशत की दर से कर लगाना चाहिए। कमेटी ने सिफ़ारिश की कि खैराती तथा धार्मिक ट्रस्टों को कर की रियायत नहीं दी जानी चाहिए ताकि वे इसे कर की चोरी का साधन न बना सकें। इसी प्रकार सहकारी समितियों को कर की रियायत देने से बोगस समितियों के अस्तित्व में आने की आशंका रहती है। कृषि कंपनियों के मामले में कमेटी ने यह सिफ़ारिश की कि इन पर भी कौटुम्बिक कृषि-जोतों की भाँति ही कर लगाया जाए तथा कर की दर कम-से-कम 20 प्रतिशत हो।

**प्रस्तावित जोत कर के पक्ष में तर्क**–जोत कर के इस प्रस्तावित रूपाकार के पक्ष में निम्नलिखित तर्क दिए जा सकते हैं:

- राज कमेटी के मतानुसार यह प्रस्तावित कर अति सरल तथा प्रभावी होने के अतिरिक्त न्यायोचित भी था। परंतु एक प्रकार से देखा जाए तो कृषि जोत कर कृषि फ़सलों पर उपकर (cess) के समान है, जो कुछ चयनित फसलों पर पहले से ही लगाया जा रहा है।
- इस कर का सैद्धांतिक आधार यह है कि कर की दर कृषि उत्पादकता के साथ-साथ घटती बढ़ती है।
- चूँकि जोत कर समस्त परिवार की जोत पर आरोप्य है, अत: इससे कोई कृषि परिवार अपनी जोत को झूठ-मूठ के भागों में बाँटकर अपनी कर देयता में कमी नहीं कर सकता। चूंकि प्रभावी जोत कर पूरे परिवार की भूमि पर लगाया जाता है, इसलिए इसे गैर-कानूनी ढंग से छिपाने का अवसर भी घट जाता है। इससे कर की चोरी रुकने के साथ-साथ मज़ारों (आभोगियों, tenants) के अधिकारों की भी रक्षा होती है।

**प्रस्तावित जोत कर के विपक्ष में तर्क**–कृषि जोत कर की स्कीम त्रुटिहीन नहीं है। इसमें से मुख्य निम्नलिखित हैं।

- विकास व्यय के लिए करारोपित आय में से कम की जाने वाली राशि की ऊपरी सीमा (1,000 रुपए) अति थोड़ी है। इसमें जोत के आकार, भूमि-विकास की स्कीमों, तथा बढ़ती कीमतों आदि को पूर्ण रूप से अनदेखा किया गया है। इस प्रकार के प्रावधान का कृषि विकास पर केवल नकारात्मक प्रभाव ही अपेक्षित है।
- अन्य देशों की भाँति भारत में भी कृषि क्षेत्र का रूपाकार बदल रहा है और नित नई प्रकार के उत्पादन तकनीकों के सहित नए प्रकार के पदार्थ उगाए जा रहे हैं। इस विकास प्रक्रिया में उपरोक्त 'विकास राशि' की अपर्याप्तता स्पष्ट है।
- जैसा कि उपरोक्त उदाहरण से स्पष्ट है, इस स्कीम में जोत कर की दर अनुमानित करदेय मूल्य के साथ-साथ बढ़ती जाती है। अत: यह स्कीम कृषकों की उच्च मूल्य की फ़सलें उगाने तथा प्रति हैक्टेयर उपज बढ़ाने की प्रवृत्ति को हतोत्साहित करती है।
- कृषि क्षेत्र के दीर्घावधिक विकास हेतु यह आवश्यक है कि कृषि पर निर्भर जनसंख्या में कमी हो, कृषि-भिन्न व्यवसायों पर निर्भर जनसंख्या का अनुपात बढ़े तथा **जोत के औसत क्षेत्रफल में वृद्धि हो**। परंतु जोत कर की स्कीम में जोत का आकार बढ़ने पर कर देयता बढ़ जाती है तथा इससे समस्त विकास प्रक्रिया हतोत्साहित होती है।
- इस स्कीम में इस तथ्य पर ध्यान नहीं दिया गया कि किसी भू-क्षेत्र की औसत उपज अच्छी होते हुए भी किसी कृषक विशेष की फसल खराब हो सकती है। परंतु इस स्कीम के अंतर्गत उसकी कर-देयता सारे भू-क्षेत्र की औसत उपज में कमी आने पर ही घटती है।
- इस स्कीम में पूरे क्षेत्र (अथवा उपक्षेत्र) के लिए एक विचाराधीन फसल की औसत उपज का अनुमान लगाना और पिछले दस वर्षों से तुलना करना व्यावहारिकता के स्तर पर काफ़ी कठिनाईयुक्त है। इस अनुमान प्रक्रिया में कर-अधिकारियों द्वारा जाने-अनजाने गलती होने की गुंजाइश बहुत अधिक है।
- कमेटी द्वारा सुझाई गई कर की दर बहुत ऊँची है। इस कथन का सार विशेषकर निम्नलिखित तथ्यों पर विचार करने से सामने आता है, अर्थात्:

(क) कृषि-भिन्न आय पर कर की दरों का कम होना;

(ख) कर देय मूल्य के दो लाख रुपए हो जाने पर कर की दर का 100 प्रतिशत हो जाना;

(ग) बढ़ती कीमतों के साथ कर देय आय के मौद्रिक अनुमान में वृद्धि होना;

(घ) कृषि जोत से होने वाली आय एक व्यक्ति के लिए न होकर पूरे परिवार के लिए होना;

(ङ) प्राकृतिक तथा बाज़ार शक्तियों के संयुक्त प्रभाव के कारण कृषि आय का अधिक अनिश्चित होना।

## शब्दावली (Key Words)

1. भूमि लगान (Land Tax, Land Revenue); 2. कृषि आय कर (Tax on Agricultural Income); 3. उपकर (Cesses); 4. अधिभार (Surcharges); 5. करारोपण की एकरूपता (Uniformity of Taxation); 6. करारोपण की न्यायोचितता (Equity in Taxation); 7. कृषि जोत कर (Land Holding Tax)

## अभ्यास प्रश्न

1. भारत में कृषि पर किस प्रकार के कर लगाए जाते हैं? उनकी एकरूपता और न्यायोचितता की समीक्षा करें।
2. कृषि से संभावित कर-राजस्व में वृद्धि की मंद गति की अनिवार्यता पर व्याख्यात्मक नोट लिखें।
3. यह कहना कहाँ तक ठीक है कि भारत में कृषि पर बहुत कम कर लगाया जाता है? तर्क सहित उत्तर दें।
4. क्या आप कृषि पर एक ऐसी उत्तम कर प्रणाली की रूपरेखा का सुझाव दे सकते हैं जिसमें अन्य विशेषताओं के अतिरिक्त अंतर्वैक्तिक न्याय भी सुनिश्चित किया जा सके?
5. राज कमेटी की कृषि जोत कर सहित सिफ़ारिशों की जाँच करें।
6. भारत में कृषि आय पर करारोपण संबंधी तथ्यों की समीक्षा करें तथा इसे लगाने की व्यावहारिकता पर विचार करें।
7. इस कथन की जाँच करें कि भारत में कृषि क्षेत्र पर किसी प्रकार का भी करारोपण अनुचित है और इसे विभिन्न प्रकार की सहायता की आवश्यकता है।
8. "एक सक्षम कृषि क्षेत्र हमारी अर्थव्यवस्था के बहुविध विकास और इसकी स्थिरता के अतिरिक्त रोजगार के लिए अत्यावश्यक है।" इस कथन पर तर्क सहित अपने विचार प्रकट करें।

# अध्याय 25

# स्थानीय वित्त

## (Local Finance)

**इस अध्याय में**

- स्थानीय निकायों की संवैधानिक स्थिति, विशेषताओं, वित्तीय स्रोतों, बढ़ती आवश्यकताओं की तुलना में मंद गति से बढ़ते वित्तीय साधनों की समीक्षा है।
- वित्तीय अभाव के लगातार बने रहने और इसके कारणों की संवैधानिक, ऐतिहासिक और व्यावहारिक दृष्टिकोणों से समीक्षा है।
- कराधान जाँच आयोग से लेकर स्थानीय निकायों संबंधी संवैधानिक संशोधनों और उनके बाद की वस्तु-स्थिति का अध्ययन है।
- स्थानीय निकायों की वित्तीय स्थिति में दीर्घकालीन सुधार की संभावनाओं पर विचार किया गया है।

## बहुस्तरीय सरकार (Multi-level Government)

स्थानीय वित्त से अभिप्राय स्थानीय निकायों अर्थात् स्थानीय स्तर की सरकारों के प्रशासनिक और राजकोषीय मामलों से है। भारत में सरकार का अस्तित्व तीन स्तरों पर है, अर्थात्

(क) पूरे देश के लिए केन्द्रीय सरकार;

(ख) प्रत्येक राज्य अथवा 'संघ क्षेत्र' (Union Territory) के लिए 'राज्य सरकार' अथवा 'संघ क्षेत्रीय सरकार', तथा;

(ग) विभिन्न प्रकार के स्थानीय निकाय।

इस संदर्भ में एक महत्वपूर्ण तथ्य स्थानीय निकायों संबंधी 1992 में पारित किए गए संविधान के 73वें तथा 74वें संशोधन हैं। इन संशोधनों से पूर्व स्थानीय निकायों का अस्तित्व **कानूनी दृष्टिकोण** से अनिवार्य नहीं था तथा न ही उनकी स्थानीय स्वशासन (local self government) के रूप में मान्यता थी। उनके अस्तित्व का औचित्य केवल यह मत था कि उनके माध्यम से सरकार द्वारा मुहैया की गई अंतर्स्थानीय विविधता वाली सेवाओं की उत्पादकता और गुणवत्ता को सुनिश्चित किया जा सकता है। इस मत के अनुसरण में केन्द्रीय सरकार द्वारा पत्तन न्यास (Port Trusts) तथा छावनी बोर्डों आदि का तथा राज्य सरकारों द्वारा अन्य प्रकार के स्थानीय निकायों का गठन किया जाता था, परंतु संविधान में स्थानीय निकायों के लिए अथवा उनके किसी वर्ग के लिए कोई पूर्वनिश्चित आरक्षित कार्यक्षेत्र तथा साधन नहीं थे। प्रत्येक राज्य सरकार अपनी इच्छा से अपनी क्षेत्रीय सत्ता के भीतर स्थित प्रत्येक वर्ग

विशेष के स्थानीय निकायों के कार्यक्षेत्रीय तथा साधन-सीमाएँ तय करती थी तथा इस निर्णय के अनुसार वह इन्हें राज्य सूची (State List) में से विचाराधीन स्थानीय निकायों को अंतरित कर देती थी।

- संविधान के 73वें और 74वें संशोधनों से पूर्व भी स्थानीय निकायों का अस्तित्व था, परंतु उनके अस्तित्व की कानूनी अनिवार्यता नहीं थी।
- इनका अस्तित्व, कार्यक्षेत्र और साधन स्रोत संबद्ध राज्य सरकारों (और संघ क्षेत्रों के मामले में केन्द्र) की सद्इच्छा पर निर्भर करते थे।

### संवैधानिक संशोधनों के पश्चात् की स्थिति

संविधान के 73वें और 74वें संशोधनों के परिणामस्वरूप अब स्थिति निम्न प्रकार से हो गई है:

**1. अनिवार्य अस्तित्व**–स्थानीय निकायों का गठन अनिवार्य हो गया है तथा उन्हें स्थानीय स्वशासन का एक अभिन्न माध्यम माना गया है।

**2. दो वर्ग**–संविधान के उपर्युक्त संशोधनों के अतर्गत दो वर्गों के स्थानीय निकायों का प्रावधान किया गया है, अर्थात्

(i) ग्रामीण, तथा; (ii) शहरी।

ग्रामीण निकायों को क्षेत्रीय जनसंख्या के आधार पर 'ग्राम सभाओं', 'पंचायतों', 'मध्यवर्ती निकायों', 'जनपद परिषदों' तथा इसी प्रकार के अन्य नामों से जाना जा सकता है। इसके विपरीत शहरी निकायों को 'पंचायत' शब्द के अतिरिक्त 'नगर पालिका' तथा 'नगर निगम' आदि से संबोधित किया जा सकता है। स्मरणीय है कि, नाम चाहे कुछ भी हो, स्थानीय निकायों का मूल वर्गीकरण "ग्रामीण" तथा "शहरी" ही है।

## स्थानीय निकायों की रूपरेखा (Framework of Local Bodies)

**ग्रामीण निकाय**–स्थानीय निकायों की मूल इकाई ग्राम पंचायत है। एक पंचायत केवल एक ग्राम के लिए अथवा कई छोटे ग्रामों के एक समूह के लिए हो सकती है। इन पंचायतों को किसी अंश तक न्यायिक अधिकार दिए जाने के अतिरिक्त कुछ सामाजिक, आर्थिक तथा सामूहिक सेवाएँ भी सौंपी जाती हैं, तथा उनके वित्त पोषण के लिए कुछ आर्थिक साधन भी प्रदान किए जाते हैं। इन सेवाओं की सूची में चौकीदारी एवं सुरक्षा का प्रबंध, सफ़ाई, प्राथमिक शिक्षा, रोशनी का प्रबंध, बुनियादी सूचना, जन्म एवं मरण का पंजीकरण, आदि शामिल हैं। ग्राम पंचायतों को छोटी सिंचाई की परियोजनाएँ, पानी का निकास, धरती का धरातल सुधार आदि सौंपे जाने की संभावना भी काफी अधिक रहती है। इसी प्रकार इनकी गतिविधियों में विपणन, सहकारिक वित्त, गोदाम आदि की सुविधाएँ मुहैया कराया जाना भी हो सकते हैं।

**शहरी निकाय**–नगर पंचायत का प्रावधान उन क्षेत्रों के लिए है जो ग्रामीण की पदवी से उठकर शहरी दर्जा प्राप्त करने की प्रक्रिया में हों। इसी प्रकार एक छोटे शहरी क्षेत्र के लिए म्युनिसिपल कमेटी (नगर पालिका) तथा एक बड़े शहरी क्षेत्र के लिए म्युनिसिपल कॉर्पोरेशन (नगर निगम) का प्रावधान है। स्पष्ट है कि इन सभी मामलों में ग्रामीणपन से शहरीपन की ओर जाने पर स्थानीय निकायों के कार्यक्षेत्र तथा साधनों में यथोचित परिवर्तन आता जाता है। मुख्य रूप से लगभग सभी स्थानीय निकायों के गठन का आधार चुनाव द्वारा किया जाता है। परंतु नोटिफाईड एरिया कमेटियाँ तथा छावनी-बोर्डों के सदस्य बहुधा मनोनीत किए जाते हैं और उनकी आय का मुख्य स्रोत भी अनुदान राशियाँ ही होती हैं।

### 11वीं सूची

ग्रामीण निकायों के कार्यक्षेत्र का विवरण संविधान की 11वीं सूची में दिया गया है। इसमें **29 इंद्राज** हैं। इस सूची के अनुसार इन निकायों को विविध प्रकार के आर्थिक विकास तथा सामाजिक न्याय के कार्य सौंपे गए हैं। इन उद्देश्यों की प्राप्ति हेतु स्थानीय परियोजनाओं की रूपरेखा बनाना तथा उन्हें कार्यान्वित करना भी इन्हीं के ज़िम्मे आता है। परंतु इनके पास वित्तीय साधनों का अभाव है, जिसके कालांतर में बढ़ जाने की प्रबल संभावना है। इस अभाव को केवल राज्य सरकारों (तथा केन्द्र) से साधन अंतरण द्वारा ही दूर किया जा सकता है।

### 12वीं सूची

शहरी निकायों के कार्यक्षेत्र का विवरण संविधान की 12वीं सूची में दिया गया है। इसमें **18 इंदराज** हैं। विचारणीय है कि शहरी निकायों को भी विविध प्रकार के आर्थिक विकास तथा सामाजिक न्याय संबंधी विषय सौंपे गए हैं, उनके भी वित्तीय साधन अति सीमित हैं, तथा कालांतर में इस वित्तीय अभाव में वृद्धि होने की भी प्रबल संभावना है। इसका स्थायी समाधान भी राज्यों (तथा केन्द्र) से साधन अंतरण की बढ़ोतरी में ही है।

### राज्य सरकार का दायित्व

संविधान में प्रत्येक राज्य से यह अपेक्षित है कि:-

(1) वह कुछ निर्दिष्ट कर, शुल्क, चुँगियाँ तथा फ़ीसें स्थानीय निकायों को हस्तांतरित करेगा (assignment of ressources);

(2) उसके कुछ निर्दिष्ट करों, शुल्कों तथा फ़ीसों की निवल वसूलियाँ स्थानीय निकायों के साथ विभाज्य होंगी (sharing of resources), तथा;

(3) उसकी समेकित निधि (Conslidated Fund) में से स्थानीय निकायों को अनुदान (grants) दिए जाएँगे।

### राज्य वित्त आयोग

अपेक्षित है कि प्रत्येक राज्य सरकार पत्येक पाँचवें वर्ष (अथवा इससे पहले) एक वित्त आयोग का गठन करेगी, जिसका कार्य होगा कि:

(1) स्थानीय निकायों की वित्तीय स्थिति का अध्ययन करे;

(2) राज्य सरकार को इस बात की सिफ़ारिश करे कि वह कौन–से सिद्धांतों के आधार पर निम्नलिखित प्रश्नों के बारे में निर्णय करे, अर्थात्:

- राज्य सरकार द्वारा लगाए गए तथा वसूल किए जाने वाले जिन करों, शुल्कों, टोल्स तथा फ़ीसों की निवल प्राप्तियों में स्थानीय निकायों की साझेदारी रखी गई हो, उनका राज्य सरकार तथा स्थानीय निकायों में विभाजन का आधार;
- स्थानीय निकायों को अंतरित भाग में उनके व्यक्तिगत हिस्सों के निर्धारण का आधार;
- उन करों, शुल्कों, टोल्स तथा फ़ीसों का चुनाव जिनकी कुल निवल प्राप्तियाँ स्थानीय सरकारों को प्रदान कर दी जाएँ तथा जिनकी वसूली भी स्थानीय निकायों के हाथ में रहे;
- राज्य की समेकित निधि (Consolidated Fund) में से स्थानीय निकायों को दिए जाने वाले अनुदान।

(3) अन्य सभी ऐसे मामलों पर अध्ययनोपरांत अपनी सिफारिशें करे जो राज्य सरकार द्वारा स्थानीय निकायों के वित्तीय स्वास्थ्य में सुधार के दृष्टिकोण से इसके सामने रखे जाएँ।

स्थानीय निकायों के अनेक लाभ होने के कारण उन्हें एक उत्तम सरकार प्रणाली का अभिन्न अंग माना जाता है। कुछ ऐसी सरकारी सेवाएँ होती हैं, जिनका स्थानीय सरकारों के हाथ में रहना ही ठीक रहता है। स्थानीय आवश्यकताओं के अनुरूप ढाले जाने पर इन सेवाओं की गुणवत्ता बढ़ जाती है। स्थानीय परिस्थितियों में एकरूपता न होने के कारण इन सेवाओं के रूपाकार का मानकीकृत करना संभव नहीं होता। सड़कों की सफ़ाई, गलियों में रोशनी का प्रबंध आदि इन सेवाओं के कुछ उदाहरण हैं। ऐसी सेवाओं की रूपरेखा स्थानीय स्थितियों को ध्यान में रखकर ही तय की जानी चाहिए। इसके अतिरिक्त इस प्रकार के प्रबंधन में स्थानीय नागरिकों को राजनीतिक, सामाजिक तथा आर्थिक जागरूकता के अवसर भी मिलते हैं। साथ ही उन्हें अपने बुनियादी कर्तव्यों का भी आभास होता है। इस संरचना में सरकारी सेवाओं का लोक राजस्व के साथ भी बेहतर तालमेल बिठाया जा सकता है। कर-विभाजन को उन सिद्धांतों के नकट लाना संभव हो जाता है, जो न्यायिक दृष्टि से अधिक स्वीकार्य हों।

यथार्थता के स्तर पर राज्य वित्त आयोगों की भूमिका को प्रशंसनीय नहीं कहा जा सकता। इसका एक मुख्य कारण राज्यों की स्थानीय निकायों के प्रति (और इस कारण राज्य वित्त आयोगों के प्रति) गहरी उदासीनता है। अधिकांश मामलों में अपेक्षित समय सारणी के अनुसार राज्यों द्वारा आयोगों की नियुक्ति, उनके द्वारा समयानुसार रिपोर्ट दाखिल करना, उन रिपोर्टों का यथोचित अध्ययन तथा सिफारिशों पर यथा-समय उचित कारवाई करना, देखने को नहीं मिलता। इस वस्तु स्थिति के रहते स्थानीय निकायों का प्रशासनिक स्तर भी निम्न कोटि का रह जाता है।

एक सुझाव के अनुसार स्थानीय निकायों को राज्य सरकारों की राजस्व प्राप्तियों का एक पूर्व निश्चित भाग अंतरित होने का प्रावधान होना चाहिए।

- संवैधानिक संशोधनों के पश्चात् स्थानीय निकायों के अस्तित्व, कार्यक्षेत्र और साधन स्त्रोतों में मूलभूत अंतर आया है।
- अब इनका गठन संवैधानिक दृष्टिकोण से अनिवार्य हो गया है और इनके कार्यक्षेत्रों को 11वीं और 12वीं सूचियों में ब्यान किया गया है।
- उनके लिए केन्द्रीय वित्त आयोग की भाँति राज्य वित्त आयोगों की व्यवस्था की गई है।
- परंतु उनके साधन स्त्रोत अभी भी राज्य सरकारों और केन्द्र की इच्छा पर निर्भर करते हैं।
- स्थानीय निकायों के सुचारू परिचालन से सरकारी सेवाओं की गुणवत्ता बढ़ सकती है, और करारोपण और सरकारी सेवाओं में तालमेल बढ़ाया जा सकता है।

## वित्तीय साधन तथा आवश्यकताएँ (Financial Needs and Resources)

यह तथ्य नोट करने योग्य है कि कालांतर में स्थानीय निकायों की ज़िम्मेदारियों में बढ़ोतरी हुई है तथा इस प्रक्रिया में आर्थिक एवं सामाजिक विकास ने भी सक्रिय भूमिका निभाई है। कार्यक्षेत्र में विस्तार के कारण उनकी वित्तीय आवश्यकताओं में वृद्धि होना भी अपेक्षित था। परंतु इन निकायों की साधन प्राप्तियों में यथोचित वृद्धि नहीं हो सकी, जिसके कारण वे सदैव साधन-अभाव से पीड़ित रहते हैं, और कई अति आवश्यक सेवाओं को भी सुचारू ढंग से मुहैया नहीं कर पाते। समय बीतने के साथ वित्तीय असंतुलन की यह स्थिति बिगड़ती चली गई है तथा इस समय उनमें से अधिकतर अपनी सामान्य व्यय मदों के लिए भी साधन जुटा पाने में असमर्थ हो गए हैं। इस असंतुलन में स्थानीय निकायों से अपेक्षित सामाजिक तथा आर्थिक सेवाओं में लगातार वृद्धि के अतिरिक्त कर्मियों की कार्यकुशलता में आई कमी का भी गहरा योगदान है। ध्यान से देखा जाए तो प्रतीत होगा कि स्थानीय निकायों की गतिविधियों का संभावित क्षेत्र काफी विस्तृत है तथा समय के साथ इसकी सीमाएँ और भी फैलती जाती हैं।

समाज और आर्थिक विकास के साथ इसकी जटिलता बढ़ती है जिससे नई समस्याएँ उत्पन्न होती हैं और सरकार को उनका समाधान ढूँढने पर बाध्य होना पड़ता है।

इसके अतिरिक्त कई ऐसी मदों के बारे में यह तर्क दिया जा सकता है कि उन्हें केन्द्रीय अथवा राज्य सरकारों से स्थानीय निकायों को हस्तांतरित किया जाना चाहिए। परंतु ऐसा करने पर उनकी वित्तीय आवश्यकताओं में और भी वृद्धि हो जाती है। इस कारण स्थानीय निकायों के दृष्टिकोण से यही अधिक उचित रहता है कि कुछ लचीले साधन स्रोतों को उनके लिए आरक्षित कर दिया जाए। परंतु वास्तविकता में राज्य सरकारों ने ऐसा नहीं किया। उनके ऐसा करने के मुख्य कारण:

(क) उनकी अपनी वित्तीय कमज़ोरी, तथा;

(ख) इन निकायों की समस्याओं के प्रति उदासीनता हैं।

इन सब बातों का निवल परिणाम यह हुआ है कि जिस प्रकार राज्य सरकारों की केन्द्र पर वित्तीय निर्भरता बढ़ रही है, इसी प्रकार स्थानीय निकायों की राज्य सरकारों पर निर्भरता बढ़ती जा रही है। इस स्थाई वित्तीय अभाव का एक दुष्परिणाम यह हुआ है कि स्थानीय निकायों की कार्यक्षमता सदैव अस्वीकार्य हद तक निम्न कोटि की रही है। इस समस्या से निपटने के लिए कई स्थानों पर कुछ विकास-संबंधी गतिविधियों (जैसे कि विद्युत का उत्पादन एवं वितरण, स्थानीय परिवहन आदि) के लिए विशेष संस्थाओं/प्राधिकरणों का गठन किया गया है। परंतु फिर भी निश्चित रूप से यह नहीं कहा जा सकता कि इन उपायों से स्थानीय निकायों की इन सेवाओं को मुहैया करने की कार्यक्षमता में वृद्धि हुई है।

स्थानीय निकायों की वित्तीय स्थिति में सुधार की आवश्यकता को नकरा नहीं जा सकता। इसमें यथोचित सुधार के प्रयास हुए है जिनका अभास (क) 73वें और 74वे संशोधनों से पूर्व की स्थिति, (ख) इन संशोधनों के बाद की स्थिति और (ग) केन्द्रीय वित्त आयोगों द्वारा प्रदत्त अनुदानों पर दृष्टि डालने से हो सकता है।

## 73वें और 74वें संशोधन से पूर्व की स्थिति

(Situation Before 73rd and 74th Amendments)

ऐतिहासिक दृष्टिकोण से स्थानीय निकायों की वित्तीय दशा कभी भी संतोषजनक नहीं रही, तथा समय बीतने के साथ-साथ और बिगड़ती रही है। देश की स्वतंत्रता से पहले ही भारत सरकार अधिनियम, 1935 के अनुसार सभी स्थानीय कर प्रादेशिक सरकारों को सौंप दिए गए थे। स्वतंत्रता के पश्चात् संविधान में भी इसी व्यवस्था को कायम रखा गया। समस्त वित्तीय साधनों का बँटवारा केवल केन्द्र तथा राज्य सरकारों में ही किया गया, तथा यह निर्णय राज्य सरकारों पर छोड़ दिया गया कि वे अपने भाग में से किन साधनों को स्थानीय निकायों को हस्तांतरित करती हैं। अत: अब तक स्थानीय निकायों के कर साधनों में अंतर्राज्यीय भिन्नता कायम है तथा यह भिन्नता एक ही राज्य में विभिन्न स्थानीय निकायों में भी मिलती है। इस संदर्भ में कभी कोई मानकीकृत सूची नहीं बन पाई। स्थानीय निकायों को कई अन्य प्रतिबंधों का भी सामना करना पड़ता है। इन कारणों के फलस्वरूप स्थानीय निकायों में अपनी विशेष जिम्मेदारियों, उत्पादकता तथा कार्यक्षमता के प्रति उदासीनता की भावना घर कर चुकी है।

### कराधान जाँच आयोग (Taxation EnquiryCommission)

स्वतंत्रता के पश्चात् स्थानीय निकायों की साधन-अभाव की स्थिति के स्थायी समाधान हेतु **कराधान जाँच आयोग** ने यह सिफ़ारिश की कि इन निकायों के लिए कराधान के निम्नलिखित छह क्षेत्र आरक्षित कर दिए जाएँ:

**1. विज्ञापन कर (Taxes on advertisements)**–आकार तथा स्थानीयता पर निर्भर करते हुए विज्ञापन कर कुछ स्थानीय निकायों के लिए एक अच्छा वित्तीय साधन हो सकता है। इस कर की महत्ता उन ग्रामों तथा शहरों के लिए अधिक होती है जो यातायात के केन्द्रों तथा राष्ट्रीय अथवा राज्य मार्गों पर स्थित होते हैं। उसी प्रकार पर्यटकों अथवा धार्मिक यात्रियों में लोकप्रिय स्थानों के लिए भी विज्ञापन कर राजस्व का एक उत्तम साधन हो सकता है।

**2. चुंगी कर**–वस्तुओं के किसी स्थानीय क्षेत्र में अन्तिम सेवन हेतु आयतित अथवा वहाँ से गुज़रने वाली वस्तुओं पर करारोपण है। इस कर के अवाँछनीय प्रभावों के कारण इसकी स्वीकार्यता अति विवादपूर्ण है तथा भारत में GST के लागू होने के पश्चात् इसका औचित्य समाप्त हो गया है।

**3. भूमि और भवन कर (Taxes on Land and Buidlings)**–इन करों की प्रकृति यह है कि ये सामान्य कर होने के साथ-साथ सेवा-शुल्क भी हैं। उदाहरण के लिए स्थानीय निकाय सड़कों की रोशनी, सफ़ाई, पीने के पानी आदि के लिए बहुधा नागरिकों से आवास गृह तथा अन्य भवनों आदि को आधार बनाकर यथोचित कर वसूलते हैं। सामान्य तौर पर भवन/जायदाद कर का निर्धारण उससे प्राप्त/प्राप्य वार्षिक किराए (actual or receivable annual rent) की राशि के आधार पर और प्रगामी दरों पर किया जाता है। इस निर्धारण की दो मान्यताएँ हैं:

- कर निर्धारण की यह विधि अति सरल है, तथा;
- अपेक्षित वार्षिक किराया, जायदाद के स्वामी की देयक्षमता का एक उत्तम सूचकांक है तथा कराधान की यह पद्धति काफी सरल भी है। इस कर की दरें भी बहुधा प्रगामी होती हैं।

बहुधा ऐसा होता है कि स्थानीय सेवाओं की उपलब्धि के फलस्वरूप करारोपति सम्पत्ति के मूल्य में वृद्धि हो जाती है। इस दशा में स्थानीय निकाय एक अन्य प्रकार का कर वसूल करने को निर्णय ले सकता है, जिसे **उन्नति कर** (Betterment Levy) कहा जाता है।

परंतु ज्ञातव्य है कि भवन/जायदाद कर को एक साथ सरल और न्यायोचित बनाए रखना अति कठिन है, क्योंकि:

- स्थानीय निकाय 'प्राप्य' किराए (अथवा जायदाद की बाज़ार कीमत) का ठीक से अनुमान नहीं लगा पाते;
- इन अनुमानों का जायदाद के स्वामी की कर-देय क्षमता से सीधा संबंध नहीं होता;
- हमारे किराए के जटिल कानूनों के कारण अधिकतर मामलों में किराए की राशि अपरिवर्तनीय होती है।

परन्तु इन करों का उचित स्थान केवल बड़े शहरों में ही हो सकता है। इसके आरोपण और उगाही में भी स्थानीय कुरीतियों के रहते कर चोरी की संभावनाएं अधिक होती हैं।

**4. वाहनों पर कर (Vehicle Tax)**–आयोग ने सिफ़ारिश की कि मोटर वाहनों को छोड़ कर अन्य वाहनों पर लगाए जाने वाले कर स्थानीय निकायों के लिए आरक्षित रहने चाहिए। अधिकतर स्थानीय निकाय इन वाहनों (जैसे कि हाथ-ठेला, पशु-ठेला, रिक्शा, ताँगा आदि) पर कर लगा भी रहे हैं। कुछ मामलों में इन्हें मोटर वाहनों से वसूल किए जाने वाले कर का एक भाग भी दिया जाता है। परंतु सब मिलाकर राजस्व का यह स्रोत काफी कमज़ोर है।

**5. पशुओं और नावों पर कर (Taxes on animals and Boats)**–स्पष्ट है कि कर के इन करों से भी किसी बड़ी राजस्व राशि की अपेक्षा नहीं की जा सकती। ग्रामीण क्षेत्रों में लोगों की ऐसे कर देने की क्षमता अत्यल्प होती

है। इस कारण ये उन्हें बहुत अप्रिय लगते हैं। शहरी क्षेत्रों में इन करों के महत्वपूर्ण होने का प्रश्न ही नहीं उठता। केवल कुछ गिने चुने स्थानों पर इन करों से वर्णन योग्य राजस्व की अपेक्षा की जा सकती है।

**6. व्यवसायों पर कर (Profession Tax)**–यह कर अधिसूचित व्यवसायों/रोज़गार साधनों, धंधों तथा पेशों (Employments, Professions and Callings) पर लगाया जा सकता है। संविधान के अनुसार इस कर की ऊपरी सीमा निर्धारित रहती है। प्रारंभ में यह सीमा 250 रुपए प्रतिवर्ष थी, जो बाद में बढ़ाकर 2500 रुपए प्रति वर्ष कर दी गई। आयोग ने यह सिफ़ारिश की कि इस कर का समस्त राजस्व स्थानीय निकायों को अंतरित किया जाना चाहिए। परंतु विभिन्न कारणों से इस स्रोत का ईष्टतम दोहन नहीं किया गया। केवल कुछ राज्यों में ही इस कर की वसूली की जाती है। वैसे भी यह कर कई प्रकार से दोषयुक्त है। इस बात का कोई औचित्य दिखाई नहीं देता कि कुछ व्यक्तियों को केवल इस कारण कर देना पड़े कि वे कुछ निर्दिष्ट स्रोतों से आय अर्जित करने की चेष्टा करते हैं। इस कर की राशि का उनकी आय अथवा कर–देय क्षमता से कोई सीधा संबंध नहीं होता। केवल यह मान लिया जाता है कि एक विचाराधीन व्यवसाय को अपनाने वाले प्रत्येक व्यक्ति की इतनी कर–देय क्षमता होती है कि उससे व्यवसाय कर वसूला जा सके।

## अन्य राजस्व स्रोत

कराधान जाँच आयोग द्वारा सुझाए गए करों के अतिरिक्त स्थानीय निकायों के लिए अन्य वित्तीय साधन भी हो सकते हैं। इन साधनों में **मनोरंजन कर** का उदाहरण दिया जा सकता है। यह कर न केवल सिनेमा, थिएटर, सर्कस, नौटंकी आदि प्रत्युत मनोरंजन के नए एवं उभरते माध्यमों पर भी लगाया जा सकता है। परन्तु, केवल शहरी निकायों के मामले में इस कर से उचित आय होने की आशा की जा सकती है। इसी प्रकार कुछ स्थानीय निकाय तहबाजारी के नाम से दुकानरहित विक्रेताओं से तथा किसी अन्य नाम से दुकानदारों से कर वसूल सकते हैं।

- संवैधानिक संशोधनों के पूर्व भी स्थानीय निकायों की वित्तीय स्थिति चिंताजनक थी।
- कराधान जाँच आयोग ने कुछ कर स्रोत उनके लिए आरक्षित किए जाने की सिफारिश की।
- परंतु इनसे प्रयाप्त राजस्व प्राप्ति की आशा नहीं की जा सकती।
- शहरी निकायों को कई अन्य राजस्व स्रोतों से अच्छी प्राप्तियों के अवसर उपलध हो सकते हैं।

## कर–भिन्न राजस्व (Non-Tax Revenue)

कर–भिन्न राजस्व स्रोतों का अस्तिव केवल शहरी निकायों तक ही सीमित रहता है, तथा इनमें भी स्थानीय निकायों के कर–भिन्न राजस्व में उनके कर–राजस्व की भाँति ही विविधता पाई जाती है। इन राजस्व स्रोतों में फ़ीसें, जुर्माने तथा विभिन्न प्रकार के शुल्क एवं उपभेक्ता प्रभार (User Charges) आते हैं। बसों का भाड़ा, पेय–जल प्रभार, तथा बिजली प्रभार आदि इन कर–भिन्न स्रोतों के कुछ उदाहरण है। परंतु जहाँ तक शुल्कों और प्रभारों का प्रश्न है, स्थानीय निकाय इनसे निवल राजस्व की प्राप्ति करने के स्थान पर बहुधा घाटे की स्थिति से ही जूझते रहते हैं। पिछले कुछ दशकों में शहरी निकायों ने आय का एक अन्य स्रोत भी खोज निकाला है। उन्होंने कई ऐसी वाणिज्यिक परियोजनाएँ खोज निकाली हैं जिनसे वे स्थायी रूप से वर्णनीय आय पाने की अपेक्षा करते हैं। इन परियोजनाओं में दुकानों, बाज़ारों तथा आवास स्थानों का विकास एवं निर्माण आदि शामिल हैं। परंतु स्पष्ट है कि इस प्रकार के

कर-भिन्न स्रोतों के अवसर केवल थोड़े-से शहरी निकायों को ही उपलब्ध हैं। निकायों के सामूहिक दृष्टिकोण से साधन-अभाव की मुख्य समस्या पूर्ववत् बनी रहती है।

**अनुदान (Grants)**–स्थानीय निकायों को राज्य सरकारों से सामान्य (General) तथा निर्दिष्ट प्रयोजन अनुदान (Specific Purpose Grants) मिलते हैं। परंतु इस व्यवस्था में दोष यह है कि बहुधा इन अनुदानों की राशियाँ पूर्वनिश्चित नहीं होतीं, तथा इन्हें देने में अनुचित देरी की जाती है। इन कारणों से स्थानीय निकाय इनका सदुपयोग करने में असमर्थ रहते हैं तथा साथ ही साधन जुटाने के अपने प्रयासों में भी ढील बरतने लगते हैं। इन तथ्यों को ध्यान में रखते हुए कराधान जाँच आयोग ने यह सिफ़ारिश की थी कि आधारभूत अनुदान राशियों (Basic Grants) का निर्धारण कुछ वस्तुनिष्ठ कसौटियों (Objective Criteria) के आधार पर किया जाना चाहिए। ये कसौटियाँ जनसंख्या, क्षेत्रफल, बजटीय साधन तथा वित्तीय आवश्यकताएँ आदि हो सकती हैं। ये आधारभूत अनुदान राशियाँ दीर्घकाल के लिए पूर्वनिश्चित होनी चाहिए तथा स्थानीय निकायों की सामान्य आवश्यकताओं के लिए पर्याप्त होनी चाहिएँ, ताकि वे अपनी गतिविधियों और व्यय-ढाँचे को सुव्यवस्थित कर सकें। केन्द्रीय वित्त आयोग द्वारा प्रदत्त अनुदानों में इस प्रकार के मानदंडों का प्रयोग किया जाता है।

अनुदानों की इस व्यवस्था में निर्दिष्ट प्रयोजन अनुदानों की राशियाँ सामान्य अनुदानों के अतिरिक्त होनी चाहिए। स्मरणीय है कि, अनुदानों के मामले पर कई समितियों द्वारा विचार किया गया है। छठे से नौवें तक सभी वित्त आयोगों ने ऐसे निर्दिष्ट-प्रयोजन अनुदानों की सिफ़ारिश की थी, जो सीधे स्थानीय निकायों द्वारा मुहैया की जाने वाली सेवाओं के लिए थे। ज़कारिया समिति ने इस बात की सिफ़ारिश की थी कि प्रत्येक नगर निगम निकाय को दिए जाने वाले अनुदान की राशि मुद्रा-स्फीति के अधार पर संशोधित की जानी चाहिए तथा इस व्यवस्था में बुनियादी राशि का आधार जनसंख्या का आकार होना चाहिए। निर्दिष्ट प्रयोजन अनुदान सामान्य-प्रयोजन अनुदानों के अतिरिक्त होने चाहिए।

**ऋण (Loans)**–स्थानीय निकायों की कर-भिन्न प्राप्तियों का एक अन्य भाग ऋण और अग्रिम राशियाँ हैं। एक स्थानीय निकाय राज्य सरकार से ऋण ले सकता है तथा यदि यह निकाय संघ क्षेत्र हो, तो ऋणदाता की भूमिका केन्द्रीय सरकार की होती है। ऋण तब लिए जाते हैं जब अनुदान तथा अन्य प्रकार की राजस्व प्राप्तियाँ स्थानीय निकाय की वित्तीय आवश्यकताओं के लिए अपर्याप्त हों। ये ऋण दो प्रकार के होते हैं:

• ***प्रथम***, ये ऋण अग्रिम राशियों के रूप में हो सकते हैं। किसी भी अन्य आर्थिक इकाई की भांति एक विचाराधीन स्थानीय निकाय के राजस्व तथा व्यय प्रवाहों में अल्पकालीन कमी हो सकती है। ऐसे अल्पकालीन घाटों की पूर्ति के लिए अर्थोपाय अग्रिम राशियों (Ways and Means Advances) के रूप में दस्ती उधार लेना आवश्यक हो जाता है।

• ***द्वितीय***, एक स्थिति वह हो सकती है जिसमें एक स्थानीय निकाय किसी बड़ी पूँजी लागत वाली परियोजना को कार्यान्वित करने का इच्छुक हो। यह परियोजना स्थानीय निकाय के लिए भविष्य में आय का स्रोत भी हो सकती है। इससे अपेक्षित आय को ध्यान में रखते हुए राज्य/केन्द्रीय सरकार द्वारा विचाराधीन परियोजना के लिए ऋण दिया जा सकता है। इस ऋण की राशि परियोजना की लागत के बराबर अथवा इससे कम भी हो सकती है। सहायता राशि का एक अंश अनुदान के रूप में भी हो सकता है।

• स्मरणीय है कि कुछ निकायों (जैसे कि पत्तन-न्यास तथा विकास-न्यास आदि) की सकल कार्य-प्रकृति का रूप ही ऐसा होता है कि उन्हें ऋणों की अधिक आवश्यकता रहती है। उनकी कई गतिविधियां ऐसी होती हैं

जिनसे आय देने वाली परिसंपत्तियों का सृजन होता है। अतः इनके वित्त-पोषण के लिए स्थानीय करारोपण के स्थान पर उधार अधिक उचित समझा जाता है। इस प्रकार के ऋण सरकार के अतिरिक्त बाज़ार से अथवा अन्य वित्तीय संस्थाओं से भी लिए जा सकते हैं, परंतु गैर-सरकारी स्रोतों से ऋण लेने पर ब्याज की लागत बढ़ जाने की संभावना अधिक रहती है।

- स्थानीय निकायों की कर-भिन्न प्राप्तियों में मुख्य स्थान अनुदानों और ऋणों का है।
- लोक उपक्रमों से उन्हें अति कम आय होती है, अथवा घाटा रहता है।
- अनिश्चितता और देरी से मिलने के कारण अनुदानों के कई दुष्परिणाम उत्पन्न होते हैं।
- ऋणों का औचित्य विचाराधीन स्थानीय निकाय के कार्यकलापों और ऋणों के प्रस्तावित उपयोग की प्रकृति पर निर्भर करता है।

## चुंगी (Octroi)

चुंगी का विषय इतना महत्वपूर्ण है कि इस पर अलग से विचार करना हितकर रहता है। 1977 में **परोक्ष कर समिति ( झा समिति )** ने चुंगी कर के कई दोष गिनवाए थे। केन्द्र तथा राज्य सरकारों द्वारा नियुक्त की गई सभी समितियों ने चुंगी कर को अनुपयुक्त तथा हानिकारक ठहराया है। इन समितियों में मसानी समिति, केसर समिति, यातायात विकास परिषद, यातायात नीति तथा समायोजन समिति, तथा ग्रामीण-शहरी समायोजन समिति के उदाहरण दिए जा सकते हैं। इन सबने चुंगी हटाने के पक्ष में सिफारिश की। 1980 में पाण्डे समिति ने यह भी कहा कि यदि इसे एकदम हटाना संभव न हो, तो इस कार्य को कुछ चरणों में बाँटा जा सकता है।

चुंगी कर के **मुख्य दोष** निम्नलिखित हैं:

- देश के आर्थिक विकास के लिए यातायात तथा सुगम व्यापार प्रवाह के मार्ग में आने वाली सभी बाधाओं को यथासंभव दूर करना चाहिए। चुंगी भी एक ऐसी ही महत्वपूर्ण बाधा है।
- चुंगी कर की दरें बहुधा मूल्याधार नहीं होतीं। इस कारण इसका भार प्रगामी (progressive) न होकर अधोगामी (regressive) होता है।
- चुंगी कर की राशि निर्धारण करने में चुंगी अधिकारियों को काफ़ी स्वैच्छिक अधिकार प्राप्त होते हैं। इससे समस्त प्रणाली प्रदूषित होती है, घूसखोरी के अवसर उत्पन्न होते हैं, तथा स्थानीय निकायों को राजस्व की हानि होती है।
- चुंगी से वाहनों आदि का बहुत समय बर्बाद होता है। इससे देश के यातायात के साधनों (जिनका पहले से ही अभाव है) का ईष्टतम प्रयोग नहीं हो पाता। उदाहरणार्थ केसर समिति ने देखा कि बंगलुरु-मंगलुरु मार्ग की 400 किलोमीटर की दूरी पर एक ट्रक को लगभग 36 घंटे चुंगी नाकों पर खड़ा रहना पड़ता था, जबकि इस दूरी को तय करने में इसे केवल 9 घंटे 10 मिनट लगते थे। इस उदहारण से हमें यातायात साधनों तथा ईंधन के अपव्यय का आभास हो सकता है। इस अपव्यय से यातायात की लागत में वृद्धि होती है जिससे कीमतें बढ़ती हैं।
- झा समिति के अनुसार चुंगी कर स्वयं भी वस्तुओं की लागत में वृद्धि लाता है। यह वृद्धि केवल चुंगी कर तक ही सीमित नहीं रहती। इससे लागत एवं कीमत वृद्धि की एक ऐसी प्रक्रिया उत्पन्न होती है, जो बहु-बिन्दु उत्पादन शुल्क (multi-point excise duty) द्वारा उत्पादित कीमत-लागत-वृद्धि के समान ही होती है। अतः समिति ने

चुंगी के इस दोष पर ज़ोर देते हुए सिफ़ारिश की कि इसे एकदम अथवा कुछ चरणों में किसी भी प्रकार समाप्त कर देना चाहिए।

चुंगी के इन सब दोषों के बावजूद यह स्थानीय निकायों के लिए राजस्व का एक महत्वपूर्ण स्त्रोत रही है। इसलिए राज्य सरकारें तथा स्थानीय निकाय इसे हटाने में अपनी असमर्थता व्यक्त करते रहे हैं क्योंकि उन्हें राजस्व की क्षतिपूर्ति का कोई मार्ग दिखाई नहीं देता था। भारत सरकार इस कार्य के लिए अतिरिक्त अनुदान देने को तैयार नहीं होती थी तथा राज्य सरकारें पहले से ही वित्तीय अभाव से ग्रस्त हैं। परिणामस्वरूप वे भी स्थानीय निकायों की सहायता करने से इनकार करती थीं।

- इस चुंगी कर हटाने का अंतिम समाधान वस्तु और सेवा कर को लागू करने पर मिला। इस कर के लागू होने के पश्चात् चुंगी कर अस्तित्व लगभग समाप्त हो गया है।

- चुंगी कर की आर्थिक विकास विरोधी अनेक त्रुटियाँ हैं।
- परंतु इसे दूर करने के स्थान पर इसी परिवार के अन्य कर आरापे जाने की प्रवृत्ति ज़ोर पकड़ रही है।
- वस्तु और सेवा कर (GST) लागू होने पर चुंगी का अस्तित्व लगभग खत्म हो गया है।

## संवैधानिक संशोधनों के पश्चात् की स्थिति (Situation After Constitutional Amendments)

संविधान के 73वें ओर 74वें संशोधनों के पश्चात् यह अपेक्षा की जाती थी कि स्थानीय निकायों का तेज़ी से पुनर्गठन किया जाएगा, तथा उनकी वित्तीय समस्याओं के स्थायी समाधान के लिए प्रभावी कदम उठाए जाएँगे, विशेषकर इसलिए कि नई व्यवस्था में स्थानीय निकायों को संवैधानिक रूप से कई दायित्व सौंपे गए हैं। परन्तु वास्तविकता में समस्त प्रक्रिया अति ढीली गति से चल रही है। आशा की जाती थी कि, दसवें वित्त आयोग को अपनी रिपोर्ट देने से पहले ही राज्य वित्त आयोगों की सिफ़ारिशें तथा उन पर राज्य सरकारों द्वारा लिए गए निर्णयों की जानकारी मिल जाएगी। परंतु अधिकतर राज्य सरकारें इन वित्त आयोगों के गठन और उनकी सिफ़ारिशों के प्रति उदासीनता बरत रही हैं।

**म्युनिसिपल राज्य वित्त आयोग (Municipal/State Finance Commissions)**–स्थानीय निकायों की खराब वित्तीय स्थिति पर 73वें तथा 74वें संवैधानिक संशोधनों से पूर्व पर्याप्त ध्यान नहीं दिया जा रहा था। यहाँ तक कि उनकी वित्तीय समस्याओं के अध्ययन के लिए उपयुक्त आँकड़े तक उपलब्ध नहीं थे। अभी भी पंचायतों की वित्तीय स्थिति के अध्ययन के नवीनतम आँकड़े उपलब्ध नहीं हैं। जिस समस्या से संबद्ध जानकारी की यह दशा हो, उसके समाधान पर क्या सक्रिय ध्यान दिया जाता होगा, इसका अनुमान आसानी से लगाया जा सकता है। उपरोक्त संवैधानिक संशोधनों के अनुसरण में राज्य सरकारों द्वारा पंचायतों को कई कार्य हस्तांतरित करने का प्रावधान है, जिससे जनता की अपेक्षाओं में बढ़ोतरी के संग पंचायतों की वित्तीय आवश्यकताओं में भी वृद्धि की आशा की जाती है। लगभग यही स्थिति नगर पालिकाओं के मामले में भी लागू होती है।

स्थानीय निकायों की वित्तीय कठिनाइयों के समाधान के लिए काफी समय तक यह सुझाव दिया जाता रहा है कि केन्द्रीय वित्त आयोग की भाँति राज्यों में भी वित्त आयोग होने चाहिए। राज्य अथवा म्युनिसिपल वित्त आयोग द्वारा इस प्रकार की सिफ़ारिशें की जाएँ जिससे स्थानीय निकायों को विभिन्न प्रकार से मिलने वाले वित्तीय स्त्रोतों की पर्याप्तता सुनिश्चित की जा सके। इन स्त्रोतों में कर-विभाजन, अनुदानों तथा ऋणों का समुचित मिश्रण होना

चाहिए। प्रत्येक राज्य में ऐसे वित्त आयोग का गठन केन्द्रीय वित्त आयोग के गठन से पूर्व होना चाहिए, ताकि राज्य सरकारें केन्द्रीय वित्त आयोग के समक्ष अपनी वित्तीय आवश्यकताओं के पूर्वानुमानों में इनकी सिफ़ारिशों को भी शामिल कर सकें। ऐसा किए जाने पर स्थानीय निकायों की वित्तीय स्थिति में उचित और स्थाई सुधार की आशा की जा सकती है, जिसके फलस्वरूप यह अपेक्षा की जा सकती है कि स्थानीय निकाय भी अपने वित्तीय प्रबंधन एवं कार्यक्षमता की ओर अधिक ध्यान देंगे।

स्मरणीय है, संविधान में संशोधन के पश्चात् अब प्रत्येक राज्य के लिए प्रत्येक पाँचवें वर्ष एक वित्त आयोग का गठन करना अनिवार्य हो गया है। आयोग का यह दायित्व बनता है कि वह स्थानीय निकायों की वित्तीय स्थिति का अध्ययन करे तथा उपयुक्त सिफ़ारिशें करे। परंतु संवैधानिक संशोधनों में यह स्पष्ट नहीं किया गया कि राज्य के किन करों की स्थानीय निकायों के साथ साझेदारी अनिवार्य है तथा किन अन्य करों को बाँटने की सिफ़ारिश की जा सकती है। ऐसा प्रतीत होता है कि प्रत्येक राज्य सरकार को स्वयं ही यह तय करने का अधिकार है कि वह किन करों की साझेदारी स्थानीय निकायों के साथ करेगी। इसी प्रकार प्रत्येक राज्य वित्त आयोग केवल यह तय करेगा कि राज्य से स्थानीय निकायों को दिए जाने वाले अनुदान किन सिद्धांतों पर आधारित हों। स्पष्ट है कि इन परिस्थितियों में विभिन्न राज्यों द्वारा अपनाई गई व्यवस्था में एकरूपता नहीं आ सकती। वैसे इस ढाँचे के पक्ष में यह तर्क अवश्य दिया जा सकता है कि भारत जैसे बड़े तथा विविधतापूर्ण देश में एकरूपता का होना ठीक भी नहीं है। भारत के विभिन्न राज्यों में क्षेत्रीय विषमताएँ इतनी गहरी हैं तथा उनकी आर्थिक समस्याओं में भिन्नता इतनी अधिक है कि एकरूपता से भारत के कई भागों को हानि होने की आशंका है। इस तर्कानुसार राज्यों से स्थानीय निकायों को साधन अंतरित करने की भी कोई एक सर्वमान्य ईष्टतम रूपरेखा नहीं होनी चाहिए।

## केन्द्रीय वित्त आयोगों की सिफारिशें

### दसवाँ वित्त आयोग

स्मरणीय है कि दसवें वित्त आयोग की विचारणीय सामग्री में स्थानीय निकायों के लिए सिफारिशों का वर्णन नहीं था। परंतु इस संबद्ध में संवैधानिक संशोधन हो चुके थे। अतः आयोग ने यह मत अपनाया कि इसे राज्यों की समेकित निधियों की वित्तीय स्थिति में सुधार हेतु सिफारिशें करनी चाहिए ताकि राज्य स्थानीय निकायों को अधिक साधन अंतरित कर सकें। आयोग ने ग्रामीण निकायों के लिए 1971 की जनसंख्या के आधार पर पाँच वर्षों (1995-2000) के लिए प्रति व्यक्ति 100 रुपए की दर से 4380.93 करोड़ रुपए के अनुदानों की सिफ़ारिश की। तद्नुसार शहरी निकायों के लिए पाँच वर्षों के तिए 1000 करोड़ रुपए के अनुदानों की सिफ़ारिश की गई (अतः पाँच वर्षों के लिए कुल जोड़, 5380.93 करोड़ रुपए)।

### ग्यारहवाँ वित्त आयोग

ग्यारहवें वित्त आयोग ने अपनी जून 2000 की रिपोर्ट में राज्य वित्त आयोगों से संबद्ध निम्नलिखित **मुख्य त्रुटियों** पर प्रकाश डाला:

- अपेक्षा के विरुद्ध केन्द्रीय वित्त आयोग और राज्य वित्त आयोगों के गठन और रिपोर्टों में समकालीनता का अभाव;

- जून 2000 तक कई राज्यों द्वारा वित्त आयोगों का गठन न किया जाना;
- कई राज्य वित्त आयोगों द्वारा संविधान में संशोधनों के उपरांत स्थानीय निकायों की नई भूमिका पर ध्यान न देना, तथा न ही संबद्ध मामलों को उचित महत्व देना;
- संविधान में राज्य वित्त आयोगों द्वारा रिपोर्ट दाखिल करने तथा उसके कार्यान्वयन पर किसी समय सीमा की पाबंदी का न होना;
- राज्य वित्त आयोगों के गठन में व्यावसायिक और विशेषज्ञों के स्थान पर सरकारी कर्मचारियों आदि को प्राथमिकता दिया जाना;
- राज्य वित्त आयोग के गठन अथवा उसके द्वारा रिपोर्ट न दिए जाने के अभाव में राज्य सरकार के पास किसी विकल्प का न होना;
- इन त्रुटियों में अंतर्राज्यीय एकरूपता का अभाव।
- ग्यारहवें वित्त आयोग ने स्थानीय निकायों की वित्तीय स्थिति में सुधार हेतु राज्यों की समेकित निधियों में सुधार की आवश्यकता और संभावनाओं से संबद्ध निम्नलिखित तथ्यों और सुझावों की ओर ध्यान दिलाया:

**(i) भूमि कर**–आयोग ने नोट किया कि कई राज्यों में भूमि कर पूर्ण रूप से अथवा छोटी जोतों के लिए हटा लिया गया था। आयोग ने भूमि/फार्मों से आय पर करारोपण की सिफारिश की। ये राजस्व प्राप्तियाँ स्थानीय निकायों को अंतरित की जा सकती हैं।

**(ii) राज्य करों पर उपकर/अधिभार**–राज्यों करों पर इन उपकरों एवं अधिभारों से प्राप्तियाँ स्थानीय निकायों को अंतरित की जा सकती हैं।

**(iii) व्यवसायों पर कर**–इस कर की दरों में यथोचित बढ़ोतरी हेतु इसकी ऊपरी सीमा को हटा देना चाहिए।

**(iv) संपत्ति/आवास कर**–इस कर की दरों में स्थानीय निकायों की आवश्यातानुसार संशोधन किया जाना चाहिए। इसके अतिरिक्त केन्द्र की संपत्ति पर भी प्रदत्त नागरिक सेवाओं के लिए उपभेक्ता प्रभार वसूल किए जाने चाहिए।

**(v) चुंगी कर**–आयोग चुंगी कर अथवा 'प्रवेश कर' आदि के पक्ष में नहीं था। इन करों के प्रतिस्थापन्नों की खोज की जानी चाहिए।

**(vi) उपभोक्ता प्रभार**–आयोग के मतानुसार स्थानीय निकायों को युक्तिसंगत उपभोक्ता प्रभारों की नीति अपनाने का अधिकार दिया जाना चाहिए।

उपरोक्त बातों को ध्यान में रखते हुए गयारहवें वित्त आयोग ने सिफारिश की कि आगामी पाँच वर्षों (2001–05) के लिए केन्द्र द्वारा शहरी निकायों के लिए 400 करोड़ रुपए प्रतिवर्ष तथा ग्रामीण निकायों के लिए 1600 करोड़ रुपए प्रतिवर्ष अनुदान दिए जाएँ तथा इन अनुदानों के राज्यों में आवंटन हेतु निम्नलिखित कसौटियों और भारों का प्रयोग किया जाए, अर्थात्:

(i) जनसंख्या, 40%; (ii) विकेन्द्रीकरण का सूचकांक, 20%; (iii) सर्वोच्च प्रति व्यक्ति आय से दूरी, 20%, (iv) राजस्व प्रयास, 10%, तथा; (v) भौगोलिक क्षेत्रफल, 10%।

## बारहवाँ वित्त आयोग

बारहवें वित्त आयोग को भी अपर्याप्त आँकड़ों के अतिरिक्त राज्य वित्त आयोगों की रिपोर्टों संबंधी विभिन्न त्रुटियों और कठिनाइयों का सामना करना पड़ा। आयोग ने इन बाधाओं को कई विचार गोष्ठियों और अध्ययनों आदि की सहायता से कम करने का प्रयास किया। इसने आँकड़ों की उपलब्धि में सुधार तथा स्थानीय निकायों के परिचालन आदि मुद्दों से संबद्ध अपेक्षित सिफ़ारिशों के अतिरिक्त यह सिफ़ारिश भी की कि केन्द्र 2005–10 के प्रत्येक वर्ष के लिए निम्नलिखित अनुदान राशियाँ दे।

(i) ग्रामीण निकायों के लिए, 4000 करोड़ रुपए प्रतिवर्ष, जिसे राज्यों में निम्नलिखित कसौटियों और भारों के आधार पर बाँटा जाए, अर्थात्:

(a) वर्ष 2001 में ग्रामीण जनसंख्या का अनुपात, 40%; (b) वर्ष 2001 में ग्रामीण क्षेत्रफल, 10%; (c) उच्चतम प्रति व्यक्ति आय से दूरी (प्राथमिक), 20%; (d) सकल राज्य घरेलू उत्पाद (प्राथमिक क्षेत्र), 10%; (e) तथा वंचितन (deprivation) का सूचकांक, 10%। इस प्रकार उत्तर प्रदेश को सर्वाधिक भाग (14.64%) और छत्तीसगढ़ को सबसे कम भाग (0.075%) मिला।

(ii) शहरी निकायों के लिए प्रतिवर्ष 1000 करोड़ रुपए के अनुदानों की सिफ़ारिश की गई। राज्यों में इनके आवंटन के लिए निम्नलिखित कसौटियों और भारों की सिफ़ारिश की गई, अर्थात्:

(a) वर्ष 2001 में शहरी जनसंख्या, 40%; (b) वर्ष 2001 में शहरी क्षेत्रफल का अनुपात, 10%; (c) उच्चतम प्रति व्यक्ति आय से दूरी (प्राथमिक क्षेत्र के अतिरिक्त), 20%; (d) राज्यों का अपना राजस्व, 10%; (e) सकल राज्य उत्पाद (प्राथमिक क्षेत्र के अतिरिक्त), 10%; (f) वंचितन का सूचकांक, 10%। इस प्रकार महाराष्ट्र को सबसे अधिक भाग (15.82%) और सिक्किम को सब से कम भाग (0.02%) मिला।

श्री गोविंद राव द्वारा अंतर्राष्ट्रीय मुद्रा कोष की एक गोष्ठी में प्रस्तुत पेपर से स्थानीय वित्त संबंधी कुछ नए आयामों की जानकारी मिलती है। श्री राव के विश्लेषानुसार स्थानीय निकायों की वित्तीय दशा बुनियादी तौर पर अत्यंत शोचनीय है। ज्ञातव्य है कि, श्री राव का पेपर उन आँकड़ों पर आधारित था। जो राज्य सरकारों ने ग्यारहवें वित्त आयोग के समक्ष रखे थे। अतः इन आँकड़ों की परिशुद्धता संदेहजनक है। संभव है कि राज्यों ने केन्द्र से साधन हस्तांतरण में वृद्धि के उद्देश्य से स्थानीय निकायों की वित्तीय कठिनाइयों को बढ़ाकर बताया हो। परंतु इस तथ्य को स्वीकारते हुए भी स्थिति की गंभीरता पर संदेह नहीं किया जा सकता।

## तेरहवां वित्त आयोग

तेरहवें वित्त आयोग द्वारा अनुशंसित स्थानीय निकायों को अनुदानों के दो खण्ड थे, अर्थात् सामान्य (basic) और निष्पादन आधारित। प्रथम खण्ड गत वर्ष की विभाज्य राशियों के 1.5% के बराबर था। इस खण्ड से सभी राज्य पाँचों वर्ष अनुदान पाने के अधिकारी थे। इसके अतिरिक्त तेरहवें वित्त आयोग ने निष्पादन–आधारित अनुदानों की सिफारिश की। इस अनुदान खण्ड का प्रारम्भ 2011–12 में गत वर्ष की विभाज्य राशियों के 0.5% से आरम्भ होकर आगामी वर्षों में प्रतिवर्ष 1% की दर से बढ़ना था। केवल तेरहवें आयोग द्वारा रखी गई शर्तों को पूरा करने वाले राज्य ही निष्पादन अनुदान पाने के अधिकारी थे। इन दो खण्डों के लिए पूर्वानुमानों का जोड़ ₹86,161 करोड़ था (सामान्य अनुदान ₹56,335 करोड़ और निष्पादन अनुदान ₹29,826 करोड़)। इन अनुदानों में ग्रमीण और शहरी निकायों के अनुपातिक भाग क्रमशः 73.18% और 26.82% थे।

इसके अतिरिक्त आयोग ने छह निवेश क्षेत्रों के लिए प्रति व्यक्ति प्रतिवर्ष आधार पर, कुल ₹1357 करोड़ के अनुदान दिए जिनमें सामान और निष्पादन अनुमान क्रमशः ₹798 करोड़ और ₹559 करोड़ थे। उपरोक्त अनुदानों को स्थानीय निकायों में निम्न भारांश पर बाँटा गया:

| मानक | भाराशं % | |
|---|---|---|
| | ग्रामीण | शहरी |
| (1) जनसंख्या | 50 | 50 |
| (2) क्षेत्रफल | 10 | 10 |
| (3) सर्वोच्च प्रतिव्यक्ति आय से दूरी | 10 | 20 |
| (4) अंतरण का सूचकांक | 15 | 15 |
| (5) अनुसूचित जातियाँ/जनजातियाँ | 10 | 0 |
| (6) वित्त आयोग का सूचकांक | 5 | 5 |
| कुल | 100 | 100 |

## चौदहवां वित्त आयोग

इस आयोग ने 2015-20 के कार्यकाल के लिए ₹2,87,436 करोड़ के अनुदानों की सिफारिश है (ग्रामीण ₹200,292 करोड़ और शहरी ₹87,144 करोड़)। ग्रामीण निकायों के अनुदानों में 90% सामान्य और 10% निष्पादन-आधारित हैं जबकि शहरी निकायों के लिए ये अनुपात 80% और 20% हैं।

चौदहवें आयोग ने अनुदानों के प्रयोग पर कई कड़ी शर्तें रखीं जिनका पालन करना अत्यंत कठिन होगा।

आयोग ने कुछ ऐसे संभावित संसाधनों की, भी पहचान की, जिनका दोहन स्थानीय निकाय कर सकते थे।

- संवैधानिक संशोंधनों के बावजूद राज्य सरकारें राज्य वित्त आयोगों के गठन और उनकी सिफ़ारिशों के बारे उदासीन हैं।
- स्थानीय निकायों के बारे प्रयोग्य और विश्वसनीय आँकड़ों का भी अभाव है।
- उनकी वित्तीय दशा के बारे एक बहुआयामी उदासीनता का वातावरण बना हुआ है।
- दसवें, ग्यारहवें और बारहवें केन्द्रीय वित्त आयोगों ने स्थानीय निकायों के लिए केन्द्र से अनुदानों की बढ़ती राशियों की सिफारिशें की हैं।
- परंतु उनकी वित्तीय दशा में सुधार के स्थाई समाधान के प्रयास नहीं किए जा रहे हैं।

## अंतिम टिप्पणियाँ

स्थानीय निकायों की मूल समस्या साधनों का अभाव है। इसमें उनके सीमित कर राजस्व और अपर्याप्त अनुदानों का भी योगदान है। राज्य वित्त आयोगों की संस्था के क्रियात्मक योगदान से इस समस्या के समाधान में सहायता मिल सकती है। परंतु ऐसा हो नहीं रहा है और एक बहुआयामी उदासीनता का वातावरण बना हुआ है।

एक सुझावानुसार स्थानीय निकायों को राज्यों के राजस्व के एक पूर्वनिश्चित अनुपात के अंतरण का प्रावधान होना चाहिए। इससे उनकी साधन अभाव की समस्या का स्थाई समाधान हो सकेगा। इससे निकाय राज्यों के बढ़ते राजस्व से लाभान्वित हो सकेंगे तथा राज्य वित्त आयोगों की मुख्य भूमिका राज्य सरकारों से निकायों को अनुदान देने और उनमें उनके व्यक्तिगत भागों के निर्धारण की रहेगी। इस व्यवस्था में चुंगी जैसे घातक करों को समाप्त करने की संभावना भी बढ़ जाएगी। इस व्यवस्था में स्थानीय निकायों की साधन प्राप्तियों में बढ़ोतरी का अनुमान इस उदाहरण से लगाया जा सकता है कि बिक्री/मूल्यवर्द्धन कर के केवल 10% और केन्द्र से अंतरित कर साधनों के केवल 5% के अंतरण पर उनकी साधन प्राप्तियाँ 5 से 10 गुण बढ़ सकती हैं।

इस व्यवस्था में यह भी अति आवश्यक है कि राज्य वित्त आयोगों का गठन और अन्य प्रक्रियाएँ समयानुसार और सुचारू ढंग से हों; स्थानीय निकायों की प्रशासनिक उत्पादिता में सुधार किया जाए और अपव्यय से बचा जाए।

## **शब्दावली** (Key Words)

1. स्थानीय निकाय (Local Bodies); 2. पत्तन न्यास (Port Trust); 3. ग्रामीण निकाय (Rural Bodies); 4. शहरी निकाय (Urban Bodies); 5. नगर पालिका (Municipal Committee); 6. नगर निगम (Municipal Corporation); 7. ज़िला परिषद/जनपद परिषद (District Council); 8. 11वीं सूची (11th Schedule); 9. 12वीं सूची (12th Schedule); 10. म्युनिसिपल/राज्य वित्त आयोग (Municipal/State Finance Commission); 11. कराधान जाँच आयोग (Taxation Enquiry Commission); 12. विज्ञापन कर (Tax on Advertisements); 13. चुंगी कर (Octroi); 14. अंत:स्थ कर/पारगमन कर/परिवहन कर (Terminal Tax); 15. भूमि और भवन कर (Taxes on Land and Buildings); 16. उन्नति कर (Betterment Levy)

## **अभ्यास प्रश्न**

1. स्थानीय निकायों के अस्तित्व के औचित्य पर प्रकाश डालें। भारत में उनकी भूमिका को सक्षम बनाने के लिए किस प्रकार के वित्तीय सुधारों की आवश्यकता है?
2. स्थानीय निकायों की वित्तीय स्थिति की समीक्षा करें। उनकी लगातार वित्तीय कमज़ोरी के क्या कारण हैं? इन्हें किस प्रकार और कहाँ तक दूर किया जा सकता है?
3. इस कथन पर अपने विचार प्रकट करें कि स्थानीय निकायों के कर-साधन लोच-हीन और उत्फुल्लता-हीन हैं। अत: कर-विभाजन और अनुदानों द्वारा ही उनकी वित्तीय स्थिति में सुधार लाया जा सकता है।
4. 73वें और 74वें संवैधानिक संशोधनों द्वारा स्थानीय निकायों में आने वाले बुनियादी परिवर्तन का विवेचन करें। आप के विचार में इन संशोधनों से किस प्रकार का सुधार अपेक्षित है?
5. म्युनिसिपल/राज्य वित्त आयोगों पर एक विस्तृत नोट लिखें। क्या आप के विचार में इनके अस्तित्व में आने पर स्थानीय निकायों की वित्तीय स्थिति में स्थायी सुधार हो सकेगा?
6. ग्यारहवें वित्त आयोग द्वारा इंगित म्युनिसिपल/राज्य वित्त आयोगों संबंधी संवैधानिक और व्यावहारिक त्रुटियों का वर्णन करें।
7. विभिन्न केन्द्रीय वित्त आयोगों द्वारा स्थानीय निकायों की वित्तीय स्थिति की समीक्षा के अतिरिक्त केन्द्र से अनुदानों की सिफारिशों पर प्रकाश डालें।
8. भारत में स्थानीय निकायों के निष्पादन और वित्तीय स्थिति के बारे व्यापक उदासीनता के संकेत चिह्नों की पहचान करें। इस समस्या का स्थाई समाधान किस प्रकार संभव है?

## परिशिष्ट 1

# बजटीय घाटे: अवधारणाएँ तथा परिमापन
(Budgetary Deficits: Concepts and Estimation)

## परिचय (Introduction)

सामान्य बोलचाल में 'बजटीय घाटे' का अर्थ अति सरल है, अर्थात **"सार्वजनिक व्यय का सार्वजनिक राजस्व पर अधिशेष"**। परंतु प्रथानुसार इस अवधारणा को कई अर्थों में लिया जा सकता है, तथा उनके अनुरूप इसके परिमापन भी चुने जा सकते हैं। इसी प्रकार (क) बजटीय घाटे के किसी एक विचाराधीन परिमापन को विभिन्न नामों से जानने की तथा (ख) घाटे के एक से अधिक परिमापनों को एक ही नाम दिए जाने की भी प्रथा है। बजटीय घाटे की इतनी अवधारणाओं और उनके परिमापनों के अस्तित्व का मूल कारण यह है कि प्रत्येक अवधारणा (और परिमापन) की अपनी विश्लेषणात्मक और नीति उपयोगिता रहती है, और इनमें से किसी एक के लिए यह दावा नहीं किया जा सकता कि वह प्रत्येक काल, स्थान और स्थिति में सर्वश्रेष्ठ है। इसके अतिरिक्त किसी परिमापन विशेष के लिए यह नहीं कहा जा सकता कि यह सदैव 'ठीक' है और अन्य सब सदैव 'गलत' हैं। विश्व बैंक की 'विश्व विकास रिपोर्ट (1989)' के अनुसार 'ठीक' परिमापन वही है जिसकी इसके विश्लेषण-ध्येय से अनुकूलता हो।

| |
|---|
| इस परिशिष्ट में बजटीय घाटे से संबद्ध भारत सरकार द्वारा प्रयुक्त शब्दावलियों और उनके तदनुरूप परिमापनों की व्याख्या है। साथ ही कुछ उन अवधारणाओं का भी विवेचन है जिनका भारत में प्रयोग नहीं किया जाता। इसके अतिरिक्त अर्थशास्त्रियों तथा अंतर्राष्ट्रीय संस्थानों द्वारा प्रयुक्त अवधारणाओं पर भी विचार किया गया है। |

## भारत सरकार की प्राप्तियाँ और संवितरण
(Receipts and Disbursements of Government of India)

बजटीय घाटे की विभिन्न अवधारणाओं और उनके परिमापन को सुविधाजनक ढंग से जानने के लिए यह आवश्यक है कि भारत सरकार की प्राप्तियों और संवितरण को ऐसे विश्लेषणात्मक वर्गों तथा उप-वर्गों में विभाजित कर लिया जाए जिनका प्रयोग आसानी से तथा लाभप्रद ढंग से संभव हो (देखें सारणी प० 2.1)। इस वर्गीकरण का विवेचन निम्नलिखित है-

I (a)—यह मद केन्द्र द्वारा संग्रहीत कर-राजस्व में से इसका अपना निवल भाग है। अर्थात् इस मद की राशि केन्द्र के सकल कर राजस्व में से (क) राज्यों को अंतरित भाग के अतिरिक्त (ख) 'स्थानीय निकायों को संघ क्षेत्रों के करों के समनुदेशन (assignment)' को घटाने पर प्राप्त होती है।

I (b)(i)—यह मद केन्द्र की ब्याज प्राप्तियाँ हैं जो इसे राज्य सरकारों, रेलवे, दूर संचार, सरकारी कर्मचारियों तथा विदेशी सरकारों आदि को दिए गए उधारों पर मिलती हैं।

I (b)(ii)—इस मद में लाभांश और लाभ के अतिरिक्त विभिन्न सरकारी गतिविधियों तथा दायित्वों को निभाने तथा सरकारी सत्ता के प्रयोग के संदर्भ में होने वाली प्राप्तियाँ शामिल रहती हैं। इसके अतिरिक्त इस मद में विधान-मंडल रहित संघ राज्य क्षेत्रों का कर-भिन्न राजस्व तथा राजकोषीय सेवाओं (fiscal services) से प्राप्तियाँ भी शामिल रहती हैं। यहाँ पर राजकोषीय सेवाओं का बुनियादी अर्थ सरकारी करेंसी के निर्माण से होने वाले लाभ (अर्थात वर्ष भर में निर्मित करेंसी के अंकित मूल्य का करेंसी निर्माण की लागत पर अधिशेष) से है।

I (b)(iii)—इस मद का अर्थ स्वस्पष्ट है। इसमें विदेशों से मिलने वाली अनुदान राशियाँ भी शामिल हैं।

II (a)—यह मद **केन्द्र द्वारा *दिए गए*** ऋणों की केन्द्र द्वारा वसूलियाँ (recoveries) हैं। परंतु इस मद में निम्नलिखित ऋणों की वसूलियों को शामिल नहीं किया जाता, अर्थात्:

(i) राज्यों को दिए गए अर्थोपाय अग्रिम (ways and means advances);

(ii) कृषि में प्रयुक्त आगतों (inputs) के लिए दिए गए उधार; तथा

(iii) सरकारी कर्मचारियों को दिए गए उधार, आदि।

स्पष्ट है कि इन मदों को शामिल न किए जाने के फलस्वरूप बजटीय घाटों के सभी अनुमान (राजस्व खाते के अनुमानों को छोड़कर) प्रभावित होते हैं।

II (b) तथा II (c)—इन मदों में **केन्द्र द्वारा *लिए गए*** सभी प्रकार के उधार शामिल रहते हैं। केवल 91-दिवसीय *तदर्थ* राजकोषीय हुंडियों (*ad hoc* 91-day treasury bills) द्वारा लिए गए उधार शामिल नहीं किए जाते। ज्ञातव्य है कि अन्य सभी प्रकार की राजकोषीय हुंडियों द्वारा लिए गए उधार मद II (b) में शामिल रहते हैं। उधारों की ये सब राशियाँ ***निवल*** हैं। अर्थात II (b) में प्रत्येक उपमद का आँकड़ा "भारत सरकार द्वारा लिए गए नए उधारों का 'पूर्वस्थित (outstanding) उधारों के भुगतान' पर अधिशेष" के बराबर है। इस कारण अंतर्राष्ट्रीय वित्तीय संस्थाओं के लिए जारी की गई प्रतिभूतियाँ (केन्द्र द्वारा इन प्रतिभूतियों को रिज़र्व बैंक के पास जमा करा दिया जाता है) इन मदों में कहीं भी नहीं आतीं, क्योंकि इन प्रतिभूतियों के तदनुरूप बराबर की पूँजी प्राप्तियाँ होती हैं और संवितरण होता है।

II (d)—इस मद में केन्द्र द्वारा बेची गई परिसंपत्तियों (assets) से प्राप्त राशियाँ आती हैं। इस मद के अस्तित्व में आने का कारण आर्थिक उदारता की नीति के अंतर्गत लोक उद्यमों मे केन्द्र के शेयरों का बेचा जाना है। ज्ञातव्य है कि **केन्द्र के मतानुसार इसके बजटीय घाटे में इन प्राप्तियों के कारण और ठीक इनके बराबर कमी हो जाती है।** परंतु विश्व बैंक तथा कई विश्लेषणकर्त्ता सरकार के इस मत से सहमत नहीं हैं। उनका कहना है कि इन राशियों की प्राप्ति के कारण सरकार की परिसंपत्तियों (assets) की केवल रूपरेखा बदलती है; कोई नई प्राप्ति नहीं होती और न ही ऋण देयताओं के आकार में कमी होती है।

## घाटे की अवधारणाए (Concepts of the Deficit)

भारत सरकार के ऊपर दिए गए बजट के मद-वार विवरण की सहायता से बजटीय घाटे की कई अवधारणाओं को परिभाषित और परिमापित किया जा सकता हैं, अर्थात्:-

| | |
|---|---|
| 1. राजस्व खाते का घाटा | Deficit on Revenue Account (RD) |
| 2. पूँजी खाते का घाटा | Deficit on Capital Account (CD) |
| 3. बजटीय घाटा (पारम्परिक) | Budgetary Deficit (BD)(Conventional) |
| 4. राजकोषीय घाटा | Fiscal Deficit (FD) |
| 5. निवल राजकोषीय घाटा | Net Fiscal Deficit (NFD) |
| 6. मूल घाटा अथवा सकल मूल घाटा | Primary Deficit (PD) or Gross Primary Deficit (GPD) |
| 7. निवल मूल घाटा | Net Primary Deficit (NPD) |

इसके अतिरिक्त घाटे की निम्नलिखित अवधारणाएँ भी हैं, जिनके अनुमान अतिरिक्त आँकड़ों से अलग से लगाए जा सकते हैं; अर्थात्

| | |
|---|---|
| 8. मुद्राकृत घाटा | Monetised Deficit (MD) |
| 9. सार्वजनिक क्षेत्र की उधार आवश्यकता | Public Sector Borrowing Requirements (PSBR) |
| 10. संरचनात्मक घाटा | Structural Deficit (SF) |
| 11. परिचालन घाटा | Operational Deficit (OD) |

## अवधारणाओं की व्याख्या

(Explanation of Concepts)

### 1. राजस्व खाते का घाटा (Deficit on Revenue Account) (RD)

इस घाटे का परिमापन राजस्व खाते के व्यय का राजस्व प्राप्तियों पर अधिशेष के बराबर है। सारणी प० 2.1 के अनुसार यह परिमापन

मद IV . मद I = (Item IV – Item I)

के बराबर है।

ज्ञातव्य है कि राजस्व खाते की प्राप्तियों में कर-राजस्व तथा कर-भिन्न राजस्व के अतिरिक्त *अनुदान* भी शामिल हैं। 'कर-राजस्व' की मात्रा **निवल** है, अर्थात् यह मात्रा केन्द्र के सकल कर राजस्व में से (क) राज्यों को अंतरित भाग तथा (ख) स्थानीय निकायों को संघ शासित क्षेत्रों के करों के समनुदेशन के जोड़ को घटाने के उपरांत बची निवल प्राप्तियों के बराबर होती है। ज्ञातव्य है कि सामान्य स्थिति में संघ शासित क्षेत्रों की कर-प्राप्तियाँ स्थानीय निकायों को समनुदेशित राशियों से अधिक रहती हैं और कि यह अधिशेष केन्द्र के राजस्व खाते में निवल प्राप्तियों में जुड़ जाता है। 'कर-भिन्न राजस्व' में ब्याज की वसूलियों, लाभांश तथा लाभ और संघ शासित क्षेत्रों की कर-भिन्न प्राप्तियाँ शामिल हैं।

राजस्व खाते से **व्यय** में आयोजना व्यय तथा आयोजना-भिन्न व्यय दोनों शमिल रहते हैं। आयोजना व्यय के घटक में केन्द्रीय आयोजना के अंतर्गत स्कीमों के अतिरिक्त राज्यों और संघ क्षेत्रों की वे स्कीमें भी रहती हैं जिनके लिए केन्द्र सहायता देता है। आयोजना-भिन्न व्यय में ब्याज की अदायगियाँ, रक्षा व्यय, अन्य सामान्य सेवाएँ, सामाजिक सेवाएँ, आर्थिक सेवाएँ, राज्यों और विधान-मंडल रहित संघ क्षेत्रों को आयोजना-भिन्न अनुदान तथा विदेशी सरकारों को अनुदान शामिल रहते हैं।

## 2. पूँजी खाते का घाटा (Deficit on Capital Account) (CD)

इस घाटे का अनुमान पूँजी खाते के अंतर्गत संवितरण में से पूँजी प्राप्तियों को घटाने से मिलता है। आयोजना संवितरण में केन्द्रीय आयोजना तथा राज्यों और संघ क्षेत्रों की केन्द्र द्वारा सहायता-प्राप्त स्कीमों से संबद्ध संवितरण शामिल रहते हैं। इसी प्रकार आयोजना-भिन्न संवितरण में पूँजी खाते से रक्षा व्यय तथा अन्य आयोजना-भिन्न पूँजी परिव्यय के अतिरिक्त सार्वजनिक उद्यमों, राज्यों और संघ क्षेत्रों, विदेशी सरकारों तथा अन्य पार्टियों को दिए जाने वाले उधार भी जोड़े जाते हैं। इस मद में विधान-मंडल रहित संघ का आयोजना-भिन्न व्यय भी जोड़ा जाता है। पूँजी प्राप्तियों की मद का ब्यौरा पहले से ही ऊपर दिया जा चुका है। स्मरण रहे कि इस मद में स्वयं केन्द्र द्वारा *दिए गए उधारों* की वसूलियों की *सकल* राशियाँ शामिल हैं, परन्तु केन्द्र द्वारा लिए गए उधारों की केवल निवल प्राप्तियाँ ही रहती हैं। सारणी प० 2.1 से ज्ञात होता है कि

पूँजी खाते का घाटा = मद V – मद II = (Item V – Item II)

यहाँ पर नोट करें कि (क) 91-दिवसीय *तदर्थ* राजकोषीय हुंडियों की बिक्री तथा जमा रोकड़ में कमी के द्वारा प्राप्तियों को पूँजी प्राप्तियों में शामिल नहीं किया जाता। परंतु अन्य सभी प्रकार की राजकोषीय हुंडियों (जैसे कि 14-दिवसीय, 91-दिवसीय सामान्य, 182-दिवसीय, तथा 364-दिवसीय राजकोषीय हुंडियाँ) की बिक्री से प्राप्त निवल राशियों और सरकारी संपत्तियों की बिक्री से प्राप्तियों को पूँजी प्राप्तियों में शामिल किया जाता है।

## 3. बजटीय घाटा (Budgetary Deficit) (BD)

यह परिमापन RD और CD का जोड़ है। सारणी प. 2.1 से विदित होता है कि बजटीय घाटा

= (मद IV – मद I) – (मद V – मद II)

= (मद IV – मद V) – (मद I + मद II) = मद VI – मद III

अर्थात BD = (IV – I) + (V – II) = (IV + V) – (I + II) = VI – III

यह भी नोट करें कि BD ठीक मद VII के बराबर है, अर्थात यह सरकार के व्यय का वह भाग है जिसका वित्त पोषण 91-दिवसीय *तदर्थ* राजकोषीय हुंडियों तथा जमा रोकड़ में कमी के द्वारा किया जाता है।

वर्ष 1997-98 से सरकारी स्तर पर बजटीय घाटे की अवधारणा को 91-दिवसीय *तदर्थ* राजकोषीय हुंडियों की बिक्री को समाप्त करने के पश्चात त्याग दिया गया है इसलिए सारणी प० 2.1 में बजटीय घाटे के आँकड़े मूलत: 'जमा रोकड़ मे निवल कमी' के बराबर बैठते हैं। स्मरणीय है कि रोकड़ में करेंसी निर्माण, सिक्का ढलाई तथा अन्य राजकोषीय गतिविधियों से वृद्धि होती रहती है जिसमें से सरकार निकास कर सकती है। परंतु फिर भी यह प्रश्न उठता है कि अंतर्राष्ट्रीय स्तर पर स्वीकार्य अवधारणा के स्थान पर भारत सरकार द्वारा बजटीय घाटे की एक संकीर्ण परिभाषा अपनाने का क्या औचित्य था? इस संदर्भ में सरकारी मत यह रहा है कि बजटीय घाटा सरकारी उधार का वह भाग है जिससे परिचलित मुद्रा (currency in circulation) के सकल भंडार में बढ़ोतरी के द्वारा माँग और कीमतों पर दबाव बढ़ता है। सरकार का यह दावा था कि इसके द्वारा परिभाषित बजटीय घाटे का परिमापन परिचलित मुद्रा के भंडार में होने वाली प्राथमिक वृद्धि को दर्शाता है। परंतु ध्यान से देखने पर पता चलता है कि सरकार का यह दावा गलत था। आलोचकों का यह कहना है कि सरकार द्वारा रिज़र्व बैंक से किसी भी रूप में उधार लेने से बाज़ार में परचलित करेंसी की मात्रा बढ़ जाती है। यह बढ़ोतरी केवल *तदर्थ* राजकोषीय हुंडियों की बिक्री के कारण ही नहीं होती। अत: उचित यही है कि बजटीय घाटे के परिमापन में सभी प्रकार के सरकारी उधारों को शामिल किया जाए और इसे राजकोषीय घाटे का ही दूसरा नाम मान लिया जाए।

## 4. राजकोषीय घाटा (Fiscal Deficit) (FD)

राजकोषीय घाटे को सकल राजकोषीय घाटा (Gross Fiscal Deficit) भी कह सकते हैं। यह सरकारी व्यय का वह भाग है जिसका वित्त पोषण किसी न किसी रूप में सरकार द्वारा उधार लेकर अथवा जमा रोकड़ में कमी के द्वारा किया गया हो। स्मरणीय है कि भारत सरकार के बजट में उधार प्राप्तियों की निवल (अर्थात् सकल उधार – अदायगियाँ) राशियाँ दर्शाई जाती हैं। इसी प्रकार भारत सरकार द्वारा दिए गए उधार पूँजी खाते के व्यय पक्ष में प्रकट होते हैं, जबकि 'वसूलियों' को प्राप्तियों में जोड़ दिया जाता है। अतः सरकार द्वारा दिए गए उधार तथा अग्रिमों की मात्राएँ भी निवल राशियाँ हो जाती हैं। सारणी प० 2.1 से विदित होता है कि

राजकोषीय घाटा = [मद VI – {मद I + मद II (a) + मद II (d)}]

= मद II (d) + मद II(c)+ मद VII

अर्थात FD = VI – {I + II(a) + II(d)} = II (b) + II(c) + VII

दूसरे शब्दों में राजकोषीय घाटा सदैव [कुल व्यय – (राजस्व प्राप्तियाँ + ऋणों की वसूलियाँ + सरकारी परिसंपत्तियों की बिक्री)] के बराबर रहता है। इसके अतिरिक्त यह तीन मदों के जोड़ के बराबर भी रहता है, अर्थात, (क) 91-दिवसीय *तदर्थ* राजकोषीय हुंडियों को छोड़कर अन्य सभी उधार, (ख) सरकारी परिसंपत्तियों की बिक्री, तथा (ग) 'बजटीय घाटा'।

## 5. निवल राजकोषीय घाटा (Net Fiscal Deficit) (NFD)

राजकोषीय घाटे में से 'पूँजी खाते के अंतर्गत व्यय' की मद संख्या V (a) [अर्थात् सरकार द्वारा दिए गए उधार और अग्रिम] को घटाने से निवल राजकोषीय घाटे का अनुमान प्राप्त किया जाता है। दूसरे शब्दों में इस परिमापन में इस तथ्य को मान्यता दी जाती है कि सरकार द्वारा की गई सभी अदायगियों को व्यय नहीं मानना चाहिए, क्योंकि इनके द्वारा कुछ परिसंपत्तियों की प्राप्ति भी होती है। परंतु इस तर्क को अधूरा छोड़ दिया जाता है। सरकार उधार देकर जिन परिसंपत्तियों को प्राप्त करती है उन्हें तो गिन लिया जाता है, परंतु 'पूँजी परिव्यय' द्वारा प्राप्त परिसंपत्तियों (अर्थात मद V (b) के एक भाग) को छोड़ दिया जाता है।

## 6. मूल घाटा (Primary Deficit) (PD)

घाटे के इस परिमापन को सकल मूल घाटा (Gross Primary Deficit) (GPD) भी कहते हैं। CD के अतिरिक्त घाटे के सभी उपर्युक्त परिमापनों में ब्याज की अदायगियाँ और वसूलियाँ शामिल हैं। परंतु लेन-देन की ये राशियाँ सरकार द्वारा विचाराधीन वर्ष से पूर्व के काल में उधार लेने तथा देने का परिणाम हैं। अतः ब्याज की अदायगियों और वसूलियों को अनदेखा करने से इस बात का पता चलता है कि सरकार का वर्तमान वित्तीय प्रबंधन कैसा है। इस तर्काधार पर मूल घाटे की परिभाषा निम्नलिखित है –

मूल घाटा = राजकोषीय घाटा – ब्याज की निवल अदायगियाँ

= राजकोषीय घाटा – ब्याज की अदायगियाँ + ब्याज की प्राप्तियाँ

अर्थात PD = FD – [IV(a) – I(b)(i)] = FD – IV(a) + I(b) (i) (a)

परंतु भारत सरकार के बजटीय पत्रों में मूल घाटा अनुमानित करते समय ब्याज की प्राप्तियों को अनदेखा करते हुए केवल अदायगियों पर विचार किया जाता है, जिस कारण मूल घाटे की अनुमानित मात्रा घट जाती है। इस प्रकार भारत सरकार के अनुसार

$$PD = FD - IV(a) \quad (b)$$

## 7. निवल मूल घाटा (Net Primary Deficit) (NPD)

सकल मूल घाटे से सरकार द्वारा दिए गए 'ऋण और अग्रिम' [मद संख्या V(a)] को घटाने पर निवल मूल घाटे का अनुमान प्राप्त होता है। इसको राजकोषीय घाटे से 'ब्याज की अदायगियों' और 'उधार और अग्रिम' को घटा कर तथा 'ब्याज की प्राप्तियाँ' जोड़ कर भी अनुमानित किया जा सकता है। अतः

$$NPD = PD - V(a)$$

क्योंकि हमारे पास मूल घाटे के दो परिमापन हैं, इसलिए उनके तदनुरूप निवल मूल घाटे के भी दो अनुमान हो सकते हैं, अर्थात,

$$NPD = FD - IV(a) + I(b)(i) - V(a) \quad (a)$$ तथा

$$NPD = FD - IV(a) - V(a) \quad (b)$$

अब हम बजटीय घाटों की उन अवधारणाओं पर आते हैं जिन का उपरोक्त आँकड़ों से प्रत्यक्ष परिमापन संभव नहीं है। उनके अनुमान अतिरिक्त सूचना के आधार पर ही संभव हैं।

## 8. मुद्राकृत घाटा (Monetized Deficit) (MD)

इस घाटे को रिज़र्व बैंक द्वारा भारत सरकार को दिए गए निवल ऋण के बराबर परिभाषित किया जाता है। इस अवधारणा की संरचना इस आधार पर की गई है कि सरकार को रिज़र्व बैंक द्वारा दिए गए सभी प्रकार के उधारों से प्रत्यक्ष रूप से उतनी ही मात्रा में करेंसी की परिचलित मात्रा में वृद्धि हो जाती है। पारम्परिक ढंग से परिभाषित बजटीय घाटे की अवधारणा इस तथ्य को प्रतिबिम्बित नहीं कर सकती। इसी कारण चक्रवर्ती समिति ने यह सिफारिश की थी कि पारंपरिक बजटीय घाटे के अतिरिक्त सरकार द्वारा रिज़र्व बैंक से निवल साख के आँकड़े भी प्रकाशित किए जाने चाहिएँ। स्मरणीय है कि मुद्राकृत घाटा राजकोषीय घाटे का एक अंश है। यह भी ध्यान देने योग्य तथ्य है कि मुद्राकृत घाटे से भी कीमतों पर बजट के प्रभाव का पूर्ण अनुमान नहीं लगाया जा सकता क्योंकि सरकार द्वारा अन्य बैंकों और अन्य स्रोतों से लिया गया उधार भी माँग तथा कीमतों में वृद्धि का कारण बनता है।

## 9. सार्वजनिक क्षेत्र की उधार आवश्यकता (Public Sector Borrowing Requirement)

यह पूरे सार्वजनिक क्षेत्र का एकीकृत घाटा है तथा इस क्षेत्र द्वारा अर्थव्यवस्था के संसाधनों के निवल उपभोग का परिमापन है। इसे बजटीय घाटे का सर्वाधिक विस्तारित परिमापन कहा जा सकता है तथा इसमें सरकार के सभी अंगों के घाटे जुड़े रहते हैं। संक्षिप्त शब्दों में इसे समस्त सरकारी इकाइयों के (कुल व्यय – कुल राजस्व प्राप्तियाँ) के बराबर, अथवा (नए उधार – ऋण भुगतान – जमा रोकड़ में कमी) के बराबर अनुमानित किया जा सकता है।

नोट करें कि यहाँ पर व्यय में सार्वजनिक क्षेत्र के कर्मचारियों के वेतन एवं भत्ते, वस्तुओं तथा सेवाओं पर व्यय, अचल पूँजी निर्माण, ऋण पर ब्याज, आर्थिक सहायताएँ तथा अन्य अंतरण शामिल होते हैं। परंतु व्यय के इस परिमापन में ऋण का भुगतान तथा वित्तीय प्रतिभूतियों के संग्रहण के तदनुरूप अदायगियों को शामिल नहीं किया जाता। इसी प्रकार राजस्व में करों से प्राप्तियों, फीसें, जुर्माने, शुल्क, उपभोक्ताओं से वसूलियाँ, सार्वजनिक परिसंपत्तियों से अर्जित ब्याज आय, अंतरण, सार्वजनिक उद्यमों के परिचालन अधिशेष और सरकारी परिसंपत्तियों की बिक्री से प्राप्त धन राशियों को शामिल किया जाता है। परंतु जमा रोकड़ से निकाली गई राशियों को राजस्व का भाग नहीं माना जाता।

इस परिमापन में कुछ कठिन सैद्धांतिक तथा व्यावहारिक प्रश्नों का सामना करना पड़ता है। उदाहरणार्थ, किन आर्थिक इकाइयों को सरकार का अंग माना जाए? इसके अतिरिक्त इस परिमापन से सरकारी क्षेत्र के घाटे के कारण अर्थव्यवस्था द्वारा वहन की जाने वाली वास्तविक संसाधन लागत का अनुमान नहीं लगाया जा सकता क्योंकि यह लागत केवल घाटे तक ही सीमित नहीं रहती; इस के प्रभाव मुद्रा-स्फीति तथा अन्य कई रूपों में भी प्रकट होते हैं।

## 10. संरचनात्मक घाटा (Structural Deficit) (SD)

सरकारें बहुधा ऐसे कदम उठाती हैं जिनसे सरकारी व्यय में कमी अथवा राजस्व में बढ़ोतरी हो सकती है। परंतु यदि ऐसे कदम अल्पकालीन हों तो उनके बजटीय प्रभाव भी अल्पकालीन ही होंगे। अत: वस्तुस्थिति का सही अनुमान लगाने के लिए बजटीय घाटे को अनुमानित करते समय इन अल्पकालीन प्रभावों वाले घटकों को अनदेखा कर देना चाहिए। ऐसा करने पर 'सार्वजनिक क्षेत्र की उधार आवश्यकता' (PSBR)' के संशोधित अनुमान को संरचनात्मक घाटे की संज्ञा दी जाती है। इस प्रकार के घाटे का यह परिमापन सार्वजनिक क्षेत्र की दीर्घकालीन घाटे की स्थिति दर्शाता है।

## 11. परिचालन घाटा (Operational Deficit) (OD)

'सार्वजनिक क्षेत्र की उधार आवश्यकता' के परिमापन के अनुमान पर कीमतों में परिवर्तन का प्रभाव भी पड़ता है। यदि यह अनुमान कीमतों के इस प्रभाव को दूर करने के उपरांत लगाया जाए, तो इसे परिचालन घाटे की संज्ञा दी जाती है। परंतु व्यावहारिकता में इस अनुमान मे कई कठिनाइयाँ आती हैं। उदाहरण के लिए सर्वप्रथम कठिनाई एक उचित कीमत सूचकांक के चुनाव की रहती है। इसी प्रकार परोक्ष करों के कारण समस्या यह उठती है कि एक ओर तो इनसे सरकार के राजस्व में वृद्धि होती है, परंतु दूसरी ओर कीमतें भी बढ़ जाती हैं। यही बात सरकारी उद्यमों द्वारा कीमतें बढ़ाने पर लागू होती है। वहाँ भी राजस्व में वृद्धि के साथ ही उपभोक्ताओं (जिनमें सरकार स्वयं भी शामिल है) के लिए कीमतें बढ़ जाती हैं।

# घाटों की सहनीय सीमाएँ

(Tolerable Limits of Deficits)

एक विचाराधीन बजटीय घाटे की सहनीय सीमा वह है जहाँ इसके वित्त-पोषण के दुष्प्रभाव इसके अच्छे प्रभावों के बराबर हो जाएँ। इस सीमा को पूर्वनिश्चित परिशुद्ध राशियों में अनुमानित नहीं किया जा सकता, क्योंकि:

(क) इसके प्रभाव अन्य घटकों के अतिरिक्त देश की आर्थिक स्थिति और

(ख) इसके वित्त-पोषण की नीति और प्रक्रिया पर निर्भर करते हैं।

स्पष्ट है कि इन सीमाओं का अनुमान लगाना अति कठिन है। परंतु जब घाटा इन सीमाओं को लांघने लगता है तो यह तथ्य सर्वविदित होने लगता है। ऐसी स्थिति में बजटीय घाटे की नीति भी अस्वीकार्य हो जाती है। उदाहरणार्थ यदि बजटीय घाटे का वित्त पोषण अल्पावधिक उधारों से किया जाए तो सामान्यत: इसके दुष्प्रभाव शीघ्र सामने आने लगते हैं और अधिक तीक्ष्ण भी होते हैं। इसी प्रकार यदि घाटे का वित्त पोषण केन्द्रीय बैंक से उधार लेकर किया जाए जो कीमतें बढ़ने लगती हैं।

आजकल इस मत की स्वीकार्यता बढ़ती जा रही है कि मुद्रा-स्फीति का मुख्य कारण बजटीय घाटे की वित्त व्यवस्था होती है। सरकारें घाटे की नीति अपनाते हुए इसके दुष्परिणामों पर यथोचित विचार नहीं करतीं तथा इसे संसाधन जुटाने का एक सरल मार्ग समझकर घाटे को बढ़ाने पर तत्पर रहती हैं। कालांतर में जब कीमतों के साथ सरकार का अपना व्यय भी बढ़ने लगता है तो घाटे बढ़ने की प्रवृत्ति और भी सक्षम होती जाती है।

स्पष्ट है कि घाटे के किसी भी अनुचित स्तर को अर्थव्यवस्था को हानि पहुँचाए बिना अधिक समय तक निभाना संभव नहीं होता। कई देशों में घाटे की व्यवस्था संबंधी कानूनी प्रतिबंध भी अपनाए गए हैं, परंतु वस्तुस्थिति यह है कि आवश्यकता पड़ने पर सभी सरकारें इन प्रतिबंधों को तोड़ने का मार्ग ढूँढ़ लेती हैं।

## भारत में घाटे का वित्त-पोषण

(Deficit Financing in India)

सारणी प० 1.2 में 2002-03 से 2006-07 तक केन्द्र के बजटीय घाटे की सात अवधारणाओं के मात्रीकृत अनुमानों को प्रस्तुत किया गया है। स्मरणीय है कि पूँजी खाते में सिवाय वर्ष 1986-87 के सदैव अधिशेष की स्थिति रही है। इसका अर्थ यह निकलता है कि सरकार अपने सामान्य चालू व्यय के एक भाग का वित्त पोषण भी उधार लेकर करती रही है। ऐसी स्थिति वित्तीय प्रबंधन में अस्वीकार्य शिथिलता को दर्शाती है। एक अन्य प्रवृत्ति यह देखने को मिलती है कि FD और CD की परिशुद्ध मात्राएँ सोचनीय ढंग से बढ़ी हैं। राजकोषीय घाटा तो किसी समय सकल राष्ट्रीय उत्पाद के 9% तक पहुँच गया था। अधिकतर वर्षों में यह घाटे की स्वीकार्य सीमाओं से ऊपर रहे हैं। पिछले कुछ वर्षों में इनको कम करने का विधिवत् प्रयास किया गया है, परंतु अभी तक इसमें यथोचित सफलता नहीं मिल पाई है।

सारणी के आँकड़ों से राजकोषीय घाटे और मूल घाटे में बढ़ता अंतर स्पष्ट दिखाई देता है। इसका कारण सरकार द्वारा ब्याज की अदायगियाँ हैं। हर वर्ष राजकोषीय घाटे के कारण सरकार पर बकाया ऋण की मात्रा बढ़ने के साथ-साथ ब्याज की अदायगियों में भी तदनुरूप वृद्धि हुई है।

इस बारे में दो मत नहीं हो सकते कि घाटे की समस्या का स्थायी समाधान केवल सरकार द्वारा अपना व्यय नियंत्रित करने से ही मिल सकता है। सरकार की राजस्व तथा पूँजी प्राप्तियों में बहुत तेज़ी से वृद्धि होने के बावजूद घाटे की समस्या के पूर्ववत् बने रहने का कारण केवल सरकार का अपने व्यय पर काबू न पा सकना ही है।

**सारणी प० 1.1**

**भारत सरकार के बजटीय घाटों के परिमापन** (करोड़ रुपए)

| वर्ष | 2007–08 | 2008–09 | 2009–10 | 2010–11 | 2011–12 |
|---|---|---|---|---|---|
| 1 | 2 | 3 | 4 | 5 | 6 |
| I. **राजस्व प्राप्तियाँ** | 5,41,864 | 5,40,259 | 5,72,811 | 7,83,833 | 7,89,892 |
| (a) कर राजस्व (निवल) | 439,547 | 4,43,319 | 4,56,536 | 5,63,685 | 6,64,457 |
| (b) कर-भिन्न व्यय | 1,02,317 | 96,940 | 1,16,275 | 2,20,149 | 1,25,435 |
| (i) ब्याज | 21,060 | 20,717 | 21,756 | 19,728 | 19,578 |
| (ii) ब्याज-भिन्न | 78,534 | 73,429 | 91,378 | 1,97,665 | 1,03,684 |

| | | | | | |
|---|---|---|---|---|---|
| (iii) अनुदान | 2,723 | 2,794 | 3,141 | 2,756 | 2,173 |
| II. **पूँजी प्राप्तियाँ** | 1,97,978 | 2,99,863 | 4,53,063 | 4,47,743 | 4,47,836 |
| (a) ऋण की वसूलियाँ | 5,100 | 6,139 | 8,613 | 9,001 | 15,920 |
| (b) उधार (91-दिवसीय *तदर्थ* हुंडियों को छोड़कर) | 1,33,678 | 2,51,384 | 4,38,774 | 4,05,459 | 3,90,782 |
| (c) अन्य पूँजी प्राप्तियाँ (निवल) | 20,405 | 41,774 | –18,905 | 10,539 | 1,134 |
| (d) सरकारी परिसंपत्तियों की बिक्री | 38,795 | 566 | 24,581 | 22,744 | 40,000 |
| III. **कुल प्राप्तियाँ** | 7,39,842 | 8,39,935 | 10,25,883 | 12,30,576 | 12,37,728 |
| IV. राजस्व खाते के अंतर्गत व्यय | 5,94,433 | 7,93,798 | 9,11,809 | 10,55,678 | 10,97,162 |
| (a) ब्याज की अदायगियाँ | 1,71,030 | 1,92,204 | 2,13,93 | 2,40,757 | 2,67,986 |
| (b) ब्याज-भिन्न व्यय | 4,23,403 | 6,01,594 | 6,98,716 | 8,12,921 | 8,29,176 |
| V. पूँजी खाते के अंतर्गत व्यय | 1,18,238 | 90,158 | 1,12,678 | 1,62,898 | 1,60,567 |
| (a) उधार और अग्रिम | –1,220 | 12,663 | 16,116 | 42,575 | 28,640 |
| (b) पूंजी परिव्यय | 1,19,458 | 77,495 | 96,562 | 1,20,383 | 1,31,927 |
| VI. कुल व्यय | 7,12,671 | 8,83,956 | 10,24,487 | 12,16,576 | 12,57,729 |
| VII. 91-दिवसीय *तदर्थ* राजकोषीय हुंडियों द्वारा उधार तथा जमा रोकड़ से निकास | (–)27,171 | 43,834 | –1,386 | –15,000 | 20,000 |
| **बजटीय घाटे के कुछ प्रमापन, घाटा (+)/अधिशेष (–)** | | | | | |
| 1. राजस्व खाते का घाटा (IV – I) | 52,569 | 2,53,539 | 3,38,998 | 2,69,844 | 3,07,270 |
| 2. पूंजी खाते का घाटा (V – II) | (–)79,740 | (–)2,09,705 | (–)3,40,385 | (–)2,84,845 | (–)2,87,269 |
| 3. बजटीय घाटा (VI – III) = VII | (–)27,171 | 43,834 | (–)1,386 | –15000 | 20,000 |
| 4. राजकोषीय घाटा [VI – {I + II (a) + II (d)}] = II(b) + II(c) + VII | 1,26,912 | 3,36,992 | 4,18,483 | 4,09,998 | 4,31,916 |
| 5. निवल राजकोषीय घाटा [FD – V(a)] | 1,28,132 | 3,24,329 | 4,02,367 | 3,58,483 | 3,83,276 |
| 6. मूल घाटा | | | | | |
| (a) FD – IV(a) + I(b)(i) | 23,058 | 1,65,505 | 2,27,146 | 1,79,969 | 1,63,508 |
| (b) FD – IV(a) | –44,118 | 1,44,788 | 2,05,390 | 1,60,291 | 1,43,930 |
| 7. निवल मूल घाटा [PD – V(a)] | | | | | |
| (a) FD – IV(a) + I(b) (i) – V(a) | 21,838 | 1,52,842 | 2,11,030 | 1,37,454 | 1,34,868 |
| (b) FD – IV(a) – V(a) | –42,898 | 1,32,125 | 1,89,274 | 1,17,726 | 1,15,290 |

# परिशिष्ट 2

# लिंग-आधारित बजटीय व्यवस्था (लि॰ ब॰)

## (Gender-Based Budgeting)

अधिकतर देशों में, जिनमें कई विकसित देश भी शामिल हैं, महिला वर्ग के प्रति विविध प्रकार से सामाजिक एवं आर्थिक भेद-भाव बरता जाता है। आर्थिक और सामाजिक पिछड़ेपन वाले देशों में यह समस्या और भी गहरा जाती है। भारत में तो इस समस्या की जड़ें इतनी गहरी हैं कि विभिन्न कानूनी कदमों के बावजूद हमारा समाज अभी तक इस समस्या के दुर्भावों से पीड़ित है। सुधारकर्ताओं का मानना है कि इस सामाजिक एवं आर्थिक अनौचित्य को दूर करने में लोक बजट एक प्रभावी भूमिका निभा सकता है।

## अर्थ

लिंग-आधारित बजटीय व्यवस्था (अथवा लिंग-आधारित बजट, लि॰ ब॰) एक ऐसी बहुआयामी अवधारणा है जो अभी भी परीक्षण और विकास के प्रारंभिक चरणों से गुज़र रही है और जिसका अभी तक कोई सर्वस्वीकार्य मानकीकृत ढाँचा निर्मित नहीं हो पाया है। अधिकतर देशों में इसे अपनाने की प्रक्रिया अपने प्रारंभिक चरणों में ही है। ऐसी स्थिति में लिंग-आधारित बजटिंग (लि॰ ब॰) के अर्थ को समझने के लिए, इस तथ्य को ध्यान में रखते हुए कि इसका मुख्य उद्देश्य महिला वर्ग के विरुद्ध प्रत्येक प्रकार के भेद-भाव के मिटाने में सहायता देना है, इसके निम्नलिखित आयाम विशेष रूप से वर्णनीय हैं-

- लि॰ ब॰ की अवधारणा अब केवल महिलाओं तक सीमित नहीं मानी जाती। इसके अंतर्गत महिला वर्ग के अतिरिक्त बच्चों का कल्याण भी आता है।
- लि॰ ब॰ महिलाओं और बच्चों के लिए एक **अलग बजट** नहीं है। यह केवल सरकार के पूर्वस्थित बजट की लेखन-पद्धत्ति और उसकी प्रस्तुति का एक ऐसा संशोधित रूप है जिसमें बजट की **लिंग-आधारित संवेदनशीलताओं** (gender-based or gender-linked sensitivities) को उभारा जाता है, अर्थात् जिसमें सरकार की बजटीय नीतियों और संव्यवहारों (activities) के लिंग-आधारित (लिंग-संबधित) प्रभाव न केवल उभर कर सामने आते हैं प्रत्युत जिनका मात्रीकरण भी संभव होता है।
- बजट निर्माण के मूल नियमों में लिंग-संबंधित चरों (gender-linked variables) को भी शामिल किया जाता है। अर्थात बजट तैयार करते समय इसकी प्रत्येक नीति और मद के चुनाव में इस बात पर भी ध्यान दिया जाता है कि इससे महिलाओं और बच्चों का हित/अहित किस प्रकार प्रभावित होगा।
- लि॰ ब॰ में बजटीय आवंटनों की लिंग-संवेदनशीलताओं (अर्थात लिंग-संबंधी प्रभावों) को विशेष रूप से उभारा जाता है, अर्थात् इसमें बजटीय आवंटनों (allocations) से अपेक्षित हितों के लिंग-आधारित विश्लेषण और मात्रीकारण का प्रयत्न किया जाता है।

• लिंग-संबंधी बजटीय नीतियों, आवंटनों, और संव्यवहारों पर विधिवत निगरानी रखना भी लि॰ ब॰ का एक महत्त्वपूर्ण अंग है।

• लि॰ ब॰ को सार्थक बनाने के लिए इसे सरकार के सभी स्तरों केन्द्र, राज्य और स्थानीय निकायों पर पूरे देश में अपनाया जाना चाहिए।

## अड़चनें

वर्तमान स्थिति यह है कि एक प्रभावी लिंग-आधारित बजटीय व्यवस्था अपनाने में सरकार को अनेकों कठिनाइयों का सामना करना पड़ता है। लोगों (एवं सवयं प्रशासन में भी) इस अवधारणा की जानकारी अति सीमित है, और इस कारण अभी तक इसकी स्वीकार्यता भी व्यापक नहीं है। लि॰ ब॰ को एक सार्थक रूप में अपनाने में निम्नलिखित मुख्य समस्याएँ आती हैं–

• प्रारंभिक और अविकसित अवस्था में होने के कारण सरकारी क्षेत्रों और सिद्धांतकारों में लि॰ ब॰ के पक्ष में सर्वस्वीकार्य और संगतियुक्त (logical) तर्कों की जानकारी अति सीमित है। इसका एक कारण सामाजिक, आर्थिक और प्रशासनिक परिस्थितियों में अंतर्देशीय एकसारिता का न होना है।

• लि॰ ब॰ के कई आयामों की अंतिम रूपरेखा नहीं मिलती। अर्थात् अभी तक इसके अवधारणात्मक और सैद्धांतिक आयामों पर एकमत नहीं बन पाया है।

• सामान्यत: लि॰ ब॰ के लिए जिस प्रकार के आँकड़े एवं अन्य मात्रीकृत जानकारी की आवश्यकता होती है, वे अभी विकास-प्रक्रिया के प्रारंभिक चरणों में हैं।

• इसी प्रकार लि॰ ब॰ को अर्थपूर्ण ढंग से अपनाने के लिए जिन विश्लेषणात्मक विधियों आदि की आवश्यकता होती है, वे अभी तक अविकसित अवस्था में हैं। लि॰ ब॰ में सभी प्रकार की बजटीय स्कीमों आदि के लिंग-प्रभावों को अनुमानित करने की क्षमता होनी चाहिए। परन्तु वस्तुस्थिति यह है कि लि॰ ब॰ पढ़ौरिता की इस स्थिति से अभी काफी दूर है। परिणामस्वरूप कुछ स्कीमों आदि से मिलने वाले स्त्रियोजित प्रभावों पर विचार तक नहीं किया जाता, जबकि कुछ अन्य स्कीमों पर व्ययित सभी राशियों को उनके स्त्रियोजित प्रभावों के बराबर मान लिया जाता है। इसके अतिरिक्त प्रशासनिक कार्यक्षमताओं, गलत नीतियों के दुष्प्रभावों तथा अन्य प्रकार की कमियों को भी अनदेखा कर दिया जाता है।

• अधिकतर सरकारों की बजटीय लेखन पद्धिति लि॰ ब॰ के लिए उपयुक्त नहीं है तथा इसमे यथोचित सुधार करने में भी कई प्रकार की कानूनी, प्रशासनिक एवं अन्य कठिनाइयाँ आती हैं। साथ ही एक उपयुक्त, प्रयोग्य, और समय-रहते आँकड़ों के संग्रहण अैर उपलब्धि की व्यवस्था का होना भी आवश्यक है।

• पिछड़े देशों में महिला वर्ग को अपनी अनौचित्य स्थिति और अपने अधिकारों के बारे में एक व्यापक अनभिज्ञता देखने को मिलती है। इस अज्ञानता को दूर किए बिना लि॰ ब॰ को उपयोगी नहीं बनाया जा सकता।

• सरकार की बहुत सी सेवाओं और संव्यवहारों का लिंगाधार वर्गीकरण सम्भव न होने के कारण लि॰ ब॰ की अपनाने की प्रक्रिया अधूरी रह जाती है। ऐसी सेवाओं में देश का परिरक्षण और प्रदूषण नियन्त्रण आदि शामिल हैं। इसी प्रकार यद्यपि कुछेक सरकारी सेवाओं और संव्यवहारें से महिला वर्ग अधिक लाभान्वित होता है, तो भी उन हितों में से महिला वर्ग को मिलने वाले अनुपात का मात्रीकरण संभव नहीं होता।

• सरकार के व्यय-बजट का एक बड़ा भाग उसके अपने रख-रखाव पर ही खर्च हो जाता है। इसी प्रकार एक अन्य बड़ा भाग लोक ऋण के ब्याज और मूल की अदायगियों में चला जाता है। परिणामस्वरूप बजट के शेष भाग में से ही महिला वर्ग के हितार्थ कार्यक्रम अपनाए जा सकते हैं।

• विकासोनुमुख देशों की सरकारों को आर्थिक विकास की गति को बढ़ाने और बनाए रखने के लिए आधारभूत सुविधाओं को विकसित करने की आवश्यकता पड़ती है। परन्तु ऐसा करने पर लि॰ ब॰ को प्रभावी तौर पर अपनाने में बाधा पड़ती है।

## लिंग-आधारित बजटीय व्यवस्था का प्रयोग

महिला वर्ग के प्रति व्यापक अनौचित्य को दूर करने की प्रक्रिया का शुभारंभ संयुक्त राष्ट्र संघ द्वारा 1979 में संयोजित एक 'महिलाओं के प्रति सभी प्रकार के भेद-भाव की समाप्ति' (Elimination of All Forms of Discrimination Against Women) नामक अभिसमय (convention) के रूप में हुआ। तब से इस प्रक्रिया में कई प्रकार से सुदृढ़ता आई है। परन्तु साथ ही कुछ सरकारें इसके प्रति अभी तक काफी उदासीन हैं।

## भारत में स्थिति

भारत उन थोड़े से देशों में से एक है जिन्होंने लि॰ ब॰ को अपनाने में उत्सुकता दर्शाई है। प्रशासन और लि॰ ब॰ के पक्ष में वक्ताओं के आपसी विचार विमर्श के पश्चात सर्वप्रथम 'आर्थिक समीक्षा 2000-01' (Economic Survey, 2000-01) में लि॰ ब॰ का वर्णन किया गया। इसके पश्चात 2003 में 'सरकारी संव्यवहारों की वर्गीकरण प्रणाली' (Classification System of Government Transactions) पर डा॰ अशोक लाहिड़ी की अध्यक्षता में एक विशेषज्ञ ग्रुप (expert group) का संगठन किया गया। इस ग्रुप ने जुलाई 2004 में अपनी रिपोर्ट प्रस्तुत की जिसमें महिला वर्ग से संबंधित विभिन्न मुद्दों और चिन्ताओं (issues and concerns) पर विचारोपरांत निम्नलिखित सहित कई सिफारिशें की गईं-

• समस्त मन्त्रालयों और विभागों के कार्यकलापों में समन्वय लाने हेतु एक **लि॰ ब॰ निदेशालय** (Gender Budgeting Directorate) स्थापित किया जाए जो लि॰ ब॰ को अपनाने के मार्ग में आने वाली बाधाओं को दूर करने में सभी प्रकार की सहायता प्रदान करे।

• कुछ चयनित मन्त्रालयों और विभागों से प्रारंभ करते हुए, लि॰ ब॰ को पूरी सरकार द्वारा अपनाया जाए।

• लिंगाधार आँकड़ों, लक्ष्यों और सुचना संकेतों के संग्रहण हेतु सभी मन्त्रालयों और विभागों में लि॰ ब॰ की इकाइयों (Gender Budgeting Units) की स्थापना की जाए।

• लि॰ ब॰ की प्रक्रिया सभी राज्यों और स्थानीय निकायों द्वारा भी अपनाई जाए।

• लि॰ ब॰ में सरकारी व्यय-संबंधी सूचना के अतिरिक्त, इस व्यय के परिणामों का भी मूल्यांकन किया जाए।

• सरकार की सभी स्कीमों और कार्यक्रमों को तीन लिंगाधारित वर्गों में बाँटा जाए, अर्थात् (1) ऐसे वित्तीय आवंटन जो 100% महिला वर्ग के लिए हों, (2) ऐसे आवंटन जो महिला-प्रधान हों (अर्थात जिनका 30% अथवा इससे अधिक भाग महिला लाभार्थियों के लिए हो), तथा (3) ऐसे आवंटन जिनमें लिंगाधारित तत्व नहीं हो सकते।

• मन्त्रालयों और विभागों के आपसी मामलों की पहचान करने हेतु एक अंतर-विभागीय स्थाई कमेटी का गठन किया जाए, तथा इसके माध्यम से लि॰ ब॰ संबंधी सारी जानकारी का आदान-प्रदान किया जाए।

- बजट में 'महिला विकास' नामक एक विस्तृत शीर्ष रखा जाए, ताकि महिलाओं के लिए की गई आरक्षित निधियों, उनसे संबंधित कार्यकलापों और उनकी प्रयुक्ति की जानकारी के कार्य संपन्न करने में सहायता मिले।
- बजट के व्यय और निष्पादन दोनों पक्षों का अध्ययन किया जाए ताकि कार्यक्रमों के निर्धारित लक्ष्यों और उनकी प्राप्ति की तुलना की जा सके।
- समय-समय पर सरकार के महिला और बाल विकास विभाग (Department of Women and Child Development, DWDC) द्वारा सरकार की लिंगाधारित योजनाओं, नीतियों, और कार्यक्रमों की जाँच की जाए।
- कमेटी ने आँकड़ों के ताल-मेल और उनके विश्लेषण के अतिरिक्त अधिपत्रों की प्रस्तुति से संबंधित छः विधियों को भी दर्शाया और उनको अपनाने की सिफारिश की।

भारत सरकार ने लिंगाधारित बजट को चरणबद्ध ढंग से अपनाने का निर्णय लेते हुए इसका 2005-06 के बजट के साथ शुभारंभ किया। इस बजट में उन बजटीय आवंटनों को एक भिन्न शीर्ष-वर्ग में प्रस्तुत किया गया जिनसे मुख्य रूप से महिला वर्ग के लाभान्वित होने की अपेक्षा की जाती थी। राज्यों और संघ राज्य क्षेत्रों को अंतरित राशियों सहित इन आवंटनों का कुल जोड़ रु.14,378.68 करोड़ था। परन्तु इस बजट में इन आवंटनों से अपेक्षित हितों के लिंगाधारित मात्रीकृत अनुमान नहीं दिए गए थे। केन्द्र सरकार में पहले से ही एक 'महिला और बाल विकास विभाग' है जो सभी सरकारी इकाइयों के कार्यकलापों पर दृष्टि रखता है। इसके अतिरिक्त इसी वर्ष कई राज्यों ने भी, आपसी तालमेल और एकसी शब्दावली के अभाव के बावजूद, लि० ब० संबंधी कदम उठाए।

केन्द्र के 2006-07 के लि० ब० में मदों की संख्या में बढ़ोतरी की गई तथा इन्हें दो भागों में बाँटा गया, अर्थात् वे स्कीमें जो 100% महिलाओं के लिए थीं, तथा वे स्कीमें जिनका कम से कम 30 प्रतिशत वित्तीय आवंटन महिलाओं के हितार्थ था। वर्ष 2008-09 से लिंगाधारित बजट को दो विवरणों में बाँटने की प्रथा प्रारंभ की गई-

(1) प्रथम विवरण में वे स्कीमें दर्शाई जाती हैं जो पर्याप्त रूप से महिलाओं के हितार्थ हैं। स्वयं इसके भी दो भाग हैं। भाग (क) में वे स्कीमें दर्शाई जाती हैं जिनमें महिलाओं के लिए 100% प्रावधान है; और भाग (ख) में वे स्कीमें रहती हैं जहाँ उनके लिए आवंटन किए गए प्रावधान का कम से कम 30% है। (क) और (ख) दोनों भागों में प्रत्येक स्कीम के लिए आवंटित आयोजना और आयोजना-भिन्न अंश रहते हैं। वर्ष 2008-09 के बजट में महिलाओं के लिए सकल प्रावधानित राशियाँ 27,662 करोड़ रुपए थीं (भाग 'क' के लिए 11,460 करोड़ रुपए और भाग 'ख' के लिए 16,602 करोड़ रुपए)।

(2) दूसरे क्विरण में बाल कल्याण योजनाओं के लिए बजट प्रावधान की स्कीमें दर्शाई जाती हैं। ये प्रावधान शैक्षिक परिव्ययों, बालिकाओं के लिए प्रावधानों, स्वास्थ्य, तथा बाल सुरक्षा आदि के लिए प्रावधानों को इंगित करते हैं। इन प्रावधानों को भी आयोजना और आयोजना-भिन्न भागों में बाँटा जाता है। 2008-09 के बजट में इन प्रावधानों का जोड़ 33,434 करोड़ रुपए था।

ध्यानयोग्य है कि लिंगाधारित बजटीय व्यवस्था अपने विकास के चरणों से गुज़र रही है। इसको अपनाने वाले मंत्रालयों और विभागों की संख्या बढ़ रही है और इसमें दीर्घकालिक सेशोधन अपेक्षित हैं।

# परिशिष्ट* 3

# राज्यों के बजट 2017-18 एवं 2018-19

## (State Budgets 2017–18 and 2018–19)

भारत में अखिल भारतीय स्तर पर जुलाई 2017 में GST को अपनाया गया। देश की परोक्ष कर प्रणाली में यह एक अति महत्त्वपूर्ण कदम था। अपनी परिवर्तनशीलता और गतिशीलता के गुणों के कारण इसमें अभी भी सुधार-कार्य चल रहा है। परन्तु फिर भी इस की महत्ता सारणी प० 3.1 से स्वविदित है। अपेक्षित है कि राज्य सरकारें GST कृत कर-दोहन की संभावनाओं के कार्यान्वयन से अपने कराधार के फैलाव और उसकी उत्पादिता को बढ़ाने में सफल होंगी।

ध्यानयोग्य है कि पिछले कुछ वर्षों में केन्द्र से राज्यों को संसाधन हस्तांरण में भी मूलभूत परिवर्तन हुए हैं जो उनकी राजकोषीय स्थिति को दृढ़ता प्रदान करते हैं। परन्तु साथ ही राज्यों को उनके प्रकार के राजकोषीय दबावों का भी सामना करना पड़ रहा है। इन में कृषि-ऋण की समस्या, अवसंरचनात्मक सुविधाओं में वृद्धि और उनका समुचित संचालन, राज्यों की अपनी प्रशासनिक कमजोरियाँ और निहित स्वार्थों के दबाव अग्रणीय हैं।

उदाहरणार्थ कृषि-ऋण की माफ़ी के पक्ष और विरोध में एक साथ यथार्थता-पूर्ण तर्क दिए जा रहे हैं। इस बारे में मतभेद की गुंजाइश नहीं है कि ऋण-ग्रस्त किसानों को ऋण राहत मिलनी चाहिए। परन्तु इस समस्या का अंतिम समाधान केवल ऋण माफ़ी नहीं है। इस समस्या के बारम्बार उभरने की संभावना को खत्म करने की आवश्यकता है। और यह तभी संभव है जब कृषि में समुचित निवेश और अन्य सुधारों के साथ कृषि-व्यवस्था की भाँति कृषक के लिए एक उत्तम और भरोसेमंद अग्य-अर्जन का साधन बनाया जाए।

ध्यान योग्य है कि यथार्यता के स्तर पर राज्य सरकारों को एक साथ कई प्रकार के सामाजिक-राजनितिक-आर्थिक-प्रशासनिक कमजोरियों और निहित-स्वार्थों के दबावों का सामना करना पड़ता है। अत: उनके समक्ष संसाधनों के अभाव की स्थिति बने रहने की संभावना बहुत प्रबल है। उपरोक्त दबावों के कारण उपलब्ध साधनों का एक भाग बेकार जाता है, जिससे आर्थिक विकास की गति धीमी रहती है और राज्यों पर ऋण का बोझ बढ़ता जाता है। सारणी प० 3.2 से ज्ञात होता है कि राज्यों के राजस्व-व्यव का लगभग आठवाँ भाग केवल ब्याज-अदायगियों और ऋण सेवा पर ही खप जाता है। सारणी से यह भी ज्ञात होता है कि राज्य राजस्व घाटे से जूझ रहे हैं जिसका वित्त-पोषण पूँजी खाते में घाटे से किया जाता है। इसका अर्थ यह है कि सरकरों को अपने सामान्य दायित्व निभाने के लिए भी उधार का सहारा लेना पड़ता है। 2018-19 के बजटीय अनुमानों के अनुसार इस वर्ष राजस्व-घाटा नहीं होगा, परन्तु पूँजी खाते का घाटा पूर्णवत बना रहेगा।

---

इस परिशिष्ट में साभार प्रयुक्त आँकड़ों और बहुत-सी अन्य जानकारी का मुख्य स्रोत भारतीय रिज़र्व बैंक द्वारा मध्य जुलाई 2018 में प्रकाशित "राज्य वित्त: 2017-18 और 2018-19 के बजटों का अध्ययन" है।

## सारणी प० 3.1

### राज्यों की GST से राजस्व-प्राप्तियाँ

(₹ करोड़)

| | 2017–18 (R.E) | राज्यों की संख्या | (₹ मिलियन) 2018–19 B.E. | राज्यों की संख्या |
|---|---|---|---|---|
| SGST | 2559.3 | 26 | 48 | 28 |
| CGST | 523.7 | 21 | 2036.7 | 23 |
| IGST | 642.0 | 24 | 575.9 | 25 |
| क्षतिपूर्ति सैस | 22.0 | 4 | 36.1 | 4 |
| सकल राष्ट्रीय उत्पाद का % | 1.5 | | 2.6 | |

R.E. = संशोधित अनुमान

B.E. = बजटीय अनुमान

## सारणी प० 3.2

### राज्यों की वित्तीय प्राप्तियाँ और संवितरण

(₹ करोड़)

| | 2015–16 A/Cs | 2016–17 A/Cs | 2017–18 (R.E.) | 2018–19 (B.E.) |
|---|---|---|---|---|
| 1 | 2 | 3 | 4 | 5 |
| **राजस्व प्राप्तियाँ** | | | | |
| **कुल राजस्व (I+II)** | 18328850 | 20464007 | 24577179 | 28129937 |
| **I. कर राजस्व (A+B)** | 13533361 | 15207730 | 17437692 | 20134534 |
| A. राज्यों का अपना कर राजस्व (1–3) | 8471448 | 9129116 | 10503503 | 11987964 |
| 1. आय पर कर (i + ii) | 54487 | 51032 | 55971 | 54984 |
| (i) कृषि आय पर कर | 542 | 335 | 358 | 385 |
| (ii) व्यवसायिक कर आदि | 53945 | 56697 | 55612 | 54599 |
| 2. संपत्ति और पूँजी लेनदेन पर कर | 1046596 | 1246655 | 1191906 | 1353601 |
| (i) भूमि कर | 107803 | 112388 | 137183 | 154357 |
| (ii) स्टाम्प और पंजीकरण | 925383 | 884556 | 1038354 | 118106 |
| (iii) शहरी अचल संपत्ति | 13410 | 13345 | 16369 | 17344 |
| 3. वस्तुओं और सेवाओं पर कर जिन में | 7370363 | 8061795 | 9255627 | 10579374 |
| (i) बिक्री कर | 5282412 | 5874478 | 4309703 | 3085645 |
| (ii) राज्य उत्पाद | 1108199 | 1245929 | 1198047 | 1432005 |
| (iii) वाहन कर | 449664 | 515349 | 615074 | 695572 |
| (iv) वस्तुओं और यात्रियों पर कर | 233606 | 260110 | 131311 | 34478 |
| (v) विद्युत पर कर और शुल्क | 312357 | 288200 | 371771 | 410741 |
| (vi) मनोरंजन कर | 27817 | 30524 | 15337 | 424 |
| (vii) GST | – | – | 2581305 | 4881358 |
| (viii) अन्य कर और शुल्क | 55450 | 58204 | 33079 | 34827 |
| B. केन्द्रीय करों में हिस्सेदारी | 5061913 | 6078614 | 6934189 | 8146570 |

*(Cond.*

| | | | | |
|---|---|---|---|---|
| CGST | – | – | 523693 | 2036715 |
| ICST | – | – | 642006 | 675888 |
| वस्तुओं और सेवाओं पर अन्य कर एवं शुल्क | – | 1144 | 40 | 11959 |
| **. कर-भिन्न राजस्व** | 4795489 | 5256278 | 7139487 | 7995404 |
| :. राज्यों का अपना कर भिन्न राजस्व | 1536533 | 1695365 | 250124 | 277733 |
| ). केन्द्र से अनुदान | 3258956 | 3560913 | 5193579 | 5746361 |

**राजस्व-व्यय**

| | | | | |
|---|---|---|---|---|
| **ल राजस्व व्यय (I+II+III)** | 18382667 | 20868919 | 25187967 | 27837751 |
| **विकासात्मक व्यय (A+B)** | 11811412 | 13404647 | 16122914 | 17508081 |
| A. सामाजिक सेवाएँ | 7401083 | 8354429 | 9997249 | 11099333 |
| B. आर्थिक सेवाएँ | 4410329 | 5050216 | 6125664 | 6408748 |
| **. विकास-भिन्न व्यय** | 6086116 | 6910100 | 8351762 | 9506288 |
| A. राज्य संयन्त्र | 168185 | 184827 | 236377 | 276860 |
| B. राजकोषीय सेवाएँ | 226659 | 251950 | 295124 | 328848 |
| C. ब्याज अदायगियाँ और ऋण सेवाएँ | 2282622 | 2676520 | 3136663 | 3516240 |
| D. प्रशासिनक सेवाएँ | 1302139 | 1455773 | 1765077 | 2675380 |
| E. पैन्शनें | 2041444 | 2261373 | 2789408 | 3104027 |
| F. विविध | 65067 | 79657 | 129112 | 204934 |
| **I. अनुदान एवं अशंदान जिन में** | 485139 | 554172 | 713291 | 823382 |
| स्थानीय निकाय | 485139 | 554172 | 713291 | 823382 |

**पूँजी खाता/प्राप्तियाँ**

| | | | | |
|---|---|---|---|---|
| **ल पूँजी प्राप्तियाँ (I-II)** | 64670462 | 79398255 | 57365357 | 60479179 |
| I. आंतरिक ऋण | 5699600 | 6799768 | 5991711 | 7193058 |
| 1. बाजार उधार | 2951666 | 3931957 | 5494257 | 5597447 |
| 2. वित्तीय संस्थाओं से उधार | 339818 | 616588 | 434456 | 492749 |
| 3. रिज़र्व बैंक से अर्थोदाय अग्रिम | 838231 | 1073616 | 868883 | 954305 |
| 4. NSSF को जारी विशेष प्रतिभूतियाँ | 561197 | 51993 | 60173 | 59269 |
| 5. अन्य | 1008644 | 1125614 | 54442 | 49292 |
| जिन में भूमि क्षतिपूर्ति और अन्य बाँड | 743682 | 942087 | – | 0 |
| II. केन्द्र से ऋण और अग्रिम | 125142 | 177571 | 251307 | 285394 |
| III. ऋणों और अग्रिमों की वसूली | 71,798 | 158346 | 561738 | 585177 |
| IV. अन्तर्राजीय निपटान | 24 | 4 | 1 | 0 |
| V. आकस्मिकता निधि | 20375 | 15014 | 23537 | 22610 |

| | | | | |
|---|---|---|---|---|
| VI. राज्य भविष्य निधियाँ आदि | 1294297 | 1440800 | 1498451 | 1374747 |
| VII. आरक्षित निधियाँ | 599882 | 743119 | 660560 | 947627 |
| VIII. जमा एवं अग्रिम | 6183808 | 6813286 | 7266407 | 8064375 |
| IX. निलबंन और विविध | 47665014 | 60452123 | 39800282 | 40676370 |
| X. आकस्मिकता निधि में विनियोग | 31620 | – | 2500 | – |
| XI. विविध पूँजी प्राप्तियाँ | 11342 | 3791 | 3030 | 11931 |
| जिस में विनिवेश | 7385 | 2548 | 680 | 11700 |
| XII. प्रेषण (remittances) | 2967604 | 2794433 | 1305832 | 1317891 |

**पूँजी खाता-व्यय**

| | | | | |
|---|---|---|---|---|
| **कुल पूँजी संवितरण (I-XII)** | 64660139 | 78895012 | 57241394 | 60909254 |
| I. कुल पूँजी परिव्यय | 3333837 | 3921885 | 4707132 | 5377950 |
| 1. विकासात्मक सेवाएँ | 3133001 | 3733177 | 4419303 | 5027810 |
| (a) सामाजिक सेवाएँ | 69553 | 837824 | 1167874 | 1407902 |
| (b) आर्थिक सेवाएँ | 2437447 | 2895354 | 3251429 | 3619908 |
| 2. विकास-भिन्न (सामान्य सेवाएँ) | 200836 | 188707 | 287829 | 350140 |
| II. आंतरिक ऋण कर भुगतान | 1786450 | 2121882 | 2267855 | 2927892 |
| III. केन्द्रीय ऋण का भुगतान | 114752 | 125283 | 133737 | 142794 |
| IV. अन्य पार्टियों को उधार एवं अग्रिम | 902190 | 1178659 | 390003 | 376472 |
| 1. विकासात्मक परियोजनाएँ | 895649 | 1173815 | 383025 | 36923 |
| 2. विकास-भिन्न परियोजनाएँ | 6541 | 4844 | 6979 | 724 |
| V. अन्तर्राज्यीय निपटान | 5564 | 505 | 1 | 1 |
| VI. आकस्मिकता निधि | 39057 | 8652 | 20297 | 2011 |
| VII. राज्य भविष्य निधियाँ आदि | 963839 | 1045661 | 1217597 | 104268 |
| VIII. आरक्षित निधियाँ | 596791 | 535759 | 554368 | 77905 |
| IX. जमा और अग्रिम | 5951510 | 6387037 | 71757315 | 785518 |
| X. निलंबन और विविध | 47982074 | 60746999 | 39478000 | 4099834 |
| XI. आकस्मिकता निधि में विनियोग | 10320 | – | 2000 | - |
| XII. प्रेक्षण (remittances) | 297375 | 2822693 | 1313095 | 138896 |
| A. अधिशेष (+) घाटा (–) राजस्व खाता | –53817 | –404912 | –610789 | 29218 |
| B. अधिशेष (+) घाटा (–) पूँजी खाता | 359979 | 540594 | –644312 | –69298 |
| C. कुल अधिशेष (+) घाटा (–) | 306163 | 135683 | –1255101 | –40079 |